붕괴

CRASHED

CRASHED
붕괴

HOW A DECADE OF FINANCIAL CRISES CHANGED THE WORLD

금융위기 10년, 세계는 어떻게 바뀌었는가

애덤 투즈 지음 | 우진하 옮김

아카넷

데이나(Dana)를 위해

2008년 금융위기 이후 지난 10년은 누가 뭐라고 해도 역사상 가장 극적인 기간이었다. 나는 이 책『붕괴』를 금융위기 10주년을 기념하려고 쓰기 시작했다. 그런데 쓰다 보니 이후 10년간 겪은 위기에 대한 기록이 되어버렸다. 혼란은 여전히 현재 진행 중이다. 나는 한국의 독자들이『붕괴』를 단순히 역사의 기록이라기보다는 한국처럼 고도로 국제화된 국가들이 경제뿐만 아니라 정치와 지정학적 측면에서 세계화의 물결을 어떻게 헤쳐나가야 하는지에 대한 지침서로 읽어주기를 바란다.

『붕괴』의 첫 장은 2008년 금융위기 사태로부터 시작한다. 당시 금융위기는 분명 전 세계적인 대사건이었지만 그 영향이나 결과는 각 지역에 따라 크게 달랐다. 예컨대 북대서양을 중심으로 하는 미국과 유럽은 금융위기의 진정한 근원지였다고 말할 수 있는데 역사상 그렇게 많은 은행들이, 다시 말해 사실상 금융시스템 전체가 이런 동시다발적인 위험에 빠진 적은 한 번도 없었다. 유럽은 2008년의 충격이 그대로 유로존의 위기로 이어졌으며 이후 10년이 지났지만 현재 유럽연합은 이탈리아의 재정위기로 여전히 유로존의 안정을 염려하는 처지다.

그렇지만 2008년 충격의 여파는 비단 북대서양 지역에만 국한되지 않았다. 우선 전 세계에 걸쳐 교역량이 급감했다. 2008년에서 2009년 사이 주요 수출국들은 전례가 없는 최악의 불경기를 경험했고 이는 심지어 1929년보다도 더 심각한 상황이었다. 특히 주요 소비재를 수출하는 국가들은 엄청난 타격을 입었는데 그중에서도 동아시아의 수출 주도형 제조업 중심지들이 겪은 타격의 정도는 말로 표현할 수 없을 정도였다.

한국은 은행시스템과 국제무역 두 가지 부분에서 차례로 위기를 맞았다는 점에서 다른 국가들과는 차별성을 갖고 있으며, 물론 한국 입장에서는 대단히 불운한 일이었다. 그리고 이 책 『붕괴』가 보여주는 것처럼, 이런 상황에 대해서는 좀 더 설명이 필요하다.

1990년대에 금융위기를 학습한 한국의 경우 2008년 국가 재무 상태는 별다른 문제가 없어 보였다. 한국의 외환보유고는 세계 최고 수준이었고 무역수지는 흑자 진행 중이었다. 또한 유럽과는 달리 한국의 은행들은 미국발 서브프라임 사태와 크게 엮여 있지 않았다. 그렇다면 도대체 무엇이 문제였을까. 결정적으로 1990년대 금융위기 이후 한국의 금융시스템은 국제화되어 있었고 여기에 수출 주도형 국가로서의 재정적 필요와 특히 대금을 회수하는 데 많은 시간이 걸리는 자본재의 거래 문제가 복잡하게 얽혀 있었다. 다시 말해 한국의 은행시스템은 달러화를 조달하기 위한 국제 화폐 시장과 원화와 달러화를 손쉽게 거래할 수 있는 외환시장에 크게 의존했던 것이다.

2008년 금융위기가 닥치자 이런 시장들은 무너져 내렸고 덩달아 한국의 금융시스템 역시 엄청난 자금조달 압박에 시달렸다. 거기에 설상가상으로 유럽의 주요 금융가와 다르게 한국은 자금조달 중단뿐 아니라 원화의 막대한 평가절하라는 이중고를 겪었다. 한국처럼 막대한 외화를 보유한 국가에서도 이런 일이 일어날 수 있었다는 건 경제가 튼튼한 국가라도 세계적인 충격파 앞에 얼마나 취약할 수 있는지를 보여준다.

나는 이런 대규모의 위기가 어떻게 한 국가나 초국가적 차원에서 관리되고 해결될 수 있었는지를 바로 이 책『붕괴』를 통해 설명하고자 했다.

유럽에서는 2008년 금융위기의 충격으로 장기간의 불황이 이어졌으며 남유럽 지역은 아직도 여기서 헤어나지 못했다. 반면 한국이 겪은 2008년 이후 시기는 크게 달랐다. 2009년 이후부터 한국이 보여준 경제성장은 괄목할 만한 수준이며 한국의 연구 개발 분야와 세계 최고 수준의 디지털화는 오늘날 전 세계의 부러움을 사고 있다. 두말할 나위 없이 이런 성장과 변화가 가능했던 건『붕괴』후반부에서 주로 설명하는 서구사회의 정치적 대격변을 한국이 겪지 않았기 때문이다. 현재 미국을 비롯한 서구사회의 가장 큰 문제점은 바로 포퓰리즘이다. 앞으로 기회가 되면 한국과 독일 같은 유럽의 성공 사례를 한번 비교해보고 싶은 생각마저 든다.

하지만 독일의 경우에서도 알 수 있듯 성공한 국가의 모델이라는 건 혼자 이룩한 것이 아니며 또 당연한 결과라고 여길 수도 없다. 기술의 발전과 전 세계 노동 분업의 끊임없는 변화는 지속적인 압박을 만들어낸다. 한편 세계화에 성공한 중소 규모 국가들의 경우 더 큰 규모의 글로벌 거버넌스라는 틀에 의지하고 있으며 그들의 번영과 안정 역시 여기에 크게 좌우된다. 이제는 2008년과 같은 당면한 위기는 어느 정도 통제되어 더 이상 일어나지 않을지도 모른다. 그렇지만『붕괴』에서 설명하는 것처럼 유럽은 물론 미국 내부의 문제들은 여전히 계속되고 있으며 글로벌 세력 균형 역시 극적으로 변화하고 있다. 점점 더 변덕스러운 모습을 보이는 미국, 부상하고 있는 중국, 공격적이고 위협적인 태도로 일관하는 러시아, 그리고 앞으로 나아갈 길을 찾기 위해 애쓰는 유럽까지. 이런 와중에 한국은 지금까지 이룩한 모든 성취에도 불구하고 극명한 선택의 기로에 서 있다. 냉전의 종식은 유럽에 유럽연합이라는 기본적인 정치적, 경제적 구조물을 남겼다. 그렇지만 동아시아 지역에서는 이에 상응하는 제도적 구조물이 세워지지 않았다.

　이러한 역사적 규모의 변화를 환기시키는 건 오랜 과거의 환영을 다시 불러들이자는 것이 아니다. 또한 한반도를 20세기 중반 가장 치열한 격전지 중 한 곳으로 만들었던 그런 충돌의 시대를 돌이키자는 의도도 물론 아니다. 다만 지난 10년 동안의 불안은 엄연한 현실이었다. 한국의 독자들이 이 『붕괴』를 읽고 국내 질서는 물론 국제 질서가 어느 날 갑자기 흔들릴 수도 있는 작금의 세계 상황에서 스스로 갈 길을 찾는 데 도움을 얻었으면 하는 것이 지은이로서의 작은 바람이다.

2019년 6월
애덤 투즈

감사의 말

이 책은 매우 다급한 일정 속에서 진행되었기 때문에 그동안 집필 과정을 도와준 사람들에게 깊은 감사의 마음을 전하지 않을 수 없다. 새라 칼판드(Sarah Chalfant)를 비롯한 와일리 에이전시(the Wylie Agency)와의 작업은 더 할 나위 없이 매끄럽게 진행되었고 내 전담 편집자인 사이먼 와인더(Simon Winder)와 웬디 울프(Wendy Wolf)는 이 작업을 위해 열정적으로 힘을 보태 주었다. 멜라니 토토롤리(Melanie Tortoroli)는 집필 초기부터 값으로는 매길 수 없는 귀한 조언을 해주었으며 특히 바이킹(Viking)과 펭귄(Penguin) 출판사 직원들의 노력이 없었다면 이 책은 절대 빛을 보지 못했을 것이다.

초고를 다듬어나가는 과정에서 니콜라스 모나코(Nicholas Monaco)와 케빈 제임스 실링(Kevin James Schilling), 그리고 엘라 플라우트 타란토(Ella Plaut Taranto)의 신중한 조언에 크게 도움을 받았다.

사실 이 책은 내가 가르치고 있던 예일(Yale)과 컬럼비아(Columbia)대학교 학부 과정에 맞춰 기획된 것이며 동료 교수들인 테드 퍼틱(Ted Fertik), 게이브 위넌트(Gabe Winnant), 닉 멀더(Nick Mulder), 매들린 워커(Madeline

Woker), 그리고 데이비드 레러(David Lerer)와 노엘 튜터(Noelle Tutur)의 도움이 컸다. 동료들 모두에게 깊은 감사의 마음을 전한다.

또한 집필 초기 단계부터 초고를 읽고 조언을 해준 사람들이 있다. 테드 퍼틱, 게리 앤더슨(Grey Anderson), 스테판 아이히(Stefan Eich), 아누사르 파루키(Anusar Farooqui), 닉 멀더, 한스 눈다니(Hans Knundani), 그리고 니콜라스 모나코가 바로 그들이다. 볼프강 프로이셀(Wolfgang Proissel)과 버나비 레인(Barnaby Raine), 그리고 데이나 콘레이(Dana Conley)는 각기 자기들이 자신 있는 부분에서 조언을 아끼지 않았는데 이런 친구들과 조언자들은 굳이 내가 언급하지 않아도 내가 얼마나 감사하는지 잘 알고 있을 것이다.

스테판 아이히(Stefan Eich)나 다닐로 숄츠(Danilo Scholz)와 예전에 함께 작업했던 내용들도 이 책의 내용을 더욱 세심하게 다듬는 데 큰 보탬이 되었다.

이 책의 집필 과정 등과 관련해 수많은 동료는 물론 이 책에서 다루는 사건들을 직접 목격하거나 관계했던 사람들과 대화를 나누며 크나큰 도움을 받았다.

마리오 몬티(Mario Monti)와 줄리아노 아마토(Giuliano Amato), 그리고 티모시 팀 가이트너(Timothy Geithner)와 줄리오 트레몬티(Giulio Tremonti) 등은 사전 준비 과정 중에 특별히 시간을 내 나를 만나 대담을 나눴으며 그런 도움에 대해서는 아무리 감사의 마음을 전해도 지나치지 않을 것이다.

컬럼비아대학교유럽연구소(the European Institute at Columbia) 소장을 역임하면서 나는 프랑스 팀머만스(Frans Timmermans), 피에르 모스코비치(Pierre Moscovici), 피에르 비몽(Pierre Vimont), 마르코 부티(Marco Buti), 모레노 베르톨디(Moreno Bertoldi) 등과 접촉해 토론할 수 있는 행운을 누렸다.

프랑수아 카렐비아(François Carrel-Billiard)는 연구소에서 없어서는 안 될 동료로 그와 함께 일할 수 있었던 건 내게는 정말 특권이었다.

미연준(Fed)에서 잔뼈가 굵은 네이던 시츠(Nathan Sheets)와 패트리샤 모서(Patricia Mosser)도 기꺼이 나를 위해 시간을 내주었다.

에릭 버글로프(Erik Berglof)는 동유럽 경제위기에 대해 더 깊이 생각해볼 기회를 주었다.

피터 가버(Peter Garber)의 주선으로 머빈 킹(Mervyn King)과 함께 했던 저녁 식사 자리는 그야말로 천금과도 같은 시간이었다.

페리 멀링(Perry Mehrling), 브래드 셋처(Brad Setser), 마이크 파일(Mike Pyle), 클라라 마테이(Clara Mattei), 마틴 샌부(Martin Sandbu), 니콜라스 베론(Nicolas Véron), 코넬 반(Cornel Ban), 가브리엘라 가르보(Gabriella Gabor), 샤힌 발리(Shahin Vallée), 에릭 모네(Eric Monnet) 등은 이 책을 완성하는 데 필요한 귀중한 조언과 정보를 아끼지 않고 들려주었다.

언제나 그랬듯이 내 오랜 친구인 데이비드 에저튼(David Edgerton)과 크리스 클라크(Chris Clark)는 이번에도 기꺼이 초고를 읽고 의견을 제시해주었다.

각국의 여러 학술대회며 연구회, 그리고 회의 등을 통해 이 책에 대한 의견을 교환할 수 있었던 건 분명 내게 큰 행운이었다. 함부르크사회역사재단(Hamburg Stiftung für Sozialgeschichte), 하이델베르크미국연구소(the Heidelberg Center for American Studies), 베를린미국학회(the American Academy Berlin), 브라운대학교(Brown University), 스탠포드대학교, 미시간대학교아이젠버그연구소(the Eisenberg Institute University of Michigan), 유럽대학연구소(the European University Institute), NYU플로렌스(Florence), 뉴스쿨(the New School), UCLA, 맥스포국제학회(the MaxPo conference), 파리독일역사연구소(the German Historical Institute Paris), 런던FPLH연구회(the FPLH workshop in London), 그리고 파리고등정치학교(Science Po) 공적부채연구 계획, NYU칸더슈텍연구회(Kandersteg workshop) 등을 통해 많은 참가자들 및 초대 손님들과 귀중한 대화를 나눌 수 있었다. 이 자리를 빌려 깊은 감사의 마음을 전한다.

특히 영국 버밍엄에서 열린 프란체스카 카네발리(Francesca Carnevali) 기념 학술회의에서는 유럽 각국의 은행들에 대한 이야기들을 전해들을 수 있었다.

또한 크누트 보르하르트(Knut Borchardt)의 주선으로 지멘스재단(Siemens Stiftung)이 주최한 학회에서 위르겐 하버마스(Jürgen Habermas)를 만날 수 있었던 건 아주 특별한 경험이었다.

이런 공식적인 행사나 회의 외에도 트위터나 페이스북 같은 사회관계망 서비스 등을 통해 수많은 숨은 전문가나 고수를 만날 수 있었다. 이런 기회를 통해 나는 우리가 살고 있는 21세기에 실시간으로 얼마나 진지한 토론이 이뤄질 수 있는지 새삼 깨달았다.

내 개인적인 이력이나 경력에서 이 책의 집필 과정은 두 가지 새로운 출발점이 되었다. 우선은 현대 역사 분야에서 한 걸음 더 나아갈 수 있었으며 동시에 경제학 분야에서는 다시 새로운 의욕을 갖고 과거를 되돌아볼 수 있었다. 이런 과정과 경험은 내가 큰 영향을 받은 두 스승을 떠올리게 해준다.

내 박사학위 과정을 지도해주신 앨런 밀워드(Alan Milward, 1935~2010) 교수는 뛰어난 학자인 동시에 까다로운 스승이었다. 단순히 학위 취득만을 염두에 두었다면 밀워드 교수의 지도를 받는 건 그다지 좋은 생각은 아니었으리라. 그렇지만 근대 유럽 역사 분야의 거목이라 할 수 있는 밀워드 교수의 지도를 받으며 나는 결국 원하던 목표를 이루었다. 내가 새롭게 유로존의 위기에 대한 연구를 시작하는 일을 교수님이 알았더라면 찬성을 해주었을까? 대답을 들을 길은 없지만 나는 여전히 그분의 그늘을 느낀다.

윈 고들리(Wynne Godley) 교수는 밀워드 교수와는 사뭇 다른 분위기의 스승이자 조언자였다. 따뜻하고 다정다감한 품성의 고들리 교수는 내가 케임브리지대학교 킹스칼리지에 입학한 첫해부터 나를 비롯한 동급생들을 잘 지도해주었고 경제학에 대한 아주 색다른 관점을 제시해주었다. 그런 과정 속에서 고들리 교수는 따뜻한 지성과 활력이 어떤 것인지 실제로 우리에게 보여준 것이다. 나는 경제학 분야에서 처음 내 마음을 사로잡았던 이른바 IS-LM 모형*에 대한 중요한 내용들을 고들리 교수를 통해 확인해나갈 수 있었으며 또한 "플로우(beyond the flows) 너머"를 바라보는 일의 중요성과 거시경제학에서의 이른바 스톡 플로우 일관체계(stock-flow consistency) 거시 모형에 대해서 배울 수 있었다. 그 후로 벌써 30여 년의 세월이 흘렀지만 학부 시절 고들리 교수의 가르침이 없었다면 이 책의 내용은 많은 부분들이 달라졌을 거라고 확신한다.

책을 쓰는 일은 감성적이면서도 지적, 물리적 노력을 수반하는 과정이다. 집에서 집필하는 동안 나는 아내 데이나 콘레이에게 그와 관련된 많은 도움을 받았다. 아내의 사랑과 정성을 통해 나는 이 책을 무사히 끝마칠 수 있었다.

이렇게 지적이며 용기 있고 활기차고 또 사랑스러운 동반자가 나에게 나타났다는 사실이야말로 말로는 형용할 수 없는 축복이 아닐까 생각한다.

또한 그런 아내가 내게 선물해준 반려견 퍼피 루비(Puppy Ruby)는 나의 삶에 기쁨과 따뜻함, 그리고 끝없는 즐거움을 더해주었다.

우리 부부는 딸 에디(Edie)와 함께 저녁 식사 자리에서 정치적 급진주의와 그와 관련된 냉철한 통찰력이 함께하는 활기찬 토론을 나누기도 했다. 급변하는 정치사회적 환경 속에 내가 잠시 한눈팔 때면 에디는 귀중한 지혜를 나눠주었고 세상과 단단하게 연결된 에디의 활기찬 모습이야말로 영감과 격려의 원천이라 할 만했다.

---

* 케인스 경제학의 핵심 거시경제 모형으로 IS는 투자와 저축을, LM은 유동성 선호와 화폐공급을 가리킨다. IS(실물시장)-LM(화폐시장)의 시장 균형을 도출하기 위해 고안된 모형이지만, 케인스의 생각대로가 아니라 신고전파의 시각에서 정리된 것으로 영국 측의 케인스주의자들은 이를 받아들이지 않고 독자적인 케인스주의 체계를 구축한다. 소위 포스트케인지언(Post-Keynesian Economics)이라고 불리는 이들은 이 책의 지은이 애덤 투즈가 스승으로 지칭한 윈 고들리 등이 계승했다. 이들 포스트케인지언은 폴 새뮤얼슨(Paul Samuelson) 같은 미국 케인스주의 경제학자를 사이비 케인지언(Bastard-Keynesian Economics)으로 부르기도 했다.

내가 계속해서 정서적 안정을 유지할 수 있는 건 두말할 나위 없이 이런 가족 덕분이다. 이 책을 통해 우리 가족은 더 가까워졌으며 그 과정에서 함께 나누었던 이야기들은 그야말로 가장 귀중한 선물이다.

또한 이 자리를 빌려 내게 많은 지혜로운 조언을 아끼지 않았던 한 정신상담 전문의에게 깊은 감사의 마음을 전하고 싶다. 그는 익명을 원했으니 혹시 자기가 알고 있는 사람이 그 사람이 아닌지 한번 주위를 둘러보시기를.

니콜라스 베론은 어느 날 저녁 워싱턴 스퀘어 공원에서 내게 2008년 이후에 일어난 모든 일은 그야말로 우리 모두가 관심을 가지고 감당해나가야 할 과업이라는 사실을 깨우쳐주었다. 한 사람의 역사 연구자로서 그 과업에 동참할 수 있었던 건 정말로 크나큰 특권이자 행운이었다. 이 책이 내가 받아온 모든 고마운 마음들에 대한 작은 보답이 되기를 바랄 뿐이다.

2018년 1월 뉴욕에서
애덤 투즈

차례

한국어판 서문 6

감사의 말 10

들어가는 말: 글로벌 시대의 첫 번째 위기 19

1부   폭풍 전야

1장   잘못된 위기 55

2장   서브프라임 80

3장   북미−유럽 중심의 금융 문제 121

4장   유로존 147

5장   다극화된 세계 183

2부   글로벌 위기

6장   "글로벌 역사상 최악의 금융위기" 217

7장   긴급 구제금융 249

8장   "가장 시급한 현안": 글로벌 유동성 299

9장   유럽의 잊혀진 위기: 동유럽 문제 323

10장   동쪽으로부터 불어오는 바람: 중국 348

11장   G20 368

12장   경기부양책 395

13장   금융개혁 415

3부 유로존

14장 2010년 그리스: 만기연장이 곧 경기회복 453

15장 채무의 시대 487

16장 G-제로 시대 521

17장 경제 악순환 554

18장 유로화를 지키기 위한 노력 589

4부 금융위기의 여파

19장 아메리칸 고딕 625

20장 테이퍼 텐트럼 654

21장 "X같은 유럽연합": 우크라이나 위기 672

22장 #쿠데타발생 706

23장 공포 프로젝트 747

24장 트럼프 781

25장 다가올 미래 831

원주 855

옮긴이의 말 942

찾아보기 947

글로벌 시대의 첫 번째 위기

2008년 9월 16일 화요일은 이른바 "리먼브라더스 사태 다음 날(day after Lehman)"이었다. 이날 글로벌 화폐시장들이 멈춰 섰다. 워싱턴 DC에 위치한 미국 연방준비제도이사회(Federal Reserve Board, FRB)에서는 9월 16일 전 세계 중앙은행들에 수백억 달러의 긴급 자금을 지원하는 계획을 서둘러 발표한다.* 월스트리트 사람들은 일제히 시선을 세계적 대형 보험회사인 AIG(American International Group Inc)로 돌렸다. 이 거대 보험사는 이번 사태를 견뎌낼 수 있을까? 아니면 리먼브라더스와 같은 길을 걷게 될 것인

---

* 미국 연방준비제도이사회(FRB)에 따르면 2007년 12월 17일부터 2010년 7월 13일까지 전 세계 중앙은행 11곳과 총 569건의 통화스와프를 체결하였다. 2008년 9월 16일 이전에는 스위스 국립은행(16건)과 영란은행(19건) 두 곳과 35건의 통화스와프를 체결하고 9월 16일 이후 9월 18일을 시작으로 영란은행(81건), 스위스 국립은행(98건), 스웨덴 중앙은행(10건), 오스트리아 중앙은행(10건), 노르웨이 중앙은행(8건), 유럽중앙은행(252건), 일본은행(35건), 덴마크 국립은행(18건), 멕시코 중앙은행(3건), 그리고 우리나라 한국은행(19건)과 총 534건의 통화스와프를 체결하였다. 우리나라와 체결한 통화스와프는 2008년 12월 2일 시작하여 2009년 9월 22일까지 총 19건이었다(출처: 연준 홈페이지).

가? 충격의 여파는 계속 이어졌다. 이제 몇 주 지나지 않아 리먼브라더스 파산의 여파는 조선소와 같은 일선 생산 현장이나 금융시장, 상품거래소 등을 거쳐 전 세계로 퍼져나갈 터였다. 한편 2008년 9월 16일 미국 맨해튼의 중심 지역인 미드타운(Midtown)에서는 제63차 국제연합 총회의 첫날이 시작되고 있었다.

이스트강 변 42번가에 위치한 국제연합 건물은 뉴욕의 금융 중심지가 아닐뿐더러 9월 23일 아침에 열린 본회의 참석자들이나 연사들 역시 금융권 위기에 대해 전문적이거나 기술적 측면에서는 아무런 견해도 밝히지 않았다. 그렇지만 그런 와중에도 이들이 각각 주장한 내용들은 좀 더 폭넓은 의미를 지니고 있었다. 처음 입을 연 국가 원수는 브라질 대통령 룰라 다 실바(Lula da Silva)였다. 룰라 대통령은 이런 위기를 초래한 이기주의와 투기세력을 강도 높게 비난했다.[1] 반면에 그 뒤를 이어 연단에 오른 미국의 조지 W. 부시(George W. Bush) 대통령의 태도는 아주 놀라웠다. 부시 대통령은 8년 동안의 실패한 재임 기간으로 인해 충격을 받은, 그래서 현실과는 동떨어진 채 레임덕에 시달리는 모습과는 거리가 멀어 보였다.[2] 그는 자신에게 주어진 시간의 절반을 할애해 우선 세계를 위협하고 있는 테러 활동에 목소리를 높여 비난했다. 그러다가 다시 또 이른바 신보수주의(neoconservative)의 단골 주제인 민주주의의 확산을 언급하며 위안을 얻는 듯했다. 그의 연설은 구소비에트 연방의 우크라이나와 조지아 지역에서 일어난 "색깔혁명(color revolutions)"으로 절정에 다다랐다. 그렇지만 그건 지난 2003년과 2004년에 있었던 일일 뿐이다. 부시 대통령은 지금이라도 당장 폭발할 것 같은 월스트리트 코앞까지 다가온 금융위기에 대해서는 고작 마지막에 두어 마디쯤 언급했을 뿐이다. 부시 대통령의 생각에 지금의 이런 "난기류"는 국제적 공조가 필요한 사안이 아니라 그저 미국 정부가 헤쳐나가야 할 자국만의 문제인 것 같았다.

물론 반대 의견도 있었다. 필리핀 글로리아 마카파갈 아로요(Gloria

Macapagal Arroyo) 대통령은 미국의 금융위기가 불확실성이라는 "끔찍한 쓰나미"를 불러오고 있다고 주장했다. "이제 여기 뉴욕의 맨해튼섬뿐만 아니라" 전 세계가 이 쓰나미에 휩쓸릴 것이라는 뜻이었다. 지난 2007년 금융시장이 1차로 큰 곤란을 겪은 이후 전 세계는 이제 "최악의 순간은 지나갔다"고 반복해서 스스로를 안심시켜왔다. 그렇지만 충격의 여파는 좀처럼 가라앉지 않았다. "뭔가 사태가 진정될 조짐이 보일 때마다" 세계는 "글로벌 금융시스템을 또다시 뒤흔들 또 다른 충격의 실체를" 확인하게 되었다.[3] 미국이 금융시장 안정화를 위해 어떤 노력을 기울이고 있는지는 알 수 없었다. 그렇지만 일이 제대로 진행되고 있지 않다는 사실만은 분명해 보였다.

국제연합 총회에 참석한 연사들과 국가 원수들은 작금의 위기 상황을 전 세계적 대응 체제인 이른바 글로벌 거버넌스(global governance) 문제와 결부했고 궁극적으로는 최강국이라는 미국의 지위와 연결지었다. 특히 최근에 엄청난 금융위기를 간신히 헤치고 나온 아르헨티나의 크리스티나 페르난데스 데키르치네르(Cristina Fernández de Kirchner) 대통령은 미국의 현재 상황에 대해 왠지 통쾌해하는 듯한 모습을 감추지 않는 것 같았다. 어쨌든 이번 위기 상황은 주변국들에 그 책임을 뒤집어씌울 만한 성질의 것이 아니었다. 바로 "세계 최대의 경제 대국이 직접 만들어낸" 위기 상황이었던 것이다. 지난 수십 년 동안 남아메리카 대륙의 여러 국가는 "시장이 모든 문제를 해결해줄 것"이라는 주장을 믿어왔다. 그렇지만 이제 시장 중심의 경제를 외치던 월스트리트는 위기를 맞이했으며 부시 대통령은 미국 재무부가 부실 금융기관들의 구제에 직접 나설 것이라고 약속하고 있었다. 그렇지만 당시 미국은 과연 그럴 만한 자격을 갖추었을까? 이에 대해 페르난데스 대통령은 이렇게 지적했다. "역사상 가장 큰 규모인 데다 실제로는 엄청난 무역 및 재정 적자를 기록하고 있는 국가가 지금 시장 개입에 나서겠다는 것이다."[4] 이것이 사실이라면 남아메리카를 비롯한 신흥시장국가들에 재정과 통화정책의 원칙을 제시한 이른바 "워싱턴 컨센서스(Washington Consensus)"는 이제 폐기되는 것이나 다름없었다. 게다가 또 어쩌면 이번 위기는 "그동안의 정책이나 행동을 되돌아볼 역사적 기회"였다. 비단 남아메리카 국가들만 현 상황에 분노한 것은 아니었으며 유럽 국가들도 한목소리로 이에 동참했다. "세계는 더 이상 초강대국 한 곳이 이끄는 일극체제를 따르지 않을뿐더러 동구권과 서구권으로 나뉜 양극체제도 아니다. 이제는 다극화의 세계다."[5] 프랑스 대통령이자 유럽이사회(European Council) 의장국 대표이기도 한 니콜라 사르코지(Nicolas Sarkozy)의 주장은 이러했다. "21세기 세계"는 "20세기 제도로 통치할 수 없다"는 것이 주장의 요지였다. 국제연합의 안전보장이사회나 G8은 이제 더 크게 확대될 필요가 있었다. 세계는 G13이나 G14와 같은 새로운 체제를 필요로 했다.[6]

　새로운 천년기에 접어들면서 국제연합 내에서 글로벌 거버넌스와 미국의 역할에 의문을 제기한 것은 이번이 처음은 아니었다. 프랑스 대통령이 국제연합에서 이른바 "미국식 일방주의(American unilateralism)"에 반대하는 의견을 내놓았을 때 지난 2003년의 일을 떠올리지 않는 사람은 아무도 없었다. 바로 대량살상무기(WMD)를 빌미로 미국이 이라크를 침공하는 전쟁을 벌인 그해 말이다. 당시 유럽 각국과 미국, 그리고 정부와 국민들은 심각한 분열 양상을 보였으며 대서양을 사이에 둔 두 대륙은 정치 문화에서 심각한 간극이 있다는 사실도 다시 한번 확인했다.[7] 부시 대통령과 공화당 내에서도 우파에 속하는 그의 동료들을 새로운 21세기의 전통 보수 시민이 이해하기는 결코 쉬운 일이 아니었다.[8] 그들은 민주주의의 발전에 대해 끊임없이 떠들어댔지만 실제로는 그들에게 처음 권력을 주었던 2000년 대통령 선거에서 확실하게 승리했는지도 불분명했다. 부시 대통령은 영국 수상 토니 블레어(Tony Blair)와 함께 전 세계에 대량살상무기에 대한 잘못된 정보를 주었다. 자신들만의 신성한 의지와 십자군을 연상케 하는 열정을 뻔뻔스럽게 내세우며 근대성 혹은 현대성이라는 개념 자체에 대한 무지를 부끄러워하지도 않았다. 바로 유럽연합과 국제연합이 내세우고자 했던 근대성과 투명성, 자유, 그리고 세계주의(cosmopolitan)라는 이념과 가치를 이들은 무시했던 것이다. 물론 유럽연합이나 국제연합의 이런 모습역시 그저 정치적인 상징의 일종으로 겉으로만 그럴듯하게 보이는 것이었을지도 모른다. 그렇지만 상징성이란 결코 무시할 수 없는 문제가 아닌가. 목적과 헤게모니를 구성하는 필수 요소도 될 수 있는 것이다.

2008년 부시 행정부는 결국 무릎을 꿇었고 금융위기는 대재앙으로 번져나갔다. 그야말로 역사적 종막(終幕)이었다. 불과 5년이라는 기간 동안 지구상에서 가장 강력한 국가인 미국의 외교정책 및 경제정책을 이끌던 최고인재들이 모두 굴욕적인 실패를 경험한 것이다. 그리고 마치 이러한 권위실추 과정을 더 공고히 하듯이 2008년 8월에 미국의 민주주의는 스스로를 놀림거리로 전락시킨다. 전 세계가 엄청난 규모의 금융위기에 직면한 상황에서 공화당은 대통령 선거 후보인 존 매케인(John McCain)과 함께 선거에 나설 부통령 후보로 도무지 자질이라고는 찾아볼 수 없는 알래스카 주지사 출신 세라 페일린(Sarah Palin)을 지명한 것이다. 국제 문제에 대한 페일린의 무지는 그녀를 전 세계적인 웃음거리로 만들기에 충분했다. 그런 와중에도 최악은 미국 유권자 대부분이 뭐가 잘못되었는지를 알아차리지 못하고 있었다는 사실이다. 페일린의 인기는 연일 치솟았다.[9] 지난 몇 년 동안 아랍 세계의 독재자들을 축출해내는 일에만 신경을 써왔던 세계 여론은 이제 아랍 세계의 체제가 바뀔지 미국의 체제가 바뀔지 궁금해하기 시작했다. 부시 대통령이 권좌에서 물러날 무렵 그의 아버지 부시가 세웠던 냉전시대 이후의 질서는 모두 다 무너져 내리고 있었다.

뉴욕에서 국제연합 총회가 열리기 불과 몇 주 전에 세계는 다극화 체제라는 현실에 대한 두 가지 사례를 마주하게 된다. 우선 중국은 역사에 기록될 만한 엄청난 규모의 하계 올림픽 대회를 치러냄으로써 서구사회를 참담할 정도로 부끄럽게 만들었다. 특히 지난 1996년 미국에서 치른 애틀랜타 올림픽은 어느 극단적 보수주의자의 파이프 폭탄테러로 일정이 중단되는 등의 오명을 뒤집어썼는데 모두들 그때 일을 떠올리지 않을 수 없었다.[10] 만일 이른바 "먹을거리와 구경거리(bread and circuses)"가 민중의 지지로 이루어진 합법적 정부의 근간이 된다면 경제부흥으로 탄력을 받은 중국 정부는 확실하게 그 증거를 보여준 셈이었다. 이렇게 베이징에서 화려한 축제의 불꽃을 피워 올리는 사이, 러시아 군대는 구소비에트 연방 지역에 속해 있지만 서방측 국가들이 주축이 된 북대서양조약기구(North Atlantic Treaty Organization, NATO) 가입에 대한 실낱같은 희망을 이어가던 조지아를 침공해 잔혹한 보복조치를 감행한다.[11] 사르코지 프랑스 대통령은 유럽 동부 국경에서의 휴전조약 절차를 끝마치자마자 뉴욕으로 날아온 것인데, 러시아의 조지아 침공은 이후 간헐적으로 일어나는 러시아와 서방 국가들 간 충돌의 서막이었다. 이런 두 세계의 갈등은 훗날 NATO 회원 가입을 희망하던 또 다른 동구권 국가인 우크라이나에 대한 러시아의 대대적 공격, 그리고 2016년 미국 대통령 선거와 관련해서 러시아의 개입에 대한 과도한 추측 등을 통해 최고조에 이르렀다.

2008년 발생한 금융위기는 미국의 주도권이 저무는 또 다른 징후로 받아들여졌다. 그리고 이후 10년의 세월이 흘러, 페일린의 후계자라고도 할 수 있는 도널드 트럼프(Donald Trump)가 미국 대통령에 당선됨으로써 야기될 또 다른 위기를 보면 당시의 전망이 옳았다는 사실은 너무나도 명백하다. 2017년 1월 20일에 있었던 아직도 귀에 쟁쟁한 트럼프의 공격적이면서도 호전적인 대통령 취임 연설이 없었다면 2008년 국제연합 총회에서 있었던 국가 원수들의 연설과 미국식 일방주의에 대한 그들의 비판을 지금에 와서 다시 돌이켜보기란 쉬운 일이 아니었으리라. 그 음울했던 금요일, 국회의사당 앞에 나타난 미국의 제45대 대통령은 위기에 빠진 미국의 모습과 혼란에 휩싸인 도시들, 그리고 추락해가는 국제사회에서 미국의 위상을 상기시켰다. 트럼프는 이러한 "대학살"은 반드시 끝을 맺어야 한다고 역설했는데 그 방법에 대한 트럼프의 해답은 다음과 같았다. 그날 트럼프와 그의 추종자들은 이렇게 선언한다. "이제 우리는 세계의 모든 국가와 권력자가 귀를 기울여야 하는 새로운 신조를 제시할 것이다. 바로 지금 이 순간부터 우리의 조국 미국은 새로운 꿈과 이상이 지배하는 나라가 될 것이다. 바로 오늘부터 모든 것은 오로지 미국 우선주의로 이루어질 것이다. ……"12 만일 미국이 정말로 심각한 위기로 고통받고 있다면, 그리고 더 이상 초강대국이 아니라면, 그래서 "다시 위대해질" 필요가 있다면 트럼프에게 진실은 오직 하나일 뿐이며 그가 말하는 "새로운 신조"는 최소한 자신만의 방식으로 전개될 것이 분명했다. 이것이야말로 미국 정치계의 우파가 21세기라는 새로운 시대의 도전에 맞서 내놓은 해답이었다.

2003년과 2008년, 그리고 2017년에 있었던 일련의 사건은 모두 의심할 나위 없이 국제적으로 중요한 역사의 순간들을 정의하고 있다. 그렇지만 이런 사건들 사이에는 과연 어떤 연관성이 있을까? 2008년의 경제위기는 2003년의 지정학적 재앙, 그리고 2016년 대통령 선거 이후 일어난 미국의 정치적 위기와 어떤 관련이 있을까? 역사적 전환점의 어떤 흐름이 이런 사건들이 일어나도록 만든 것일까? 이런 흐름은 유럽이나 아시아에서 어떤 의미를 지니고 있을까? 영국을 예로 들면, 이라크 전쟁에서 2008년 발생한 금융위기, 그리고 2016년의 유럽연합 탈퇴 결정까지 영국이 겪은 심각한 상황들도 이런 사건들과 연결되는 것일까?

이 책에서 주장하는 요지는 2008년 9월 국제연합 총회에서 나온 이야기 대부분이 옳았다는 사실이다. 금융위기와 이에 대한 경제적, 정치적, 지정학적 대응은 오늘날 변화하고 있는 세계의 진면목을 이해하기 위해 반드시 돌아볼 필요가 있다. 그렇지만 그 중대성을 이해하기 위해서는 우선 두 가지 작업을 선행해야 한다. 먼저 금융권에서 발생한 위기를 더 넓은 범위의 정치적, 지정학적 맥락에서 바라보아야 한다. 그리고 동시에 그 내부 사정까지 속속들이 들여다봐야 한다. 2008년 8월 국제연합 총회에서는 할 수 없었던 일들을 이제는 해야 하며 우리는 기존의 금융시스템의 경제학에 맞서고 그것을 넘어서야 한다. 이 일은 어쩔 수 없이 기술(記述)적이지만 어쩌면 때로는 냉혹한 작업이 될 수도 있다. 앞으로 이 책이 다룰 내용들은 상당수가 지금껏 접해보지 못한 냉혹한 현실을 전해줄 것이다. 지금은 어쩌면 선택의 순간이 아닐까. 정계나 관계, 혹은 재계의 수뇌들이 모여 현안을 논의하는, 예컨대 다보스포럼의 활동 내역을 찾아보는 일만이 이런 위기 상황에서 권력과 돈이 어떤 역할을 했는지 이해하는 유일한 방법은 아닐 것이다. 세계의 권력자들은 자신이 영향을 미친 상황이나 혹은 그들이 지금까지 만들어낸 순응과 갈등이 점철된 시장 중심 문화를 통해 어떤 흔적을 남겼고, 누군가는 그런 흔적을 찾아 그들의 주장과 논리를 재구성하려는 노력을 기울일 수 있다.[13] 그렇지만 실제로 확인할 수 있는 그런 내용들을 보완하는 데 꼭 필요한 설명을 이 책을 통해 부연하고자 한다. 다시 말해 권력과 자금의 순환이 그 내부에서 어떤 기능을 하고 또 어떤 기능을 제대로 하지 못하는지 이해할 수 있도록 돕겠다는 뜻이다. 이 특별하고 비밀스러운 내용을 담고 있는 상자는 반드시 열어볼 만한 가치가 있다. 왜냐하면 앞으로 이 책에서 소개하는 내용처럼 2008년에 사람들이 흔히 믿었던 주장인 당시의 금융위기는 기본적으로는 미국만의, 그리고 좀 더 확대하면 미국과 영국을 포함한 앵글로색슨 국가들의 위기이며 미국 일극체제의 종언을 고하는 중요한 순간이라는 주장이나 설명은 실제로는 완전히 오해이기 때문이다.

미국을 비롯한 전 세계 전문가들이 그랬던 것처럼 모든 면에서 "모두 미국에서 비롯된 위기"라는 생각을 쉽게 받아들이면 그 안에 깊이 숨어 있는 상호관계의 실체를 흐리게 된다.[14] 그 과정에서 이미 비판과 정당한 분노는 잘못된 방향으로 향하고 만다. 실제로 2008년의 금융위기는 단지 미국만이 아닌 전 세계가 함께 겪은 위기였으며 다만 그 근원지가 북대서양을 중심으로 한 국가들이었을 뿐이다. 금융위기는 또한 논쟁의 여지가 있는 불확실한 방식을 통해 미국을 세계 금융경제의 중심지로 다시 만드는 결과를 가져왔다. 결국 미국은 자신이 만들어낸 문제를 해결할 수 있는 역량을 지닌 유일한 국가였다.[15] 그러한 역량은 달러를 찍어낼 수 있는 유일한 국가라는 구조적 영향력에서 비롯된 것이지만 동시에 실행력이나 정책 선택의 문제이기도 하며 미국에는 긍정적으로, 그리고 유럽에는 재앙에 가까운 부정적 모습으로 나타나기도 했다. 이러한 상호의존성의 규모와 달러에 절대적으로 의존하는 세계 금융시스템을 분명히 밝혀내는 작업은 단지 역사를 바로 세우기 위해서만 중요한 것이 아니다. 트럼프 행정부가 다극화된 상호의존의 세계로부터 독립을 선언함으로써 야기된 위험천만한 현재의 상황에 새로운 빛을 던져주기 때문에 중요하다.

2008년 금융위기는 미국만의 위기였나

2008년에 일어난 금융위기 상황은 바로 미국에서 시작되었기 때문에 이를 기본적으로 미국만의 사건으로 보는 관점은 대단히 널리 퍼질 수밖에 없었다. 또한 전 세계 사람들은 미국이라는 초강대국이 인과응보(因果應報)에 가까운 어려움을 겪는 모습을 상상하는 것만으로도 만족스러워했다. 실제로는 보통 시티(City of London)라고 불리는 영국 런던의 금융 중심지 역시 붕괴하고 있다는 사실이 고소함을 더해주었다. 유럽 대륙 사람들 입장에서는 책임의 소재를 우선은 바다 건너 영국에, 그리고 그다음에는 대서양 건너 미국에 전가하는 것이 어쩌면 편리한 핑곗거리가 될 수도 있었으리라. 그렇지만 사실 이런 결과는 미리 준비된 대본이나 마찬가지다. 다음에 이어질 이 책의 1부에서 확인하겠지만 당대 수많은 거시경제학의 거두들을 포함해 미국의 안팎에서 당시 부시 행정부의 정책에 비판적이던 경제학자들은 이미 대재앙을 예견하고 있었다. 그리고 그런 예측의 중심에는 재정 적자와 무역수지 적자라는 미국의 쌍둥이 적자와 해외 차입에 대한 미국의 의존과 관련된 분석이 자리하고 있었다. 부시 행정부 시절 이 쌍둥이 적자는 엄청나게 불어나 곧 터져버릴 폭탄이나 다름없었다. 또한 2008년의 금융위기가 전적으로 영국과 미국이 만들어낸 그들만의 위기라는 다소 편협한 생각이 다시 인정을 받은 건 18개월 후 유럽이 경제위기를 겪으면서부터다. 당시 유럽의 위기 상황은 이른바 유로존의 구조와 정치적 문제를 중심으로 한 또 다른 예측과 결과로 받아들여지고 있었다. 따라서 금융위기와 관련된 역사적 설명은 우선 미국의 위기 이후 유럽의 위기가 발생했으며, 각각의 상황은 서로 다른 경제적, 정치적 이유 때문에 발생했다고 정리하는 것이 타당하고 깔끔해 보이는 듯했다.

이 책을 통해 주장하고자 하는 내용은 2008년의 금융위기와 그 후유증을 단순히 미국에 의한, 그리고 미국만의 영향으로 보는 관점은 근본적으로 잘못되었으며 그 경제적, 역사적 중요성을 과소평가하고 있다는 것이다. 물론 재앙의 근원에는 미국의 주택시장 문제가 자리하고 있으며 무엇보다도 수백만에 달하는 미국 가계가 금융위기로 인해 가장 먼저, 가장 크게 피해를 입었다. 그렇지만 당시의 재앙은 2008년 이전에 많은 사람이 예상하던 미국이라는 국가와 미국 공공 부문 재정위기만은 아니었다. 많은 사람이 우려하던 중국과 미국 사이의 긴장은 완화되었지만 그 대신 전 세계의 경제를 위협한 건 잠자고 있던 미국 부동산이 깨어나면서 시작된 금융위기였다. 위기 상황은 미국을 넘어 전 세계로 퍼져나갔으며 영국 런던의 시티처럼 금융시스템이 세계에서 가장 발전되고 정비된 곳은 물론 동아시아와 동유럽, 러시아까지 뒤흔들었을뿐더러 거기서 멈추지 않았다. 대서양 양쪽 모두가 일반적으로 알고 있는 것과 달리, 유로존의 위기는 미국이나 영국의 문제와 다른 별개의 상황이 아니라 2008년 금융위기의 충격을 직접 이어받은 것이었다. 당시의 위기 상황을 유로존 내부에서 비롯된 문제로 다시 해석하고 공공 부문 부채의 정치적 문제를 그 중심에 두는 것은 그 자체로 정치적인 행위였다. 2010년 이후 그것은 경제정책 면에서 대서양을 사이에 둔 문화 전쟁과 비슷한 주제가 되어 당시의 어떤 역사적 사실에 대해 대단히 주의 깊게 살펴보아야 하는 일종의 지뢰밭이 되어버린 것 같다.

이러한 오해들을 바로잡고 전 세계의 금융위기가 그 중심지인 북대서양 연안지역을 벗어나 세계로 퍼져나갔으며 2008년에서 2012년까지 계속해서 이어졌다는 사실을 증거들과 함께 제시하는 것이 이 책의 첫 번째 도전 과제다. 두 번째 과제는 각국이 당시의 혼란한 상황에 대응했던 각각의 방식들에 대해 설명하는 것이다. 금융위기는 각기 다른 영향을 미쳤지만 적어도 전 세계가 그 영향력 안에 들어가 있었다. 신흥시장국가 정부들은 세계 각국의 반응을 살피면서 다극성의 실체를 생생하게 확인했다. 1990년대에 있었던 신흥시장국가들의 위기, 즉 1995년의 멕시코, 1997년의 한국과 태국, 인도네시아, 1998년의 러시아, 2001년의 아르헨티나 위기는 한 국가의 존립이 얼마나 쉽게 와해될 수 있는지를 보여주었으며 해당 국가들에 큰 교훈을 남겼다. 이른바 확고부동한 "자체적 역량강화(self-strengthening)"라는 10년 세월 덕분에 1990년대에 고난을 겪은 국가들 중 2008년에 국제통화기금(International Monetary Fund, IMF)의 구제를 다시 받게 된 국가는 한 곳도 없었다. 또한 서방 세계로부터 비롯된 금융위기에 대한 중국의 대응방식 역시 역사에 기록될 만큼 큰 영향을 미치는데, 이를 통해 전 세계 경제활동의 무게중심이 동아시아로 급격하게 기운다.

누군가는 세계화의 위기를 통해 현대의 독립국가가 지닌 역할의 중요성과 새로운 형태의 국가 자본주의의 출현을 다시 한번 확인할 수 있었다고 결론 내리고 싶을지도 모른다. 그리고 이러한 주장은 실제로 금융위기 이후 몇 년 동안 일어난 정치적 반향을 통해 더 큰 설득력을 얻기도 한다.[16] 그렇지만 2008년 위기의 표피(表皮)가 아닌 그 내면을 좀 더 자세하게 살펴보면 이런 설명이나 진단이 일부분만 들어맞을 뿐이라는 사실을 확인할 수 있을 것이다. 러시아와 한국은 여러 신흥시장국가 중에서 2008년의 금융위기로 가장 고통을 겪었다. 수출 강국이라는 사실 이외에 두 국가는 유럽, 그리고 미국과 금융 측면에서 깊게 연대한다는 공통점이 있으며 이 사실은 두 국가가 겪은 어려움을 설명하는 열쇠가 될 수 있다. 러시아와 한국은 단지 수출에서만 어려움을 겪은 것이 아니라 아예 자국 금융권에 대한 자금조달이 "갑자기 중단되는" 경험을 했다.[17] 그 결과 무역수지에서 흑자를 기록하고 외환보유고도 충분한, 그래서 경제적 자립이 충분할 것 같은 상황에서도 극심한 통화위기를 겪은 국가들이 나타난 것이다. 좀 더 범위를 확장해본다면 북대서양을 사이에 두고 있는 유럽과 미국도 같은 경험을 했다고 볼 수 있다. 사람들의 시선을 벗어나 공개적인 자리에서 거의 논의되지는 않았지만 지난 2008년 가을 북대서양 연안 국가들의 경제를 크게 위협한 건 유럽 대형 은행들에 대한 달러화 공급이 크게 줄어들었다는 사실이다. 이런 경우 "줄어들었다"라는 말의 규모는 수백억이나 수천억 달러가 아닌 수조 달러 정도이며 사람들이 예상했던 금융위기의 형태와는 전혀 상반되는 모습이었다. 달러의 공급은 늘어나는 것이 아니라 심각한 수준으로 줄어들었으며 그 가치는 떨어지지 않고 오히려 치솟았다.

이렇게 아무도 예측하지 못한 천재지변의 역학관계를 이해하려면 먼저 20세기 초반부터 물려받은 거시경제학이라는 익숙한 인지적 틀을 벗어날 필요가 있다. 제1차 세계대전과 제2차 세계대전 사이에 형성된 국제경제학에 대한 거시경제학적 관점은 각각의 민족국가 단위의 생산체계, 그리고 그로 인해 만들어지는 무역수지 불균형을 바탕으로 하고 있다.[18] 그런 거시경제학과 함께 영원히 기억될 인물이 바로 존 메이너드 케인스(John Maynard Keynes)다. 어쩌면 당연한 일이겠지만, 2008년 금융위기의 시작은 1930년대 대공황을 상기시켰으며 동시에 이 "경제학의 거두" 역시 다시 불러들이는 계기가 되었다.[19] 그리고 실제로 케인스 경제학은 2009년 이후 일어난 소비 및 투자 붕괴의 역학관계와 높이 치솟은 실업률, 그리고 통화 및 재정정책의 선택권 등을 이해하는 데 없어서는 안 되었다.[20] 그렇지만 세계화가 높은 수준으로 이루어진 현재 상황에서 금융위기의 시작을 분석하려면 기존의 일반적인 거시경제학적 접근만으로는 한계가 있다. 국가 사이의 교역에 대한 논의라면 이제 더는 여러 국가들의 경제 상황만을 중요하게 여겨서는 안 된다는 것이 일반적인 견해다. 세계 교역의 흐름을 이끄는 것은 각 국가경제 사이의 관계가 아니라 여러 다국적기업이 협력해서 만들어내는 훨씬 더 광범위한 개념인 이른바 "가치사슬(value chain)"이다.[21] 각국의 통화 거래 역시 이와 마찬가지다. 2008년에 붕괴된 글로벌 금융시스템 내부의 긴장 관계를 이해하기 위해서는 케인스학파의 거시경제학 개념이나 국가경제 관련 통계와 같은 익숙한 내용들을 뛰어넘어야만 한다. 국제결제은행(Bank for International Settlements, BIS)의 수석 경제학자이자 "거시금융론(macrofinance)"이라는 새로운 분야에서 가장 탁월한 사상가들 중 한 사람인 한국 출신의 신현송이 이야기한 것처럼, 우리는 세계 경제를 국가경제 대 국가경제, 즉 국제경제의 상호작용이라는 "섬 모형(island model)"의 관점이 아니라 은행 대 은행, 즉 기업의 대차대조표들 간의 "서로 맞물리는 매트릭스(interlocking matrix)"를 통해서 이해해야만 한다.[22] 2007년에서 2009년까지 이어진 전 세계 금융위기와 2010년 이후 일어난 유로존의 위기가 증명해주는 것처럼 정부의 재정 적자와 경상수지 불균형에 대한 정보와 통계만으로는 현대 금융위기의 속도와 위력을 예측할 수 없다.[23] 현대의 금융위기는 은행간 서로 맞물리는 구조 안에서 일어날 수 있는 놀라운 조정에 관심을 기울일 때만 이해할 수 있다. 예산, 그리고 교역과 관련된 전통적인 "거시경제 불균형(macroeconomic imbalances)"이 만들어내는 온갖 압박에 의해 현대 거대 은행들에서는 엄청난 자금이 전혀 예상치 못하게 빠져나가거나 사라질 수 있다.[24]

유럽과 미국, 러시아, 그리고 한국이 2008년 경험했고 2010년 이후 유럽이 다시 경험한 것은 은행들 사이의 신용이 내부로부터 붕괴되는 상황이었다. 만일 금융 부문의 비중이 국가경제에 비해 그리 크지 않고 외환보유고가 충분했다면 이런 상황을 헤쳐나갈 수 있었을 것이다. 러시아는 그런 식으로 위기를 탈출했다. 그렇지만 한국과 유럽의 경우 외환보유고가 넉넉하지 못했을뿐더러 은행의 규모나 달러로 평가되는 사업들 때문에 자급자족하며 안정을 꾀하려는 어떤 시도도 감히 생각해볼 수 없었다. 각국의 주요 중앙은행 중 어떤 곳도 이런 위험이 발생할 수 있다는 사실을 미리 예측하지 못했다. 은행들은 세계화된 금융시스템이 미국의 부동산 경기와 맞물려 돌아갈 수 있다는 사실을 알아차리지 못했던 것이다. 미연준과 재무부는 9월 15일에 있었던 리먼브라더스의 파산이 빚은 충격의 규모를 잘못 판단했다. 1930년대 대공황 시절에도 이렇게 대규모로 상호 연결된 제도나 체계가 이토록 완전한 붕괴에 이를 뻔한 적은 없었다. 그렇지만 일단 위기 상황의 규모가 분명하게 드러나자 미국 정부와 전문가들은 재빠르게 대응에 나섰다. 이 책의 2부에서도 살펴보겠지만 유럽과 미국 정부는 무너져가는 각국의 은행들을 국가 차원에서 앞장서서 구제해주었을 뿐만 아니라 미연준까지 나서서 그야말로 놀랄 만한 혁신을 이끌어내기도 했다. 연준은 글로벌 은행시스템에 대한 유동성 공급을 통해 스스로를 글로벌 최종대부자로 만들었으며 국적을 따지지 않고 뉴욕에 자리한 모든 금융기관에 필요한 만큼의 달러를 지원했다. 이른바 유동성 스와프 공급망을 통해 연준은 엄선된 핵심 중앙은행들이 필요한 만큼 달러 대출을 할 수 있도록 했다. 대서양 건너편에서는 유럽중앙은행(European Central Bank, ECB)이 앞장서서 대규모의 구제 활동을 펼쳤고 결국 유럽의 은행시스템에 수조 달러에 달하는 자금을 쏟아부었다.

이런 각 정부의 대응은 규모의 거대함뿐만 아니라 1970년대 이후 이어온 전통적인 경제 역사의 서술과는 모순되기 때문에 사람들은 더욱 놀랐다. 금융위기가 일어나기 전 수십 년 동안 경제 분야를 지배해온 사상은 바로 "시장혁명(market revolution)"과 국가 개입주의의 차단이었다.[25] 물론 정부가 만들어낸 각종 규제는 사라지지 않았지만 "독립된" 기관들이 그에 따르는 권한을 정부로부터 위임받았는데, 사실상 이런 "독립된 중앙은행들"이 나서서 원칙과 규칙, 그리고 예측 가능성을 보장하고 있는 셈이었다. 이런 상황에서 정치와 임의적 재량 조치 등은 바람직한 지배구조를 가로막는 적이나 다름없었다. 권력의 균형은 디플레이션을 바탕으로 한 새로운 세계화 지배 구조와 직결되는 문제였다. 미연준 의장을 역임한 벤 버냉키(Ben Bernanke)는 이런 상황을 일컬어 이른바 "대(大)안정기(Great Moderation)"라고 에둘러 표현하기도 했다.[26] 이 같은 "신자유주의(neoliberalism)"를 더 널리 확산하는 데 문제가 되었던 건 똑같은 규칙을 모든 사람에게 적용할 수 있는지, 그리고 누군가에게는 준칙이 적용되지만 또 누군가에게는 재량이 있다는 사실을 인정할 수 있는지에 대한 것이었다.[27] 2008년 금융위기 사태는 1990년대에 있었던 신흥시장국가들의 위기와 뒤이어 2000년대 초반의 이른바 닷컴버블 사태 당시 미국이 선별적으로 개입함으로써 제기된 의구심을 다시 한번 확인해주었다. 실제로 신자유주의가 내세우는 규제와 원칙은 일정 조건하에서 운용되었다. 그러나 "전체의" 이해관계를 위협할 수 있는 거대한 규모의 금융위기가 발생하자 현재는 제한이 없는 거대 정부가 지배하는 시대로, 합법적 지배 구조보다는 군사 작전이나 응급 처방과 같이 대규모의 행정적 조치나 개입이 이뤄지는 시기라는 사실이 드러났다. 그리고 꼭 필요했지만 대단히 당혹스러운 진실도 밝혀지는데, 1970년대 이후 경제정책의 전반적인 개선과 발전이 이루어질 수 있었던 건 바로 정부의 개입 덕분이었다는 사실이다. 현대 화폐 시스템이 정치적 개입에 의해 이루어졌다는 사실을 결코 부정할 수 없는 것이다.

사람들이 사용하는 모든 상품에는 분명히 정치가 개입되어 있다. 그렇지만 화폐와 신용, 그리고 이를 바탕으로 하는 금융 구조를 만들어내는 정치력과 사회적 관습, 법률은 운동화나 스마트폰, 휘발유와 관련된 그것들과는 사뭇 다를 수밖에 없다. 현대 화폐시스템의 정점에는 강제통용화폐(fiat money)가 자리하고 있다.[28] 국가에 의해 존재하고 승인된 이 강제통용화폐는 법화(legal tender)라는 것 외에는 어떠한 "보장"도 없다. 이런 모순적 상황이 기정 사실로 처음 자리를 잡은 것은 브레턴우즈 체제(Bretton Woods system)가 무너지고 난 1971년에서 1973년 사이의 일이다. 1944년 체결된 브레턴우즈 합의에 따르면 전 세계 화폐시스템을 떠받치고 있는 달러화는 금과 일정한 교환 비율을 유지해야 했지만 합의는 합의일 뿐이었다. 디플레이션의 우려 속에 더는 이 합의를 지켜나갈 수 없게 된 미국은 결국 1971년 8월 15일 닉슨 대통령이 나서서 브레턴우즈 체제의 종식을 공식적으로 선언하기에 이른다. 그야말로 역사적 순간이었다. 화폐가 이 세상에 출현한 이후 처음으로 전 세계 그 어떤 화폐도 더는 금속본위제를 바탕으로 운용되지 않게 되었다. 잠재적으로 본다면 이러한 자유로운 통화정책은 사실 전에는 한 번도 보지 못한 방식으로 화폐와 신용의 탄생을 규제하는 셈이었다. 금속본위제 혹은 금본위제라는 "황금족쇄(golden fetters)"를 벗어던지게 된 정책입안자들은 실제로 어느 정도나 재량권을 발휘할 수 있게 되었을까? 미국 정부조차도 달러금환본위제를 유지할 수 없도록 만든 사회적, 정치적 압박은 실로 대단하다고밖에 할 수 없었는데, 미국 내에서는 점점 더 풍요로워지는 사회 속에서 소득 분배 문제가 불거졌으며 미국 밖에서는 특히 1960년대 런던에서 이루어지던 역외 달러 거래에 대한 자유화의 바람이 거세게 불어닥쳤다. 1970년대 들어 이러한 전방위적 압력과 압박이 이제는 기축통화 없이 더 기세를 얻으면서 평상시 전례가 없는 물가상승률 20퍼센트라는 상황이 선진국들에서 벌어졌다. 1980년대 초반이 되자 이런 자유화의 바람이 수그러들기는커녕 전 세계에 걸쳐 자본 흐름에 대한 규제가 더욱 줄어들었다. 따라서 시장혁명과 새로운 신자유주의의 "규율의 논리"가 나타나게 된 것은 분명 금속본위제도가 막을 내리면서 불어닥친 이런 무질서를 바로잡기 위해서였다.[29] 1980년대 중반에 이르자 연준 의장 폴 볼커(Paul Volcker)는 인플레이션을 억제하기 위한 전격적인 금리 인상을 단행한다. 이런 대안정기 시대에 유일하게 가격 혹은 가치가 상승한 것이 바로 주식과 부동산이었다. 2008년 부동산 거품이 꺼졌을 때, 그리고 전 세계가 인플레이션이 아닌 디플레이션과 씨름하고 있을 때 주요 중앙은행은 스스로 짊어지고 있던 족쇄를 벗어던진다. 은행은 신용이 무너지는 것을 막기 위해서라면 무슨 일이든지 할 각오가 되어 있었으며 현재의 금융시스템을 계속해서 유지하기 위해서도 역시 못 할 일이 없었다. 그런데 현대 은행시스템은 달러를 바탕으로 전 세계가 공통으로 따르는 것이기 때문에 미국이라는 한 국가에 의해 전례가 없는 초국적 행위가 일어날 수도 있었다.

은행 구제에 투입된 수천억 달러의 세금

연준의 유동성 공급은 과연 대단했으며 역사적이면서도 영원히 기억될 만한 규모였다. 금융 전문가들 역시 연준이 전 세계 경제에 달러를 공급하는 스와프 공급망이 금융위기를 해결하는 결정적 혁신이었다는 사실에 대체로 동의하고 있다.[30] 그렇지만 일반 대중의 관점에서 볼 때 이러한 행동이나 조치는 거의 드러나 있지 않으며 이런 내용들은 양적완화라는 명목하에 진행된 중앙은행의 개입에 따른 영향이나 개별 은행들에 대한 구제금융을 둘러싼 논쟁으로부터 한 걸음 비켜나 있다. 심지어 벤 버냉키의 회고록에서조차 2008년 실시한 유동성 조치들에 대한 내용은 AIG 구제나 모기지 신용 회복과 관련된 정치적 내용들과 비교하면 그저 언급만 하고 지나친 정도다.[31]

연준이 취하는 기술적이며 복잡한 행정 조치들은 확실히 이들의 활동이 크게 알려지지 않는 데 일조했다. 그렇지만 이와 관련된 정치 행위들은 도가 지나쳤다. 2008년 실시된 은행들에 대한 구제조치가 오랫동안 극심한 비난의 대상이 된 것에는 그만한 이유가 있었다. 수천억 달러에 달하는 납세자들의 세금을 탐욕스러운 은행을 구제하는 데 투입했다. 물론 어떤 경우 그만한 이익이 있었지만 그렇지 못한 경우도 많았다. 구제금융을 투입하는 과정에서 이루어진 많은 선택들에는 여전히 수많은 논란이 뒤따르고 있다. 미국의 경우 공화당 내에서도 커다란 갈등이 나타났으며 결국 8년 뒤에 또 다른 극적인 결과를 불러오기도 했다. 그렇지만 이미 상황은 개인의 선택이나 정당의 정치적 계산을 넘어서는 수준이었으며 현대 경제시스템에 대해 우리가 생각하고 이야기하는 내용에까지 이르게 된다. 사실상 국제경제학에 대한 새로운 해석이라는 분석적 주제로 곧바로 회귀한 것인데, 우리가 그렇게 할 수밖에 없도록 만든 것이 바로 2008년 금융위기이며 그 선두에 선 것은 거시금융적 접근방식의 지지자들이었다. 국제경제의 상호작용과 관련하여 우리에게 익숙한 20세기 방식의 섬 모형을 보면 경제의 기본 구성단위는 바로 각국의 경제이며, 이들이 서로 교역하는 과정에서 무역수지 적자나 흑자가 발생하고 또 국가의 자산이나 부채가 늘어나게 된다. 이런 내용들은 통계를 통해 실업률이나 물가상승률, 그리고 국내총생산(GDP) 성장률 등과 관련된 실질적 증거들을 제공하는 경제학자들에 의해 더욱 우리에게 친숙해졌으며 이런 내용을 중심으로 한 국가 정치에 대한 전체적인 개념이 자리를 잡고 발전하게 된다.[32] 곧, 좋은 경제정책이란 바로 GDP의 성장을 의미하는 것이다. 소득 분배의 문제, 즉 "누가 누구를 앞서는가"에 대한 정치학이 "파이의 크기를 키우는 것"보다 더 중요하게 여겨질 수 있었다. 반면에 전적으로 기업의 대차대조표가 "서로 맞물리는 구조"에만 초점을 맞추는 새로운 거시금융 경제학은 그동안 우리에게 익숙한 모호하거나 완곡한 표현들을 모두 다 바꿔버렸다. 예컨대 국가경제력의 총계는 금융시스템 안에서 일어나는 실질적인 활동을 보여주는 기업의 대차대조표에 초점을 맞추는 것으로 대체되었다. 이러한 변화는 대단히 혁신적인 것으로 이를 통해 경제정책은 훨씬 더 분명한 방향으로 나아갈 수 있게 된다. 그렇지만 동시에 정치적 관점에서 보면 대단히 곤란한 내용들도 함께 드러나게 되었다. 실제로 금융시스템은 "일국적 화폐 플로(national monetary flows)"로만 구성되지 않으며 수많은 익명의 소규모 기업이나 회사가 모여 만들어지는 것도 아니다. "완전 경쟁(perfect competition)"이나 국민 각자가 경제적으로 유사한 자격을 갖추는 이상적 형태와는 거리가 먼 것이다. "민간의 신용창조(private credit creation)" 시의 절대 다수는 견고하게 엮인 일부 거대 기업이 만들어내는 것으로 이들이 바로 신현송이 이야기하는 "서로 맞물리는 구조" 안의 핵심 구성 요소이며 전 세계적으로 보자면 20~30여 개의 은행이 여기에 해당한다. 각 국가의 주요 은행들까지 포함한다면 이런 거대 금융기관이나 업체의 수는 전 세계적으로 대략 100여 개에 이를 것이다. 이른바 "시스템적으로 중요한 금융기관(systemically important financial institutions, SIFI)"들을 구분하고 감시하는 기술, 즉 거시건전성 감독(macroprudential supervision)은 금융위기 사태가 벌어진 이후 주요 선진국들이 실시한 혁신 중 하나다. 이런 금융기관들과 경영자들 역시 이 책이 설명하려는 극적인 사태의 주역들이기도 하다.

벤 버냉키가 실시한 "역사적인" 전 세계 유동성 지원과 관련된 노골적인 진실 중 하나는 은행과 주주들, 그리고 터무니없는 액수의 보수를 받는 고위 경영진에게 수조 달러에 달하는 구제금융이 지원됐다는 것이다. 실제로 누가 어느 정도 지원을 받았는지 이 책에서 계속해서 조목조목 살펴보겠지만 그보다 더 당혹스러운 사실은 연준은 사실상 미국의 중앙은행이면서도 여기서 흘러나온 지원금의 최소 절반 이상은 미국이 아닌 주로 유럽에 본사를 둔 은행들에 지급되었다는 점이다. 2008년의 금융위기가 전문적인 관점에서 거시경제학의 위기였고 실질적인 측면에서 일반적인 통화정책 방식의 위기라고 한다면 역시 같은 맥락으로 현대 정치에 불어닥친 크나큰 위기라고도 볼 수 있다. 그렇지만 연준의 조치가 유례가 없을 정도로 효과적이었고 세계화에 대한 정치인들의 지지가 한결같았다고 해도 그 실질적 의미가 어떤 것인지는 정확하게 알 수 없다. 현재 우리가 살고 있는 세계를 소수의 사업체나 기업이 지배한다는 것은 공공연한 비밀이다. 그럼에도 금융위기 동안 그리고 그 이후, 위기의 실체와 정부정책의 우선순위가 의미하는 바가 다시 한번 낱낱이 드러났다. 대서양 양안 국가들의 민주 정치는 결국 그 민낯을 드러내고 말았으며 그것이야말로 금융위기를 통해 알려진 참을 수 없이 불쾌한 진실의 실체다.

유로존 위기, 2008년 금융위기의 후폭풍

이미 언급한 바를 고려한다면 유럽 측에서 미국의 금융위기와 관련해 자국의 거대 은행들이 엮이게 된 사실을 애써 외면하는 것으로 만족해한다는 점은 그리 놀랄 만한 일이 아니다. 2008년 영국에서는 자국의 국가적 재난을 어떤 식으로든 이겨낼 수 있었고 유로존에서는 프랑스와 독일의 지휘 아래 2008년의 금융위기 문제를 2010년과 그 이후에 있었던 "유럽의 국가 부채 위기(sovereign debt crisis)"와 함께 마무리 지으며 그냥 편리하게 기억 저편으로 묻어버렸다.[33] 유럽 측으로서는 미연준에 대한 의존성을 인정할 어떤 의지도 없으며 이에 대한 책임이나 감사의 의무를 다할 의사도 거의 없는 것이다. 이런 관점에서 보자면 미국 역시 권위를 상실한 것이나 다름 없다. 유럽은 2008년과 2009년 사이 미국이 위기를 극복하기 위해 분투했던 사실을 애초에 세계를 곤란에 빠뜨린 무책임하고 즉흥적인 행동의 또 다른 사례로 생각하고 쉽사리 모두 무시해버렸다. 이로써 이 사태는 경제정책과 관련한 대서양 양안의 문화 전쟁 제1단계가 되었으며 유로존에서 일어난 위기와 관련된 격렬한 논쟁으로 이 전쟁은 정점에 오른다. 이에 대해서는 이 책의 3부에서 더 자세하게 살펴볼 것이다.

　이런 각국의 위기 상황들이 본질적으로 서로 연결되어 있으며 처음 일어났던 위기의 규모가 훨씬 더 크고 그 속도가 극적으로 빨랐다는 점을 고려하면 이 책 2부에서 설명할 상대적으로 효과적인 해결을 본 2008년의 세계 경제 위기, 그리고 3부에서 설명할 유로존의 연속적인 재앙의 악순환 사이의 비교는 대단히 어려운 일일 것이다. 그리스의 재정위기를 시작으로 유럽의 여러 국가는 각기 나름의 원인으로 인해 자체적인 위기를 겪는데 그 중심에 재정위기와 관련된 정치 문제가 자리하고 있다. 그렇지만 유럽연합의 고위급 경제 각료들이 지금에서야 공개적으로 인정하는 것처럼 기존의 경제학에서는 그 근본적인 이유를 전혀 찾을 수 없다.[34] 장기적 관점에서 본다면 공공 부문의 부채가 계속해서 증가한 것도 한 가지 원인일 수 있으며 그리스가 바로 이런 이유로 국가부도 사태에 직면한다. 그렇지만 과도한 공공 부문 부채는 유로존 전체가 겪은 위기의 공통 원인은 아니다. 유로존 위기에서 찾아볼 수 있는 공통점은 역시 단기시장을 중심으로 한 자금조달에 과도하게 의존함으로써 금융시스템을 통한 차입금이 과도하게 늘어나고 그 때문에 재정구조가 위험할 정도로 취약해진 것이다. 유로존 위기는 2008년 북미-유럽 중심의 금융시스템 안에서 일어난 대변혁의 거대한 후폭풍이며, 유럽연합의 정치적 지형이라는 미로를 통해 시간의 흐름에 따라 서서히 진행되었다.[35] 유럽연합의 구제 과정에 깊숙이 관여한 어느 권위 있는 전문가의 말을 빌리면 "만일 유럽 은행들을 2008년부터 일찌감치 중앙의 관리감독 아래 두었다면 유럽에 문제가 발생했을 때 바로 해결할 수 있었을 것"이다.[36] 그렇지만 결국 유로존의 위기는 공공 부문과 민간 부문 할 것 없이 악순환을 거듭하며 퍼져나갔고 유럽연합의 이상(理想) 역시 위기를 맞이한다.

　2008년에 발생한 채권자들의 위기가 어떻게 2010년 채무자들의 위기로 이어졌는지 설명할 방법은 무엇일까? 거기에 어떤 교묘한 속임수 같은 것이 있지 않을까 의심하는 건 당연한 일이다. 유럽의 납세자들이 큰 고통을 겪는 동안 은행과 채권자들은 구제금융을 통해 흘러 들어온 자금에서 자신들의 몫을 챙겨갔다. 여기서 한 걸음 더 나아가면 2010년 이후 발생한 유로존 위기의 숨겨진 논리가 2008년 은행 구제금융의 반복이라는 결론으로 이어질 수 있겠지만 이건 단순한 위장에 불과하다. 입이 매서운 한 전문가는 이를 두고 역사상 가장 거대한 "미끼 상술"이라고 비판하기도 했다.[37] 그렇지만 만일 그것이 사실이고 유로존에서 일어난 사태가 2008년의 위기가 모습만 바꿔 이어진 것이라면 최소한 누군가는 미국식의 결과가 일어날 것이라고 예상했어야 하는데, 그런 일이 없었다는 것이 바로 수수께끼다. 사태의 주역들은 모두 다 잘 알고 있겠거니와, 미국의 위기 탈출 과정에서는 엄청나게 불평등한 모습이 드러났다.[38] 은행가들이 넉넉한 삶을 누리는 동안 어떤 사람은 복지 혜택에 기대 겨우 연명하는 수준이다. 그렇지만 비록 그 비용과 이익의 분배가 이치에 맞지 않았다고 해도 최소한 미국의 위기 탈출 방식은 어느 정도 효과를 거두었다. 2009년 이후 미국 경제는 최소한 공식적인 통계를 기준으로 해도 계속해서 발전할 수 있었으며 지금은 거의 완전고용 수준에 도달했을 정도다. 반면에 유로존 국가들의 경우 편향된 정책 선택에 따라 수천만 명이 1930년대를 방불케 하는 대공황을 경험했으며 이것은 아마도 역사상 최악의 자발적 경제 재앙 중 하나로 기록될 것이다. 그 경제 규모가 유럽연합 총생산에서 불과 1~1.5퍼센트의 비중만을 차지하는 그리스는 이러한 대재앙을 막을 수 있는 열쇠여야 했지만 결국 그렇게 하지 못했고 유럽은 역사에 마치 풍자 만평과 같은 일그러진 모습과 기록을 남겼다.

그야말로 분노를 일으킬 만한 광경이 아닌가. 수백만 명이 아무런 이유 없이 고통을 받았는데 그런 모든 분노의 와중에도 한 가지 분명히 짚고 넘어가야 할 사실이 있다면 바로 "아무런 이유 없이"라는 표현일 것이다.[39] 2008년에서 2009년으로 이어진 금융위기에 대해서는 분명한 논리가 작용했다. 바로 계급 논리로, 확연하게 드러난 것처럼 "월스트리트를 먼저 보호하고 다른 사람들 걱정은 나중에 하자"는 것이었다. 그렇지만 최소한 그런 과정 속에서도 어느 정도 이론적인 근거는 있었으며 구제조치는 거대한 규모로 한 번에 진행되었다. 같은 논리를 유로존에 적용하는 건 유럽 지도자들에게 지나친 신뢰를 보내는 것이다. 여기서 이야기하고자 하는 건 성공적인 정치적 속임수가 아니다. 사실 유럽연합의 지도자들은 이런 속임수를 이용해 거대 유럽 기업들의 이익을 보호해온 자신의 노력을 교묘하게 감췄다. 이 책을 통해 정말로 하고 싶은 이야기는 금융시스템이라는 열차의 탈선과 서로 상충되는 시각의 충돌, 놓쳐버린 기회라는 쓰라린 기억, 그리고 지도력의 실패와 집단적 행동의 부재와 실패다. 물론 여기에는 쓰라린 구조조정을 피한 은행이나 보상을 받은 일부 주주들처럼 도움을 받은 기관이나 개인들도 있을 수 있지만 이들은 극히 일부로, 엄청나게 투입된 비용을 생각하면 그야말로 극소수에 불과하다. 이 극적인 사태 각각의 주역들, 즉 독일과 프랑스, 그리고 IMF 등에 논리가 결여되어 있었다고 비판하자는 건 아니지만 분명 그들은 힘을 합쳐 행동할 수밖에 없었으며 그 결과가 바로 유럽의 대재앙이었다. 이로 인해 유럽은 사회적, 정치적으로 큰 타격을 입었고 유럽연합이라는 이상은 다시는 결코 회복될 수 없을지도 모른다. 그렇지만 이런 혼란이 만들어내는 분노의 와중에 우리는 또 다른 장기적 결과를 잊어버릴지도 모른다. 2008년에서 2009년까지 이어진 미국의 금융위기를 따라 일어난 유로존 위기가 대단히 어설프게 봉합되면서 피해를 입은 건 단지 수백만 명에 달하는 유럽 사람들뿐만이 아니다. 유럽 기업들 역시 극적인 결말을 맞았으며 앞서 피해를 입은 사람들이 싫든 좋든 지금까지 일자리와 임금을 의존해온 곳이 바로 이 기업들인 것이다.

유럽 기업들은 유럽연합 위기관리 과정에서 아무런 혜택을 보지 못하고 오히려 피해를 입었으며 특히 은행들은 상황이 더 심각했다. 2008년 이후 전 세계 기업 순위를 볼 때 아시아가 약진했다기보다는 유럽이 쇠락하고 있다고 보는 편이 맞을 것이다.[40] 이런 결과는 독일의 막대한 무역수지 흑자 규모 소식에 익숙한 유럽 사람들에게는 이상하게 들릴 수도 있겠으나, 독일 내에서 가장 통찰력 있는 경제학자들이 지적하는 것처럼 그런 흑자 규모는 상당 부분 수출이 호조인 데 반해 수입을 억누른 결과다.[41] 유럽 기업의 세계 순위가 걷잡을 수 없이 떨어지고 있는 것은 이제 누구나 아는 사실이다. 사람들의 소망과는 달리 세계 경제는 독일식으로 말해 "미텔슈탄트(mittelstand)" 즉 중소기업들이 이끌어가는 것이 아니라 불과 몇 천 곳에 불과한 거대 기업들이 장악하고 있으며 역시 극소수의 자산관리자들이 운용하면서 서로 영향을 미치는 주식보유량이 결정한다. 기업들이 피 튀기는 경쟁을 벌이는 이 전쟁터에서 2008년에서 2013년까지 이어진 금융위기와 재정위기는 유럽 자본에 역사에 남을 패배를 안겨주었다. 물론 상황이 이렇게 되기까지는 수많은 다른 요인도 있었을 것이다. 그렇지만 가장 중요한 원인은 유럽 자체의 경제 상황이다. 수출은 중국과 미국 두 나라가 이미 보여준 것처럼 결코 내수 시장 수익에 대한 대안이 될 수 없다. 만일 우리가 유로존의 기본 임무가 자국 국민 보호가 아닌 유럽 자본에 대해 수익을 거둘 수 있는 내수 자본시장을 제공하는 것이라는 냉소적 견해를 따른다면 그 결론은 오직 한 가지로 귀결될 것이다. 2010년에서 2013년 사이에 그 임무는 완전히 실패했다. 그리고 다른 무엇보다도 이것은 유로존 제도의 실패가 아니라 기업 경영자들과 앞뒤가 꽉 막힌 중앙은행 관료들, 그리고 보수적 성향의 정치인들이 저지른 선택의 결과다.

물론 보통 사람들로서는 이런 식으로 움직이는 세계를 달가워하지 않을 수도 있다. 유럽 사람들은 어쩌면 소비자를 대변하는 입장에서 구글 같은 거대 독점 기업들과 싸우고 애플의 세금 포탈 문제에 대항하는 유럽연합 집행위원회(European Commission)의 활약상에 지지를 보낼지도 모르겠다.[42] 그렇지만 실리콘밸리에 부과된 벌금은 관련 기업들이 벌어들이는 엄청난 액수의 수익과 비교하면 보잘것없는 수준이다. 권력의 균형에 대한 다소 다른 관점이 나타난 건 2016년의 일로, 당시 세계 금융계는 모기지 부정 혐의로 미국 법무부가 독일의 금융 종합 기업인 도이치은행(Deutsche Bank)에 부과할 합의금의 규모가 얼마나 될지 숨죽이며 기다리고 있었다. 당시 도이치은행은 재무 상황이 사람들이 수긍할 정도로 대단히 취약했기 때문에 미국 당국의 손에 모든 운명이 달려 있다고 해도 과언이 아니었다.[43] 1세기 넘게 독일이라는 주식회사를 움직이는 엔진 역할을 해온 은행이 미국의 처분만 바라보는 처지가 된 것이다. 그리고 경제위기가 시작되면서 세계적 규모를 자랑하는 유럽의 나머지 투자은행들도 같은 상황에 처했다.

유럽 사람들은 어쩌면 이런 기업 지배와 관련된 국제적 싸움에서 빠져나오고 싶을지도 모르며 심지어 민주 정치를 위해 더 큰 수준의 자유를 획득하기를 바랄지도 모른다. 그렇지만 다른 국가의 기술에 점점 더 많이 의존하고, 유로존의 경제성장이 부진해지며 그 결과 유럽의 성장 모델이 다른 국가 시장에 대한 수출에만 의존하게 된다면 앞서 언급한 자주와 독립에 대한 희망이나 주장은 그야말로 공허한 것이 될 위험이 크다. 유럽은 독자적인 주역이 아니라 오히려 다른 국가에 있는 거대 자본 기업들의 협공 목표가 될 위험에 처해 있다. 실제로 국제 금융 분야에서만 보면 주사위는 이미 던져진 것이나 다름없다. 이중의 위기가 찾아오면서 유럽은 경쟁에서 탈락했다. 이제 세계의 미래는 위기에서 살아남은 미국의 생존자들과 아시아의 신참자들 사이에서 결정될 것이다.[44] 이들은 아마도 런던 시티에 자리 잡을 수도 있겠지만 브렉시트 이후에는 이제 그것조차 장담할 수 없다. 월스트리트와 홍콩, 그리고 상하이가 어쩌면 아주 쉽게 유럽을 앞지를지도 모를 일이다.

이런 상황이 그저 유럽이 자초한 결과라면 그것만으로도 더없이 좋지 않은 상황이겠지만, 유로존 위기의 역사를 유럽 자체만의 문제로 기록하는 것은 2008년 금융위기 역사를 모두 미국에 돌리는 것만큼이나 오해를 불러일으킬 수 있는 행동이다. 사실 유로존 위기는 2010년 봄과 2011년 가을, 그리고 다시 2012년 여름까지 최소한 세 차례 이상 반복해서 일어난 사건이다. 유로존은 공공 부문의 부채로 수조 달러의 자금이 소모되는 국가 부채 위기의 확실한 가능성과 함께 붕괴되기 일보 직전에 서 있었던 것이다. 독일을 비롯한 몇몇 국가가 이런 사태를 이겨낼 수 있었을 거라는 생각은 환상에 불과했으며 상황이 역전되는 순간의 장면은 그야말로 장관이었다. 지난 2008년의 위기 상황은 부시 행정부와의 결별을 요구해온 약삭빠른 유럽 사람들에게 이른바 글로벌리즘의 실체를 깨닫게 해주었다. 그로부터 18개월이 지난 후 베를린과 프랑크푸르트 보수주의자들의 완강하면서도 무의미한 저항에 직면해 유로존의 금융시스템을 안정화시켜달라는 호소를 하고 나선 건 다름 아닌 오바마 행정부의 중도 자유주의자들이었다. 이미 2010년 4월, 나머지 G20 국가들은 물론 다른 여러 국가들이 판단하기에도 유로존 위기는 그 정도를 넘어선 상태였으며, 유럽 사람들은 스스로 자신들의 문제를 처리하기에는 너무나 무능해 보여 그대로 내버려둘 수 없을 정도였다. 그리스가 "또 다른 리먼브라더스"가 되는 사태를 막기 위해 미국은 20세기 중반 글로벌리즘의 분명한 결과물이라고 할 수 있는 IMF를 움직여 21세기의 유럽을 구하려 했다. 2010년 5월 구조가 시작되자 더 이상의 사태 확대는 중단되었지만 유럽은 손발이 묶이게 된다. 유럽 사람들 입장에서 미국과 IMF는 7년이 지난 지금까지도 여전히 벗어나지 못하는 악몽과도 같은 굴레의 최선봉이었다. 또한 채권시장의 공황상태는 수그러들지 않았는데, 2012년 여름이 끝나갈 무렵이면 주요 유럽 국가들의 재정 위기가 미국과 나머지 세계 경제를 위협할 상황에 이를 것이라는 전망까지 나왔다. 2012년 7월이 되어서야 워싱턴과 나머지 G20 국가들의 끈질긴 노력으로 유럽은 안정을 되찾았으며 그렇게 될 수 있었던 건 유럽중앙은행의 뒤늦은 "미국화" 덕분이라는 것이 사람들의 일반적인 평가다.[45]

위기는 끝나지 않았다

만일 누군가 시계를 2012년 가을로 되돌린다면 그보다 4년 전에 있었던 뉴욕의 모습을 2012년의 모습과 비교해보는 일도 대단히 흥미로운 작업일 것이다. 별다른 가능성 없이 시작된 일임에도 불구하고 오바마 행정부가 구체화한 미국 기업의 자유주의가 다시 한번 지지를 얻었다는 사실을 부정하는 것은 상당히 어려운 일이었을 테니 말이다. 심지어 오늘날에 이르러서도 금융위기는 끝났으며 그다지 멀지 않은 과거의 어느 순간에선가부터 상황이 정상으로 회복되었다는 느낌은 결국 2012년 가을을 어떻게 되돌아보는가에 달려 있다. 바로 그 시점에서 포괄적 위기라는 심각한 위협은 막을 내렸으며 모든 것이 정상적으로 회복되었다는 징후가 보였다는 건 결국 미국의 세력이 건재하다는 사실을 알려주는 것이나 마찬가지였다. 그리고 2012년 11월 오바마가 대통령에 다시 당선됨으로써 모든 것이 마무리되었으며 세라 페일린 돌풍은 그대로 끝이 나고 말았다. 국제적으로 보면 신흥시장국가들이 연준의 인심 좋은 달러 공급에 힘입어 크게 부상할 수 있었으며 유럽연합은 부진을 만회하려 애를 쓰는 중이었다. 지난 2008년 선거에서 신중하고 주의 깊은 모습으로 부시와 체니 행정부와 자신을 차별화했던 오바마는 2012년에는 고전적인 미국 예외주의를 다시 부각했다. 클린턴 대통령 시절 사용되었던 미국은 "유일한 초강대국"이라는 구호가 다시 등장한 것이다.[46] 또한 좀 더 대국적인 측면에서 생각하는 외교정책도 부활했다. 범대서양 무역투자동반자협정(Transatlantic Trade and Investment Partnership, TTIP)과 환태평양 경제동반자협정(Trans-Pacific Strategic Economic Partnership, TPP)으로 대표되는 "무역" 협정이 새롭게 전면에 나섰는데, 사실상 그것은 지정학적 의도를 가지고 상업과 금융, 그리고 기술과 법률을 통합한 거대한 협정이었다. 오바마 대통령의 첫 번째 임기가 실망을 안겨준 만큼 이런 정책들은 보수파들의 반대에 부딪힐 수 있었고 인정하고 싶지는 않지만 어느 정도 예측 가능한 일이기는 했다. 그동 안 힘차게 달려온 세계화와 세계 자본주의는 또다시 이런 사상을 앞장서 전파할 수 있는 세력을 필요로 하고 있었으며 보수주의자들의 발목 잡기는 어쩔 수 없는 일이었지만 결국 역사는 계속해서 이어져야 했다. 심지어 유 럽에서조차도 이른바 실용적 관리주의(managerialism)가 결국 보수적인 교 리를 압도하게 된다.

지나간 10년의 세월을 역사적으로 이해하려면 먼저 지금 누리고 있는 새로운 만족의 순간을 진지하게 받아들여야 한다. 이후에 일어난 사건들을 생각해보면 과거에 대한 회고는 분노와 두려움, 그리고 흥분의 결합에 의 해 쉽게 왜곡될 수 있다. 그렇지만 이와 동시에 회복된 자신감은 분명 어 느 정도 근거가 있는 것이며 지적 유산도 함께 남아 있다. 그즈음 2008년 금융위기에 대한 첫 번째 조사 보고서가 작성했기 시작했는데, 가장 긍정 적인 견해를 담은 것이 『가동했던 시스템(The System Worked)』*이다.[47] 그리 고 『현상유지의 위기(The Status Quo Crisis)』에서는 2008년의 위기가 분명하 게 밝혀졌다고 선언하기도 한다.[48] 좀 더 비관적 견해를 담은 『거울의 방 (Hall of Mirrors)』에서는 우리가 아직 미몽(迷夢)에서 깨어나지 못한 상태라 고 주장하기도 한다.[49] 정확하게 말하자면 당시의 위기가 너무 빨리, 그리 고 효과적으로 진정되었던 만큼 안정에 대한 잘못된 오해를 불러일으켰을 수도 있다. 그리고 그 때문에 근본적인 개혁에 필요한 역량이 소모되었다 고 볼 수도 있다. 다시 말해 위기가 반복될 수 있는 심각한 위험이 여전히 도사리고 있다는 의미인데, 그렇지만 그 반복은 위기의 지속이나 연장과는

---

* 지은이는 금융위기를 다룬 주요 저작 셋을 차례로 살피고 있다. 책의 내용을 차례로 간단 히 소개하면 다음과 같다. 대니얼 W. 드레즈너는 『가동했던 시스템』에서 2008년 금융위기가 1929년 대공황과 같은 사태로 이어지지 않았던 이유를 밝히고 있다. 에릭 헬라이너는 『현상 유지의 위기』에서 2008년 금융위기 이후 글로벌 금융 거버넌스에 대해서 살피고 있다. 배리 아이켄그린은 『거울의 방』에서 1929년 대공황과 2008년 금융위기를 비교 조명하였다.

전혀 다르다. 부정적인 내용과 긍정적인 내용 모두를 포함해 위기와 관련된 이런 모든 견해나 설명을 그대로 받아들인다면 결국 2012년까지 이어진 2008년 경제위기는 막을 내렸다는 결론에 이른다. 이 책은 이런 사실을 바탕으로 시작되었고 이제는 막을 내린 위기의 시대를 되돌아볼 목적으로 쓰였다고도 볼 수 있다. 지난 2013년에 가장 시급해 보인 일은 월스트리트와 유로존 위기의 상호 관련에 대한 역사를 설명하는 것이었다. 바로 미국을 넘어서 동유럽과 서유럽, 그리고 아시아에까지 영향을 미친 위기의 본질을 정확하게 파악하고 이에 대응한 미국의 필수적인 역할을 강조하기 위함이었다. 또한 연준이 시행한 참신했던 조치들 역시 다시 확인하고 유럽의 대응 방식의 고통스럽고 지지부진한 측면을 명확하게 밝히며 강렬했지만 사람들의 인정을 받지 못한 대서양을 중심으로 한 금융 외교의 시기를 재조명하려는 목적도 있었다. 이런 모든 목적과 계획은 여전히 그렇게 할 만한 가치가 있지만 이제는 좀 더 새롭고 불길한 의미가 더해졌다. 달러를 바탕으로 한 금융시스템의 실제 역할과 그 위험성을 이해해야만 2017년 상황 속에 몸을 감추고 있는 위험을 알아차릴 수 있기 때문이다. 만일 트럼프 행정부가 미국의 정치적 권위를 떨어뜨린 주범으로 지목된다면, 2008년 금융위기뿐만 아니라 유로존 위기까지 미국의 영향력에 크게 의존했던 것이 밝혀진 지금 미국은 더 곤란한 상황에 처할 수 있다.

우리가 지금 고려해야 할 것은 2012년과 2013년의 기본적 가정과는 달리 위기는 완전히 끝나지 않았다는 사실이다. 우리가 현재 마주하고 있는 현실은 위기의 반복이 아닌 위기의 돌연변이와 전이(轉移)다. 이 책의 4부에서 살펴보겠지만 2007년에서 2012년까지 이어진 금융위기와 경제위기는 2013년과 2017년 사이에 냉전시대 질서 이후의 포괄적인 정치적, 지정학적 위기로 변모되어 나타난다. 그리고 거기에 따르는 명백한 정치적 의미는 감출 수가 없다. 보수주의는 위기와 싸우려는 원칙으로서는 재앙에 가까울 정도로 부족한 사상이었을지 모르지만 2012년 이후 일어난 사건들을 살펴보면 중도 자유주의의 승리 역시 잘못 알려진 것이었다.[50] 미국에서 불평등에 대한 논쟁이 크게 확산하고 있다는 사실이 확연하게 드러나면서 중도 자유주의자들은 현대의 자본주의적 민주주의가 가져온 장기적 문제들에 대한 신빙성 있는 해답을 제시하는 데 어려움을 겪고 있다. 점증하는 불평등과 시민권에 대한 침해라는 기존의 문제 위에 경제위기가 더해졌으며 2008년 이후 채택되어 단기적으로 효과를 본 극적 위기 탈출 방안들이 그 자체로 나쁜 부작용들을 만들어내었다. 따라서 이 점에서는 보수주의자들이 옳았다고 볼 수 있다. 한편 기존의 아라비아반도 지역의 갈등이나 "구소비에트 연방"의 낙후성이 아닌 성공적으로 진전된 세계화로 인한 지정학적 어려움들은 여전히 사라지지 않고 있으며 오히려 더 심각해졌다. 또한 이른바 "서방 동맹국들"은 여전히 건재하지만 그 협력 관계는 예전 같지 않다. 지난 2014년 일본은 중국과 대치하며 불협화음을 냈으며 "지정학적 문제에 아랑곳하지 않는" 그리고 "잠자는" 거인 유럽연합은 우크라이나 문제와 관련해 러시아와 갈등상태에 접어들었다. 그러는 사이 유로존 위기에 대한 서툰 처리의 결과로 유럽은 좌파와 우파가 극적인 모습으로 일어나 대립하는 현상을 연출했다. 그렇지만 정부의 비참한 실패에 직면한 유럽 민주주의의 역량이 어떤 경우 부정적으로 비칠 수도 있는 그런 식의 모습으로 나타났다기보다는, 경제위기 이후의 새로운 정치가 대중의 인기에만 영합하는 "포퓰리즘"으로 아예 악마처럼 돌변해버렸다고 보는 편이 타당하지 않을까. 1930년대 대공황 시기나 러시아의 위협이 있었을 때도 이런 비슷한 현상을 목격할 수 있었다. 유로존 재무장관들의 협의체인 유로그룹(Eurogroup) 안의 현상유지 세력들은 이런 사태를 진정시키고 또 2015년에는 그리스와 포르투갈에서 정권을 잡은 좌파 정부들을 무력화하려고 했으며 완전히 힘을 되찾은 유럽중앙은행의 새롭게 강화된 세력을 발판으로 한다면 사실 유로존의 견고함에 대해서는 더 이상 의심의 여지는 없었다. 다만 더 절박한 문제는 유럽연합의 민주주의의 한계와 그 편파성에 대한 의문이었다. 민주주의의 합리성을 포기하면서 좌파에 대항한다는 냉혹한 견제 전술은 그 역할을 톡톡히 해냈지만 우파에 대해서는 그렇지 못했고 그런 사실은 영국의 브렉시트와 폴란드, 그리고 헝가리의 사례가 증명해주고 있다.

'붕괴'의 원인과 과정은 왜 중요한가

역사가들은 종종 "시간이 약"이라는 말을 하곤 한다. 시간은 역사학의 장점으로 간주되는 거리를 두고 보는 것과 균형감을 가능케 한다. 그렇지만 물론 그것들은 시간이 여러분을 데리고 가는 지점에 달려 있다. 역사의 기록이란 그것이 재구성하려고 시도하는 그 역사를 벗어날 수 없다. 그러니까 더 중요한 질문은 어느 정도 시간이 흘러야 역사가 기록될 수 있는지가 아니라 그 사이에는 또 어떤 일들이 일어났는지, 그리고 역사를 기록하려는 시점에 어떤 일이 앞으로 일어날 것으로 예상되는지다. 예를 들어 이 책에서 이야기하는 사건들이 벌어졌던 시기에 가깝게 글을 시작해 끝을 맺을 수 있었다면 이 책이 더 이해하기 쉽고 결론도 더 명쾌했을지 모른다. 지나치게 낙관적인 생각이라 할 수 있겠지만 만일 지금으로부터 10년 뒤에 같은 책을 쓰게 된다면 여러 가지 일련의 사건들을 감안할 때 쓰기가 더 쉽지 않을까. 확실히 2008년으로부터 10년이 지난 지금은 영국과 독일, 그리고 "뉴욕 맨해튼섬"으로 상징되는 미국, 또 유럽연합 사이에서 어느 쪽을 따라야 할지 개인적으로 고민하고 있는 좌파 자유주의자 역사가에게는 책을 쓰기에 그다지 유리한 시점은 아니다. 물론 상황은 더 나빠질 수도 있다. 예컨대 1929년으로부터 10년이 지난 후 책을 쓰려 했다면 1939년이 되는데, 그때는 더 나빠진 상황에 있는 것이 아니었겠는가. 현재 우리는 아직 그런 상황까지는 다다르지 않았다. 적어도 아직까지는. 그렇지만 지금은 위기가 시작되기 전에 상상했던 것보다 훨씬 더 불편하고 혼란스러운 시기라는 것만은 분명하다.

도널드 트럼프가 미국 대통령에 당선되고 난 후 있었던 여러 불안과 위기의 징후 가운데 특히 사람들을 우려스럽게 만든 건 그가 무엇이 옳고 그른지 전혀 알 수 없는 극단적으로 혼란스러운 정치 행각을 벌이고 있다는 사실이다. 트럼프는 진실을 이야기하지 않으며 상식이 전혀 통하지 않는 사람이다. 그는 애초에 언행 자체에 일관성이 없다. 그가 이야기하는 권력은 이제 분명한 증거와 논리적 일관성, 그리고 이성이라는 기본적 가치와는 사뭇 멀어진 것처럼 보일 정도다. 무엇이 이런 퇴화를 불러왔을까? 누군가는 거기에 여러 가지 이유나 요소가 섞여 있다고 말할 수도 있을 것이다. 확실히 파렴치한 정치적 선동이나 대중문화의 타락, 그리고 케이블 텔레비전이나 소셜 미디어를 통해 만들어진 폐쇄적인 세계 등도 트럼프 개인의 성향처럼 문제의 일부일 수 있다. 그렇지만 우리가 겪고 있는 현재의 혼란스러운 상태를 모두 다 트럼프와 그의 지지자들 탓으로 돌린다면 그저 또 다른 혹세무민에 굴복하는 행동일 뿐이다.[51] 이 책에서 소개하겠지만 위기의 역사가 보여주는 건 우리의 현재 상황을 "사실적"으로 다루는 일이 대단히 고질적이며 지속적인 어려움을 동반한다는 사실이다. 문제는 단지 진실을 이야기하지 않는 선동가들에게만 있는 것은 아니며 훨씬 더 깊고 넓게 퍼져나가 결국 주류 정치의 주변부는 물론 그 중심부에까지 영향을 미친다. 그런 사실을 이해하기 위해 굳이 과거 이라크 전쟁이나 그와 관련된 거짓된 언론 보도와 같은 악명 높은 기만과 일관성 없는 사건들을 되새길 필요는 없을 것이다. 지난 2011년 봄, "사태가 심각해지면 거짓말을 할 수밖에 없다"고 공개적으로 발언한 사람은 다름 아닌 유럽연합 집행위원회의 현직 위원장이었다.[52] 그래도 최소한 그 위원장은 자신이 무슨 말을 하고 있는지는 알지 않았을까. 만일 우리가 장클로드 융커(Jean-Claude Juncker) 위원장의 말을 믿는다면, 대중적 담론에 대한 포스트트루스적(post-truth)* 접근 방식이야말로 자본주의 지배체제가 현재 바라고 요구하는 것이 아닐까.

신뢰의 상실은 심각한 문제이며 그 영향은 대단히 포괄적이다. 또한 그로 인한 상처도 매우 깊다. 자유주의자들이라면 대공황 시절의 노래 가사처럼 "자리를 박차고 일어나 툭툭 털어버리고 모든 걸 다시 시작해"라고 말할지도 모르겠다. 그런데 만일 미국이 실패했다면 우리는 젊고 새로운 프랑스의 마크롱 대통령이나 아니면 냉혹할 정도로 깊은 신뢰감을 주는 독일의 메르켈 총리 같은 지도자를 찾아봐야 할 것인데, 사실 지나치게 단순하거나 아니면 솔직하지 못한 발상이다. 그런 해결책은 2008년 이후 불어닥친 재앙의 규모나 혹은 미국과 유럽 모두가 경제위기에 적절하게 대응하겠다며 편협한 정치를 펼치다 실패한 경우에 대한 올바른 접근 방식은 아닐 것이다. 또한 중도파와 우파가 이미 실패를 경험했고 좌파가 안팎에서 큰 도전을 받아 흔들리고 있는 미국의 정치 상황에도 역시 올바른 접근 방식은 되지 못한다. 그리고 일부 손실은 어쩔 수 없으며 적절한 대응이란 그저 계속 앞으로 나아가는 것이 아니라 오히려 조금 시간이 걸리더라도 우리의 예상이 왜 실패했는지 살펴보고 무너져버린 미몽과 정체성을 다시 확인하고 추스르는 것이라는 사실을 완전히 이해하지 못하고 있다. 물론 이런 재건을 위한 노력 속에도 어떤 움직이지 않는 기준 같은 것이 있어야 할 것이다. 그렇지만 설사 과거를 되돌아본다 하더라도 다시 앞으로 전진하기 위해 우리가 기대야 하는 건 세계 자본주의라는 쉼 없는 역동성일 것이다. 이미 세상은 움직이고 있다. 우리가 이 책의 마지막 부분에서 확인하는 것처럼 경제적 도전과 위기의 또 다른 순간은 이미 우리를 향해 다가오고 있다. 다만 그런 일들은 이제 미국이나 유럽이 아닌 아시아와 신흥시장국가들 사이에서 일어날 것이다. 과거를 돌아보는 건 현재를 부정하겠

---

* 객관적 사실보다 감정이나 개인적 신념이 여론 형성에 더 큰 영향을 미치는 상황을 말한다.

다는 뜻이 아니며 단지 과거를 인정하고 무엇이 잘못되었는지 확인하려는 필수적인 공동의 노력에 힘을 더하겠다는 것뿐이다. 그런데 그렇게 하기 위해서는 금융 제도나 체계가 어떻게 움직였는지 파헤치는 일 말고는 다른 대안이 없다. 그 과정 속에서 우리는 이 세계를 무너뜨린 원인과 왜 그런 붕괴의 과정이 놀라운 충격으로 다가올 수밖에 없었는지 그 이유를 밝혀낼 것이다.

1부

폭풍 전야

1장

잘못된 위기

2006년 4월 5일, 일리노이주 출신의 젊은 신참 상원의원 버락 오바마는 비영리 정책 연구소인 브루킹스 연구소(Brookings Institution)의 새로운 프로젝트 착수식에 참석하기 위해 인도의 핵무기 관련 논의가 한창이던 의회를 잠시 빠져나왔다.[1] 브루킹스 연구소는 현재 전 세계적으로 가장 영향력 있는 사회과학 연구단체로 그 명성이 높다. 오바마가 이날 브루킹스 연구소에 모습을 드러낸 건 그의 대통령직 도전의 향방을 가른 일종의 시험대였다.[2] 그가 연구소에서 발표할 내용은 민주당의 유명한 킹메이커 중 한 사람인 로버트 루빈(Robert Rubin)이 제안한 새로운 동반성장론인 이른바 "해밀턴프로젝트(Hamilton Project)"에 대한 것이었다. 루빈은 1990년대에 민주당의 중도파 의원들과 글로벌한 사고를 지닌 금융업계 종사자들 사이의 의견 일치를 이끌어내며 미국의 경제정책을 새롭게 다듬는 데 일조한 인물이기도 하다. 1993년 루빈은 월스트리트에서도 최고의 지위라고 할 수 있는 골드만삭스(Goldman Sachs Group)의 회장 자리를 물러나 미국국가경제위원회(National Economic Council)의 수장으로 자리를 옮긴다. 국가경제위원회는 당시 빌 클린턴 대통령이 국가안전보장회의(National Security Council)에 대한 일종의 대항마로 경제 문제를 최우선 안보정책으로 내세우기 위해 설치한 기구다. 그로부터 2년이 지나 루빈은 재무부 장관에 취임한다. 2006년 4월 브루킹스 연구소에서 열린 회의를 주재하던 루빈의 옆에는 피터 오재그(Peter Orszag)라는 이름의 한 젊은 경제학자가 있었다. 역시 클린턴 행정부에서 잔뼈가 굵은 오재그는 훗날 오바마 행정부에서 예산국 국장으로 활약한다. 오바마가 대통령에 당선된 이후 그를 보좌한 경제 전문가들은 사실상 거의 대부분 루빈의 밑에서 경력을 쌓은 인물들이었다. 금융위기가 몰려오기 12개월 전, 그리고 오바마가 백악관에 입성하기 2년 반 전 선을 보인 해밀턴프로젝트는 오바마에게 가장 중요한 영향력을 끼친 인사들의 세계관을 축약해서 보여주고 있으며 또한 그들이 예측할 수 있었던 내용과 그렇지 못했던 내용들 모두를 담고 있다.

해밀턴프로젝트가 쏘아올린 경고장

1999년 다시 재계로 돌아온 루빈은 워싱턴 정가의 분위기에 대한 우려를 감출 수 없었다. 세계화는 1990년대의 가장 중요한 화두였으며 새로운 21세기에도 중요하기는 마찬가지였다. 그렇지만 부시 대통령 집권 2기도 2년 차에 접어든 당시 공화당 정부의 정책들은 미국을 위기로 내몰고 있었다. 국제적인 경쟁으로 인한 압박을 완화하기보다는 오히려 미국 사회를 분열시키고 있었던 것이다. 이로 인해 세계화에 반발하는 움직임이 일어났고 미국의 통화 안정성과 전 세계 기축통화로서 달러의 위상을 뒤흔들 수 있는 재앙에 가까운 금융위기가 일어날 조짐이 보였다.

　세계화 정책에 문제가 있다고 해서 루빈과 주변 인사들이 어떤 어려움을 겪고 있었던 건 아니다. 루빈 본인은 재무부 장관을 그만둔 후 다시 시티그룹 이사회의 비상임 회장으로 비록 명예직이긴 하지만 어느 정도 영향력을 유지하고 있었으며, 그동안 학계와 정계, 그리고 재계를 넘나들며 경력을 쌓아온 오재그 역시 적당한 시기에 시티그룹에 들어가게 될 터였다. 그렇지만 일반적인 미국인들의 삶은 그와는 사뭇 달랐다. 물론 좋았던 시절도 있었다. 클린턴 지지자들은 여전히 1990년대와 월스트리트, 그리고 기술업계의 호황을 자축하고 있었지만 1970년대 이후 임금은 생산성을 따라잡지 못했다. 해밀턴프로젝트와 관련된 엘리트 지도층 인사들 입장에서 보면 비난의 대상은 분명했다. 미국의 교육기관들은 젊은 세대에게 세상을 앞장서 헤쳐나가자면 꼭 필요한 교육을 제대로 제공하지 못하고 있었다. 해밀턴프로젝트가 처음 내보인 연구 보고서에는 교사의 채용 문제를 개선하고 학생들의 여름 방학을 더 효율적으로 활용하자는 등의 내용들로 가득했다.[3] 한 시대의 경제정책 논의를 지배하는 생산성 향상과 관련된, 이념과는 무관한 "근거 위주"의 아주 기본적인 것들이었다. 그렇지만 그 목적은 결국 정치적인 것이었다. 오바마는 자신이 발표하는 내용에서 이렇게 언급했다.

직장에서 일하는 미국인들의 교육과 보건, 그리고 그 밖의 복지를 위해 투자를 한다면 우리 경제의 모든 단계에 걸쳐 그만큼의 수익이 되돌아올 것이다. …… 지금 이 자리에서 설문조사를 한다면 대부분의 사람이 미국은 시장을 신뢰하는 강력한 자유무역국가라고 대답할 것이다. 로버트 루빈과 나는 사실 지난 1년여 동안 우리가 무엇을 해야 할지, 그러니까 세계화된 경제로부터 소외당한 사람들을 위해 어떤 일을 할 수 있을지 논의해왔다. 과거만 해도 이런 생각이 지배적이었다. 일단 파이의 크기부터 키우고 도움이 필요한 사람들에게는 재교육의 기회를 제공하자. …… 그렇지만 실제로 그런 내용들을 우리가 정말 필요로 하는 수준만큼 진지하게 고려한 적이 단 한 번도 없었다. …… 분명히 기억하자. …… 일리노이주에 있는 디케이터나 게일즈버그 같은 경우

주민들의 직장이 없어지면서 건강보험도 사라졌고 퇴직 후의 대책도 전무하다. …… 그 사람들은 자녀의 삶이 자신의 삶보다 더 나빠지는 첫 번째 세대가 될 거라고 믿고 있다.[4]

이렇게 되면 결국 끝없는 성공을 보장하던 아메리칸드림에 대한 배신일 뿐더러 정치적 역풍을 불러일으킬 위험마저 있었다. 오바마는 또 이렇게 덧붙인다. "결국 일부 사람들은 지금 우리가 이곳 워싱턴에서 논의하고 있는 것 같은 일종의 국수주의와 보호무역주의, 그리고 반이민 정서를 드러낼 것이다. 여기에서 궁리하고 있는 해결책을 따르면 실질적인 결과가 있을 것이다. 다만 그 결과에 이르는 과정에서 어느 정도의 출혈은 감수할 수밖에 없다."[5]

세계화에 대한 두려움과 선동가들의 역습의 기미가 이미 확연하게 드러나 있던 2006년의 한복판에서 오바마 자신도 이런 경제적 민족주의의 어조로 말하길 두려워하지 않았다. "만일 우리가 계속해서 적자폭을 낮게 유지하고 국가 부채를 다른 국가의 손에 맡기지 않는다면 우리는 결국 승리할 수 있을 것이다." 해밀턴프로젝트 연구진이 글로벌 경쟁력과 함께 염두에 두고 있던 또 다른 문제는 바로 부채 문제였다.

클린턴 행정부에서 재무부 장관을 역임하던 시절의 로버트 루빈이 이룩한 가장 큰 업적은 레이건 대통령 시절부터 내려오던 재정 적자를 상당한 수준의 흑자로 바꾼 일이다. 그 이후 다시 공화당이 정권을 잡으면서 미국은 대단히 빠른 속도로 잘못된 방향을 향해 나아가고 있었다. 2001년 6월, 이른바 닷컴버블이 터지고 선거와 관련된 여러 가지 잡음이 불거지면서 부시 행정부는 연방정부에 향후 1조 3500억 달러 이상의 손실을 입힐 수 있는 조세 감면 조치를 단행한다.[6] 이 때문에 중간선거에서 핵심 선거구들을 지킬 수는 있었지만 루빈이 이룩했던 재정 흑자는 모두 사라졌고 이는 다분히 의도적인 일이었다. 공화당은 재정 흑자는 결국 더 많은 정부 지출을 불러올 수밖에 없다고 확신하고 있었는데 레이건 행정부 시절 공화당 전략가들이 "괴물 굶겨 죽이기(starving the beast)"라는 이름으로 처음 실시한 정책이다.[7] 조세 감면을 실시하고 재정위기 상황을 부각함으로써 정부의 지출을 줄이고 사회복지제도를 축소하며 정부의 영향력을 줄여나갈 수밖에 없는 어쩔 수 없는 상황을 만들어가는 것이다.

문제는 조세 감면에 따른 지출 삭감은 절대로 일어나지 않는다는 사실이다. 2001년 9월 11일 테러리스트들에 의한 미국 본토 공격이 일어나자 미국은 전쟁상태에 돌입했다. 부시 행정부는 국방비 및 안보 관련 지출을 크게 늘렸다. 상황은 베트남전을 연상시킬 정도로 끔찍하게 흘러 미국은 결국 이라크 전쟁이라는 수렁 속으로 빠져들었다. 2006년 4월 해밀턴프로젝트가 발표되었을 때 이라크는 각 파벌들 사이에 서로 피를 뿜는 내전이 벌어지기 일보 직전이었다. 이제 미국의 문제는 어떻게 거기서 빠져나오는가였다. 이라크 전쟁은 그저 명분 없는 굴욕적인 전쟁이었을 뿐만 아니라 엄청난 자금을 쏟아붓게 만들었다. 부시 행정부는 정규 예산에서 전쟁비용을 편성하지 않으려고 전력을 다했고 따라서 민주당 소속 전문가들은 전쟁비용이 얼마나 들어가고 있는지 스스로 계산해볼 수밖에 없었다. 2008년까지 아프가니스탄과 이라크에 투입된 예산은 최소 9040억 달러에서 최대 3조 달러에 이르는 것으로 추산된다. 이 액수는 제2차 세계대전 이후 미국이 그 어떤 전쟁에 들였던 비용보다도 많은 액수였다.[8]

물론 태평양 전쟁을 치르던 당시보다 훨씬 더 사정이 넉넉해진 미국으로서는 그 정도 비용은 감당할 수 있었다.[9] 그렇지만 부시 행정부는 조세 감면 조치를 중단하려 들지 않았고 2003년 5월에 아예 추가 조세 감면 조치를 발표하며 오히려 그 적용 범위를 배로 확대한다. 군 관련 예산은 일종의 신성불가침의 영역이었고 임의로 지출할 수 있는 나머지 부분은 그 액수가 크게 영향을 미칠 수 없을 만큼 미미했기 때문에 공화당에서는 복지 관련 "혜택"에 엄청난 규모의 불공정한 삭감을 실시함으로써 감세로 인한 충격을 줄이려고 했다. 그렇지만 그런 제안이 상원을 통과할 수는 없었다. 상원의 경우 공화당이 가까스로 과반수를 유지하고는 있었으나 공화당 내부에도 "중도파" 의원들이 있었기 때문이다. 루빈이 2000년 만들어둔 864억 달러의 재정 흑자가 2004년 기록적이라 할 수 있는 5680억 달러라는 끝이 보이지 않는 규모의 적자로 뒤바뀐 것에는 이런 사정이 있었다.[10]

해밀턴프로젝트는 2004년 오재그와 루빈이 함께 작성한 한 편의 보고서에서 시작되었다. 여기서 두 사람은 경고의 목소리를 높인다.[11] 먼저 부시 행정부의 적자 행진은 금리를 끌어올리고 결국 민간 투자 부문을 쥐어짜게 될 것이다. 그리고 그다음에는 훨씬 더 심각한 시나리오가 기다리고 있었다. "앞으로도 계속해서 이어질 것으로 예상되는 적자 행진은 시장의 기대치에 대한 근본적 변화는 물론 국내외에서 그와 관련된 국가 신뢰도의 상실을 가져올 것이다." 루빈과 오재그는 날카롭게 지적했다. "이에 따라 계속해서 일어날 수 있는 반갑지 않은 동적 효과는 재정 적자에 대한 일반적

도표 1.1 미국의 쌍둥이 적자

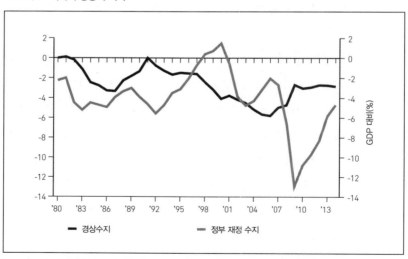

자료 출처: 미국 예산 관리국 및 미국 상무부 경제 분석국.

인 분석과 완전히 일치하지는 않는다 해도 역시 대단히 클 것으로 보인다. 이러한 손실은 소규모의 일시적인 적자의 맥락에서라면 어느 정도 적당한 선에서 이해할 수도 있는 문제다. 그렇지만 적자폭이 더 크게 계속해서 이어지는 환경이라면 더 이상은 감당해낼 수 없을 것이다. 현재 계속되고 있는 상당한 규모의 적자 행진은 아마도 시장의 기대감과 신뢰도에 대해 대단히 심각하고 불리한 영향을 미치게 될지도 모른다. 그렇게 되면 구조적인 재정 적자와 금융시장, 그리고 실물경제 사이에서 점점 더 강화되는 악순환의 고리가 만들어질 수도 있다." 간단히 말해 기존의 전통적인 분석만으로는 경보를 울리기에 충분하지 못했다는 뜻이다. 그러한 전통적인 분석이 이런 상황에서 "진지하게 받아들이지" 않은 건 미국이 "재정 혹은 금융 혼란"을 향해 나아갈 가능성이었다.

클린턴 행정부 출신의 이 노련한 인사들은 "구조적인 재정 적자와 금융시장, 그리고 실물경제" 사이 "악순환의 고리"라는 표현을 사용했을 때 자신들이 지금 무슨 말을 하고 있는지 잘 알았다. 이들의 관점에서 보면 지금의 상황은 예산 남용이 엄청났던 레이건과 부시 행정부의 유산이었다. 1993년 미국 공사채 시장 매도 위기(bond market sell)에 직면한 클린턴 행정부는 경기부양을 위해 준비했던 야심 찬 계획들을 일단 보류한다.[12] 루빈과 연준 의장 앨런 그린스펀(Alan Greenspan)의 뜻에 따라 적자 감축은 클린턴 행정부의 최우선 목표가 된다. 민주당의 수석 정치 고문 제임스 카빌(James Carvill)은 당시 상황을 이렇게 회상한다. "사람이 다시 환생을 할 수 있다면 어떨까 생각해보곤 한다. 대통령이나 교황, 아니면 프로야구의 4할 타자로 다시 태어나는 건 어떨까. 그런데 사실 나는 그 당시의 채권시장이 한번 되어보고 싶다. 그러면 모든 사람들을 두려움에 떨게 만들 수 있을 테니."[13]

1980년대와 1990년대는 이른바 "채권자경단(bond vigilantes)"에게는 봄날이었다. 10년의 세월이 흐른 뒤에도 그들은 계속해서 채권시장에 남아 있었다. 실제로 채권거래에서 오가는 금액은 그 어느 때보다 규모가 컸다. 그렇지만 오바마가 언급한 것처럼 루빈과 주변 인사들이 가장 우려한 건 국내 투자자들이 아니었다. 문제의 핵심은 해외 투자자들이었다. 부시 행정부의 적자는 대부분 해외 투자자들의 채권 매입을 통해 자금을 조달받아 유지되고 있었다. 오재그와 루빈의 보고서가 지적했던 것처럼 미국 재무부에서 발행하는 채권은 여전히 세계에서 가장 안전한 투자처였다. 지불정지가 되거나 갑작스럽게 인플레이션의 영향을 받을 그럴 확률은 전혀 없었던 것이다. 그렇지만 재무부 채권의 가치가 불안정해지고 투자자들이 미국 정부의 정책 결정 과정을 신뢰할 수 없게 된다면 그 결과는 일반적으로 예측할 수 있는 것보다 훨씬 더 심각해질 수 있었다. 비단 클린턴 쪽 인사들만 이런 걱정을 한 건 아니었다. 2003년 당파와는 무관한 의회 예산국(Congressional Budget Office)에서는 해외 투자자들이 미국 채권의 매입을 중단하고 달러 가치는 폭락하며 금리는 치솟는 극단적 상황이 올 수도 있다는 사실을 사람들에게 상기시킬 때라고 생각했다. "수익성 하락과 물가 및 금리 상승에 대한 예상으로 주식시장은 붕괴하고 소비자들은 갑자기 소비를 줄일 가능성이 있다. 게다가 미국의 경제적 어려움은 전 세계 다른 국가들에도 영향을 미쳐 미국의 무역 상대국들의 경제 상황까지 악화시킬 수 있다."[14]

적자 규모가 커지면서 미국 경제는 채권시장의 압력에 더욱 취약하게 되었다. 해외 투자자들이 언제든 갑자기 채권 매입을 중단할 수도 있다는 사실은 외부에서 들어오는 자금 흐름이 갑자기 중단될 수도 있다는 악몽을 심어주기에 충분했다. 그렇지만 이런 시나리오를 실질적인 공포가 되도록 부추긴 건 해외 투자자들의 정체였다. 1980년대까지 미국에 대한 주요 해외 투자자들은 유럽 사람들이었고 이어 막대한 무역수지 흑자를 보고 있던 일본이 그 자리를 대신하게 되었다. 21세기가 된 지금도 사실 일본은 미국의 가장 큰 채권국 중 하나이긴 하다. 그렇지만 1990년대 부동산 거품이 꺼지고 엔화 가치가 급등하며 국내 경제사정이 어려워지자 경쟁자로서 일본의 위협은 수그러들게 된다. 2006년 4월, 오바마가 "국가 부채를 다른 국가의 손에 맡기지 않는다면"이라고 말했을 때 사람들은 그가 바로 중국과 공산당 정권을 가리키고 있다는 사실을 알았다.

금융 공포의 균형이 주는 위안

1970년대 이후부터 중국은 미국의 지정학적 정책에서 대단히 중요한 위치를 차지하게 된다. 닉슨 대통령과 키신저 국무장관은 중국과 소비에트 연방 사이를 갈라놓음으로써 냉전 체제를 뒤흔들었다. 이제 소비에트 연방은 역사 속으로 사라졌으며 유럽을 중심으로 한 냉전 체제 역시 그 모습을 감추었다. 태평양은 미국과 미래의 경쟁자 중국이 마주하는 새로운 전선이 되었다. 독일에 나치 제국이 들어선 후 처음으로 미국은 잠재적 지정학적 경쟁자이자 정치적으로는 적대적인 정권, 그러면서도 자본주의 경제 체제에서 큰 성공을 거둔 세력을 마주한다. 오바마가 브루킹스 연구소의 회의에 참석했을 때 마침 의회에서 인도의 핵무기와 관련된 논의가 있었다는 사실은 어쩌면 기묘한 우연의 일치일지도 모른다. 미국은 아시아에서 새로운 동맹국을 찾고 있었지만 핵무기보다 더 중요한 문제, 그러니까 적어도 루빈과 주변 인사들이 염두에 둔 건 바로 경제 문제였다.

　중국을 세계화의 물결 속으로 이끈 건 다름 아닌 클린턴 행정부였다. 1995년 11월, 미국은 중국에게 새롭게 창설된 세계무역기구(World Trade Organization, WTO)에 가입할 것을 권했다. 물론 미국이 자신이 주도하는 세계 경제 질서 속에 다른 국가를 끌어들인 것이 이번이 처음은 아니었다. 1945년 제2차 세계대전이 끝난 후에는 서유럽 국가들을, 그리고 1950년대와 1960년대에는 일본과 동아시아 국가들을, 또 1990년대에 이르러서는 동유럽 국가들에게도 같은 길을 권했다. 시장 개방은 미국 기업과 미국 투자자들, 그리고 미국 소비자들 모두에게 아주 좋은 현상이었다. 미국의 경제적 이해관계는 대단히 넓게 얽혀 있어서 사실상 세계 자본주의 그 자체라고 해도 무방할 정도였다.[15] 1990년대 중반에 이르자 미국은 인권 문제와 법치, 그리고 민주주의와 관련하여 중국 공산당과의 대립을 포기한다. 그 대신 공화당과 민주당 양당의 이른바 글로벌리스트들은 상업적 통합이라는 강력하고도 비정한 힘이 언젠가 때가 되면 중국을 세계 질서의 "이해당사자"로 만들게 될 거라고 장담했다.[16]

중국은 실제로 괄목할 만한 성장을 이루어냈으며 미국 투자자들은 막대한 수익을 거둬들였다. 제너럴모터스 같은 미국의 제조업체들은 중국에 자신들의 미래를 걸었다.[17] 1995~1996년에 중국 본토와 타이완 사이 해협에서 짧게나마 일촉즉발의 상황이 벌어지긴 했지만 이후 외교적 상황은 그대로 안정된다. 그렇지만 중국을 미국의 경쟁자로 만든 건 중국의 국가 규모였다. 1989년 톈안먼 사태가 일어났을 때 중국 공산당은 일당 지배 체제를 포기하지 않겠다는 의중을 공공연히 드러냈다. 이후 중국에서는 민족주의가 공산주의 못지않게 대중적으로 인기 높은 이념으로 자리매김한다.[18] 만일 미국이 중국을 "서구화"하기 위해 국제 교역과 세계화에 승부를 걸었다면 중국 공산당은 다른 쪽으로 승부를 건 것이다.[19] 중국 공산당 지도부는 엄청난 경제성장도 자신을 약하게 만들지 못할뿐더러 오히려 조국의 눈부신 부흥을 이끌어낸 성공적인 지도자로서의 위치를 더 공고히 만들어줄 것이라고 확신했다. 중국은 다른 국가들과의 교류를 경제성장의 기회로 이용했지만 절대로 완전한 시장 개방에는 참여하지 않았다. 누가 어떤 조건으로 투자할지 결정하는 것은 결국 중국 정부의 몫이었다. 중국 정부와 공산당 지도부는 국내외로 들고나는 자금의 흐름을 엄격하게 통제했으며 그 결과 중국의 중앙은행이라 할 수 있는 중국인민은행(中國人民銀行)이 위안화의 환율을 고정시킬 수 있었다. 그리고 1994년 이후부터 중국은 위안화를 달러에 페그(peg)시키는 환율제도를 실시하게 되었다.

달러 페그(dollar-peg) 환율제도를 택했을 때만 해도 중국은 별반 두드러 질 것이 없는 평범한 국가였다. 시장 자유화의 물결이 거센 시기였지만 금 융의 세계는 평등하지 못했다. 전 세계 통화제도는 기축통화라고 할 수 있 는 달러화를 최정점에 두고 엄격하게 서열이 구분되어 있었다.[20] 21세기가 시작되자 달러화 연동 통화 연결망은 GDP 기준으로 대략 전 세계 경제의 65퍼센트를 차지한다.[21] 또한 달러화에 페그되어 있지 않은 통화들은 주로 유로화와 연결되어 있는 경우가 많았다. 자국의 화폐를 달러에 페그시키는 환율제도는 경제가 취약하다는 것을 보여주는 상징이기도 한데, 대부분 환 율은 그저 희망사항을 반영한, 과대평가된 비율로 설정되었다. 이런 속임 수는 단기적으로는 이익을 가져다주는데, 저렴한 가격으로 수입할 수 있 으며 해당 국가의 일부 특권층은 해외 부동산을 값싸게 사들일 수도 있다. 그렇지만 동시에 엄청난 위험을 가져올 수도 있다는 사실을 유념해야 했 다. 달러 페그 환율제도는 영원히 지속되는 것이 아닐뿐더러 폐지될 때는 종종 엄청난 충격파를 함께 몰고 오는 것이다. 고정환율에 의한 안정성은 외국 자본의 대량 유입을 부추기고 그렇게 되면 국내 경제활동이 활발해지 는 데 도움을 주며 동시에 해외 자본에 의한 무역수지 불균형이 나타난다. 해외 자본이 흘러 들어오는 일종의 통로 역할을 하는 은행들은 크게 성장 하는데 바로 여기서부터 위기가 시작된다.[22] 국제 투자가들의 확신이 사라 지면 그 결과는 재앙에 가까운 자본 유입 중단으로 이어진다. 그러면 중앙 은행의 외환보유고가 바닥날 것이고 그때는 결국 통화 고정(currency peg) 을 포기하는 수밖에는 다른 방법이 없다. 그동안 누려온 안정성은 이제 자 국 화폐의 엄청난 가치 폭락에 자리를 내줄 수밖에 없다. 자기자본이 있는 경우에는 그 돈으로 어떻게든 살아남을 수 있지만, 외화를 차입한 경우에 는 파산에 직면하는 것이다.

1990년대에 바로 이런 엄청난 일들이 일어났다. 1994년에는 멕시코가,

1997년에는 말레이시아와 한국, 인도네시아, 태국이, 1998년에는 러시아가, 1999년에는 브라질이 바로 이런 참극을 맞았다. 이런 위기 상황을 극복하는 데 도움을 준 미연준 의장 앨런 그린스펀과 재무부 장관 로버트 루빈, 그리고 나중에 루빈의 뒤를 잇게 되는 래리 서머스(Larry Summers)는 "세계를 구한 사람들(Committee to Save the World)"이라는 명성을 얻었다.[23] 이런 미국의 슈퍼 영웅들이 개입하지 않았을 때 어떤 일이 벌어지는가는 2001년에 확연히 드러났다. 9·11 테러 공격으로 부시 행정부가 정신이 없을 무렵, 일단의 "금융 투기 세력(financial speculation)"이 아르헨티나를 공격하기 시작했다. IMF에서 220억 달러에 달하는 자금을 지원했지만 미국 정부의 도움을 받지 못한 아르헨티나는 악화 일로를 걷게 된다. 아르헨티나의 민간 부문 부채의 80퍼센트가 달러화로 이루어져 있었고 아르헨티나 경제에서 수출이 차지하는 비중은 25퍼센트에 불과했기 때문이다.[24] 2001년 12월, 아르헨티나의 달러 보유고가 바닥을 보이기 시작하자 정부는 예금인출 제한 조치를 실시했다. 전국적으로 폭동이 일어나면서 24명의 사망자가 발생했고 정권은 붕괴했다. 2001년 12월 24일, 아르헨티나는 1440억 달러에 달하는 공공 부문 부채에 대한 상환을 중단한다는 발표를 하는데 그중 930억 달러가 바로 해외에서 빌려온 자금이었다. 아르헨티나 페소화의 달러화 대비 가치는 1 대 1에서 3 대 1로 폭락했고 달러화 부채를 지고 있던 사람들은 파산했다. 아르헨티나 경제는 1980년대 이후 한 번도 보지 못했던 수준으로 무너져 내렸다. 21세기가 시작되었을 때 아르헨티나 인구의 절반 이상은 빈곤층으로 분류되었다.[25]

중국으로서는 이런 갑작스러운 해외 자금조달 중단의 희생자는 물론 미국의 도움을 구걸하는 처지가 될 생각이 전혀 없었다.[26] 중국 정부는 달러 페그 환율제도를 도입할 때 위험을 줄이기 위해 너무 높지도 낮지도 않은 지점을 선택했다. 바로 1950년대와 1960년대 각각 일본과 독일이 했던 것과 똑같은 방식이었다.[27] 수출 주도형 성장을 위한 처방이었지만 그 자체로도 위험은 있었다. 자국 화폐의 가치를 떨어뜨리면 수입 비용이 필요 이상으로 올라가고 중국 인민들의 삶의 질도 떨어진다. 미국과의 무역수지 흑자를 유지하며 미국 정부가 발행하는 채권을 사들인다면 가난한 중국이 부유한 미국으로 국부를 유출하는 형국이 되고 미국의 소비자들은 중국의 돈으로 중국의 새로운 대형 공장들이 만들어내는 상품을 살 수 있게 된다. 게다가 중국은 달러 페그 환율제도를 도입할 때 위안화의 가치를 평가절하 상태가 되도록 했는데 이것 자체가 어려운 싸움이었다. 중국의 대(對)미국 무역수지 흑자는 2000년 830억 달러에서 2009년 2270억 달러까지 치솟았는데, 중국 위안화의 가치를 낮게 유지하기 위해 중국 중앙은행은 지속적으로 달러를 사들이고 자국의 위안화를 매도해야 했다. 그렇게 하기 위해서는 위안화를 계속 찍어내야 하는데, 일반적인 상황이라면 중국 국내의 물가 상승을 부추기고 경쟁 우위는 사라지게 만들며 사회적 불안을 촉발할 수도 있었다. 따라서 중국인민은행은 국가 개입의 효과를 "불태화"하기 위해 시중에 풀린 통화를 효과적으로 줄이고자 했으며, 이를 위해 중국 내 모든 은행에 예비 준비자산을 대규모로 확보하도록 했다. 이는 중국 정부와 기업 경영진 사이의 극단적인 결탁, 그리고 강압과 상호 이익을 통해 공산당과의 공동 연대를 하며 만들어진 관계로만 유지될 수 있는 근본적으로 불균형한 상황이었다. 중국의 새로운 세력집단으로 부상하게 된 기업과 경영진은 엄청난 규모의 수출 주도형 성장 정책을 따라 막대한 수익을 올렸다.[28] 중국의 농민들과 노동자들은 꿈을 좇아 고향을 떠나 도시로, 도시로 모여들었다. 그러는 사이 중국의 막대한 외환보유고는 불확실한 세계 경제가 위기로 돌변했을 때 그로부터 중국의 주권을 지켜줄 최고의 보호책으로 자리를 잡게 된다.

달러화 대비 환율을 고정시킨 통화가 지나치게 많고 환율의 평가절하나 적절한 조정 등을 통해 정당한 수출 경쟁력이 만들어질 가능성이 적다면 세계 경제가 수출 흑자를 올리는 국가들과 수입 적자에 시달리는 국가들로 극단적으로 양분되는 것은 너무도 당연한 일이다. 2005년 1월에서 3월까지 불과 3개월 동안 재화와 용역 교역 및 투자수익에서의 과도한 대외 지급금을 포함해 미국이 짊어지게 된 경상수지 적자액은 무려 2000억 달러에 이른다. 그리고 그해 총적자액은 7920억 달러에 이르렀으며 2006년에도 상황은 전혀 나아질 것 같지 않았다. 이렇게 미국 등 수입국의 경상수지 적자가 대규모로 누적되는 "글로벌 불균형(global imbalance)" 상황에서 흑자를 보는 국가들의 이른바 "국부펀드(sovereign wealth funds)"는 자본의 거대한 저장소 역할을 했다. 워싱턴 DC에 있는 피터슨 국제경제연구소

도표 1.2 중국의 외환보유고(단위: 10억 달러)

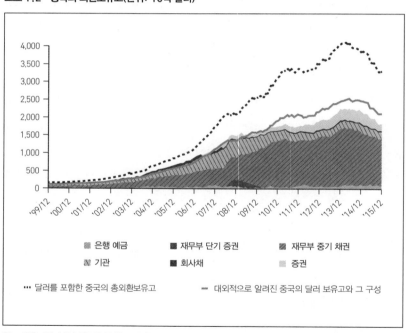

참고 내용: 벨기에와 영국을 통한 조정 추정치.

자료 출처: 브래드 셋처 개인 블로그(Follow the Money) 중 「중국이 보유하고 있는 미국 재무부 채권 규모(How Many Treasuries Does China Still Own?)」, 대외관계위원회(Council on Foreign Relations) 2016년 6월 9일. https://www.cfr.org/blog/how-many-treasuries-does-china-still-own.

(Peterson Institute for International Economics)의 추산에 따르면 2007년 신흥시장국가들의 국부펀드에는 최소한 2조 달러의 자금이 모여 있으며 이들 국가의 중앙은행들에도 수조 달러에 달하는 예비 자금이 비축되어 있다고 한다.[29] 사우디아라비아 중앙은행(Saudi Arabian Monetary Authority, SAMA)에는 오일 달러가 넘쳐났고 노르웨이와 싱가포르의 국부펀드 역시 사정은 마찬가지였다. 일부 국부펀드는 주식시장에 대담하게 투자하기도 했다. 중국의 국가외환관리국(國家外換管理局)에서는 안전하고 확실한 투자처를 찾고 있었는데, 안전한 자산관리를 위한 이들의 선택은 바로 미국 장기국채와 미국 정부가 보증하는 유가증권이었다.

불균형은 우려스러운 일이었지만 최소한 흑자를 올리고 있는 국가들 입장에서는 위기가 발생했을 경우 그 첫 번째 충격파가 자국이 아닌 적자 상태의 국가들에 집중될 것이라는 사실만은 분명했다. 해외 투자자들이 미국 자산을 포기한다면 세계 최대의 적자 국가인 미국은 달러화 가치가 떨어지고 금리는 치솟는 결과를 보게 될 터였고, 오재그와 루빈, 오바마 상원의원이 우려하는 것도 바로 그런 시나리오였다. 그런 생각을 하는 건 비단 세 사람만이 아니었다. 미하원 산하 대외관계위원회 의장이자 피터슨 국제경제연구소 소장, 그리고 블랙스톤 사모펀드 그룹의 회장인 피터 G. 피터슨(Peter G. Peterson)은 대외관계위원회에서 발행하는 평론지인《포린 어페어스(Foreign Affairs)》를 통해 미국의 쌍둥이 적자에 경종을 울렸다.[30] 경제학자 누리엘 루비니(Nouriel Roubini)와 브래드 셋처도 만일 투자자들이 투자를 중단하면 미국은 달러 가치의 급격한 하락과 금리 인상에 직면하게 될 것이라고 경고했다.[31] 그것은 제2차 세계대전 이후 겪게 되는 최악의 경제불황이 될 것이었다.[32] 게다가 미국만 불황을 겪게 되는 것도 아니다. 새롭게 부상하고 있는 아시아의 강국들도 경제위기를 겪을 것이며 미국이 위기로 고통을 받으면 물론 중국도 무사히 넘어갈 수는 없을 터였다.[33] 니얼 퍼거슨(Niall Ferguson) 교수와 모리츠 슐라리크(Moritz Schularick)

교수는 미국과 중국의 복잡한 상호 경제적 의존상태를 설명하기 위해 "차이메리카(Chimerica)"라는 신조어를 만들어 소개하기도 했다.[34] 미국 재무부 장관을 지낸 후 하버드대학교 총장으로 자리를 옮긴 래리 서머스는 이런 상황이 냉전시대에 동서 양 진영이 언제든 서로를 멸망시킬 수 있었던 상황을 떠올리게 한다고 날카롭게 지적했다. 서머스는 워싱턴 정가를 대상으로, 세계 경제의 중심에는 "금융 공포의 균형(balance of financial terror)"*이 있다고 주장했다.[35] 다만 냉전시대에는 미국이 경제라는 강력한 무기를 가지고 있었지만 이제 미국이 쥔 패는 "대마불사"인 미국을 중국이 실패하게 두지는 않을 것이라는 희망이었다. 그러나 그건 그리 큰 위안은 되지 못했다.

진퇴양난에 빠진 미국의 재정 적자

이런 불균형을 완화하기 위한 분명한 해결책은 해밀턴프로젝트가 요구한 것처럼 바로 재정지출 통제였다. 연방 재정 적자를 줄이고 국내수요를 억누르며, 중국의 상품과 돈의 유입을 줄이자는 것이다. 그렇지만 부시 행정부는 아랑곳하지 않는 것처럼 보였다. 2004년 들어 2002년재무부 장관에서 해임된 폴 오닐이 부시 행정부 초창기에 있었던 사건들을 폭로하고 나섰는데 거기에는 경제정책 관련 부서들을 압박한 내용들도 포함되어 있었다. 2002년 11월 폴 오닐은 당시 부통령이던 딕 체니(Dick Cheney)에게 "재정 적자 상태가 계속되는 것은 …… 경제에 큰 위협이 될 것"이라는 경고를 하려 했지만 체니 부통령은 다음과 같은 말로 그의 말을 잘랐다고 한다. "당신도 알고 있겠지만 …… 레이건 행정부 시절 이미 적자는 별문제

---

* 냉전시대 무기체계 경쟁을 일컫는 "공포의 균형(balance of terror)"에서 따온 말이다.

가 되지 않는다는 사실이 증명되지 않았는가." 공화당이 중간선거에서 승리를 거두었기 때문에 조세 감면 정책은 공화당으로서는 반드시 "밀어붙여야 할" 정책이었다. 그리고 폴 오닐은 얼마 지나지 않아 장관 자리에서 물러나게 된다.[36] 루빈을 지지하는 민주당의 관점에서 보면 이 일은 경제적 무지에서 비롯된 일일 뿐만 아니라 정치적으로도 추문에 가까운 사건이었다. 아버지 부시 대통령 다음으로 정권을 잡았을 때 당시 민주당은 상당 기간 레이건 정부 시절의 적자 문제를 해소하기 위해 고군분투해야 했다. 만일 딕 체니가 생각했던 공화당 정책이 지지를 받았다면 양당이 번갈아가며 정권을 잡을 수 있는 미국의 기본적인 정치체제는 큰 타격을 받지 않았을까. 만일 공화당 측에서 경제 문제를 자신들을 따르는 특정 지지층의 이익만을 위한 쪽으로 생각했다면 민주당으로서도 "국가 전체를 생각하는" 경제정책을 제대로 실시하기 어려웠을 것이다. 클린턴 행정부 시절 재무부 경제정책 부차관보였던 브래드퍼드 들롱(Bradford DeLong) 교수는 유감스러운 듯 이렇게 이야기한다. "루빈과 우리 보좌관들은 경제성장률을 올릴 목적으로 미국 정부의 재정 수지 균형을 회복하기 위해 백방으로 노력했다. 그렇지만 우리가 한 일은 …… 결국 부시 행정부의 우파들이 계급간의 갈등을 부추길 수 있는 밑바탕을 제공했을 뿐이다. 그들은 세금 공제 후의 더 큰 소득 불평등만 만들어냈다."[37]

2006년 11월 중간선거 결과 상원과 하원의 주인이 바뀌자 상황은 더 절박해진다. 운명의 전환점이라고밖에 할 수 없는 상황 속에서 1930년대 이후 미국 자본주의가 가장 큰 위기를 겪는 동안 하원을 지배한 건 바로 민주당이었지만 아직은 그 위기가 닥쳐오기 전이었다. 2006년 국회의사당을 새롭게 장악한 민주당이 다시 한번 떠맡게 된 책임은 우선 재정 적자의 해소 문제였다. 민주당 내의 다수 의원들, 특히 좌파에 속한 의원들은 자신들이 왜 그런 부담을 떠안아야 하는지 알 수 없었다.[38] 어느 중도파 의원의 설명이다. "재정 책임 문제에 대해서라면 그건 반드시 둘이 짝을 이뤄 춰야 하는 춤이나 마찬가지다. 공화당이 장단을 맞추려 하지 않는데 민주당 혼자 나서서 춤을 출 수는 없는 노릇 아닌가."[39] 어쩌면 하원의 공화당 의원들이 "부자들만 옹호하는 공세(wealthpolarizing offensive)"를 펴는 경우 그걸 막는 최선의 방법은 공공사업과 복지, 그리고 일자리 창출에 더 많은 예산을 쏟아붓는 일일지도 모른다. 그렇게 되면 아무리 공화당 의원들이라 할지라도 부자들에 대한 추가 조세 감면 조치를 취할 수는 없을 테니 말이다. 브래드퍼드 들롱 교수는 이제 체념한 듯 이렇게 이야기한다. "클린턴 행정부의 로버트 루빈과 그의 지지자들이 실시한 재정흑자를 위한 정책들은 클린턴 행정부의 뒤를 정상적인 정권이 이었다면 미국에 대단히 유리한 정책들이 되었을 것이다. 그렇지만 그 어떤 공화당 후계자들도 도저히 다시 '정상적'이 될 가능성이 전무하다면 앞으로 정권을 잡게 될 민주당 행정부에서 실시할 수 있는 제대로 된 재정정책이란 과연 어떤 것이 될까?"[40]

이런 진퇴양난의 상황을 고려할 때 오재그와 루빈이 제시한 대재앙에 대한 전망들은 조금 다른 의미를 가질 수 있다. 우선은 공화당을 이기는 것 못지않게 민주당 내에서 의견을 하나로 통일하는 일도 중요했던 것이다. 만일 재정 적자를 해결할 열쇠를 쥐고 있는 모든 방안이 결국 각기 다른 분야의 경제성장률과 관련이 있다면 민주당 내 각 계파들은 자신들이 생각하는 우선순위를 각각 주장하고 나설 것이 분명했다. 그렇지만 위협의 실체가 1930년대 독일의 인플레이션을 연상시키는 총체적 난국이라면 민주당 내 좌파들은 분명 의견을 하나로 모아 예산 삭감을 최우선 순위 정책으로 지지할 것이다.

재정정책과 관련된 정치적 난항과 미국 경제의 분명한 불균형을 고려하면 연준의 강력한 수호자들도 직접적인 행동에 돌입할 수 있는 또 다른 정부의 대리인이 될 수 있었을 것이다. 1979년부터 1987년까지 의장을 맡았던 폴 볼커와 그 뒤를 이어 2006년까지 재임한 앨런 그린스펀의 지휘 아래 사실상 미국의 중앙은행이라고 할 수 있는 연방준비제도이사회의 권위는 다시 새로운 정점에 도달한다. 전문적인 권위와 미국 행정부 구조상 난공불락의 위치를 통해 이들은 정부의 안보 관련 기관들에 맞먹을 만한 세력을 구축하게 되었다.[41] 그렇지만 한 가지 얄궂은 점이 있다면 연준(Fed)의 명성과 권위가 올라갈수록 정책을 펼 수 있는 핵심 수단들은 점점 더 그 효력을 잃어가는 것처럼 보이기도 한다는 것인데, 연준이 정하는 단기금리는 더 이상 경제의 다른 부문들과 균형이 맞지 않는 것처럼 보였다.*

이른바 닷컴버블이 붕괴되고 난 후 앨런 그린스펀은 3.5퍼센트까지 금리 인하를 단행했다. 9·11 테러 공격이 일어난 직후에는 추가 금리 인하가 단행되어 2003년 여름에는 금리가 1퍼센트 수준까지 내려갔다. 그런 다음 2004년부터 연준은 다시 금리를 올리기 시작했다. 미국의 무역수지 적자와 빠른 경기 성장세에 대해 이런 금리 인상은 일반적으로 사용할 수 있는 처방전으로, 민간 저축액이 늘어나고 투자가 제한되는 효과가 있어야 했다.[42] 그렇지만 대단히 당혹스럽게도 그 결과는 신통치 않았다. 가장 충격적이었던 사실은 연준이 단기금리를 인상했지만 장기채권시장에서의 금리가 이를 따라오지 못했다는 점이다. 장기채권을 사려는 사람들이 너무 많다 보니 채권의 가격은 올라가고 그에 따른 수익은 줄어들었던 것이다. 그렇지만 이런 결과는 그리 놀랄 일이 아니었는지도 모른다.[43] 미국의 많은 교역 대상국은 달러화에 대한 자국 환율을 고정함으로써 달러화의 약세를 막았고 그 바람에 미국의 경쟁력은 바라던 만큼 회복되지 못했다. 그런데 이런 조치는 동시에 달러화의 가치가 올라가는 것도 막아 제대로 된 금리 인상 역시 이루어지지 않았던 것이다. 사실상의 달러 페그 환율제도 아래에서는 금리가 인상된다고 해도 신용공급(the supply of credit)이 줄어들지 않는다. 따라서 미국에 대한 투자를 더 매력적으로 만들고 더 큰 해외

---

* 여기서 "단기금리"는 기준금리 즉 연방기금시장명목금리를 말한다. 엄밀히 말하면, 연준 내부의 연방공개시장위원회(FOMC)가 정한다. 연준 이사회는 재할인율 결정 권한이 있다.

자금을 끌어들이려던 계획과는 반대의 효과를 불러오고 말았다.

결국 연준은 달러 페그 환율제도를 유지하려는 중국과 미국의 재정 적자 억제정책에 반대하는 하원 사이에서 이러지도 저러지도 못했다. 한편 중국은 균형에 맞지 않는 성장가도를 달리면서 과도한 잉여자금이 쌓여 해외에 투자해야 할 필요를 느꼈고 AAA등급의 미국 재무부 채권은 최고의 준비자산이었다. 프린스턴대학교 경제학자 출신인 벤 버냉키가 새롭게 임명된 연방준비제도이사회의 이사로서 경제정책 결정 과정에 처음으로 기여한 일 중 하나는 바로 연준의 주요 정책수단이 경제 활성화에 기여하지 못하는 이런 상황을 설명하기 위해 "글로벌 과잉 저축(global savings glut)"이라는 표현을 처음 사용한 것이다.[44] 해외자금의 가용성은 금리를 올리려는 연준의 노력을 무력화했고 동시에 재정정책을 더 엄격하게 실시하기 위해 의회에 가해지던 압박도 줄여주었다. 자본이 급증함에 따라 미국의 금리는 내려갔고 국내 경제의 상승효과가 일어났으며 대부분 중국으로부터 유입되는 제품의 수입도 크게 늘어났다. 그렇지만 하원의원들 일부를 설득하거나 환율에 대해 일반적인 수준으로 제약을 푸는 일 등을 제외하면 연준이 할 수 있는 일은 거의 없었다. 2006년 2월 1일, 벤 버냉키가 이사회 의장 자리를 이어받았을 때 그는 이런 애매한 상황과 마주했다.

벤 버냉키는 겉으로 보기에는 눈에 띄지 않고 조용한 사람이지만 머지않아 세계 경제 역사에서 엄청난 역할을 한다. 그는 "역사로부터 교훈을 배울 수 있는" 가능성에 대한 흔하지 않지만 대단히 중요한 사례로 남을 사람이었다. 2002년 11월 밀턴 프리드먼(Milton Friedman)과 함께 미국 통화주의의 교과서라고 할 수 있는 『미국 화폐의 역사(*A Monetary History of the United States: 1867~1960*)』를 저술한 안나 J. 슈워츠(Anna J. Schwartz)의 생일 축하연 자리에서 벤 버냉키는 이렇게 다짐한다. "나는 밀턴 프리드먼과 안나 슈워츠에게 이렇게 말하고 싶다. 대공황에 대해서라면 두 사람이 옳았고 우리 연준은 틀렸다. 대단히 유감스럽게 생각한다. 그렇지만 두 사람에 대한 감사의 인사와 더불어 다시는 그런 실수를 반복하지 않을 것임을 약속한다."[45] 1970년대 통화주의와 물가상승을 잡기 위한 싸움 사이에서 이루어진 협력관계를 생각해보면, 누군가는 벤 버냉키의 이런 다짐을 물가 안정에 대한 일반적인 중앙은행의 역할과 쉽게 혼동할 수도 있을 것이다. 실제로 벤 버냉키는 물가를 안정시키겠다는 약속도 했지만 그가 정말로 막겠다고 한 것은 인플레이션이 아닌 디플레이션이었다. 1930년대의 교훈에 따라 연준은 과도한 통화 공급확대를 막는 일뿐만 아니라 은행이 경영실패로 무너지는 일 역시 막기 위해 신속하게 행동에 나서야 했다.[46] 벤 버냉키가 이사회 의장으로 있는 한 디플레이션은 절대로 일어나지 말아야 했다. 새로운 연준 의장이 내보인 이런 단호한 결의는 미국의 경제정책 결정 과정 전체에 영향을 미쳤으며 위기 상황 발생 시 통화정책과 필요한 대응방식을 결정하게 만들었다. 이런 과정 속에서 벤 버냉키 의장은 미국의 중앙은행이 현재 정부의 대리인으로서 어떤 일을 할 수 있는지를 새롭게 정의 내렸을 것이다. 이런 혜안들이 지닌 중요성을 생각해보면 당시 그의 이사회 의장 임명은 당연한 일이었음을 잊어서는 안 될 것이다. 벤 버냉키는 감당할 수 없는 고집불통이 아닌 신뢰할 수 있는 인물이었으며 의지할 수 있는 중도파 공화당원이었다. 정책적인 측면에서 그는 실업률과 인플레이션의 변동이 이전보다 훨씬 덜한 대안정기 시대를 지속적으로 유지해나가려면 무엇보다도 정책 결정에서 일정한 규칙을 바탕으로 접근해야 한다는 자신만의 신념을 내세웠다. 바로 자신이 "제한적 재량(constrained discretion)"이라고 말한 접근 방식이었다.[47]

1920년대와 1930년대 금환본위제의 비참한 역사를 아는 경제학자로서 벤 버냉키는 편협적인 고정환율제도의 폐해도 역시 너무나 잘 이해하고 있었다. 그는 중국의 환율정책에도 대단히 비판적이었다.[48] 그렇지만 각국 중앙은행들 사이의 관계가 비교적 원만한 가운데, 환율정책과 관련해 중국에 훈수를 두는 건 연준의 몫이 아니었다. 그런데 미국 재무부나 하원에서는 같은 규칙이 적용되지 않았다. 2000년대 초반 중국이 WTO의 합의들을 위반하는 환율조작국임을 고발하고 이에 대한 제재를 요구하는 10여 개의 법안이 하원에 상정되어 통과되었는데 이런 "포퓰리스트가 주장하는 보호무역주의"에 대해 해밀턴프로젝트 연구진 같은 단체들 사이에서는 우려의 목소리가 나오기 시작했다. 2005년 7월, 미국 경제가 겪고 있는 어려움을 해소하기 위해 중국은 위안화의 점진적 통화절상을 허가하기 시작했다. 그 과정에서 약 23퍼센트 환율이 절상되었지만 그것은 고통스러울 정도로 더딘 과정이었다.

이에 미국은 중국을 재촉하기 위해 IMF의 힘을 빌리려 했다. 전 세계 통화흐름을 감시하는 IMF는 왜 중국에 국제수지 불균형을 개선하라고 요구하지 않는가? 2005년 9월 미국 재무부 차관인 팀 애덤스(Tim Adams)는 "직무 유기"가 아니냐며 비판을 가했고 이 내용은 곧 전 세계에 보도되었다.[49] 그렇지만 IMF를 중재자로 내세우는 일은 또 다른 중대한 의미를 내포하고 있었다. 중국이 자국 경제 규모에 걸맞은 수준으로 IMF 이사회에 자신들의 대표를 내세울 수 있을 때까지는 IMF의 권고를 받아들이지 않을 것이 너무도 자명했다. 게다가 중국 당국은 미국에 대해서도 IMF의 감시와 감독이 이루어지기를 바랐지만 공화당이 지배하는 백악관이 이런 일을 용납할 것 같지는 않았다.[50] 시장 중심의 조정이나 혹은 국제적 감시를 제외한다면 "금융 공포"로 이루어진 균형 상태는 냉전시대 방식인 국가 원수급의 외교활동에 의해 관리되었다. 그리고 부시 대통령이 임기를 마무리하며 마지막 재무부 장관으로 헨리 "행크" 폴슨(Henry "Hank" Paulson)을 임명한 건 우연이 아니었다. 헨리 폴슨은 로버트 루빈과 마찬가지로 골드만삭스에서 최고경영자로 근무하다 재무부로 자리를 옮겼지만 그가 장관에 임명된 건 이런 투자은행에서의 이력 덕분이 아니라 중국과의 오랜 친분 때문이었다. 헨리 폴슨은 톈안먼 사건 이후 중국을 70여 차례나 방문했다고 자랑하기도 했다.[51] 그는 IMF와 같은 다자주의적 기관들을 별로 선호하지 않았고 대신 양자회담 방식을 더 좋아했다. 이른바 "G2"들의 방식이라고 보면 된다.[52] 헨리 폴슨의 처음 행보 가운데 하나는 미·중 전략 경제대화(US-China Strategic Economic Dialogue)를 이끌어내고 자신이 미국 측 대표로 나서는 것이었다.[53]

달러는 한물간 퇴물일까

2007년 가을로 접어들면서 완전히 다른 종류의 위기 징후가 감지되었지만 여전히 사람들은 달러화의 향방에 주목했다. 영국의 경제전문 주간지 《이코노미스트(Economist)》에서는 "달러로 인한 공황상태(Dollar Panic)"를 경고하고 나섰다.[54] 독일의 시사주간지 《슈피겔(Der Spiegel)》은 "총성 없는 진주만 공격"이라는 표현을 쓰기도 했다. 세계 최대의 채권 운용 업체 핌코(PIMCO)의 설립자 "채권왕" 빌 그로스(Bill Gross)를 비롯해 투자의 귀재 억만장자 워런 버핏(Warren Buffett)도 달러 자산을 처분하고 있다는 소문이 흘러나왔다. 2007년 11월 금융시장 정보를 주로 제공하는 미디어그룹 블룸버그(Bloomberg)는 세계에서 가장 높은 수입을 자랑하는 브라질 출신의 슈퍼모델 지젤 번천(Gisele Bündchen)이 자신을 모델로 기용한 프록터앤드갬블(Procter & Gamble)사에 팬틴 샴푸 광고 출연료를 달러가 아닌 유로화로 요구했다는 기사를 전했다. 순재산만 3억 달러에 달한다는 이 슈퍼 모델 역시 통화시장에 불고 있는 불안한 분위기를 그냥 보아 넘길 수만은 없었던 것이다. 한편 힙합 팝스타 제이지(Jay Z)는 MTV에서 방영하는 자신의 뮤직비디오에 유로화 돈다발을 등장시키기도 했다.

만일 유로화가 새로운 스타라면 달러는 정말로 한물간 퇴물이 되는 것일까? 노벨 경제학상을 받기 1년 전인 2007년 여름, 폴 크루그먼(Paul Krugman)은 자신이 "와일 E. 코요테의 순간(Wile E. Coyote moment)"이라고 묘사한 상황에 대해 설명했다. 어느 날 갑자기 해외 투자자들은 자신이 직접 나서서 사들이는 방법 외에는 달러화의 가치를 끌어올릴 만한 다른 방법이 아무것도 없다는 사실을 깨닫게 된다는 것이다.[55] 이 유명한 TV 만화 주인공 코요테는 만화 속에서 늘 자신도 모르는 사이에 절벽 밖으로 떨어져 두 다리를 휘젓는 일밖에는 할 수 없는데, 마찬가지로 달러도 그런 절체절명의 위기에 처해 있다는 설명이었다. 그렇지만 폴 크루그먼은 미국이 지고 있는 대부분의 부채는 그 자체가 미국의 화폐인 달러화로 이루어져 있기 때문에 달러화 폭락에도 큰 충격은 없을 것이라고 독자들을 안심시키기도 했다. 아르헨티나 같은 국가와는 사정이 다를 것이라는 이야기였지만 만일 미연준이 어쩔 수 없이 금리를 급작스럽게 올리면 미국은 대단히 심각한 경제불황에 빠질 가능성도 있었다. "결코 웃을 상황이 아니다." 폴 크루그먼의 결론은 이랬다.

미국의 경제정책에 대해 가장 영민하고 뛰어난 인물들이 중국과 미국 사이의 불균형 문제를 걱정하는 건 결코 잘못된 일이 아니다. 만일 문제가 발생한다면 그야말로 대재앙으로 이어질 가능성이 있었다. 10년의 세월이 흘렀지만 이 시나리오는 여전히 세계 경제 주위를 맴돌고 있다. 위기로 인한 위협이 2008년에 진정된 건 미국과 중국 사이에 깊은 이해관계가 얽혀 있었기 때문이며 양국 모두가 이 문제를 최우선 순위로 생각했기 때문이다. 중국과 미국 사이의 금융관계는 그 시작부터 명명백백하게 정치적인 문제였으며 거대한 힘의 외교 문제로 인식되었다. 어느 누구도 이것이 단순한 시장의 관계이며 통상 업무일 뿐이라고 착각하는 사람은 없었다. 헨리 폴슨은 중국의 달러화 매각이 걱정되면 중국의 누구와 이야기를 나누어야 하는지 잘 알고 있었다. 래리 서머스의 냉전시대에 대한 비유는 자신이 생각했던 것보다도 훨씬 더 적절했다. 금융 공포로 인한 균형 상태는 계속해서 유지되었다.[56] 그렇지만 그러는 사이 점점 더 분명해진 사실은 미국의 정책을 결정하는 고위층들이 브래드퍼드 들롱 교수의 표현처럼 "잘못된 위기"에만 집중하고 있었다는 점이다.[57] 2008년과 영원히 결부될 위기는 중국의 달러화 매도로 인해 발생한 미국의 국가 부채 위기가 아니라 전적으로 서구 자본주의로부터 비롯된 위기였다. 우선은 서브프라임 대출로 인한 부실 저당 증권으로 월스트리트가 붕괴되었으며 다시 유럽이 그로 인한 위협과 타격을 받았다.

2장

서브프라임

해밀턴프로젝트에 관계한 경제학자들은 자신이 예상하는 대재앙과 관련해 과도한 공공 부문 부채, 학업성취도가 떨어지는 교육기관, 중국의 달러화 매각을 염려했다. 다만 그런 그들이 염두에 두지 않았던 부분이 바로 미국 경제의 기본적인 기능과 은행, 그리고 금융시장이었는데 미국의 문제는 사실 국민과 사회와 정치 분야였지 그런 경제 부분이 아니었던 것이다. 그런데 2006년까지의 상황을 제대로 살펴보면 뭔가 심각하게 잘못되어가고 있다는 사실은 분명했다. 2000년대 초반 이후부터 미국 경제는 막대한 재정 적자뿐 아니라 계속된 부동산 가격 상승을 통해 경기부양을 하고 있었는데 미국에서 가장 어려움을 겪는 주민들 중에서도 특히 최근 들어 주택을 담보로 대출을 받은 수천수만의 가계가 제대로 채무를 해결하지 못하는 상황이 도래하고 있었다. 신시내티나 클리블랜드 같은 도시의 소수인종 거주 지역뿐만 아니라 뉴멕시코나 사우스다코타주의 도시 외곽 지역에서도 모기지 문제가 일제히 터져 나오기 시작했다. 미국 주택시장의 고삐 풀린 상승세는 급격한 진정세에 접어들었고 이는 결국 전 세계적 위기를 초래할

게 뻔했다.

수천만의 미국인이 보기에 이 위기에서 가장 크게 타격을 입은 것은 그들 각 가계다. 그렇지만 세계 경제의 불균형 같은 거창한 문제나 중국과 미국 사이의 관계 등과 비교해볼 때 미국 모기지의 금융 역학은 단지 지엽적인 문제로 보일 수밖에 없었다. 이런 미국의 국내 문제가 어떻게 글로벌 금융시스템을 뒤흔들고 전 세계적인 위기를 불러올 수 있었을까? 간단하게 설명하자면 부동산은 대단히 현실적인 문제이며 중산층을 위한 일반 주택들은 그다지 크게 두드러져 보이지 않을 수도 있지만 실제로는 전 세계의 시장성 높은 재산 중에서도 상당한 부분을 차지하고 있다는 점이 핵심이다. 한 보고서에 따르면 미국의 부동산이 전 세계 부의 20퍼센트 이상을 차지한다고 한다.[1] 미국의 경우 대략 전체 자산 중 9퍼센트가 부동산으로 이루어져 있는데 금융위기가 닥쳤을 무렵 미국 가정의 70퍼센트 이상은 자가 주택을 보유하고 있었고 이는 대략 8000만 채에 달하는 수치다. 그리고 이런 가계들이 전 세계 경제를 떠받치고 있는 가장 중요한 수요 계층이었다. 2007년 미국의 소비자들은 대략 전 세계 생산량의 16퍼센트 이상을 사들였으며 그런 그들을 가장 기분 좋게 만들어준 건 다름 아닌 치솟는 부동산 가격이었다. 2006년 미국의 주택 가격은 10년 만에 거의 배 가까이 뛰어올랐고 이 덕분에 각 가정의 보유 자산 가치는 6조 5000억 달러 이상 늘어나 미국뿐만 아니라 전 세계 경제를 일으키는 데 대단히 중요한 역할을 했다.[2] 미국의 소비자 지출이 100조 달러까지 치솟자 2000~2007년 전 세계 소비 수요에 9370억 달러가 더해지는 효과를 불러오기도 했다.[3]

이런 엄청난 규모의 변동이라면 2007년 있었던 경기순환의 침체를 설명하는 데 분명 도움을 줄 수 있을지도 모른다. 그렇지만 이 현상이 공황상태를 불러온 은행 파산, 그리고 전 세계의 신용경색과 함께 어떻게 금융위기의 방아쇠를 당길 수 있었는지 설명하려면 한 가지 중요한 사실을 덧붙여야 한다. 부동산은 단순히 재산을 구성하는 가장 크고 중요한 요소일 뿐만 아니라 동시에 융자를 위한 가장 중요한 형태의 담보물이라는 사실이다.[4] 경기순환을 더 넓은 범위로 확장하는 동시에 주택 가격 동향을 금융위기와 결부한 건 다름 아닌 모기지 관련 채무였다.[5] 1990년대와 2007년의 위기가 시작될 무렵 사이에 미국의 주택 관련 금융은 4단계의 변화 과정을 통해 대단히 역동적이면서 불안정한 요소로 뒤바뀌었다. 4단계 변화란 모기지의 증권화, 은행의 성장을 위한 고수익고위험 전략화, 새로운 재원(財源)의 유통, 마지막으로 국제화였다. 이 모든 4단계 변화 과정은 브레턴우즈 체제가 막을 내린 이후 1970년대 후반에서 1980년대 초 사이, 세계 경제에 불어닥친 변화의 바람까지 그 기원을 찾아 거슬러 올라갈 수 있다.

모기지 상품의 증권화가 미국 경제에 끼친 파장

1979년 10월 6일 예정에 없던 기준금리 회의가 끝난 후, 미국 연방공개시장위원회(the Federal Open Market Committee, FOMC)와 연준 의장 폴 볼커는 이제부터는 연준이 은행 지급 준비금에 대해 엄격한 규제에 들어갈 것이며 따라서 금리도 인상될 수 있다는 내용을 발표했다.[6] 미국 국내의 불안과 미국의 국제적 위치, 그리고 달러화의 위상을 위협하고 있는 인플레이션의 영향에 대한 연준의 대응책이었다. 닉슨 대통령이 금달러환본위제를 폐지한 이후 세계 각국의 통화는 기준이 되는 금속 없이 이리저리 서로 표류했으며 무제한적 화폐 발행을 막을 수 있는 건 오직 정치적 개입뿐이었다. 일부의 우려에도 불구하고 갑작스럽게 물가가 상승하는 일은 전혀 없었지만 1979년 물가상승률이 연간 14퍼센트에 이르자 폴 볼커와 연준은 이런 상황에 제동을 걸 때가 되었다는 판단을 내린다. 새로운 시대의 연준 권력이 탄생하는 순간이었고 거기에 맞춰 앞세운 무기는 바로 금리였다. 거침없는 독설로 유명한 독일의 헬무트 슈미트(Helmut Schmidt) 총리의 표현처럼, 폴 볼커는 물가상승률을 반영한 실질금리를 "예수 탄생 이후" 처음 보는 수준까지 끌어올렸다.[7] 슈미트 총리의 표현은 전혀 과장이 아니었는데, 1981년 6월에는 우대 대출금리가 21퍼센트까지 올랐다.

그 결과 미국을 비롯한 전 세계 경제는 엄청난 충격을 맛본다. 달러화 가치가 폭등했고 실업률도 덩달아 치솟았다. 대신 물가상승률은 1980년 3월의 14.8퍼센트에서 1983년에는 3퍼센트까지 떨어졌다. 영국에서는 대처 내각의 출범과 함께 또 다른 위기가 시작되었고 독일에서는 슈미트 총리가 실각하고 헬무트 콜(Helmut Kohl) 총리가 이끄는 보수파 내각이 그 자리를 대신하는 결과를 불러왔다.[8] 프랑수아 미테랑(François Mitterrand) 대통령이 이끄는 프랑스의 사회당 정부는 1983년에 이르러서야 이런 흐름에 어쩔 수 없이 협조한다. 폴 볼커가 몰고 온 충격은 훗날 벤 버냉키가 대안정기라고 부르게 된 시기의 밑바탕이 되었다.[9] 이를 통해 단지 인플레이션뿐만 아니라 서구 경제에서 제조업의 상당 부분이 종말을 맞았고 그에 따라 노조의 협상력도 크게 줄어들었다. 더는 물가에 맞춰 노동자들의 급여를 올릴 수 없게 된 것이다. 그리고 미국의 전후 정치경제 체제에서 이 1980년대의 인플레이션에 대항한 충격 속에 더 이상 살아남지 못한 분야가 있었다. 바로 뉴딜정책 시대에 만들어진 미국만의 독특한 주택금융 관련 제도다.

1930년대 이후 미국의 주택금융은 일반 시중은행, 그리고 일반적인 저축과 대출 업무를 주로 하는 각 지방의 저축은행을 바탕으로 하고 있었으며 대출의 경우 장기 고정금리였다. 1960년대 후반에는 주택을 구입할 때 30년 정도 고정금리로 대출하는 것이 보통이었고 계약금은 전체 주택 가격의 5퍼센트를 넘지 않았다.[10] 대출금을 제공한 건 주로 예금을 취급하는 금융기관들이었으며 이들은 고객에게 정부에서 보증하는 저축예금계좌를 제공했고 금리에도 상한선이 있었다. 이런 제도를 바탕으로 1970년대까지 미국 가정의 자가주택 보유율은 66퍼센트까지 이르렀다. 고정금리의 장기 모기지를 통해 집을 마련한 사람들에게 브레턴우즈 시대 이후 있었던 인플레이션은 뜻밖의 횡재가 아닐 수 없었다. 금리는 고정되어 있는 반면 이들이 지고 있던 채무의 실제 가치는 점점 더 줄어들었기 때문이다. 이들에게 자금을 빌려준 은행들의 경우는 반대로 재앙에 가까운 상황들이 이어졌다. 물가는 치솟고 금리는 요동치는데 1950년대부터 이어져온 금리 상한선 때문에 새로운 고객의 유치는커녕 기존 고객들도 이런 일반 은행들을 빠져나갔다. 이들은 또 화폐시장에서 필요한 자금을 융통하거나 채권을 발행하기 위해서는 이제 연준이 정한 낮은 금리를 따를 수밖에 없었고 그러다 보니 보유하고 있는 고정금리의 모기지 자산들은 신규 대출금리가 치솟아 오르면서 그 가치가 평가절하되었다.[11] 결국 1980년대 초반에는 대략 4000여 개에 달하는 저축은행 대부분이 거의 파산 상태에 이르렀다. 이런 은행들을 정리하는 비용과 레이건 행정부 시절 유행한 자유시장 이념을 생각해보면 저항을 최소화하는 방법은 이들이 스스로 어려움을 벗어날 수 있기를 희망하며 자본 규제 기준을 해제하고 또 낮춰주는 것이었다. 시중은행들은 이런 혼란 속에서 살아남을 수 있었지만 저축은행들은 그러지 못했다. 대략 1000곳 이상의 저축은행이 결국 파산했으며 나머지 상당수 은행들도 구제금융으로 연명하거나 아니면 이리저리 인수 혹은 합병되었다. 그리고 이를 위해 납세자들이 부담한 비용은 1990년대 가치로 대략 1240억 달러에 이른다.[12]

1980년대 후반에 들어서면서 거시경제적 전망은 안정되어가는 추세였다. 인플레이션 현상은 잡혔고 금리는 하락했다. 대부분의 채권 투자자가 새로운 시대에 잘 적응해가고 있었던 반면 부동산을 담보로 대출을 해준 쪽에서는 또 다른 위험이 다가오고 있음을 알아차렸다. 미국의 모기지 관련 대출자들은 기존의 대출금을 일찍 상환하고 낮은 금리로 갈아탈 수 있는 권리가 있다. 이렇게 되면 대출자들은 전체 상환 비용을 줄여나갈 수 있는 데다가 또 대출자나 채무자 중에는 채권자들에 비해 더 높은 소비 성향을 보이는 경우가 많아서 이를 통해 경제가 활성화될 수 있다.[13] 그렇지만 대출기관의 입장에서 보면 미국의 모기지 관련 계약은 대단히 편향된 제도일 수 있었다. 금리가 올라가면 고정금리로 빌려준 기관의 자산은 그 대로 가치가 떨어진다. 통화정책이 완화되는 기간에 금리가 떨어지면 대출 자들은 앞서 언급했던 것처럼 저금리로 다시 계약을 맺는다. 30년 동안 고 정금리로 대출을 해주는 상품은 오직 1945~1971년의 브레턴우즈 체제와 같은 안정된 상황이나 조건하에서만 사업적인 가치가 있었다. 통화에 대한 조정이 유동적인 새로운 시대에서 기존의 대출제도는 한쪽에게만 위험했 으며 특히 자금조달 방법이 제한된 소규모 모기지 관련 대출기관들에 위험 이 집중될 수 있었다. 이에 대한 해결책은 새로운 환경에 어울리게 시장을 기반으로 한 자금조달 모형을 채택하고 이런 제도의 중심에 정부기관들이 자리를 잡는 것이었다.

기존의 일반 저축은행들이 무너지고 난 후 미국의 모기지시스템을 지탱 해준 건 이른바 정부보증기관(government-sponsored enterprise, GSE)들이 었다.[14] 그리고 이런 GSE들의 중심에는 그 모체라고 할 수 있는 패니메이 (Fannie Mae)가 있었다. 패니메이는 1938년 설립되었으며 뉴딜정책에 의해 정부가 보증하는 새로운 유형의 미국 연방주택청 대출상품을 판매하는 일 반 대출기관들을 지원하는 역할을 했다. 패니메이는 자체적으로 대출상품 을 판매하지는 않았고 그 대신 미국 전역에서 미국 연방주택청 보증 상품 을 주로 취급하는 일반 시중은행들로부터 대출증서를 사들이거나 보증해 주는 업무를 관장했던 것이다. 이런 일종의 안전장치 역할을 하는 패니메 이는 대출비용을 낮추고 대출기관과 "우량" 차입자 모두를 위한 일종의 국 가 기준을 정했다. 또한 이렇게 모기지 채무와 관련해 미국 전역에 통일된 제도가 뿌리내리는 데 일조한 패니메이는 절대로 파산할 수 없는 정부기관 의 신용등급을 갖고 있었기 때문에 이런 통일된 대출상품의 증서를 사들이 는 비용도 저렴하게 조달할 수 있었다. 이렇게 패니메이 같은 정부기관을 거쳐 새로 발행되는 채권은 미국 재무부가 보증을 서는 채권과 똑같은 가치를 지녔다. 마찬가지 이유로 패니메이의 채무 내역은 그대로 연방정부의 대차대조표에 반영되었는데, 베트남 전쟁 당시 미국 정부는 재정 문제에 대한 압박을 덜기 위해 1968년 패니메이를 민영화한다. 공무원들과 퇴역 군인들의 대출을 담당하던 부서는 지니메이(Ginnie Mae)로 따로 분리되었다. "새로운 패니메이"는 이제 정부의 보증 여부에 상관없이 일정한 자격 기준에 부합하는 모든 대출상품, 즉 이른바 적격대출을 거래할 수 있게 되었다. 그리고 1970년 미하원은 다시 연방주택금융저당회사(Federal Home Loan Mortgage Corporation), 통칭 프레디맥(Freddie Mac)의 설립을 승인한다. 모기지 거래시장에서 패니메이의 독점 체제를 견제하고 공정한 경쟁구도를 만들기 위해서였다.

이런 정부의 보증에도 불구하고 사업내용 중에 고정금리 대출상품이 지나치게 많은 부분을 차지하면서 GSE들은 1980년대 초반 폴 볼커가 몰고 온 충격파에 크게 타격을 받는다. 패니메이는 거의 파산 직전까지 갔지만 어쨌든 살아남는데, 1990년대 주택시장이 다시 기지개를 켜면서 GSE들도 따라서 호황을 누렸다. 아직 남아 있는 연방정부와의 관계 덕분에 GSE들은 여전히 계속해서 필요한 자금을 상당히 할인된 비용으로 조달할 수 있었다. 20세기가 저물 무렵 패니메이와 프레디맥은 모두 합쳐 미국 전체 모기지 시장의 50퍼센트 이상을 지원하게 되었고 GSE의 지원을 받을 자격이 있는 적격 대출상품을 만들어내는 일은 이제 미국 모기지 사업의 기본 조건이 되었다. 새로운 시장 중심 혁명의 시대에 보통 그 선두에 서서 시장을 이끌고 있다고 여겨지던 미국이었지만 주택시장만큼은 정부가 보증하는 대출 관련 기업들에 의존하고 있었다는 사실은 대단히 얄궂은 일이다. 주택시장은 아직 뉴딜정책 시대의 유산에서 완전히 벗어나지 못하고 있었던 것이다. 이런 모습은 또한 미국의 모기지 문제가 정치적 이해관계와 얼마나 서로 떼려야 뗄 수 없는 관계인지를 보여준다.

제2차 세계대전 이후 미국의 주택정책과 대출업무 방식은 제도적으로 주류 백인들이 주택을 쉽게 보유할 수 있는 데 초점을 맞춰왔다.[15] 1990년대 들어서자 이번에는 저소득 계층과 "형편이 어려운" 비주류 소수 인종이 주택을 보유할 수 있도록 장려하는 정책이 의회의 우선사업이 되었다. 1992년 제정된 연방주택사업 금융안전성 및 건전화법(Federal Housing Enterprises Financial Safety and Soundness Act of 1992)은 GSE가 따라야 할 대출사업 관련 목표를 정해주었다. 또한 1995년 12월 미국 정부는 형편이 어려운 저소득층의 주택 구입과 관련해 지원 기준과 목표를 제시하는데, 1990년대에서 2000년대 사이에 새롭게 주택 보유자가 된 사람들의 대다수는 소수 인종 출신으로 뉴딜 주택정책에 의해 제도화된 "제한선" 기준에 따라 수십여 년 동안 대출 신청이 거부되었던 사람들이다. 이런 관점에서 본다면 부동산 호황은 많은 아프리카계 미국인들과 남아메리카계 사람들을 중산층으로 일어서게 했으며 이를 통해 민주당 역시 많은 지지자들을 끌어안을 수 있었다.[16] GSE들은 민주당과 관련된 이런 영향력의 결과로 워싱턴 정가에서 가장 강력한 로비집단 중 하나로 우뚝 섰고 이들의 정치적 화력은 그야말로 전설로 남을 정도였다. 또한 같은 이유에서 GSE의 모기지 사업은 언제나 미국 우익의 분노를 자극하는 대상이기도 했다. 실제로 대부분의 자유시장 옹호자들은 2006년부터 모습을 드러내기 시작한 대재앙의 책임이 GSE들의 시장 간섭에 있다고 확신했다. GSE들은 진보주의자들이 사회의 소수 계층에 자금을 지원하기 위해 만들어낸 정치적 하수인이라는 것이 이들의 주장이었다. GSE들은 연방정부와의 유착을 통해 시장을 교란할 정도로 자금조달 문제에서 유리한 고지에 서 있었다. 시장이 교란되거나 왜곡되면 위기가 발생할 건 불 보듯 뻔한 일이었다.[17] 2008년 금융위기가 정점에 달했을 때 공화당도 GSE들에 대해 조심스럽지만 비판적인 반응을 보였다. 대부분의 하원의원들이 볼 때 정부의 구제금융이 흘러간 곳은 그냥 일반 은행이 아닌 적어도 이익을 내기 위해 일하는 개인 사업체들이었다. 성실한 납세자들에게 쥐어짜낸 세금으로 이루어진 구제금융은 결국 사회에 도움이 되지 않는 일부를 위해 민주당이 만들어낸 주택 복지 관련 단체들을 구조하는 데 사용된 것이다.

이런 정치적 비판을 담은 주장은 공화당 지지자들에게는 대단히 강력한 설득력을 지니고 있었지만 2006년부터 조짐을 보인 금융위기에 대한 설명으로는 그 초점이 상당히 빗나가 있었다. 패니메이와 프레디맥은 자신들이 사들이는 대출증서의 내용이나 품질에 대해 최소한 어느 정도 이상의 기준을 제시해왔다. GSE는 2005~2006년에 문제를 일으키기 시작한 저품질의 이른바 서브프라임 대출상품들에 대해서는 지원을 해주지 않았다. 이러한 부실 상품은 민간 대출기관들이 만들어낸 새로운 모기지 금융시스템의 결과물이었다. 이런 민간기관은 2000년대 초반부터 크게 세력을 넓혀가기 시작했다. GSE는 정부가 정한 기준에 맞춰 사업을 진행했지만 수익을 최우선으로 생각하는 민간 대출기관은 고객의 형편을 가리지 않고 훨씬 더 위험천만하게 대출사업을 진행해나갔다.[18] 이런 관점에서 본다면 금융위기를 만들어낸 장본인은 GSE가 아니다. 그렇지만 얄궂게도 이들은 두 가지 혁신적인 조치를 시행함으로써 어쩌면 일어나지 않았을 금융위기가 발생하는 데 기여했다. 바로 발행 후 판매하는 모기지 대출 시스템과 모기지 상품의 증권화다.

GSE의 사업 모델을 보면 처음 시작된 1930년대부터 사업을 위한 자금 조달과 모기지 사업 자체가 근본적으로 분리되어 있었다. 미국의 일반 가정에 대출상품을 판매하는 일반 시중은행들은 패니메이에 그 상품을 다시 판매함으로써 사업을 진행해나갔고 또 이런 과정을 반복함으로써 사업을 확장할 수 있었다. 쉽게 말해 일선의 은행이나 금융기관들이 필요한 사람들에게 대출해주는 자금이 실제로 흘러나오는 곳은 바로 GSE였다. 이것이 훗날 "발행 후 판매"로 알려지는 대출사업의 기본 구조다. 모기지 기관들은 더 이상 자신의 대차대조표에 관련 내용을 올릴 필요가 없었고 단지 중간에 있는 중개인으로서 거래 수수료만 챙기면 되었다. 모기지와 관련된 제도 전체를 떠받치고 있는 건 다름 아닌 정부가 신용을 보증하는 GSE였던 것이다.

1970년대부터 불안정한 금리와 이로 인해 미국형 모기지 사업 모델에 좋지 않은 영향이 이어지면서 GSE는 중요한 결단을 내린다. 투자은행과 손잡고 대출상품의 증권화를 처음으로 시작한 것이다.[19] 이들은 미국 각 지역에서 판매된 대출상품을 자신의 거래 내역에 그대로 올려둔 채 채권을 발행해 필요한 자금을 마련하기보다는 아예 대출상품을 투자자들에게 직접 판매하기로 결정했고 그렇게 하기 위해서는 우선 모든 거래 내역을 한 곳으로 모아 이를 바탕으로 증권을 발행해야 했다. 그렇게 되면 각각의 개별 대출상품이 안고 있는 다양한 위험들도 하나로 합쳐진다. 부동산 보유를 희망하는 투자자들은 융자를 얻기 위해 미국 전역에 걸쳐 일종의 새로운 지점망을 갖춰야 할 필요는 없어졌지만, 그만큼 위험성이 높아진 상품을 구입할 가능성이 더 커졌다. 투자자들은 금리변동에 따른 위험과 그만큼의 수익에 대해 충분히 인지하고 있었다. 증권화를 하게 되면 확실한 대출상품을 바탕으로 소규모의 자금과 수익이 오고 가는 것이 아니라 전체적인 시장의 흥정 과정에 따라 자금조달 비용이 결정된다.

1970년에 지니메이가 처음 증권화를 시작했다. 이른바 이체 방식(pass-through)이라는 간단한 모형으로서 이 방식에 따르면 대출상품 풀에서 나온 수익이 GSE를 거쳐 투자자에게 바로 전달되었다. 그런데 결국은 정부의 관리를 받아야 한다는 사실에 만족하지 못한 살로먼브라더스(Salomon Brothers) 투자은행 출신의 루이스 라니에리(Lewis Ranieri)와 동료들은 1977년 뱅크오브아메리카(Bank of America)를 통해 모기지를 하나로 모아 처음으로 민간 증권을 발행한다.[20] 그렇지만 당시 금리가 고정되어 있는 상태에서 증권화된 대출상품에 투자하려는 투자자를 찾기는 어려웠다. 결국 1980년대 초반 금리 충격이 있은 후에야 이 증권화 사업은 순풍을 만난다. 저금리 대출상품으로 인해 어려움을 겪고 있던 대출기관들은 이 새로운 시장으로 눈을 돌려 손해를 만회하기 위해 수익을 올릴 만한 가치가 있는 상품들을 모두 증권으로 바꿔 팔아치웠다. 1980년대부터 GSE는 투자은행과 손잡고 이체 방식의 모기지담보부증권(mortgage-backed securities, MBS)은 물론 혼합형 모기지담보부증권(collateralized mortgage obligations, CMO)도 발행하는데, CMO는 MBS 풀을 분할해서 각각의 위험 등급에 따라 발행이 가능하도록 했다. 이렇게 해서 소위 구조화금융(structured finance)이 시작되었다. 최고 등급 상품을 가진 사람들은 수익을 먼저 실현하기 때문에 지불정지나 조기 상환의 위험이 아주 적었다. 그리고 순위가 낮은 상품들은 주로 고위험 고수익의 투자처를 찾는 투자자들에게 판매되었다. 최상위 우량 상품을 갖고 있으면 엄청난 규모의 대량 지불정지 사태 같은 아주 드문 경우가 아닌 이상 투자금을 회수하는 데 문제가 없다. 이런 상품들은 비록 고위험 고수익을 바탕으로 한 증권이나 채권을 다시 분할해 만들어낸 것이지만 그중에서도 순위가 높으면 저위험 상품으로 지정될 수 있었으며 신용등급 평가기관들은 이들을 AAA등급으로 분류해야 했다. 증권화된 상품들의 약 80퍼센트는 이렇게 해서 AAA등급의 우량 상품으로 분류되었다.

그리 놀랄 일도 아니지만 이렇게 MBS에 매겨진 대단히 높은 등급 때문에 관련된 신용등급 평가기관들의 역할은 훗날 대단한 논쟁거리가 된다. 1990년대에 이르러서는 무디스 인베스터스 서비스(Moody's Investors Service)와 스탠더드앤드푸어스(Standard & Poor's) 두 회사가 전 세계 신용등급 지정 시장의 80퍼센트를 양분한다.[21] 피치(Fitch)의 시장 점유율은 15퍼센트 정도였다. 이런 신용등급 평가기관들은 AAA등급을 남발함으로써 전 세계시장에 영향을 미치는 행위 같은 건 하지 않았다. 2008년의 경우 AAA등급을 받은 기업은 여섯 곳에 불과했으며 국가별로 봐도 10여 개국에 불과했다. 그럼에도 1980년대 이후 이런 등급 구분을 위해 각 신용등급 평가기관에 비용을 지불하는 측이 관련 정보를 구독하는 쪽이 아니라 등급을 받는 사업자 쪽이라는 것도 엄연한 사실인데, 사업자 쪽에서 비용을 지불하면 결국 이해관계와 얽힌 갈등을 만들어낸다. 그렇지만 평가기관들 입장에서도 아주 드물게 특정 사업자에게만 호의를 베푼다 해도 역시 돈을 받고 등급을 파는 것으로 비쳤을 때 입게 되는 손해가 이익보다 훨씬 더 크다고 볼 수 있었다. 그런데 모기지 상품의 증권화 사업이 이런 상황에 변화를 가져왔다. 유동성이 극소수 증권 발행 기관에 집중되어 있다는 사실과 무수히 많은 파생상품으로 구성된 대출상품 증권 발행의 엄청난 규모는 신용등급 평가기관들에 "조금은 협력해도 좋을 만한" 충분한 이유를 제공한 셈이었다.[22] 그러나 그보다 더 중요한 건 MBS의 본질이었다. MBS의 등급을 구분해주는 근본적인 자산은 전 세계적인 예측 불허의 경쟁을 마주하고 있는 특정 기업이 발행하는 채권이 아니었다. MBS는 예측이 가능한 자산으로 평가되는 수없이 많은 일반적인 미국 내의 모기지 상품들의 묶음이었다. 신용등급 평가기관들은 지금까지 그래왔던 것처럼 사업적 전망에 대해 어느 정도 주관적인 평가를 섞어 지불정지의 위험을 계산할 필요가 없었으며 한 국가의 금융정책에 대한 평가를 내릴 필요도 없었다. 그 대신 잘 알려진 통계 특성을 가지고 있다고 가정한 다음 담보대출 집단에 표준화된 금융수학을 적용할 수 있었다. 만일 채무자들의 부도율을 알고 그 사이의 상관관계를 추정할 수 있다면, 그리고 충분한 모기지 상품들을 끌어모아 순위에 따라 분할한다면 상위 순위의 증권이나 채권 상품들의 융자 대금이나 이자가 제대로 상환되지 않을 확률은 극히 미미했다. 따라서 부동산이라는 자산이 뒤를 받쳐주는 수많은 자산담보부증권(asset-backed securities, ABS)은 가장 안전하다는 AAA등급을 받을 수 있었다. 물론 순위가 낮은 상품들에서 어떤 일이 일어날지는 완전히 다른 문제였으며 단순히 대출 증서를 하나로 모아서 갖고 있는 것보다 파산이나 지불정지의 확률은 훨씬 더 높아졌다. 그렇지만 적절한 수익률을 보장할 수 있다면 구매자를 찾는 일도 그리 어렵지는 않았다.

저축은행 사태 이후 모기지 차입자들에게 직접 돈을 빌려주는 채권자들로부터 위험을 바깥으로 분산하고 모기지 상품을 다양한 단계의 이익과 위험을 제공할 수 있는 증권으로 바꿔 투자자들을 끌어모으자는 아이디어가 나왔다. 그리고 이 방식은 실제로도 효과를 거두었다. 1980년에는 미국 모기지의 67퍼센트가 예치환거래 중심은행*들의 대차대조표와 직접적으로 연결되어 있었다. 1990년대 후반에 이르자 장기 고정금리로 쉽게 상환할 수 있는 모기지의 리스크가 증권으로 이전되었고 그 리스크는 폴 볼커가 충격을 던졌던 1979년의 경우보다 금융시스템의 제반 분야로 훨씬 더 넓게 퍼져나갔다. 주로 GSE와 은행 들이 그 위험을 함께 짊어지고 있었지만 여기에 투자한 각종 연금이나 보험 기금들 역시 자유로울 수는 없었다.[23]

따라서 일반적인 저축과 대출의 사업 모델과 비교하면 이런 증권화는 위험을 분산시키는 데 가장 큰 역할을 하기도 했지만 동시에 그렇게 위험이 분산되었다는 이유로 제일 처음 진행되는 대출 업무를 주의 깊게 심사해야 한다는 것을 자칫 망각하게 한 것은 아닐까? 자금조달 부문과 상품의 발행을 분리함으로써 이 새로운 제도는 대출 과정을 주의 깊게 감시해야 할 이유 자체를 완전히 제거해버렸는지도 모른다. 30년 만기로 대출을 해준 각 지역의 대출기관들에는 대출을 해간 고객들을 대단히 주의 깊게 살펴야 할 이유가 차고 넘쳤다. 1990년대에 이르러 미국의 모기지는 최소한 다섯 개 이상의 기관이나 회사들을 거쳐 갔다. 발행사, 대출상품군을 취급하는 도매금융, 신용평가사, GSE, 그리고 이자 수익 운용사업자를 거쳐 투자자에게 판매되었다. 투자자들은 이 모든 과정이 적절하게 이루어졌다고 확신할 수 있을까? 각각의 단계에서 중요한 사항은 거래량과 수수료였다. 그렇지만 그 품질이 유지되는지에 대해서는 누가 관심을 가졌을까? 부실

---

* "디파지토리 뱅크(depository bank)"라고도 한다. 신용장 발행은행과 환거래 계약을 맺은 은행으로, 발행은행의 예금계좌가 설정되어 있는 은행을 말한다. 송금환 지급이나 매입 어음 추심 등은 이 계정의 대변과 차변에 기입함으로써 이루어진다. 이러한 계정을 설정하지 않은 환거래은행은 "논디파지토리 뱅크(non-depository bank)"라고 한다.

대출의 폭발적 증가와 2007년과 2008년에 걸친 금융위기는 정부 지원책이 없어서가 아니라 잘못된 장려책 때문이 아니었을까.[24]

이런 주장은 1990년대 GSE 중심의 모기지 금융 모델이 2000년대 초반까지도 계속해서 주류를 이루었다면 표면적으로는 타당하게 받아들여졌을 것이다. 그렇지만 사실은 2000년대 초반 서브프라임 상품이 크게 호황을 누리기 시작했을 때 관련 사업은 다시 또 변화해가고 있었다. 이제는 그 어느 때보다 증권화가 대세였다. GSE는 여전히 최우량 등급의 적격 대출상품을 구매해 증권화하는 일을 맡았지만 새로운 종류의 업체들이 보다 역동적이고 확장된 사업 방식으로 무장한 채 모기지 시장으로 뛰어들었다. 이들의 주요 사업 모델은 상품을 분할해 위험을 분산시키는 것이 아니라 자신들이 직접 많은 양의 증권을 떠안으며 기존의 모든 사업 단계를 하나로 통합하는 것이었다.[25] 이러한 사업 성장 모델은 분리가 아닌 통합을 바탕으로 했고 결국 전체 시스템을 무너트렸다.

"새로운 월스트리트"의 출현과 진화

2000년대 초반의 민간 모기지 산업이 과열 양상으로까지 흐른 데에는 이렇듯 우여곡절이 많았지만 역시 그 근원을 찾아 거슬러 올라가 보면 1970년대 브레턴우즈 체제의 붕괴가 있고 그 뒤를 이은 환율과 물가, 금리, 그리고 자본이동과 관련된 극심한 변동이 있었다. 일반적인 저축과 대출 분야는 물론, 금융업 전체가 사업 모델에 대한 재고가 필요한 상황이었고 일반 시중은행들뿐만 아니라 월스트리트의 투자은행들까지 여기에 영향을 받았다.

사실 투자은행들이 크게 성장한 이유 중 하나가 규제가 철폐된 새로운 개념의 국내 및 국제 금융이라고 해도 과언은 아닐 것이다.[26] 고객을 대신해 자금을 거래하고 채권이나 다른 증권을 발행하는 사업을 하면서 투자은행들은 시장의 다른 구성원들을 압도하는 "우위"를 만끽했다.[27] 1975년 주식을 거래할 때마다 월스트리트의 중개인들에게 지급되던 고정 수수료가 폐지되자 곧 피 튀기는 경쟁이 벌어졌다. 규모가 작은 금융회사들은 시장에서 사라지거나 혹은 거래와 조사, 그리고 투자 업무가 하나로 통합되는 과정이 뒤따랐다. 1980년대에 들어 금리가 내려가고 채권의 장기 호황이 시작되면서 이른바 보통주에 반대되는 개념인 확정이자부증권 즉 채권 거래가 그 어느 때보다도 중요한 업무가 되었다. 드렉셀 번햄 램버트(Drexel Burnham Lambert) 투자은행은 흔히 "정크 본드(Junk Bond)"로 알려진 고수익 회사채권 시장을 개척했다. 한편, 살로먼브라더스는 GSE들을 도와 증권화 모형을 고안하고 각각의 새로운 MBS의 일괄 발행을 시작한다. 투자은행 직원들은 다른 고객들을 위해서는 통화와 금리의 변동에 대비할 수 있는 방법을 찾고자 크게 노력을 기울였다. 예를 들어 이들은 "스와프(swaps)" 혹은 교환 거래라는 개념을 개발하는데, 고객들은 이 거래를 통해 통화 유통과 관련된 과도한 위험을 해결할 수 있었다. 투자은행들이 개발한 방식에 따르면 한 고객이 변동금리로 인한 위험과 수익을 감수하는 동안 다른 고객은 고정금리를 선택할 수 있다. 1990년대에는 J.P.모건(Morgan) 투자은행의 한 부서가 신용부도스와프(Credit Default Swap, CDS)를 고안해냈다. CDS는 지불 불이행으로 인한 위험으로부터 투자자를 보호하며 투자자들이 관련 위험의 정도를 미세하게 조정할 수 있도록 해주는 일종의 파생상품이다.[28] 또한 투자은행들은 점차적으로 자체적인 거래 활동도 늘려나갔다. 이들은 거래량과 차입자본 활용, 즉 레버리지를 통해 수익을 올릴 수 있다는 사실을 깨달았고 그 수익의 규모는 엄청났다. 1980년대 초반 미국 투자은행 분야의 핵심 고수들이 벌어들이는 자기자본 수익률은 50퍼센트가 넘었다.

그렇지만 거래 규모가 늘어나면 자금조달 문제가 불거진다. 투자은행들에는 예치금이 없었다. 이들은 자신이 도매시장에 투자하는 자금을 다른 은행이나 기관기금에서 융통했다. 1970년대와 1980년대 초반의 금리와 인플레이션 충격이 있은 후 이런 자금 융통 방식은 대단히 효율적인 방식이 되었는데, 애초에 인플레이션이 시작되면 계산이 빠른 고객들은 더 이상 은행 계좌에 돈을 그대로 맡겨두고 싶어 하지 않기 때문에 투자은행에 일반적인 예금자들이 없는 것은 당연했다. 고객들은 그 대신 새로운 시대에 발맞춘 금융기관이라고 할 수 있는 단기금융투자신탁회사(money market mutual funds, MMF)를 선택했다.[29] 이 투자신탁회사는 일반적인 은행 예금보다 더 높은 금리를 찾는 여유 있는 고객들에게는 대단히 매력적인 업체였다. 투자를 목적으로 설립된 금융회사의 일종인 MMF는 정부의 공식적인 보증 없이 즉각 만들 수 있는 계좌를 제공했지만 민간인 자산 운용 전문가들은 최소한 원금을 보호받을 수 있으며 거기에 업계 최고의 금리를 약속했던 것이다. 파산 위기에 몰린 일반 저축은행들과 부침을 거듭하는 일반 시중은행을 빠져나온 예금들이 높은 수익을 찾아 월스트리트에 있는 전문가들이 관리하는 거대한 현금 집합소로 몰려들기 시작했다.

물론 MMF뿐만 아니라 다른 일반 기업들도 좀 더 전문적으로 자신들이 보유하고 있는 현금을 관리하기 시작했다. 또한 1970년대부터 전 세계적으로 억만장자의 수가 급격하게 늘어나기 시작했는데, 이들은 수십억 달러에 달하는 자산을 가족 회사와 각종 펀드에 맡겨 관리했다. 1990년대가 저물 무렵에는 이런 기관들이 관리하는 현금 자금의 액수가 대략 1조 달러에 육박하게 되었으며 모두 절대적으로 혹은 거의 절대적으로 안전한 유동성이 크고 고수익을 보장하는 투자처를 찾고 있었다.[30] 채권 투자나 잘 알려진 투자은행들이 발행한 어음들을 구입하는 일은 분명 이런 자금을 맡은 관리자들이 선호하는 종류의 안전한 단기 자산이었다. 그리고 이런 자금에 대한 전담 중개 업무, 혹은 프라임 브로커리지(prime brokerage) 업무는 투자은행으로서는 아주 이상적인 사업이었다.

이렇게 한곳에 모인 현금 자금을 통해 도매자금시장에 유동성이 갖추어 지면서 현대적 의미의 투자은행들이 크게 성장할 수 있는 중요한 원동력이 되었다. 도매시장이나 일반 예금에서 빌려와 활용할 수 있는 자금이 늘어 날수록 자본 회전율도 커지고 수익도 늘어났다. 1980년대까지 투자은행들 은 상대적으로 작은 규모의 자금 운용사나 협력 회사였으며 월스트리트나 시티에서는 중요한 대접을 받기는 했지만 모두가 다 아는 그런 수준은 아 니었다. 투자은행이 새롭게 파생된 상품들로 촉발된 위험을 잘 관리할 수 있으리라는 믿음이 기관의 현금 자금을 중개하는 업무와 합쳐지면서 투자 은행들은 규모를 키워 "새로운 월스트리트"를 만들어낼 수 있었다.[31] 골드 만삭스나 모건스탠리(Morgan Stanley), 그리고 메릴린치(Merrill Lynch) 같은 투자 전문 금융기관들이 세상에 이름을 알리는 순간이었다. 이들은 원래 파트너십*으로 시작되었지만 엄청난 규모의 거래 활동을 하고 다양한 파 생상품들을 취급하면서 주식을 발행하고 이제 주식을 공개 상장해야 할 필 요성을 느낀다. 메릴린치는 이미 1971년에 일찌감치 이런 작업들을 끝냈 고 1985년에는 베어스턴스(Bear Sterns)가, 그리고 마지막으로 골드만삭스 가 1999년 5월 신규 상장을 시작한다.[32] 이런 새로운 월스트리트에서는 그 전형적인 대표자라 할 수 있는 로버트 루빈을 필두로 투자은행들은 아예 정부 안에 자신의 편을 두었다. 골드만삭스가 "거버먼트 삭스(government Sachs)" 같은 별명을 얻은 것도 바로 이 무렵이다.

1980년대 투자은행들은 불확실성 속에서 길을 찾아 자기 사업을 구축 해나갔으며 자산 시장이 호황을 맞자 성장세는 더욱 가속화된다.[33] 그렇지 만 때로는 그런 불확실성이 역습을 가해오는 경우도 있었다. 1994년 멕시 코에서 1998년 러시아까지 세계화된 미국의 은행들은 일련의 심각한 위기 들을 마주하게 되었다. 1998년 9월의 경우, 주요 월스트리트 기업들이 단

* 미국의 기업 형태로 두 명 이상의 개인이 경영과 이윤을 공유하는 기업의 법적 형태를 가리킨다.

체 행동을 하지 않았다면 러시아에서 시작된 불확실성으로 인해 불붙은 해지펀드 롱텀 캐피탈 매니지먼트(Long-Term Capital Management, LTCM)의 붕괴가 해지펀드 산업 전체를 파멸의 구렁텅이로 몰아넣을 뻔했다.[34] 또한 그 뒤를 이어 1998년부터 2001년까지 새로운 월스트리트만큼이나 성장했던 실리콘밸리에서는 닷컴버블의 성장과 붕괴가 이어진다. 마지막으로 미국의 에너지 회사 엔론(Enron)에서는 상상을 초월한 회계 부정 사건이 발생한다. 이 사건으로 전설적인 회계 및 경영 전문 컨설팅 회사였던 아서 앤더슨(Arthur Andersen)은 끝내 해체되고 말았다. 2000년대 초반이 되자 20여 년 동안 극적인 성장을 이룩했던 월스트리트는 정치적 반발과 규제에 직면하게 되었고 "차세대 시장"을 빨리 찾아야 할 필요성을 느꼈다. 채권 거래와 관련된 투자은행들의 전문가들과 GSE를 대신해 모기지를 증권화한 이들의 역량과 역할을 고려해보면 리먼브라더스나 베어스턴스 같은 야심 넘치는 투자은행들이 다음 목표를 어디로 삼았는지 예상하기란 그리 어렵지 않다.

일반 시중은행들에 폴 볼커 이후의 시대는 참으로 혹독했다. 우선은 예치된 예금이 빠져나갔고 모기지 사업도 빼앗겼다. 이대로 계속 저축과 대출 업무만으로 은행을 유지할 수 있을 것인가?[35] 1990년대 접어들어 미국의 주요 은행들은 수익성을 개선하기 위해 깜짝 놀랄 만한 인수합병 작업에 들어가 덩치를 키웠다. 상위 10개 은행들은 1990~2000년에 전체 자산 규모를 10~50퍼센트까지 더 끌어올렸다. 또한 새로운 사업 모델도 찾아나섰다.[36] 크고 작은 고객들과 관계를 유지하고 계속해서 신용을 이어가는 것이 아니라 단순히 필요한 서비스를 제공하고 중간에서 수수료를 챙기는 곳으로 변모한 것이다. 이들은 앞서 설명했던 것처럼 지금까지 계속해서 모기지 상품을 만들고 GSE에 넘겨왔는데, 현재 받고 있는 경영상의 압박을 고려해볼 때 MBS의 발행과 증권화, 판매와 관리 등 여러 단계로 이루어지는 작금의 대출시장은 자신들의 장점인 일반 은행 업무와 대형 금융업체로의 성장이라는 자신들의 열망을 이어줄 안성맞춤의 다리처럼 보였다. 그렇지만 이 사업에 전면적으로 뛰어들기 위해서는 우선 규제에서 벗어날 필요가 있었다. 뉴딜정책 시절에 만들어진 규제에 따른 투자 업무와 은행 상품 소매 판매의 분리는 이제 막을 내려야 했다. 처음에는 로버트 루빈이, 그리고 뒤를 이어 래리 서머스가 지휘했던 클린턴 행정부의 재무부는 이들이 원하는 문제를 해결해주었다. 1999년 마지막까지 남아 있던 1930년대의 은행 규제법이 완전히 폐지되었다. 씨티그룹(Citigroup)과 뱅크오브아메리카는 미국의 새로운 종합 금융기관 시대를 열어젖혔고 일반 시중에서 월스트리트까지 유럽 대륙에서는 일반적이었던 은행의 모습이 이제 미국에도 뿌리를 내렸다.

2000년대 초반의 모기지 호황과 관련된 또 다른 주역들은 이미 1990년대부터 이 사업에 뛰어들었다. 이들은 워싱턴뮤추얼(Washington Mutual) 같은 은행들로 일반 저축은행들이 무너져갈 때 살아남아 컨트리와이드(Countrywide)와 같은 모기지 전문은행으로 탈바꿈한다.[37] GSE의 지원을 받는 이들은 대출상품 발행에 제약이 있었지만 그렇다고 야망까지 포기할 필요가 있을까? 사업의 전체 과정을 하나로 통합하면 안 될까? 1990년대 후반과 2000년대 초반에 이르자 투자은행, 일반 시중은행, 모기지 전문은행 등 세 종류의 은행 모두가 이런 논리를 따른다. 이들은 GSE를 중심으로 자신들의 모기지 사업을 꾸려나가는 대신 통합된 대출 증권화 사업을 시작한다. 컨트리와이드가 사업 영역을 모기지 상품의 발행에서 증권화까지 확대했다면 씨티그룹 같은 대형 은행은 MBS의 발행과 증권화, 판매, 그리고 관리와 거래까지 모든 단계를 맡아서 하는 금융기관이 되기를 꿈꿨다. 이보다 더 놀라운 건 리먼브라더스와 베어스턴스 같은 투자은행들의 진화였다. 이 투자은행들은 지금까지는 자신들이 소규모의 일반 개인고객들과는 접점이 거의 없다고 생각해왔다. 베어스턴스의 경우 이미 1990년대부터 자신의 사업 영역에 대출상품 발행과 모기지 대출기관 중 하나인 EMC

와 협력하는 내용을 추가한 바 있었고 리먼브라더스 역시 투자은행 업무에 4개의 소규모 대출부서를 추가했다.

2000년대에 이르자 민간 모기지 증권화에 집중된 이런 각 금융기관들의 전략들은 완전히 제자리를 잡았다. 그렇지만 패니메이와 프레디맥은 여전히 자금조달에서의 우위를 앞세우며 대출시장에서의 독점적 지위를 놓치지 않았다. 이들을 제외한 민간 기업들에 기회가 찾아온 건 GSE의 실적 부진과 함께 닥쳐온 또 다른 금리충격이었다.[38]

닷컴버블이 붕괴되고 뒤이어 9·11 테러 사건이 일어나자 연준은 금리를 1퍼센트까지 내렸다. 앨런 그린스펀이 의도했던 대로 이런 조치 이후에 기존의 모기지 차입자 가운데 다수가 빨리 채무를 상환하고 새롭게 저금리로 장기 대출을 받기 위해 경쟁하듯 서두르기 시작했다. 이런 현상은 처음 대출을 해주었던 대출기관들의 관점에서는 속이 쓰릴 수도 있겠으나 즉각적인 소비자 지출을 촉발시켰고 모기지 산업에서도 새롭게 거래가 발생함에 따라 막대한 관련 수수료가 오갔다. 업계 입장에서는 이전과는 결코 비교할 수 없을 정도의 거래와 자금이 오간 것이다. 2001년에 거래된 모기지 규모가 약 1조 달러였던 것에 반해 2003년에는 그 규모가 3조 8000억 달러까지 치솟았고 그중 2조 5300억 달러는 기존의 계약을 해지하고 새롭게 체결하면서 발생한 액수였다. 이런 대규모 호황 속에서 GSE는 여전히 중요한 위치를 차지하고 있었다. GSE는 우량 등급의 대출상품에 대해서는 독점적 지위를 고수했으며 시장 점유율 역시 2003년에 최고 57퍼센트에 육박하기도 했다. 그런데 이즈음에 문제가 생기기 시작했다. 2000년대 초반 대출사업이 갑자기 큰 호황을 누리게 되었을 때 GSE가 모든 부분에서 깨끗하게 사업을 진행했던 것은 아니다. 회계와 규제준수 부분에서 변칙적인 관행이 쌓여가기 시작하자 엔론 사태가 재발할 것을 우려한 관계 당국에서는 프레디맥과 패니메이에 차례차례 추가자본(capital surcharges) 확충이라는 규제를 적용했다. 이에 따라 두 회사는 새롭게 자본을 늘리거나 대차대조표에 대한 새로운 구조조정을 실시해야 했다. 특히 대차대조표 정리를 확실하게 하기 위해 전체 대차대조표 규모에 대한 상한선이 적용되었다.[39] 민간 기업들이 그 빈자리를 치고 나갈 수 있는 기회가 활짝 열린 셈이었다.

2000년부터 2003년까지 앨런 그린스펀의 금리 인하로 새로운 담보대출 거래가 급증하는 동안 비단 GSE만 홍역을 치른 건 아니다. 관련 거래가 갑자기 급증했다는 건 결국 비정상적인 "부적격" 거래도 많이 발생했다는 뜻이었다. 그렇지만 한 가지 분명한 사실은 금리가 바닥을 모르고 떨어지던 2004년 초 일어났던 대출 재계약 소동은 그대로 계속 이어졌고 GSE는 가던 길을 멈추었다는 것이다. 관련 사업은 계속 호황인데 GSE가 빠졌으니 이제 그 자리를 차지한 건 결국 민간 대출업체들이었다. 1990년대의 GSE 중심 사업 모델이 막을 내리자 이들 민간업체들은 적격대출의 기준을 완화해 자신들이 자체개발한 "비정상적" 대출도 허용했다. 신용도가 가장 낮은 서브프라임과 그보다 조금 나은 알트 A(Alt-A) 대출, 그리고 대출금액이 40만 달러를 넘는 이른바 점보론(jumbo loan) 등이다.

민간업체들은 적격 대출상품을 증권화해서 수익이 난다면 서브프라임 상품으로는 더 큰 수익을 낼 수 있다는 사실을 알아차렸다.[40] 금융공학은 더 정교해졌고 관련 서비스에 대해서는 더 큰 액수를 청구할 수 있었다. 채권 관련 투자은행의 기법들은 이제 활짝 만개했다. 놀랍도록 많은 MBS가 민간 발행된 부적격 상품일지라도 일단 구조화된 상품 안에서 결합되면 AAA등급 대우를 받았다. 위험관리를 위해서 전문 투자은행에서만 사용하던 CDS 방식이 확대 적용되었다. AIG 같은 대형 주류 보험 회사들이 이종 증권화 상품에 대한 이런 CDS 보험상품을 만들기도 했다. 가장 밑바탕이 되는 모기지의 품질을 생각해보면 여기에서 파생된 모든 증권 상품들이 다 믿을 만한 건 아니었다. 그렇지만 크게 고무된 투자은행들은 부채담보부증권(Collateralized Debt Obligation, CDO) 사업을 크게 확대했다. CDO는 다른 증권화된 모기지 거래의 중간급인 "메자닌(mezzanine)" 상품을 재

처리한 일종의 파생상품이다. 이런 파생상품들을 하나로 합쳐 다시 분할하면 BBB등급 자산의 집합체를 만들어 다시 AAA등급의 증권으로 분할할 수 있다. 그리고 일단 이 작업을 마치고 나면 그보다 한 걸음 더 나아갈 수 있는데, 낮게 평가받은 CDO를 하나로 끌어모아 분할해서 다시 한번 또 다른 CDO를 만들어내는 것이다. 그리고 다시 한번 개별적으로 분산된 위험과 신용등급 평가기관들의 호의를 바탕으로 이렇게 만들어진 파생증권들조차 AAA등급을 받는다.

금융위기의 핵심에 자리한 치명적 구조

2000년대 초반까지 민간 모기지 산업은 발사 신호만을 기다리고 있었던 셈이며 발사에 필요한 연료 역할을 한 것이 증권화된 모기지 상품들이었다. 또한 금융공학 기술자들도 모든 준비를 갖추고 있었다. 2003년 전통적인 모기지 상품에 대한 재계약 열풍이 가라앉으면서 새로운 상품에 대한 사업이 시작되었다. 이런 호황의 최종 단계에 이르는 데는 마지막으로 한 가지 요소가 더 필요했다. 현재 만들어지고 있는 수천억 달러 규모의 증권 구입에 관심을 가진 구매자들이 꼭 나서야 했던 것이다. 만일 공급에 대한 수요가 전혀 없다면 MBS의 가격은 폭락할 것이고 수익률도 요동을 쳐 차입 금리가 상승할 것이며 결과적으로 현재의 모기지 사업의 호황은 막을 내리게 될 터였다. 그런데 결국 이런 일은 일어나지 않았을뿐더러, 금리는 장기간 안정세를 보였고 부적격 대출자들이 감당해야 하는 이자도 줄어들었다. 이런 현상은 2000년대의 호황을 이끌어낸 세 번째 역사적 변혁을 나타내고 있는데, 바로 공급이 아닌 수요 측면에서 이루어진 변화다. 안전한 자산에 대한 수요가 급증했고 거기에 기업과 기관 투자자들은 모기지 금융에 투자할 만한 막대한 현금 자금을 끌어모았다.[41] 또한 이 시점에서 모기지 은행업을 위한 기술적 역학관계가 중국과 신흥시장국가들의 부상, 그리고 서구사회의 불평등 증가와 부의 편중 현상이라는 거대한 주제와 맞물렸다.

이러한 연결 관계를 이해하려면 우선 MBS와 관련된 가장 중요한 문제인 신용등급 결정 과정으로 돌아가야 한다. AAA등급은 해당 상품의 등급을 안전자산을 찾는 투자자들이 선호하는 재무부 채권 정도 수준으로 인정하는 것이다.[42] AAA는 그 자체로 신뢰의 상징이며 안전한 자산을 찾는 사람들에게 더 이상 다른 상품을 돌아볼 필요가 없다는 신호이기도 했다. 이 등급을 받은 자산들은 불안정한 자본주의 경제에서 중립적이고 안전한 장소를 제공받는 것과 거의 비슷한 수준이었다. 모두들 이런 자산을 원하지만 특히 위험을 피하고 싶으나 개인적으로 상품에 대한 조사나 평가가 어려운 투자자들이 안심하고 찾았다. 이런 AAA등급 자산에는 연금기금이나 현금기금, 그리고 보험기금 등이 포함된다. 이 분야에 정통한 어느 경제학자는 이렇게 이야기했다. "인간의 역사 거의 대부분이 결국 각기 다른 형태의 이런 안전자산을 만들어내고 찾아내는 과정이라고 볼 수 있다."[43] 이 말은 어쩌면 사실일 수도 있지만 1990년대 후반과 2000년대 초반에 안전자산에 대한 수요가 급증한 것에는 과연 어떤 이유가 있었는지 먼저 살펴보지 않을 수 없다.

우선은 1990년대부터 이어진 신흥시장국가의 경제발전을 그 첫 번째 이유로 들 수 있다. 무역수지 흑자와 1994~1998년에 발생한 경제위기가 반복되는 것을 스스로 막아내겠다는 의지 때문에 이런 신흥시장국가들은 긴급 상황이 발생했을 때 바로 정리해 사용할 수 있는 준비 자산을 필요로 했다. 그리고 여기에 가장 적합한 자산이 미국 재무부가 발행하는 장단기 채권이었다. 2000년대 초반 중국과 다른 신흥시장국가들은 미국 재무부가 발행하는 모든 채권을 사들였고 심지어 그 양은 1기 부시 행정부가 막대한 재정 적자를 해결할 수 있을 정도였다. 거시경제학자들은 이로 인해 발생한 경상수지 불균형과 재앙이 될 수도 있는 갑작스러운 변화에 대해 우려의 목소리를 높였다. 그런데 경제학자들은 MBS와 같은 복잡한 사안에는 얽히고 싶지 않았는지, 신흥시장국가의 자금이 금융시장으로 흘러 들어오면서 일어날 수 있는 현상에는 그다지 주의를 기울이지 않았다. 신흥시장국가들의 투자자는 먼저 미국 재무부 채권을 사들였고 그다음에는 GSE에서 발행한 기관 채권을 사들였다. 그러자 다른 기관 투자가들은 그 밖의 다른 대안을 찾기도 했는데, 그 틈을 비집고 들어간 것이 바로 금융공학이었다. 예컨대 연금기금과 생명보험사, 그리고 수익 좋은 기업들이 쌓아놓은 막대한 액수의 현금을 관리하는 전문 관리자나 개인 갑부들이 안전자산을 찾고 있을 때 나타난 AAA등급의 증권은 파생상품의 합성 방법을 알고 있는 미국의 모기지 기관들이 만들어낸 상품이었다.

그렇지만 여기에서 다시 한번 주의를 기울여야 할 것이 있다. 세계적으로 달러화로 표시되는 안전자산에 대한 수요가 감소하면서 1차 발행된 모기지 증권(mortgage pipeline)은 다른 AAA등급의 파생상품으로 과도하게 재발행되어 시장에 공급되지 않았다. 그러나 민간업체들이 발행한 ABS는 실제로 투자자들에게 판매될 때까지 자세히 알려진 바가 거의 없었다. 시장의 상황이 나빠지자 증권들은 그대로 대차대조표에 비유동성 자산으로 남겨졌으며 더 이상 안전자산으로 분류되지 않았다. 물론 안전하지 못한 모기지 상품을 고의로 다시 다른 상품으로 꾸며 판매했다면 그 투자은행은 소송을 당할 수도 있으며 그에 따른 손실은 투자배당과 수백만 명에 달하는 연금 생활자들의 지출 결정에 영향을 줄 수 있다. 그렇지만 그 자체만으로는 금융위기가 발생하지 않으며 전 세계적인 은행 파산으로도 이어지지 않는다. 닷컴버블 사태와 비교해보면 도움이 될 수 있을 것인데, 닷컴버블은 엄청난 부를 만들어냈다가 붕괴되었으며 심각한 경기불황을 불러왔다. 그렇지만 닷컴버블의 붕괴가 금융업의 위기로는 이어지지 않았다. 2000년대 초반 일어났던 서브프라임 모기지 호황이 금융위기로까지 이어진 것은 증권화와 관련해서 내세운 논리와는 다르게 수천억 개에 달하는 민간 발행 MBS가 금융시스템 밖으로 퍼져나가지 않고 모기지 상품 판매자와 모기지 상품을 증권으로 만들었던 금융기관의 대차대조표에 그대로 쌓여 남아 있었기 때문이다.[44]

왜 증권을 만든 금융기관들은 자신이 만든 상품을 그대로 끌어안고 있었을까? 부분적으로는 생산제도 자체의 문제라고도 볼 수 있는데, 증권화를 통해서 매력적인 파생상품이 만들어지기도 하고 또 반대로 그렇지 못

도표 2.1 외환보유고와 미국 단기 안전자산에 대한 기관 투자자들의 경쟁(단위: 10억 달러)

총발행 잔액	2005	2006	2007	2008	2009	2010
단기 재무부 증권*	1,146	1,173	1,192	1,909	2,558	2,487
단기 기관 증권**	568	489	560	903	844	618
총액	1,714	1,662	1,752	2,812	3,402	3,105
(−) 해외 공식 보유액						
단기 재무부 증권	216	193	181	273	562	없음
단기 기관 증권	112	110	80	130	34	없음
총액	328	303	261	403	596	없음
(−) 해외 기관 투자자들의 수요						
총거래량으로 추정한 해외 기관 투자자들의 현금 보유고 현황	1,771	2,120	2,216	1,834	2,041	1,911
총거래량으로 추정한 해외 기관 투자자들의 현금 보유고 현황	3,120	3,735	3,852	3,467	3,596	3,432
평균	2,445	2,927	3,034	2,650	2,818	2,672
= 안전한 유동성 단기 상품 손실액	(1,059)	(1,568)	(1,543)	(241)	(12)	없음

* 만기 1년 이하의 재무부 단기 증권 및 채권 포함.
** 기관 어음 할인 포함.

자료 출처: 졸탄 포자르(Zoltan Pozsar), 「해외 기관 투자자들의 현금 보유고와 미국 은행 제도의 트리핀 딜레마(Institutional Cash Pools and the Triffin Dilemma of the US Banking System)」, 《금융시장과 기관 및 상품(Financial Markets, Institutions & Instruments)》 제22권 제5호(2013), pp.283~318, 표 5.

한 상품이 만들어지기도 한다. 이렇게 별로 인기가 없는 상품들을 딱히 시장에 선보일 필요는 없다. 게다가 전체 업무를 관장하는 은행들은 자신이 하고 있는 사업 내용을 믿었다. MBS를 그대로 보유하는 건 자금조달 비용 측면에서 상당히 이익이 되었으며 모기지 공급망 안에 있는 은행들은 자신이 수익의 중심에 있는 것이나 다름없었다. 그런데도 다들 함께 큰 수익을 올리지 못한 건 그것이 선택의 문제였기 때문이다. 모든 은행이 다 이 사업에 승부를 건 것은 아니다. 대형 모기지 상품 판매자인 동시에 가장 공격적으로 성장세를 유지했던 일반 시중은행인 씨티그룹과 뱅크오브아메리카, 워싱턴뮤추얼, 또 규모는 가장 작지만 야심과 투지가 넘쳤던 리먼브라더스와 베어스턴스가 가장 큰 위험을 기꺼이 끌어안았다. 반면에 J.P.모건은 이미 2006년부터 모기지 증권 발행에서 발을 **빼기** 시작했으며 CDS 시장에서 자신이 할 수 있는 최대한의 보험을 들어두었다. 이와 달리 골드만삭스는 붕괴가 임박한 주택시장에 위험 관리를 넘어 큰 도박을 했다.[45]

이들은 서브프라임 대출과 관련된 사업에 대해서만은 쉽게 자기 정당화를 하며 경계심을 풀었는데 이런 모습은 동시에 좀 더 기본적인 은행 업무에 대한 고민을 반영하고 있기도 하다. 대차대조표에 다량의 MBS를 올리는 일은 자산과 관련된 측면에서 위험을 수반할 뿐만 아니라 동시에 비용조달 측면에서 보면 은행의 부채를 확대하는 행위다. 그리고 이를 통해 우리는 2007~2008년에 벌어진 금융위기의 본질을 살펴볼 수 있다. 만일 모기지 상품을 만들어내는 업체들이 수천억에 달하는 민간 발행 MBS와 ABS를 자신의 대차대조표에 그대로 올려놓고 있었다면 어떻게 필요한 자금을 융통했을까? 여기에서도 역시 새로운 투자은행 업무 모형이 그 해답을 알려준다. 만일 컨트리와이드와 같은 신흥 모기지 업체들에 예금자들이 없었다면 어떤 일이 벌어졌을까. 실제로 충분한 예치금을 확보하지 못한 리먼브라더스는 결국 다른 곳에 모인 현금을 빌려다가 자금을 조달했으며 다른 신규 사업자들도 같은 방식으로 했다. 이것이 금융위기의 핵심에 자리하던 진짜로 치명적인 작동 구조였다. 화폐시장에 모였던 현금이 대차대조표에 다량의 MBS를 보유할 수 있는 자금으로 융통되었던 것이다.

모기지 사업에 필요한 자금을 융통하는 데 가장 큰 힘이 된 것이 이른바 자산담보부기업어음(asset-backed commercial paper, ABCP)이다.[46] 미국에서 가장 대규모로 이 어음을 발행하는 곳은 뱅크오브아메리카와 씨티그룹, 그리고 J.P.모건이었으며 이 사업을 관리하는 곳을 구조화 투자회사(structured investment vehicles, SIV)라고 불렀다. 이 투자회사는 합법적인 업체로 자신의 "보증업체"들을 통해 최소한의 자본을 제공했지만 모은행의 대차대조표와는 분리되어 있었다. 이런 SIV들에 대해 모은행은 막대한 액수의 모기지 증권, 증권화된 자동차 구입자금 대출, 신용카드 채무나 학자금 융자 등을 떠넘기는 것이다. 그러면 SIV는 ABCP를 발행해 조성한 자금을 이런 증권이나 채권들에 대한 값으로 모은행에 지급한다. ABCP는 SIV의 자산과 모은행의 신용이 보증하는 3개월짜리 어음이었다. 실적이 전혀 없는 SIV가 높은 이율의 상업어음을 발행할 수 있었던 건 보유 증권의 가치와 모은행의 지원이 뒷받침된다는 가정 때문이었다. 놀랍게도 2000년대 초반까지 지켜졌던 은행규제법에 따르면 SIV의 대차대조표에 올라 있지 않은 자산도 필요한 경우 대차대조표에 올라가 있는 것처럼 처리할 수 있었다. 대차대조표를 부풀리는 건 위험한 일이었지만 자본에 대한 수익률을 높일 수 있었다. 그리고 장기수익과 단기 자금조달 비용 사이의 차액에 대한 거래에 따라 또 다른 수익을 낼 수 있었다. 일반적으로 ABCP 관리업체는 3~5년 만기의 증권들로 자산이 구성되었으며 최대 3개월에서 최소 며칠 만기의 어음을 판매해 이런 증권들에 대한 자금을 조달했다. 현금 관리자의 입장에서 보면 대단히 짧은 기간 안에 수익을 얻을 수 있고 상위 등급의 일반 시중은행들이 보증을 서주기 때문에 이런 어음은 다른 우량 채권들보다도 더 매력적인 상품이었다. 또한 모은행들로서는 SIV가 보유한 고위험 혼합형 자산에서 얻을 수 있는 높은 금리와 고평가된 ABCP에 지불해야 할 낮은 금리 사이의 차액 역시 매력적인 수익원이라 할 수 있었다.

만일 SIV-ABCP 모형에서 만기일에 차이가 난다면 투자은행들은 이를 최대한도로 이용했다. 원래 투자은행들의 전체 사업 모델은 도매금융 자금조달 방식을 바탕으로 하며 여기에서 가장 융통성 있게 활용할 수 있는 것이 이른바 환매조건부채권(repurchase agreements, Repo)이다. Repo 거래에서 은행은 증권을 사고 최소 하루에서 최대 3개월 후에 일정 가격에 재구입할 것을 약속하고 이 증권을 되팔아 증권 가격을 지불한다. 이것은 사실상 "담보부 단기자금조달계약(collateralized short-term funding agreement)"이나 마찬가지다. 예를 들어 투자은행은 1억 달러어치의 증권을 구매하고 이를 MMF나 다른 투자은행에 매각하는데 이를 회수하는 쪽이 투자자에게 부과되는 약간의 이자를 대신 지불한다. 여기에서는 또한 일정 비율의 손실, 즉 헤어컷(haircut)을 인정한다. 재무부 채권으로 1억 달러를 거래한다면 전체 가치를 다 인정하지 않고 현금으로 9800만 달러만 받을 수 있다. 그리고 다시 구입할 때도 9800만 달러를 지불해야 한다. 결국 헤어컷은 투자은행이 증권을 보유하기 위해 얼마나 많은 돈을 투입해야 하는지를 결정하며 따라서 거래상에 레버리지 효과가 발생한다.[47] 헤어컷이 2퍼센트라는 건 1억 달러어치의 증권을 구입하고 거기에 지불되는 이자를 받기 위해 은행이 자체적으로 준비해야 하는 자금이 200만 달러라는 의미다. 나머지 금액은 Repo 거래를 통해 해결할 수 있다. 이런 작동구조를 이용하면 적은 액수의 자본을 가지고도 훨씬 더 큰 규모의 대차대조표를 유지할 수 있는데, 물론 이론상으로는 Repo를 반복해서 "활용"할 수 있으며 헤어컷이 갑자기 늘어나는 경우는 없다.

2000년대에 이르러 뉴욕의 Repo 시장에 올라온 담보물은 하루에 수조 달러에 달했다. 이 시장은 다시 두 개로 나뉘는데 바로 양자간 Repo 시장과 3자간 Repo 시장이다. 두 시장 모두 전문 장외시장으로, 단지 중앙은행이나 관계 당국에 의해 느슨하게 관리되었을 뿐이다. 3자간 Repo 거래에 대해 우리가 갖고 있는 가장 정확한 자료를 살펴보면 J.P.모건체이스(JPMorgan Chase)나 뉴욕멜론은행(Bank of New York Mellon) 같은 제3자에 의해 관리되며 채권 거래 기간 동안 담보를 유지하고 있다.[48] 이 3자간 Repo 거래에서 사용되는 담보물은 보통 최상의 품질을 유지하는데 대부분 재무부 채권이나 기관 MBS다. 추가 보호조치를 생각해보면 이 3자간 Repo 거래는 MMF 같은 기관의 현금 자금으로 자신들의 Repo 거래를 하는 것으로 볼 수 있다. 민간 발행 MBS를 위한 자금조달에는 3자간 거래가 이용되지 않으며 양자간 Repo 거래라면 이런 자금조달이 가능할 수도 있다. 현재 입수할 수 있는 가장 정확한 자료에 따르면 양자간 Repo 시장은 3자간 Repo 시장보다 3배는 더 규모가 크다고 한다.[49] 양자간 시장의 거래 당사자들은 보통 투자은행이나 헤지펀드이기 때문에 담보물로 제공할 수 있는 자산의 종류가 훨씬 더 다양하다. 투자은행들이 민간 발행 MBS와 CDO를 보유하는 데 필요한 자금을 조달한 방법이 ABCP와 다양한 유형의 은행 내부간 거래, 그리고 무담보 차입과 지금까지 설명한 Repo 거래 등이다. 담보물의 다양성을 고려하면 2007년 봄의 양자간 Repo 시장의 헤어컷은 미국 재무부 채권의 경우 0.25퍼센트, 그리고 그보다 품질이 떨어지는 자산담보부 대출의 경우 10퍼센트 이상이었다.

기업어음으로서의 Repo는 심각한 자금조달 위험에 노출되어 있으며 상환연장이 안 될 수도 있다. 좀 더 정확하게 말하자면 만일 리먼브라더스나 베어스턴스 같은 투자은행이 자산의 일정 부분에서 큰 손해를 본 것으로 여겨졌을 때, 그 기금조달이 어음이나 양자간 Repo 혹은 다른 유형의 은행간 차입 등 어떤 방식으로 이루어졌는가에 상관없이 전반적으로 신뢰도에 큰 손상을 입는다. 그렇게 되면 3자간 시장에서 거래 상대로서 부적합하다고 여겨지고 자금조달의 상당 부분이 막힐 것이다. 이런 잠재 위험의 규모는 상당히 컸다. 2007년 회계연도 말에 리먼브라더스의 6910억 달러에 달하는 대차대조표 중 50퍼센트는 Repo를 통해 조달된 자금이었으며 골드만삭스와 메릴린치, 그리고 모건스탠리의 경우 약 40퍼센트였다.[50] 만일 이런 투자은행 중 한 곳이라도 Repo 시장에서 자금을 조달할 수 없다면 사업 모델은 단번에 무너질 것이며 단지 MBS 사업뿐만 아니라 파생상품과 금리 및 통화 스와프를 포함한 대차대조표 전체가 함께 무너지는 것이다.

부동산 시장의 호황, 투기세력의 확산

수많은 이해관계가 얽힌 가운데 호황의 끝자락에서 미국 모기지 시장의 확대는 비정상적이라고까지는 할 수 없어도 눈부시게 화려했던 것만은 사실이다. 1999~2003년 미국에서 새로 판매된 모기지 상품의 70퍼센트는 여전히 GSE가 보장하는 전통적인 상품이었다. 금리 인하로 인해 대출계약을 새롭게 바꾸고 정리하는 작업이 마무리될 무렵에는 이런 균형이 무너졌다. 2006년에는 새로 계약된 모기지의 70퍼센트가 서브프라임 상품이 아니면 GSE가 아닌 민간 발행 MBS에 의해 증권화된 비전통적 대출이었다. 2005년과 2006년 두 해 동안 1조 달러가량의 이런 비전통적 모기지 상품이 판매되었는데 2001년의 1000억 달러와 비교하면 10배나 뛰어오른 것이다. 패니메이와 프레디맥은 비기관 증권화 모기지 상품을 3000억 달러가량 사들여 자신의 자산을 구성하며 시장의 흐름에서 뒤떨어지지 않기 위해 애썼다. GSE는 이제 더 이상 이 모기지 시장의 주체가 아니었으며 컨트리와이드 같은 신생업체들과 경쟁해야 했다. 컨트리와이드는 2006년에만 미국 모기지 대출의 20퍼센트를 책임질 정도로 규모가 성장했다.[51] 또한 리먼브라더스 같은 엄청나게 복잡하고 정교한 사업 모델을 갖고 있는 투자은행들도 경쟁에 뛰어들었는데 이런 투자은행들은 모기지 거래 과정 전체를 하나로 묶어 운영하고 있었다. 2005년에는 리먼브라더스가 발행한 1330억어치의 MBS/CDO 관련 모기지 상품의 3분의 2가 바로 직접 발행하고 판매한 서브프라

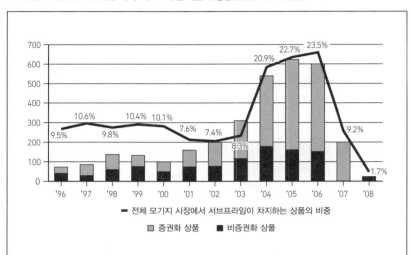

참고 내용: 증권화 비율은 해당 연도에 발행된 서브프라임 증권을 처음으로 집행된 대출 금액으로 나눈 값이며,
2007년의 경우 증권 발행액이 처음 집행된 대출 규모를 넘어섰다.

자료 출처: 인사이드 모기지 파이낸스(Inside Mortgage Finance).

임 대출이었다. 월스트리트에서 수위를 다투는 업체가 되었지만 실상은 이
렇게 신용등급이 낮은 대출을 긁어모아 이루어낸 것이다.

　이런 일종의 먹이사슬을 통해 전달되는 내용은 간단했다. 모기지 채무
는 더욱 늘어갈 것이며, 상품의 질이 떨어질수록 수익은 올라간다는 것이
다. 이른바 독립 사건 확률의 마법(the magic of independent probabilities)*에
따라, 분할과 통합 과정을 되풀이하는 대출상품의 품질이 떨어질수록 효
과는 더 극적이었다. 대출 증빙서류가 구비되지 않은, 낮은 등급의 고수익
보장 상품 상당수가 AAA등급 상품으로 변신했다. 모든 경제 호황의 이면

---

* 다른 상품과 특성 또는 품질 차이가 커서 독립적으로 움직이는 경우 분산효과 등으로 전체 포
　트폴리오의 안정성과 수익성이 높아짐.

에는 이렇게 무책임할 뿐만 아니라 범죄나 사기 행각에 가까운 일들이 어느 정도는 일어난다. 그렇지만 모기지 상품의 증권화 작동 구조는 대출상품의 품질을 차근차근 바닥까지 끌어내린다. 이런 현상을 만들어낸 건 담보물에 포함된 증권이 가져다주는 높은 수익률과 AAA등급의 ABS를 구입한 투자자들에게 돌아가는 낮은 이율 사이의 차이였다. 2004년부터 시장으로 들어온 서브프라임 모기지 상품의 절반 이상이 대출 증빙서류가 불완전하거나 제대로 구비되지 않은 상품이었으며, 30퍼센트는 기본 상환 능력이 전혀 없는 사람들에게 이자만 내는 대출로 집행되었다.[52]

신용등급 평가기관들은 결국 이런 과정 속에서 자신들이 했던 역할에 대해 훗날 날카로운 추궁을 받았다. 이런 기관들이 관련 비용을 은행들로부터 지급받았고 그 은행들을 위해 채권이나 증권에 등급을 정해주었으며 또 서로 경쟁관계에 있던 상위 3개 평가기관이 AAA등급을 받을 수 있는 가장 빠르고 저렴한 방법을 제공했다는 건 서로에게 불행한 일이었다. 어쩌면 이들은 미국에서 가장 뛰어난 경제학자들이 승인해준 그런 공인받은 방법을 통해 그렇게 한 것이라고 주장하며 변명할지도 모른다. 그렇지만 그들이 받은 돈은 결과에 의한 포상에 가까웠다. 피치 같은 평가기관은 AAA등급을 더 적게 주는 위험 평가 모형을 적용했다가 서브프라임 모기지 증권화 사업에서 크게 밀려나기도 했다.[53] 훗날 있었던 의회 조사에서 밝혀졌듯이 무디스와 스탠더드앤드푸어스 같은 신용등급 평가기관들의 직원들은 자신이 만들어내고 있는 괴물에 대해 잘 알고 있었다. 어느 평가전문가는 2006년 12월 동료에게 보낸 이메일에서 이렇게 고백한다. "우리 모두 부자가 되어 이 모래성이 무너질 때쯤에는 은퇴할 수 있기를 바라자고 ^^."[54]

확실히 일부는 부를 불려갔다. 1980년대와 1990년대 후반 투자은행들은 많은 수익을 올렸고 이제는 모든 사람들이 다 돈을 벌고 있었다. 2000년대 초반 미국 경제에서 발생하는 수익의 35퍼센트는 금융 분야에서 나왔으며 최상위권의 수익 규모를 보면 현기증이 날 정도였다. 1990년대를 거치면서 이런 투자은행들은 투자자들에게 주식을 넘기고 상장 기업이 되었지만 월스트리트의 기업들은 계속해서 파트너십 형태로 효율적인 경영을 이어갔다. 금융 관련 기업들은 이자 비용을 제외한 순수익의 절반은 직원들과 나누어 갖고 나머지 절반은 지분 소유자들이나 주주들에게 돌려주는 것이 관례였다. 2006년 영업연도에 뉴욕의 금융업계 종사자들은 600억 달러가량의 특별수당을 지급받았으며 2007년에는 그 액수가 660억 달러로 최고 정점을 찍었다.[55] 투자은행의 고위급 임원들은 각각 수천만 달러에 달하는 보수를 지급받은 것으로 알려졌다. 1994년부터 리먼브라더스의 최고경영자 자리에 올라 극적인 성장을 이끌어낸 리처드 펄드(Richard Fuld)는 2000년과 2008년 사이에만 봉급과 수당을 합쳐 4억 8480만 달러를 받아갔다고 한다. 대단히 충격적인 액수지만 이런 사업 운영자들의 심리를 이해하기 위해서는 다음과 같은 사실을 알 필요가 있다. 상위권 투자은행가들조차 자신은 이런 "머니게임"의 진정한 승자가 아니라는 사실을 잘 알고 있었다는 점이다. 투자은행 관계자들의 수입도 자금전담 중개업무나 Repo, 그리고 ABCP 시장 거래에 참여하는 헤지펀드 경영자들과 비교하면 빛이 바랠 정도였다. 헤지펀드나 사모펀드 업체와 관련된 사람들은 1년에 수억에서 수십억 달러를 벌어들였다. 2007년 상위 여섯 명의 헤지펀드 경영자들은 최소한 배당금으로 각각 10억 달러 정도를 벌었다고 한다.

특별히 이런 사람들만 탐욕스러운 것은 아니었다. 조직적으로 이들을 호도하고 관심을 그쪽 방향으로 돌리게 만드는 과정에서 상당수 모기지 차입자들이 희생된 것은 사실이다. 그렇지만 부동산 시장이 일종의 균형 상태에서 호황으로 돌아섰을 때는 모든 사람이 싫든 좋든 다 함께 투기세력이 되었다. 가치 상승으로 인한 이익이 기대되면 주택 소유의 개념도 따라서 바뀐다. 주택을 소유한 사람들은 자신들의 의사와 상관없이 투기하는 입장에 선다. 가장 안 좋은 처지에서 낮은 신용등급으로 변동금리에 따른 모기지를 통해 주택을 구입한 사람들은 부동산 가치가 크게 올라 좀 더 나은 조건으로 대출 조건을 바꿀 수 있을 거라는 희망 정도를 품었다면, 좀 더 형편이 좋은 사람들은 부동산 투기로 인한 재산 증식을 꿈꾸었다. 2006년 미국에서 새로 집행된 모기지 상품의 3분의 1 이상이 한 개인이 소유하는 두 번째, 세 번째 심지어 네 번째 주택을 위한 것이었으며 이른바 "투기과 열지역"으로 알려진 플로리다와 애리조나, 캘리포니아의 경우는 그 비율이 45퍼센트가 넘었다.[56] 월스트리트나 다른 부유한 지역의 갑부들이 버는 정도의 돈은 아니었지만 확실히 이제 부동산 투기는 모든 사람이 참여하는 재산 증식 방법이 되어 있었다.

종합해보면, 만일 우리가 진정한 거품의 산물이었던 시장의 이런 부분에 집중해서 살펴본다면 2007년 여름까지 5조 2130억 달러어치의 ABS가 민

도표 2.3　2007년도 2/4분기에 발행된 미국의 민간 발행 ABS와 회사 채권 자금조달
(단위: 10억 달러)

	민간 발행 ABS		회사 채권	
	총합	백분율	총합	백분율
총발행 액수	5,213	100%	5,591	100%
단기 자금조달				
ABCP	1,173	23%		
직접 보유 자산				
MMF	243	5%	179	3%
증권 대부 기관	502	10%	369	7%
Repo				
Repo 매매	31	1%	42	1%
증권 대부 기관	165	3%	121	2%
단기 자금조달 총액	2,113	41%	711	13%

자료 출처: 아르빈드 크리슈나무르티(Arvind Krishnamurthy), 스테판 나겔(Stefan Nagel), 드미트리 올로프(Dmitry Orlov), 「Repo 매매 확대(Sizing Up Repo)」, 《금융 저널(Journal of Finance)》 제69권 제6호 (2014), pp.2381~2417, 표 2.

간 발행되었는데 이 증권들은 말하자면 비전통적 모기지와 신용카드, 학자금 융자 및 자동차 대출 등을 통해 만들어진 MBS였다. 이 중에서 가장 위험한 모기지 상품이 서브프라임 모기지 MBS로, 그 액수는 총 1조 3000억 달러에 달했다. 비록 전체 미국 모기지 시장의 12퍼센트에 "불과한" 액수였지만 이 1조 3000억 달러라는 액수는 2003년 이후 단일 종류의 폭등에 의해 만들어진 것이다. 총 5조 1300억 달러의 투자금액 중에서 3조 달러 이상을 장기 투자자가 차지했고 7000억 달러를 투자펀드나 투자은행이 차지했다. 그러나 은행이 보유한 1조 1730억 달러는 대차대조표 밖에서 ABCP 발행을 통해 조달한 자금이다. 그 결과 ABCP는 3개월 이내로 현금을 투자할 수 있는 상품을 찾던 투자자들에게 가장 규모가 큰 단기화폐 시장 상품이 되었다. ABCP 시장은 심지어 미국 정부가 현금 흐름을 관리하기 위해 발행한 재무부 단기국채(T-bill)로 조성된 시장보다 규모가 더 커졌다. 만일 부동산 위기가 그대로 퍼져나가 전 세계 금융위기로 연결될 수 있도록 만든 통로가 있다면 민간 발행 MBS가 도매금융 자금조달 방식을 만나 이루어진 ABCP였을 것이다.

음악이 멈춘 후에 벌어지는 일들

매년 8월이 되면 각국 중앙은행과 화폐경제학 분야의 세계적인 엘리트들이 와이오밍주 잭슨 홀(Jackson Hole)에 있는 어느 휴양지에 모인다. 2005년 8월 모임의 화두는 미국 주택시장에서 끓어오르고 있던 위기의 조짐이 아니라 미연준 의장 자리에서 물러나는 앨런 그린스펀이었다. 모두들 화기애애한 분위기 속에 이야기를 나누었지만 자기 발표 순서에 그런 분위기와는 다른 이야기를 한 사람이 있었다. 그는 라구람 G. 라잔(Raghuram G. Rajan)으로 인도 출신이지만 시카고대학교 부스경영대학원 교수이자

IMF의 수석경제학자로 미국에서도 인정받는 경제전문가였다. 라잔 교수가 제시한 논문에는 "금융 발전은 세계를 더 위험에 빠트리고 있는가?(Has Financial Development Made the World Riskier?)"라는 도발적인 제목이 붙어 있었다.[57] 그는 현재 극적인 수준으로 팽창하고 있는 금융 중개 사업이 리스크 선호(risk appetite)를 만들고 있다고 우려했다. 앨런 그린스펀을 떠나보내는 자리에서 이 같은 주장은 환영받지 못했고 이런 라잔 교수의 의견에 반대하고 나선 것은 다름 아닌 래리 서머스였다. 서머스는 전직 재무부 장관으로서의 권위를 한껏 드러내며 자신을 이렇게 소개했다. "나는 바로 앨런 그린스펀에게 이 문제에 대해 너무나도 많은 것을 배운 사람 중 하나입니다. …… 라잔 교수의 주장은 새로운 물결에 대한 반대를 전제로 많은 부분을 오해하고 있습니다."[58] 라잔 교수가 두서없이 제시한 이런 복잡한 현재 금융시스템의 위험에 대한 강조는 "발전에 대한 방해"나 또 다른 "잘못된 충동적 정책"을 불러들이는 것이나 마찬가지라는 게 그의 설명이었다. 마치 추락 사고를 염려해 비행기도 타지 못하는 그런 형국이라는 것이었다.

래리 서머스의 이런 반응, 즉 제도 내에서 위험에 대해 논의하는 일조차 위험하다는 정치적 반응이나 기술 발전에 대한 저항을 끌어들이는 것이라는 주장은 40여 년 동안 관련 규제 철폐를 지향해온 태도를 대변하는 것이나 다름없었다. 정말로 중요한 초창기의 징후는 1960년대 전 세계 자본시장이 새롭게 재편되던 시기와 브레턴우즈 체제가 무너지고 난 후의 시기, 그리고 1980년대 초반의 금리 및 자본 흐름에 대한 규제 완화의 시기로 거슬러 올라가 찾아볼 수 있다.[59] 통화 불안정성을 퍼트리고 폴 볼커의 금리 충격을 재촉했던 움직임들이 바로 그 시기에 일어났고 이런 혼란을 거쳐 주택시장의 혁신이 강제되었으며 지나치게 활동적인 새로운 유형의 월스트리트 투자은행이 출현했다. 자본의 경쟁적 흐름은 이후 일어난 모든 사건들의 원인이라고 볼 수 있다. 그리고 루빈과 서머스는 일반 시중은행과 투자은행 업무의 융합에 대한 마지막 규제를 풀어준 1999년 금융서비스현대화법(Financial Services Modernization Act)에서 자신들의 개인적 의견을 덧붙이기도 했다. 재무부 장관직에서 물러난 지 몇 달이 지나지 않아 루빈은 다시 씨티그룹으로 돌아가 금융 업무를 보았다. 서머스가 월스트리트로 돌아가는 데는 그보다는 조금 더 시간이 걸렸지만 잭슨 홀에서 라잔 교수와 논쟁을 벌인 후 1년도 채 되지 않아 비상근 이사로 D.E 쇼(Shaw) 헤지펀드에 합류했다.

라잔 교수에 대한 서머스의 반응이 의미를 갖는 건 당시 세계 경제가 받고 있던 압박의 징후가 확연했기 때문이다. 거시경제정책의 관점에서 보면 서머스 자신은 금융 공포의 균형을 이야기하며 경종을 울리고 싶었을 것이다. 재정정책을 엄격하게 펴라는 일반적인 권고가 도움이 되었을 수 있지만 이런 권고는 금융시스템 안에서 실제로 압박을 받고 있는 부분을 지목하지 못했다. 실제로 금융 안정성이라는 입장에서 보면 당시 유통되고 있는 AAA등급의 증권들 중 더 많은 양이 금융공학으로 만들어낸 상품들이기보다는 미국 정부가 보증하는 채권들이었으면 더 바람직했을 것이다. 최종 분석을 할 때는 이렇게 거시경제 집계 변수 관점에서 주장을 펼치는 편이 더 유리하며 공화당 출신 대통령에게 정책의 방향을 바꾸라고 요구할 때 특히 더 편리할 수 있었다. 주택 가격의 폭등과 이를 바탕으로 세워진 월스트리트의 거대한 구조에 문제를 제기하는 건 훨씬 더 어렵고 불편한 일이었다.

잭슨 홀에서뿐만 아니라 다른 곳에서도 비관론자들보다는 낙관론자들의 수가 훨씬 더 많았다. 모기지 산업 관련 로비스트들은 맡은 바 임무를 다했다. 미국 부동산중개인협회(National Association of Realtors)의 수석 경제학자 데이비드 레리어(David Lereah)는 『왜 부동산 호황이 끝나지 않는가(Why the Real Estate Boom Will Not Bust)』라는 책을 통해 상황을 거들고 나섰다.[60, 61] 《내셔널리뷰(National Review)》의 경제기사 편집장인 래리 커들로

(Larry Kudlow) 같은 보수주의 전문가들도 "라스베이거스와 네이플스, 플로리다 등지의 주택 가격이 폭락하고 일반 소비자와 주식시장 전체, 그리고 나머지 경제 분야까지 무너져 내릴 것을 예상하는 모든 어리석은 사람들"을 비난했다.[62] 커들로는 걱정 같은 건 하지 않았고 관계 당국이 앞장서서 호황의 분위기를 진정시켜야 할 필요성을 느끼는 사람도 거의 없었다.

엔론 사태의 뒤를 이어 좀 더 엄격한 규제를 가하자는 움직임이 잠시 있기는 했다. 간단히 말하면 대차대조표 밖 SIV들의 실질적인 모기업들이 더 많은 자본을 확보하도록 하자는 논의가 오갔으며 그런 위험만으로도 ABCP 산업의 성장을 멈추게 하기에 충분했다. 무디스는 곧 투자자들에게 가장 쉽게 자금을 조달할 수 있는 방법을 조만간 잃을 것이라고 경고하고 나섰다. 그렇지만 서브프라임 대출이 본격적으로 증가하는 2004년 7월이 되자 규제를 담당하는 정부 당국은 은행 자체 대차대조표에 올라 있는 경우 요구되는 자본의 10퍼센트만으로도 SIV를 통해 실질적으로 보유할 수 있도록 해주는 특혜 조치를 영구히 적용하는 데 동의했다. 이런 조치는 씨티그룹과 뱅크오브아메리카 같은 거대 일반 시중은행들에 특히 유리하게 작용했는데, 이런 은행들은 상대적으로 엄격한 자본 규제에 묶여서 규제가 가볍게 적용되는 투자은행들에 비해 지금까지 큰 불이익을 당해왔기 때문이다. 이런 규제 완화조치에 힘입어 ABCP 시장은 규모가 6500억 달러에서 1조 달러를 넘어서는 폭발적인 성장을 기록하게 된다.[63] 2007년 여름이 되자 씨티그룹 단독으로만 ABCP 시장에서 927억 달러 규모의 보증을 섰는데 이는 씨티그룹 전체 핵심자본(Tier 1 capital)*에 맞먹는 액수였다.

이른바 부동산 그림자 금융의 성장에 날개를 달아준 건 1999년 제정된

---

* 바젤의 자기자본비율을 구성하는 것은 다음 3개 유형의 자본이다. Tier 1(핵심자본): 보통주, 우선주, 공시된 이익잉여금 / Tier 2(보완자본): 공시되지 않은 잉여금, 자산재평가이익, 전환자산, 후순위채, 대손충당금 등 / Tier 3(단기후순위채): 단기 후순위 채권.

법처럼 규제 완화에 대한 거창한 의사표시보다는 상대적으로 규모가 작은 규제의 변화들이었고 Repo 거래도 마찬가지였다. 전통적인 Repo 거래에서는 파산 시 자동 중지 조치에 해당되지 않는 자산의 범주에 오직 미국 정부 및 공공기관 채권, 은행의 예금증서, 그리고 은행인수어음 등만 포함된다는 규정에 의해 제약을 받아왔다. 만일 이런 수준의 보호 조치가 Repo 거래의 담보로서 제공된다면 파산할 경우 지체 없이 거래가 중지되고 채권자는 이 담보물을 통해 손해를 보상받을 수 있다. 2005년 파산남용 예방 및 소비자 보호법(Bankruptcy Abuse Prevention and Consumer Protection Act)은 지불정지를 선언하는 채무자들에 대해 채권자들에게 훨씬 더 강력한 보호조치를 제공해주었는데, 얄궂은 일이지만 이런 보호조치 때문에 더 많은 채권자들이 생겨났고 동시에 Repo 거래 담보물에 모기지 대출과 모기지 관련 증권이 포함되었다. 그리 놀랄 일도 아니지만 이 소비자 보호법이 제정되었을 때 비표준 자산을 담보로 하는 양자간 Repo 거래가 크게 늘어나게 된다.[64]

미연준은 좀 더 엄격한 금리 정책을 통해 거품 현상을 진정시켜야 했을까? 2000년대 초반 앨런 그린스펀이 실시한 금리 인하 정책은 대출 급증을 불러왔다. 사실 9 · 11 테러 공격의 충격과 닷컴버블 붕괴로부터 미국 경제를 회복시키기 위해 앨런 그린스펀이 의도적으로 금리를 낮춰 모기지 갱신과 재계약이 일어나도록 만든 것은 분명한 사실이다. 그렇지만 연준이 미처 예상하지 못했던 건 이런 재계약이나 재대출이 크게 확산하면서 결국 모기지 발행 및 판매 자체에 구조적인 변화가 일어났다는 사실이다. 2004년이 되자 이제는 금리를 올릴 시기라는 사실이 분명해졌는데, 실제로 연준은 2004년 6월에서 2006년 6월까지 무려 열일곱 차례에 걸쳐 아주 조금씩 1퍼센트에서 5.25퍼센트까지 금리를 인상한다. 전혀 충격이나 영향을 주지 않는 무척 조심스러운 인상 방법이었다. 그리고 모기지 호황과 미국의 안전자산에 대한 전 세계의 수요, 또 그림자 금융 분야의 확장세는 쉬지 않고 이어졌다. 2006년 봄 많은 전문가들이 우려의 목소리를 높였고 수익률 곡선(yield curve)이 반전했다. 장기금리는 연준이 정한 단기금리보다 떨어졌다. 이런 현상은 보통 위기의 징후인데, 일반적인 은행 자금조달 모형인 단기로 돈을 빌려와 장기로 빌려주는 방식은 이제 더 이상 먹히지 않는다는 뜻이었다.

이런 상황에서 수익률 곡선의 반전은 그 자체로 경기불황을 몰고 왔을지도 모르지만 모기지 호황을 잠재운 건 앨런 그린스펀도 벤 버냉키도 아니었다. 바로 스스로 무너져 내린 것이다. 늦어도 2005년 무렵이 되었을 때 품질이 떨어지는 모기지 대출이 시한폭탄이나 다름없다는 사실이 분명해졌다. 서브프라임 모기지의 상당수는 2~3년이 지나면 이자가 눈덩이처럼 불어나는 구조였다. 2007년 미국의 저소득 채무자들이 선호하는 모기지 대출의 일반적인 변동금리는 연간 7~8퍼센트에서 10~10.5퍼센트로 재조정되었다.[65] 도이치은행의 그렉 리프먼(Greg Lippmann) 같은 중간거래 담당자도 알아차린 것처럼 2006년 8월과 2009년 8월 사이에 7380억 달러에 달하는 모기지 상품이 "지불 충격"을 맞이하게 된다.[66] 지불해야 할 이자가 늘어나면 지불정지 상황은 어쨌든 불가피해질 수밖에 없었다. 그리고 이런 현상이 일단 시작되면 주택 가격 상승이 멈추고 시장 상황이 변하는 것은 시간문제였다. 그 시점에서 수백만 건에 달하는 투기에 가까운 부동산 투자는 큰 위험을 맞는 것이다. 사람들은 살고 있던 집을 잃고 수천 개의 MBS가 지불정지 상황을 맞이하며 보험을 들어둔 사람만 부자가 된다. MBS 비중을 줄이라는 권고를 담고 있는 도이치은행에 대한 리프먼의 방대한 문서 어디에도 미연준의 긴축조치에 대한 언급은 없으며 서브프라임 모기지 제도는 문제가 발생하면 알아서 스스로 무너질 수밖에 없는 구조였다. 주택 가격이 기록적으로 계속해서 상승하지 않는 한 그 자폭 장치는 무자비하게 작동하여 호황도 막을 내릴 것이었다.

이미 2006년부터 미국에서 가장 압박을 받고 있던 지역에서는 불길한 조짐의 첫 번째 단계가 시작되고 있었다. 부도율이 올라가기 시작한 것이다. 그리고 얼마 지나지 않아 가장 낮은 품질의 CDO에 AAA등급이 부여되었다는 사실에 사람들이 의구심을 가졌고 이런 상황을 역이용하려는 역발상투자자들이 모여들어 "대규모 공매도(big short)"를 위한 작업을 시작했는데 여기에는 도이치은행의 리프먼, J.P.모건, 골드만삭스, 그리고 헤지펀드들이 포함되어 있었다. 이 작업을 위해 이들은 지불정지 사태를 대비하기 위해 만들어낸 파생상품인 CDS를 사들이기 시작한다. 곧 배가 가라앉을 것을 예상한 사람들이 구명정을 준비하고 있었던 것이다. 이들은 시장이 무너지고 보상금이 들어올 때까지 자신들이 들어둔 보험을 계속 유지할 수도, 또 구명정을 간절히 원하는 다른 사람들에게 막대한 차익을 남기고 권리를 팔아치울 수도 있었다. 문제는 그 시기와 자금조달 방법이었다. 다수의 의견이 여전히 시장의 호황을 이끌고 있을 때 CDS를 장기간 보유하는 건 비용도 많이 들뿐더러 대단히 성가신 일이었다. 이 사람들은 현재 ABCP와 Repo 거래의 마지막 불꽃이 타오르는 반대편에 서 있었던 것이다. 2007년 여름 씨티그룹의 최고경영자인 찰스 "척" 프린스(Charles "Chuck" Prince)는 기자들에게 계속해서 이런 이야기를 하고 있었다. "음악이 흘러나오는 한, 자리에서 일어나 음악에 맞춰 계속 춤을 추어야 한다."*67 그렇지만 문제는 음악이 멈추고 난 후 어떤 일이 벌어지는가였다.

---

* 당시 연준 부의장이었던 앨런 블라인더(Alan Blinder)는 나중에 회고록의 제목을 『음악이 멈춘 후에(*After music stopped*)』로 하기도 했다. 척 프린스의 말은 미국 금융사에서 꽤 유명한 말을 비꼰 것인데, 다름 아닌 미연준이 독립된 중앙은행으로 자리매김할 수 있었던 계기가 된 1951년 재무부-연준 합의(Accord)에서 핵심적인 역할을 한 윌리엄 맥체스니 마틴 주니어(William McChesney Martin Jr) 연준 의장의 말("중앙은행의 책무 중 하나는 파티가 한창일 때 펀치볼을 치워버리는 것")을 염두에 둔 것이다. 마틴 연준 의장의 이 말은 중앙은행의 통화신용정책이 매번 경기순응성을 뒤따르는 것은 아님을 강조하기 위한 비유였다.

3장

북미-유럽 중심의 금융 문제

미국 사람들은 보통 자신의 문제를 미국만의 방식으로 생각하며 외부인은 그것을 그냥 따라줄 것으로 기대하는 경향이 있다. 2007~2008년에 모기지 문제가 마치 치명적인 병균처럼 미국의 도심지역을 좀먹어 들어갈 때 유럽 전문가들은 미국의 국가적 위기를 언급하기 시작했다. "야만적" 금융자본 주의는 이라크 전쟁이나 기후 변화에 대한 부정과 마찬가지로 앵글로아메 리카 국가들만이 보여주는 현대화의 치명적 변종이라는 것이었다.[1] 2008년 마침내 금융위기가 발생하자 유럽 정치인들이 느끼는 "남의 불행은 나의 기쁨"이라는 분위기는 확연하게 알아차릴 수 있을 정도였다. 국제연합 총 회에서 나온 예의 바른 이야기들은 실제로는 수박 겉 핥기에 불과했다. 2008년 9월 16일 월스트리트가 무너지기 시작하자 입이 매섭기로 유명한 독일 사민당 소속 재무부 장관인 페어 슈타인브뤼크(Peer Steinbrück)는 국 회 의사당에 들어가기에 앞서 전 세계 금융시스템은 미국이 시작한 위기를 마주하고 있으며 지금까지 상관없던 독일도 피해를 볼 것이라고 말했다. 그는 나중에 서브프라임 금융위기 동안 동료 의원들에게 보여준 "미국의 자유방임주의 이념은 위험하리만큼 단순했다"고 말하기도 했는데, 미국이 금융 초강대국으로서의 위치를 머지않아 상실할 것이라고 확신하는 것 같았다.² 프랑스 사르코지 대통령 역시 거기에 동조했다. 9월 25일, 뉴욕에서 방금 돌아온 사르코지 대통령은 지금까지 대서양 자본주의의 진정한 신봉자로 여겨졌던 것과는 달리 프랑스 동남부의 항구 도시 툴롱(Toulon)에 모인 군중들 앞에서 이렇게 말했다. "시장이 언제나 옳다는 생각은 그야말로 미친 생각이었다. …… 자유방임주의는 끝났다. 전능한 시장이 모든 것을 가장 잘 알고 있다는 생각은 끝이 난 것이다."³ 그리고 그 "미친 생각"이 처음 시작된 곳이 어디였는지 궁금해하는 사람들을 위해 일깨워주기라도 하듯, 이탈리아 실비오 베를루스코니(Silvio Berlusconi) 내각의 입담 좋은 재무부 장관 줄리오 트레몬티(Giulio Tremonti)는 이탈리아의 금융시스템에서 "영국 말을 사용하지 않기 때문에" 아무 문제 없을 거라고 허풍을 떨기도 했다.⁴ 이런 설명들은 일견 편리한 듯 보이지만 그저 자기기만일 뿐이었다. 미국의 증권화된 모기지시스템은 처음부터 해외 자본을 미국 금융시장으로 끌어들이기 위해 고안된 것이며 해외 은행들은 그 기회를 놓치지 않았다.

미국 모기지 시장에 진출한 유럽의 은행들

미국인들은 1980년대 이후 미국 국채를 보유하고 있는 아시아인들은 일본인이라고 생각했지만, 현재는 중국인이 미 국채를 보유하고 있다고 여긴다. 해밀턴프로젝트가 주목했던 건 바로 이 부분이었는데 다만 알아차리지 못했던 점이 있다면 실질적으로 미국 주택의 상당수를 소유하고 있는 사람들이 외국인이라는 사실이었다. 2008년에는 모든 증권화된 모기지 대출의 4분의 1이 해외 투자자들의 소유였다. 패니메이와 프레디맥은 MBS 자산

5조 4000억 달러 중 1조 7000억 달러를 해외에서 증권을 매각하는 방식을 통해 조달했다. 중국은 이런 "공공기관 채권"에 대한 최대의 해외 투자자였으며 이들이 사들인 증권 규모는 약 5000~6000억 달러로 추산되었다.[5] 그렇지만 이 증권화된 모기지 사업 영역에서 위험이 더 큰 부분을 소유하고 있는 건 아시아가 아닌 유럽 국가들이었다.[6]

패니메이나 프레디맥이 보증해주지 않는 비적격 고위험 MBS의 약 29퍼센트는 바로 유럽 투자자들의 소유였다.[7] 미국 모기지 상품의 증권화가 최고조에 달한 2006년, 새로 민간 발행된 MBS의 3분의 1은 영국이나 유럽 은행들이 보증을 섰다.[8] 증권화 연쇄고리에서 유럽 은행들이 맡은 대단히 중요한 부분은 사실 가장 취약한 지점이기도 한 ABCP였다. 2007년 여름 대차대조표 밖 SIV 관련 위험을 가장 크게 끌어안고 있던 건 씨티그룹이었지만 시장 전체를 지배한 건 다름 아닌 유럽 은행들이었다. 전체적으로 보면 발행된 ABCP의 3분의 2를 유럽 은행이 보증했고 그중 57퍼센트는 달러화로 표시된 어음이었다. 유럽 은행들은 신용등급 평가기관들에게 우수한 등급을 받았지만 달러화로 된 자산은 충분히 보유하고 있지 않았다. 만일 MBS 호황에 끼어들고 싶다면 이들은 도매 시장으로 가야 할 판이었다.

유럽의 보증 업체들 중에서 독일 금융기관들이 특히 두드러졌는데, 주목할 점은 여기에 어떤 은행들이 포함되었는가다. 독일 금융업계의 거인인 도이치은행은 월스트리트에서도 큰 역할을 했는데 당시의 금융위기를 다룬 마이클 루이스(Michael Lewis)의 베스트셀러 논픽션 『빅쇼트(*The Big Short*)』나 훗날 있었던 상원 조사에서 드러난 것처럼 도이치은행이 두드러진 역할을 했다는 사실은 상당히 중요한 의미를 지닌다.[9] 독일에서 두 번째로 규모가 큰 드레스너은행(Dresdner Bank) 역시 미국과 크게 관련이 있었다. 그렇지만 미국에서 벌어지고 있는 모험에 온몸을 내던져 승부를 건 것은 바로 독일의 소규모 주립 지방은행들이었다. 2000년대 초반에 이 주립 지방은행들은 유럽연합 협정에 따라 자금조달 비용을 낮추는 데 도움이 된 주정부의 보증을 더는 받지 못했다. 이들은 새로운 금융공학을 도입함으로써 위기를 타개하려고 했다. 한때 독일의 산업 중심지였던 지역의 은행들, 즉 작센금융그룹(Sachsen-Finanzgruppe), 베스트LB(WestLB), 뒤셀도르프 IKB(Düsseldorf IKB) 등은 미국의 부동산 투자 사업에 큰 도박을 감행한다. 작센과 베스트LB, IKB와 드레스너 등 최소 4곳의 독일 보증 기관들이 보유한 ABCP 관련 위험 노출액은 자기 보유 자본의 몇 배를 쏟아부어도 해결하기 힘들 정도로 큰 규모였다.

유럽 은행들이 참여한 사업은 증권 거래만은 아니었다. 이 유럽 은행들

도표 3.1   ABCP 보증 업체의 지역과 조달자금의 통화(단위: 100만 달러)

종류/지역	미국 달러	유로	엔	기타	총액
벨기에	30,473	4,729	0	0	35,202
덴마크	1,796	0	0	0	1,796
프랑스	51,237	23,670	228	557	75,692
독일	139,068	62,885	0	2,566	204,519
이탈리아	1,365	0	0	0	1,365
일본	18,107	0	22,713	0	40,820
네덜란드	56,790	65,859	0	3,116	125,765
스웨덴	1,719	0	0	0	1,719
스위스	13,082	0	0	0	13,082
영국	92,842	62,298	0	3,209	158,349
미국	302,054	0	0	2,996	305,050
총액	**714,871**	**219,441**	**22,941**	**12,444**	**969,697**

자료 출처: 비랄 V. 아차랴(Viral V. Acharya), 필립 슈나블(Philipp Schnabl), 「글로벌 은행이 글로벌 불균형을 확산시켰는가? 2007년과 2009년 금융위기 기간의 ABCP(Do Global Banks Spread Global Imbalances? Asset-Backed Commercial Papers During the Financial Crisis of 2007-09)」, 《IMF 이코노믹 리뷰(IMF Economic Review)》 제58권 제1호(2010), pp.37~73, 표 15. 무디스 제공 자료들을 바탕으로.

은 거래 관계에 있던 미국 금융업체들과 똑같이 모기지 상품 발행 자체를 제어하기 위해 공급망을 통합하는 작업에 합류했다. 결국 만일 월스트리트의 투자은행들이 할 수 있는 일이라면 일반 소매금융 은행업에 잔뼈가 굵은 유럽 은행들이 못 할 이유가 어디 있겠는가? 1990년대 후반부터 영국의 HSBC 같은 은행들은 미국의 모기지 시장에 공격적으로 진출하기 시작했다. 2005년이 되자 HSBC가 거래하는 모기지 상품은 45만여 개 총액 700억 달러에 이른다.[10] 스위스의 크레디스위스(Credit Suisse) 은행은 미국 모기지 상품 전담부서를 설치하고 2000년대 초반 ABS CDO 사업을 가장 크게 펼치는 업체 중 한 곳이 되었다.[11] 도이치은행은 이미 컨트리와이드나 아메리퀘스트(AmeriQuest) 같은 대형 모기지 업체들과 긴밀한 관계를 맺고 있었으며 서브프라임 상품 전문업체인 모기지IT홀딩스(MortgageIT Holdings)와 채플펀딩 LLC(Chapel Funding LLC)를 인수했다. 도이치은행이 언론을 통해 공식적으로 밝힌 것처럼 미국 신용 거래 관련 업체들 중에서도 피라미드의 최하단에 있는 이런 업체들의 소유권은 "모기지 자본시장에서 판매할 수 있는 상품에 대한 안정적 공급원 같은 중요한 경쟁적 이점을 제공해줄 것"으로 기대됐다.[12] 고수익 CDO들을 만들어낸다는 관점에서 보면 분명 이런 최하단의 모기지 업체들이 가장 매력적인 상대였을 것이다.

미국의 최대 해외 채권자가 된 유럽

어떻게 이런 일이 가능했을까? 중국이 어떻게 미국에서 영향력을 발휘하게 되었는지를 알면 이해하기 쉬울 것이다. 중국은 엄청난 무역수지 흑자를 기록하고 있었는데, 그중에서 달러화가 자국 금융 당국의 주도로 미국 재무부 채권에 투자되었으며 이를 통해 래리 서머스가 말한 "금융 공포의 균형"이 유지되었다. 그렇지만 글로벌 거시경제적 불균형을 우려하던 사람들 중에 유럽에 대해 언급하는 사람은 찾아보기 힘들었다. 미국에 대한 유럽연합의 경상수지 흑자는 중국과 비교하면 크게 두드러지지 않았으며 세계 전체로 보면 유럽의 경상수지는 약간 적자를 보고 있었다. 유럽인은 자신의 화폐를 달러화에 페그시키지 않았고 유럽연합 산하 기관들 중에는 통화 안정을 위한 노력의 일환으로 해외 자산을 비축하는 기관도 없었으며 국부펀드 같은 것도 없었다. 그렇다면 유럽 은행들은 어떻게 그렇게 막대한 규모의 미국산 모기지 상품을 보유했을까?

해답은 유럽 은행들의 사업 방식이 미국의 금융업체들 못지않게 모험적이었다는 데 있다. 이들은 달러를 빌려와 다시 필요한 사람들에게 빌려주었다. 그리고 이런 사업 활동의 규모는 무역수지 흑자 또는 적자에 따른

도표 3.2   지역별 미국 유입 자본 총량(미국 GDP 대비 퍼센트 기준)

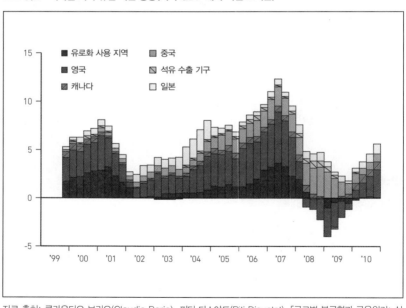

자료 출처: 클라우디오 보리오(Claudio Borio), 피티 디스야트(Piti Disyatat), 「글로벌 불균형과 금융위기: 실제로 어떤 관계가 있을까?(Global Imbalances and the Financial Crisis: Link or No Link?)」, 《BIS 업무 보고서(BIS Working Paper)》 제346호(2011), 표 6.

미국으로의 자본 유입량에서 유출량을 제한 자본의 순수 거래량 규모가 아니라 얼마나 많은 자산이 양방향으로 거래되었는지에 대한 거래 총량을 보면 알 수 있다. 유입 총량에 대한 자료가 보여주는 것처럼 금융위기가 발생하기 전까지 미국 자산에 대한 최대 구매자이자 미국의 최대 해외 채권자는 아시아가 아닌 유럽이었다. 실제로 2007년의 경우, 영국에서 미국으로 유입된 자금의 규모는 대략 중국의 두 배에 가까웠다.

2008년 이전을 살펴보면 아시아에서 미국으로 유입되는 순자금 흐름은 아시아에 대한 미국의 무역수지 적자 규모에 의해 설명될 수 있으나 유럽과 미국 사이의 자금 흐름은 둘 사이의 무역 관계로부터 완전히 독립적인 금융 순환 체계를 이루고 있었다. 태평양을 사이에 둔 아시아와 미국의 경우 돈은 한 방향으로만 흘러갔고 대서양을 사이에 두고 있는 금융시스템 안에서는 자금이 양방향으로 흘러 미국으로 유입되기도 또 유출되기도 했다. 이것이 바로 시장 중심의 은행 업무 모델의 논리다. 유럽 은행들은 미국 전역에 자사의 지점을 두고 있지는 않았으며 리먼브라더스 같은 월스트리트의 금융업체들 역시 마찬가지였는데 이것은 시장 중심의 은행 업무 모델의 또 다른 장점이자 미학이었다. 월스트리트 한 곳에서만 달러를 빌리면 미국 전역에 있는 모기지 상품을 확보하기 위한 자금으로 활용할 수 있는 것이다.

이런 맥락에서 ABCP 시장은 지금까지 설명한 대서양 시스템이 어떻게 작동하는가를 보여주는 하나의 쇼케이스다. ABCP 콘듀잇(conduits)*이 미국과 유럽으로부터 증권화된 자산을 하나로 묶어 관리했다.[13] 이 증권들을 담보로 다시 단기어음이 발행되었고 미국의 투자신탁회사들이 이 어음을 사들였다. 2008년 1조 달러, 그러니까 미국의 프라임 비정부 MMF 자

---

* 은행이 만든 기업어음(commercial paper) 관리 목적의 페이퍼 컴퍼니로 기업어음의 자산과 부채를 따로 분리하여 관리한다. 이 기관은 은행이 보유하고 있는 기업어음 중 자산만을 매입하고, 이 기업어음을 담보로 ABCP를 발행하며 이 과정에서 확보한 자금을 다시 은행에 주는 은행 보유 기업어음의 부외 거래에 활용되고 있다.

금의 절반가량이 유럽의 은행들과 관련 업체들이 발행한 채권과 어음에 투자되었다.[14] 사실 이 거래량의 대부분은 간단하게 월스트리트에 있는 어느 사무실에서 다른 사무실로 옮겨진 것이며 그중 한 사무실에는 유럽 은행의 이름이 붙어 있었다. 그렇지만 수천억 달러에 달하는 자금이 좀 더 복잡한 방식으로 거래되었다. 이 자금들은 뉴욕에 있는 해외 은행의 지점을 통해 미국 밖으로 유출되어 유럽 은행 본사로 옮겨졌고 그곳에서 다시 투자 명목으로 미국으로 돌아왔는데 때때로 아일랜드의 더블린이나 카리브해에 있는 케이먼 제도(Cayman Islands) 같은 역외 조세 피난처를 거치기도 했다.[15] 이것이 바로 21세기 초에 금융세계화의 성장을 촉발시킨 대서양을 중심으로 한 금융 축의 회전 운동이었다.

이런 자금의 흐름을 관리하는 데, 유럽 은행들의 복수 통화 대차대조표가 결정적인 역할을 했다. 이러한 흐름의 본질을 이해하기 위해서 매력적인 미국 모기지 시장에 뛰어들고 싶어 한 어느 독일 은행의 사례를 살펴보도록 하자. 이 은행에는 달러로 거래를 하는 기존의 고객이 없었고 예금, 채권 발행, 단기 차입 등의 부채가 모두 유로화로 이루어지고 있었다. 다시 말해 이 독일 은행으로서는 달러 거래를 할 경우 자금조달의 문제가 있었다는 뜻이다. 그렇지만 그 점에서는 월스트리트에 있는 여느 투자은행과 다를 바가 없었다. 수익성 높은 미국 증권화 시장에 뛰어들기 위해서 유럽 은행들이 선택할 수 있는 방법은 (1) 일부 유로화 자금조달을 달러화로 바꾼다 (2) 달러 자산을 그냥 장기로 보유하거나 유로-달러 스와프 계약을 통해 헤지한다 (3) 아니면 이 독일 은행처럼 미국에서 아예 직접 달러화를 빌리면 된다. (3)번의 경우는 당시 중국이 주로 매수하던 미국 재무부 채권보다 약간이라도 더 수익을 올리기 바라는 미국의 MMF에서 달러화를 빌릴 수 있었다. 이렇게 해서 이 독일 은행의 대차대조표는 다양한 만기와 통화로 이루어진 자산과 부채로 구성된다. 그리고 (1)번이나 (2)번을 선택해서 유로화를 달러화로 교환하면 그 거래처는 은행이나 다른 금융업체가 될 것이며 (3)번을 선택하면 미국의 MMF가 거래처가 되어 독일 은행이 발행한 달러로 된 채권을 보유하게 된다. 국제수지 통계를 보면 미국으로부터 돈을 빌리고 빌려주는 과정이 같은 은행의 계좌에서 진행되었는지 여부를 확인할 수 있으며 또한 대차대조표상 어느 방향으로 더 많은 금액이 이동했는지 확인할 수도 있다. 그렇지만 양측이 어느 정도 거래를 한 것인지 그 규모에 대해서는 전혀 알 수 없어서 마치 두 마리 코끼리가 시소 양편에 앉아 균형을 유지하고 있는 모습을 바라보는 것과 다를 바 없다. 물론 이런 비유 역시 현재 작용하고 있는 힘에 적절하게 딱 들어맞는 설명이라고는 할 수 없다.

21세기 초반, 세계화에 관한 사람들의 인식을 지배한 건 중국의 부상이었다. 그리고 무역수지 불균형의 축 중에서 가장 많은 관심을 끈 건 중국과 미국 사이의 불균형이었다. 래리 서머스가 말한 금융 공포로 유지되는 균형과 벤 버냉키가 말한 과잉 저축과 같은 지정학적 문제에 대한 염려에서 모든 화살은 한 방향을 가리키고 있다. 우리는 한 국가를 단위로 하는 연간 자금 흐름을 상정하기보다 국경을 가로지르는 은행들 간의 청구권 흐름을 기초로, 금융위기를 바라보는 중국-미국의 관점이 어떻게 한 측의 시각만을 반영했는지 추가적으로 밝힐 것이다. 세계 금융의 중심축은 아시아와 미국이 아니라 유럽과 미국이었다. 실제로 6개의 가장 중요한 국경간 은행 거래에서 5개가 유럽과 관련되어 있었다.

미국에 대한 유럽의 은행 청구권은 세계 금융시스템 안에서 가장 규모가 큰 연결고리였고 그 뒤를 유럽에 대한 아시아의 청구권, 그리고 유럽에 대한 미국의 청구권이 잇고 있었다. 아시아에 대한 유럽의 청구권 규모는 지금까지 계속 이야기해온 아시아와 미국 사이의 관계를 뛰어넘는 규모였다. 실제로 서유럽 국가들이 동유럽 신흥시장들에 해준 청구권 규모만 해도 아시아에 대한 미국의 청구권의 3배가 넘는다. 또한 주목해야 할 점은 석유 부국인 아라비아반도의 투자자들이 자기 자금을 바로 미국으로 보내

도표 3.3 유럽을 중심으로 한 금융세계화: 국경간 은행 거래(단위: 10억 달러)

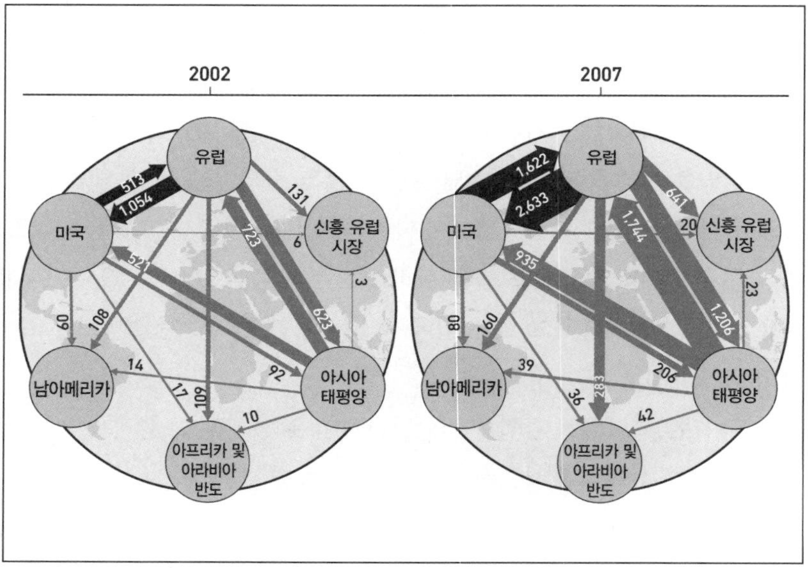

참고 내용: 화살표의 두께는 국경간 은행 거래의 누적 잔액을 나타낸다. 화살표 방향은 채권 채무 관계의 방향을 나타내는데, A지역에서 B지역으로 화살표가 향하고 있다면 A지역에 있는 은행들이 B지역에 있는 채무자에게 대출해준 것을 나타낸다.

자료 출처: 스테판 아브지예프(Stefan Avdjiev), 로버트 N. 매컬리(Robert N. McCauley), 신현송, 「국제 금융 안의 3중 일치로부터 벗어나기(Breaking Free of the Triple Coincidence in International Finance)」, 《이코노믹 폴리시(*Economic Policy*)》 제31권 제87호(2016), pp.409~451, 표 6.

기보다는 유럽을 통하는 쪽을 더 선호했다는 사실이다. 이런 양상은 이미 1970년대부터 시작된 것으로 부시 대통령의 "테러와의 전쟁"이라는 공격적인 정책에 의해 조금 더 강화되었을 뿐이다. 유럽의 금융 중심지들은 아시아와 아라비아반도에서 흘러 들어오는 자금이 미국의 투기성 강한 투자 상품으로 몰려가는 데 안전한 경로를 제공했다. 또한 중국에서 미국으로 흘러 들어간 자금 중 상당수가 벨기에를 경유했다는 사실 역시 의미가 있다. 이 과정에서 유럽의 금융시스템이 중요한 역할을 하게 되는데, 연준 분석가의 말을 빌리면 단기로 자금을 빌려와 장기로 빌려주는 "글로벌 헤지펀드"의 역할을 했다는 것이다.[16]

이를 통해 좀 더 중요한 논의로 나아갈 수 있는데, 만일 중국과 미국 사이의 무역수지를 중심으로 한 금융세계화에 대해 우리가 잘못 생각하고 있었다면, 미국의 증권화 사업에 외부인들이 "말려들어 갔다"는 생각 역시 논점에서 벗어났을 수 있다. 사실 21세기 초반의 국경간 금융업무의 전체 구조는 주로 대서양을 중심으로 구축된 것이었다. 새로운 월스트리트는 지리적으로 맨해튼 남쪽 끝에 국한된 것이 아니라 북대서양을 중심으로 한 시스템 그 자체였으며, 뉴욕과 지리적으로는 떨어져 있지만 떼려야 뗄 수 없는 또 다른 중심축이 바로 런던의 시티였다.[17] 대영제국이 위세를 떨치고 금환본위제가 중심이던 19세기에는 런던이 유일무이한 세계금융의 중심지였다. 1950년대부터 시티는 역외 달러화 자금조달의 중심지라는 새로운 역할을 떠맡았다.

모험에 뛰어든 유럽의 금융업체들

제2차 세계대전 이후 브레턴우즈 화폐시스템은 투기자본의 흐름을 제한하는 방법을 찾기 시작했고 결국 미국 재무부와 연준이 그 역할을 맡았다. 목표는 통화 불안정성을 최소화하고 전 세계의 달러 부족 현상을 관리하는 것이었다. 이는 곧 미국 정부 당국이 현재 중국과 연관 짓고 있는 유의 통제 방식을 운용해야만 한다는 뜻이었다. 바로 민간 은행업에 족쇄를 채운 것이다. 영국의 경우 1950년대부터 정부의 묵인하에 시티만 금융 중심지로 발전하며 이런 통제에서 벗어날 수 있었다.[18] 영국과 미국, 유럽, 그리고 이후에는 아시아 은행들이 차례로 런던을 규제받지 않는 달러 예금의 인출과 대출 중심지로 이용하기 시작했다. 이 "유로달러" 계좌를 처음 이용하기 시작한 국가들 중에는 공산국가들도 있었는데 이들은 자신의 수출 수익에 대해 미국 재무부의 간섭을 받고 싶지 않았던 것이다. 그리고 이런 방식은 유행처럼 번져 1960년대가 되자 런던의 유로달러 계좌는 규제를 거의 받지 않는 글로벌 금융시장의 기본 틀을 제공했다. 그 결과 우리는 오늘날 미국의 금융 헤게모니가 대단히 복잡하게 구성되어 있다는 사실을 알았다. 이제 더는 아이폰을 실리콘밸리와 연관 짓지 않는 것처럼 월스트리트를 어느 한 가지 사실과 연관 지을 수는 없다. 달러 헤게모니는 일종의 연결망을 통해 만들어진 것이며 바로 런던을 통해 달러는 세계의 통화가 되었다.[19]

수익성 추구에 의해 동기부여되고, 은행 레버리지에 의해 증폭된 역외 달러는 처음부터 파괴적 위력을 발휘했다. 이 역외 달러는 브레턴우즈 체제하의 공식적인 달러 가치(1트로이온스당 35달러)에 대해서는 거의 신경을 쓰지 않았고 여기에 따른 압박으로 달러금환본위제는 더 이상 작동될 수 없는 지경에까지 이른다. 1973년 브레턴우즈 체제가 마침내 종말을 고하자 동시에 OPEC의 달러화 수익이 폭증했고 런던의 유로달러 계좌를 드나드는 금액도 엄청나게 늘어났다. 1980년대 초가 되자 영국과 미국은 자본이동에 대한 모든 규제를 철폐했고 1986년 10월에는 당시 대처 수상이 이른바 "금융 빅뱅"으로 불리는 규제 완화를 실시했다. 시티는 해외 투자자에 완전히 개방되었고 수 세기 전 시티를 진정한 금융 중심지로 만드는 데 결정적 역할을 한 길드(guild)와 같은 구조의 희생을 동반했다. 그로부터 10년이 지나지 않아 영국 국내 투자은행들은 미국과 유럽의 경쟁자들에 의해 사라졌다.[20] 대신 미국과 아시아, 그리고 유럽의 자본이 흘러 들어오게 되는데 단지 규제가 철폐되고 막대한 자금이 오고 간 것뿐만 아니라 중세 시절의 흔적이 남아 있던 시티의 외관도 바뀐다. 세계적인 거대 은행들이 필요로 하는 새로운 사무용 건물을 세우고 첨단 전산 장비를 갖추기 위해 캐나다의 부동산 기업들이 공사를 맡아 거대한 규모의 복합 사무단지를 산업이 쇠퇴하면서 방치되었던 카나리워프(Canary Wharf) 선착장 근처에 건설한다. 2004년 4월, 당시 재무부 장관이던 고든 브라운(Gordon Brown)은

뱅크스트리트(Bank Street) 25번지에 새로 문을 여는 리먼브라더스 지점 개점행사에 참석하기도 했다.[21] 한편 점점 규모가 커져가던 헤지펀드 산업은 런던 메이페어(Mayfair) 거리에 편안한 보금자리를 찾았고 미국의 보험사 AIG도 같은 거리에 훗날 악명을 떨치는 자사의 금융상품부서(Financial Products division)를 두었다.

금융업과 관련하여 전 세계적인 대격변 중 상당수가 월스트리트가 아닌 런던에서 일어났고 그건 지역의 선택과 관련한 문제였다. 2007년, 전 세계 외환거래 총액의 35퍼센트, 규모로 치면 하루에 1조 달러라는 천문학적 금액이 시티의 전산망을 통해 거래되었다.[22] 그리고 이런 거래의 가장 큰 손들은 바로 유럽 은행들이었다. 런던은 또한 장외금리 파생상품 사업의 중심지이기도 했는데, 이 파생상품 사업은 금리변동의 위험을 줄여주는 수단인 동시에 Repo 거래에 꼭 필요한 요소였다. 이 금리 파생상품의 연간 거래 규모는 600조 달러를 넘어섰고 런던에서 거래되는 양은 43퍼센트, 뉴욕은 24퍼센트였다.[23] 대처 수상의 "금융 빅뱅" 조치가 있은 후 10년이 지나 영국의 토종 은행산업이 극심한 경쟁의 압박에 허덕이고 있을 때 토니 블레어(Tony Blair)가 이끄는 새로운 노동당 정부는 시티의 규제제도를 더욱 간소화하기 시작했다.[24] 규제 전문가 9명이 영국 금융감독청(Financial Services Authority, FSA)이라는 이름의 기관에 집결했고 곧 금융 감독과 관련해서 더 낮은 새로운 기준이 만들어졌다. 토니 블레어 내각의 재무부 장관 고든 브라운은 FSA야말로 "가볍고도 한정된 규제만을 실시하게 될 것"이라고 호언장담했다.[25] 또한 FSA는 "가장 효율적이고 효과적인 방식으로 업무를 해나갈 것"이라고도 말했다. "영국의 국가 경쟁력에 손상을 입히지 않는 범위에서"라는 기준은 FSA가 최우선으로 생각하는 과제였다.[26] 또한 FSA는 자신들의 개입에 따른 비용편익 분석을 적용해야 하며, 하고 있는 작업을 다른 국가들과 비교하고 확인해야 했다.[27] 이런 업무 내용들을 생각해보면 미국의 유사한 기관들과 비교해 FSA의 직원들 수가 극히 적은 건 그리 놀랄 일도 아닐 것이다. FSA의 첫 번째 청장 하워드 데이비스(Howard Davies)는 자유주의자들의 입버릇처럼 이렇게 말했다. "FSA의 철학은 예나 지금이나 똑같다. 성인이라면 자신의 문제는 자신이 알아서 하라는 것이다."[28] 런던에서는 가능하지만 뉴욕에서는 불가능한 일이라면 이른바 "담보 재설정(collateral rehypothecation)"이 그 좋은 사례다.

투자은행들이 이용하기 용이한 주요 자금조달원인 Repo에서, "브로커-딜러" 역할을 하는 다른 은행들은 증권을 현금거래에 대한 담보물로 설정한다. 그러면 잔뜩 끌어모은 이 담보물을 가지고 하는 일은 무엇인가? 이 담보물을 또 다른 Repo 대출을 위한 담보물로 설정하면 어떨까? 그리고 이번에는 브로커-딜러 자신을 위한 이른바 역환매부 약정 같은 것은 또 어떨까. 미국의 경우 그 기원이 1934년까지 거슬러 올라가는 각종 규제에 의해 이러한 담보물의 재설정은 본래 담보물 가치의 140퍼센트를 넘지 못하도록 엄격하게 제한되어 있지만 영국의 경우 이런 담보 재설정에 제한이 없다. 그 결과, IMF 분석관들의 조사에서 밝혀진 바에 따르면 시티는 "미국에서는 허용되지 않는 수준의 높은 레버리지를 위한 출발지점" 역할을 했다는 것이다. 그에 따른 활동 규모는 어마어마했다. 역시 IMF에 따르면 런던을 중심으로 유럽과 미국의 주요 은행들이 실제 담보물 가치의 400퍼센트를 넘겨서 거래했으며 그렇게 해서 부풀려진 액수는 4조 5000억 달러에 달하는데 그야말로 무에서 유를 창조한 수준이었다.[29]

영국의 자유화는 영국 금융시장을 자유롭게 풀어주었을 뿐만 아니라 전 세계의 규제를 몰아내는 지렛대 역할을 했다. 대서양을 중심으로 양 대륙의 규제가 하나둘 풀려가기 시작했다.[30] 1990년대 후반 클린턴 행정부가 실시한 악명 높은 탈규제 결정은 뉴딜정책 시대 이후 마지막까지 이어졌던 금융 규제들을 풀어주었는데, 물론 아무런 이유 없이 그런 조치들이 실시된 건 아니었다. 금융서비스현대화법은 아무런 의미 없이 그런 이름이 붙여진 것이 아니다. 거기에는 미국 산업이 지향하는 현대화된 금융시스템이라는 분명한 이상이 있었으며 세계시장의 경쟁에서 시티를 능가하겠다는 목표가 있었다. 이 법안을 상정한 뉴욕주 상원의원 찰스 슈머(Charles Schumer)는 "세계 금융 중심지로서 미국의 지배력의 미래"가 위기에 처해 있다고 주장했다. 만일 하원에서 이 법안을 통과시켜주지 않는다면 런던이나 프랑크푸르트, 아니면 상하이가 그 자리를 대신할 것이라는 말이었다.31 뉴욕은 분명 어느 정도 수혜를 입기는 했으나 우물 안 개구리와 같은 관점에서 생각하면 곤란한 것이, 런던이 세계 금융시장을 개척하는 데 가장 큰 공을 세운 건 다름 아닌 월스트리트 은행들의 런던 지점에서 근무하는 미국인 은행가들이었던 것이다. 이제 월스트리트가 바라는 건 런던의 "성인" 중에 좌충우돌하며 잔뼈가 굵은 이들을 다시 집으로 데려올 수 있는 라이선스였다.

런던에는 물론 미국 사람들만 있는 것은 아니었다. 유럽의 정치가들과 문화 비평가들은 "앵글로 · 색슨" 방식의 금융시스템 자유화에 회의적일 수도 있었지만 그렇다고 해서 유럽 사람들이 글로벌 금융시스템을 건설하는 데 세운 공을 폄하해서는 안 된다. 1980년대부터 시작해 스위스와 독일, 프랑스와 네덜란드의 은행들은 공격적인 합병을 통해 시티 안에 자리를 잡아갔다. 대부분 미국 시장 진출을 염두에 둔 포석이었다. 도이치은행은 1989년에 먼저 모건그렌펠그룹(Morgan Grenfell Group)을 사들인 후 이어 1999년에는 미국의 뱅커스트러스트(Bankers Trust)를, 그리고 2002년에는 미국의 자산관리 전문기업인 스쿠더인베스트먼트(Scudder Investments)를 인수했다. 다시 얼마 뒤 이 독일 최대 은행은 영어를 업무용 공용어로 지정한다고 발표한다. 크레디스위스 역시 이례적으로 1990년 퍼스트보스턴(First Boston) 인수를 시작으로 같은 해 영국의 바클레이은행으로부터 런던에 본사가 있는 BZW를 인수한다. 모두 다 1996년에서 1997년 사이 CSFB(Credit Suisse First Boston)로 조직을 개편하기 전에 이루어진 일들이었다. 독일의 드레스너은행도 1995년 클라인워트벤슨(Kleinwort Benson)

을, 그리고 2001년에는 규모는 작지만 높은 실적을 자랑하는 뉴욕의 투자은행 와서스틴페렐라(Wasserstein Perella)를 인수했다. 1980년대 시티의 중심 업체였던 호어고벳(Hoare Govett)은 먼저 시큐리티퍼시픽(Security Pacific)에 매각되었다가 다시 독일의 대형 은행 ABN AMRO로 넘어가는데, ABN AMRO는 유럽에서 가장 큰 ABCP 발행처가 되기도 했지만 범유럽 채권단에 의해 인수되어 한때 해체되는 운명에 놓이기도 했다. 스위스 은행인 UBS-SBC는 1995년 런던의 S.G. 월버그(Warburg)를 인수했고 뒤이어 1997년에는 뉴욕의 투자은행인 딜런리드앤드코(Dillon, Read & Co.)를 사들인다. 1999년 메릴린치와의 합병에 실패한 UBS는 그 대신 자산관리 전문업체 페인웨버(PaineWebber)를 합병했다. 이후 확정금리 채권과 통화거래로 큰 수익을 올리자 2004년 6월 UBS의 최고경영자 마르셀 오스펠(Marcel Ospel)은 자신의 야망은 이 스위스 은행을 세계 최고의 자산관리 전문업체인 동시에 최고의 투자은행으로 만드는 것이라고 공언하기도 했다.[32] UBS는 결국 그런 목표에는 도달하지 못했지만 미국 코네티컷에 위치한 지사를 기반으로 성장을 거듭해 메릴린치와 씨티그룹의 뒤를 이어 민간 발행 MBS를 바탕으로 세 번째로 규모가 큰 CDO 발행 업체가 될 수 있었다. 그리고 동시에 가장 위험한 메자닌 ABS 시장에서도 앞서 나갔다.

결국 전체적으로 보면 2007년의 런던 시티에는 250개 해외 은행들과 지점들이 모두 모였는데, 이는 뉴욕의 두 배가 넘는 규모였다.[33] 그렇지만 월스트리트와 유럽과의 관계는 훨씬 더 실제적이어서, 뉴욕의 브로커-딜러 상위 20곳 중 12곳은 해외 소유로 전체 자산의 50퍼센트를 차지하고 있었다.[34] 업체 상위권의 경쟁은 치열했지만 유럽 금융업체들의 모험정신은 상상할 수 있는 모든 형태와 규모로 그 모습을 드러내며 단지 시티와 월스트리트에만 한정되지 않았다. 1980년대부터 아일랜드의 더블린은 낮은 세금과 완화된 규제로 유럽과 북미의 은행들을 끌어들이는데, 그중 대표적인 은행이 독일의 DEPFA은행이다. 1922년 바이마르 공화국 당시 주택 마련

대출을 보조하기 위해 세운 이 은행은 2002년 더블린의 국제금융서비스센터(International Financial Services Center)로 옮아가 아일랜드가 제공하는 낮은 세율의 이점을 누리게 된다. DEPFA는 얼마 지나지 않아 전 세계에서 사회기반시설 관련 금융서비스를 제공하는 혁신 기업으로 알려지게 되는데, 스페인의 헤레스(Jerez)에는 도시 운영을 위한 자금을 융통해주고 그리스 아테네에는 금융 자문을 제공하며 또 더블린에는 대형회의장 건설을 위한 자금 지원을, 미국 샌디에이고와 멕시코 티후아나를 잇는 유료도로 건설에 필요한 건설비도 융통해주었다. 이 독일과 아일랜드 합자은행은 미국 위스콘신주 교사들의 연금기금에 투자했으며 캐나다 벤쿠버의 골든이어스 대교(Golden Ears Bridge) 건설계획을 지원하기도 했다. 금융위기가 닥쳐왔을 무렵의 DEPFA의 총자산은 신용등급 평가기관인 무디스의 추산에 따르면 2180억 달러까지 부풀어 오른 상태로 리먼브라더스의 3분의 1 규모였다고 한다.[35] 이런 깜짝 놀랄 만한 규모 확장은 DEPFA 자력으로 이루어낸 것이 아니며 첫 시작은 대단히 미미한 수준이었다. DEPFA의 성장은 다른 시장지향 전략 중심의 현대식 은행들과 닮아 있는데, 결국 차입과 대출을 반복하며 성장한 것이다. 그리고 그런 식으로 높은 수익을 올리기도 했다. 사실 그 수익이 그냥 높은 정도가 아니었기 때문에 독일 뮌헨에 본사가 있는 모기지 전문업체인 하이포리얼에스테이트(Hypo Real Estate)도 관심을 가질 정도였다. 위험을 분산할 방법을 찾고 있던 하이포리얼에스테이트는 2007년 7월 DEPFA를 인수하는 계획안을 확정지었고 결국 총자산 규모 4000억 유로가 넘는 합병 사업이 진행되었다.[36]

미국은 유럽 은행들의 최후 피난처

19세기와 20세기 미국과 유럽 전역에서 그랬던 것처럼 현대식 은행들의 성장 과정은 해당 지역이나 국가와 깊은 관련이 있다. 재무부나 중앙은행, 규제를 담당하는 감독기관과 때로는 서로의 기능을 저해할 정도로 깊은 관계를 맺기도 하는 것이다. 1950년대부터 은행업이 재지구화(reglobalization)되면서 은행의 지배구조에 대한 기본적인 문제들이 부상하기 시작했다. 처음에는 런던 같은 규제를 덜 받는 해외 금융 중심지에 사업이 가능한 영역을 개척했는데 1970년대 초반이 되자 대서양을 중심으로 한 금융시스템 안에서도 안정성이 위협받을 수 있는 가능성이 존재한다는 사실이 어느 정도 드러난다.[37] 게다가 은행들 사이에서 벌어지는 수익과 시장점유율을 올리려는 치열한 경쟁은 각종 규제를 완화하기 위한 끝없는 경쟁으로 이어졌다. 1984년 미연준 의장 폴 볼커는 은행자본에 대한 최소한의 기준을 제시할 수 있는 새로운 규정을 발표한다. 이를 통해 특히 일본처럼 아직 충분히 자본화가 되지 않은 경쟁자들이 상대적으로 구조가 탄탄한 미국 은행들을 무너트리는 일을 막기 위해서였다. 대차대조표상 손실을 입은 은행들이 다시 일어서기 위해서는 자본력이 가장 중요했는데, 은행이 보유하고 있는 자본이 많을수록 손실을 회복할 수 있는 역량도 커진다. 그렇지만 은행의 자기자본에 대한 대부 부기가 더욱 커졌다는 것은 투자자들에게 더 많은 수익을 돌려주고 있다는 뜻이기도 하다. 이것이야말로 대차대조표 밖에 증권화된 자산을 보유하고 자본투자를 최소화하며 차입에 의한 효과를 극대화하기 위해 고안된 정교하고 합법적인 사업구조의 실체다. 따라서 자본비율은 은행 지배구조에서 핵심이 되는 요소 가운데 하나다. 미연준과 영국의 중앙은행인 영란은행(Bank of England)은 수년간의 지지부진한 협상 끝에 마침내 1986년 9월 합의점에 이르렀으며 최종적으로 1988년 7월 바젤위원회에서 자본협정(Capital Accord) 혹은 바젤 I(Basel I)으로 알려지는 합의문을 발표한다. 그 이후부터는 대규모 국제 은행이 정상적인 사업 대출에 대해 보유하고 있어야 할 최소한의 자기자본비율이 8퍼센트로 정해진다.[38]

이 기준이 정해지는 것과 거의 때를 같이하여 그 정의와 적용, 그리고 결과에 대한 논의가 시작되었다. 만일 8퍼센트 규정이 단순한 백분율로서 적용된다면 은행들로 하여금 소유하고 있는 1달러당 짜낼 수 있는 모든 수익을 다 짜내기 위한 필사적인 시도와 함께 가장 위험한 투자에 나서도록 부추기는 효과가 있을 것이 분명했다. 그런 위험을 감수할 만한 충분한 동기를 제공한 것이다. 따라서 바젤위원회는 위험가중치에 대한 기본적인 기준을 산출해 제공했는데, 예컨대 대체로 선진국들의 모임이라고 할 수 있는 경제협력개발기구(Organization for Economic Cooperation and Development, OECD) 회원국 정부의 저위험 단기외채는 위험가중치가 0퍼센트였다.[39] 모기지와 MBS 역시 저위험 가중치의 혜택을 받았다. 그렇지만 수익을 올리는 문제에 대해서는 이 기준 역시 계속해서 위험을 감수할 것을 종용하는 원인이 되었다. 게다가 바젤 I의 느슨한 규정 때문에 은행들은 대차대조표 밖 자산 구성의 상당 부분을 ABCP를 통해 자금을 조달받는 특수목적회사(special purpose vehicle, SPV)들로 채울 수 있었다. 유럽 은행들이 ABCP에 왜 그렇게 적극적으로 관심을 보였는지에 대한 주된 이유가 바로 이것이다. 은행들이 속해 있는 각 국가의 규제 당국은 바젤 I을 이런 식으로 해석하여 은행들이 수천억 달러의 증권을 소유하고 단기어음으로 필요한 자금을 조달하며 자기자본은 그렇게 많이 투입할 필요가 없도록 허가해주었다. 보유 자본의 역량을 뛰어넘는 무리한 투자도 문제였지만 거기에 만기일의 불일치도 훗날 끔찍한 결과를 불러왔다.

　바젤 I의 부족함이 여실히 드러나자 새로운 기준과 체계를 찾는 작업이 시작되었고 마침내 2004년 바젤 II가 만들어졌으며 이런 한 제도에서 다른 제도로의 이동은 어느 정도 효과가 있었다. 바젤 I이 외부로부터 금융 산업에 대해 기준을 제시할 목적으로 하는 일반적 규정이었다면 바젤 II의 가장 중요한 목적은 은행들 스스로가 정의한 "사업모범규준"에 따라 위험 규제의 정도를 조정하는 것이었다. 바젤 II는 대차대조표 밖의 위험 요소들을 은행 자신의 계좌 안으로 끌어안을 것을 요구했다. 그렇지만 또 동시에 자체적인 위험가중치 모형을 이런 자산에 적용해 필요한 완충자본의 규모가 어느 정도인지 결정할 수 있도록 독려했다. 또한 민간 신용등급 평가기관이 만든 신용평가에도 훨씬 더 많이 의존했다.[40] 바젤 II도 이론적으로는 8퍼센트의 자기자본비율 유지를 요구했지만 일단 거대 은행들은 자체적인 위험가중치 모형을 적용한다면 그 어느 때보다도 큰 규모의 대차대조표를 유지할 수 있었다. 바젤 I이 적용될 경우 모기지 자산은 상대적으로 안전하다고 평가되었으며 필요 자본 계산을 위한 위험가중치는 오직 50퍼센트가 적용되었다. 바젤 II는 부동산 호황을 가라앉히기 위해 이런 규제들을 강화하는 것이 아니라 오히려 모기지 자산의 "자본가중치(capital weight)"를 35퍼센트로 줄여서 고수익의 MBS 보유를 훨씬 더 매력적인 사업으로 만들었다.[41] 민간 발행 증권화의 호황이 가속화될수록 확실히 각종 규제는 더 완화되었다.[42]

자본가중치를 관리하는 방법 중 하나는 보유 자산 중 위험한 자산에 대해 파산 보험을 들어두는 것이었다. 이런 "자본 규제 완화"를 위한 파산 보험을 주로 취급했던 회사가 미국의 거대 보험기업인 AIG와 런던과 파리에 있는 지사격인 금융상품부서였다. 2007년 말이 되었을 무렵 AIG는 주요 유럽 은행들이 보유하고 있는 자산에 대해 3790억 달러 규모의 보험을 제공하는데, ABN AMRO이 562억 달러, 덴마크의 단스케은행(Danske bank)이 322억 달러, 독일의 KfW은행이 300억 달러, 프랑스의 모기지업체 크레디로슈망(Crédit Logement)이 293억 달러, BNP파리바(Paribas)가 233억 달러, 그리고 소시에테제네랄(Société Générale)이 156억 달러였다.[43] AIG의 보험을 통해 이들 금융업체들은 자기자본 보유량에서 모두 합해 160억 달러 정도의 여유가 생겼고 레버리지와 순이익, 그리고 수당 지급을 더 늘릴 수 있었다.[44]

바젤 II는 강제적 조사와 외부 감사보다는 자체적인 규제와 공시 및 투명성에 더 큰 무게를 두었다. "시장에 대해 잘 알고 있는" 결정이나 판단이

"독단적인" 규제를 위한 결정들보다는 훨씬 더 효과가 있으리라는 생각이었다. 결국, 합리적인 투자자들이라면 재앙에 가까운 손실의 위험에 자신을 노출시키고 싶지 않은 것이 어쩌면 당연한 일이었다. 투자자들은 은행의 주가에 따라 가치를 평가하며 어떤 은행이 안전하고 또 어떤 은행이 그렇지 못한지 분명한 신호를 보낸다. 규제 당국은 규제를 받아야 하는 당사자들의 사업논리를 전적으로 따르고 있었다. 바젤위원회를 위해 바젤 II의 규제 내용 초안을 준비한 건 국제금융협회(Institute of International Finance)였는데, 이 협회는 사실상 전 세계 금융 산업을 위한 중요한 로비스트나 다름없었다.[45]

또한 규제에 대한 기준을 끌어올리기 위한 바젤협약 자체도 적절하게 만들어진 것은 아니었다. 바젤 I과 바젤 II는 모두 다 "본점 국가 기준(home country rules)"의 원칙을 고수했으며 이를 위해서 참여국 모두의 규정을 수용하기 위한 제도에 동참할 것을 요구했다. 따라서 감독이나 감시가 느슨한 지역에 본점을 둔 은행은 그 나라의 규정만 지키면 더 많은 수익을 올릴 수 있는 미국이나 유럽 시장에서는 자유롭게 활동할 수 있었다. 또한 같은 이유로, 시티와 뉴욕은 자신의 관할 구역 내에 모여든 수백여 개의 외국계 은행들에 대한 번거로운 감시 책임으로부터 벗어날 수 있었다.[46] 미연준은 거기서 한 걸음 더 나아가 2001년 1월에 자국에서의 기준을 적절하게 충족하고 있는 외국계 금융 기업들이 미국 안에서 사업을 할 때는 미국에서 정한 자기자본비율 규정을 따로 준수할 필요가 없다고 선언함으로써 이 "본점 국가 기준"의 원칙에 따른 효과를 더 증폭시켰다.[47] 미국에서 펼치고 있는 사업의 규모는 엄청났지만 유럽 은행들은 실제로 미국에서 자기자본비율을 엄격하게 지킬 필요가 없었다.

당연한 일이었지만, 규정을 피할 수 있는 방법이 있었기 때문에 유럽의 규제 당국들이 바젤 II의 적용을 밀어붙일 때 별다른 저항은 찾아볼 수 없었다. 애초부터 유럽의 대형 은행들이 만족스럽게 따를 수 있는 제도였던 것이다. 미국의 투자은행들을 관리 감독하는 미국 증권거래위원회 (Securities and Exchange Commission, SEC)와 뉴욕 연준 역시 이와 비슷한 견해를 갖고 있었다. 그런데 중소 규모의 은행들을 감독하는 미국 연방예금보험공사(Federal Deposit Insurance Corporation, FDIC)가 여기에 이의를 제기하고 나섰다. 중서부 지역 출신으로 공화당에 의해 임명된 FDIC 의장 실라 베어(Sheila Bair)는 거대 은행들이 "스스로 자기자본 요건을 결정할 수 있는" 자격을 실질적으로 부여받는 문제에 대해 대단히 회의적이었다.[48] 이를 통해 결국 규모가 작은 경쟁자들을 앞설 수 있는 커다란 특혜를 받는 것이나 마찬가지였기 때문이다. FDIC는 바젤 II가 도입됨으로써 거대 은행들이 자기자본을 22퍼센트까지 줄일 수 있었다고 추산했다. 2006년 실라 베어는 정치적 압력을 무시하고 이를 저지하는 데 나섰다. 새로 임명된 연준 의장 벤 버냉키와 함께 베어는 바젤 II의 도입으로 인한 자기자본의 단기적인 감축이 2011년 이전까지는 각 은행당 15퍼센트를 넘지 말아야 한다는 전제하에 협상에 들어갔다.[49] 결과적으로 기본이 되는 위험 지표인 은행 자본에 대한 각 은행의 대차대조표 비율을 살펴보았을 때 금융위기 이전의 미국과 유럽 사이에는 커다란 간극이 있었다. 국제결제은행(BIS)의 계산에 따르면 유럽 은행들 중 글로벌 금융시장에서 가장 공격적인 경영을 펼친 도이치은행과 UBS, 바클레이은행은 차입자본을 이용하는 레버리지 비율이 40 대 1을 초과했으며 경쟁관계에 있던 주요 미국 은행들의 경우는 20 대 1 수준이었다. 2007년, 그러니까 금융위기가 본격적으로 닥치기 전에 도이치은행과 UBS의 레버리지 비율은 50 대 1까지 치솟았다.[50] 은행의 대차대조표를 계산하는 방식에서 유럽과 미국에 차이가 있다는 점을 고려하더라도 그 차이는 굉장히 컸다.

미국 은행들로서는 공정해 보이는 상황이 아니었다. 그래서 로비스트들을 최대한 동원해 서로 공정하게 경쟁할 수 있는 환경을 만들려고 했다. 2007년 2월, 뉴욕시장 마이클 블룸버그(Michael Bloomberg)는 런던으로 가서 영국 FSA 청장을 만나 런던 쪽 창구를 활용해 미국의 규제 완화를 좀 더 이끌어내기 위한 로비를 펼쳤다. "FSA는 뉴욕이 세계 금융의 중심지로 남아 있고 싶다면 의회가 반드시 도입해야 하는 합리적이며 유연한 규제 체계의 사례라고 볼 수 있다." 블룸버그 시장은 이렇게 역설했다. 당시 런던의 역할을 중요하게 생각한 건 블룸버그 시장뿐만은 아니었다. 같은 달 씨티그룹은 "주로 런던에 있는 경영진에 대한 인사를 단행했으며 그중 다섯 명은 자신이 맡은 부서에 관한 한 세계 어디서든 사업을 진행할 수 있는 전권을 부여받았고 상품 담당 글로벌 책임자도 이제 런던에서 일하게 되었다"고 《파이낸셜타임스》가 보도했다. 또한 "메릴린치와 J.P.모건, 리먼브라더스 역시 영국에 있는 임원들에게 전 세계 경영에 대한 권한을 부여했다"는 것이었다.[51] 2007년 5월 경영 관련 자문을 전문적으로 해주는 맥킨지앤드컴퍼니(McKinsey & Company)는 전 세계 최고의 금융 중심지로서 뉴욕의 위상은 국제 기준을 따르지 않을 경우 더 이상 유지하기 힘들 것이라는 보고서를 작성했는데, 여기 블룸버그 시장과 찰스 슈머 상원의원의 이름이 올라간 것도 이런 상황과 분위기 때문이었다. "결과는 분명하다. …… 우리가 시행하고 있는 규제는 결국 누구나 다 인정할 수 있는 그런 원칙이 아닌 복잡한 규칙을 더 복잡하게 만들 뿐이며 영국이나 다른 곳들과는 사정이 크게 다르다."[52]

물론 전 세계 자본시장이 구축되는 모든 과정에서 여러 정책연구소와 경제학자, 그리고 변호사 들은 그다음 단계가 정당화될 수 있는 논거와 개념을 제공했다. 기술적 발전 역시 은행들이 엄청난 규모의 새로운 정보처리 능력을 갖출 수 있도록 해주었다. 은행들이 만들어낸 복잡한 금융상품들은 거래가 더 활발하게 이루어지도록 만드는 능력을 과시했다.[53] 은행가들만의 똘똘 뭉치는 분위기는 자신들만의 역학관계가 작용하는 일종의 전용 구역을 만들어냈는데 거기에는 사업에 대한 낙관적 가정, 그리고 오만하고 복잡한 우월감이 공존했다. 은행과 은행의 경영진은 우주의 주인들이었으며 실패는 용납되지 않았다. 그렇지만 확장과 발전의 기본적인 원동력은 수익을 얻기 위한 경쟁이었으며 월스트리트와 시티, 그리고 바젤 사이에서 이루어진 경쟁적 규제 완화, 초국가적 자본이동, 그리고 금융공학이라는 배경을 바탕으로 그 위력을 발휘했다. 물론 이와 관련된 핵심 주역들이 여러 위험을 완전히 무시한 것은 아니었다. 그렇지만 그들은 그런 위험을 관리할 역량이 있다고 믿었고 수익률을 극대화하는 일에만 전념했다. 따라서 레버리지에 대한 모든 규제와 제한은 1960년대 이래로 가속화되어 온 자본의 자유로운 이동과 경쟁이라는 절대적 전제에 의해 전복되고 비판받아야 할 대상이었다.

그런데 그렇게 완화된 규정들로 인해 문제가 발생한다면 어떨까? 대서양을 중심으로 한 금융시스템에서 총체적 위기가 발생한다면? 그렇지만 아무도 그런 질문은 하고 싶어 하지 않았다. 1990년대 금융위기에 빠졌던 신흥시장국가들을 구제하는 일에 앞장섰던 건 다름 아닌 미국이다. 미국 재무부와 IMF가 서로 힘을 합친 것이다. 비록 유럽 측으로부터는 강한 비판과 함께 방해를 받기도 했지만 이들은 보유 자원을 동원해서 멕시코와 한국을 재빠르게 구제해주었다.[54] 만일 대서양의 금융시스템이 일종의 순환기능 상실에 빠져 어려움을 겪는다면 같은 조치를 실시할 수 있을까? 일단 관련된 액수의 규모는 천문학적이 될 것이며 수십, 수백억이 아닌 수조 달러에 이를 것이다. 정말 긴급한 상황이라면 미국 은행들은 연준이 제공하는 무제한의 자금을 지원받을 수 있을 것이다. 그렇지만 문제는 다양한 통화로 이루어진 대차대조표를 운영하는 유럽 은행들에 긴급한 상황이 발생할 경우, 필요한 만큼의 달러를 조달할 수 있을까 하는 것이었다. 과연 누가 이 유럽 은행들을 위한 최후의 피난처가 될 수 있을 것인가?

1990년대 금융위기가 발생할 무렵 설립된 국제기구인 금융안정포럼(Financial Stability Forum, FSF)은 2000년 이후 이 문제에 주목해왔다. 영란은행의 존 기브(John Gieve)는 주요 국제 은행들이 위기에 빠질 것을 가정해 일종의 "모의 훈련"을 실시하기를 강력하게 희망했지만 주변의 반응은 미지근했다. 영란은행의 총재로 주류 거시경제학자이기도 한 머빈 킹은 금융안정성에 대한 기술적 문제에서는 관심이 거의 없었다. "미국 측 입장에서는 이런 특정한 사례들을 논의하는 데 전혀 관심이 없었다. 영국계 은행인 HSBC나 바클레이에는 실제 대차대조표를 가지고 제안을 해볼 수도 있었을 것이다. 그리고 어쩌면 씨티그룹이나 리먼브라더스도 관심을 보였을지 모르겠다. 하지만 절대로 생각대로 매끄럽게 진행되지는 않았을 것이다."[55] 유럽의 중앙은행들은 유럽의 금융위기를 막아줄 만큼 달러화를 충분히 보유해왔을까? 이미 전 세계가 무제한에 가까운 유동성을 통해 서로 이어져 있는 지금, 이런 질문은 시대에 뒤떨어진 혹은 시류에 맞지 않은 것처럼 보였다.[56] 그렇지만 BIS의 분석가들이 같은 질문을 제기했을 때, 그 대답은 대단히 충격적이었다. 2007년 말 유럽 은행들의 대차대조표를 보면, 대출금 등을 포함한 달러화 자산과 예금액, 채권 발행액, 혹은 단기화폐시장에서 차입한 자금 등 달러화 부채와의 차이가 1조 1000억 달러에서 1조 3000억 달러에 달했던 것이다.[57]

이 정도 규모의 자금을 보유한 건 중국이나 일본의 중앙은행들인데, 금융시장에 대한 낙관적 전망과는 다르게 이런 은행들이 달러화를 "강박적으로 축적하는" 이유는 1997년 금융위기의 충격에 따른 불안감의 발로라는 것이 널리 알려진 견해였다.[58] 세계화된 은행시스템을 갖춘 유럽 국가들에 누구 하나 적정 수준의 보유자금 규모가 얼마인지 묻지 않았다는 사실은 충격적이다. 결국 밝혀진 바에 따르면 스위스나 영국 중앙은행들의 외환보유고 규모는 자국의 은행업 규모에 비해 한참 모자라서 겨우 500억 달러에도 미치지 못했다. 유로존의 은행시스템이 마비되지 않으려면 유럽중앙은행으로서는 적어도 2000억 달러 이상을 보유해야 했다. 재정과 관련된 위험과 또 자주권 문제에 대한 당사자들의 의견은 어떠했을까? 금융위기가 닥치기 전에 이런 얼마 되지 않는 보유 자금에 대해 어떤 식으로 정당화했느냐는 질문을 나중에 하자 당시 가장 솔직하기로 이름이 높았던 중앙은행 관계자 중 한 사람은 잠시 웃음을 머금더니 아주 간단하게 대답했다. "미 연준과의 아주 오랜 관계를 감안해볼 때, 달러화를 융통하는 데 어려움이 있을 거라고 예상한 사람은 아무도 없었다." 다시 말해 위기가 닥쳤을 때 는 연준이 유럽, 특히 런던에 필요한 만큼의 달러화 자금을 제공할 것이라 는 협력관계에 대한 믿음이 있었다는 뜻이다. 역외 달러 사업의 규모를 고 려할 때, 사실 또 다른 해결책은 있을 수 없었다. 그렇지만 역시 같은 이유 로, 미국이 언제든지 도와줄 것이라는 계산은 놀랍도록 대담하고 또 너무 지나친 기대여서 공개적으로 언급하기 민망할 정도다.

4장

유로존

2008년의 "미국발" 금융위기 사태에서 만일 유럽이 자신의 역할을 돌아보기 원하지 않는다면, 2010년부터 시작된 유럽의 위기 역시 유럽 자체의 위기였을 뿐이었다고 "공식적"으로 인정하는 것이 과거의 흔적을 더 쉽게 감출 수 있는 방법일 것이다. 월스트리트와 미국 모기지 사업의 붕괴를 따라 그대로 이어진 사건이 바로 유로존 위기다. 하지만 사람들 대부분이 그렇게 생각하는 것처럼 월스트리트 위기와 유로존 재앙은 서로 완전히 다른 상황으로 알려져 있다. 미국의 위기가 탐욕과 정도 이상의 과도한 대출 등에 의해 은행들의 사업 범위와 대출자들의 수가 급격하게 늘어나면서 시작되었다면 유로존 위기는 공공재정과 민족국가의 주권이라는 그야말로 유럽 고유의 문제와 맞물리면서 시작되었다고 볼 수 있다. 예컨대 유로존 위기 때문에 그리스 같은 경우 제2차 세계대전과 관련된 독일에 대한 악감정을 다시 떠올리기도 했다. 따라서 양 대륙에 있었던 위기에 대한 설명은 두 가지로 압축된다. 바로 탐욕에 넘치는 미국인과 서로 충돌하고 있는 유럽의 민족주의다. 그렇지만 이 두 위기가 거의 연이어 일어났다는 사실은 단지 그냥 좋지 않은 우연의 일치였을까? 만일 미국의 위기가 형성되는 과정이 익히 알려진 것처럼 미국인들만의 책임이 아니라면, 유로존의 위기역시 온전히 "유럽" 때문에 일어난 일이 아닐 수도 있는 것이다.

글로벌 금융의 위협에 노출된 유럽

21세기가 시작되자, 유럽인들의 관심은 정치 및 제도의 구축 문제에 쏠렸고 이건 어느 정도 이해할 수 있는 상황이었다. 1999~2002년에 마침내 유로화가 단일통화로 도입되어 정착했고 2004년에는 동유럽 국가 상당수가유럽연합 안으로 편입되었다. 경제적 측면과 마찬가지로 정치 및 지정학적상황에 의해 추진된 그야말로 극적인 실험이 시작된 것이다.[1]

유로화에 대한 이야기를 하려면 다시 1970년대 초반과 브레턴우즈 체제의 붕괴 시절로 되돌아가야 한다. 1945~1971년의 유럽은 유럽 내 통화 문제에 대해서는 염려할 필요가 없었으며 미국 포트녹스에 보관되어 있는 금준비금과 거기에 연결된 달러화는 세계 경제의 중심축이었다. 그런데 1971년닉슨 대통령이 달러금환본위제를 포기하자 유럽에서도 문제가 발생했다. 환율의 변동이 유럽을 하나로 묶어주는 통합된 교역망을 뒤흔들 수도 있게 된 것이다. 이에 따라 달러를 대신해 중심이 되는 통화를 지정해 환율을 안정시키려 했지만 이런 시도는 기본적으로 힘의 문제를 다시 고려하지 않을 수 없었다. 유럽통화시스템(European Monetary System) 안에서 과연어느 국가의 통화가 달러를 대신할 "기축통화"가 될 수 있을 것인가? 자본의 이동이 제한되어서 투기세력의 공격을 막아낼 수 있다면 금환본위제 폐지에 따른 어려움은 어느 정도 관리될 수 있었다. 그러나 1980년대 초반에이르자 유로달러 사업의 자유분방한 특성은 이제 일종의 전 세계적 기준으로 자리를 잡는다. 각 통화 사이를 오가는 투기성 단기자금인 "핫머니(hot money)"의 규모가 걷잡을 수 없이 커지면서 재정적으로 취약한 국가들은 엄청난 압박을 받았으며 보수적 성향을 가진 독일의 중앙은행은 막강한 수준의 영향력을 행사했다. 1970년대 초반부터 시작된 독일 중앙은행 분데스방크(Bundesbank)의 물가상승 억제정책과 이를 통해 구축된 독일 마르크화의 강세는 독일 정부뿐 아니라 나머지 유럽 국가 정부 모두를 위축시켰고 1983년에 이르자 심지어 프랑수아 미테랑이 이끄는 프랑스 사회당 정부마저 이런 추세를 거부하지 못했다. 프랑스는 1981년부터 1983년까지 사회민주주의 개혁정책을 고수하며 빈번하게 평가절하를 시도했지만, 결국 "강한 프랑(franc fort)"이라는 경화(hard-currency policy) 정책으로 선회하게 된다. 금리는 어떤 식으로든 독일 마르크화에 대한 프랑스 프랑화의 가치를 지키는 수준으로 결정되었는데, 채무자들은 심지어 18퍼센트 이상의 금리도 감수할 수밖에 없었다. OECD 같은 국제기구의 유럽 출신 관료들은 자본이동을 억제하기는커녕 훨씬 더 자유롭게 풀어주었다. 고삐 풀린 자본의 이동이 환율이 고정된 유럽 각국에서 문제를 일으키자 이를 바탕으로 좀 더 긴밀한 유럽의 통합을 주장하는 세력들은 다시 목소리를 높였다.[2] 유럽통화 시스템 안의 취약한 구성원들이 통화정책 실행에 대한 어느 정도의 통제력을 다시 회복하려면 어떻게 해야 할까? 1980년대 후반 들어 유럽연합 집행위원회의 의장인 자크 들로르(Jacques Delors)와 프랑스 사회당 내부의 지지자들은 화폐통합을 위한 또 다른 협상 계획을 추진하기 시작했다. 하지만 각 국가의 이해관계가 엇갈리는 상황을 고려했을 때 냉전이 갑자기 종식되지 않았다면 아무런 일도 이루어지지 않았을 것이다. 1989년 베를린 장벽의 붕괴와 당시 서독 총리였던 헬무트 콜의 독일 재통일에 대한 거역할 수 없는 의지는 독일을 지금보다 더 강력한 국가로 만들겠다는 무언의 압력이나 다름없었다. 헬무트 콜 총리와 프랑수아 미테랑 대통령 두 사람에게는 화폐의 통일과 이제는 돌이킬 수 없는 경제의 통합이야말로 훨씬 더 강력해질 독일의 세력을 평화스럽고 안정적인 유럽 대륙 안에서 인정하고 받아들일 수 있는 가장 좋은 방법으로 여겨졌다.[3] 독일 마르크화를 포기하는 대신에 독일은 새로운 유럽중앙은행(European Central Bank)이 분데스방크의 보수적 유산을 그대로 계속해서 유지하는 것을 약속받고 싶어 했다. 그러나 어쨌든 중앙은행 공동위원회는 다른 모든 회원국들을 평등하게 대하고 화폐의 통일을 이룸으로써 금융시장에 의해 유럽 전역에서 자행되는 파괴적 압박을 끝낼 수 있을 것 같았다.

그야말로 야심 가득한 사업이었다. 유럽의 통합화폐는 2001년부터 정식으로 효력을 발휘했다. 유럽에는 단 하나의 중앙은행만 남았다. 재정 적자와 부채 상한선이라는 재정준칙이 만들어졌으며 이 준칙은 훗날 "안정 및 성장협약(Stability and Growth Pact)"이라는 이름으로 알려진다. 그러나 유로화는 분명 미완의 화폐였다.[4] 아직까지 통일된 경제정책도 없었고 은행 업무에 대한 통일된 규제 체계도 없었으며 더 진전된 통합 과정으로 나아가야 할 간절함 또한 그리 크지 않았다. 그럼에도 유로화가 정착되던 이런 초창기를 유럽의 각 국가들은 그럭저럭 잘 견뎌나갈 수 있었고 유럽의 성장은 가속화되었다. 단일통화를 채택한 뒤 물가는 일시 상승했지만 그 수준은 크게 문제가 되지 않았고 자본시장은 별다른 움직임이 없었다.

그렇지만 이런 부드러운 분위기 속에서도 유로존 안팎의 전문가들을 불안하게 만드는 두 가지 문제점이 있었다. 첫 번째는 기존에 있던 유럽 내 무역 불균형이 시간이 지남에 따라 줄어들 것인지 아니면 확대될 것인지에 대한 문제였다.[5] 통화 조정에 대한 제도적 장치가 없다는 것은 기존의 경쟁력이 낮은 국가들이 계속해서 점점 더 뒤떨어지는 현상이 가중될지 모른다는 두려움을 낳았다. 그리고 두 번째로 불가항력적인 외부충격의 위험이 있었다.[6] 관광산업이 불황에 접어들면 독일보다는 그리스 같은 국가가 훨씬 더 큰 영향을 받는다. 중국으로의 수출이 줄어들면 어쨌든 아일랜드보다는 독일이 더 타격을 받게 된다. 특히 미국의 전문가들은 유럽의 노동시장이 미국과 비교해 이동성이나 유연성이 떨어진다고 경고했다.[7] 만일 경제적 위기에서 유럽의 노동 인구가 형편이 나은 곳을 찾아 이동할 수 없을 때를 대비해 좀 더 부유한 국가에서 그렇지 못한 국가로 자금이 지원될 수 있는 공동의 복지와 세금, 그리고 지출 제도가 필요했다. 노동의 이동성과 함께 이런 제도야말로 사회적 안전보장을 위한 중추 역할을 할 것이며 미국 경제가 50개 주에 걸쳐 엄청난 다양성을 유지할 수 있는 것도 바로 그 때문이었다. 2000년대 초반, 유럽연합 본부가 있는 벨기에 브뤼셀에서는 수많은 자축행사가 벌어졌지만 경기불황이 왔을 때 유로존을 지키는 데 반드시 필요한 재정재분배와 책임 분담에 대한 전반의 시스템을 구축해야 한다는 다급함은 거의 찾아볼 수 없었다.

유로존의 많은 회원국은 경제 통합의 순간을 위해 엄청난 노력을 기울였는데 특히 이탈리아는 혹독한 긴축정책을 펼 수밖에 없었다.[8] 이탈리아의 재정 상태를 안정화하기 위해 1990년대부터 함께 힘써온 사람들로는 경제전문가들이면서 훗날 유럽 정치에서 핵심 역할을 하는 정치인들도 있었다. 경제학자이면서 유럽연합 집행위원을 역임했고 훗날 이탈리아 총리 자리까지 오르는 마리오 몬티(Mario Monti)와 유럽중앙은행 총재에 오르는 마리오 드라기(Mario Draghi) 등이 바로 그들이다.[9] 그 밖에도 역시 경제학자 출신인 로마노 프로디(Romano Prodi)는 유럽연합 집행위원회 위원장으로서 유로화의 도입을 진두지휘했다. 그렇지만 1992년에서 1993년까지 혹독했던 경제 및 정치 위기를 극복하고 유로화 도입이라는 난제를 해결한 이탈리아로서는 더 이상의 새로운 경제정책을 펼쳐나갈 여력이 남아 있지 않았다. 2001년 실비오 베를루스코니가 이끄는 전진이탈리아당(FORZA ITALIA)이 총선에서 승리를 거둔 것은 또 다른 시대의 징조였다. 당시 이탈리아로서는 유럽의 실질적 통합을 위한 진전은 고사하고 유럽연합 창설을 위한 조약인 마스트리히트 조약(Maastricht Treaty)에서 정한 예산 기준을 맞추는 일도 힘에 겨웠다. 2003년 프랑스와 독일 양국은 합의된 재정 적자 상한선인 3퍼센트를 초과했지만 유럽연합 본부는 유럽연합의 이 두 중심

국가에 별다른 제재를 가하지 못했는데 재정과 관련된 원칙주의자들로서는 심각한 우려를 하지 않을 수 없었다. 유럽연합 중앙기관들은 주요 회원국들을 제재할 만한 정치적 용기가 있었을까? 하지만 다른 회원국들이 신경 쓰고 있는 건 역시 독일의 상황이었다.

독일의 유로화 도입은 뜻대로 잘 되지 않았다. 다른 회원국들은 독일 마르크화를 기준으로 경쟁 환율을 정하기로 결정했고 독일의 수출은 타격을 입었다. 독일의 예상치 못한 재정 적자는 결국 빈약한 성장세를 의미하는 것이었다. 각국의 언론은 독일을 "유럽의 환자"라고까지 불렀다.[10] 독일에서는 "차단된 사회(blockierte Gesellschaft)"라는 말이 유행했다.[11] 1998년부터 2005년까지 게르하르트 슈뢰더(Gerhard Schroeder) 총리가 이끌던 이른바 녹색당과의 적녹(赤綠)연정 내각이 보여준 대응은 예상외로 힘이 넘쳤다. 독일은 넘쳐나는 장기 실업자들로 몇 년 동안이나 큰 고통을 겪고 있었는데, 이를 더 악화시킨 건 구동독 지역의 갑작스러운 산업축소였다. 2005년 독일의 실업률은 10.6퍼센트까지 치솟았고 이런 난국을 돌파하기 위해 슈뢰더 총리는 2003~2005년에 어젠다2010(Die Agenda 2010)이라는 국가 개혁안을 발표했다. 어젠다2010의 주요 내용은 노동시장의 자유화, 그리고 실업 관련 수당 축소와 관련된 다단계 계획이었는데 이를 설계한 것은 폭스바겐 자동차 회사의 인사담당 총책임자였던 페터 하르츠(Peter Hartz)를 앞세운 이른바 하르츠위원회였다.[12] 마지막 4단계 긴축조치였던 하르츠 IV는 새로운 독일을 위한 "개혁조치"와 동의어가 되었다. 실업자들은 일터로 돌아갔고 임금억제는 독일의 경쟁력을 회복시켰다. 그에 따른 보상은 이미 2003년부터 시작되었고 독일은 다시 세계 1등 수출국(Exportweltmeister)이라는 평가를 받았다.

어젠다2010은 독일 정치계의 초당적 자기이해를 강화했다.[13] 서독과 동독의 재통일이라는 엄청난 사명을 완수해낸 독일은 내부의 어려움마저 극복하며 경제적 번영으로 돌아갈 수 있는 "개혁"까지 이루어냈다. 표면적으로 볼 때는 감탄하지 않을 수 없는 결과이며 유로존의 위기에 대해 독일이 어떤 방식으로 접근했는지에 대한 중요한 의미를 지니고 있으나 좀 더 가까이 들여다보면 상황이 약간 달랐다. 하르츠 IV는 분명 장기 실업수당을 받고 있던 수백만 명을 단호하게 불안정한 일자리로 밀어 넣었고 이 과정에서 결국 계산대 직원이나 청소부 같은 비숙련 노동자들의 임금은 떨어질 수밖에 없었다. 유로화가 도입된 후 처음 10년 동안 생산성은 늘어났지만 독일 가정의 절반 이상은 임금 상승을 전혀 경험해보지 못했다. 물론 실업자 수는 줄어들었지만 동시에 세전 소득에 대한 불평등은 증가했으며 다른 유럽 국가들과 비교해 독일의 실질임금은 줄어들었다. 그렇게 해도 하르츠 IV가 주요 목표로 삼은 독일 수출 경쟁력의 상승효과는 대단히 미미한 수준이었다.[14] 독일 기업들은 비숙련 노동자들의 임금을 삭감했지만 수출 주문을 받지 못했다. 경쟁력 우위를 점하는 더 효과적인 방법이 있다면 동유럽이나 남유럽에 생산 외주를 주는 것이었고 2000년대 초반 전 세계 경기가 회복되기 시작하면서 마침내 호황이 찾아왔다.

하르츠 IV가 경제에 미친 영향은 과장되었지만, 대신 독일 정치에는 변화를 가져왔다. 현장 노동자 출신 유권자들과 사민당 좌파세력들은 하르츠 IV와 관련해 슈뢰더 총리를 절대로 용서할 수 없었다.[15] 이 좌파들은 결국 사민당을 떠나 구동독 출신의 공산주의자들과 연대한다. 그렇게 해서 탄생한 새로운 정당이 바로 독일좌파당(Die Linke)으로 총선에서 10퍼센트의 득표율을 보였다. 이 독일좌파당과 사민당, 그리고 녹색당이 강력한 정치 세력을 구축하며 연대한다면 과반수 정당이 될 수도 있었지만 어젠다2010과 관련된 안타까운 분열로 중도좌파 대연정의 희망은 사라졌다. 결국 정국의 주도권은 경쟁 정당으로 넘어간다. 향후 10년간, 그리고 그 이후에도 유럽 정치를 좌지우지할 세력이 되는 것은 기독교민주당과 그 지도자인 앙겔라 메르켈(Angela Merkel)이었다.

앙겔라 메르켈은 경제와 금융정책, 그리고 문화의 현대화에 대한 보수적 입장 사이를 오가면서 유럽 중도정치의 핵심적인 간판으로 떠올랐다.[16] 메르켈이 처음 정치계에 입문했을 때만 해도 그녀의 정치색은 좀 더 분명했다. 2005년 총선을 통해 권력을 잡은 메르켈은 강력한 친시장 정책을 추진했다. 그렇지만 별다른 인기를 얻지 못하자 다시 잠시 행보를 늦추었는데 2005년의 그런 모습이 독일 총리 개인의 비전을 나타냈다는 점은 의심할 여지가 없다. 메르켈의 의중은 7과 25와 50이라는 세 가지 숫자로 요약된다. 본인이 직접 설명한 것처럼, 유럽은 세계 인구의 7퍼센트가 몰려 있는 곳이며 GDP는 25퍼센트를 차지한다. 그렇지만 사회복지 관련 지출은 전 세계의 50퍼센트나 감당하고 있었다.[17] 메르켈은 이를 감당할 수 없는 규모로 생각했다. 독일의 경제성장은 더뎠고 더 나아질 기미는 보이지 않았다. 또한 다른 유럽 국가들과 마찬가지로 고령화가 급속도로 진행되고 있었다. 따라서 우선시하지 않으면 안 되는 것이 정부의 지출 부문이었다. 재정건전화(fiscal consolidation)는 메르켈 행정부가 끈질기게 이어간 정책이었다. 2006년 총리 취임 이후 다보스에서 했던 첫 번째 연설에서 그녀는 이렇게 선언했다. "사회적 시장경제를 21세기에 걸맞은 '새로운' 사회적 시장경제로 받아들이고 이해하기 위해 우리는 무엇보다도 미래 세대를 바라보는 정치의 이해를 향한 정치적 우선순위를 재정립해야 한다. 독일로서는 무엇보다도 재정 문제와 예산 문제를 깨끗하게 정리해야 한다. 또한 인구 문제도 있다. 젊은 인구가 크게 모자람에도 불구하고 우리는 빚을 늘려가며 미래를 희생해 살아가고 있다. 다시 말해 미래를 짊어질 세대로부터 투자와 발전을 위한 여력을 빼앗고 있는 것이며 이는 대단히 부도덕한 일이라고 볼 수 있다."[18]

두말할 나위 없이 세금부과와 국가지출 문제를 예의 주시하던 기업의 로비스트들에게는 메르켈의 일성은 대단히 달콤하게 들렸을 것이다. 그렇지만 메르켈 정부 1기의 첫 대연정 상대는 총선에서 패배한 사민당이었다.[19] 하르츠 IV와 마찬가지로 재정건전화라는 명제는 독일 정치의 중도파를 아우르는 합의를 필요로 했다. 독일의 새로운 재무부 장관 자리는 1970년 대와 1980년대 독일 총리를 지낸 사민당의 전설 헬무트 슈미트를 보좌했던 사민당 소속 페어 슈타인브뤼크의 몫이었다.[20] 슈타인브뤼크는 확실히 케인스주의적 경제정책에 반대하는 공급중시 경제학의 입장이었다. 그런 그에게 "재정 여력"을 회복하자는 건 단지 금융안정성의 문제는 아니었다. 거의 자동적으로 이루어지는 사회복지 프로그램 관련 의무지출과 국채이자 지불의 영향 아래에서 경직된 정부 예산은 결국 선진국에서 민주정치와 민주적인 참여의 위기라는 보다 광범위한 문제에 영향을 끼쳤다. 만일 예산개혁을 실시할 수 있는 여력이 GDP의 1퍼센트에 해당하는 이 "당연지출"과 채무상환, 그리고 낮은 세율 등에 의해 어떤 식으로든 제약을 받는다면 정당들이 유권자들을 위해 선택할 수 있는 대안은 과연 무엇일까? 물론 미국 공화당의 우파 딕 체니가 갔던 길을 그대로 따라 재정 적자 자체를 그냥 무시해버릴 수도 있었다. 그렇지만 그런 위험을 감수하고 싶지 않다면 어쩔 수 없이 중도파의 길을 걸을 수밖에 없었다. 독일 정치의 비례대표제도하에서 이런 모습은 유권자들의 불만을 살 수밖에 없으며 결국 기독교민주당과 사민당의 연정이 이끌던 정치지형도는 무너지고 말았다. 결국 메르켈의 대연정 내각은 교착 상태에 빠졌고 2000년대 초반 독일 정치 토론회장에서 "탈민주주의(postdemocracy)"라는 말이 유행어가 된 건 분명 그럴 만한 이유가 있었다.[21] 그리고 슈타인브뤼크에게는 이런 어려운 상황이 오히려 다가올 자유에 대한 확신을 주었다.

이 같은 고차원적 고려사항들 외에도 독일의 재정전략을 움직이는 건 선거와 관련된 좀 더 기본적인 계산법이었다. 독일의 재통일이 이루어진 후 20년이 지나는 동안 옛 서독지역이 동독지역에 쏟아부은 재건비용과 지역보조금은 1조 유로가 넘었다.[22] 앙겔라 메르켈 총리의 대연정이 시작된 2005~2006년에 구서독지역, 특히 부유한 남부지역에서는 불만의 분위기가 팽배했다. 이 지역 주민들은 동독과의 통일이라는 대의명분에 자신들이 억지로 끌려 들어갔다고 생각했고 이만하면 충분하다고 여겼다. 남부지역에서 보기에 적자상한제(capping deficits)는 형편이 어려운 동부와 북부지역을 먼저 배려하겠다는 공공연한 약속이나 다름없었다. 이미 2000년대 초반부터 독일 정계에서 불거져왔던 재정통제 문제는 독일이 유럽연합의 일원이 되는 조건(federal transfer union) 가운데 하나였으며 유로존의 미래와도 직결되어 있었다. 그리스에서 재정위기가 일어나기 한참 전부터 구서독의 가장 부유한 지역에서는 독일을 포함해 다른 국가, 다른 국민들의 부채를 책임지는 일을 거부한다는 의사를 단호하게 밝혀왔다. "동독"에서 지출되는 비용 때문에 "서독"이 짊어지는 빚은 결과적으로 구서독 기업들에 유리한 것이며 사실상 독일 서쪽에서 동쪽으로 수출이 되는 효과를 낼 수 있다는 주장에 공감하는 사람은 아무도 없었다. 2010년 이후에는 유럽 대륙 전체를 놓고 같은 주장이 나왔지만 역시 누구도 공감하지 못했다. 독일의 일반적인 여론에서 대부분의 유권자가 원하는 바는 단순했다. 공정한 질서를 확립하자는 것이었다. 2006년 새로운 연방 재정합의를 이끌어내기 위한 위원회가 결성되었다. 2001년에 있었던 스위스의 사례를 본받아 이 위원회가 내놓은 의견은 독일의 모든 행정 단위 지역에서 부채가 더 이상 늘어나는 것을 막기 위해 일종의 "부채 브레이크(debt brake)"를 도입하자는 것이었다. 여러 단계를 거치는 정치적 협상을 타결하는 데는 시간이 많이 걸렸지만 슈타인브뤼크가 이끄는 재무부는 낙관적이었다. 2007~2008년 전 세계 경제에 먹구름이 몰려오자 독일 재무부는 2011년까지 재정 흑자를 예상했다.[23]

물론 독일의 경우 국내 정치와 재통일이라는 극적 상황이 어떤 특별한 영향을 미쳤다고도 볼 수 있다. 그렇지만 독일 역사의 특수성과 관련해 새로운 설명을 덧붙이거나 혹은 재정건실성에 대한 독일 정부의 새로운 관심을 설명하기 위해 독일만의 특별한 사연을 찾아낼 필요는 전혀 없다. 사실, 독일과 미국의 로버트 루빈 주변에서 있었던 논쟁 사이에는 놀라울 정

도로 공통점이 많다. 독일이건 미국이건, 세계화와 경쟁력, 그리고 재정건
전성 문제는 대단히 중요한 화젯거리였으니 공통점이 있었다 한들 그리 놀
라운 일은 아닐 것이다. 또한 중국의 부상과 현대 복지국가들의 예산 문제
는 미국과 유럽 양쪽 모두에 똑같은 도전 과제였다. 어쩌면 유럽으로서는
부시 행정부가 골치 아픈 존재였겠지만 1990년대 후반의 클린턴 민주당 정
부는 게르하르트 슈뢰더 총리의 적녹연정에 영감을 주기도 했다.[24] 메르켈
은 그야말로 열렬한 범대서양주의자(atlanticist)였지만 공통의 관심사가 있
으면 공통의 맹점도 있는 법이다. 유로존의 모든 관심은 전 세계적 경쟁에
서 살아남기 위해 필요한 노동력을 창출하고 공동의 재정 규율과 기준을
확립하는 데 쏠려 있었지만 글로벌 금융에 의해 야기된 불안정한 위협의
분위기에 관심을 기울이는 사람은 거의 없었다. 유럽에서도 미국과 마찬가
지로 언제나 정치가와 노동자, 그리고 복지 혜택을 받는 수급자만 문제로
보였을 뿐, 은행이나 금융시장에는 관심이 없었다.

유럽 채권시장이 초래한 유로존 위기

비록 유럽에 공동의 재정정책이나 노동시장정책은 없었지만 최소한 공동
의 통화정책은 존재했다. 그리고 그 정책을 뒷받침한 것이 2003년 11월 장
클로드 트리셰(Jean-Claude Trichet)를 총재로 출범한 유럽중앙은행이다.[25] 이
건 정확하게 미테랑 프랑스 대통령이 바랐던 협상의 결과, 즉 유럽의 돈을
프랑스 사람이 관리하겠다는 뜻이 담긴 것이기도 했다. 그렇지만 이 협상
의 또 다른 결과는 유럽중앙은행의 운영 방식은 분데스방크의 그것으로 한
다는 것이었는데 트리셰 총재는 이 두 가지 역할에 완벽하게 들어맞는 인
물이기도 했다. 그는 프랑스 중앙은행(Banque de France)의 총재를 역임했던
근본적인 보수주의자로 유럽중앙은행의 독립성은 트리셰의 가장 높은 가

치이자 이상이었으며 그는 이를 지키기 위해서 전력을 다했다. 유럽중앙은행의 기본 취지는 다양한 보호수단을 제공하는 것이었으며 그 안에서 논의되는 내용들은 최소한의 투명성 요구만 충족시켜주면 공개적인 감시나 조사도 면제받을 수 있었다. 이 중앙은행이 단순히 재정정책의 수단처럼 움직이는 것을 막기 위해 새롭게 발행하는 정부 채권을 거래하는 일은 금지되었다. 물가 안정과 고용 극대화라는 두 위임 책무(dual mandate)*를 부여받은 연준과는 다르게 유럽중앙은행은 오직 물가 안정만을 목표로 삼았다.

결국 이런 모든 요소가 유럽중앙은행을 현대적인 의미의 중앙은행과 가장 동떨어진 모습으로 만들고 말았다.[26] 그 대신 정치색은 없었다는 변명 역시 어울리지 않는데, 실제로 유럽중앙은행은 그야말로 유럽의 의지를 그대로 받들어 오직 물가 인상에만 반대하는 보수적 편향성을 확립했기 때문이다. 그렇다고 해서 반인플레이션 정책만이 유일한 야심이었다고 말하는 것도 합당하지 않다. 유럽중앙은행은 유럽을 금융의 중심지로 만들고 유로화를 준비통화로 자리 잡도록 하고 싶었다. 다시 말해 유럽의 채권시장들을 적극적으로 키우고 싶어 했다는 뜻이다. 좀 더 구체적으로 설명하면, 정부 채권에 대한 미국식 Repo 모형을 유럽에 도입하는 것이었다. 유럽의 정부들이 발행하는 국채를 Repo로 만들 수 있다면 훨씬 더 매력적인 투자자산이 될 것이다. 그것은 바로 1980년대 프랑스가 배운 교훈이기도 했다. 당시 독일의 활발한 경제활동으로 인해 심한 재정 압박을 받은 프랑스는 미국식 Repo 거래시장을 마련해 자국의 채권이 거래될 수 있도록 적극적으로 나섰다.[27] 즉각적인 유동성을 위해 프랑스 채권을 거래하는 일이 쉬워질수록 구매는 적극적으로 이루어졌고, 또 시장에서는 프랑스의 대출 조건을 더 많이 수용했다. 분데스방크의 반대에도 불구하고 Repo

---

* 2008년 이후 연준이 의회로부터 위임받은 두 가지 책무에 "미 재무부 장기국채 금리의 완만화"가 추가되었다.

는 유럽중앙은행의 핵심 운영 모형으로 채택되었다. 영란은행이나 연준 같은 더 전통적인 중앙은행들과는 달리, 유럽중앙은행은 많은 액수의 정부 채권을 직접 보유하고 있지는 않았다. 단지 민간 부문 부채와 공채 모두를 포함한 다양한 종류의 채권을 환매하는 방식으로 유럽의 금융시스템을 관리했다.[28] 따라서 진정한 의미에서 유럽의 중앙은행이라기보다는 자국의 채권을 사들이는 유럽 각국의 일반 은행들에 더 가까웠다고 볼 수 있는데, 그래도 이런 방식이 어느 정도 양해가 되었던 건, 다급하게 현금이 필요한 경우 이 환매 과정에 의해 유럽중앙은행에서 채권을 교환할 수 있었기 때문이다. Repo의 약정 조건과 유럽중앙은행 헤어컷의 규모가 유로존의 통합된 금융시스템에 대한 기본적인 조정 변수였다. 이런 점에서 보자면 유럽중앙은행의 운영에 내재한 시장 논리는 연준이나 혹은 영란은행의 논리와는 어느 정도 차이가 있었다고 볼 수 있다.

만일 유럽중앙은행이 유럽 정부들에 재정규율을 준수하도록 최대한 압력을 가하고 싶다면 신용이 떨어지는 주변의 유로존 채무자들에게는 더 엄격한 조건을 적용하면서 각 국가만의 특별한 Repo 헤어컷에 대한 차별적 시스템을 도입할 수도 있을 것이다. 미국의 양자간 Repo 시장의 헤어컷은 각기 다른 채권들의 종류에 따라 대단히 다양했다. 더 높은 헤어컷은 은행으로 하여금 채권 보유액에 대해 더 많은 자본을 보유하고 그 채권과 관련된 자산 구성을 줄이라고 요구한다. 1990년대 후반 유럽에서는 투자자들을 끌어들이기 위해 그리스가 독일보다 훨씬 더 높은 금리를 제공해야 했던 적이 있다. 그렇지만 유럽중앙은행은 차별적 제도를 도입하는 대신 단일통화가 곧 단일금리를 의미한다는 견해를 따랐다. 모든 유럽 국가의 채권을 같은 조건으로 환매하겠다는 것이었다.[29] 어쩌면 당연한 일일 수도 있겠지만 유럽중앙은행의 관점에서는 이제 확실한 수익률을 보장하는 독일 정부의 채권과 똑같은 가치를 지니게 된 그리스와 이탈리아, 포르투갈, 스페인 같은 국가들의 고수익 채권들에 대해 투자자들이 가격을 올리면서 극적인 수익률 수렴이 이루어졌다. 그 결과 유럽중앙은행은 시장 내에서 공공차입자들에게 엄격한 규정을 적용하고, 시장에서는 중앙은행의 "하나의 채권" 정책이 신용도가 가장 낮은 채무자들에 대해서도 결과적으로 암묵적인 보장을 해주는 상황이 반복되었다.

어쨌든 이로 인해 그리스와 포르투갈은 역사상 그 어느 때보다 좋은 조건으로 돈을 빌릴 수 있었으며 누군가는 새로운 공공차입이 크게 늘어날 것이라고 예상할 수 있었다. 유로존 위기에 대한 몇 가지 설명을 읽어보면 실제로 이런 일이 일어났을 거라고 상상할 수 있다.[30] 그렇지만 전례가 없는 저금리에도 불구하고 실제로는 2001년 이후 공공 부문 부채가 크게 늘어난 일은 없었다. 일부 국가가 다른 국가들에 비해 돈을 더 많이 차입하는 경우는 있었으나 전체적으로 보면 마스트리히트 조약이 재정 적자를 한정함에 따라 돈을 빌려 수익을 창출하려는 국가들은 효과적으로 억제되었다. 제도적 구조의 모호함에도 불구하고 주요 공공차입자가 상황을 남용하지 않았기 때문에 평온함은 유지되었다. 실제로 경제성장이 본궤도에 오름에 따라 GDP 대비 공공 부문 부채 비율은 유로존을 통틀어 7퍼센트까지 떨어졌다.[31]

유로존의 예산 부문 규정을 준수하지 못한 국가는 여러 곳이었다. 우선 포르투갈의 경우 가장 빠르게 공공 부문 부채 비율이 올라갔고 예산안 편성은 누가 보아도 그 과정이 더뎠다. 그렇지만 유로화가 도입되면서 국가 채무는 낮은 수준으로 떨어졌다. 불행한 일이지만 포르투갈 정부는 경쟁력이 없는 환율로 유로화를 도입하는 실수를 저지른다. 뒤이어 GDP 대비 채무비율이 크게 떨어진 건 무책임한 차입은 물론 성장의 둔화 때문이기도 했다.[32] 그리스는 유럽연합의 또 다른 탕자(蕩子)였는데 1990년대 그리스는 유로존 회원국이 될 자격을 갖추기 위해 이탈리아와 마찬가지로 채무원리금을 제외한 예산에서 주요 흑자 부분을 소모해가며 버텼고 이자비용이 GDP의 11.5퍼센트까지 올라갔지만 덕분에 적자를 억제할 수 있었다. 유로존이 완성되고 나자 그리스의 차입 관련 비용과 채무연체금이 절반 이상 줄어들었다. 이를 통해 실질적인 재정건전화를 이룰 좋은 기회였지만 그리스 정부는 그 대신 세금을 줄여버린다. 그러자 예산흑자는 완전히 사라지고 적자만 GDP 대비 5.5퍼센트까지 올라갔는데 마스트리히트 조약이 정한 상한선의 두 배 가까운 수치였다. 이런 상황을 견뎌낼 수 있었던 건 오직 명목상의 수입 증가가 대단히 빨리 이루어졌기 때문이다.[33] 그렇지만 그리스의 상황을 위험으로 몰아넣은 건 2001년 이후 늘어난 차입금의 규모가 아니라 1980년대와 1990년대 쌓인 채무 때문이었다. 당시 현대 그리스 민주주의가 자리를 잡으면서 정부 지출이며 비용이 많이 드는 차입금이 크

도표 4.1 2000~2009년 유로존의 연도별 민간 및 공공 부문 부채의 증가(단위: 10억 유로)

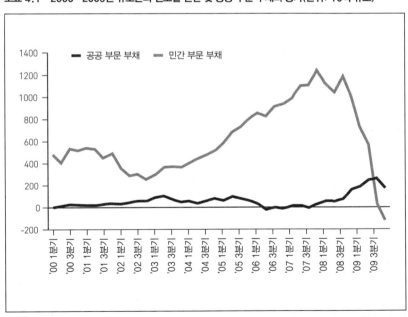

자료 출처: 리처드 볼드윈(Richard Baldwin), 대니얼 그로스(Daniel Gros), 「위기의 유로: 무엇을 할 수 있을 것인가?(The Euro in Crisis: What to Do?)」, 『유로존 구출 작전: 더 필요한 일들(Completing the Eurozone Rescue: What More Needs to Be Done)』(2010), pp.1~24, 표 3. http://voxeu.org/sites/default/files/file/Eurozone_Rescue.pdf.

게 늘어났다.[34] 2000년에 그리스의 채무 규모는 이미 GDP 대비 104퍼센트에 달하게 된다.

그리스 문제의 심각성이 어느 정도인지 완전히 확인되지는 않았지만 이미 알려진 내용은 그리 중요하지 않았다. 2000년대 초반 정치적으로 더 중요한 문제는 프랑스와 독일의 안정 및 성장협약 위반이었다. 이런 위반은 분명 재정규율의 권위를 무너뜨리는 행위였다. 경제적 결과는 어떠했을까? 독일 국채 분트(Bund)와 프랑스 국채 OAT에 대한 금융시장의 수요는 차고 넘쳤다. 금리는 낮게 유지되었다. 프랑스는 무역수지를 그대로 유지했으며 독일 정부는 채무를 늘렸다. 그렇지만 이와 동시에 소비와 투자 관련 지출을 크게 억눌러 그 어느 때보다 높은 경상수지 흑자를 기록했다. 유로존의 거시경제학적 균형수지의 관점에서 보면 독일이 재정준칙을 좀더 철저히 위반했더라면 상황이 더 좋아질 뻔했다.

그렇게 하는 것은 "민주주의의 결핍"과 무책임한 정치가의 낭비벽이라는 보수적 가정을 정면으로 반박하는 일이 되지만 강력한 재정헌법 없이 출범한 유로존에서 무제한의 국가 차입 축제가 벌어지지 않았다. 사실 유로존 위기의 배경에는 엄청나게 늘어난 채무가 있었지만 그 채무는 민간 부문의 채무였지 공공 부문의 채무는 아니었다. 유로존은 북대서양을 중심으로 한 경제에서 유럽 은행들이 대단히 적극적으로 기여한 시장 주도의 신용창조 과정과 똑같은 상황을 만들어내는 역할을 한 것이다.

호황의 최전선에 선 유럽의 은행들

《파이낸셜타임스》의 경제 분석가 마틴 샌부의 말처럼, 유로화로서는 "사상 최대의 민간 자본의 거래 거품이 있던 시기"에 탄생한 것이 "크나큰 불행"이었다.[35] 여기에 하나만 더 덧붙인다면 사실 그건 운이 나쁘고 그렇지 않고의 문제가 아니었다. 1970년대 초반부터 시작된 세계 자본의 극심한 변동에 대응하기 위해 유럽이 어느 정도 자금 규모를 갖춰야 한다는 것은 유럽경제통화동맹(European Monetary Union, EMU)의 존재 이유였다. 그렇지만 2000년대 초반의 전 세계 신용 확대는 지금까지 경험해온 모든 상황을 무색하게 하는 수준이었으며 유럽 은행들은 그런 호황의 최전선에 서게 된다. 프랑스와 독일, 이탈리아, 베네룩스 3국, 그리고 스페인, 아일랜드, 영국의 은행들은 수익성이 높은 신흥 성장 부문의 거래를 크게 늘렸다. 유로존은 국경이나 통화 위험 상태 등을 고려하지 않고 은행들이 그렇게 하도록 내버려두었다. 유로존 안에서 국가간 대출은 폭발적으로 늘어났으며 심지어 유로존 밖의 국제 금융 거래보다 성장세가 더 빨랐다.[36] 유럽 은행들은 런던이나 뉴욕에서 수익을 올렸던 현대식 금융 기법들을 유로존 안에서 똑같이 사용했다. 증권화는 유럽에서도 오랫동안 사용해온 모기지 금융의 방식이었다. 특히 독일에서는 "판드브리프(Pfandbrief)", 즉 주택저당채권이 18세기부터 이어져온 상품으로 유명했다. 그러나 2000년대 초반부터 미국 방식의 증권화 사업이 유럽에도 도입된다. 2007년에는 5000억 달러 이상의 모기지 증권화가 유럽에서 이루어졌다. 2008년이 되면 유럽의 ABS의 규모가 7500억 달러까지 치솟는데, 특히 영국과 스페인 은행들이 적극적으로 증권화 사업에 참여했다.[37]

미국이 관여한 국제 금융 사업의 경우가 그랬던 것처럼 이번에도 유럽 내부의 자금 흐름 방향에 대해 스스로를 속이는 일은 어렵지 않았다. 우리는 유럽 경제 위계구조를 명확하게 이해하고 있다. 대출금이 흘러 들어간 곳은 그리스와 스페인, 그리고 아일랜드이며 독일은 주요 "흑자" 및 "채권" 국이라는 사실도 알고 있다. 그렇다면 그건 독일이 이런 신용 호황에 자금을 지원했다는 의미일까? 확실히 독일은 최대의 무역수지 흑자를 기록했으며 따라서 순수 자본수출 규모도 가장 컸다. 그렇지만 유럽 내부의 전체적인 자본 흐름을 고려해볼 때, 이런 단순한 그림은 오직 중국과 미국의 금융 관계만을 가지고 전 세계 규모의 자본 흐름을 이해하려는 것과 같은 실수가 될 수 있다.

유럽연합 집행위원회 소속 경제학자들의 수고 덕분에 우리는 유럽 내부의 자금 흐름을 전 세계 경제라는 더 큰 규모의 자금 순환의 일부로 그려볼 수 있다. 다음에 나오는 〈도표 4.2〉의 색칠된 사분면을 보면 지금까지 이 책을 통해 살펴본 세계 경제의 흐름을 대강 그려볼 수 있다. 그렇지만 만일 유럽 내부의 자금 흐름만 살펴본다면 독일은 그 수출 역량에도 유럽 금융시스템을 지배하지는 못했다. 독일은 가장 큰 채권국이었으며 그 위상은 미국 경제에 대한 중국의 그것과 같았다. 그렇지만 유럽 내부의 금융 흐름은 세계 경제에서처럼 더는 무역과 연결되지 않았다. 독일은 자동차와 기계 부문에서는 최고의 수출국가지만 은행업과 금융업 분야를 이끄는 건 다른 국가들이었다. 영국과 프랑스, 그리고 베네룩스 3국과 아일랜드(아일랜드는 "나머지 유로 사용 국가" 범주에 포함된다) 등이 금융 흐름의 중심지였다. 전 세계 은행의 고향이라고도 할 수 있는 영국 런던의 시티는 심지어 유로화를 사용하지 않음에도 불구하고 독일의 모든 주요 은행을 포함해 유로존 회원국들의 중요한 금융 사업 동반자 위치에 있었다. 또한 프랑스와 베네룩스 3국은 특히 유로존 외부에서 유로존 내부로 흘러 들어오는 자금의 통로 역할을 하기 때문에 중요하다고 볼 수 있다. 유로존을 제외한 미국과 다른 해외 채권국들은 분명 잘 알려진 프랑스와 네덜란드, 그리고 벨기에의 금융업체들과 함께 사업하는 것을 선호했는데, 이들은 유럽 주변국들과의 자금 거래를 이어주는 통로 역할을 했다. 프랑스는 무역수지 흑자와는 무관하게 돈을 꾸어 다시 빌려주는 사업을 하는 야심만만한 대형 은행들 때문에 주요 금융 중심지가 될 수 있었다. 프랑스를 중심으로 4470억 유로가 들어왔다가 4450억 유로가 다시 흘러 나갔으며 순수 차액은 단지 20억 유로에 불과했다. 그와 동시에 베네룩스 3국의 금융 중심지로는 5590억 유로가 들어와 6020억 유로가 흘러 나갔는데, 그런 차이를 만든 건 네덜란드

도표 4.2　2004~2006년의 유로존 내부와 세계 경제의 국경간 연평균 금융 자본 흐름
(단위: 10억 유로)

※ 아래 표는 세로 방향(from)이 자본의 출발지, 가로 방향(to)이 도착지를 나타낸다.

to ＼ from	독일	그리스	스페인	프랑스	이탈리아	오스트리아	포르투갈	베네룩스 3국	나머지 유로 사용 국가	폴란드	스웨덴	영국	나머지 EU 국가	비EU 국가	미국	일본	스위스	나머지 OECD 국가	역외	홍콩	나머지 국가들
합계	382	20	154	445	131	68	21	602	308	11	63	884	57	2287	738	212	111	262	323	94	682
나머지 국가들	-11	6	40	13	9	3	0	-46	9	2	-7	69	0	0	56	-18	-53	73	-58	-11	—
아시아	1	0	0	-1	0	-1	0	3	1	0	0	9	61	0	2	0	2	-16	—	31	71
중국	18	1	-2	32	5	4	1	38	25	0	0	6	102	2	19	202	82	60	-7	—	64
나머지 OECD 국가	15	1	6	13	1	2	1	36	13	0	10	53	4	165	75	12	8	—	9	2	12
스위스	12	0	1	13	-1	1	0	14	0	1	0	35	-14	-4	16	12	5	8	5	23	12
캐나다	29	1	8	43	-10	1	0	100	51	0	5	228	16	816	44	-1	5	82	173	6	443
미국	61	9	54	126	5	15	0	167	110	4	16	562	17	—	427	130	24	178	-10	71	1973
비 EU 국가	15	1	4	5	11	2	1	6	7	1	7	14	—	9	-2	2	4	0	4	—	82
나머지 EU 국가	84	7	34	95	30	4	2	155	67	1	12	—	16	431	156	36	60	26	90	10	904
영국	24	3	41	110	64	13	6	47	25	2	—	64	275	40	21	4	29	7	134	105	305
슬로베니아	7	0	1	3	3	0	1	6	—	1	2	1	78	2	2	0	1	1	2	8	78
나머지 유로 사용 국가	20	3	17	15	3	9	—	—	24	0	2	110	110	51	80	64	165	13	202	25	24
핀란드	1	0	4	2	0	1	—	2	—	0	0	4	7	4	0	0	0	0	1	1	15
포르투갈	13	1	2	3	5	—	0	4	9	0	1	15	11	30	-10	-3	2	2	5	4	2
오스트리아	20	3	8	15	—	9	6	9	6	4	6	5	5	30	5	2	3	4	8	1	3
이탈리아	27	4	29	—	35	7	3	69	45	1	8	126	43	95	13	11	13	32	202	13	445
네덜란드	2	0	16	—	7	3	5	23	5	1	—	54	8	34	—	0	1	-2	—	40	154
스페인	41	0	—	29	8	2	4	43	17	0	2	126	8	95	43	11	13	32	—	13	209
그리스	3	—	0	4	3	1	—	9	3	0	0	9	1	7	1	1	0	2	1	6	33
독일	—	1	2	27	20	13	1	48	20	1	6	24	7	72	-6	5	9	16	7	0	9

참고 내용: 금융 파생상품들을 제외한 직접, 포트폴리오 및 "기타" 투자의 추정 거래총량 혹은 순수 자산 인수 규모

자료 출처: A. 호브자(Hobza), S. 차이그너(Zeugner), 「수지 불균형과 그 해결책: 유로 지역의 경상수지와 양자간 금융 자본 흐름(The 'Imbalanced Balance' and Its Unravelling: Current Accounts and Bilateral Financial Flows in the Euro Area)」, 《유럽연합 집행위원회 경제보고서(European Commission Economic Papers)》 제520권(2014), 표 A.2.

의 무역수지 흑자였다.

유럽을 오고 가는 자금의 흐름은 세계 경제와 마찬가지로 무역이나 교역이 아니라 가장 적은 비용으로 자금을 조달하고 최대의 수익을 노리는 은행들의 사업 논리에 의해 움직였다. 미국의 호황을 불러온 대차대조표상의 자산 가격 상승은 심지어 유럽에서 더 두드러지게 나타났다. 2001~2006년에 그리스와 핀란드, 스웨덴, 벨기에, 덴마크, 영국, 프랑스, 그리고 아일랜드와 스페인은 모두 미국을 들썩이게 한 것보다 더 큰 규모의 부동산 가격 폭등을 경험했다. 아일랜드와 스페인의 경우 신용거래의 증가와 주택 가격 상승은 가히 폭발적이었다.

주목할 점은 유로존의 무역과 재정 불균형을 이끌어낸 것은 이런 신용거래 증가로 인한 호황이지 불황이 아니었다는 사실이다. 스페인처럼 투자 열기가 뜨거운 지역은 전 세계에서 자금이 엄청나게 몰리면서 경제활동이 우려스러울 정도로 과열되었다. 물론 이를 통해 마드리드 같은 도시는 세수가 안정적으로 확보되었고 재정흑자 상황을 자랑스럽게 내세웠다. 독일도 수출이 늘었는데, 해외에서의 수요 덕분에 위축되던 독일 경제는 다시 살아나 수입과 수익이 모두 늘어났다.[38] 그렇지만 독일 가계와 기업 들은 늘어난 수입이나 수익을 독일 안에서 지출하기를 원치 않았다. 그렇다고 다른 소비나 투자를 하는 것도 아니었다. 독일 정부가 차용하는 경우도 있었지만 그것만으로는 흑자폭을 처리하는 데 충분하지 않았다. 결국 은행간 거래 시장을 통해 독일 북부에서 발생한 이런 수익은 유럽에서 시작되는 여러 새로운 사업들의 자금줄이 되었다. 그리고 어쩌면 당연한 일이지만 그중 일부는 스페인으로 흘러 들어갔고 최종적으로는 각종 대차대조표상의 균형이 이루어졌다. 독일의 저축액은 스페인의 무역수지 적자 규모와 비슷한 듯 보이기도 했지만 회계적으로 동일하더라도 이것 때문에 양자 사이에 인과관계가 있다고 볼 수는 없다. 스페인 경제의 호황을 만들어낸 건 독일의 수출 흑자나 늘어난 가계의 과잉 저축이 아니었다. 신용거래 증가로 인한 편중된 호황이 수요의 불균형, 무역 흐름과 저축액의 불균형을 만들어낸 것이다. 또한 유럽의 금융시스템은 탄력적인 조정을 제공했다. 독일의 국내 경제가 좀 더 건전했다면 수입에 대한 독일의 수요는 늘었을 것이며 유로존 안의 무역수지 불균형은 더 줄었을 것이다. 스페인 또한 조금 더 커진 경제의 여유를 소진하는 대신 독일로 수출되는 상품 생산에 투입되었을 것이다. 그렇지만 더 빠르게 성장하는 독일 가계의 저축액이 더 적게 흘러 들어간다고 해서 아일랜드나 스페인의 신용거래 증가로 인한 발전이 둔화될 것이라고 생각할 이유는 전혀 없다. 현대 금융에서 신용은 "실물경제"의 "펀드멘털"에 의해 그 총량이 산출되는 것이 아니다. 오히려 신용의 크기는 탄력적인데, 이는 신용이 국제적인 규모에서 자산 가격 호황

도표 4.3 실제 주택 가격 및 GDP 대비 명목상 신용거래 상승률

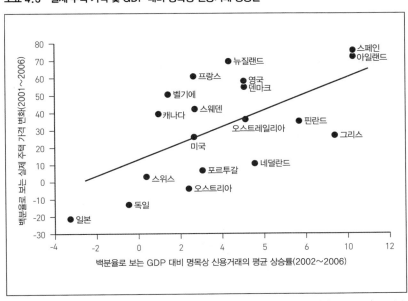

자료 출처: 프라카스 카난(Prakash Kannan), 파우 라바날(Pau Rabanal), 앨러스데어 M. 스코트(Alasdair M. Scott), 「자산 가격 상승세에 대한 거시경제학적 유형과 통화정책(Macroeconomic Patterns and Monetary Policy in the Run-up to Asset Price Busts)」, 《IMF 업무보고서(IMF Working Papers)》 (2009년 11월), 표 2.

을 통해 손쉽게 자기 팽창할 수 있기 때문이다.

훗날 유로존 위기의 진앙이 될 그리스는 이런 상황에서 어디쯤 위치하고 있는 것일까? 분명 그리스도 처음에는 문제가 없었지만 점점 상황이 안 좋아졌다. 2004~2006년 유로존 내부의 국가간 자금 흐름의 규모는 대략적으로 연평균 1.8조 유로에 달했는데, 그리스가 330억 유로 정도였다. 330억 유로라면 유로존에서 그리스 GDP가 차지하는 비중과 비교했을 때 2퍼센트에도 미치지 못하는 규모지만 그리스로 흘러 들어간 자금은 아일랜드나 스페인의 경우보다 더 많았다. 그러나 그리스 역시 미국과 비슷한 부동산 호황을 경험했다. 그리스에 적신호가 켜진 건 2001년 이후의 연간 자본유입량 때문이 아니라 이미 수십 년 전부터 쌓여온 엄청난 규모의 채무에 새로운 채무가 더해졌기 때문이다. 만일 자금 흐름이 갑작스럽게 중단된다면 어떤 일이 벌어질 것인가 하는 질문을 다들 입 밖으로 꺼내려 하지 않았다. 그렇지만 그리스의 얼마 되지 않는 경제 규모를 감안하면 사람들의 관심이 적은 것도 사실이었다.

나중에야 나온 이야기지만 유럽중앙은행은 아일랜드와 스페인의 지나친 경제호황을 진정시키기 위해 더 큰 노력을 기울여야 했다. 그리고 유로존 전체에서 금리를 하나로 고정했기 때문에 이런 일이 더 어려워진 것도 분명한 사실이다. 사실상 유럽중앙은행은 금리를 낮게 설정함으로써 주변 국가들의 경제 호황을 억제하기보다는 독일 경제 부양의 필요성을 더 우선시한 것이다. 그리고 그 결정은 어느 정도 설득력이 있었다. 독일의 경제 규모는 훨씬 더 거대했다. 게다가 유럽 경제가 호황인 곳에서 만들어지는 수익률의 매력을 고려할 때 유럽중앙은행이 대폭적인 금리 인상으로 경제 호황을 억제할 수 있을 거라는 상상은 희망사항에 불과했다. 만일 유럽연합이 제시하는 기업 통계를 믿을 수 있다면 스페인 관광산업과 부동산에 대한 투자는 적어도 30퍼센트 이상의 수익률을 보장하고 있었다. 그러니 스페인으로 투자가 몰린 건 당연한 일이었다.[39] 금융이 세계화되어가고 있는 시점에서 미국으로의 자본 유입을 막았던 미연준과는 달리 유럽중앙은행은 이런 인기 있는 투자처로 몰리는 자금 흐름을 더 이상 제한할 수 없었다. 아일랜드 은행들이 좋은 사례인데, 이 은행들은 유럽중앙은행의 관리 밖에 있던 런던에서 대규모로 자금을 조달했다.[40]

경기 과열에 대응하기 위해 필요한 것은 유럽중앙은행의 금리 미세조정이 아니라 해당 국가들에 의한 전면적인 경제정책 조정이었다. 거기에는 좀 더 엄격한 대출 요건과 은행시스템의 성장속도 조절, 그리고 심지어 더 엄격한 재정정책이 포함되었다. 더 큰 규모의 국제화된 은행들이 몰려 있는 스페인에서는 사실 그런 엄격한 통제가 실시되고 있었다. 해외 투자자들은 그런 높은 관리 기준을 예상하고 있었고 그 때문인지 위기 상황을 그럭저럭 잘 넘길 수 있었다.[41] 그렇지만 스페인 국내의 모기지 업체들의 상황은 그렇지 못했다. 스페인에서는 이런 소규모 업체들이 국내 신용거래 시장의 50퍼센트를 차지하고 있었다.[42] 이들은 각 지방 정치와 긴밀하게 연결되어 있었으며 부동산 호황과 깊이 얽혀 있었다. 2002년에서 2009년 사이 이런 소규모 사업들은 그 규모가 2.5배나 성장했는데 대차대조표상으로 그 규모는 4830억 유로에 달했고 스페인 GDP의 40퍼센트 이상을 차지했다.[43] 그러나 대출 관련 사업을 제한하려는 움직임은 마드리드 중앙정부의 간섭으로 치부되기 십상이었다. 게다가 스페인 정치가들 역시 그런 인기 없는 행동을 할 이유가 없었다. 거품 경제의 또 다른 부작용이라고 한다면 대차대조표를 적어도 겉으로는 보기 좋게 만들어준다는 사실이다. 따라서 엄격한 간섭이나 개혁은 불필요한 보복조치처럼 보일 수 있다.[44] 스페인 사람들은 아주 오랜만에 돌아온 국가적인 전성기를 한껏 누리고 있었다. 이동통신 업체인 텔레포니카(Telefónica), 건설사인 페로비알(Ferrovial), 소매금융 중심의 산탄데르은행(Banco Santander) 같은 스페인 기업들은 세계적인 규모의 기업으로 승승장구했다. 의류업계의 거인 자라(Zara)의 소유주 아만시오 오르테가(Amancio Ortega)는 유럽 최고의 억만장자 자리에 올랐다. 스페인의 국무총리 호세 루이스 로드리게스 사파테로(José Luis Rodríguez Zapatero)는 선진 7개국 모임인 G7을 G8로 확대해 거기에 스페인이 참여할 수 있도록 애쓰고 있었다. 빈약한 복지예산과 세수확대 등으로 스페인의 공공 예산은 프랑스나 독일보다 사정이 훨씬 나았다. 이렇게

도표 4.4 백분율로 본 2000~2007년의 GDP 대비 유로존의 채무 증가율

	가계	비금융 법인기업	금융 법인기업	정부	총채무 증가율	실질 주택 가격 지수
벨기에	7	57	124	−26	162	48.7
독일	−10	0	33	5	27	−14.0
아일랜드	54	−13	612	−8	645	52.8
그리스	32	13	41	4	90	37.2
스페인	34	78	74	−24	162	73.1
프랑스	15	20	113	5	152	81.7
이탈리아	17	23	22	−7	55	37.6
네덜란드	32	−42	217	−12	195	14.4
오스트리아	7	68	72	−7	140	1.2
포르투갈	26	12	71	13	122	−11.2
핀란드	23	−77	70	−11	4	37.7
유로존 11개 국가	21	12	132	−6	159	28.3
덴마크	37	60	145	−26	216	57.9
스웨덴	24	49	70	−10	133	55.3
영국	31	−34	367	1	365	63.4
평균	23	15	145	−7	176	38.3

자료 출처: 실질 주택 가격 지수는 유럽연합 통계국(Eurostat)과 OECD 자료에 따라 계산되었음. S. T. H. 스톰(Storm), C. W. M. 나스테파드(Naastepad), 「신화와 혼란, 그리고 오해: 유로존 위기의 원인은 무엇인가?(Myths, Mix-ups and Mishandlings: What Caused the Eurozone Crisis?)」, 신경제 사고 연구소 연례회의(Annual Conference Institute for New Economic Thinking), "자유, 평등, 취약함(Liberté, Égalité, Fragilité)" 프랑스 파리, 2015년 4월. https://www.ineteconomics.org/uploads/papers/The-Eurozone-Crisis.pdf.

민간 부문의 성장이 아주 건전하게 확대되는 것처럼 보이는데 거기에 왜 제동을 걸어야 한단 말인가?

아일랜드의 일부 정치 지도자들 사이에서도 비슷한 분위기가 감지되기 시작했다. 유럽연합의 투자에 길들여졌고 은행이나 부동산 개발 업체들과 긴밀하게 연결된 아일랜드 정치가들은 수도 더블린에 있는 국제금융서비스센터가 전 세계적 인기를 끌고 있는 것을 자랑스럽게 생각했다. 아일랜드의 조세제도 덕분에 해외기업들은 미국과 나머지 유럽 국가들의 세무 당국을 피해 수백억 달러의 이익을 챙겨갈 수 있었다. 비록 유로존 회원국으로 유럽연합의 보조금을 통해 막대한 이득을 취해온 아일랜드지만 이들은 스스로를 "다양한 형태의 사회민주주의가 여전히 정치적 기준이 되는 유럽 대륙 끝자락에서 앵글로아메리칸 방식의 자유시장 가치를 지키고 있는 전초기지"라고 생각했다.[45] 2008년 미국 대통령 선거 당시 공화당 대통령 후보 존 매케인의 경제 참모이자 1990년대 미하원에서 규제 철폐를 앞장서서 부르짖었던 필 그램(Phil Gramm)은 전 세계의 경제 현황을 부조리하다고 맹비난했지만 아일랜드만은 낮은 세금을 바탕으로 한 이상적인 경제제도를 갖추었다고 칭찬을 아끼지 않았다. 훗날 뇌물수수 혐의로 불명예를 뒤집어 쓴 버티 어헌(Bertie Ahern) 당시 아일랜드 총리는 전 세계를 돌며 아일랜드의 "정점에 선 경제 세계화와 낮은 법인 및 개인 세금, 그리고 '친기업' 성향의 정부와 낮은 규제"가 가져다주는 이점을 선전하고 다녔다.

유럽연합의 불협화음, 금융위기를 가속화

화폐를 통일하는 작업은 많은 위험을 동반하며 따라서 유럽이 별도의 재정헌법을 더한 것은 너무도 당연한 일이었다. 그렇지만 유럽의 진짜 문제는 비상시를 대비한 규정의 부족이 아니라 금융 화재 전담 부처가 없다는 사실이었다.[46] 국가가 형성될 때 가장 중요한 실패 요인은 재정 통합이 아니라 금융위기가 닥쳤을 때 이를 다룰 수 있는 역량을 갖추지 못하는 것이다. 고도로 통합된 금융자본주의에 대응하기 위해서는 국가가 뚜렷한 원칙을 가지고 그 원칙을 적용할 수 있는 의지와 역량을 함께 갖추어야 한다. 그리고 유럽에서 조금씩 조짐을 보이던 그 정도 규모의 금융위기에 대처하려면 그야말로 뛰어난 역량을 지닌 그런 국가가 필요했다.

그런 역량은 실제로 얼마나 필요한가? 그 해답은 유럽 은행들이 지나치게 높은 성장을 위해 국내외에서 실시한 활동을 모두 살펴보면 분명하게 드러난다. 미국 은행들은 그 규모가 대단히 크며 글로벌 금융에서 중요한 역할을 하고 있다. 그러나 가장 비정상적인 모습으로 성장한 건 바로 유럽 은행들이었다.[47] 유럽 은행들도 규모가 결코 작지 않았지만 금융사업의 중심을 증권과 채권시장에 두고 있는 미국과는 다른 점이 많았다. 유럽 경제는 오랫동안 은행의 대부업에 크게 의존해왔다. 하지만 유럽연합이 형성되면서 활동반경이 넓어지고 미국식 사업방식을 습득하면서 감당할 수 없을 정도로 거대한 규모로 성장하기 시작했다. 2007년 전 세계에서 자산 규모로 가장 덩치가 큰 3개 은행은 스코틀랜드 왕립은행(Royal Bank of Scotland, RBS), 도이치은행, BNP파리바 그룹으로 모두 유럽 은행들이었다. 이들 세 은행을 모두 합치면 대차대조표상의 자산이 전 세계 GDP의 17퍼센트에 달했으며 각각의 자산도 해당 국가, 즉 영국과 독일, 프랑스의 GDP에 근접할 정도였다. 이 세 국가 또한 유럽연합에서 가장 경제 규모가 큰 국가들이었다.[48] 상대적으로 규모가 작은 아일랜드의 상황은 이보다 훨씬 더 극단적으로 흘러갔다. 아일랜드의 은행들이 짊어지고 있는 부채 규모는 GDP의 700퍼센트였다. 프랑스와 네덜란드 은행들은 서로 경쟁이라도 하듯 각각 GDP의 400퍼센트 규모의 부채를 짊어지고 있었다. 독일과 스페인 은행들의 경우는 GDP의 300퍼센트였다. 이런 기준으로 보면 유로존 모든 회원국 은행들은 최소한 미국보다 3배는 더 "과잉"되어 있었던 것이다. 게다가 유럽 은행들은 미국 은행들에 비해서 변동성이 높은 "도매" 시장을 기반으로 한 자금조달에 훨씬 더 많이 기대고 있었다.

이런 대차대조표의 규모와 유럽 은행 사업의 복잡성을 고려해보면 유로존 전체를 휩쓸지도 모를 위기를 이겨내기 위한 방법은 공동대응뿐이라는 사실을 짐작하기란 어렵지 않다. 그렇지만 특정 사업 분야를 길들이고 교육시키며 또 구해내기 위해 통일된 행동을 주문하는 건 유럽 역사와는 도무지 어울리지 않는다. 사실 유럽 통합의 기원은 유럽 석탄 및 철강 산업이 불안정과 분쟁의 근원이라는 자각에서 비롯했다. 그런 논리를 바탕으로 유럽석탄철강공동체(European Coal and Steel Community)가 탄생했고 이는 유럽으로서 "민족국가 중심에서 벗어나기" 위한 첫 번째 발걸음이었다.[49] 1960년대부터 시작된 공동농업정책(Common Agricultural Policy)도 각 국가가 농업 지원 정책에 쏟아붓는 과도한 비용을 절약하는 것이 그 목적이었다. 1980년대에 들어서면서 유럽연합을 향한 이런 부분적인 시도들이 막을 내리고 단일시장이라는 사람들이 현혹될 만한 단순한 목표가 그 자리를 대신하였다. 그리고 사실은 이것이 유로존의 진짜 단점이었다. 화폐가 통합되면서 금융시장도 하나로 합쳐졌지만 은행연합을 관리하는 데 필요한 제도는 하나도 제공해주지 못한 것이다. 유럽이 진심으로 재정헌법을 필요로 했던 정말로 다급한 이유가 한 가지 있다면 거대한 규모의 예금보험과 구제금융 기금을 위한 재정적 지원을 받아야 했기 때문이다.

1990년대 후반에 이르러 유럽경제통화동맹(EMU)이 출범하자 래리 서머스는 금융전문가 국제회의를 다급하게 소집한 뒤 이렇게 물었다. "여기 모인 유럽 출신들 중에 만일 스페인의 어느 은행이 심각한 위기를 겪게 되면 어떤 일이 일어날지 설명해줄 수 있는 분이 있습니까? 스페인 정부 당국과 스페인 중앙은행, 유럽중앙은행, 그리고 유럽연합 본부가 각각 책임져야 하는 부분은 무엇입니까?" 그 순간 아무도 대답하지 못했다. 잠시 당혹스러운 침묵이 이어진 후 "유럽 출신 전문가들 사이에서 갈피를 잡을 수 없는 논쟁이 벌어졌고 결국 아무런 해답 없이 논쟁은 끝이 났다. 다만 한 가지 분명한 건 그들이 다른 사람들 앞에서 자신들의 치부를 드러내고 싶어 하지 않았다는 사실이다."[50] 당시를 돌이켜볼 때 래리 서머스는 그런 혼란과 당혹스러운 침묵의 원인을 흔히 볼 수 있는 유럽 정치의 분열 탓으로 돌렸을 것이다. 그렇지만 사실 미국도 크게 사정은 다르지 않았다. 미국에서도 은행의 부도 상황에 대해 생각해보려는 사람은 아무도 없었고 그건 1997년에도 그리고 2007년에도 마찬가지였다. 실제로 2005년 잭슨 홀 모임에서 라잔 교수의 불편한 발언에 대해 래리 서머스가 보인 반응은 너무나 분명했다. 그는 그러한 금기를 건드리는 데 "대단히 신중한 사람들" 가운데 하나였던 것이다. 상황을 부정하기는 유럽이나 미국이나 마찬가지였다. 다만 차이점이 있다면 상상조차 할 수 없는 일이 벌어졌을 때 미국에는 연방정부라는 제도가 있어서 그 안에서 임기응변을 할 수 있다는 사실이었다. 유럽연합의 불운은 위기가 닥쳤을 때 단지 그러한 제도만 없었던 것이 아니었다. 보다 견고한 제도적 틀을 만들려는 유럽연합의 노력이 기본적인 정치적 한계에 부딪쳤을 때 바로 그때 위기가 찾아왔다는 점이었다.

2000년대 초까지 유럽연합은 정치학자들이 "관대한 합의(permissive consensus)"라고 부르는 배경에 대항하는 듯한 정책을 펼쳤다.[51] 유럽 사람들은 별다른 열정도 저항도 없이 통합으로 더 가까이 가는 점진적 과정을 그대로 받아들였다. 유럽연합은 무언가를 강요하는 거슬리는 존재가 아니었으며 또한 소문처럼 결코 거대한 관료제도도 아니었다. 유럽연합은 대부분의 중간 규모 도시들보다도 직원 수가 적었다. 그렇지만 유럽연합은 민주적인 책임성이 결여되어 일관성이 없는 헌법 구조의 기관이었다. 분명 만족스럽지 못한 부분도 많았으며 2004년에 그 규모를 확대하여 새로운 동유럽 회원국들을 끌어들이면 그런 부분은 더 늘어날 것이 분명했다. 2001년 12월, 유럽이사회는 효율성과 책임 소재를 분명히 하며 유럽의 확장을 위한 방법을 모색하는 유럽헌법조약을 유럽협의회(European Convention)에 상정한다. 당시 유럽협의회는 프랑스식 유럽주의를 내세우는 노련한 정치가이자 프랑스의 전 대통령 지스카르데스탱(Giscard D'Estaing)을 대표로 한 구시대의 거물들로 채워져 있었다.[52] 유럽이사회의 제안은 과반수 투표에 의한 중앙 집권식 의사결정과 유럽 민족국가들의 복잡한 역할 사이에서 새로운 균형을 선보이겠다는 내용을 담고 있었으며 유럽통합의 기둥을 이루는 모든 다양한 제도와 조약을 묶어 그야말로 하나 된 유럽연합을 만들겠다는 것이었다. 유럽의 야망은 완전 고용을 최우선시하는 "사회적 시장경제"의 완성으로 정의될 수 있으며 거기에 "사회적 배제와 차별"에 대항해 싸우는 만큼이나 "사회정의"와 "세대간 연대"를 추구하며 동시에 "경쟁력 높은" 사회가 될 것을 약속하고 있었다.[53]

도표 4.5   백분율로 본 "자국" GDP 대비 유럽 은행들의 2008년 부채 규모

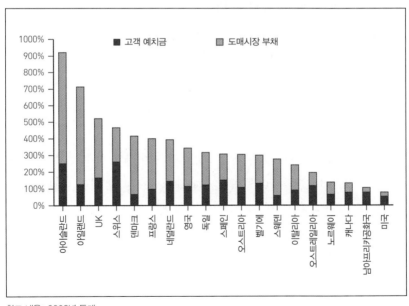

참고 내용: 2008년 통계.

자료 출처: https://qz.com/19386/europe-is-still-massively-overbanked-by-the-way/. 바클레이은행 연구 조사 자료를 근거로 했음.

유럽헌법조약은 2000년대 초반의 바람직한 지배구조와 관련된 모든 묘책을 한꺼번에 담고 있는 만능상자였으며 유럽노동조합연맹(European Trade Union)도 이를 받아들였다. 토니 블레어와 그가 이끄는 영국의 새로운 노동당 정부는 특히 크게 환영했고 미국의 경우 해밀턴프로젝트 역시 여기에 기꺼이 동참하려 했을 것이다. 그렇지만 2005년 5월 29일, 이 헌법은 프랑스 국민투표로 거부되었으며 6월에는 네덜란드가 그 뒤를 따랐다. 유럽연합의 친시장적 성향을 반대하는 좌파들과 통합 자체를 반대하는 민족주의자들이 연대해서 과반수를 훨씬 웃도는 반대표를 끌어모았고 이 결과는 큰 충격을 안겨주었다. 이제 더 이상 "관대한 합의"는 없었다. 헌법의 어떤 점이 옳고 그른지에 상관없이 대중을 선동하는 민족주의가 강력하게 그 본모습을 드러내었고 유럽의 사회지도층은 혼란에 휩싸였다.[54] 경제와 금융이 점점 더 하나가 되고 유럽연합이 동유럽까지 확장되고 있는 현실을 고려하면 유럽을 새롭게 개편하려는 계획은 그렇게 간단히 포기할 수 있는 것이 아니었다. 한시라도 빨리 대안을 찾아야만 했다. 만일 실제 헌법이 더 이상 실행 가능한 제안이 되지 못한다면 유럽으로서는 정부 사이의 조약이라는 확실하게 믿을 수 있는 방식으로 통합을 진행할 수밖에 없었다. 그리고 그 핵심 역할을 맡은 국가는 독일이었으며 2005년 11월에는 독일이 곧 앙겔라 메르켈 총리였다.

앙겔라 메르켈과 유럽의 관계는 그녀의 스승이라고 할 수 있는 헬무트 콜의 그것과는 사뭇 달랐다.[55] 냉전시대 동독에서 나고 자란 메르켈의 성장 배경을 생각해보면 그녀가 처음 외부 세계에 대해 가졌던 환상은 처음에는 러시아, 그리고 영국과 미국으로 이어졌을 것이다. 이런 기억들이 환경 정치며 기후 변화 문제 등을 포함해 1990년대부터 메르켈이 주장해온 이른바 글로벌리즘의 한 부분을 이루었다. 지금의 그녀를 만든 건 독일의 재통일이었지만 그녀가 꿈꾸는 세상은 통일 독일이나 유럽보다 더 넓은 세계였다. 한 가지 중요한 사실이 있다면 유럽 문제에 대해서 이 독일 총리는 브뤼셀에 있는 유럽연합 본부의 해결책을 기대하지 않았다는 점이다. 메르켈은 연방주의자가 결코 아니었으며, 유럽의 미래를 유럽연합 본부가 이끄는 통상적인 유럽식 제도와 기관의 구조 속에서 바라보는 것이 아니라 각 정부 사이의 협력이나 협조를 더 중요하게 생각했다. 그녀는 유럽의 각 민족국가들 사이의 통 큰 합의를 기대했다. 그리고 이런 그녀의 생각을 두고 단지 독일의 유럽 지배를 확고히 하려는 기만술에 불과하다고 의심하는 사람들도 있다.56 독일 정치 변방의 민족주의자들이라면 충분히 이런 말을 들을 만할지도 모르겠다. 그렇지만 메르켈은 그런 민족주의 정치가가 아니며 기독교민주당을 이끄는 핵심 인사들 중에도 그런 사람은 없었다. 예컨대 2009년 메르켈 2기 내각에서 사민당의 슈타인브뤼크를 대신해 재무부 장관을 맡은 볼프강 쇼이블레(Wolfgang Schäuble) 같은 인물이다. 볼프강 쇼이블레는 메르켈과 달리 연방주의자였으며, 유럽 자체를 좀 더 높은 단계의 통합으로 이끌고자 하는 열망을 갖고 있었다. 그런 두 사람의 공통점은 유럽 지배에 대한 욕망이 아니었으며 21세기 초반의 독일 지도부에는 그런 거창한 헤게모니를 위한 계획 같은 건 전혀 찾아볼 수 없었다. 다만 서로 공감하고 공유하는 점이 있다면 유럽 문제에 대해서 확고한 신념을 바탕으로 거부권을 행사하는 건 독일의 권리를 넘어서 감당해야 할 역사적 소명이라는 믿음이었다. 과거 끔찍했던 독일의 역사는 지배 전략 같은 것은 물론이거니와 심지어 조금 과도한 독단적인 지도력을 내비치는 일까지도 금지했다. 그렇지만 독일연방공화국의 성공으로 독일은 유럽을 위한 해결책은 유럽 자체 기준에 부합해야 하며, 그 적절하다고 생각하는 기준의 적용을 독일 정부가 주장할 권리를 획득했다. 그것은 자신을 최대한 낮추면서 동시에 까다롭고, 또 때로는 전횡적이면서 자기 편향적이기도 한 그런 자세였다. 유럽 문제에 대해서는 언제든 너무 당연하게 "반대를 외치는 여성(Madam Non)" 메르켈의 모습은 독일 국내 유권자들의 강력한 지지에 바탕을 두고 있었다. 사람들이 놓친 부분이 있다면 그것은 지배에 대한 억눌린 욕망이 아니라 독일의 성공과 국제적 명성이 사실상 유럽과 맺고 있는 상호의존 관계의 정도를 저평가하려는 경향이었다. 또한 독일은 문제 해결에 걸리는 시간까지 조정할 수 있었는데, 누군가 반대를 하면 시간이 지연되게 마련이며 재정이나 외교 분야에서 진짜 시급한 위기가 발생했을 때 시간이 지체되면 정말로 큰 대가를 치를 수도 있었다. 위기가 심각할수록 거부권을 행사할 수 있는 쪽의 통제력이 더 결정적인 위력을 발휘하는 것이다. 유럽이 통합이라는 격랑 속으로 몸을 던지기로 했을 때 "독일의 지배"에 대한 공포와 독일의 지도력에 대한 필요 모두가 더 절실해지리라는 건 사실 누구나 예측할 수 있었다. 물론 사태 해결 과정까지 독일 정부가 간섭하리라는 것도 마찬가지였다.

2005년 유럽헌법조약이 각국에서 부결되었을 때 독일이 유럽이사회 순회의장직을 수행한 건 운명적인 우연이었다. 당시 이제 막 독일 총리가 된 앙겔라 메르켈은 실패한 헌법을 대신할 다른 대안을 제시해야 하는 책임을 떠맡았다. 몇 개월에 걸친 세심하고 강도 높은 작업 끝에 독일 정부가 내놓은 결과물이 바로 2007년의 리스본 조약(Lisbon Treaty)이다. 리스본 조약은 이전에 부결된 헌법과 비슷하게 유럽통합 계획의 굵직한 줄기들을 하나로 모아 총인구 5억 명에 달하는 단일 유럽연합 안에 밀어넣었으며 유럽연합을 위한 새로운 외교 및 안보 정책도 만들었다. 불필요한 의사 결정 과정을 간소화하고 대신 방대하게 확장되었지만 관리가 가능한 구조를 만드는 데 반드시 필요한 다수결 결정의 원칙을 확립했다. 그리고 마침내 유럽의 각 정부를 대표하는 이사회를 제도화하고 다시 그 이사회를 대표하는 의장 자리를 신설했다. 이를 통해 유럽연합 집행위원회와 위원장 측은 집행부를 주도한다고 자처할 수 없게 되었다.[57] 이렇게 해서 기존 유럽연합 헌법조약의 핵심 내용들은 그대로 유지되었지만 2005년의 국민투표 부결은 깊은 상처를 남겼다. 결국 유럽 각국 정부가 가진 독립성이 다시 확인되었고 완전한 연방제 통일을 위한 또 다른 진전은 당분간은 없을 것이라는 사실도 알게 되었다. 유럽의 정책은 유럽연합 본부를 중심으로 결정되는 것이 아니라 각국 정부 사이의 협상에 의해 결정되는 것이다.

2007년, 21세기 첫 번째 금융 호황이 식기 시작할 무렵 유럽은 혼란에 빠져 있었다. 유럽중앙은행이 유로존과 시티, 그리고 월스트리트를 연결하는 매우 활발한 금융시스템을 원거리에서 통제하면서 유럽의 경제는 사실상 대부분 통합되었지만 유럽통합과 관련된 정치는 크게 후퇴한 상황이었기 때문이다. 리스본 조약은 정부간 협력주의를 공식적으로 표방했으며 유럽의 유권자들은 그 이상의 통합 단계에 대해서는 거부권을 행사하겠다는 의지를 이미 내보였다. 이런 불협화음 속에서 전혀 예상하지 못한 위기가 발생했을 때 유럽연합은 어떻게 대응할 수 있을지 누구도 알 수 없었다. 그리고 비단 재정 문제만 여기에 해당하는 것도 아니었다.

화성에서 온 미국인, 금성에서 온 유럽인

2000년대 초반의 미국과 유럽의 정책 결정 과정을 비교해보면 비슷한 관심사들을 공유하고 있다는 사실을 알 수 있다. 양 대륙의 정책전문가들은 재정규율과 국제 경쟁력, 공급중시 인센티브 부여, 효율적인 정부 지출과 재정 적자, 근거 중심 복지정책, 교육개혁과 신축적 노동시장 등에 집중했다. 이런 내용은 레이건 대통령과 대처 수상, 그리고 1990년대의 워싱턴 컨센서스 시절부터 내려온 낙수효과를 강조하는 공급중시 경제학의 상징과도 같은 것들이다. 대서양을 중심으로 한 양 대륙의 정책 공동체들은 서로 깨닫지 못하고 있는 사각지대조차 비슷했다. 시장에 대한 깊은 믿음을 갖고 있으면서도 어느 쪽도 새로운 시장 중심의 은행 업무 모델이 가져올 위협을 깨닫지 못하고 있었던 것이다. 어느 누구도 은행이 도매금융 자금조달 방식에 지나칠 정도로 의존하고 차입금액이 너무 많아지면서 쌓여가는 위험을 제대로 인식하지 못했다. 그렇다면 왜 이들은 다 같이 공유한 그런 위험을 알아차리는 일이 어려웠을까? 그리고 왜 2008년 이후 일어난 위기에 대한 해석과 설명이 그토록 서로 달랐던 것일까?

만일 양 대륙 사이의 한 가지 중요한 차이점만 찾아본다면 그 차이점은 분명 2001년 9월 11일 사건이다. 그날을 기점으로 세계 최강대국 미국은 전쟁상태에 돌입했다. 그뿐 아니라 당시 부시 행정부는 테러행위에 대항하는 전 세계적인 전쟁을 추진하고 있었다. 9·11 테러 공격에 대한 유럽의 첫 반응은 역시 미국과의 연대였고 아프가니스탄의 수도 카불에서 탈레반 반군을 축출하겠다는 계획은 많은 지지를 얻었다. 그렇지만 2002년에서 2003년으로 이어지는 겨울 동안 미국과 영국 정부는 이라크 침공을 무리하게 밀어붙였고 그 때문에 미국 주도의 전쟁에 대한 공동의 대응 의식은 많이 희박해졌다. 독일과 프랑스 정부는 유럽 역사상 최대 규모인 수백만 명의 시민이 거리를 가득 채운 시위로 인해 전쟁 반대 분위기에 휩싸였다. 당시 미국의 신보수주의파 로버트 케이건(Robert Kagan)은 "화성에서 온 미국인과 금성에서 온 유럽인"이라는 유명한 말을 남긴다.[58] 유럽에서 지도적 위치에 있는 지식인들도 반응은 비슷했다. 믿기 어려운 일이지만 유럽의 대표 지성인 독일의 위르겐 하버마스와 프랑스의 자크 데리다(Jacques Derrida)는 공동으로 전쟁을 반대하는 성명을 내기도 했다. 이런 지식인들에게서 대서양을 사이에 둔 분열은 일반적인 외교정책을 훨씬 초월하는 중요한 문제였으며 사회 정책과 정치 문화로까지 이어질 수 있는 문제였다. 21세기 초반의 시각으로 보면 이런 상황은 제국 시대 이후 움츠러든 유럽 세계와 거침없이 세력을 확장해나가는 공격적인 영어권 세계 사이의 문명의 분열이자 현대성의 분기점이나 다름없었다.[59]

9·11 테러 공격이 있었을 무렵의 전 세계 지정학적 문제에 대한 설명과 금융위기의 기원에 대한 이 책의 해설 사이에는 일반적으로 커다란 간극이 존재한다. 그렇지만 만일 우리가 좀 더 자세하게 살펴본다면 2000년

대 초반 이라크에서의 진퇴양난이 미국 정부의 지도부를 괴롭히면서 베트남 전쟁에 대한 악몽 같던 기억과 1930년대 크게 추락한 미국의 위신과 권위를 떠올리게 만들었다는 사실은 분명하다. 중국의 부상은 여기에 위협적인 분위기를 더했다. 중국과 미국의 무역수지를 둘러싼 상황을 금융 공포의 균형이라고 묘사한 래리 서머스의 설명은 그야말로 강력한 효과가 있었다. 독일이나 네덜란드 같은 국가가 자국의 무역수지 흑자에 대해 생각하는 방식과는 완전히 달랐던 것이다. 일단 위기가 시작되면 전쟁을 연상시키는 미국 국가 지도부의 강경한 발언은 더욱 그 기세를 더할 터였고 단순한 수사학적 비유와 자기 인식 모두에서 이런 발언은 결국 유럽과의 영구적인 분단을 의미하는 것이었다.

정치 문화의 관점에서 차이점이 있는 것은 부인할 수 없다. 그렇지만 2000년대 초반 크게 불거진 양 대륙의 소원한 기류를 액면 그대로 경제적 혹은 지정학적 현실에 대한 설명으로만 받아들이는 건 이중적인 의미에서 자기 기만적이라고밖에 말할 수 없다.[60] "사회적 유럽(Social Europe)"이 미국이 제시한 "금융자본주의"라는 강력한 논리로부터 어떤 식으로든 본질적으로 벗어나 만들어졌다는 생각은 환상에 불과하다. 사실 유럽의 금융자본주의는 심지어 더 놀라울 정도로 과도하게 성장했으며 그런 성장의 상당 부분은 미국의 경제호황과 밀접하게 연결되어 있었다. 게다가 이라크 전쟁에 대한 의견 차이가 무엇이든 상관없이 마치 지정학적 문제를 전혀 몰랐던 것처럼 행동하는 유럽의 태도는 역사적으로 보면 극히 최근에 나타난 현상이었다. 이라크 전쟁에 반대한 프랑스는 실제로는 식민지 시대 이후 군사력 강화에 더 힘을 쏟았으며 유럽은 "작은 전쟁들"에만 참여하지 않았을 뿐이다. 1980년대까지만 해도 유럽의 NATO 회원국들은 냉전에서 승리를 거두기 위해 적극적으로 참여했으며 최후의 승리를 일구어냈다. 당시 가파르게 고조되고 있던 소비에트 연방과의 긴장상태를 생각해보면 유럽은 그야말로 극도로 위험한 상황이었다고 볼 수 있다. 그중에서도 특히 주목할 만한 사실은 독일이 군사력을 앞세운 정책을 적극적으로 지지했다는 점이다. 전성기의 구서독 연방군 규모는 정규 병력 50만에 언제든 동원할 수 있는 예비군 병력 또한 130만 명에 달했다. 1983년 유럽에 배치된 핵탄두를 장착한 순항 미사일과 퍼싱(Pershing) 미사일은 유럽과 미국의 좌파들이 합심해서 반대를 하는 상황에서도 범대서양주의자들 세대를 하나로 묶으려 했던 양 대륙의 노력을 보여주는 증거다.[61] 물론 현재 유럽연합 본부 내에도 21세기 유럽에서 유행하고 있는 "나는 모르는 일"이라는 종교를 하늘처럼 떠받드는 사람들이 존재한다. 그렇지만 냉전 이후 세계에서 유럽연합이 아무리 진실을 외면하고 모르쇠로 일관하려 해도 지정학적 문제와 연관된 불씨는 전혀 가라앉지 않았다. 결국 계속해서 이어진 지중해와 동부 유럽 국가들의 복잡한 관계는 NATO 동맹의 강력한 군사력이나 각 국경에서의 강경 대응과 쉽게 떼어놓고 생각할 수 없는 문제였다. 그리고 이런 상황이 중요한 이유는 유럽연합이 아라비아반도의 복잡한 정세와 거리를 두고 중국의 부상을 지정학적 위협으로 간주하려고 하지 않더라도 결국 유럽의 문턱에서 폭력적이고 거대한 세력의 충돌이 일어날 것이라는 예상 때문이었다. 실제로 글로벌 금융시스템이 무너지기 시작하면서 이런 예상은 현실이 되고 말았다. 2008년 8월, 금융시장이 재앙을 향해 달려갈 무렵 러시아는 서방 사회의 대리인 역을 해온 조지아에 선전포고를 한다.

5장

다극화된 세계

2000년대 초반 세계무대 위로 다시 돌아온 러시아는 세계 경제 성장에 중국의 부상보다 더 큰 영향을 미쳤다. 러시아는 세계시장에 원유와 천연가스 같은 지하자원을 퍼부었다. 러시아 은행과 기업은 유럽과 미국으로부터 적극적으로 자금을 차입했다. 중국과 마찬가지로 러시아도 막대한 규모의 달러화를 보유하고 있었지만 미국과의 금융과 경제 관계는 중국과는 다르게 간접적이었다. 러시아는 미국에 직접 수출해 달러를 벌어들이지 않았고 유럽과 아시아에 원유와 천연가스를 판매했다. 거기에, 중국 공산당이 서방 사회에 자신감을 갖고 대응한 반면, 소비에트 연방 시절 냉전에서 참패한 러시아의 기억은 아직도 현재진행형이었다. 러시아로서는 "닉슨과 키신저"가 이끌던 화해의 분위기 같은 기억은 없었던 것이다. 따라서 냉전 시절 소비에트 연방의 첩보기구 KGB 요원 출신이기도 한 러시아 대통령 블라디미르 푸틴(Vladimir Putin)이 늘 중국과 미국에 대한 의심을 품고 신중하게 행동한 건 우연이 아니었다. 푸틴 대통령이 알고 싶었던 건 새롭게 재건되어 자리를 잡은 세계 경제가 지정학적 질서에 어떤 영향을 미칠 것인가였다. 푸틴은 단지 의문만 제기한 것이 아니라 서방진영 내부, 그러니까 유럽 내부와 유럽 및 미국 사이에서 어떤 종류의 국제적 질서나 공조가 세계 경제와 금융의 발전을 위한 환경을 만들어내야 하는지에 대해서도 깊은 의견상의 불일치를 드러냈다. 그는 일반적으로 말하는 전 세계뿐만 아니라 특히 서방 세계와 러시아의 경계선에 있는 동유럽에 주목했는데, 동유럽은 냉전시대 이후 자본주의가 어떻게 뿌리를 내리고 있는지 보여주는 일종의 실험 무대였다.

냉전 이후 조성되는 새로운 불안감의 정체

유럽은 또 아시아와는 달라서 공산주의에 대한 "서방진영"의 승리는 유럽에 절대적인 의미를 지니고 있었다. 이 승리는 군사력, 경제력, 정치력 등 모든 부문에서 공산주의를 압도한 서방진영의 위세를 보여주는 증거였다. 비록 독일은 냉전 종식을 이끌었던 고르바초프(Gorbachev)를 신뢰하는 유화정책을 폈고 미국은 레이건 대통령을 중심으로 군사력을 앞세웠지만 대서양을 중심으로 한 굳건한 동맹관계는 결국 승리를 이끌어냈다. 냉전이 끝나면서 새롭게 통일된 독일만큼 그 혜택을 누린 국가는 없었으며 그런 독일과 미국의 협력이 서방진영의 승리를 더욱 굳건히 했다. 1990년 프랑스 대통령 프랑수아 미테랑은 NATO와 바르샤바 군사조약을 대신할 유럽 공동의 안전보장정책을 통해 구소비에트 연방 국가들을 모두 끌어안을 수 있는 타협안을 제시하기도 했다.[1] 그렇지만 당시 독일 총리 헬무트 콜도, 또 미국의 아버지 부시 대통령도 결코 그런 일은 원하지 않았다. 서방진영은 승리를 거두었으며 이제 유럽의 재통일을 위한 조건이 갖추어졌다.

1991년 12월 베를린 장벽이 무너지고 소비에트 연방이 해체되면서 러시아는 예전 이름을 되찾았지만 많은 것들을 잃고 또 고립되었다. 1918년 러시아 혁명으로 더 이상 제1차 세계대전을 견뎌낼 수 없었던 레닌이 브레스트리토프스크(Brest-Litovsk)에서 굴욕적인 평화조약을 체결한 이래, 이처럼 러시아의 처지가 나락으로 떨어진 적은 없었다. 새로운 대통령 옐친(Yeltsin)이 이끄는 러시아 공화국은 서방진영과 우호적인 관계를 유지했다. 그렇지만 러시아 경제는 파탄에 이르렀다. 금융계의 전설 조지 소로스(George Soros)의 말을 빌리면 당시 러시아는 "완전히 무너진 중앙정부가 정부 주도의 경제정책을 밀어붙이는 곳"이었다.[2] 이른바 이 "이행기 경기침체(transitional recession)" 기간인 1989~1995년의 물가는 천정부지로 치솟았고 실질 GDP는 40퍼센트 가까이 폭락했다. 1994년 10월 11일의 "검은 화요일"에는 단 한 차례 광란의 통화거래로 달러화 대비 러시아 루블화의 가치는 4분의 1이나 떨어지고 말았다. 러시아 경제는 1995년이 지나고서야 겨우 안정 국면에 들어섰다. 해외에서 들여온 대규모 자본을 통해 긴급 수혈을 받은 러시아는 어느 정도 살아나 숨을 돌릴 수 있었지만 1997년 아시아에 금융위기가 닥치면서 또다시 러시아 경제는 휘청거렸다.[3] 환율을 진정시키기 위해 애쓰던 러시아 중앙은행은 외환관리를 시작했고 IMF에 긴급 구제자금을 구걸했다.[4] 그렇지만 1998년 8월 옐친 정부는 결국 통제 불능의 상태에 빠지며 17일에 환율의 평가절하를 단행하고 러시아 은행들이 지고 있던 해외채무에 대해 90일간의 지불정지를 선언한다. 루블화의 가치는 걷잡을 수 없이 떨어지며 1달러당 7루블 하던 환율은 21루블이 되었다. 수입 물가도 뛰어올랐다. 해외에 채무가 있는 경우는 파산이 목전까지 다가왔다. 그리고 8월 19일, 러시아 정부는 루블화로 결제되는 국내 채무에 대해서도 지불정지를 선언했다. 1998년 10월이 되자 러시아 국민 중 40퍼센트는 그야말로 최저 생존 조건에도 못 미치는 생활을 했고 러시아 정부는 식량 수입을 위한 원조를 국제사회에 요청할 정도로 몰락했다. 연간 물가상승률이 84퍼센트에 이르자 러시아 국민들은 자국 통화에 대한 신뢰마저 잃어버렸다. 새로운 21세기가 시작되었을 때 러시아에서 통용되는 모든 화폐의 87퍼센트는 달러화였다. 미국을 제외하면 러시아가 세계 최대의 달러 경제국이었던 셈이다. 러시아에서 활동하는 국제 투자가들은 세금을 미국 달러화로 납부할 것을 요구받았다. 결국 러시아는 달러라이제이션(dollarization), 즉 자국 통화가 달러화로 대체되는 실험의 한복판에 섰다. 핵무기를 보유한 과거 세계 초강대국이 이제 과거 적대국이던 미국이 보내주는 달러로 연명하는 국가가 된 것이다.[5]

새롭게 독립한 우크라이나를 제외하면 러시아는 소비에트 연방이 무너지고 난 후 과거 연방 국가들 중 최악의 타격을 입었다. 1990년대 초반은 러시아뿐만 아니라 동구권 국가들 모두에 어려운 시절이었다.[6] 과거의 계

도표 5.1 1989~2010년 산업화를 달성한 국가를 중심으로 본 소비에트 연방 붕괴 이후 GDP(PPP) 지수

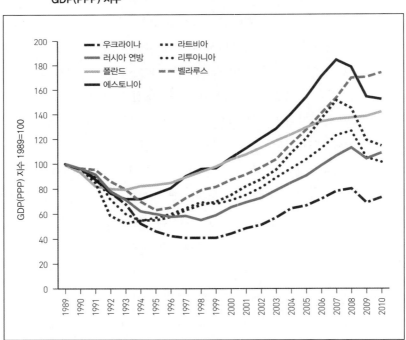

자료 출처: http://www.ggdc.net/maddison/maddison-project/home.htm.

획경제 시절을 벗어나자 소비에트 연방과 동유럽의 경제는 그야말로 악몽을 경험한다. 1989년에서 1994년 사이 평균 생산량은 30퍼센트 이상 떨어졌고 물가와 실업률, 그리고 사회적 불평등이 급등했으며 실질임금은 폭락했고 공산주의 시절의 사회복지제도는 붕괴했다. 발트 3국의 경우 임금에 대한 타격은 그야말로 엄청나서 에스토니아는 60퍼센트, 리투아니아는 70퍼센트나 임금이 줄어들었다. 수백만 국민이 이민을 택했고 필요한 경우 불법 이민도 마다하지 않았다.

NATO와 유럽연합이 동쪽으로 그 세력을 확대하고 눈앞의 위기를 우선 진정시키며 미래의 방향을 제시하고 지정학적 지도를 영구히 다시 그리기로 결정한 배경에는 바로 이런 사정들이 있었다.[7] 유럽연합과 NATO의 세력이 두 배 이상 확장되었던 건 서로 협력한 결과가 아니었으며 미국과 독일, 프랑스 정부의 개입 못지않게 동유럽이 자초한 부분도 상당했다. 이른바 비셰그라드그룹(Visegrád group)에 속한 체코와 슬로바키아는 1991년 2월부터 일찌감치 NATO 회원 가입을 추진했고 그사이 유럽연합은 새로운 협정 내용을 추가했다. 그렇지만 유럽연합의 세력 확대 결정은 1993년까지 실제로 진행되지는 않았고 1997년이 되어서야 자세한 조건이 갖춰지기 시작했다. 외부의 다른 인사들이 경제발전을 위한 새로운 마셜플랜(Marshall Plan)을 주문하기도 했지만 유럽연합이 가입을 희망하는 동유럽 국가들에 제공한 건 공공 부문의 재정에서 운송 기반 시설이나 법률 제도 등에 이르기까지 모든 것들의 개조에 필요한 기술 및 전문적인 도움이었다. 오직 군사적 측면에만 초점을 맞췄던 NATO는 유럽연합보다 좀 더 빨리 움직일 수 있었는데, 1999년에 폴란드와 헝가리, 체코가 회원국이 되었고 드디어 2004년 4월 1일에는 불가리아와 에스토니아, 라트비아, 리투아니아, 슬로바키아, 슬로베니아, 루마니아가 합류하면서 그야말로 NATO 역사에 길이 남을 대사건이 벌어진다. 그리고 1개월이 채 지나지 않아 이들 국가 중 불가리아와 루마니아를 제외하고는 모두 다 유럽연합에 가입했다. 나머지 두 국가가 마침내 자격을 갖추고 유럽연합에 합류한 건 2007년의 일이다.

이렇게 되기까지는 냉전이 끝나고도 15년의 세월이 걸렸다. 미국으로서도 많은 생각이 있었을 것이며, 많은 서유럽 정부들은 동쪽으로 세력을 확장하는 일에 선뜻 나서지 못했다. 엄청난 비용이 들 것이 분명했고 러시아를 자극했을 때 닥칠 위험도 피할 수 없었다. 또한 2003년 이라크 침공을 둘러싼 서방 세계의 분열 역시 당혹스러울 정도로 심각했다.[8] NATO와 유럽연합 가입을 동시에 바라던 동유럽 국가들은 선택을 해야만 했다. 독일과 프랑스 정부는 전쟁을 반대하는 입장이었고 미국과 영국, 그리고 스페인과 이탈리아 정부가 그 반대편에 있었다. 동유럽 국가들은 대다수가 전쟁을 지지하고 나섰고 당시 미국 국방부 장관 도널드 럼즈펠드(Donald Rumsfeld)는 이 기회를 놓치지 않고 "낡은 유럽"에 대항하는 "새로운 유럽"의 구도를 만들어 사태를 더 심각하게 만들었다. 프랑스와 독일은 분개했지만 고립되었다.[9] 하버마스와 데리다가 2003년 공동으로 발표한 고유한 "유럽의 정체성"에 대한 이상은 영국과 미국을 적대시하는 것만큼이나 동유럽도 겨냥하고 있었다. 서유럽 측이 생각하고 있던 문제의 핵심 역시 유럽의 정체성 문제였다. 이런 상황에 대해 유럽연합 집행위원회가 취할 수 있는 길은 태연하고 자신감 있는 태도뿐이었다. 위원회 위원장 로마노 프로디는 1989년의 베를린 장벽 붕괴와 독일과 유럽의 재통일은 역사의 종막이 아닌 새로운 시작을 의미한다고 공공연하게 말하곤 했다.[10] 유럽의 역사가 한때 갈등과 궁핍의 역사였다면 이제는 아무것도 두려워할 것이 없으며 전세계 역시 유럽에 대해 염려할 이유가 없다는 것이었다. 유럽연합은 19세기 전통적인 힘의 정치와 냉전시대의 무장휴전 상태를 모두 극복해냈다. 안정과 번영, 그리고 법치의 시대를 가져온 유럽연합은 독일의 철학자 칸트가 말했던 "영원한 평화(ewigen Frieden)"의 꿈을 실현한 것이다.

로마노 프로디는 마치 유럽연합이 얼마 지나지 않아 경제력과 군사력을 모두 갖춘 하나의 완성된 국가로 일어설 것이라고 말했지만 실제로 냉전시대 이후의 지정학적 상황은 오히려 훨씬 불확실하고 불안정해졌다. 유럽연합은 결코 자체적인 군사적 역량을 개발하지 않았다. 그건 단지 유럽의 군사협력 체계가 이루어지기 어렵고 또 미국의 눈치를 봐야 하기 때문만이 아니라 모든 유럽의 국가들이 평화로 인해 많은 이득을 봤기 때문이다. 그런데 러시아는 국력이 예전 같지 않으면서도 무엇 때문에 냉전시대 규모의 군사력을 갖추고 운용하고 있단 말인가? 2000년대 들어 안보정책에 대해 미국과 서로 의견이 엇갈린 근본적인 원인도 바로 여기에 있었으며 동유럽 국가들은 모두 이전보다 더 많이 미국에 의존했다. 미국의 군사력은 새로운 세기에 접어들면서 오히려 훨씬 더 강해졌던 것이다. 하지만 그와 동시에 미국은 1990년대 초반에 처음 재정적 지원을 해준 후에는 동유럽의 광범위한 통합이 이루어지는 과정에서 주변국의 역할밖에 하지 못했는데, 소비에트 실험의 유산을 지워버리는 현장에서 앞장섰던 건 다름 아닌 유럽연합이었다.

일사천리로 진행된 동유럽의 금융 통합

동유럽을 유럽연합과 NATO에 편입시키려는 작업은 지정학적, 정치적, 관료적 과정이 모두 포함되는 일이었다. 그렇지만 그 첫 시작에 나선 이들은 역시 관료가 아닌 서유럽 기업가들이었다.[11] 1990년대를 기준으로 임금이 독일의 4분의 1에 불과한 동유럽의 숙련된 노동력은 분명 거부할 수 없는 유혹이었다. 동유럽 통합 과정은 캐나다와 미국, 멕시코가 NAFTA 협정으로 하나가 될 때보다도 더 극적이었다. 공산주의가 무너지고 난 후 불과 10년이 채 되지 않아 동유럽 전체의 공업 생산량 절반 이상이 유럽의 다국적기업 손에 들어갔다.[12] 전체 유럽 생산량의 15퍼센트를 차지하는 동유럽의 자동차 생산 시설 90퍼센트가 바로 해외법인의 소유였으며 독일의 폭스바

겐이 체코의 스코다(Škoda)를 합병한 것이 그 대표적인 사례다. 또한 1990년대 폴란드에 단일 기업으로 가장 크게 투자한 곳은 이탈리아의 자동차 회사 피아트(FIAT)였고 한국의 대우가 그 뒤를 따랐다.[13]

이렇게 민간 자본이 길을 트고 나면 그 뒤를 따르는 건 밀물처럼 들어오는 공적자금이다. 동유럽 전역에 걸쳐 고속도로와 관공서 등에는 유럽연합을 상징하는 푸른색 바탕에 별들이 원형으로 그려진 표지가 가득했다. 물론 처음에는 공적자금 투입 수준이 크지 않았지만 2000년 이후로는 유럽 내 경제 후진국들을 위한 결속기금(Cohesion Fund), 유럽지역발전기금(European Regional Development Fund), 유럽연합의 농업보조금 등을 포함해 수천억 유로가 서유럽에서 동유럽으로 흘러 들어갔다. 2007년에서 2013년까지 마지막으로 기금이 지원되던 시기에는 일종의 구조기금(Structural Fund) 명목으로 1750억 유로가 지원되었는데 폴란드로 들어간 액수만 670억 유로였다.[14] 체코는 267억 유로, 헝가리는 253억 유로를 지원받았다. 동유럽 전체로 보면 유럽연합 지원금의 규모는 7년 넘게 7~17퍼센트에 달하는 총고정자본형성(GFCF)을 위한 자금으로 충분했다. 이렇게 동유럽의 새로운 식구들을 위해 유럽연합 본부가 쏟아부은 노력은 제2차 세계대전 후 서유럽의 부흥을 위해 미국이 1947년부터 시작한 유명한 마셜플랜에 비교할 만했다. 다만 미국의 마셜플랜은 미국의 민간 자본이 충분하게 유입되면서 1950년대에 마무리되었다면, 동유럽의 경우는 이런 경제시스템의 전환기에 민간 자본이 먼저 물꼬를 트면서 공적자금의 효과가 몇 배 더 커졌다는 차이점이 있다.

1990년대 동유럽 산업시설들에 대한 인수는 단지 시작에 불과했다. 2008년 말까지 과거 소비에트 체제였던 지역에서 서유럽 국가가 보유한 은행 예금은 1조 3000억 달러까지 늘어났다. 이런 엄청난 액수에는 단지 "해외 차입금"뿐만 아니라 지방 은행들이 하나로 통합되면서 합쳐진 자산도 포함되어 있었다. 유로존 안에서는 프랑스와 네덜란드, 영국, 벨기에의 은행들이 아일랜드와 스페인 같은 투자 유망 지역으로 자금이 흘러 들어가는 통로 역할을 했다면 구공산권 국가에서는 ING 같은 네덜란드계 금융업체들, 독일의 바이에리셰란데스방크(Bayerische Landesbank), 오스트리아의 라이파이젠은행(Raiffeisen Bank) 혹은 이탈리아의 유니크레딧(UniCredit) 등이 같은 역할을 했다.

동유럽 전역에 걸쳐 이런 금융 통합의 과정은 그야말로 "일사천리"로 진행되었다. 또한 엄청난 액수의 외화 차입금이 모기지와 신용카드, 그리고 자동차 대출사업에 사용되었다. 헝가리는 가장 극단적인 경우이기는 하지만 2003년에서 2008년까지 가계부채가 130퍼센트 이상 증가했는데 모두 해외 차입 자금으로 이루졌다. 새로 구입한 내 집이 스위스에서 건너온 프

도표 5.2   중부 유럽과 동유럽에 대한 서유럽 은행들의 대출금 규모(단위: 10억 달러)

	오스트리아	벨기에	프랑스	독일	이탈리아	네덜란드	스웨덴	서유럽
불가리아	5.7	2.0	3.6	2.8	8.1	0.7	0	41.5
체코	65.1	56.7	38.6	12.7	19.0	6.2	0.2	205.7
헝가리	38.3	18.7	11.9	37.9	29.3	5.6	0.3	153.3
폴란드	17.2	25.2	22.9	55.4	54.4	41.2	8.1	287.4
루마니아	46.5	1.2	17.6	3.8	12.9	11	0.2	124.1
슬로바키아	33.2	10.9	6.4	4.1	23.6	6.7	0.2	87.3
에스토니아	0.3	0.1	0.1	1.1	0.4	0	32.7	40.2
라트비아	0.8	0	0.4	4.8	1.4	0	25.0	43.3
리투아니아	0.3	0.1	0.4	3.8	0.7	0	28.9	45.5
벨라루스	2.1	0.1	0.2	0.9	0.2	0.1	0	3.8
러시아	23.9	10.3	34.7	49.5	25.7	25.5	9.9	222.6
우크라이나	12.9	0.8	10.6	5.0	4.9	3.7	5.4	52.8
총액	**246.3**	**126.1**	**147.4**	**181.8**	**180.6**	**100.7**	**110.9**	**1307.5**

자료 출처: 단스케은행 연구 보고서, 「유로 지역: 위기에 노출된 중부 유럽과 동유럽(Euro Area: Exposure to the Crisis in Central and Eastern Europe)」(2009년 2월 24일), 표 1.

랑화의 도움을 받았다는 사실보다 더 분명하고 더 개인적인 방식으로 내가 서방 세계와 하나가 되었다고 알려주는 증거가 또 있을까?

이렇게 동시에 이루어진 금융, 정치, 그리고 외교적 합병의 영향은 세상을 변화시켰다. 동유럽 주요 도시들의 물질적인 생활 기준은 서유럽의 기준과 빠르게 동화되어갔다. 그리고 이런 현상이 좀 더 동쪽에 있는 혜택을 덜 받은 구소비에트 연방 소속 국가들에 깊은 인상을 남겼음은 두말할 나위가 없다. 2000년대 초반까지 연방에 속한 국가들은 마치 시간이 뒤죽박죽 흐르는 것처럼 보일 정도였다. 조지아의 대통령이던 예두아르트 셰바르드나제(Eduard Shevardnadze)는 사실 고르바초프 시절 외무부 장관을 역임할 때까지만 해도 서방측에 좋은 인상을 심어준 인물이다. 그런 그가 2000년대 초반 전횡을 휘두르며 부패를 일삼자 심지어 IMF조차 조지아에 지원 요청을 거절했다. 우크라이나는 1990년대에 경제가 무너지면서 러시아 못지 않은 고통을 받았고 회복의 기미조차 보이지 못했다. 특히 이웃하고 있는 폴란드와의 비교는 우크라이나에 아주 쓰라렸다. 2003년과 2004년 조지아와 우크라이나에서 일어난 "색깔혁명"은 무엇보다도 이런 이웃 국가들에서 일어난 극적인 변화를 더 이상 바라보고만 있을 수 없다는 결단에서 비롯했다.[15] 우크라이나의 주요 반정부 시위대가 내세운 구호 "파라(Пора)!"는, "이제 때가 되었다!"라는 뜻으로 해석되며 그 상징물로 내세운 것이 바로 초침이 움직이는 시계였다.[16] 구소비에트 연방의 낙제생들에게 이제 더는 낭비할 시간이 없었다. 우크라이나의 2004년 혁명세력은 지정학적 균형을 조심스럽게 유지하려고 애쓰며 러시아도 서방측도 선택하지 않았다. 조지아의 상황은 좀 더 단순했다. 2006년 셰바르드나제 대통령이 축출되고 난 후 새롭게 들어선 미하일 사카슈빌리(Mikheil Saakashvili) 정권은 서방의 지원을 받으며 세계은행(World Bank)이 인정한 "최고의 개혁국가"라는 영광도 누린다. 또한 조지아 군대는 연합군의 일원으로 이라크에까지 파병된다.[17] 유럽연합 본부에서는 "유럽연합은 지정학적 문제에 관여하지 않는다"라고 공언했고 이런 선전 문구는 과거의 유럽, 특히 독일 정책입안자들의 구미에 딱 들어맞았다. 그렇지만 1999년과 2007년 사이 NATO와 유럽연합에 합류한 새로운 회원국들의 입장에서는 전혀 현실에 맞지 않는 이야기였다. 통합된 유럽과 NATO는 냉전을 배경으로 함께 만들어진 조직이다. 1989년 이후 이 두 조직이 같이 동진할 수 있었던 건 소비에트 연방의 패배로 인한 결과였다. 새로운 회원국들과 관련된 문제라면 유럽연합과 NATO, 그리고 당연히 미국과의 역사적 논리의 연결 관계를 무시할 수 없다. 서유럽의 통합은 번영과 안전을 보장했지만 동시에 재정과 지정학적 문제와 관련한 위험을 내포하고 있었다.

대규모 해외 자본의 동유럽 유입

신흥시장국가인 동유럽의 금융 통합에서 가장 중요한 건 역시 통화 문제였다. 공산국가 시절에는 통화제도에 통일성이 없었다.[18] 발트 3국의 경우 라트비아는 유로화를 페그시키고 중앙은행이 관리하고 방어하는 방식을 택했다. 리투아니아와 에스토니아는 각국 통화위원회의 결정을 따랐다. 이렇게 하면 국내 통화제도 전체가 자국 통화위원회의 유로화 보유고에 좌우된다. 폴란드와 체코는 변동환율제를 따르기로 했다. 헝가리는 자국의 포린트(forint)화가 일정 범위 안에서만 가치가 변동될 수 있도록 했고 불가리아는 통화제도 이사회를 만들기로 했으며 루마니아는 변동환율제를 도입하지만 중앙은행이 정기적으로 개입하여 조정 가능한 범위 안에서 외환시장의 움직임을 관리하는 쪽을 택했다.[19] 여기서 찾아볼 수 있는 한 가지 공통점은 유럽연합과의 통합과 거기에 따른 유로존 가입에 대한 낙관적인 기대였다. 이런 희망은 쉽게 포기할 수 있는 꿈이 아니다. 동유럽 경제는 유럽연합의 조건들을 먼저 수용하고 적용함으로써 시장의 운용방식과 소유권과 관련된 기존의 사업방식 자체를 바꾸었다. 그리고 정책 결정을 위한 제도와 뼈대 역시 유럽연합의 방식을 그대로 받아들였다. 영란은행과 유럽중앙은행의 적극적인 개입으로 동유럽 국가들은 21세기 초반에 서구화된 중앙은행을 갖출 수 있었고 직원들도 경제전문가들로 채울 수 있었다.20 각국의 중앙은행 관계자들보다 유로존 합류의 전망에 더 열정적으로 매달린 사람들은 없을 것이다. 유럽연합 본부나 유럽의 금융 중심지라고 할 수 있는 독일 프랑크푸르트와의 제휴는 자신들의 지위를 격상시켜줄 뿐만 아니라 원치 않는 국내의 압박들에서 지켜줄 방패막이 되었다. 게다가 머지않아 전 세계 다른 중앙은행 엘리트들과 어깨를 나란히 하리라는 기대도 있었다.

이런 모든 상황이 종합된 결과, 과도한 낙관으로 인해 지나치게 확장된 동유럽 시장이 서유럽의 문 앞에 펼쳐졌는데, 이 모습은 1990년대 신흥시장의 위기로 이어지던 때와 비슷했다. 시장개혁과 민영화의 성공담이 자유로운 자본이동과 상대적으로 안정된 환율과 합쳐지면서 국내 자본시장의 규모가 엄청나게 커졌다. 자본의 유입은 환율상승에 대한 압력으로 이어졌다. 모든 경제지표는 문제가 없어 보였지만 호황을 맞은 국내 경제와 안정된 환율, 그리고 외환보유고 상승을 포함한 모든 경제 상황은 결국 한 가지 공통된 요인에 닿아 있었다. 바로 엄청난 규모의 해외 자본 유입이다. 만일 이런 상황이 역전된다면 어떨까? 어느 날 갑자기 자본 유입이 중단된다면?

일급보안 상황에서 IMF는 지난 2007년 2월에 헝가리에서 이런 현상이 일어날 것을 대비한 모의훈련을 한 적이 있다. 헝가리는 동유럽 국가들 중 경제가 가장 크게 위험에 노출된 국가 중 하나였다. 우선은 반드시 비밀을 유지해야 했고 또 혹시 발생할지 모를 공황상태를 막기 위해 IMF의 IT 전담부서는 별도의 이메일 시스템을 만들어 관련 내용이 밖으로 유출되지 않도록 했다.21 헝가리 중앙은행은 이 모의훈련을 자체적으로 되풀이했고

2007년 여름에 열린 유럽중앙은행 회의에는 다행히 별문제가 없다는 보고가 올라왔다. 한 가지 주의를 상기시키는 지적은, 헝가리 금융업의 60퍼센트를 벨기에와 오스트리아, 이탈리아, 독일계 은행들이 장악하고 있다는 사실이었다. 따라서 위기가 발생하고 헝가리가 대응해야 할 때는 서유럽 은행들과의 협력이 아주 많이 필요할 것으로 예상되었다.[22]

헝가리의 상황은 사실 굉장히 불안정했지만 발트 3국의 경우는 이보다도 더 극단적이었다. 2008년 초 IMF는 라트비아의 경제가 지나치게 과열되어 수입으로 인한 무역수지 불균형이 GDP의 20퍼센트에 육박한다는 보고서를 내놓았다.[23] IMF의 기준에 따르면 라트비아의 라트화는 17~37퍼센트 정도 과대평가되었다는 것이다. 중국과 미국의 무역수지 불균형 문제가 교착 상태에 접어들자 IMF는 라트비아를 확실하게 "펀드멘털 불균형" 국가로 규정해도 별문제가 없을 것이라고 판단했다. 그렇지만 그건 IMF의 오판이었다. 발트 3국의 비합리적 열광에 대한 모든 공식적인 발표는 IMF 이사회의 유럽 측 인사들에 의해 가로막혔다. 이들은 발트 3국이 이대로 계속 있다가 유럽연합의 일원이 되어주기를 바랐고 IMF의 경고를 통해 동유럽 전체에 걸쳐 불안감이 연쇄적으로 퍼지는 위험을 감수하고 싶지 않았다. 특히 스웨덴은 이 문제에 민감할 수밖에 없었다. 스웨덴 은행들이 라트비아에 융자해준 금액은 그 규모가 막대했고 위기가 발생한다면 발트 3국에만 그치지 않을 것은 당연했다. 2007년에서 2008년에 걸친 겨울 동안 IMF 이사회의 스칸디나비아 대표들은 심지어 IMF 대표단을 라트비아 수도 리가에 파견해 연례 협의 보고서(Article IV)를 작성하는 일까지 막았다.

유럽의 어느 누구도 거품이 터지는 것을 원치 않았다. 라트비아는 1990년대의 불황이 극복되는 상황을 한껏 누리고 있었다. 2007년 가을에 라트비아 외무부는 새롭게 보수를 마친 청사로 이전했는데, 러시아 제국으로부터 독립한 후 1930년대에 마련한 건물이었다.[24] 어느 논평가의 회고에 따르면 당시에는 모두가 희망에 가득 차 있었다고 한다. "라트비아는 현재의 외교 영역을 대서양 너머까지 확장할 수 있을 것이며 우크라이나와 조지아, 몰도바 같은 구소비에트 연방 소속 국가들은 물론 유럽연합이나 NATO와도 더 끈끈한 관계를 이어나갈 수 있을 것이라고 생각했다. 라트비아의 개발 협력 관련 예산도 빠르게 늘어나고 그렇게 되면 아주 멀리 있는 국가들, 예컨대 아프리카 같은 곳들과도 곧 새로운 외교 관계를 맺어 더 어려운 국가들을 돕는 날이 오는 것도 시간문제로 여겼다."[25] 이런 모습을 단순히 발트해의 작은 국가 라트비아의 운명이 뒤바뀐 것 정도로 표현하는 건 지나친 겸손일까. 라트비아의 꿈은 창대하면서도 언제 무너질지 모르는 모래성 같은 것이었다. 라트비아의 꿈을 이루자면 두 가지 중요한 조건이 있었는데, 우선 라트비아의 경제호황이 지속되어야 하며 동쪽에 있는 무시무시한 이웃의 묵인이 있어야 했다. 러시아는 이미 1990년 5월 라트비아가 독립을 선언했을 때부터 상황을 주목해왔다. 2003년 가을 라트비아가 유럽연합 가입을 위한 국민투표를 실시하고 러시아계 소수민족의 의견은 완전히 무시한 것도, 그리고 2004년 4월 다른 발트해 연안 국가들과 함께 NATO에 가입한 것도 계속해서 지켜보았다. 과연 러시아는 라트비아를 비롯한 다른 국가들이 소비에트 연방 시절 정해진 세력 균형을 무시하고 러시아를 동쪽으로 밀어내려는 시도까지 묵과할 것인가?

러시아, 세계 3위의 달러화 보유국으로 등극

러시아 경제는 1990년대에 끔찍한 경험을 했지만 21세기에 접어들면서 회복의 기미를 보이기 시작했다. 2000년 5월, 압도적인 지지를 받아 러시아 제3대 대통령에 당선된 블라디미르 푸틴은 러시아의 부흥이라는 야망을 영원히 이어가려 했다. 사실 러시아 경제의 반등은 이미 1999년부터 시작되었고 그 반등을 이끈 사람은 푸틴의 정치적 스승이자 엄격한 공산주의자 예브게니 프리마코프(Yevgeny Primakov)였다. 해외에서 루블화의 가치가 크게 떨어지면서 러시아의 수출산업은 갑자기 살아나기 시작했고 수입은 크게 줄어들었다. 그렇지만 경제회복의 핵심 주역은 원유를 비롯한 각종 원자재에 대한 전 세계적인 소비 증가였다. 그리고 이런 증가는 마침 푸틴이 대통령에 당선되고 몇 개월이 지난 2000년 후반기부터 시작되었다. 1998년 1배럴에 9.57달러 하던 우랄 원유의 현물 가격은 2008년에는 배럴당 94달러까지 폭등했다. 이런 상황은 어쩌면 러시아 경제에 재앙에 가까운 잘못된 판단을 불러올 수도 있었고 또 그 때문에 러시아의 재정은 전혀 나아지지 않을 수도 있었다. 문제는 이런 경제호황의 혜택을 누가 누리게 될지, 또 외부 세계와 러시아와의 관계에는 또 어떤 영향을 미칠지 하는 것이었다.

1990년대 들어 러시아 경제의 상당 부분이 민영화되었지만 푸틴 대통령의 주도하에 에너지 관련 부문은 다시 국가 소유로 되돌아갔다. 하지만 실제로는 대통령을 둘러싸고 있는 일종의 친위집단인 올리가르히(Oligarch)가 에너지 관련 산업을 깡그리 장악했다고 보는 것이 옳다. 천연가스 회사 가스프롬(Gazprom)과 석유기업 로스네프트(Rosneft)가 대표적인 올리가르히 국영기업이다. 2003년 10월, 서방 언론은 미하일 B. 호도르콥스키(Mikhail B. Khodorkovsky)가 세금 포탈 혐의로 체포되어 감금되는 놀라운 상황을 지켜보았다. 호도르콥스키는 거대 민영 석유기업인 유코스(Yukos)의 소유주로 엄청난 거래를 성사시키며 억만장자 반열에 오른 인물이다.[26] 1년이 지난 후 유코스의 주요 자산은 어느 유령회사에게 헐값에 처분되었고 그걸 사들인 것이 바로 국영기업 로스네프트였다. 한편 가스프롬은 로만 아브라모비치(Roman Abramovich)의 민영기업 시브네프트(Sibneft)를 인수해 가스업계의 강자로 더욱 위치를 굳혔다. 아브라모비치는 모든 위험을 피해 은퇴 후 런던에서 영국 축구단 첼시의 구단주가 되는 등 평온한 삶을 누리고 있다. 2006년 러시아 정부는 영국계 네덜란드 석유기업인 셸(Shell)

을 법적 문제로 압박했고 셸은 이런 위협에 못 이겨 사할린섬에 있는 값비싼 자산을 모두 가스프롬에 넘기고 말았다. 2007년에는 영국과 TNK-BP라는 합자회사를 만들어 새로운 천연가스 지대를 찾아내는 데 이용하기도 했다. 로스네프트와 가스프롬은 계속해서 별도의 다른 기업으로 남았지만 러시아를 떠받치는 강력한 지지대 역할을 했다. 어느 보고서에 따르면 러시아 원유 생산 사업에서 이런 국영기업들이 차지하는 비중은 2004년 19퍼센트에서 2008년 50퍼센트로 뛰어올랐다고 한다.[27]

이런 국영기업들의 뒷받침과 경제 호황을 배경으로 푸틴 대통령과 측근은 러시아 경제를 재건하기 위해 1990년대에 취해진 조치들을 부활시켰다. 러시아 국가세입은 50퍼센트 이상이 원유와 천연가스 사업에서 나온다. 2005년 이후로 원유와 천연가스 생산량이 실망스러울 정도로 줄어들지 않았다면 세수입은 그보다 더 늘어났을 것이다. 그럼에도 원유와 천연가스 사업으로 호황은 계속됐으며 일반 러시아 가계의 소비는 경제위기 이전 수준으로 회복되어 연간 10퍼센트씩 뛰어올랐다. 2007년이 되자 최저생계 수준 이하로 살고 있는 국민들의 수가 14퍼센트까지 떨어졌으며 더 이상 달러화에 매달리는 불안정한 상황도 사라졌다. 물가는 안정되었고 무엇보다 이제는 달러화가 기준이 아니었다. 세금은 루블화로 납부했다. 러시아 의회는 과거의 잘못된 습관을 버리지 못하고 계속해서 회계 정리를 달러화로 하는 공무원에게는 벌금을 부과하는 법안을 통과시켰다.[28] 심지어 푸틴 대통령 자신도 이 법을 어겨 당황한 적이 있었다고 한다. 2003년부터는 테크노크라트 이코노미스트 출신 알렉세이 쿠드린(Alexei Kudrin)이 이끄는 러시아 재무부가 앞장서서 원유와 천연가스로 올리는 수익을 이용해 엄청난 규모의 국제 자산 준비금을 축적했다. 2008년 초가 되자 이 자산 규모는 5500억 달러에 이른다. 이제 중국과 일본의 뒤를 이어 러시아가 세계 3위의 달러화 보유국이 된 것이다. 푸틴 대통령의 지시에 따라 특별 부서에서 비상시를 대비한 식량과 필수 천연자원을 모으고 관리했다.[29] 러시아는 이제 다시는 1998년에 겪은 것과 같은 그런 굴욕적인 경제위기로 고통받지 않을 것을 다짐했다.

어찌 보면 막대한 규모의 무역수지 흑자와 충분한 외환보유고를 갖추고 강력한 국력을 회복한 러시아가 국가주도형 경제 강국의 모델처럼 보일 수도 있을 것이다. 그렇지만 그런 러시아에도 역설적인 부분이 있으니 바로 새롭게 쌓아 올린 국부가 세계 경제와 떼려야 뗄 수 없는 관계라는 사실이다.[30] 그리고 이런 복잡한 관계에는 원유나 천연가스 수출 이상의 문제가 포함되어 있다. 이제 러시아의 화폐 유동성은 제고되었으며 역외 은행시스템과 러시아 국내는 이미 여러 가지 방식을 통해 긴밀하게 연결되어 있었다. 원유와 천연가스 수출로 벌어들이는 수익 중 수백억 달러 이상이 러시아로 들어오지 않고 사라졌다. 러시아의 신흥 소수재벌 집단인 이른바 올리가르히는 마치 1970년대 아라비아 석유 수출국들의 왕족처럼 행동했다. 자기 재산을 키프로스 같은 역외 조세 피난처에 쌓아두었고 그 돈은 다시 언제든 사용할 수 있는 런던의 유로달러 계좌로 입금되었다. 2000년대 초반부터는 막대한 규모의 자금이 다시 러시아로 흘러 들어가는 등 이런 행태가 더욱 정교하고 복잡해졌다. 2007년에는 이런 자금운용이나 세탁 규모가 정점인 연평균 1807억 달러에 이르렀으며 러시아로 유입되는 자금 중 해외직접투자(foreign direct investment, FDI)의 규모는 겨우 278억 달러에 불과했다.[31] 나머지 돈은 스베르방크(Sberbank)와 VTB 같은 국제 은행을 거쳐 러시아 금융시스템 안으로 흘러 들어왔다. 러시아 중앙은행은 갑작스러운 루블화의 평가절상을 막기 위해 중국 중앙은행과 마찬가지로 자기가 직접 새로 발행한 루블화로 유입된 달러화를 매입해 시중에 풀리지 않도록 해야 했다. 이렇게 국내 경제에서 달러화를 몰아내면서 러시아 정부는 미국에 대한 사실상의 채권국이라는 낯설고 어색한 지위에 오르게 되었다는 사실을 실감한다.

전 세계 소비재 수요가 폭등하면서 러시아 경제가 부활했고 동시에 서

유럽의 돈이 동쪽, 즉 과거 바르샤바 조약 국가들의 영토 안으로 흘러 들어오자 마치 전 세계 자본주의의 두 세력이 유라시아 대륙을 가로질러 서로 맞부딪히는 양상이 되었다. 전 세계 경제 성장에 따른 서로 양립할 수 없는 지정학적 결과들이 러시아와 과거 위성국가들에 힘을 불어넣어 주면서 결국 피할 수 없는 갈등을 빚어낸 것일까? 경제라는 관점에서만 본다면 결코 그렇지 않다. 폴란드와 발트 3국의 경제성장과 우크라이나, 조지아, 러시아의 발전은 서로에게 방해물이 되지는 않았다. 서유럽의 러시아 수출은 크게 늘었고 유럽 국가 대부분은 러시아의 에너지 자원에 크게 의존했다. 문제는 서로 얽히고설키며 함께 누리게 된 이런 풍요 속에 어떤 공통된 정치적 의미가 있는가다. 경제발전은 안정적이고 서로 만족하는 국제질서의 기반이 될 수 있을까? 반대로 예상치 못한 극적인 성장이 오히려 새로운 군비경쟁의 바탕이 되는 것은 아닐까? 상호의존 관계는 효율성과 생산성이 아닌 위협과 불안정의 근원은 아닐까? 공산주의에 뿌리를 둔 동유럽 각국의 경제는 1990년대 암흑기에 모두 다 비슷한 위기를 겪었다. 당시에는 무질서와 빈곤을 곳곳에서 찾아볼 수 있었는데 얄궂게도 이제는 서로 비슷하게 누리는 경제발전과 호황이 더 큰 위험이 될 수 있다는 사실을 깨달은 것이다.

출신 배경만 놓고 본다면 블라디미르 푸틴이 전임 대통령이었던 보리스 옐친과 비교해 서방 세계에 호의적으로 보일 만한 이유는 거의 없었다. 그렇지만 대통령 임기 초기에는 푸틴에 대해 비판적인 입장을 가진 사람들조차 그가 미국 정부와 화해를 바라는 것처럼 보였다고 인정했다.[32] 9·11 테러 공격 이후 푸틴 대통령은 많은 러시아 민족주의자들의 적대적 성향을 과소평가했으며 미국이 아프가니스탄을 침공했을 때는 보란 듯이 지원하기도 했다. 그렇지만 화해의 손짓은 일방적이었다. 부시 행정부가 이끄는 미국은 러시아를 절대로 믿을 수 있는 동맹으로 여기지 않았을뿐더러 체첸 공화국에서 벌어지고 있는 잔혹한 전쟁 역시 테러리즘과 "이슬람 극단주의”에 공동으로 대처하는 한 부분으로 취급하기를 거부했다. 미국의 이런 푸대접에 러시아는 이라크 전쟁을 둘러싸고 벌어진 서방측 분열을 기회로 이용했다. 독일을 이용해 미국과 대항하는 건 푸틴이 KGB 요원 시절 독일 드레스덴에서 근무할 때부터 즐겨 사용하던 방법이었다. 서로 사이가 원만치 않은 것은 독일과 미국뿐만이 아니었다. 독일이 러시아와 화해 분위기를 조성해나가자 독일과 동유럽 국가들의 사이도 벌어지기 시작했다. 독일과 러시아가 2005년 천연가스 운송을 위한 가스관인 노르드스트림(Nord Stream) 1기 건설에 합의하고 가스프롬에서 제공하는 막대한 양의 천연가스가 서유럽으로 들어오자 폴란드 외무부 장관은 폴란드의 운명을 결정지었던 1939년 히틀러-스탈린 협정이 부활했다고 맹비난을 퍼부었다. 2005년에서 2006년 겨울에 러시아 정부가 우크라이나의 천연가스 가격을 간섭하고 나선 것은 폴란드의 끔찍한 악몽을 다시 확인시켜주는 일에 불과했다. 2006년 초가 되자 폴란드와 미국 정부는 에너지 안보와 관련된 주요 지역에서 러시아를 견제하기 위해 NATO에 새로운 병력 배치를 요청하기도 했다.[33]

그렇지만 단지 천연가스 공급만이 문제는 아니었다. 2006년 4월에 미국에서 열린 IMF와 세계은행의 회의에서는 각국의 중앙은행 관계자인 마리오 드라기, 벤 버냉키, 장클로드 트리셰가 지켜보는 앞에서 푸틴 행정부의 재무부 장관 알렉세이 쿠드린이 미국 재무부 장관과 악수를 나누었다. 쿠드린은 1990년대 악몽 같았던 시절 러시아가 각국에 졌던 채무의 상당 부분을 드디어 상환하겠다고 발표하러 온 것이었다. 그렇지만 그는 별로 우호적이지 못한 소식도 함께 가지고 왔는데, 달러화가 “보편적인 혹은 절대적인 준비통화”로서의 지위를 잃게 될 위험이 있다는 선언이었다.[34] 간단하게 말해서 달러화는 그 가치가 불안정하다는 것이 이유였다. “달러화 환율이든 혹은 미국의 무역수지든 모두 준비통화로서 달러화의 지위는 분명한 우려를 자아내고 있다.” 1998년의 굴욕으로부터 8년이 지난 지금, 바야

흐로 러시아 재무부 장관이 입을 열면 시장이 귀를 기울이는 시대가 도래했다. 그날 알렉세이 쿠드린의 말 한마디로 달러화 가치는 유로화 대비 0.5센트나 떨어졌다.

모스크바 거리에서 들려오는 소리는 더 선동적이었다. 2006년 나시(Наши)*라는 이름으로 러시아 민족주의 운동이 일어나 사람들이 거리에 모여 달러화 헤게모니에 대항하는 집회를 연이어 벌였다. 평범한 러시아 사람들이 이처럼 달러화에 대한 집착을 버리지 못하는 건 단지 심리적 유약함을 나타내는 것은 아니었다. "100달러를 사라." 거리에 뿌려지는 유인물에는 이렇게 적혀 있었다. "2660루블을 미국 경제에 투자하라. 그러면 그 돈으로 이라크 전쟁도 일으키고 미국 핵잠수함도 만들 수 있다. 전문가들의 추정에 따르면 미국 달러는 액면가의 15~20퍼센트 가치밖에는 안 된다고 한다. 그런 달러가 안정세를 유지하는 비결은 달러 사용 지역이 계속해서 확장되기 때문이다. …… 그저 어리석은 자들이 맹목적으로 달러를 믿고 따르기 때문에 이런 일이 벌어지고 있다."[35]

2007년 2월, 푸틴 대통령은 연례 뮌헨안보회의(Munich Security Conference)에 처음으로 참석했다. 전 세계 국가 원수들과 장관들이 모이는 이 안보회의는 경제 분야의 다보스포럼에 비견할 수 있는 안보정책을 의논하는 최고 권위의 회의다. 푸틴 대통령은 연설을 통해 세계화 시대의 무력과 권력의 정치라는 주제로 회의가 이어지도록 강압적인 주문을 했다.[36] 냉전이 막을 내린 후 지난 20년 가까운 세월을 돌이켜보며 푸틴은 이렇게 물었다. "서방 세계가 원한 세계적인 기구나 단체가 과연 무엇을 했습니까? 그런 기구나 단체는 국제법이나 권리에 대해 이야기했지만 오늘날 우리가 보

---

* 러시아어로 "우리들"이라는 뜻의 나시는 메드베데프 대통령 집권 당시 행정실장 블라디슬라브 수르코프가 2005년 창설한 청년조직으로 친위대 역할을 했다. 한편 20세기의 체호프로 불리는 세르게이 도블라토프의 동명 소설 제목이기도 하다.

고 있는 건 여러 국제관계에서 거의 무한정 사용되고 있는 무력, 즉 군사력입니다. 이런 폭력은 전 세계를 끝없는 갈등의 심연 속으로 몰아넣고 있습니다. …… 게다가 어느 한 국가, 그러니까 미국이라는 나라가 모든 방면에서 국경과 경계선을 마음대로 넘나들고 있으며 이로 인해 다른 국가들이 받고 있는 영향은 경제와 문화, 그리고 교육 정책 등에서 확연하게 알아볼 수 있습니다. 도대체 누가 이런 상황을 원한단 말입니까? …… 이런 일은 당연히 극단적으로 위험하며 모두가 다 불안해하는 결과를 만들어냈습니다. 다시 한번 강조하거니와, 모두가 다 불안해하고 있습니다! 이른바 국제법이라는 것이 단단하게 사람들을 보호해주지 못하기 때문에 불안감을 느끼는 것입니다! 게다가 이런 미국의 정책으로 인해 군비경쟁도 더욱 가속화되고 있습니다." 미국이 군비경쟁에서 소비에트 연방을 무너트렸을 때 그 뒤에는 바로 강력한 경제력이 있었다. 새로운 21세기가 되었지만 미국은 여전히 엄청난 규모의 핵무기며 미사일 방어체계 등을 유지하고 있었다. 미국의 군사력은 여전히 난공불락이었다. 그렇지만 현재의 경제발전 상황을 생각해보면 그런 난공불락이나 전능한 무력 같은 이야기들은 비현실적으로 들릴 수밖에 없었다. "국제관계와 전망은 대단히 다양한 모습을 하고 있을뿐더러 또 빠르게 변화하고 있습니다. 세계 각국과 지역에서 그야말로 역동적인 발전과 변화가 이루어지고 있습니다. …… 인도나 중국의 경우 구매력으로 평가할 수 있는 총GDP는 이미 미국을 압도합니다. 브릭스 국가, 즉 브라질과 러시아, 인도, 중국의 총GDP도 모든 유럽연합 국가의 GDP를 합친 것보다 많습니다. 또한 전문가들에 따르면 이런 차이는 앞으로도 계속 벌어집니다. …… 세계 경제 성장의 새로운 중심 지역들이 갖고 있는 경제적 잠재력은 필연적으로 정치적 영향력으로 뒤바뀔 것이며 다극성에 더욱 힘을 실어준다는 사실에는 의심의 여지가 없습니다." 이런 상황이라면 서방측 입장에서는 자신이 갖추고 있는 조직, 즉 유럽연합과 NATO를 바탕으로 새로운 국제질서가 만들어질 것이라고 생각한다. 기존의 국제연합이라는 기구가 갖고 있다고 생각해온 포괄적인 권위는 이제 사실상 자기기만이거나 완전히 잘못된 믿음이 되어버렸다. 또한 그런 서방 측이 동유럽에 대한 NATO의 확장을 두고 "NATO 조약 자체의 현대화나 혹은 유럽의 안보를 확보하기 위한 것"이라고 주장할 논리적 근거가 없어진 다. 적어도 러시아가 적대적 행위를 먼저 하지 않는 이상은 말이다. 그렇다 면 러시아 정부 입장에서도 이런 확장을 "심각한 도발"로 해석하지 않을 이 유가 있을까?

푸틴 대통령도 인정했듯이 유럽과 러시아 사이의 분쟁 원인은 바로 에너지 문제였다. 그렇다면 해결책은 무엇인가? 푸틴의 주장에 따르면 해결책이 될 수 있는 가격은 "정치적 협상이나 경제적 압박, 혹은 협박의 대상으로서가 아닌 시장에 의해 결정되어야" 했다. 세계적으로 수요가 급증했을 때 러시아는 시장의 판단에서는 아무것도 두려워할 것이 없었다. 시장 전문가들은 장차 원유 가격이 배럴당 250달러까지 치솟을 것이라는 들뜬 예상을 내놓았다.[37] 가스프롬의 세계기업 순위도 크게 올랐다. 몇 년 지나지 않아 상장기업들 중 최대 규모를 자랑하는 석유회사 액슨모빌 (ExxonMobil)을 추월할 것이라는 전망도 나왔다.[38] 러시아가 머지않아 기업들을 주식시장에 공개할 것이라는 예상은 당연히 일리가 있는 생각이었다. 분명 러시아는 정당한 국가의 이익을 적극적으로 주장해왔다. 그렇지만 "러시아에서 채굴되는 원유의 26퍼센트는 해외 자본이 관여한 것이다. 만약 서방측의 핵심적인 경제 분야에서 러시아 기업이 이 정도 규모로 참여한 사례가 있으면 내게 알려달라. 그런 사례는 어디에도 존재하지 않는다!" 러시아는 신용등급 평가기관들에 직접 평가를 맡겼고 등급이 올라간 것을 축하했다. WTO의 정식 회원국이 될 수 있을 거라는 희망도 생겼다. 그렇지만 러시아가 견딜 수 없었던 건 푸틴의 격앙된 목소리가 말해주는 것처럼 유럽안보협력기구(Organization for Security and Cooperation in Europe, OSCE) 같은 조직이나 기관들의 변질이었다. "그런 기관이나 조직은 일부 국가들의 외교정책과 관련된 이익만을 도모하는 세속적인 도구로 전락해버렸다." 러시아 정부는 2004년 러시아 대선에 부정이 있었다는 해외 언론의 비판적 논조에 크게 분노했다. 이제 러시아는 2003~2004년 조지아와 우크라이나에서 있었던 서방측의 지원을 받은 혁명과 같은 사태가 반복되도록 다시는 묵과하지 않을 것이었다.[39]

러시아의 영향력 있는 논평가 드미트리 트레닌(Dmitri Trenin)이 지적한 것처럼 블라디미르 푸틴은 다극화된 현실을 강력하게 주장했다. "바로 최근까지 러시아는 서방 중심의 세계관에서 스스로를 그 중심과는 아주 동떨어진 변방의 하찮은 존재, 이를테면 태양계에서 명왕성 정도의 존재로 여겨왔다. 물론 그렇다고는 해도 근본적으로 여전히 서양 중심 태양계의 일부라는 사실은 변하지 않는다. 이제 러시아는 그런 위치를 완전히 탈피하려 하고 있다. 러시아의 지도자들은 서방 세계의 일부가 되는 것을 포기하고 러시아 중심의 새로운 세계관 건설을 시작했다." 러시아는 스스로를 "영원한 적도, 그렇다고 무조건적인 우방도 아닌 외곽의 새로운 주역"으로 규정하고 그 위치를 확고히 했다.[40] 문제는 러시아가 세우는 "새로운 세계관"에 누가 포함되는가 하는 것이었다. 특히 소비에트 연방 해체 후의 동유럽 국가들은 무슨 생각을 했을까? 경제호황으로 정부 청사를 보수하고 자국의 시장경제 모형을 다른 구소비에트 연방 소속 국가들에 소개하고 싶은 야심을 품은 라트비아 같은 국가에 러시아의 새로운 세계관은 과연 어떤 의미가 있었을까? 2007년 2월 뮌헨안보회의에서 체코 외무부 장관 카렐 슈바르첸베르크(Karel Schwarzenberg)는 즉각 이렇게 반응했다. "우선 러시아의 푸틴 대통령에게 감사를 드려야겠다." 익살맞은 인사로 시작된 그의 발언은 이렇게 이어졌다. "푸틴 대통령은 이 뮌헨회의의 명성에 대해 염려해주었을 뿐만 아니라 왜 NATO가 세력을 확장할 수밖에 없는지에 대해서도 분명하고 설득력 있게 보여주었다."[41] 슈바르첸베르크 장관은 과거형으로 말했지만 진짜 문제는 앞으로 다가올 미래였다. 푸틴 대통령의 이런 도전 앞에서 서방측은 동유럽을 현재 상태 그대로 유지하는 것에 만족할 것인가 아니면 푸틴 대통령이 설정한 기준을 암묵적으로 받아들일 것인가? 과거 공산국가였던 소규모 국가들이 처한 상황은 분명 긴박해 보였다. 이들 국가의 경우 안보전략과 경제적 문제 모두가 다 취약하다는 사실은 너무나 분명했지만 유럽에 속하거나 대서양을 사이에 둔 강대국들, 그러니까 미국과 독일, 프랑스는 과연 어떻게 반응할 것인가? 이 문제는 2008년 4월 2~4일에 루마니아의 수도 부쿠레슈티에서 열린 NATO 정상회의에서 예상치 못한 방향으로 폭발한다.

NATO 가입을 둘러싼 분열과 긴장

회의 장소 역시 의미심장했다. 냉전 이후 새로운 유럽의 열정적 선두주자라고 할 수 있는 루마니아는 2004년 NATO에 가입했고 2007년에는 유럽연합의 회원국이 된다. 루마니아 군대는 구유고슬라비아 지역과 아프리카의 앙골라, 그리고 이라크에 평화유지군으로 파병되기도 했다. 또한 유럽연합 가입으로 2100만 명에 달하는 루마니아 국민들에게는 198억 유로의 보조금이 지급되었으며 자유로운 왕래가 허용됨으로써 서유럽으로의 대량 이민사태가 발생했다. 특히 이탈리아의 경우 2007년에는 루마니아 출신 이주민 수가 100만 명에 육박했다. 이 때문에 이탈리아 국내에서는 반이민 정서가 폭발했고 당시 로마노 프로디 정부는 이를 진정시키느라 애를 먹었다.[42] 한편 루마니아 본국에서는 GDP가 6퍼센트 상승했으며 2008년에는 7퍼센트 상승을 목표로 하고 있었다. 루마니아 국민들은 스스로를 "동유럽의 호랑이"라고 불렀다.[43] 늦어도 2012년쯤이면 루마니아가 유로존에서도 부자 국가 축에 들 것이라는 이야기도 떠돌았다. 새롭게 단장한 수도 부쿠레슈티는 《유럽 부동산 연감(Europe Real Estate Yearbook)》에 따르면 주요 사무실 공실률이 0.02퍼센트에 불과했다.[44] 미국에서 서브프라임 모기지 사태가 시작될 무렵 ING 부동산 같은 국제적인 투자자들은 루마니아의 자산을 자신의 동유럽 자산 구성에 추가했다.[45] 2008년 4월 NATO 회의가 열릴 당시 부쿠레슈티는 미국의 부시 대통령이 재임 시절의 마지막을 화려하게 장식하기에 안성맞춤인 무대였다. 그리고 러시아와 서방측의 앞으로 관계에서 조지아와 우크라이나의 NATO 가입 문제보다 더 결정적인 사안은 없었다.

2008년 2월, 조지아와 우크라이나 두 국가는 NATO의 회원국행동계획(Membership Action Plan, MAP)에 공식적으로 참여를 신청했다.[46] 그대로 가입절차가 진행된다면 발트 3국 이후 구소비에트 연방 산하 국가들 중에서 네 번째와 다섯 번째로 서방측 동맹군에 가입하게 된다. 조지아는 발트 3국과 마찬가지로 예민한 지역에 위치하고 있었지만 국가의 규모가 작았다. 하지만 우크라이나의 경우는 이야기가 완전히 달랐다. 우선 인구부터 4500만 명이 넘었고 경제 규모나 흑해(Black Sea)에서의 전략적 위치, 또 과거 러시아 제국 시절부터 이어져온 역사적 중요성과 가치를 생각하면 우크라이나의 서방측 동맹군 참여는 러시아로서는 뼈아픈 한 방이 될 수밖에 없었다. 또 당시는 공교롭게도 푸틴 대통령이 이런 서방을 향한 쏠림 현상의 차단 의지를 공식적으로 피력한 시점이었다. 세상이 주목하고 있는 그런 도발적인 상황 때문이었는지는 몰라도, 부시 대통령은 이번 NATO 회원국 가입 신청에 대해 즉시 뒤에서 자신의 영향력을 발휘했다. 우크라이나와 조지아의 MAP 참여 신청에 대한 긍정적인 검토는 해당 지역 전체에 걸쳐 특별한 의미를 가질 것이라는 게 백악관의 공식 성명이었으며 러시아로서는 "우크라이나와 조지아, 이 두 국가는 독립된 주권국가로 남을 것"이라는 의지를 분명하게 전달받은 셈이었다. 그야말로 새로운 유럽을 만족시킬 만한 계획이었고 폴란드 정부도 기뻐하는 기색이 역력했다. 독일과 프랑스 정부가 유보적인 태도를 보였다는 사실도 크게 상관이 없었고 부시 대통령 역시 그런 민감한 반응에 전혀 신경을 쓰는 것 같지 않았다. 4월 초 부쿠레슈티로 향하던 도중 이 미국 대통령은 잠시 우크라이나의 수도 키예프를 방문하여 이렇게 말했다. "내가 여기 잠시 들렸다는 사실 하나로 내가 진실로 의미하는 바가 무엇인지 모두에게 전달되었으면 한다. 우크라이나의 NATO 가입이야말로 우리가 바라는 바다."47 어느 미국 관료가 지적했듯이 이 퇴임을 앞둔 대통령은 확실한 "자기 흔적"을 남기고 싶어 했다.48

루마니아의 수도에서 열린 NATO 회의의 결과는 누구나 다 예상할 수 있었다. 당시 푸틴 대통령은 측근이었던 드미트리 메드베데프(Dmitry Medvedev)에게 대통령 자리를 넘겨주기 전에 러시아와 NATO가 처음으로 함께하는 회의에 참석했지만 전혀 양보나 타협을 할 분위기가 아니었다. 2008년 2월, 서방은 세르비아의 반대를 무시하고 세르비아 자치주 중 한 곳인 코소보(Kosobo)의 독립을 지지하여 러시아의 분노에 다시 한번 불을 지폈다. 러시아는 세르비아와 후견인과 피후견인 같은 관계였다. NATO 회의의 주제가 우크라이나와 조지아 문제로 바뀌자 푸틴 대통령은 이에 대한 항의의 표시로 회의장을 박차고 나갔고 독일과 프랑스가 MAP 가입 문제에 반대 의사를 표명하며 논의는 잠시 중단되었다. 이 과정에서 이탈리아와 헝가리, 그리고 베네룩스 3국은 독일과 프랑스를 지지했고 동유럽과 스칸디나비아 국가들은 NATO의 확장을 지지하며 대립각을 세웠다. 미국은 이 사태를 말없이 지켜보고 있었다. 부시 행정부의 한 고위 관료는 훗날 《뉴욕타임스》에 이렇게 이야기한다. "논쟁은 거의 대부분 유럽 국가들 사이에서 벌어졌다. …… 분명 분열의 양상을 보였지만 긍정적인 측면으로 해석할 수 있었다."49 미국의 국무장관 콘돌리자 라이스(Condoleezza Rice)의 심기는 그리 편치 못했다. 라이스 장관이 눈으로 확인한 독일과 폴란드의 갈등은 심각해 보였다. 부쿠레슈티에서의 논쟁에 대해 그녀는 이렇게 말했다. "내가 경험한 동맹국들 사이의 상황 중에서 가장 첨예하고 논란의 여지가 있는 상황 중 하나였다. 사실, 국무장관직을 마칠 때까지 그렇게 열띤 논쟁은 한 번도 보지 못했다."[50] 공식적인 회원 신청 절차는 하나도 제대로 시작하지 못했다. 그렇지만 독일의 메르켈 총리는 이번 회의에서 조지아와 우크라이나의 가입 의지를 지지하는 성명을 공식적으로 발표해야 한다고 인정했으며 결국 강경한 어조로 이렇게 선언했다. "조지아와 우크라이나는 NATO의 회원국이 될 것이다."[51] 그러나 그 발언은 충돌을 피하기 위한 임시방편이었으며 재난에 가까운 것이었다. 결국 러시아는 조지아와 우크라이나가 NATO 가입의 다음 단계를 밟아나가기에는 전혀 적절한 상황이 아니라는 확신을 가졌으며 조지아와 우크라이나, 그리고 이 둘을 지원하는 국가들은 일을 마무리 짓기 위해 더욱 속도를 냈다. 상황이 애매해지면서 갈등은 더 크게 번질 수밖에 없었고 양측은 그런 상황에 맞춰 대응해 나갔다.

5월이 되자 폴란드의 독촉에 따라 유럽연합은 우크라이나를 위해 이른바 유럽연합 동부 파트너십이라는 이름의 새로운 정책을 채택하기로 했다. 리스본 조약의 협의 내용을 바탕으로 하는 새 정책안은 유럽연합의 새로운 외교정책의 핵심요소 중 하나였다.[52] 부쿠레슈티에서의 반대에도 불구하고 독일이나 프랑스 정부에서는 아무런 조정이나 개입이 없었고 유럽연합과 NATO는 발목이 잡힌 채 머뭇거렸다. 한편 러시아와 미국의 관계는 악화일로를 걸었다. 푸틴의 후계자로 이제 러시아의 대통령이 된 드미트리 메드베데프는 자신을 새로운 시대의 인물로 내세우기를 좋아했지만 결국 강경노선을 고수했다. 2008년 여름 미국의 금융시장이 요동치기 시작하자 러시아 정부가 달러화 헤게모니에 대해 말로만 공격이나 비난을 하는 것이 아니라 뭔가 실질적인 행동을 취할 것이라는 암울한 소문이 떠돌았다. 미국 재무부 장관 헨리 폴슨은 구체적인 소식통은 밝히지 않았지만 2008년 하계 올림픽 준비 기간 동안 그와 친한 중국 측 인사들에게 이런 소식을 전해 들었다고 한다. "중국은 러시아로부터 '함께 힘을 합쳐 패니메이와 프레디맥의 채권을 시장에 내놓자'는 제안을 받았다."53 현재 취약한 상태에 있는 미국의 모기지 시장이 새로운 지정학적 무기로 돌변하는 상황이었다. 올림픽 개최지로서 전 세계에 자국의 위상을 드러낼 기쁨에 젖어 있던 중국은 이런 러시아의 제안을 진지하게 받아들이기에는 미국의 경제 상황에 너무 많이 의지하고 있었다. 그렇지만 2008년이 흘러가는 동안 러시아는 자신이 보유한 1000억 달러 규모의 패니메이와 프레디맥의 채권을 시장에 풀어놓는다. 로이터통신의 보도처럼 이런 결단이 내려진 것은 주로 국내 정치사정 때문이었다.54 "위험한 투자에 대해 염려하고 있는 일부 러시아 언론과 국민의 적대감이 이번 결정에 영향을 미쳤다." 2008년 여름이 되자 비단 러시아 민족주의자가 아니더라도 미국의 모기지 증권을 위험한 투자로 보는 시각이 많아졌다. 모기지 대출 위기의 중심에는 정부보증기관(GSE)이 있었고 이 GSE의 눈앞에는 엄청난 실패가 기다리고 있었다. 러시아의 애국시민들은 지금까지 러시아의 국익 문제를 노골적으로 경멸해온 미국을 지원할 이유가 전혀 없다는 사실을 깨달았다. 헨리 폴슨은 당시를 이렇게 후회하며 인정했다. "내가 얼마나 무기력한 존재인지 깨닫지 않을 수 없었다."55

중국은 국제질서를 뒤흔들 소동에 가담하기를 거부했지만 조지아의 친미파들은 상황을 안일하게 판단하고 있었다. 2008년 8월 초, 러시아의 부추김을 받은 남오세티야(South Ossetia) 지역의 반정부군이 조지아 정부군 주둔지를 공격했다.56 8월 7일 조지아 정부는 미국 정부의 승인을 받았다고 믿은 듯, 도발에 걸려들고 말았다. 미국식으로 훈련받은 조지아 정부군은 급습을 통해 오세티야와 압하지야(Abkhazia) 지역을 진압하며 영토 관련 분쟁을 해결하고 NATO 회원 정식가입에 필요한 확실한 인상을 심어주는 데 성공할 수 있을 것 같았다. 서방의 텔레비전 방송이 온통 베이징 올림픽 개막행사로 넘쳐나는 동안 조지아 육군과 공군은 남오세티야 지역 공습에 들어갔다. 그렇지만 러시아 정부의 대응은 예상을 벗어나는 것이었다. 불과 며칠 만에 러시아 육군은 허약한 조지아 군대를 무너트렸으며 이 과정에서 수백여 명의 사상자가 발생했다. 조지아 측이 제공한 자료에 따르면 민간인 피난민은 23만여 명에 달했다. 러시아 육군의 기갑부대는 고리(Gori)와 수도 트빌리시(Tbilisi)를 잇는 고속도로를 삽시간에 장악했고 그곳에서 수도까지는 불과 한 시간 거리였다.

2008년 8월 8일 러시아의 메드베데프 대통령이 국제질서의 새로운 전환기가 된 대통령 직속 안보위원회를 소집해 이제부터 전 세계에 러시아의 위상을 알리겠다고 선언하자 서방측은 격렬하게 반응했다.[57] 폴란드와 우크라이나, 그리고 발트 3국의 대통령들은 조지아로 날아가 지원 의사를 분명하게 밝혔다. 에스토니아는 러시아에 대한 국제적인 제재를 요청했으며 거기에는 서방측 대학교에 재학 중인 러시아 유학생들의 추방과 러시아 주요 기업가들의 방문금지 조치 등이 포함되어 있었다.[58] 폴란드는 유럽 국가에 대한 연료 공급과 관련해 가스프롬의 독점을 깰 수 있는 긴급 조치를 요청하는 동시에 폴란드 영토 보호를 위한 미군의 미사일 배치를 허가하는 협정서에 서명하기 위해 재빠르게 움직였다. 그렇지만 이런 대응들이 모든 곳에서 분명한 반응을 이끌어낸 것은 아니었다. 2008년 8월 12일, 미국이 월스트리트 문제와 대통령 선거에 몰두하고 있는 동안 프랑스의 사르코지 대통령은 정전선언을 이끌어낼 수 있으리라는 희망을 품고 모스크바로 날아갔다. 독일의 메르켈 총리는 조지아의 NATO 가입 승인을 환영하는 입장을 밝힌 상태였지만 9월 1일에 있었던 유럽연합 특별 정상회담에서는 프랑스와 독일, 이탈리아가 모두 합세해 러시아에 대한 강경대응을 반대하고 나섰다. 군대를 철수하기까지 3개월의 유예기간이 러시아에 주어졌지만 러시아 정부는 원하는 목표를 이룰 때까지 물러설 생각이 없었다. 9월 11일, 이제는 러시아 총리가 된 블라디미르 푸틴은 러시아 소치에 있는 정책연구소인 발다이클럽(Valdai Discussion Club)에서 서방측 전문가들을 만나 우크라이나를 NATO 회원국으로 만들려는 어떠한 시도도 결국 끔찍한 보복을 불러올 뿐이라고 못을 박았다.[59] 그러는 사이 러시아에서는 250억 달러에 달하는 해외 자본이 빠져나갔지만 러시아에 아무런 영향도 미치지 못했다. 지금은 1998년이 아니었던 것이다. 러시아 정부는 이 정도 시장 변동은 얼마든지 감당할 수 있을 만큼 충분히 외화를 보유하고 있었다. 정작 경제가 파열음을 낸 건 러시아가 아니라 미국이었다.

임박한 금융위기의 충격

대서양을 사이에 둔 동맹 관계의 분열은 그리 새로운 일이 아니다. 2002년에서 2003년 사이만 해도 독일과 프랑스, 그리고 부시 행정부가 이라크 전쟁을 두고 보인 갈등이 연일 뉴스를 장식할 정도였다. 그렇지만 러시아와 소비에트 연방 붕괴 이후의 유럽 문제는 서유럽 측으로서는 바로 코앞에 닥친, 그리고 유럽의 미래와 관련된 훨씬 더 근본적인 문제였을 뿐만 아니라 앞서 수십 년 동안 진행되어온 경제 및 정치적 통합의 다음 단계와 훨씬 더 밀접하게 연결되어 있었다. 거기에 유로존이라는 아직 완성되지 않은 계획과 북미-유럽 중심의 금융시스템을 뒷받침해줄 정치적 프레임의 부재에 "동유럽 문제"라는 풀리지 않는 지정학적 어려움까지 겹치면서 2008년 여름 서방측으로서는 그야말로 답 없는 정치 상황이 삼위일체를 이루고 있는 것처럼 보였다.

2008년 9월, 제63차 국제연합 총회가 뉴욕에서 열렸을 당시는 바로 이런 상황이었다. 심각할 정도로 불안정한 세계 경제 상황은 아랑곳하지 않고 러시아와 서방측은 냉전시대가 막을 내린 이후 처음으로 대리전을 통해 서로 맞붙고 있었다. 러시아는 서방의 어떤 영향력 확장에도 단호히 대항할 것이며 이미 그런 위협에 잘 대처해왔다고 선언했다. 서방의 대응은 지지부진했다. 폴란드와 미국 정부는 군사력은 과시하면서도 아무런 정치적 의지나 혹은 동쪽으로의 세력 확장을 뒷받침하기 위한 어떤 지원도 보여주지 못했다. 이런 상황에서 사르코지 대통령은 국제연합 총회에서 이렇게 선언했다. "유럽은 전쟁을 원하지 않는다. 문명세계 사이의 전쟁을 원하지 않는 것이다. …… 세계는 더 이상 초강대국 한 곳이 이끄는 일극체제를 따르지 않을뿐더러 동구권과 서구권으로 나뉜 양극체제도 아니다. 이제는 다극화된 세계다."[60] 사르코지 대통령은 블라디미르 푸틴이 18개월 전 뮌헨에서 했던 이야기를 다시 확인했다. 설사 지정학적 충돌을 불사하겠다는 의지나 역량이 있었다 하더라도 동유럽 깊숙한 곳까지 서방의 정치적 영향력이 흘러 들어가게 해주었던 거대한 자본의 물결은 빠르게 사라지고 있었다. 서방이 지닌 힘과 자본으로 상징되는 세계화 세대는 한계에 이르렀다. 이제 조금 있으면 지정학적 긴장상태가 풀리는 대신 엄청난 금융위기의 충격이 닥쳐올 것이었다. 그리고 2007~2008년에 가속화된 갈등과 피해는 오래도록 지속될 것이 분명했다.

2부

글로벌 위기

6장

"글로벌 역사상 최악의 금융위기"

미국의 부동산 가격은 2006년 여름 최고 수준까지 오른 뒤 조금씩 진정되어갔다. 아일랜드의 경우는 2007년 3월이 전환점이었다. 스페인에서는 여름이 되자 건설현장에서 공사가 중단되었다. 2007년 10월에는 영국의 주택 가격이 처음으로 떨어졌다. 수천만 명에 달하는 주택 보유자들은 이제 자신의 자산 가치를 끌어올려 주던 동력이 약해지고 있음을 느낄 수 있었다.[1] 주택 가격이 하락하면 담보대출에서 담보로서의 가치도 떨어진다. 최악의 상황은 그 가치가 아예 대출금 아래로 떨어지는 것이다. 각 가정은 소비를 줄이고 신용카드 사용 금액이며 다른 단기 채무를 상환하느라 빠르게 움직였다. 그러자 소비자들의 실수요가 숨이 막힐 정도로 줄어들기 시작했다. 어쨌든 이제는 북대서양 주변 상당수 국가들의 경제가 불경기로 접어든 것이 확실했다. 표면적으로 이런 상황은 정확히 말하면 금융공학이 다루어야 할 일련의 사태다. 그러니까 증권화를 통해 위험이 고루 분산되어서 심지어 심각한 손실이 발생하더라도 경제 전반에 걸쳐 흡수할 수 있어야 했다. 이론상으로는 그랬지만 2007년 여름이 저물면서 현실은 이론과 다르다는 사실이 분명하게 드러났다. 모기지담보부증권(MBS)이 광범위하게 골고루 팔려 나간 것은 사실이지만 치명적인 위험 요소들이 그림자 금융시스템의 가장 취약한 일부 연결고리에 집중되어 있었던 것이다.

제일 먼저 역시 가장 영세한 모기지 대출업체들이 위기에 처했다.[2] 메릴린치 증권화 사업에 모기지 대출을 공급하던 오운잇모기지솔루션스(Ownit Mortgage Solutions)가 2007년 1월 3일 파산을 신청한다. 위기 상황이 먹이 사슬을 따라 움직이기 시작하면서 2007년 2월 8일에는 홍콩과 상하이, 그리고 런던에 지사를 둔 HSBC가 모기지 투자와 관련한 손실에 대비해 106억 달러를 준비했다고 발표했다. 3월 7일이 되자 여전히 사태를 낙관하던 벤 버냉키가 서브프라임 대출 문제는 진정될 것이라고 생각한다는 의견을 발표했다. 그렇지만 곧 안 좋은 소식이 속속 날아들었다. 4월에는 서브프라임 대출만 전문으로 취급하는 업체 중에서 가장 규모가 큰 뉴센추리파이낸셜(New Century Financial)이 무너졌다. 5월에는 스위스의 초대형 은행 UBS가 딜런리드캐피탈매니지먼트(Dillon Read Capital Management)라는 이름으로 진행하던 헤지펀드 사업을 접겠다고 발표한다.[3] 6월 22일에는 베어스턴스가 MBS로 큰 손해를 입은 두 펀드 사업에 대해 어쩔 수 없이 구제금융을 신청했다. 이제는 경제의 근간이 흔들리고 있다는 사실이 분명해졌다. 여름이 저물 무렵, 그 타격의 전체적인 규모가 서서히, 그리고 분명하게 밝혀졌다. 2007년 7월 29일, 독일계 소규모 대출업체인 IKB는 공적자금의 지원을 받은 은행 채권단에 의해 결국 구제금융 지원을 받았다.[4] 2007년 8월 8일, 역시 과도하게 몸집을 키워온 또 다른 독일의 지방 은행 베스트LB가 부동산 펀드에서의 손실을 감당할 수 없어 지급 중단을 선언했다. 며칠이 지나지 않아 작센LB(Sachsen LB)도 그 뒤를 따른다. 그렇지만 시장에 대한 신뢰를 무너트린 정말로 결정적인 사건은 2007년 8월 9일 아침에 알려졌다. 프랑스 은행들 중에서도 가장 명성이 높은 BNP파리바 그룹이 자사가 운영하던 펀드 사업 중 3개에 대해 자본 동결을 발표한 것이다.[5] BNP파리바가 내놓은 해명은 대규모 금융위기의 시작을 알리는 결정적 순간이 다가왔음을 보여주었다. 그 내용은 이러했다. "미국의 증권화 시장의 일부 부문에서 일어난 완전한 유동성 증발로 인해 일부 자산에 대해서 그 실제 품질이나 신용등급에 상관없이 공정하게 가치를 평가하는 일이 불가능해졌다."[6] 자산에 대한 가치를 제대로 평가할 수 없다면 담보로서도 아무런 가치가 없다. 담보가 없으면 단 한 푼도 자금을 조달할 수 없다. 그리고 자금을 조달할 수 없으면 부동산 관련 투자 규모가 크든 작든 은행들은 모두 어려워진다. 이렇게 유동성 동결이 발생하면 엄청난 뱅크런 사태가 벌어지는 것이 보통이며 그러면 어떤 은행도 안전을 장담할 수 없다. 파리에서의 이런 발표가 어떤 의미를 지니는지 사람들이 깨닫게 되자 중부 유럽 표준시간으로 2007년 8월 9일 정오 무렵에 유럽 내 은행간 자금시장에서는 차입비용이 껑충 뛰어올랐다.[7] 한 은행 고위직 인사의 말처럼, 사태는 갈피를 잡을 수 없을 정도로 커져가고 있었다. "일찍이 아무도 겪어보지 못한 상황이다. 마치 평생 당연한 듯 수도꼭지를 틀어 물을 써왔는데, 이제 물이 한 방울도 나오지 않는 그런 상황과 비슷했다."[8]

이 무렵 유럽중앙은행에는 유럽 은행들이 서브프라임 대출상품을 얼마나 보유하고 있는지에 대한 정확한 자료를 갖고 있지 않았다. 그렇지만 은행간 대출시장이 받는 압박은 너무나도 분명했다. 그래서 장클로드 트리셰 유럽중앙은행 총재와 동료들은 자금을 아주 저렴한 이율로 무제한 공급했다. 8월 9일에 유럽 은행들은 948억 유로에 달하는 자금을 지원받았고 그다음 날인 10일에는 다시 500억 유로를 더 지원받았다. 벤 버냉키와 헨리 폴슨이 사태의 심각성을 결국 받아들인 것도 유럽에서 취해진 조치의 규모와 그 절박함 때문이었다. 영국의 일간지 《가디언(Guardian)》의 경제전문 편집자 래리 엘리엇(Larry Elliott)은 이렇게 논평했다. "금융시장에 관해서만은, 2007년 8월 9일은 그야말로 제1차 세계대전이 공식적으로 시작된 1914년 8월 4일의 재현이나 다름없었다. 그날을 기점으로 번영과 평화로 가득 찬

'에드워드 7세 재위기의 여름'과 같은 좋은 시절이 막을 내리고 신용경색이라는 지루한 참호전이 시작된 것이나 마찬가지였다. 은행은 파산했고 시장은 얼어붙었으며 부동산 시장은 신용이 무너지면서 함께 산산조각이 났다."9 앞으로 사태가 얼마나 더 심각해질 것인가에 대한 전망은 3주가 지나면서 어느 정도 윤곽이 드러났다. 9월 14일 영국 최대의 모기지 업체 중 한 곳인 노던록(Northern Rock)이 파산했다. 텔레비전 화면에 비친 노던록 사태는 전형적인 뱅크런 공황상태 바로 그것이었다. 겁에 질린 예금주들이 예금을 찾기 위해 위기에 빠진 은행 지점 밖에 줄지어 늘어섰다. 사진기자들과 방송국 직원들은 그야말로 정신없는 하루를 보냈다. 그렇지만 보이지 않는 곳에서는 더 험한 일들이 벌어지고 있었다. 1조 달러 규모의 세계적인 자금시장이 무너진 것이다.10

벼랑에 내몰리기 시작하는 리먼브라더스

노던록은 영국의 과열된 주택시장 거품이 만들어낸 산물이었다. 19세기에 세워진 주택전문 대출금융기관 두 곳이 합병되면서 노던록은 1960년대에 지금의 형태를 갖추었다. 본사를 뉴캐슬에 둔 1990년대에는 잉글랜드 북부 53개 경쟁사를 인수하면서 몸집을 불려나갔다. 1997년 10월에는 새로운 사업의 발판을 만들기 위해 주식회사로 전환한 뒤 런던증권거래소(London Stock Exchange)에 상장했다. 그 후 1998년에서 2007년까지 노던록은 그야말로 엄청난 성장을 이루었으며 대차대조표상의 자산은 다섯 배 이상 불어났다. 그런데 부동산 가격이 주춤해지자 부동산을 담보로 빌려준 대출금 일부가 상환되지 않는 일이 생겼다. 따라서 노던록이 어려워진 건 당연한 일이었으나 이런 설명만으로는 부족한 면이 있다. 실제로 2007년 붕괴를 촉발한 것은 대출금 회수 문제가 아니라 바로 자금조달 방식이었다. 노던록은 차입 자본에 크게 의존하는 현대식 은행 경영의 전형을 보여주었다. 자금조달의 80퍼센트 이상을 예금이 아닌 도매자금시장, 즉 글로벌 화폐시장에서 낮은 금리로 끌어왔다. 노던록의 2006년 연차보고서를 보면 이런 대규모 자금조달이 어떠한 방식으로 진행되었는지 알 수 있다.

2006년 한 해 동안 우리는 특히 미국과 유럽, 아시아, 그리고 오스트레일리아를 중심으로 전 세계에 걸쳐 중기 도매자금 32억 파운드를 조달했다. 거기에는 미국 투자자들과의 두 차례 거래가 포함되어 있는데 거래 총액은 35억 달러였다. 2007년 1월 우리는 다시 보유하고 있던 미국 중기채(medium-term note, MTN) 채권 거래를 통해 2억 달러를 추가 조달했다. 2006의 핵심 사업에는 오스트레일리아에서의 신용 대출 사업이 포함되어 있었는데, 이를 통해 처음 조달한 자금은 12억 호주 달러였다. 이 첫 거래는 싱글 A등급의 금융업체 입장에서는 시장에서 가장 큰 규모의 거래였으며 오스트레일리아 국내 투자자들과 동아시아 및 동남아시아 투자자들을 대상으로 하고 있었다.[11]

노던록은 미국 서브프라임 대출상품과 직접적인 관계가 거의 없었다. 그렇지만 그게 문제가 아니었던 것이, 노던록이 자금을 조달해온 시장 자체가 서브프라임 대출상품을 취급하는 은행들과 일정하게 연결되어 있었던 것이다. 8월 9일, BNP파리바로부터 들려온 좋지 않은 소식으로 은행 간 대부시장과 자산담보부기업어음(ABCP) 시장 거래는 중단되었다. 자금시장의 거래가 멈추자 증권화사업 전체가 흔들렸으며 특히 ABCP 발행에 가장 적극적으로 참여해온 유럽 쪽이 큰 타격을 받았다. 그동안 도매금융 자금조달 방식에 거의 전적으로 의존해온 노던록의 경우 자금시장이 말라붙자 불과 영업 이틀 만에 영국 금융감독청에 위기에 처했음을 보고하지 않을 수 없었다.[12] 그렇지만 영란은행은 이 일에 전혀 관여하고 싶지 않았다. 영란은행 총재 머빈 킹은 그동안 과도하게 사업을 키워온 모기지 업체들이 무책임한 경영행태에 대한 결과를 스스로 짊어져야 한다고 생각했다. 8월 말이 되자 노던록의 유동성 문제는 이제 파산의 위협에까지 이르렀지만 정말 결정적인 순간은 9월 13일 이후 닥쳤다. BBC 방송이 관련 사정을 보도하자 영국 정부는 예금보장 문제를 언급하며 위기를 공식적으로 언급했고 일반 소액 예금주들은 공황상태에 빠져들었다. 노던록의 대차대조표는 우선 온라인 출금을 통해 큰 타격을 입었고 나이 든 예금주들이 지점에 줄지어 늘어선 모습도 텔레비전 방송 화면을 장식했다. 그렇지만 노던록을 실제로 무너트린 건 이런 당황한 소액 예금주들이 아니라 전 세계 화폐시장에서 전산망을 통해 빛의 속도로 이루어진 완전히 차원이 다른 규모의 뱅크런이었다. 이러한 뱅크런은 예금인출을 수반하지 않았다. 예금이 없었기 때문에 인출할 것도 없었다. 은행들은 1조 달러의 자금이 모자라는 것을 그저 화폐시장에서 주요 자금 공급자들이 물러났다는 사실로 확인했다.

ABCP는 언제나 그림자 금융 연결고리 중에서도 가장 약한 고리였다. Repo 매매는 담보로 완전히 보증이 된 대출이기 때문에 안전해 보였으며 처음에는 그런 예상이 어느 정도 들어맞는 것 같았다. 그러다가 미국의 투자은행들 중에서도 가장 규모가 작은 베어스턴스가 2007년 1/4분기에 창립 이후 최초로 손해를 보았다는 소식이 전해졌다.[13] 물론 그 이유가 모기지 증권화 사업 때문이라는 건 누구나 짐작할 수 있었고, 그것만으로도 베어스턴스의 어음 시장 거래가 제한을 받기에는 충분했다. 베어스턴스의 ABCP 발행 규모는 2006년 말 210억 달러에서 1년 후에는 40억 달러로 주저앉았다. 처음에는 베어스턴스도 Repo 관련 자금조달을 690억 달러에서 1020억 달러로 늘림으로써 부족한 부분을 보충할 수 있었다. 그리고 이를 뒷받침하기 위해 베어스턴스는 2008년 3월 10일 월요일까지도 여전히 180억 달러어치의 초유동성 초우량 증권을 "보유"하고 있었다. 그렇지만 이내 담보부 차입거래 역시 어려워지기 시작했다.

ABCP 시장이 겪는 내홍과는 조금 다르게 "Repo 쇄도"*는 다른 의미로 충격을 주었다.[14] 영국과 미국 법에 의하면 Repo 담보권을 소유한 업체는 거래처가 파산할 경우 제일 먼저 담보물을 회수할 권리가 있었다. 따라서 베어스턴스가 자산 중 상당 부분을 불량 MBS로 보유하고 있더라도 Repo 거래는 문제가 없어야 했다. 어쨌든 우량 채권은 우량 채권이었다. 그런데 베어스턴스로서는 운 나쁘게도 Repo 거래를 하고 있는 수많은 업체가 있었지만 어느 누구도 설사 그 담보권이 미국 재무부 채권만큼 유동성이 좋으며 등급이 높다 해도 망해가는 은행이 보증하는 담보권을 받아들이는 위험을 감수하려 하지 않았다. 2008년 3월 모기지 대출 부실이 또다시 시장을

도표 6.1 2004~2014년 어음 및 Repo 매매를 통한 자금조달의 시작과 몰락(단위: 10억 달러)

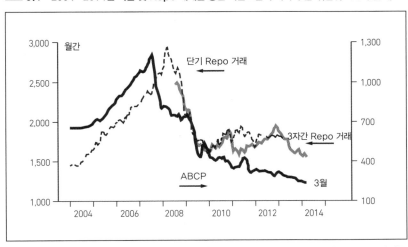

자료 출처: 토비아스 에이드리언(Tobias Adrian), 데니얼 코비츠(Daniel Covitz), 넬리 량(Nellie Liang), 「금융안정성 감시(Financial Stability Monitoring)」, 《금융 경제학 연례 보고서(Annual Review of Financial Economics)》 제7권(2015), pp.357~395, 표 15.

* 은행에 위기가 발생하여 예금이 모조리 사라지지 않을까 염려하는 예금자들이 은행으로 뛰어가는, 예금금융기관에 대한 인출 사태를 은행쇄도(뱅크런, bank run)라고 하는 것처럼 Repo 사태를 "Repo 쇄도(Run on Repo)"라고 함.

강타하고 헤지펀드들은 자금전담 중개업무 관련 계좌를 정리하기 시작하자 양자간 Repo 시장에서 베어스턴스는 갑자기 상향된 헤어컷 기준에 직면하였고 3자간 Repo 시장을 위한 자금조달을 할 수 없었다. 3월 초만 해도 적격 담보만 있으면 하루 사이에 1000억 달러 정도는 쉽게 융통해왔던 은행들도 더는 스스로 자금을 융통할 수 없는 지경에 이르렀다. 3월 13일 목요일 실제로 동원할 수 있는 자금이 20억 달러밖에 남지 않자 베어스턴스의 이사들은 그다음 날부터 Repo 중 140억 달러어치의 "만기연장"이 불가하며, 심각한 유동성 위기에 직면할 것이라는 보고를 받았다. 현대적 방식의 은행 파산이었다. 은행 지점 밖에서 예금을 찾기 위해 줄을 선 사람들은 없었다. 베어스턴스는 그런 사람들을 대상으로 영업을 하지는 않았다. 베어스턴스가 무너진 건 진행중인 사업에 대한 의구심이 결국 도매자금시장에서의 자금조달을 가로막았기 때문이다.

더 심각한 일들이 벌어졌다. 불확실한 전망이 취약한 개별 은행들에서부터 전체 금융시스템으로 퍼져나갔다. 2008년 봄부터 시작해 6월이 되자 양자간 Repo의 헤어컷이 엄격하게 적용되어 모든 자산, 그리고 모든 거래처에 전반적으로 확산되어갔다.[15] 다시 말해 발행된 채권을 유지하기 위해 요구되는 자본금 총액이 급상승했으며 은행 업무 전체에 영향을 미쳤다는 뜻이다. 미국 재무부 채권과 정부보증기관(GSE) 담보부 MBS에 대한 Repo 매매는 가장 영향을 적게 받았다. 이런 채권이나 증권은 최고 수준의 우량 상품으로 J.P.모건체이스와 뉴욕멜론은행이 감독하는 3자간 Repo 시장에서 주로 거래되었다. 거래 당사자의 신용에 문제가 없고 이런 우량 담보물들을 보유하고 있는 이상 Repo 시장은 거래 중지 없이 안정된 상태일 수 있었다. 그렇지만 민간 발행 ABS가 담보물로 이용되는 은행들 사이의 양자간 Repo 시장에서 자금조달 조건은 점점 더 어려워졌다.[16]

이러한 헤어컷 기준의 상향은 화폐시장에 크게 의존하던 투자은행들에게는 커다란 압박으로 다가왔다. 그리고 베어스턴스 이후 누가 가장 어려움을 겪을지는 분명했다. 리먼브라더스에게 경고음이 울려 퍼지리라는 건 의심의 여지가 없었다.[17] 리먼브라더스는 베어스턴스와 마찬가지로 월스 트리트의 주류 금융업체가 되기 위해 부동산에 엄청난 승부를 건 것으로 알려져 있었다. 모든 사업 부문을 모기지 대출 증권화 과정과 완전히 합쳤던 것이다. 2008년이 시작되면서 리먼브라더스의 주식 가치는 73퍼센트나 폭락했다. 베어스턴스가 그랬던 것처럼 리먼브라더스가 발행한 어음의 규모는 2007년 80억 달러에서 2008년 40억 달러로 반 토막 났다. 그럼에도 불구하고 2008년 5월 31일의 현황을 보면 지난 12개월 동안 빠져나간 현금 부족분을 메우기 위해 준비한 자금이 450억 달러에 이르렀다고 한다.[18] 2008년 6월 투자자들은 여전히 충분한 신뢰와 함께 새로운 주식자본에 60억 달러를 투자했다. 리먼브라더스를 벼랑으로 내몬 건 불안해하는 대출업체들의 추가 담보 요구였다. 폭락한 주가를 감안해서 J.P.모건이 3자간 Repo 거래의 위험에 대처하기 위해 더 큰 담보를 요구한 것이다. 9월 9일 화요일 보유자산까지 담보로 제공하고 나자 리먼브라더스의 실제 보유자

도표 6.2 Repo 매매 헤어컷(단위: %)

채권 종류	2007년 4월	2008년 8월
미국 재무부 채권	0.25	3
투자적격 채권	0~3	8~12
고수익 채권	10~15	25~40
일반 채권	15	20
시니어 레버리지론	10~12	15~20
메자닌 레버리지론	18~25	35+
우량 MBS	2~4	10~20
ABS	3~5	50~60

자료 출처: 토비아스 에이드리언, 신현송, 「그림자 금융시스템: 금융 규제의 결과(The Shadow Banking System: Implications for Financial Regulation)」, 《뉴욕 연준 직원 보고서》 제382호(2009년 7월), 표 9. 2008년 10월 『IMF 글로벌 금융안정성 보고서(Global Financial Stability Report)』를 바탕으로.

금은 220억 달러로 줄어들었다. 그로부터 이틀 뒤인 9월 11일 목요일까지만 해도 리먼브라더스는 여전히 Repo 시장에 1500억 달러를 담보로 제공한 상태였다.[19] 그렇지만 시장의 신뢰는 무너져 내렸다. 스탠더드앤드푸어스, 피치, 무디스 등 신용등급 평가기관 모두가 리먼브라더스의 신용등급을 하향 조정했다. 그러자 주가는 떨어졌으며 이런 사태는 고스란히 Repo 시장에 영향을 미쳤다. 200억 달러어치 Repo의 만기일이 연장되지 못했고 J.P.모건은 리먼브라더스의 3자간 Repo 사업의 가장 핵심적인 부분을 유지하기 위해 다시 50억 달러 규모의 담보를 요구했다. 9월 12일 금요일이 되자 불과 몇 시간 만에 리먼브라더스의 보유자금은 다시 14억 달러로 줄어들었다. 거래가 없는 주말 동안 구제조치가 취해지지 않으면 리먼브라더스가 파산 신청을 할 수밖에 없다는 사실은 누가 봐도 분명해졌다.

9월 15일 월요일, 전 세계 리먼브라더스 지점의 임직원들은 길거리에 나앉았다. 이제 문제는 다음은 누구 차례인가 하는 것이었다. 베어스턴스와 리먼브라더스의 경우는 방만한 경영이 문제였다. 극심한 경쟁 압박 속에서 두 회사는 모기지 증권화 사업의 가장 취약한 부분에 높은 위험을 감수하고 도박을 걸었다. 그렇지만 과연 두 회사뿐이었을까? 메릴린치 역시 부동산에 엄청난 투자를 했으며 대차대조표상으로 2008년 여름 단기 자금조달은 1940억 달러에 달했다.[20] 리먼브라더스 파산 전에는 Repo 시장에 3자간 거래에서만 총 2조 5000억 달러 규모의 담보물이 매일 올라와 있었다. 이런 엄청난 규모의 채권과 채무 관계라면 불과 몇 시간 안에 대혼란이 올 수도 있었다. 시장 분석가들은 이런 상황이 갖는 이중성을 이해했다. 누군가는 "거대한 게임이론"이라고 논평하기도 했다.[21] 3자간 Repo 거래에서 담보물에 아무런 문제가 없다면 실제로 어떤 가격조정 작업이 이루어지지 않는다. 그런데 투자은행과 중개인들, 그리고 그 사이에 서로 빌려주고 빌려오는 모든 거래가 누구나 신뢰하고 받아들일 수 있는 담보물을 바탕으로 수조 달러 규모로 잘 움직이고 있다가 어느 날 갑자기 중요 거래 당사자조차 아무것도 할 수 없는 상황이 벌어지게 된 것이다.

AIG에 드리운 암울한 그림자

리먼브라더스 이후 그림자 금융 연결고리에서 극심한 압박을 받은 다음 고리는 바로 대형 보험회사인 AIG였다. 1990년대 이후 그야말로 극적인 성장을 거듭해온 AIG의 금융상품부서(AIGFP)는 파생상품 시장에서 새로운 강자로 등극했다. 2007년 한 해에만 이 부서가 파생상품으로 계약한 거래 규모는 모두 2조 7000억 달러에 달한다.[22] 그중에서 신용부도스와프(CDS) 상품은 5270억 달러 정도였으며 그중 700억 달러는 MBS에, 그리고 다시 그

도표 6.3 리먼브라더스가 2008년 7~9월에 3자간 Repo 거래로 제공한 다양한 종류와 등급의 자산 내역(단위: 10억 달러)

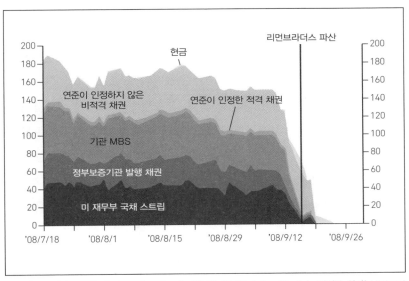

자료 출처: 애덤 코플랜드(Adam Copeland), 앙트완 마틴(Antoine Martin), 마이클 워커(Michael Walker), 「Repo 쇄도: 3자간 Repo 매매 관련 자료를 바탕으로(Repo Runs: Evidence from the Tri-Party Repo Market)」, 《뉴욕 연준 직원 보고서》 제506호(2011년 7월, 2014년 8월 수정).

중 550억 달러는 대단히 위험한 서브프라임 대출상품과 연결되어 있었다. 부동산 시장과 관련된 자사의 내부 자료에 근거해 AIG는 이미 2005년부터 새로운 CDS 상품 발행을 중단한 상태였다. 그렇지만 자산 구성에서 상대적으로 규모가 작았고, 이미 발행된 CDS가 보장하는 자산이 AAA등급이었기 때문에 AIG로서는 손실을 대비해 이를 미리 처분할 필요는 없었다. 그러나 이 판단은 치명적인 실수였다. AIGFP가, 거래한 총 4만 4000개의 파생상품 거래 내역 중에서 MBS에서 파생된 CDS 파생상품 125개와 그 연결된 거래는 나중에 밝혀진 바에 따르면 전혀 예상치 못한 깜짝 놀랄 만한 방식으로 상황이 크게 나빠진다. 이 125개 상품과 연결된 거래는 AIG에 장부상의 가치로 115억 달러의 손실을 입혔는데, 115억 달러라면 1994년부터 2006년까지 AIGFP가 벌어들인 수익의 두 배에 해당하는 금액이다. AIG로서는 대단히 큰 타격이겠지만 전 세계적인 사업 규모로 볼 때 이 정도 손실은 감당할 수 있었을 것이다. 또한 적절한 때에 시장은 회복세로 돌아서게 되었으며 AIG는 사실상 채무불이행 상황이 된 MBS에 대해서도 책임을 지지 않아도 되었다. 베어스턴스와 리먼브라더스 사태 당시 그랬던 것처럼 AIG를 위협한 건 부동산 시장에서 천천히 다가오는 위기가 아니었다. 채무불이행과 담보압류라는 거대한 눈사태가 금융시스템 전반에 걸쳐 갑작스럽게 들이닥쳤던 것인데, 물론 그 눈덩이가 뭉쳐질 때까지는 몇 년의 시간이 걸린 것도 사실이다. AIG가 처리해야 할 최초의 신용부도 사태는 2008년 12월에 터졌다. 문제는 금융시장의 반응이 예측 가능했고 증권화된 모기지 상품 및 이를 바탕으로 한 파생상품들에 대한 가치 재평가가 빠르게 진행되었다는 것이다. AIG의 경우 신용등급 1등급 자리를 내놓으면서 이를 신호탄으로 AIG와 보험거래를 한 계약자들이 즉각적으로 마진콜(margin call)을 요구해왔다. 이들은 관련 부동산 가치가 하락하더라도 AIG가 처음 계약대로 책임을 다할 수 있다는 것을 증명하는 추가 담보를 요구했다. 이 수백억 달러 규모에 달하는 담보 요구는 AIG를 벼랑 끝으로 내모는 위협이었다.

AIG의 어려움은 거기서 끝나지 않았다. AIG를 훨씬 더 궁지로 몰아넣은 건 증권 대출 사업과 관련된 거래 내역들이었다. AIG 내부에는 AIG의 보험금으로 운용하는 초우량 국채와 채권을 모아서 관리하는 사업 부서가 있었다. 이 특별 부서는 이러한 채권을 빌려주고 그 대신 현금을 빌렸는데, Repo 거래와 비슷한 거래였다. AIG의 증권 대출 사업부서는 이제 이렇게 얻은 현금으로 수익을 극대화할 수 있는 다른 방법을 모색하다가 고수익을 올릴 수 있지만 훨씬 위험성이 큰 MBS 쪽으로 눈을 돌렸다. AIG의 이 부서는 마침 기다렸다는 듯 AIGFP에서 MBS와 관련해 더 이상 너무 위험한 CDS 상품 거래는 하지 않기로 결정했던 바로 그 무렵인 2005년부터 이런 위험천만한 도박에 승부를 걸기 시작했다. 2007년이 되자 AIG가 증권 대출 사업의 일환으로 고수익을 보장하는 민간 발행 MBS에 투자한 금액은 450억 달러에 이르렀다. 이 사업이 무너졌을 때 이런 자산들은 실제로는 판매 불능 상태였고 AIG는 다시 현금을 돌려받기 원하는 증권 대출자들에게 지불할 자금을 확보하는 데 어려움에 처했다. 막대한 규모의 고품질 증권 자산을 바탕으로 자금을 풍부하게 확보했던 AIG는 더 큰 수익을 올리려다가 결국 심각한 수준의 만기불일치와 함께 차입금을 위험할 정도로 많이 보유한 그림자 은행이 되어버린 것이다. 나아가 이런 상황을 더욱 악화시킨 건 국제 금융업계에서도 가장 까다로운 거물들을 상대로 거래할 수밖에 없는 AIG의 처지였다.

AIG에 대한 추가 담보 요구에 앞장선 건 다름 아닌 골드만삭스였다.[23] 골드만삭스는 시장에서도 매우 냉철하고 판단이 정확한 업체였지만 동시에 미국 연방예금보험공사(FDIC)가 보증하는 보증금이나 담보가 전혀 없는 투자은행이기도 했다. 베어스턴스나 리먼브라더스, 메릴린치와 마찬가지로 골드만삭스 역시 시장에서의 신뢰도 상실을 가장 두려워해야 할 처지였다. 골드만삭스가 금융위기를 헤쳐나간 방법 중 하나는 MBS에 대한 대규모 공매도라는 위험한 도박이었다. 그리고 그 공매도 거래 중 상당수는 AIG에서 구매한 CDS로 이루어져 있었다. 이미 2008년 6월 30일, 골드만삭스는 추가 담보로 75억 달러를 요구한 상태였고 AIG의 신용등급이 하향 조정된 9월 15일에는 다시 새롭게 마진콜 요구가 빗발쳤다. 이제 AIG가 받은 추가 담보 요구는 320억 달러에 육박했고 골드만삭스, 그리고 동업자인 소시에테제네랄이 요구한 규모는 198억 달러였다.[24] AIG에 그 결과는 그야말로 참혹했다. 혹시나 있을지 모를 최악의 순간을 대비해 마련해둔 현금을 벌써부터 사용한 것이다. 또한 신용등급이 떨어지면서 일반적인 방법을 통해서는 수백억 달러에 달하는 자금을 융통할 수 없었고 남은 건 오직 자산급매를 통한 자금조달뿐이었다. 다시 말해 대차대조표상으로 손실이 날 수밖에 없었으며 이제 AIG는 더 불안한 처지로 떨어질 일만 남은 셈이었다. 9월 16일 아침, AIG는 그야말로 파산 직전까지 갔다.

ABCP와 Repo, 그리고 CDS까지 위기에 처한 지금, 그림자 금융 연결고리에서 다음으로 끊어질 고리는 MMF였다. 9월 10일, 리먼브라더스가 파산하기 전에 이 MMF에 투자되어 관리되던 자금은 3조 5800억 달러에 이르렀다. 대부분 개인 투자자나 개인 저축, 그리고 연기금 등에서 투자한 자금이었다.[25] MMF의 가장 중요한 특징은 일반 저축예금보다 더 나은 수익을 보장하면서 동시에 투자한 원금을 보장해준다는 것이었다. 1달러를 투자했다면 그 1달러는 무슨 일이 있어도 돌려받을 수 있다는 뜻이었다. 그러나 리먼브라더스가 파산한 직후인 9월 16일 그런 약속과 보장은 산산이 부서졌다. 이 업계에서 가장 오래되고 신뢰도도 높은 상품 중 하나로 620억 달러의 수탁고를 자랑하던 리저브프라이머리펀드(Reserve Primary Fund)는 연준에 이른바 "브레이킹 더 벽"*의 가능성을 알렸다. 이제 더 이

---

* MMF 투자자들은 아무리 못해도 주당 1달러(buck)는 받아갈 수 있는데, 이러한 통념이 지켜질 수 없는 상황을 표현한다.

상 투자받은 원금을 보장해주지 못할 수도 있다는 사실을 알린 것이다. 2007년 8월 엄청난 경쟁 압박에 시달리던 리저브프라이머리펀드는 수익성을 끌어올리고 더 많은 투자자들을 모으기 위해서 보유자금의 60퍼센트를 다른 투자자들이 철수해버린 ABCP 시장에 쏟아부었다.[26] 급전이 필요한 대출자들이 모여들면서 수익률은 하위 20퍼센트에서 상위 10퍼센트로 뛰어올랐고 리저브프라이머리펀드의 자산은 1년 만에 두 배로 증가했다. 그렇지만 수익률이 증가한 만큼 투자자들은 더 심각한 위험에 노출되었다. 대부분은 문제가 없었으나 총투자금의 1.2퍼센트가 바로 고수익을 보장하는 리먼브라더스의 ABCP에 투자되었던 것이다. 9월이 되자 이 ABCP의 가치가 폭락했다. 리저브프라이머리펀드가 입은 실질적인 손실은 크지 않았고 사실 2014년까지도 투자자들은 투자금 1달러당 99.1센트는 돌려받을 수 있었다. 그렇지만 9월 15일 이후 투자자들은 원금보장을 더 이상 신뢰할 수 없었고 5000억 달러의 투자금이 이 MMF 시장에서 빠져나와 더 안전한 미국 재무부 채권으로 옮아갔다.[27]

2008년 9월에 벌어진 일련의 사건을 통해 2007년 8월부터 시작된 도매 자금시장의 깜짝 놀랄 만한 위축은 드디어 위기 상황에까지 이르렀다. 양자간 Repo 시장에서 사용되는 저품질의 불량 담보물의 헤어컷 지수는 안 그래도 25퍼센트 정도로 높았는데, 2008년 여름에는 45퍼센트를 훌쩍 뛰어넘는다.[28] 이로 인해 결국 투자은행들이 고품질 우량 증권들을 그대로 보유하기 위해 동원해야만 하는 자금의 총액수가 두 배로 늘어났다. 심지어 독립 투자은행들 중에서도 가장 탄탄하다고 여겨지던 골드만삭스에서도 꼭 확보해야 하는 유동성 자금의 규모가 2007년 600억 달러에서 2008년 3/4분기까지 1130억 달러로 늘어났지만 9월 18일 이후에는 660억 달러로 반 토막 나고 말았다.[29] 만일 이런 추세가 계속된다면 자금이 바닥나는 것은 시간 문제였다.

그러는 사이 투자금은 안전한 투자처를 찾아 계속해서 대차대조표상에서 빠져나갔고 업계의 다른 분야나 상품들에서도 자금이 이탈하는 결과를 가져왔다. 미국에서 일반 은행과 투자은행, 헤지펀드, MMF 등이 대형 사업체들에 공동으로 대출해주는, 즉 이른바 신디케이트론(syndicated loans)의 규모는 2007년 2/4분기에는 7020억 달러였지만 2008년 4/4분기에는 1500억 달러로 엄청나게 주저앉고 말았다. 고수익을 보장하지만 그만큼 위험이 큰 기업들에 대한 대출 이자는 23퍼센트까지 올라갔기 때문에 정말로 사정이 급한 기업이 아니라면 이 금리로는 자금을 조달하려 하지 않았다.[30] 이로 인해 모든 산업 분야에 걸쳐 기업 활동이 크게 위축되었고 동시에 다른 어느 곳에서도 자금을 융통하기 어려워진 기업들은 기존의 거래 은행들에 계속해서 압박을 가할 수밖에 없는 상황이었다.[31]

MMF와 Repo, ABCP, 그리고 AIG의 CDS 상품들이 하나같이 어려움을 겪으면서 그 충격파는 이제 미국을 벗어나 더 넓게 퍼져나갔다. MMF가 가장 선호하는 투자처는 유럽 은행들의 채권이었으며 채권 발행은 유럽의 거대 은행들이 달러화 자금을 마련하는 중요한 방법이기도 했다.[32] 그런데 이런 채권에 대한 투자가 급감하면서 유럽 은행들은 그렇게 빠져나간 장부상 달러 자산의 빈자리를 다시 채울 방안을 강구해야 했다. 은행간 대부 거래도 어려워지면서 유럽 은행들은 달러화 자금을 확보할 다양한 우회로에 의지했다. 궁지에 몰린 은행들의 선택은 추가 비용을 감수하면서 유로화와 파운드화, 엔화, 스위스프랑, 그리고 오스트레일리아 달러화를 차입한 후 다시 달러와 교환하는 것이었다. 일반적으로 이러한 자금조달 방식은 위험은 거의 없지만 동시에 얻는 이익도 전혀 없다. 달러화 자금 확보의 길이 막히면서 이런 식의 자금조달에 드는 추가 비용이 2~3퍼센트까지 늘어났다. 은행들이 거래하는 달러화 규모가 대차대조표상으로 수조 달러에 이른다는 점을 감안하면 조달 비용은 눈사태를 일으킬 눈덩이를 만들기에 충분했다. 만일 유럽 은행들이 적절한 비용으로 달러화를 조달할 수 없다면 자산을 정리할 수밖에 없는데, 이미 2007년 8월에 BNP파리바가 공식 발표한 것처럼 한때는 수천억 달러의 가치가 있던 그런 자산들을 처리할 시장 자체가 존재하지 않았다. 2008년 9월 16일 화요일, 리먼브라더스가 파산한 다음 날 유럽 은행들의 자금조달 문제는 드디어 심각한 상황에 이르렀고 미국 연방공개시장위원회(FOMC) 회의에서는 심지어 벤 버냉키와 다른 이사들이 AIG 문제보다 더 중요한 안건으로 이 문제를 논의했다.[33]

물론 연준만 위기 상황에 대비하고 있었던 것은 아니다. 9월 13일 토요일 이른 아침 J.P.모건의 제이미 다이먼(Jamie Dimon) 회장은 회의를 소집해 놀란 얼굴로 모인 중역들에게 최악의 위기 상황을 준비하라는 지시를 내렸다. J.P.모건은 비록 그 전설적인 "철옹성 같은 대차대조표(fortress balance sheet)"를 과시하며 이미 안전자산 쪽으로 철수를 마쳤지만 월스트리트의 모든 투자은행이 파산할 때를 대비해 긴장을 늦추지 말아야 했다. 거기에는 리먼브라더스뿐만 아니라 메릴린치와 모건스탠리, 그리고 골드만삭스까지 포함되어 있었다.[34] 그러는 사이 대서양 건너편에서는 대형 유럽 은행들에 가해지는 자금조달 위기의 영향이 걷잡을 수 없이 퍼져나갔다. 영국의 HBOS와 RBS, 베네룩스 3국의 포르티스(Fortis)와 덱시아(Dexia), 독일의 하이포리얼에스테이트, 그리고 앵글로아이리시뱅크(Anglo Irish Bank), UBS, 크레디스위스 및 10여 곳의 다른 은행들이 모두 위기에 직면했다. 이들은 애초부터 일반 예금주들의 예금으로 운영되는 은행이 아니었으므로 뱅크런 사태 같은 건 일어나지 않았다. 그저 화폐시장에서의 모든 거래가 중단되면서 무기력하게 무너져갈 뿐이었다. 이러한 사태는 가계가 아닌 글로벌 금융시스템의 대규모 행위자들의 집단적 이탈의 결과였다.

미국 자동차 산업의 비명과 살인적 실업률

뉴욕과 런던의 금융 중심가인 맨해튼과 시티 너머에서 들려오는 경제 관련 소식들은 암울하기 짝이 없었다. 대서양 양안의 대륙에서 실물경제활동이 활력을 잃어가고 있었다. 유럽에서도 미국과 마찬가지로 훗날 있었던 유로존 파산 사태가 아닌 2008년의 위기가 바로 투자와 소비의 심각한 위축과 실업 사태를 만들어냈다. 2007년 하반기부터 독일과 프랑스, 영국, 스위스, 그리고 베네룩스 3국의 크고 작은 은행은 자신이 입은 손실의 규모가 어느 정도인지 깨닫기 시작했고 그러면서 대출 부문이 주저앉았다. 금융 분야가 맨 먼저 타격을 받은 건 그들이 매일 일어나는 방대한 규모의 신용 거래에 가장 크게 의존하고 있었기 때문이다. 그렇지만 얼마 지나지 않아 금융업과 관련이 없는 일반 기업과 가계로 위기가 확산되기 시작했다. 10~15퍼센트의 성장세를 보이던 유로존의 대출사업은 결국 신규 대출을 전혀 하지 않는 지경에 이르렀다. 유럽의 성장을 가로막은 건 2010년 국가

도표 6.4 유로존에서 은행을 제외한 일반 기업과 가계 대상 대출사업의 연간 성장세(단위: %)

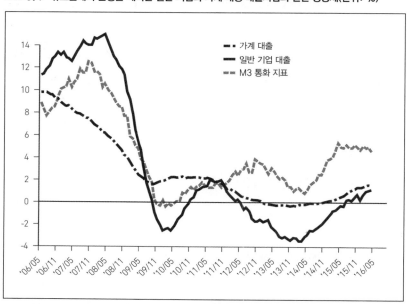

자료 출처: http://macro-man.blogspot.co.uk/2016/06/a-broad-scan.html.

부채 위기가 아니라 바로 2008년 북미-유럽 중심의 금융위기였다.

신규 모기지 대출이 줄어들자 주택시장의 침체는 더 가속화되었다. 주택 가격 하락과 금융시장 붕괴는 개인 자산에 큰 타격을 입혔다. 스페인의 경우 국민 1인당 순자산이 2007~2009년에 10퍼센트나 줄었다. 5년이 지나지 않아 다시 손실 규모는 28퍼센트로 늘어났다. 국가 전체로 보면 1조 4000억 유로에 이르러 스페인의 1년 총생산을 넘어섰다.[35] 영국은 주식시장과 주택 가격이 크게 하락하면서 2008~2009년 일반 가계 자산이 IMF 추산으로 1조 5000억 달러 줄어들었다. 이는 지난 12개월치 영국 GDP의 50퍼센트에 해당하는 규모였다. 자가 주택 보유자의 10퍼센트는 갚아야 할 대출금보다 주택 가격이 더 낮은 상황에 직면했다.[36] 아일랜드의 주택 가격은 1994~2007년에 4배나 뛰어올랐지만 2008~2012년에는 반 토막 났으며 물론 가계 자산도 마찬가지 손실을 입었다.[37] 정말 심각한 충격이었지만 그래도 그 실질적인 규모와 액수 면에서 보면 미국이 겪은 위기와는 비교할 바가 아니었다. 2009년 여름만 해도 IMF에서는 미국 가계들이 입은 재산상의 손실을 약 11조 달러로 추산했다.[38] 2012년 미국 재무부의 추산은 19조 2000억 달러였다.[39] 일반 민간인 전문가들은 21~22조 달러에 가까운 액수라고 계산했는데, 그중 7조 달러는 부동산에서, 11조 달러는 주식시장에서, 그리고 3조 4000억~4조 달러는 퇴직연금 운용에서 입은 손실이라는 것이 그들의 주장이었다.[40] 주택 가격이 절정에 달했던 2006년과 비교하면 2009년의 미국 주택 가격은 3분의 1로 폭락했으며 위기가 최악의 상황을 치달을 때는 미국 전역에서 모기지 대출의 10퍼센트 이상이 심각한 수준으로 상환이 지연되었고 전체 모기지의 4.5퍼센트는 압류 절차가 진행되기 직전이었다. 900만 가계가 집을 잃고 수백만 가계가 주택 대출금을 갚느라 몇 년을 허덕였는데 그들의 집은 이미 대출금에도 미치지 못하는 가격으로 떨어진 상태였다. 가장 최악의 순간이 다가왔을 때 미국 주택의 4분의 1 이상이 대출금에도 미치지 못하는 가격을 기록했다.[41]

가장 부유한 가계와 가장 빈곤한 가계 사이에 이뤄진 손실의 분배에 의해 고통은 가중되었다. 2007~2010년에 미국 가계의 평균 자산은 56만 3000달러에서 46만 3000달러로 줄어들었는데, 이러한 수치는 사실 엄청난 부자들이 보유한 막대한 재산에 의해 어느 정도 조정을 받은 것이다. 만일 재산 분포도에서 50퍼센트를 차지한 중위 가계만을 따로 떼어 살펴본다면 이들의 순자산이 10만 7000달러에서 5만 7800달러로 절반 가까이 줄어든 사실을 알 수 있다.[42] 게다가 미국의 소수 인종들이 겪은 어려움은 그보다 훨씬 더 컸다. 부동산이 호황일 때 특히 적극적으로 여기에 뛰어들었던 남아메리카계 미국인들의 평균 재산은 2007~2010년에 86.3퍼센트나 줄어들었다.[43] 아프리카계 미국인들의 경우는 사실상 중간 계층의 주택자산 전부가 사라졌다고 봐야 했다. 또한 이들은 백인들과 비교해 두 배 이상 주택 압류의 고통에 시달렸다.[44] 1930년대 발생한 거대한 모래폭풍(Dust Bowl)으로 미국 중서부의 수많은 사람이 집을 잃은 그 유명한 사건을 떠올릴 정도는 아니었지만 2007년부터 시작된 주택위기는 대공황 이후 가장 큰 규모의 대량 이주의 원인이 되었다. 그들 소수 인종 출신들이 집을 잃으면서 거주 지역에서는 인종에 따른 경계선이 다시 그어졌다.[45]

주택시장의 위기와 함께 2008년의 미국 경제도 크게 침체되었는데 거기에 가장 큰 역할을 한 것이 바로 소비 침체였다. 소비 수요가 줄어드니 당연히 생산과 공급이 줄고 실업 문제가 발생했다.[46] 캘리포니아주 중앙부의 센트럴밸리(Central Valley)의 경우 주택 가격이 반 토막 났을뿐더러 소비도 30퍼센트 줄어들었다.[47] 급하지 않은 지출은 모두 다 뒤로 미뤘다. 그렇지 않아도 오랫동안 쇠락해가던 미국의 자동차 산업에는 그야말로 "최후의 일격(coup de grâce)"이 아닐 수 없었다. 2007년에 1600만 대가량 팔리던 자동차는 2009년에는 900만 대로 판매 대수가 줄어들었는데, 2008년 12월 무렵에는 미국 자동차 빅3 중 크라이슬러와 제너럴모터스(General Motors, GM)의 파산이 거의 확실해졌다. 21세기 초의 GM은 이제 더 이상 미국을 상징하는 자존심이 아니었다. GM은 1979년 최전성기에 전 세계에 85만 3000명의 직원을 거느렸지만 2008년에는 그 규모가 26만 6000명에 불과했다. 하지만 GM은 2008년 무렵까지도 여전히 세계 최대 규모를 자랑하는 자동차 기업이었다. GM은 매달 인건비로 4억 7600만 달러를 지출했고 건강보험료와 49만 3000여 명에 달하는 은퇴자들을 위한 연금 역시 엇비슷한 규모였다. 1만 1500여 개의 협력사[48]가 GM을 통해 올리는 매출은 500억 달러가 넘었다. 자동차업계 로비스트들의 주장에 따르면 자동차 산업이 창출하는 일자리는 미국 전체 일자리 중 약 4.5퍼센트에 달하며 매년 지불되는 임금은 5000억 달러, 그리고 국가에 납부하는 세금은 매년 700억 달러에 달했다.[49] 2008년 11월 7일, GM은 결국 미국 정부에 구제를 요청했고 2009년 여름에는 파산 상태에 직면했다.

　GM과 크라이슬러의 몰락은 천천히 무너져 내려온 미국 자동차 산업의 최후의 비명과도 같았다. 이른바 아메리칸드림의 하나가 사라져가고 있었던 것이다. 그렇지만 미국 자동차 산업이 겪은 위기는 거기서 그치지 않고 전 세계에 또 다른 충격을 안겨주었다. 오랫동안 명맥을 이어온 영국과 독일의 GM 자회사인 복스홀(Vauxhall)과 오펠(Opel)의 미래도 불확실해졌다.[50] 멕시코에 세운 부품 조립 공장들도 마찬가지였다. NAFTA 자유무역협정 체제 안에서 가치사슬로 알려진 상호 연결 생산체계가 북아메리카 대륙의 끝에서 끝까지 이어져 있었고 따라서 멕시코의 미국에 대한 의존도는 절대적이었다. 2007년에는 멕시코 수출품의 80퍼센트가 미국으로 보내졌는데, 그런 미국에서 금융위기가 발생하자 멕시코의 GDP는 거의 7퍼센트 가까이 떨어졌고 이른바 "데킬라 위기(Tequila Crisis)"로 알려졌던 1995년의 멕시코 국내 금융위기 때보다 더 좋지 않은 경기침체 상황이 벌어졌다.[51] 2008년 5월에서 2009년 5월 사이 원유를 제외한 멕시코의 수출은 28퍼센트가 줄어들었고 자동차 관련 수출은 50퍼센트가 감소했다.[52] 시우다드후아레스(Ciudad Juárez)와 티후아나(Tijuana)를 중심으로 하는 멕시코 북부의 산업지역, 즉 마킬라도라(maquiladora) 대규모 수출가공공단의 제조업 고용은 20퍼센트 이상 줄어들었다. 때마침 마약 전쟁이 더 극렬해지면서 불경기로 인해 후아레스를 등진 노동자들과 그 가족들의 수는 10만 명이 넘어섰다. 미국과 국경을 마주한 북부 지역의 실업률이 치솟자 이곳에서 보내오던 송금은 끊겼고 수십 만 명에 달하는 이주 노동자들은 고향으로 돌아올 수밖에 없었다. 멕시코 빈민들이 처한 상황은 더욱 최악으로 치달았다. 그러는 사이 멕시코로 유입되는 해외직접투자도 반 토막 나면서 달러 대비 페소화 가치는 11페소에서 15페소로 오르고 생계비 역시 폭등했다.

고통을 겪은 것은 북미 지역만이 아니었다. 수십 년에 걸쳐 전 세계에서 GM과 경쟁을 벌여온 일본의 자동차 거인 토요타는 2008년 마침내 세계 최대의 자동차 생산업체라는 위업을 달성하지만 그 이후의 결과는 혹독했다. 2009년 일본은 일명 "토요타 쇼크(Toyota shock)"라는 암초를 만나는데, 이 일본을 대표하는 기업은 70년 만에 처음으로 영업 손실을 기록했고 전 세계 생산량은 22퍼센트나 줄어들었다.[53] 2007~2008년 280억 달러에 달하던 영업 이익이 2008~2009년에는 17억 달러 손실로 뒤바뀌었다. 당시 와타나베 가츠아키(渡邊捷昭) 토요타 사장은 이렇게 이야기했다. "적어도 100년에 한 차례씩 세계 경제에는 엄청난 변화의 바람이 불어닥친다. …… 우리는 지금 전대미문의 비상사태를 마주하고 있다."[54] 팔리지 않는 자동차가 미국과 유럽에 쌓여갔고 일본차 수출 역시 3분의 2로 줄어들었다.[55] 일본의 다른 기업들도 사정은 마찬가지였다. 전자제품과 설비시설을 주로 생산하는 대기업 히타치는 가장 크게 타격을 입어 일본 기업 역사상 가장 큰 78억 7000만 달러의 영업 손실을 기록했다.[56] 가전제품 업계의 상징이라고 할 수 있는 소니는 26억 달러의 손실을 입었다. 도시바와 파나소닉의 손실은 각각 28억 달러와 38억 달러였다.[57] 이렇게 해서 2009년 1월 발표된 바에 따르면 일본 경제는 20퍼센트 이상 그 규모가 줄어들었고 수출도 전년 대비 50퍼센트 이상 꺾였다.[58] 물론 가장 큰 부분을 차지한 것은 미국 수출량의 감소였다. 일본의 뒤를 따르듯, 가장 가까이 있는 아시아의 이웃 국가들인 중국과 타이완, 그리고 한국도 모두 다 불황을 맞이한다.

2008년의 충격이 본격적으로 모습을 드러내자 거래망과 공급망 역시 완벽하게 충격의 여파를 받았다. "세계의 공장 아시아(factory Asia)"는 불과 몇 주 지나지 않아 유럽과 미국으로부터의 주문이나 발주 취소라는 상황을 마주했다. 물론 아시아 국가들만 피해를 입은 것은 아니다. 2008년 2/4분기에서 2009년 사이 독일의 수출은 34퍼센트나 줄어들었고 특히 기계와 운송장비 부문은 깊은 침체기를 맞이했다. 1949년 서독이 탄생한 이후 겪은 가장 혹독한 경제불황이었다. 한 금융 경제학자는 이런 논평을 남겼다. "지금과 비슷한 끔찍한 상황은 1930년대 대공황 시절밖에는 찾아볼 곳이 없다."[59] 그러는 사이, 신흥시장국가들도 역시 극심한 타격을 입었다. 2004년 금융안정화를 이룩한 후 고속 경제성장을 이룬 국가 중 터키는 갑작스럽고 당혹스러운 성장 중단으로 고통을 겪었다. 2009년 1/4분기 터키의 GDP는 연평균 기준으로 환산해서 14.7퍼센트가 떨어졌고 실업률은 2008년 여름 8.6퍼센트를 기록했다가 금융위기가 닥친 후 처음 맞은 겨울에는 14.7퍼센트까지 치솟았다. 동유럽을 제외한 신흥시장국가들 중에서는 가장 최악의 상황을 맞이한 셈이다. 터키는 2001년 발생한 재앙에 가까운 금융위기 사태 이후 이렇게 혹독한 시련은 처음이었다.[60] 이스탄불의 주식시장은 2007년 12월에서 2008년 11월 사이 54퍼센트나 폭락했다.[61]

2008년의 금융시장 붕괴를 이토록 심각하게 만든 건 다름 아닌 정도를 넘어서는 세계 경제의 예외적인 글로벌 동기화였다. 세계무역기구의 자료에 따르면 104개 국가가 한 곳도 빠지지 않고 2008년 하반기에서 2009년 전반기 사이 모두 똑같이 수입과 수출 감소 현상을 겪었다고 한다. 모든 국가와 모든 종류의 교역 상품이 하나도 예외 없이 경기침체를 겪은 것이다.[62]

제조업 분야가 받은 충격은 수출하는 자동차나 혹은 휴대전화기의 수량과 관련된 교역량의 감소였으며, 원자재 관련 분야가 받은 충격은 바로 가격 하락이었다. 2008년 최악의 6개월 동안 원유 가격은 76퍼센트나 하락했고 이것은 그대로 원유 생산 국가들의 대혼란으로 이어졌다. 사우디아라비아의 경우 2008년 GDP의 23퍼센트에 해당하는 규모로 예산 흑자를 유지했지만 이후 심각한 적자를 기록했다.[63] 쿠웨이트는 국내 최대 은행인 걸프뱅크(Gulf Bank)가 통화 거래에서 큰 손실을 보면서 위기를 맞이했다.[64] 그렇지만 이런 아라비아반도의 석유 부국들 중에서도 한창 성장세에 있던 두바이만큼 큰 피해를 본 국가는 없다. 원자재 가격 폭등과 RBS나 스탠다드차타드(Standard Chartered) 같은 국제적 금융업체들의 전폭적인 투자와 지원에 힘입은 두바이에서는 그야말로 엄청난 규모의 건설 공사가 쉬지 않고 진행되었다. 2008년까지만 해도 새로운 건물을 올리는 대형 장비를 어디서나 볼 수 있었으며 궁궐처럼 호화로운 두바이의 쇼핑센터는 고객 한 사람이 차지하는 공간이 무려 미국의 4배에 달했다.[65] 그러나 2008년 가을에 그 거품은 꺼지고 말았다. 모든 신규 대출이 막혔다. 2009년 2월, 지난 6년 동안 두바이를 뜨겁게 달궜던 건설경기 호황은 막을 내렸다. 페르시아만 산유국 협력기구인 걸프협력회의(Gulf Cooperation Council)에서 추진하던 1조 1000억 달러 규모의 건설 계획 중 절반이 몇 개월 사이 취소되었다. 해외에서 들어왔던 건설회사 직원들은 회사가 채무를 갚지 못하고 도산하자 몰래 도망치기 위해 공항으로 몰려들었고 도로변에는 이들이 버리고 간 고급 승용차가 즐비하게 늘어섰다. 인도 출신 이주 노동자 수만 명은 전세기를 통해 본국으로 송환되었다.[66]

가계소비와 기업투자가 모두 급감하면서 IMF에 분기별 GDP 통계 자료를 제출한 60개 국가 중 52개 국가가 2009년 2/4분기에 경기침체를 기록했다.[67] IMF가 관련 자료를 수집하기 시작한 이래 이 정도로 규모가 큰 경기불황이 한꺼번에 찾아온 적은 없었다. 수천 만 명이 하루아침에 일자리를 잃었다. 해고당한 금융사 직원들이 짐을 챙겨 멍한 표정으로 뉴욕과 런던의 사무실 건물에서 나오는 장면이 텔레비전 방송을 통해 보도되었다.

가장 크게 고통을 겪은 건 역시 젊은 미숙련 공장 노동자들이었다.[68] 이 모든 재앙과 위기의 근원지인 미국에서는 한 달 두 달 시간이 지나면서 실업률이 점점 상승해 2008년에서 2009년 사이 겨울 동안 감당할 수 없는 규모가 되었다. 상황이 최악으로 치달았을 때는 직장을 잃은 사람들의 수가 월평균 80만여 명에 달하기도 했다. 특히 아프리카계 미국인들의 피해가 심했는데, 이들의 실업률은 2007년 8퍼센트에서 2010년 초 16퍼센트까지 올라갔다.[69] 젊은 세대가 겪은 고통은 더 심해서, 2010년 1월에는 실업률이 32.5퍼센트가 되었다. 가장 밑바닥에서 가장 크게 고통받은 사람들은 고등학교 졸업장조차 없는 젊은 아프리카계 미국인들이었다. 뉴욕의 경우 2009년 이 계층 사람들의 실업률은 50퍼센트를 웃돌았다.[70] 전 세계를 기준으로 정확하게 얼마나 많은 사람이 일자리를 잃었는지는 엄청나게 많은 중국 내 이주 노동자들에 대한 추정치에 따라 달라질 것이다. 어쨌든 합리적으로 추론할 경우 대략 전 세계적으로 2700만 명에서 4000만 명 이상이 일자리를 잃은 것으로 추정된다.[71]

놀랍고도 씁쓸한 금융업계의 본말전도

상황이 좋지 않은 것은 분명했다. 그렇지만 역사적인 관점에서 본다면 도대체 어느 정도로 상황이 좋지 않았던 것일까? 2009년 봄, 폴 크루그먼은 자신의 입장을 정리한 끝에 대단히 극단적인 상황이라는 결론을 내렸다. 그렇지만 최소한 미국의 산업경제 전반을 고려하면 1930년대 대공황 시절보다는 어느 정도 희망은 남아 있다고 보았다.[72] 크루그먼은 "그래도 대공황 시절의 절반 수준에 불과하다"며 자조적으로 말했지만 이런 전망도 그리 오래가지는 못했다. 그에 대한 비판의 목소리들이 지적한 것처럼, 크루그먼의 판단은 지나치게 근시안적이었다. 1930년대 대공황은 미국에만 국한된 현상이 아니었는데 2008년 불어닥친 금융위기 역시 마찬가지였다. 전 세계적으로 봤을 때 산업계의 생산량과 주식시장, 그리고 교역이나 무역 등 경제 분야 모두가 무너지는 속도는 2008~2009년의 경우 1929년만큼이나 빨랐다.[73]

지금의 우리는 신속하고 광범위한 대책이 있었다면 1930년대 초 전 세계를 덮친 그 혹독한 대공황을 어느 정도 미리 막아낼 수 있었을 거라는 사실을 잘 알고 있다. 그렇지만 사실은 이렇게 시간이 지나고 나서 당시의 전후사정을 잘 알고 있으니 그렇게 상대적으로 낙관적인 전망도 할 수 있는 것이다. 2008년 9월에 나온 대응책들의 규모를 보면 미국, 그중에서도 재앙의 근원지에서 느꼈던 절망감이 어느 정도였는지를 알 수 있다. 미연준 벤 버냉키와 뉴욕 연준의 팀 가이트너, 그리고 재무부의 헨리 폴슨 등

도표 6.5　전 세계 교역량 비교: 1929년과 2008년

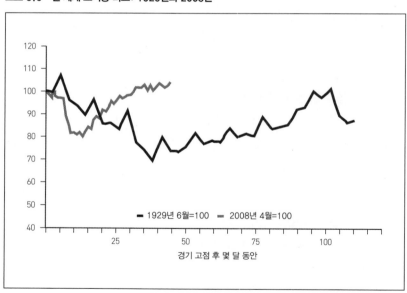

경기 고점 후 몇 달 동안

자료 출처: 배리 아이켄그린(Barry Eichengreen), 케빈 오루크(Kevin O'Rourke), 「다시 돌아보는 두 번의 경제위기(A Tale of Two Depressions Redux)」. http://voxeu.org/article/tale-two-depressions-redux.

도표 6.6 세계 산업 생산량 비교: 1929년과 2008년

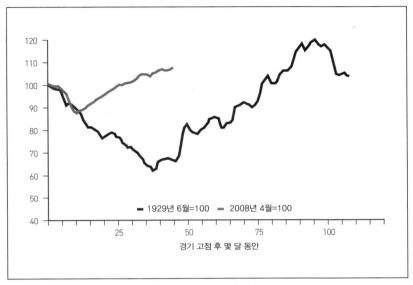

■ 1929년 6월=100 ■ 2008년 4월=100

경기 고점 후 몇 달 동안

자료 출처: 배리 아이켄그린, 케빈 오루크, 「다시 돌아보는 두 번의 경제위기」.

은 모두 당시의 경험을 도저히 잊지 못할 커다란 충격으로 기억하고 있다. 리먼브라더스가 무너진 후 헨리 폴슨은 재무부 직원들에게 "경제계의 9·11 사태"를 준비하라는 지시를 내린다.[74] 9월 20일 아침 이 미국 재무부 장관은 의회에 긴급하게 행동에 나서지 않는다면 이날 오후 2시에 5조 5000억 달러가 허공으로 사라질 것이라고 경고했다. 전 세계 경제가 "24시 간 안에" 무너질지도 모를 상황이라고 판단했던 것이다.[75] 의회의 양당 지 도부와 가진 비공식 회합에서 평소 과장된 표현을 하지 않는 것으로 유명 한 벤 버냉키조차 즉각적인 조치를 승인해주지 않는다면 "월요일에 더 이 상 경제라는 것이 존재하지 않을지도 모른다"고 경고했다.[76]

미국만을 놓고 본다면 이런 대응은 분명 과장된 것이었다. 벤 버냉키는 필요한 조치를 이끌어내기 위해 의회를 필요 이상으로 위협했다. 그런데 국제적인 자본 흐름과 관련된 자료들을 자세히 살펴본다면 정말로 깜짝 놀

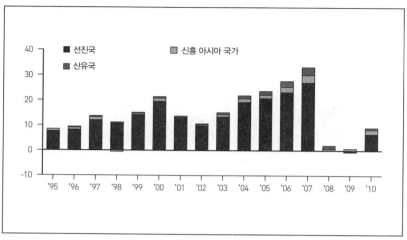

도표 6.7 백분율로 본 전 세계 GDP 대비 자본 흐름 규모

자료 출처: 클라우디오 보리오, 피티 디스야트, 「글로벌 불균형과 금융위기: 실제로 어떤 관계가 있었을까?」,
《BIS 업무보고서》 제346호(2011), 표 5.

랄 만한 내용들이 있었다. 금융위기가 닥치기 전에 전 세계를 오가던 자본
의 유출입 규모는 전 세계 GDP의 33퍼센트에 못 미치는 정도였으며 그 대
부분이 선진국과 신흥시장국가들 사이에서가 아니고 선진국들 사이에서 발
생했다. 2008년 4/4분기에서 2009년 1/4분기까지 위기가 최고조에 달했던
기간 동안 이런 자본 흐름은 90퍼센트 이상 줄어들어 전 세계 GDP의 3퍼
센트를 밑도는 수준이었다.[77] 2008년 하반기 부유한 선진국들 사이의 자본
흐름 규모는 17조 달러에서 거의 1조 5000억 달러 정도로 급감했다. 세계
경제의 어떤 분야도 이 정도 규모로, 그리고 이 정도로 갑작스럽게 영향을
받은 곳은 없었다. 마치 어떤 거대한 무게중심이 갑자기 사라지면서 금융
시스템 전체가 엄청난 충격을 고스란히 받아낼 수밖에 없는 상황이 벌어진
것 같았다.

벤 버냉키는 공식석상에서는 계속해서 동요하지 않는 모습을 보이는 것
이 중요하다는 사실을 잘 알고 있었다. "금융위기로 인한 공황상태는 심리

적인 부분이 중요한 역할을 한다. 침착하고 안정적인 태도로 사람들을 안심시키는 과정이 전투의 절반이다." 훗날 그는 이렇게 자신의 생각을 밝히기도 했다.[78] 그렇지만 경제학자, 그리고 역사가로서 벤 버냉키는 자신이 마주한 사태의 규모가 어느 정도인지를 잘 알고 있었다. 2008년의 위협은 1929년의 그것과는 차원이 달랐고 훨씬 더 규모가 컸으며 심지어 더 심각해질 가능성이 있었다. 훗날 여러 차례에 걸쳐 본인이 직접 확인해준 것처럼, 벤 버냉키에게 "2008년의 9월과 10월"은 분명 "대공황 시절을 포함해서 글로벌 역사상 최악의 금융위기"였음이 확실했다.[79] 1930년대에는 세계 여러 국가가 이렇게 동시에 대규모로 똑같은 위기에 휩싸인 순간도, 또 세계 굴지의 수많은 대형 은행이 이렇게 동시에 파산의 위협을 받았던 적도 없었다. 금융위기라는 눈사태의 속도와 위력은 그야말로 전대미문의 규모였으며 이에 대해 벤 버냉키는 훗날 회고록에서 이렇게 인정했다. "이와 관련된 위험들에 대해 너무 많이 생각하다 보니 그야말로 압도되어 온몸에 마비라도 일어날 것 같았다. 그래서 나는 지금 당장 내가 할 수 있는 일에만 최선을 다해 집중하기로 했다. …… 사태가 점점 진행되면서 나는 두려움을 억누르고 문제 해결에만 집중했다."[80] 연준 의장으로서 두 번째 임기가 끝날 무렵이 되었을 때야 그는 겨우 긴장을 풀 수 있었다. 돌이켜보면 마치 자동차 사고와 비슷한 상황이었다. "다리 밖으로 떨어지지 않기 위해 최선을 다하고 있다가 결국에는 '아니, 이럴 수가!'라고 외치고 마는 것이다."[81]

팀 가이트너는 뉴욕 연준 의장이라는 자신의 관점에서 금융시스템을 구해내기 위한 싸움을 살펴보며 그 특유의 냉정한 통찰력을 내보였다. "나는 사실 당시의 그 공포를 어떻게 설명해야 할지 알 수 없었다. 그러다가 아카데미 작품상을 받은 〈허트로커(The Hurt Locker)〉라는 영화를 보았다. 이라크에서 폭탄을 제거하는 특수부대에 대한 이야기였다. 물론 잘 꾸며진 건물 사무실 안에서 끊임없이 이어지는 전화로 사무를 처리하는 일을 전쟁터의 공포와 비교할 수는 없을 것이다. 그렇지만 영화가 시작된 지 10분 남짓 지나자 나는 마침내 금융위기 당시 느꼈던 감정과 비교할 만한 대상을 찾았다고 생각했다. 엄청난 책임감의 무게와 치명적인 실패로 인해 벌어질 수 있는 무서운 위험, 자신의 통제를 벗어난 상황에 대한 절망감, 어떻게 해야 할지 모르는 불확실함, 올바른 선택조차 나쁜 결과를 불러올 수 있겠다는 깨달음, 가족을 소홀히 했던 데 대한 고통과 죄책감, 그리고 고독감과 무력감까지 말이다."[82]

이런 고백들의 진실성까지 의심할 이유는 없다. 그야말로 두렵기 짝이 없는 상황이었으니까. 어쨌든 거기에 사용된 비유들, 그러니까 테러리스트의 공격이라든가 자동차 사고, 그리고 폭탄 제거의 순간 등은 정말로 가슴에 와닿는다. 위기에 대응하기 위해 나선 사람들은 그야말로 최전선에서 손에 땀을 쥐게 만드는 긴급 상황을 마주했는데 게다가 그 주변에는 우리처럼 상황을 지켜보는 사람들까지 있었다. 가족들이 탄 차를 다리 밖으로 떨구지 않기 위해 끝까지 사력을 다하는 벤 버냉키나 위험천만한 폭탄을 해체하려는 팀 가이트너의 영웅적인 직원들을 보고 응원을 보내지 않는 사람이 누가 있으랴? 우리가 이렇게 재앙으로부터 우리를 구해내기 위해 사력을 다하는 영웅들의 모습을 안타깝게 지켜보고 있을 때 정치적 문제는 사실 뒷전인 경우가 많다. 왜 이런 일들이 벌어지고 있는지 묻거나 책임을 추궁할 여유 같은 건 사실 없다. 우리는 "모두 다 함께" 이 싸움에 동참하고 있는 것이다. 그렇지만 그렇게 싸우고 있다고 생각하는 그 순간 이미 금융위기의 정치경제적 측면도 함께 작용하기 시작했다.[83] 2008년 가을에는 어떤 시스템을 구해내야 했을까? 피해를 입을 수밖에 없는 사람은 누구였을까? 보호를 받아야 하는 대상에 포함되는 사람은 누구였으며 또 그렇지 않은 사람은 누구였을까?

2008년 9월을 향해 위기가 빠른 속도로 다가오고 있었을 때 최일선에서는 대책 마련에 들어갔다. 이 모든 것은 예측은 가능했지만 부동산 거품의 파멸적인 붕괴로 시작되었다. 부동산 위기로 인해 대서양을 마주 보고 있는 양 대륙의 수백만 가정이 피해를 입었다. 그런데 2007년 여름이 끝날 무렵 은행과 자금 운용 업체들이 어려움을 겪기 시작하면서 앞서의 부동산 위기는 점차 관심의 중심에서 밀려났다. 이제 중요한 건 투자은행의 파산 가능성이었다. 그리고 2008년 9월에는 더 이상 개별 은행들이 아닌 금융시스템 전체가 어떠한 대가를 치르더라도 구원을 받아야 할 존재가 되어버렸다. Repo 시장과 ABCP, 그리고 MMF 등 전체 금융시장과 금융 부문에 생명 유지 장치가 필요했다. 대규모 정전 사태가 일어난 것과 유사한 금융시스템 붕괴가 전체 경제를 위협하고 있었다.

따라서 실물경제를 살리기 위해서 우선은 월스트리트를 정상으로 되돌려놓는 일이 중요하다는 주장이 나오기 시작했다. 이런 주장은 세계 전역에서 현지에 어울리는 비슷한 말로 바뀌어 되풀이되었다. 그리고 기업이 경영활동을 지속하기 위해서는 기업 대출을 유지하는 일이 중요하다는 사실도 분명했다. 9월이 되자 실적이 우수한 기업들도 단기간으로 자금을 융통하는 일이 어려워졌다. 맥도널드는 더 이상 뱅크오브아메리카에서 당좌대월 형태로 대출할 수 없었다.[84] 세계적인 산업설비 기업인 GE와 하버드대학교가 유동성 문제를 겪고 있다는 소문도 떠돌았다.[85] 그렇지만 이러한 직접적인 구제 조치를 넘어서는 금융시스템 전반에 걸친 전면적 지원은 정말로 실물경제에 도움을 줄 수 있을까?[86] 대출을 할 수 없어서 투자가 중단되고 따라서 경기침체가 지속되는 것일까? 아니면 주택시장의 붕괴와 가계경제의 어려움으로 경제활동이 위축되어 투자를 해도 아무 이득이 없기 때문에 대출에 대한 수요가 줄어드는 것일까?

어쩌면 이런 질문은 경제학의 영역처럼 보일지도 모르겠다. 시한폭탄의 초침은 계속 움직이고 있으며 자동차는 다리 밖으로 막 떨어지려고 한다. 전 지구적 재앙이 벌어지고 있는데 인과관계의 끝이 어디를 향하는지를 가리는 게 정말로 의미가 있을까? 금융위기가 이렇게 격렬하게 진행되고 있는데 왜 이런 일들에 신경을 써야만 하는가? 그건 금융위기와 맞선 미국 측 해결사들이 오직 금융시스템을 구하겠다는 일념으로 내린 결정들이 이후 벌어진 모든 상황들의 원인이 되었기 때문이다. 이를 통해 놀랍고도 씁쓸할 정도로 얄궂은 본말전도(本末顚倒)의 무대가 만들어졌다. 1970년대 이후로 금융업계 대변인들의 한결같은 주장은 자유시장경제와 규제 완화였지만 이제 와서 그들이 요구하는 것은 국가가 가진 모든 역량을 동원하여 시스템 붕괴라는 위협으로부터 이 사회의 금융 인프라 구조를 구해달라는 것이 아닌가. 그것도 마치 전쟁이라는 비상사태가 닥친 것 같은 표현을 쓰면서 말이다.

7장

긴급 구제금융

2008년 발생한 금융위기의 잔혹함이 얼마나 대단했는지 자본주의의 역사상 그 유례가 없는 국가 단위의 방어책이 동원되었다. 전쟁을 제외하고 각국가들이 이 정도 규모와 속도로 사태에 개입한 적은 일찍이 없었다. 이런 모습은 대안정기에 있다는 자기만족적인 믿음에 대한 통렬한 일격이었으며 그동안 만연한 자유방임주의의 충격적인 전복이기도 했다. 스스로가 자초한 탐욕과 우둔한 판단으로 무너진 은행들을 구하기 위해 성실한 국민들의 세금을 수조 달러나 끌어내는 일은 공평하고 올바른 정부라는 원칙을 무너트리고 말았다. 그렇지만 끝없이 위험이 확산될 수도 있는 상황에서 국가와 정부가 손을 놓고 있을 수는 없는 일이었다. 하지만 일단 개입하고 나면 시장은 그 자체로 효율적이며 자기 규제가 가능하고, 또 있는 그대로 내버려두는 것이 최선이라는 사상으로 어떻게 다시 돌아갈 수 있겠는가? 그것은 1970년대 이후 자본주의국가의 경제정책을 이끌어준 가장 기본적인 사상에 대한 중대한 도전이기도 했거니와 더 심각한 건 이것이 외부로부터 시작된 도전이 아니라는 사실이었다. 국가의 개입은 좌파나 우파로의 어떤 급진적인 사상의 전환에 의해 시작된 것이 아니며 애초에 이런저런 생각을 길게 할 시간적 여유가 없었다. 국가의 개입을 불러들인 건 금융시스템 자체의 오작동과 개별 기업들의 실패가 경제 전반에 걸쳐 악영향을 미치는 것을 막아낼 수 없었던 불가항력적 상황이었다. 《파이낸셜타임스》의 저명한 경제논설위원인 마틴 울프(Martin Wolf)는 2008년 3월 14일 이렇게 이야기했다. "이날 전 세계에서 자유시장 자본주의라는 꿈은 사라졌다."[1] 2008년 3월 14일은 베어스턴스가 긴급 구제자금을 공식적으로 요청한 날이었으며, 이는 단지 시작에 불과했다.

금융위기와의 전투, 미국 우파의 붕괴

구제금융을 동원한 전투는 대서양을 중심으로 마주 보고 있는 금융경제의 전선(戰線)을 따라 미국과 아이슬란드, 아일랜드, 영국, 프랑스, 독일, 베네룩스 3국, 스위스 등 곳곳에서 벌어졌다. 전투를 위해 동원된 금융 화력이 너무나 엄청나서 이에 대한 해명은 그 자체로 정치 논쟁의 대상이 되어버렸다. 그렇지만 우리가 어떤 기준을 적용하건 상관없이 그 규모가 전례 없이 거대하고 엄청났다는 사실만은 분명하다. 이 전투에 투입된 자금은 7조 달러를 넘어섰다고 한다.

국가와 정부가 개입한 주요 방식은 다음과 같았다. (1) 은행에 대출 형태로 자금 지원 (2) 자본재구성(recapitalization) (3) 자산매입 (4) 은행예금, 채무 혹은 심지어 은행의 대차대조표 전체에 대한 정부의 보증. 위기가 발생한 모든 곳에 대해 각국 정부는 이 네 가지 방식을 몇 가지로 결합해 적용할 수밖에 없었고, 여기에 관계된 기관은 중앙은행과 재무부, 그리고 금융규제 감독청 등이었다. 요약된 통계자료를 통해 제시된 내용들은 겉보기에 단순해 보이지만 실제로는 밤낮을 가리지 않고 모두들 힘을 합쳐 문제를

도표 7.1 2008년 10월에서 2010년 5월 말까지 각국 정부의 금융기관 지원 방식들
(단위: 10억 유로)

	자본 투입			은행 채무 및 채권에 대한 보증		기타 보증		자산 지원			총지원 액수
	예정 지원 액수	실제 지원된 액수	예정 외 지원 액수	예정 지원 액수	실제 지원된 액수	예정 지원 액수	실제 지원된 액수	예정 지원 액수	실제 지원된 액수	예정 외 지원 액수	2008년 GDP 대비 백분율
오스트리아	15	5.8	0.6	75	21.8						32
벨기에			19.9	32	34		90.8	40	17	16.8	47
독일	40	29.4	24.8	400	110.8		75	40	17	39.3	25
스페인	99	11	1.3	100	56.4		9	50	19.3	2.5	24
프랑스	21	8.3	3	320	134.2		0		0	0	18
그리스	5	3.2	0	30	13.3		0	8	4.4	0	18
아일랜드	10	12.3	7	485	72.5		0	90	8	0	319
이탈리아	12	4.1	0	0	0		0	50	0	0	4
네덜란드	20	10.2	16.8	200	54.2		50			21.4	52
덴마크	13	3.5	2.2	0	36.9		0				23
스웨덴	5	0.5			142	25.4					49
영국	55	33.7	35.8	300	157.2					217.8	25
스위스	4							41	41.2		13
오스트레일리아				602	118.6						97
미국	580	216.2	19.1	1066	369.8	534	26.7	1148	40	74.9	30
총액	879	338.2	130.5	3610	1321.7	559.4	251.5	1427	129.9	372.7	

자료 출처: 스테파니 스톨츠(Stéphanie Stolz), 마이클 웨도우(Michael Wedow), 「예상치 못한 사태에 대한 예상치 못한 조치들: 유럽연합과 미국의 금융 분야에 대한 국가 지원 조치들(Extraordinary Measures in Extraordinary Times: Public Measures in Support of the Financial Sector in the EU and the United States)」, 분데스방크 시리즈 1 토론 보고서(Series 1 Discussion Paper) 13(2010).

해결하려는 노력 속에 가까스로 탄생한 절박한 임시변통의 대책들이었다. 위기가 점점 더 고조되자 각 국가의 재정적, 정치적 위기극복 능력이 시험대에 올랐다. 대략 정리하자면 이런 노력을 통해 네 가지 유형의 결과물이 나온 것인데, 거기에는 금융세계화의 수준, 위험에 빠진 국가들이 지원할 수 있는 역량, 정부 지도자들의 구체적 대응 모습, 그리고 금융 분야 내부의 역학 관계 등이 반영되어 있다.[2]

극단적으로 국가가 위기에 압도당한 경우도 있었다. 아일랜드와 아이슬란드는 아예 위기를 극복할 역량 자체가 없었다. 비대해진 금융 분야에 불어닥친 이 엄청난 충격을 해결할 제도적, 정치적 능력이 없었던 것이다. 두 국가는 최악의 타격을 받은 동유럽 신흥시장국가들의 경제처럼 총체적 난국을 겪었다. 다른 국가들은 이보다는 사정이 나았는데, 금융 분야가 지나치게 비대해지기는 했지만 스위스는 아무런 피해를 입지 않고 위기를 헤쳐나갈 수 있었다. 그 일이 가능했던 이유는 유일하게 위기에 몰렸던 자국의 거대 은행 UBS에 대해 일찌감치 깊은 관심의 눈길을 쉬지 않고 보였기 때문이다.[3] 비록 국유화 과정 같은 건 없었지만 UBS가 사실상 스위스 정부의 보호를 받는 처지가 된 것도 사실이었다. 국가 규모는 더 크지만 금융 분야가 지나칠 정도로 비대해지지는 않았던 영국과 독일, 프랑스, 그리고 벨기에와 네덜란드 같은 국가들은 좀 더 다양한 방식으로 위기에 대처해 나갔다. 각각 마주하고 있는 위기의 규모가 만만치는 않았지만 어쨌든 견뎌낼 만한 역량이 있는 국가들이었다. 이들은 포괄적인 조직적 그리고 금융적 해법을 내놓았다. 비록 무위에 그치긴 했으나 전 유럽이 하나로 힘을 합쳐 이번 위기에 대응하자는 제안들도 포함되어 있었다. 그런 와중에 일관되고 상호 협력적인 해결책을 찾으려는 노력이 국내의 정치적 계산과 주요 은행들의 비협조적인 태도로 인해 제대로 빛을 보지 못하는 경우도 있었는데, 이런 은행들은 국가의 도움이라는 굴욕을 겪지 않고도 충분히 이겨낼 수 있는 규모를 갖추고 있다는 백일몽에 빠져 있었다. 재난이 더 심하게 악화되는 경우는 없었지만 닥쳐온 위기를 가라앉히기 위해서 다들 엄청나게 큰 대가를 치렀으며 그러면서도 만족할 만한 성공을 거둔 건 일부에 지나지 않았다.

이런 전투와 힘겨루기의 와중에서 미국은 세계에서 가장 규모가 거대한 금융 분야를 지원할 수 있을 뿐만 아니라 종합적인 해결책을 제시할 수 있는 역량을 갖춘 유일한 국가로 떠오른다. 물론 거기에는 충분한 이유가 있었다. 미국의 위기 대응 책임자들은 군사 용어를 즐겨 사용했다. 예컨대 "대형 바주카포"나 이라크 전쟁 당시의 전략이었던 "충격과 공포" 같은 용어들이다. 그중에서 가장 적극적으로 이런 표현을 사용한 건 팀 가이트너였다. 그는 필요한 영감을 얻기 위해 합동참모본부 의장이었던 콜린 파월(Colin Powell)이 베트남전 패배 이후 만들어낸 전투 교범의 도움을 받았다. 바로 "압도적인 전력으로 공격하고 완전하게 정리할 수 있는 작전을 세우라"는 것이었다.[4] 1994년 멕시코 금융위기 당시 래리 서머스가 처음 시도한 조치들도 이와 비슷했는데, 이제는 팀 가이트너가 그 뒤를 이었다. 팀 가이트너에게 "국제 금융 문제에 대한 파월식 교범의 적용"은 "사태 해결을 위한 분명한 전략과 함께 동원할 수 있는 모든 역량을 동원한다"는 의미였다. 팀 가이트너는 "즉각적인 조치를 취하지 않고 머뭇거리다 보면 더 큰 위험과 비용을 치러야 한다"고 주장했다. 그런 팀 가이트너와 측근들이 신속하고 과감한 조치로 커다란 이득을 얻을 수 있었던 건 분명한 사실이다. 유럽 경제의 갈팡질팡하는 행보와 비교해보면 미국은 그야말로 빠른 속도로 정상 궤도로 돌아왔다.[5] 미국 금융계를 이끄는 지도력은 스스로 새로운 모습을 갖췄다. 심지어 수치상으로만 좁혀서 보더라도 미국 재무부와 연준이 실시한 많은 지원계획들은 미국의 납세자들에게는 큰 이익이 되었다.[6] 무엇보다도 제2의 대공황을 막아낸 것이 가장 큰 수확이었다.

유럽의 경험과는 대조적으로 이런 자화자찬에 가까운 미국식 위기해결 서사가 어떻게 만들어질 수 있었는지 이해하기란 그리 어렵지 않다. 그렇지만 그 실질적인 경제적 이익이 사태 해결의 주역들이 주장하는 것만큼 분명하지 않은 것이 문제일뿐더러, 시행된 조치들은 자유방임주의를 지지하는 사람들에게는 아무런 위안도 되지 못했다. 경제정책이 국가의 간섭을 줄이고 시장의 자유를 보장해서 자발적으로 질서가 자리 잡는 방향으로 시행되던 시절은 이제 사라졌다. 정책입안자들의 자의적인 재량을 줄이기 위한 상식적인 규정들을 만들어낼 수 있는 지혜가 더 이상 존재하지 않았다. 전시 상황을 바탕으로 만들어지는 경제정책에서 중요한 건 의지와 경계심, 전략적 상식, 그리고 화력이었다. 이런 군사용어까지 동원하며 여론을 이끌어내기는 했으나 분명 정치적으로 치러야만 할 대가도 있었다.[7] 2008~2009년에 벌어진 금융위기와의 전투는 미국의 정치를 뒤죽박죽으로 만들었다. 부시 행정부는 공화당 내부에서조차 지지받지 못했다. 공화당 내부의 친기업 성향 지도부와 다수의 우파 세력들 사이 연약한 연결고리가 위기 상황으로 끊어져버린 것이다. 소수의 독자적 후원자들의 지원을 받는 공화당 다수파가 점차 행정부에 반기를 드는 쪽으로 옮아가자 벤 버냉키와 헨리 폴슨과 같은 원조 보수파는 결국 자신들은 당을 떠난 것이 아니라 오히려 당으로부터 버림을 받았다고 토로했다.[8] 의회에서 부시 행정부의 위기 탈출 노력을 거들고 나선 건 오히려 민주당 의원들이었고 이런 모순적 상황이 일단락된 건 2008년 11월 4일 버락 오바마가 대통령 선거에서 승리한 이후다. 그리고 대선을 치르기 불과 몇 주 전 금융위기는 그야말로 절정을 향해 치달았다. 미국 우파의 이런 붕괴 과정은 미국은 물론 전 세계에 대단히 중요한 영향을 끼친다.

한국이 리먼브라더스를 인수했다면

2007년 당시 관계 당국이 바랐던 최선은 민간 부문이 알아서 문제를 해결하는 것이었다. 1907년 미국에 금융위기가 몰아닥쳤을 때 J.P.모건이 앞장서서 사태를 수습했던 일은 월스트리트의 전설로 남아 있다. 2007년 10월 말, 재무부의 지원을 받은 3대 은행, 즉 씨티그룹, 뱅크오브아메리카, J.P.모건체이스는 이른바 마스터 유동성 촉진 콘듀잇(Master Liquidity Enhancement Conduit)을 조성하는 일에 합의했다. 그렇게 해서 MBS 시장을 안정화하고 ABCP 시장을 되살리는 일에 도움을 주자는 것이었다.[9] 당연한 일이었겠지만 당시 재무부 장관 헨리 폴슨은 이 계획을 아주 만족스러워했다. 그러나 이런 민간 부문의 합의는 공동대응으로 인해 발생하는 여러 문제에 취약할 수밖에 없었다. 은행들은 정부의 개입에 질색하면서도 동시에 부실기업 집단의 일원이 되는 치욕도 피하고 싶었다. 특히 앞서 언급한 씨티그룹이 문제였는데, 씨티그룹의 대차대조표는 이미 상황이 크게 악화되어 있었다.[10] 미국 밖의 주요 경쟁자라고 할 수 있는 HSBC에서 자사의 구조화 투자회사(SIV)들로 인해 일어난 450억 달러의 손실금 전액을 모기업 대차대조표를 통해 떠안겠다고 먼저 발표하자 미국의 최대 경쟁업체들로서는 차선책을 통해 문제를 해결하겠다고 나설 수는 없는 처지가 되었다.[11] 2007년 12월 민간 주도로 시중은행들의 부실 문제를 해결하겠다는 계획은 그만 중단되고 말았다.

　민간 부문의 공동대응이 실패로 돌아가자 결국 정부가 나서서 개별 은행들 사이의 인수 거래를 관장하는 중개인 역할을 떠맡았다. 2008년 영국의 경우 스코틀랜드 계열의 대형 금융보험 업체인 HBOS가 수상의 결단으로 로이드은행에 매각되었다.[12] 독일에서 두 번째로 큰 은행인 드레스너는 세 번째로 규모가 큰 코메르츠은행(Commerzbank)과 합병된다.[13] 이런 거래 내용들이 드러나자 위기에 빠진 은행들이 자신을 구해주기 위해서 온다른 은행들을 함께 어려움에 빠트릴 수 있다는 위험이 제기되기도 했다. 미국에서 합병에 대한 논의가 본격적으로 시작된 것은 베어스턴스부터인데, 베어스턴스는 2008년 3월 13일 밤에서 14일 새벽 사이 결국 파산을 신청할 예정이었다.[14] 만일 베어스턴스가 2000억 달러에 달하는 자사 보유의 ABS와 CDO를 급매 처분하려 했다면 엄청나게 파국적인 결과가 빚어졌을 것이다. 그로 인해 공황상태가 번지면서 결국 다른 은행들도 심각한 손실을 입을 수밖에 없다는 사실을 깨달았을 것이기 때문이다. 그때 마침 재무부와 연준의 걱정을 덜어주기라도 하려는 것처럼 J.P.모건이 베어스턴스 인수에 관심을 보였다. 과감하고 힘이 넘치는 최고경영자 제이미 다이먼은 자신이 든든한 대차대조표를 가지고 시장에서 필요한 부분만 안전하게 고를 수 있는 위치에 있다고 확신했다. 그렇지만 거래를 마무리 짓기 위해서는 좀 더 적절한 당근이 필요했다. 연방준비제도법 제13조 3항에 의거한 비상권한에 따라* 뉴욕 연준의 자금으로 조성된 SIV가 베어스턴스의 대차대조표에서도 가장 부실한 300억 달러어치의 자산을 인수했다.[15] 그리고 3월 14일 새벽 5시에 Repo 시장에서 베어스턴스의 거래가 중단되었다. 뉴욕 연준은 J.P.모건에 129억 달러를 대출해주었고 J.P.모건은 다시 그 돈을 베어스턴스에 대출해주었다. 그렇게 주사위는 던져졌다. J.P.모건은 처음에는 베어스턴스에 남아 있는 주식을 주당 2달러라는 터무니없는 금액으로 인수하기로 합의했다. 불과 1년 전만 해도 159달러나 하던 주식이었다. 당연히 베어스턴스의 주주들은 이를 거부했고 주식 가격은 1주당 10달러로 올라갔다. 그렇지만 2달러건 10달러건 J.P.모건으로서는 자신들에게 이익이 되는 거래라고 확신했다.

연준의 이런 조치는 어쩌면 파괴적이고 혼란스러운 파탄을 미리 막아주었는지도 모른다. 그렇지만 J.P.모건을 거래에 참여시키기 위해 제공한 내역들은 최소한 논쟁의 여지가 있을 수 있었다. 연준의 전설로 불리는 폴 볼커는 이런 조치를 시행한 이들을 두고 "합법적이면서 암묵적으로 공인된

---

* 연방준비제도법 제13조 3항, 즉 개인기업, 파트너십, 법인기업에 대한 연준 재할인창구 대출 제도는 "이례적이고 긴급한 상황(unusual and exigent circumstance)에 한해서" 이용할 수 있다.

권한을 행사할 수 있는 마지막 한계까지" 이르렀다고 평가했다.[16] 금융권의 도덕적 해이에 대한 문제를 엄격하게 꾸짖는 사람들은 이후 리먼브라더스라는 재앙을 불러들인 것은 결국 베어스턴스의 처리 과정이었다고 끊임없이 지적했다.[17] 이렇게 어느 투자은행이 구원을 받았다면 리먼브라더스의 경영진도 안도감을 느낄 것이고 자신들의 문제에 대한 해결책도 곧 찾을 수 있으리라 생각했을 것이다. 그리고 가능한 한 가장 좋은 조건의 거래를 찾는 데 필요한 시간을 확보할 수 있을 거라고도 생각했지만 결국 이런 안이한 태도는 엄청난 대가를 치른다.

합법적이든 아니면 순간적인 기지를 발휘한 것이든, 모호한 대차대조표상의 거래를 통해 투자은행들을 구해준 일은 어쨌든 정치 1면 머리기사에 나오지 않는 기술적인 문제였다고 볼 수 있다. 그런데 그런 상황이 패니메이와 프레디맥과 함께 바뀌었다. 미국 주택시장을 떠받치고 있으면서 정부의 확실한 지원을 받는 이 두 업체는 워싱턴 정가에서도 가장 만만치 않은 정치적 네트워크의 중심부에 위치하고 있었다. 2008년 여름이 되자 민간업체들의 증권화 사업이 어려움을 겪었고 패니메이와 프레디맥 역시 미국 국내의 새로운 모기지의 75퍼센트를 지원해야 하는 책임을 지고 있었다. 일반적으로 패니메이와 프레디맥의 대차대조표 대부분을 차지하고 있는 것은 다름 아닌 최고 수준의 우량 적격 대출상품들이었다. 따라서 만일 두 업체가 평상시와 같은 정도의 대차대조표를 유지하고 있었다면 금융위기라는 폭풍을 그다지 어렵지 않게 헤쳐나갈 수 있었을 것이다. 그런데 그러지 못했다는 것이 문제였다. 2008년 6월 패니메이와 프레디맥은 1조 8000억 달러 가치의 MBS를 보유하고 있었으며 또 다른 3조 7000억 달러에 대한 보증도 하고 있었다. 그런데 채무를 제외한 두 업체의 자기자본 규모는 패니메이의 경우 412억 달러, 그리고 프레디맥은 129억 달러에 불과했다.[18] 그야말로 가장 대담무쌍한 투자은행조차 당혹스러워할 엄청난 레버리지 비율이었다. 이런 일이 가능할 수 있었던 건 단지 패니메이와 프레디맥이 정부보증기관(GSE)이었기 때문인데, 2008년 여름 그 정부 보증이라는 실질적인 의미가 시험대에 올랐다. 최소한의 손실만 허락한다 해도 패니메이와 프레디맥의 자본은 완전히 사라질 지경에 처한 것이다. 만일 두 업체가 무너진다면 모기지 시장의 마지막 남은 대출기관이 사라지는 것이며 그렇게 되면 미국의 신용도에 의문이 제기될 수밖에 없었다. 두 업체에는 해외 투자자들도 크게 투자를 하고 있었기 때문에 대혼란이 벌어질 터였다. 2008년 여름을 기준으로 해외 투자자들은 이런 GSE가 발행한 채권을 8000억 달러어치나 보유하고 있었다. 유명 경제전문 블로거인 브래드 셋처의 재담처럼, 패니메이와 프레디맥이 망하기에는 중국인들의 자금이 너무 많이 들어와 있었다.[19]

상황을 통제하기에는 이미 절망적이 되어버린 2008년 봄, 헨리 폴슨이 이끄는 미국 재무부는 의회의 민주당과 공화당 의원들 사이에서 중재 역할을 하기 시작했다. 그렇게 해서 연방정부가 모기지 업계의 거인들을 재정비하는 데 꼭 필요한 권한을 얻으려는 것이었다.[20] 그렇지만 여름이 다 가도록 의회는 사안을 확실하게 매듭지어 주지 않았다. 공화당 의원들은 비협조적이었으며 민주당 의원들은 필요한 법안을 통과시키려면 거기에 어려움을 겪고 있는 일반 주택 소유자들에 대한 지원 대책과 주정부들이 저당 잡혀 넘어간 부동산을 대신 매입해줄 수 있도록 연방정부의 지원금을 우선은 필요한 주정부들에 먼저 지원해주는 내용이 포함되어야 한다고 주장했다. 7월 중순이 되자 상황은 더 심각해져갔다. 위기의 규모와 GSE의 불투명한 재정 상황들을 감안할 때 필요한 자본 투입의 규모는 엄청날 것으로 예상되었다.[21] 재무부는 연방정부의 차입 한도에 의해서만 제한을 받고 남은 부분은 자유롭게 행사할 수 있는 권한을 원했고 이를 통해 GSE에 미국 정부의 힘으로 전면적인 재정 지원을 해주고 싶어 했다. 헨리 폴슨은 상원 은행위원회에 출석해 지원을 호소하며 유명한 말을 남긴다. "주머니 안에 권총을 갖고 있다면 밖으로 꺼내야 사람들이 알아볼 것이다. 그런데 바주카포를 갖고 있다면 굳이 그걸 꺼내 휘두르지 않아도 이미 사람들이 그 사실을 알고 있을 것이다.”[22] 헨리 폴슨은 대단히 인상적인 명언을 남겼고 그의 바주카포 이야기는 곧 전 세계에 알려졌다. 이 미국 재무부 장관은 해외 채권 투자자들을 안심시키기 위해 사력을 다하고 있었는데 중국에서는 이미 경보음이 울리기 시작한 시점이었다.[23] 헨리 폴슨은 회고록에 이렇게 기록했다. “나는 중국 정부의 장관과 고위 관료들에게 반복해서 이야기를 전달했다. 나는 그들이 보유하고 있는 미 재무부 채권을 시장에 한꺼번에 풀어 더 큰 위기를 불러오는 것을 원치 않았던 것이다. …… 그리고 의회로 가서 패니메이와 프레디맥을 안정화시킬 수 있는 비상 권한을 요청했고 바로 우리 의회 의원들에게 공개적으로 엄청난 공격을 당하고 말았다. 나는 중국에 다시 계속해서 연락을 취해 중국인민은행에 이렇게 설명할 수밖에 없었다. ‘이게 바로 우리의 정치 구조이며 미국식 정치 무대라고 할 수 있다. 그러니 어쨌든 다 잘될 것이다.’ 나는 사실 스스로도 확신이 서지 않았지만 분명 중국 측을 안심시킬 수 있을 모든 조치를 취했다.”[24]

중국이 혼동을 보인 것은 당연한 일이었다. 그만큼 워싱턴 DC에서 펼쳐지는 정치 무대는 새롭고도 기이했다. 기업가 출신들이 이끄는 자유시장 중심의 보수적 행정부가 주택금융시스템의 상당 부분을 국유화하기 위해 무한정에 가까운 정부 지출을 제안하고 나선 것이다. 공화당 지지자들은 격분했다. 그들은 도와줄 가치가 없는 무책임한 채무자들, 그리고 그런 채무자들의 무책임함을 더욱 부추기는 새로운 제도를 정부가 지원하고 있다고 생각했다. 그렇지만 헨리 폴슨은 정부 주도의 정책이 뒤따라야 한다고 확신했고 그 뒤를 지원한 건 부시 대통령이었다. “엄청난 정치적 용기와 결단이 필요한 일이었다.” 헨리 폴슨의 회고다. “마치 대통령이 임기를 마치며 갑자기 정치적 입장을 바꾼 것처럼 보였을 것이다. 공화당 대통령이 민주당을 지지하고 그동안 지켜온 기본적인 원칙들에서 등을 돌리는 모습 말이다. 그렇지만 부시 대통령은 미국을 구하기 위한 최선의 선택을 했다.”[25] 헨리 폴슨의 이 말은 미국 보수주의 안에 숨어 있는 근본적인 분열 상태를 드러내 보인다. 공화당 우파들은 인기 없고 혐오스럽기만 한 조치들을 지지해 줄 수가 없었다. 하지만 그런 조치는 "금융시스템"을 구하기 위해서 꼭 필요했다. 헨리 폴슨은 자신이 전례가 없는 종류의 권한을 의회에 요청했다는 사실을 잘 알고 있었다. "일찍이 어떤 정부기관이 민간 기업에 무제한으로 자금을 지원할 수 있는 권한을 부여받은 적이 있었는지 잘 모르겠다. 그래도 내가 할 수 있는 최선은 이번 사태 역시 전대미문의 엄청난 규모이며 따라서 그런 정도의 권한이 필요하다는 사실을 계속해서 주장하는 것뿐이었다."[26] 그는 또한 정부의 역할을 확대하는 문제에 대해 거부감을 덜 느끼는 정당은 공화당이 아닌 민주당이라는 사실도 잘 알고 있었다. 민주당이라면 국가 안보 문제가 아닌 금융위기로 인한 지금 상황이 절대적이고 무제한적인 도움을 필요로 하고 있다는 주장을 이해해줄 터였다.

폴슨이 제안한 패니메이와 프레디맥을 구하기 위한 절대적 권한 부여 법안이, 7월 26일 공화당 의원 4분의 3이 반대표를 던졌지만 의회를 통과했다. 정식으로 합법적 권한이 부여된 건 7월 30일이다. 백악관 대통령 집무실은 별다른 내색을 하지 않는 것이 최선이라고 생각했다. 공화당 의원들을 자극할 필요가 없을뿐더러 무엇보다 시간이 없었다. 모건스탠리에서 무보수 재능기부로 끌어모은 전문가들(pro bono basis)*과 함께 재무부는 몇 주 동안 GSE 관련 감독관들을 불러 조사와 협의를 진행했다. 결과는 그리 좋지 않았다. 패니메이와 프레디맥은 파산 상태였고 유동성 지원만으로는 충분하지 않았다. 2008년 9월 7일 일요일, 패니메이와 프레디맥은 정부의 보호 관리를 받았다. 실제로는 국유화된 것이나 마찬가지였다. 필요할 경우 재무부는 남아 있는 자산과 부채 사이의 차액을 메우기 위해 각각 최소 1000억 달러를 지원할 예정이었다. 연준은 신용 한도액을 높여주고 어

---

* 변호사가 국선변호인을 맡아 일하는 것과 같이 전문가가 공익을 위해 일하는 것을 의미한다.

떤 종류의 MBS라도 필요한 만큼 매입해주기로 했다. 바주카포 정도가 아니라 아예 핵무기가 동원된 것이다.

이렇게 정부가 개입한 결과 결국 채권자들, 특히 해외 채권자들은 패니메이와 프레디맥이 파산하지 않을 것이라는 확신을 가졌다. 러시아의 음모에도 불구하고 GSE가 겪은 어려움은 전 세계적 위기로까지 번지지는 않았다. 그렇지만 정치적 후폭풍은 심상치가 않았고 금융위기가 앞으로 어떻게 전개될 것인가 하는 문제에도 심각한 영향을 미칠 것 같았다. 당시 다가올 대통령 선거에 전력을 다하고 있던 공화당의 우파들에게 패니메이와 프레디맥에 대한 사실상의 국유화는 벌집을 들쑤셔 놓은 것이나 마찬가지였다.[27] 재무부는 GSE의 기존 주주들을 모두 몰아내고 남아 있는 자본금에 대해 징벌적 부담금을 부과함으로써 정치적 잡음이 일어나지 않도록 최선을 다했다. 미국은행협회(American Bankers Association)에서는 공화당 의원들에게 정부의 구제 노력을 지원하라는 압력을 넣으려 했지만, 보수파 기업인 코크형제(Koch Brothers)가 자금을 대고 있는 핵심 우파 로비단체인 클럽포그로스(Club for Growth)가 즉각 이를 반대하고 나섰다. 의회의 공화당 원내대표인 존 베이너(John Boehner)와 과거 하원의장을 지냈던 뉴트 깅리치(Newt Gingrich)도 헨리 폴슨의 구제금융 지원에 반대하는 목소리를 높였다. 존 매케인은 개인적으로 이번 조치에 호의적이었다. 그렇지만 그는 8월 29일 알래스카 주지사 출신의 선동형 정치가 세라 페일린을 자신의 부통령 후보로 지명하고 말았다. 세라 페일린은 애초에 금융위기나 GSE 문제에 대한 명확한 견해를 갖고 있지 못했지만 특유의 자신감으로 공화당 지지자들을 결집시켰다. 금융위기가 점점 더 심해지면서 부시 행정부는 다름 아닌 공화당 내부에서 대통령 후보가 구제금융에 반대하는 적대적 행위에 직면하지는 않을까 심각하게 우려했다. 이러한 공화당 내부의 분쟁이 더 우려스러울 수밖에 없었던 것은 9월 초순의 패니메이와 프레디맥 구제는 시작에 불과했고 다음 단계는 이제부터 워싱턴이 아닌 월스트리트에서 전개될 것이 명백해졌기 때문이다.

몇 개월 동안 재무부는 리먼브라더스가 구매자를 찾고 있는 과정을 걱정스럽게 지켜보았다. 9월 둘째 주가 되자 선택의 여지는 남아 있지 않았다. 한국 측에서 리먼브라더스 인수에 관심을 보였지만 그마저도 중단되었다. 팀 가이트너가 이끄는 뉴욕 연준이 앞장서서 치열한 협상을 벌였고 헨리 폴슨도 개인적으로 관심을 기울였지만 민간업체 중에는 아무도 인수에 나서지 않았다. 결국 가장 중요한 순간인 9월 13일과 14일 주말이 찾아왔다. 그 이틀 동안 과연 어떤 일이 벌어졌는지는 아마도 영원히 논쟁거리로 남을 것이다. 다만 사람들을 깜짝 놀라게 한 건 대형 일반 시중은행인 뱅크오브아메리카가 예상을 깨고 리먼브라더스가 아닌 메릴린치의 구원 투수로 나섰다는 사실이다.

메릴린치는 리먼브라더스보다 덩치가 더 컸으며 부동산 대출상품과도 너무 깊게 연관되어 있었다. 또한 리먼브라더스와 마찬가지로 투자은행으로서 Repo 시장이 없이는 제 기능을 할 수 없었다. 메릴린치로서는 리먼브라더스가 무너지면 그다음 차례가 될 것이 거의 확실했다.[28] 그렇지만 리먼브라더스와는 달리 메릴린치의 경영진은 민첩하게 대응했고 뱅크오브아메리카와 직접적인 대화에 나섬으로써 회사를 구해낼 수 있었다. 뱅크오브아메리카의 최고경영자인 켄 루이스(Ken Lewis)가 일반 시중은행 업계에서 씨티그룹을 이기기 위해 적어도 투자은행 한 곳 정도는 합병할 것을 오랫동안 바랐다는 사실은 이미 잘 알려져 있었다. 2008년 9월 13~14일, 이 운명의 주말에 미국 연방예금보험공사(FDIC)가 보증하는 뱅크오브아메리카의 수천억 달러 규모의 일반 예치금은 아무 탈 없이 그대로 남아 있었고, 이 자금력을 바탕으로 메릴린치를 손에 넣을 수 있었다. 그렇지만 과연 어떤 조건이었을까? 표면적으로는 메릴린치라는 이름만으로도 그럴 만한 가치가 있다고 했다. 어쨌든 월스트리트에서도 손에 꼽을 만한 규모의 투자은행이었으며 2007년 말을 기준으로 기업 가치는 1500억 달러, 자산은 1조

200억 달러, 그리고 전 세계 임직원 수만 6만여 명에 달하는 규모였으니 말이다. 그렇지만 대차대조표상의 손실 금액과 믿을 수 없는 도매금융 자금조달 방식 등을 생각해볼 때 2008년 9월의 메릴린치의 가치는 과연 어떠했을까? 헨리 폴슨과 벤 버냉키가 엄청난 부담을 주는 가운데 뱅크오브아메리카는 1주당 29달러, 총 500억 달러라는 값을 치르고 메릴린치를 인수했다. 본래 가치의 3분의 1에 불과한 수준이었지만 바로 지난주의 시장 평가보다는 40퍼센트나 비싼 가격이었다.

이렇게 뱅크오브아메리카가 메릴린치를 인수하고 나자 리먼브라더스에 남은 마지막 희망은 대서양을 사이에 두고 전개되는 거래, 바로 영국 바클레이은행과의 협상이었다. 모건스탠리와 크레디스위스에서도 일했던 바클레이의 총수 밥 다이아몬드(Bob Diamond)가 거래를 지휘했지만 당시 수상이던 고든 브라운과 재무부 장관 앨리스터 달링(Alistair Darling)은 거래 성사를 위해 규제를 풀어주는 일을 거부했다. 전체 주주들의 동의와 미국 재무부의 확실한 지원 없이는 어렵다는 이유를 들었다. 뱅크오브아메리카도 메릴린치를 인수했는데 리먼브라더스가 문제가 된 이유는 무엇이었을까? 헨리 폴슨이 들은 대답은 "영국은 미국의 암덩어리를 들여오고 싶지 않았다"였다.[29]

리먼브라더스의 파산은 자유시장경제의 승리인가

근본적인 질문을 한번 던져보자. 리먼브라더스의 선택의 폭이 그렇게 좁았던 이유는 무엇이었을까? 왜 연준과 재무부는 J.P.모건이 베어스턴스를 인수했을 때와 달리 리먼브라더스 문제에 그렇게 소극적이었을까?[30] 민간업체들과의 거래가 성사되지 않았다고 해도 다른 방식으로 지원할 수 있지 않았을까? 불과 몇 주 후면 의회로부터 위임받은 권한을 자유롭게 활용할 수 있었을 텐데 말이다. 그렇지만 팀 가이트너와 헨리 폴슨, 그리고 벤 버냉키는 여기에 대해서 모두 다 별 다른 의미가 없는 질문들일 뿐이라고 일축했다. 재무부와 연준의 의지가 부족했던 것이 아니라 애초부터 뾰족한 방법이 없었다는 것이다. 리먼브라더스의 몰락은 정부가 의도한 결과가 아니었다. "일부러 그렇게 내버려둔 것이 아니다." 팀 가이트너의 주장이다. "우리가 할 수 있는 일도 한계에 도달했고 영국 측에서는 극도로 몸을 사렸다."[31] 벤 버냉키도 연준이 자금을 융통해줄 수 없었다고 거들었다. 어느 정도 지급 능력이 있는 은행들에 한해 적절한 담보물이 있을 경우에만 그렇게 할 수 있다는 것이다.[32] 리먼브라더스에는 이미 그런 능력은 없었고 이런 종류의 투자은행의 특성상 충분한 예치금도 남아 있지 않았으며 그렇다고 따로 수익이 있는 것도 아니었다. 게다가 담보물조차 없었다. 그렇지만 이런 것들도 다 변명에 지나지 않는 것이 아닐까. 당시 리먼브라더스의 파산은 분명 정부의 의도적인 결정에 따른 것으로 비쳤다. 그리고 모두들 그런 결정을 환영하는 눈치였다. 9월 17일이 되자 민주당 의원인 바니 프랭크(Barney Frank)는 재무부 관료들과 가진 청문회에서 9월 15일 있었던 리먼브라더스의 파산은 "자유시장경제의 승리의 날"로 오래도록 기억될 것이라고 선언했다.[33] 프랭크 의원의 발언은 물론 농담이었지만 진심으로 그렇게 생각하는 사람들도 있었다. 헨리 폴슨의 한 보좌관은 9월 15일이 "재무부로서는 기쁜 날"이라고 말하기도 했다. 재무부는 시장이 자기 역할을 하도록 그대로 내버려둔 것이다.[34] 《뉴욕타임스》는 사설을 통해 리먼브라더스의 파산이 "이상할 정도로 사람들을 안심시켰다"고 논평했다.[35] 《월스트리트저널》은 헨리 폴슨의 결단을 지지한다는 기사를 싣기도 했다. "정부로서는 어느 시점에서 선을 그을 수밖에 없다."[36] 다만 뉴욕 연준의 팀 가이트너는 이런 논조가 전혀 마음에 들지 않았던 것 같다. "선을 그은 것이 아니다. 몸을 사린 것이 아니라 솔직히 능력 부족이었다. 리먼브라더스의 끔찍한 파산을 막으려고 노력했지만 그만 실패하고 만 것이다."[37]

위기에 대한 이런 해석을 바탕으로 팀 가이트너는 국가 재건이라는 전체적인 계획의 근간을 다시 살펴보려 했던 것 같다. 2008년에 부족했던 점이 시장개입에 필요한 국가의 적절한 권한이었다면 그에 대한 해답은 연준과 재무부에 쓸모 있는 도구를 제공하는 것이었다. 팀 가이트너 입장에서 인정할 수 없었던 건 "헨리와 벤"이 실제로 실수를 저질렀을 가능성이었다. 어쩌면 그들은 리먼브라더스의 파산이 불러올 결과의 심각성을 과소평가했을 수도 있다. 아니면 공화당 출신의 재무부 장관인 헨리 폴슨이 실제로 정치적인 제약을 받았을 가능성도 있지 않을까. 그렇지만 이런 모든 추측은 나중에 사람들이 생각해본 것들에 불과하다. 리먼브라더스의 파산이 가져온 끔찍한 결과들이 드러난 이후 그 주역들은 자기 정당화를 위한 이런저런 변명을 늘어놓았다. 그런 것들 말고 그래도 가장 믿을 수 있는 설명이라면 헨리 폴슨이 처음부터 또 다른 구제금융 제공을 거부했고 결국 그 때문에 리먼브라더스가 구제를 받지 못했다는 것이다.[38] 영국의 재무부 장관 앨리스터 달링은 사실 그 운명의 주말에 미국 측과 계속해서 접촉했다고 한다. 그의 이야기를 들어보자. "미국 재무부가 이번 거래의 성사를 위한 재정적 지원을 꺼리고 있다는 사실이 점점 더 분명하게 드러났다. 당연히 우려스러운 상황이었지만 사실 나는 별로 놀라지 않았다. …… 나는 헨리 폴슨이 또 다른 은행을 국유화하도록 공화당을 설득할 만한 정치적 자본을 갖고 있지 않다는 사실을 잘 알고 있었다."[39] 그로부터 2주 뒤 이른바 부실자산구제프로그램(Troubled Asset Relief Program, TARP)을 통과시키기 위한 치열한 다툼이 벌어지는 가운데 달링 장관의 주장은 사실로 드러난다. 뉴욕에서 리먼브라더스 문제를 진두지휘한 사람은 헨리 폴슨이었지만 그 뒤에는 워싱턴에 있는 벤 버냉키와의 완전한 합의가 있었다. 연준은 어떻게든 시간을 벌려는 리먼브라더스 경영진의 필사적인 노력에 이상할 정도로 비협조적이었다. 벤 버냉키가 나중에 했던 인상적인 증언과는 사뭇 다르게, 연준은 미리 약속이라도 되어 있는 것처럼 리먼브라더스를 파산으로 밀어넣었다. 당시의 주장은 파산을 통해서 지금의 불확실한 상황을 끝내야만 시장이 안정되는 데 도움이 된다는 것이었다. 지금이야 쉽게 말할 수 있지만, 당시에 어렵게 내린 이 판단은 정말 엄청난 착오였다.

리먼브라더스 파산의 충격파가 미국과 세계 경제를 덮치자 불과 몇 시간 만에 어떤 실수를 저질렀는지가 확연하게 드러났다. 하루가 지난 후 헨리 폴슨, 벤 버냉키, 팀 가이트너는 이제 보험 업계의 거인인 AIG를 어떻게 처리할지 고심해야 했다.[40] 이번에도 가장 먼저 나온 제안은 민간 부문에서 해결책을 찾자는 것이었다. J.P.모건과 골드만삭스가 9월 15일 월요일 하루 종일 열띤 논쟁을 벌였다. 그렇지만 저녁 7시 무렵이 되자 민간 부문에서 어떤 구제책이 나올 것이라는 희망은 그만 사라져버리고 말았다. 구제금융 담당 부서는 불과 24시간 전 리먼브라더스 때와 비슷한 결론에 도달했고 이윽고 파산 사태를 준비하기 시작했다. 그런데 이번에는 상황이 또 달랐다. 금융시장은 파산으로 인한 두 번째 충격을 견뎌낼 수 없을 것 같았고 파생상품과 Repo, 그리고 증권 대출 등과 관련된 부분들에 미칠 여파는 그 수준이 리먼브라더스에 비할 바가 아니었다. 따라서 AIG를 파산하도록 내버려둔다면 월가의 관계자 말로는 "멸종 수준"의 상황이 벌어질 수도 있었다. 그래서 결국 연준이 개입한다. 베어스턴스 때와 마찬가지로 이번에도 법령 제13조 3항에 의거한 비상권한을 발동한 것이다. 뉴욕 연준은 최고 850억 달러에 달하는 담보부대출(secured credit facility)을 제공했다. 9월 16일 화요일 정오가 지나자 연준의 보안요원들이 로어맨해튼 파인스트리트 80번지에 있는 AIG 건물에 모여 수백억 달러어치의 증권들을 담보물로 가져갔다. 세계에서 두 번째로 규모가 큰 보험 회사의 자산이 뉴욕 연준의 금고 속에 안전하게 보관되어 있는 상태에서 오후 3시 30분 첫 번째 대책이 발표되었다. 연준에서 AIG의 CDS 상품과 증권 대출 사업 전체를 보증해주기로 결정한 것이다. 그 대신 AIG와 자회사들의 증권을 담보로 잡아 AIG 보험사업 지분의 79.9퍼센트를 미국 정부가 가져간다는 조건이었다. 패니메이와 프레디맥 국유화와 함께 만들어진 분석 자료에 따르면 이번 거래로 기존의 AIG 주주들은 엄청난 손실을 입었다고 한다. 뉴욕 연준이 AIG로부터 평가절하된 MBS를 구매하고 이를 통해 AIG가 관련 채무를 청산하면서 AIG의 증권 대출 사업은 아무런 피해를 입지 않았다. CDS 포트폴리오에 관한 해법이 그중 가장 관대했는데 AIG가 발행한 위험한 CDO 모두를 매입했던 것이다. 실제로 거래업체들은 이미 AIG로부터 확보한 담보물들과 함께 불량 MBS 622억 달러어치를 100퍼센트 다 보전받을 수 있었다. 시장이 평가한 실제 가치는 272억 달러 정도였다. 만일 AIG가 그대로 파산 처리 되었더라면 그 가치는 훨씬 더 크게 떨어졌을 것이다. 어쨌든 AIG의 거래처와 고객들은 국가로부터 수십억 달러에 달하는 보조금을 받은 셈이었다. 이익을 본 건 이들뿐이 아니었는데, 구제 작업이 진행되는 동안 연준은 "규제 완화"를 제공하기 위해 AIG가 유럽 은행들과 맺은 보험계약들을 그대로 유지했다. 만일 이 계약들이 취소되었다면 유럽 은행들은 최소한 160억 달러를 추가로 손해 보았을 것이라는 게 미국 측의 추산이다. "관객이 가득 찬 극장에서 불이 났다고 큰 소리로 외칠 수는 없었다." 뉴욕 연준 측이 나중에 의회에 보고한 내용이다. AIG 위기로 인해 벌어질 수도 있는 결과들을 유럽 규제기관들에 알리지 않는 것이 당시로서는 최선이라고 판단했던 것이다.

미하원에서 부결된 구제금융 긴급조치

시스템의 안정화가 목표였다면 리먼브라더스는 버리고 AIG는 살리는 이런 즉흥적인 결정들로는 아무래도 충분하지 않았다. 현재 마주하고 있는 위기의 규모를 깨닫게 된 벤 버냉키와 헨리 폴슨은 9월 17일 추가 자금과 그에 따른 권한을 의회에 요청하기로 결정했다.[41] 헨리 폴슨은 중대한 정치적 위험이 뒤따를 수도 있다는 사실을 알았지만 월스트리트 전체가 무너질지도 모를 지금, 이미 가지고 있는 능력은 한계치에 도달한 상태였다. MMF에서 융통할 수 있는 자금이 고갈되어가자 재무부에서는 9월 19일 중대한 결정을 내린다. 어떤 펀드기금이든 자금을 필요로 하는 업체를 돕는다면 그 보증을 정부가 서고 이를 위해 외환안정화기금(Exchange Stabilization Fund)에서 500억 달러를 지원하겠다는 결정이었다. 역시 주어진 상황에 따라 내려진 변칙적인 결정이었다. 외환안정화기금은 뉴딜정책 시절인 1934년 만들어진 것으로 당시 루스벨트 행정부의 재무부는 이를 통해 금본위제 폐지 이후의 달러 환율을 관리했다. 기금의 규모는 2008년 9월에 필요했던 수조 달러와 비교하면 부족했지만 우선은 이를 통해 급한 불을 끌 수 있었다. 그리고 그 것은 무엇보다도 당시 재무부가 즉시 동원할 수 있는 유일한 자금이었다.

그러는 사이 투자은행들 중에서 아직 무너지지 않고 남아 있던 모건스 탠리와 골드만삭스는 극심한 자금 압박에 시달리고 있었다. 리먼브라더스가 무너지고 일주일이 지나자 두 회사는 일반 은행지주회사로 업종을 변경했다. 속이 뻔히 들여다보이는 조치였지만 그렇게라도 해서 FDIC의 자금을 지원받을 수 있는 자격을 얻어 살아남은 것이다. 그렇지만 FDIC 입장에서는 이미 문제를 끌어안고 있는 상황에서 또 다른 부담이 늘어난 셈이었다. FDIC는 9월 25일 워싱턴뮤추얼을 정리해 매각한다. 2440억 달러어치의 모기지를 끌어안고 있던 워싱턴뮤추얼은 미국 역사상 가장 큰 규모의 일반 시중은행 파산으로 기록되었다. J.P.모건이 재빨리 행동에 나서 2239개에 달하는 지점과 예금을 인수했다.[42] 물론 갑작스럽게 쏟아져 나오기 시작한 매물들에 관심을 가진 건 J.P.모건만은 아니었다. 일본의 미쓰비시(三菱)은행 역시 20퍼센트의 지분을 확보하며 결과적으로 모건스탠리를 구해내고 최대 주주가 되었다. 워런 버핏도 골드만삭스에 50억 달러에 달하는 자금을 투자했다. 그렇지만 이 두 거래 역시 사전에 미국 정부의 지원 약속이 있었기에 성사될 수 있었다.

9월 20일, 재무부는 의회에 3페이지짜리 입법제안서를 보내 새로운 법안을 통과시켜달라고 요청했다. 재무부는 증권시장 안정화를 위해 7000억 달러를 사용할 수 있는 권한이 필요했다. 이미 GSE에 대한 무제한적 구제금융 투입 권한을 부여받았지만 이제 다시 부실 MBS 시장을 살리기 위해 미국 국방예산 전체에 해당하는 금액을 사용하게 해달라는 요청이었다. 그러나 헨리 폴슨의 요청이 정말 기가 막혔던 건 그가 원하는 권한의 본질이었다.

통과를 기다리는 새로운 법안에는 세 가지 중요한 문구가 삽입되어 있었다.

재무부 장관은 미국에 본사를 두고 있는 모든 금융기관의 모기지 관련 자산에 대해 장관이 결정한 조건에 따라 매입하거나 매입을 위한 자금을 조성할 수 있는 권한이 있다. …… 법안이 통과될 경우 장관이 매입할 수 있는 모기지 관련 자산의 규모는 한 번에 7000억 달러로 제한된다. 법안이 허락한 권한에 따라 장관이 내리는 결정은 재무부의 재량에 따를 뿐 검토나 평가를 받지 않으며 기타 어떤 행정부 기관이나 법률에 의한 검토나 평가를 받지 않는다.[43]

헨리 폴슨은 그야말로 전권을 행사할 수 있는 일종의 백지위임장(legal carte blanche)을 요청한 것이다.

내용은 간단하게 정리되어 있지만 갑작스럽게 만들어진 것은 아니었다. 이미 2008년 4월 중순에 헨리 폴슨과 재무부 직원들은 벤 버냉키 측을 만나 관련 내용을 논의한 바 있었고 비상사태가 발생했을 때 취할 수 있는 조치들을 "유리창 깨기(Break the Glass)"*라는 이름으로 전체적인 윤곽을 잡

---

* "유리창 깨기"라고 알려진 이 보고서는 은행 자본재구성 플랜을 담고 있다. 『대마불사』의 지은이 앤드류 로스 소킨이 기밀사항이었던 이 보고서를 자신의 홈페이지에 전격 공개하면서 대중에게 알려졌다. 보고서의 정식 명칭은 「"유리창 깨기"의 은행 자본재구성 플랜」이다.

앉다.⁴⁴ 처음에는 모기지에 대한 대규모의 정부 보증을 고려했지만 그 채무 내역이 불확실하고 너무 거대하다는 것을 알고 포기했다. 대신 자본재구성은 정부가 좀 더 직접적으로 개입할 수 있는 방안인 것 같았다. 또한 더 효율적이기도 했다. 은행의 자본금은 모두 차입을 통해 구성된 것이며 따라서 정부 자본 투입을 통해 은행의 자본구조를 새롭게 구성할 수 있었다. 그렇지만 이 계획은 정치적인 이유로 실행에 옮기지 못했다. 헨리 폴슨은 미국의 금융시스템을 국유화한 인물로 역사에 기록되고 싶은 생각은 없었다. 설사 그런 개인적인 대가를 치르려 한다 해도 정부가 개입하는 자본재구성 같은 계획이 의회를 통과할 가능성은 전혀 없었다. 공화당 의원들이야 물론 모두 국유화를 반대할 것이고, 이런 공화당의 공조 없이 민주당 홀로 위험을 무릅쓸 수는 없었던 것이다.⁴⁵ 따라서 이미 2008년 봄에 재무부 직원들은 자산매입이 그래도 가장 거부감이 적은 방법이라고 결론 내린 상태였다. 그렇게 한다 해도 은행의 소유권과는 상관이 없었으며 경영 우선권 같은 문제가 불거질 염려도 없었다. 어쨌든 모두 다 "시장"을 통해서 할 수 있는 조치들이었고 매입 가격은 경매 방식으로 결정될 수 있었다. 다만 그 진행 과정이 느리고 비용이 많이 든다는 사실은 누구나 인정하는 바였다. 게다가 7000억 달러라고 해도 현재 발행되어 있는 서브프라임 관련 증권 상품들의 절반 정도만 책임질 수 있는 수준이었다. 다시 말해 자산매입도 완벽한 해결책은 아니었는데, 리먼브라더스와 AIG, 워싱턴 뮤추얼 이후 재무부와 연준은 상당히 초조한 분위기였고 당장 의회의 승인을 받을 수 있는 방법이나 조치가 필요했다.

평상시라면 통과되는 데 몇 달이 걸리는 법안이 이번에는 불과 며칠 만에 처리되어야 했다. 한 로비스트가 던진 농담처럼 "초특급 기동전(hyperdrive blitzkrieg)"이었지만 사실 시작부터 문제는 있었다.⁴⁶ 팀 가이트너의 회고록 내용이다. "의회 지도자들은 흡사 뒤통수라도 맞은 듯한 표정이었지만 헨리와 벤이 제2의 대공황이 올 수도 있다고 경고하자 태도를 누그러트렸다. …… 그리고 다시 화를 내기 시작했다." 상원 금융위원회의 크리스 도드(Chris Dodd)는 이렇게 말했다. "재무부의 요청은 그 적용 범위 면에서 전례가 없는 규모였고 거기에 자세한 내용도 부족해서 내가 나중에 덧붙여야 했다. 나는 경제만 위기에 빠진 것이 아니라 미국의 헌법정신 자체도 위기에 빠지겠다는 생각밖에 들지 않았다."⁴⁷ 민주당 소속의 도드 의원은 그래도 최소한 협조적으로 나왔지만 공화당 의원들은 그렇지 못했다. 켄터키주 출신의 짐 버닝(Jim Bunning) 의원은 이 법안을 이렇게 묘사했다. "이것은 미국식이 아니며, 금융사회주의다."⁴⁸ 역시 공화당 소속으로 텍사스주 출신인 테드 포(Ted Poe) 의원의 분노는 대단했다. "뉴욕의 배부른 자본가들은 선량한 국민들이 이런 정신 나간 짓에 좋아라 하며 세금을 가져다 바칠 거라고 기대하는 모양이다. …… 금융 안정을 미끼로 국민들을 위협하는 것이 과연 정상인가."⁴⁹

부시 행정부는 그동안 비상권한 이야기만 나오면 계속해서 신뢰성 문제로 곤욕을 치러왔다. "전격적으로 진행되었던 이라크 전쟁 당시와 기분 나쁠 정도로 비슷하다." 민주당 의원 마이크 맥널티(Mike McNulty)의 토로였다. "부시 행정부는 그동안 계속해서 경제는 기본적으로 아무 문제가 없다고 말해왔는데 이제 와서 갑자기 대위기가 닥칠 것처럼 말을 바꿨다. 당연히 그대로 받아들이기는 어렵다."⁵⁰ 피트 스타크(Pete Stark) 의원도 이라크 전쟁 당시 콜린 파월 국무장관의 행적을 떠올리며 이렇게 주장했다. "당시 파월 장관은 지금 당장 전쟁을 승인해주지 않으면 곧 미국 전역에서 테러가 일어나는 걸 보게 되리라고 우리를 위협하지 않았는가."⁵¹

《파이낸셜타임스》의 경제학자이자 인터넷 블로거로도 활동하는 윌럼 뷰이터(Willem Buiter)는 헨리 폴슨의 입법 요청에 대해 이렇게 평가했다. "마치 이라크 전쟁 당시 전권을 휘둘렀던 딕 체니 부통령이 옆에서 거든 것 같았다. 견제와 균형도 없고, 책임도 지지 않을 것이며 그에 대한 평가도 전혀 받지 않겠다고 한다. 있지도 않은 이라크의 대량살상무기를 들먹이고 아부그라이브와 관타나모의 비밀 수용소를 숨겼던 정부가 이런 걸 요청하며 어떤 반응을 기대하는 건가? 기가 차서 웃음밖에는 안 나온다."[52] 좌파 성향의 유명 영화감독 마이클 무어(Michael Moore)는 팬들과 친구들에게 "부자들이 오늘 아침 나라를 뒤집으려 하고 있다"는 내용의 단체 이메일을 보냈다. 영국의 언론인 폴 메이슨(Paul Mason)은 이렇게 논평했다. "헨리 폴슨의 성급한 요청은 결국 구제금융을 반대하는 우익 선동가들과 좌파 자유주의자들 사이의 예상치 못한 공동대응을 불러일으키고 말았다."[53] 물론 훗날의 역사는 모든 것이 우연이 아니었다는 사실을 증명해주었다.

당시 중반에 접어들고 있던 대통령 선거 일정과 관련해서도 구제금융 문제는 뜨거운 감자였다. 민주당 대통령 후보 버락 오바마는 별로 문제가 없었다. 오바마를 지원하는 경제보좌관들은 모두 로버트 루빈과 해밀턴프로젝트 관련 인사들이었고 게다가 그의 개인 측근들 중에는 UBS와 메릴린치의 일급 금융인 출신이 다수 포함되어 있었다.[54] 문제는 공화당 후보인 존 매케인이었다. 만일 존 매케인이 공화당의 반대파들과 운명을 함께하려 한다면 구제금융 관련 조치의 시행이 어려움을 겪을뿐더러 민주당의 대선 공약도 국민들의 차가운 외면을 받을 것이 분명했다. 하원의 공화당 원내대표 존 베이너도 별로 도움이 되지 못하기는 마찬가지였다. 공화당 하원의원의 3분의 1은 더 이상의 구제금융 지원을 적극 반대하고 있었기 때문에 협력을 얻을 가능성은 전혀 없었고 3분의 1은 지지기반을 잃을까 두려워하고 있었다. "한쪽은 금융시스템의 붕괴로 이어지는 길이며 다른 한쪽은 납세자들의 파산과 사회주의로 이어지는 길이다. 그런데 어느 길을 선택할 것인지 24시간 안에 대답하라는 것이었다." 텍사스주 출신으로 보수 성향의 공화당연구위원회(Republican Study Committee)를 이끌고 있던 젭 헨설링(Jeb Hensarling)이 기자들에게 분개해서 내뱉은 말이다.[55] 위스콘신주의 폴 라이언(Paul Ryan)이나 버지니아주의 에릭 켄터(Eric Cantor) 같은 공화당 우파의 차세대 주자들도 부시 행정부의 "배신"에 저항하는 움직임에 동참했다.

공화당이 이렇게 크게 분열의 조짐을 보이자 9월 24일 존 매케인은 선거 일정을 잠시 중단하고 이 위기를 "타개"할 방안을 강구하기 위해 워싱턴으로 돌아가겠다고 발표한다. 재무부와 백악관은 대혼란에 빠졌고 시장 분위기는 달아올랐다. 존 매케인이 어떤 생각을 가지고 워싱턴으로 돌아오고 있는지는 아무도 알지 못했다. 다만 확실한 건 공화당의 지지기반이 흔들릴 수도 있다는 사실이었다. 깜짝 놀란 헨리 폴슨은 휴대전화로 백악관을 연결해 저 "공화당 후보"를 어떻게든 말려달라고 소리를 질렀다고 한다.[56] 경제 문제가 정치권력 다툼으로 크게 번져가는 것에 놀란 벤 버냉키는 연준의 보호막 속으로 잠시 물러나 있는 편이 낫겠다고 생각했다. 결국 중재에 나선 것은 대통령 최측근과 공화당의 주요 후원자들이었다. 사모펀드를 운영하는 억만장자 헨리 크라비스(Henry Kravis), J.P.모건의 부회장 제임스 리(James Lee), 메릴린치의 존 테인(John Thain) 등이 존 매케인과의 대화에 나선 것이다.[57] 이렇게 해서 "체제"의 요구와 세라 페일린이 그를 위해 끌어모은 선동적 지지자들 사이에서 입장을 분명하게 정하지 못한 존 매케인은 이후 이 문제에 대해서는 입을 굳게 다물어버렸다. 9월 25일에 바로 존 매케인의 요청으로 부시 행정부와 두 대선 후보가 마주했지만 이 중요한 회합에서 정작 매케인 자신은 꿀 먹은 벙어리가 되고 말았다고 한다.[58]

9월 28일 일요일 헨리 폴슨과 민주당 의원들 사이에서는 어느 정도 이야기가 진행된 것 같았다. 헨리 폴슨은 정부 지원에 상한선을 두는 것과 부실자산구제프로그램, 즉 TARP 지원은 단계적으로 해나갈 것, 그리고 여러 단계의 관리와 감독을 거칠 것 등에 동의했다. 또 납세자들에게 피해가 돌아갈 경우 금융업계의 세금으로 그 피해를 보상해줄 것을 약속했다. TARP 법안 통과에 속도를 내기 위해 하원결의안 3997호(House Resolution 3997)도 함께 처리되었다. 이 결의안은 특별조세감면법(Defenders of Freedom Tax Relief)이라는 이름으로도 알려졌으며 군인, 의용 소방대원, 평화 유지군에게 세금을 감면해주는 법이다. 법안 통과를 위한 투표 당일인 9월 29일 월요일 아침, 부시 대통령은 기자회견을 통해 헨리 폴슨이 상정한 법안에 찬성한다는 의사를 밝혔다. 같은 날 오후에는 정치적으로 어려움에 몰린 우크라이나의 빅토르 유셴코(Viktor Yushchenko) 대통령과의 회담 일정이 잡혀 있었는데, 자유세계의 지도자가 여전히 강력한 정치력을 발휘하고 있다는 사실을 보여줄 기회이기도 했다. 시장은 얻을 수 있는 모든 도움을 기다리고 있었다. 유럽에서 들려오는 소식은 불길했다. 월스트리트는 신경을 바짝 곤두세웠다. 세계의 모든 시선이 미국 의회에서의 투표 결과를 기다리며 텔레비전 화면을 주목하고 있었다.

하원은 안심할 수 없는 분위기였다. 오전에는 각자의 주장을 담은 연설이 오갔고 점심 식사 후에 투표가 시작되었다. 전 세계가 의회민주주의 절차가 진행되는 지루한 과정을 지켜보았다. 오후 1시 49분이 되자 마침내 투표 결과가 발표되었다. 반대 228표, 찬성 205표였다. 양당 지도부는 모두 깊은 침묵에 잠겼다. 잠시 양당 의원들이 모일 수 있는 시간이 주어졌고 텔레비전 카메라들이 그런 의원들의 모습을 좇았다. "양당 지도부가 투표 결과와 명단을 확인하고 있다. …… 여야 할 것 없이 모든 의원들이 뒤섞여 평소와는 다른 혼란스러운 모습으로 연단 아래 이곳저곳에 모여 있다."[59] 5분 뒤 오후 2시가 채 되지 않아 결국 과반수 찬성표를 얻지 못해 법안이 통과되지 못했다는 사실이 공식 발표되었다. 헨리 폴슨의 TARP 계획을 찬성한 205표 가운데 140표는 민주당에서, 65표는 공화당에서 나왔다. 반대표는 133표가 공화당, 95표가 민주당이었다.

연준과 재무부가 리먼브라더스의 파산을 묵인한 후에 미 하원의원들이 정부의 긴급구제 노력에 대한 지지를 철회한 것이다. 시장의 반응은 공포 그 자체였다. 다우존스지수는 778포인트나 떨어졌고 불과 몇 시간 동안 1조 2000억 달러가 증발했다. 다우존스지수가 684포인트 떨어졌던 9·11 사태 당시보다도 더 좋지 않은, 기록에 남을 만한 그런 날이었다.[60] 세계 경제도 큰 충격을 받았다. 그리고 대서양 건너편에서도 끔찍스러울 정도로 똑같은 위기가 시작되었다.

유럽으로 번진 TARP 법안 부결의 파장

미국에서 부실자산구제프로그램(TARP) 법안을 통과시키려는 첫 번째 시도가 수포로 돌아갈 무렵 영국의 고든 브라운 내각은 스페인의 산탄데르은행을 설득하기 위해 사력을 다하고 있었다. 모기지 업체인 브래드퍼드앤드빙리(Bradford & Bingley)의 지점들과 220억 파운드에 달하는 예금을 인수해달라는 것이었다. 그렇게 해도 영국 재무부는 아무도 개입하고 싶어 하지 않는 410억 파운드어치의 대출상품을 따로 책임져야 했다.[61] 1년 전 영국 정부가 노던록을 지원했을 때만 해도 사태가 그 정도에서 그칠 것만 같았다. 그런데 이제는 영국 금융시스템 전체가 흔들리고 있었다. 그동안 도매자금시장에 지나치게 의존해왔는데 그 시장에서 자금이 말라버린 것이다.

가장 두려운 건 이런 공황상태가 노던록 같은 모기지 전문업체뿐 아니라 HBOS 같은 규모가 더 큰 은행, 그리고 다시 RBS 같은 일반 시중은행들에까지 번져나갈지도 모른다는 사실이었다. RBS의 경우 최소한 대차대조표상으로는 최근까지도 세계 어느 은행에도 뒤지지 않는 규모를 자랑했다. 도버 해협 건너편 대륙 본토에서는 베네룩스 3국을 통틀어 가장 규모가 큰 포르티스가 위기에 빠져 있었다. 포르티스의 대차대조표는 리먼브라더스와 사정이 비슷했다.[62] 프랑스 정부는 프랑스와 벨기에의 합자 대출업체인 덱시아를 살리기 위해 고군분투하고 있었다. 메르켈 총리와 페어 슈타인브뤼크 재무부 장관은 하이포리얼에스테이트 문제로 날선 대립 중이었다. 하이포리얼에스테이트는 아일랜드로 본사를 옮긴 계열사 DEPFA은행의 방만한 경영으로 발목이 잡힌 상태였다.[63] 이런 은행들이나 금융업체들을 구

도표 7.2 영국 은행시스템의 취약성: 모기지 규모와 자금조달 방식
(수치는 백분율로 표시한 채무 대 자산 비율)

	모기지	예금	도매자금시장	주식
애비내셔널(Abbey National)	53	34	21	1.7
얼라이언스앤드레스터 (Alliance & Leicester)	55	45	52	3
바클레이	6	26	19	2.5
브래드퍼드앤드빙리	62	51	44	3.2
스코틀랜드 핼리팩스 은행 (Halifax Bank of Scotland)	37	38	36	3.6
HSBC	4	48	17	6.2
로이드 TSB(Lloyds TSB)	28	42	27	3.4
노던록	77	27	68	3.1
스코틀랜드 왕립은행	8	43	24	4.8
스탠다드차타드은행	17	58	20	7.1
평균	34.7	41.2	32.8	3.86

자료 출처: 탄주 유루마젤(Tanju Yorulmazer), 「금융위기 혼란상에 대한 사례 연구(Case Studies on Disruptions During the Crisis)」, 《이코노믹 폴리시 리뷰(*Economic Policy Review*)》 제20권 제1호(2014년 2월). SSRN:https://ssrn.com/abstract=2403923.

해내기 위해서는 손실액에 대한 감가삼각, 공적자금을 통한 자본재구성, 민간 차입에 대한 보증, 다른 업체들과의 협상, 중앙은행의 긴급 유동성 지원 등 다양한 방법을 동원해야만 했다.

유럽에서는 이처럼 급한 불을 하나씩 꺼가고 있었는데 9월 29일 밤 TARP 법안이 의회를 통과하지 못했다는 소식이 전해지자 시장이 요동쳤고 먼저 아일랜드가 무너져 내렸다.[64] 아일랜드의 3대 은행인 앵글로아이리시뱅크, 뱅크오브아일랜드, 얼라이드아이리시뱅크가 모두 파산 직전까지 몰렸다.[65] 이 3대 은행의 대차대조표상 자산 규모는 아일랜드 전체 GDP의 700퍼센트에 육박했다. 아일랜드 정부는 뱅크런을 막을 자금을 확보할 수 없었다. 충격에 휩싸인 채 그날 밤 열띤 논의가 오갔고 9월 30일 이른 아침이 되자 정부는 죽음이 두려워 먼저 자살을 택하는 일이 벌어질 수도 있다고 발표했다. 그리고 유럽은 아침 뉴스를 통해 아일랜드 정부가 2년 동안 6대 주요 은행의 일반 예금뿐만 아니라 부채까지 보증할 거라는 사실을 알게 되었다. 사전에 어떤 유럽 정부도, 중앙은행도, 그리고 심지어 아일랜드 국민들조차 이런 내용을 전달받은 적이 없었다.[66] 뱅크런은 멈췄지만 전체 인구가 뉴욕시 인구의 절반에 불과한 아일랜드 국민들은 이제 4400억 유로에 달하는 은행 부채를 다 같이 짊어졌다. 은행들이 무너지면 아일랜드라는 국가 전체가 함께 무너지는 상황이었다. 결국 아일랜드는 2008년의 금융위기가 2010년의 유로존 국가부채 위기로 연결되는 상황을 예고했다. 그렇지만 이제 겨우 시작이었다. 9월 30일 사태는 즉시 나머지 전 세계에 영향을 미쳤다. 아일랜드 정부의 이런 조치는 결국 유럽 각국의 국민들을 자극해 뱅크런이 확산되도록 만들 것인가?

아일랜드 은행들과 영국 금융시스템 사이의 밀접한 관계를 생각해보면 가장 충격을 받은 국가는 당연히 영국이었다. 영국은 어쩔 수 없이 바로 예금보장 한도를 올렸다. 영국과 프랑스, 그리고 네덜란드 정부는 긴급협의에 들어갔다. 독일 정부는 다소 비협조적이었다. 영국 재무부가 유럽 차원의 공동대응을 논의하기 위해 독일 재무부에 연락을 취했지만 슈타인브뤼크 장관은 연락을 피했다고 한다. 불안해진 영국의 달링 장관은 외무부에 도움을 요청했다. 베를린에 있는 영국 대사관을 통해 독일 정부와 연락을 취할 수 있을지 문의한 것이다.[67] 물론 독일 정부가 이유 없이 영국과의 접촉을 회피한 것은 아니었다. 9월의 마지막 날 포르티스에 대한 구제조치로 어려움을 겪었던 네덜란드 정부는 과감한 제안을 했다.[68] 유럽 국가들이 공동으로 구제금융 기금을 조성하자는 것이었다. 각국의 분담금은 GDP의 3퍼센트가량이었고 모두 합치면 3000억 유로 정도였다. 프랑스 정부는 적극적으로 찬성 의사를 밝혔다. 사르코지 대통령의 요청으로 프랑스와 독일, 그리고 이탈리아와 영국 대표가 파리에 모이기로 했다. 회담 전에 프랑스 재무부 장관 크리스틴 라가르드(Christine Lagarde)는 독일의 경제 일간지 《한델스블라트(*Handelsblatt*)》와의 대담에서 공동의 노력이 필요하다는 사실을 역설한다.[69] 덱시아와 포르티스를 구하기 위한 치열한 국제간 협상 과정을 거친 이후 그녀는 유럽의 소국(小國)들이 이번 위기를 이겨낼 수 있을지 심각하게 염려하고 있었다. "유럽연합 내 규모가 작은 국가들이 금융위기에 직면하면 어떤 일이 일어날 것 같나?" 라가르드 장관은 조금 흥분한 듯 이렇게 되물었다. "아마도 그런 정부에게는 문제가 되는 기관이나 업체를 구해낼 방도가 없을 것이다. 그렇기 때문에 유럽 차원의 공동대응 이야기가 나온 것이다."[70] 이탈리아도 여기에 찬성하는 입장이었다.[71] 도이치은행의 회장으로 금융계의 거물인 요제프 아커만(Josef Ackermann)의 입장도 비슷했다.[72] 유럽 역시 헨리 폴슨이 의회에 요청한 것과 비슷한 규모의 긴급 조치가 필요했다. 갑자기 독일 측이 분주하게 움직이기 시작했다. 슈타인브뤼크는 공동 구제금융에 대한 논의는 있을 수 없다고 못을 박았다. 만일 이번 회담이 금융위기에 대한 것이라면 메르켈 총리는 참석을 하지 않을 것이라는 이야기가 흘러나왔다. 이런 결심을 확인이라도 하듯 메르켈 총리는 유명 일간지인 《빌트차이퉁(*Bild-Zeitung*)》과의 대담에 응했다. 이 일간지는 얼마 지나지 않아 위기에 대한 민족주의자들의 의견을 대변하는 것으로 악명을 떨치는데, 이 대담에서 메르켈 총리는 은행들에 대한 무제한적 지원을 공격하고 나선 것이다.[73] 독일 정부는 프랑크푸르트에 있는 유럽중앙은행의 지원을 기대했고 장클로드 트리셰 총재는 기자들에게 유로존은 재정연합(fiscal union)이 아니기 때문에 유럽 공동의 대책은 적절하지 못하다는 의사를 밝혔다. 룩셈부르크 총리이자 오랫동안 유로그룹에 몸담았던 장클로드 융커 역시 독일 라디오와의 대담에서 비슷한 의견을 전했다. "왜 우리가 미국 방식의 구제조치를 유럽에 적용해야 하는지 이유를 모르겠다." 이번 금융위기의 진앙은 미국이었고 상황이 더 심각해지고 있는 쪽도 미국이었다. 유럽은 각자 알아서 이번 사태를 이겨낼 수 있을 거라고 생각했다.

사르코지 대통령은 한 걸음 뒤로 물러섰다. 다만 이번 회담 요청은 대통령의 승인을 받지 않은 재무부의 독단적인 결정에 의한 것이었다고 말을 바꾸며 체면을 세울 수 있었다. 그렇지만 프랑스와 네덜란드의 예상은 빗나가지 않았다. 그로부터 12개월이 지나지 않아 라가르드 장관이 《한델스블라트》와의 대담에서 예상했던 상황이 그대로 유로존을 강타했다. 타격을 입은 부실기관들과 능력 없는 정부가 함께 무너져 내린 것이다. 그렇지만 아무리 프랑스가 선견지명이 있었다고는 해도 역시 독일 정부의 도움 없이는 아무런 조치도 취할 수 없었다. 10월 4일 사르코지 대통령과 메르켈 총리, 브라운 수상, 베를루스코니 총리가 마침내 파리에서 회동했다. 결과는 실망스러웠다. 고든 브라운 수상은 이번 위기가 미국만의 문제라고 생각하는 유럽의 반응에 고개를 내저었다.[74] 어느 영국 관료는 환멸을 느낀 듯 이렇게 말했다. "유럽은 어떤 위기가 닥쳐오고 있는지 제대로 파악하지도 못했고 경제 상황 자체도 이해하지 못했다. 공동대응이 어떤 일을 해낼 수 있는지 깨닫지 못한 것 같다."[75] 사르코지 대통령은 체념한 듯 이렇게 말했다. "유럽이 함께 힘을 합칠 수 없다면 남은 건 몰락뿐이다. …… 그렇지만 이건 내 탓이 아니라 메르켈 총리의 책임이다. 그녀가 내게 뭐라고 했는지 아나? 자기가 싼 똥은 자기들이 알아서 치우라더라!" 독일 측에 따르면 메르켈 총리는 그보다는 더 점잖게, 그러니까 독일의 대문호 괴테의 말을 인용해 이렇게 이야기했다고 한다. "모든 사람들이 자기 집 앞을 쓸고 닦으면 도시 전체는 자연스럽게 깨끗해진다."[76]

그런데 독일은 왜 그렇게 비협조적이었을까? 결국 독일도 공동기금을 통해 도움을 받을 수 있는 취약은행을 비슷하게 가지고 있었다. 그렇지만 실제로는 독일의 납세자들이 독일이든 외국이든 자기들과 상관없는 문제에 세금을 낭비하고 싶어 하지 않는다는 냉정한 현실이 그 뒤에 자리하고 있었다. 좀 더 넓은 관점에서 보면 메르켈 총리에게서 독자적 문제 해결과 공동 해결의 차이는 단지 유럽과 미국의 문제만은 아니었다. 2005년 이후 그녀는 유럽연합의 독자적인 헌법조약 제정 문제가 표류하면서 고민이 많았다. 단일 헌법조약 대신 각 국가의 독립성을 조금 더 인정하는 쪽으로 합의를 본 리스본 조약을 유럽연합 27개 회원국 정상들이 일단 받아들이기로 동의한 건 2007년 12월의 일이며 그로부터 불과 채 1년도 지나지 않았다. 또한 2008년 여름에는 아일랜드가 국민투표를 통해 이를 거부함으로써 또다시 심각한 좌절을 겪기도 했다. 금융위기가 닥쳐오자 리스본 합의는 긴급하게 대대적인 수정에 들어간 상태였으며 독일 헌법재판소에서도 관련 문제를 논의 중이었다. 유럽연합이라는 가장 기본적인 정치적 프레임이 안정되지 못한 상황에서 독일 정부는 은행들을 구하겠다고 유럽연합 집행위원회에 막대한 권한을 부여하는 그런 일은 지지할 생각이 없었다.[77] 금융위기에 대한 해법이 무엇이든 우선은 각 정부 사이의 합의를 바탕으로 해야지 무조건적인 공동 해결에 힘을 실어줄 수는 없었던 것이다.

10월 4일에 있었던 정상회담에서 큰 무리 없이 합의를 본 내용은 일단 지난주에 있었던 아일랜드의 독단적인 행동을 비판하고 앞으로는 서로 합의된 행동과 조치를 취하자는 것이었다. 그런데 바로 뒤를 이어 더 충격적인 일이 벌어졌다. 유럽 정상들이 회담을 마치고 귀국하는 도중에 하이포리얼에스테이트가 결국 무너졌다는 소식이 들려왔다. DEPFA은행의 상황은 알려진 것보다 훨씬 더 좋지 않았다. 아일랜드로 파견된 도이치은행의 전문가들은 하이포리얼에스테이트가 DEPFA 문제를 해결하기 위해 필요로 하는 금액이 350억 유로가 아닌 500억 유로라는 사실을 알게 되었다. 메르켈 총리와 슈타인브뤼크 장관이 자금지원을 요청한 은행들은 즉시 이런 정부의 요청을 거부하고 나섰다. 나중에 있었던 독일 의회의 조사에서 한 은행 관계자는 리먼브라더스 파산이 쓰나미였다면 하이포리얼에스테이트는 독일 경제의 종말이 될 수도 있었다고 대답했다. 분데스방크 총재인 악셀 베버(Axel Weber)는 핵발전소의 붕괴에 비유하기도 했다. 금융감독청장 요헨 자니오(Hochen Sanio)는 조금 더 감상적으로 영화 〈지옥의 묵시록(Apocalypse Now)〉을 언급했다.[78] 독일 정부가 정말로 염려했던 건 독일 예금자들이 패닉 상태에 있다는 소문이었다. 현금 인출이 급증하면서 분데스방크는 유로화 고액권 지폐 수요가 전례가 없을 정도로 크게 늘어났다고 보고하기도 했다. 메르켈 총리는 파리에서 돌아온 지 만 하루가 지나지 않아 성명서를 발표하기로 급하게 결정을 내렸다. 슈타인브뤼크로서는 그저 모든 일을 혼자서 독단적으로 처리해서는 안 된다고 총리를 설득하는 것 말고는 할 수 있는 일이 없었다.[79] 10월 5일 일요일 오후 메르켈 총리와 슈타인브뤼크 장관이 텔레비전 카메라 앞에 섰다. 두 사람은 아직 의회의 합법적인 승인은 받지 못했기 때문에 세부적인 사항에 대해서는 애매한 표현으로 넘어갔다. 어쨌든 1949년 이후 독일을 지배해온 양당의 두 지도자는 독일 국민들의 모든 예금은 안전하다고 공동 선언했다.

물론 선언의 직접적인 대상은 독일 국민들이었지만 그 의미는 훨씬 더 컸다. 독일은 아일랜드가 아니었다. 대단히 제한적으로만 생각해도 메르켈과 슈타인브뤼크는 최소한 1조 유로에 대한 보증을 하고 나선 것이다. 독일은 글로벌 뱅크런을 자국에 유리한 기회로 활용하기로 한 것일까? 독일 정부는 영국은 물론 미국에도 사전에 아무런 언질도 주지 않았다. 메르켈과 슈타인브뤼크가 텔레비전에 모습을 드러낸 지 몇 시간이 지나지 않아 영국의 브라운 수상은 어떻게 대응해야 할지를 결정하기 위해 긴급회의를 소집했다. 영국의 관료들은 "미친 듯이 독일에 연락을 취하려고 애를 썼지만" 이번에도 역시 독일은 아무런 응답이 없었다.[80] 유럽연합의 분명한 정책이 부재한 상황에서 예컨대 덴마크처럼 국가 규모는 작지만 대형 은행들이 있는 국가들은 각자 알아서 결정을 내리고 스스로 예금 보장 범위를 확대할 수밖에 없었다. 미국 재무부 역시 메르켈 총리가 무슨 속셈인지 알아내기 위해 동분서주했다. 단순히 "보장 차원"의 정치적 약속인가 아니면 아일랜드가 그랬던 것처럼 2년 이상을 확실히 책임지겠다는 것인가? 이렇게 되자 마치 미국 관계 당국이 상황을 제대로 파악하지 못하고 있는 것처럼 돌아가기 시작했다. "이렇게 상황이 급박하게 돌아가다가는 어쩌면 우리는 원하지 않는 일을 할지도 모른다." 헨리 폴슨이 부하 관료들에게 한 말이다.[81] 만일 독일이 정부의 보증이 필요하다고 판단했다면 미국은 어느 정도 수준의 조치를 취해야 하는가? 10월 6일 월요일 주식시장에서는 2조 달러가 사라졌다. IMF와 세계은행의 가을회의를 위해 워싱턴에 모인 각국의 재무부 장관들과 함께 미국 정부는 10월 10일과 11일에 걸쳐 G7 및 G20 국가들의 재무부 장관 긴급회동을 열기로 결정했다.

미국 재무부가 공동대응의 필요성을 깨달았다는 건 좋은 징조였다. 그렇지만 금융위기 상태에서 1주일은 대단히 긴 시간이었고 영국은 더 기다릴 수 없었다. 고든 브라운 내각은 HBOS와 RBS라는 두 거대 은행의 파산에 직면해 있었다. 로이드 은행은 이미 9월 18일에 HBOS를 인수하는 데 동의했지만 HBOS는 도매자금시장에서 자금을 조달하는 것이 점점 어려워지고 있었다.[82] 은행의 신용등급이 급락했고 시장 패닉이 확산하면서 개인 및 기업 고객들은 이미 300억 파운드를 인출해간 상황이었다. 만일 적절한 인수 작업이 끝나기 전에 먼저 쓰러져버린다면 노던록과는 비교도 할 수 없는 대재앙이 될 수 있었다.[83] 단순히 규모 면에서는 RBS의 상황이 훨씬 더 위험했다. 9월 26일 이후 재무부와 수상 관저에서는 직원들이 각각 구제금융 지원계획을 짜왔다. 위기를 함께 극복해내기 위해 10월 3일 브라운 수상은 국가경제위원회(National Econimic Council, NEC)의 설립을 선언했다. 《데일리텔레그래프》는 이를 두고 즉시 "경제전쟁을 위한 전시내각"이라는 이름을 붙였다. 실제로 이 위원회는 보안이 철저한 지하 회의실에서 업무를 시작했는데, 이 회의실은 보통 특별한 일이 있을 때만 소집되는 정부비상대책위원회(Cabinet Office Briefing Room A, COBRA)가 주로 사용하는 곳이었다.[84] 익숙하지 않은 환경과 분위기였지만 거기에서는 제법 생산적인 결과물들이 나왔다. 미국의 TARP가 불량자산을 정부의 돈으로 사들이는 내용을 기본 골자로 하고 있었던 반면 영국의 국가경제위원회는 두 가지 방안을 제시했다. 바로 정부 보증과 자본재구성이었다. 아일랜드와 독일처럼 영국도 예금이나 채무에 대한 정부보증을 제공할 것이며 영란은행과 재무부는 은행들이 발행한 채권을 일괄 인수할 것인데, 다만 이런 보장이나 보증은 시장 투자나 공적자금에 의한 자본재구성에 따라 그 범위가 달라질 수 있었다. 그 밖의 세부사항은 관련 행정 부처들의 회의와 비밀 엄수를 약속한 일부 투자은행들의 시험적인 적용에 따라서 개선되거나 바뀔 예정이었다. 10월 7일 아침, 달링 재무부 장관이 유럽 재무부 장관 회의에 참석해 예금 보장 범위에 대한 합의를 이끌어내려고 애를 쓰고 있는 사이 RBS의 주가가 폭락했고 모든 거래가 일시 중단되었다. 불과 얼마 전인 2008년 봄까지만 해도 세계 최대 규모를 자랑했던 RBS, 즉 스코틀랜드 왕립은행은 이제 파산을 눈앞에 두고 있었다.[85]

2008년 10월 8일, 영국의 구제금융 지원계획이 시작되었다. 영국의 주요 은행들과의 피 말리는 협상의 밤이 지난 후였다. 그야말로 정치 무대에서 이루어진 성과라고나 할까. 미국 재무부가 의회와 갈등을 겪은 것과 비교하면 브라운 총리와 달링 장관은 여당으로서 하원 우세의 이점을 십분 활용했다. 노동당 대표로서 브라운의 좁은 입지와는 상관없이 그는 부시 대통령이 겪었듯이 당 소속 의원들의 반발을 두려워할 필요가 없었다. 재무부와 영란은행이 얻어낸 권한은 TARP의 주요 내용들과 비슷하거나 오히려 능가할 정도였다. 미국에 비해 훨씬 규모가 작은 영국 경제를 생각한다면 엄청난 전권을 부여받은 것이다.

영국의 구제금융 지원은 다음 세 가지 방식으로 구성되어 있었다.

1. 영국의 8대 주요 은행들은 자본재구성에 대한 계획을 작성해 제출한다. 정부의 지원금 500억 파운드(미화 750억에서 850억 달러 규모)를 받

거나 민간 재원을 마련하거나 둘 중 한 가지 방법을 스스로 결정한다.

2. 구제금융 지원계획에 참여하는 은행들의 신규 발행 채권에 대해서는 2500억 파운드(미화 3740억~4200억 달러 규모)의 지원금으로 정부가 보증을 한다.

3. 영란은행은 특별유동성계획(Special Liquidity Scheme)*을 통해 2000억 파운드, 즉 미화 3000억 달러에서 3500억 달러 규모의 재원을 새롭게 마련하여 은행들이 보유하고 있는 팔리지 않은 ABS를 재무부 채권으로 교환할 수 있도록 지원한다.

은행 관계자들과 재무부 관료들이 고민한 문제는 정부의 지원금을 받는 자본재구성 계획을 즉시 강제로 시행할 것인가, 또 만일 그렇게 할 경우 시장이 받는 충격은 어느 정도인가 하는 것이었다. 아니면 자본재구성을 천천히 단계적으로 시행하는 것이 더 유리할까? 위기에 빠져 있는 은행들은 아마도 끝까지 이를 거부할 것이 분명했다. 어떤 은행도 국가의 간섭을 받고 싶어 하지는 않았다. 붕괴가 목전까지 다가오는 상황에서도 은행들은 여전히 자신이 얻을 수 있는 이익이 무엇인지 저울질하고 있었다. 결국 RBS는 150억 파운드의 정부 지원금을 받아 정부가 57.9퍼센트의 지분을 소유했다. 로이드 TSB-HBOS는 130억 파운드에 43.4퍼센트의 지분을 정부에 넘겼다.[86] 영국에서 가장 튼튼하다고 알려진 바클레이와 HSBC는 자신들의 역량을 과시라도 하듯 여기에 참여하지 않았다. 두 은행은 자본금을 받지도 않았고 정부의 보증도 거부했다. 영국 정부는 결코 정부의 권위를 강압적으로 내세우지 않았으며 어느 쪽에도 정부 주도의 자본재구성을 강제로 요구하지 않았다. 주로 아시아 지역에서 사업을 크게 하는 HSBC는 일반 시장에서 충분히 자금을 융통할 능력이 있었다. 바클레이는 아라비아

---

* 은행이 보유한 우량 MBS 등과 국채를 스와프.

석유부국들의 국부펀드와의 대단히 변칙적인 거래를 통해 자금을 융통했고 직접 자본재구성에 나섰다. 그렇지만 훗날 이 문제로 상당한 벌금을 물었으며 고위 경영진은 형사고발을 당하는 처지가 되었다.[87]

미국(TARP의 하원 인준 실패)과 유럽 대륙에서 모두 구제 프로그램 논의가 난항에 빠진 가운데 고든 브라운이 제안한 특별유동성계획은 하나의 돌파구처럼 보였다. 뉴욕에서는 폴 크루그먼이 영국 노동당 정부에 찬사를 보냈다. 영국의 사회민주주의자들이 금융자본주의를 구해내는 방법을 찾아냈다는 것이다.[88] 노동당 정부가 미국에 비해 국유화에 거부감을 덜 느끼는 것도 확실히 도움이 되었다. 좀 더 확실하게 말한다면 1990년대 이후의 이른바 새로운 노동당은 미국의 민주당처럼 시티와 대단히 밀접한 관계를 맺기 시작했고 따라서 지금의 영국 노동당과 미국 민주당이 금융위기를 해결하기 위해 많은 노력을 기울이고 있는 건 결코 우연이 아니었다. 이들이 도운 것은 괴물의 탄생이었다. 어쨌든 HBOS와 RBS를 돕기 위해 영국의 납세자들이 앞으로 계속해서 짊어져야 했을지도 모를 엄청난 부담을 생각해보면 국유화 이외에 다른 대안을 찾는 것이 어려워 보인 것도 사실이다.

투자자들의 반응은 전문가들과 달리 그렇게 환영 일색은 아니었다. 10월 10일 금요일에 G7 재무부 장관 회의가 열렸을 때 전 세계시장은 공황상태에 빠져 있었다. 미국 재무부의 나무벽으로 둘러싸인 그 유명한 회의실에서 보낸 오후는 편안함과는 거리가 멀었다. 이탈리아 측의 줄리오 트레몬티와 일본 측의 나카가와 쇼이치(中川昭一)는 미국이 리먼브라더스를 파산으로 몰고 가면서 일어난 피해를 특히 강조했다. 슈타인브뤼크는 영국과 미국 방식의 자본주의를 끝내야 한다는 자신의 평소 주장을 되풀이했다.[89] 장클로드 트리셰는 리먼브라더스 파산 이후 Libor-OIS 스프레드*가 올라갔

---

* Libor-OIS 스프레드는 Libor와 OIS(Overnight Indexed Swap) 금리간 차이로, 국제금융시장의 신용위험과 유동성 리스크를 나타내는 대표적 지표다. Libor(London Interbank Offered

음을 나타내는 표 한 장을 마치 연기라도 하듯 과장된 표정으로 내보이기도 했다. 바로 유럽 은행들이 겪고 있는 자금조달 압박의 수준을 보여주는 지표였다. 미국 측은 애써 표정 관리를 하며 리먼브라더스가 영향을 미쳤을 수는 있지만 현재 전 세계가 겪고 있는 문제의 근본 원인으로 보기는 어렵다고 주장했고 영란은행의 머빈 킹도 이를 거들고 나섰다. 좀 더 생산적인 방향으로 이야기를 나누기 위해 이들은 5단계로 된 짧은 계획안 하나를 제안했다.

1. 시스템적으로 중요한 금융기관(SIFI)의 파산이 더는 없을 것이다.
2. 자본재구성을 지원할 조치들이 있을 것이다.
3. 은행간 자금시장의 유동성을 풀어주기 위한 조치를 취할 것이다.
4. 적절한 수준의 예금 보험을 해줄 것이다.
5. 증권화된 자산을 거래하는 시장을 새롭게 개편할 것이다.

그때 깜짝 환영인사라도 하듯 부시 대통령이 갑자기 모습을 드러냈다. 어쩌면 날선 분위기를 가라앉히려는 목적이었는지도 모르지만 애석하게도 그의 인사말은 각국 재무부 장관들을 안심시킬 정도로 사려 깊지는 못했다. "여러분은 걱정할 필요가 없습니다. 우리 재무부 장관이 잘 알아서 처리하고 있습니다. 은행간 유동성도 일단 동결할 것입니다."[90] TARP 문제는 아직도 표류 중이고 유동성 동결은 가장 나중 문제라는 점을 감안해보면 부시 대통령의 말은 아무런 위로가 되지 못했다.

회의가 끝나고 나흘 뒤 유럽에서는 워싱턴의 합의를 바탕으로 파리에서 유로존 정부 지도자들의 회의를 열자는 이야기가 나왔다. 주선자는 사르코지 대통령이었지만 실질적인 진행은 브라운 수상의 몫이었다. 영국은 유

Rate)는 런던금융시장에서 은행간 자금거래에 활용되는 무보증 자금조달금리다.

로존 회원국은 아니었지만 런던의 시티는 유럽 금융의 수도나 다름없었고 영국의 구제금융 계획은 이제 다른 국가들이 따를 만한 좋은 선례가 되었다. 정치적으로 보면 사르코지 대통령은 이 영국 수상의 힘을 빌려 독일을 압박해 좀 더 협조적인 태도를 이끌어내려고 한 것 같다.[91] 10월 12일에 있었던 회의의 가장 큰 결과물은 은행에 대한 각 정부의 보증 문제였지만 유럽 전체의 공동대응과 관련된 합의는 전혀 언급되지 않았다. 유럽연합 집행위원회는 회원국들에 외국계 은행이든 국내 은행이든 자국 영토 안에 있는 모든 은행의 채무를 보증할 수 있는 퍼미시브 라이선스를 발행했다. 금융기관들을 지원하는 데 어떠한 차별도 없어야 했다. 위기가 진행되는 동안 유럽 국가들은 아무 거리낌 없이 은행에 필요한 자본을 지원했다. 유럽연합은 이를 감독하는 기관 역할을 했고 유럽 공동시장이 쪼개지는 수준까지는 이어지지 않도록 관리했다. 그렇지만 유럽연합이 직접 나서 금융위기와 싸운 것은 아니었다. 전체적으로 봤을 때 집행위원회가 확인하고 승인한 각국의 은행 채무 보증 계획은 20개, 그리고 자본재구성 계획은 15개였다.[92] 그중에서도 독일은 가장 많은 44개에 달하는 개별 은행에 대한 지원계획을 허가해달라고 요청했다. 그렇지만 역시 각 국가별로 사정은 각각 달랐다. 공동대응에 대한 메르켈 총리의 반대 의사는 변함이 없었다. 유럽 차원의 공동대응이 다시 논의의 주제가 된 건 그로부터 3년이라는 긴 시간이 흐른 뒤였다.

2008년 10월 13일 월요일, 영국은 로이드-HBOS와 RBS를 사실상 국유화했다. 같은 날 독일에서는 은행들의 채무 보증을 위해 4000억 유로, 자본재구성을 위해 1000억 유로를 정부에서 지원하겠다는 발표가 나왔다. 프랑스는 중기 은행채 보증을 위해 3200억 유로, 그리고 자본재구성을 위해 400억 유로를 투입하기로 했다. 이탈리아는 자본재구성에 대해서는 400억 유로를 예산으로 편성했지만 보증에 대해서는 "필요한 만큼"이라고만 하고 금액을 확실히 정하지는 않았다. 네덜란드의 채무 보증 규모는 2000억 유로였다. 스페인과 오스트리아는 각각 1000억 유로를 준비했다.[93] GDP 대비로 보면 아일랜드가 가장 규모가 컸지만 벨기에와 네덜란드 역시 적지 않은 예산을 편성한 것이다.

유럽의 국가별 구제 계획은 은행이나 지역 정치 환경에 따라 달라졌다. 프랑스의 대형 은행들은 상대적으로 상황이 나쁘지 않았다. 소시에테제네랄의 경우 2008년 1월 직원인 제롬 케르비엘(Jerome Kerviel)이 상부 승인 없이 500억 유로 규모의 독단적인 투자를 감행해 50억 유로를 손해 보았다. 그렇지만 천만다행으로 금융위기가 최악의 상황으로 치닫기 6개월 전에 이미 수습되었다.[94] 이후 소시에테제네랄은 합병을 피해 자본재구성을 시작했다. 당시 상황이라면 아주 좋지 않은 조건으로 합병이 진행되었을 것이 분명했다. 또한 골드만삭스와 함께 긴밀하게 사업을 진행하며 오히려 AIG 구제금융의 특혜를 받아 이익을 보기도 했다. 그렇지만 이렇게 프랑스 은행들이 상대적으로 튼튼했다 하더라도 2008년 가을에 시작된 금융권의 전체적인 신뢰 상실에서 예외가 된 곳은 한 곳도 없었다. 10월 16일 긴급 자산재구성과 리파이낸스 프로그램이 프랑스 의회를 통해 관철되었다. 긴급 상황이라는 말은 이제 어디에서나 흔히 들을 수 있었지만 프랑스가 다른 국가들과 다른 점이 있었다면 민간 부문에서의 반응이었다. BNP파리바를 필두로 모든 주요 은행이 일종의 국가지주회사인 SPPE(Société de Prise de Participation de l'État)로부터 자본금을 지원받는 데 동의한 것이다. 2009년 1월에는 2차로 지원이 시작되었고 또다시 모든 은행들이 자본을 수혈받았다. 좀 더 유별났던 건 정부의 지원을 받아 자금을 대출해주는 기관인 SFEF(Société de Financement de l'Économie Française)가 진행하는 리파이낸스 과정이었다. SFEF는 은행을 대신해 정부가 보증하는 채권을 총 2650억 유로어치 발행할 합법적 권한이 있었지만 6대 주요 은행들이 66퍼센트의 SFEF 지분을 갖고 있었다. 심지어 HSBC의 프랑스 자회사도 여기에 동참했는데 아주 깔끔한 구성이었다. 프랑스 정부의 지분은 극히 적었고 SFEF의 채무는 프랑스 공공 부문 부채에 포함되지 않았다. 그와 동시에 금융감독기관들과의 특별한 합의에 따라 SFEF는 바젤 II 기본 규정을 지킬 의무가 없었다. 따라서 실제로 지분을 갖고 있는 은행들에 도움을 요청할 필요가 거의 없었다. 프랑스가 취한 방식들은 시장의 신뢰를 회복하는 데는 아주 효율적이었는데, 이런 과정이 가능했던 이유는 프랑스 거대 은행들에 대한 압박이 상대적으로 적었고 또 프랑스 정재계 인사들이 특별히 아주 긴밀하게 연결되어 서로 협조를 아끼지 않았기 때문이다.[95] 각기 일하는 방식은 달랐지만 프랑스의 경우 정부와 기업체들은 뉴욕과 워싱턴의 관계처럼 아주 세세한 부분까지 서로 엮여 있어서 일반적인 시장경제 조건 하에서는 아주 드문 경우의 사안들도 처리할 수 있었다. 집단 행동에 의한 강요되지 않은, 일종의 합의 아닌 합의인 셈이었다.

규모만으로 볼 때 영국과 비교될 수 있는 건 독일뿐이었다. 10월 17일 금융시장안정기금(Sonderfonds Finanzmarktstabilisierung, SoFFin) 계획을 위한 법안이 어렵사리 독일 의회를 통과했다.[96] 영국에서와 마찬가지로 독일도 영향력 있는 국내 플레이어들 때문에 어떤 해법도 도출하지 못했다. 각 지역의 주립은행들이 어려움을 겪고 코메르츠가 드레스너와의 무분별한 합병으로 몸살을 앓는 사이 도이치은행은 자신과 다른 은행들 사이에 거리를 둘 수 있는 기회를 엿보고 있었다. 분명 의도적으로 외부에 유출된 내부 회의에서 요제프 아커만 도이치은행 회장은 국가가 주도하는 구제금융 계획을 맹비난한다. 그렇지만 훗날 도이치은행도 독일 정부에 도움을 요청한 사실을 알았다면 아커만 회장도 그런 태도는 취할 수 없었을 것이다. 영국의 바클레이은행이 그랬던 것처럼 도이치은행도 회계상의 기술과 석유부국들의 국부펀드 투자금에 의지해 이번 위기를 뚫고 나가고 싶어 했다. 그리고 역시 바클레이처럼 훗날 이 문제로 법적 다툼에 휘말리는데 다만 그 장소는 독일이 아닌 미국이었다.[97] 슈타인브뤼크 장관은 당연히 격노했다. "아커만은 금융업계가 두 부류로 갈라지도록 획책하고 있다. 그렇게 도움을 필요로 하지 않는 부류와 몰락할 위험에 처한 부류로 편 가르기를 하면 결국 시장이 여기에 반응할 것이고 위험한 상황이 연출될 수밖에 없다."[98] 같은 시기 워싱턴을 시끄럽게 만들고 있는 것도 바로 이 문제였다.

세계화된 금융권과 맺어진 재무부와 연준

9월 29일에 그렇게 의회에서 법안 통과가 좌절되었지만 미국 재무부로서는 다시 한번 의회에 상정하는 수밖에 다른 방법이 없었다. TARP 법안을 통과시키기 위해 헨리 폴슨은 지원 자금의 규모를 양보하기로 했다. 7000억 달러의 구제 자금을 3단계로 나눠 우선 2500억 달러, 그다음은 1000억 달러를 쓰고, 3500억 달러는 필요한 경우 대통령의 요청에 따라 의회가 승인했을 때만 사용하는 것으로 한 것이다. 또한 은행들에 대한 지원과 형평성을 맞추기 위해 중산층에게는 조세 감면 혜택을, 그리고 자가 주택을 보유한 사람들에게는 다른 형태로 지원해주기로 했다. 법안의 109항은 특히 재무부 장관에게 "막을 수 있는 압류는 막기 위해서 대출 조건 조정을 쉽게 할 수 있도록 하는" 권한을 주는 내용을 담고 있다.[99] 재무부 장관에게 완전한 면책권을 주는 것이 아니라 오히려 몇 단계에 걸쳐 관리와 감독을 받는 내용이 추가된 것이다. 10월 3일, TARP 관련 법안이 하원을 통과했다. 민주당에서는 74퍼센트의 찬성표가 나왔지만 공화당의 찬성표는 전체 의원의 46퍼센트에 불과했다.

그렇지만 10월 첫 주가 되고 미국과 유럽 시장의 상황이 급박하게 돌아가기 시작하자 TARP가 처음 예상과는 달리 큰 효과를 내지 못한다는 사실이 분명해졌다. 미국 재무부는 시장이 공포에 질려 있는 이런 시기에 수천억 달러에 달하는 불확실한 자산을 처분하기 위한 시장을 만들어내야 하는 실제로는 실행 불가능한 상황과 마주했다. 이제 과도한 지원금 투입으로 국민들의 혈세를 낭비하거나 아니면 원래는 돕기 위해 시작한 일이지만 반대로 은행들에 불리한 거래 조건을 제시해 경영을 더 어렵게 만들 수도 있는 상황이 된 것이다. 한편 영국에서는 자본재구성을 하는 쪽으로 의견이 모아지고 있었다. 불량자산을 매입하거나 은행의 채무에 대한 보증을 해주는 대신 정부 자본을 투입하고 지분을 확보하는 방법이었다. TARP도 이제 그와 비슷하게 자본을 투입하는 쪽으로 방향을 바꿀 것 같았다. 그와 동시에 아일랜드와 독일, 영국에서 일어난 사건들 때문에 예금 보장에 대한 논의도 바뀌었다. 헨리 폴슨은 미국에서 유럽으로 자금이 이동할 위험이 있었고 그렇게 되면 자신과 벤 버냉키가 FDIC로 가서 의장인 실라 베어에게 좀 더 포괄적인 보장을 해달라고 요구할 것이라고 설명했다.[100]

이런 새로운 논의들은 10월 11~12일, G7 및 G20 회담이 열리는 중간에 미국 재무부와 연준, FDIC 사이에서 이루어졌다. 그리고 10월 13일 월요일 오후, 유럽 정부가 보장 및 보증 관련 조치들을 발표한 이후 미국 9대 은행의 최고경영자들에게 관련 내용을 알렸다.[101] 정부의 제안을 받아들일 것인가 아니면 거부할 것인가라는 선택지만 부여되었다. 뉴욕 연준의 책임자인 팀 가이트너가 정리해서 전달한 요구사항들에 따르면 9대 은행 모두는 정부 자본에 의한 지분 참여를 어느 정도는 받아들여야 했다. 또한 정부의 지분은 우선주가 될 것이었다. 정부가 요구하는 배당률은 처음에는 낮지만 5년 후에는 높아지는 것으로 설정되었다. 은행이 빨리 정부 지분을 상환하도록 유도하기 위해서였다. 정부의 자본 투입을 승인하는 대가로 은행들의 모든 당좌거래에 대해 FDIC가 보증을 서며 또 2009년 여름까지 발행하는 모든 신규 채권에 대해서는 2009년 말까지 만기가 도래하는 채권의 125퍼센트까지 보증해주기로 했다. 이 두 가지 내용은 서로 연결되어 있었는데, 정부의 지분 참여를 받아들이지 않으면 FDIC의 어떤 보증도 없었다. 늘 그렇듯이 벤 버냉키는 모여 있는 모든 사람들에게 공동의 이익을 생각해보라고 말하며 곤두선 분위기를 가라앉히려고 애썼다. 사실상 모두 같은 배를 타고 있는 처지였다. "왜 서로 대립해야 하는지 정말로 모르겠다." 그가 사람들을 달래듯 말했다.[102] 은행 경영자들의 표정에서는 의혹의 빛이 가시지 않았다. 미국식 금융자본주의의 핵심은 이제 부분적으로나마 국유화 과정을 앞두고 있었다.

일단 충격이 가시고 나자, 결국 기업논리에 의해 반응들이 엇갈리기 시작했다. 가장 위험한 위치에 있는 사람들은 정부의 제안을 기꺼이 받아들이려고 했는데, 씨티그룹의 최고경영자인 비크람 판디트(Vikram Pandit)가 바로 그랬다. 씨티그룹의 대차대조표 상태를 생각하면 그는 협상을 할 처지가 아니었다. "이 정도면 좋은 조건이잖아." 그는 이렇게 혼잣말을 했다고 하는데 실제로도 그랬다. 그날 씨티그룹의 채권 이율은 22퍼센트였다. 헨리 폴슨은 5퍼센트를 요구했다.[103] 좀 더 처지가 나은, 그러니까 J.P.모건 같은 경우는 굳이 TARP를 통한 간섭이 없어도 별문제가 없었지만 제이미 다이먼은 상황적 논리를 이해하고 가장 먼저 합의서에 서명했다. 물론 나머지 모두가 다 서명을 한다는 조건이었다. 캘리포니아의 웰스파고(Wells Fargo)는 정부 측의 다른 조건들을 알려달라고 요구했고 뉴욕 은행들에 대한 구제금융 지원에 반대하자 헨리 폴슨은 냉정한 태도로 지금 누구를 상대하고 있는 것인지 생각해보라고 말했다. 만일 지금 합의서에 서명을 하지 않는다면 다음 날 아침부터 충분한 자금을 확보할 수 없다는 사실을 알 것이라는 뜻이었다. 자본시장에서 퇴출된 후 다시 정부 측을 찾아와 도움을 요청하면 오늘보다 더 좋지 않은 조건을 받아들일 수밖에 없을 거라는 뜻이기도 했다. 9대 은행의 최고경영자들은 각자 흩어져 이사회에 연락했다. 그리고 몇 시간이 지나지 않아 모두 다 합의서에 서명한다. 미국의 9대 대형 은행은 미 정부의 자본매입프로그램대출제도(Capital Purchase Program Facility)를 통해 정부에 우선주를 매도하고 그 대가로 1250억 달러의 자본투자를 받았다.

유럽의 선별적인 노력과 비교하면 미국의 대규모 자본재구성은 대단히 인상적으로 보일 수 있다. 나중에 돌이켜봤을 때도 그런 생각은 더욱 강해진다. 미국 은행들은 유럽 은행들과 비교해서 전반적으로 좀 더 빠르게 위기를 극복할 수 있었다. 회합이 열린 2008년 10월 13일은 보기에 따라서 대서양을 중심으로 완전히 다른 방향으로의 전진이 시작된 날로도 생각할 수 있다.[104] 행정기관의 결정이 우선이라고 생각하는 사람들은 훗날 이런 조치들을 주권의 정당하고 기본적인 행사였다고 찬양할 수도 있을 것이다. 9·11 사태 이후 그랬던 것처럼 미국은 지금은 비상사태라고 선언했고 위기를 잘 헤쳐나갔다.[105] 그렇지만 대단히 불안정한 상황을 국가 권력을 통해 극복할 수 있었다고 위로하는 건 2008년 9월과 10월에 일어난 일들을 그럴듯하게 미화하는 것에 불과하다. 리먼브라더스에서 시작해서 TARP까지 이어진 과정은 주권 국가가 앞장서서 위기를 극복한 과정이라기보다는 워싱턴과 월스트리트, 그리고 유럽의 금융시스템까지 엮인 사회정치적 네트워크 안에서 갈피를 잡지 못한 권력들이 서로 충돌한 것에 더 가깝다. 9월에는 정치와 기업의 이해관계가 리먼브라더스를 살리는 일을 가로막았다. 10월 중순까지 약 1개월에 걸쳐 공황상태와 정치적 혼란, 그리고 전혀 예상치 못한 금융계의 아수라장이 펼쳐진다. 그러자 헨리 폴슨이 갑자기 탁자를 두드리며 모두들 재무부가 주는 돈을 받아가라고 큰 소리를 쳤고 월스트리트의 실력자들은 고분고분 그 말에 따랐다. 그렇다고는 해도 J.P.모건 같은 곳까지 재무부의 제안에 군말 없이 따른 것을 보면 행정부의 권력이 대단히 중요한 역할을 한 것이 아닐까. 그런데 이것이 과연 정당한 주권의 행사였다면 과연 누구의 주권을 의미하는 것일까? 미국이라는 국가? 아니면 "새로운 월스트리트"? 그 "새로운 월스트리트"란 재무부와 연준을 미국의 세계화된 금융 분야와 엮어준 헨리 폴슨과 팀 가이트너 같은 이들로 상징되는 네트워크 아닌가?[106]

물론 자본 투입에 여러 가지 까다로운 조건이 따랐다면 재무부의 권력 행사가 좀 더 인상적으로 남았겠지만 사실은 그 반대였다. 비크람 판디트의 말이 옳았다. 재무부가 은행들에 "강요한" 자본 투입은 모든 면에서 오히려 은행들에 좋은 조건이었다. 재무부 경제정책담당 차관보이자 헨리 폴슨의 구제금융 계획을 입안한 주역인 필립 스웨이글(Phillip Swagel)은 이렇게 설명했다. "정부의 자본 투입을 빨리 받아들이도록 만들기 위해서는 그 조건들이 까다롭지 않고 오히려 은행들에 더 유리해야만 했다. …… 이건 영화 〈소프라노스〉나 〈대부〉에서 보는 그런 강압적인 협상이 아니었다. 오히려 이런 협상을 거부하는 게 어리석은 일처럼 보일 정도였으니까 말이다."107 재무부는 까다로운 일반 주주들과는 아주 거리가 멀었다. 스스로를 "마지못해 응하는 주주"라고 표현한 미국 정부는 은행의 경영에 대해 어떠한 권리도 행사하지 않으려 했다.108 영국과 독일의 로이드-HBOS, RBS, 그리고 하이포리얼에스테이트 국유화는 파산 구조조정에 가까웠고 전면적인 경영전략 수정으로 이어졌지만 이와 달리 미국의 포괄적 접근방식이 아주 가벼운 간섭 정도로 그친 것은 어쩌면 필연적인 일일지도 몰랐다.109 만일 J.P.모건처럼 별다른 문제가 없는 은행이 반대 입장의 씨티그룹과 같은 합의서에 서명했다면 그 합의조건이 까다롭거나 혹은 문제가 있을 수는 없었다. TARP에 참여한 은행들은 배당금을 정부에 지불해야 했는데, TARP가 지원한 자본에 대한 그 배당금은 5퍼센트가 채 되지 않았다. 규모 면에서 그것은 워런 버핏이 "구제"에 대한 대가로 골드만삭스에 요구한 배당금의 절반 수준이었다. 재무부의 목표는 모든 은행들을 설득해 함께 참여하도록 하는 것이었다. 그래야만 정부의 지원이 은행이 취약하다는 증거는 아니라는 사실을 확실하게 알려 투기세력의 관심도 차단할 수 있었다. 슈타인브뤼크가 도이치은행에 격노했던 사실에서 알 수 있듯이 정부가 앞장서서 업계 전체를 지원하고 나서는 건 모든 은행을 공평하게 대우해 다들 문제가 없는 것처럼 보이려는 목적도 있다. 그러기 위해서는 실제로 문제가 없는 은행들의 협조가 필요한 것이다. 그런 은행들은 진짜 전면적인 위기가 닥쳐온다면 자신들이 자랑스럽게 여기고 있는 그런 약간의 우위로는 재앙에서 탈출하는 데 아무런 도움이 되지 못한다는 사실을 깨달아야만 한다.

미국 재무부 최고 권력자의 개입 결과는 은행들에 대한 막대한 규모의 보조금으로 이어졌으며 대략 1310억 달러 이상 사업 가치가 증가하는 효과도 가져왔다.[110] 그중에서도 가장 많은 혜택을 입은 건 역시 상황이 좋지 않았던 투자은행들과 비틀거리고 있던 금융업계의 거인 씨티그룹이었다. 씨티그룹은 155억 달러어치의 주식과 교환해 250억 달러를 지원받았는데 그 주식들은 머지않아 그보다 가치가 훨씬 더 떨어질 것이 분명했다. 반면에 금융업계에서도 손꼽히는 거물 중 하나인 웰스파고는 대략 232억 달러어치의 주식을 건네주고 250억 달러의 정부 자금을 지원받았다.[111] J.P.모건은 돈이 필요하지 않았지만 어려운 형편의 은행들을 도우려는 정부의 노력에 동참하기로 합의했다. 제이미 다이먼은 이를 통해 위기에 빠진 경쟁자들을 더 앞서 나갈 수 있는 기회를 다음으로 미뤘다. FDIC의 실라 베어처럼 이번 구제금융 지원에 대해 비판적인 사람들에게는 지원 과정 전체가 씨티그룹 구제 작업을 감추기 위해 기획된 연극처럼 비쳤다.[112] 클린턴 행정부 시절의 인연은 여전히 건재했다. 씨티그룹은 "대마불사"의 원리로 살아남은 것이 아니었다. 씨티그룹 생존의 비결은 바로 "끈끈한 연줄"이었다. 이런 추측에 대해 다른 의견들도 있을 수 있지만 10월 초의 극단적인 공황상태가 가라앉자마자 모든 은행들을 동등하게 대하는 척하던 모습이 사라졌다는 사실은 누구도 부인할 수 없을 것이다.

10월에 있었던 안정화 작업도 씨티그룹으로서는 아직 부족했다. 11월이 되자 다시 막대한 손실이 있음이 드러났고 5만 2000명이 감원되었다. 2008년 11월 21일 금요일, 씨티그룹의 시장 가치는 205억 달러로 2006년의 2500억 달러와는 비교할 수 없는 수준으로 떨어졌다. 두려움이 확산되자 이제는 끝장이라는 경고음이 울려 퍼졌다. 씨티그룹은 Repo 시장에서도 따돌림을 받기 시작했다. 이제 끝이 멀지 않은 것처럼 보였다. 씨티그룹의 거대한 규모와 국제시장과의 복잡한 관계를 감안하면 그 종말의 결과는 상상을 초월할 것이 분명했다. 11월 22일에서 23일까지, 이른바 "씨티그룹 주말"에 다급한 일련의 협상이 이어졌고 또 다른 거래가 추가되었다. 200억 달러의 추가 자본이 투입되어 씨티그룹의 대차대조표를 지켜주었고 동시에 이른바 손실방지플랜에 따라 불량자산 때문에 입은 3060억 달러의 손해를 막아주었다. 그 대신 정부는 8퍼센트의 배당금을 받는 70억 달러어치의 우선주를 받았다.[113] 뱅크오브아메리카도 역시 어려움을 겪었는데 그 때문에 메릴린치도 상황이 곤란해졌다. 합병작업이 진행되면서 메릴린치가 모기지 사업을 통해 입은 손실의 전모가 드러났고 뱅크오브아메리카의 최고경영자 켄 루이스와 측근들은 9월 14일 메릴린치를 간신히 살려냈던 합병계약을 진심으로 철회하고 싶어 했다. 그 누구도 리먼브라더스와 같은 일은 겪고 싶지 않았다. 헨리 폴슨과 벤 버냉키의 강한 압박 때문에 켄 루이스는 어쩔 수 없이 합병작업을 강행한 것인데, 뱅크오브아메리카의 주주들에게 정확한 정보를 알려주지 않는 대가로 받은 것은 200억 달러 규모의 정부 지원 자본금과 메릴린치의 1180억 달러의 부실자산에 대한 "손실방지 합의"였다.[114]

금융위기는 아직 완전히 가라앉지 않았다. 그렇지만 최소한 정치적 관점에서 월스트리트는 안정되었다. 11월 4일에는 버락 오바마가 미국 대통령 선거에서 승리를 거두었고 민주당은 하원과 상원 모두를 완전히 장악했다. 미국의 진보주의자들은 이 역사적인 승리를 축하했다. 오바마 대통령은 거의 구세주와 같은 모습으로 비쳤고 그의 영향력은 백악관을 넘어섰다. 이 신임 대통령은 미국을 확실하게 변화시키는 데 꼭 필요한 의회 다수당이라는 배경까지 얻은 것이다. 또한 이전과는 확연히 다른 역사적 격변 속에서 민주당 소속이면서 최초의 아프리카계 미국인의 대통령 당선은 월스트리트에도 그리 나쁜 소식은 아니었다. 이미 그 전에 오바마와 민주당은 엄청난 규모의 위기 탈출 계획을 진행하는 부시 행정부를 정치적으로 지원해온 바 있다. 그러나 정권이 바뀌어도 기존의 정책은 그대로 유지될 것이 분명했다. 11월 23일, 그러니까 재무부가 씨티그룹 지원에 대한 마지막 계획을 발표한 그날 오바마 측에서는 새로운 재무부 장관 후보를 발표했다. 지난 몇 주 동안은 소문만 무성했는데, 로버트 루빈이나 그의 최측근이라고 할 수 있는 래리 서머스는 신임 대통령과의 인연을 생각하면 후보 명단에 오르는 것이 당연했다. 연준 의장 출신으로 카터와 레이건 시절 인플레이션을 억누르는 데 큰 공헌을 했던 폴 볼커 역시 오바마가 호감을 가질 만한 인물이었지만 나이가 너무 많았다. 그리고 다른 인사들은 정치적으로 위험 부담이 컸다. 결국 재무부 장관 후보로 최종 선택된 사람은 뉴욕 연준의 강력한 지도자이자 래리 서머스와 로버트 루빈의 제자 격인 팀 가이트너였다. 래리 서머스는 벤 버냉키의 후임 자리를 기다리는 동안 미국 국가경제위원회의 의장을 맡았다. 루빈은 일선에서 물러나 보이지 않는 후원자 역할을 맡기로 했다. 대공황 시절 루스벨트 대통령의 보이지 않는 오른팔로 유명했던 "해리 홉킨스(Harry Hopkins)"와 같은 역할이었다. 루빈도 자신이 그런 별명으로 불리는 것에 만족해했다. 해밀턴프로젝트를 함께 했던 그의 또 다른 후배 피터 오재그는 백악관 예산국 국장으로 내정되었다. 대통령 인수위원회에서 후보 명단을 관리한 인물은 재무부에서 루빈의 수석보좌관으로 일한 마이클 프로먼(Michael Froman)이다. 프로먼은 씨티그룹의 전무이사로 신흥시장 전략부서를 이끌면서 오바마의 선거운동을 개인적으로 지원해왔다.[115] 2009년이 되자 마이클 프로먼은 국가안전보장회의 국제경제담당 보좌관 겸 대통령 직속 부보좌관으로 백악관에 입성했다. 오바마의 경제 관련 인사들 중에 과거 클린턴 행정부 시절과 관련이 없는 유일한 인물은 "새케인스주의자" 경제학자인 크리스티나 로머(Christina Romer)였다. 로머는 버클리대학교 교수 출신이며 대공황 관련 역사전문가로 알려져 있었고 오바마의 경제자문위원회 위원장을 맡았다.[116] 시장은 새로운 경제 관련 인사들의 면면에 호감을 보였다. 한 투자은행 고문은 이렇게 말했다. "팀 가이트너는 분명 부시 행정부와 오바마 행정부의 교체 작업을 부드럽게 이끌어낼 수 있는 인사다. 이미 지금 벌어지고 있는 일들도 그렇게 처리하고 있지 않나."[117]

사실, 부시 행정부와 오바마 행정부의 교체 작업이라는 말은 조금 과장된 표현이었다. 대통령 선거를 치르기 이미 오래전에 적어도 경제정책에 대해서는 칼자루가 넘어간 상태였다. 미국 정부가 갖고 있는 모든 역량을 총동원해서 경제위기와 싸우겠다는 의지를 표명한 정당은 다름 아닌 민주당이었다. 공화당은 애초에 그 시작부터 위기를 관리하는 데 크게 협조적인 모습이 아니었다. 금융위기가 진행되는 동안 공화당은 정부 여당이라기보다는 보수적인 백인들의 정치적 대변인에 불과한 모습으로 자신들의 세계를 뒤흔들 수도 있는 여러 사항과 조치에 대한 두려움만 나타냈던 것이다.

8장

"가장 시급한 현안"

글로벌 유동성

돌이켜보면 2008년 10월 첫 주에 결정된 사안들이 미래 사건들의 향방을 결정지었다고도 볼 수 있다. 미국은 자국 은행들의 자본재구성이라는 목표를 향해 협조 속에서 전진하고 있었다. 유럽에서는 독일의 반대로 유럽 차원의 공동대응이 잘 이루어지지 않고 있었다. 그리고 바로 여기에서부터 이 미국발 금융위기는 일련의 국가별 혼란으로 번져갔으며 2010년 이후 다시 한번 유로존 전체를 뒤흔드는 위기를 불러들였다. 결국 유럽 역시 공동대응을 통한 해결책에 의지할 수밖에 없었는데, 이와 관련된 논의를 한 번 더 이끌어내기까지는 다시 몇 년에 걸친 혼란과 고통의 시간을 겪어야 했다. 유로존 위기가 처음 불거졌을 때 독일 정부가 주장한 국가별 대응방식은 근본적으로는 원래 목적에 어울리지 않았다. 게다가 상호의존성이라는 유럽의 특성에 주의를 기울여본다면 그런 판단은 실제로는 상황을 과소평가하는 것이다. 그런데 2008년 가을에 그보다 훨씬 더 중요하면서도 심각했던 문제는 미국에 대한 유럽의 의존성이었다. 은행간 거래와 도매자금시장이 막히면서 전 세계 달러화 자금시장은 엄청난 어려움을 겪는다. 제일 큰 타격을 입은 건 다름 아닌 유럽으로, 달러화 문제는 가장 강력한 유럽 국가들조차 어떻게 할 수 없는 치명적인 약점이었다. 그러면서도 이런 상황이 대서양을 중심으로 한 심각한 위기로 번지지 않은 것은 유럽의 의지가 아닌 미국, 그러니까 연준의 결정과 의지 덕분이었다. 어떤 행위가 미국 금융시스템에 이로운지 염두에 두고 현명하게 행동하는 연준은 동시에 금융으로 연결된 상호의존 관계의 강력한 위력을 인지하고 이를 바탕으로 움직였다. 헨리 폴슨과 재무부가 미국 금융시스템을 지키기 위한 정치적 지지를 동원해 달라고 의회와 신경전을 벌이고 있던 순간에도 연준은 단 한 차례의 공개적 협의도 거치지 않은 채 자신을 전 세계의 최종대부자 (a lender of last resort for the world)로 만들었다. 민간 부문의 화폐시장이 제 역할을 하지 못하자 연준은 다시 행동에 나서 부족한 달러화를 공급하기 시작했다. 모두 합쳐 수조에 달하는 달러가 미국과 유럽, 아시아 은행들의 필요에 맞춰 공급되었다. 역사적으로 봐도 전례가 없는 일이었으며 규모도 엄청났고 무엇보다 아무 예고 없이 전격적으로 시행된 조치였다. 그리고 우리가 지금껏 상상해왔던 금융시스템과 각국 통화 사이의 관계도 모두 다 뒤바뀌게 된다.

더 많은 달러화를 어디에서 조달할 것인가

유럽 은행들은 이미 2007년 8월 은행간 자금조달 중단 사태를 한 차례 치렀다. 따라서 유럽중앙은행이 2008년 8월 9일 1일물 은행간 자금시장에 950억 유로에 해당하는 막대한 규모의 유동성을 공급한 것은 우연이 아니었다.[1] 장클로드 트리셰는 정당한 사유 없이 이와 같은 드라마틱한 행보를 취할 중앙은행 업계 인물이 아니다.[2] 2008년 가을 유럽중앙은행과 영란은행은 엄청난 규모의 유동성을 공급했으나 이는 의회 인준사항도 아니었으며 예외적인 장기 자본투자도 아니었다. 다시 말해, 이는 구제금융 조치가 아닌 중앙 은행이 일상적으로 수행하는 금융시장 긴축 및 완화된 환경 조성을 위한 화폐시장 거래에 지나지 않았으며, 다만 규모가 전례 없다는 것만 달랐다. 유럽중앙은행과 영란은행이 그대로 현금을 빌려주거나 혹은 담보물의 가치에 따라 현금을 빌려주자 모든 주요 중앙은행들의 대차대조표상의 자산이 크게 늘어나기 시작했다. 이런 일은 최소한 외부와 상관없는 국내 경제 안에서나 혹은 유로화나 달러화처럼 똑같은 화폐가 사용되는 광범위한 지역에서라면 제한 없이 이루어지는 것이 가능했다. 그렇지만 당연히 외국 화폐에 대한 유동성 관리 작업은 불가능했다. 영란은행은 파운드화를 공급했고 유럽중앙은행은 유로화를 공급했다. 이런 국내 통화 위주라는 제약은 중앙은행의 역량에 있어서 결정적인 한계였다. 특히 2008년에 이 점이 문제가 되었던 건 유럽 은행들이 간절하게 달러화만 원했기 때문이다. 그때 연준이 빈틈을 비집고 들어왔다. 전 지구적 규모에서 역외 달러 은행시스템이 필요로 하는 규모와 매칭되는 유동성 준비 계획을 갖고서였다.

국제경제학의 전통적인 교역 중심 관점에서 본다면 달러의 부족이 어떻게 유럽의 위기로 이어질 수 있는지 이해하기가 쉽지 않다. 2008년 9월 유로존은 전체적으로 미국과의 교역에서 무역수지 흑자를 유지했다. 특히 독일은 최고의 수출대국이었다. 물론 유럽 은행들이 달러가 필요하다면 아우디나 폭스바겐, 벤츠 같은 세계적인 수출업체들을 통해 차입을 하거나 융통할 수 있겠지만 바로 그 부분에서 경제에 대한 교역 중심 관점과 금융세계화 사이의 차이점이 확실히 드러난다. 2007년 독일의 수출업체들은 미국과의 교역을 통해 매달 50억 달러에 달하는 흑자를 보았다. 국제결제은행의 경제학자들이 계산한 바에 따르면 유럽의 은행들이 필요한 자금은 50억 달러도, 100억 달러도 아니었다. 금융위기가 닥쳐오기 전, 유럽 은행들은 달러화 거래를 위해 약 1조 달러 이상을 미국 화폐시장을 통해 융통했다. 그중에서 특히 4320억 달러는 은행간 자금시장을 통해, 3150억 달러는 외환스와프 시장을 통해, 3860억 달러는 거액의 달러를 모아 관리하는 전문가들을 통해 단기로 융통했다. 그렇게 해서 유럽 은행들이 끌어모은 달러화는 모두 합쳐 2조 달러가 넘었다.[3] 그리고 실제로 필요한 정확한 액수는 유럽 대형 은행들이 대차대조표상에서 그 규모를 얼마나 빨리, 또 어느 정도로 리파이낸싱할 필요가 있는지에 달려 있었다.

2008년 금융위기는 유럽 은행들의 사업방식이 안고 있는 위험한 불균형을 드러내 보여주었다. 미국 화폐시장이 제 기능을 못하자 모든 유럽 은행들은 달러화를 구하기 위해 아귀다툼을 벌였다. 은행들은 서로 돈을 빌리려고도 했는데 그러다가 단기 자금조달 비용이 턱없이 올라가기도 했다.[4] 그와 동시에 통화스와프 시장도 위험할 정도로 혼란스러워지기 시작했다. 유럽에서 요구하는 만큼의 달러를 기꺼이 감당할 수 있는 거래처의 수가 점점 줄어들었기 때문이다. Libor-OIS 스프레드는 유럽 은행들이 파운드화

도표 8.1 유럽중앙은행의 월별 입찰 대출제도를 통한 달러 자금 수요 현황(단위: 10억 달러)

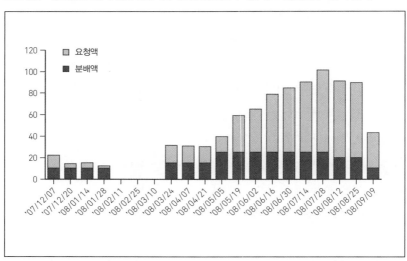

자료 출처: 마이클 J. 플레밍(Michael J. Fleming), 니콜라스 J. 클래지(Nicholas J. Klagge), 「연준의 외환스와프 협정」, 《경제와 금융 분야의 당면 과제들(Current Issues in Economics and Finance)》 제16권 제4호(2010), p.1.

나 유로화를 달러로 교환할 때 지불해야 하는 비용 혹은 금리를 보여주는 데, 이 비용이 크게 올라간다는 건 달러화를 직접 조달하기가 엄청나게 어려워진다는 사실을 알려주는 것이다. 시장이 정상적으로 돌아가고 있다면 금리가 0에 가까워야 하는데 2008년 9월에는 200bp(basis point)를 넘어섰다. 리먼브라더스가 파산한 다음 날인 9월 16일 미연방공개시장위원회(FOMC)는 파산 직전에 몰린 AIG를 만났고 AIG가 제일 먼저 토로한 문제는 미국이 아닌 유럽 은행들의 어려운 자금조달 사정이었다. 뉴욕 연준의 빌 더들리(Bill Dudley)는 이렇게 말했다. "가장 어려운 문제, 그러니까 시장에서 발생하는 가장 시급한 현안은 외국 은행들의 달러 유동성 문제였다."[5]

더 많은 달러화를 어디에서 조달할 수 있을까? 외화를 구하려면 중앙은행으로 가야 할까? 그렇지만 유럽 각국의 중앙은행의 달러 보유고는 각 은행이 필요로 하는 규모에 미치지 못했다.[6] 2008년 금융위기가 악화되어가고 시티가 흔들릴 무렵 영란은행에 남아 있는 달러는 100억 달러에 불과했다.[7] 7월이 지나가면서 유럽중앙은행에서는 정기적으로 달러를 분배했는데 요청액은 분배할 수 있는 규모의 4배가 넘었다. 위기가 심해질수록 달러화 가치의 변동이 없으리라는 사실은 어쩌면 당연했다. 게다가 일반적인 거시경제 모형에 따르면 가치는 더욱 올라갈 터였다.

국가 규모가 작을 경우 이런 어려움이 닥치면 결국 기댈 곳은 IMF뿐이다. 그리고 2008년 가을 IMF는 미국 재무부 및 연준과의 긴밀한 협의를 통해 심각한 자금 압박에 시달리고 있었지만 IMF와의 전면적 협상을 원하지 않는 국가들을 지원하기 위한 새로운 형태의 단기 유동성 자금지원 방안 마련에 고심했다.[8] 그렇지만 2008년 당시 유럽중앙은행이나 영란은행이 IMF에 의지하려고 했던 건 역사에 남을 만한 재앙이 될 수 있었다. 어쨌든 IMF는 펀드가 태어난 1944년 제정된 기본 원리의 규정을 받았으며 감당해야 할 몫이 있었다. IMF는 무역수지 적자를 지원하고 공공 부문의 채무위기를 관리하는 기구였지 민간 부문의 자금조달 문제를 해결해주는 곳이 아니었다. IMF의 구제 계획은 보통 수백억 달러 수준이었으며 천문학적 규모의 달러가 거래되는 초국적 은행업 시대를 대비하기 위해 세워둔 계획 같은 건 없었다.

2008년 가을이 되자 더 이상 진실을 감출 수 없었다. 뉴욕 연준의 팀 가이트너는 FOMC에 이렇게 말했다. "유럽에서는 GDP의 규모와 대단히 크게 차이가 나는 금융시스템을 운영했으며 통화불일치도 엄청났다. 또 지금과 같은 엄청난 위기가 닥쳤을 경우 은행들이 필요한 만큼의 달러화를 조달할 아무런 계획도 갖추고 있지 않았다."9 벤 버냉키는 늘 그렇듯 신중한 태도로 입장을 밝혔다. 유럽 금융시스템이 필요로 하는 달러화의 규모는 "현 상황의 전혀 다른 측면들"을 보여주고 있다는 것이다.10 어쩌면 이 새로운 양상은 예상치 못한 엄청난 영향을 미국에 미칠 수도 있었다. 만일 연준이 행동에 나서지 않는다면 북미-유럽을 중심으로 한 각 은행들의 대차대조표에 재난(transatlantic balance sheet avalanche)이 밀어닥칠 수도 있었다. 유럽 입장에서는 미국에서의 대출을 줄이고 달러화로 바꿀 수 있는 자산들을 급매물로 내놓을 수밖에 없었다. 2007년 말부터 연준이 미국뿐만 아니라 전 세계 금융계에, 그리고 무엇보다도 유럽에 전대미문의 규모로 달러 유동성을 제공하기 시작하자 결국 유럽의 자산처분은 일어나지 않았다. 2008년에 뿌려진 달러의 규모는 실로 엄청나서 미국과 유럽의 위기를 분리된 역사로 기록한다면 그것이 시대착오적이며 심각한 오해를 초래하게 만들어버렸다.11

은행들의 은행, 연준의 그림자 금융 거래

연준은 자신의 유동성 지원계획을 사람들이 혼란스러워할 정도로 머리글자만 나열해서 부르기도 했는데 내부적으로는 통칭 "호빗(hobbits)"으로 불렀다. 그렇지만 각 기능에 따라 분류해보면 그것들은 각각 그림자 금융시스템의 핵심 요소들과 직접적으로 연결되어 있다는 사실을 알 수 있다. 바로 ABCP 시장, Repo 대출, 그리고 MBS 거래시장이나 통화스와프 등이다. 연준 소속 경제학자들이 보기에 이것은 시장의 움직임에 영향을 미치기 위해 금리를 조정하는 등 전통적인 통화정책과는 더 이상 관련이 없는 그런 계획과 조치들이었다. 차라리 "연준의 대차대조표 확대"는 "민간 부문 대차대조표가 잃어버린 수용 능력을 공공 부문에서 긴급하게 대체하는 것"이었다.[12] 연준은 시장 중심의 은행 업무 모델의 바로 핵심에 스스로 뛰어들었다. 중앙은행으로 대표되는 국가와 금융시장 사이의 관계가 이제 적나라하게 드러났다. 연준은 단순한 정부의 일개 기관이 아니라 은행들의 은행이었으며, 위기가 가중됨에 따라 화폐시장은 연준을 중심으로 부챗살 같은 형태(hub and spoke)를 이루며 새롭게 재정비되었다.

연준의 유동성 대책은 규모가 매우 크고 방식이 다양해서 계산상의 문제가 발생할 수 있었다. 어떻게 하면 그 방대한 계획들을 측정할 수 있을까? 가장 크게 지원할 때를 기준으로? 혹은 금융위기 시절 일정 기간 동안 오간 자금의 흐름에 따라? 그것도 아니면 그저 간단하게 위기가 시작되어 끝날 때까지 빌려주고 지원해준 모든 자금을 합쳐서 계산하면 되었을까? 첫 번째 방법은 연준의 개입에 대해 왜곡된 모습을 전달할 우려가 있으며 세 번째 방법은 너무 엄청난 수치가 나오게 된다. 따라서 각각의 기준이나 확인 방법은 필요한 경우에 맞춰 사용하면 될 일이었다.[13] 또한 연준이 법적 조치들에 따라 직접 산출해낸 기록들을 통해 이 세 가지 수치를 집계할 수 있다.[14]

어려움에 빠진 은행들이 일반적으로 중앙은행의 도움을 받는 방법은 재할인창구이다. 이 재할인창구를 통해 중앙은행은 채권을 사고파는 거래를 하며 현금을 지원한다. 은행들이 어려움을 겪으면 가장 먼저 나타나는 신호가 바로 유동성 위기인데, 이런 급박한 상황을 위해 중앙은행은 필요한 자금을 비축해둔다. 2008년에 이런 대출 창구를 이용한 주요 고객들 명단을 보면 금융위기로 가장 크게 타격을 입은 AIG, 리먼브라더스, 컨트리와이드, 메릴린치, 씨티그룹 등 굵직한 이름들이 포함되어 있다. 반면에 미국 외의 다른 국가 은행들 입장에서는 이 대출 창구를 이용했던 사실이 그리 큰 오점으로 남지는 않을 것이다. 따라서 연준의 대출 장부를 보면 미국 은행들 외에도 큰 어려움을 겪은 유럽의 은행들 이름이 올라 있다. 그중에서도 대표적인 사례가 바로 프랑스와 벨기에 합자 은행인 덱시아와 끝까지 하이포리얼에스테이트의 발목을 잡았던 아일랜드의 DEPFA다.[15]

2007년 ABCP 시장이 제 기능을 못하게 되자 연준은 새로운 제도나 수단을 추가할 필요성을 깨닫고 제일 먼저 기간부입찰대출제도(Term-Auction Facility, TAF)를 만들었다. TAF는 더 이상 ABCP 시장에서 자금을 융통할 수 없는 은행들이 단기로 자금을 조달할 수 있도록 돕는 제도였다. 여기에서 핵심은 은행의 이력에 오점을 남기지 않는 것이었다. ABS와 CDO를 포함한 다양한 자산을 담보물로 인정하고 은행들이 이 제도를 더 많이 이용하면서 TAF의 인기도 높아져갔다. 2007년 12월에서 2010년 3월 사이 TAF는 엄청난 규모로 덩치를 키워나갔으며 2009년 봄에는 대출액 규모가 가장 많은 5000억 달러에 이르기도 했다. 만일 대출할 수 있는 기간이 다양한 TAF 대출을 일반적인 기준인 28일 대출로 바꿔 환산한다면 그 규모는 6조 1800억 달러에 이를 정도였다. 미국의 수백여 중소 규모 은행들도 TAF의 도움을 받았지만 가장 크게 혜택을 본 건 뱅크오브아메리카, 바클레이, 웰스파고, 뱅크오브스코틀랜드 등 미국과 유럽의 대형 은행이었다. 이런 굵직한 고객들 중에 미국을 제외한 해외 은행이 차지하는 비중은 50퍼센트가 넘었다.[16]

베어스턴스의 위기에 뒤이어 ABCP뿐만 아니라 Repo 시장도 문을 닫았다. 따라서 2008년 여름이 되자 연준이 개입을 시작해 직접 최후의 Repo 거래소 역할을 하며 우량 담보물에 대해서는 재할인을 통해 28일물 Repo

를 제공했다. 이른바 "싱글 트란셰* 공개시장 운용(single tranche open market operations, ST OMO)이었다. 2008년 12월까지 총 8550억 달러가 대출되었고 그중에서 70퍼센트 이상을 해외 은행들이 가져갔다. 특히 유럽의 5대 은행이 가장 크게 도움을 받았는데, 스위스의 거대 은행인 크레디스위스 한 곳에서만 연준이 제공하는 유동성 자금의 30퍼센트를 가져갔다.

3자간 Repo 시장이 선호하는 담보물이 재무부 채권이었기 때문에 2008년 봄에 연준은 또 다른 계획을 진행했다. 바로 "기간부증권대출제도(Term Securities Lending Facility, TSLF)"다. 이 제도에 따라 최고 등급의 미국 재무부 채권을 28일 기간 한정으로 대출해주었고 대신 민간업체가 자체적으로 만든 것들을 포함해 다양한 종류의 MBS를 담보물로 받았다. 이 제도를 통해 2008년 9월과 10월 사이 리먼브라더스 사태가 일어날 무렵에는 총 2조 달러어치의 우량 담보물이 시장에 유통되어 최대 규모를 기록하기도 했다. TSLF가 제공하는 담보물 중 51퍼센트를 가져간 건 해외 은행들이었으며 그중에서도 RBS, 도이치은행, 크레디스위스 세 곳만 8000억 달러어치 이상의 담보물을 가져갔다.

금융위기 기간 중 미연준이 Repo 시장을 지원하기 위해 가장 크게 운영한 제도가 "프라이머리딜러**대출제도(Primary Dealer Credit Facility, PDCF)"다.[17] PDCF는 베어스턴스가 파산한 후 연준 비상권한에 의해 마련되었는데 다양한 담보물을 받고 신중하면서도 무제한적인 연준의 익일물 유동성(overnight Fed liquidity)을 제공함으로써 Repo 시장에서 중요 역할을 담당했다. 당연한 일이지만 이 프라이머리딜러들은 충분한 이득을 챙겼다. PDCF를 통해 대출된 금액은 총 8조 9510억 달러에 이른다. 엄청난 규모지

---

* 단일 만기에 두 종류 이상의 채권을 뜻한다.
** 중앙은행이 공개시장 운용 시 대규모 국채를 거래할 수 있는 자격이 있다고 판단되는 은행을 가리키는 용어로, 국채 거래 '우선권'을 준다는 뜻에서 프라이머리딜러라고 부른다.

만 정확한 실체를 파악하려면 1일 초단기 대출인 점을 감안하고 Repo 시장에 매일 올라오는 담보물과 비교해서 봐야 한다. 2008년 3월 시장에 담보물이 가장 많이 올라왔을 때는 그 규모가 4조 5000억 달러 정도였다. PDCF가 1일 기준으로 제일 많이 대출해준 건 2008년 9월 26일의 1465억 7000만 달러였다. 그런 PDCF가 다른 제도들과 차이점이 있었다면 연준의 대규모 유동성 지원계획 중에서도 주로 미국 은행들만 지원한 제도였다는 점이다. 메릴린치와 씨티그룹, 모건스탠리, 뱅크오브아메리카가 주요 고객이었다. 그렇지만 연방준비위원회는 런던에 있는 골드만삭스와 모건스탠리, 메릴린치, 씨티그룹의 지사나 자회사들도 이 제도를 이용할 수 있도록 해주었기 때문에 겉보기에는 다소 오해의 소지가 있을 수 있다. 연준은 사실상 런던 시티의 Repo 시장 역시 원거리에서 지원한 것이다.

단기금융시장의 위기로 인해 마지막까지 남은 기업어음 시장의 지원까지 끊기게 되자 연준은 단순히 은행들이나 MMF를 지원하는 것이 아니라 직접 대출업에 진출하겠다는 전대미문의 결정을 내린다. 그렇게 해서 자체적인 SPV를 세우고 기업어음매입기금(Commercial Paper Funding Facility)을 마련해 최우량 품질의 단기 기업어음을 매입한다. 이 기금을 통해 지원된 자금은 모두 합쳐 7370억 달러이며 2009년 1월 가장 많은 양을 매입했을 때는 3480억 달러어치를 매입했다. 이 기금을 가장 많이 활용한 업체는 스위스의 대형 은행 UBS로 연준이 마련한 기금의 10퍼센트를 가져갔다. 그리고 덱시아가 7.3퍼센트, 포르티스와 RBS가 각각 5퍼센트를 가져갔다. 가장 크게 압박을 받고 있던 유럽 은행들 중 일부가 전체 기금의 27퍼센트를 가져간 것인데, 다른 유럽 업체를 다 합쳐도 총 40퍼센트를 넘지 못할 것이다.

모기지 시장과 함께 ABS를 거래하는 더 넓은 의미의 시장도 기능이 정지되었다. 업체들에 대한 대출을 다시 활성화하기 위해 연준은 2008년 11월 25일 이른바 기간부자산담보부증권대출제도(Term Asset-Backed

Securities Loan Facility, TALF)를 마련한다. TALF는 연준과 재무부가 보증하는 대출제도로 가장 많은 종류의 대출이 포함되어 있으며 일부 선택된 채무자들에게 5년간의 유한책임(nonrecourse)대출을 제공한다. 이들로부터 높은 등급으로 증권화된 소비자 금융대출, 즉 자동차 대출, 학자금 대출, 신용카드 대출, 그리고 설비나 건물 신축을 위해 소규모 업체에 해준 대출 등을 담보로 잡고 해당 업체가 대출금을 갚지 못할 경우 담보물만 처리하는 식으로 모든 채무를 정리해주는 방식이다. 대출 규모는 총 710억 9000만 달러로 연준의 여러 제도와 계획 중에서 결코 큰 규모라고는 할 수 없으나 가장 대담하고 위험한 지원 방식이었다. 이 제도로 가장 큰 혜택을 본 건 절대적으로 모건스탠리, 핌코, 그리고 캘리포니아 공무원연금기금(CalPERS) 같은 미국 업체들이었다.

마지막으로 2009년 초 연준은 긴급 유동성 공급에서 훗날 QE1으로 알려지는 방식으로 지원형태를 바꾸게 된다. QE1은 제1차 양적완화(Quantitative Easing)라고도 부르며 연준이 대차대조표상에서 직접 대량의 MBS를 사들여 시중에 자금을 공급하는 방법이다. 중앙은행이 이렇게 정부 국채를 매입하는 것은 통화신용정책의 전통적인 메커니즘이었다. 그렇지만 이제 역사상 그 어느 때보다도 거대한 규모로 다양한 자산을 매입한 것이다. 연준은 2010년 7월까지 GSE가 보증하는 MBS를 1조 8500억 달러어치나 매입했고 그중에서도 2009년 4월 셋째 주에 매입한 규모는 1조 1290억 달러어치에 달한다. 무엇보다도 연준은 금융시스템 안에서 단지 유동성만 공급하는 것이 아니라 ABCP 같은 시장들에 큰 타격을 입힌 만기불일치 상품들을 자체 대차대조표 안으로 흡수하는 일도 진행했다. 연준은 장기 자산을 사들이는 대신 그 즉시 유동성 자금을 시장에 공급한 것이다.

양적완화 혹은 QE는 일반적으로 미국식 위기 대응 정책의 전형이며 연준의 과감성을 상징한다. 덕분에 벤 버냉키는 유럽의 보수적 정책입안자들에게 계속 비판을 받기도 했다. 그렇지만 이미 지금까지 살펴본 것처럼 QE

를 통해 미연준이 사들인 MBS의 52퍼센트는 해외 은행, 그중에서 유럽 은행들이 판매한 것이다. 도이치은행과 크레디스위스가 가장 많은 증권을 판매했는데, 그들이 본 이득은 미국의 어느 은행에도 뒤지지 않는다. 바클레이, UBS, BNP파리바는 이익 순위에서 각각 8위와 9위, 10위를 차지했다. 2008년 금융위기가 가장 극심했던 기간에 대서양을 사이에 두고 기본적인 그림자 금융 거래를 계속 유지하면서 연준은 북미와 유럽의 대차대조표를 정상화하기 위해 유럽의 거대 은행들과 긴밀히 협조하게 되었다.

글로벌 최종대부자의 결정적 역할

미국과 유럽 금융계 모두가 연준이 뉴욕의 최고 수준 국제 은행들에 제공하는 것과 같은 지원을 받을 수 있는 것은 아니었다. 또한 그에 필요한 담보물 역시 모두 다 보유하고 있는 것도 아니었다. 적당한 담보물이 전혀 없는 가장 취약한 유럽 은행들에 자금을 지원하거나 대출해주는 일은 연준으로서도 커다란 위험을 감수하는 모험이었다. 그렇다고 그런 유동성 지원을 거부한다면 더 큰 재앙을 불러들이게 된다. 그래서 2007년부터 연준은 브레턴우즈 시절 처음 개발한 여러 제도를 다시 시류에 맞게 개정한다. 고정환율제도를 관리하기 위해 1960년대 중앙은행은 이른바 통화스와프 협정을 만들었고 이를 통해 연준은 맡겨진 파운드화만큼의 달러화를 영란은행에 빌려줄 수 있었다.[18] 1970년대에 거의 사장된 이 제도는 2001년 9·11 사태 이후의 혼란을 수습하기 위해 잠시 다시 부활한 적이 있다. 그러다가 2007년 북미-유럽 중심의 금융시스템이 큰 위기에 빠지자 각 국가들이 아니라 유럽의 거대 은행들이 필요한 자금을 마련하기 위해 이 통화스와프 협정을 다시 개정하여 엄청난 규모로 확대된다. 팀 가이트너는 연준의 동료들에게 이렇게 설명했다.

"현재 가장 취약한 처지에 있는 유럽의 금융기관은 상당한 규모의 달러화를 필요로 하고 있으며 우리에게 계속해서 자금을 조달할 수 있도록 도움을 요청하고 있다. …… 그에 상응하는 적절한 시장가치를 지닌 담보물이 있을 경우 우리는 특히 지금까지 우리가 논의한 TAF 제도를 통해 이들의 요청에 어렵지 않게 대응해왔다. 필요한 달러의 규모가 담보물의 시장가치를 넘어서거나 혹은 넘어설 가능성이 있다면 우리는 본점 국가의 중앙은행과 의논했다. 자국의 기관이나 업체들이 필요로 하는 달러화를 우리가 공급해주기를 바라고, 또 거기에 상응하는 담보물이 자국 시장 내에 있다면, 차라리 본점 중앙은행과 미연준이 직접 거래하는 것이 더 낫지 않겠는가. 다시 말해 해당 국가의 중앙은행이 보증을 서면 거기에 맞춰 필요한 달러를 연준이 제공하고 그러면 본점 중앙은행이 달러를 받아 자국 내 업체나 기관들에 분배할 수 있는 것이다."[19]

어려움을 겪고 있는 유럽 은행들에 직접적으로 지원할 수 있는 달러의 규모가 한계에 이르자 연준은 이제 유럽중앙은행, 영란은행, 스위스 국립은행, 스칸디나비아 중앙은행에 달러화를 빌려주었다. 그러면 이 은행들은 이 귀중한 달러화를 다시 유럽의 거대 은행들에 공급하는 것이다.[20] 환율에 대해서는 미연준과 유럽의 중앙은행들 사이에 따로 합의가 있었다. 달러를 필요로 하는 유럽의 중앙은행들은 연준의 이름으로 된 계좌에 필요한만큼의 달러화에 해당하는 자국 통화를 예금한다. 그러면 연준에서 그만큼의 달러화를 대출해준다. 양측은 언젠가 정해진 때에 상호 합의한 환율로 다시 달러와 자국 통화를 교환하는 데 합의한다. 관련 거래조건들은 문서로 7쪽을 넘지 않는 범위에서 복잡한 내용은 최대한 생략해 만들어졌다.[21] 연준은 이런 스와프 협정이 일반 시장에서 달러화 조달이 여의치 않을 경우만 시행한다는 보장 아래 특별 이율을 적용했다. 유럽의 중앙은행들은 그에 따르는 비용을 실제로 달러화를 받게 되는 일반 은행들이 지불하도록 했다.

이런 통화스와프 제도를 처음 제안한 것은 연준이다. 2007년 8월 BNP 파리바와 관련된 충격적인 소식이 전해진 이후 유럽에서 달러조달 관련비용이 계속해서 올라갔고 미국 시장으로서도 감당할 수 없을 정도가 되었다. 유럽중앙은행은 처음에는 미국의 제안에 회의적인 반응을 보였다. 한 미국 기자의 말처럼 "미국 측의 대혼란을 막기 위한" 연준의 제안은 유럽중앙은행 측의 "격렬한 반발에 부딪쳤다." 유럽중앙은행의 답변은 무성의했다. "달러화 문제이다. 그러니까 미국 측 문제라는 뜻이다."[22] 벤 버냉키는 훗날 이렇게 회고했다. "유럽중앙은행은 유럽이 커다란 압박을 받을 것이며 미국과는 떼려야 뗄 수 없는 관계라는 사실을 이해하는 데 문제가 있었던 것 같다."[23] 하지만 통화스와프 협정에 대한 유럽의 이런 태도는 그리 오래가지 못했다. 2007년 12월이 되자 유럽중앙은행과 스위스 국립은행이 가장 먼저 통화스와프 관련 합의에 도달하게 되었다.[24] 2008년 9월 금융위기가 점점 심각해지자 스와프 협정은 빠르게 확산되어 거래 가능 총액이 6200억 달러에 이르렀다. 2008년 10월 13일에 유럽에서는 자체적인 구제 계획들이 나왔고 헨리 폴슨과 벤 버냉키, 팀 가이트너는 미국의 은행들에 TARP 지원을 받으라고 설득하는데, 그런 이후에도 통화스와프 거래량은 더 늘어났다. 유럽중앙은행, 영란은행, 일본은행, 스위스 국립은행 등 4대 중앙은행들은 거의 무제한으로 달러를 공급받았다.

통화스와프 협정은 시장을 안정시키는 데 도움을 주었다. 그렇지만 동시에 안 그래도 좋은 평가를 받지 못하던 이런 중앙은행들에 대해서 사람들은 의심의 눈길을 보냈다. 단기금융시장의 기능 정지는 전체 금융시스템에 영향을 주었다. 주요 신흥시장국가들의 중앙은행은 어디에서 달러를 조달했을까? 예컨대 1997~1998년에 아시아 지역 금융위기 당시를 돌아본다면 한국 같은 국가들이 IMF에 도움을 요청할 가능성은 거의 없었다.[25] 그래서 10월 29일 연준은 브라질과 한국, 멕시코, 싱가포르 등 주요 4대 신흥시장국가 중앙은행들과도 통화스와프 협정을 맺는다.[26] 이렇게 해서 미국

과 협정을 맺은 국가는 14개국으로 늘어났다.[27]

통화스와프 협정을 통해 거래되는 달러 총액은 2008년 12월에 최대 규모인 5800억 달러에 이르렀다. 5800억 달러는 연준의 대차대조표에서 35퍼센트를 차지하는 규모다. 그렇지만 이런 엄청난 액수도 이 제도의 규모를 정확하게 보여주지는 못한다. 스와프 협정의 본질은 단기로 달러 조달을 쉽게 할 수 있도록 돕는 것이다. 뉴욕 연준 역시 대단히 빡빡한 일정에 따라 움직이며 하루 단위로 새로운 달러 자금을 전 세계 금융업계에 투입했다. 2008년 10월 마지막 일주일 동안 미국 금융시장에서 전 세계 금융업계에 그동안 공급되어온 달러가 바닥나자 연준은 통화스와프 협정을 통해 8500억 달러를 공급한다. 영란은행과 유럽중앙은행, 스위스 국립은행은 이런 자금회전을 통해 축적한 외화의 심각한 소진 없이 엄청난 규모의 외화 수요를 감당해낼 수 있었다. 2008~2009년에 유럽중앙은행이 매월 각국의 요청에 따라 분배한 달러화는 외환보유고를 몇 차례나 비워버릴 수 있는 규모였다.

유로-달러나 파운드-달러 거래의 위기가 없었던 건 2008년 금융위기 당시 주목할 만한 특징이지만 우연은 절대 아니다. 바로 통화스와프 협정이 있었기 때문에 가능한 일이었다. 연준이 단기금융시장 안정을 위해 했던 일들을 이제 각국의 중앙은행들이 달러화를 각 은행에 지원함으로써 똑같이 진행하고 있었다. 중앙은행들은 유럽 은행들의 대차대조표상의 통화불균형을 그대로 직접 자신이 끌어안았다. 이렇게 정부기관이 개입하면서 민간 부문의 불균형은 또 다른 위기로 연결되지 않을 수 있었다.

스와프 협정을 통해 오간 자금 흐름의 규모는 더 엄청나게 불어났다. 2011년 9월이 되자 스와프 협정 조건에 따라 대출된 금액은 다양한 대출 기간에 따라 10조 달러에 육박했다. 28일 만기를 기준으로 한 달짜리 대출로 환산하면 4조 4500억 달러였다. 이 통화스와프 협정을 통해 가장 크게 이익을 본 쪽은 유럽중앙은행이며, 이 엄청난 금액은 모두 정확하게 상환되었다. 그리고 연준 역시 2008년에서 2009년 사이 이런 거래를 통해 40억 달러의 이득을 챙겼다. 그렇지만 이런 숫자상의 계산으로는 이 혁신적인 제도의 극적인 측면을 제대로 나타낼 수 없다. 연준은 금융위기가 발생하자 그때그때 필요한 제도를 만들어 대응했고, 전 세계 준비통화로서 달러화의 위상을 재정립했으며 미국 중앙은행을 달러화 네트워크의 명실상부한 핵심 거점으로 만들었다. 전 세계 금융시장에서 매일 거래되는 규모가

도표 8.2 유럽의 외환보유고와 일반 시중은행들에 대한 외화 지원 현황

	유럽중앙은행이 일반 시중은행들에 제공한 달러(단위: 10억 달러)	유럽중앙은행이 입찰 대출을 통해 제공한 스위스 프랑(단위: 10억 달러 단위로 환산)	유럽중앙은행 외환보유고 (단위: 10억 달러)
기한			
2008년 9월	150.7	0	210.3
2008년 10월	271.2	17.4	210.2
2008년 11월	244.0	19.2	204.2
2008년 12월	265.7	25.8	202.0
2009년 1월	187.3	27.8	191.1
2009년 2월	144.5	32.5	186.4
2009년 3월	165.7	33.1	189.2
2009년 4월	130.1	33.0	187.9
2009년 5월	99.7	35.4	191.9
2009년 6월	59.9	29.9	192.5
2009년 7월	48.3	18.6	197.9
2009년 8월	46.1	15.4	197.8
2009년 9월	43.7	10.1	195.0

자료 출처: 윌리엄 A. 앨런(William A. Allen), 리치힐드 모스너(Richhild Moessner), 「2008년과 2009년의 금융위기 동안 중앙은행과 국제 유동성 사이의 공조(Central Bank Co-operation and International Liquidity in the Financial Crisis of 2008-9)」, 《BIS 업무보고서》 제310호(2010년 5월), 표 12.2.

도표 8.3 글로벌 최종대부자로서 미연준의 역할:
2007년 12월~2010년 8월의 통화스와프 협정 현황(단위: 10억 달러)

	총액	28일 만기 대출 기준으로 환산했을 때
유럽중앙은행	8,011	2,527
일본은행	387	727
영란은행	919	311
스위스 국립은행	466	244
스웨덴 중앙은행	67	202
한국은행	41	124
오스트레일리아 준비은행	53	122
덴마크 국립은행	73	95
노르웨이 중앙은행	30	68
멕시코 중앙은행	10	30
합계	10,057	4,450

자료 출처: 연준.

이보다 훨씬 더 크다는 점을 감안하면 결국 중요한 건 규모가 아니었다는 사실을 알 수 있다. 연준의 조치가 결정적인 역할을 할 수 있었던 건 글로 벌 금융시스템의 주역들, 즉 각국 중앙은행과 다국적 대형 은행 모두에 민 간 부문의 자금조달이 예상치 못하게 어려워져도 달러를 무제한으로 공급 함으로써 각 은행의 대차대조표상 불균형을 해소할 수 있는 최후의 해결사 가 있다는 사실을 알려주고 안심시킬 수 있었기 때문이다. 그리고 이것이 야말로 글로벌 최종대부자의 역할이었다.

세계 금융정책이 "침묵의 소용돌이"에 빠진 까닭

금융위기가 발생하기 이전 북미-유럽 중심의 역외 달러 시스템에는 확실한 리더십이 존재하지 않았다. 실제로 북미-유럽 중심의 역외 달러 시스템은 국가 규제와 통제를 피하고자 고안된 "역외"였다. 2008년 이후부터는 연준과 연준의 유동성 자금지원 제도를 공개적으로 정비하기 시작했다. 유럽의 한 중앙은행 관계자는 이런 말을 하기도 했다. "어떻게 보면 우리는 연준의 13번째 지역 중앙은행이 된 셈이다."[28] 그렇지만 설사 그렇다 하더라도 미국 국민들은 자국의 통화 영역이 그렇게 확장된다는 사실을 알지 못했다. 연준의 위기 대응 조치의 놀라운 점은 그것의 정치학 즉 정치적인 분명한 적법성이 결여되어 있다는 사실이었다. 2007~2009년 연준이 국제경제에 공급한 긴급 유동성 자금은 되도록 모호하게 많은 부분을 감췄다. 2009년 7월, 민주당의 앨런 그레이슨(Alan Grayson) 의원이 벤 버냉키에게 "누가" 통화스와프 협정에 따라 달러화를 지원받았는지 설명해달라고 요청하자 그는 이렇게밖에 대답할 수 없었다. "나도 모른다."[29] 전 세계 금융시스템 안에서 각국의 중앙은행들을 오간 수조 달러의 행방에 대해서는 미국도 직접 확인하지는 않았다. 물론 스위스 국립은행이 연준으로부터 달러를 받아 위험에 빠진 자국의 은행인 UBS와 크레디스위스에 지원한 사실 정도는 잘 알려져 있었다.[30] 그렇지만 연준의 관점에서 볼 때 취약한 은행들과 직접 거래를 하는 것보다는 이렇게 각국의 중앙은행들을 통해 거래를 하는 편이 훨씬 더 유리했다.

《뉴욕타임스》 경제 전문기자 닐 어윈(Neil Irwin)은 이렇게 설명했다. "해외 은행들에 대한 지원의 규모는 …… 언제나 비밀스러운 연준의 일반적인 행적과 비교하더라도 이례적으로 엄격하게 비밀로 지켜졌다. …… 금융위기의 공포 속에서 이러한 정보는 대단히 비밀스럽게 다루어졌고 만일 대중에게 공개되었더라면 예상치 못한 폭발적인 반향을 불러일으킬 수도 있

도표 8.4 은행들에 대한 지원: 연준 유동성 지원 조치와 그 수혜자들

	ABCP/CP 등 3개월 만기 어음들에 대한 기업어음매입기금	1개월 만기 기간 입찰제도(단위: 10억 달러)	1개월 만기 싱글 트란셰 공개시장 운용(단위:10억 달러)	1개월 만기 기간 증권대출제도(단위: 10억 달러)	초단기 프라이머 리딜러대출제도
뱅크오브아메리카	15	487	40	87	716
씨티그룹	33	195	8	297	1,757
씨티그룹(런던)					263
웰스파고		304			
와코비아(Wachovia)		224			
J.P.모건체이스		171	3	60	
스테이트스트리트 (State Street)		79			
뉴욕멜론		0			
골드만삭스			53	186	434
골드만삭스(런던)					156
리먼브라더스			31	87	83
메릴린치			12	154	1,487
메릴린치(런던)					594
모건스탠리	4		41	101	1,364
모건스탠리(런던)				548	
베어스턴스				2	960
바클레이	39	313	67	159	410
RBS	39	153	70	250	
HBOS		262	66		
크레디스위스		0	259	225	
UBS	72	94	57	109	35
도이치은행		115	101	239	
코메르츠	4	119			
드레스너	9	171	5		
DEPFA		52			
BNP파리바		63	97	35	66
소시에테제네랄		217			
덱시아	54	132			
포르티스	39	108			
합계	737	6,180	910	2,006	8,951
실제 집행 합계	253	3,259	910	2,006	
해외 은행 지원	201	1,799	656	1,017	2,072
해외 은행 지원 비율(%)	79	55	72	51	23

자료 출처: 연준과 내 계산 결과.

었기 때문에 10여 개에 달하는 각국의 중앙은행에서 오직 두 사람씩만 상세한 내용을 알 수 있었다."[31] 연준은 국내외를 막론하고 은행들에 대한 자세한 지원 내역이 공개되는 것을 막기 위해 가능한 한 모든 합법적 수단을 동원해 관련 내용을 폐기처분했다. 요란한 자유주의자이자 금본위제 옹호론자인 론 폴(Ron Paul) 하원의원은 연준의 투명성을 요구하는 다양한 운동을 전개하고 있는데, 그 반대편에서는 벤 버냉키가 사력을 다해 그런 일들을 막아냈다. 2009년 6월이 되어서야 통화스와프 협정의 활용 보고서를 정기적으로 펴내게 되었을 정도다. 이 책을 쓰는 데도 도움이 되었던 연준의 긴급 조치에 대한 좀 더 자세한 기록은 2010년 12월과 2011년 3월이 되어서야 겨우 대중에게 공개되었다. 그렇게 될 수 있었던 것도 2010년 제정된 이른바 도드-프랭크법(Dodd-Frank Act)과 블룸버그 뉴스가 진행한 정보 공개 관련 소송 덕분이다. 연준은 물론 미국 금융업계의 로비 단체인 뉴욕청산소연합(New York Clearing House Association)까지 얽힌 이 소송은 결국 대법원까지 갔다.[32] 연준은 자신의 비밀을 지키기 위해 블룸버그 뉴스의 정보 공개 요구는 금융시장을 안정시키려는 모든 노력을 혼란으로 몰아넣을 수 있다고 항변했다. 모든 내용을 공개하면 어느 은행이 어떤 약점을 갖고 위기에 빠져 있었는지가 다 드러난다는 것이 그 이유였다. 대법원은 결국 블룸버그 뉴스의 손을 들어주었고 연준은 그 판결에 따를 수밖에 없었다. 이렇게 강제적으로 정보가 공개되면서 위기가 최고조에 달한 순간 세계 최대의 중앙은행이 무슨 일을 했는지 그 일부가 처음으로 밝혀졌다. 관련 자료들은 이를테면 북미-유럽 중심의 금융시스템(Atlantic financial system)이 겪은 대변혁을 숫자로 환산한 것으로 볼 수 있다. 유럽중앙은행이나 영란은행 어디에서도 이런 기록은 찾아볼 수 없다. 이 자료들은 "스트레스 테스트*와 안전성"이라는 일반적인 내용을 넘어서 각각의 은행이 겪은 어려

---

* 극단적인 위기 상황에서 발생할 수 있는 금융회사 등의 손실액을 추정하고 금융시스템의 회

움의 정도와 연준이 제공한 지원의 규모를 아울러 밝히고 있다.

연준 지원 대상목록 맨 앞 장에는 씨티그룹과 뱅크오브아메리카는 물론, 미국에서 가장 위기에 처해 있던 두 투자은행인 메릴린치와 모건스탠리가 런던 지사들과 함께 나란히 올라 있었다. 그리고 그 뒷장에는 전 세계 달러화 거래를 좌지우지하는 미국과 영국의 큰손들도 빠짐없이 올라 있었다. 연준이 1개월 혹은 3개월 만기로 대형 은행들에 지원한 자금을 받아간 건 대부분 유럽 은행들이었다. 초단기 프라이머리딜러대출제도를 이용한 유럽 은행들과 미국 주요 투자은행들의 런던 지사 혹은 자회사들의 비율도 23퍼센트에 달했다. 유럽의 중앙은행들이 엄청난 규모의 통화스와프 협정에 더해 이런 지원까지 받았다면 결론은 누가 봐도 분명하다. 2008년 연준은 당시의 위기가 미국과 유럽의 구분 없이 북대서양 중심의 달러 기반 금융시스템이 다 함께 공동으로 맞이한 위기라는 전제하에 이를 진정시키려고 노력했던 것이다.

이런 자료들이 중요한 이유는 단지 연준이 세계화된 금융시스템을 제자리로 되돌리기 위해 시행한 조치를 드러내 보였기 때문만은 아니다. 그보다는 유럽에서 있었던 구제 작업의 정치적 측면 역시 함께 드러났다는 사실도 대단히 중요한 의미를 지닌다. 유럽의 경우 도이치은행과 바클레이의 완고한 경영진은 자국 정부의 지원을 거부하며 자신들은 예외적인 존재라는 사실을 부각하고 싶어 했다. 연준의 자료는 이런 자신감이 공허한 외침에 불과했음을 보여준다. 이 은행들이 정부가 지원하는 자본재구성 과정을 거부할 수 있었을지는 모르지만 전 세계의 나머지 모든 주요 은행들은 하나도 빠짐없이 자국 중앙은행으로부터 엄청난 규모의 유동성 지원을 받았으며 여기에는 직간접적으로 연준의 통화스와프 협정이 관련되어 있었다. 연준의 기록과 자료를 바탕으로 우리는 바클레이 같은 은행이 1일 단위로

복력을 평가하는 테스트.

어떤 지원을 받았는지 추적해 확인할 수 있으며 연준이 처음에는 베어스턴스 위기 당시에, 그리고 두 번째는 리먼브라더스 파산 이후 겪은 고민과 어려움에 대해서도 알 수 있다.

　연준의 감춰졌던 자금 지원 조치들을 자세하게 분석하면 달러 제도의 미래에 대해 지난 2008년 오갔던 광범위한 논의들을 조금 다른 관점에서 살펴볼 수 있다. 당연한 이야기지만 지난 2008년 전 세계는 한목소리로 미국을 비난했다. 개혁을 바라는 측에서는 글로벌 금융이 불안정하게 된 근본적인 원인을 준비통화 중 하나인 달러화에 지나치게 의존했기 때문이라고 주장했다. 덕분에 미국은 "터무니없는 특권(exorbitant privilege)"*을 부여받을 수 있었고 그런 특권을 무책임하게 남용해 적자를 늘렸으며 외채를 마구 끌어다 썼다. 2009년 중국 중앙은행 총재와 국제연합의 특별위원회는 새로운 세계 통화시스템을 제안했다.[33] 러시아는 이 제안에 찬성했고 서유럽 국가들도 마찬가지였다.[34] 9월이 되자 페어 슈타인브뤼크는 기자들에게 이렇게 이야기한다. "지난 10년 세월을 돌이켜보면 2008년은 근본적인 격변의 시기로 기억될 수 있을 것이다. 나는 달러화가 준비통화로서의 지위를 잃게 된 것이라고는 말하고 싶지 않다. 다만 상대적으로 그 위상이 변화할 수도 있다는 말을 하고 싶다."[35] 그로부터 2개월 후 프랑스의 사르코지 대통령은 G20 정상회담에서 이렇게 선언한다. "나는 내일 워싱턴으로 날아갈 것이다. 그리고 제2차 세계대전 이후 브레턴우즈 체제하에서 유일한 기축통화 역할을 했던 달러가 이제 더 이상 그 지위를 주장할 수 없다는 사실을 설명할 것이다. 1945년에는 통했을지 몰라도 지금은 아니다."[36]

　달러를 기반으로 하는 금융시스템이 존재론적인 위기를 경험했던 것은

---

* 1960년대 당시 재무부 장관이었던 발레리 지스카르데스탱(Valéry Giscard d'Estaing)이 한 말로, 흔히 샤를 드골이 했다고 알려져 있다. 기축통화국인 미국이 달러를 통해 세계 금융과 무역에서 우월한 지위를 누린다는 것을 일컫는 말로, 1971년 닉슨의 달러환금본위제의 포기 선언을 가져오게 한 직접적인 원인이었던 골드풀 논란 와중에 나온 말이다.

사실이다. 미국의 지배력을 공공연히 의심하고 비판해온 사람들에게 어쩌면 금융위기는 앵글로색슨 국가들이 지배하는 금융에 저항할 수 있는 놓칠 수 없는 기회였을지도 모른다. 그렇지만 도이치은행이나 BNP파리바 같은 민간 시중은행들이 연준의 지원과 유럽중앙은행과 연계된 막대한 규모의 통화스와프 협정에 얼마나 크게 의존했는지를 생각해보면 슈타인브뤼크나 사르코지가 과연 얼마만큼 현실성 있는 이야기를 했는지는 잘 알 수 없다. 21세기가 시작되었을 무렵 달러화의 지배력은 1944년 만들어진 브레턴우즈 협정이나 혹은 그 협정을 바탕으로 만들어진 IMF 같은 기관들과는 별로 상관이 없었다. 실제로 전 세계 달러화 경제의 근간을 이루었던 건 월스트리트와 시티의 결합이 만들어낸 민간 부문 금융업과 금융시장 네트워크였다. 바로 의도적으로 국가의 통제 밖에서 세워진 미국과 유럽 금융계의 공동 작품이었던 것이다. 2008년 가을에 일어난 일련의 사건을 통해 달러화는 그 가치나 지위가 상대화되지 않았고 오히려 반대로 미국 중앙은행의 중요한 역할이 극적으로 재확인되었다. 전 세계 달러화의 위력은 전혀 약해지지 않았고 금융위기에 대한 연준의 대응을 통해 달러화는 완전히 새로운 차원의 지위를 획득하게 되었다.

어쩌면 슈타인브뤼크와 사르코지는 중요한 상황을 제대로 인식하지 못했던 것에 대해 변명이라도 할 수 있을지 모른다. 연준은 미국 국내와 해외를 막론하고 자신들이 하는 일을 대내외적으로 크게 알린 적도 없을뿐더러 적법한 절차조차 신경 쓰지 않았기 때문이다. 달러화의 대안에 대해 전 세계에서 진행되는 산발적인 비난이나 논쟁들은 달러화 안정화를 위해 보이지 않는 곳에서 고군분투해야 하는 연준이 감수해야 할 대가인지도 모른다. 미국 의회가 TARP에 대한 논의로 시끄러울 때도 연준의 엄청난 유동성 지원 노력에 대해서는 아무런 이야기도 나오지 않았다. 뉴욕 연준의 한 고위 인사는 이렇게 이야기한다. "마치 수호천사가 우리를 지켜보고 있는 것 같았다."[37] 의원들 중 일부라도 상황이 어떻게 진행되고 있는지 이해했다면 연준의 활동에 대해서 공개적으로 논의하는 것이 더 낫다고 생각했을 것이다. 세계 금융정책의 실체가 "침묵의 소용돌이" 속에서 사라져버린 것은 연준과 그 협력자들이 거대하고 노골적인 계층적 상호의존의 현실을 묻어버리는 일에 대해 서로 이해관계가 일치했기 때문이다.

9장

유럽의 잊혀진 위기
동유럽 문제

2008년 10월 미연준의 통화스와프 협정제도는 미국 중앙은행과 독점적인 특혜를 받은 각국 중앙은행들 사이의 의존 및 상호의존의 관계를 정리해서 보여주었다. 그렇지만 한 가지 의문이 남는다. 이런 관계 속에 들어갈 수 있는 기준은 무엇이었을까? 그 기준에 따라 어떤 중앙은행이 남고 또 어떤 중앙은행은 밀려나야 했을까?[1] 2008년 10월 28일 연준에서 국제금융 담당부서를 이끌던 네이던 시츠는 짧게 정리한 세 가지 기준을 만든다.[2] 이 기준에 따르면 미국과 스와프 협정을 맺을 수 있는 국가의 조건은 다음과 같았다.

1. 경제 및 금융 규모가 상당히 커서 미국에도 영향을 미칠 수 있는 국가
2. 거시건전성 정책을 통해 잘 관리되고 있어서 직면하고 있는 문제들이 미국이나 "다른 선진국"들 같은 외부 국가들의 영향임이 분명하며 따라서 미국의 지원을 정당화할 수 있는 국가
3. 국내 은행들이 겪는 어려움이 달러화 조달 문제로 비롯되었으며 따라서 스와프 협정이 실제로 도움을 줄 수 있는 국가

궁극적으로 보면 연준은 미국 경제의 이익이라는 관점에서 자신이 실행한 조치들을 변호하고 정당화해야만 한다. 미국 주변에는 개입을 정당화하기에는 경제 규모가 너무 작은 국가들도 있으며 주로 교역 및 상품 가격 하락의 문제로 어려움을 겪기 때문에 통화스와프 협정으로도 별다른 도움을 줄 수 없는 국가들도 있다. 그런데 앞서 제시한 2번 기준에서 거시건전성 정책이라는 표현이 특히 강조된 건 스와프 협정을 결정하는 데 정치적 차별의 가능성이 존재했음을 의미한다. 외부의 관점에서 가장 중요하게 여겨지는 것은 역시 각국의 거시건전성 정책이다. 2009년 미국 국가정보위원회 소속이던 두 분석전문가는 이런 말을 남겼다. "'경제'와 '외교' 정책을 임의적으로 나누는 건 잘못된 이분법에 불과하다. 특히 통화스와프 협정을 맺으려 할 때는 외교정책이 곧 경제정책이나 마찬가지이니까 말이다."3 연준은 통화스와프 협정이 지정학적 영역과 연결되어 있다는 사실을 잘 알고 있었다. 협정을 맺은 유럽과 남아메리카, 그리고 아시아의 14개 중앙은행들은 모두 미국 재무부와 국무부의 승인을 거쳐 여기에 합류했다. 이것은 확실히 안전한 투자였다. 연준은 추가 협정이 이루어지지 않도록 최선을 다해 다른 국가들을 설득했는데 그럼에도 두 곳이 여기에 신청을 했다가 거부당했다. 정확히 어떤 국가 어떤 중앙은행인지는 밝혀지지 않았다. 그렇지만 어느 정도 규모로 얼마나 심하게 금융위기로 타격을 받았는지에 상관없이 절대로 연준의 거래 상대가 될 수 없었던 그런 국가들이 분명히 있었다.

경제시스템 개혁의 기회로 삼은 러시아

2008년 11월 14일, 사르코지 프랑스 대통령은 처음으로 열린 G20 정상회담에 참석하기 위해 워싱턴으로 향하다 잠시 들린 드미트리 메드베데프 러시아 대통령을 맞이했다. 사르코지와 메드베데프는 지난 8월 사르코지의 중재로 마무리된 조지아 평화 협정에 대해 서로 축하인사를 나눴다. 그렇지만 두 정상은 그런 인사나 나누려고 만난 게 아니었다. 사르코지는 통화 문제에 대한 러시아 정부의 제안에 자신도 동의한다는 입장을 밝혔다.[4] 지난여름 동안 원유 가격이 계속해서 상한가를 기록하면서 메드베데프 대통령은 준비통화의 다변화와 루블화의 사용 확대를 추진해왔다. 프랑스에 오기 며칠 전 메드베데프는 러시아 의회에서 조지아의 위기 상황과 전 세계 금융 붕괴 사이의 유사성을 제기하는 연설을 했다. 두 사건은 "서로 대단히 다른 영역의 문제"이지만 "유사한 특징"과 "공통적인 원인"이 있다는 것이 연설의 주요 내용이었다. 그리고 미국 정부가 공교롭게 두 사안에 대해서는 "어떤 비판도 받아들이기를 거부하고 편파적인 결정들만 내리려 한다"는 주장도 덧붙였다.[5] 이런 주장은 러시아 민족주의자들에게 잘 먹혀들었다. 서유럽 측에서도 딱히 이를 크게 부정하려는 움직임은 보이지 않았다. 니스에서 열린 두 정상의 만남에서 메드베데프 대통령은 통화 문제에 대해 "러시아와 유럽의 입장은 실질적으로 똑같다"고 지적했다. 다만 그가 언급하지 않은 건 프랑스 은행들은 미연준이 제공하는 달러화를 무제한으로 공급받을 수 있지만 러시아 은행들은 자체적으로 이 문제를 처리하고 있다는 사실이었다.

유가가 배럴당 145달러까지 치솟으면서 러시아 정부의 발언 수위는 탄력을 받았지만 위기가 닥쳐왔을 때의 후폭풍은 그만큼 더 거셌다. 2008년이 저물면서 원유 가격이 추락하기 시작해 12월 21일에는 배럴당 34달러라는 거의 최저점을 기록했다. 천연자원 수출이 러시아 GDP의 20퍼센트를 차지한다는 사실을 감안하면 원자재 가격 하락의 영향력은 그야말로 치명적이었다. 러시아 정부가 원유 1톤당 거둬들이는 조세 수입은 80퍼센트까지 떨어졌다.[6] 그렇지만 러시아 정부는 이를 극복할 만한 여력이 있었다. 지난 1998년과는 달리 2008년의 러시아에게는 금융위기로 인한 압박을 견뎌낼 만큼 충분한 외화가 비축되어 있었던 것이다. 외화가 가장 많았을 때는 약 6000억 달러에 가까웠다고 하는데 정작 문제는 러시아 국가 자체가 아니라 이미 세계화되어버린 민간 기업들이었다.

원유 가격이 폭락하자 러시아 주식시장도 함께 흔들리기 시작했다. 9월 15일이 되자 이미 러시아 주식시장에서는 가장 호황이었던 2008년 5월과 비교해 시가 총액의 54퍼센트가 증발했다. 리먼브라더스 파산 후 며칠 동안 주식 거래량이 예측할 수 없는 방향으로 움직이자 러시아 정부는 거래 중지를 결정할 수밖에 없었다. 9월 19일에 주식시장이 다시 문을 열었지만 불안한 상황은 계속되었고 10월 6일 하루 동안만 주가는 18퍼센트나 떨어졌다.[7] 널리 인용된 추정에 따르면 러시아 신흥재벌 올리가르히들의 재산

도표 9.1 2008년 러시아 주식시장과 유가 현황

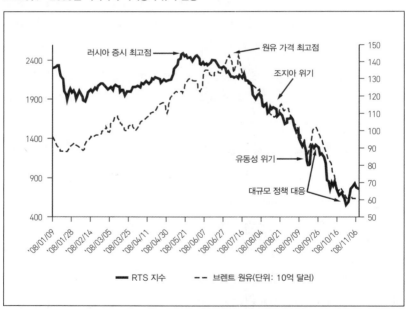

자료 출처: 세계은행, 《러시아 경제 보고서(Russian Economic Report)》 제17호(2008년 11월), 표 2.1. 자료: RTS, 톰슨 데이터스트림(Thomson Datastream).

은 2008년이 시작되었을 때 5200억 달러에 달했다가 2009년 초에는 1480억 달러로 반의반 토막 났다고 한다.[8] 원유 말고도 투자자들을 놀라게 한 것은 러시아 정부 대차대조표상의 급격한 루블화 평가절하에 따른 충격이었다. 위기에 빠진 건 공공 부문이 아니라 바로 민간 부문이었다.

2008년 3/4분기가 되자 러시아의 은행과 원자재 생산업체, 그리고 산업 재벌의 부채가 5400억 달러까지 올라갔다. 그 절반은 일반 기업들, 그리고 나머지 절반은 은행들의 몫이었다. 이 부채 규모는 러시아의 공식적인 외환보유고와 맞먹었으며 리먼브라더스의 대차대조표상 모든 거래액과 비슷했다. 그 대부분은 단기부채로 이루어져 있었는데, 시장 중심의 은행 업무 모델을 채택한 러시아 은행들은 특별히 위험한 상황이었고 2008년 말까지는 적어도 720억 달러 이상의 부채를 리파이낸싱 해야 했다.[9] 그 밖에 주요 러시아 기업들의 달러부채 규모는 가스프롬이 550억 달러, 로스네프트가 230억 달러, 루살(Rusal)이 112억 달러, TNK-BP가 75억 달러, 에브라즈(Evraz)가 64억 달러, 노릴스크(Norilsk)가 63억 달러, 루크오일(Lukoil)이 60억 달러 수준이었다. 원자재 가격이 폭락하면서 이런 기업들의 수익이 줄어들었고 루블화 가치의 하락은 달러화가 아니라 루블화로 결제해온 이들에게 더 큰 압박으로 다가왔다. 특히 러시아 최대의 천연가스 공급업체인 가스프롬이 가장 큰 어려움을 겪었다.

서방에서도 그랬지만 금융위기와 구제금융의 조건들은 힘의 균형이라는 문제가 불거지도록 만들었다. 어떤 사람들에게는 크레믈린의 권력자들이 일반 국민들의 혈세를 가지고 자신들과 인연이 있는 기업들만 구해내려는 것처럼 보였다.[10] 이런 관점에서 보면 러시아의 사례는 미국의 사례보다 훨씬 더 부패하고 잔혹한 모습일 것이다.[11] 월스트리트의 금융업체들처럼 러시아의 올리가르히들 역시 국가의 지원이 필요했고 정권은 이들의 구조에 나섰다. 러시아는 급격한 파산사태를 피할 수 있었는데, 이를 위해 상당한 규모의 국가 자원이 투입된 것은 분명한 사실이다. 그렇지만 러시아에서 일어난 사건들을 미국이나 유럽에서 일어난 사건들과 나란히 놓고 비교하면 러시아가 자체적으로 위기를 이겨냈다는 사실보다 그 과정 속에서 드러난 노골적인 권력의 행사, 즉 메드베데프 대통령과 푸틴 총리의 분명한 의지에 더 놀랄 것이다. 이들은 이번 기회를 통해 자기 입맛대로 권력을 주무르려 한 것이다. 2003년 러시아 최대 규모의 석유회사인 유코스가 공중분해된 후 그 어떤 올리가르히도 감히 정권에 대항할 엄두를 내지 못했는데 이제 메드베데프와 푸틴은 아예 완전히 승기를 굳히기로 결심했다. 정권은 재정적 지원을 해줬지만 결코 공짜가 아니었다.

러시아 정부의 가장 중요한 위기 탈출 전략은 평가절하와 파산이라는 치명적인 악순환의 고리를 끊는 것이었다. 처음 위기가 닥쳐오자 러시아 중앙은행은 이미 충분히 보유하고 있던 외화를 풀어 루블화의 폭락을 막으려 했다. 그 결과 2008년 10월에서 12월 사이 원유 가격은 64퍼센트나 폭락했지만 루블화는 달러 대비 6퍼센트밖에 가치가 떨어지지 않았다.[12] 1월 들어 러시아 정부가 루블화에 대한 개입을 멈췄다. 그러자 다시 그 가치가 34퍼센트 떨어졌다가 2월이 되어서야 안정세를 되찾았다. 그렇지만 성공적인 지연활동이 다 그렇듯, 대가는 대단히 컸다. 러시아 중앙은행은 루블화를 방어하기 위해 비축하고 있던 외화의 35퍼센트에 해당하는 2120억 달러를 쏟아부었다. 그렇지만 어쨌든 그 과정에서 벌어놓은 시간 덕분에 달러화 채무가 있는 기업들은 잠시 몸을 추스를 수 있었고 러시아 정부 역시 새로운 대응책을 준비해 시행할 수 있었다.[13]

대응책의 핵심은 주식시장 안정화를 위해 올리가르히들이 보유하고 있는 자산의 상당 부분을 희생하라는 크레믈린의 요구였다. AIG 구제 방안이 발표되었던 9월 16일에 "크레믈린에서 밤샘 회의가 있었다"는 소문이 떠돌았다. 이 회의에서 "올리가르히들에게 떨어지고 있는 자사 주식을 방어하기 위해 현금을 투입할 것과, 무너져가는 금융기관들을 직접 사들이거나 아니면 현금이나 지분을 양도하라는 명령"이 떨어졌다는 것이었다.[14]

올리가르히들의 이런 "자구책"에 이어 러시아 정부는 러시아 국내에서 가장 규모가 작고 취약한 은행들에 대한 합병과 구제를 다음 목표로 삼았다. 이 작업을 떠맡고 나선 건 러시아 국영은행 브네쉬코놈(Vneshekonombank, VEB)이었는데 다름 아닌 러시아 총리 푸틴이 이 은행의 이사장이었다. 먼저 스비아즈(Sviaz), 글로벡스(Globex), 소빈(Sobin) 등을 인수하는 데 50억 달러가 사용되었다. 그런 다음 예금보험 기금에 대한 자본재구성을 하고 보험 한도액을 2만 8000달러까지 올렸다. 러시아 중앙은행은 VEB에 500억 달러를 지원해 일종의 안전장치 역할을 하도록 했고 다시 후순위차입금 형식으로 어려움에 빠진 올리가르히들에게 354억 달러를 지원했는데 대신 높은 이자율을 적용했다. 기업들은 1년 안에 대출금을 갚거나 아니면 회사 지분을 대신 양도해야 했다.[15] 이것은 정부의 구제조치가 아니라 일종의 조건부 협박이자 권력을 쥐고 있는 쪽이 누구인지 알려주는 무력시위에 가까웠다.

VEB는 올레크 데리파스카(Oleg Deripaska) 소유의 대형 알루미늄 생산업체 루살에 45억 달러를 지원해 역시 대형 특수금속 채굴업체인 노릴스크니켈의 지분을 25퍼센트 사들이는 데 사용한 해외 차입자본 문제를 해결하도록 했다. VEB는 또한 미하일 프리드먼(Mikhail Fridman)의 알파그룹(Alfa Group)에 20억 달러를 지원해 도이치은행에 대한 채무를 갚고 알파그룹이 가장 많은 지분을 소유하고 있는 러시아 2위의 무선통신 업체 빔펠콤(VimpelCom)이 채무 대신 담보물 형식으로 넘어가지 않도록 도왔다. 투자는 위축되고 국내 경제활동이 크게 줄어들자 실업률은 배로 뛰어올랐다. 특히 스탈린 시대 산업화 과정의 유산인 이른바 모노타운(monotown)지역의 문제가 심각했다. 모노타운이란 한 가지 산업만으로 유지되는 지역을 의미한다.[16] 2008년 10월 16일, 푸틴의 오른팔이라고 할 수 있는 이고르 세친(Igor Sechin)은 톨리아티(Togliatti)에서 자동차 산업 전반에 대한 최선책을 찾기 위한 회의를 소집했다. 톨리아티는 소비에트 연방 시절 자동차 산업의 유산인 아브토바즈(AvtoVAZ)가 자리한 도시다. 세친은 VEB를 통해 파산 위기에 처한 아브토바즈에 10억 달러의 자금을 지원할 것이라고 발표했다. 공장과 10만여 명에 달하는 근로자들을 지키기 위해서였다.[17] 금융위기가 끝날 때까지 러시아의 자동차 산업을 구하기 위해 투입된 구제 자금은 17억 달러에 달한다.

원유 가격 하락으로 인한 충격이 시작되자 러시아의 예산안은 평균 원유 가격을 배럴당 95달러로 산정했던 2008년 6월 예산안과 달리 배럴당 41달러를 기준으로 다시 작성했다. 푸틴은 감세정책으로 대규모 경기부양책에 적임 총리라는 신망을 얻었다. 9조 7000억 루블에 달하는 정부 예산의 4분의 1을 일자리 창출과 기업 보조금, 조세 감면 등 위기 탈출 비용으로 사용했다. 보통 스페인이나 미국 텍사스주 정도와 비교되곤 하는 러시아의 경제 규모를 생각해보면 위기 탈출을 위한 이런 지출은 단연 세계 최대 규모였으며 서유럽 정부들의 노력을 궁색하게 만들 정도였다.[18] 다만 러시아 정부의 지원은 대부분 가장 규모가 크고 정부에 협조적인 올리가르히들 위주로 이루어졌다. 거기에는 국가적인 관점에서 중요한 295개 기업과 각 지역에서 중요 역할을 하는 1148개 업체들이 포함된다. 지원 방식은 그야말로 정부 주도로 위에서 아래로 내려오는 방식이었는데, 러시아 정부로서는 지원 대상 기업들이 이에 보답할 것을 기대한다는 사실을 분명히 밝혔다. 그리고 실제로도 공공연히 아무 거리낌 없이 해당 기업들의 이름을 나열하기도 했다. 어느 중요한 자리에서 푸틴은 아예 4곳의 이름을 지정해 말하기도 했다. "인터로스홀딩스(Interros Holding)의 블라디미르 포테닌(Vladimir Potanin), 신테즈그룹(Sintez Group)의 레오니드 레베데프(Leonid Lebedev), 오넥심그룹(Onexim Group)의 미하일 프로호로프(Mikhail Prokhorov), 레노바그룹(Renova Group)의 빅토르 벡셀베르크(Viktor Vekselberg) …… 나는 오랫동안 이들과 알고 지내왔다. 좀 더 정확하게 말하면 함께 일을 해온 것이다. 다시 한번 강조하지만 경제위기가 닥쳐와 큰 어려움을 겪던 시기 우리는 다양한 방면에서 이들의 사업을 돕기 위해 모든 노력을 기울였다. 아직 완전히 끝난 것은 아니지만 위기는 분명 잦아들고 있다." 이제 푸틴은 이들이 약속을 이행하리라 기대했다. "우리는 물론 이 문제에 대해 어느 정도의 절충과 타협을 하는 데 동의했고 투자 기한도 연기해주었다. 이제 일정 조정은 더 이상 없을 것이다. 그러니 자신이 한 약속을 지키는 데 모든 노력과 정성을 기울여달라."[19] 만일 약속을 제대로 지키지 못한다면 어떤 일이 벌어질까. 2009년 6월 푸틴은 상트페테르부르크 남쪽에 있는 피칼레보(Pikalevo)라는 도시를 찾아갔다. 올레크 데리파스카의 금속가공 사업 제국이 지배하는 곳이었다. 한때 러시아 최고 갑부 명단에 오르내렸던 데리파스카의 재산은 280억 달러에서 이제 35억 달러로 크게 줄어 있었다. 하지만 그렇다고 해서 그것이 근로자들의 급여를 지불하지 못하는 이유가 될 수는 없었다.[20] 성난 근로자들이 모스크바 고속도로를 가로막았고 400킬로미터에 달하는 도로는 극심한 교통정체를 겪었다. 텔레비전 카메라 앞에서 푸틴은 데리파스카를 신랄하게 비난하며 그에게 볼펜 한 자루를 내던진다. 체불임금을 당장 처리하겠다는 서명을 하라는 것이었다. 그야말로 텔레비전을 통한 보여주기식 정치와 협박을 버무린 경제정책 관리의 단면이었다.[21] 푸틴이 의미하는 바는 분명했다. 1998년의 굴욕 이후 10년, 이제 다시는 그런 일을 겪지 않겠다고 다짐한 사람들이 지금 러시아를 이끌고 있다는 사실이었다.

푸틴의 방식은 일면 효과적이었다. 강력한 지도력을 보여주는 동시에 올리가르히들의 기세를 꺾었고 러시아에 대한 관심을 다시 불러일으켰다. 또한 푸틴은 총리로서 큰 주목과 관심을 받았다. 그렇지만 이런 방식이 성장을 위한 장기적인 전략이 될 수 있을까? 자유주의 경제학자들은 물론 푸틴의 후계자로 2008년 대통령이 된 메드베데프 역시 회의적이었다. 경제위기가 몰려오기 전부터 메드베데프가 개인적으로 양성해온 전문가 자문집단은 새로운 전략과 방식을 요구해왔다.[22] 그리고 위기가 시작되자 그들의 목소리는 더욱더 커졌다. 2008년 러시아가 그토록 위기에 처한 건 세계 경제와 편향된 방향으로 하나가 되려 했기 때문이었다. 그 한편에는 원유와 천연가스 같은 천연자원에 대한 과도한 의존이 있었고 다른 한편에는 자본 도피와 같은 부패한 문화가 있었다. 러시아 올리가르히들은 역외 은행시스템을 통해 러시아 안팎으로 자금을 이동시키며 개인 재산을 축적했다. 지중해의 작은 섬 키프로스가 어떻게 러시아의 주요 해외 투자처 중 한 곳이 되었는지 이 기이하고 유별난 현상을 과연 누가 어떻게 설명할 수 있을까? 지금 러시아에 가장 필요한 건 현대화였다. 메드베데프 대통령은 2009년 9월 10일 이렇게 이야기한다. "천연자원과 부패를 기반으로 하는 이런 원시적인 경제시스템으로 미래를 향해 나아갈 수 있겠는가?"[23] 무조건 강경하게 나서서 경제위기와 싸우는 것만으로는 충분하지 않았다. 단지 2008년의 충격에서 벗어나는 것만으로는 아무것도 달라지지 않는다. "우리는 경제 개혁을 통해서 위기를 탈출해야만 한다."[24] 러시아가 정말로 필요로 하는 건 경제적인 변화였으며 이를 위해서는 세계 경제와 더 많이 상호작용을 해야 했다. 그리고 무엇보다 전문가들이 국가를 이끌어야 했다. 여기에는 좀 더 많은 의미가 함축되어 있었다. 2008년 8월 서방측과 충격적인 대결을 펼친 후 러시아 정부는 정책의 방향을 바꿀 필요가 있었고 조지아를 무너트린 후에는 확실하게 그 방향을 정한 것 같았다. 메드베데프 대통령이 강력하게 주장한 것처럼 장차 러시아 외교정책의 성공과 실패를 가를 단 한 가지 기준은 "러시아 국민들의 삶의 질을 향상시키는 데 도움이 되는가"였다. 러시아는 이제 그저 상대방을 위협하기 위해 "허세를 떠는 것"이 아니라 도움이 되는 외국의 기술과 자본에 집중해야 했다.[25] 유럽 자본들과 새롭게 탄생한 미국 정부 모두가 적극적으로 바라고 있는 현대화와 협력관계란 바로 이런 것이었다.

IMF와 유럽연합에 힘입어 붕괴를 모면한 동유럽

어쩌면 우리는 러시아와 타협함으로써 국제관계를 진정시키게 된 것이 금융위기의 또 다른 영향이었다는 결론을 내리고 싶어 하는지도 모른다. 단기적으로 보면 이런 주장도 분명 틀리지 않는다. 그렇지만 국제관계에서 힘이란 상대적인 기준에 따라 다르게 정의된다. 그리고 만일 러시아가 2008년 금융위기 당시 큰 타격을 받았다면 동유럽은 그보다 더 큰 피해를 입었다. 구공산권 국가들 중에서도 해외 자본 차입을 통해 경제발전을 이룬 국가들이 받은 충격은 어마어마했다. 2007년 10월에 2010년을 예측했던 내용과 2년 후의 실제 결과를 비교해보면 금융위기가 이 지역에서 가장 심하게 타격을 입은 국가들에 대한 전망을 얼마나 급속하게 바꿔놓았는지를 확인할 수 있다.

라트비아는 가장 극단적인 경우에 속한다. 금융위기가 시작된 후 1년이 지난 2009년 10월 IMF는 라트비아의 2010년 GDP가 2007년 10월에 비해 39퍼센트 줄어들 것으로 예측했다. 2년의 같은 기간 동안 에스토니아와 리투아니아의 GDP는 3분의 1이라는 터무니없는 수준으로 주저앉았다. 슬로베니아, 체코, 슬로바키아, 헝가리, 불가리아, 루마니아 역시 모두 15~18퍼센트 이상 GDP가 줄어드는 충격을 경험했는데 이 수치는 미국의 두 배에 가깝다. 소비에트 연방 붕괴 이후 결성된 독립국가연합(Commonwealth of Independent States, CIS) 인접 국가들의 경우 러시아 18퍼센트에서 아르메니아 32퍼센트까지 모두 경제성장률을 다시 하향조정했지만 그 양상은 각기 달랐다. 특히 폴란드의 경우는 거의 아무런 피해도 입지 않았다.[26] 그렇지만 2008년에서 2009년까지 이어진 위기 상황에서 가장 크게 피해를 본건 역시 구동구권 시절을 벗어나려는 경제정책을 실시한 국가들이었다.

개별적으로 보면 동유럽 국가들의 경제 규모는 그다지 크지 않다. 그렇지만 그 국가들이 서로 연합하면 프랑스나 미국 캘리포니아주와 비교할 수

도표 9.2 금융위기의 충격:
2010년 GDP에 대한 2007년 10월과 2009년 10월의 예측 차이를 백분율로 비교

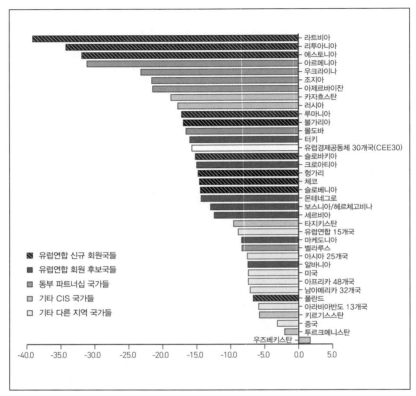

자료 출처: 졸트 다르바스(Zsolt Darvas), 「중부 및 동부 유럽 국가들이 입은 피해에 대한 유럽연합의 역할 (The EU's Role in Supporting Crisis-Hit Countries in Central and Eastern Europe)」, 《브뤼겔 정책 보고서(Bruegel Policy Contribution)》 2009/17(2009년 12월), 표 1.

있을 정도의 무시하지 못할 규모가 된다. 동유럽 국가들은 유럽의 변화를 상징하는 자존심이며 2007년에서 2008년 사이에는 새롭게 세력을 펼치려는 러시아와 대결했던 각축장이 되기도 했다. 동유럽 국가들은 자유시장경제와 금융세계화를 새롭게 받아들인 성실한 모범생들이었지만 전 세계 금융시장이 무너졌을 때 결국 큰 위기에 빠지고 말았다. 그렇지만 상황을 더 악화시킨 건 이들의 성장을 견인한 자본의 출처였다. 이들은 주로 서유럽

은행들로부터 과도하게 자본을 들여왔다. 서유럽 은행들과 각 지점들이 이 유럽의 신흥시장에 쏟아부은 자금은 1조 3000억 달러에 이르며 러시아를 제외하면 1조 800억 달러다.[27] 유럽 은행들이 겪는 어려움이 커지자 동유럽에서 진행하던 사업을 갑자기 대규모로 축소할지도 모른다는 위기감이 불거지기 시작했다.

금융위기가 닥쳐오기 전에는 분기마다 동유럽과 구소비에트 연방의 신흥시장국가들에 평균 500억 달러 이상의 자금이 유입되는 것이 일반적이었다. 그러다가 2008년 4/4분기부터 갑자기 분위기가 역전되어 1000억 달러가 유출되었고, 뒤이어 2009년 1/4분기에는 다시 500억 달러가 국외로 빠져나갔다.[28] 지난 15년 동안 구축된 신용관계가 흔들리기 시작했다. "자연스러운" 조정 과정을 거치며 동유럽으로 유입되던 자금이 크게 줄어들었고 이 해외자금을 유치하기 위해 들어가는 국내 통화비용이 절망적인 수준으로 올라가기 시작했다.[29] 불가리아와 루마니아, 그리고 헝가리와 리투아니아에서는 모든 신용거래의 절반 이상이 해외에서 들어오는 차입금이었다. 헝가리의 경우 자국의 포린트화 가치가 폭락하면서 몇 주 지나지 않아 각 가정이 짊어지고 있는 모기지며 자동차 대출금의 실제 규모가 20퍼센트나 올라갔다. 가장 최악이었던 건 헝가리 가계들의 채무가 대부분 엔화 표시 채권이라는 사실이었다. 엔화 가치가 급상승하면서 이들의 채무는 다시 40퍼센트나 올랐다.[30]

러시아는 1990년대의 굴욕을 되풀이하지 않기 위해 막대한 규모의 외화를 축적해왔지만 동유럽 국가들은 위기에 대응할 만한 무기가 아무것도 없었다. 이들이 생각하는 해결책은 서유럽과의 통합이었지만 그건 그저 상상에 불과한 것이었을지도 모른다. 미연준이 통화스와프 협정을 통해 미국과 불가분의 이해관계를 가진 핵심 국가들의 경제 안정화를 꾀하고 있는 것을 보며 누군가는 유럽중앙은행이 그와 비슷한 조치를 유로존의 동유럽 이웃들에게 실행해줄지도 모른다고 기대했을 수도 있다. 실제로 연준 측에서는 그런 기대를 했다. 만일 네이던 시츠의 세 가지 기준을 동유럽에도 적용한다면 유럽중앙은행이 누구를 지원할지도 깨끗하게 정리될 터였다.[31] 동유럽 국가들은 유럽연합의 회원국이며 장차 유로존의 회원이 될 가능성도 있었다. 그렇다면 일반적인 경우 동유럽 국가들의 경제정책에 대한 신뢰가 곧 지원조건에 대한 보증이 되는 것이다. 동유럽이 겪는 위기는 해외 신용공급의 갑작스러운 중단에서 비롯된 것이며 여기에 깊숙이 개입해 있던 유로존 은행들은 커다란 손실을 각오하고 있었다. 경제 상황의 역전으로 인한 위험은 치명적이었다. 네이던 시츠는 FOMC에 이렇게 말했다. "유럽의 모든 신흥시장국가들이 유럽중앙은행에 필요한 유동성 규모를 보고하는 것이 대단히 적절한 행동이라고 생각한다."[32] 그렇지만 연준이 유럽중앙은행에 사실상 달러화를 발행할 수 있는 자격을 부여했던 것과는 달리 유럽중앙은행은 자신이 받은 특혜를 폴란드나 루마니아까지 확대 적용할 뜻이 전혀 없었다. 다만 스웨덴과 덴마크에 대해서는 공식적으로 통화스와프 협정을 맺었는데 양국의 은행들이 동유럽에 어느 정도 유동성 자금을 공급했다. 그러는 사이 폴란드와 헝가리 중앙은행은 추가 유동성 자금이 필요할 정도로 위기에 빠진 일반 시중은행들과 비교해도 전혀 나을 것 없는 조건으로 Repo 거래 합의를 맺을 만큼 급박한 사정에 몰렸다. 유럽중앙은행이 적극적으로 나서서 베푼 유일한 도움은 최고 등급의 유로 표시 증권을 담보로 잡고 단기자금을 융통해준 것이었다. 그렇지만 처음부터 문제는 유로화 자금의 부족으로 일어난 것이기 때문에 유럽중앙은행의 이런 조치는 큰 도움이 되지 못했다. 이들이 실제로 원한 건 헝가리 포린트화나 폴란드 즐로티화에 대한 스와프 협정이었다. 유럽중앙은행이 그나마 제한적으로라도 도움을 준 것은 오스트리아와 프랑스 중앙은행이 받고 있는 다급한 압박 덕분이었다. 오스트리아와 프랑스의 은행들이 동유럽 국가들과의 거래로 크게 손실을 볼 수도 있는 상황이었기 때문에 두 중앙은행은 동유럽 국가들의 상황에 신경 써야 할 그들만의 이유가 있었던 것이다.[33] 특히 오스

		비용 분담					총지원금 (단위: 100만 달러)
		날짜	합의 총액 (단위: 100만 달러)	2009년 8월 인출액	유럽 연합	세계 은행	기타	
지원 협정	조지아	2008년 9월 15일	1,172	452	184	328	606	2,290
	우크라이나	2008년 11월 5일	17,253	10,979	1,000	1,750	1,250	21,253
	헝가리	2008년 11월 6일	16,529	11,900	8,400	1,300	0	26,229
	세이셸 (Seychelles)	2008년 11월 14일	28	12	0	0	0	28
	아이슬란드	2008년 11월 19일	2,196	878	100	0	9,000	11,296
	파키스탄	2008년 11월 24일	11,349	7,376	0	3,400	6,800	21,549
	라트비아	2019년 12월 23일	2,387	840	4,382	565	3,251	10,585
	벨라루스	2009년 1월 12일	3,560	1,499	0	200	1,000	4,760
	엘살바도르	2009년 1월 16일	806	0	0	450	900	2,156
	세르비아	2009년 1월 16일	4,108	1,100	411	350	0	4,869
	아르메니아	2009년 3월 6일	838	416	0	525	637	2,000
	몽골	2009년 4월 1일	240	120	0	60	125	425
	코스타리카	2009년 4월 11일	772	0	0	500	500	1,772
	과테말라	2009년 4월 22일	989	0	0	393	361	1,743
	루마니아	2009년 5월 4일	17,948	6,854	6,550	1,310	1,310	27,118
	보스니아 & 헤르체고비나	2009년 7월 8일	1,592	287	137	259	74	2,062
	스리랑카	2009년 7월 24일	2,594	325	0	0	0	2,594
합계			84,361	43,038	21,164	11,390	25,814	142,729
지원 한도액의 유동적 적용	멕시코	2009년 4월 17일	49,451	–				49,451
	폴란드	2009년 5월 6일	21,472	–				21,472
	콜롬비아	2009년 5월 11일	10,926	–				10,926

자료 출처: IMF, 『최근의 위기 대응 계획 검토(Review of Recent Crisis Programs)』(2009년 9월 14일), 부록 I.
https://www.imf.org/external/np/pp/eng/2009/091409.pdf.

트리아 은행들의 경우 스위스 프랑화로 자금을 융통해 대출해주었기 때문에 상황이 더욱 어려웠다. 금리가 낮을 때 스위스에서 자금을 빌린 것인데, 이제 스위스 프랑화 가치가 치솟자 자금조달이 어려워졌다. 이 문제를 해결하기 위해 스위스중앙은행은 유로화에 대한 전면적인 통화스와프 협정을 제안했지만 폴란드 즐로티화와 헝가리 포린트화와의 거래는 여기에 포함되지 않았다.[34]

동유럽 국가들은 유럽연합과 NATO 회원국 가입을 통해 기존의 별 볼일 없는 위치를 벗어나 새로운 세계 질서에서 한자리를 차지하려고 했다. 과거 소비에트 연방과 바르샤바조약에 속했던 이들 국가는 도널드 럼스펠드가 이야기했던 새로운 유럽의 당당한 일원으로 새롭게 태어나고 싶었다. 그렇지만 이제 경제성장에 대한 전망은 산산이 부서졌고 과거 공산주의가 막 무너졌던 그때로 다시 돌아갔다. 국가의 지위는 더 낮아졌으며 또다시 굴욕적인 모습으로 국제적인 금융 원조를 바라는 처지가 되었다. IMF는 이런 그들에게는 마지막 희망이었지만 또한 트라우마이기도 했다. 어떤 동유럽 국가도 공산주의가 무너진 이후 IMF와 겪었던 그 잊을 수 없는 경험을 되풀이하고 싶지 않았다.

유럽연합 내부에서 제일 먼저, 그리고 필사적으로 도움을 요청한 건 헝가리였다.[35] 2008년 10월 27일 헝가리 정부는 IMF, 그리고 유럽연합과 함께 250억 달러에 달하는 자금 대출에 합의했다. 250억 달러라면 위기 이전 헝가리 GDP의 20퍼센트에 상당하는 규모다. 그것은 헝가리가 IMF로부터 받을 수 있는 통상적인 지원의 몇 배에 해당하는 특별한 지원이기도 했다.[36] IMF로서는 특별한 호의를 베풀었다고 생각했지만 헝가리 측에서는 당연히 이를 순수한 호의로 받아들이지만은 않았다. IMF가 요구한 긴축경제계획을 두고 헝가리 정계는 둘로 쪼개졌다. 민족주의를 표방하는 일간지 《헝가리일보(Magyar Hírlap)》는 헝가리의 상황을 "채무라는 올가미에 목이 졸려" 천천히 죽어가고 있다고 표현할 정도였다.[37] 또한 극우파 극단주의자들은 유럽연합과 IMF의 이런 "신식민주의"를 통해 제1차 세계대전 직후 헝가리를 갈가리 찢어놓았던 트리아농조약(Treaty of Trianon)을 떠올렸다. 결국 2010년 우파인 청년민주동맹당(Fidesz party)은 총선에서 압도적인 승리를 거두면서 집권에 성공해 자신이 내세우는 이른바 비자유 민주주의의 길로 헝가리를 이끌었다.

2008년 10월 IMF가 헝가리를 지원하자 아이슬란드와 라트비아, 우크라이나, 파키스탄도 뒤를 이어 지원을 받았다.[38] 2009년에는 아르메니아와 벨라루스, 몽골도 어쩔 수 없이 IMF에 도움을 요청했다. 불과 1년 전 NATO 정상회담을 개최했던 루마니아도 IMF와의 협상에 들어갔다. IMF는 코스타리카와 엘살바도르, 과테말라, 세르비아, 보스니아헤르체고비나에는 예방적 대출(precautionary credits)을 제공했다. 또한 미국 정부의 요청에 따라 멕시코와 폴란드, 콜롬비아가 해당 국가의 내정에 최소한으로 개입하는 탄력적인 지원계획을 이용했다. 여기에 참여하면 모두 합쳐 800억 달러를 즉시 현금으로 지원 받았다. 따라서 멕시코만 특별하게 통화스와프 협정에 따른 지원과 IMF의 지원 모두를 받는 셈이었다.

발트 3국의 암울한 미래

IMF와 유럽연합의 개입 덕분에 동유럽 국가들은 2008년 가을 갑작스러운 붕괴를 모면할 수 있었다.[39] 그렇지만 상황은 여전히 극단적일 정도로 불안했으며 채무자만 위험한 것이 아니었다. 오스트리아 은행들은 1990년대부터 과감하게 동유럽에 투자와 대출을 진행해왔고 이제 그 누적 채권액은 오스트리아 GDP의 55퍼센트에 육박할 정도였다. 헝가리와 루마니아처럼 변동환율을 적용받아 특히 상환 불가의 위험성이 큰 국가들에 대한 채권액은 오스트리아 GDP의 20퍼센트에 가까웠다. 독일과 프랑스, 이탈리아 은행들도 모두 동유럽 국가들로부터 받아내야 할 빚이 상당했지만 국내 사정에 따라 어느 정도 관리가 가능했다. 그 밖에 심각한 수준으로 받아야 할 채권액이 누적되어 있는 국가는 스웨덴이었다. 스웨덴 은행들은 발트 3국의 금융시장 대부분을 독점하고 부동산 호황이 일어나는 데 일조했다. 한편 세계은행과 유럽부흥개발은행 같은 국제기구에도 심각하게 우려되는 상황이 있었다. 어려움에 빠진 서유럽 은행들 중 한두 곳 이상이 갑작스럽게 청구권을 회수하려고 했을 때 일어날 수 있는 연쇄반응이었다. 그렇게 되면 IMF와 유럽연합 집행위원회가 제공하는 지원금은 흔적도 없이 사라질 수 있었다. 서유럽 은행들이 모든 부문에서 차입금을 줄이기 위해 사력을 다하면 결국 동유럽에서 모두들 빠져나올 수밖에 없었고 다른 업체들도 앞다투어 그 뒤를 따를 것이었다. 부시 대통령에 의해 세계은행 총재로 발탁된 로버트 졸릭(Robert Zoellick)은 유럽의 미래에 대해 깊은 고민에 빠져 있었다. 2009년 초《파이낸셜타임스》와 나눈 대담에서 졸릭은 이렇게 이야기했다. "1989년 동서분열이 끝난 후 20년이 흘렀다. 그런데 다시 유럽이 갈라진다면 얼마나 큰 비극이겠는가."[40] 냉전이 끝난 후 아버지 부시와 아들 부시, 그리고 미국 정부가 지원해온 새로운 유럽이 혼란에 빠졌다. 유럽의 파란만장했던 역사를 상기시키면서《비너차이퉁(Wiener Zeitung)》은 오스트리아와 이탈리아의 은행들을 위협하고 있는 "금융업계에 불어닥친 혹한의 겨울(monetary Stalingrad)"을 경고하고 나섰다.[41]

상황은 심각했다. 그렇지만 중부 유럽을 시끄럽게 하는 소문은 결국 서유럽 측이 이 사태에 신경 쓰고 있지 않다는 반증이기도 했다. 독일 정부는 동부 유럽 사태에 대해 유럽 차원에서 공동으로 대응하는 일에는 더 이상 흥미를 보이지 않았고 공동지원기금을 제안하는 오스트리아와 헝가리를 완전히 무시했다.[42] "우리 문제가 아니다." 슈타인브뤼크의 공식 입장이었다. 동유럽 국가들은 유로존 회원국인 그리스가 경제적 기반이 더 나을 것이 없으면서도 헝가리에 비해 어려움을 헤쳐나가는 모습을 지켜볼 수 있었다.[43] 나중에 일어난 사건들을 생각하면 얄궂은 일이지만 2009년 초에 폴란드와 다른 동유럽의 유럽연합 회원국들을 빨리 유로존 회원국으로 만들어 유럽중앙은행의 보호 아래 들어올 수 있도록 만들자는 요구가 있었다.[44] 한 IMF 직원의 내부보고서도 이런 제안에 찬성하고 있다. "유럽연합 소속 국가들이 유로존 회원국이 되면 외화 채무를 해결하고 신뢰도를 회복하는 등 많은 이점을 누릴 수 있다. 일부 국가의 경우 유로존 회원국이 되지 못하면 앞서 언급한 외화 채무를 해결하기 위해 정치적 반발을 감수하면서 엄청난 긴축정책을 펼 수밖에 없다."[45] 그렇지만 유럽중앙은행은 이 문제에 아무런 반응도 보이지 않았다. 동유럽 문제에 얽혀들고 싶지 않았던 것이다.

2008년 12월 가장 큰 곤란을 겪고 있던 이탈리아와 오스트리아 은행들이 국제적인 지원을 위한 공동계획을 공개적으로 요구하고 나섰다. 유럽연합이 아무런 대응을 하지 않자 오스트리아 정부를 찾아갔다. 오스트리아 정부는 이미 오스트리아 은행들이 크게 얽혀 있는 상황에서 그대로 지켜볼 수만은 없는 노릇이었다. 결국 오스트리아 정부는 유럽연합을 거치지 않고 훗날 "비엔나 이니셔티브(Vienna Initiative)"로 알려지는 합의서를 발표한다. 비엔나 이니셔티브는 세계은행, 유럽부흥개발은행, 유럽투자은행이 공동의 합의로 신규 대출과 자본금 확충을 위해 245억 유로를 새롭게 지원한다는 계획이었다. 이 합의가 의미를 가질 수 있었던 건 일부 주요 민간 은행들이 측면 지원을 약속했기 때문이다. 각각의 상황과 경우에 따라 비엔나 이니셔티브는 주요 민간 은행에서 동유럽 지역의 대출을 유지한다는 약속을 받아냈고, 이를 통해 급격한 대출 중단을 막을 수 있었다.[46] 이탈리아의 유니크레디트(UniCredit)와 방카인테사(Banca Intesa), 오스트리아의 라이파이젠(Raiffeisen), 스웨덴의 스웨드뱅크(Swedbank) 등이 여기에 참여했다. 그러나 독일의 코메르츠와 도이치은행은 빠졌다.[47]

나중에 밝혀진 것처럼 동유럽 안정화를 위한 가장 중요한 전쟁터는 빈에서 한참 떨어진 곳에 있었다. 21세기가 시작될 무렵의 라트비아와 리투아니아. 에스토니아는 대단히 운이 좋아 보였다. 우크라이나나 조지아, 혹은 벨라루스 같은 다른 구소비에트 연방 소속 국가들과 달리 이 발트 3국은 유럽연합과 NATO 양쪽의 정식 회원국으로 입성하는 데 성공했다. 게다가 헝가리나 폴란드와는 달리 가능한 한 빨리 유로존 회원국에도 이름을 올리고 싶어 했다. 이런 기대감 속에서 이들은 자국 통화 환율을 유로화에 페그시켰다. 2008년에 해외 자본 유입이 갑작스럽게 중단되는 상황에서도 유로존 회원국이 되려는 노력을 멈추지 말라는 압박은 계속되었다. 그러나 해외 자본 유입은 점점 줄어들었고 고정환율 유지는 이전보다 훨씬 더 고통스러운 일이 되어갔다. 2008년 초 IMF는 거시경제 불균형으로 인한 위기의 가능성을 경고하면서 특히 경상수지 적자가 점점 늘고 있던 라트비아를 지목했다.[48] 그렇지만 이런 경고는 곧 한 국가의 개별적인 문제로 받아들여지고 말았다. 이제 라트비아는 전 세계적인 총체적 위기와 함께 걷잡을 수 없이 늘어가는 엄청난 적자를 마주했다. 헝가리와 루마니아는 자국 통화 가치를 평가절하했지만 그렇게 할 수 없는 발트 3국이 취할 수 있는 방법은 무엇일까? 해외 자본의 조달 없이 이 위기를 빠져나갈 수 있을까? 유로화에 대한 환율을 조정할 수 없다면 어떻게 다시 수출 경쟁력을 회복하고 수입을 줄일 수 있단 말인가? 환율에 대한 평가절하 없이 무역수지를 바로잡기 위해서는 국내 소비를 줄이고 근로자들의 임금을 삭감하며 세금을 늘리고 정부 지출을 줄이는 방법밖에는 없었다. 물론 고통스러운 일이지만 발트 3국이 높은 수준의 금융 통합에 도달했기 때문에 평가절하 역시 위험하기는 마찬가지였다. 이웃 유럽 국가들로부터 80퍼센트 이상의 외화를 조달하고 있는 입장에서 갑작스러운 평가절하를 시도했다가는 국가부도 사태를 불러일으킬 수도 있었다. 유로화로 돈을 빌린 비용과 대가는 그야말로 엄청났다. 아직 정식 유로존 회원국이 아니었음에도 불구하고 2009년 초 발트 3국이 마주한 상황은 모두 다 암울한 미래를 예고할 뿐이었다.

짊어지고 있는 부채 규모와 스칸디나비아 은행들과의 깊은 관계로 인해 사람들은 라트비아가 발트 3국 안정화의 열쇠를 쥐고 있다고 생각했다.[49] 만일 라트비아가 환율 페그를 포기할 경우 에스토니아와 리투아니아도 그 뒤를 따를 수밖에 없으며, 그렇다면 역시 유로화에 대한 자국 통화의 환율 문제로 어려움을 겪고 있던 슬로바키아와 불가리아 역시 영향을 받을 수밖에 없었다.[50] 일단 이렇게 평가절하의 물결이 시작되면 비엔나 이니셔티브를 통해 만들어진 방어책들을 그대로 유지하기란 불가능에 가까웠다. 동유럽 전체에 걸쳐 각종 자산의 급매처분이 이루어질 것이며 그 와중에 누군가는 살아남을 수도 있겠지만 스웨덴에서 가장 중요한 위치를 차지하고 있는 2대 은행 스웨드뱅크와 노르디아(Nordea)에게 발트 3국과의 관계는 그야말로 생존이 걸린 문제였다.[51] 만일 그동안의 채권액을 변제받을 수 없으면 두 은행은 그야말로 파산할 수밖에 없었다. BNP파리바의 한 분석가는 이렇게 평가했다. "라트비아는 국가 규모는 작지만 엄청난 영향력을 갖고 있다."[52] 중부 유럽의 한 재무부 장관은 익명을 요구하며 중부 유럽과 동부 유럽에 걸쳐 일어날 연쇄반응이 최소한 5~6개의 유럽 은행을 파산시킬 것으로 예측하기도 했다. 라트비아는 유럽의 리먼브라더스가, 아니 그보다 더 심각한 크레디탄슈탈트(Kreditanstalt)가 될 수도 있었다. 1931년 이 오스트리아의 대형 은행이 파산하면서 당시 독일의 바이마르 공화국이 그 여파로 무너졌고 이후 유럽은 대공황과 전체주의에 휩쓸렸다.

IMF가 라트비아와 같은 상황의 국가에 내리는 기본적인 처방은 한 차례의 환율 평가절하와 그 뒤를 잇는 채무 재조정 혹은 만기일 조정이었다. 그렇지만 유럽연합 집행위원회의 입장은 완강했다. 라트비아는 유로존 회원국이 되기 일보 직전이었고 계속해서 그 위치를 유지해야 했다. 만일 경상수지에 대한 조정이 필요하다면 디플레이션이나 긴축재정을 통해 그렇게 해야만 했다. 라트비아에 남겨진 미래는 참혹했다. 2009년 여름 주택 가격은 50퍼센트나 곤두박질쳤다. 전국의 교사 3분의 1을 포함한 공무원들이 정리해고를 당했고 남아 있는 공무원들의 급여도 35퍼센트나 삭감되었다. 실업률은 5퍼센트에서 20퍼센트로 치솟았다.[53] 그런데 놀랍게도 라트비아는 필사적으로 견뎌냈고 이웃 국가들도 마찬가지였다. 이런 과정 속에서 라트비아는 모두 합쳐 위기를 겪기 이전 GDP의 32퍼센트에 해당하는 지원을 받았다. 유럽연합 집행위원회가 31억 유로를, IMF가 17억 유로, 세계은행과 유럽부흥개발은행이 8억 유로, 그리고 스웨덴, 덴마크, 핀란드, 노르웨이, 에스토니아가 19억 유로를 지원했다.[54] 이들은 모두 자국 은행들의 구제에 나서는 것보다 라트비아의 위기를 처리하는 쪽을 선호했던 것이다. 그렇지만 역시 가장 중요한 유럽중앙은행은 이 공동의 위기 대처 조치에 참여하지 않았다.

IMF가 구제금융을 조건으로 부과한 긴축재정 프로그램은 신생 민주주의 발트 3국에는 상당한 부담이었다.[55] 라트비아에서는 새로운 긴축재정정책에 대한 불만과 정치인들의 부패에 대한 분노가 합쳐지면서 연금 보장, 그리고 의회 해산을 국민투표로 결정할 수 있도록 해달라는 요구를 관철시키기 위해 두 차례 국민투표를 치렀다. 2009년 1월 수도 리가는 시위대로 뒤덮였고 폭동이 일어나 밤새도록 경찰들과 대치했다. 2월 유럽의회 의원으로 활약하며 명성을 쌓았던 발디스 돔브로브스키스(Valdis Dombrovskis)가 이끄는 보수 연합정부가 세워졌다. 돔브로브스키스 내각의 목표는 지금의 긴축경제를 엄격하게 유지하는 것이었다. "우리는 국가부도의 위기에 직면해 있다. 앞으로도 많은 난관이 예상된다."[56] 결국 다른 대안은 없었던 것일까? 소비에트 연방 시절의 유산은 여전히 라트비아에서 사라지지 않고 남아 있었고 조지아는 그런 사실을 더 절실하게 일깨워주었다. 발트 3국은 동쪽 헤게모니 국가 편에 서든 서쪽 헤게모니 국가 편에 서든 둘 중 하나를 선택해야 했다. 1990년대 이후 발트 3국은 그야말로 기적적으로 균형을 잡아가며 동유럽과 서유럽이 서로 하나가 되어 유럽연합과 NATO라는 그늘 아래에서 나아갈 길을 찾았다. 적어도 라트비아 정치계급이 생각하기에 지금 가고 있는 길을 계속해서 가야만 했다.

우크라이나의 혹독한 겨울

이중의 위기를 맞은 2008년의 동유럽 국가들은 각기 다른 반응을 보였다. 발트 3국은 가던 길을 계속해서 가려 했고 헝가리에서는 민족주의자들이 들고일어났다. 그렇지만 우크라이나만큼 이 이중의 위기가 큰 충격으로 다가온 국가는 없었다. 마침 금융위기와 함께 기다렸다는 듯 서유럽과 러시아 사이의 지정학적 긴장이 고조되면서 안 그래도 위태로웠던 우크라이나 정권은 심각한 타격을 입었다. 우크라이나는 2013년 큰 정치적 위기를 겪지만 그 씨앗은 이미 5년 전부터 뿌려져 있었다.

2008년 봄, 우크라이나 대통령 빅토르 유셴코는 NATO 회원국 신청을 하는데 이를 적극적으로 응원한 것이 부시 행정부와 폴란드, 그리고 다른 동유럽 국가들이었다. 이 때문에 우크라이나 정계는 분열한다. 유셴코 대통령은 서방측에 정치적 승부를 걸었지만 당시 총리였던 율리아 티모셴코(Yulia Tymoshenko)는 독립 이후 추구해온 대로 러시아와 서유럽 사이에서 균형을 잡는 정책을 더 선호했고 이런 균형 관계 속에서 천연가스 거래를 통해 사적으로 재산을 모으기도 했다. 2008년 8월 조지아에서 일어난 전쟁으로 우크라이나에서는 그나마 남아 있던 2004년 혁명의 정치적 유산까지 분열된다.[57] 그리고 코카서스에서 휴전 협정이 체결되기 몇 주 전 이번에는 금융위기가 키예프를 덮쳤다.

2004년의 오렌지혁명 이후 우크라이나의 경제성장은 해외차관에 크게 의존하고 있었다. 2008년 초에 우크라이나는 기업 자금조달의 45퍼센트, 그리고 일반 가계대출의 65퍼센트가 바로 해외에서 유입되는 자금으로 구성되어 있었다.[58] 유럽 은행들이 우크라이나에 대출해준 금액은 최소 400억 달러가 넘었고 그중에서 오스트리아와 프랑스 은행의 대출이 절반 이상을 차지했다. 금융위기가 시작되자 이런 해외 자본의 유입이 중단되었고 우크라이나 수출은 큰 타격을 입었다. 구소비에트 연방 시절의 유산인 철강업은 우크라이나 수출의 42퍼센트를 차지하고 있었기 때문에 다른 어떤 분야보다도 세계적인 투자 지출의 감소로 인한 피해가 컸다. 철강제품의 가격은 폭락했고 2009년 1월의 생산량은 연간 기준으로 34퍼센트나 줄어들었다.[59] 우크라이나 경제가 불황에 빠져들자 대량해고 사태는 없었지만 근로자 수백만 명에 대한 임금체불이 시작되었다. 전 세계 국가들 중에서 우크라이나보다 더 어려운 상황을 겪고 있는 나라는 라트비아가 유일했다.

2008년 10월 우크라이나는 헝가리를 따라 IMF에 구제금융을 신청하는 것 말고는 선택의 여지가 없었다. 우크라이나 정부는 164억 달러의 구제금융안에 합의했다. IMF는 관례와 다른 구제금융 조건을 제시해 우크라이나에 자국의 예산을 완전히 스스로 조달하고 환율을 현실에 맞게 조정하며 금융시스템을 확실하게 안정화시킬 것을 요구했다. 그렇지만 이런 조건은 우크라이나 정부의 능력 밖이었다. 환율의 경우 달러당 5흐리브냐(hryvnia)로 과도하게 높게 설정되어 있던 것이 평가절하되어 달러당 7.7흐리브냐로 떨어졌지만 실제로는 10흐리브냐 이상으로 거래되었다. 정부 예산의 균형을 맞추기 위해 세금은 늘리고 정부 보조금을 삭감했지만 당연히 국민들의 반발을 샀다.[60] 2009년 "누가 지금의 사회경제적 어려움에 가장 책임이 큰가" 하는 설문조사에서 우크라이나 국민의 69퍼센트가 2004년 혁명을 이끌었던 영웅들을 지목했다. 47퍼센트는 빅토르 유셴코를, 그리고 나머지 22퍼센트는 율리아 티모셴코를 지목한 것이다.[61] 유셴코의 개인적 신임도는 2.5~5퍼센트를 오갔다. 이런 설문조사 결과는 다분히 역설적이었지만 냉전시대 이후 우크라이나의 발전이 막다른 골목에 들어섰다는 건 그 어느 때보다도 분명했다. 이런 상태를 벗어나려면 고통스러운 구조조정이라는 대가를 치르더라도 서유럽 측과 계속해서 통합을 진행해야 했다. 2009년 가을 무렵 우크라이나에서 가장 인기 있는 정치인은 빅토르 야누코비치(Viktor Yanukovych)였는데, 그는 러시아에 뿌리를 두고 동부 지역을 기반으로 하는 "파르티야 레히오니우(Партія регіонів, 지역당)"의 당수였다. 야누코비치는 자본주의로의 체제 이행기 우크라이나를 지배한 흉폭한 인물로 그가 주도한 2004년 부정선거는 결국 오렌지혁명을 불러오기도 했다.

2009년 동과 서의 지정학적 긴장이 어느 정도 가라앉으면서 우크라이나도 한숨을 돌렸다. 2008년에 드미트리 메드베데프가 러시아 대통령에 당선되자 서방측은 러시아와의 관계 "재설정" 작업에 들어갔다. 그렇지만 그 아슬아슬한 상황은 결국 다시 파국으로 치닫고 말았다. 2009년 1월, 러시아와 우크라이나 사이에 채무 문제, 그리고 천연가스 가격 문제와 관련된 갈등이 불거지자 우크라이나는 난방조차 할 수 없는 혹독한 겨울을 맞았고 서유럽 측으로 연결된 가스 공급마저 차단되었다.[62] 결국 유럽연합이 중재에 나서고 가스 가격이 인상되면서 간신히 갈등은 가라앉았지만 그 때문에 티모셴코 총리는 곤란한 지경에 빠졌다. 실제로 우크라이나가 중요한 뉴스에 등장하는 일은 거의 없었지만 이미 2008~2009년의 상황은 걷잡을 수 없이 악화되고 있었다. 오스트리아의 외무부 장관 요제프 프뢸(Josef Proell)은 2009년 2월 마치 앞날을 예측이라도 하듯 이렇게 말했다. "우크라이나는 대단히 중요한 위치에 있는 국가이며 만일 이렇게 이웃하고 있는 거대한 국가에서 정치적, 경제적 재난이 일어난다면 우리는 유럽연합 안에서 그에 따른 도미노효과가 일어나는 것을 반드시 막아야만 한다. …… 지금은 상황이 어떻게 진행될지 알 수 없다. 그렇지만 우크라이나를 계속해서 주목하며 대비를 게을리하지 말아야 한다."[63]

10장

동쪽으로부터 불어오는 바람
중국

새롭게 냉전시대의 분위기가 되살아나던 유럽은 2008년 금융위기 직후 일시적인 휴전상태에 들어갔지만 동서 양 진영의 갈등의 골은 금융위기 이전보다 훨씬 더 깊어가고 있었다. 러시아 정부로서는 NATO의 거침없는 세력 확장 시도와 조지아에서의 충돌을 결코 잊을 수 없었다. 2007년 2월 당시 푸틴 대통령은 연례 뮌헨안보회의에서 일극체제의 시대는 저물고 있다고 주장했고 러시아는 그 주장을 현실로 만들고 있었다. 그리고 미국 역시 그런 현실을 인식하고 있었다. 그렇지만 다극성의 상대로 사람들이 가장 먼저 떠올리는 건 푸틴의 위태로운 러시아가 아니라 바로 중국이었으며 러시아 자체적으로도 그런 분석을 하고 있는 상태였다.[1] 중국과 미국 사이에 위기가 일어날 가능성은 누구나 예상할 수 있었으며 북미-유럽 중심의 금융시스템 안에서 발생한 예기치 못한 폭풍은 그런 긴장상태를 더욱 고조시켰다.[2] 그렇지만 베이징과 워싱턴은 더 큰 재난을 만들고 싶지 않았다. 어느 쪽도 코카서스 지역에서 일어난 것과 같은 위험천만한 폭력사태를 원하지 않았던 것이다.

2008년 중국은 자신이 쌓아 올린 달러화 자산에 미국 재무부 채권뿐만 아니라 모기지 대출을 확장시킨 자금원인 정부보증기관(GSE) 채권도 있다는 사실을 깨닫고 경계심을 갖지 않을 수 없었다. 러시아에서와 마찬가지로 중국의 여론도 들끓어 올랐다. 왜 가난한 중국이 미국의 배를 불려주어야 하는가? 분위기가 심상치 않다는 사실을 깨달은 중국 당국은 대변인을 통해 극적이면서도 비정상적일 만큼 솔직한 논평을 내놓는다. 만일 미국이 GSE의 파산을 묵인한다면 그것은 "재난"을 자초하는 일이며, 중국은 그 사실을 모두에게 알리겠다는 것이다.[3] 2008년 말 시사전문 잡지 《애틀랜틱(Atlantic)》은 유려한 말솜씨를 자랑하는 중국 국부펀드의 관리자와 대담을 주선했다.[4] 대담 내용은 뜻밖에도 혼란에 빠진 세상에 대한 깊은 통찰력을 담고 있었다. 가오시칭(高西慶)은 이렇게 언급했다. "최근 수개월 동안 세계는 미국이 자신만의 이념, 자부심, 독선으로 투쟁을 이어온 후 마침내 미국인의 위대한 재능 중 하나인 실용주의를 적용시켰음을 목도했다." 미연준과 재무부는 금융경제를 안정화시키기 위해 엄청난 규모로 개입했고 그 때문에 중국은 미국을 자본주의 민주국가가 아니라 "아메리카식 사회주의"로 생각한다는 것이었다.

다소 앞서 나간 점이 있을지 몰라도, 가오시칭의 분석은 충분히 마르크스적이지 않았다. 2008년 9월과 10월에 문제 해결을 막아선 것은 단지 이념과 자만심의 문제는 아니었으며 각자의 이해관계가 거기에 걸려 있었다. "부르주아 집행위원회"*를 동원하는 것은 그리 간단한 일이 아니었다. 그렇지만 가오시칭은 현실을 전혀 모르는 이론가는 아니었으며 듀크대학교 법학대학원을 졸업하고 월스트리트 로펌에서 근무하는 등 다양한 이력을 소유한 사람이었다. 그렇지만 이론가든 현실주의자든 그의 권력이동에 대한 감각은 대단히 탁월했다. "지금 세대의 미국 사람들은 자신의 우월적

* 이 표현은 칼 마르크스가 『공산주의자 선언』(1848)에서 '국가'를 가리켰던 말이다.

인 지위에 지나치게 익숙해져 있다. 세계 어디를 가든 모든 사람들로부터 대접을 받는 이들에게 다른 사람들과 똑같아지라는 건 어쩌면 자존심에 상처가 될 수도 있다. 사실 '똑같아지라'는 건 때로는 다른 사람들 앞에서 겸손한 모습을 보이라는 뜻인데 말이다. …… 한 가지 간단한 사실을 명심하자. 미국 경제는 세계 경제 위에 서 있으며 수많은 국가의 희생에 가까운 도움으로 유지되고 있다. 그러니 겸손한 모습을 보여야 하지 않겠는가. …… 하하, 나는 지금 납작 엎드리라고 말하는 것이 아니다. 그렇지만 최소한 서로 거래관계에 있는 국가들에는 예의 바른 모습을 보여야 하는 것이 아닐까. 중국과 대화하라! 중동과 대화하라! 그리고 모든 군대를 철수시켜라!"

버락 오바마의 예상치 못한 대선 승리가 보여주었던 것처럼 많은 미국 사람들도 이와 비슷한 생각을 하고 있었다. 그리고 사실 이전의 부시 행정부 역시 그 "예의"를 차리기 위해 할 수 있는 한 최선을 다했다. 중국이 진정으로 원하는 건 패니메이와 프레디맥이 발행한 채권에 대한 미국 정부의 완전한 보증이었다. 그렇게 되면 공공 부문 부채가 한 번에 5조 달러 이상 불어나면서 미국 정부의 재정 상태에 그야말로 극적인 영향을 미칠 것이었다. 패니메이는 당시 사정에 따라 베트남전쟁 기간 동안 민영화되었지만 이런 기관들을 다시 정부의 보호 아래 두는 것은 헨리 폴슨 재무부 장관이 선택할 수 있는 차선책이었다. 설사 공화당 우파의 반발을 불러일으키더라도 당의 운영진이라면 어쩔 수 없는 선택이었다는 사실을 이해해줄 것이었다. 부시 대통령 역시 개인적으로 중국 정부에 연락을 취해 자랑스럽게 이 사실을 알렸다.[5]

중국은 보유하고 있는 GSE 채권의 양을 줄였지만 러시아처럼 무작정 풀어놓지는 않았고 가오시칭과 동료들이 준비통화 다변화에 대한 중국의 무분별한 계획을 경고하고 나서기 전인 2007년 여름 수준으로 줄여놓았다. 미 재무부 채권을 포함하여 중국이 보유한 미국 발행 채권의 총규모는

2007년 6월 9220억 달러에서 2년 후에는 1조 4640억 달러까지 늘어났다.[6] 그렇지만 특별히 놀라울 것은 없었다. 경제위기와 공황이 밀어닥치면서 미 재무부 채권은 세계에서 가장 투자가치가 높은 안전자산이 되었으니까 말이다. 모든 사람이 다 안전한 자산을 찾고 있었고 재무부 채권의 가격도, 수익도, 그리고 달러화의 가치도 함께 올라갔다. 만일 중국이 달러화 자산을 처분하고 다양한 종류의 자산을 보유하기를 원한다면 바로 지금이 기회였다. 전 세계가 끊임없이 안전한 달러 자산을 원하고 있었으니까. 그렇지만 금융위기로 인해 중국이 선택할 수 있는 길은 제한적일 수밖에 없었다. 어디에 가서 그만큼 안전한 자산을 찾을 수 있단 말인가? 그렇다고 일본 정부가 발행하는 채권을 사들인다면 나중에 더 심각한 문제를 야기할 가능성이 있었다. 유럽의 채권시장은 그리 규모가 크지 않았으며 결국 중국과 미국은 싫든 좋든 함께 엮일 수밖에 없는 사이였다. 두 국가의 상호의존성은 구조적으로 그렇게 만들어진 것이며 단지 해외 투자뿐 아니라 무역에서도 마찬가지였다.

중국의 대규모 경기부양책의 실체

중국의 수출 실적과 축적된 자산 규모를 감안하면 서구의 입장에서는 그런 중국의 경제성장을 수출의존형 성공으로 믿을 수밖에 없었다. 그렇지만 그런 평가는 서구 중심의 편협한 시각을 반영하는 일종의 착시현상일 뿐이다. 물론 수출은 중국에 대단히 중요하며 전 세계 교역이 중국의 수출을 통해 많은 변화를 맞이했다. 그러나 금융위기 전에도 중국의 국내 경제는 엄청난 규모를 자랑했으며 엄청난 속도로 빠르게 성장해 중국이 상대하고 있는 해외시장의 규모를 넘어설 정도였다. 중국은 최대 수출국 자리에 올랐지만 그런 과정에서 오스트레일리아와 아라비아반도, 아프리카, 그리고 다른 아시아 국가들과 남아메리카 국가들로부터 대규모로 원자재와 1차 부품들을 수입하게 되었다. 기술과 첨단기계 장치들은 역시 서구 국가들로부터 수입했다. 중국이 수출대국으로서 세계에서 차지하고 있는 가치의 상당 부분은 원자재와 특정 부품들을 또 그만큼 수입하고 있다는 사실에서 비롯되는 것이다. 그 결과 2008년 전까지 중국의 GDP 성장에서 순수하게 수출이 기여하는 몫은 사람들의 상상과는 달리 그리 크지 않았다. 실제로 1990년대부터 중국의 성장을 견인해온 원동력은 국내 수요였으며 수출은 그 영향력이 3분의 1에도 미치지 못했던 것이다.[7] 이런 현실은 특히 가장 좋은 사례라고 할 수 있는 독일과 비교해봤을 때 진정한 수출의존형 경제와는 상당히 거리가 있다. 독일은 2000년 이후 국내 소비와 투자가 그리 크게 늘지 않았고 그런 독일의 성장을 견인한 건 대부분 해외 수요였다. 반면에 중국은 성장의 진정한 원동력이자 견인차가 바로 엄청난 규모로 늘어난 국내 투자와 수요였다. 중국의 도시들이 확대되고 사회기반시설들이 빠른 속도로 현대화하면서 체질 개선이 시작되었고 중국 경제도 그와 함께 성장했다.

2008년이 되자 중국 국내 수요의 역동적 성장과 동아시아 지역의 중요 교역 중심지로서의 역할을 본 일부 분석가들은 아시아가 미국, 그리고 유럽으로부터 "디커플링" 시점에 도달한 것으로 보았다.[8] 2008년 봄 다른 대부분의 국가가 경제불황에 빠져들고 있을 때 중국의 최대 고민은 지나치게 빠른 속도로 팽창하고 있는 중국 경제였다. 특히 소비 부문의 성장세는 연간 20퍼센트 이상이었다. 중국인민은행은 금리를 올렸고 정부는 지나친 호황을 억누르기 위해 재정 지출의 고삐를 죄었다. 그러는 사이 중국 행정부서들은 좀 더 균형 잡힌 국가성장을 위한 책임을 다하기 위해 중앙집권화된 강력한 부서들로 재정비되었다.[9] 그렇지만 아무도 미처 예상하지 못했던 것이 바로 세계 교역의 붕괴가 가져올 실질적인 영향이었다. 2008년 7월 중국 수출은 25퍼센트, 수입은 30퍼센트, 그리고 외국인 직접투자는 연간 기준 65퍼센트까지 성장했다. 그런데 6개월이 지나자 수출은 18퍼센트, 수입은 40퍼센트 이상, 그리고 외국인 직접투자는 30퍼센트 이상 감소한다. 깜짝 놀랄 만한 역전 현상이었을뿐더러 경제에서 수출이 차지하는 비중이 통상 3분의 1에도 미치지 못했음에도 불구하고 중국이 받은 타격은 심각했다. 2008년 가을이 되자 한국과 타이완 기업들이 갑자기 중국 사업을 정리하기 시작했다.[10] 동시에 뱅크오브아메리카와 UBS, RBS 같은 현금이 모자란 서구 은행들도 중국에서 자산을 정리하고 빠져나갔다. 그렇지만 중국 노동시장이 수출 주문 감소로 인해 받은 충격에 비하면 이런 것들은 아무것도 아니었다. 2008년에서 2009년으로 이어지는 겨울, 무려 560만 명에 달하는 중국의 대학 졸업 예정자들 중 30퍼센트는 일자리를 구할 수 없었다. 지방에서 일자리를 찾아 도시로 상경하는 수천만 이주노동자들의 상황은 더 암담했다. 2008년 10월 중국 고유의 명절인 중추절에 7000만 명이 고향으로 돌아갔지만 명절이 끝난 후 도시로 다시 돌아온 건 5600만 명뿐이었다. 세계은행의 추산에 따르면 그중 1100만 명은 다시 일자리를 찾지 못했다고 한다. 따라서 최소한 2000만 명에서 최대 3600만 명의 중국 노동자들이 실업자가 된 것이다.[11]

중국 국내의 이런 사회적 불안 징후에 대해 중국 당국은 대단히 조심스럽게 대응해야 한다는 사실을 잘 알고 있었다. 이미 11월 5일에 중국 국무원은 비상회의를 소집해 4조 위안, 즉 5860억 달러의 특별지출 계획을 승인했다. 4조 위안은 2008년 중국 GDP의 12.5퍼센트에 달하는 엄청난 규모로 2010년 말까지 기존의 투자 계획들을 보조하고 그 밖에 다양한 부문에 지출할 예정이었다. 중국의 이런 계획은 금융위기가 닥친 이후 전 세계에서 처음으로 이루어진 실질적인 대규모 재정지원 대책이었다. 2008년 11월 9일 일요일에 이런 정부 방침이 언론을 통해 보도되었다. 국무원은 이렇게 선언했다. "지난 2개월 남짓 전 세계의 금융위기는 매일 그 강도를 더해 갔다. …… 투자를 확대하기 위해 우리는 빠르고 냉정하게 움직일 수밖에 없었다."[12] 그리고 곧 중국 공산당이 국무원의 이런 발표에 대한 지원사격에 나서 중앙문서 18호가 추가되었다. "전 세계 금융위기에 대응하는 종합계획"이라는 부제가 딸린 일종의 당의 지시명령서였다. 여기에서 "계획"에 해당하는 중국어는 예전 마오 주석 시대를 연상시키는 "지후아(計劃)"였다. "지후아"는 2006년 이후 광범위하게 쓰였으며 좀 더 부드럽고 덜 강제적인 어조로 정부의 제안 등을 뜻하는 "구이후아(規劃)"와는 사뭇 그 느낌이 달랐다.[13] 중국 언론들은 이 내용에 대해 당국의 지침에 따라 "낙관적인 태도로 공황상태를 피하고 소비자들의 신뢰를 회복하려는 당국의 노력"으로 보도했다.[14]

2008년 11월 중국은 서유럽과 미국에서 중앙은행 주도로 은행의 긴급 구제에 나서는 방식과 비슷한 재정정책을 추진하기 시작했다. 이른바 팀 가이트너 방식의 "총력전"이었지만 통화정책이 아니라 공공지출 정책에 더 가까웠다. 중국 경제정책의 선봉장이라 할 수 있는 중국국가발전개혁위원회는 각 지방정부에 "촌각을 다투며 전력을 다하라"는 명령을 내렸다. 중앙문서 18호는 각 지방 공산당 지부가 행동에 나서도록 독려했다. 어느 미국의 저명한 분석가의 말처럼 이 중앙문서 18호는 "정부 지출을 늘리기 위해 사소한 문제는 무시하고 넘어가라는 지시를 전달하며 긴급한 분위기를 더했다." 시간이 흐르면서 중국 전역의 각 지방 공산당 지부는 긴급회의를 열었고 산둥성 위원회의 선언처럼 "확장적 재정정책과 적절한 통화완화정책을 통해 만들어진 절호의 기회를 놓치지 말자"는 결의를 다졌다. 11월 11일 저녁, 산시성 우궁현(縣)에서는 "중앙문서 18호의 실천을 위한 소규모 우궁현 지도자 모임"이 소집되었다. "근래에 보기 드문 이 귀중한 기회"를 최대한 활용하자는 것으로 "우리의 모든 역량을 집중해 민첩하게 행동에 들어가 지역 관료들과 협력을 강화하고 핵심적인 투자 계획들을 우리 현에 더 많이 유치하며 …… 더 많은 예산을 받아오는 것이 작금의 우리 최고의 목표"라고 선언했다. 이렇게 각 지방 공산당 지부들을 동원함으로써 1년

이 채 지나지 않아 중앙정부가 시작한 경기부양책이 50퍼센트 넘게 진척되었다.

2008년 5월 쓰촨성에서 끔찍한 대지진이 발생해 7만 명 이상이 사망하고 수백만 명의 주민이 집을 잃었다. 그리고 이후 진행된 복구 작업에서 사람들은 한 가지 분명하고도 중요한 사실을 깨달았다. 중국 내 수많은 공공건물의 부실함을 비판하고 재정비를 요구하는 목소리가 터져 나왔으며 집단행동에 나서기까지 한 것이다. 따라서 각 지역의 공산당 지부 지도자들로서는 관련 지출을 늘리는 동시에 자신의 권위를 다시 일으켜 세울 기회를 잡은 셈이었다.[15] 그리고 국가발전개혁위원회가 약속한 "과학적 발전주의(scientific developmentalism)"를 통해 더 넓은 범위로 적용할 수 있는 실용주의적 환경이 조성되었다.[16] 국가 지원금은 10가지 분야에 집중되었는데 거기에는 보건, 교육, 중국 대도시 외곽의 저소득층 주거 문제, 환경보호, 기술혁신, 고속도로, 도심지역 전기설비 확충, 석탄 보급망과 철도 정비 등이 포함되어 있었다. 그중에서도 특히 교육 분야는 중국 서부의 소외되고 낙후된 지역을 중심으로 지원 작업이 이루어졌다. 후진타오(胡錦濤) 국가주석이 이끄는 중국 지도부는 인민들의 인심을 잃지 않으면서 이미 지난 2005년 사스(SARS) 전염병 위기 당시 보건개혁과 관련된 논의를 공개적으로 진행한 바 있다. 도심과 외곽 지역 사이의 보건정책의 심각한 차별 문제를 해결하기 위해서는 분명 어떤 결단이 필요했다.[17] 몇 년 동안 논의가 진행되는 가운데 2008년 금융위기가 발생했고, 관련 논의는 갑자기 중앙정부 지출에 초점을 맞춰 해결하는 방식으로 결정되었다. 2009년 4월 7일, 중국 당국은 건강보험 적용 대상을 중국 인구 중 기존의 30퍼센트에서 90퍼센트까지 확대한다고 발표한다. 또한 중앙정부의 예산 지원으로 2000여 곳의 현립 병원과 5000여 곳의 마을 보건소를 건설하는 계획도 아울러 발표했다. 지금까지 세계 역사상 유례를 찾아보기 힘들 정도의 대규모 보건 정책의 확충이었으며 결국 "경기부양책과 불가분의 관계가 있는 조치"였다. 중국 당국은 병원과 보건소, 그리고 건강보험 보조금을 위한 예산 지출을 기꺼이 승인했다. "단기 적자에 대한 우려"는 사라져버렸고 "경제위기를 통해 …… 사회정책에 대한 좀 더 공격적인 재정적 접근이 가능해졌다"는 것이 그 이유였다.[18]

이런 경기부양을 위한 대규모 지출에는 어쩌면 전 세계적으로 가장 엄청난 규모의 마지막 사회기반시설 계획이 될 수도 있는 중국 초고속철도(HSR) 건설이 포함되어 있었다. 과거 중국 경제발전의 1단계는 자동차 산업과 고속도로 건설로 시작되었는데 이제는 그 자리를 철도가 물려받았다. 고속철의 선구자라고 할 수 있는 일본과 독일, 그리고 프랑스로부터 관련 기술을 "전수"받은 후 중국은 이전의 모든 성과를 무색하게 할 만한 계획을 세워가기 시작했다. 2008년과 2014년 사이 시속 250킬로미터 이상으로 달릴 수 있는 철로가 기존의 1000킬로미터에서 1만 1000킬로미터로 확장되었다. 베이징에서 상하이까지 1318킬로미터를 가는 데 걸리는 시간은 4.5시간으로 줄어들었다. 미국이 자랑하는 고속 틸팅열차인 아셀라 익스프레스(Acela Express)가 보스턴에서 워싱턴 DC까지 730킬로미터를 7시간 걸려 연결하는 것과 비교하면 그 차이를 확실하게 알 수 있다. 중국의 선구자들은 시속 360킬로미터 이상의 속도로 달릴 수 있는 초고속 열차만 개발하고 있는 게 아니었다. 엄청난 규모의 건설계획을 통해 확장되고 있는 규모의 경제는 중국을 고가도로와 철로 건설의 기술 선도자로 만들고 있었다.[19] 예컨대 중국에서는 철로를 건설할 때 엄청나게 큰 달팽이 모양의 기계장치가 미리 만들어둔 일정 크기의 콘크리트 버팀목 위로 끝없이 철로를 깔면서 앞으로 전진한다. 세계은행의 추산에 따르면 중국의 낮은 임금과 토지가격을 감안하더라도 이런 각종 건설에 들어가는 비용은 유럽이나 미국과는 비교할 수 없이 낮은 수준이라고 한다.

장대한 규모를 자랑했던 2008년 하계올림픽의 뒤를 이어 중국의 경기부양책의 규모와 그 진행 속도는 공산국가 특유의 뛰어난 기동성을 다시 한번 입증해주었다. 여러 서방 국가들의 지지부진한 모습과 비교하면 중국의 그런 모습에 부러운 느낌이 드는 것은 어쩔 수가 없다. 버락 오바마는 후보 시절에도, 그리고 대통령에 당선된 후에도 중국의 놀랄 만한 사회기반시설 건설 속도와 규모를 자주 언급하곤 했다.[20] 그러나 이런 긍정적인 모습들도 겉모습 아래 감춰져 있는 긴장감을 완전히 감추지는 못했다. 사실 중국의 경기부양책은 논란의 여지가 많았다. 여러 전문가들의 말처럼 서구사회의 위기를 통해 힘을 얻은 중국의 경제는 정확하게 잘못된 방향으로 빨려 들어가고 있었다. 그동안의 경기부양책은 국력의 지나친 과시이거나 혹은 중국 지도부가 지속 불가능한 성장 모델에 취해 있다는 또 다른 증거가 아니었을까?[21]

G2 위상의 경기부양책, 금융위기의 대항마

전 세계가 중국의 성장 속도를 부러워했다. 그렇지만 정작 중국 내에서는 엄청나게 불어난 사회 및 환경 비용 때문에 그에 대한 평가가 엇갈렸다. 후진타오가 이끄는 중국의 목표는 2002년 권력을 잡았을 때부터 국내 소비와 삶의 질 향상을 최우선하는 것이었다. 10년에 걸친 엄청난 성장 이후 중국은 충분할 정도로 중공업을 발전시켰다.[22] 그러나 투자 주도 중공업 발전은 일단 착수되면 좀처럼 중단되는 일이 없었다. 그로부터 5년이 지난 2007년 3월, 중국의 최고 권력기관인 전국인민대표대회(全國人民代表大會)에서는 놀랄 정도로 솔직한 평가보고서가 발표되었다. 원자바오(溫家寶) 총리는 "중국 경제의 가장 큰 문제"는 현재의 성장이 여전히 "불안정하고 불균형적이며 또 각 분야가 서로 조화되지 않은 지속 불가능한 상태"라고 경고했다.[23] 2008년 금융위기가 닥쳐왔을 때 그에 대한 대응으로 최신 기술로 무장한 철도 건설이며 또 건강보험 관련 정책 등을 무리하게 밀어붙인 것도 중공업을 통한 성장의 여러 부작용에서 벗어나고 싶었기 때문이다. 중국 당국은 "경솔하거나 투기 성향이 있는 투자"는 앞으로 피하기로 결정한다. "대량생산을 늘리거나 공해가 심하고 원료집약적인 분야에서는 앞으로 어떤 추가적인 투자도 하지 않을 것이다." 국가개혁발전위원회의 장핑(張平) 위원장은 이렇게 강조했다. 따라서 이제 국가의 모든 역량과 노력은 "소비자 신용의 확대를 강화하고 촉진하는 방향에 초점이 맞춰질 것이다."[24] 2008년 12월 국무원 역시 11월에 있었던 경기부양책 발표에 뒤이어 "경기순환 촉진과 소비 확대를 위한 의견"을 내놓고 소비를 늘려갈 20가지 방법을 제시했다. 2억 2000만 호에 달하는 중국 각 지방의 가계들은 텔레비전이나 냉난방기, 세탁기, 냉장고 등 가장 많이 사용하는 가전제품 중 두 가지를 정부 보조를 통해 싸게 구입할 수 있었다.[25] 도심지를 제외한 중국 각 지방의 연평균 가계소득은 2008년 기준으로 1만 6000위안에 불과해 7000위안에 달하는 컴퓨터나 컬러텔레비전을 사기에는 큰 부담이 될 수밖에 없었다. 그렇지만 향후 2~3년에 걸쳐 총 1400억 위안을 지원하겠다는 중국 당국의 발표는 과연 굉장한 동기 부여가 되었음에 틀림없다.[26]

중국 지도부의 목표는 사실상 분명했다. 그리고 단일권력의 1당 체제로 움직이는 국가에서 이런 우선순위 정책이 전국에 퍼져나가는 모습을 상상하기란 그리 어렵지 않을 것이다. 그렇지만 실제로 중국 중앙정부의 권력은 세계에서 가장 인구가 많은 이 거대하고 복잡한 나라 안에서 압도적인 영향력을 미치지는 못했다. 세금을 징수하는 책임은 대부분 중앙정부에 있지만 베이징에서 직접적으로 관리하는 정부 지출은 1990년대 이후 전체 GDP의 4~5퍼센트 수준이었으며 미국이나 유럽 국가들과 비교하면 아주 미미한 수준에 불과했다. 중국에서는 정부 지출의 80퍼센트가 각 지방정부에 의해서 이루어지고 있으며 1994년에서 2008년까지 중국의 1인당 국민소득이 5배 증가하는 동안 그런 지출은 GDP의 8~18퍼센트 정도 증가했을 뿐이다.[27] 따라서 실제로 중국의 국정은 간접적 방식에 따라 지방자치제로

운영되었으며 이를 통해 권력을 증폭시키고 그 영향력을 확대할 수는 있지만 동시에 중앙정부의 의도가 과장되거나 왜곡될 수도 있었다.

2008년 11월 중국 당국에서 4조 위안에 달하는 경기부양책을 발표했을 때 그중 중앙정부가 직접 집행할 수 있는 금액은 1조 1800억 위안 정도였다. 나머지는 각 지방정부가 집행하며 대략 1 대 3의 비율이었다. 공산당과 각 지역에 퍼져 있는 지부가 일사분란하게 동원된 건 역시 국가권력이 지방분권체제로 움직이고 있었기 때문이다. 중앙문서 18호는 공산당을 중심으로 각 지방정부와 업체들 사이의 이익 관계를 연결하는 네트워크에 더욱 힘을 실어주었다. 지난 세대 동안 중국의 눈부신 경제성장을 견인한 것이 바로 이런 네트워크였다. 그렇지만 또한 중국 성장의 편향적 성향을 설명하는 데 큰 도움을 주는 것도 그 네트워크 관계라고 볼 수 있다. 중앙정부가 지향하는 목표를 달성하기 위해서는 언제나 먼저 각 지역에 고속도로와 주택단지, 교량, 혹은 산업단지가 건설되어야 했고 그런 과정 속에서 수익이 발생했다. 경기부양책이 시작되었을 때 균형 잡힌 경제성장 모델을 주장하는 사람들이 염려하던 문제가 바로 이런 연쇄반응이었다. 중앙정부에서 결정해 시작하는 경기부양책에는 항상 사회기반시설 건설이 뒤따르며 그 결과는 이를 비판하는 사람들이 가장 두려워하는 부분을 확신시켜주었다. 후베이성 지역은 인구가 5700만 명이며 2009년 RGDP는 2250억 달러다. 2010년 시작된 후베이성의 경기부양책 사업에 투입된 예산은 드러난 것만 3630억 달러에 달한다.[28] 그리고 2011년에는 3900억 달러, 2012년에는 4500억 달러의 추가 예산 투입이 계획되어 있었다. 드러난 그대로의 모습만 본다면 영국 수준의 인구와 그리스 수준의 GDP를 가진 중국의 한 지역에서 미국에서조차 시도된 적이 없던 대규모 경기부양 계획과 그에 따른 예산을 투입한 것이다. 국무원의 11월 발표가 있은 후 한 달이 채 지나지 않아 중국 18개 지역에서는 총 25조 위안에 해당하는 예산을 투입하는 계획이 진행되었다. 25조 위안은 중국 GDP의 80퍼센트이며 또 처음 예정되었던 예산의 6배를 초과하는 규모였다.[29] 우선은 예산의 규모도 상상을 초월할뿐더러, 기업과 관련된 분야에서는 국영기업(State Owned Enterprises)들이 그 선두에 섰다. 1990년대 이후 중앙정부 정책이 중점을 두었던 건 지나친 노동력 투입을 줄이고 공산당 경제발전 정책을 견인하는 이런 기업들이 더 능률적으로 움직일 수 있도록 하는 것이었다.[30] 이제 새로운 경기 부양책이 시작되면서 이런 국영기업들은 다시 한번 중국 발전의 최전선에 섰다.

분명 소비를 촉진하기 위해서 엄청난 규모의 정책들을 추진한 것은 사실이다. 그렇지만 경제적 관점에서 보면 중요한 문제는 이를 위한 예산이 어떻게 조달되었나 하는 것이다. 예산 조달은 모든 "경기부양책"의 핵심이다. 만일 세금을 올려 필요한 재원을 조달했다면 일반 국민들의 구매력은 전혀 올라가지 않는다. 채권 발행을 했다면 민간 부문의 저축을 흡수했다는 것이며 그렇게 되면 일반 국민들이 다른 투자를 멀리할 우려가 있다. 만일 경기부양의 목적이 침체된 경제를 빠르게 다시 살려내는 것이라면 신용창조야말로 경기부양 지출에 필요한 자금을 만들어내는 가장 확실한 방법이다. 중국 당국의 경기부양책이 특별히 효과가 있었던 건 엄청난 규모의 정부 지출과 대규모 통화완화 정책이 합쳐졌기 때문이다.

중국에서는 많은 주요 기업체가 국가의 통제를 받는데 은행 업무도 예외 없이 중앙은행의 직접적 영향을 받는다.[31] 중국의 중앙은행인 중국인민은행은 금리를 결정하며 주요 은행들이 발행할 수 있는 채권의 양을 결정한다. 또한 신용흐름을 통제하기 위해 지급준비율을 더 높거나 낮게 정하고 외환거래 개입에서 "불태화(sterilization)" 비중을 크게 높이기도 한다. 이런 모든 조치나 방식들은 제2차 세계대전 시기의 유산으로 서구사회에서도 한때 흔히 볼 수 있었다. 그렇지만 1970년대 이후부터는 은행 신용에 대한 직접적인 규제가 점진적으로 폐기되었다. 2008년 금융위기가 발생하자 중국 당국은 은행 업무 규제를 위한 이런 도구들을 아주 유용하게 활용

도표 10.1 2007~2013년 중국의 신용창조 경기부양 결과(연단위 성장률 기준, 단위: %)

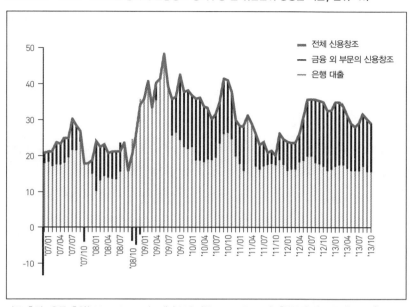

자료 출처: 유콘 후앙(Yukon Huang), 캐넌 보슬러(Canyon Bosler), 「중국의 채무 문제(China's Debt Dilemma)」(2014), 표 1. http://carnegieendowment.org/2014/09/18/china-s-debt-dilemma-deleveraging- while-generating-growth-pub-56579. 자료: UBS.

했다. 2008년 9월과 11월 중국인민은행은 금리를 거의 5퍼센트나 떨어트리며 시중에 자금이 풀리도록 했다. 그런 다음 2009년이 되자 은행의 대출 목표를 4조 7000억 위안에서 10조 위안으로 두 배 이상 올리겠다고 발표한다. 지급준비율은 규모가 작은 은행들의 경우 25퍼센트까지 줄여주었다. 중국인민은행의 통화정책위원회가 2009년 4월 선언한 것처럼 우선적으로 실시된 경기부양책을 유지하기 위해 "적절한 수준으로 통화정책을 풀어주겠다"는 것이었다.[32]

은행들도 빠르게 움직였다. 중국은행(中國銀行) 한 곳에서만 2009년 전반기에 1조 위안이 대출로 빠져나갔고 중국농업은행, 중국건설은행, 중국산업상업은행 역시 거의 비슷한 수준으로 그 뒤를 따랐다. 이렇게 2009년

1/4분기에 시중은행을 통해 풀려나간 자금은 4조 6000억 위안에 이르렀으며 상위 4개 은행의 대출액은 3조 4330억 위안이었다. 공식적인 경기부양책을 통해 향후 2년 동안 지원될 예산보다 더 많은 돈이 3개월 동안 시중에 풀린 것이다. 그러는 사이 각 지방과 도시에도 행정관청들이 지방 은행들과 협력하라는 지시가 내려왔다. 각 지방의 지출을 위한 자금조달은 이른바 도시투자회사 혹은 지방정부 금융회사들이 맡아 했다. "경기부양책을 위한 돌격대"인 셈이었다. 이런 일종의 특수목적회사들은 해당 지역의 토지를 가지고 필요한 자금을 융통하는 역할을 했다.[33] 2008년에서 2010년 사이 지방정부들이 이런 식으로 자금을 조달하며 짊어진 부채는 1조 위안에서 10조 위안까지 늘어난 것으로 추정된다. 달러화로 계산하면 1460억 달러에서 1조 7000억 달러로 빚이 늘어난 것이다.[34]

이런 경기부양책이 가장 활발하게 진행된 2009년 상반기에는 7조 3700억 위안이 대출로 시중에 풀렸다. 경제활동이 호황이었던 전년도와 비교해도 50퍼센트나 늘어난 규모였다. 2009년 말이 되자 그 액수는 9조 6000억 위안으로 늘어났다.[35] 만일 모든 부문의 정부 적자를 지난 몇 년 동안 연평균 15퍼센트 이상씩 늘어난 은행의 신용 성장에 더한다면 중국이 추진한 경기부양책의 실제 규모가 어느 정도인지 대략적으로 계산이 가능할 것이다. 2009년의 정부 적자는 9500억 위안이었는데, 거기에 채권을 통해 추가로 모집한 금액이 4670억 위안이고 은행의 대출이 5조 위안이었다. 따라서 경기부양책 시행 과정에서 시중에 풀린 돈은 총 6조 4870억 위안쯤 되며 이는 중국 GDP의 19.3퍼센트에 달하는 규모다.[36]

이런 엄청난 규모의 투자와 대출은 매우 다양한 방식으로 이루어졌다. 그렇지만 역시 국가 주도의 위에서 아래로 내려오는 방식이었고 이미 엄청난 속도로 성장하고 있는 중국 경제 입장에서는 보조를 해주는 정도의 의미였다. 전체적으로 생각해보면 경제 문제에 대한 이 정도 규모의 국가 개입은 마오 주석 시절이나 구소비에트 연방 시절 정도와 겨우 비교가 가능할 것이다. 서구 자본주의 사회라면 전쟁 말고는 이 정도로 엄청난 국가 주도의 동원령이 내려지는 경우를 보기 어렵다. 결국 중국 경제에서 국내 투자가 차지하는 비중은 GDP의 50퍼센트까지 치솟았으며 그야말로 전에는 한 번도 본 적이 없는 아주 드문 사례가 되었다. 국제 교역과 무역이 최악의 수준으로 타격을 입었어도 상쇄할 수 있을 정도의 규모였다.[37] 2009년 중국이 기록한 9.1퍼센트의 성장률은 2008년과 비교하면 상대적으로 떨어지는 수준이지만 당시 세계 어느 국가와도 비교할 수 없을 정도로 높았다. 또한 더 확장된 중국 경제의 규모를 생각한다면 그 의미는 더욱 분명하다. 2009년의 중국은 현대사회가 시작된 후 처음으로 자국의 경제활동만으로 전 세계 경제를 견인할 수 있는 수준으로 올라섰던 것이다. 역시 엄청난 규모로 경기부양책을 펼친 미국의 연준과 함께 중국의 재정 및 경기부양책은 전 세계 금융위기에 대항하는 중요한 힘이 되어주었다. 물론 중국과 미

도표 10.2 2008~2010년 중국의 은행 대출과 경기부양책

경기부양 규모(단위: 10억 위안)	2008	2009	2010
재정 적자	111	950	650
신규 은행 대출 총액	252	5070	1936
신규 채권 발행 총액	251	467	−232
합계	614	6487	2354
경기부양 규모(GDP 대비 백분율)			
재정 적자	0.40%	2.80%	1.60%
신규 은행 대출 총액	0.80%	15.10%	4.90%
신규 채권 발행 총액	0.80%	1.40%	−0.60%
합계	2.00%	19.30%	5.90%

자료 출처: C. 웡(Wong), 「중국의 경기부양책과 거시경제적 관리의 문제점들(The Fiscal Stimulus Program and Problems of Macroeconomic Management in China)」(2011), 표 4. https://ora.ox.ac.uk/objects/uuid:4b8af91e-89c7-4a25-be7c-2394cd3c4e9b. 자료: 차이나데이터온라인(China Data Online).

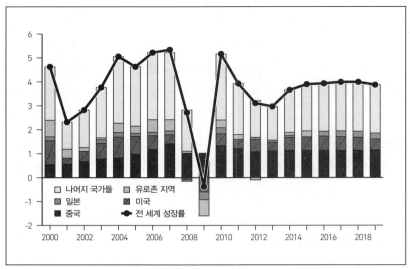

자료 출처: S. 바넷(Barnett), 「중국: 규모의 경제(China: Size Matters)」, IMF인터넷블로그. https://blogs.imf.org/2014/03/26/china-size-matters/.

국이 정책적으로 서로 힘을 합하지는 않았지만 전 세계를 선도하는 중국과 미국의 G2라는 꿈을 현실로 만들었다.

중국 경제의 분기점이 된 금융위기

중국이 미국을 "추월"하는 과정에서 나올 수 있는 지정학적 결론들을 생각해보면 2008년의 대규모 경기부양책을 어떤 종합적인 계획의 일부로 보지 않는 것이 타당할 것이다. 외부로부터 들이친 예측 불허의 긴급 상황에 대해 중국은 대단히 예민하고 격렬하게 반응했다. 이 예상치 못한 충격의 근원지는 바로 서구 국가들이었다. 그 때문에 중국 내부에서도 문제가 발생했으며 중국 지도부는 이를 해결하기 위해 고심해야 했고 결국 크게 지지를 받지 못한 방향으로 경제정책을 이끌었다. 또한 문제 해결 과정에서 나온 경기부양책은 경제뿐만 아니라 정치와 지정학적 분야에서도 뜻하지 않은 결과들을 만들어냈다.

대규모로 펼쳐지는 국가 단위의 장엄한 조치들은 중국의 부흥이라는 인기 있는 주제와 잘 맞아떨어진다. 21세기가 시작되자 중국 사람들은 텔레비전과 극장이 제공하는 위대한 제국들의 흥망사에 깊이 빠져들었다.[38] 인터넷에서는 "중국의 위대함"과 "중국 모델"에 대한 공개적인 토론과 논의가 큰 인기를 끌었다.[39] 인터넷 밖의 더 넓은 세상에서는 퓨 자선기금(Pew Charitable Trusts) 같은 권위 있는 미국의 조사기관들이 여론조사를 실시했고 세계의 무게중심에 대한 사람들의 이해가 극적으로 뒤바뀌고 있음을 확인했다. 금융위기의 영향에 대해 좀 더 많은 사람들이 이해를 하면서 설문조사에 응한 사람들의 상당수가 세계 경제를 지배하던 미국의 힘이 급격하게 약해지고 있는 것 같다고 대답한 것이다. 2010년 조사에서는 미국과 유럽의 많은 사람들이 중국을 "세계 경제를 선도하는" 국가로 인식하고 있다는 결과가 나왔다.[40] 실질적으로 그런 중국을 장악하고 있는 것은 공산당과 그 주변에서 성장한 소수 엘리트들의 연합체다. 그렇지만 권력을 나눠 서로 견제하는 특성 때문에 이런 연합체들은 초현대화를 지향하는 상하이파에서 신마오주의를 따르는 보시라이(薄熙來)의 "충칭 모델"까지 각기 다른 배경을 지니고 있었다. 그렇지만 정말 놀라운 사실은 이런 연합체들 대부분이 민간인 출신이라는 점이다. 역사 속에서 찾아볼 수 있는 다른 엄청난 성장과 발전 사례들과는 달리 중국의 경기부양책을 밀어붙인 건 군산복합체가 아니었다.

중국은 예컨대 일본이나 독일처럼 미국의 글로벌 네트워크에 종속되어 있지 않으며 국가 권력에 대해서는 전통적인 관점을 고수하고 있다. 즉, 한 국가의 자율성은 안보정책의 자치권과 연결된다는 관점이다. 중국은 경제가 호황을 누리는 가운데 국방비 지출의 증가를 다른 어떤 부분보다 중요하게 여겼다. 이미 1999년 경쟁력을 높이기 위한 목적으로 군산복합체를 재정비했다. 2005년에서 2006년에는 인민해방군의 주도로 중요 기술의 현대화계획을 추진했다.[41] 그렇지만 동시에 이런 모습은 중국이 얼마나 뒤처져 있는지를 보여주는 증거이기도 했다. 중국 군부는 덩치만 컸지 기술적인 부분이 크게 뒤떨어져 있었다. 보통 중국처럼 대단히 빠른 속도로 성장하는 사회나 국가에서 대우가 크게 개선되지 않는 곳이 바로 군대다. 중국군은 신병이 아니라 전문화된 고급 인력이 필요하지만 그러자면 비용이 만만치 않게 든다. 중국군의 장비와 시설은 서방 국가들의 수준에 크게 미치지 못할뿐더러 중국 민간 부문의 수준과도 동떨어져 있다. 절대적인 수치로 환산하면 국방비가 크게 늘어나고 있기는 하지만 GDP에서 차지하는 비중은 금융위기 당시 2퍼센트를 밑돌았으며 이 수치는 미국이 9·11 사태 이후 유지해온 수준의 절반 정도에 지나지 않았다. 2008~2009년에 민간 부문을 중심으로 경기부양책이 실시되었을 때 전체 공공 부문 지출에서 국방비가 차지하는 비중은 12퍼센트에서 6퍼센트로 반 토막 났다.[42]

이런 사실을 모를 리 없는 미국이었지만 어떤 도전에도 민감하게 반응하는 것이 또한 미국의 입장이었다. 2009년 3월 하이난섬 근처에서 중국의 트롤어선들이 미해군 정찰선의 항로를 방해하자 이 사건은 즉시 양측이 대립하는 신호로 받아들였다.[43] 오바마 행정부와 중국의 첫 번째 만남은 이렇게 좋지 않은 분위기로 시작되었다. 재무부 장관 팀 가이트너는 베이징대학교를 방문해 미국의 국채는 "대단히 안전하다"고 공언했지만 민족주의를 신봉하는 학생들의 비웃음만 사고 말았다.[44] 미국의 한 분석가는 이렇게 설명했다. "2009~2010년은 중국이 대단히 다루기 까다로운 상대가 된 시기로 기억될 것이다."[45] 이런 현상이 어떤 지정학적 야심을 반영하고 있었는지는 당시로서는 분명하지 않았다. 그렇지만 워싱턴의 전략분석가들이 생각하는 한 아직은 우려할 만한 상황이 아닌 것이, 결국 모든 것을 결정짓는 건 경제 그 자체였기 때문이었다.[46] 물론 미국은 중국의 군사력이 그들의 야심과 마찬가지로 시간이 지남에 따라 증강될 것이라는 사실은 확신하고 있었다. 군사력이든 야심이든 그 뒤를 받쳐주는 건 엄청난 경제성장이었고 가장 중요한 문제는 중국 당국이 그런 경제성장을 제대로 통제할 수 있는가였다. 이런 관점에서 금융위기는 서구 국가들뿐만 아니라 중국으로서도 일종의 변화의 분기점이었던 셈이다. 2008년 금융위기에 대한 중국 당국의 대응을 보면 과연 금융위기가 국제관계에서 대단히 중요하고 긴급한 사안이었다는 사실을 부정할 수는 없다. 2008년의 위기를 통해 깨달은 또 한 가지 사실이 있다면 중국이 수출의존형 국가가 아니었다 하더라도 서구 국가들과 서로 크게 의지할 수밖에 없었을 거란 사실이다. 중국은 많은 부분을 엄격하게 통제하고 있지만 결코 고립되어 있지는 않다. 2000년대 이후 미국의 목표는 중국을 "책임감 있는 국제사회의 일원"으로 만드는 것이었다. 이제 질문은 바뀌었다. 일련의 위기 상황에서 중국이 알고 싶었던 것은 미국으로부터 무엇을 기대할 수 있을 것인가였다. 가오시칭은 《애틀랜틱》과의 대담에서 이렇게 이야기했다. "이 문제에 대해 함께 생각해보면 어떨까? 중국은 미국 국채를 2조 달러어치 가지고 있고 일본도 2조 달러, 그리고 러시아도 적지 않은 양을 보유하고 있다. 그렇다면 모든 이념적 차이를 내던져버리고 모두에게 이익이 되는 일을 함께 고려해보는 것이 좋지 않을까? 모든 관련 국가와 인사를 한자리에 모아 처음 브레턴우즈 체제를 의논했을 때처럼 두 번째 브레턴우즈 체제를 의논해볼 수는 없는 것일까?"[47]

11장

G20

중국의 경기부양책은 오스트레일리아에서 브라질에 이르기까지 모든 상대 교역국들에게 이익을 가져다주었다.[1] 전 세계적으로 중국과 관련된 교역이 늘어났다.[2] 그렇지만 중국이 기울인 노력과 규모를 고려할 때, 다른 모든 것을 덮어버릴 수도 있는 함정에 빠지지 않는 것이 중요했다. 만일 우리가 편협한 서방측 시각을 버리고도 다시 한쪽 눈으로만 중국을 바라본다면 우리는 진정한 다극화 세계로의 전환이 가져다주는 그 복잡성과 극적인 장면들을 제대로 이해하지 못할 것이다. 1997년에서 1998년 사이 신흥시장국가들이 겪은 부채위기로부터 10년이 지났다. 이제 2008년에 가장 인상 깊게 다가온 건 신흥시장국가들이 금융위기에 대해 보여준 정책적 대응이었다. 2008년 뉴욕에서 열린 국제연합 총회에서 가장 목소리를 높인 건 라틴아메리카 국가들이었다. 그렇지만 위기에 대한 대응에 가장 발 빠르게 나선 쪽은 "아시아의 신흥시장국가들"이었다.

한국, 통화스와프 협정으로 위기 탈출의 돌파구 마련

1997년 여름 태국에서 시작된 아시아 금융위기는 동아시아 전역을 거쳐 인도네시아, 말레이시아, 싱가포르를 강타한 후 다시 북동쪽으로 몇천 킬로미터를 이동해 한국으로 들이쳤다. 혹독했던 1년을 보낸 후 2000년이 되자 태국과 인도네시아, 그리고 말레이시아와 한국은 모두 제자리를 찾았다. 구매력평가지수(purchasing power parity, PPP)를 기준으로 1997년 이 나라들의 GDP를 모두 합쳤을 때 2조 3000억 달러였지만 2008년에는 두 배에 가까운 4조 4000억 달러였다.[3] PPP를 기준으로 했을 때 프랑스와 이탈리아를 합치거나 혹은 캘리포니아와 텍사스 주를 합친 정도의 수준으로 세계 경제에서 어느 정도의 위상을 회복한 것이다. 경제정책 면에서 본다면 동아시아 국가들은 모범적 사례라고 볼 수 있다. 1990년대에 겪은 위기에서 모두에게 똑같이 주어진 교훈을 바탕으로 이들은 긴축정책을 펼치며 막대한 외화를 비축했다. 1998년 위기로 수하르토의 독재정권까지 무너졌던 인도네시아는 그보다 한 걸음 더 나아가 유럽연합의 마스트리히트 조약 기준에 준하는 긴축정책을 펴기도 했다.[4] 이런 정책은 많은 제한을 가져왔고 특히 공공 투자가 필요한 개발도상국의 경제에서 더욱 그랬지만 그 덕분에 2008년 금융위기가 닥쳐왔을 때에도 동남아시아와 동아시아 지역 국가들은 비교적 여유롭게 필요한 정책들을 펼 수 있었다.[5] 그리고 그런 여유가 긴요했던 것은 금융위기의 시작이 아시아 지역이 아니었음에도 불구하고 실제로 이 지역 국가들은 세계적인 충격파에 취약한 모습을 보일 수밖에 없었기 때문이다.

2008년에 가장 위기에 몰린 나라는 한국이다. 지금의 한국을 일으켜 세운 유명한 수출전문 기업 집단, 즉 대우나 현대, 삼성 같은 "재벌"들과 거대한 규모의 제철소, 조선소, 자동차 공장들은 갑작스러운 충격으로 커다란 고통을 겪었다. "우리는 우리와 상관없는 금융위기의 유탄을 맞은 셈이다."

한 고려대학교 교수의 지적이다. "우리는 불공정한 세상에 살고 있다."[6] 그렇지만 죄 없는 희생자를 자처하는 이 정도의 분석으로는 한국의 복잡한 현실을 제대로 짚어낼 수 없다. 아시아 지역에서 한국만 유별나게 동유럽이나 러시아처럼 취약한 모습을 보였던 건 한국의 금융시스템이 전 세계와 하나로 엮여 있었기 때문이다.[7] 1990년대의 혹독했던 시련 이후 한국은행은 충분한 외화를 축적하는 데 집중했고 2008년 한국의 외환보유고는 2400억 달러에 달했다. 그렇지만 이 정도로는 한국 금융시스템이 가진 약점을 극복할 수 없었다. 유럽과 달리 서브프라임 대출상품이 문제가 된 것은 아니다. 당시 한국이 보유하고 있는 불량 미국 모기지 증권은 8500만 달러어치에 불과했다.[8] 문제는 보유 자산이 아니라 대차대조표상의 자금조달 방식이었다. 2000년대 초반 이후 한국은 동북아시아 지역의 금융 중심지로 발돋움하려 했고 그런 과정 속에서 통화와 자본의 흐름을 자유롭게 풀어주었다. 한국 금융업의 상당 부분을 해외 투자자들이 소유했으며 한국의 은행들은 도매금융 자금조달 방식이라는 새롭지만 불안정한 방식으로 전 세계 달러시장에서 단기로 자금을 빌려와 한국 내에서 고금리로 장기간 투자를 했다. 한국의 수출은 호황이었고 달러 대비 원화 가치도 꾸준히 오르자 이런 투자방식이 더욱 매력적으로 다가올 수밖에 없었다. 재벌들의 고민은 수출로 벌어들인 달러화를 환율에 맞서 지키는 것이었다. 한 가지 방법이 있다면 달러를 빌려와 한국 자산에 투자하고 나중에 좀 더 환율이 유리해졌을 때 빌려온 달러를 갚는 것이었다.[9] 단기로 달러를 빌리는 비용이 계속 낮게 유지되고 환율이 예상대로 움직여만 준다면 이런 거래방식으로 충분히 이익을 남길 수 있었다. 2008년 6월 이런 방어 전략의 결과로 한국 기업들이 단기로 빌려온 자금은 무려 1760억 달러에 이르는데 그것은 2005년 이후 150퍼센트나 늘어난 규모였다. 이 중 금융업계가 지고 있던 채무는 800억 달러로 2009년 여름까지는 상환을 연장해야 했다.

단기 달러화 대부시장이 전 세계적으로 기능을 멈추고 달러화 가치가 급등하자 원화와 달러화의 환율 차이를 이용한 캐리트레이드(carry trade)가 갑자기 반대로 움직이기 시작했다. 한국 기업들이 이로 인한 손해를 막기 위해 발버둥 칠수록 상황은 점점 악화되어갔다. 달러화를 선매입하면 기다렸다는 듯 원화 가치가 폭락했다. 한국의 외환보유고는 그 심리적 저지선이라고 할 수 있는 2000억 달러 선까지 떨어지는 위태로운 지경이 되었고 분위기는 더 심각해졌다.[10] 2008년 여름에서 2009년 5월 사이 달러화에 대한 원화 환율은 1000원에서 1600원이 되었으며 달러화 대출 비용은 60퍼센트 넘게 상승했다. 한국보다 더 심각한 환율하락을 겪은 나라는 국가부도 위기까지 몰렸던 아이슬란드뿐이었다. 한국에서 달러화를 빌려갈 때 지불정지를 대비해 들어야 하는 CDS 프리미엄은 2007년 여름에 전체 대출액의 20bp에서 2008년 11월에는 700bp로 폭등했다.[11] 여기에 은행이자까지 더해지면서 달러 차입은 당분간 중단될 것 같았다. 정부의 지원을 받는 우리은행 같은 곳조차 Repo 시장에서 자금을 융통할 수 없었다.

아시아의 그 어떤 지역이나 국가도 2008년의 한국처럼 수출 불황과 환율 폭락, 그리고 유동성 위기가 종합적으로 덮친 곳은 없었다. 그렇지만 아시아 지역 전체로 봤을 때 그 영향은 대단히 극적으로 전개되었다. 태국에서는 금융위기와 함께 정치적 위기가 고조되었고 중산층이 들고일어나 엄청난 시위와 방콕공항 점거 사태가 발생하기도 했다. 2008년 12월, 이미 추방당한 탁신 친나왓(Thaksin Shinawatra) 전 총리를 지지하는 국민의힘당(People's Power Party, PPP)이 이끄는 태국 정부는 공권력을 앞세워 국민들의 저항을 진압했다. 관광산업을 중심으로 하는 상품과 용역 수출이 GDP의 70퍼센트를 차지하는 태국에서 이런 민심의 불안은 경제불황으로 이어질 수밖에 없었다.[12] 2009년 3/4분기에는 수출이 전년 대비 25퍼센트나 줄었다. 말레이시아의 경우 수출 의존도가 훨씬 더 높아 GDP의 103퍼센트를 차지하고 있었다.[13] 수출이 GDP를 앞서는 현상이 가능했던 건 세계적인 제조업체들이 말레이시아로 원료와 부품을 들여와 상품을 조립해 판매했기 때문이다. 2008년에서 2009년으로 이어지는 겨울 동안 말레이시아의 이런 세계화된 제조 부문 규모는 17.6퍼센트 줄어들었다. 특히 말레이시아의 전자제품 조립 공장들은 전년 대비 44퍼센트 생산 감소를 겪었다. 이런 태국이나 말레이시아와는 다르게 아세안(ASEAN) 국가들 중에서도 가장 크고 가장 가난한 인도네시아는 수출이 차지하는 비중이 GDP의 20퍼센트에 불과했다. 그렇지만 그 대부분이 원자재였고 2008년 여름 원자재 가격은 크게 폭락하고 말았다.

주로 수출 부진에 따른 이런 경제적 타격에 대해 해당 국가들의 정책 대응은 단순했다. 바로 경기부양책이었다. 비록 그 규모를 중국과 비교할 수는 없었지만 이 아시아 국가들의 경기부양책 규모도 만만치 않았다. 2008년 12월 태국에서는 이른바 "사법 쿠데타"가 일어나 국민의힘당이 무너지고 수도 방콕과 왕족, 그리고 군부를 기반으로 하는 새로운 정부가 들어섰다. 총리로 임명된 아피싯 웨차치와(Abhisit Vejjajiva)는 영국의 이튼스쿨과 옥스퍼드대학교에서 공부한 민주당 출신 정치인이다. 태국의 고도로 개방된 경제에 미친 금융위기의 영향과 총리 임명의 정당성을 구축하려는 자신의 필요에 따라 아피싯 총리는 즉시 경기부양책을 실시했다. 2009년 1월 우선 1차로 태국 GDP의 1.3퍼센트에 해당하는 1167억 바트(baht)를 사회보장국 주도로 노년층과 공공 교육시설 지원금 등으로 사용하겠다고 발표했다. "국민들의 지출은 줄이고" 정부가 필요한 돈을 대신 내주겠다는 것이었다. 동시에 태국 중앙은행은 1998년 위기 시절 최고 12.5퍼센트까지 치솟았던 금리를 1.25퍼센트로 대폭 낮추기로 했으며 태국 6대 주요 국영 은행들에는 특히 소상공인들에게 적극적으로 대출해주라는 지시가 떨어졌다. 그렇지만 이 1월 계획안은 단지 시작에 불과했다. 금융위기의 심각성이 더해지자 아피싯 총리는 경기부양책의 규모를 더 크게 늘려 2009년 GDP의 17퍼센트에 해당하는 40억 달러를 향후 4년 동안 시중에 풀기로 결정한다. 2009년 태국 정부의 재정 적자는 GDP의 1퍼센트에서 5.6퍼센트로 올라

갔다.[14]

수출 의존도가 큰 다른 이웃 국가들과 달리 인도네시아는 금융위기의 충격으로부터 어느 정도 거리를 둘 수 있었다. 그렇다 하더라도 가장 넓은 국토를 가진 인도네시아로서는 수많은 섬들로 이루어져 있는 국토 전역에 중앙정부가 보유한 재원을 효과적으로 분배하기가 대단히 어려웠다. 인도네시아 중앙은행 총재와 재무부 장관을 역임하고 부통령이 된 보에디오노(Boediono)의 지휘 아래 인도네시아 정부는 정부 지출을 늘리는 대신 대규모 조세 감면을 골자로 하는 경기부양책을 선택한다.[15] 다만 인도네시아 근로자 9700만 명과 4800만 개에 달하는 소상공업체들 중 정식으로 등록이 되어 조세 감면 혜택을 받는 건 근로자 1000만 명, 그리고 업체 20만 개뿐이었다. 그렇지만 그 정도로도 조세 감면 혜택의 영향력은 상당히 컸다. 감면 총액은 구매력 평가지수 기준으로 GDP의 1.4퍼센트에 달했다. 그리 큰 규모로 보이지는 않지만 인도네시아 중앙정부 예산 범위에서 보면 공공부문 지출의 10퍼센트에 해당하는 규모였다.

태국과 마찬가지로 말레이시아는 경제위기와 정치적 변동을 함께 겪었다. 정권을 잡고 있던 민족주의 정당은 권력 승계가 제대로 이루어지지 않았고 압둘라 아맛 바다위(Abdullah Ahmad Badawi) 총리 내각이 무너지자 기다렸다는 듯 그 뒤를 강경파 재무부 장관 나집 라자크(Najib Razak)가 이었다. 라자크 총리는 정권을 잡자마자 164억 달러 규모의 경기부양책을 2009년 봄부터 실시하기로 결정했다. "말레이시아 역사상 가장 큰 규모의 이 경기부양책"은 GDP의 9퍼센트 규모였으며 조세 감면과 정부 보증 등을 포함했다.[16] 이를 통해 독립 이후 말레이시아의 경제발전을 이끌어온 이른바 신경제모형(New Economic Model)은 다시 새로운 모습으로 재정비된다. 때마침 불어닥친 석유화학공업의 호황과 해외 투자를 발판으로 말레이시아는 부러움의 대상이던 이웃 국가 싱가포르 이상의 경제발전을 이룰 수 있으리라는 희망을 품었다. 중앙은행이 나서서 조세를 감면해주고 금리를 낮춰주었지만 새로운 경기부양책의 핵심에는 재무부, 그리고 말레이시아의 국부펀드인 카자나내셔널(Khazanah Nasional)이 자리하고 있었다. 카자나내셔널이 전면에 내세운 전략개발업체 1말레이시아 개발상사(1Malaysia Development Berhad, 1MDB)는 원유 수출로 마련한 자금을 국내 개발에 투입했으며 사회기반시설 개발에도 참여했다. 비교하자면 중국의 배전(配電) 부문 독점기업인 국가전망공사(國家電網公司)와 비슷한 역할이었다. 라자크 총리의 경기부양 계획이 본격적으로 가동되자 마침 국제사회도 이에 크게 호응했다. 스위스의 경영대학원인 국제경영개발원(International Institute for Management Development, IMD)에서 발표한 국제경쟁력 지수에서 말레이시아는 18위에서 10위로 뛰어올랐고 골드만삭스나 씨티그룹 같은 대규모 투자회사도 말레이시아를 주목하게 되었다. 골드만삭스 싱가포르 지사는 특히 관심을 보였고 1MDB가 발행한 65억 달러 규모의 채권 거래에도 깊이 관여했다. 또한 얼마 지나지 않아 《월스트리트저널》과 《뉴욕타임스》의 보도 덕분에 1MDB는 단순히 말레이시아 경제발전과 골드만삭스의 주요 고객을 넘어서 10억 달러 규모에 달하는 말레이시아 총리의 부정 축재의 네트워크 역할을 했다는 사실이 까발려지기도 했다.[17]

아시아의 모든 국가가 수출 충격에 대비해야 했다. 앞에서도 언급한 것처럼 한국이 특히 곤경에 처했던 건 금융 부문에서 발생한 긴급사태 때문이다. 달러 자금시장의 어려움을 극복하는 데 도움을 주기 위해 2008년 10월 한국 정부는 1000억 달러에 달하는 해외 대출 보증을 설 수밖에 없었고 다른 유동성 자금이나 지원 방법을 위해 최소한 300억 달러를 더 투입해야 했다. 2008년 가을 한국이 보여준 위기 탈출 동원력은 정부에만 국한되지 않았다. 철강업체 포스코나 현대자동차, 그리고 삼성전자 같은 주요 수출 제조업체들은 수천만 달러를 외환시장에 쏟아부어 원화에 대한 압력을 늦추려고 했다.[18] 한국 정부의 국민연금관리공단은 자발적으로 은행 채권을 매입해 자금조달 문제에 도움을 주었다. 한편 현대건설 회장 출신으로 대통령이 된 이명박은 수입할 수밖에 없는 석유 사용을 줄이고 개인들의 달러 저축을 원화 방어에 활용하자고 국민들에게 호소하고 나섰다. 환전소 앞에 길게 늘어선 국민들의 호응은 애국심의 발로인 동시에 현재 처한 상황의 급박성을 동시에 보여주었다. 한편 한국은행은 외환시장에 적극적으로 개입해 원화의 붕괴를 막기 위해 최선을 다했다. 그렇지만 이런 어려움들을 해결하는 데 가장 중요했던 도움은 역시 밖으로부터 왔다.[19] 10월 30일 한국은행은 미연준과 300억 달러의 통화스와프 협정을 맺었다고 발표한다. 이를 통해 한국은행은 필요한 만큼의 달러를 공급할 수 있게 되었다. 이제 외환시장은 공황상태에서 벗어났고 그동안 타격을 입었던 금융 부문도 복구될 수 있을 것 같았다. 2009년 초 한국 정부는 은행간 대출을 위해 550억 달러를 추가로 지원하고 나섰으며 부실채권 발생에 대비하기 위해 230억 달러를 따로 책정해두었다. 또한 여기에 채권시장안정화기금 78억 달러와 기업 구조조정을 위한 313억 달러가 더해졌다. 한편 이명박 대통령은 "불도저"라는 별명에 걸맞게 향후 4년 동안 940억 달러가 투입되는 엄청난 규모의 건설 계획도 아울러 발표한다.[20] 여기에는 원자력 발전소 건설과 철도 재정비에 대한 투자, 그리고 특히 대통령의 숙원 사업인 150억 달러 규모의 이른바 4대강사업 계획이 포함되어 있었다. 4대강사업은 노후 제방 보강과 중소 규모 댐 및 홍수 조절지 건설 등이 포함된 대규모 하천 정비 사업이다.[21] 이명박 대통령은 한국이 7퍼센트의 경제성장을 이룩하고 1인당 국민소득은 4만 달러를 달성하여 세계 7위의 경제대국으로 올라선다는 "747" 공약을 내세워 대통령에 당선되었으며 동시에 "녹색성장"의 선구자가 될 것이라는 포부를 밝혔다.

동아시아와 동남아시아 지역 전역에 걸쳐 2008년의 금융위기에 대한 각국의 대응은 일종의 역사적 분기점이 된 것이나 다름없었다. 1997년 위기 당시 IMF와 클린턴 행정부의 도움에 굴욕적으로 의존할 수밖에 없었던 태국과 말레이시아, 그리고 한국은 이제 새로운 수준의 자율성을 갖춘 것이다. 중국이나 서구 국가들과의 차이점은 단지 기술적인 완성도와 전문 인력뿐이었다. 경기부양을 위한 주요 노력들은 대부분 정치적인 방식을 통해 진행되고 이루어졌다. 그렇지만 거기에 어떤 지역적인 이해관계가 작용했든 상관없이 아시아 신흥시장국가들의 정책 대응은 대단히 효과적이었다. 그리고 미국에서도 이런 새로운 회복력을 인정하게 되었다. 연준 관료들이 한국과의 통화스와프 협정에 찬성하고 나선 이유 중 하나도 한국이 더는 IMF의 도움을 구걸하지 않을 것이라고 확신했기 때문이다. 괜한 정치적 충돌을 불러일으켜 허약한 세계시장을 뒤흔드는 것보다는 비록 조심스럽게라도 한국을 주요 협상대상자로 환영해주는 것이 더 나았던 것이다.[22] 아시아 경제는 빠르게 되살아났으며 새로운 해외 자본을 끌어들일 수 있었다. 게다가 한국과 인도네시아는 위기에서 벗어나는 것과 동시에 다극화된 세계 경제의 복잡한 현실을 반영하도록 특별히 고안된 새로운 조직의 완전한 일원이 되었다.

G20 정상회담을 둘러싼 동상이몽

G20은 1999년 12월 당시 미국 재무부 장관이던 래리 서머스와 캐나다 총리 폴 마틴(Paul Martin)의 주도로 결성되었다. 처음의 계획과 이상은 글로벌 거버넌스를 위한 일종의 회의의 장을 만드는 것이었으며 IMF나 세계은행처럼 브레턴우즈 협정에 따라 세워진 국제기구들보다 더 큰 대표성을 띠고 있었다. 다만 국제연합 못지않게 회원국들의 개성이 강하고 강제성이 없었다. 20이라는 숫자는 즉흥적으로 결정된 것처럼 보이기도 하는데, 나중에 알려진 바에 따르면 래리 서머스의 조언에 따라 당시 미국 재무부에서 국제 관련 업무를 맡았던 팀 가이트너와 세계은행의 관리이사 출신으로 당시 독일 재무부 장관이던 카이오 코흐 베저(Caio Koch-Weser)가 회원국 명단을

만들었다고 한다. GDP와 인구, 그리고 교역량 등의 자료를 바탕으로 "캐나다 합격, 스페인 불합격, 남아프리카공화국 합격, 나이지리아와 이집트 불합격, 아르헨티나 합격, 콜롬비아 불합격 식으로 어떤 국가를 받아들이고 또 어떤 국가를 뺄지" 결정했다는 것이다.[23] 일단 그 명단이 G8에 의해 승인되자 해당 국가의 재무부와 중앙은행에 일종의 초대장이 발송되었다. 사전 협의나 토론 같은 것은 없었으며 선진국들이 좀 더 큰 규모의 모임을 만들기로 결정하고 새롭게 12개국을 받아들였다. 이렇게 결성된 G20은 글로벌 거버넌스를 좀 더 단순한 형태로 만든 것으로 볼 수 있다.

G20은 2000년대 내내 기술 전문가들이 갖는 최상위 포럼 역할을 했다.[24]* G20 회의 자체는 종종 형식적이었으며 업무에 바쁜 일부 재무부 장관들은 참석하지 않기도 했다. 그렇지만 폴 마틴은 G20을 완전한 국가 정상들의 회담으로 격상시키려는 노력을 게을리하지 않았다. 이러한 폴 마틴의 시도는 부시 행정부에 의해 저지당했다. 부시 행정부는 중국과 둘이서만 협상을 하고자 했고 그럼에도 중국 이외에 끼고 싶어 하는 국가들은 자신이 직접 선별하고 싶어 했다. 따라서 이 특별하게 마련된 정부들 사이의 회의체가 선진 경제국들과 함께 금융위기에 대응하는 글로벌 플랫폼이 되어야 한다는 처음의 이상은 그저 이상으로만 그쳤다. 2008년 9월 국제연합 총회에서 사르코지 대통령은 G8이 G13 혹은 G14로 확대 개편되어야 하며 중국과 인도, 남아프리카공화국, 멕시코, 브라질 등을 새로운 회원국으로 받아들여야 한다고 주장했다. 프랑스와 일본의 경우 더 규모가 작은 모임을 선호했는데 그 이유는 그렇게 해야만 자신들의 위상을 극대화할 수 있

---

* 여기서 지은이는 커튼(J. Kirton)이 G20에 대한 평가를 소개하는 3개의 경우 중, G20 스스로의 평가만을 인용하고 있다. 커튼은 G20 문서를 인용하며, "멕시코 미팅에서 정치적 이해관계를 다루는 인물들뿐 아니라 기술적인 전문지식을 갖춘 인물들이 대거 참여하여 G20 회담이 성공적인 합의를 도출하는 포럼이 될 수 있었다"(Kirton, 150)고 설명했다. J. Kirton, *G20 Governance for a Globalized World*(Farnham, UK: Ashgate, 2013).

기 때문이었다. 당시 영국 수상 고든 브라운은 일단 확대 개편에 대한 제안을 받아들여 국제연합 총회가 끝난 후 미국 정부와의 공식적인 공동합의를 이끌어내기 위한 회의를 뉴욕에서 임시로 소집했다. 문제는 어떤 식으로 미국을 동참시킬 것이며 또 어떤 국가들을 포함시킬 것인가였다. 영국은 좀 더 확장된 G20 형식을 선호했고 여기에 오스트레일리아와 캐나다, 그리고 남아메리카 국가들이 찬성하고 나섰다. 9월과 10월 초 은행들에 대한 구제 방안을 두고 불협화음을 냈던 부시 행정부는 상호협력의 필요성을 새롭게 인식하게 되었다. 다만 미국 입장에서 피하고 싶었던 건 뉴욕에서 국제연합의 영향력 아래 그런 국제적인 모임을 진행하는 것이었다. 그렇게 되면 부시 행정부에 대한 비판을 분명 피할 수 없다는 걸 잘 알고 있었던 것이다. 미국 입장에서는 예컨대 IMF 같은 국제기구가 위엄과 영향력을 더해줄 수 있는 워싱턴에서 모임을 진행하기 바랐다. IMF를 이끄는 건 전통적으로 유럽 출신들이었지만 IMF 내에서 의결권은 주로 분담금 비율에 좌우되었으며 미국은 거부권을 행사할 수 있었다. 부시 행정부가 원하는 세계경영(global design) 방식은 바로 그런 식이었다. 첫 번째 G20 정상회담에 대한 초대가 마침내 10월 22일 전달되었고 모임 날짜는 11월 14일이었다. 미국식 일방주의라는 오명으로 얼룩졌던 부시 행정부 정권을 넘겨주면서 마지못해 다자주의의 새로운 시대가 열렸다.

오스트레일리아와 브라질, 한국, 인도네시아 같은 새로운 회원국들에게 G20은 흥분되는 출발점이었다. 그리고 미국에게는 주요 국가들 사이에서 적어도 최소한의 협력은 있을 거라는 약속이었다. 중국은 과도한 책임을 지는 일 없이 전 세계에 영향력을 행사할 수 있는 편리한 장치라고 생각했다. 그렇지만 G20은 공통적이고 일반적인 합의나 승인이 나오는 그런 회의하고는 거리가 멀었다. 독일의 《슈피겔》지 보도에 따르면 노르웨이의 외무부 장관인 요나스 가르 슈틀레(Jonas Gahr Støre)는 세계 주요 국가들 일부가 모여 자신들만의 모임을 만드는 건 제2차 세계대전 이후 만들어진 모든 국제기구들에 대한 가장 큰 방해요소라고 생각하는 것 같았다. "강대국들이 모여 세상을 효과적으로 이끌어나갈 수 있다는 19세기 빈회의(Wiener Kongress) 같은 발상은 현대의 국제 공동체에서는 설 자리가 없다. G20은 애초에 정통성이나 정당성이 턱없이 부족할뿐더러 반드시 바뀌어야 하는 조직이다." 그렇지만 슈틀레 장관의 발언은 감정적일뿐더러 요점이 조금 빗나간 측면도 있었다.[25] 1814년에 열린 빈회의는 프랑스혁명과 나폴레옹으로 시작된 새로운 시대를 구체제로 되돌리려는 일종의 반동적 회의였다. G20은 물론 배타적인 모임이기는 했지만 새로운 회원국들이 모인 전혀 다른 형태의 모임으로 이들 국가들이 새롭게 국제적으로 부각되는 건 노르웨이 같은 작지만 역사가 깊은 유럽의 국가로서는 어쩌면 분개할 만한 일인지도 몰랐다. G20 결성의 원칙은 1945년 이후 루스벨트 대통령의 정책을 지지해온 사람들이 선호했던 전통적인 정당성이나 권력의 균형 같은 구체제의 논리, 혹은 글로벌리즘의 논리가 아니었다. G20은 1970년대 이후 세계화된 경제성장을 바탕으로 새롭게 탄생한 시대를 반영하고 있었다. G20 회원국들은 국제연합 전체 회원국들 수의 10퍼센트에 불과하지만 전 세계 인구의 60퍼센트에 해당했다. 또한 전 세계 교역량의 80퍼센트, GDP의 85퍼센트를 차지했으며 그 규모는 점점 더 늘어가고 있었다. G20 내부에서는 평등이라는 가식이 전혀 없었으며 그 밖에서는 말할 것도 없었다. 그렇지만 회원국들 사이에서는 최소한 서로를 글로벌 경제시스템 안의 무시할 수 없는 중요한 요소로 인식하고 있었다. 국제연합 내부에서는 G20의 이런 배타성을 두고 반감이 불거져 나왔다. 그러나 2009년 국제연합 총회에서 세계 경제 위기 문제를 다루기 위해 자체적으로 위원회를 소집했을 때 G20은 이를 무시했다.[26]

국제연합이라는 곳은 어쩌면 공허하게 말만 많은 곳이거나 그저 세간의 관심을 끌기 위한 배경에 불과한지도 몰랐다. 세계의 주역들과 함께 "주요 20개국"으로 확장된 위원회를 만들겠다는 건 좀 더 실무적인 관점으로 접근하겠다는 약속일 텐데, 그렇다면 G20과 같은 글로벌 거버넌스는 어떤 다른 점이 있을까? 2008년 11월 15일 워싱턴에서 열린 첫 번째 G20 회담은 그렇게 큰 호응을 이끌어내지는 못했다. 일단 일정이 너무 촉박했고 한자리에 모인 각국 정상들은 그저 미리 준비해온 이야기만 서로 전달할 수 있을 뿐이었다. 20개국의 대표들에게는 각각 15분의 발언 시간이 주어졌는데 그것으로 준비된 5시간이 끝났다. 각각의 발언은 다양한 수준의 전문성이나 타당성, 그리고 복잡한 궤변을 보여주었다. 독일과 오스트레일리아, 캐나다는 적극적으로 회담에 임했다. 사르코지 대통령은 도하라운드(Doha trade round)에 대해서는 사람들의 시선을 의식한 듯 실행을 촉구하기도 했지만 사실 유럽 농업에 대한 프랑스의 보호정책은 세계무역의 자유화를 가로막는 가장 큰 걸림돌 중 하나였다. 이탈리아의 실비오 베를루스코니 총리는 경제 문제에 대해서는 아무런 할 말이 없었지만 대신 퇴임하는 부시 대통령에 대해서는 따뜻한 인사말을 건네기도 했다. "글로벌 포럼"이라고는 하지만 여전히 유럽 국가들의 비중이 너무 컸다.[27] 브라질과 아르헨티나는 사람들의 시선을 즐겼고 뭔가 다른 속셈이 있었으며 부시 대통령에게 마지막으로 악담을 퍼붓고 싶어 하는 것처럼 보였다.

실속 있는 논의는 없었고 대신 각국 정상들은 돌아오는 봄에 두 번째 모임을 갖기로 한 합의문을 포함해 95개 사전조치 항목을 승인했다. 어쩌면 자유무역을 계속 유지할 필요성에 대해서 격렬한 언쟁이 오간 것 정도가 특기할 만한 사항이 아니었을까. 1930년대와 같은 보호주의자들의 난투극은 전혀 찾아볼 수 없었다. 또한 재정건전성에 대한 편협한 견해를 버리고 재정 적자를 지나치게 문제 삼지 않겠다는 합의도 있었지만 전 세계적인 경기부양책을 함께 시행하겠다는 문제에 대해서는 어떠한 합의도 나오지 않았다. G20이 갖는 의미는 아무래도 이런 창구를 통해 "강대국들"이 다른 국제기구들에 변화를 위한 과제를 제시할 수 있다는 사실인 것 같았다. 2008년 11월 은행 규제를 위한 국제기구인 금융안정포럼(FSF)과 IMF 사이에 합의가 하나 이루어졌는데, 이를 통해 FSF는 은행 규제에 대한 새로운 기준을 정의할 수 있었고 IMF는 시행한 조치가 잘 이행되고 있는지 감독할 수 있었으며 다른 모든 금융 관련 기구들은 적극적인 신흥시장국가들을 끌어들여 회원을 확대할 수 있었다.

제2의 브레턴우즈 체제에 대한 중국의 대담한 제안

G20의 첫 번째 모임의 결과가 신통치 않았던 이유는 열흘 전에 미국 대통령 선거가 있었기 때문이기도 했다. 공화당의 8년 집권이 끝나고 버락 오바마가 새로운 기대를 한몸에 받으며 미국 대통령에 당선되었다. 그렇지만 이 신임 대통령은 지나치게 앞으로 나서는 것을 거부했으며 국제경제 문제에 대해 어떤 방식으로 접근할 것인지는 아직 분명치 않았다. 따라서 다른 국가들은 새로운 미국 행정부에 대해 자기들 나름대로 이런저런 추측을 해볼 수밖에 없었다. 영국의 고든 브라운은 두 번째 G20 정상회담을 영국에서 열 수 있도록 대단히 적극적으로 선전활동을 펼쳤다. 전임 수상 토니 블레어의 "새로운 노동당"이라는 표어가 어느덧 빛이 바랜 즈음, 브라운 수상과 관료들은 새로운 미국 대통령의 카리스마와 그가 약속했던 담대한 희망을 자신들과 엮어보려고 필사적으로 노력을 기울이고 있었다.[28] 그렇지만 브라운 수상에게는 또 다른 꿈과 이상이 있었다. 지난 1933년 여름, 런던에서는 세계경제회담(World Economic Conference)이 열렸다. 대공황 피해의 수습을 위해 소집된 이 회담은 나치 독일의 불성실한 태도와 영국과 프랑스의 분열, 그리고 뉴딜정책 초창기 미국의 고립주의 때문에 아무런 성과도 거두지 못했다. 1933년의 런던은 이후 10년 가까이 이어진 세계의 분열과 경제민족주의라는 어두운 그림자를 상징하게 된다. 브라운 수상은 그런 숙명을 이번에는 피하기로 결심했다. 영국 정부는 2009년 G20 회

담이 새로운 브레턴우즈 체제가 될 수 있도록 준비에 최선을 다했다.[29] 브라운 수상과 관료들은 역사를 연구하는 것은 물론 루스벨트 대통령과 그의 뉴딜정책에 대해 전문가들과도 상의했다. 수상 관저에는 존 메이너드 케인스의 일대기가 언제든 펴볼 수 있도록 준비되었다. 영국 정부가 이와 같은 역사적 로망을 실현하기 위해서는 나머지 G20 국가들의 협력이 절대적으로 필요했지만 조짐이 좋지 않았다.

새로운 미국 행정부는 영국의 열렬한 구애를 그리 반기지 않았다. "특별한 관계"에 대한 이야기를 나눌 만큼 한가한 상황이 아니었던 것이다. 오바마 행정부의 관심은 유럽이 아닌 태평양 지역에 집중되어 있었다. 정권이 바뀐 후 처음 백악관에 초청된 해외 정상은 일본의 아소 다로(麻生太郎) 총리였다. 그렇지만 지금 가장 중요한 건 바로 국내 정책들이었다. 오바마 대통령은 G20 회담에 참석할 시간을 낼 수 있을지도 확실치 않았다. 그래도 백악관 보좌관들은 NATO 창설 60주년을 기념하는 행사가 4월 4일 스트라스부르에서 열리며 거기에 반드시 참석해야 한다는 내용을 일정표에 적어놓는 것을 잊지 않았다. 영국 측은 런던에서 열리는 G20 회담 날짜를 이틀 앞으로 정해 오바마 대통령의 순방 일정에 맞추려고 했다.[30] 사전 준비를 위해 2009년 3월 30일 백악관을 예방한 브라운 수상은 오바마 대통령을 만났고 상하 양원을 찾아 연설을 했다. 연설은 자신감이 넘쳤지만 런던에서 "대타협"이 진행될 것이며 "글로벌 뉴딜(global New Deal)"이 이루어질 것이라는 식의 진부한 표현 일색이었다.[31] 브라운 수상이 생각하고 있는 계획은 "1조 달러 규모의 정상회담"으로 세계 경제를 불황에서 건져 올릴 거대하고 조직적인 경기부양책이었다. 지나치게 열심이었던 이 노동당 출신 수상에게는 유감스러운 일이었지만 다른 국가들은 이 일에 그다지 협조적이지 않았다. 2009년 3월 14일, G20 재무부 장관들이 먼저 런던에 모였다. 독일의 앙겔라 메르켈 총리도 잠시 그 자리에 참석했다. 브라운 수상으로서는 당혹스러운 결과였지만 메르켈 총리와 프랑스 재무부 장관 크리스틴 라가르드는 약속이나 한 듯 같은 목소리로 반대의견을 냈다. 독일과 프랑스는 대규모 경기부양책이 아무런 근거도 없는 소문에 불과하다고 생각했을뿐더러 좀 더 중요한 국제적 현안들을 뒤로 미루기 위해 이용되는 것이 아닌가 의심하고 있었다. "프랑스와 독일은 문제의 근본 원인이라고 할 수 있는 영국과 미국의 시장에서의 행위들이 이제 세계 경제로 시선이 옮아감에 따라 비난의 화살을 피하고 있는 것이 아닌가 우려했다."[32] 미국은 다른 국가들의 무역수지 흑자에 대해서 이야기하고 싶었지 위기에 빠진 자국 은행들에 대해서는 입을 다물고 싶었던 것이다.

더 당혹스러웠던 건 중국의 반응이었다. 2009년 봄이 되자 중국은 서방 국가들이 원칙 없이 행동하는 것을 보고 점점 인내심의 한계를 느끼고 있었다. 중국의 관점에서 글로벌 불균형을 가져온 원흉은 미국의 무분별한 재정 적자였다. 이제 영국과 미국은 긴축재정을 펼치는 대신 경기부양책을 논의하고 있었다. G20 회담에 참석하기 일주일전인 3월 23일 중국 중앙은행 총재 저우샤오촨(周小川)은 새로운 브레턴우즈 체제에 대한 독자적인 견해를 발표해 세계를 놀라게 했다.[33] 중국도 1944년 당시 원조 브레턴우즈 협정에 참석했기 때문에 그 배경과 역사를 소상히 알고 있었다.[34] 저우샤오촨 총재가 보기에 1944년 내려졌던 근본적인 결정사항들에 대해 다시 생각해볼 때가 된 것 같았다. 제2차 세계대전 이후 미국의 압도적인 위세 덕분에 달러화는 세계의 준비통화로 자리매김할 수 있었다. 그 이후 미국은 엄청난 재정 적자가 쌓여가는 와중에도 자유롭게 달러를 찍어냈다. 존 메이너드 케인스가 1944년 영국 대표단의 일원으로서 주장했던 것처럼 진정한 안정성을 확보하기 위해서는 어떤 국가의 통화와도 상관없는 독립적인 세계 통화가 필요했다. 이를 위해 저우샤오촨 총재가 대안으로 제시한 것이 바로 IMF에서 1968년 도입한 일종의 국제준비통화인 특별인출권(Special Drawing Rights, SDR)이었다. SDR야말로 단일 초강대국에 휘둘리지 않는 진정한 안정성을 보장해줄 수 있는 통화였다. 그리고 이를 근거로

하면 미국뿐만 아니라 중국까지, 적자와 흑자 국가 모두에 통용될 규칙을 만들어낼 수 있을 것이라고 생각했다.

누군가는 중국이 왜 지금 많은 이익을 얻고 있는 그런 시스템을 바꾸려고 하는지 궁금해할 수도 있을 것이다. 어쨌든 중국은 1990년대 이후 달러화를 자국 통화에 페그시켜왔으며, 이를 두고 일부 경제학자들은 "제2의 브레턴우즈 체제"라고 불렀다.[35] 미국은 자신이 애쓰는 동안 중국이 무임승차를 한다는 반응을 보였다. 그렇지만 이 역시도 서방 국가들의 시각에서 본 상황일 수 있었다. 1994년 중국은 미국이 어느 정도 책임감 있는 재정정책을 실시하고 있을 때 일종의 방어 전략으로 환율을 고정했다. 그런데 2000년대 이후 엄청난 불균형이 모습을 드러내기 시작하자 중국 당국은 그 책임을 자국의 환율조작이 아닌 미국의 무분별한 재정 적자 정책 탓으로 돌렸다. 중국은 무역수지 흑자를 순전히 축복이라고 할 수만은 없었다. 중국 당국이 보기에 무역수지 흑자는 중국의 과도한 투자 중심 성장방식을 더 강화해주며 미국과의 편향된 관계를 더 깊게 만들었다. 경제성장의 초점을 국내 소비로 전환하려는 노력을 기울이면 자연스럽게 좀 더 균형 잡힌 무역수지가 이루어질 수 있을 터였다.[36] 어쨌든 중국인민은행의 통화 제안은 새로운 미국 행정부를 향한 일종의 경고였으며 미국에 대한 중국 당국의 인내심이 점점 바닥을 드러내고 있다는 신호였다.

중국의 독단적인 제안은 1940년대에 대한 고든 브라운의 막연한 동경보다는 당연히 더 큰 관심을 끌었다. 마오 주석 시대 이후 중국이 글로벌 거버넌스의 근본적인 문제에 대해 이토록 대담한 제안을 한 적은 없었다. 그리고 중국의 이런 제안은 달러화라는 기준에 함께 의문을 제기해왔던 프랑스와 러시아의 지지를 받았다. 또한 국제연합에서 개발하고 노벨경제학상 수상자인 조지프 스티글리츠(Joseph Stiglitz)가 주도했던 SDR를 기반으로 한 좀 더 발전된 국제통화 계획과도 많은 부분이 일치했다.[37] 미국 정부는 당혹해하지 않을 수 없었다. 오바마 대통령은 언론인들과의 대담에서 자신은 새로운 종류의 국제통화가 필요하다고는 생각지 않는다고 언급했다.[38] 새로 임명된 재무부 장관 팀 가이트너는 다소 신중치가 못했다. 그는 중국을 달랠 방도를 찾으면서 자신은 국제 준비자산으로서의 SDR를 더 많이 사용하는 "혁신적인" 발상에 "아주 개방되어 있다"고 자주 언급했다.[39] 그의 발언으로 통화시장은 큰 충격을 받았고 달러화는 유로화 대비 1.3센트 가치가 하락했다. 공화당 우파와 폭스뉴스의 평론가들은 격렬하게 반응했다. 특히 폭스뉴스는 오바마 행정부가 국제통화를 교체할 계획을 세우고 있다고 주장하며 시청자들을 선동했다.[40] 팀 가이트너로서는 미국의 재무부 장관이 어떻게 처신해야 하는지에 대해 쓰라린 교훈을 맛본 셈이었다. 즉시 태도를 바꾼 그는 텔레비전 방송에 출연해 자신은 대통령과 의견이 같다고 말했다. 강력한 달러화가 계속해서 세계 경제의 무게중심으로 남아있어야 한다는 것이었다.

제2의 브레턴우즈 체제에 대한 중국의 계획에는 브라운 수상의 G20 계획이 포함되지 않았을뿐더러 2008년 가을 이후의 상황에 대한 현실 역시 논의의 대상으로 다루고 있지 않았다. 금융위기로 국제금융에 대한 달러화의 영향력이 약해지기는커녕 실제로는 더 강해졌던 것이다.[41] 통화시장에서 안전자산으로서의 미국 재무부 채권에 대한 수요 덕분에 달러화의 가치는 더욱 올라갔다. 연준은 통화스와프 협정을 통해 모든 글로벌 은행시스템의 유동성 공급을 뒷받침했다. 만일 런던 G20 회담이 달러를 기반으로 한 은행시스템인 진정한 제2의 브레턴우즈 체제가 되었다면 통화스와프 협정과 전 세계 유동성 공급자로서 연준의 역할은 분명 회담의 중요한 토의 주제가 되었을 것이다. 또한 그렇다면 자국 은행들이 가장 많은 혜택을 입고 있던 유럽 국가들로서는 분명 당혹스러운 일이었을 것이다. 그렇지만 어느 누구도 그런 미묘한 합의를 공론화하는 데 관심을 보이지 않았다. 글로벌 통화 아키텍처라는 광범위한 이슈는 논의 중인 현안에서 배제하는 편이 더 나았다.

G20 정상들의 금융위기 공조

이제는 신중하게 균형을 잡아야 할 상황이었다. 미국 정부는 서로 간에 협력이 필요한 상황이라는 걸 잘 알고 있었지만 이상하게도 몇 년 전부터 연준과 재무부가 해온 중추적인 역할을 과시하는 데 아무런 관심이 없는 듯 보였다. 영국은 자신들의 능력만으로는 G20의 이상을 실현할 수 없음을 깨닫고 새로운 미국 대통령과의 관계를 다시 끈끈하게 만들고 싶어 했지만 돌아온 건 고통스러운 현실에 대한 자각뿐이었다. 2009년 4월 1일 아침, 런던의 수상 관저에서 브라운 수상과 함께 식사를 마친 오바마 대통령은 기자들 앞에 섰다. 우선 영국의 외교적 환대에 감사한다는 인사말을 전한 대통령은 계속해서 이렇게 말했다. "처칠 수상과 루스벨트 대통령이 브랜디 한 잔을 앞에 두고 마주했더라면, 글쎄, 더 이야기가 쉽게 풀리지 않았을까 …… 그렇지만 그때는 그때고 지금은 지금이다. 과거를 생각한다고 우리가 지금 살고 있는 현재가 바뀌지는 않는다."[42] 그날 아침 런던의 다른 장소에서는 메르켈 총리와 사르코지 대통령이 핵심 내용을 정리하고 있었다. 두 사람은 먼저 런던에 도착해 두 사람만의 시간을 갖고 함께 기자회견을 했다. "프랑스와 독일은 의견을 통일하기로 했다."[43] 사르코지 대통령의 발언이었다. 지금 필요한 건 경기부양이 아니라 세계 금융시장에 대한 실질적인 단속과 관리라는 것이 두 정상의 의견이었다. 사르코지 대통령은 회담장에서 조세 피난처 문제가 진지하게 다루어지지 않을 경우 그 자리를 떠날 수도 있다고 경고했다. "이것은 자존심과는 아무런 상관이 없을 뿐만 아니라 쓸데없는 시비를 거는 것도 아니다." 사르코지 대통령은 영국이 프랑스의 모든 비판을 겸허히 수용해야 한다고 먼저 선수를 치며 이렇게 주장했다. "장차 닥쳐올 어려움을 제대로 헤쳐나갈 수 있을 것인지 아닌지에 대한 문제다." 메르켈 총리는 늘 그렇듯 원칙적인 이야기만 반복했다. "우리는 진정한 문제의 근원을 제대로 파헤치지 않는 경향이 있다. 이번 위기를 통해 뭔가를 배울 필요가 있다."[44]

그날 오후 버킹엄궁전에서 열린 G20 국가 정상들의 회담은 복잡한 개성들이 서로 충돌하는 기괴한 무대였다. 사르코지 대통령은 사람들의 시선이 멀어지면 마치 보란 듯 휴대전화를 들고 바쁜 척했으며 아르헨티나의 크리스티나 페르난데스 데키르치네르 대통령은 워싱턴에서 보였던 반자본주의적 행태를 반복했다. 이탈리아의 베를루스코니 총리는 오바마 대통령의 관심을 끌기 위해 그야말로 필사적이었는데 그 일 외에는 마치 졸고 있는 것처럼 고개만 끄덕였다. 메르켈 총리는 침착하고 꼿꼿한 태도를 유지했다. 중국은 협상에 유리한 위치를 차지하기 위해 열심이었다. 일부 정상들은 영어로 능숙하게 대화할 수 있는 능력을 갖추지 못했고 대부분 회담 내용의 전문적인 부분을 알지 못했다. 회담 일정 내내 브라운 수상만 제대로 쉬지도 못한 채 이리저리 뛰어다니다가 결국은 예상치 못한 반발에 큰 충격을 받았다. 나중에 알려진 바에 따르면 이 비공개 회담의 주최자인 브라운 수상은 과도할 정도로 위압적인 태도를 보이기도 해서 몇몇 참석자를 아주 당황스럽게 만들었다고 한다. 브라운 수상으로서는 그나마 오바마 대통령이 함께해줘서 다행이었을지도 모르겠다. 회담이 결렬될 뻔한 순간도 몇 차례 있었고 그 과정이 때로는 볼썽사나울 정도로 이상하게 흐르기도 했지만 회담 이틀째인 4월 2일, 제2차 G20 정상회담은 나름의 성과를 끌어냈다.

회담 공식 성명인 코뮈니케(communiqué)는 처음부터 끝까지 금융위기의 규모와 공동대응 노력을 위한 약속을 담은 평이한 내용으로 채워졌다. 보호주의를 지양하고 선진국보다는 더 많은 국가들의 이익을 생각하겠다는 등의 내용이었다. 이런 틀에 박힌 내용 말고 각국의 진짜 정치력이 발휘되기 시작한 건 금융개혁에 대해 논의할 때였다. 이 회담에서는 뉴글로벌 금융안정위원회(new global Financial Stability Board)가 발족되어 그간 만족할 만한 성과를 내지 못한 민간 신용평가 회사들을 감독하고 개선된 규율을 적용하는 작업을 맡게 되었다. 따라서 G20은 바젤위원회와 IMF 같은 글로벌 거버넌스를 위한 다른 국제기관들을 위해 의제를 상정하는 실질적인 주체로서의 역할을 확인한 것이다. 독일과 프랑스가 경기부양을 위한 공동의 노력에 대해서는 일절 이야기를 꺼내지 않기로 다짐하고 전 세계 유동성 공급과 관련해 연준이 맡고 있는 역할에 대해서 기이할 정도로 침묵이 이어지자 브라운 수상과 오바마 대통령의 다양한 희망사항을 전달해 줄 수 있는 건 결국 IMF뿐이었다. 야심 넘치는 총재 도미니크 스트로스칸(Dominique Strauss-Kahn)은 IMF가 주도적으로 역할한 것을 매우 기뻐했다. 그렇지만 지난 가을 이후 지원된 대출금액과 동유럽 지원 규모를 생각하면 IMF로서는 재원을 확충해야 할 필요가 있었다. 2009년 1월 작성된 한 내부 문건에 따르면 IMF에 손을 벌릴 국가가 2개국에서 16개국 정도로 늘어나는 최악의 경우 최소한 3000억 달러의 재원이 새롭게 필요했다.[45] 자신이 생각하는 "압도적 힘"의 원칙을 충실히 따르려는 재무부 장관 팀 가이트너는 그보다 훨씬 더 큰 규모의 금액을 요청하고 있었다. 문제는 IMF 재원 확충에 대한 아시아와 남아메리카 국가들의 동의가 의결권의 재분배에 달려 있다는 사실이었다. 2008년 4월 두 차례의 개혁 조치를 거쳐 IMF 내의 의결권에는 이미 5.4퍼센트의 변동이 있었고 한국과 싱가포르, 그리고 터키와 중국의 목소리가 가장 크게 높아졌다. 그렇지만 중국은 여전히 전체 의결권의 3.81퍼센트, 그리고 인도는 2.34퍼센트만 갖고 있을 뿐이었다. 런던의 G20 회담에서 다시 5퍼센트 이상의 의결권 변동에 대한 합의가 이루어졌으며 대부분 유럽 측의 양보에 의한 것이었다. 이렇게 해서 IMF 재원을 실제로 크게 늘리는 문제에 대한 충분한 동의가 이루어졌다. IMF는 회원국들로부터 새롭게 2500억 달러의 자금을 지원받을 수 있었으며 역시 새로운 "차입협정(Arrangements to Borrow)"에 의해 5000억 달러의 재원을 추가로 마련해 도움이 필요한 회원국에 빌려줄 수 있었다.[46] 브라운 수상은 이를 통해 그가 그토록 바랐던 "어림잡아 1조 달러에 이르는 충분한 자금"을 얻을 수 있었다.[47] 또한 여기에는 전통적인 케인스학파 방식의 경기부양책은 아니었지만 1994년 멕시코에서부터 시작해 계속 반복되는 중요한 국제적 위기들에서 배운 교훈이 반영되어 있었다. IMF는 다국화된 21세기형 은행위기의 결과물을 다루는 데 필요한 화력을 손에 넣었다.

그렇지만 G20은 아직 완전하게 목적을 이루지는 못했다. 마지막 일정의 안건은 조세 피난처였다. 사르코지와 메르켈은 이런 "조세 피난처(paradis fiscaux)"에 대한 강력한 제제가 반드시 필요하다고 역설했다. 오바마 대통령 역시 찬성의견을 내놓았다. 브라운 수상은 시티의 이익에 민감할 수밖에 없었기 때문에 이 문제에 대해 별다른 열의를 보이지 않았다. 그렇지만 가장 강경한 태도를 보인 건 중국이었다. 마카오와 홍콩은 중국 본토로부터 흘러나오는 자본 도피의 통로와 같은 역할을 했지만 이 통로를 폐쇄하면 중국 지배층 사이에서 커다란 소란이 일어날 것이 뻔했다. 게다가 반제 민족주의를 부르짖는 중국으로서는 과거 서구의 식민지였던 곳들이 다시 서구 국가들이 주도하는 새로운 국제적 감독 체제의 영향을 받는 일은 참을 수 없었다. 국가의 주권은 협상으로 해결될 수 있는 성질의 것이 아니었다. 회담이 종료되기 불과 몇 분 전, 브라운 수상이 주최한 G20 회담은 프랑스와 중국의 충돌로 인해 파행으로 치달을 위험에 처했다. 브라운 수상은 주최자로서의 역할에 충실했으며 부수적인 내용들의 합의를 중재하기 위해 편파적으로 행동할 수는 없었다. 그렇다고 프랑스나 중국 정도 되는 국가들이 영국이 아무리 큰소리를 친다 한들 거기에 굴복할 것 같지는 않았다. 결국 오바마 대통령이 직접 나섰다. 두 국가를 구슬려 서로 체면을 살리는 범위 내에서 협상을 이끌어낸 것이다. 우선 G20은 경제협력개발기구(OECD)가 발표한 조세 피난처 명단을 "받아 적기"로 했다. OECD는 마셜플랜 시대의 유산을 이어받은 국제기구로 중국은 아직 회원국이 아니었기 때문에 이 기구의 발표 내용에 대해서는 그리 크게 신경을 쓰지 않아도 상관없었다.

중재안에 만족한 사르코지 대통령은 즉시 지난 9월 자신이 국제연합에서 이야기했던 문제를 다시 끄집어내려 했다. 그는 가장 먼저 기자들 앞에 서려고 마지막 일정이 끝나자마자 브라운 수상보다 앞서 회담장을 뛰쳐나갔다. 적어도 잠시 동안은 이 프랑스 대통령이 한자리에 모인 G20 국가들의 대표로 선 것이다. 잠시 목소리를 가다듬은 그는 "앵글로색슨 자본주의"의 역사에서 "한 시대가 마무리되었다"고 선언했다. 규제 철폐의 시대는 끝이 난 것이다. 그런데 사르코지 대통령이 이렇게 언론의 주목을 받으려고 한 것은 오히려 브라운 수상이 성공했다는 증거가 되어주었고 어쨌든 협상 결렬이나 파국은 피할 수 있었다. 최대 10억 명쯤으로 추산되는 전 세계 텔레비전 시청자들 앞에서 브라운 수상은 지친 모습으로 세계 각국의 정상들이 다 함께 힘을 모으게 되었다는 소식을 전했다. 모두들 합의한 대로 행동하기로 결정했다는 소식이었다. 오바마 대통령도 기쁜 표정으로 이렇게 선언했다. "여러 가지 면에서 이번 런던에서의 정상회담은 역사적 순간으로 남을 것이다."[48] 각국의 정상이 내린 결정들은 "사람들의 기억 속에 살아 있는 위기에 대한 그 어떤 대응보다도 더 대담한 내용이었다. …… 실제로 그런 결정들이 어떤 효과가 있을지는 두고 보면 알 것이다." 메르켈 총리는 약간 마지못해 말하는 듯한 표정이었다. "대단히 훌륭하고 역사적인 타협이었다. 이번에는 1930년대와는 달랐다. 국제적인 협력의 승리라고 봐도 무방하다."[49]

고든 브라운의 G20은 단순히 보여주기 위한 무대는 아니었다. 주요 신흥시장국가들이 세계 경제 정책에 참여하게 된 것은 실제로도 대단한 혁신이었다. IMF 협상의 비준은 특히 더 중요한 사건으로 인정을 받는데, 앞으로 몇 년 동안은 얄궂게도 유럽에 더 중요한 협정 결과로 남을 터였다. 그렇지만 만일 이것이 글로벌 거버넌스의 미래라면, 과거 있었던 빈 회의(congress of Vienna)에 대한 회의적인 시각은 어느 정도 일리가 있다고 볼 수 있었다. 영국으로서는 매력 넘치는 미국의 신임 대통령을 초청한 것 자체가 대단히 흥분되는 사건이었으며 1990년대 노동당이 내세웠던 "쿨 브리타니아(Cool Britannia)*로 대표되는 과거의 영광스러웠던 모습들도 간간이 다시 찾아볼 수 있었다. 어쨌든 회담을 통해 나온 약속, 즉 IMF의 재원을 크게 늘리겠다는 약속은 무엇보다도 런던과 뉴욕, 도쿄, 그리고 상하이의 금융시장으로서는 아주 기쁜 소식임에 틀림없었다. 뿐만 아니라 관련 언론매체들이나 전 세계의 크고 작은 투자자들 역시 만족스러워했다. 그렇지만 IMF의 분담액이나 조세 피난처와 관련된 논의에 일반인들이 참여하는 일은 중국이나 사우디아라비아는 물론 영국이나 미국도 달가워하지 않았다. 일종의 정치행사로서의 G20 정상회담은 런던의 엑셀(ExCeL) 회의장 깊은 곳에서 아무도 모르게 진행되었고 대규모 경찰이 동원되어 수만 명의 시위대로부터 회의장을 지켰다.⁵⁰ 시티에서 벌어진 시위 과정에서 신문을 파는 한 노숙자가 경찰에 의해 큰 부상을 입었으며 이로 인해 강압적인 경찰 대응에 항의하는 분노의 불길은 더욱 거세졌다. 회의장 내부에서는 브라운 수상이 전 세계를 향해 자신은 적어도 재무부 장관의 역할이 완벽하게 어울린다는 사실을 증명해 보였지만 영국 수상이라는 진짜 지위는 그만큼 더 불안정한 것처럼 보였다. 실제로 브라운의 고문들은 자신의 수상이 수조 단위로 생각하는 데만 익숙해져 중간 규모의 국가가 깊은 불황으로 빠져들고 있다는 평범한 진실을 잊은 건 아닌지 걱정했다고 한다. 브라운 수상은 세계적인 규모의 경기부양책을 주장하고 나섰지만 정작 영국 내에서의 입지는 점점 좁아지고 있었다. G20 회담이 열리기 일주일 전인 2009년 3월 24일, 영란은행의 총재 머빈 킹은 하원재무상임위원회에 출석해 독일과 프랑스, 중국이 대규모 경기부양책에 반대하고 있음을 증언하고 자신도 같은 의견이라고 덧붙였다. "재정 적자 문제가 얼마나 심각한지 감안한

---

* "쿨 브리타니아(멋진 영국)"는 1967년 영국의 한 밴드가 부른 노래에서 유래한 표현으로 당시 젊은 층에게 큰 호응을 얻으며 관용구처럼 널리 쓰였다. 쿨 브리타니아가 정치적인 시민권을 얻은 것은 1997년 노동당 당수 토니 블레어가 '새로운 노동당, 새로운 영국'을 슬로건으로 채택하고 보수당의 18년 장기집권에 종지부를 찍으면서다.

다면, 그런 적자 규모를 더 확대하기 위해 재량권을 사용하는 문제에 대해서 좀 더 신중하게 접근하는 것이 현명하다고 생각한다."[51] 머빈 킹의 이런 개인적 의견은 결국 수상의 의견과 완전히 대치될 수밖에 없었다. 같은 날 브라운 수상은 스트라스부르에 있는 유럽의회에 참석해 "필요한 성장과 일자리를 만들어내기 위해서는 어떤 일이라도" 정부가 나서서 해야 한다고 촉구하는 연설을 했던 것이다. 영란은행의 총재가 통화정책을 넘어서 재정정책의 영역을 침범하는 것은 대단히 위험한 정치적 행위였으며 시장도 여기에 영향을 받았다. 그리고 그다음 날 영국 재무부는 1995년 이후 처음으로 정부발행 채권의 판매 부진을 겪었고 그에 따른 타격을 받는다.[52] 17억 5000만 파운드어치의 3년 만기 채권을 내놓았지만 판매된 것은 고작 16억 7000만 파운드어치에 불과했기 때문이다. 93퍼센트의 판매율은 사실상 한 번도 없었던 최악의 수준이었다. 이를 두고 야당은 드러내놓고 쌤통이라고 떠벌였다. 보수당 대변인인 마이클 고브(Michael Gove)는 영란은행 총재가 나서서 "수상의 신용카드를 잘라버린 격"이라고 비꼬았다.[53] 영국의 제3당인 자유민주당 당수 빈스 케이블(Vince Cable)은 "대단히 영국적인 쿠데타"라고 좀 더 멜로드라마식으로 의견을 피력하기도 했다. 영란은행의 머빈 킹이 "정부를 가택연금"하기 위해 정부청사에 "자신의 전차부대를 보냈다"는 것이었다.[54] 정부의 재정 적자는 1180억 파운드에 육박하고 금융시장은 비틀거리고 있는 이때, 영국 수상 고든 브라운에게는 자신이 할 수 있는 일이 제한되어 있다는 사실을 감추기 위해 G20 회담 결과가 제공해준 광대한 이상이 필요했다.

적극적 위기 대응이 돋보인 아시아와 신흥시장국가들

프랑스와 독일의 저항으로 런던 G20 회담에서는 어떠한 확정된 재정정책이 나오지 못했음을 감안하면 코뮈니케에서 수백만 개의 일자리를 구하고 "녹색경제로의 전환을 가속화시켜줄" 재정 확대에 5조 달러라는 막대한 금액이 지원될 것이라는 내용이 포함된 건 놀랄 일이 아닐 수 없었다.[55] 도대체 누가 그런 엄청난 금액을 생각해냈는지는 지금도 수수께끼다. 회담이 끝난 후 몇 주일 동안 IMF 같은 외부 기관들은 전 세계적으로 시작된 긴급 지출 계획에 대한 자료를 수집하는 작업을 진행했다. 그리고 그 결과는 충격적이었다.

2008년과 2010년 사이 금융위기에 대응하기 위해 사용된 지출 내역은 총 1조 8700억 달러 혹은 구매력지수 환산으로 2조 4000억 달러에 달한다. 그것도 재량 지출과 긴급 조세 감면 조치만 계산한 것이다. 앞서 언급한 5조 달러는 아니었지만 그럼에도 역사적으로 전무후무한 규모였다. 그보다 더 충격적인 사실은 이러한 지출이 어떻게 분배되었는가 하는 것이다. 어떤 식으로 계산하든 금융위기에 대해 가장 극적으로 대응한 곳은 역시 아시아와 신흥시장국가들이었다. 러시아와 인도네시아, 한국, 터키, 브라질, 아르헨티나는 이제는 정말로 실질적인 재정정책 대응을 할 수 있는 위치에 섰다.[56] IMF의 추정에 의하면 2009년 러시아의 재량적 위기 대응의 규모는 구매력지수로 환산했을 때 독일과 비슷하거나 혹은 그 이상이었다.[57] 그리고 이런 수치와 규모도 중국에 비하면 대단히 소박해 보일 정도였다. 거기에는 엄청난 대출 내역은 포함되어 있지 않은 것이다. 실제로 비교해보면 유럽연합의 경제 규모에도 불구하고 유럽의 금융위기에 대한 재정정책 대응의 규모는 하잘것없어서 아무리 좋게 봐줘도 유럽 경제 규모의 10퍼센트에도 채 미치지 못했다. 그리고 이런 사실들은 어쩌면 앞으로 닥쳐올 일들의 전조였을지도 모른다. 서구 국가들 중에서 경기부양책을 진지한 수준으로 진행한 곳은 미국이 유일했다.

	GDP 대비 경기부양책 규모 (단위: %)			구매력지수로 본 경기부양책 규모 (단위: 10억 달러)			실제 경기부양책 규모 (단위: 10억 달러)		
	2008	2009	2010	2008	2009	2010	2008	2009	2010
아르헨티나	0	1.5	0	0.0	10.6	0.0	0.0	5.7	0.0
오스트레일리아	0.7	2.1	1.7	6.1	18.6	15.6	7.4	20.9	21.2
브라질	0	0.6	0.8	0.0	15.5	22.4	0.0	10.0	17.7
캐나다	0	1.9	1.7	0.0	24.6	23.0	0.0	26.0	27.4
중국	0.4	3.1	2.7	39.3	335.2	326.3	18.2	158.3	160.6
프랑스	0	0.7	0.8	0.0	15.9	18.7	0.0	18.9	21.2
독일	0	1.6	2	0.0	49.8	65.5	0.0	54.7	68.4
인도	0.6	0.6	0.6	26.4	28.9	32.2	7.3	8.2	10.3
인도네시아	0	1.3	0.6	0.0	24.2	12.0	0.0	7.5	4.5
이탈리아	0	0.2	0.1	0.0	4.0	2.1	0.0	4.4	2.1
일본	0.3	2.4	1.8	12.8	97.8	77.7	14.5	120.8	98.9
한국	1.1	3.9	1.2	14.8	53.3	17.7	11.0	35.2	13.1
멕시코	0	1.5	0	0.0	25.2	0.0	0.0	13.4	0.0
러시아	0	4.1	1.3	0.0	117.5	39.4	0.0	50.1	19.8
사우디아라비아	2.4	3.3	3.5	26.9	37.9	42.6	12.5	14.2	18.4
남아프리카공화국	1.7	1.8	-0.6	9.9	10.4	-3.6	4.9	5.3	-2.3
터키	0	0.8	0.3	0.0	8.6	3.6	0.0	4.9	2.2
영국	0.2	1.4	-0.1	4.5	30.3	-2.2	5.6	32.5	-2.4
미국	1.1	2	1.8	161.9	288.4	269.4	161.9	288.4	269.4
지역별 분배				302.6	1196.7	962.4	243.4	879.5	750.7
중국				13.0	28.0	33.9	7.5	18.0	21.4
기타 아시아 지역				17.9	17.1	14.5	13.5	19.5	16.9
유럽				1.5	8.4	8.7	2.3	12.6	11.9
미국				53.5	24.1	28.0	66.5	32.8	35.9
나머지 국가들				14.1	22.5	14.9	10.2	17.1	13.9
				100	100	100	100	100	100

자료 출처: IMF 자료 "경기부양책 및 금융 부문 조치 관련 개정 자료(Update on Fiscal Stimulus and Financial Sector Measures)" 2009년 4월 26일, 매디슨 프로젝트(Maddison Project)의 구매력지수화 GDP 자료(http://www.ggdc.net/ maddison-project/home.htm)를 바탕으로 한 내 나름의 계산.

12장

경기부양책

미국은 "지옥으로 향하는 길"을 가고 있다.[1] 당시 레임덕에 시달리고 있던 체코의 총리 미레크 토폴라네크(Mirek Topolánek)가 2009년 3월 25일 유럽의회에서 이렇게 말했다. 당혹스러웠던 건 그가 단지 평범한 중부 유럽의 보수주의자만은 아니었다는 사실이다. 토폴라네크 총리는 런던의 G20 회담 며칠 전에 바로 유럽이사회 의장으로서 그런 발언을 한 것이었다. 오바마 행정부의 경제정책은 시장의 신뢰를 무너트릴 거라고 이 체코 총리는 강조했다. 재정 적자 상승과 대규모 채권 판매는 "전 세계 금융시장의 유동성을 약화시킬 것"이라는 게 그의 주장이었다.[2] 그야말로 도발적인 언사가 아닐 수 없었다. 대서양 양쪽의 보수주의자들이 오바마 행정부를 불신하고 있다는 사실을 모르는 사람은 없었다. 아무리 그래도 "지옥으로 향하는 길"이라니? 누군가는 아예 통역이나 번역의 실수가 아닌가 의심했을 정도다. 그러자 《뉴욕타임스》가 그 배경을 파고들었다. 어쩌면 공산독재정권 시절을 겪고 살아남았던 미레크 토폴라네크는 국가나 정부의 개입에 대해 특별한 거부감을 갖고 있는지도 몰랐다. 사르코지 대통령은 이에 대해 전후 사정에는 아랑곳하지 않고 크게 화를 냈다고 한다. 이제 겨우 자리를 잡기 시작한 동유럽의 소국(小國)이 미국에 대해 어떻게 그런 식으로 말할 수 있단 말인가? 그것도 유럽을 대표하는 유럽이사회 의장이? 사르코지는 런던에서 그런 적절치 못한 발언에 대해 체코 총리를 신랄하게 비난했다. 궁지에 몰린 이 체코 총리는 아주 기발하면서도 좀 더 그럴듯한 설명을 늘어놓았다. 스탈린 시대에 겪었던 악몽 같은 것과는 전혀 상관없이 어느 날 저녁 헤비메탈 음악의 고전인 미트 로프(Meat Loaf)의 〈지옥으로부터의 탈출(Bat Out of Hell)〉을 듣고 있다가 우연히 떠오른 생각이었다는 것이 그의 변명이었다.3

그 표현의 숨은 뜻이 무엇이든 간에 2009년 초 대서양 양쪽의 보수주의자들을 분노로 들끓게 만든 건 오바마 행정부의 첫 번째 주요 법안 발의였다. 바로 훗날 "오바마 경기부양법"으로 알려진 미국경제회복 및 재투자법(American Recovery and Reinvestment Act)이었다. 민주당이 긴급하게 밀어붙인 이 법안은 이미 2009년 1월 28일 하원을 통과했다. 새로운 대통령의 주장에 따라 상원에서는 특별 주말 회의를 통해 논의되었고 2월 10일 투표에 부쳤다. 그리고 일주일 뒤인 2월 17일, 오바마 대통령은 새로운 경기부양책 법안에 서명한다. 금융위기가 시작된 이래 서구 국가들 중에서는 가장 규모가 큰 부양책이었으며 미국 역사에서도 처음 있는 규모였다. 또한 같은 이유에서 대서양을 마주 보고 있는 양 대륙의 경제정책 실행무대는 그 즉시 양극단으로 갈리고 말았다.

오바마 행정부의 재정정책 딜레마

오바마의 측근들은 즉시 행동에 나서야 할 필요성에 대해 어떠한 의심도 없었다. 2008년에서 2009년으로 이어지는 겨울에 미국의 경제 상황은 빠르게 나빠지고 있었다. 일자리는 크게 줄었고 자동차의 본고장 디트로이트는 몰락하고 있었다. 사람들은 위기의식을 느끼고 개혁의 필요성을 절감했다. 정치적인 상관관계도 분명했다. 2008년 9월과 10월의 금융위기라는 극적인 상황으로 존 매케인 진영은 큰 타격을 입었고 버락 오바마는 대승을 거두었다. 새로운 대통령의 취임식에서는 그야말로 희망과 기대의 분위기가 뜨겁게 달아올랐다. 많은 사람이 신임 미국 대통령을 보며 혁명에 가까운 변화를 기대했다. 오바마는 아프리카계 미국인들을 새로운 무대로 이끌었을 뿐만 아니라 인권운동을 하다 암살당한 마틴 루터 킹(Martin Luther King Jr.) 목사의 추억까지 되새기도록 만들었다. 금융위기의 한복판에서 대통령에 당선된 것도 대공황 시기의 루스벨트 대통령과 그의 유명한 "취임 후 100일"과 비교하지 않을 수 없었다. 그리고 거기에 더해 또 다른 민주당 정권의 낙관주의 시대 역시 떠올리지 않을 수 없었는데, 오바마 대통령은 새로운 세대를 위해 케네디 대통령의 달 착륙 계획과 같은 원대한 이상과 꿈을 심어주고 싶어 했다.

오바마 행정부로서는 21세기 미국 경제의 규모가 너무나도 거대했기 때문에 무엇을 하더라도 거대한 규모로 진행할 수밖에 없는 사정이 있었다. 2008년 미국의 GDP는 14조 7000억 달러였다. 따라서 경기부양책이 제대로 효과를 거두려면 보통의 규모로는 불가능했다. 문제는 당시 의회가 이런 기본적인 사실을 제대로 받아들여주지 않았다는 데 있었다. 부실자산구제 프로그램(TARP)을 둘러싼 갈등이 보여주는 것처럼 일자리 창출을 위해 연방정부가 나서서 1조 달러 단위의 자금을 투입하겠다는 계획은 분노나 공황상태를 불러일으키기에 충분했다. 그래서 신임 대통령의 인수위원회 측에서는 뭐든 조심스럽게 접근할 수밖에 없었다. 새 행정부는 우선 7750억 달러 정도를 민주당 지도부에 제안하며 여당과 야당이 서로에게 유리하도록 눈치싸움을 벌이다 최종적으로 1조 달러 가까운 예산 투입을 승인해주기를 기대했다.[4] 만일 추가 조세 감면이나 정부 지출을 통해 공화당의 지지를 얻을 수 있다면 그런 쪽의 정책도 적극 추진할 생각이었다.

자신에게 쏟아지는 지나친 기대감에도 불구하고 사실 오바마 대통령은 초당적 중도파로 분류할 수 있는 정치인이었다. 그랬던 그가 미처 알아차리지 못했던 건 자신을 향한 보수 세력의 폭력에 가까운 적대감이었다. 여당과 야당이 서로 협력할 가능성은 전혀 없었다. 물론 패니메이와 프레디맥 구제안과 TARP 법안에 대해 민주당 의원들 대부분이, 그리고 최소한 공화당 일부에서도 찬성표를 던진 반면 2009년 1월 하원에서는 미국경제회복 및 재투자법에 찬성표를 던진 공화당 의원은 단 한 사람도 없었다. 세금 감면 정책이라는 회유책도 먹혀들지 않았던 것이다.[5] 그리고 상원에서는 고작 공화당 의원 세 명이 찬성표를 던졌다. 오바마 행정부로서는 자신들이 마주할 양극화된 적대적 감정의 골이 어느 정도인지 실감하지 않을 수 없었다. 취임 후 얼마 되지도 않아 공화당 의원 대부분이 사실상 오바마 행정부의 정당성을 거부하고 나선 것이다. 그리고 그 밑바닥에는 오바마가 미국 본토에서 태어난 미국 국민이 맞는지에 대한 "출생"의 음모와 관련된 불신이 깔려 있었다. 의회에서는 그러한 불신의 감정을 절대적 반대라는 형태로 드러냈다. 미국의 우파 전략연구소들은 구제금융 정책을 공격하고 앞으로 진행될 경기부양책이나 금융 규제를 깎아내리는 데 전력을 기울였다. 봄이 되자 정부를 반대하는 분노의 물결이 "티파티 운동(Tea Party movement)"이라는 이름을 내걸고 공화당 지지층을 선동하며 동시에 텔레비전 뉴스며 언론을 뒤덮었다. 그 뒤에는 코크형제를 필두로 한 억만장자들의 "다크머니(dark money)" 기부가 있어 더욱 분위기를 들끓어오르게 만들었다.

2009년 공화당은 하원과 상원 모두에서 수에서는 민주당에 밀렸지만 그들의 가차 없는 파상공격과 언론을 통한 대중의 관심 끌기는 즉각적이고 실질적인 영향을 미쳤다.[6] 무엇보다도 민주당이라는 다양한 의견의 연합체 안에서 힘의 균형이 무너지기 시작했다. 오바마 행정부는 민주당 의원들이 일괄적으로 경기부양책에 찬성해주기를 바랐다. 그렇지만 이른바 중도파로 불리며 자유시장을 지지하고 정부 지출을 반대하며 어렵게 얻은 친기업 성향이라는 꼬리표를 유지하고 싶어 하던 블루독 연합(Blue Dog Coalition)과 신민주연합(New Democrat Coalition)은 오히려 그런 정부의 약점을 통해 기세를 올릴 수 있었다.[7] 그 결과 경기부양 관련 예산이 7750억 달러 이상이 되기를 바랐던 기대와는 다르게 의회의 "중도파"들은 오히려 예산을 더 줄이려고 했다. 그렇게 해서 결국 오바마 행정부의 기대보다 적은, 그리고 미국 경제가 필요로 하는 것보다 적은 예산이 책정되었다. 미국경제회복 및 재투자법을 위한 예산은 8200억 달러로 결정되었지만 실제로 새롭게 투입된 예산은 행정부가 처음 제시했던 금액보다도 500억 달러가 적은 7250억 달러였다.

정치적 갈등은 예산의 규모뿐만 아니라 그 형태에도 관여했다. 오바마 대통령은 혁신을 대표할 수 있는 뭔가 그럴듯한 정책을 내세우고 싶어 했다. 그렇지만 람 이매뉴얼(Rahm Emanuel) 비서실장과 정치보좌관들은 오바마가 좋아하는 환경이나 녹색성장 관련 정책들이 대중의 호응을 이끌어낼 수 있을지 언제나 회의적이었다. 의회가 원하는 건 핵심 유권자들의 마음을 사로잡을 수 있는 조세 감면이나 복지정책이었다. 결과적으로 경기부양 예산 중 2120억 달러가 조세 감면에, 그리고 2960억 달러가 저소득층을 위한 의료보험이나 실업급여 관련 정책 개선에 투입되었다. 그리고 남은 2790억 달러에서 대통령이 우선시하는 녹색에너지와 도로망 개선에 각각 270억 달러와 70억 달러가 투입되었다.[8] 그렇게 해서 경기부양책을 통해 보수되거나 교체된 도로는 6만 7000킬로미터, 그리고 교량은 2700여 개였다. 그렇지만 뉴딜정책 시절의 공공산업진흥국(Works Progress Administration)의 업적과는 다르게 눈에 확 들어올 만한 상징적인 성과나 기념물 같은 건 하나도 찾아볼 수 없었다.[9]

그럼에도 어쨌든 규모 면에서는 결코 적다고는 할 수 없었는데, 절대치로 비교해보면 뉴딜정책 시절의 지출 규모와 거의 비슷할 정도였다. 물론 미국의 경제 규모가 훨씬 더 커진 만큼 상대적으로는 적게 보일 수도 있었지만 오바마 행정부의 경기부양책은 그 대신 단기간에 집중되었다.[10] 2009년 경기부양책을 실시한 국가들 중에서 미국과 아시아 국가들의 재정 조치 규모는 유럽을 능가했다. 그리고 그만큼 성과를 거두었다. "새롭게 등장한" 자유시장 경제학자들의 주장과 "순진한" 케인스학파의 "공공 투자를 통한 경기부양책"을 반대하는 복잡한 경제 관련 논쟁들에도 불구하고 모든 신뢰할 만한 통계와 계량경제학 분야의 연구들에 따르면 오바마 행정부의 경기부양책은 미국 경제에 실질적으로 긍정적인 영향을 주었다는 것이다.[11] 대통령경제자문위원회(Council of Economic Advisers)의 추산에 따르면 일자리는 매년 160만여 개씩 늘어나서 4년 동안 모두 600만여 개가 증가했다.[12] 다만 그 승수효과는 크지 않아서 경제 분야에 대한 정부 지출의 영향이 꼭 그렇게 긍정적이지만은 않았다는 뜻으로 해석할 수도 있을 것이다. 정부의 본래 의도와는 달리 민간 부문의 경제활동이 좀 더 많은 혜택을 보았으며 따라서 정부 지출은 경제활동 분야 전반에 걸쳐 정부의 역할을 줄이는 효과를 가져왔다고도 볼 수 있다.

그렇지만 어쨌든 경기부양책이 효과가 있었던 것이 사실이라면 왜 오바마 행정부는 더 많은 예산을 요청하지 않았을까?[13] 물론 1조 달러 이상의 예산을 요청하는 과정에서 정치적인 위험도 있었을 것이다. 그렇지만 그런 위험도 어느 정도 감수할 수 있는 범위가 아니었을까. 2010년이 되었지만 미국의 실업률은 여전히 10퍼센트를 웃돌고 있었다. 폐점으로 인한 압류와 강제판매는 공동체 전체를 무너트리고 있었다. 수백만 명에 달하는 젊은 세대가 학교를 졸업했지만 일할 곳이 없었다. 남자고 여자고 할 것 없이 인생의 가장 중요한 시기에 일자리를 찾지 못한 것이다. 그렇다고 해서 돌아갈 곳도 없었다. 2010년과 2012년 선거에서 민주당은 휘청거리는 경제와 되살아난 공화당의 역습이라는 어려움을 안고 싸워야 했다. 오바마 대통령은 재선에 성공했지만 민주당 의원들은 그렇지 못했다. 오바마 행정부는 루스벨트 대통령의 뉴딜정책 시대 이후 만들어졌던 것과 같은 일평생 변치 않는 민주당 지지자들을 한 번도 만들어내지 못했다. 2009년 하원과 상원 모두에서 다수당의 자리를 지키고 있을 무렵 왜 오바마 행정부는 더 많은 예산을 조성하지 않았을까? 금융안정화에서 총력전이 가장 좋은 전술이라면서 왜 재정정책에서는 시원스럽게 예산을 쏟아붓지 않았던 것일까?

군이 그 대답을 찾자면 인수위원회가 미국 경제를 덮쳐오던 쓰나미의 규모를 정확하게 파악하지 못한 것도 이유라고 할 수 있을 것이다. 2009년 1월 초 인수위원회 내부에서 돌고 있던 준비 문건을 통해 우리는 오바마의 측근이 예상하고 있던 최악의 시나리오가 경기부양책이 없을 때 실업률이 9퍼센트까지 올라가는 것 정도였다는 사실을 알 수 있다.[14] 사실 미국 역사상 가장 규모가 컸던 정부 주도 지출 계획이 시행되었을 때의 실업률은 최고 10.5퍼센트 정도였다. 그렇지만 이런 위기에 대한 과소평가에도 불구하고 오바마 인수위원회의 최고 거시경제학자들은 실제로는 경기부양책의 규모가 더 커야 한다는 사실을 잘 알고 있었음이 분명하다. 2008년 12월 16일 크리스티나 로머는 2011년 1/4분기까지 "생산량 격차"를 줄이기 위해서는 경기부양책을 위한 자금이 1조 7000억 달러에서 1조 8000억 달러 정도가 필요하다는 보고서를 대통령 당선자에게 제출했다. 로머의 계산은 정상적인 방법을 따랐으며 그 수치 역시 납득할 만한 수준이었다. 로머의 제안은 최종적으로 의회에 제출된 예산안보다 1조 달러가 더 많았다. 예산 액수를 결정한 건 정치력, 아니 어쩌면 정치라는 이름으로 인수위원회의 경제담당 부서가 실시했던 일종의 자기검열이었는지도 모른다. 비서실장 람 이매뉴얼과 그의 정치적 협력자이자 국가경쟁위원회의 수장인 래리 서머스의 태도를 돌이켜보면 만일 로머가 필요하다고 생각했던 규모에 근접하는 수치를 제시한다면 모든 신뢰를 잃어버릴 거라고 생각했던 것 같다. 로머가 계산해낸 결과물에 대해 래리 서머스는 "어디에도 비교 불가"라며 빈정거리듯 말했다고 한다. 그는 순진하면서도 "상식 밖의" 모습으로 경제

보좌관들의 영향력을 위험에 빠트리고 싶지 않았다. 그렇지만 그 보좌관들의 영향력이라는 건 처음부터 문제의 본질을 왜곡하고 말았다. 로머가 제안한 규모의 절반가량인 9000억 달러를 넘는 예산안은 한 번도 제시되지 않았고 그와 비슷하게 규모를 줄인 계산법에 따라 주택 소유자들의 채무와 관련한 어떤 극적이고 직접적인 정책도 결국 실행에 옮겨지지 못했다.

오바마 행정부 초창기에 있었던 정치력과 관련된 또 다른 의문은 왜 TARP나 경기부양책과 함께 주택 소유자들에 대한 종합적인 구제계획을 밀어붙이지 못했는가 하는 것이다.[15] 은행이며 대출업체들은 구제를 받았지만 930만여 미국 가계들은 가지고 있던 집을 압류당하거나 빚을 갚기 위해 서둘러 헐값에 넘길 수밖에 없었다.[16] 정부가 취한 대책은 담보대출 상환일정을 재조정하는 것이었지만 효과는 미미했다. 이와 관련해서 비판이 쏟아지자 레리 서머스는 주택 소유자들 구제에 대한 문제는 행정부 내에서 계속해서 다루던 주제였다고 항변했다.[17] 그는 재무부나 다른 중요 기관들과 정기적으로 회합을 갖고 더 나은 방법을 찾기 위해 애를 썼다. 그렇지만 효과적이고 효율적이며 정치적으로 실현 가능한 방법을 어디서도 찾을 수 없었다고 한다. 바로 근본적으로 걸림돌이 있었기 때문인데, 채무자가 된 수백만 가계를 돕기 위한 계획은 그 규모가 엄청날 수밖에 없었다. 막대한 액수의 채무를 해결해준다면 지금처럼 금융업계가 불안한 때에는 어떤 예상치 못한 피해나 손실이 발생할지 모를 일이었다. 그리고 물론 의회에서도 엄청난 반발이 터져 나올 것이 분명했다. 행정부는 보유하고 있는 정치적 자본을 아껴야 할 필요가 있었다. 행정부를 돕는 자본은 물론 공화당으로부터 나오는 것이 아니라 의회의 민주당 중도파 의원들로부터 나오는 것인데 래리 서머스와 람 이매뉴얼, 그리고 재무부의 팀 가이트너 중 어느 누구도 그 자본을 벌써부터 소모해버리고 싶은 생각은 조금도 없었다.

2009년 봄이 되어 분명하게 드러난 사실은 오바마 행정부 안에 가장 강렬하게 남아 있는 역사적 유산은 루스벨트도 케네디도 아닌 1990년대 클린턴 민주당 정부의 유산이었다. 대통령 선거전 당시부터 경제 문제와 관련해 오바마 측이 따랐던 건 해밀턴프로젝트의 이상이었다. 금융위기가 닥쳐오자 민주당은 경제 문제를 무모하지 않은 건실한 방법으로 해결해가는 관리자로 비치고 싶어 했다. 건실한 관리자가 할 일은 공화당 시절의 잘못된 점들을 바로잡는 것이다. 2009년에는 어느 누구도 즉각적인 경기부양책의 필요성에 이의를 제기하지 않았지만 오바마 측근들은 자신의 스승이라 할 수 있는 로버트 루빈의 유산에 크게 의지했다.[18] 래리 서머스와 팀 가이트너, 그리고 백악관 예산국 국장 피터 오재그는 모두 다 1990년대 재무부에서 잔뼈가 굵은 사람들이었다. 오재그와 루빈은 2004년 정부의 재정 적자가 민간 부문의 투자를 압박할 뿐만 아니라 자신감이나 기대감에 대해 부정적인 영향을 미쳐 금융시장에서 갑작스러운 공황상태를 불러일으킬 수도 있다고 주장했었다.[19] 따라서 2008년 금융위기로 인해 엄청난 재정 적자가 발생하자 금융안정화에 대해 전력을 다하려는 접근방식과 재정정책에 대해 신중하려는 접근방식 사이에는 아무런 모순도 존재하지 않았다. 모두 다 금융시장의 신뢰에 대해서는 공통적으로 우려하고 있었던 것이다.

경기부양을 위한 지출의 정치학

놀랄 만한 규모와 효과, 그리고 그로 인한 정치적 논란에도 불구하고 오바마 행정부의 경기부양책은 정치적 협상의 대상이 아니었다. 게다가 의회가 빠르게 행동에 나서기까지 했지만 경기부양책의 효과는 너무 늦게 나타날 것 같았다. 일반적으로 이런 대책이나 정책이 제대로 시행되는 데는 몇 년은 아니더라도 몇 개월의 시간이 걸린다. 오바마 행정부의 경기부양책은 실질적으로 2009년 6월이 지나서야 실시되었고 그즈음 노동시장은 거의 붕괴 직전이었다.[20] 또한 그리 널리 알려지지는 않았지만 오바마 행정부 1년

차에 있었던 대규모 재정정책의 상당 부분은 2008년 내린 여러 결정의 유산이었고 당시 오바마는 상원의원 신분이었다.

2009년 1월, 부시 행정부와 민주당 사이의 대립으로 인해 당시 연방정부에서는 예산행정이 변칙적으로 진행되었고 적자폭은 역사상 최고 수준인 1조 3000억 달러를 향해 나아가고 있었다. 정치적 혼란과 재정상의 큰 공백이 있던 시기였지만 경제 문제에 대해서라면 피하거나 양보할 수 없는 상황이기도 했다.[21] 1년 전 의회가 부시 행정부에서 제시한 예산안 승인을 거부한 이유는 아무런 희망도 없고 비현실적인 경제전망을 바탕으로 하고 있다고 생각했기 때문이다. 부동산 위기가 이미 그 실체를 드러내기 시작했는데도 부시 행정부가 예상한 2009년 예산 적자는 4070억 달러에 불과했다. 행정부가 요청한 지출액은 3조 1000억 달러였으며 현행 세율로 예상할 수 있는 조세 수입은 2조 7000억 달러 정도였던 것이다. 의회는 행정부가 제시한 수치를 신뢰하지 않았고 그 예상은 그대로 들어맞았다. 경기 불황 때문에 2008년 9월에서 2009년 9월 사이의 조세 수입은 2조 1000억 달러에 그쳤다. 반면에 정부 지출은 3조 5000억 달러까지 치솟았는데 거기에는 TARP를 위한 예산 1510억 달러와 오바마 행정부의 1차 경기부양책을 위한 예산 2250억 달러가 포함되어 있었다. TARP와 오바마 행정부의 경기부양책을 둘러싼 갈등은 정치적으로는 여야 모두에 그럴듯한 무대가 되어주었다. 관련 정책이나 계획 모두가 경제적 효과를 위해서는 중요했다. 그렇지만 2009년 실시된 경기부양책의 가장 큰 부분은 전년도의 균형 예산과 불황으로 인한 세수 감소의 결과로 만들어졌다.

정부의 정책을 변화시키지 않고 소득이나 가격변동의 폭을 좁히는 데 필요한 경제상의 완충장치인 자동안정화장치(automatic stabilizer)*는 잘 알

---

* 정부가 의도적으로 개입하지 않더라도 자동적으로 재정 지출과 조세 수입이 변하여 경기를 안정시키는 여러 가지 장치로 기능하는 것을 자동안정화장치라고 한다.

려져 있지는 않지만 현대 재정정책에서 대단히 중요한 역할을 하고 있다. 미국의 경우 연방정부 지출에서 자유재량으로 사용할 수 있는 규모는 3분의 1을 넘지 못한다. 나머지는 기존의 "당연지출"과 관련된 실업급여와 장애급여, 혹은 퇴직연금과 같은 복지예산이 포함된 의무지출로 구성되어 있다. 이런 의무지출은 경제가 불황일 때 더 늘어나는 경향이 있다. 이와 마찬가지로 기존의 세율과 지출 수준에 따라 재무부 금고로 들어오는 조세 수입은 정치적 결정이 아닌 해당 시기의 경제적 상황에 따라 영향을 받는다. 이렇게 비재량적 경제 흐름에 주로 지배를 받는 현대의 국가예산이라도 어떤 식으로 편성하느냐에 따라 경제에 큰 영향을 미칠 수 있다. 경제 활동이 줄어들고 경기부양책이 요구되면 조세 수입이 줄어들며 당연지출은 늘고 또 정부 재정 적자는 자동으로 늘어난다.

이런 관점에서 볼 때 2007년에서 2009년까지 이어진 금융위기가 부유한 국가들의 예산에 미친 영향은 실로 엄청났다. 경기부양을 위한 지출의 정치학이 각 국가의 의회에서 어떤 역할을 했든 상관없이 자동안정화장치는 적절한 시기에 맞춰 엄청난 경기부양책을 불러왔다. IMF의 추산에 따르면 만일 미국 경제가 2009년 완전고용을 달성했더라면 부시와 오바마 행정부가 실시한 위기 탈출 정책들을 통해 GDP의 6.2퍼센트에 해당하는 재정 적자가 발생했을 것이라고 한다. 이것은 정부의 자유재량에 의한 적자다. 그렇지만 실제로 발생한 정부 적자는 GDP의 12.5퍼센트 수준이었다.[22] 적자의 절반 이상이 대부분 자동으로 지출되는 부분이었으며 모든 선진국들은 이와 비슷한 현상을 보이고 있었다. IMF의 추산에 따르면 금융위기 기간 동안 선진국의 공공 부문 부채는 크게 증가했는데 그중에서 과세표준이 줄면서 조세 수입이 줄어들어 발생한 부분은 절반에도 미치지 못했다. 수입과 임금, 지출이 모두 감소함에 따라 자동으로 적자가 발생하고 또 이를 상쇄하는 경기부양책이 나왔다. 이런 현상은 G20 회담에서 벌어졌던 재정정책 관련 논쟁에 대해 조금 다른 시각을 갖게 해준다. 독일과 프랑스, 이탈리아는 오바마 행정부가 시작한 것과 같은 경기부양책은 피하려 했지만 호응을 얻기는커녕 이들의 적자폭 역시 늘어만 갔다. 민간 부문이 위축되고 지출이 줄어가면서 비재량적 재정 적자가 엄청나게 늘어가는 현상을 본 것이다. 실제로 이런 자동안정화장치가 효과를 발휘하는 것을 막기 위해서는 흔들리지 않고 진정으로 한길만 가는 긴축정책을 실시했어야 한다. 실제로 나타난 결과는 극적이었는데 2007년에서 2011년 사이 세계 경제의 수요는 제2차 세계대전 이후 최대로 늘어난 공공 부문 부채에 의해 안정화되었다.

거시경제학자들 입장에서는 현대적인 조세 및 복지국가가 안정을 유지할 수 있는 이런 특징들을 환영하는 입장이었겠지만 재정 문제에 대한 강경파들로서는 깊이 숙고할 만한 문제였다. 장기적으로 보면 이런 공공 부문 부채는 결국 이를 해결하기 위한 세금 인상으로 이어질 수밖에 없었다. 그러면 정치적으로 큰 압박이 될 것이며 자본시장의 반응도 신경이 쓰인다. 또한 전통적인 재정보수주의의 이론에 따르면 즉각적이고 심각한 시장의 반동 역시 예상되었다. 부채에 따른 충격은 오재그와 루빈을 비롯한 수많은 사람이 경고했던 그런 신뢰의 상실을 불러올까? 어떻게 하면 수조 달러어치에 이르는 정부 채권을 구입하도록 사람들을 설득할 수 있을까? 금리를 올려야만 할까? 그러면 민간 부문 투자는 사라지고 채권자들은 흥분할까? 1990년대의 채권자경단을 다시 불러들여 정부 채권을 매각하고 재무부가 책정한 가격을 내리고 수익률은 올리도록 만들어야 할까? 2009년 봄 정부 재정 적자의 규모가 확실하게 드러나 경제 문제 관련 언론매체들은 시장이 분노하고 있다고 보도했다. "재정 및 통화 재팽창에 대한 워싱턴의 놀라운 도박"에 비추어볼 때, 아마도 《월스트리트저널》 같은 곳은 채권시장의 단호한 반응을 기대했던 것 같다.[23]

클린턴 시대에 겪었던 고통스럽고 심각한 상황을 잘 기억하고 있던 오바마는 2009년 5월 예산국장 오재그에게 긴급사태를 대비한 대책을 세워

두라고 지시했다.[24] 오재그의 대응은 철저했다. 채권시장이 공황상태에 빠질 경우 행정부는 심각한 수준으로 세금을 인상해야 했다. 오재그가 세운 계획은 오직 대통령에게만 전달되었는데 람 이매뉴얼이 그 내용을 래리 서머스에게 유출하자 커다란 소동이 일었다. 레리 서머스는 사임하겠다고 엄포를 놓는 한편 앞으로는 대통령에게 전달되는 모든 경제정책을 자신이 모두 다 관리해야겠다고 요구했다. 서머스는 결점이 많고 학자티를 벗지 못했지만 권력의 향방을 알아보는 날카로운 눈을 가졌고 행정부 안에서 만드는 재정건전화에 대한 새로운 현안들에 대해서도 잘 알고 있었다. 이런 모습들은 그의 개인적인 지위를 위협하기도 했지만 동시에 "새케인지언" 경제학자로서의 그의 본능을 자극하기도 했다. 래리 서머스는 로머의 경기부양책 제안을 가로막았지만 또 반면에 긴축재정이 경기활성화를 불러올 것이라는 "근거 없는 자신감"도 믿지 않았다.[25] 2009년 초여름 당시 미국은 1930년대 이후 최악의 경기침체기에 들어서 있었기 때문에 예산 삭감에 대한 논의는 아직 시기상조였다. 만일 신뢰와 자신감이 문제라면 그걸 회복하는 최선의 방법은 완전한 복구를 위한 계획을 세우는 것이었다.

그리고 막상 상황이 닥쳤을 때는 래리 서머스와 다른 회의주의자들의 주장이 옳았다는 사실이 증명되었다. 재무부 채권은 아무런 타격도 입지 않았고 채권자경단 같은 건 필요 없었다. 미국의 가계들은 다시 저축을 시작했고 MMF는 위험한 모기지 관련 채권을 정리해나갔다. 모두들 미국 재무부 채권의 매입을 원했다. 이런 현상들은 체계적 거시경제학과 금융공학의 한 종류라고 볼 수 있으며 공공 예산을 가계의 예산과 동일시하는 재정 관련 강경파들과는 관점이 크게 달랐다. 민간 부문이 부채 감소의 효과를 경험하고 있을 때, 그리고 저축률이 2009년에 그랬던 것처럼 다시 오르고 있을 때 국가경제에서 전체적인 재정균형성을 유지하기 위해 필요한 건 정부가 나서서 재정 적자를 줄여나가는 것이 아니었다. 불경기가 있어야 사람들은 저축의 중요성도 깨닫는다. "금융의 기능적 능력"을 지지하는 사람들이 1940년대 이후 계속해서 주장해온 것처럼 국가나 정부는 최종차입자 역할을 해야만 한다.[26] 그런 과정에서 국가나 정부는 수요를 유지하고 안전한 장기 채권을 금융시장에 공급해야 한다. 2008년 금융위기의 충격 이후 전 세계는 그 어느 때보다도 안전자산 보유에 신경썼다. AAA등급의 민간 발행 증권 상당수는 스스로 안전과는 거리가 멀다는 사실을 보여주었고 따라서 재무부 채권에 대한 수요는 급증했다. 미 재부무 채권을 보유하고 싶어 했던 것은 미국인들만이 아니었다. 민간이 보유한 재무부 증권의 규모는 2007년 여름에서 2009년 말까지 2조 9000억 달러가 늘었으며, 이 중 절반 이상이 해외 매입자들이었다. 중국 정부가 보유하고 있는 미국 재무부 채권의 양 역시 4180억 달러로 늘어났다.

반면 가장 크게 압박을 받던 일부 은행들은 보유 채권을 파는 경우도 있었다. 이런 은행들은 대차대조표를 줄일 필요가 있었지만 그런 정리 과정을 보호해주는 역할을 하는 건 역시 중앙은행이었다. 2009년 3월 18일 QE1으로 알려진 제1차 양적완화가 시작되면서 연준은 7500억 달러어치의 기관 MBS와 GSE 채권, 그리고 3000억 달러어치의 재무부 채권을 매입할 것이라고 발표했다. 3월 9일에는 영국의 영란은행이 역시 비슷한 내용을 발표하면서 우선 1500억 파운드 상당의 정부 채권 매입 후 2000억 파운드 상당의 영국 정부 발행 채권을 매입하겠다고 약속한다. 따라서 시장에 채권이 넘쳐나는 일은 없었고 2009년의 경우 최고 등급의 정부 채권 수익률은 실제로는 하락했다.

유로존의 사정은 더 복잡했다. 유로존에서도 자동안정화장치의 효과가 나타나면서 재정 적자가 눈덩이처럼 불어나기 시작했다. 채권 발행도 늘어났다. 그렇지만 영국이나 미국과는 달리 유럽중앙은행은 정부 발행 신규 채권 매입이 금지되어 있었다. 또한 리먼브라더스 사태 이후 장클로드 트리셰 중앙은행 총재는 위험을 감수할 생각이 전혀 없었다. 유럽중앙은행은 새롭게 발행된 정부 채권을 매입하지는 않았지만 유로화로 발행되는 환매

조건부 국고채는 매입이 가능했다.[27] 유로존의 재정 적자가 불어나면서 유럽중앙은행은 비공식적으로 "대타협"이라는 이름으로 알려진 정책을 실시한다.[28] 중앙은행이 2009년 5월부터 수천억 유로에 달하는 자금을 동원해 장기대출프로그램(Long-Term Refinancing Operation, LTRO)의 형태로 유럽 각국의 은행들에 유동성 자금을 저렴하게 공급하는 정책이었다.[29] 그러면 은행들은 그 자금을 가지고 국가가 발행하는 채권을 매입한다. 평균적으로 보면 유럽 은행들이 유럽중앙은행으로부터 지원받은 LTRO 자금에 대한 이자 비용은 채권을 통한 수익의 3분의 1에 불과했다. 전체적으로는 2009년 유로존의 각 은행들은 4000억 유로어치의 국가 발행 채권을 보유하고 있었다.[30] 독일의 하이포리얼에스테이트나 프랑스와 벨기에 합자은행인 덱시아 등을 포함해서 유럽에서도 가장 어려움에 처한 은행들이 이렇게 쉽고도 안전하게 혜택을 볼 수 있는 방법을 택했다. 이 은행들은 특히 수익률을 최대로 끌어올리기 위해 유럽중앙은행에서 가져온 자금을 좀 더 수익률이 높지만 그만큼 위험을 감수해야 하는 포르투갈이나 그리스의 국채에 투자했다. 영국이나 미국과 마찬가지로 이런 투자는 국채 시장을 안정화하는 데 도움이 되었다. 다만 분명한 차이점도 있었는데, 미국과 영국의 중앙은행은 은행시스템 안에 직접 유동성을 공급했지만 반면에 유로존에서는 사실상 각 은행들의 대차대조표를 통해 국가부채를 흡수한 것이다.

독일의 성공적 부채 브레이크 정책

2008~2009년은 분명 경기부양책이 필요한 상황이었으며 자동안정화장치는 모두가 원하는 일종의 보완장치였다. 경기부양책과 자동안정화장치를 통해 선진국들은 1930년대 이후 처음 경험하는 대위기 속에서 살아남을 수 있었다. 일반 거시경제학적 상황과 중앙은행의 개입을 통해 유럽과 미국의

채권시장에서는 아무런 혼란도 일어나지 않았다. 그럼에도 이미 2009년 봄 과도한 재정 적자에 대한 불안감과 재정건전화에 대한 필요성이 대서양을 사이에 둔 양쪽 대륙에서 대두되기 시작했다. 특히 독일에서 가장 많은 이야기가 흘러나왔다.

런던의 G20 회담에서 메르켈 총리와 사르코지 대통령은 공개적으로 재정 문제 정리의 필요성을 피력했는데 여기에도 상당 부분 정치적인 의도가 있었다. 수출 부문이 큰 타격을 입자 독일 정부는 경기부양책을 요구하는 목소리를 무시할 수 없었다. 실업률은 올라가고 있었고 그해 가을 기독교 민주당과 사민당이 맞서 싸워야 할 총선도 기다리고 있었다. 2009년 초 메르켈 총리는 대연정을 통해 한 가지 거래를 했고 슈타인브뤼크 재무부 장관은 마지못해 추가 지출과 조세 감면을 포함한 적당한 수준의 긴급대책 실시에 동의했다.[31] 나머지 문제들은 자동안정화장치가 맡아서 처리해줄 것이었다. 그렇지만 2005년 대연정 이후 줄곧 중요한 의제로 남아 있던 재정건전화 문제는 이제 더 이상 미루거나 피할 수 없었다. 기독교민주당과 사민당은 경기부양책을 실시하더라도 연방정부와 각 지방정부 모두의 예산균형 문제를 헌법수정안에 포함하는 데 동의했다.

독일 정부는 채권시장이 공황상태에 빠졌거나 혹은 재정적으로 긴급히 필요한 상황이었기 때문에 어쩔 수 없이 이런 결정을 내린 것이 아니었다. 유로존에서 독일 정부가 발행하는 채권의 위상은 미국 재무부 채권에 맞먹는 가장 안전한 자산이었다.[32] 2009년 들어 재정 적자가 늘어났지만 독일로서는 채권을 판매하는 데 아무런 어려움도 없었다. 금융위기를 통해 어쩔 수 없이 긴축재정으로 돌아섰지만 이미 그 전에 재정의 긴축과 통합에 대해서는 시장의 강요와는 무관하게 초당적 합의가 이루어진 상태였다. 그런 결정이 내려진 중요한 이유 중에는 경쟁력 강화와 경비 절감을 위한 장기적 계획도 있었고 또 납세자나 기업들의 청원, 그리고 상대적으로 부유한 독일 서부의 지역적 이해관계도 있었다.[33] 또한 그것은 독일뿐만 아니라 유로존 전체의 정치 지형을 바꾸는 선택이기도 했다.

2009년 2월 5일 목요일, 메르켈 총리는 베를린 북쪽 외곽에 있는 테겔 공항 안 독일연방군 기지에서 직접 협상에 나섰다.[34] 기독교사회민주연합(Christlich-Soziale Union in Bayern, CSU)의 정치적 영토라고 할 수 있는 극단적 보수 성향의 바이에른 지역이 압력을 행사하는 가운데 독일의 모든 지역은 2020년까지 모든 채무 문제를 정리한다는 헌법수정안 내용을 따르기로 약속했다. 2019년까지 경제적 어려움을 겪고 있는 브레멘, 자를란트, 베를린, 작센안할트, 슐레스비히홀슈타인의 경우 매년 8억 유로에 달하는 보조금을 받고 그 대신 이 지역들은 자신의 재정정책에 대해 이른바 "안정화위원회(Stabilitätsrat)"가 실시하는 외부 감사 결과를 받아들이기로 했다. 위원회의 권고안을 거부하는 지역은 연방정부의 지원을 받을 수 없었다. 독일 연방정부도 정상적인 상황에서 GDP의 0.35퍼센트 이상은 차입할 수 없는 헌법수정안에 따르기로 합의했다.[35] 물론 갑작스러운 변동이 발생하는 경우는 예외로 인정될 수 있지만 그렇다 하더라도 상한선은 엄격하게 정하기로 했다. 이런 내용은 경상지출뿐 아니라 투자에도 적용되었다.

새로 만들어진 이 엄격한 규정이 세계에서 가장 규모가 큰 채권시장에 어떤 영향을 미치칠지에 대해서는 누구도 주의를 기울이지 않았다. 정부가 발행하는 채권은 투자자들을 위한 안전한 자산이 아니라 단지 채무로만 취급당했다. 오직 긴축재정이라는 화두가 모든 것을 지배했다. 바이에른 주지사인 호르스트 제호퍼(Horst Seehofer)는 환호했고 메르켈 총리는 일종의 "상황 변경"을 선언했다. 이런 부채 브레이크(debt brake)는 독일의 연방주의가 어떻게 작동하는지를 보여준 하나의 사례였다.[36] 2009년 3월 27일 슈타인브뤼크 장관은 의회에서 헌법수정안에 대해 강경한 변론을 펼쳤다. 이 문제는 거시경제학이 아닌 민주적 자치, 그리고 "재정 문제와 관련해 융통성을 발휘할 수 있는 여지"와 관련되어 있다는 것이었다. 1970년대 이후 명목상으로는 부채의 한도가 정해져 있었지만 연방정부 예산에서 지출의 85퍼센트가 원리금 상환과 비재량적 지출로 사라지면서 매년 적자가 발생해왔다. 재정 문제에서 이제 무의미한 정치 싸움은 "생명이 다한 것(versteinert und verkarstet)"이나 다름없었다.[37] 부채에 대한 억제는 유권자들과 의회에게 재정적 우선순위를 선택할 수 있는 자유를 되돌려주었지만 부채 반대에 대한 합의에 모두 다 공감했던 것은 아니다. 개성 강한 케인스학파이자 공식적인 "독일경제전문가위원회"의 일원인 페터 보핑거(Peter Bofinger)는 이에 대해 가차 없는 비판을 가했다. 만일 독일 연방정부가 새로운 채권을 전혀 발행하지 않는다면 독일 국민은 매년 통장에 쌓이는 1200억 유로의 잉여자금을 과연 어디에 투자할 수 있단 말인가? 독일의 기업들도 역시 흑자를 기록하고 있었기 때문에 더 이상 그런 기업들에 자금을 투자할 수도 없었다. 그렇다면 자국 내에서 투자가 이루어지지 않고 당연히 해외로 흘러갈 것이었다.[38] 독일의 만성적인 경상수지 흑자에 대한 재정적 대응은 바로 이런 식으로 이루어졌으며 동시에 수출 부문에서의 승승장구와 마찬가지로 국내 소비와 투자가 상대적으로 억눌려 있다는 징후이기도 했다. 2009년 5월 29일 의회 표결에서 통과에 필요한 3분의 2 이상 찬성을 아주 조금 웃도는 68.2퍼센트의 찬성률로 헌법수정안은 통과되었다. 이 수정안을 다시 무효화하기 위해서는 역시 3분의 2 이상의 찬성표가 필요했다.

이 문제는 무엇보다도 독일 국내의 현안이었다. 그렇지만 이미 의회에 상정되기 전부터 부채 브레이크는 독일의 대외경제정책의 중요 요소로 베를린에서 다루어지고 있었다. 가치가 높았던 독일 마르크화와 독립성이 강했던 분데스방크는 당시 서독을 보수적 경제정책의 모범 사례로 만들었다. 강력한 긴축조치인 하르츠 IV는 유럽의 "노동시장 개혁"을 위한 기준을 제시했다. 이제 새로운 "부채방지정책(Schuldenbremse)"은 수출을 위한 독일 보수 경제정책의 최신 도구가 되어줄 것이었다.[39] 앙겔라 메르켈과 비슷한 성향을 지닌 정치가에게 공공 부문 부채는 인플레이션과 마찬가지로 모든 선진 사회에 영향을 미칠 수 있는 문제였다. 돌이켜보면 이 공공 부문 부채 문제는 1960년대부터 수십 년 동안 쌓여온 것으로 이제는 뭔가 조치를 취할 때였다. 메르켈 총리는 런던에서 열린 G20 회담으로 향하기 전 독일의 부채 브레이크 정책을 대단한 성취로 자화자찬했다. 그녀는 독일상공회의소에 모인 청중들에게 이렇게 말했다. "우리는 이 정책을 전 세계에 알리도록 노력해야 한다."[40]

재정정책 관련 정치 문제들의 은폐

런던 G20 회담에서 메르켈과 브라운, 그리고 오바마 사이의 충돌은 흔히 볼 수 있는 전형적인 대서양 연안 국가들의 신경전이었다. 독일은 앵글로색슨 방식의 자유시장경제에 회의적인 시선을 거두지 않았다. 미국과 영국은 자본주의 엔진이 계속해서 움직이게만 해준다면 그게 무엇이든 상관없다는 식이었다. 그렇지만 여기에는 어느 정도 오해가 있었다. 독일은 파산 상태에 이른 은행들과 같은 자체적인 문제가 산적해 있었다. 미국은 다른 국가들이 생각하는 것처럼 그렇게 정부 예산을 무한정 쏟아부은 적은 단한 번도 없었다. 만일 재무부 장관 팀 가이트너가 나머지 G20 국가들을 그렇게 하도록 몰아세웠다면 그건 분명 미국이 그런 상황을 피하기 위해서였을 것이다. 의회의 민주당 의원들 중에는 또 다른 경기부양책을 실시하기 바라면서 그렇게 하기 위해 한 번 더 힘을 쓰고 싶어 하는 의원들이 있었다. 그렇지만 행정부 쪽에서는 그와 관련해 어떤 지원도 하지 않았다.[41] 행정부 내부에서 더 큰 규모의 재정적 노력을 기울여야 한다고 주장하는 인사는 크리스티나 로머가 유일했다. 때로 래리 서머스의 지원을 받을 때도 있었지만 2009년에서 2010년으로 이어지는 겨울에 그랬던 것처럼 제2차 경기부양책을 점점 더 노골적으로 요구하고 나서자 오바마 대통령이 직접 나서서 강제로 로머의 입을 다물게 만들었다고 한다.[42]

2009년 늦여름부터 유럽과 비슷하게 미국에서 유행하기 시작한 건 금융위기가 닥치기 이전에 있었던 재정과 관련된 정치적 문제들이었다. 국가 재정의 "지속 가능성"이라는 목표가 다시 전면에 부상한 것이다. 가이트너 재무부 장관은 2012년 GDP의 적자폭을 GDP의 3퍼센트 수준으로 낮추는 것을 목표로 했다. 2009년 적자폭이 10퍼센트 수준이었던 걸 생각하면 상대적으로 엄청난 긴축을 목표로 한 셈이다. 예산관리국의 오재그는 그보다 한발 더 나아가서 마치 행정부 내부에서 경쟁이라도 하듯 예산을 더 줄일 방법들을 제시하기도 했다.[43] 오바마 행정부의 모든 중기 우선순위 정책은 정부의 군살을 빼고 지출을 줄이는 데 초점이 맞춰져 있었다. 그중에서도 정치적으로 가장 중요한 사안은 건강보험 개혁이었다. 건강보험 개혁이 유럽식 사회주의와 비슷한 모습을 하고 있으며 공화당에 의해 상당 부분 훼손되었다고는 해도 이미 국가 지원의 비효율성이 극에 달하면서 영리 중심의 민간 건강보험 산업의 규모가 GDP 대비 17퍼센트까지 성장했고 이는 금융 관련 산업 규모의 두 배에 달하는 수치였다. 따라서 새로운 오바마케어, 혹은 환자보호 및 부담적정 보험법(Patient Protection and Affordable Care Act)의 최우선 목표는 관련 비용을 줄이는 것이었다. 그리고 오바마의 외교정책 역시 그 규모가 줄어들기 시작했다. 2009년 미국은 아프가니스탄에 더 많은 병력을 파병했지만 대신 이라크 파병 병력은 그만큼 줄어들었다. 국방부는 물론 이를 환영하지 않았지만 이제 무제한으로 정부 지출을 늘리던 시절은 끝이 났다. 오바마의 경기부양책이 집권 2년 차에 정점에 달하기는 했지만 2010년 다른 부문의 지출을 줄이고 연방 및 주정부의 예산을 축소하는 것으로 상쇄되었다. 그리고 비록 아무도 그런 사실을 드러내놓고 인정하지는 않았지만 2009~2010년에 독일의 재정 적자는 실제로 미국보다 더 빠르게 늘어났다.[44] 이렇게 상황이 더 분명하게 드러났음에도 금융위기와 함께 나타난 재정정책 관련 정치 문제들은 이미 틀에 박힌 통화정책에 비해 그 본질이 확실하게 드러나지 않았다.

13장

금융개혁

"신뢰(Confidence)"는 경제학에서 그 의미가 가장 쉽게 바뀌는 개념들 중 하나다. 2007년에서 2008년 사이에 모기지 증권과 화폐시장에 대한 신뢰가 무너졌다. 평범한 가정들을 무너트리고 구제금융을 받는 신세가 된 은행들에 대한 신뢰 역시 마찬가지였다. 2009년이 되었지만 신뢰는 여전히 회복되지 못했다. 그러나 지금 주목을 받는 것은 정부의 재정 적자와 채권자경단이 불러올 수 있는 위험이었다. 이 무렵 채권시장을 지배한 실제 분위기를 돌이켜보면 재정정책과 관련된 이런 불안감이 가라앉은 건 금융위기 이후 상황들에 대한 금융위기 이전 정통 중도파들의 승리라고 볼 수 있었다. 채권자경단은 결국 그 모습을 드러내지 않았다. 그렇지만 그 대신 수백만 명에 달하는 실업자가 경기부양책을 계속 유지하지 못한 데 따른 대가를 치러야 했다. 그 여파는 노동시장을 넘어 다른 부문으로까지 퍼져나갔다. 재정정책 제한 조치의 목적은 신뢰 유지와 민간 부문 회복의 여지를 만들어내는 데 있었을 것이다. 하지만 그렇게 한다고 해서 정말로 신뢰가 살아나고 민간 부문의 경기가 되살아날 수 있을까? 부동산 시장은 여전히 휘청거리는 중이며 각 가계들은 부채를 청산하고 방만하게 꾸려왔던 살림살이를 다시 정리해야 했다. 기업의 투자를 통해서만이 경제는 살아난다. 그러려면 금융 안정과 손쉬운 자금조달이 필요하다. 여기에서 우리는 단서를 찾기 위해 2008년 신뢰 붕괴의 실제 원인이 되었던 기관들, 은행, 그리고 이들의 불안한 대차대조표로 되돌아가야 한다. 신뢰를 지키기 위한 전면적 재정 대응을 배제한다면 부득이하게 은행을 살려내는 것이 경기회복을 위한 가장 유망한 길처럼 보였다.

2008년 9월의 심각했던 상황은 지나갔지만 은행들의 사정은 여전히 매우 좋지 못했다. 대규모 손실이 드러나기 시작한 가운데 2009년 5월 IMF의 추산에 따르면 전 세계적으로 1조 5000억 달러의 대손상각이 이루어졌으며 채무불이행 보험 프리미엄은 유로존은 300bp, 미국은 400bp까지 상승했다.[1] 이렇게 되면 은행들로서는 신규 자금조달에 굉장히 많은 비용이 들어갈 수밖에 없다. 그리고 2009년 봄 미국에서 가장 규모가 큰 상업은행인 뱅크오브아메리카와 씨티그룹은 여전히 어려움에 처해 있었다.[2] 뱅크오브아메리카는 메릴린치 문제를 처리하느라 고심하고 있었고 씨티그룹은 그보다 사정이 더 안 좋았다. 재무부로부터 이중으로 자금을 지원받고 가장 악성인 자산 3000억 달러어치에 대해서는 용도지정 조치가 되었음에도 불구하고 2009년 5월의 씨티그룹 주식은 1주당 97센트에 거래되고 있었다.[3] 뉴욕 연준은 모든 채무와 5000억 달러에 달하는 역외예금에 대한 보증을 포함해 전면적인 구제를 위한 새로운 계획을 준비하고 있었다. 그런데 은행들은 2008년 구제금융 당시 겪은 정치적 혼란을 제대로 되새기지 않고 오히려 자기만족에 빠진 채 수익이 날 때마다 자기 주머니를 채우기에 바빴다.

영국의 경우 가장 상식 밖의 사례라고 하면 RBS다. 이제는 거의 국영화된 이 은행은 2009년 2월 직원들에게 10억 파운드에 달하는 특별수당을 지급할 계획이라고 발표한다.[4] 미국에서 그 수치는 훨씬 더 커졌다. 2008년 월스트리트의 금융업체들 역시 수백억에 달하는 적자를 낸 후 경영진에게 184억 달러에 달하는 특별수당을 지급한 바 있다. 184억 달러라면 오바마 대통령이 미국의 사회기반시설을 현대화하기 위해 의회에 요청한 예산의 2.5배에 달하는 규모다. 만일 그 정도의 금액을 은행들이 그대로 보유하고 있었다면 자본재구성을 할 때 큰 도움이 되었을 것이다.[5] 그렇지만 투자은행들은 일반 기업들과는 달랐다. 이런 은행들은 주로 최고경영진의 이익을 위해서만 운영이 되는 일종의 합자회사였고 따라서 경영진은 무슨 일이 벌어지든 상관없이 자신들의 몫을 챙기기 원했다. 2008년에는 메릴린치 한 곳에서만 40억에서 50억 달러에 이르는 수당이 지급되었다. 그리고 이 수당은 통상적인 수당 지급기간인 2008년 12월보다 조금 앞서 지급되었는데, 4/4분기 손실액 규모가 215억 달러에 달한다는 사실이 밝혀진 바로 얼마 뒤의 일이었고 또 수당 지급 후 며칠이 지나지 않아 메릴린치는 뱅크오브아메리카에 합병된다.[6] 그렇지만 이런 수당 지급과 관련된 모든 추문 중에서도 정말로 사람들의 관심이 가 있던 곳은 다름 아닌 AIG였다. AIG의 2008년 4/4분기 손실액은 617억 달러로 미국 기업 역사상 가장 큰 규모였다. 그런데 2009년 3월 16일 AIG는 이 모든 부실의 중심에 서 있던 금융상품부서(AIGFP)에 1억 6500만 달러의 수당을 지급하겠다고 발표한다. 그리고 어쩌면 그 액수는 최대 4억 5000만 달러에 이를지도 모른다는 것이었다. 심지어 오바마 대통령까지 이에 대해 "분노"를 표시하고 이를 시정할 방책을 강구하라고 지시했다.[7] 그렇다면 실제로 어떤 조치를 취해야 했을까?

"노 맨스 랜드"*에 갇힌 오바마 행정부의 금융개혁

국유화도 한 가지 방법이 될 수 있었다. 영국도 로이드-HBOS와 RBS를 어쩔 수 없이 국유화한 선례가 있다. 독일의 코메르츠와 하이포리얼에스테이트의 사례도 있었다. 경제학자들은 스웨덴을 긍정적인 성공 사례로 제시하기도 했다. 1990년대 심각한 금융위기를 겪은 스웨덴은 조금 과격한 조치를 취하는데, 자국 은행들을 국유화하고 구조조정을 한 결과 스웨덴 경제는 다시 급성장을 한다. 반면에 일본은 자국 은행들에 대한 구조조정과 자본재구성을 미루다가 그 이후 한동안 극심한 경제불황을 겪었다. 아마도 해결책은 스웨덴의 사례를 따라 미국의 거대 은행들을 해체하고 구조조정과 자본재구성 과정을 거친 후 다시 시장의 원리에 맡기는 것이었을지도 모른다. 한때 사람들에게 경원시되던 방식이 지금은 평범한 상식이 된 경우도 많다. 2009년 2월, 젊은 시절 자유시장경제의 여신으로 일컬어지던 철학자 아인 랜드(Ayn Rand)의 가르침을 받은 연준 전 의장 앨런 그린스펀은 《파이낸셜타임스》와의 대담에서 이렇게 말했다. "신속하고 질서정연한 구조조정을 실시하기 위해 단기간의 국유화가 필요할지도 모른다. …… 100년에 한 번은 해볼 만한 일이라고 생각된다."[8] 사우스캐롤라이나주 공화당 상원의원 린지 그레이엄(Lindsey Graham)은 텔레비전 뉴스에 출연해 이렇게 주장했다. "은행국유화라는 발상이 불편한 사람들도 있을 것이다. …… 그렇지만 나는 전 세계의 은행과 금융 산업 전반에 너무나 많은 악성자산이 퍼져 있다고 생각한다. 따라서 1년 전만 해도 아무도 생각하지 않

---

* "노 맨스 랜드(no-man's land)"는 1차 세계대전 와중에 교전 중인 양측 군대 모두 들어갈 수 없는 지역을 일컫는다. 교전지역이지만 누구도 들어갈 수 없다는 부조리한 상황을 표현한 개념이다. 당시 오바마 행정부의 금융개혁은 우파가 보기에는 너무 나갔지만, 좌파가 지지하기에는 수준 미달이어서 양측 모두에게서 비난을 받았다. 따라서 금융개혁이라는 "노 맨스 랜드"에 오바마 행정부가 있고 이를 둘러싼 양측이 서로 으르렁거리는 형국이었다.

았던, 그리고 아무도 좋아하지 않는 방법이라도 지금 무슨 조치를 취해야 할 때라고 생각한다.[9]"

2009년 초반에 있었던 은행들에 대한 반감은 오바마 대통령도 뭐라고 입장을 표명해야 할 정도로 상황이 심각했다. 2009년 2월 10일 기자회견에서 오바마 대통령은 모든 사람들이 이야기하고 있는 국제적인 사례들을 언급한다. 그는 1990년대에 구조조정을 미루고 어설프게 구제에 나섰다가 낭패를 본 일본의 사례는 물론, 스웨덴이 은행국유화 이후 훨씬 더 경제사정이 나아졌다는 사실도 잘 알고 있었다. "그러므로," 오바마의 이야기는 계속되었다. "한번 생각을 해봐야 할 것 같다. 스웨덴은 아주 바람직한 사례로 여겨진다." 그렇지만 그런 단순 비교로는 문제 해결이 어렵다는 사실 역시 그는 잘 알고 있었다. "그런데 문제가 하나 있다." 오바마는 웃으며 이렇게 이야기했다. "스웨덴에는 은행이 다섯 개밖에 없지 않나? 그런데 우리에게는 수천 곳이 있으니 …… 미국의 경제 규모와 자본시장은 대단히 크고 방대하니까 말이다. 따라서 은행의 국유화는 우리의 실정에 잘 맞지 않는 것 같고 또 우리는 나름의 또 다른 전통도 있다. …… 정부와 시장 사이의 관계를 받아들이는 문화의 방식이 스웨덴이 다르고 미국이 다르다. 그리고 우리는 이 나라의 핵심적인 투자 수요를 민간 자본이 구성하고 있다는 사실을 늘 잊지 않으면 안 된다. 우리는 지금까지 반드시 필요하다고 생각되는 애정 어린 질책과 충고를 전달하기 위해 애를 써왔지만 그렇게 하는 와중에도 우리에게는 거대한 민간 자본시장이 있고 결국은 그 시장이 다시 경제를 움직이게 만드는 열쇠라는 사실을 잊으면 안 되는 것이다."[10]

오바마 대통령은 자신의 의사를 아주 분명하게 밝히지는 않았지만 기본적인 원칙을 이야기한 것은 틀림없다. "이 나라의 핵심적인 투자 수요"라는 건 결국 "민간 자본"이 중요하다는 뜻이었다. 정부의 경기부양을 위한 지출은 사회기반시설이나 아니면 교육에 집중되는 것과는 상관없이 결국 일회성일 수밖에 없다. 정말 중요한 건 은행들이 자기 힘으로 다시 일어설 수 있도록 해주는 것이었다. 그리고 오바마가 약속한 "애정 어린 질책과 충고"를 전달하는 장본인이었던 재무부의 팀 가이트너가 바라는 것도 바로 그런 방식이었다. 팀 가이트너 장관에게 국유화는 결코 선택 대상이 될 수 없었다. 2008년 뉴욕 연준에 있을 때 그는 시장이 느끼는 공황상태의 심각성을 목격했고 베어스턴스와 패니메이, 그리고 프레디맥을 둘러싸고 일어난 소란도 바로 현장에서 지켜보았다. 그는 10월 13일 목요일 오후 헨리 폴슨과 벤 버냉키, 그리고 실라 베어가 은행들에게 부실자산구제프로그램(TARP) 자금을 받아가라고 압박하는 자리에도 함께했다. 그 정도면 충분했다. 팀 가이트너의 판단에 2009년에 그 이상의 국유화 비슷한 조치를 밀어붙인다는 건 "심각한 정책적 실수"가 될 수도 있었다.[11]

대통령과 장관이 함께 앞장서서 스웨덴식 해결 방안에 거부감을 표현했음에도 불구하고 구제금융에 대해 밝혀지고 있는 좋지 않은 모습이나 끓어오르는 국민들의 분노를 생각해보면 앞으로 상황이 어떻게 흘러갈지 알 수 없었다. 오바마 행정부의 경제정책을 이끌고 있는 래리 서머스와 크리스티나 로머는 스웨덴 방식을 선호했고 그건 폴 볼커도 마찬가지였다. 어쩌면 미국의 금융시스템은 국가 주도하에서 이루어지는 단기간의 강도 높은 구조조정을 필요로 하고 있을지도 몰랐다. 따라서 상황을 개선할 방법을 찾기 위해 2009년 3월 15일 오후에 백악관에서 열린 회의는 분위기가 뜨겁게 달아오를 수밖에 없었다.[12] 대통령이 지켜보는 가운데 논쟁은 몇 시간 동안 쉬지 않고 이어졌고 결국 오바마 대통령은 더 이상 참지 못하고 자신은 다른 회의가 있으며 오늘 밤 자신이 돌아오기 전까지 결론이 나기를 기대한다고 선언했다. 대통령이 자리를 떠난 후 결론을 내린 건 입이 험하기로 유명한 람 이매뉴얼 비서실장이었다. 만일 은행의 구조조정과 포괄적 자본재구성이 스웨덴 방식을 따라 이루어지려면 적어도 7000억 달러 이상의 비용이 소요될 것인데 그런 "X같은 일은" 일어나서는 안 된다는 것이 그의 결론이었다. TARP와 경기부양책, 그리고 건강보험 개혁이 진행 중인 가운데 이매뉴얼 비서실장은 중도파 민주당 의원들에게 예산을 추가로 요청할 수는 없었다. 경제학자들은 다른 방안을 찾아야 했다.

2009년이 되자 이제는 더 이상 투자은행이 문제가 아니었다. 투자은행들은 다시 정상 궤도로 올라섰고 문제는 위기에 빠진 일반 시중은행들이었다. 씨티그룹은 그중에서도 상태가 최악이었다. 따라서 미국 은행들 전체를 대상으로 한 포괄적인 구조조정보다는 씨티그룹의 "해결"을 위한 지원에 남아 있는 TARP 자금을 집중하는 것으로 의견이 모아졌다. 변화를 모르고 과도하게 규모가 커져버린 이 엄청난 단일 조직체는 이제 그만 분해되고 해체되어 새롭게 태어나야 했으며 가장 질이 떨어지는 자산들은 부실채권 전담은행들에 처리를 맡겨야 했다. 래리 서머스는 미국연방예금보험공사(FDIC)의 실라 베어에게 부처에서 진행되는 논쟁이 얼마나 치열했는지는 자세히 알리지 않고 그저 씨티그룹의 불량자산 8000억 달러어치를 처리해줄 전담은행을 만들고 주주들을 구제할 가능성이 있는지에 대해서만 의사를 타진했다.[13] 씨티그룹 구제 계획은 그날 저녁 오바마 대통령의 승인을 받았다. 재무부는 세부사항을 처리할 책임을 맡았다. 어쩌면 이것은 대단히 중요한 순간이었는지도 모른다. 누가 뭐라고 해도 씨티그룹은 금융업계의 거인이었다. 돌이켜보면 1998년 씨티그룹과 트레블러스그룹(Travelers Group)의 합병은 번화가 지점 중심의 "지루한" 은행업에 종말을 고한 사건이기도 했다. 씨티그룹 문제는 루빈을 통해 여당인 민주당과도 정치적으로 밀접하게 연결되어 있는 사안이었다. 게다가 AIG의 고위 경영진이 받은 수당에 대한 추문이 불거지면서 시간이 지날수록 뭔가 조치를 취해야 한다는 압박은 점점 커지고 있었다. 대통령도 크게 흥분했으며 눈에 보이는 조치를 원했다. 미국 상위 13개 은행의 최고경영자들이 백악관 회의에 소집되었다.[14]

바로 이 순간 월스트리트에서는 오바마 정부가 금융업계와의 전쟁도 불사할지 모른다는 두려움이 정말로 가득했다. 당시 은행들의 평판이 좋지 않았다는 점을 감안하면 그렇게 하는 것이 정치적으로도 유리했을 것이다. 그렇지만 걱정하던 일은 일어나지 않았다. 3월 15일 대통령이 인준했음에도 불구하고 팀 가이트너가 씨티그룹의 구조조정을 반대하고 나섰기 때문이다. 지금까지 어느 누구도 복잡하게 얽혀 있는 씨티그룹의 문제를 해결한 사람은 없었다. 재무부에 그럴 만한 인력이나 권한이 있는지도 불분명했다. 지지부진한 구조조정은 시장을 불안하게 만들지도 몰랐다. 훗날 대통령의 가장 가까운 조언자들 중 한 사람이 회고한 바에 따르면 재무부는 씨티그룹 관련 문제를 "일부러 천천히" 처리하려 했다고 한다.[15] 재무부의 이런 행동이 대통령에 대한 불복종의 경계를 아슬아슬하게 넘나들었음에도 불구하고 오바마 대통령은 자신의 의지를 강압적으로 관철시키려 들지 않았다. "스웨덴 방식"에 대해 그가 언급한 것처럼 대통령은 은행 문제에 과격하거나 급진적인 모습은 전혀 보여주지 않았다. 3월 27일 은행 경영진을 만난 자리에서는 찬바람이 냉랭하게 불었지만 어떤 징계를 내리기 위해 경영진을 불러 모은 것이 아니라 이들을 달래고 타이르는 것이 목적이었다. 그는 은행 경영진에게 과도한 급여나 보너스를 자제해줄 것을 요청했다. "서로 상부상조하도록 하자." 대통령의 호소였다. 몇몇 CEO가 자신이 받는 급여에 대해 사업 자체가 대단히 규모가 크고 또 위험하기 때문에 관습상 인정받을 수 있는 범위라고 말을 건네자 대통령은 화가 난 듯 말을 끊고 나섰다. "그런 말을 할 때는 주의하는 것이 좋다. 국민들은 그 말을 액면 그대로 받아들이지 않을 것이다. …… 당신들을 국민들의 분노에서 지켜줄 수 있는 건 정부뿐이라는 사실을 명심하라."[16]

2009년 봄 오바마와 팀 가이트너는 공격적인 태도를 취하기보다는 방어선 역할을 하기로 했다. "폭도"들을 진정시키는 것이 스스로에게 내린 임무였다. 물론 이렇게 을렀다가 또 달래는 건 이미 검증된 협상의 기술이기도 했지만 보통은 여기에서 으르는 역할을 하는 사람도 있어야 했다. 2009년에 주목할 만한 점이 있다면 오바마 행정부는 자신이 보호해준 것만큼의 대가를 거의 요구하지 않았다는 사실이다. 현장에서 닳고 닳은 월스트리트의 협상가들은 3월 27일 대통령이 그저 자발적으로 급여를 자제해달라고만 부탁하자 크게 놀라고 말았다. 불과 6개월 전만 해도 헨리 폴슨이 TARP를 무조건 강요하지 않았던가. 사실 2009년 봄 누군가 정말로 분노의 칼날을 갈고 있었다면 그건 은행을 적대시하는 좌파가 아닌 우파선동가들이었다. 폭스뉴스의 아낌없는 관심과 우호적인 기업가들의 지원을 받은 우파선동가들은 조세에 저항하는 티파티 운동을 조직하기도 했으며 그런 그들의 분노가 향한 곳은 월스트리트가 아닌 백악관의 진보주의자들이었다. 불편한 진실이 있었다면 오바마 지지층에게는 여기에 대항할 만한 무기가 부족했다는 점이다. 가이트너의 말처럼 당시 우파들은 반발하고 좌파들은 오바마 행정부가 월가의 손에 놀아나고 있는 것이 아니냐는 의심이 고조되고 있는 상황이어서, 오바마 행정부로서는 어찌 해볼 수 없는, 즉 정치적인 "노 맨스 랜드"에 갇힌 꼴이었다.[17]

재무부 장관에 취임한 지 얼마 되지 않았을 무렵의 팀 가이트너에 대해 사람들 대부분은 그가 전에 골드만삭스에서 일했던 것으로 잘못 알고 있었다.[18] 로버트 루빈과 헨리 폴슨의 선례를 생각한다면 어쩌면 당연한 일이었으리라. 팀 가이트너 역시 같은 부류로 보였다. 그는 잘 나가는 투자은행 전문가가 지녀야 할 젊음과 노련함, 호전성을 두루 갖추고 있었다. 뉴욕 연준에 남아 있는 기록에 따르면 팀 가이트너는 총재로 일할 당시 정기적으로 씨티그룹 경영진과 회합을 가졌고 그 자리에는 그의 스승이라고 할 수 있는 로버트 루빈도 있었다.[19] 그는 재무부 장관이 된 후에도 이 습관을 이어갔다.[20] 그렇지만 이런 월스트리트와의 인연에도 불구하고 그는 2013년까지 오직 공무원으로만 일했고 그런 자신의 경력을 자랑스럽게 여겼다. 팀 가이트너는 스스로를 금융인이 아닌 전사이자 백절불굴의 용사, 그리고 미국 국민과 국가경제를 위해서 봉사하는 인물이라고 생각했다. 그리고 공공의 이익을 위해 필요한 일이라면 자기 손을 더럽히는 일도 기꺼이 맡아서 하려고 했다. 그렇지만 팀 가이트너가 생각하는 공공의 이익이란 과연 어떤 것이었을까? 무엇보다도 그는 "금융시스템"의 안정성을 유지하는 일을 가장 중요하게 생각했다. 왜냐하면 금융시스템의 안정 없이는 경제 전체가 무너질 수 있었기 때문이다.[21] 그것이 바로 팀 가이트너가 갖고 있는 신념의 핵심이었다. 미국의 이익과 미국 금융시스템의 안정은 서로 연결되어 있었다. 그의 행동을 이해하기 위해 굳이 그가 어떤 특정한 은행과 특별한 관계에 있었는지 찾아볼 필요는 없다. 씨티그룹 구조조정에 반대했던 건 단지 그가 미국의 이익과 금융시스템의 안정을 더 중요하게 생각했기 때문이었다. 또한 무엇보다도 주요 금융감독기관들과 정부는 외압으로부터 반드시 보호받아야 했다. 팀 가이트너는 은행의 국유화에 반대함으로써 통화당국 역시 보호하려고 했다. 월스트리트에 대한 전면적인 공격은 관련 사업을 감시하고 있는 정부기관들에 대한 공격으로 자연스럽게 이어질 가능성이 있었다. 2009년에 있었던 "연준에 대한 회계감사"는 좌파나 우파 모두에게 전쟁의 서곡이나 마찬가지였다.

팀 가이트너가 이끄는 미국 재무부의 금융위기에 대한 대응은 가장 규모가 큰 은행들을 해체함으로써 "대마불사"의 신화를 무너트리자는 것이 아니었다. 또한 재무부 업무에 정치논리를 접목시켜 사회의 폭넓은 관심을 불러일으키려는 것도 아니었다. 대신 재무부는 여러 감독기관에 대한 감시와 관리 능력을 강화하는 것을 해결책으로 내세웠다. 그 감시와 관리 대상에는 재무부 자체는 물론, 여러 핵심 기관과 연준도 포함되어 있었다. 자본주의의 금융시스템을 인정한다면 거대 은행들은 물론 빠르고 복잡하게 움직이는 시장과 맞서 싸우거나 협상하는 일이 꼭 필요하다는 사실도 인정하고 받아들여야 한다. 또한 이런 체계가 언제나 위기일발의 상황 앞에 놓여 있다는 사실 역시 인정해야 하는 것이다. 실제로 위기 상황은 필연적인 요소다. 따라서 최선의 선택은 국가와 국제적 수준에서 가장 적절하게 위기와 싸울 수 있는 역량을 미리 길러두는 것이다. 2008년 연준과 재무부는 미국 경제의 경계선을 가볍게 뛰어넘어 믿을 수 없는 규모로 아주 확실하게 자기 역할을 다했다. 런던 G20 회담에서 IMF는 필요한 화력을 지원받았다. 2009년 재무부가 목표로 삼은 것은 국가 차원에서 안정을 유지하는 것이었다. 2008년 10월 이후 그랬던 것처럼 IMF는 자본재구성 과정을 중심으로 운영될 것이다. 금융위기로 인해 받았던 타격으로부터 회복한 은행들은 TARP 자금을 재빨리 갚아버리려고 했다. 금융 분야의 회복을 좀 더 앞당기기 위해 연준과 재무부는 일종의 스트레스 테스트라고 할 수 있는 새로운 방식의 규제와 감시 방식을 함께 도입하려고 했다. 그러기 위해서는 의회를 통해 금융안정성을 감시하는 작업을 법제화하고 조직화하기 위한 정치적 노력이 필요했다. 2008년 겪었던 금융위기의 심각성이 기억 속에 남아 있는 한 거대 은행들과 관계 당국 사이의 새로운 관계는 이제 영구적인 형태로 자리 잡을 것이다.

스트레스 테스트, 은행에 대한 통제와 특혜의 양날

뉴욕 연준은 순전히 내부적인 용도로 한동안 월스트리트의 주요 은행들과 함께 위기 대응 훈련을 진행하곤 했다.[22] 2009년 2월, 재무부 장관 팀 가이트너는 첫 번째 공식 연설에서 이른바 스트레스 테스트를 포괄적 형태의 공공정책 실행으로 전환하겠다고 발표한다. 연준과 재무부가 미국의 모든 주요 은행의 경영이 건전하게 이루어지고 있는지 검사하고 확인하겠다는 것이다. 그렇게 하기 위해서는 미국의 대형 은행들이 모두 다 회계자료를 제출해야 했다. 그러면 연준과 재무부의 공무원들이 제공받은 자료들을 금융위기를 대비한 가상의 상황에 적용해 은행들이 입을 손실과 정부가 충격을 견디기 위해 동원할 수 있는 재원들을 계산해낸다. 사실상 재무부와 연준은 직접 무디스와 같은 절대적인 신뢰를 받는 신용평가기관의 수장이 되어 민간 부문의 신용 여부를 결정하고 미국 금융시스템의 신뢰를 수호하는 역할을 하려고 했다.[23] 이제 위험이 감지된 은행들에는 자본을 추가로 증액하라는 시정명령이 떨어지고 민간 자본시장에서 증액이 어려운 은행들은 TARP 자금을 지원받게 된다.

오바마 대통령이 스웨덴 방식을 받아들일 수 없다고 했을 때 그는 미국에는 "수천여 곳의 은행"이 있다고 언급했다. 실제로 대통령이 그 이야기를 꺼냈을 당시 미국에서 영업 중인 일반 시중은행은 6978곳에 달했다. 그렇지만 팀 가이트너나 벤 버냉키에게는 전혀 문제가 되지 않았다. 그런 은행들은 모두 다 FDIC 소관이었다. 시스템의 안정성과 밀접한 관계가 있는 곳은 자산이 보통 1000억 달러가 넘는 19개 주요 은행이었다. 그리고 이 은행들의 자산을 모두 합치면 대략 10조 달러에 육박했다. 이렇게 크고 복잡한 업체들을 하나하나 철저하게 조사하는 일은 엄청난 중노동이 될 터였다. 스트레스 테스트를 활용하면 그보다는 좀 더 효율적으로 빠르게 작업을 진행할 수 있었다. 200여 명의 금융 관련 전문가, 분석가, 감독관 등이 한자리에 모여 은행이 제출한 자료를 검토했다. 이들이 설정한 가상의 위기 상황은 이 세상의 종말 같은 것과는 거리가 한참 멀었다.[24] 이들은 GDP가 겨우 2~3퍼센트쯤 떨어지고 실업률은 8.5퍼센트까지 올라가며 주택 가격이 14~22퍼센트쯤 떨어지는 상황을 가정했다. 나중에서야 그 정도 전망이 지나치게 안이했던 것으로 밝혀졌지만 처음에는 그 정도 수치를 통해 나온 지불정지 상황의 가능성만으로도 심각한 결론을 이끌어내기에 충분했다. 2009년 봄에 이미 확인했던 3500억 달러의 손실 외에도 스트레스 테스트를 실시해보니 2010년 말이면 6000억 달러에 달하는 감가상각과 결손이 발생할 것으로 예상되었다. 그러면 대단히 중요한 의문이 떠오른다. 은행들을 안전하게 지키고 시장의 신뢰를 회복하기 위해 필요한 자금은 도대체 얼마나 될까? 그것은 상황을 어떻게 판단하느냐에 따라 달라질 수 있었다. 연준과 재무부는 각각 최소 350억 달러에서 최대 1750억 달러 정도를 은행들이 준비해야 한다고 말했다. 은행들 입장에서 준비할 수 있는 자금이 부족하다고 발표할 경우 시장에서의 신뢰가 무너지는 것을 피할 수 없었고, 반면에 또 추정된 액수가 적다고 하면 스트레스 테스트에 대한 신뢰를 스스로 떨어트리는 결과를 가져올 수 있었다.[25]

내부 보고서에 따르면 처음 책정된 금액에 대해 은행들이 크게 당황했다고 한다. 뱅크오브아메리카는 추가로 500억 달러의 자금이 필요하다는 결과가 나왔고 씨티그룹은 350억 달러였다. 웰스파고는 170억 달러라는 결과가 나오자 크게 실망해서 소송도 불사하겠다고 맞섰다. 결국 협상이 진행되었고 뱅크오브아메리카는 위기 상황을 벗어나기 위해 339억 달러의 자금을 준비해야 하는 큰 부담을 안았다. 웰스파고는 137억 달러를 준비해야 하는 것으로 합의를 봤다. 웰스파고의 고위 경영진 중 한 사람은 이렇게 말했다고 한다. "결국 우리는 그 숫자에 동의했다. 우리가 그 숫자를 좋아했던 것은 아니다."[26] 위기에 처해 있던 씨티그룹으로서는 만족할 만한 이유가 또 있었다. 앞으로 들어올 수익의 흐름을 파악한 결과 실제로 준비해야 할 자금은 55억 달러로 처음 예상 금액보다 7분의 1로 줄어들었기 때문이다.[27] 이 액수는 그해에 특별수당으로 지급해야 하는 액수를 약간 웃도는 수준이었다. 몇 주일 동안의 지루한 협상이 끝난 2009년 5월 7일, 미국 국민은 대형 은행들이 모두 750억 달러의 자금을 확보해야 할 필요가 있다는 보도를 접한다.

스트레스 테스트는 정확한 회계결산 작업으로 시작해 협상과 신뢰의 승부로 마무리된 균형 잡힌 시행 과정이었다.[28] 재무부와 연준의 이런 조치를 진지하게 받아들이든 아니면 그저 도움이 된다는 사실에만 만족해하건 상관없이 시장은 바로 반응했다. 매우 안전한 AA등급의 회사 채권과 자신의 Baa채권 등급으로 은행이 자금을 빌리는 데 지불해야 하는 비용간 스프레드가 6퍼센트에서 3퍼센트로 떨어지면서 자금조달 비용이 줄어들었다. 발표가 난 다음 주에는 은행 주식이 10퍼센트 상승하며 가장 상황이 좋은 은행의 경우 즉시 200억 달러 이상의 추가 자금을 확보할 수 있었다. 6월 19일이 되자 우선 9개 은행이 TARP 지원금을 상환하고 정부 관리에서 벗어났다. 이후 몇 개월 동안 다른 8개 은행은 여전히 정부의 관리를 받았는데 뱅크오브아메리카와 씨티그룹 등이 포함된 이 은행들은 회계장부상으로 사용할 수 있는 모든 방법을 다 동원했고 IRS와 연준, 그리고 재무부는 힘을 합쳐 제공할 수 있는 모든 도움을 주어 TARP를 졸업할 수 있도록 해주었다.[29] 2009년 12월의 가장 중요했던 2주 동안 씨티그룹과 뱅크오브아메리카, 웰스파고는 서로 경쟁하듯 보통주 거래에 참여했고 모두 합쳐 490억 달러가량의 자금을 늘렸다. 뱅크오브아메리카가 보통주 거래를 통해 늘린 1930억 달러는 미국 역사상 가장 큰 금액이다.[30] 시장은 달아올랐고 만일 몇 개월만 더 시간이 있었다면 아마도 적은 비용으로 더 많은 자금을 끌어모을 수 있었을 것이다. 그렇지만 정부는 서둘러 TARP를 정리하려고 했고 은행들로서는 시간이 급했다. 은행들은 지원받은 자금을 더 빨리 재무부에 상환할수록 TARP 대상자들의 급여 한도 제한을 더 빨리 풀 수 있었다. 그래야만 실력 있는 직원을 유지하고 영입할 수 있었다. 실라 베어가 아쉬운 듯 말했던 것처럼 모든 것은 결국 "급여"에 달려 있었다.[31]

행정부도 원하는 대로 상황이 돌아가자 만족스러워했다. 적정 수준의 정부 개입으로 민간사업 부문이 다시 정상 궤도에 올라설 수 있었다. 국유화는 필요 없었다. 오바마 대통령이 단언한 것처럼 "이 나라의 핵심적인 투자 수요"를 구성하고 있는 건 바로 "민간 자본"이었다. 그렇지만 이렇게 어딘지 추켜세우는 듯한 말은 결국 스트레스 테스트의 진짜 의미를 더 모호하게 얼버무리고 넘어가는 것이나 마찬가지였다. 스트레스 테스트는 미국 금융의 전망에 대한 해석을 민간인이나 시장이 아닌 정부가 선택한 감독관들이 강제로 실시할 수 있는 여지를 만들어준 셈이었다. 또한 스트레스 테스트는 이윤 추구를 목적으로 하는 민간사업의 영역에 대해 정부의 공식적 승인이 필요하도록 만들었다. 결국 스트레스 테스트는 종합적이고 선행적인 감독이라는 새로운 제도일 뿐만 아니라 미국 정부기관과 거대 은행들 사이의 복잡하게 뒤엉킨 모형을 제시한 것이기도 했다. 관료주의적 관점에서 보면 이것은 관리하기 까다롭고 비용도 많이 드는 그런 방식일 수도 있었다. 그 대상이 되는 은행들 입장에서도 부담스럽기는 마찬가지였다. 그렇지만 동시에 일종의 특혜가 될 수도 있었는데, 이 스트레스 테스트를 무사히 통과한 은행이라면 암묵적으로 연준과 재무부로부터 안전하다는 승인을 받은 것이나 다름이 없었기 때문이다. 만일 다시 위기가 닥친다 해도 앞서 테스트를 통과한 은행이 정부의 지원을 못 받는 일은 거의 없었을 것이다. 엄격한 규제 속에서 충분한 지원을 받은 업체들 중에 갑작스럽고 예상치 못한 어려움을 겪는 곳은 있을 수 없었다. 그리고 일단 위기가 지나가면 이런 은행들은 훨씬 더 저렴한 비용으로 주식을 발행하고 또 자금을 융통할 수 있다. 한 연구에 따르면 위기 상황이 발생했을 때 거대 은행들이 규모가 작은 은행들에 비해 자금조달 비용을 두 배 이상 절약할 수 있어서 백분율로 비교하면 0.29퍼센트에서 0.78퍼센트까지 차이가 난다고 예측했다. 그렇게 되면 미국 최대 규모의 18개 은행이 매년 받는 보조금 규모는 최소한 340억 달러에 이른다고 한다.[32]

국민들의 분노로 통과된 도드-프랭크 법안

따라서 시장이 이 소식을 반긴 것은 너무도 당연했다. 은행들은 확실하게 안전장치를 확보한 것이다. 정부의 암묵적인 지원하에 은행들은 마침내 안정을 되찾았다. 그리고 덕분에 장기적인 해결책을 생각할 수 있는 시간도 벌었다. 오바마 행정부는 마침내 금융개혁이라는 커다란 도전을 시작할 수 있게 된 것이다.

정치적인 상황도 중요했다. 2009년 여름 오바마 행정부는 "승리"가 간절했다. 경기부양책은 정치적으로는 별로 인기가 없었다. 건강보험 개혁은 격렬한 반대 여론에 부딪쳤다. 정치적 과제로서의 금융개혁은 "무엇인가를 해내야 한다"는 절박함으로 정의될 수 있었다. 그리고 팀 가이트너의 재무부와 람 이매뉴얼이 이끄는 백악관 정치조직 사이에는 별로 달갑지 않은 동맹이 이루어졌다. 전투적인 자세와 입이 험하다는 공통점을 제외하면 두 사람의 강렬하고 외골수 같은 성격은 서로 반대 방향을 향하고 있었지만 어느 정도 상호보완이 가능했다. 정치 해결사인 람 이매뉴얼에게 가장 중요한 건 "어떻게든 성과를 올리는 것"이었다. 금융개혁의 내용 같은 건 다른 사람들의 몫이었다. 반면에 의회에 회의적이던 가이트너에게는 입법이 가장 중요했다. "선동적" 정치가들에게 가능하면 새로운 권력을 거의 주지 않고 전문가들의 결정권과 권한을 최대한으로 보장하는 법안을 통과시키는 것이 그의 목표였다. 그렇지만 어쨌든 무슨 법안이든 통과가 되려면 의회를 상대하지 않을 수 없었고 특히 하원 금융위원회 위원장 바니 프랭크, 그리고 상원 금융위원회 위원장 크리스 도드가 요주의 인물이었다. 또한 FDIC의 실라 베어와 같은 주요 기관장들과도 씨름을 해야 했다. 동시에 하버드대학교 법학 교수이자 소비자 권리 운동가인 엘리자베스 워런(Emizabeth Warren)과 같은 가장 주목할 만한 인물과도 교류가 있어야 했고 금융권의 로비와도 맞서 싸워야 했다.[33]

그렇게 해서 849쪽 분량에 달하는 복잡한 법안이 만들어졌다.[34] 월스트리트 개혁 및 소비자 보호법(Wall Street Reform and Consumer Protection Act) 혹은 도드-프랭크법으로 알려지는 이 법안은 하나로 통일된 일관적인 내용을 담고 있는 대신 위기 상황 진단에 대한 개괄적인 내용이 수록되어 있다. 금융위기는 물정 모르는 채무자들이 마구잡이로 부채를 늘렸던 것이 원인이었을까? 만일 그렇다면 엘리자베스 워런이 수장으로 있는 소비자금융보호국(Bureau of Consumer Financial Protection) 관련 법안의 도움이 필요할 것이다. 정체를 알 수 없는 장외 파생상품이 시장을 무너트린 주범이라면 투명한 시장 중심의 파생상품 거래를 통해 문제를 해결할 수 있다. 바로 월스트리트 투명성 및 회계책임 법안(Wall Street Transparency and Accountability Act)이다. 무분별한 모기지 상품의 증권화가 문제라면 투자자보호조항(Investor Protections)에 따라 증권화를 한 업체들이 위험을 부담해야 한다. 은행의 실질적인 규모가 이 모든 문제의 근본적인 원인이라면 어떨까. 은행들이 대마불사라는 관습을 맹신하고 있다면? 그렇다면 강제청산권한(Orderly Liquidation Authority)을 이용해 구제자금 지원을 제한하고 금융권에서 상응하는 책임을 지도록 하며 또 관련 법안의 제4장 622항과 623항을 통해 은행의 확장을 제한함으로서 문제를 해결할 수 있다. 투자은행들이 고객들이 맡긴 자금으로 위험한 도박을 해왔는가? 만일 그렇다면 "자기자본거래(proprietary trading)"*를 금지하는 이른바 볼커룰(Volker rule)을 적용해 상업은행과 투자은행 사이를 구분하는 1930년대 방식을 부활시키면 된다. 2007년에서 2009년까지 이어진 금융위기와 관련된 이런 모든 제안과 계획은 정치적으로 큰 반향을 불러일으켰으며 도드-프랭크 법안의 복잡한 내용들 속에 자리를 잡았다. 대부분의 내용은 금융 산업의 비대해진 불균형을 바로잡을 수 있는 합리적이며 쓸모 있는 조치들로 인정받았다. 그렇지만 대체적으로 보면 2008년 당시 사람들이 모두 인정하고 따랐던 도매금융 자금조달 방식의 그림자 금융시스템의 붕괴에 대해서는 별로 다루지 않았다.

재무부는 금융위기의 전개 과정에 대해 좀 더 분명한 견해를 갖고 있었다. 재무부가 바라는 건 더 넉넉한 자본과 더 적은 차입자본, 더 여유로운

---

* 고객의 돈을 운용하는 것과는 별도로 금융회사의 자금을 관리하는 일을 말한다. 금융위기에 대한 상원 청문회에서 이 기법이 다뤄지면서 사기의 소지가 다분하다는 대중적 비난을 샀다. 말하자면 고객이 맡긴 돈은 펀드 가치가 떨어질 것이라는 데 배팅하고 금융회사 자금으로는 펀드 가치가 올라갈 것이라는 데 배팅하는, 이른바 반대 거래를 해서 금융회사만 돈을 챙기는 거래 기법이다.

유동성이었다. 또한 다음에 닥쳐올지 모를 위기에 대응하기 위해 재무부와 연준에 필요한 권한이 집중되기를 바랐다. 그리고 이러한 내용을 자세히 담은 계획안을 2009년 여름에 발표했다.[35] 이 계획안은 여러 가지 면에서 이미 발표된 도드-프랭크 법안과는 상당히 달랐다. 하지만 우연히 그렇게 된 것은 아니었고 의도적으로 법안의 내용을 제외시켰다. 팀 가이트너는 조금 뻔뻔스러운 모습으로 이렇게 말했다. "우리는 의회가 직접 새로운 자본비율이나 혹은 차입자본 제한, 그리고 필요한 유동성 등에 대해 결정하는 것을 바라지 않았다. 어쨌든 기술적인 문제에 대한 결정이라면 관련 전문가들이 훨씬 더 잘할 수 있을 테니까 말이다. 역사적으로 봐도 의회는 금융 산업의 영향력과 현재의 정치 상황에 너무 쉽게 휘둘릴 수 있다. 우리는 의회가 금융시스템의 충격 흡수장치를 조정하는 복잡한 작업을 하기에 적당한 장소라고 생각하지 않는다."[36] 다시 말해 재무부와 연준은 자신들이 금융위기의 주요 원인이라고 생각하는 것들을 의회가 다루는 현안과는 결부시키지 않으려고 한 것이다. 팀 가이트너는 2008년 8월의 그 급박했던 순간에 재무부에게 법적 권한이 부족해서 제대로 대응하지 못했다고 믿었고 따라서 의회는 그런 권한을 인정하고 제공하는 역할만 해주기를 바라고 있었다. 만일 워싱턴과 월스트리트 사이에 좀 더 지속 가능한 공생관계를 구축하는 것이 문제라면 의회에서의 다툼이 아닌 행정부의 규제를 통해 더 잘 해낼 수 있다는 것이 재무부의 생각이었다.

재무부는 2009년 여름에 발표한 이 계획안을 통해 여러 규제기관과 담당 위원을 조직적으로 운용할 방안을 모색했지만 얼마 지나지 않아 의회 내부에서는 물론 FDIC의 격렬한 반발에 부딪힐 것이라는 사실을 깨달았다. 이들은 모두 연준과 재무부가 월스트리트와 모종의 합의를 본 것은 아닌지, 또 팀 가이트너가 원하는 더 강화된 권한의 실체는 무엇인지에 대해 깊은 의혹을 품고 있었던 것이다. 공동의 책임을 확실하게 보장하기 위해 실라 베어와 바니 프랭크는 전체적인 제도와 내용에 대한 감시는 재무부와 연준 단독으로서가 아닌 재무부가 의장이며 주요 감독기관이 참여하는 금융안정성감독위원회(Financial Stability Oversight Council)에서 진행해야 한다고 주장했다. 위원회를 구성해 위기를 관리해야 한다는 주장에 대해 팀 가이트너는 고개를 흔들었지만 사실 그 위원회는 그가 원하는 많은 권한을 부여받았다. 또한 시스템적으로 중요한 금융기관(systematically important financial institutions, SIFI)을 정할 권한도 가질 수 있었다. 그런 모든 기관들을 정기적인 스트레스 테스트를 포함한 감독과 규제가 강화된 체제 아래에 적절하게 배치할 수 있었던 것이다. 만일 어느 거대 은행이 구조적인 위기 발생의 원인이라면 위원회는 얼마든지 그 은행의 경영 문제에 개입할 수 있었다. 그리고 얼마 지나지 않아 SIFI는 파산의 위기가 닥쳤을 때 각자가 어떻게 처리되어야 하는지에 대해 재산처분관리서(living will)를 준비해야만 했다. 또한 미국에서 영업을 하고 있는 해외 은행들 역시 감독과 통제의 대상이 될 수 있었다.

팀 가이트너가 꿈꾸는 이런 미래의 규제와 통제에서 중추적 역할을 담당하는 건 바로 연준이었다. 그렇지만 정치적 관점에서 보면 분명 부담스러운 일이기도 했다. 실제로 연준은 금융위기 때 크게 체면을 구겼는데, 당시 분위기는 양쪽으로 갈라져 있었고 그런 와중에 제도를 통한 정치력도 타격을 입었다.[37] 2008년 벤 버냉키는 자신의 전임자였던 앨런 그린스펀과 마찬가지로 민주당보다는 공화당 쪽에서 더 큰 인기가 있었다. 그러다 2010년이 되자 거의 비슷한 수준으로 양쪽에서 인기가 떨어졌고 우파 쪽에서는 티파티로 대표되는 조세저항운동까지 시작되는 형편이었다. 그렇지만 오바마 대통령에게 벤 버냉키는 그가 바라는 모습의 당파를 초월한 인사였다. 8월이 되자 대통령은 벤 버냉키를 다시 연준 의장으로 재신임한다. 시사주간지 《타임》은 2009년을 마무리하면서 그를 올해의 인물로 선정했다.[38] 그렇지만 공화당의 우파도 또 민주당의 좌파도 여전히 그를 달가워하지 않았다.[39] 2009년 12월과 2010년 1월에는 벤 버냉키의 재신임을 두고 상원에서 뜨거운 설전이 오고 갔다. 상황을 뒤집으려는 일념으로 백악관에서는 워런 버핏 같은 영향력 있는 인물들까지 동원해 벤 버냉키의 재신임을 지원했다. 그렇지 않아도 어려운 상황에서 벤 버냉키는 대형 은행들에 대한 연준의 감시 권한을 박탈하려는 상원의 금융개혁 법안을 저지하기 위해 애쓰고 있었다.[40]

연준이 금융업계 거버넌스에서 핵심적인 역할을 유지하도록 하기 위해 벤 버냉키와 팀 가이트너는 어느 정도 양보할 수밖에 없었다. 두 사람은 별도의 독립적인 소비자 금융기관의 설치를 인정하는데 그것이 바로 엘리자베스 워런의 소비자금융보호국이었다.[41] 덕분에 개혁운동은 커다란 승리를 거두는가 했지만 곧 로비스트들의 반격이 시작되었다. 그리고 이 소비자금융보호국은 팀 가이트너와 벤 버냉키가 추구해온 체계적인 안정화라는 이상과는 크게 관련이 없었다. 두 사람은 500억 달러 이상의 대차대조표를 가진 은행들에 대한 감독을 계속할 수 있다면 신용카드와 소비자금융에 대한 규제를 인정해주자는 쪽이었다. 실제로 소비자 보호와 거시건전성을 위한 규제는 서로 대단히 잘 어울리지 않을 수 있었다. 래리 서머스는 대통령에게 이렇게 보고했다. "항공안전국이 항공사의 재정 문제까지 보호하는 책임을 질 수는 없는 것 아닌가."[42] 분명 일리가 있는 말이었지만 그렇게 되면 더 많은 감시와 관리가 필요해진다. 안전 문제를 담당하는 기관들은 대단히 많지만 사실 은행 외에 항공사나 다른 산업 분야의 재정 문제를 확인하는 책임을 맡은 기관은 전무했다. 항공사들은 재정 문제를 스스로 알아서 처리해야 한다. 그렇지만 팀 가이트너와 래리 서머스는 거기에서 파생될 수 있는 문제들을 회피하려고 했다.

리먼브라더스 사태가 일어났을 무렵 미국 재무부가 가장 신경썼던 건 무너져가는 은행들을 어떻게 하면 안전하게 구제할 수 있는가였다. 팀 가이트너로서는 2008년 10월의 상황을 마침내 진정시켰던 종합적 조치 외에 생각할 수 있는 대안이 없었다. 그 조치란 연준의 일반 유동성 지원과 역시 연준과 재무부가 운용하는 손실의 용도지정 조치 및 자본재구성이 이상적으로 합쳐진 FDIC의 광범위한 보장정책이었다. 금융위기는 위험에 빠진 은행들이 결국은 재원이 풍부한 정부의 지원을 필요로 한다는 사실을 다시 한번 보여주었다. 그렇지만 의회의 분위기는 좋지 않았고 실라 베어의 반감도 매우 컸다. 결국 도드-프랭크 법안 제정 이후 2008년도에 있었던 관행들은 다시 볼 수 없었다. 이제 더는 선량한 납세자들의 돈으로 은행을 구제하는 일은 없어진 것이다. 연준은 일반적인 유동성 지원은 약속할 수 있지만 특정 은행들을 위한 맞춤형 지원은 더 이상 할 수 없었다. 대통령과 연준의 협의를 통해 재무부는 도산하는 업체들을 FDIC의 통제하에 두어야 했다. FDIC는 은행들을 해체하고 부문별로 매각할 수도 있다는 가능성을 열어둔 채 은행들이 영업을 계속하게 하려 했다. 재무부가 개입할 수 있는 것은 FDIC의 조치에 필요한 자금을 지원하는 일이 유일했다. 그조차도 위기가 해결되고 난 후 금융업계에 대한 과세를 통해 들인 비용을 회수한다는 조건이었다. 벤 버냉키와 연준은 그런 조건을 받아들일 수 있다고 생각했다. 연준과 의장은 연방준비제도법 제13조 3항에 따라 진행되는 예정에 없는 즉흥적인 개입에 대해서는 항상 불만이 많았던 것이다. 반면에 팀 가이트너로서는 재무부의 활동에 많은 제한이 가해지는 것이 불만이었다. 그는 여느 때와 마찬가지로 자신이 즐겨 하는 금융위기와 국가안보에 관련된 비유를 꺼내들었다. "대통령은 국가안보에 위협이 되는 모든 것들로부터 국가를 수호할 수 있는 막대한 권한을 부여받았다. 물론 이러한 권한에도 신중하게 설정된 제약이 뒤따르지만 극단적 상황에서는 대통령이 보고 없이 먼저 조치를 취하는 일이 허용된다. 의회는 대통령은 물론 금융 관리의 최일선에 있는 기관들이 금융위기라는 극단적 상황으로부터 국가를 보호할 수 있도록 필요한 권한을 허용해야 하는 것이다."[43]

팀 가이트너는 "금융위기의 직접적인 책임자들의 처신"에 대한 "포퓰리스트들의 분노"는 위기 대응이라는 대단히 현실적이며 기술적인 문제에서 불거진 위험한 상황으로 보았다.⁴⁴ 그렇지만 금융위기가 만들어낸 슬픔과 고통을 결코 무시할 수는 없었다. 미국 사회는 그런 슬픔과 고통으로 뒤덮였고 2010년 초 도드-프랭크 법안이 의회를 거쳐 천신만고 끝에 드디어 목표지점에 도달한 것은 하나의 상징적 순간이라고 볼 수 있었다. 부동산 거품이 무너진 후 3년 동안 신용경색과 대량실업사태의 영향력은 누구도 무시하지 못할 위력을 발휘했다. 2007년에서 2009년 사이 250만 가계가 살고 있던 집을 압류당했지만 아직도 최악의 순간은 그대로 남아 있었다. 2010년이 시작되었을 무렵 370만 가정이 3개월 이상 대출금과 이자를 연체했다. 수백만 가계가 먹고사는 일을 제대로 해결하기조차 버거워했고 역시 1개월이나 2개월 연체는 흔한 일이었다. 이후 12개월 동안 다시 117만 8000여 가계가 주택을 압류당할 위험에 처함으로써 금융위기 발생 이후 최악의 해로 기록되었다. 주택 가격은 계속 떨어졌고 더 많은 주택과 부동산이 대출금보다도 가격이 떨어지는 이른바 역자산 현상(negative equity)을 경험했다. 2010년 초 어느 분석가는 이렇게 이야기했다. "우리는 이제 가장 취약해진 지점에 서 있다. 자기 재산에 대한 사람들의 감정적 애착조차도 허공 속으로 사라지고 있다."⁴⁵ 가장 크게 타격을 입은 플로리다 같은 지역은 전체 부동산의 12퍼센트 이상이 그대로 주인들에 의해 버려지거나 은행에 압류를 당했다. 압류 과정은 합법적 절차에 따라 거의 자동적으로 처리되었다고는 하지만 나중에는 치명적인 결함이 있었던 것으로 밝혀지기도 했다. 악몽과도 같은 행정적, 그리고 법적 절차의 소용돌이 속에 더 많은 희생자들이 위기 안으로 휘말려 들어갔다.

월스트리트의 은행가들과 일반 중산층 사이의 빈부격차가 터무니없을 만큼 벌어지기 시작했다. 거대 은행들은 구제자금을 지원받았다. 일부 가장 악랄하고 파렴치한 경영자들은 법정에 서기도 했지만 그렇다고 해서 삶 자체가 파멸로 이어지지는 않았다. 그들은 곧 일선에서 물러나 편안하고 안락한 은퇴생활을 즐겼다.⁴⁶ 실제로 교도소까지 간 사람은 아무도 없었고 월스트리트에서도 가장 높은 지위에 있던 사람들은 정말 아무렇지도 않게, 그리고 뻔뻔스럽게 다시 제자리로 복귀했다. 2009년에도 특별수당이, 그것도 어느 때보다도 많이 지급되었다. 상위 투자은행들의 경영진과 자산관리 전문가들, 그리고 헤지펀드는 2008년의 1170억 달러보다도 더 많은 1450억 달러의 수당을 챙겨갔다.[47] 골드만삭스가 주주들에게 벌어다 준 배당금은 134억 달러였지만 경영진이 받아간 급여와 수당은 162억 달러에 달했다.[48] 놀랍게도 2009년 160억 달러의 손실을 보고 정부 지원으로 간신히 위기를 넘겼던 씨티그룹조차 50억 달러를 수당으로 지급했다. 은행가들은 과거를 그렇게 흘려보내는 것이 행복했겠지만 일반 국민들은 그렇지 못했다. 2010년 봄 일반 국민들이 평가하는 월스트리트의 신뢰도는 6퍼센트에 지나지 않았다.[49] 그리고 금융감독기관과 변호사들은 마침내 지난 3년여 동안 일어났던 사건의 실체에 접근해가고 있었다. 2010년 4월 16일 SEC는 투자자들을 현혹해 불량 MBS를 판매한 혐의로 골드만삭스를 기소하겠다고 발표한다. 이 발표로 드디어 사람들의 분노가 폭발하기 시작했다. 마침내 거물급들의 이름이 나오기 시작했다. 도드-프랭크 법안이 재무부나 백악관의 노력 때문이 아니라 국민들의 분노라는 새로운 분위기 때문에 마침내 의회를 통과했다는 것에 행정부로서는 당혹할 수밖에 없었다. 2010년 봄, 분위기가 고조되자 재무부와 민주당 중도파, 그리고 업계 로비스트들은 하나가 되어 FDIC의 보장을 누리는 은행들이 모든 종류의 파생상품 거래를 하지 못하도록 하려는 막바지 노력을 가로막고 나섰다. 대형 은행들로서는 이러한 조치가 큰 타격이 될 수 있었는데, 실제로 거래가 중단되면 가장 덜 위험한 파생상품 중 겨우 10퍼센트 정도만 "밀어내기"로 처리할 수밖에 없었기 때문이다. 이와 마찬가지로 은행 대차대조표의 총합계에 제한을 가함으로써 은행들의 "대마불사" 문제를 다뤄보려고 했던 마지막 노력 역시 크리스 도드와 또 다른 "중도파" 연합이 이끄는 금융위원회에 의해 좌절되었다. 최종적으로 법안에 반영된 마지막 수정안은 2010년

5월의 콜린스 수정안(Collins Amendment)이었다.[50] FDIC가 뒤에서 초고를 만든 이 수정안은 연준과 규제기관들에 대해 FDIC가 관리하는 소규모 은행들에 대한 기준과 비슷하게 대형 은행들을 위한 어떠한 자본 규제 기준이라도 만들어줄 것을 요구하고 있었다. 실라 베어는 바젤 II를 통해 대형 은행들이 받아왔던 특혜를 제자리로 되돌리고 싶어 했으며 지주회사나 일반 시중은행 자회사들 모두에 똑같은 자본 규제 기준이 적용되기를 바랐다. 연준과 재무부는 이를 거부했다. 필요한 자금 수요의 기준을 결정하는 건 자신들만의 고유권한이라는 것이었다. 은행들은 새로운 자본 규제 기준을 따르면 신용거래량이 1조 5000억 달러 정도 줄어들 것이라며 목소리를 높였다. 결국 하원과 상원에서 조정 과정을 둘러싼 진통이 시작되었고 도드의 지원을 받은 수전 콜린스 상원의원과 실라 베어가 좀 더 우위를 점하게 되었다.

시장에 대한 정부의 개입, 미국을 넘어 유럽으로

2010년 7월 21일 오바마 대통령이 서명함으로써 효력을 발휘한 도드-프랭크 법안은 1930년대 이후 금융 규제와 관련된 가장 중요한 법안으로 큰 반향을 불러일으켰다. 다만 이를 비판하는 쪽에서는 규제의 기준이 높지 않다며 실효성을 조롱하기도 했다. 무엇을 빼고 무엇을 포함시켜야 할지와 같은 복잡한 협상안들로 가득 차 있는 법안을 보고 냉소적으로 반응하는 건 흔한 일이다. 그리고 법안이 통과된 후에 오히려 상황이 더 안 좋아지는 경우도 있다. 법안이 의회에 상정되었을 때 국민들의 감정이 어떠한지 깨달은 금융권 로비스트들은 한발 뒤로 물러섰다. 그렇지만 그들은 법안이 통과되었다 해도 모든 것은 이제 시작에 불과하다는 사실을 잘 알고 있었다. 일단 법안이 법령집에 오르고 그 적용과 관련된 논쟁이 막후에서 시작되면 모두들 나서서 한마디씩 거들 것이었다. 법안이 갖고 있는 그 태생적인 복잡함 속에서 규제기관과 로비스트들이 외쳐대는 소란 사이의 대립은 결국 이 도드-프랭크 법안을 구렁텅이로 몰아넣을지도 몰랐다.

종합해보면 도드-프랭크 법안은 금융 분야와 관련된 398개의 새로운 규정들을 만들어 지키도록 규제감독 기관들에게 요구한 셈이다. 각각의 규정들은 관련 이익단체들이 수단과 방법을 가리지 않고 동원하는 로비활동의 목표가 되었다. 이 단체들은 이제 의회 바깥쪽 보이지 않는 곳에서 활동하고 있었다. 2013년 7월, 그러니까 법안이 통과된 지 3년가량 지났을 때도 398개 규정 중에서 최종적으로 결정이 되어 시행되고 있는 규정은 155개에 불과했다.[51] 논쟁의 대상이었던 볼커룰을 예로 들어보자.[52] 은행들이 자기자본거래와 고객의 돈을 분리하는 일에 스스로 알아서 나서도록 만드는 일은 대단히 기술적이면서도 논쟁이 있을 법한 방식이었다. 아무리 강철 같은 의지가 있어도 은행이 고객을 위한 시장을 만드는 일과 또 자기 자신의 이익을 위해 거래를 하는 일 사이를 분명하게 구분하는 건 거의 불가능에 가깝다. 그렇게 되면 결국 규제의 기준도 덜 "분명"해질 수밖에 없다. 도드-프랭크 법안이 통과된 후 1238일이 지난 2013년 12월이 되어서야 다섯 개 관련 기관이 겨우 기본적인 볼커룰 조항에 합의했다.[53] 처음에는 71쪽 정도였던 해설집은 900쪽으로 불어나 있었다. 은행들은 이 규정을 위반하지 않겠다는 의지를 보여주기 위해 참여했을 뿐 딱히 무슨 일을 해야 하는지에 대해서도 제대로 듣지 못했다. 정확하게 어떤 모습이 규정 준수의 증거가 되는지는 나중에 또 이야기할 문제였다.[54] 변호사들이 제공할 수 있었던 최선의 충고는 은행들이 견뎌낼 수 있는 "규제로 인한 위험 용인(regulatory risk tolerance)"의 수준을 자체적으로 결정하라는 것이었다. 2010년 7월 법안이 통과되고 2013년 12월에 볼커룰이 "최종적으로" 완성되어 발표된 후 2014년에는 앞서 언급한 규제로 인한 위험을 설명하는 "포워드 가이던스(forward guidance)"를 만들기 위한 논의가 다시 시작되었다. 한 가지 확실한 건 준법감시인(compliane officer)과 기업 변호사들의 수만 크게 늘어날 것이라는 사실이었다. J.P.모건의 제이미 다이먼의 유명한 말이 있다. 새로운 "시스템"과 관련해 협상을 진행하기 위해서는 은행가에게 변호사뿐만 아니라 정신과의사도 필요하다는 것이었다.[55]

도드-프랭크 법안에 불안감을 느낀 건 은행가들만은 아니었다. 팀 가이트너 역시 위기가 닥쳤을 때 이 법안이 제대로 자기 역할을 할 수 있을지 염려했다. 그는 FDIC가 주관하는 형식화된 해결 과정이 위기에 대한 대응을 오히려 방해하지 않을까 두려워했다. 그렇지만 어쨌든 위기를 사전에 예방하는 데 도움을 줄 수 있다는 사실이 중요하며 바로 그 점이 도드-프랭크 법안이 불러온 정말로 중요한 변화이기도 했다. 또한 2009년 봄에 시작된 스트레스 테스트 방식 역시 정기적으로 시행되는 제도로 자리를 잡게 되면서 도드-프랭크 법안은 거시건전성 규제로 알려진 새로운 관리감독 방식의 선구자라고도 할 수 있었다.[56] 이 법안에 따르면 은행들은 단순히 사업모형에 따라서가 아니라 거시경제학적 안정성에 대해 미치는 영향에 따라 평가를 받는다. 또한 반대로 거시경제학적 계획안들은 주요 은행들에 미치는 영향에 의해 평가를 받는다. 따라서 이후부터는 금융위기의 위험은 1990년대 신흥시장국가 경제가 겪었던 것 같은 즉흥적인 개입으로 해결되는 그런 문제가 더는 될 수 없었다. 또한 금융위기는 G20 국가들이 항상 사전에 준비해야 하는 문제가 되기도 했다. 도드-프랭크 법안을 통해 만들어진 금융안정성위원회(Financial Stability Council)는 연준과 재무부, 그리고 기타 규제기관들에게 이런 새로운 형태의 감시와 통제를 발전시킬 수 있는 기본적인 바탕을 제공했다. 정부의 규제기관들이 현대 금융에 대해 이해하는 일이 점점 더 복잡해지면서 은행들 역시 이런 정부 당국과 매일 상호 교감할 수 있는 복잡하고 거대한 대응부서를 만들었다. 이런 둘 사이의 상호작용에서 정말로 중요한 작업은 금융안정성을 위해 가장 중요한 세 가지 변수인 자본, 레버리지, 유동성에 대한 규칙을 정의하는 것이다. 또한 둘 사이의 관계는 이해관계가 서로 충돌하면서도 대단히 깊게 서로 연결되어 있는 그런 관계였다. 미국의 보수주의자들에게는 고결하게 떠받들어온 기업 자유주의가 사사로운 목적을 위해 일종의 자유조합주의로 바뀌어가는 것으로 비쳤다.[57] 그리고 이런 변화는 규제기관과 변호사, 그리고 은행들을 연결해주는 회전문식 인사와 관료주의의 상호작용이라는 사회적 현상을 넘어서는 것이었다. 이런 관계의 논리가 얼마나 긴밀하게 작용했는지 알고 싶다면 2009년 5월 처음 있었던 스트레스 테스트 당시로 돌아가 보는 방법밖에 없다.

시스템적으로 중요한 금융기관(SIFI) 가운데 핵심 그룹의 안정성을 인정해주는 일은 분명 그들에게 일종의 특혜를 주는 행위나 다름없었다. 그 덕분에 은행들은 자금조달 비용을 줄일 수 있었는데 이것이 문제의 핵심이었다. 그런데 이렇게 되면 겉으로 보이는 자본조달 방식에만 초점을 맞추고 스트레스 테스트의 세부적인 사항은 주의 깊게 들여다보지 않은 것이다. 만일 그 목적이 은행들의 재정건전성을 회복하는 것이라면 새로 주식 등을 발행해 자본을 조달하는 것만이 능사는 아니다. 사실 2009년 스트레스 테스트 결과로 나온 6000억 달러의 손실 중 60퍼센트는 "자본조달 외의 방법"에 의해 회복될 수 있다. 각각의 항목에 첨부되어 있는 설명을 보면 이런 "추가" 자본조달 방식 중 특히 중요한 것이 "손실 충당 이전의 순수익(pre-provision net revenue, PPNR)"이다.[58] 손실 충당 이전의 순수익이란 이자 및 비이자 매출에서 비이자 관련 비용을 제한 것이다. 보통 이야기하는 수익과는 약간 다른데, 여기에는 손실에 따른 충당비용이 포함되어 있지 않기 때문이다. 그렇지만 어쨌든 서로 밀접한 관계가 있다. 가까운 장래에 미국의 상위 19개 은행이 충분한 PPNR을 만들어낼 수 있는가에 대한 문제가 연준과 재무부 정책의 주된 관심사 중 하나가 될 것이었다. 상황은 대단히 좋지 않았다. 충분한 PPNR을 만들어내지 못하는 은행들은 스트레스 테스트를 통과하지 못할 것이고 그러면 시장 논리에 따라 처리되거나 TARP 자금지원을 요청할 수밖에 없다.

스트레스 테스트를 통해 재무부는 씨티그룹의 국유화와 "해결책"에 대한 요구를 회피할 수 있었다. 그 대신 재무부와 연준은 금융안정화와 TARP 자금 소모를 최소화하기 위해 사실상 은행의 수익을 건강한 수준까지 끌어올리는 것을 목표로 삼았다. 두 기관의 이론적 논리는 어쩌면 당연한 것이었다. 물가와 실업률 억제를 포함한 금융안정화가 정부 경제정책의 핵심목표가 된 지금, 은행의 수익 문제는 핵심적인 중간변수들 중 하나였다. 더 많은 수익은 결국 은행 대차대조표의 건전성과 안정을 가져다준다. 연준은 스트레스 테스트의 일환으로 PPNR에 대한 통계자료를 정리하고 다양한 거시경제학적 시나리오에 따라 발전 가능성을 예측할 수 있는 모형을 개발하게 된다.[59]

그렇지만 복잡한 상황은 거기에서 그치지 않았다. 은행들의 수익을 목표로 삼고 있는 정부 당국이 은행들은 정부의 그런 정책방향을 따라야 한다고 말해야 하는 건 그저 논리적으로는 그렇다는 것뿐이었다.[60] 연준은 2년 후인 2011년 11월 포괄적자본적정성평가(Comprehensive Capital Analysis and Review, CCAR)의 일부로 다음과 같은 내용을 언론을 통해 발표한다.

"연준은 매년 각 기관들의 자본적정성, 내부 자본적정성 평가 과정, 그리고 배당금 지불과 자사주 매입 등과 같은 자본 배분을 위한 계획 등을 평가할 것이다. 연준은 자본 관련 계획을 감독기관에게 승인받고 충분한 재정적 능력을 보여줄 수 있는 기업들에 한해서 배당금 증가 혹은 다른 자본분배에 대한 승인을 해줄 것이다. 여기에서 은행들이 보여줘야 할 충분한 재정적 능력이란 거시경제학적 및 금융시장 위험성을 가정한 상황에서 원하는 자본 분배를 마친 이후에도 금융기관으로서 성공적인 운영이 가능한 그런 능력을 의미한다."[61]

오바마 대통령과 팀 가이트너는 국유화에 대한 압박을 막아냈는지 모른다. 그렇지만 공산주의가 무너진 후 20년이 지나 전 세계 자본주의가 1930년대 이후 최악의 위기를 맞이한 이 얄궂은 역사의 뒤틀림 앞에서 미국금융의 대표적 전진기지들은 주주들에게 배당금을 지급하기 전에 정부가 승인하는 "자본계획"에 대한 협상을 요구받았다. 체제의 안정을 지키고 유지하는 일이 가장 중요했기 때문이다. 한때 시장의 자유를 전파하고 수호한다는 자부심을 과시했던 분야에서 정부의 개입이 이루어진다는 건 참으로 극적인 사건이 아닐 수 없었다. 그리고 미국이 채택하는 모든 변화들은 처음부터 미국 안에서만 그치지 않는다는 사실도 분명해졌다. 여기에는 국제적인 다른 조치들이 뒤따라야 하는데, 먼저 미국은 경쟁적 불이익을 당하지 않아야 하며 둘째, 위험한 관행들은 미국 밖으로 전해지지 말아야 했다. G20 국가의 재무부 장관들은 2008년 10월 회담에서 SIFI는 절대 파산하도록 내버려두지 않기로 결정했다. 이제 문제는 이런 기관들을 어떻게 감독하고 규제할 것인가였다. 미국이 우선 시작을 했으니 나머지 자세한 사항은 바젤위원회에서 결정될 예정이었다.

치명상을 입은 유럽 금융시스템

변화가 시작되자 그 긴박감이 분명하게 두드러지기 시작했다. 1970년대 금융권의 위기가 시작되고 1988년 첫 번째 바젤규제가 만들어지기까지 14년이라는 지루한 타협의 시간이 지나갔다. 바젤 I을 바젤 II로 바꾼 공식적인 개정 작업은 1999년 시작되었다. 그로부터 8년이 지나 금융위기가 시작되었을 때도 관련 협약에 따른 새로운 기준들은 여전히 완전히 실행되고 있지 않은 상황이었다. 그리고 바젤 III가 완전히 다른 분위기와 속도로 시작되었다. 2008년 11월 G20 회담에서 처음으로 행동을 촉구하고 나왔다. 이탈리아 중앙은행 총재 마리오 드라기가 위원장이 된 새로운 금융안정위원회가 여름에 소집되었다. 마리오 드라기는 벤 버냉키와 1970년대 미국 MIT에서 함께 수학했으며 금융과 거시경제학을 새롭게 결합한 분야를 제시한 인물이기도 했다. 2009년 9월까지 기술적인 논의가 진행되었고 몇 주 지나지 않아 바젤위원회가 미국식 스트레스 테스트 방식을 통해 글로벌 수준의 SIFI 30개를 선별한다는 소문이 퍼졌다.[62] 이 30개 금융기관은 더 엄격한 자본 규제 기준의 대상이 되고 최악의 상황이 닥쳤을 때 어떻게 대응할지에 대한 계획을 미리 세워두어야 한다는 것이었다. G20은 2010년 열린 서울 회담에서 새로운 규정들을 발표했다. 그리고 바젤 III 레짐(regime) 협약의 대상이 되는 29개 SIFI의 첫 번째 명단은 2011년 11월에 발표되었다.

위기가 시작될 무렵 미국과 유럽, 일본, 중국 국적의 이 29개 기관이 보유하고 있던 총자산은 46조 달러에 달했다. 따라서 이들은 전 세계 금융

도표 13.1 글로벌 수준의 SIFI: 2012년 말 자산 및 핵심자본(Tier I capital)을 기준으로

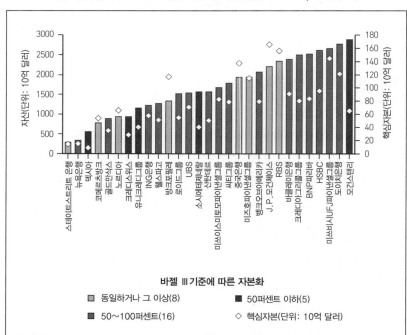

자료 출처: A. 로스톰(Rostom) and M. J. 김(Kim), 「시스템적으로 중요한 금융기관들에 대한 감시—다양한 기준의 필요성(Watch Out for SIFIs—One Size Won't Fit All)」, 세계은행 블로그(2013년 7월 1일). http:// blogs.worldbank.org/psd/watch-out-sifis-one-size-wont-fit-all. 자료: 《더뱅커(The Banker)》(2012년 7월), 은행 연차보고서.

자산의 약 22퍼센트 이상을 소유하고 있는 셈이었다. 이 기관들은 스트레스 테스트를 통해 일국 수준이 아닌 국제적 수준의 특별한 감독 대상이 되었다. 2008년 발생한 금융위기의 진행 과정을 생각하면 바젤 III는 금융기관에 대한 규제의 새로운 영역에 초점을 맞춘 셈이다. "Repo 쇄도"와 관련해 이들 SIFI는 위기를 헤쳐나갈 수 있는 역량을 갖추려면 30일 분량의 순수익 유출을 감당하도록 매매나 환매할 수 있는 우량 자산을 충분히 갖추어야 한다. 거기에 또 만기불일치를 감당하기 위해 장기 대출 액수에 맞먹는 안정적인 장기 자금조달 능력이 충분하다는 사실도 증명해야 한다. 바젤 III 규제가 목표로 하는 건 은행을 비롯한 금융업체들이 노던록과 같은 상황에 빠지지 않도록 하는 것이었다. 노던록은 앞서 언급한 것처럼 불안정한 단기 도매금융 자금조달 방식으로 장기 모기지 상품을 다량 거래하다 파산하고 만 업체다. 물론 바젤 III의 새로운 규제와 규정들로 인한 갈등도 나타날 수 있다. 그렇지만 이에 따른 첫 번째 갈등에서 표면적으로 드러나는 건 자본과 관련된 진부한 쟁점들이다.

금융위기의 여파로 인해 많은 개혁적 성향의 경제학자들은 각 금융기관들에 충분한 자본 확충을 요구했다.[63] 경제학자 아나트 아드마티(Anat Admati)와 마르틴 헬비히(Martin Hellwig)가 앞장서서 은행들에 대차대조표상 20~30퍼센트에 달하는 자기자본을 보유하도록 요구했는데 이 비율은 사실 다른 분야의 기업이나 헤지펀드 업체들에는 일반적인 수준이었다. 이런 업체들이 확실한 안정성을 확보할 수 있는 것도 바로 이런 충분한 자본 덕분이었다. 또한 수익률이 상대적으로 훨씬 떨어지는 것도 이런 이유로 정당화될 수 있었다. 마찬가지 이유로 그저 일반적이고 지루한 은행 업무만 처리할 생각이 전혀 없던 거대 은행들은 이에 대해 거세게 저항했고 그 선봉에 선 것이 바로 국제금융협회(Institute of International Finance, IIF)다. 이 협회에는 미국과 유럽, 그리고 아시아를 비롯한 전 세계에서 내로라하는 금융업체들이 다 포함되어 있었다. 전무이사 찰스 덜라라(Charles

Dallara)는 국가부채 관련 베테랑 협상전문가로 1980년대 팀 가이트너가 재무부 신입 근무 당시 부서 상사였다. 그리고 도이치은행의 스위스 출신 최고경영자 요제프 아커만이 의장을 맡았다. 두 사람은 지나치게 공격적인 자본재구성은 대출업무를 방해하고 따라서 경제성장도 뒤처질 수밖에 없다고 주장했다. IIF가 개발한 계량경제모형에 따르면 글로벌 수준의 SIFI에 자기자본 보유 규모를 2퍼센트 인상하면 미국과 일본, 유럽의 GDP는 3퍼센트가 줄어들고 연간 성장률 역시 0.6퍼센트가량 줄어든다는 것이었다. 성장률 1~2퍼센트 회복을 두고 고군분투하는 현실을 생각하면 대단히 우울한 전망이었다.[64] 또한 자본 확충을 옹호하는 측으로서는 훨씬 더 정교한 경제모형을 가지고 대응할 수밖에 없도록 만드는 뭔가 의도가 있는 가설이라고밖에는 볼 수 없었다.

바젤에서의 경제 모형을 둘러싼 갈등의 와중에 실라 베어는 자본 확충을 지지하는 대변인 역할을 자처했다. 스위스의 규제기관들도 비슷한 주장을 펼쳤다. UBS가 거의 파산 직전까지 가고 크레디스위스가 엄청난 손실을 본 이후 스위스는 자국의 이런 거대 은행을 도와줄 여력이 안 된다는 사실을 분명하게 깨달았다.[65] 나머지 미국 대표들은 실라 베어처럼 강력하게 주장을 펼치지 않았다. 협상을 통해서 분명 커다란 변화가 이루어졌지만 결코 급진적이지는 않았다. 새로 만들어진 규정에 따르면 모든 은행의 위험가중자산과 관련된 자기자본비율이 최소 7퍼센트로 정해졌다. 그렇지만 SIFI는 그 규모와 세계 경제에 미치는 영향력에 따라 더 많은 자기자본을 보유하고 있어야 했다. 2014년 11월부터 2019년 1월까지 선별된 29개 SIFI는 위험가중자산에 따라 자기자본을 8~12.5퍼센트 이상 보유해야 했다.[66] 또한 예를 들어 위기가 닥쳐오면 3.5퍼센트 정도는 채권을 주식으로 바꿀 수 있는 전환사채의 형식으로 더 늘려 보유해야 했다. 결정적으로 바젤 II 시절과는 달리 차입자본을 두 가지 방식으로 확인했다. 기본적인 기준은 역시 위험가중자산에 따라 결정되는데, 은행들은 복잡한 내부공식에 따라 이를 계산할 수 있었다. 그렇지만 건전성에 대한 더 엄격한 기준에 따라 위험가중자산 대비 레버리지는 은행의 전체 자산에 대한 손실완충자본 비율이라는 간단한 공식에 의해 점검되어야 했다. 이 비율은 자산에 대한 자기자본 "레버리지 비율"의 3퍼센트 이하로 떨어지면 안 되었는데 이로 인해 실라 베어와 그녀를 지지하는 측에서는 분노를 감추지 못했다. 미국의 경우 콜린스 수정안과 FDIC가 정한 기준을 통해 상한선을 더욱 높였던 것이다. 하지만 바젤에서 더 많은 내용이 논의되지 못했다면 그건 미국 대표단의 영향보다는 유럽 측의 반대로 인한 부분이 더 많았다고 볼 수 있다.

금융위기 이후 베를린과 파리에서는 앵글로색슨 방식의 금융시스템에 대해 많은 논의가 이어졌으며, 그 결과 마침내 유럽집행위원회에서 금융위기를 진압할 역량이 있는 기관이 필요하다는 결론을 도출했다. 그리고 2009년 2월, 금융 규제에 관한 라로지에르 위원회(Larosière committee)의 보고서가 제출되었다.[67] 이 보고서는 2011년까지 완전히 새로운 형식의 범유럽 금융감독기관을 출범시킬 것을 권고했고 그렇게 해서 4개의 새로운 기관이 탄생한다. 유럽은행감독청(European Banking Authority, EBA), 유럽 증권 및 시장 감독청(European Securities and Markets Authority, ESMA), 유럽 보험 및 직업연금 감독청(European Insurance and Occupational Pensions Authority, EIOPA), 거시건전성을 감독하는 유럽금융제도위험관리위원회(European Systemic Risk Board, ESRB)였다. 잘 정비된 조직이라는 측면에서 보자면 미국의 도드-프랭크법이 시도한 어떤 조치들보다도 이런 유럽의 방식이 훨씬 더 포괄적이었다. 그렇지만 라로지에르 위원회는 거대한 규모의 다국적 은행들을 국가적으로 감시하는 데는 큰 어려움이 뒤따르고 또 미국의 연방정부 구조는 위기관리에서 그들만의 독특한 장점이 있음을 다 이해하고 있었음에도 불구하고 일시적인 책임 분담 합의만을 했을 뿐이며 공동으로 예금보험금을 조성하자는 의견은 무시했다. 따라서 라로지에르의 주장은 은행들의 연합체라기보다는 유럽 각국이 서로 힘을 합쳐 협력하자는 원론적인 주장이었을 뿐이었다.[68] 그렇게 해서 새로운 감독기관들을 세우려는 이런 모든 노력에도 불구하고 은행의 사업 모델과 자본재구성에 대한 문제가 이어지며 유럽의 발전은 고통스러울 정도로 느리게 진행되었다.[69]

미국이 개혁의 속도를 조절하던 당시 2009년 5월 유럽은행감독당국위원회(Committee of European Banking Supervisors, CEBS)에서는 유럽 은행들과 함께 비상상황을 상정한 일종의 모의 훈련을 실시할 것이라고 발표한다. 그렇지만 이 시나리오 테스트는 "각 은행들을 점검하기 위한 스트레스 테스트가 아니며 그 결과도 비밀에 부칠 것"이라고 강조했다.[70] 더 많은 조사나 검사의 결과를 두려워할 이유는 물론 있었다. 은행들은 정부의 공식 지원을 받았다는 오점을 간절히 피하고 싶어 했으며 2008년 10월에 자본재구성을 돕기 위해 전 유럽에 할당된 수백억 달러의 공적자금은 대부분 손도 대지 않은 채 남아 있었다. 한편, 은행의 주가가 최저로 떨어지면 시장을

도표 13.2 자본 확충 현황: 미국과 유럽연합이 발행한 은행 자본
(총자산 대비 백분율로 표시한 연간 수치)

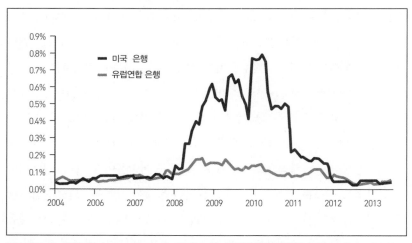

자료 출처: D. 슈마커(Schoenmaker), T. 피크(Peek), 「유럽의 은행 현황(The State of the Banking Sector in Europe)」, 《OECD 경제 분야 보고서》 제1102호(2014), 표 8. http://dx.doi.org/10.1787/5k3ttg7n4r32-en.

통한 자금을 조성하는 비용이 더 많이 들어간다. 그 결과 이미 2009년 4월 금융위기의 첫 번째 파급효과가 밀어닥쳤을 때 IMF에서는 미국이 은행들의 자본재구성 작업에서 한참 앞서 나가고 있다고 추정했다.[71] IMF에 따르면 유럽의 은행들은 이미 파악하고 있는 손실 외에도 2010년에 또다시 최소한 1조 달러 이상의 대손상각을 피할 수 없는 상황이었다. 그 규모는 미국의 두 배에 가까웠다. 또한 유럽 각 지역에서는 훨씬 더 놀라운 규모의 수치가 언론을 통해 보도되고 있었다. 2009년 4월 독일의 유력 일간지인 《쥐트도이체자이퉁(Süddeutsche Zeitung)》은 독일의 금융감독청인 BaFin(Bundesanstalt für Finanzdienstleistungsaufsicht)에서 유출된 문서를 확보한다. 이 문서에 따르면 독일 은행들의 자산 중 8160억 유로가 지금 상황에서 거래가 불가능한 불량자산으로 판단된다는 것이었다.[72] 2009년 여름 독일은 이런 배드뱅크를 만들기 위한 새로운 법안을 상정했다. 그렇지만 역시 이번에도 자금 확보가 문제였고 유럽이 취하는 조치들은 법적인 강제성이 없는 권고나 제안 수준에 머물렀다. IMF에 따르면 예컨대 유럽 은행들이 안정성을 다시 회복하기 위해서 필요한 자금은 5000억 달러에서 1조 2500억 달러 수준으로 신규 자금이나 유보 이윤 축적을 통해서 마련해야 한다고 한다. 그렇지만 신규 자금을 마련하지 못한 채 시간이 흘러 유럽 은행들은 미국에 비해 크게 뒤처지게 된다.

미국의 은행들이 유럽 은행들과 비교해 얼마나 적극적으로 자본을 늘려갔는지를 보여주는 이 충격적인 도표는 금융위기의 첫 번째 단계에 대한 적절한 대응이 어떤 것인지를 보여준다. 어쨌든 스트레스 테스트와 도드-프랭크법, 자본재구성 계획과 TARP로 이어지는 미국 정부의 정책들을 통해 미국의 은행시스템은 회복의 길로 들어설 수 있었으며 더 과격하고 급진적인 방식들을 피할 수 있었다. 또한 은행들은 여전히 대마불사의 상징으로 남게 되었다. 구조조정이나 해체 등을 하기는커녕, 2013년이 되자 J.P.모건, 골드만삭스, 뱅크오브아메리카, 씨티그룹, 웰스파고, 모건스탠리는 2008년과 비교해 오히려 37퍼센트나 규모가 더 늘어났다.[73] 경영진과 주주들은 일방적인 정부의 지원을 받았다. 그렇지만 미국 은행들을 긴급한 상황에서 구해내는 것이 최종 목표였다면 그 목표는 달성되었다. 팀 가이트너가 주장했던 것처럼, 안정화라는 그의 정책이 궁극적으로 추구했던 점은 은행의 재정건전성 확립이었으며 정책의 성공 여부는 결과가 분명하게 증명해주고 있었다. 2009년과 2012년 사이 미국의 상위 18개 은행은 자기자본을 4000억 달러에서 8000억 달러로 늘렸고 위험한 도매금융 방식의 자금조달 비중은 FDIC가 보증하는 일반 예금 1달러당 1.38달러에서 0.64달러로 줄였다. 그와 동시에 보유자산에서 현금과 재무부 채권, 그리고 우량 유동 자산 비중을 14퍼센트에서 23퍼센트로 늘렸다.[74] 2008년 10월부터 시작된 재무부와 연준이 합심한 작업이 마침내 그 결실을 거두었다.

반면에 치명상을 입은 유럽 은행시스템은 포괄적 자본재구성이 부족해 금융위기에서 근본적 전환점 중 하나를 놓치고 말았다. 많은 은행들은 장클로드 트리셰가 이끄는 유럽중앙은행의 저금리 대출을 받아 고수익 정부 채권을 매입함으로써 일시적으로나마 이익을 낼 수 있었다. 그렇지만 새롭게 자본을 끌어모으지 못하면 유럽 은행들은 미래에 있을지 모를 또 다른 충격이나 위기를 절대 견뎌낼 수 없다. 미국이 안정을 되찾아가는 동안 유럽에서는 2008년의 금융위기가 완전히 마무리되지 않은 채 1년 후 새로운 위기를 맞이한다. 유로존 공공 부문 부채시장에서 공황상태가 시작된 것이다. 서브프라임 위기와 유로존 위기 사이의 연결고리는 유럽 은행들의 취약한 대차대조표였다. 게다가 두 위기의 결합은 1945년 이후 유럽 경제사에서 가장 중요한 전환점으로, 유럽의 정치마저 그 근본부터 뒤흔들게 된다. 또한 대서양을 사이에 두고 있는 미국과 유럽의 경제가 크게 사이가 멀어지면서 양 대륙의 관계 역시 심각한 위기를 맞고 말았다.

3부

유로존

14장

2010년 그리스
만기연장이 곧 경기회복*

2009년 여름, 금융 부문의 심각한 위기가 가라앉으면서 유럽과 미국 경제가 모두 회복되기 시작했다. 그렇지만 그 여파는 여전히 남아 있었다. 연준과 재무부의 노력에 힘입어 미국에서는 이런 여파가 더는 금융시스템에 심각한 위협이 되지 못했다. 그렇지만 여전히 수백만이 넘는 미국의 가정들은 대출금에도 미치지 못하게 하락한 주택 가격과 그에 따른 원금 및 이자 상환 문제로 신음하고 있었다. 미국 가정에 대한 압류절차는 2010년 초

---

* 막대한 손실을 안고 있는 은행에 대한 처리는 둘 중 하나다. 가장 손쉽고 원칙적인 조치는 휴지 조각이 된 부실자산에 대한 변제 능력이 없는 은행은 퇴출하는 것이다. 아니면 신규 자금을 집어넣어 지금 당장의 파산 위험을 제거하는 것이다. 글로벌 금융위기에는 신규 자금을 유입해 은행의 자본과 부채의 구성을 변경하는 자본재구성(recapitalisation) 방식이 활용되었다. 이는 자금을 새로 집어넣어 지불 만기를 연장하면 향후 건전한 은행이 될 수 있다는 은행의 선전에 설득 당한 것이다. 그러나 현실은 은행의 주장대로 이어지지 않았다. "만기연장이 곧 경기회복(extend and pretend)" 전략 정도로 줄여 말할 수 있는 은행의 주장과 달리, 현실에서 은행 위기는 계속해서 발생했고 그때마다 은행은 "만기연장이 곧 경기회복" 전략을 통해 정부와 국민을 설득했다. 결국 정부와 납세자들은 은행의 "만기연장이 곧 경기회복" 선전에 넘어가 한낱 자금줄 신세로 전락했다. 그러는 동안 의미 있는 은행 개혁은 이루어지지 않았다.

반 절정에 달했다. 채무자들의 파산이 줄줄이 이어졌다. 그렇다 해도 이들이 겪은 재앙이 체제의 위험으로까지 번지지는 않았다. 이 채무자들은 그저 오바마 행정부나 다른 사람들로부터 거의 도움을 받지 못한 무력한 존재들이었을 뿐이다. 연준이 공급하는 인심 좋은 자금 외에 미국 경제를 떠받친 건 재정 관련 기구들 안에서 작동한 자동안정화장치였다. 이 자동안정화장치는 미국뿐만 아니라 선진국 전체에 걸쳐 공공 부문 재정에 깊은 영향을 미쳤다. 2010년에 그것은 재정건전화(fiscal consolidation), 그리고 위기 이전에 광범위하게 통용되던 재정건전성(fiscal sustainability)이라는 의제로의 복귀를 요구하는 전 세계적 반동을 불러일으키게 된다. GDP 대비 채무 비율을 관리하는 일은 일종의 기원(祈願)처럼 되어버렸다. 물론 2008년의 은행 구제금융 규모가 줄어들기 시작하면서 생각은 바뀌었다. 돈이라는 건 어떤 식으로든 대체가 가능하다. 궁극적으로 보면 건강보험이나 교육, 각 지방정부의 예산은 위기 관련 비용으로 전용될 수 있는 예산에 함께 편성되어 있었다.

유로존의 경우 금융위기에 대한 지원이 줄어드는 과정은 특별히 극적인 형태를 취할 수밖에 없었다. 왜냐하면 유로존에서도 규모가 작은 3개 회원국은 금융위기로 인한 재정적 여파가 엄청났기 때문이다. 2008년 금융위기의 와중에 그리스와 아일랜드, 포르투갈은 시간이 갈수록 예산 문제를 감당할 수 없게 된다. 특히 그리스와 아일랜드가 상황이 심각했다. 그리스의 공공 부문 채무는 그야말로 규모가 엄청나서 새롭게 조정이 필요했다. 아일랜드는 2008년 9월 30일 4400억 유로에 달하는 은행 채무를 모두 다 책임지겠다는 정부 발표가 가져온 충격과 공포에 완전히 앞도당한 상황이었다. 2009년 무렵 그리스와 아일랜드가 짊어진 부담을 생각하면 앞으로 기대할 수 있는 유일한 합리적 조치는 채권자의 채권 수익 일부 삭감을 골자로 하는 채무 재조정 혹은 좀 더 완곡하게 표현해 공적 채무 조정에서 민간의 참여(private sector involvement, PSI)밖에 없었다. 그리스에서 채무 재조정이 제대로 이루어지려면 대출기관들이 국가의 조치에 적극 참여해야 했다. 아일랜드의 경우에는 자신의 요구가 합리적 수준에서 받아들여지기 힘든 상황에 처한 은행 채권자들이 그렇게 해야 했다. 만일 어떤 은행이라도 파산하면 이는 재산권 침해로 이어져 불확실성을 야기할 터였다. 그렇게 되면 위험이 확산할 여지 또한 충분했다. 만일 그리스나 아일랜드가 채무를 재조정하면 그다음은 누구 차례가 될 것인가? 유럽 은행들의 취약한 상태를 생각할 때 손실이 더 발생하면 위험해질 수밖에 없었다. 그리고 미국 금융시스템과의 상호연결 수준을 보면 비단 그 위험이 유럽에만 국한되는 것도 아니었다. 따라서 그리스와 아일랜드, 포르투갈의 상황이 정치적, 그리고 금융 관련 위험을 불러들이고 다시 미국과 유럽이 위치한 대서양 양쪽 모두에 확산한다고 해도 전혀 놀라운 일이 아니다. 그렇지만 2010년 유로존에서 일어난 상황들은 정말로 이례적인 것이었다.

2008년 9월과 10월 초, 금융위기 발생 당시 유럽이 처음 보인 반응은 자기부정과 선제대응 및 협조정신의 결여였다. 그리고 이런 특징들은 앞으로 닥칠 일들에 대한 또 다른 전조였다. 2008년 가을, 위기의 처음 단계가 진행되면서 닥친 곤란한 상황들은 아직까지는 국가 차원에서 대응 가능한 수준이었다. 그렇지만 2010년이 되자 위기는 유럽의 미래를 건 싸움으로 번졌다. 유럽의 단일통화는 와해 직전까지 이르렀다. 그리스와 포르투갈, 아일랜드, 스페인 등은 1930년대 이후 한 번도 경험하지 못했던 경제불황 속으로 빠져 들어갔다. 이탈리아가 부수적인 피해를 입었고 프랑스의 국가신용도는 위기에 처했다. 각국의 정권이 뒤바뀌고 정당이 무너져 내렸다. 민족주의자들의 선동이 위험수위까지 끓어올랐다. 오바마 행정부는 유럽의 이 새로운 위기가 다시 미국으로 번져오지 않을까 하는 우려 섞인 상황을 마주했다. 2009년 봄 프랑스와 독일은 영국과 미국을 향해 금융안정성에 대해 훈계했다. 하지만 그로부터 1년 뒤 그리스뿐만 아니라 유로존 전체가 IMF에 도움을 청하는 신세가 되었다. 그 정도로도 충분하지 않았는지 2년 뒤에는 유로존 위기가 글로벌 금융안정성을 위협하는 상황까지 초래했다.

그리스 경제를 향해 다가오는 위험의 실체

월스트리트에서 시작해 한국까지, 글로벌 경제위기의 더 넓은 단면을 살펴보면 그리스와 아일랜드의 문제는 유별난 현상이 아니다. 굳이 유로존의 특유한 운용 방식에서 그 해답을 찾을 필요가 없다.[1] 아일랜드는 일종의 과도하게 비대해진 역외 금융 중심지라고 할 수 있었다. 아일랜드가 스스로 책임져야 하는 구제 비용은 재정이 아무리 탄탄한 국가라도 위험에 빠트리기에 충분한 규모였다. 프랑스 재무부 장관 크리스틴 라가르드가 상상했던 2008년 10월의 악몽이 현실이 되는 순간이었다. 통합된 유럽 금융 시스템에서 한 국가가 해결하기엔 너무 큰 위기가 발생한 것이다. 아일랜드 정치권은 공황상태와 금융계와의 끈끈한 유착관계에 휘둘리고 있었다. 그렇지만 독일의 앙겔라 메르켈 총리가 유럽 차원의 모든 집단적 협력을 거부하고 나섬으로써 아일랜드는 더 이상 버틸 수 없는 상황에 이르렀다. 2009년 1월 15일 아일랜드 정부는 어쩔 수 없이 앵글로아이리시뱅크를 국유화한다. 이미 IMF가 개입할 것이라는 소문이 떠돌던 시점이었다. 아일랜드 국채는 헐값에 팔려나갔지만 지불정지의 위험은 심지어 그리스보다도 높았다.[2]

만일 유럽연합의 일원이지만 유로존 소속은 아니던 2008년의 헝가리와 같은 상황이었다면 그리스는 IMF의 1차 위기관리 계획에서 동유럽 국가들과 같은 처분을 받았을 것이다.[3] 그리스는 대서양 양안에서 발생한 금융위기에 직접적인 영향을 받지 않았고 그리스 은행들은 주로 해당 지역에서만 사업을 진행했다. 그리스의 위기는 수출과 관광산업으로부터 시작되고 위기가 닥치자 곧 재정의 자동안정화장치가 작동하기 시작했다. 조세 수입은 줄어들었지만 2008~2009년에는 전혀 특별할 것이 없는 상황이었다. 그리스가 무너진 이유는 마침 위기가 닥쳤을 당시 재정 상황이 극도로 불안정했기 때문이다. 그리스가 유로존 회원 자격을 이용해 과잉차입을 하지 않았다는 건 널리 알려진 사실이다. 그리스가 짊어지고 있던 채무는 대부분 1980년대와 1990년대 그리스의 양대 정당인 범그리스사회주의운동 (PASOK, 사민주의 정당)과 신민주주의당이 유권자들의 표심을 잡기 위해 서유럽 수준의 현대화와 발전을 약속하면서 쌓인 것들이었다.[4] 2006년 그리스의 GDP 대비 채무 규모는 2001년 유로존에 가입했을 때보다는 낮았다. 그렇지만 그 이후 채무가 크게 줄어들지 않았고 정부 차원의 통계 조작까지 있었다는 것이 문제였다. 그리스 정부는 저금리와 함께 빠른 경제성장을 이룬 귀중한 기간 동안 채무를 크게 줄이지 못하는 실수를 저질렀다. 재정 적자가 갑작스럽게 늘어나거나 혹은 금리가 치솟을 경우 언제라도 국가부도 사태가 일어날 수 있는 상황이었다. 그리고 실제로 2008년에 그런 일이 일어났다. 금융위기에 대한 대응으로 보수파인 신민주주의당 정부는 재정 지출에 대한 모든 제한을 폐기했으나 이와 동시에 재정 취약국으로서 그리스에 대한 대출 이자는 치솟았다.

2009년 7월 그리스 정부는 자국의 재정 적자가 GDP의 10퍼센트 이상이 될지도 모른다는 사실을 유로그룹에 알려왔다. 그렇지만 당시에는 어느 누구도 이런 사실을 일반 대중에게 공개하는 것이 좋겠다고 생각하지 않았다. 사실이 알려진 건 10월 4일이다. 그리스 유권자들은 중도우파인 신민주주의당을 몰아내고 개혁 성향의 범그리스사회주의운동을 다수당으로 만들어주었다. 2주 뒤, 새 총리에 취임한 게오르기오스 파판드레우(Georgios Papandreou)는 모든 사실을 밝혀버렸다.[5] 그리스 정부는 유럽연합 통계국에 자국의 적자가 GDP의 12.7퍼센트를 넘었다는 내용을 알렸다. 이렇게 해서 뒤바뀐 2009년 예산개정안에서 그리스의 채무 부담은 단숨에 GDP의 99퍼센트에서 115퍼센트로 바뀌었다. 기존의 적자에 다시 수백억 달러의 적자가 쌓이고 거기에 금리 상승까지 겹치면서 그리스 경제가 통제 불능 상태로 접어드는 건 시간문제였다. 2010년 한 해에만 그리스가 갚아야 할 채무는 무려 530억 유로에 달했다. 그 정도라면 누구라도 부담을 느낄 액수였다. 그렇지만 그리스의 문제는 유동성 부족이 아니라 상환 능력이 없다는 것이었다. 실제로 한 계산에 따르면 그리스 경제를 안정시키기 위해서는 당장 세금을 GDP의 14퍼센트까지 올리고 지출 역시 같은 규모로 줄여나가야 한다고 했지만 정치적으로 불가능한 일이었다. 그리스에 정말로 필요한 일은 채무를 재조정하고 채권자들에게 채무 감면에 대한 동의를 구하는 것이었다. 그 밖의 방법으로는 이미 감당할 수 없을 정도로 부풀어버린 빚더미 위에 또 다른 빚을 얹어 당장의 위기를 모면하는 것이었지만 그렇게 하면 나중에 치러야 할 대가가 더 늘어날 뿐이었다.

당연한 이야기지만 채무 재조정은 채권자들이 별로 바라지 않는 방식이었다. 2007년 당시 그리스 국채는 독일 국채인 분트와 거의 같은 시장금리로 거래되었고 폭넓게 보유되었다. 2009년이 끝나갈 무렵 그리스 공공 부문 2930억 유로 규모의 채권 중 2060억 유로를 해외에서 보유했는데, 유럽 각국의 은행들이 900억 유로, 그리고 연기금 및 보험 기금들도 대략 그정도 보유했다. 이 채무액을 조금 줄여준다면 그리스로서는 어느 정도 숨통이 트였겠지만 동시에 국가신용도의 하락을 감수할 수밖에 없었다. 만일 사태 초기에 범그리스사회주의운동이 어떤 역할을 할 수 있었다면, 국가 파산을 선언함으로써 그리스 사회 전체를 혼란에 빠져들도록 했을 것이다.[6]* 그러나 2009년 범그리스사회주의운동은 더 이상 그런 역할을 할 수

---

* 투즈는 여기서 SOAS 런던대학교 교수이자 시리자 정권 출범 당시 국회의원에 당선된 마르크스 경제학자 코스타스 라파비차스의 『유로존 위기(Crisis in the Eurozone)』(2012)를 언급하며, 채무 재조정을 '채권자 주도 채무 재조정(creditor-led restructuring)'과 '채무자 주도 채무 재조정(debtor-led restructuring)'으로 구분하여 설명한다. 당시 그리스를 포함한 유럽의 재정 취약국들이 직면한 문제는 감당할 수 없을 정도로 쌓인 정부 부채를 어떻게 처리할 것인가였다. 또한 민간 채무 역시 엄청난 수준이었는데, 트로이카를 위시한 채권단은 이 문제를 은

있는 정당이 아니었다. 채무 재조정은 결국 채권자들과의 굴욕스러운 협상을 포함할 수밖에 없다. 그리고 IMF가 개입할 가능성도 대단히 컸다. 사실 한 국가의 채무 재조정은 바라고 안 바라고의 문제가 아니라 아예 입 밖으로 꺼내기조차 어려운 문제다. 혼란스럽고 그러면서 결코 피할 수 없는 이런 과정을 어떻게든 늦추고 싶다면 가장 중요한 건 신용을 유지하는 것이다. 채무 재조정 가능성을 입 밖에 내는 일만으로도 공황상태를 불러일으키고 단기자금조달 중단과 즉각적인 국가부도로 이어질 가능성이 있다. 그렇지만 어떻게 빠져나갈 궁리를 하는가와 상관없이 가혹했다. 그리스의 채무는 실로 엄청났고 게다가 점점 더 늘어나고 있었다. 당시 그리스는 채무 재조정이 불가피한 상황이었음에도 이 문제를 깔끔하게 정리하지 않았다. 대신 작정하고 달려든 속임수가 만든 지난하고 처절한 승산 없는 싸움 그리고 끝없이 되풀이됐던 "만기연장이 곧 경기회복"이라는 주장을 내세운 것이 전부였다.

도대체 어디서부터 잘못되었을까? 우선은 2010년 봄, 당시 그리스 총리 파판드레우가 프랑스를 찾아가 사르코지 대통령을 만난 시점부터 살펴보기로 하자. 프랑스 정부는 위기 상황을 바라지 않는다는 사실을 분명하게 밝혔다. 또한 채무 재조정과 관련된 이야기도 듣고 싶어 하지 않았다. 프랑스는 자금을 동원해 그리스를 구할 방법을 모색하려 했다. 2008년 금융

행에 유리한 방식 즉 채권채무 관계를 청산한다 하더라도 그 방식과 규모를 포함하는 내용을 채권단(주로 은행)이 결정할 수 있도록 하자(채권자 주도 채무 재조정)는 의견이었던 것에 반해, 시리자나 그 밖의 시민사회의 의견은 채무자(정부와 일반 국민)에게 유리한 채무 조정을 시행하자는 의견(채무자 주도 채무 재조정)으로 팽팽히 맞섰다. 우리나라에서도 2008년 글로벌 금융위기 이후 가계부채와 하우스푸어 문제를 논하는 과정에서 이와 유사한 논쟁이 있었고, 당시 사용된 '채무자에게 유리한 채무 조정'이란 표현이 라파비차스가 사용하는 '채무자 주도 채무 재조정'과 유사한 개념이다. '채무자에게 유리한 채무 조정'이란 채무자에게 유리한 조건으로 채무 탕감에만 그치지 않고 이를 기반으로 정상적인 경제활동까지 가능하게 하자는 취지로 지난 19대 국회에서 다양한 입법 활동이 있었고 20대 국회에서 일정한 입법 성과를 내기도 했다.

위기 이후 헝가리가 IMF에 도움을 요청했을 무렵 유럽 강대국들은 비밀 회담을 열었다. 유로존 회원국이 헝가리와 같은 위기를 겪을 때 유로존 차원에서 어떻게 대응할지를 논의하기 위해서였다.[7] 프랑스와 유럽연합 집행위원회는 유럽이 다 함께 참여하는 방식의 해결책을 원했고 그리스로서는 당연히 안심할 수밖에 없는 소식이었다. 유로존 위기가 진행되는 내내 그랬지만 프랑스에서는 구제금융에 반대하는 목소리가 거의 나오지 않았다.[8] 비록 프랑스도 독일 못지않게 모든 유로존 구출 작전과 관련해 자신의 몫을 부담했지만 그 부담 규모에 상관없이 이 문제가 다른 국가들만큼 정치적으로 크게 불거진 적은 없었다. 그렇지만 오히려 그렇기 때문에 의문이 남는다. 프랑스 정부는 왜 그렇게 적극적으로 그리스에 자금을 지원하는 방안을 모색하려고 했을까?

사르코지 대통령은 미국과 영국계 금융의 손실을 보며 점수를 딸 기회를 절대로 놓치고 싶지 않았다. 그러나 당혹스럽게도 그리스에서는 프랑스 은행들의 위험 노출도가 가장 높았다. BNP파리바는 그리스의 해외 채권자들 중 가장 규모가 컸다. 크레디에그리콜(Credit Agricole)은 그리스 자회사를 통해 노출도가 높은 상태였다. 무엇보다 취약한 은행은 바로 덱시아였다.[9] 그렇다고는 해도 왜 프랑스 정부가 그렇게 염려했는지 또다시 묻지 않을 수 없다. BNP파리바의 대차대조표는 그리스에서의 손실을 견뎌낼 여력이 충분했다. 덱시아가 위험한 상황이라고는 하지만 그리스와 직접적으로 관련된 금액은 30억 유로에 불과했다. 정상적인 상황이라면 이 정도로 기업의 존망이 좌우된다고 보기는 어렵다. 실제로 문제가 되었던 건 다른 무엇보다 덱시아 대차대조표의 좋지 않은 상태였으며 2010년 당시 어느 누구도 감히 손조차 대고 싶어 하지 않던 정말로 취약한 연결고리였다. 국민들은 은행에 대한 또 다른 지원을 용납하지 않을 것이었다. 그리고 사실은 덱시아와 비슷한 처지의 다른 은행들뿐만 아니라 프랑스 최대 은행인 BNP파리바 같은 대형 금융기관들의 사업 모델 전체가 우려의 대상이었다. 이런 기관들은 여전히 도매자금시장에 의존해 자금을 조달했다. 만일 이들의 신뢰도가 추락한다면 어음이나 Repo 시장의 상황에 휘둘릴 수밖에 없었다. 2007년 이후 겪은 충격의 여파로 아직 자금조달 시장에서의 신뢰가 완전히 회복되지 않은 상황이었고 유로존의 신뢰도에 문제가 생기면 전체적인 자금 사정이 어려움을 겪을 수도 있었다. 다시 말해 지금 위기에 처한건 그리스뿐만이 아니라 프랑스를 포함해 국경을 가로지르는 훨씬 더 광범위한 국제적 채무 네트워크였으며 그 규모는 그야말로 엄청났다.

이른바 유로존 주변 국가들, 즉 그리스와 아일랜드, 포르투갈, 스페인이 해외 은행들에 지고 있는 채무는 2조 5000억 달러에 육박했고 그중에서도 프랑스와 독일 은행이 각각 5000억 달러씩 대출해준 상태였다. 그런데 대부분은 정부와는 관련이 없었다. 엄청난 부동산 호황을 누렸던 스페인과 아일랜드는 이제 부동산 가격 폭락으로 고통을 겪고 있었다. 특히 스페인은 정부 재정이 아니라 지역 모기지 대출업체들의 재정 상태를 염려해야할 처지였다. 이런 주변 국가들 외에 정말로 염려스러웠던 건 이탈리아의 공공 부문 채무 상황이었다. 이탈리아의 정부예산은 그리스보다도 훨씬 더 엄격하게 관리되어왔고 실제로 금융위기가 발생하기 전에는 채무에 대한 이자 지불금을 넘어서는 흑자를 유지했다. 그렇지만 이탈리아의 채무 수준은 우려스러울 정도로 높아만 갔다. 2008년 5월에는 실비오 베를루스코니가 정권을 잡았는데 그는 성공한 사업가 이력과 보수적 성향의 연정파트너에도 불구하고 동시에 위험천만한 기회주의자로 여겨지는 인물이었다. 이탈리아에 공황상태가 일어나기를 바라는 사람은 아무도 없었다. 이탈리아에 문제가 발생한다면 다음은 벨기에와 프랑스 차례였다. 프랑스 정부 입장에서 유로존 위기라는 정치적 문제를 불러올 수 있는 건 바로 이 세 국가가 함께 얽혀 있는 채무관계였다. 가장 먼저 상대적으로 경제 규모가 작은 그리스와 포르투갈에서 국가부도 사태가 일어난다. 그리고 금융위기로 인해 부동산 호황이 거대한 채무로 뒤바뀐 또 다른 희생자 아일랜드와 스페

도표 14.1 유로존 부채 피라미드(단위: 10억 달러)

해당 유로존 국가	채무 종류	2010년 1/4분기 유로존과 글로벌 은행들 사이의 채무관계							
		독일	스페인	프랑스	이탈리아	기타 유로존 국가	영국	미국	전 세계 총합
그리스	공공 부문	23.1	0.9	27	3.3	22.9	3.6	5.4	92.5
	은행	10.5	0	3.9	1.2	2.6	2.2	3.1	26.1
	은행을 제외한 민간 부문	10	0.2	40.2	2.2	14.5	6	5.2	83.2
	해외 채무 총합	43.6	1.1	71.1	6.8	40.1	11.8	13.6	20.2
	기타	7.4	0.5	40.5	2	7.8	4.7	27.5	95.2
	채무 총합	51	1.6	111.6	8.8	47.9	16.5	41.2	297.2
아일랜드	공공 부문	3.4	0.2	8.7	0.9	3.8	7.3	1.9	29.7
	은행	46	2.5	21.1	3.6	14	42.3	24.6	168.6
	은행을 제외한 민간 부문	118.1	9.6	20.5	12	66.8	114.4	34.1	421.7
	해외 채무 총합	167.5	12.3	50.3	16.5	84.9	164	60.6	621.1
	기타	38.3	3.9	35.4	12.1	7.6	58.4	53.2	222.7
	채무 총합	205.8	16.2	85.7	28.6	92.5	222.4	113.9	843.8
포르투갈	공공 부문	9.9	10.6	20.4	2.2	11.5	2.6	1.6	62.9
	은행	20.3	7.4	7.3	3.1	7	6.6	2	55.4
	은행을 제외한 민간 부문	8.2	66.7	14.4	1.1	8.2	15.8	1.6	118.4
	해외 채무 총합	38.4	84.7	42.1	6.5	267	25	5.2	236.7
	기타	8.1	23.3	7.6	2.9	2.4	7.4	32.1	85.6
	채무 총합	46.6	108.8	49.7	9.4	29.1	32.4	37.3	322.4
스페인	공공 부문	30		46.9	2.3	19.1	7.6	4.9	127.6
	은행	95		69.7	11.1	68.7	27.6	28.6	317.4
	은행을 제외한 민간 부문	55.2		83.1	16.4	98.3	75	28.7	378.2
	해외 채무 총합	180.2		199.8	29.9	186.1	110.2	62.2	824.1
	기타	37.7		44.4	12.6	14.4	31.5	124.1	278.5
	채무 총합	217.9		244.2	42.5	200.6	141.7	186.4	1102.6
이탈리아	공공 부문	55.6	11.8	119.4	na		12.2	21.3	371.3
	은행	54.5	3.1	51.2	na		13.4	13.6	171.4
	은행을 제외한 민간 부문	66.1	24.2	309.9	na		43	17.8	445.5
	해외 채무 총합	176.2	39.3	480.1		143.6	68.6	52.7	988.2
	기타	58.2	20.3	97.6			28.8	237.3	487.1
	채무 총합	234.4	59.6	577.7	na		97.4	290	1475.3

참고 내용:

(1) 기타 내용에는 파생상품 계약과 각종 보증, 그리고 신용공여(credit commitments) 등이 포함된다.

(2) 2010년 1/4분기 이탈리아 관련 각 부문 채무 액수는 2010년 4/4분기에 보고된 내용의 비율을 적용하여 계산했다.

(3) 이탈리아가 독일과 스페인, 그리고 프랑스에 대해 지고 있는 기타 위험 노출 액수는 2010년 4/4분기 해외 채무 총합에 비례하는 비율을 적용하여 계산했다.

자료 출처: BIS 통합 금융통계 및 《BIS 분기별 보고서(BIS Quarterly Review)》(2010년 9월). http://www.bis.org/publ/qtrpdf/r_qt1009.pdf.

인이 그 뒤를 잇는다. 마지막으로 정말로 엄청난 규모의 공공 부문 채무를 짊어진 이탈리아가 위기를 맞는 것이다. 프랑스 정부가 보기에 이 거대한 연쇄작용을 틀어막는 일은 그리스가 계속해서 채무를 늘려가는 것보다 훨씬 더 중요했다.

사정이야 어찌 되었든 프랑스 정부의 이런 호의에 그리스 정부가 위안을 얻은 것은 분명하다. 그렇지만 그쯤에서 정신을 차렸어야 했다. 그리스는 프랑스가 유로존의 금융안전성을 위해 싸우는 전장이 되기를 바랐던 것일까? 과도하게 몸집을 불린 유럽 은행들이 겪을 위험을 최소화하고 정치가들의 입지를 곤란하게 만들지 않도록 고안된 구제금융 조치가 과연 얼마만큼 그리스 납세자들의 이익을 대변할 수 있었을까? 그리스에 다가오는 위험의 실체는 분명했다. 프랑스 측에서도 유로존의 안정이 목표라면 그리스의 엄청난 채무를 직접적이고 철저한 방식으로 해결하지 않고 시간을 끄는 것이 최고의 전략인가 하는 의문이 있었다. 방어선을 어디로 정할지가 문제라면 그리스는 최후의 방어선으로 삼기에 적당한 곳일까? 얼마 지나지 않아 유로존 내부에서는 그리스의 썩어가는 부분을 과감하게 도려내고 보다 적극적으로 채무 재조정을 하도록 압박하는 게 더 나은 방법이라는 끔찍한 이야기가 떠돌았다.[10] 어느 쪽으로 가도 리스크를 피할 수 없었지만, 파리는 결국 "만기연장이 곧 경기회복"이라는 주장에 손을 들어줬다.

독일도 처음에는 비슷한 입장을 유지하는 것처럼 보였다. 독일 은행들도 프랑스 은행들처럼 사정이 좋지 않은 유로존 채무자들에게 막대한 금액을 빌려준 상태였다. 독일 정부 역시 유로존 전체의 안정이 중요하다는 사실을 잘 알고 있었다.[11] 2009년 2월 그리스와 아일랜드에 대한 압박이 처음 모습을 드러내자 독일 재무부 장관 슈타인브뤼크는 다음과 같은 말로 시장을 진정시킨다. "만일 유로존에서 어려움을 겪는 국가가 있다면 우리는 모두 힘을 합쳐 도울 것이다. 유로존 관련 협약들은 파산 위험에 처한 국가들에 대한 해결방법까지 다루지는 않지만 현실적으로 어려움에 빠진 회원국들을 모른 척할 수는 없다."¹² 그로부터 1년이 지나 파판드레우 그리스 총리가 도움을 요청하자 도이치은행 CEO이자 국제금융협회(IIF)의 회장인 요제프 아커만이 행동에 나섰다. 아커만 회장은 2010년 초에 그리스를 방문해 정부와 민간 부문 합쳐서 300억 유로를 대출해주겠다고 제안했다.¹³ 독일과 프랑스가 힘을 합친다면 시장을 진정시키고 그리스가 기운을 차릴 정도의 도움은 당장에라도 줄 수 있을 것 같았다. 그렇지만 그리스의 채무는 도저히 감당할 수 없을 정도로 쌓여가고 있었다. 이제 아일랜드나 포르투갈에서 또다시 비슷한 상황이 벌어진다면 유로존이 입는 타격은 어느 정도일까? 이런 채무국들에게 또다시 빚을 지운다는 건 완전한 해결책이 아닌 그저 임시방편일 뿐이었다.

어쨌든 2010년 봄까지 논란은 계속해서 이어졌다. 2009년 9월 27일 독일에서는 치열한 선거전 끝에 사민당이 참패하고 슈타인브뤼크가 자리에서 물러났다. 메르켈은 총리 자리를 유지했지만 이번에는 자유시장경제와 조세 감면을 주장하는 자민당과 연정을 했다.¹⁴ 사실 메르켈 총리의 이상에 더 어울리는 건 자민당이었지만 총리의 정치적 입지는 이전보다 훨씬 좁아졌으며 국내문제에 관심을 쏟을 수밖에 없었다. 보수파들을 달래기 위해 재무부 장관을 슈타인브뤼크에서 볼프강 쇼이블레로 교체했다. 볼프강 쇼이블레는 1980년대 헬무트 콜 총리 시대부터 유럽의 통합을 열렬하게 지지해온 인물이다. 냉전시대를 경험한 기독교 보수파인 쇼이블레는 세계화 시대에 서구 문명의 수호자로서 유럽연합에 대한 웅대한 전략적 비전을 가지고 있었다.¹⁵ 그런 쇼이블레에게 법에 구속된 국가라는 의미의 "법치국가(Rechtsstaat)"는 서구사회에 대한 그의 확고한 신념이었다. 쇼이블레는 재무부 장관으로서 헌법에 적시된 부채 한도에 법률적으로 심취해 있었다. 독일 기민당의 새로운 연정 상대인 자민당은 친기업 성향에 조세 감면을 주장하는 정당으로 세수 측면에서 쇼이블레 장관을 부담스럽게 만드는 존재였다. 지금 독일과 유럽에 필요한 건 재정규율이었다. 만약 그리스가 제 궤도에 오르지 못한다면 쇼이블레는 1990년부터 그랬듯이 중심 그룹이 선도하고 경쟁력이 떨어지고 훈련이 덜된 나라들이 후미에 서는, 이른바 다중 속도의 유럽 발전 모델을 강력하게 옹호하고 나섰을 것이다. 2010년 2월 11일 메르켈 총리가 이끄는 독일 정부는 주변국들에 대한 통상적인 범위의 구제조치에는 동의하면서도 그리스만을 위한 특정한 도움은 거부함으로써 시장에 큰 충격을 안겨주었다. 유럽연합의 한 관료는 기자들에게 이렇게 말했다. "독일은 금융 지원에 대해 전면적인 제동을 걸었다. 이는 법률, 헌법, 원칙에 따른 것이다."[16]

독일 정부의 이런 거부에 프랑스는 깊은 우려를 표시했고 그리스는 충격을 받았다. 그렇지만 사실은 처음부터 그렇게 놀랄 일이 아니었을지도 모른다. 마스트리히트 조약 제125조는 국가간 상호 금융지원을 금지하고 있었고 그리스 위기가 시작된 직후인 2009년 12월 겨우 효력을 발휘한 리스본 조약은 해당 국가의 책임이 우선이라는 사실을 더욱 강조했다. 리스본 조약은 또한 유럽 채권단이 그리스에 대한 지원 부담을 서로 나눠 지는 채무분담(mutualization of debt)도 금지했다. 2009년 6월 30일 독일연방 헌법재판소는 리스본 조약에 대해 유럽연합 통합을 위한 새로운 진전을 가로막는 또 다른 방해물이 될 수도 있는 중요한 판결을 내린다.[17] 유럽연합 본부에 더 많은 권한이 이양되기 전에 민주적 책임에 대한 엄격한 점검을 거쳐야 한다고 주장한 것이다. 2010년 2월 11일 독일 정부가 동의했던 "통상적인 범위의 구제조치"는 예컨대 유로화에 대한 최종대부자이자 지지선 정도로 해석될 수 있으며 그리스처럼 물을 흐리는 "미꾸라지"를 어떻게 처리할 것인지는 분명히 밝히지 않았다. 그리스로서는 경제 회복을 위해 당연히 적자를 줄이고 노동시장 개혁에 착수해야 했지만 어쨌든 독일은 지원을 해줄 분위기가 아니었다. 독일 정치인들은 물론 대다수의 여론도 그리스와 그 채권자들의 문제가 시장논리에 의해 해결되기를 바랐다. 채무 탕감이 필요하다면 그렇게 하라는 것이다. 그리스 정부가 지불 능력이 없다고 판단했다면 은행들이 손해를 보고 채무를 재조정할 수밖에 없다는 것이 독일 정계 전체의 의견이었다.[18] 여론조사에 따르면 그리스에 대한 지원에 동의하는 사람의 3분의 2 이상이 은행들도 공동책임을 질 것을 요구했다.[19] 그리고 이런 주장을 앞장서서 펼친 건 민간 부문의 공동책임을 요구하는 독일 납세자 연맹 같은 압력단체들이었다.[20] 다만 독일 국민을 향한 이런 주장은 결국 "다른 국가"의 은행들만 비난하고 자국 금융기관들이 겪을 어려움을 과소평가할 수도 있는 위험하고 잔혹한 접근방식이었다.

이것이 유로존 채무위기의 기본 딜레마였다. 그리스는 채무 탕감이 필요했다. 독일 측은 채권단이 손해를 감수하는 것에 대해 반대보다 선호하는 쪽이었다. 그런데 그리스의 범그리스사회주의운동 정권은 대부분 이전 정권의 정책 실패로 빚어진 문제까지 책임을 지려 하지 않았다. 그리스의 금융시스템까지도 반드시 구조조정이 필요한 시점이었는데도 말이다. 그리스의 사회 및 정치 제도 모두가 위험한 상황이었다. 프랑스 정부는 채무를 줄여주는 조치에는 반대했고 유럽중앙은행까지 나서서 우선은 필요한 자금을 더 지원해야 한다고 주장했다. 유럽중앙은행은 유로존 회원국이 국가파산 사태를 맞이할 수도 있다는 사실에 경악을 금치 못했다. 회원국들 사이에 연쇄부도가 일어나면 어떻게 할 것인가? 그리스는 지금이라도 정상적이고 건전한 경제정책을 펴야 했고 많은 사람들이 그렇게 되기를 바랐다. 향후 몇 년 동안은 억지로라도 긴축정책을 펴는 것만이 해결책이었다. 그렇지만 그런 식의 예산 조정은 사실상 불가능한 일이었고 그리스 경제는 당연히 엄청난 충격을 받을 수밖에 없었다. 결국 채무 재조정을 피할 수 없다면 얼마나 안전하게 진행할 수 있는가가 문제였다. 또한 국민들이 공황상태에 빠지는 일 없이 채권단이 손해를 감수하면서 그리스의 채무를 줄여주는 방안을 강구해야 했다. 그렇다 하더라도 이런 일을 공식 발표하는 것만으로도 대비책이 마련되기도 전에 대혼란을 불러일으킬 위험이 있었다. 채무 재조정의 필요성을 부정하고 "만기연장이 곧 경기회복"이라는 말만 줄기차게 되풀이하던 와중에, 유럽인들의 집단적인 노력이 결실을 맺을 수 있는 가능성은 점점 더 희미해져갔다. 게다가 이런 모든 과정은 독일의 도움 없이는 불가능했는데, 독일은 비록 그리스의 개혁을 계속해서 강경하게 주장해왔지만 동시에 그런 개혁과 채무 재조정을 안전하게 진행하는 데 꼭 필요한 준비를 갖추는 일에 그리 열의를 보이지 않았다.

독일의 이런 미온적인 태도는 근시안적이기는 했지만 일견 이해할 수 있는 일이었다. 2010년 봄이 되자 국가채무위기에 대한 포괄적 해결책에는 다음과 같은 과정이 필요하다는 사실이 분명해졌다. (1) 유럽의 은행들이 손실을 견뎌낼 수 있도록 해주는 적극적인 자본재구성. 다만 이 부분은 이미 2009년부터 미국에 비해 유럽이 훨씬 뒤처져 있었다. (2) 은행들의 이런 자본재구성을 뒷받침해줄 수 있는 유럽기금 조성. 이런 도움이 없다면 유럽의 소규모 국가들의 위태로운 재정 상태가 더 불안정해질 수 있는데 독일은 이미 2008년 10월 이런 제안을 거부한 바 있다. (3) 유럽중앙은행의 채권시장 안정화 노력. 유럽중앙은행은 유럽 은행들에 유동성을 공급하거나 혹은 미연준처럼 적극적인 채권 매입을 통해 시장을 안정화할 필요가 있었다. 다만 유럽의 경우 중앙은행이 나서서 채권을 적극적으로 매입하는 일은 유럽중앙은행 조약에 의해 금지되어 있었고 특히 이런 종류의 개입을 극도로 혐오하는 독일의 보수 여론도 걸림돌이 되었다. (4) 각 정부의 예산으로 유럽에서 가장 취약한 국가들의 국채를 매입하는 유럽식 부실자산구제프로그램(TARP) 수립. 다만 이 역시 리스본 조약의 국가간 지원 금지 조항에 의해 현실적으로 실행이 불가능했다. 어쨌든 이런 모든 과정과 조치는 정상적인 재정 원칙들로 되돌아가자는 정치적 관점에서 어느 정도 받아들일 수 있는 내용들이었다. 네덜란드나 핀란드 같은 부유한 유럽 국가들의 납세자들, 그중에서도 특히 독일 납세자들은 자신이 그저 이용만 당하는 입장이 아니라는 사실을 알 필요가 있었다. 채무와 관련된 국가간 지원 전에 우선은 재정준칙에 대한 합의가 있어야 했다. 2009년 5월 부채 브레이크에 대한 독일의 헌법수정안에 의해 관련 기준이 세워졌고 독일은 어떠한 타협도 하지 않으려 했다. 이렇게 서로 맞물려 있는 문제들을 푸는 과정에서 그리스 채무 같은 어려운 문제를 해결하기는커녕 오히려 문제 해결의 길을 가로막는 일이 벌어질 것 같았다. 그러는 사이 금융시장은 불안감과 조급함이 뒤섞인 채 이런 상황을 바라보며 불확실성에 대한 거래로 파생될 수 있는 투기 이익에 주목했다.

악명 높은 트로이카의 등장

쇼이블레가 이끄는 독일 재무부는 2010년 초부터 해결책을 찾기 시작했다. 메르켈 총리와의 사전 논의가 없었던 것이 분명해 보이는 상황에서 쇼이블레는 유럽연합이 이른바 유럽통화기금(European Monetary Fund, EMF)을 만들어야 한다고 제안했다. IMF가 전 세계를 대상으로 펼치는 구조조정과 안정화 등의 노력을 EMF를 통해 유로존 안에서 실시하자는 것이었다.[21] 도이치은행의 수석 경제분석가 토마스 마이어(Thomas Mayer)는 EMF가 채무 관련 지원을 할 때는 해당 국가 GDP의 60퍼센트까지만 허용하자는 제안을 하기도 했다. 그 이상의 채무는 결국 채무 재조정을 해야 하는데 채권자들은 채무 액수에 비례하여 동일한 기준으로 헤어컷을 받아들여야 한다는 것이었다.[22]

EMF 창설은 유럽 연방을 강력하게 지향하는 쇼이블레의 의중이 반영된 놀라울 정도로 야심 찬 제안이었다. 그는 이번 위기를 활용해 1992년 마스트리히트 조약에서 미처 마무리하지 못했던 완전한 유럽통합이라는 현안을 밀어붙이려고 했다. 만일 독일 정부가 EMF 제안을 강력하게 밀어주고 수백억 유로에 달하는 예산을 제대로 확보할 수 있다면 유로존의 위기는 또 다른 돌파구가 될 터였다. 독일이 앞장서서 이번 위기를 잘 넘긴다면 나머지 유로존 국가들도 독일의 제안을 거부하기 어려울 것이라는 계산도 깔려 있었다. 적어도 2012년까지는 이와 비슷한 내용의 협의를 이끌어내고 싶었던 것이 독일의 간절한 소망이었다. 그런데 유로존 위기를 기회로 이용하려는 독일 정부의 시도는 환영받지 못했고 볼프강 쇼이블레의 계획은 2010년 봄 뜻밖에도 같은 편에 의해 좌절되고 말았다.[23] 앙겔라 메르켈은 유럽 연방에는 전혀 관심이 없었다. 그녀는 자신이 그렇게 열심히 애를 썼고 이제 막 효력을 발휘하기 시작한 리스본 조약의 내용들을 다시 끄집어내 고치고 싶은 생각이 없었다. 메르켈 총리는 유럽연합 본부가 자체적인 통화기금을 보유하는 걸 바라지 않았다. 그녀는 유럽이 스스로를 통제할 역량을 갖출 수 있는가에 대해 대단히 회의적이었으며 리스본 조약에 대해서는 독일 헌법재판소의 판결과 해석을 따르고 싶어 했다. 메르켈 총리도 물론 과감한 조치가 필요하다는 사실은 이해했지만 EMF가 아닌 IMF의 도움을 받아 유로존의 문제를 해결하려고 했다.

그리스 문제를 IMF에 맡기자는 제안은 독일 보수파들의 마음을 움직였다.[24] 프랑스 출신의 야심 넘치는 IMF 총재 도미니크 스트로스칸도 지지의 사를 보였다. 그렇지만 상황은 또다시 미온적으로 전개되었다. IMF는 이미 동유럽에 수백억 유로의 자금을 지원해주었는데 유로존이라면 더 많은 자금이 필요할 것이 아닌가? 새로운 세계화 시대에 유럽에 깊숙이 발을 들이는 것이 과연 IMF가 지향할 올바른 방향일까? 안 그래도 IMF 내부에서 유럽 측 대표들의 입김이 거센 상황에서 IMF 소속 전문가들은 자기 목소리를 분명하게 낼 수 있을 것인가? 무엇보다도 구조조정을 중심으로 하는 IMF의 권고를 유럽 측이 별 말 없이 받아들일 것인가? 애초에 구조조정 자체가 IMF에서 의무적으로 추진하는 정책이라는 사실을 이해해줄지도 의문이었다. 2001년 아르헨티나 금융위기 당시 겪었던 끔찍한 경험 이후 IMF는 새로운 규정을 만들었다.[25] 앞으로는 지불 능력이 있는 국가들에만 자금을 융통해주고 그렇지 못한 경우에는 무조건 구조조정부터 실시하게 만든다는 규정이었다. 그리고 일단 지원이 결정되면 공황상태가 발생하기 전에 재빨리 지원을 해주기로 했다. 금융시장에서 동원할 수 있는 투기자본의 규모와 화력을 감안하면 문제가 발생한 후에 지원을 해봤자 오히려 비용만 더 많이 들고 효과는 크게 없을 것이 분명했기 때문이다. 2010년 초에 그리스 위기가 어느 정도 진행되었는지를 생각해본다면 IMF에서도 쉽사리 지원 결정을 내릴 수 있는 상황은 아니었다.

그렇지만 또 다른 대안의 가능성도 있었다. 그리스에 대한 즉각적인 구조조정을 요구하는 IMF를 독일 정부가 지지한다면 어떨까? 훗날 있었던 IMF의 자체 분석에 따르면 그 편이 더 나은 방법일 수 있었다는 점은 분명하다.[26] 그렇지만 일단 메르켈 총리가 EMF에 반대를 한 상황에서 그런 전략은 성사되기가 어려워 보였다. 그녀는 구조조정을 안전하게 진행하는 데 필요한 추가 조치들을 전혀 고려하지 않았으며 IMF의 도움을 받자는 제안 자체가 나머지 유럽 국가들의 반발을 불러일으켰다. 심지어 메르켈 내각의 재무부 장관 쇼이블레조차 IMF의 개입을 유럽에 대한 "모욕"으로 받아들였음을 공공연하게 드러냈다.[27] 프랑스의 사르코지 대통령 역시 IMF의 개입 제안 자체를 도저히 있을 수 없는 일로 생각했다. "IMF의 도움 같은 건 잊어라. IMF는 유럽을 위한 기관이 아니다. 아프리카 그러니까 부르키나파소 같은 나라를 위한 기관이다!" 3월 초에 그가 그리스 정부에 한 말이다.[28] 유럽중앙은행도 채무 재조정과 관련된 조치나 IMF 개입 모두에 절대적으로 반대하는 입장이었다. 마치 금융위기를 일으킨 주범인 미국의 MBS와 비슷한 취급이었다. 장클로드 트리셰로서는 유로존의 공공 부문 채무에 대한 언급이 나오는 것 자체가 명예롭지 못한 일이었으며 게다가 이런 유럽 내부문제에 IMF까지 끌어들이는 건 그야말로 상처에 소금을 뿌리는 행위나 마찬가지였다. 장클로드 트리셰가 반대하는 건 IMF의 도움이 필요 없어서라기보다는 IMF가 "미국"의 이익을 대표하는 기관이기 때문이었다.[29]

장클로드 트리셰에게는 유로존 외부의 개입에 걱정할 만한 이유가 있었다. 유로존 문제에 대해서는 그가 이끌고 있는 유럽중앙은행이 모든 것을 다 관장해야 했다. 유럽중앙은행이 미국의 연준이나 혹은 영란은행과 같은 중앙은행이라면 사실 국가채무위기는 염려할 필요가 전혀 없었다. 그리스는 달러화가 아니라 유로화를 빌린 것이며 자국에서 통용되는 유로화 발행 권한을 모두 유럽중앙은행에 일임했다. 그리스는 물론 유로존에 소속된 모든 국가들의 운명은 장클로드 트리셰의 손에 달려 있었다. 이제 유럽중앙은행이 할 일은 다른 모든 중앙은행들처럼 정부가 발행하는 국채를 매입해 그리스 금리를 안정시키는 것이었다. 물론 국채 매입이 장기적인 해결책은 되지 못했다. 지금 그리스에 필요한 건 분명 구조조정과 재정규율, 그리고 경제성장이었다. 그렇지만 현재 위기에 처한 건 바로 유로존의 금융 안정성이었다. 그리스의 공공 부문 채무는 유럽 전체의 금융시스템 안에서 보면 일부분에 불과했다. 관련 조약에 따라 유럽중앙은행은 새롭게 발행되는 그리스 국채를 매입할 권리가 제한되어 있었다. 하지만 시장안정화 노력의 일환으로 이미 발행된 국채를 매입할 수는 있었다. 만일 유럽중앙은행이 개입하지 않는다면 그건 경제 문제가 아닌 정치 문제가 이유일 것이며 2009~2010년 겨울 동안 유럽의 다른 중앙은행들은 강경한 노선을 취하기로 결정한 것처럼 보였다. 유럽중앙은행은 2009년에 제안한 유동성 공급을 지속하는 대신 장기대출프로그램(LTRO)을 중단하기로 했다.[30] 그리고 2010년 4월에 이르러 새로운 지원계획을 논의하기 시작했다. 일정한 기준의 Repo 헤어컷을 그동안 낮은 등급이 매겨져 별다른 시장의 관심을 끌지 못했던 국채에 적용하겠다는 것이었다.[31] 장클로드 트리셰는 채권시장의 분위기를 바꿀 수 있는 도박에 뛰어들었다. 재정 관리와 경제 운용에서 유로존에 현재 존재하지 않는 미국식 연방 구조를 대신해 채권시장을 압박하는 것이었다. 유럽중앙은행의 감독 아래 채권 시장금리가 상승하면 그리스도 재정규율과 경제개혁에 나설 수밖에 없을 것이라는 논리였다. 이런 식의 조치를 통해 장클로드 트리셰는 자신이 주장하는 현안을 관철시키고 강경파 통화주의자 악셀 베버가 이끄는 독일 분데스방크의 분위기를 누그러 뜨리려 했다. 독일 입장에서 유럽중앙은행의 채권 매입은 어쨌든 인플레이션의 위협으로 보일 수 있었고 좀 더 정확하게 설명하면 사람들이 눈치채지 못하는 사이에 그리스 채무를 다른 유럽 국가들에 떠넘기는 행위로까지 이해될 수 있었다. 결국 독일의 납세자들은 유럽중앙은행의 대차대조표를 거쳐 유로존의 채무를 떠안는 것이 아닌가?[32] 물론 유럽중앙은행과 엮인 다른 국가들도 마찬가지였다. 그렇지만 독일에 있는 유럽연합 회의론자들은 독일이 부담해야 하는 몫을 우려하지 않을 수 없었다.

2010년 초반 내내 논쟁은 해결의 실마리를 찾지 못했다. 그리스에 대한 시장의 압력은 더욱 거세져갔고 해외 투자자들은 처분할 수 있는 그리스 관련 자산과 채무를 죄다 정리하고 있었다. 유럽의 강경파들은 규율을 적용하는 합법적 방법이라고 생각했을지도 모르지만 투자자들은 분명한 해결책이 없는 상황을 불안하게 받아들였다. 다음 차례는 누가 될 것인가? 아일랜드? 아니면 이탈리아? 그리스 정부는 말 그대로 공포에 질렸다. 2010년 5월 19일, 그리스 정부는 89억 유로를 갚아야 했지만 그 자금을 어디에서 마련해야 할지 알 수 없었다. 그야말로 사면초가에 몰린 범그리스 사회주의운동 정부는 결국 대서양 건너편에 도움을 요청하려 했다.

2010년 봄, 유럽의 방문객들이 나쁜 소식을 들고 나타나자 백악관 역시 분위기가 험악했다. 오바마 행정부는 그리스 채무위기의 진행 상황을 계속 주목해왔고 유럽 측에 빠른 조치를 주문했다.[33] 미국의 국내 정치사정도 그리 좋지 못했다. 민주당의 거물 에드워드 케네디 상원의원이 사망하고 이후 치른 보궐선거에서 패배한 민주당은 상원에서 필리버스터를 저지할 수 있는 다수당의 지위를 잃었다. 건강보험 개혁 법안 처리는 지리멸렬한 소모전 양상을 띠었고 도드-프랭크 법안도 발이 묶인 상태였다. 재무부와 연준은 새로운 위기가 발생하지 않기만을 바랐지만 2010년 봄, 그리스 문제 해결에 실패한 유럽의 상황은 분명 또 다른 위기를 경고하고 있었다.

이미 63년 전에도 그리스의 정치 위기가 미국 정책 변화의 계기가 되었던 적이 있다. 1947년 3월 12일 영국이 그리스 내전에서 더 이상 공산주의 봉기를 이겨낼 방법이 없다고 선언한 직후 트루먼 대통령은 이른바 트루먼 독트린(Truman Doctrine)을 발표한다. 냉전시대의 개막을 알리는 첫 서곡이었다. 그해 여름 트루먼 행정부의 국무장관 조지 마셜 장군은 전설로 남을 유럽에 대한 경제 지원 약속으로 트루먼 독트린의 공산주의 세력 확대 저지 정책을 뒷받침했다. 2010년에는 당시의 소비에트 연방처럼 미국 정부의 개입을 불러들일 적대세력이 존재하지 않았다. 그리스에서 문제가 일어난 이유는 이념의 충돌 때문이 아니라 대서양 양안의 금융시스템 사이를 돌고 있는 자금 때문이었다. 미국의 MMF들이 유럽 은행들에 투자한 자금 규모는 수천억 달러에 달했고 특히 프랑스 은행들에 많은 자금이 몰려 있었다. 바로 그리스의 위험과 직접적으로 연결되어 있는 은행들이었다. 또한 이 유럽 은행들의 미국 자회사나 지점들은 미국의 가계와 기업에 많은 자금을 대출해준 상태였다. 다시 말해 유로존의 금융위기는 곧바로 미국의 위기가 될 수 있었던 것이다.

2010년 3월 9일, 독일이 그리스에 대한 긴급구제를 거부한 지 1개월이 지난 후 오바마 대통령과 최고 경제자문역인 래리 서머스와 팀 가이트너는 총리를 앞세운 그리스 대표들을 만났다. 오바마는 이들을 격려하며 IMF 지분 17퍼센트를 행사해 IMF의 그리스 지원을 지지하고 또 유럽연합의 지원을 요청하는 메르켈 총리도 돕겠다고 약속했다.[34] IMF 개입에 대한 프랑스와 유럽중앙은행의 반대는 무시하겠다는 뜻이었다. 그렇지만 한 가지는 분명하게 선을 그었는데 그리스가 짊어진 채무 재조정 논의는 없을 거라는 사실이었다. "우리는 또 다른 리먼브라더스를 감당할 수 없다." 오바마 대통령은 이렇게 강조했다. 미국 정부가 가장 중요하게 여기는 우선순위는 그리스가 채무를 유지할 수 있는가의 여부가 아니라 금융위기가 퍼져나가는 걸 막는 일이었다. 유럽이 채권시장을 안정시킬 수 있는 방법을 찾아내고 유럽 은행들에 대한 전면적인 자본재구성을 추진할 준비를 갖추기 전까지 채무 재조정은 고려사항이 될 수 없었다. 그리고 프랑스와 독일 사이의 대립관계를 생각해보면 그와 같은 합의는 나올 수 없을 것 같았다.

당시 그리스 위기에 대한 처리를 놓고 이어졌던 미국과 유럽간의 팽팽한 입장 차이, 이것이 바로 그리스가 "만기연장이 곧 경기회복"을 최초로 선택하게 된 상황이다. 유럽이 비상사태 체제로 빠져든 것은 단일한 주권 창조 때문이 아니라 그러한 일을 행할 당국이 부재했기 때문이다.[35] 2010년 3월 25일에 있었던 유럽연합 정상회담에서 미국의 지지를 등에 업은 메르켈 총리는 프랑스와 유럽중앙은행의 반대를 무시한 채 IMF의 개입을 밀어붙였다.[36] 전년도에 있었던 발트 3국의 경우처럼 유럽연합과 IMF가 공동으로 개입할 터였다. 그렇지만 이번에는 유럽중앙은행이 전면에 나섰다. 유럽연합, 유럽중앙은행, IMF로 구성된 위원회가 그리스를 비롯한 다른 "도움이 필요한 국가들"에 정책을 지시하는 악명 높은 "트로이카"로 뭉치는 순간이었다. 다만 여기에서도 논의의 대상에서 제외된 건 구조조정 문제였다. 이 문제에 대해서만큼은 미국도 프랑스와 유럽중앙은행의 의견을 따랐다. 그리스의 기존 채무는 이 트로이카가 제공하는 새로운 대출로 해결한다. 그런 방식이 계속 유지될 수 있을지는 우선은 생각하지 않기로 하되, IMF는 주어진 상황에 맞춰 운영 절차를 일부 수정해야 할 것이었고 또 리스본 조약에 대한 메르켈 총리의 의견을 존중하기 위해 트로이카 중에서 유럽연합과 유럽중앙은행은 유럽연합 본부 기관들의 협력이나 회원국들의 공동기금 조성 같은 통합적인 조치들은 취하지 않기로 했다. 그러지 않으면 독일 헌법재판소의 해석을 위반할 우려도 있었다. 그 대신 유로존 재무부 장관들의 비공식적이지만 영향력 있는 모임인 유로그룹을 통해 조정된 자발적 합의에 의해 유럽 국가들이 개별적으로 그리스 정부와 양자간 거래를 하도록 했다. 마스트리히트 조약에서 정한 구제금융 관련 규정을 지키기 위해 그리스에 자금을 제공할 때는 통상적으로 적용되는 할인율을 적용하지 않기로 했다. 이자율은 높게 책정될 것이고 거기에 제반경비도 추가될 예정이었다. 마지막으로 가장 중요한 건 시장의 신뢰를 유지하기 위해 미리 앞서 지원하지는 않는다는 사실이다. 그리스가 시장에서의 신뢰를 완전히 상실하면 최후 수단으로 지원에 나설 것인데, 긴축재정을 통해 가능한 한 오랫동안 그런 순간을 맞이하지 않도록 버티는 건 오직 그리스의 의지에 달려 있었다.

그리스 국민에게 이런 조치는 결국 공공 부문의 임금 삭감을 의미했다. 계약직 근로자들은 재계약이 되지 않았고 민간 부문에서는 계약이 철폐되었다. 퇴직연금 수령 나이는 상향되었다. 부가가치세와 각종 소비세도 인상되었다. 이미 압박을 받고 있던 경제는 더 큰 경기불황으로 접어들었다. 유럽에서도 낮은 축에 속했던 그리스 국민들의 생활수준은 더 큰 폭으로 떨어졌다. 그리스 노동계는 격렬하게 저항했다. 이런 상황에서도 겨우 사정이 나아진 건 채권시장뿐이었다. 2010년 3월 말이 되자 그리스 정부는 7년 만기에 이율은 6퍼센트 이하로 적용한 50억 유로어치 장기국채를 발행할 수 있었다. 투자자들의 수요가 많지 않았던 건 어쩌면 당연한 일이었을지도 모른다.[37] 유럽은 안전망 준비에 나섰다. 문제는 그리스의 추락이 언제 시작되는가였다.

국경을 넘어서는 유로존의 금융위기

3월 30일, 시장을 뒤흔든 소식은 그리스가 아닌 아일랜드에서 날아왔다. 파산한 아일랜드 은행들의 자본재구성 비용이 급증했다. 더블린에 있는 앵글로아이리시뱅크 한 곳에서만 아일랜드의 2010년 세수보다 많은 340억 유로의 자금이 필요했다. 머지 않아 아일랜드의 재정 적자가 그리스를 앞지를 것 같았다.[38] 아일랜드에서 문제가 되는 건 은행들이었다. 그리스의 경우는 사정이 조금 달랐다. 그리스 은행에 돈을 맡긴 조심스러운 예금자들은 자신의 예금이 어려움을 겪고 있는 그리스 정부가 발행한 국채에 투자되었다는 사실을 알아차렸다. 2010년 초가 되자 그리스 은행에서 140억 유로가 빠져나가 유로존의 다른 은행들로 이동했다. 우선은 부유층에서 키프로스를 경유해 막대한 금액을 이체했고 얼마 지나지 않아 일반 중산층도 한 번에 몇 천 유로씩 예금을 인출하기 시작했다.[39] 자금이 모두 빠져나간 그리스 은행들은 유럽중앙은행 소속인 그리스 중앙은행에 구원을 요청했다. 장클로드 트리셰 유럽중앙은행 총재는 계속해서 가격이 떨어진 그리스 국채를 매입하도록 지시했다. 이런 조치는 일종의 생명유지 장치였으며 동시에 유럽중앙은행은 그리스 정부뿐만 아니라 더 넓게는 그리스 사회와 그리스 경제 전반에 걸쳐 영향력을 행사하게 되었다. 유럽중앙은행의 승인이 없이는 돈 한 푼 찾을 수 없었지만 동시에 그리스의 감당할 수 없는 채무에 대한 어떤 구조조정도 이루어질 수 없었다.

4월이 되어 앞서 소개했던 "트로이카"가 그리스에 대한 구제금융 방안의 절차와 규모를 놓고 논쟁을 벌이는 사이 결국 시간은 다 흘러가 버렸다.[40] 신용등급 평가기관인 피치가 그리스의 신용등급을 낮추자 그리스 국채의 시장금리는 7.4퍼센트까지 뛰어올랐다. 4월 22일 아침 유럽연합 통계국은 2009년 그리스 정부의 적자 예상치가 GDP의 13.6퍼센트에 달할 것이라고 발표했다. 아일랜드는 그보다 더 높은 14.3퍼센트였다. 그리스 국채의 신용스프레드가 6퍼센트포인트로 치솟아 차입금리가 9퍼센트로 오르자 결국 그리스는 사실상 시장에서 퇴출되었다. 드디어 최후의 수단을 사용할 때가 온 것이다. 볼프강 쇼이블레와 팀 가이트너 두 사람의 재촉에 따라 그리스 정부는 긴급 상황에 돌입했다. 그리스는 막대한 액수의 자금을 필요로 했고 더 이상 머뭇거릴 시간이 없었다.

우연의 일치였겠지만 상징적인 사건도 있었다. 4월 22일 저녁, 그러니까 유럽연합 통계국의 발표가 시장을 뒤흔든 지 몇 시간 뒤 세계 금융 관련 거물들이 IMF 정기회의를 위해 워싱턴 DC에 모였다. 캐나다 대사관의 저녁 만찬 자리에서 어느 정도 솔직한 대화들이 오갔다. 이제 위기 상황은 유럽 국경을 넘어섰다. 유로존이 세계 금융안정성에 위협이 된 것이다. 3월 이후 중국은 유로화로 이루어진 투자자산의 가치를 지켜줄 수 있는 대책을 계속해서 요구해왔다.[41] 영국의 재무부 장관 앨리스터 달링은 그날의 급박했던 분위기를 이렇게 기억하고 있었다. "미국 측이 점점 늘어나는 의구심과 불안감을 갖고 유럽의 무기력한 상황을 지켜보고 있었다는 건 결코 과장이 아니었다. …… 그들은 '왜 아무런 조치도 취하지 못하는가? 지금 당장 뭐라도 해야 한다는 사실을 잘 알고 있지 않는가?'라고 묻고 있었다."[42] 《파이낸셜타임스》의 보도처럼 유로존이 2010년 4월까지 자체적으로 안정성을 회복하고 유로화를 "구출"하는 데 실패했다는 건 결국 "유럽 통합이 외부에 있는 국제기관들과 미국 정부에 달려 있다는 사실을 궁극적으로 표현한 것"이었다.

그렇지만 워싱턴은 아무런 반응도 보이지 않았고 트로이카는 그리스 정부와 구제자금의 조건을 두고 이제 막 흥정을 시작했다. 시장은 상황을 지켜보았다. 2010년 4월 28일 갑자기 상황이 급진전되었다. 독일 재무부의 공식 기록은 사람들의 예상처럼 건조하고 차가운 내용으로 채워져 있었다. 그날 있었던 유럽 각국의 국채 및 은행간 화폐시장 상황에 대한 기록이다.

위기는 극적일 정도로 심각하게 전개되었다. 포르투갈과 아일랜드, 스페인 등 일부 유로존 국가들의 국채에 대한 위험대비 수익 수준은 빠르게 올라가 그리스가 금융시장에서 퇴출되던 수준에 근접했다. 2008년 금융위기의 극적인 최종단계의 반향 속에 유럽 은행들 사이에는 사실상 어떤 거래도 이루어지지 않았다. 극히 짧은 기간 동안이지만 매우 심각한 수준의 시스템 위기가 임박했다는 신호가 곳곳에서 감지되었다.[43]

그렇지만 이 공식 설명은 독일 정부가 "매우 심각한 수준의 시스템 위기가 임박한 상황"에 대해 어떤 태도를 취했는가를 교묘하게 감추고 있다. 5월 초 중요한 지방선거를 앞두고 독일에서는 그리스에 대한 지원에 반대하는 험악한 분위기가 감돌았다. 메르켈 총리의 연정 상대인 자민당은 자유시장 정책을 지지하는 민족주의자들의 지지를 받고 있었는데 그리스를 반대하는 입장을 노골적으로 드러내며 총리의 선택폭을 점점 좁혀가고 있었다. 메르켈 총리에게 이번 사태가 세계적 위기라는 사실을 깨우쳐주기라도 하듯 4월 28일이 되자 도미니크 스트로스칸과 장클로드 트리셰가 동시에 베를린으로 날아왔다.[44] 그렇지만 공황상태가 번져가는 와중에서도 독일은 지난 3월 25일 보여준 소극적인 모습에서 전혀 변한 것이 없었다. 실제로 메르켈 총리는 언론을 향해 그리스를 유로존에 받아준 것은 실수였으며 그리스 구제를 위해 어떤 조치가 실시되든 독일은 자체적으로 내린 결정에 의해서만 참여하겠다는 내용을 다시 한번 상기시키며 투기세력을 들쑤셔 놓았다.[45] 당연히 시장을 진정시킬 수 있을 만한 내용과는 거리가 멀었다. 그리스 국채 신용스프레드는 10퍼센트포인트까지 치솟았고 오바마 대통령으로서는 그날 독일 총리와 개인적인 연락을 취해야 할 충분한 이유가 생긴 셈이었다.[46] 또한 유럽에서 연락을 해야 할 상대는 메르켈 총리만은 아니었다. 팀 가이트너와 측근들의 기록을 살펴보면 독일 정부와 유럽중앙은행, 그리고 프랑스 정부와 거의 매일 연락을 주고받았음을 알 수 있다.[47] 세계 각국 정부들이 빨리 행동에 들어가라고 유럽연합을 압박했다.

마침내 5월 초순에 합의를 이루었다. 그리스는 적자를 줄이고 흑자를 목표로 노력하기로 트로이카와 합의했다. 또한 GDP의 18퍼센트에 해당하는 막대한 규모의 재정 수지 전환을 이루겠다고도 약속했다.[48] 이에 따라 2010년 한 해 동안 줄여나가야 할 적자 규모는 GDP의 7.5퍼센트에 달했다. 관공서 계약직 청소부에서 국가자산 민영화에 이르기까지 말 그대로 그리스 국민들이 살아가는 모든 영역이 영향을 받았다. 트로이카는 모든 것을 힘들이지 않고 손쉽게 챙겼다. 그 대신 그리스는 처음 논의했던 것보다 훨씬 더 많은 자금을 지원받았다. 모두 해서 1100억 유로였다. 800억 유로는 유럽연합이, 300억 유로는 IMF가 지원하며 3년 동안 분기별로 갚아나가는 조건이었다. 이자가 상당히 높았기 때문에 2013년에 제대로 상환하지 못할 것이 분명해 보였지만 이 정도가 그리스에 제공할 수 있는 최선의 조건이었다. 메르켈 총리는 5월 7일에 있을 의회 투표에서 의원들의 찬성을 받아낼 것을 약속했다. 문제는 시장이 유럽에 그렇게 충분한 시간적 여유를 줄 수 있는가였다.

5월 5일 수요일, 메르켈 총리가 독일 의회에 그리스 구제방안을 소개했다. 그리고 "대안은 없다(alternativlos)"*고 선언했다.⁴⁹ 메르켈 총리는 마거릿 대처 영국 수상의 유명한 선언을 되풀이한 것으로 이 말도 곧 유명세를 타게 된다. 한편 같은 날 그리스에서는 그리스 좌우 양대 노총이 모두 참여하는 가운데 총파업이 진행되어 대중교통과 모든 관공서 업무가 마비되었다. 수도 아테네에서는 시위대와 경찰들 사이에 격렬한 충돌이 일어났다. 국회의원들이 재정 긴축 계획에 대해 논의하고 있을 때 한 마핀은행(Marfin Bank) 지점의 창문으로 사제 폭탄이 날아들어 건물이 불타고 직원세 사람이 사망하는 사고가 일어났다. 제2차 세계대전 당시 그리스 레지스탕스 출신으로 백발이 성성한 그리스 대통령 카롤로스 파풀리아스(Karolos Papoulias)는 이렇게 선언했다. "우리의 조국이 지금 낭떠러지 끝자락에 이르렀다."⁵⁰ 5월 6일 그리스 의회는 현대 민주주의 국가에서는 처음 보는 가장 가혹한 긴축계획에 대한 투표를 진행하기 위해 의원들을 소집했다. 이날 아침 유럽중앙은행 이사들이 리스본에 모였고 각국 기자들은 장클로드

---

* 마거릿 대처 전 영국 수상이 했던 "대안이 없다(There is no alternatives)"는 이 말은 소위 TINA라는 약자로 칭하기도 한다. 이를 신자유주의적 엄포로 비판하는 진보 세력들은 프랑스 정치학자 수전 조지(Susan George)가 만든 TATA 즉 "대안은 수천 가지다(There are thousands of alternatives)"로 신자유주의적 정치 공세에 맞섰다.

트리셰가 그리스 국채 매입에 대한 가능성을 논의하는 일조차 오만하게 거부했다는 소식을 이메일로 보냈다. 주초에 유럽중앙은행은 새로운 재정계획의 뒤를 이어 마지못해 그리스 국채 매입을 계속하겠다고 발표했지만 역시 적극적인 개입과는 상당히 거리가 먼 행보였다.[51] 어느 것도 시장이 원하는 소식이 아니었다.

유럽 시간으로 오후에 미국 주식시장이 열리자 주가가 곤두박질쳤다. 오후 1시가 되자 주가지수가 4퍼센트 떨어졌다. 유럽중앙은행이 지원을 거부한 가운데 그리스 국채에 대한 CDS 거래가 엄청나게 늘어나기 시작했다. 단 하루 동안에 시장의 불확실성을 나타내는 지표인 변동성 지수(Volatility Index, VIX)가 31.7퍼센트 폭등했다. 오후가 되자 유로화는 달러당 2.5센트가 떨어졌다.[52] 그날 오후 대서양 양안에서 일어난 일들은 훗날 미국 법정에서 일어나는 분쟁의 소지가 되기도 했다. 그렇지만 오후 2시 32분이 되자 시장은 발작 상태를 보였다.[53] 다시 30분이 지난 오후 3시 5분 미국 주식시장의 주요 지수가 6퍼센트 이상 떨어지면서 시가 총액 1조 달러가 증발했다. 공포에 질린 투자자들이 안전자산으로 도피하며 미국 국채 수요가 치솟자 불과 몇 분 만에 미 국채 금리는 3.6퍼센트에서 3.25퍼센트까지 급락했다.

유럽과 미국의 시차 덕분에 이런 금융상품 가격의 "갑작스러운 폭락" 소식이 블랙베리 스마트폰을 통해 리스본에 있는 유럽중앙은행 이사들에게 전해진 건 저녁 식사 시간 무렵이었다. 리먼브라더스 사태 후 18개월, 이제 그리스에 대한 구제금융이 늦어지면 두 번째 금융 재앙이 일어날 것 같은 분위기였다. 강경파인 분데스방크 총재 악셀 베버도 유럽중앙은행이 그날 아침 장클로드 트리셰가 내세웠던 강경노선을 유지할 수 없을 거라는 사실을 깨달았다. "유럽중앙은행이 나서서 그리스 국채를 사들여야만 한다." 저녁 식사 자리에서 베버 총재는 이렇게 고함을 내질렀다.[54] 유럽중앙은행의 보수파 이사진에게는 그야말로 극적인 순간이었다. 이사들은 행동을 취해야 한다는 사실을 잘 알고 있었다. 전 세계가 유럽중앙은행을 지켜보고 있었다. 아테네는 말 그대로 불바다였다. 이제 곧 그 불길은 로마로 번질 태세였다. 그렇지만 유럽중앙은행은 채권시장에서 유일한 구매자가되고 싶지 않았다. 무슨 일이 있어도 유럽 각국이 연대 책임을 지고 공동의 긴축정책을 펴나가기를 원했던 것이다. 게다가 유럽중앙은행이 채권을 매입해 일시적으로 도움을 준다고 해도 결국은 얼마 지나지 않아 채권시장을 안정시키기 위해서 국가 단위의 엄청난 지원이 필요할 것이었다. 유럽 각국 정부와 납세자들이 서로의 채무에 대해 깨닫고 책임을 지도록 만드는 일은 정치적으로는 악몽과도 같은 얽히고설킴을 만들어내겠지만 적어도 유럽중앙은행이 독립성에 대한 중요한 원칙으로 정해두었던 재정정책과 통화정책 사이의 분명한 경계선은 부활시킬 수 있었다.

다음 날인 2010년 5월 7일, 유럽이사회 회의 분위기는 묵시록 그 자체였다. 올리 렌(Olli Rehn) 이사회 위원장과 장클로드 트리셰 유럽중앙은행 총재는 끔찍한 경고를 했다. "처음에는 유럽이고 그다음은 전 세계다. 엄청나게 빠른 속도와 강도로 상황이 악화되어가고 있다."《파이낸셜타임스》의 보도에 따르면 이런 경고는 유럽만의 문제라고 생각했던 일부 국가들에게 커다란 충격을 안겨주었다고 한다. "그때까지도 세계 금융시장과 완전하게 이어져 있지 않았던 유로존의 소규모 국가들은 위기의 심각성을 실감하지 못하는 것 같았다. 그렇지만 사태를 파악한 국가들은 큰 충격을 받은 듯한 모습이었다." 한 외교관은 이렇게 회고했다. "사르코지 대통령의 얼굴이 하얗게 질렸다. 한 번도 보지 못했던 모습이었다."[55] 그렇지만 이렇게 위기감을 느끼고 그리스 문제를 논의하면서도 유로존 전체를 위한 포괄적인 안전망을 만드는 일에는 어떠한 합의도 이루어지지 않았다. 사르코지 대통령은 유럽중앙은행 쪽으로 비난의 화살을 돌렸다. 유럽 국가들의 신뢰도가 추락하고 있는 지금 어떻게 유럽의 중앙은행이 저렇게 뒷짐만 지고 있을 수 있는가? 왜 유럽중앙은행은 미국의 연준이나 영국의 영란은행처럼 자기 본분을 다하지 않는가? "사르코지 대통령이 고래고래 고함을 질러댔다. '제발, 제발이지 그만 좀 머뭇거리란 말이다!'" 어느 유럽연합 의회의원의 회고다. 이탈리아의 베를루스코니 총리와 포르투갈의 조제 소크라트스(José Sócrates) 총리도 거들고 나섰다. 두 사람 역시 국가채무위기가 번져나가는 것을 두려워할 만한 이유가 있었다. 그렇지만 독일과 네덜란드, 핀란드의 입장은 확연히 달랐다. 유럽중앙은행은 독립성을 보장받은 기관이며 독자적인 판단에 의해 자유롭게 행동할 수 있어야 했다. 5월 7일 금요일은 이렇게 아무런 합의 없이 저물고 말았다. 그러나 앞서 월스트리트 주식시장이 크게 요동을 친 후 5월 10일 월요일에 아시아 주식시장이 열리기 전에 뭔가 결단을 내려야 한다는 사실만은 분명해 보였다. 유럽은 단순히 그리스에 대한 지원을 넘어서 유로존 전체에 대해 좀 더 포괄적인 지원을 제공하는 방안을 강구해야 했다. IMF를 통한 국가들 사이의 양자간 합의로만 지금의 문제들을 해결하기 어려웠기 때문이다. 불과 몇 주 전만 해도 수백억 유로 규모의 지원에도 선뜻 나서지 못했지만 이제는 그보다 훨씬 큰 금액을 동원하지 않을 수 없는 상황이 되고 말았다.

세계 각국 정부의 엄청난 압박 아래 유럽의 지도자들이 5월 9일 일요일 오후 다시 한자리에 모였다.[56] 오바마 대통령은 메르켈 총리를 비롯한 주요 정상들과 그 전에 전화로 논의했다. 벤 버냉키는 즉석에서 유럽중앙은행, 영란은행, 스위스 국립은행, 캐나다 중앙은행과 통화스와프 협정 갱신 승인을 위해 미연방공개시장위원회(FOMC) 전화회의를 열었다.[57] 또한 G7 역시 유럽 재무부 장관 회의에 맞춰 전화회의를 소집했고 일본과 캐나다, 미국이 연결되었다. 이런 중차대한 순간에 볼프강 쇼이블레는 마침 약물 치료에 대한 과민반응으로 병원에 입원 중이었다. 그래서 스페인이 대신 참석했고 프랑스 재무부 장관 크리스틴 라가르드가 중간에서 중재자 역할을 했다. 전화 두 대를 동시에 연결하자 한쪽에서는 유럽연합 27개국의 의견이, 다른 한쪽에서는 G7의 의견이 들려왔다. 지원 자금의 합의 규모는 어마어마했다. 유럽연합 집행위원회 기금에서 600억 유로, 그리고 유럽 각국에서 4400억 유로를 갹출했다. 도미니크 스트로스칸은 지난여름 라트 비아를 지원했던 것과 같은 비율로 IMF 재원을 사용할 것을 제안했다. 그 렇지만 국가 규모가 작은 라트비아에 수십억 유로를 지원했던 반면 이번 에는 2500억 유로가 필요했다. 그동안 IMF가 실시한 여러 지원계획 중에 서도 단연코 최대 규모였다. 런던에서 열린 G20 정상회담에서 IMF에 약속 했던 1조 달러의 기금은 이제 글로벌 차원의 구제금융 시대가 새롭게 열 렸음을 알리는 상징이 되었고 그 첫 번째 대상은 바로 유럽이었다. 발표된 지원 규모는 놀라울 정도였지만 역시 어떻게 자금을 조달하고 구성할 것 인지가 문제였다. 이번의 지원계획은 리스본 조약을 뛰어넘어 유로존 회 원국들의 국가채무를 공동으로 분담하는 시대를 알리는 첫걸음이 될 것인 가? 독일 정부는 어떤 종류의 비슷한 시도도 인정하지 않을 것이었다.[58] 유로존 문제 해결과 관련된 모든 협상이 지지부진한 가운데 네덜란드의 그 림자 금융 전문가들은 유럽재정안정기금(European Financial Stability Facility, EFSF)을 활용하여 조세 피난처인 룩셈부르크에 민간 특수목적회사(SPV)를 설립하자고 제안했다. 그렇게 되면 유로존 회원국들은 어떤 조약이나 협 약에 구애받지 않고 이 SPV를 통해 국가 대 국가로서 자금을 지원할 수 있 게 된다.

　하지만 이런 임시변통의 대책을 마련하기까지 족히 몇 개월은 걸릴 것 같았다. 월요일 아침 시장이 열리기 전에 정말로 확인해야 할 문제는 유럽 채권시장에 대한 즉각적인 지원 대책이었고 그 지원은 유럽중앙은행만이 할 수 있었다. EFSF 합의는 장클로드 트리셰를 만족시켰고 이제 각국 정부 도 진지하게 사태에 임했다. 그렇지만 트리셰 총재는 유럽중앙은행 이사회 를 설득하고 특히 분데스방크의 동의를 이끌어낼 수 있을까? 5월 6일의 혼 란스러운 상황 속에서 겨우 채권 매입에 나섰던 분데스방크의 악셀 베버는 이후 마음을 고쳐먹는다. 그는 독일의 여론과 유럽중앙은행의 독일 측 이

사로 있는 수석 경제학자 위르겐 슈타르크(Jürgen Stark)의 기분을 거스르는 위험을 감수하고 싶지 않았다. 포르투갈에서 독일로 돌아가는 길에 베버는 자신의 동의를 철회한다. 그럼에도 불구하고 5월 9일 일요일에 트리셰 총재는 이 문제를 투표에 부쳤고 과반수의 동의를 얻는 데 성공했다. 그는 이제 5월 10일 이른 아침 유럽 정부들이 마침내 그동안 우유부단했던 모습을 걷어내고 구제계획을 발표한 후에 자신도 공식 발표를 하기 위해 기다리고 있었다.[59] 유럽중앙은행이 먼저 나서는 일은 결코 없었던 것이다.

그 후 며칠이 지나자 시장은 안정되었다. 독일의 반대에도 불구하고 유럽중앙은행의 지원 약속이 효력을 발휘한 것이다. 유럽중앙은행이 최종구매자로 나선 이상 채권 매각을 서두를 필요가 없었다. 그렇지만 유럽중앙은행이 이 약속을 제대로 지키기 위해 합의했던 공개되지 않은 한 가지 사항이 더 있었다. 그리스 채무에 대한 즉각적인 구조조정이 전혀 이루어지지 않는다고 해도 은행들은 보유하고 있는 그리스 관련 부실 자산들을 한꺼번에 처분할 수 없었다. 메르켈 총리와 쇼이블레 장관이 이끄는 독일의 강력한 주장에 따라 유럽중앙은행이 채권을 매입하는 대신 유로존 재무부 장관들은 자국 주요 은행들에 대해 보유하고 있는 그리스 및 기타 부실 채권들의 판매를 하지 말라는 압력을 넣어야 했지만 이런 거래는 제대로 이루어지지 못했다. 독일에서는 도이치은행부터 앞장서서 3년 동안 채권을 보유하는 것에 동의를 했지만 많은 소규모 은행들은 여기에 동의하지 않았다.[60] 그리고 유럽중앙은행이 1차 채권 매입을 위해 사용한 자금 250억 유로의 대부분이 프랑스에서 나왔다는 소문이 빠르게 퍼져나갔다.

IMF는 2010년 5월 9일 일요일 이사회에서 지원안을 공식적으로 승인했다. 이사회는 도미니크 스트로스칸 총재가 유럽에 있어서 존 립스키(John Lipsky)가 임시로 주재했다. 그는 J.P.모건에서 근무하다가 부시 대통령의 지명을 받아 IMF 수석 부총재로 임명된 인물이었다. 그렇지만 본부의 이사회 어느 누구도 이런 상황을 달가워하는 사람은 없었다.[61] 그야말로 엄청난 규모의 개입이었다. 게다가 전 세계에서 상대적으로 부유한 유럽 국가인 그리스를 그것도 유럽연합의 지시에 따라 관리한다는 것이 근본적으로 달갑지 않았던 것이다. 그리스는 IMF에서 정한 통상적인 각국 할당량보다 훨씬 더 많은 액수를 지원받고 있었다. IMF는 트로이카의 다른 일원인 유럽연합 위원회와 유럽중앙은행과 함께 지원계획에 대한 관리를 분담할 것을 요구받았다. IMF 소속 전문가들은 그리스의 채무가 유지 가능하다는 사실을 자신들조차 좀처럼 확신하지 못했다. 전문가들 사이에서는 결국 지원계획과 관련된 "중대한 불확실성들"이 그리스가 채무를 갚을 능력이 있다고 "확실하게 단언하는 것을 어렵게" 만들고 있다는 이야기가 조심스럽게 나돌았다. 평상시라면 이 정도만으로도 충분한 위험신호였다. 그렇다면 그리스가 새롭게 자금을 지원받아 기존의 민간 부문 채무를 갚아나갈 때 가장 혜택을 보는 쪽은 어디인가? 브라질 출신의 한 이사는 직설적으로 이렇게 주장했다. "이번 지원계획은 뼈를 깎는 구조조정을 거쳐야만 하는 그리스 구제와는 상관이 없다. 민간 부문 채무자들, 특히 유럽의 금융기관들이 혜택을 볼 뿐이다."[62]

과도한 대출은 공공차입의 위기를 초래한다는 점에서 "유인상술(bait and switch)" 같은 대안이라 할 수 있다.[63] 하지만 어느 누구도 이 대안에 대해 좀 더 명확한 설명을 요구할 수 없었다. 이 대안은 이념의 마술을 동원한 교묘한 트릭으로부터 나온 것이라기보다는 그리스 채무 드라마의 주연급 연기자들인 독일, 프랑스, 유럽중앙은행, 그리고 IMF와 오바마 행정부 사이의 저급한 타협을 통해 생겨났다. 분명 IMF 측에서도 이런 타협이 이루어질 것이라는 기대 같은 건 하지 않았을 것이다. 5월 9일 IMF 이사회 회의 분위기는 크게 부정적으로 흘러갔고 존 립스키는 반대 입장을 취해야 한다고 생각했다. 그는 전적으로 미국 측 입장을 대변하는 사람이었을 뿐더러 팀 가이트너의 "총력전" 논리를 충실히 따랐다.[64] 실제로 존 립스키는 IMF의 다국적 동료들에게 "충격과 공포" 전략을 채택해야 한다고 주장해 종종 그들을 당황하게 만들기도 했다. "충격과 공포"란 2003년 미군이 바그다드를 무차별 공습할 때 내세운 작전명이다.[65] 5월 9일 워싱턴에서 열린 중요한 회의에서 존 립스키는 동료들의 우려와 비판의 목소리를 알아차렸지만 "IMF 지원계획에는 채무 재조정이나 혹은 심지어 국가파산 같은 내용도 포함되어야 한다는 제안에 대해 별반 거부감을 느끼지 않는다"고 단언했다. 물론 그런 채무 재조정은 "그리스 은행시스템에 즉각적이고 파괴적인 영향을 미칠 수 있으며 그 밖의 파급효과 역시 엄청날 것이다." 결과적으로 보자면 그의 이런 주장이 결정적인 영향을 미친다.

결국 IMF 이사회는 위험하고 형평성에 맞지 않는 그리스 구제금융을 승인했다. 그렇지만 이런 결정이 내려진 것은 자체 규정에 맞는다거나 혹은 그리스에 도움이 되어서가 아니라 지금까지 상황으로 보았을 때 유럽은 그리스 위기를 감내할 여력이 없으며 따라서 "국제적인 시스템 수준의 고위험 확산 효과"가 생길 수 있었기 때문이다.[66] 그리스의 감당할 수 없는 채무를 재조정하는 대신에 모든 공공 부문과 비틀거리는 경제 분야 전체를 구조조정하는 작업이 필요했다. 비용 절감과 효율성 개선이라는 대담한 제안은 IMF가 실제로 그리스에 도움을 주기 위해 지원계획에 포함한 내용들이다. 만일 이런 처방이 어느 정도 효과를 발휘한다면 그동안 과거의 잘못된 관습에 사로잡혀 있던 그리스도 정신을 차리고 다시 경제발전을 이룩할 수 있을 것이며 또 궁극적으로는 채무를 계속해서 유지해나갈 수도 있을 것이다. 긴축과 "개혁"은 의견이 서로 다른 관계당사자들이 유일하게 합의할 수 있는 현안이었다. 이 문제가 경제적으로 정말 효과가 있다거나 혹은 정치적으로 실행 가능한지, 그리고 유럽의 민주정치에는 어떤 의미가 있는지는 또 다른 문제였다.

15장

채무의 시대

"그러니까 내가 하고 싶은 말은 우리가 바로 PIIGS란 말이다. …… 우리도 그리스와 같은 처지라는 사실을 금방 깨닫게 될 거라는 것이다."[1] 하버드대학교의 역사학자 니얼 퍼거슨이 2010년 2월 11일 글렌 벡(Glenn Beck)이 진행하는 폭스뉴스 방송에 출연해 한 말이다. 여기서 퍼거슨이 언급한 "우리"란 미국 국민들과 납세자들을 의미했다. PIIGS는 유로존 문제 국가인 포르투갈, 아일랜드, 이탈리아, 그리스, 스페인의 머리글자를 딴 것이다. 글렌 벡과 초대 손님들은 거리에서 일어나는 파업과 폭동, 그리고 불타는 차량 등의 혼란스러운 모습들을 화면으로 비춰주었다. 그리스의 사례가 보여주듯 일단 시장의 신뢰를 잃으면 쉽게 그 상황을 빠져나갈 방법이 없다. 퍼거슨은 이런 상황을 대단히 과격한 표현들을 써가며 이렇게 설명했다. "짊어지고 있는 채무의 상당 부분에 대해 지불정지를 선언하든지 아니면 인플레이션을 일으켜 떨쳐버려야 한다. 이 정도 규모의 채무를 지고 있는 미국으로서는 정말 선택할 수 있는 방법이 그리 많지 않다. 그리고 어떤 과정을 선택하더라도 정말 고통스러울 것이다." 만일 금리가 폭등한다면 1년 이내에 미국에서 이런 일이 실제로 일어날 수 있다. 퍼거슨은 설명을 이어갔다. "20년 전 러시아에서 일어났던 상황과 지금 유럽에서 벌어지고 있는 사건들에서 배울 수 있는 교훈이 있다면 경제 붕괴는 아무도 깨닫지 못하는 사이에 정말로 갑작스럽게 일어날 수 있다는 사실이다." 이런 전망과 함께 퍼거슨은 미국에서 일어나고 있는 큰 정부(big government)에 반대하는 포퓰리스트들의 움직임을 오히려 환영한다고 말했다. 그런 모습이야말로 건전한 사회의 상징이라는 것이었다. 그렇지만 아직 부족한 점이 있었다. "미국 국민들에게 진실을 알려줄 용기가 있는 그런 정치지도자가 필요하다. '우리는 이런 일을 해야만 하고 제도를 뿌리부터 개혁해나가야 한다.' 이렇게 말하는 지도자가 나타나지 않는다면 미국의 경제는 유럽이 아니라 아예 남아메리카가 추락한 모습 그대로 무너져갈 것이다."

니얼 퍼거슨은 아이비리그 출신 학자였고 글렌 벡은 미국 보수주의의 제일가는 선전원이었다. 그렇지만 2010년에는 채무에 대한 공포와 그에 따른 비참한 결과에 대한 전망을 어디에서나 찾아볼 수 있었다. 물론 금융위기가 발생하기 전에도 그런 사실은 잘 알려져 있어서 루빈이 미국 정부에 채무 정리를 요청했고 독일은 각 지방정부에 부채 브레이크를 실시하자고 독려했던 것이다. 어쨌든 2008~2009년의 금융위기로 인해 채무와 관련된 충격은 몇 배 증폭되었고 제2차 세계대전 이후 주요 선진국이 겪었던 국가 재정과 관련된 어려움 중에서 가장 심각한 타격이 되었다. 2010년 그리스가 맞이한 운명은 비슷한 처지의 국가들이 장차 어떤 일을 겪을지를 미리 알려주는 것처럼 보였다. 글렌 벡처럼 사람들을 선동하거나 요란하게 떠들어대는 사람들에게서도, 그리고 세상의 존경을 받는 학자들 사이에서도 경고음이 울려 퍼졌다. 학자들 중에서는 IMF에서 일했던 두 경제학자 카르멘 라인하트(Carmen Reinhart)와 케네스 로고프(Kenneth Rogoff)가 가장 목소리를 높였다.

깜짝 베스트셀러가 된 『이번엔 다르다(*This Time Is Different*)』를 공동출간

한 후 카르멘 라인하트와 케네스 로고프는 2010년 1월에 「채무 시대의 성장(Growth in a Time of Debt)」이라는 연구논문 한 편을 발표한다.[2] 이 논문에 따르면 공공 부문 채무가 GDP의 90퍼센트를 넘어서는 순간부터 경제성장률이 급격하게 떨어지기 시작한다고 한다. 그리고 그 내리막길의 끝에서 기다리고 있는 것은 바로 깎아지른 듯한 절벽이었다. 과도한 채무는 경제성장에 부담을 주고 채무의 지속 가능성을 낮추며 다시 경제성장을 둔화시키는 악순환이 반복된다. 이런 악순환을 피하기 위해서는 가능한 한 빨리 무언가 행동을 취하는 것이 중요하다는 것인데, 좀 더 자세히 살펴보면 이런 라인하트와 로고프의 분석에서 오류와 모순을 발견할 수 있다. 일단 두 사람이 제시하는 자료들을 다시 정리해서 보면 90퍼센트 기준에서 어떤 뚜렷한 성장률 저하를 찾아보기 어려우며 즉각적인 행동을 요구하는 근거도 두 사람의 주장을 뒷받침할 정도로 충분하지 않았다.[3] 그렇지만 2010년 초에는 두 사람의 주장이 굉장한 영향력을 발휘했다. 두 사람은 《파이낸셜 타임스》를 통해 이렇게 의견을 밝히기도 했다. "정치가들이 빨리 의견을 모으고 경제정책에 집중할수록 채무로 인한 문제의 위험성은 더 낮아질 것이다. …… 국가들 대부분이 아직도 대단히 낮은 금리로 금융시장에서 자금을 조달할 수 있는 상황을 즐기고 있지만 시장 상황은 언제든 아무런 경고 없이 변할 수 있다." 일단 채권시장이 금융위기에 의해 촉발된 "재정 쓰나미"의 정확한 규모와 정체를 알면 그에 따른 상황의 판단은 무자비한 결과로 나타날 것이다. "재정조정을 위해 대비하지 않은 국가들은 크게 후회할 것이다."[4] 누구도 이 위험에서 안전할 수는 없었다. 로고프는 독일의 우파 성향 주간지 《벨트암존탁(Welt am Sonntag)》과의 대담에서 노골적으로 이렇게 말했다. "독일의 공공 부문 재정도 위기에 빠져 있다. …… 언젠가 독일도 그리스와 비슷한 어려움을 겪을 것이다. …… 물론 그리스처럼 심각한 상황은 아니겠지만 고통스럽기는 마찬가지일 것이다."[5]

니얼 퍼거슨 못지않은 지식인인 카르멘 라인하트와 케네스 로고프라면 유로존에서 볼 수 있는 시장의 움직임이 "아무런 경고 없이 일어난 일"은 아니라는 사실을 잘 알고 있을 것이다. 유럽중앙은행과 독일 정부는 그리스로 몰려든 채권자경단을 의도적으로 묵인했다. 만일 유럽중앙은행이 문제를 해결하고 싶었다면 미국의 연준이나 영란은행, 혹은 일본은행이 그랬던 것처럼 그리스의 국채를 사들였어야 한다. 그렇지만 유럽중앙은행은 최소한 최후의 급박한 순간이 다가올 때까지는 그럴 의도나 계획이 전혀 없었다. 유럽중앙은행은 이런 의도를 전하고 싶었던 것이다. "긴축정책을 펴라, 그렇지 않으면 좋지 않을 것이다!" 그리고 세계가 보인 반응에 기뻐했을 것이다. 2010년은 글로벌 경기회복의 전환점이 될 수 있었다. 우파 선동가들과 보수파 정치적 사업가들, 그리고 중도 재정 강경파 사이의 일시적 편의에 의한 동맹관계는 그리스를 시범사례로 이용해 정치적 균형 상태를 뒤집었다. 실업률은 여전히 높고 생산성도 계속 떨어졌지만 경기부양책은 폐기됐다. 최근 역사에서 어떤 불경기보다도 더 빠르고 급격하게 재정 상황이 변화했고 그 결과 대서양 양안에서는 경기회복이 제대로 이루어지지 않았다.

영국과 미국을 덮치는 "재정 쓰나미"

긴축정책의 가장 놀라운 사례는 아마도 영국일 것이다. 치열한 선거전 끝에 2010년 5월 6일 노동당의 장기집권이 막을 내렸고 같은 날 그리스에서는 은행들이 불탔으며 미국 금융시장에서는 금융상품들의 가격이 갑작스럽게 폭락했다. 재정과 관련된 정치 문제들은 선거와 선거 이후 연정 구성 협상에서 모두 중요한 역할을 했다. 영국은 2007년과 2008년의 금융위기 당시 가장 크게 타격을 입은 국가들 중 하나였다. 유럽중앙은행과는 달리 영란은행은 아무런 문제 없이 재무부의 채무에 대한 공식 지원을 할 수 있었고 영국은 기존의 신용등급을 유지할 수 있었지만 달러화와 유로화에 대한 파운드화의 가치는 폭락하고 말았다. 영란은행이 채권시장을 안정시킬 수 있는 한 이런 문제들은 크게 우려할 만한 것들이 아니었지만 어쨌든 영란은행 총재 머빈 킹은 중요 인물로 부상했고 런던에서 G20 정상회담이 열리기 전인 2009년 봄에 보여주었던 것처럼 그는 자신의 영향력을 행사하는 데 한 치의 망설임도 없었다.[6]

2009년 12월 21일, 당시 야당인 보수당의 "예비" 재무부 장관 조지 오즈번(George Osborne)은 선거운동을 시작하며 만일 영국이 재정건전화에 대한 분명한 계획을 진행하지 못한다면 얼마 지나지 않아 그리스와 같은 상황에 처할 것이라고 주장했다. "노동당은 국제 투자자들의 인내심을 시험하면서 경제로 불장난을 하고 있다." 오즈번은 이렇게 선언했다. AAA등급 유지를 바라는 국가들이라면 "재정건전화에 대한 분명한 계획을 발표해야 한다. 경제가 당연히 회복될 것으로 알고 마냥 기다리는 사치를 누려서는 안 된다."[7] 오즈번은 자신의 이런 주장을 뒷받침하기 위해 BNP파리바, 도이치은행, 바클레이 등의 전문가들의 말을 인용하기도 했다. 채권시장의 거물인 핌코의 유명한 "채권왕" 빌 그로스도 여기에 가세했다. 그는 《파이낸셜타임스》를 통해 자신은 이제 영국 국채를 "절대로 피해야 할" 상품 범주에 넣었다고 의견을 피력했다. 그는 특유의 화려한 말솜씨를 자랑하며 영국의 공공 부문 채무가 "화약고 위에 올라가 있는 것이나 마찬가지"라고 선언했으며 그리스와 아일랜드뿐만 아니라 스페인, 프랑스, 이탈리아, 일본과 미국까지 포함해 모두 다 같은 "화산대" 안에 들어 있다고 말했다.[8] 2010년 2월 14일 케네스 로고프를 포함한 유명 경제학자 20명은 《선데이타임스》를 통해 조지 오즈번의 주장을 뒷받침하는 내용의 글을 기고했다. 노동당 정부가 정부예산을 통제하기 위한 충분한 조치를 취하지 않는다는 것이었다.[9] 그러자 다시 이들보다는 덜 유명하지만 훨씬 더 많은 사람들이 《파이낸셜타임스》에 반박하는 내용의 기고문을 실었다. 기고문을 보면 이들은 재정 긴축에 대한 요구를 시기상조라고 반대하며 다음과 같은 모순을 지적했다. "《선데이타임스》 기고문을 통해 금융시장을 안심시키기 위해 적자를 더 빨리 줄이라고 재촉하는 사람들은 애초에 그 금융시장의 문제점으로 인해 금융위기가 시작되었다는 주장을 의도적으로 무시하고 있지 않은가!"[10]

5월 6일 총선 결과 노동당은 정권을 내놓았지만 보수당 역시 과반수 의석 확보에 실패해 자유민주당의 도움을 필요로 하는 처지가 되었다. 연정 구성 협상은 미래의 재정정책에 대한 대단히 중요한 다툼이기도 했다.[11] 자유민주당의 협상 대표로 나선 데이비드 로스(David Laws)는 이렇게 말했다. "재정 적자는 우리의 협상 자체를 위협하는 막연한 공포심이나 마찬가지였다."[12] 보수당은 협상에서 예산 삭감을 중요한 현안으로 내세웠고 채무 관련 강경파들은 미국 재무부와 영란은행의 도움을 받을 수 있다는 사실을 잘 알고 있었다. 2010년 5월 12일 영란은행 총재 머빈 킹은 새 정부에 이렇게 충고했다. "현재 가장 중요한 문제는 …… 재정 적자 문제를 처리하는 것이다. …… 우리가 지난 2주 동안, 특히 그리스의 경우에는 지난 3개월 동안 상황을 지켜봐 왔듯이 시장의 반응과 반대로 움직이는 위험을 무릅쓰는 건 이치에 닿는 행동이 아니라고 생각한다."[13]

2010년 6월, 조지 오즈번 재무부 장관은 "긴급예산 편성"이라는 이름으로 지출을 삭감하고 부가가치세를 올린다. 목적은 2015년까지 재정 적자를 줄이겠다는 의지를 표명해 시장을 안정시키는 것이었다.[14] 2010년의 화두는 "필요성"이었다. 그렇지만 경제 전문기자 닐 어윈(Neil Irwin)은 훗날 이렇게 논평했다. "영국은 …… 지금까지 거의 해본 적이 없는 일에 착수했다. …… 미래의 채무위기 위험에 대한 선제공격으로 지출을 줄이고 세금을 올렸다."[15] 폴 크루그먼은 다음과 같이 언급했다. "채권자경단에 겁을 먹는 것과 조만간 채권자경단이 나타날지도 모른다는 공포에 겁을 먹는 건 다르다."[16] 긴축이 계속되면서 또 다른 이유와 동기가 모습을 드러냈다. 본질적으로는 국가 규모를 줄이는 것이 진짜 목표였다. 3년 후 런던 시장이 주최한 만찬회장에서 데이비드 캐머런(David Cameron) 영국 수상이 말한 것처럼 궁극적인 목적은 "좀 더 깊은 의미가 있는 것"으로 영국을 "지금뿐만 아니라 앞으로도 계속 더 군살 없고 가벼운 국가로 만드는 것이다."[17]

2015년 오즈번 재무부 장관은 영국 국가예산의 연간지출에서 980억 파운드를 줄였다고 보고한다. 2009년 9월 공공 부문 근로자 규모는 최대 644만 명에 달했는데 2016년 7월에는 543만 명으로 줄어든다.[18] 공공 부문 일자리 100만 개가 민영화되거나 외주화된 것으로 1980년대 대처나 1990년대 메이저 수상이 추진했던 규모보다 훨씬 더 컸다. 미국의 공공 부문 급여로 환산하면 일자리 330만 개가 사라진 셈이었다. 연금과 건강보험 지출이 줄어들었기 때문에 이에 따른 어려움은 주로 지방정부에 집중되었다. 재무부 장관은 노골적으로 이렇게 선언했다. "공공 부문 지출의 상당 부분을 지방정부가 차지한다. 그리고 오랫동안 지방정부의 공공재정은 감당하지 못할 정도로 늘어만 갔다. …… 사람들은 금융업계를 비난하지만 나는 비대해진 은행들만큼이나 비대해진 정부 역시 비난을 받아야 한다고 생각한다."[19] 2010~2016년에 노인들을 위한 복지 시설에서 대중교통, 공립공원과 도서관까지 지방정부가 진행하는 모든 공공사업 분야의 예산이 3분의 1로 삭감되었다. 영국은 이제 점점 더 더럽고 지저분하며 위험하면서 또 미개한 국가가 되어갔다. 실업수당과 장애수당으로 간신히 연명하던 수십만 명의 국민들은 이제 진정한 절망 속에 빠져들었다.[20] OECD에 따르면 그리스와 아일랜드, 스페인은 영국이 경험했던 것보다 더 심한 긴축경제의 영향을 받았다고 한다.[21]

미국의 자유주의자들이 노동당 집권 당시 영국 정치에 그렇게 찬사를 보냈던 건 고든 브라운과의 연대의식 때문만은 아니었다. 그들은 2010년 영국에서 일어난 일들이 장차 미국에서 일어날 사건들의 전조가 될까 봐 두려워했다. 우려의 목소리가 터져 나온 곳은 선동가들이나 폭스뉴스의 방

도표 15.1 연방정부의 공공 부문 채무 현황

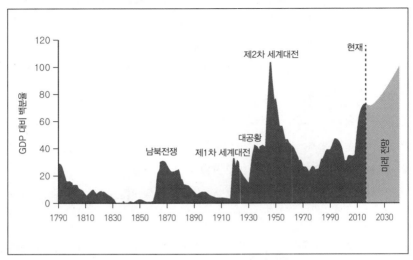

자료 출처: 의회 예산국, 「국가예산의 장기적 전망에 대한 이해(Understanding the Long-Term Budget Outlook)」(2015년 7월). 의회 예산국, 「연방정부의 공공부분 적자 기록 및 자료(Historical Data on Federal Debt Held by the Public)」(2010년 7월). www.cbo.gov/publication/21728.

송만이 아니었다. 오바마 행정부 내부에서도 고민은 깊어만 갔다. 2009년 2월 초 오바마 대통령은 백악관에서 재정책임회의(Fiscal Responsibility Summit)를 소집했는데 그로부터 1년 뒤 오바마 행정부는 재정 문제를 염려하는 민주당 중도파들의 압박에 시달린다. 연방정부의 부채조달 상한선을 높이기 위해서는 중도파 의원들의 도움이 필요했다.[22] 케인스학파 경제전문가들에게는 두려운 일이었지만 2010년 1월 27일 오바마 대통령은 두 번째 연두교서 연설을 통해 일자리 문제가 아니라 재정 적자를 줄이는 것이 최우선 과제라고 천명했다.[23] 오바마 대통령은 2011년까지 국방비를 제외한 모든 재량 지출을 지금 수준으로 유지할 것을 약속했다. "미국의 가계들은 허리띠를 더욱 졸라매고 어려운 결단을 내리고 있다." 오바마 대통령은 이렇게 선언했다. "연방정부도 똑같이 해야 한다."[24] 그야말로 경제학자들을 절망에 빠트릴 만한 너무 단순한 비교였다.[25] 그리고 이런 대통령의 주장은 현재 워싱턴 정가를 지배하는 "재정책임"에 대한 내용과 정확하게 일치했다. 어느 보수파 평론가는 이렇게 이야기했다. "올해 논의할 내용들이 지출 동결과 지출 삭감 사이에서만 오간다면 이야기는 이미 다 끝난 것이 아닌가."26 2010년 2월 18일 대통령 행정명령에 따라 재정책임 및 개혁을 위한 국가위원회(National Commission on Fiscal Responsibility and Reform), 줄여서 심프슨-볼스 위원회(Simpson-Bowles Commission)가 만들어졌다. 위원회가 하는 일은 2015년까지 기본적인 예산균형을 이루기 위한 권고안들을 만드는 것이다. 위원회 위원들은 의회 중간선거 이후인 12월까지는 보고를 올리지 않아도 상관없었다. 그러는 사이 행정부 내에서 피해를 입은 부서들이 재정 문제에 대한 반대의견을 내놓기 시작했다.27 오재그 같은 강경파들은 심지어 연간수입이 25만 달러 이하인 사람들에게도 세금을 인상할 것을 주장했는데 그렇게 되면 오바마의 가장 기본적인 선거공약을 어기는 셈이었다. 람 이매뉴얼 비서실장은 정치적 이유로, 그리고 래리 서머스는 경제적인 이유로 격렬하게 반대했다. 한편 최근에 연준 의장에 재신임된 벤 버냉키는 채무와 관련된 선동에 대해 가장 설득력 있는 대안을 제시했다. 그는 재정 적자의 규모나 크게 늘어난 부채 부담이 장기화되는 경우 나타날 심각한 영향을 부정하지 않았다. 그렇지만 지나친 긴축재정 노력에 대해서는 우려의 목소리를 쏟아냈다. 현재 미국은 막 경기회복의 기미가 보이는 시점이며 지금 상황에서는 재정과 관련된 큰 충격을 견뎌낼 수 없다는 것이었다. 중요한 건 단기와 중기로 나눠 대책을 세우는 것이었다. 단기 부양책을 계속 유지하려면 중기에 걸쳐 재정 적자를 줄일 실질적인 계획이 수반되어야 한다.28 이러한 결합은 경제에 즉각적인 도움을 주며 동시에 투자자들의 신뢰도 자연스럽게 높여줄 것이다.

그렇지만 오재그 같은 예산문제 강경파에게 이런 방식은 충분하지 않았고 그는 2010년 7월에 백악관 예산국장 자리를 내놓는다.29 오바마 임기첫 2년에 대한 유권자들의 평가는 그보다 더 처참했다. 실업률이 10퍼센트에 근접하는 상황에서 미국 유권자들 5명 중 4명은 경제 상황이 대단히 좋지 않다고 판단했다. 보수파 국가주의자들은 행정부에 대항하는 조세저항 운동을 계속해서 펼쳐나갔다.[30] 심지어 민주당 의원들 상당수는 2008년 긴급구제조치를 자신들의 공으로 돌리기도 했다.[31] 그들은 대통령에 대해서는 잘못 판단했지만 당시 의회에서 구제금융 조치가 통과될 때였으니 그런 그들의 주장이 완전히 터무니없는 것은 아니었다. 성난 민심은 11월 2일의 선거에서 공화당에 역사에 남을 만한 승리를 안겨주었다. 공화당은 하원의원 수를 63석 늘려서 1848년 이래 가장 큰 승리를 거두었다. 미국 정치의 지형도를 바꿀 만한 사건이었다.

오바마 행정부는 경기회복이 중간에 멈추는 일이 없도록 사력을 다하며 의회에서의 영향력을 상실한 상황에서도 2차 경기부양책이 의회를 통과할 수 있도록 애를 썼다. 2010년 12월에 상정된 조세 감면, 실업보험 보장 재부여, 그리고 고용촉진 관련 법안들은 대략 8580억 달러의 수요 확대 효과를 불러올 수 있었다고 한다.[32] 그렇지만 이런 법안들은 오바마 행정부가 겪는 정치적 어려움도 아울러 보여주었다. 실질적인 경기부양책은 부시 행정부에서 이어받은 최고 소득자들에 대한 엄청나게 불평등한 조세 납부 유예제도 등을 포함해 이제 전적으로 조세 감면 조치만으로 구성될 수밖에 없었던 것이다. 임기 2년이 지난 상황에서 이런 조치들은 아마도 오바마 행정부가 통과시킬 수 있는 마지막 대규모 경제정책 관련 법안이 될 것 같았다. 새해가 밝아오고 공화당이 지배하는 새로운 의회에서 오바마 행정부는 수세에 몰릴 수밖에 없었다. 새로운 정책과 조치에 따라 세수 확대를 기대하기 힘들기 때문에 심프슨-볼스 위원회의 중도파 권고안들은 재정지원 혜택을 크게 줄이는 내용을 포함하고 있음에도 제대로 적용도 해보기 전에 모두 폐기되었다. 이제는 다수당이 된 공화당 원내대표 에릭 캔터(Eric Cantor)가 이끄는 이른바 "소장파" 의원들은 어떤 세금 인상 계획에도 찬성하지 않으려 했다.[33] 이들의 목표는 1000억 달러에 달하는 즉각적인 지출 삭감이었으며 특히 재량 지출에 집중되어 있는 이 삭감조치는 식품안전과 재난구호, 그리고 항공기 통제 등을 포함하는 연방정부 계획안 전반에 걸쳐 엄청난 충격을 가져올 수밖에 없었다. "괴물 굶겨 죽이기"를 통해 공화당은 큰 정부의 망령을 벗어던지고 미국의 꿈을 되살리려고 했다.

이중의 속임수에 빠져든 유럽

미국과 영국은 모두 금융위기로 인한 재정적인 피해를 입었으며 따라서 긴축재정이라는 요구에 직면한 건 당연한 일이었다. 그렇다면 반대로 여유 있게 자금을 풀 수 있을 만한 국가는 어디일까? 일본과 신흥시장국가들을 제외하면 반대편에서 균형을 잡아줄 수 있는 가능성이 가장 큰 국가는 바로 독일이었다. 2010년 여름 메르켈 총리도 이렇게 인정을 했다. "유럽연합의 다른 회원국들과 미국 정부는 현재의 경기회복을 유지하기 위해 독일이 정부 지출을 늘리고 수출 흑자를 줄이라고 종용하고 있다."[34] 그렇지만 독일은 그렇게 생각하지 않았다. 대부분의 독일 사람들은 금융위기가 과도한 채무의 결과라고 생각했다. 경기회복을 위해 세계가 독일에 기대하는 역할은 자금을 푸는 것이 아니라 긴축경제의 모범적 방향을 제시하는 것이라고 여겼다.

전반적인 분위기를 감안하면 실제로도 그럴 가능성은 충분했다. 독일의 재정 적자는 연간 500억 유로 수준이었고 전체 채무는 GDP의 80퍼센트를 넘어서고 있었다. 카르멘 라인하트와 케네스 로고프의 주장도 이 무렵 유럽에 알려졌다. 볼프강 쇼이블레 독일 재무부 장관은 즉각적인 대책 마련의 필요성을 주장하기 위해 GDP의 90퍼센트 경계선의 위험성을 상기시켰다.[35] 6월 7일 월요일 메르켈 총리는 독일 연방공화국 역사상 가장 규모가 큰 예산 삭감 조치를 발표하면서 독일의 예산 균형 회복은 "독특한 능력의 과시"가 될 것이며 "가장 큰 경제 규모를 갖춘 독일은 좋은 모범을 보여줄 의무가 있다"고 선언했다.[36,37] 2011년에는 112억 유로, 즉 134억 달러의 예산을 삭감했고 2014년 그 규모는 800억 유로까지 늘어났다. 독일도 미래의 국가 형태에 대한 선택을 해야 했던 것이다. 독일 정부의 예산 삭감 정책에 가장 크게 영향을 받은 건 국방부로 2014년까지 25퍼센트의 예산 삭감을 요청받았다. 독일군의 군사력은 줄어들었고 징병제는 단계적으로 폐지하기로 했다. 독일 정부로서는 유로존의 안정 및 성장협약에서 정한 재정 적자 3퍼센트 규정을 지키는 일이 GDP의 최소 2퍼센트 이상을 국방비로 쓰기로 한 NATO 협약을 존중하는 것보다 더 중요했다.[38]

2010년 6월 토론토에서 열린 G20 정상회담에서는 대서양을 중심으로 하는 재정정책에 대한 새로운 논쟁의 장이 펼쳐졌다. 회담이 열리기 전 오바마 대통령은 경기회복 과정이 중단되는 것을 막기 위해 재정건전화를 흔들림 없이 밀고 나갈 것을 촉구하는 공개서한을 발표하기도 했다.[39] 볼프강 쇼이블레는 《파이낸셜타임스》의 지면을 빌려 단기적인 이익만 생각하는 미국 방식과는 다르게 경제정책에 대해 장기적으로 접근하는 독일의 방식을 옹호했다. 그는 부채 브레이크 정책이 유럽의 안정을 위한 무게중심 역할을 하는 데 가장 적합하다고 주장했다.[40] 데이비드 캐머런 영국 수상과 캐나다 측 인사들도 그런 쇼이블레의 주장을 지지했다. 미국 측의 주장에 따라 G20 정상회담 공식성명서의 최종 내용에는 "민간 부문 경기회복 추진력"에 문제가 생기지 않도록 지속적인 재정건전화의 필요성을 언급하기로 했다.[41] 역시 재정건전화에 대한 수요는 모든 현안을 압도했다.[42] 1930년대 이후 불어닥친 최악의 경제위기가 막 진정된 당시, OECD에 따르면 선진국 기준으로만 실업자가 4700만 명에 육박했고 거기에 구직 포기자들까지 포함하면 그 수는 8000만 명에 가까웠다. G20 국가들은 향후 3년 동안 재정 적자를 절반 이상 줄이는 데 다 같이 전념하기로 약속했다.[43] 그야말로 가계의 문제가 세계적 규모로 확산된 형국이었다. 짜증이

날 정도로 느리고 불완전하게 진행되는 경기회복을 위한 처방은 결국 재정 적자를 줄이는 것이었다.

독일은 그 정도로도 충분하지 않았다. 그리스 위기에서 배운 교훈이 있다면 유로존의 안정 및 성장협약은 결국 실패로 돌아갔다는 사실이었다. 독일, 아니 2003년 당시 정권을 잡았던 적녹연정 내각은 그만큼의 책임을 져야 했다. 이제 다시 독일을 이끌게 된 메르켈 총리와 쇼이블레 장관은 유로존이 스스로의 규율을 다시 세울 수 있도록 앞장서서 길을 닦아야 했다. 단지 경제 체력을 회복하기 위해서뿐만 아니라 유로존의 정치를 위해서도 꼭 필요한 일이었다. 그리스 위기는 유럽 정부들이 힘을 합쳐야 한다는 사실을 보여주었다. 볼프강 쇼이블레와 같은 연방주의자들은 위기에 대

도표 15.2　실질단위 정부 지출 총계: 유로존과 미국, 2006년 1/4분기에서 2014년 3/4분기까지

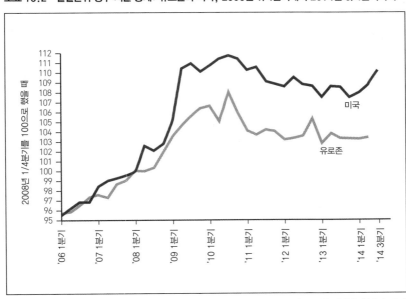

참고 내용: 유럽연합 통계국 자료를 2014년 11월 29일 내려받았음. 유로존 회원국 지출 현황은 현재의 18개 회원국을 기준으로 함.

자료 출처: 미국 BEA. 2014년 11월 29일 내려받았음.

한 궁극적인 해답은 "더 큰 유럽"이 되는 것에 있다고 계속해서 주장했다. 그렇지만 북부 유럽의 납세자들이 그런 주장을 받아들이자면 모든 사람이 똑같은 규칙에 따라 움직이고 있다는 사실을 확인시켜줘야만 했다.

유로존의 위기가 점점 더 심각해지고 독일의 중추적 역할이 그 어느 때보다도 분명해짐에 따라 선전과 선동도 한층 뜨겁게 달아올랐다. 시위대는 메르켈의 얼굴에 히틀러의 콧수염을 그려 붙인 현수막을 흔들어댔다. 이는 모욕적이고 기괴할 정도로 부당할 뿐만 아니라 독일의 위치에 대한 근본적인 오해를 아울러 나타내고 있었다. 누군가 독일이 제국주의로 돌아가고 있다고 비난한다면 독일 정치가들은 그야말로 한 점 부끄러움 없이 독일은 대륙 지배에 대한 야심 같은 건 전혀 없다고 대답할 수 있었다. 그렇지만 독일 정부는 경제와 재정규율에 대한 이상을 갖고 있었고 진정한 유럽통합을 위해 한 걸음 더 나아가기 전에 이런 부분이 먼저 유럽 전체에서 받아들여져야만 했다.[44] 글로벌 경쟁력 측면에서 각국 정부는 지출과 채무를 반드시 적절하게 통제해야 했다. 유럽의 인구 문제는 상황을 더 급박하게 만들었다. 노동시장과 실업 문제에 대해서는 나머지 유럽 국가들은 독일의 하르츠 IV 개혁 정책의 교훈을 배워야 했다. 케인스학파가 국내수요를 염려하고 있을 때 독일이 내놓은 해답은 바로 수출이었다. 노령인구가 늘고 있는 유럽은 전 세계를 대상으로 수출을 늘려 빠르게 성장하고 있는 신흥시장국가들에 대해 채권자로서의 지위를 공고히 해야 했다. 이것만 보아도 메르켈 총리가 왜 친기업 성향의 자민당을 새로운 연정 상대로 선택했는지가 분명해진다. 독일은 부채 브레이크와 관련된 헌법수정안을 통과시켰다. 만일 독일이 유로존의 나머지 회원국들과 함께 유로존 채무를 공동 관리하는 데 동의한다면 회원국들에 더 많은 것을 요구해야 할 것이다. 유럽통합을 통해 혜택을 받고 번영을 누리고 있는 독일의 납세자와 유권자들 입장에서는 유럽연합이 "이전지출 연합(transfer union)"처럼 바뀌는 것을 받아들일 수는 없었다. 독일은 오직 다른 국가들이 공동의 규칙을 준수할 것을 약속할 때만 주권을 하나로 모아 행사하는 문제를 고려해볼 수 있다. 문제는 그런 규칙을 정하고 유지하며 지켜야 한다는 것이다. 상황이 어렵게 돌아가는 건 바로 이 부분부터다.

2010년 여름이 지나면서 새로운 유럽 경제 지배 구조를 위한 또 다른 계획들이 선을 보인다. 각각 유럽연합 집행위원회 위원장 조제 마누엘 두랑 바호주(José Manuel Durão Barroso)와 유럽이사회 초대 의장 헤르만 판롬파위(Herman Van Rompuy)의 지시에 따라 계획안을 따로 마련했는데, 유럽이사회 의장 지위는 리스본 조약에 따라 유럽연합의 정부간 정책 결정 역량을 강화하기 위해 처음 만든 자리였다.[45] 독일의 궁극적인 목표는 2009년 자국 내 헌법 수정안으로 통과된 부채 브레이크를 다른 유로존 회원국들 모두가 법으로 정하도록 만드는 것이었다. 법을 지키지 않는 국가는 자동적으로 의결권을 제한당하는 등의 제재 대상이 될 수 있었다. 실제로 경제적 압박을 겪고 있는 국가라면 이런 제재는 훨씬 더 혹독하게 다가올 수 있다. 장클로드 트리셰는 이렇게 말했다. "실제로 그런 제재를 가하면 해당 국가는 재정 문제에 대한 자치권을 실질적으로 다 잃는 셈이다."[46] 프랑스는 이런 자동적 제재에 반대하는 입장이었다. 이런 규정이 자신들에게 더 엄격하게 적용될지도 모른다는 두려움을 갖고 있는 소규모 국가들 역시 당연히 의결권 제한 같은 내용에 대해서는 반대하고 나섰다.

유럽의 미래를 생각하면 정말로 중요한 문제가 아닐 수 없었다. 그렇지만 이런 내용이 금융안정화라는 단기적 문제와 어떻게 연결되는 것일까? 여름이 되면서 지난 2010년 5월에 그리스 위기를 해결하기 위해 마련했던 조치들이 더 이상 효력이 없다는 사실이 분명해졌다. 좀 더 비관적 견해를 가진 IMF 분석가들이 가장 두려워하던 결과들이 빠르게 현실로 이루어지고 있었다. 그리스의 범그리스사회주의운동 정부는 트로이카가 요구한 개혁들에 미온적인 반응을 보였는데, 설사 그런 개혁을 이룬다 해도 오히려 역효과를 불러올 것 같았다. 고전 케인스학파의 경기불황 악순환 이론에 따르면 수요가 줄어들고 실업률이 올라가면 당연히 소득도 줄어든다. 2010년 그리스의 GDP는 4.5퍼센트 이상 줄었다. 2011년에는 그보다 상황이 더 나빠질 것이 분명했다.[47] 조세 수입은 가장 상황이 좋았을 때도 충분하다고는 말할 수 없었는데 임금, 이윤 그리고 소비자 지출이 줄면서 함께 줄어들었다. 2010년 5월의 조치들은 2년 안에 그리스 국채가 자본시장에서 다시 받아들여질 거라는 가정을 전제하고 있었다. 그렇지만 재정 적자와 채무 부담은 계속해서 늘어만 갔고 회복 기미를 보이지 않았다. 2010년 8월 말이 되자 그리스의 10년 만기 국채의 독일 국채 대비 스프레드는 9.37포인트나 올라가 지난봄의 위기 상황 때보다도 더 높아졌다.[48] 그리고 이렇게 상황이 악화되어가는데도 트로이카는 여전히 2010년 5월의 조치들에 그리스를 묶어두려고만 했다.

그리스를 이런 상태로 계속 끌고 간 것에 대한 어떤 변명이라도 한다면 아마도 즉각적인 채무 재조정이 결국 유로존의 다른 채무자들에게 영향을 미쳐 유럽 은행들을 무너트릴 것이라는 두려움이 아니었을까. 그러면 훨씬 더 규모가 큰 위기 상황이 벌어질 것이 분명했다. 따라서 유럽 경제정책이 당장 풀어야 할 숙제는 "만기연장이 곧 경기회복"이라는 주장을 내세워 벌어놓은 시간 동안 유로존 금융시스템의 회복력과 은행의 건전성을 강화하는 것이었다. 만일 미국식 모형을 따른다면 다음 단계는 분명 손실을 추정하기 위한 스트레스 테스트 실행이 될 것이며 그다음은 공공 혹은 민간 부문 자금에 대한 적극적인 자본재구성을 실행할 것이었다.

2009년과 2010년 유럽에서도 일종의 스트레스 테스트가 실시되었다. 2010년의 경우 개별 은행들을 언급했기 때문에 2009년보다 더 광범위하게 테스트가 진행되었다고 볼 수 있겠지만 역시 실질적인 효과는 없었다. 테스트 결과는 2010년 7월 23일 발표되었는데, 유럽의 주요 91개 은행들 중에서 고작 7개 은행만이 핵심자본이 국채 위기에 의해 위험스러운 수준까지 줄어드는 것으로 나타났다.[49] 이에 따라 유럽 은행 감독위원회에서는 유럽의 은행들이 새롭게 늘려야 할 자본의 규모가 35억 유로를 넘지 않는다고 추산했다. 그러나 회의적인 분석가들의 지적처럼 이런 낙관적인 결과는 은행들이 보유한 국채의 대부분이 파산 위험이 전혀 없다거나 혹은 유럽재정안정기금(EFSF)에 의해 모두 보호받을 수 있다는 가정을 바탕으로 했다.[50] OECD의 추정에 따라 좀 더 비관적인 가정을 바탕으로 손실액을 계산해보면 일부 채권시장의 위기만으로도 유럽 은행들이 입을 손실은 공식 발표된 264억 유로가 아닌 1650억 유로라는 것이다. 이런 손실은 특히 그리스와 아일랜드, 포르투갈, 스페인 같은 경제가 취약한 국가들의 은행시스템에 집중될 것이며 동시에 이 국가들은 엄청난 타격을 받을 것이다. 만일 유로존 위기가 스페인이나 이탈리아까지 퍼져나간다면 독일과 프랑스 은행시스템 역시 어려움에 빠진다. 늘 그렇듯 가장 심각한 위험은 일부 위기에 빠진 은행들의 대차대조표에 집중되었고 덱시아와 포르티스, 그리고 독일의 하이포리얼에스테이트가 가장 위험한 은행 1순위에 올랐다. OECD에 따르면 특히 하이포리얼에스테이트의 자본 구성은 대단히 부적절해서 이탈리아와 스페인, 아일랜드, 혹은 그리스 중 어느 한 곳에서라도 국채 위기가 발생하면 생존을 장담할 수 없는 상황이라는 것이었다.

유럽 기구들은 개별 국가의 은행 정책에 개입할 어떤 권한도 없었다. 2008~2009년에 조성된 자본재구성을 위한 기금은 의무적으로 사용되지 못하고 간헐적이고 선택적으로 사용되었다.[51] 각국 정부는 지나치게 안이한 태도로 지금의 편안한 상태를 굳이 방해하려 들지 않았다. 결국 유럽은 이중의 속임수에 빠져든다. 트로이카는 그리스가 충분한 긴축정책을 펼 수만 있다면 채무가 지속 가능하다는 주장을 계속했지만 시간이 흐를수록 사실이 아니라는 점만 더 분명하게 드러날 뿐이었다. 그리스는 추락하고 있었다. 한편 유럽의 은행들은 문제가 없다는 결과를 보여주었던 스트레스 테스트 역시 사실과는 거리가 멀었다. 실제로 은행들의 위기 상황은 그리스가 구조조정이라는 위험을 무릅쓰기를 거부하는 가장 큰 이유이기도 했다. 그렇지만 이 역시도 공황상태를 불러올까 두려운 유럽중앙은행이 공식적으로 발표할 수 없는 내용이었다. 더욱이 유럽중앙은행은 유럽 각국 정부와 은행들이 거부한 자본재구성 문제에 대해 중대한 조치를 취해야만 했다. 결국 진퇴양난에 빠진 트로이카는 더 이상 모든 것이 다 잘 되어가고 있다고 주장하지 않았다. 한편 그리스의 실업률은 2008년 여름 8퍼센트에서 2010년에는 12퍼센트 이상 올라갔다. 청년층만 보면 이미 실업률이 30퍼센트 이상 치솟은 상태였다.

그리스 사람들이 만기연장이 곧 경기회복이라는 뻔한 속임수의 희생양이었다면 실제로 이득을 본 건 누구인가? 2010년 5월에 1차로 수십억 유로가 그리스에 제공되었고 다시 채권자들에게로 흘러들어 갔다. 2010년이나 2011년이 만기인 채권을 보유한 은행들은 운 좋게도 정해진 기간에 전액을 다 회수할 수 있었다. 보유 채권을 매각해 손실을 줄이기로 결정한 다른 은행들은 헤지펀드들 중에서 거래 상대를 찾았다. 이 헤지펀드들은 1유로당 36센트를 주고 채권을 매입했고 상황은 좋아질 것이며 최악의 경우라도 최종결산을 통해 일부 손해만 감수하는 도박을 걸었다.[52] 프랑스와 네덜란드 은행들은 그리스 국채 매매와 관련하여 비공식적 매각 중지 조치를 가장 적극적으로 위반했던 것으로 보인다. 프랑스 은행이 보유한 그리스 국채는 2010년 3월에는 270억 달러 규모였지만 12월에는 150억 달러로 줄었고 네덜란드의 경우 229억 달러에서 77억 달러로 줄어들었다.[53] 그렇지만 그리스 국채를 매각한 대금은 유로존의 위험 지역을 완전하게 빠져나가지 못했다. 유럽 은행들은 그리스와 아일랜드 채권을 매각한 대금으로 다시 스페인과 이탈리아 국채에 투자해 수익을 올리려고 했다.[54] 일반적으로 볼 때 유럽 은행들이 정말로 생존과 번영에 관심이 있다면 위기 이후 다가올 미래를 위해 적극적으로 자본재구성을 하고 사업 방향을 새롭게 바꾸는 게 정상이다. 그런데 그런 기미는 거의 보이지 않았다. 미국의 거대 은행들은 연간 "자본 계획"의 규율에 따라 움직였고 수익을 보너스 등으로 배분하지 않고 축적해두었다. 그렇지만 유럽 은행들은 그때그때 적절하다고 생각하는 대로 자유롭게 움직였다. 주주들을 즐겁게 해주려는 필사적인 노력의 일환으로 얼마를 벌어들이든 무조건 주주들에게 배당으로 나눠주었고 그러면서 언제든 적절한 때가 오면 새롭게 자본을 끌어모을 수 있을 거라고 생각했다.[55] 그렇지만 지금은 그럴 때가 아니었다.

아일랜드 납세자들이 떠안은 은행과 투자자들의 손실

그리스는 채무 재조정과 은행들로 하여금 손실을 파악하도록 하는 문제를 중요한 의제로 다루지 않았다. 그렇지만 아일랜드는 다시 이 문제를 들고 나왔다. 놀랍게도 2010년 여름이 되자 아일랜드의 모든 은행이 유럽의 스트레스 테스트를 통과했다. 심지어 2008년에 은행으로서의 기능이 정지되다시피 했던 앵글로아이리시뱅크까지 테스트를 통과했다. 그렇지만 이 무렵 아일랜드 은행이 유럽중앙은행 특별자금을 통해 빌린 금액은 이미 600억 유로에 육박했으며 아일랜드 은행시스템 전체가 "자금절벽"에서 불과 몇 주 정도밖에 여유가 없었다. 2008년 9월 아일랜드 정부는 향후 2년 동안 아일랜드 6대 은행의 모든 예치금과 채무를 보장하겠다고 약속했지만 곧 그 기간이 만료될 것이며 은행들은 자금시장으로의 모든 접근이 차단될 예정이었다. 그렇다면 그 이후에는 아일랜드 중앙은행과 유럽중앙은행에 전적으로 의지할 수밖에 없었다. 9월 30일 아일랜드 정부는 은행 지원에 대한 정부의 약속을 감안하면 2010년 아일랜드의 공공차입 요구가 GDP의 14퍼센트에서 32퍼센트라는 엄청난 수준으로 치솟을 것이라고 발표했다. 그렇게 되면 아일랜드의 공공 부문 채무는 2007년 GDP의 25퍼센트라는 평범한 규모에서 2010년에는 무려 98.6퍼센트에 이른다. 한때 엄격한 공공 재정 관리의 모범으로 여겨졌던 아일랜드 정부는 이제 채권시장에서 강제

로 퇴출당할 위기에 처했다.[56]

　만일 아일랜드가 대부분 해외 채권단들과 이어져 있는 자국 은행들의 모든 채무에 대해 계속해서 책임을 지려 했다면 결과는 끔찍했을 것이다. 2008년 금융위기가 시작된 이후 아일랜드 국민들의 모든 소득에는 추가세금이 부과되었고 청년 구직자들을 위한 지원금은 삭감되었으며 70세 이상 노년층을 위한 건강보험 보조금은 재산에 따라 차등 지급되었다. 공공 부문 급여는 5~10퍼센트, 복지수당은 4퍼센트가 삭감되었으며 아동수당도 줄어들었다.[57] 9월에 발표된 은행지원 방안은 더 많은 복지예산 삭감과 세금 인상을 예고했다. 그리고 아일랜드 정부는 비공식적으로는 IMF의 지원 아래 상황을 바꿀 수 있는 다른 방도를 찾기 시작했다.[58] IMF 내부에서는 채무 재조정에 대해 결코 양보하지 않으려는 세력도 있었다. 아일랜드는 경기호황 당시 수익을 거둔 투자자들에게 도움을 요청했다. 현재 가장 어려움을 겪고 있는 앵글로아이리시뱅크의 채권자들이 당시 얻은 수익을 감안해 헤어컷을 인정해준다면 아일랜드는 24억 유로 정도를 절약할 수 있었다. 만일 문제가 되는 4대 은행의 투자자 겸 채권자들이 모두 이렇게 헤어컷을 인정한다면 아일랜드가 절약할 수 있는 자금의 규모는 125억 유로는 되었다. 여기에 조세 수입 320억 유로를 합치면 상당한 자금을 확보할 수 있다. 유럽중앙은행은 이 무렵 끝까지 구조조정에 대한 반대 입장을 고수한 것으로 알려졌다. 그렇지만 유로존 나머지 국가와 중앙은행들의 입장은 어떠했을까? 독일에서는 은행과 투자자들의 희생을 요구하지 않는 유로존 지원계획을 반대하는 여론이 그 어느 때보다도 뜨겁게 달아올랐다.[59]

　2010년 10월 18일, 사르코지 대통령과 메르켈 총리는 프랑스 노르망디 해안가의 휴양지인 도빌(Deauville)에서 러시아의 메드베데프 대통령을 만난다. 공식 발표된 회합의 목적은 외교정책, 특히 아라비아반도와 관련된 향후 협력 범위에 대한 논의로 워싱턴이 조금 긴장할 수도 있는 주제였다.[60] 도빌의 회합은 언론의 관심을 끌었지만 위기를 느낀 건 유럽과 미국의 동맹이 아닌 유로존 내부의 동맹관계였다. 유로존의 다른 회원국이나 유럽중앙은행, 혹은 미국과의 사전 협의 없이 독일과 프랑스의 국가 원수가 한자리에 모여 유로존 문제에 대한 새로운 화두를 던진 것이다. 얼마 지나지 않아 두 사람의 관계는 "메르코지(Merkozy)"라는 별칭으로 알려졌고 두 국가는 자신들의 의견을 그 화두 속에 모두 반영한다. 1997년 처음 합의된 안정 및 성장협약은 독일 방식의 부채 브레이크 헌법수정안에 따라 더 크게 강화하기로 했다. 그렇지만 또 독일은 유로존 회원국들에 대한 제재조치가 있을 때 정치적인 요소를 반드시 고려해야 한다는 프랑스의 의견을 존중해주었다. 제재조치는 해당 국가의 재정 적자가 GDP의 3퍼센트 이상이거나 혹은 채무가 GDP의 60퍼센트를 초과했을 때 다수결에 의해서만 시행하기로 했다. 제재조치는 의결권 박탈 등을 포함해 엄격하게 시행될 것이지만 그런 규율이 전부는 아니었다. 유럽재정안정기금(EFSF)에 대해서는 새롭게 정식으로 제도화해서 최소한 2013년까지는 조약 내용을 변경하는 방식으로 확고한 법적 기반을 마련하기로 했다. 그렇게 되면 어떤 유로존 회원국이라도 어려움에 처했을 때는 긴급자금을 지원받을 수 있다. 그렇지만 그리스와 같은 사례는 다시는 반복하지 않기로 했다. "메르코지"는 2013년부터는 발생할 수 있는 모든 위기에 대해 채권자들도 손실을 분담하기로 합의했다. 납세자들만 아니라 채권자들 역시 고통을 분담해야 했고 그래야 모든 것이 공정해질 터였다. 이렇게 되면 또 다른 유용한 효과도 있는데, 채권자들이 자신이 질 위험을 알면 좀 더 진지한 책임의식을 갖고 투자할 것이다. 이런 내용을 포함한 독일과 프랑스의 합의 내용은 사전 예고 없이 2010년 10월 18일 오후 늦게 전격적으로 언론을 통해 발표되었다.

도빌에서의 회합이 충격으로 다가왔다는 건 과장이 아니었다. 프랑스와 독일은 독자적인 행동에 나선 것이며 냉전시대 이후의 새로운 유럽이 아닌 과거 6개국 중심의 오래된 유럽에 대한 일격이기도 했다. 프랑스와 독일은 독자적인 행동에 나섰을 뿐만 아니라 모든 사람들이 경제위기와 관련해 뜨거운 감자로 여기고 있던 사항, 즉 PSI와 채무 재조정 문제를 시장이나 다른 회원국들과의 사전 협의 없이 일방적으로 알렸다. 장클로드 트리셰에게는 재앙이나 다름없는 상황이었다. 차마 입에 올리기 어려웠던 채무 재조정과 관련된 긴급했던 상황들이 대중에게 다 공개되었다. 메르켈과 사르코지의 합의 내용이 각국 재무부 장관들이 모여 있던 룩셈부르크에 알려지자 유럽중앙은행 총재는 격노했다. "당신들이 지금 유로화를 다 망치자는 것인가!" 장클로드 트리셰가 건너편에 앉은 프랑스 측을 향해 소리를 질렀다. 그로부터 열흘이 지나 장클로드 트리셰는 사르코지 대통령과 일대일로 대면했다. "지금 상황이 얼마나 심각한지 알고 있습니까?" 그가 프랑스 대통령을 향해 일갈했지만 상대방도 만만치 않았다. "아마 은행들 입장이 그렇다는 것 같은데 …… 우리는 국민들을 우선적으로 생각해야 합니다."61 장클로드 트리셰는 금융시장의 안정과 신뢰를 최우선으로 생각했겠지만 메르켈 총리와 사르코지 대통령은 유럽 유권자들이 느끼는 분노를 감안하지 않을 수 없었다. 메르켈 총리는 헤어컷 문제를 포함하지 않는다면 자신의 유럽 관련 정책이 의회의 동의를 받을 수 없을 거라는 사실을 잘 알고 있었다.62 후임 유럽중앙은행 총재 마리오 드라기는 훗날 이렇게 인정했다. PSI에 대한 논의는 시장의 관점에서 보면 시기상조일 수 있었다. 그렇지만 "다시 공평하게 처리하려면 누군가는 다른 관점에서 다루어야만 한다. 일부 국가들에 재정규율이 부족한 것을 독일 같은 다른 국가들은 유로화를 떠받치고 있는 신뢰를 깨트리는 것으로 여겼다. 그리고 PSI는 이런 국가들의 신뢰를 다시 얻기 위한 정치적 해답이었다."63

도빌에서의 발표는 실제로 얼마만큼의 피해를 불러왔을까? "만기연장이 곧 경기회복" 전략을 옹호하는 쪽에서는 아마도 메르켈 총리와 사르코지 대통령이 아일랜드를 벼랑 끝으로 내몰았으며 장클로드 트리셰가 옳았고 유럽으로서는 자기 잘못과 정치적 동기가 개입된 실수라는 점에서 "리먼브라더스 사태와 같은 위기"를 맞이했다고 영원토록 주장할 것이다. 유로존 사태는 정치적 동기로 유발된 자연스러운 실수였다는 뜻이었다. 그렇지만 리먼브라더스 사태는 정치적, 기술적 판단이 서로 뒤섞여 만들어낸 결과였다. 엄청난 재정 적자와 2008년 약속한 은행들에 대한 보증기간이 끝나버렸다는 점을 감안하면 어쨌든 아일랜드가 격랑 속으로 향하고 있다는 사실은 분명했다. 도빌에서의 회합이나 합의와는 아무런 상관 없이 말이다. 아일랜드 국채 스프레드는 메르켈 총리와 사르코지 대통령의 깜짝 발표가 있기 전에 이미 감당할 수 없을 정도로 치솟는 중이었으며 도빌의 만남은 사실 아무런 도움이 되지 못했지만 그렇다고 시장의 공황상태를 불러오지도 않았다. 시장은 이미 은행과 채권자의 손실분담 조치에 대한 위험성을 계산하고 있었다.[64] 도빌의 가장 중요한 영향은 유럽중앙은행의 태도를 더욱 강경하게 만들었다는 것이다. 장클로드 트리셰는 아일랜드 정부가 메르코지의 발표를 이용해 자국 은행의 채권을 보유한 투자자를 불태우게 만들어서는 안 된다고 생각했다. 그 대신 아일랜드는 그리스에 적용한 조치들을 그대로 받아들여야만 했다. 그리스에서처럼 아일랜드 은행들도 유럽중앙은행의 자금 지원에 전적으로 의지하며 하루하루를 견뎌야 했다. 그래야 장클로드 트리셰와 유럽중앙은행이 계속해서 전권을 쥘 수 있다.[65]

아일랜드 정부가 싸워보지도 않고 항복한 것은 아니었다. 그리스와 함께 유럽의 병자 취급을 받는 건 모욕에 가까운 충격이었다. 그래서 유럽중앙은행도 전력을 다해 대응했다. 11월 12일 유럽중앙은행 관리이사회는 아일랜드 은행시스템에 대한 지원을 중단할 수도 있다는 위협을 가했고 동시에 아일랜드가 구제금융을 신청하려 한다는 소식을 언론에 퍼트렸다. 11월 18일 프랑크푸르트의 유럽중앙은행 회의에서 막 돌아온 아일랜드 중앙은행 총재 패트릭 호노한(Patrick Honohan)은 아일랜드 공영방송국 RTÉ와 접촉해 며칠 안에 구제금융을 신청할 것이라는 소식을 알린다.[66] 11월 19일 장클로드 트리셰는 아일랜드 총리에게 비밀 서한을 보내 유럽중앙은행이 아일랜드 은행들에 대한 지원을 펼 수 있는 조건을 자세하게 설명했다.[67]

아일랜드 정부는 즉시 지원을 요청하고 트로이카의 지시에 따라야 했다. 그리고 재정건전화, 구조 개혁, 금융 분야의 재정비와 관련된 긴급 조치에 동의해야 했다. 은행들은 완전하게 자본재구성을 해야 했으며 아일랜드 은행시스템에 대한 유럽중앙은행의 단기 지원금에 대해서도 완전한 상환을 보장해야 했다.

유럽중앙은행의 요구는 터무니없었지만 11월 21일 아일랜드 정부는 그대로 따르는 것 외에 다른 선택의 여지가 없었다. 《아이리시타임스》는 국가적인 굴욕의 분위기를 고스란히 담은 보기 드문 사설을 지면에 실었다. 사설의 서두는 고풍스러운 아일랜드 민족주의에 바치는 예이츠(Yeats)의 시 한 구절로 시작된다. "1913년 9월이여, 모두가 이것을 위해서였던가?" 결국 모두가 이렇게 되기 위해서였던가. 사설은 이렇게 되묻고 있었다. 아일랜드의 애국자들이 수백 년 동안 피 흘리며 싸워온 대가가 결국 "영국의 싸구려 동정과 독일의 구제금융을 받기 위해서였던가. 이런 굴욕이 또 있을까. 영국으로부터 정치적 독립을 이루어내 우리의 주권을 되찾았건만 이제는 유럽연합 집행위원회와 유럽중앙은행, IMF에 우리의 주권을 다시 넘기자는 것인가." 그렇지만 계속해서 자기 연민에 빠져 있는 대신《아이리시타임스》의 사설은 이렇게 이어진다. "작금의 상황에 대한 진정한 굴욕은 우리의 주권을 빼앗긴 것이 아니라 우리가 그 주권을 제대로 행사하지 못한 것에 있다. 유럽의 강대국들이 공모하여 우리의 주인 노릇을 하려는 이때, 그저 안락한 환상에만 젖어 부끄러움을 잊어버리려 하지 말자. 결국 우리는 어느 누구에게도 달가운 상대는 아니다. 어떤 유럽 국가도 우리가 저질러놓은 난장판을 맡아 기꺼이 대신 정리해줄 마음은 없는 것이다. 우리 손으로 직접 뽑은 정부의 무능력으로 인해 우리 스스로 결정을 내릴 수 있는 역량은 크게 손상을 입고 말았다."[68]

이 대단한 사설에서 가장 주목할 만한 부분은 바로 비난의 대상이다. "우리 손으로 직접 뽑은 정부"라는 대목은 아일랜드의 은행이나 투자자, 그리고 유럽을 위시한 세계 각국의 거래 당사자들이나 금융전문가, 경제학자, 규제 당국과는 상관없는 아일랜드 국민 자신의 역사에 남을 죄책감을 상징한다. 정치적 주권을 상실하는 일은 당연히 고통스러울 것이다. 그렇지만 "난장판을 맡아 기꺼이 대신 정리하는 일"에 대한 대가를 치를 실제 당사자는 과연 누구인가? 아일랜드의 유권자와 납세자? 아니면 신용 거품을 증폭시켜 수익을 얻었던 사람들? 그리스의 경우 최소한 채무가 공공 부문에 집중되어 있었다. 아일랜드의 납세자들은 자신과는 별 상관 없는 무책임한 은행들과 거기에 엮인 전 유럽의 투자자들이 만들어낸 엄청난 손실을 대신 메워줄 것을 강요받고 있었다. 12월 7일 아일랜드 정부는 다시 60억 유로를 삭감한 예산안을 발표했다. 이 가운데 절반은 은행의 채권자들이 헤어컷을 인정했더라면 삭감하지 않았을 금액이다. 대신 저임금 근로자들이 납부할 세금이 올랐고 아동수당이 깎였고 대학등록금이 인상되었다. 실업 · 간병 · 장애 수당도 줄었다.

트로이카의 불평등한 요구는 제쳐두더라도, 아일랜드 위기의 확대 가능성을 리먼브라더스 사태와 비교하는 건 과연 공평한 처사일까? 《파이낸셜타임스》의 마틴 샌부는 보기 드물게 강경한 어조로 이렇게 말했다. "리먼브라더스는 세계적 규모의 투자은행이었다." 또한 "글로벌 금융 네트워크의 중심에서 사업을 진행했다." 이런 리먼브라더스를 구제하지 않은 건 결국 재앙으로 연결되었다. 반면에 아일랜드 은행들은 "유럽 변방의 소규모 금융업체들로 …… 부동산 가치에 비해 더 많이 대출해주는 구태의연한 방식으로 투자자들의 돈을 분주하게 낭비하고 말았다." 그 은행의 채권자가 투자금을 전액 상환받도록 보장해줄 정도로 "시스템적" 파급 영향은 없었다.[69] 물론 일부 위험 전이(spill-over)도 있었을 것이다. 그렇지만 독일과 프랑스 은행들이 이와 관련해 담보물 손실을 입었다 해도 그건 아일랜드 경기호황에서 한몫을 챙기기 위해 자진해서 뛰어든 결과일 뿐이었다. 이렇게 책임 소재를 확인해봤을 때, 과연 아일랜드 위기 탈출 비용을 온전히 아일랜드 납세자들에게만 떠안기는 일이 적절한가? IMF 유럽지부의 아자이 초프라(Ajai Chopra)는 훗날 이렇게 언급했다. "물론 위험 전이는 어디에나 있을 수 있지만 …… 그럴 땐 유럽중앙은행이 개입해야 한다. …… 이런 위험 전이를 감당하기 위해 만든 게 바로 중앙은행이 아닌가."[70]

그렇지만 유럽중앙은행이 생각하는 중앙은행은 그런 모습이 아니었다. 11월 26일 더블린에 모인 유럽중앙은행 대표들은 만일 헤어컷이 적용된다면 어떠한 자금 지원도 없을 것이라는 사실을 분명히 밝혔다. 그리고 하루가 지나 더블린에 머물던 IMF 미국 측 대표단은 워싱턴으로부터 직접 지시를 하달받는다. 은행들을 구하기 위한 더 이상의 노력을 중단하라는 지시였다. G7의 재무부 장관들은 도미니크 스트로스칸에게 헤어컷과 관련된 어떤 논의도 하고 싶지 않다는 사실을 알렸고 특히 미국 측 입장은 강경했다. 팀 가이트너는 훗날 이렇게 말했다. "추수감사절에 매사추세츠주에 있었는데 …… 작은 호텔에서 G7 장관들과 전화로 회의를 했다. …… 내가 먼저 이렇게 말했다. '장관들께서 헤어컷을 적용하려 한다면 유럽에서 자금이 빠져나가는 일이 가속화될 뿐이다. …… 유럽의 다른 국가들이 이번 위기로부터 확실하게 보호받을 수 있을 때까지는 미국이 겪었던 2008년 가을 상황이 반복되고 있다고 생각하라.'"[71] IMF의 반대파들은 입을 다물었고 아일랜드에는 이제 선택의 여지가 없었다. 브라이언 레니헌(Brian Lenihan) 아일랜드 재무부 장관은 체념한 듯 이렇게 인정했다. "G7 장관들 전체를 혼자 대적할 수는 없었다." 아일랜드로서는 헤어컷을 일방적으로 밀어붙이는 일이 "정치적으로도 그리고 국제관계의 상식에서도 상상할 수 없는 일이었다."[72] 11월 28일 아일랜드는 850억 유로의 자금을 긴급히 대출받는 데 합의했다. 그중 635억 유로는 트로이카가, 그리고 나머지는 유럽연합 국가들, 특히 영국이 양자간 거래로 제공하는데 이번 위기에 가장 많은 영향을 미친 것이 바로 유럽연합 금융시장들이었다.

또 다른 거래가 성사되었다. 채무는 모두 상환할 것이며 대가를 치르는 건 아일랜드 국민들이었다. 아일랜드 정부는 "리먼브라더스 사태"와 같은 상황을 간신히 피할 수 있었지만 시장에서의 신뢰회복이라는 결과로는 이어지지 않았다. 유럽의 금융위기는 국가별로 납세자들에게 부담을 떠넘긴다고 해서 진정될 수 있는 성질의 것이 아니었다. 구제금융을 통해 금융시장의 안정성을 확보하려고 했으나 실제로는 결과가 신통치 않았다. 2010년 봄과 가을 두 차례에 걸쳐 유럽 은행들에 대한 CDS 스프레드, 즉 은행 채권의 부도 위험에 대한 보험금이 두 차례 뛰어올라 미국 은행들에 대한 보험비용을 웃돌았다. 그 첫 번째 시발점은 그리스였고 두 번째는 아일랜드였다. 유럽의 금융위기는 너무나 규모가 크고 또 복잡하게 얽혀 있어서 해당 국가들이 각자 해결할 수 없었다. 금융위기로 인한 손실액은 은행들의

도표 15.3 은행 CDS 스프레드

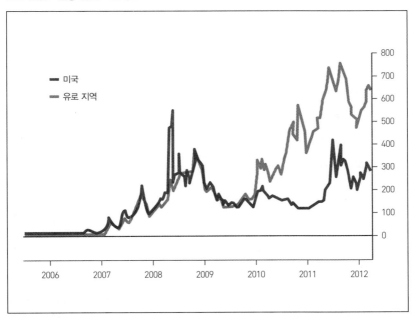

자료 출처: 윌리엄 A. 앨런, 리치힐드 모스너, 「유로 지역 국채위기 당시의 유동성 현황(The Liquidity Consequences of the Euro Area Sovereign Debt Crisis)」, 《월드 이코노믹스(World Economics)》 제14권 제1호(2013), pp.103~126, 표 2.3.

지속 가능하지 않은 사업 모델을 통해 수익을 올렸던 유럽 전역의 투자자들이 나눠서 짊어지거나 아니면 유럽 전 지역이 함께 공적 구제금융에 나서야 하는 수준까지 올라갈 지경이었다. 각 국가들이 위기를 모르는 척 속임수를 썼지만 결국 금융위기는 재정위기로 번져갔고 진짜 문제를 외면하는 동안 불확실성은 확대되고 말았다.

연준, 글로벌 현금공급원 역할을 다시 입증

어쩌면 유럽중앙은행의 원칙주의자들은 중앙은행 존재의 이유는 오직 한 가지, 물가 안정에 있다고 주장할지도 모른다. 그리고 그 이유를 바탕으로 유럽 금융시장과 은행들의 기능 유지 의무가 추가될 수 있다. 따라서 장클로드 트리셰는 그리스와 아일랜드 문제에 대한 자신의 개입을 정당화할 수 있고 앞으로도 그럴 것이다. 유럽중앙은행이 간과한 건 더 넓은 의미에서 유로존이나 혹은 회원국들의 경제적 복지에 신경을 써야 한다는 의무감이었고 그렇게 하지 않은 것은 의도적으로 유럽중앙은행의 존재 이유를 단순하고 고지식하게 해석한 결과였다.[73] 유로존에 위기가 찾아왔다. 유럽중앙은행이 극복하려는 의지를 보이기 시작할 때 비로소 진정될 위기였다.

미국의 연준은 결코 그런 좁은 견해를 따른 적이 없었고 언제나 물가 안정을 유지하고 동시에 일자리를 최대한 늘리는 일을 최우선으로 생각했다. 1970년대 있었던 좀 더 광범위한 경제정책 논의에서 이어져온 유산의 결과라고 할 수 있었다.* 그렇지만 연준이라는 조직의 DNA에 가장 깊숙이

---

* 연준은 물가안정과 고용의 극대화 그리고 장기국채의 안정이라는 세 가지 설립이념 아래 운영되고 있다. 우리나라와 달리 연준은 미 의회로부터 이 같은 책무를 위임받아 중앙은행 업무를 수행한다. 뉴딜 정책을 펴 대공황에 성공적으로 대응한 것으로 평가받는 루스벨트 대통령이 1947년 의회 연설에서 제안한 완전고용은 고용의 극대화로 완화되어 받아들여졌고,

박혀 있는 건 역시 대공황 시절의 기억이었다. 1930년대의 그 끔찍했던 디플레이션은 연준의 정체성을 정의해주는 역사적 사건이었다. 그리고 벤 버냉키는 결코 그런 역사를 되풀이하고 싶지 않았다. 2010년 미국은 엄청난 금융위기를 겪고도 살아남았다. 그렇지만 아직 경제의 완전한 회복과는 거리가 멀었다. 주택시장은 여전히 충격에서 벗어나지 못했다. 압류처분 절차가 진행 중인 모기지 비중은 2010년에서 2011년의 암울한 겨울을 거치며 4.64퍼센트에 달했고 주택으로 계산하면 200만 채에 가까웠다. 벤 버냉키는 2010년 초부터 과도한 긴축재정 정책에 대해 경고를 해왔다. 11월 3일 오후, 극적인 중간선거 결과가 발표된 지 하루가 지나 연준은 대응책을 발표한다. 격렬했던 내부 토론 끝에 미연준 산하의 FOMC는 향후 8개월 동안 매달 750억 달러의 대규모 채권 매입 정책을 해법으로 도출했다. 제2차 양적완화 조치가 시작된 것이다.

양적완화가 어느 정도 효과가 있는지는 여전히 논쟁의 대상이다.[74] 주로 단기 채권을 대상으로 한 대량 매입은 채권 가격을 끌어올리며 따라서 채권 시장금리는 떨어진다. 단기 이자율의 하락은 장기 이자율을 떨어트려 투자를 촉진하는 데 도움이 된다. 그렇지만 모든 것은 결국 기업이 정말로 투자를 하려는 의지에 달려 있으며 위기 상황에서는 이를 기대하기가 어렵다. 양적완화의 가장 직접적인 효과는 금융시장을 통해서 전해진다. 중앙은행이 채권을 다량 매입하면 채권 시장금리가 떨어지고 자산관리자들은 어쩔 수 없이 수익률 높은 다른 자산을 찾는다. 그렇게 채권에서 주식으로 관심을 돌리면 주식시장이 호황을 누리며 포트폴리오의 자산가치가 증가한다. 그러면 사람들은 좀 더 적극적으로 투자와 소비에 나선다. 최소한 이렇게 하면 경제를 자극하는 불확실하고 간접적인 방법은 되는 것이다. 기존 부유층의 재산이 늘어나면 필연적으로 불평등이 커질 수밖에 없다.

1978년 험프리-호킨슨법의 제정으로 법적 정당성을 얻었다.

저소득층으로서는 자본이득을 올리는 일에 참여할 방법이 전혀 없다.

양적완화는 의회에서 재정정책이 제대로 진행되지 않을 때 미연준이 채택하는 긴급수단 그 이상도 이하도 아니다. 그렇지만 연준 자체 역시 미국 정계의 갈등상황으로부터 완전히 자유로울 수는 없다.[75] 제2차 양적완화 조치와 관련된 FOMC의 표결은 세 갈래로 갈렸다. 목소리 큰 소수파들은 훨씬 더 큰 규모로 부양책을 시행해야 한다고 주장했다. 시장은 제2차 양적완화 조치 발표가 750억 달러의 가치가 있다고 평가했다. 연준으로서는 실질적인 효과를 주기 위해 역시 깜짝 조치를 취할 필요가 있었지만 벤 버냉키가 여기에 반대를 했다. 그는 "일상적인" 범위를 훨씬 넘어서는 일은 하고 싶지 않았다. 왜냐하면 그렇게 했을 때 실제로는 불안한 분위기를 자극해 역효과를 낼 수 있기 때문이다.[76] 벤 버냉키는 이사회의 비판에 대해 이렇게 받아쳤다. "세상에 완전히 안전한 일은 없다. …… 나는 오늘 내리는 우리의 결정을 대단히 보수적이면서 중도파적인 관점에서 접근하고 싶다. 다시 말해 아무것도 하지 않는다면 추가적인 인플레이션 수습책을 써야 하거나 불경기에서 벗어날 정도의 경기회복에 실패하는 위험을 맞이할 수 있다는 사실을 알아야 한다."[77] FOMC에서도 제2차 양적완화 조치에 대한 반대표가 2표 나왔다. 그 조치가 적절하지 못해서가 아니라 지나치게 규모가 크다는 이유에서였다.

연준 밖의 반응은 더 심각했다. 2010년 11월 선거전에서의 공화당 승리로 후끈 달아오른 정치적 분위기 속에서 언론을 장식한 소식은 연준이 매달 수백억 달러를 새롭게 "찍어낼" 계획을 세웠다는 것이다. 음모론에 경도된 우파 입장에서 벤 버냉키의 이런 개입은 어둠의 세력이 움직이고 있다는 확신을 더욱 굳건히 해주었다. 글렌 벡은 수백만 명에 달하는 폭스 뉴스의 공화당 지지자 시청자들에게 총선에서의 승리에 현혹되지 말 것을 당부했다. 실제 권력은 자유주의적 통화팽창론자들이 쥐고 있다는 것이다. 미국을 위협하는 건 "바이마르 공화국" 시절 같은 초인플레이션 사태였다.[78] 한편 니얼 퍼거슨과 대외관계위원회의 아미티 슐레이즈(Amity Schlaes)를 포함한 저명한 보수파 지식인들은 세라 페일린과 합세해 연준에 "정지명령"을 요청한다.[79] 이들은 "연준의 채권 매입 계획은 세계 각국의 다른 중앙은행들의 거센 반발을 불러올 것"이라는 의미심장한 지적을 했고 이 말은 전혀 과장이 아니었다. G20 정상회담에서 재정정책에 대한 논쟁이 오간 뒤 18개월이 지나, 제2차 양적완화 조치는 통화정책에 대한 공개적인 불화를 불러일킨다.

예측 가능한 일이었지만 불필요한 일이기도 했다. 2010년 10월과 11월에 나온 두 가지 제안과 그에 따른 혁신, 즉 도빌에서 나온 메르코지의 PSI와 벤 버냉키의 제2차 양적완화 조치는 서로 보완적인 조치가 될 수도 있었다. IMF의 아자이 초프라가 생각했던 것처럼 아일랜드의 적극적인 채무재조정을 위한 이상적인 보완조치는 유로존의 다른 취약한 회원국들을 위기에서 구하기 위해 고안된 유럽중앙은행의 채권 매입 계획이었다. PSI 추진과 채권시장 개입은 둘 다 2010년 5월 그리스에서 시작된 부적절한 조치에 대한 대응책이었다. 그렇지만 유로존에서는 두 가지 조치가 결코 하나로 합쳐지지 못했다. 양적완화 조치를 유로존 채무위기에 대한 좀 더 지속가능한 해결책을 보완할 필수적인 조치로 보는 대신 독일의 보수파들은 이런 종류의 통화실험을 반대하는 국제적 공조를 이끌게 된다.

미연준이 제2차 양적완화 조치를 발표한 건 오바마 대통령과 대표단이 서울에서 열리는 G20 정상회담에 참석 차 출발하기 며칠 전이었다. 그리고 미국 측은 서울에서 예기치 않은 비판을 마주했다. 호되게 고초를 겪은 한 미국 재무부 관료의 말에 따르면 이번 서울 회담은 그야말로 "X같은 행사"였다는 것이었다. 신흥시장국가들 중에서 암묵적으로 좌파를 대표하는 브라질은 핫머니의 위험성을 격렬하게 비판하고 벤 버냉키가 달러 평가절하로 이웃 국가들을 궁지로 몰아넣고 있다고 비난했다. 이른바 "통화전쟁"의 위험성을 경고하고 나선 것이다.[80] 중국은 연준의 조치를 "미국이 자본시장을 안정화해야 하는 자신의 책임을 …… 간과하고 있는" 신호로 받아들였다. 중국의 재무부 차관 주광야오(朱光耀)의 말이다. "게다가 미국은 신흥시장국가의 금융시장에 대한 과도한 유동성 공급이 미칠 영향에 대해서도 생각하고 있는 것 같지 않다."[81] 볼프강 쇼이블레는 한 걸음 더 나아갔다. 미국은 자신이 세계 경제를 어지럽히는 주범임을 다시 한번 밝혔다는 것이다. 처음에는 리먼브라더스 사태를 일으키더니 이번에는 과도한 경기부양책을 내놓았고 이제 미국의 연준은 공공 부문 채무를 돈을 찍어 해결하려고 한다는 것이다. G20 회담에서 독일 재무부 장관은 미국의 경제정책이 "요령부득"이며 "세계 경제의 불확실성을 더 부추길 수" 있다고 평가절하했다.[82] 연준의 정책들이 "선진국과 개발도상국 사이의 적절한 균형을 무너트리고 재정정책 결정 과정에서 미국의 신뢰도를 떨어트리고 있다"는 주장이었다. 볼프강 쇼이블레에 따르면 독일이 "환율조작"이 필요 없을 정도의 수출 성공 모델을 고수하는 반면 "미국의 성장 모델은 깊은 위기에 빠져 있다. 미국 국민들은 너무 오랫동안 빚에 의지해 살았으며 금융 부문을 과도하게 키웠고 산업적인 기반을 무시해왔다."[83]

미국도 쉽게 물러서지 않았다. 팀 가이트너는 세계 경제 불균형의 직접적인 원인은 미국의 통화정책이 아니라 중국과 독일의 중상주의 중심 무역정책 때문이라고 반박했다. 미연준은 의도적으로 달러의 평가절하를 하지 않았으며 환율이 아니라 단지 국내 경제활성화가 목표였다는 것이다.[84] 만일 다른 국가들이 자국 통화가 달러화 대비 절상되는 것을 막고 싶다면 연준의 저금리 정책에 자국의 통화정책을 맞추는 것이 유일한 방법이었다. 따라서 비판하는 쪽에서 "통화전쟁"이라고 부르는 상황은 결국 포괄적인 통화확장 계획으로 바꾸어 생각해야 하는 것이 아닐까. 미국뿐만 아니라 유럽에서의 더블딥(double-dip)을 막으려면 말이다. 만일 경기활성화 조치에 동참하지 않는다면 자국 통화가 절상되고 경제가 자연스럽게 균형을 회복하도록 내버려둘 수밖에 없으며 미국은 이미 2000년대에 들어서면서부터 그런 내용을 전달해왔다. 미국이 상황을 주도하는 입장이 된 건 결국 독일의 높은 수출의존도와 중국의 페그제 도입 결정이었다고 볼 수 있다. 미국 시장의 수요에 따라 무임승차를 하고 싶다면 적어도 아무 말 없이 조용히 그렇게 하는 것이 최소한의 예의일 것이다. 그런데도 불만이 있다면 차라리 IMF가 금융위기 전에 시작했던 계획을 다시 가다듬어 미국의 재정 적자뿐만 아니라 중국과 독일의 재정 흑자를 포함해 국제적인 불균형을 일일이 다 감시하고 견제하도록 허용하라는 것이 팀 가이트너의 주장이었다.[85] 그렇지만 그럴 가능성은 물론 없었다. 독일은 자국의 무역수지 흑자는 오직 경쟁력과 생산성이 앞서서 만들어낸 결과일 뿐이라고 주장할 것이며 이런 오락가락하는 행보는 단지 현실과 괴리된 혼란스러운 상황만 불러

도표 15.4 대형 및 소형 국내외 은행들의 현금과 연준 준비금 비교(단위: 100만 달러)

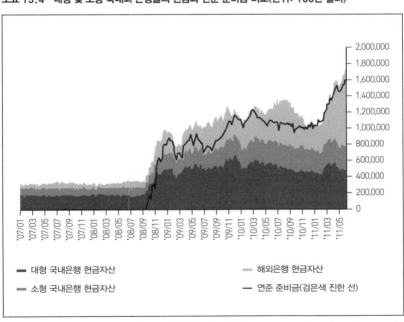

자료 출처: 미연준, 「미국 일반 상업은행들의 자산과 채무 현황(Assets and Liabilities of Commercial Banks in the United States)—H.8」. https://www.federalreserve.gov/releases/h8/current/default.htm(2018년 3월 1일 접속).

올 뿐이었다. 수천만 명이 일자리를 잃고 유럽의 사회복지가 트로이카의 의중에 따라 중단되어갈 때 폭스뉴스는 시청자들에게 벤 버냉키를 바이마르 공화국의 초인플레이션 시절을 조장하는 무책임한 인물로 희화해 소개하며 공포를 조장했다. 또 독일 재무부 장관은 미국 재무부 장관의 제안이 옛 소비에트 연방 시절의 "계획경제"의 안 좋은 추억을 연상시킬 뿐이라고 평가절하했다.[86]

독일 정부는 양적완화 조치를 불안정의 원인으로 평가절하했지만 유럽 은행들은 생각이 전혀 달랐다. 미연준이 10억 달러어치의 증권을 매입할 때마다 그만큼의 달러화가 은행 계좌에 들어왔다. 그런데 실제로 어떤 은행이 그런 달러화 계좌를 보유하고 결과적으로 양적완화라는 "자금 지원"을 받은 것인가? 연준의 통계자료에 따르면 양적완화를 통한 이득을 챙기며 상당량의 보유 채권을 매각하거나 혹은 현금을 확보한 건 미국의 은행들이 아니었다. 물론 일부 미국 연기금과 MMF는 채권을 연준에 매각했다. 그러나 가장 적극적으로 제2차 양적완화 조치에 참여한 은행들은 미국이 아닌 바로 유럽의 은행들이었고 그들은 미국 증권을 정리하면서 연준의 현금을 받았다.[87] 2010년 11월부터는 연준 대차대조표의 확장과 미국 외 은행들의 달러화 현금 잔액 확대 규모는 거의 일대일 비교가 가능할 정도다. 다시 말해 미연준은 "세계 경제의 불안"을 키운 적이 전혀 없으며 실제로는 글로벌 현금공급원 역할을 했다. 유로존이 점차 위기에 빠져들면서 유럽 은행들은 2010년 5월에 맺은 현상유지 협정을 파기하고 말았다. 은행들은 유럽 밖으로 돈을 옮기고 미국 사업을 축소하고 대차대조표에서 차입을 줄여 건전성을 강화하고 막대한 액수의 현금을 축적했다. 제2차 양적완화 조치 덕분에 유럽 은행들은 유럽중앙은행이 아닌 글로벌 금융시스템의 최후의 보증인이라고 할 수 있는 연준과 함께 유동성을 확보한 것이다. 경기 확장을 위한 처방은 아니었지만 유로존 위기에 대한 해결책이 전무한 상황에서 최소한 안정을 위한 보완책은 마련되었다.

16장

G-제로 시대

2010년 발표된 긴축조치에 대해 비판적 경제학자들은 참을 수 없는 분노를 터트렸다. 왜 전 세계는 역효과가 분명히 예상될뿐더러 수천만 실업자들의 미래를 더욱 어둡게 만들 길을 가려고 하는가? 실업자들을 이렇게 방치함으로써 누가 어떤 이익을 얻는가? 폴 크루그먼이 《뉴욕타임스》 지면을 통해 던진 질문이다.[1] 세금 인상폭을 줄이는 대신 복지비용을 크게 축소하는 재정 적자에 대한 일방적 논의는 과연 누구를 위한 것인가? 그리고 이런 곤경을 타계하기 위해서는 과연 어떤 종류의 충격을 가해야 하는가? 역사적 경험은 별로 도움이 되지 못했다. 루스벨트 대통령의 뉴딜정책은 그 당시에도 소극적인 정책 추진과 우파의 격렬한 반발 탓에 많은 어려움을 겪었다.[2] 미국이라는 국가의 모든 역량을 동원하기 위해서는 적어도 전쟁 같은 국가 비상사태가 필요했다. 폴 크루그먼은 이렇게 주장했다. "실제로 대공황 시기가 끝난 건 모두 다 아돌프 히틀러라는 남자 덕분이다. 히틀러는 그야말로 대재앙 그 자체였고 덕분에 각 정부의 지출은 크게 늘어날 수 있었다."[3] 물론 폴 크루그먼이 제3차 세계대전을 원한 것은 아니다. 그렇지만 《플레이보이》를 통해 그는 이렇게 솔직하게 토로했다. "외계인이 쳐들어온다는 소식이 알려지고 지구방위군 창설이 필요해진다면 1년 반 만에 지구촌의 모든 실업 문제가 해결될 것이다." 그렇지만 2011년에 일어난 사건들을 고려해볼 때 폴 크루그먼이 21세기 정치에 대해 지나치게 획일적으로 생각한 것이 아닌가 하는 궁금증을 품지 않을 수 없다.

실제로 2011년은 지정학적 대변혁으로 시작되었다. 바로 아랍의 봄(Arab Spring)이다. 그리고 폴 크루그먼의 예상과 비슷하게 군사적 개입이 있었으며 아라비아 지역을 위한 "마셜플랜"의 필요성도 대두되었다.[4] 그렇지만 아프가니스탄과 이라크 전쟁을 거친 후 서방측에서는 새로운 국가 건설 지원에 관심을 기울이는 국가는 하나도 없었다. 보수파 전문가와 논평가들 사이에서는 우호적인 아라비아반도 독재자들의 실각에 대한 우려가 골치 아픈 상황을 만들어내는 벤 버냉키의 양적완화 조치에 대한 실망스러운 반응과 뒤섞여 나오기도 했다. 《월스트리트저널》에서는 특별지면을 할애해 세계적인 인플레이션이 이란 왕조를 무너트리고 호메이니 혁명을 불러일으켰던 1970년대 상황과 지금을 비교했다.[5] 이제는 "돈을 찍어내고" 원자재 가격을 끌어올리는 연준의 양적완화 계획이 전 세계를 불안하게 만들고 있었다. 튀니지와 이집트의 독재정권이 위기에 몰리자 보수 성향의 소셜미디어를 중심으로 "벤 버냉키에게 모든 책임이 있다"는 이야기가 퍼져나가기도 했다.[6] 한편 진보 성향의 언론들은 이에 대해 물가와 식료품 가격 상승에 대한 책임은 통화정책과는 관련이 없으며 문제가 있다면 지구온난화에 있다고 반박했다. 이런 재치 있는 반격을 본 폴 크루그먼은 양적완화에 대한 보수파들의 반대를 지구온난화에 대한 부정과 동일시하기도 했다.[7] 그렇지만 이런 내용들은 아랍의 봄에 대한 진지한 논의라기보다는 미국 정치에 대한 의견이 점점 더 혼란스러워지고 있음을 보여줄 뿐이었다.

유럽은 북아프리카라는 무대와 가까운 관계였지만 일관성 있는 대응을 보여주지 못했다. 프랑스와 영국, 독일은 리비아에 대한 NATO의 개입에 대해 의견이 서로 엇갈렸다. 서울에서 열린 G20 회담과 마찬가지로 이번에도 독일 편을 들어준 건 중국과 러시아였다. 메르켈 총리가 이끄는 독일 정부는 국제연합 안전보장이사회에서 리비아의 독재자 카다피에 대한 공습을 결의할 때 반대표를 행사했다. 한편 유럽연합은 리비아에서 이탈리아로 쏟아져 들어오는 난민과 이민자들을 어느 회원국이 수용할 것인가에 대해 서로 볼썽사나운 싸움을 벌였다. 난민과 이민자 문제는 안 그래도 위기에 빠진 유로존을 더욱 힘들게 하는 요인이기도 했다. 2011년 여름이 되자 북아프리카를 비롯한 아라비아반도 지역의 안정성뿐만 아니라 이탈리아와 미국의 신용도에 대한 의구심까지 제기되었다. 현재 상황을 두고 두 날카로운 관찰자가 2011년의 세계는 G20이나 G8 혹은 G2가 아닌 뚜렷한 주도 세력 없이 G-제로가 지배한다고 주장한 건 어쩌면 당연한 일인지도 모른다.[8]

유럽의 "분노한 사람들", 금융위기에서 정치위기로

2011년 봄 무렵 각종 긴축조치는 유럽사회 구석구석에 깊은 상처를 남겼다. 지출 삭감과 세금 인상으로 수요는 줄어들고 경제활동은 큰 압박을 받았다. 유로존 전체에 걸쳐 15세 이상 경제활동가능인구의 10퍼센트가 일자리를 찾지 못했지만 15~24세에 한정하면 실업률은 무려 20퍼센트에 달했다. 그리고 경제위기가 심각한 유로존 주변부 지역의 실업률은 입이 딱 벌어질 수준이었다. 아일랜드의 평균 실업률은 15퍼센트에 달했고 청년층은 30퍼센트였다. 그리스는 각각 14퍼센트와 37퍼센트였다. 2011년 여름의 스페인 실업률은 전체 성인은 평균 20퍼센트, 청년층은 44퍼센트였다. 청년층의 절반이 교육을 마치고도 일자리를 찾지 못한 것이다. 그런데도 긴축에 대한 요구는 계속해서 무자비하게 이어졌다. 아일랜드와 그리스가 트로이카의 요구를 그대로 따르게 된 후 2011년 3월 23일 포르투갈의 총리 조제 소크라트스가 사임했다. 예산 삭감에 대한 의회의 지지를 얻지 못했다는 이유에서였다. 일주일 뒤인 4월 2일 스페인의 호세 루이스 로드리게스 사파테로 총리는 다시 총리에 도전하지 않을 것이며 스페인의 재정 안정을 최우선 순위로 놓겠다고 발표했다. 4월 7일 포르투갈은 트로이카의 권고안을 따르는 세 번째 유럽 국가가 되었다.[9]

유럽의 사회복지가 은행과 채권시장의 요구에 따라 가차 없는 예산 삭감의 대상이 되고 있다고 생각한 사람들의 분노가 폭발했다. 제2차 세계대전 당시 프랑스 레지스탕스 출신으로 환경운동을 했고 부겐발트와 벨젠 포로수용소 생존자이기도 한 스테판 에셀(Stéphane Hessel)은 평생 자신의 신조로 삼았던 "분노하라!(Indignez-Vous!)"라는 말을 그대로 책 제목으로 삼아 뜻밖의 베스트셀러 작가가 되기도 했다.[10] 에셀은 글로벌 금융업계의 요구에 저항하며 장 물랭(Jean Moulin)의 정신을 다시 한번 되새긴다. 장 물랭은 나치독일이 점령한 프랑스 국내에서 레지스탕스 활동을 벌이다 체포되어 1943년 사형당한, 프랑스 저항 정신의 전설적인 상징 같은 인물이다. 지방선거를 치르기 전인 2011년 5월 15일, 에셀의 "분노하라!"라는 말을 구호로 앞세운 2만여 명의 스페인 시위대가 수도 마드리드에서도 가장 상징적인 장소인 푸에르타 델 솔(Puerta del Sol) 광장을 점거했다. 스페인의 이 "인디그나도스(indignados)" 즉 "분노한 사람들"은 이후 한 달 가까이 경찰과 법원의 퇴거 요청에 저항하며 광장을 떠나지 않았다.[11] 천막을 치고 버티면서 이들은 "우리는 정치가와 은행가의 손에 놀아나는 장난감이 아니다"라고 선언한다.[12] 그리고 천막촌이 해산된 이후로도 상당 기간 M15운동 혹은 인디그나도스가 이어졌다. 2011년 6월 19일에는 스페인의 격렬했던 현대사에서도 가장 큰 규모의 시위대가 곳곳의 거리에 집결했는데 스페인 인구의 7퍼센트에 달하는 300여 만 명이 시위에 참여한 것으로 집계되었다.[13] 미국의 인구와 비교하자면 1900만 명이 시위에 참여한 것이다. 시위대 안에서 유행한 농담 섞인 구호 중에는 동일한 긴축조치의 희생양이라고 할 수 있는 그리스를 빗대어 "조용히! 그리스 친구들은 자고 있잖아!" 같은 말도 있었다. 2010년만 해도 그리스에서 대규모 시위가 있었지만 가을로 접어들면서 그리스의 저항은 사그라들고 말았다. 2011년 5월 28일, 아테네에서는 스페인의 이런 조롱과 마지막 단계로 접어든 트로이카의 긴축요구에 대응이라도 하듯 시위대가 신타그마 광장(Syntagma Square)을 점거한다. 그로부터 일주일 뒤인 6월 5일에는 30만 명이 넘는 아테네 사람들이 참여한 대규모 집회가 있었다. 신타그마 광장은 6월 28일과 29일 진압 경찰과 무장시위대 사이의 격렬한 충돌이 있은 후에야 겨우 정리되었다. 시위에 참가한 수많은 사람들은 그리스의 새로운 신파시즘 세력인 황금새벽당(Χρυσή Αυγή)에 대한 지지를 공공연히 밝히기도 했다.

위기의 책임 분담에 대해 국가주권을 지킨다는 명목으로 부활한 민족주의는 위기에 대한 가장 강력한 정치적 대응의 하나일 것이다. 좌파와 우파 모두 각기 다르게 민족주의를 표방할 수 있다. 특히 그리스에서 좌우를 가리지 않고 민족주의가 크게 유행한 것은 트로이카의 강압적인 행태가 강대국의 강제점령과 내전, 그리고 독재 치하 시절을 떠올리게 했기 때문이다. 좌파의 경우 2010년과 2011년 시위에서 유로존 경제정책에 대한 독일의 거부권 행사를 나치독일의 제국주의와 자주 연결시켰다. 그러는 사이 그리스의 파시스트들은 아무런 거리낌 없이 거리를 행진하기도 했다.[14] 황금새벽당의 당원들은 마치 나치독일의 흉내라도 내듯 건장한 체구의 돌격대원들의 호위 아래 고대 룬문자가 새겨진 깃발과 횃불을 흔들며 존재감을 과시했다. 황금새벽당 당원들은 좌파와 비유럽계 이민자들을 괴롭히고 공격했으며 동시에 무료급식소도 운영했는데 물론 오직 그리스 사람들만 이용할 수 있었다. 1930년대를 돌이켜보면 이렇게 포괄적 형태의 사회적, 경제적 위기가 결국 국가 주도의 인종차별에 대한 빌미를 제공했다.

위기를 통해 일어난 저항의 방법이나 방식도 사실 그 자체로 대단히 중요한 의미를 지닌다. 행진과 시위, 그리고 파업을 벌이는 사람들과 특정 공간을 점거한 사람들이 하나가 되었다. 호황기를 거치며 사람들이 알지 못하는 사이에 정리되고 현대화된 공공장소들이 또 다른 삶의 방식을 위해 이용되었다.[15] 트로이카에 대한 저항은 세금이나 벌금 납부 거부운동의 형태를 취했다. 스페인에서는 50만 가구가 갚을 수 없는 채무 때문에 퇴거 위기에 몰리거나 짓눌린 삶을 살아야 했다. 스페인 법에는 모기지 대출 관련 채무자들을 위한 파산보호신청 같은 조항이 없었고 시위대는 폭력을 사용하지 않는 직접적 대응이라는 새로운 형태의 시위방법을 특별히 고안하기도 했다.[16] 이른바 "에스크라체(escraches)"는 소셜미디어를 통해 시위대를 약속한 장소에 끌어모아 "정치가들과 맞대면하는 시위방식"이다. 이들은 무책임한 지도층 인사들의 집 앞을 직접 찾아가는 등의 방식으로 지금 상황이 얼마나 심각하고 중대한지 알려주려 했다.[17] 시장도 공황상태에 빠질 수 있는데 왜 사람들은 평소처럼 아무렇지 않은 듯 행동하기를 바란단 말인가? 왜 투자자들에 대한 "신뢰"를 지키는 것만을 중요하게 생각하는가?[18]

유로존 위기에 대응해 좌파들이 새롭게 뭉치기 시작하면 필연적으로 유럽 정치에 영향이 갈 수밖에 없다.[19] 그리스에서는 시리자(ΣΥΡΙΖΑ), 즉 급진좌파연합이 반세계화운동 세력, 그리고 10년 전에 먼저 창당했던 공산당 탈퇴파들과 연합했다. 시리자는 강력한 지도력을 자랑하는 알렉시스 치프라스(Alexis Tsipras)의 범그리스사회주의운동에 대한 새로운 대안 정당으로, 또한 국내에서는 재벌들에, 국외에서는 트로이카에 시달리는 그리스 국민들을 앞장서서 이끌 정당으로 자리매김한다.[20] 2011년 스페인에서 시위를 이끌던 유명 지도자들 중에는 논리 정연한 정치사회학자이자 좌파 방송 진행자인 파블로 이글레시아스(Pablo Iglesias) 교수가 있었다. 그는 2014년에 극좌 성향의 포데모스당(Podemos) 창당 주역으로 활약한다.[21]

그리스 시리자와 마찬가지로 포데모스당의 활동가들 역시 정부의 긴축정책에 대항해 좀 더 많은 지지자들을 하나로 끌어모으려고 "국민들"이라는 말을 입버릇처럼 사용했다.[22] 또한 포데모스당은 "특권층(la casta)"에 대항하는 "민중(la gente)"이라는 대의(大義)를 주장했다. 부패한 일부 특권층이 "민중으로부터 민주주의를" 빼앗으려고 획책했다는 것이다.[23]

그리스와 스페인의 정치가들은 결코 다시는 예전으로 돌아갈 수 없었다. 금융위기는 정치위기로 이어졌다. 그렇지만 2011년 봄에 터져 나왔던 국민들의 저항은 현 정부를 바꿔놓지 못했다. 정부의 정책을 바꾼 건 열정과 상상력만 있는 저항이 아니라 2010년의 만기연장이 곧 경기회복이라는 전략, 그리고 대충 꿰맞춘 "해결책"이 결국 아무 소용이 없었다는 깨달음이다.

유럽중앙은행의 금리 인상, 역사상 최악의 통화정책

그리스의 상황은 점점 더 악화되었다. 긴축조치 실시에도 불구하고 GDP 대비 채무 규모는 떨어지기는커녕 계속해서 올라갔다. 정부 지출을 삭감했지만 긴축조치 확장론자들의 기대와는 달리 민간 부문 경제활동에는 아무런 긍정적인 영향을 미치지 못했고 오히려 역효과만 났다.[24] 민간 소비지출과 투자는 크게 위축되었다. 수요가 큰 폭으로 줄어들자 일자리가 더 줄어드는 것은 물론 조세 수입도 마찬가지로 줄어들었다. 2011년 초여름, 처음 예상과는 달리 2012년이 되어도 그리스가 다시 자본시장으로 복귀할 수 없다는 사실이 분명해졌다. 다시 말해 마감시한인 2013년이 되기 전에 다른 유럽 국가들로서는 추가로 자금을 지원하거나 그리스의 의무를 줄여줄 다른 방법을 찾아내야 했다. IMF는 자금 확보가 충분히 되지 않는 지원계획을 계속 진행할 생각이 없었다. 2010년 봄에 위기가 발생한 지 이제 1년이 넘었고 독일 정부의 인내심도 바닥을 드러냈다. 4월 14일에 열린 G7 회담에서 도미니크 스트로스칸이 IMF의 조건들을 정리해 발표하고 난 후 볼프강 쇼이블레가 끼어들어 이렇게 경고했다. "우리는 공공자금으로 민간인 투자자들을 구할 수는 없다."[25] 메르켈 총리의 연정내각은 불안한 상태였다. 솔직히 말해 연정 상대인 자민당은 유럽연합에 회의적이었고 사민당 역시 메르켈의 뜻을 따른다 해도 우선은 채권자들의 희생을 요구할 것이 분명했다. 그렇지만 유럽연합 집행위원회와 프랑스 정부는 여기에 반대했고 장클로드 트리셰는 기존의 입장을 번복할 생각이 전혀 없었다. 4월 6일, 그리스 정부는 마침내 채무 재조정을 논의해줄 것을 요청한다. 채무 액수를 줄여달라는 게 아니라 원금과 이자 상환기간을 연장해달라는 것이었다. 장클로드 트리셰는 그리스 은행과의 거래를 중단하겠다고 위협하며 그리스 정부의 요청을 일축했다.[26]

사실 유럽중앙은행의 입장은 완전히 부정적이지만은 않았다. 장클로드 트리셰는 2010년 5월부터 유럽중앙은행이 혼자 책임져온 채권시장 안정화에 대한 부담을 유럽의 각국 정부들이 함께 짊어지기를 바랐다. 2010년 5월 10일부터 유럽 정부들의 합의하에 설립한 비상기금인 유럽재정안정기금(EFSF)이 활동을 시작했고 아일랜드와 포르투갈에 구제자금을 지원하는 작업을 맡아 했다. 그렇지만 그 법적인 지위는 위태롭기 그지없었다. 우선 필요한 자금조달을 각국 정부의 자발적 참여와 양자간 거래에 의존했고 그렇게 조성된 자금은 오직 비상시에 자본시장에서 퇴출된 정부가 새롭게 발행한 채권을 매입하는 데만 사용할 수 있었다. EFSF에는 유럽중앙은행처럼 가격과 채권시장 금리를 안정화하기 위해 2차 시장인 유통시장에서 채권을 매입할 권한이 없었다. 메르켈 총리에게 채권시장 안정화를 위해 따로 유럽 공동기금을 조성하는 것은 정치적 위험이 뒤따르는 문제였다. 결국 유럽 각국이 채무를 분담하자는 것인데 여기에는 모든 정치적, 법률적 영향이나 결과가 서로 얽히고설킬 수밖에 없기 때문이다. 분데스방크는 유럽중앙은행의 채권 매입이 마음에 들지 않을 수도 있었지만 일상적인 중앙은행의 개입으로 정당화될 수 있었다. 메르켈 총리는 장클로드 트리셰가 책임을 지는 것이 그래도 위험이 덜 따른다고 계산했다.

독일 입장에서는 근본적인 모순이기는 했다. 독일 정부는 긴축정책을 철저하게 주장했을 뿐만 아니라 채무 재조정과 PSI에 대해 가장 일관성 있고 냉철한 모습을 보였다. 그렇지만 유럽중앙은행이 개입한 이후에도 추가로 채권 매입이 필요한 부분을 지원해야 하는 일 같은 꼭 필요한 부수적 조치에 대해서는 갑자기 일관성 없고 모순된 모습을 보였다. 또한 자국 은행들의 자본재구성 작업에 대해서도 특별히 열의를 보이지 않았는데, 하이포 리얼에스테이트와 취약한 지방 은행이 무거운 부담이 되도록 정부에 그냥 방치하기도 했다. 채권시장에 대한 지원과 은행들의 건전성 강화 없이 채권자도 일정 손실을 부담하게 하는 일은 마치 외줄타기처럼 위험천만하고 책임감 없는 정책으로 유럽중앙은행과 프랑스, 미국까지도 모두 꺼리는 일이었다. 그리고 이것은 어쩌면 독일의 동기에 대한 가장 관대한 해석일지도 모른다. 조금 덜 관대한 해석은 독일이 일종의 긴장 강화 전략을 사용해 의도적으로 시장의 불안감을 조성함으로써 유로존의 나머지 회원국들이 독일의 의견을 잘 따르도록 위협한다는 것이다.[27] 한편 독일은 안전한 피난처로서의 특권을 마음껏 누렸다. PIIGS 국가들이 높은 금리로 신음하고 있을 때 독일의 금리는 0퍼센트대를 향해 계속 떨어졌다. 유로존의 불확실성이 수출산업에 득이 될 리가 없었지만 독일의 수출업체들은 유로존 밖 국가들과 활발하게 거래하고 있었다. 노동시장은 개선되어갔다. 뮌헨이나 프랑크푸르트의 풍요로움과 만족감은 마드리드와 아테네의 폭동에 휩싸인 거리와 극명한 대조를 보였다. 독일 정부는 기다릴 여유가 있었다.

유럽중앙은행의 장클로드 트리셰와 동료들은 현상유지 정책이 불가능한 상황이라고 여겼다. 몇 개월 동안 채권을 매입한 결과 2011년 봄 유럽중앙은행은 그리스 정부가 발행한 불량 채권의 15퍼센트를 보유했다. EFSF를 완전히 대체할 유럽안정화기구(European Stability Mechanism, ESM) 설립에 대한 협의에서 2차 시장에서의 채권 매입을 위한 지원 방안이 제외되자 유럽중앙은행의 인내심이 바닥을 드러냈다. 이제는 뭔가 선을 그어야 할 시점이었다. 유럽중앙은행이 공공 부문과 관련해 새롭게 강경한 입장을 취한 부분은 바로 금리 정책이었다. 2011년 4월과 7월에 걸쳐 유로존 위기가 다시 고조되자 유럽중앙은행은 금리를 끌어올렸다. 이는 통화정책 역사상 가장 잘못된 결정 중 하나였다.[28] 유럽중앙은행의 입장에서 본다면 독일과 다른 유로존 주요 국가들의 인플레이션 현상이 두드러지고 있는 것은 분명한 사실이었다. 상대적으로 번영 중인 북부 유럽과 나머지 유럽 지역 사이의 불균형도 심화되었다. 그렇지만 유럽중앙은행의 행동에는 분명히 정치적 의도가 있었다. 유럽중앙은행은 독립성을 강력하게 주장했고 유럽 정부들에 이런 점을 확실하게 주지시켰다. 채권시장에 대한 책임을 분담하는 문제는 유럽 정부에 달려 있었다.[29] 금리 인상만이 이런 신호를 보내는 유일한 방법은 아니었다. 실제로 3월 중순 들어 유럽중앙은행은 아무런 공식 발표나 요란한 선전 없이 유로존 국채 매입을 중단해버렸고 불량 채권의 환매에 대해서는 각기 다른 헤어컷을 적용하기로 했다.[30]

심각하게 위축된 신용 상황을 시장이 반영하는 데는 몇 주일이라는 시간이 걸렸다. 그러자 채권이 매각되었다. 유로존 채권 중 가장 안전한 채권과 가장 위험한 채권 사이의 스프레드가 확대되었다. 그리스 채권 스프레드는 1200bp대로 올라갔고 이번에는 좀 더 다른 위기 상황이 감지되었다. 2010년 시장은 처음에는 그리스, 그리고 그다음은 아일랜드를 위기로 몰아넣었다. 그런데 이제는 자금의 흐름이 유로존 전체를 등졌다. 그 신호 하나가 미국 MMF의 움직임이었다. 미국 MMF는 그동안 유럽 은행들이 자금을 융통해온 가장 중요한 현금공급원이었고 블랙록(BlackRock) 같은 거대 자산관리 업체는 막대한 규모의 유동성 자금 공급을 관리해왔다. 2011년 초까지만 해도 미국 MMF는 6000억 달러 규모의 자금을 계속해서 유럽 은행들에 공급했지만 봄이 지나면서 규모를 줄였다.[31] 그리고 1년여에 걸쳐 미국 MMF와 유럽 은행들 사이의 거래 규모는 45퍼센트까지 줄어들었다. 특히 크게 타격을 입은 건 프랑스 은행들이었다. BNP파리바 같은 대형 은행도 예외는 아니었다. 월스트리트에서는 이제 가장 문제가 있는 국가의 파산을 예상한 투자만 진행되지는 않았다. 봄까지만 해도 스탠더드앤드푸어스에서는 그리스 채권에 대해 50~70퍼센트의 헤어컷을 적용했고 통제할 수 없는 전면적인 채무불이행이나 파산의 확률을 1 대 3으로 내다봤다. 그런데 이제 그리스뿐만 아니라 유로화 자체가 무너지는 상황을 예상한 투자가 늘어나고 있었다. 가장 공격적인 헤지펀드 운영자들은 처음에는 유럽 중앙은행의 금리 인상에 따라 달러화가 떨어지는 쪽에, 그러다가 다시 유럽의 국채, 은행, 그리고 취약한 다른 주식의 가치가 떨어지는 쪽에 크게 승부를 걸었다.[32] 월스트리트에서도 유명한 채권왕 빌 그로스와 2008년 헤지펀드의 영웅인 존 헨리 폴슨 같은 투자자들은 공공연하게 유럽의 하락세를 예측했다. 이들은 사실 이전부터 유로존에 회의적이었지만 유럽중앙은행과 유럽 각국 정부들의 의견 차이가 벌어지면서 이제 유럽은 스스로 무너지는 것처럼 보였고 이 기회에 한몫 챙기려고 했던 것이다.

미국 측에서만 유럽에 대해 이런 예측을 한 것은 아니었다. 유로존 내부에서도 엄청난 규모의 자금이동이 일어나기 시작했다. 이것이 처음에는 잘 알려지지 않았지만 훗날 악명을 떨치게 되는 TARGET2다.[33] TARGET2는 유럽 각국 사이에 실시간으로 자금이 결제되고 이동할 수 있도록 해주는 시스템이다. 이를 통해 그리스와 아일랜드, 스페인, 포르투갈의 은행 계좌에서 빠져나온 자금이 독일을 포함한 유로존의 안전한 피난처로 이동했다.

자금시장이 평상시처럼 움직였다면 위기에 빠진 은행들도 중앙은행의 개입 없이 은행간 단기자금시장을 통해 필요한 대체자금을 찾을 수 있었을 것이다. 결국 자금이 몰려든 북부 지방 은행들도 새로운 투자처를 찾아야 했고 예컨대 그리스의 은행들 같은 경우 얼마든지 좋은 조건으로 거래를 할 용의가 있었다. 그렇지만 이런 은행간 자금 거래는 2007년과 2008년의 충격에서 결코 회복되지 못했고 다시 2010년 4월의 공황상태로 또 다른 일격을 당하고 말았다. 따라서 위기에 빠진 은행들은 자국 중앙은행에 지원을 요청할 수밖에 없었다. 그런데 이 중앙은행들은 더 이상 자국 화폐를 발행할 수 없었기 때문에 프랑크푸르트에 있는 유럽중앙은행 본부에서 유로화를 끌어와야 했다. 그러는 사이에도 분데스방크를 비롯한 안전한 피난처의 은행들에는 자금이 쌓여갔다. 그러다 갑자기 2011년 봄이 되자 주로 언론을 통해 경제 문제를 널리 알려온 경제학 교수 한스베르너 진(Hans-Werner Sinn) 덕분에 독일 국민들은 그동안 아무도 모르게 독일의 막대한 "자금"이 위기에 빠진 국가의 은행들로 흘러가고 있었다는 충격적이면서 어떻게 보면 큰 오해를 불러올 수도 있는 소식을 접했다.[34] 만일 통화제도 자체가 붕괴한다면 수천억 유로가 허공으로 "사라지는 것"이다.

자칫 선동으로 흐를 수 있는 관련 자료에 대한 이런 해석은 경제 분석이

도표 16.1 주요 유로존 국가들의 TARGET2 수지(단위: 10억 유로)

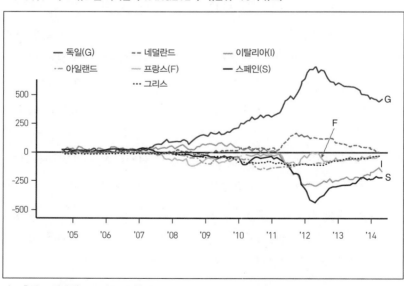

자료 출처: 브뤼겔 연구소, 각국 중앙은행.

라기보다는 유로 체제의 일부분에 대해 정당한 신뢰가 점점 사라지고 있는 신호로 봐야 한다. TARGET2 계좌 잔액이 보여주는 건 유로존의 나머지 국가들에 대한 독일의 "대출금" 규모가 아니다. TARGET2는 유로존 주변 국가들로부터 독일 은행으로 "흘러 들어온" 엄청난 규모의 민간자금을 결제해주는 공식적인 거래 상대방일 뿐이다. 독일로 들어온 자금의 일부는 그리스나 스페인의 부유한 기업체들의 자금이기도 하지만 사실 대부분은 독일 투자자들이 투자금을 다시 자국으로 회수해 온 것이다. 이런 과정에서 환율 차이로 인한 손실이나 독일 수출업체들에 타격을 줄 수 있는 자국 통화가치 상승 같은 일은 거의 일어나지 않았다. 일단은 대부분이 통일된 유로화로 거래되었고 또 유럽중앙은행 보증으로 대규모 거래에 대해서는 복잡한 절차 없이 지급결제를 진행할 수 있는 제도가 적용되었기 때문이다. 한스베르너 진은 유로화의 붕괴로 독일이 입을 손해에 대해 대단히 암울한 전망을 내놓음으로써 독자들을 선동했다. 그의 주장은 무자비하면서도 불확실한 전망을 담고 있었지만 한 가지 점은 분명했다. 불안한 투자자들이 이미 안전한 피난처인 독일로 옮겨놓은 자금이 다시 독일을 떠날 확률은 거의 없다는 사실이었다. 독일은 글로벌 경제에서 미국이 기축통화국으로서 갖는 터무니없는 특권(exorbitant privilege)과 비슷한 이득을 함께 보고 있었다. 경제위기가 닥쳐오면 글로벌 자금이 달러화로 몰리는 것처럼 유로존에서는 모두들 독일을 찾는 것이다.[35] 스프레드에서도 이런 특권을 확인할 수 있다. 위기에 빠진 국가들의 채권 시장금리가 올라가자 독일 국채 분트의 수익률이 떨어졌는데 이 역시도 독일이 버블을 계속해서 구가할 수 있도록 도움을 준 요소 중 하나였다. 독일로 흘러 들어오는 자금을 부담으로 생각해야 한다는 이야기가 나오는 것 자체가 위기에 대해 논의가 열띠다는 신호였다.

물거품처럼 사라진 유로존의 IMF에 대한 희망

2011년 5월, 시장에서 유로존의 신뢰도가 바닥을 치자 유로그룹의 비밀회의가 서둘러 룩셈브르크에서 소집되었다. 5월 6일 있었던 이 회의의 목적은 협력과 단결의 회복이었지만 대실패로 돌아가고 말았다. 볼프강 쇼이블레가 채무 재조정과 PSI에 대한 논의부터 시작해야 한다고 주장하자 장클로드 트리셰가 회의장을 박차고 나갔다. 그는 그런 종류의 논의 자체를 묵과할 수 없었던 것이다. 그리스 은행들이 버틸 수 있는 유일한 이유는 바로 유럽중앙은행이었기 때문에 그런 유럽중앙은행의 총재가 없는 회의는 아무런 의미가 없었다.[36] 또한 사실 그리스 은행들에 대한 구조조정에 찬성하는 사람은 그 자리에는 아무도 없었다. 《슈피겔》이 유로그룹 회의를 눈치채고 미국 시장이 반응을 보이기 시작하자 룩셈부르크 총리이자 유로그룹 의장인 장클로드 융커의 대변인은 회의 개최 여부를 부인했다.[37] 그로부터 몇 시간이 지나 똑같은 대변인이 나서서 사실은 정상들의 만남이 있었음을 인정하는 촌극이 벌어졌다. "앞서 회의 개최 사실을 부정한 것은 그럴 만한 이유가 있었다." 대변인이 기자들 앞에서 이렇게 말했다. "마침 그때는 월스트리트에서 업무가 시작되는 시간이었다." 유로화 가치는 곤두박질치고 있었고 거짓말을 한 것은 어쩔 수 없는 "자기방어" 행위였다. 《월스트리트저널》이 그런 기만 자체가 "장차 유로존에 대한 시장의 신뢰도"를 떨어트리는 행위가 되지 않겠느냐고 질문하자 대변인은 시장은 이미 유럽중앙은행 총재 장클로드 트리셰와 프랑스 재무부 장관 크리스틴 라가르드가 무슨 말을 하든 폄하할 준비가 되어 있는 것 아니냐는 식으로 응수했다. 그리스 채무에 대해 두 사람이 무슨 말을 하든 "아무도 믿는 것 같지 않았다"는 것이다. 그러니 잠시 편의를 위해 거짓말을 한들 무슨 피해가 더 있을 것인가? 장클로드 융커 자신도 이와 비슷한 반응을 보였다. "통화정책은 대단히 중요한 문제다." 그가 4월에 청중을 상대로 한 말이다. "우리는 이 문제를 유로그룹 안에서 비밀리에 처리해야 한다. …… 만일 우리가 어떤 결정을 내릴지 미리 조금이라도 알리면 금융시장의 투기세력을 부추기는 형국이 되며 실제로 우리가 구해내고자 하는 사람들을 더욱 절망에 빠트리는 것이다. …… 나는 이런 문제일수록 비밀리에 조심스럽게 의논하고 다루어야 한다고 생각한다. …… 나는 민주적 절차를 제대로 밟지 않는 것에 대해 욕먹을 각오가 이미 되어 있지만 그래도 신중하게 행동하고 싶다. …… 정말 중대한 문제라면 거짓말을 할 수밖에 없는 상황도 있다."[38] 그동안 "만기연장이 곧 경기회복"이라는 변호의 여지가 없는 주장을 계속 두둔한 결과, 2011년 5월 유로존 경제정책을 논의해왔던 그동안의 신뢰와 일관성 있게 이어진 정책 협조 채널은 완전히 붕괴했다. 장클로드 융커만은 이례적으로 더는 굳이 겉치레에 연연할 필요가 없다고 생각하는 것 같았다. 룩셈부르크 같은 소규모의 부유한 역외 조세 피난처 국가의 총리로서는 어쩌면 당연한 생각일지도 몰랐다. 그렇지만 유럽연합이라는 더 큰 무대를 생각해보면 이런 융커 총리의 "리얼리즘"의 적용은 오히려 당혹스러운 결과를 불러오는 것이 아니었을까.

유럽의 신뢰도가 점점 추락하면서 "재설정"의 필요성이 대두되었다. 이는 곧 떨어진 신뢰도를 회복하고 지나친 확장으로 야기된 위기를 막아내기 위해 다시 한번 정부나 기관이 개입을 하는 것을 의미한다. IMF 총재인 도미니크 스트로스칸이 2011월 5월 중순에 메르켈 총리와 유로그룹을 차례로 만날 때는 그런 생각을 갖고 있었던 것 같다. 칸 총재는 "일종의 거대한 방어벽을 요구할 생각이었다." 어느 미국 고위관료의 회고다. "우리는 회의 결과에 대해 상당한 기대를 걸었다."[39] IMF 내부에서는 이제 "만기연장이 곧 경기회복"이라는 주장을 반복하는 일 같은 건 그만두자는 새로운 분위기가 고조되었다. IMF의 아일랜드 담당 부서는 2010년 11월 유럽중앙은행과 G7이 아일랜드에 강요했던 불평등한 내용들에 대해 지금까지 계속해서 불만을 표출하고 있었다. 아일랜드의 문제는 아자이 초프라의 주장처럼 단지 아일랜드만의 문제가 아니라 "유럽 공동의 문제이며" 따라서 유럽이 함께 대응할 필요가 있었다.[40] 문제는 EFSF의 보강이었다. EFSF에 좀 더 많은 자금을 지원하고 개입할 수 있는 범위도 더 넓게 허락해주어야 했다. 게다가 아일랜드의 경우에서 보듯 유럽 은행들은 규모가 지나치게 커서 중소 규모 국가들로서는 감당할 수 없었다. 따라서 아자이 초프라는 만일 은행들이 민간 부문을 통해 충분한 자본을 끌어모을 수 없다면 유럽연합 전체가 합동으로 자본재구성에 협력해 이루어야 한다고 주장했다.[41] 이미 1년 전인 2010년 3월 도미니크 스트로스칸은 유럽 국가들에 대해 공동 기금을 출자해 전권을 부여받은 은행을 설립하자고 주장한 바 있다.[42] 그런 대책이 없이는 주요 채무 재조정을 위한 어떤 절차도 실제로 시도하기가 위험하다는 것이었다.

2011년 5월 IMF는 더 이상 "만기연장이 곧 경기회복" 전략이 아닌 유로존의 진짜 해결책에 대한 기본 원칙을 분명하게 정했고 도미니크 스트로스칸도 실제로 실행에 옮기려는 것처럼 보였다. 그렇지만 5월 14일 미국의 JFK공항을 출발하기 불과 몇 분 전, 이 IMF 총재는 성폭행과 불법 감금 혐의로 뉴욕 경찰에 체포되고 말았다. 그야말로 당혹스럽기 그지없는 상황이 벌어졌다. 유럽에서는 유럽 출신의 저명인사가 미국에서 범죄자 취급을 받는 모욕을 당한 데 대해 엄청난 소란이 일었다. 미국에서는 무죄추정의 원칙 같은 걸 적용하지도 않는단 말인가?[43] 프랑스에서는 미국이 아닌 사르코지 대통령이 비난의 대상이 되었다. 현직 대통령이 조만간 대통령직에 도전할지도 모를 경쟁자 도미니크 스트로스칸을 미리 제거하려 했다는 의심이 프랑스 전역으로 퍼져나갔다.[44]

한편 IMF가 유로존을 경제위기에서 구해줄 것이라는 희망은 물거품처럼 사라졌고 IMF는 총재 없이 남겨졌다. 2007년에 다음 IMF의 수장은 신흥시장국가들에서 배출될 것이 확실해 보였다. 이제 유로존 위기를 앞에 두고 IMF가 유럽 문제에 깊게 관여하고 있기 때문에 결국 다시 유럽 출신이 IMF를 이끄는 것이 어떤가 하는 주장이 대두되었다. 남아메리카와 아시아 혹은 아프리카 국가들이라면 IMF 수장 자리를 얻기 위해 자국의 경제위기를 내세울 수 있을까. 오직 상상에만 맡길 뿐이다. 유럽은 전혀 아무렇지 않은 듯 크리스틴 라가르드를 후보로 내세웠다. 그녀는 사르코지의 재무부 장관으로서 이미 충성심과 능력을 검증받았고 유럽과 미국, 그리고 중국의 지지를 받았다. 한편 유로존이 점점 더 깊게 위기 속으로 빠져들면서 IMF의 중대 의사결정은 무산되고 말았다. 크리스틴 라가르드 자신은 새로운 역할을 수행할 준비를 마쳤지만 미국 출신의 수석 부총재 존 립스키가 당분간 총재 대행을 맡기로 결정되었다. 존 립스키는 금융시스템의 안정을 위해서라면 대규모 지원을 마다하지 않을 사람이었다. 그러나 PSI에 대해서는 소규모의 자발적 참여만 허용하기로 했다. 가장 중요한 건 역시 시스템 안정과 위험 확산의 방지였다. 채무 재조정이나 혹은 은행 자본 재구성에 대한 위험천만한 논쟁을 벌일 시간은 더 이상 없었다. 우선은 위기를 진정시키고 유럽에서 시작된 불확실성이 세계로 퍼져나가는 일을 막는 것이 급선무였다.

"문제의 핵심은 내버려두고 겉에서만 깔짝대는 꼴이라니"

도미니크 스트로스칸은 독일의 메르켈 총리와는 어떤 논의도 하지 않으려 했다. 그렇지만 6월 5일, 독일 총리는 워싱턴으로 향했다.[45] 메르켈 총리의 성향은 범대서양주의자라고 볼 수 있었지만 2003년 이후 이렇게 긴장된 관계가 유지된 적은 없었다. 금융위기가 시작되고 줄곧 경제정책에서 독일과 미국은 엇박자를 내고 있었다. 특히 제2차 양적완화 조치를 둘러싼 소란은 당혹스러웠다. 또한 리비아와 관련된 독일의 입장은 어떠했는가? 유럽에 대한 독일 정부의 계획은? 오바마 대통령과의 회담은 긴장의 연속이었다.

메르켈 총리는 대통령 자유 메달을 받고 새로운 소득을 얻어 6월 8일 독일로 돌아갔다. 앞으로 그리스의 파산이나 유럽연합 탈퇴에 대한 이야기는 더 이상 하지 않을 생각이었다. 그리스에 긴축조치를 추가로 요구하는 대신 또 다른 방식으로 지원해주기로 했다. 독일이 처음부터 원했던 PSI나 채무 재조정이 협상에 포함될 것이었다. 하지만 그것은 자발적 참여이자 채권자 주도의 채무 재조정이어야 했다. 이는 채권자가 자신의 채권 수익의 일부를 포기하는 방식과 규모에 대해, 가령 은행이 거부권을 행사할 수 있는 권한이 보장된다는 의미다. 아직 확실하게 정해지지 않은 부분이 있다면 유럽 채권기금이나 자본재구성에 대한 독일 측의 확실한 계획이었다. 따라서 사실은 양측 사이에 긴장감이 더 높아진 것이 실질적인 소득이라면 소득이었다. 적절한 안전망 없이 PSI가 시작된다는 소식이 시장에 들려왔다.

6월 29일 만신창이가 된 그리스 정부는 의회 결의를 통해 4차 긴축조치를 밀어붙였다. 거기에는 민영화와 세금 인상, 연금 삭감 계획 등이 포함되어 있었다. 긴축조치가 발표된 건 신타그마 광장 점거 세력에 대한 무차별 진압과 이틀간의 총파업이 시작되었을 무렵이었다. 그 무렵 IMF는 그리스가 채무를 계속 유지하기 위해 공공자산을 매각해 500억 유로를 마련하는 방법밖에는 없다는 계산을 내놓았다. 7월 4일 IMF가 추가로 발표한 내용에 따르면 사실 그 정도로는 부족했다.[46] 긴축조치와 민영화는 물론이거니와 채권자들에게는 실제로 큰 규모로 헤어컷을 적용해야 그리스가 유지될 수 있다. 6월 27일 시작된 국제금융협회(International Institute of Finance, IIF)와의 회의 분위기를 보면 그럴 가능성은 거의 없어 보였다. 은행과 다른 채권자들은 적당한 수준의 양보만 가능하다는 입장이었다. "파산 사태"를 절대로 원하지 않는 유럽중앙은행의 분위기도 이와 비슷했지만 그리스 정부가 시민들에게 부담시킨 수백억 유로의 정부 지출 삭감에 대해서는 또 반대하는 입장이었다. 그리스로서는 새롭게 조율된 메르켈과 오바마의 협의가 그저 또 다른 새로운 속임수로 보일 뿐이었다.

6월이 되자 신용등급 평가기관인 스탠더드앤드푸어스는 그리스를 국가 차입자 중 가장 낮은 CCC등급으로 분류했다. 스프레드는 1300bp까지 치솟았고 시장에서는 새로운 의문이 생겨났다. 만일 유로존이 그리스 문제를 해결할 수 없다면, 그리고 더 심각한 상황이 벌어진다면 어떻게 될 것인가? 스페인이나 이탈리아에서 또 다른 위기가 발생한다면? 20년 전인 1990년대 초, 이탈리아는 큰 어려움을 겪었다. 그렇지만 이후 이탈리아의 채무 상황은 안정되었고 재정수지 흑자를 유지해왔다. 다만 채무 규모는 GDP와 비교해 여전히 위험할 정도로 높았다. 명목 GDP상으로 세계 8위인 이탈리아 경제 규모를 감안하면 1조 8000억 유로의 채무는 굉장히 큰 규모였다. 놀랍게도 2011년 6월 마지막 주, 그리스에 PSI를 허용하는 결정이 내려진 후 이탈리아 정부가 발행한 채권이 1000억 유로어치나 매각되었다. 프랑스 은행들을 필두로 유럽 은행들이 매각에 나서면서 해외 채권자들이 보유한 이탈리아 국채의 비중이 그 주에 50퍼센트에서 45퍼센트로 떨어졌다.[47] 그것만으로도 이탈리아의 차입 관련 비용이 2011년 6월에서 8월 사이에 4.25퍼센트에서 5.54퍼센트로 올라갔다. 이 정도 수치는 그리 크게 느껴지지 않을지도 모른다. 그렇지만 이탈리아의 리파이낸싱 필요성이 대단히 급박한 상황이라는 점을 감안하면 재난에 가까운 수치다. 이탈리아 정부는 2011년 하반기에서 2014년 연말 사이에 기존 채무를 상환하고 새로 자금을 융통하려면 8130억 유로가 필요하다고 계산했다. 따라서 차입 관련 비용이 25퍼센트 상승했다는 건 실제로 대단히 심각한 문제가 아닐 수 없었다. 만일 이탈리아 은행에서 예금이 빠져나가기 시작한다면 유로존 붕괴도 충분히 있을 수 있는 일이었다.

북부 유럽의 생각과는 전혀 다르게 이탈리아 정치인들은 사태의 심각성을 전혀 인지하지 못했다. 밀라노에 있는 유명한 경영대학원의 이름에 빗대어 주로 "보코니 출신들(Bocconi boys)"이라고 부르는 이탈리아 주류 경제학자들은 지출 삭감과 "긴축조치 확장"이라는 새로운 합의에 크게 기여했다.[48] 2008년에서 2010년까지 이어진 위기 상황에서 이탈리아는 사실상 어떤 경기부양 조치도 실시하지 않았다. 문제는 채권시장의 새로운 공황상태에 대해 이탈리아 정부가 대응할 의지와 역량을 갖추었느냐 하는 것이었다. 특히 실비오 베를루스코니 총리가 어떻게 반응할지가 관건이었다.

실비오 베를루스코니 총리는 온갖 추문으로 얼룩진 인물이다.[49] 그는 대규모 탈세와 부패 등을 포함한 여러 범죄 혐의를 받고 있었지만 2011년 2월 15일에는 정말로 당혹스러운 혐의가 드러나고 말았다. "루비(Ruby)"라는 이름의 모로코 출신 밸리댄서와 자택에서 성관계를 맺었고 이를 감추기 위해 권력을 남용했다는 혐의였는데 이 여성은 당시 18세로 미성년자였다. 베를루스코니 총리는 모든 것은 정치적 음모라고 주장하며 사임을 거부했다. 2011년 4월 6일, 금융시장이 걱정스럽게 상황을 지켜보는 가운데 이탈리아의 총리가 법정에 섰다. 재판은 즉시 연기되었지만 5월 말에 청문회가 열릴 예정이었다. 그러는 사이 이탈리아 정부에 불안과 악평이라는 어두운 먹구름이 드리웠다. 베를루스코니 총리의 전진이탈리아당과 연정 상대인 북부동맹당(Lega Nord)이 그의 정치적 지지기반이라 할 수 있는 밀라노 지방선거에서 패배한 5월 말에는 더 많은 의혹들이 불거져 나왔다.[50] 정치인으로서의 전성기 시절에도 사람들의 웃음거리가 되는 경우가 많았던 그가 정치 생명을 걸고 싸우는 지금, 재무부 장관 줄리오 트레몬티가 요구하는 긴축조치를 실시할 만한 여력을 이끌어낼 수 있을까?

7월 9~10일의 주말에 메르켈 총리는 베를루스코니 총리를 단독으로 만나 상황의 심각성을 일깨워주려 했다. 유럽의 미래는 이탈리아에 달려 있었다. 그렇지만 정말로 유럽에서 가장 불안한 부분이 이탈리아였을까? 아니면 실제로는 독일? 유럽 사람 대부분은 메르켈 총리가 정말로 유로화를 유지하고 싶어 하는지 확신할 수 없었다. 독일의 원로 정치인이자 유로화와 독일 재통일의 아버지인 헬무트 콜이 메르켈 총리의 손 안에서 자신이 남긴 하나 된 유럽이라는 유산이 과연 안전하게 유지될 수 있을지 우려한다는 뜬소문이 나돌았다. "그 여자가 내가 만든 유럽을 망치고 있다." 헬무트 콜이 어느 기자에게 그렇게 토로했다는 것이다.[51] 메르켈 총리와 쇼이블레 장관은 여름휴가 계획을 마지못해 연기하고 유로존 안정화에 대해 논의하기 위해 7월 21일 유럽이사회 긴급회의를 소집했다. 안건은 누구나 예측할 수 있는 재정조정과 긴축조치, PSI, 채무 재조정, 그리고 채무 유지 가능성과 유럽중앙은행의 채권 매입 등에 대한 내용들이었다. 회의 안건에 오르지 못한 건 일관성 있는 위기억제 전략을 위한 마지막 요소인 유럽 전체 은행들에 대한 자본재구성이었다. 그렇지만 독일의 속셈은 과연 무엇이었을까? 메르켈과 쇼이블레는 정말로 머리카락이 곤두설 만큼 위험천만한 벼랑 끝 전술을 구사할 것인가? 아니면 독일 정치인들은 상대적으로 호황을 구가하는 데만 정신이 팔려 유로존의 나머지 국가들이 받는 압박 자체를 이해하지 못하는 것이 아닐까?

2011년 7월 14일 이탈리아 의회는 시장의 압박에 대응해 700억 유로에 달하는 혹독한 긴축조치를 실시하기로 결의했다. 2010년 독일이 실시한 조치와 맞먹는 규모였다.[52] 그렇지만 베를루스코니가 총리로 남아 있는 한 의구심도 그대로였다. 또한 그리스의 PSI 문제도 여전히 해결하지 못했다. 장클로드 트리셰는 자신의 뜻을 굽히지 않았다. 만일 그리스 채무를 전면적으로 재조정하려는 시도가 있으면 유럽중앙은행은 그리스 국채를 적격 담보물로 인정해주지 않을 예정이었다. 유로존 채권시장에는 다시 불안감이 퍼지기 시작했다. 처음에는 그리스와 아일랜드 같은 작은 국가들에서 문제가 시작되었다가 이제는 스페인과 이탈리아 같은 규모가 큰 국가들을 포함한 남부 유럽 전체의 위기로 번져가고 있었다. 2007년에 유로존 채권 투자자들은 그리스 국채를 독일 국채 분트와 같은 등급으로 취급했지만 2011년 9월에는 이탈리아와 스페인에 대한 CDS 스프레드는 혁명으로 홍역을 앓는 이집트보다도 더 높았다.[53] 전 세계에서 가장 파산 위험이 높다고 판단되는 국가는 모두 유로존 회원국인 그리스와 아일랜드, 포르투갈이었고 그 확률은 벨라루스와 베네수엘라, 파키스탄보다도 더 높았다.[54] 혁명의 기운이 지중해를 건너 유럽으로 번지는 듯했다. 아테네에서의 폭력사태는 유럽 전역으로 사회적 무질서 현상이 퍼지고 있다는 착각을 불러일으켰다. 금융전문가들 중에는 "초인플레이션과 군부 쿠데타, 심지어 내전 가능성"까지 심각하게 언급하는 사람도 있었다.[55] 그렇지만 이제 유로화 붕괴는 더 이상 탐욕스러운 헤지펀드나 혹은 한두 명의 과도하게 흥분한 전문가들만 이야기하는 사안이 아니었다. 전 유럽과 미국의 일반 시중은행들과 연기금들은 이탈리아를 비롯한 다른 문제국가들에서 수백억 유로의 자금을 빼내고 있었다.[56] 일단 유로존 국가들이 안전자산을 발행하는 위상을 잃는다면 기관 투자자들로서는 자산 구성을 새로 조정하는 것 말고는 다른 선택의 여지가 없었다. 그리고 유럽 은행들도 그에 따른 영향을 받았다. 2011년 여름이 되자 도매자금시장에서 자금이 말라가기 시작했다.[57]

7월 21일 정상회담이 열릴 때까지 불과 며칠 사이에 메르켈 총리가 앞으로 진행될 협상을 망치려 할지 모른다는 소문이 파리에 파다했다.[58] 지금까지 은행 로비스트들과 합의한 채무 감면 규모는 너무 작아서 독일 정부를 만족시키기에는 역부족이었다. EFSF의 자금과 권한은 프랑스를 안심시키고 시장을 진정시키거나 장클로드 트리셰를 설득해 채권 매입을 다시 시작하도록 만들기에는 충분하지 못했다. 만일 협상이 실패로 돌아간다면 프랑스를 포함해 어느 누구도 안전을 장담할 수 없었다. 교착상태를 타계하기 위해 사르코지 대통령은 자신이 메르켈과 일대일로 협상을 진행해야 한다는 사실을 깨달았다. 7월 20일 오후 5시 30분 프랑스 대통령이 베를린에 도착했지만 EFSF와 관련된 어려움에 봉착한다. 그리고 장클로드 트리셰의 동석 없이 독일과 프랑스가 문제를 해결할 수 없다는 사실이 곧 분명해졌다. 유럽중앙은행 총재는 급한 연락을 받고 프랑크푸르트에서 마지막 비행기를 타고 밤 10시에 베를린으로 날아온다. 이제 협상은 독일과 프랑스 사이가 아니라 독일과 프랑스, 그리고 유럽중앙은행 사이에서 진행되었다. 7월

21일 아침 사르코지 대통령과 메르켈 총리는 차례로 휴대전화 한 대를 두고 헤르만 판롬파위 유럽이사회 의장에게 합의 조건들을 알려주었다. 그날 오후 브뤼셀의 유럽연합 본부에서는 해당 내용을 공식적으로 발표하고 다른 국가들은 표결에 부쳤다.

그리스는 2014년까지 1090억 유로를 추가로 지원받아 필요한 재원을 마련하고 IMF는 트로이카 중 하나로서 역할을 계속한다. 그리스가 갚아야 할 이자는 3.5퍼센트 이하로 책정한다. 만기는 PSI 선택 사항에 따라 연장할 수 있다. 정확한 액수와 규모는 아직 결정되지 않았지만 채권자들도 어느 정도 양보한다. 유럽중앙은행은 손실을 본 모든 내역에 대해 보상받는다. 만일 그리스 은행들이 해결할 수 없을 정도로 손실을 입었다면 트로이카의 자금으로 자본재구성을 실시한다.[59] 무엇보다도 각국 정부는 PSI가 그리스에만 적용될 것이라고 강조해 언급했다. 유로존 회원국들 중 그리스만이 유일하게 채무를 제대로 해결할 수 없는 상황이었다. 다른 회원국들은 문제가 있더라도 어쨌든 책임과 의무를 다할 수 있었다. 위기가 퍼져나가는 상황을 막기 위해 EFSF는 규모를 키워야 했고 유럽중앙은행의 명령에 따라 2차 시장에 들어가 스페인이나 이탈리아처럼 특별한 지원을 받지 않는 국가들을 위한 대출이나 지원 한도를 정할 수 있는 권한을 위임받았다. EFSF는 메르켈 총리가 2010년 3월부터 주장해온 것처럼 더 이상 최후의 수단이나 방어책으로서만 존재하지 않았지만 우선적으로 조치에 나설수 있는 기관으로 시장을 안정시키고 다른 추가 위험이 발생하지 않도록 돕는 역할을 했다. 결국 그리스가 수용해서 실시할 수 있는 해결책은 채무재조정, 추가 대출, 유럽중앙은행의 협조, 그리고 새롭게 권한을 위임받은 EFSF의 지원이었다. 심지어 은행들의 자본재구성의 필요성에 대한 부분적 합의도 있었을 정도로 전체적인 구성은 문제가 없었다. 그렇지만 여기에 필요한 재원은 얼마나 되며 누가 그 돈을 부담할 것인가?

가장 예민한 부분은 PSI의 규모였다. 국제금융협회(IIF)와의 표면적인 협상에서 드러난 수치는 일단 20퍼센트 정도에 불과했다. 7월 21일에 있었던 정부간 회의에 참석할 수 없었던 은행 관계자들은 회의실 바깥 복도에 따로 모였다. 정부 측에서 20퍼센트 정도로는 부족하다고 알리자 IIF는 21퍼센트를 제안했다. 이런 상징적인 양보와 함께 남은 건 협상이 완료되었다는 전반적인 만족감이었다. 아무도 실제로 계산 같은 걸 하는 사람은 없었다. 협상은 계산이 아닌 성의의 문제였다. IMF 측 대표가 이런 정도 수준의 구조조정을 전제로 그리스의 지속 가능성에 대해 질문하자 IIF의 찰스 달라라는 회의를 "격렬한 비난의 장"이라고 언짢아하기도 했다.[60] 이런 분노에 찬 모습은 사실 보여주기 위한 것에 불과했으며 달라라는 고객이라고 할 수 있는 거대 은행들을 위해 펼친 자신의 로비활동이 놀라울 정도로 만족스러운 결과를 얻은 데 사실 기뻐서 어쩔 줄 몰라 했다.[61]

이러한 타협안의 결과로 그리스는 채무에 대한 재조정을 받아들이며 국가의 체면을 구겼지만 정말 필요한 재정적 지원은 거의 얻을 수 없었다. 더 이상 유지가 불가능한 것이 분명한 GDP의 143퍼센트에 달하는 채무가 그대로 남은 것이다. 골드만삭스의 한 분석가는 이런 평가를 남겼다. "그대로 진행이 되었으면 좋았을 정책들을 굳이 '규모를 줄여가며' 시행하는 모습은 유럽 정치계에서 반복해서 일어나는 현상이다." UBS 소속 한 경제학자는 좀 더 거친 표현을 사용했다. "문제의 핵심은 내버려두고 겉에서만 깔짝대는 꼴이라니 …… 채무를 절반으로 줄여줘야 하는 거 아닌가." EFSF가 제공하는 새로운 지원계획에 대해 씨티그룹의 수석 경제학자 윌럼 뷰이터는 블룸버그 텔레비전에 출연해 이렇게 말했다. "EFSF는 권총에서 기관총 수준으로 발전했다. 그렇지만 제공된 탄약의 양은 그대로다. …… 빨리 실질적인 규모로 늘어나야 할 필요가 있다."[62] 만일 이탈리아가 위기에 빠진다면 EFSF가 필요한 자금은 2000억이나 4000억 유로가 아닌 1조나 2조 유로가 될 것이다. 그렇지 않으면 무제한으로 유로화를 공급할 수 있는 유럽중앙은행만이 유로화 체제를 떠받칠 수 있다.

그러는 사이 투자자들은 그야말로 좌불안석이었다. 7월 말 도이치은행이 연초부터 시작해 보유 중인 이탈리아 국채 규모를 88퍼센트까지 줄였다는 소식이 알려졌다.[63] 이탈리아로서는 이건 분명한 협박이나 다름없었다. 줄리오 트레몬티가 이끄는 이탈리아 재무부 내에서는 독일이 등 뒤에서 칼을 찔렀다는 말까지 나왔다.[64] 연초에 이탈리아 정부는 대담하게도 유럽 공동의 구제금융은 종류에 상관없이 각국의 GDP가 아닌 은행에 대한 지원 규모에 따라 분담액을 정하자고 제안했다. 당연히 독일 정부는 이런 제안을 달가워하지 않았다. 줄리오 트레몬티는 독일 정부가 이탈리아 국채를 대규모로 처분한 건 메르켈과 쇼이블레의 무언의 신호라고 확신했다. 진실의 실체가 무엇이든 이미 의혹은 생겨난 후였고 서로간의 신뢰가 무너지고 있었다.

신용등급 평가기관들의 허세와 실체

만일 유럽에서 자금이 빠져나간다면 어디로 가고 있는 것일까? 금융위기가 시작된 이후에 그런 질문에 대한 해답은 역설적이게도 바로 미국이었다. 미국의 서브프라임 사태가 악화되었을 때 많은 사람들이 두려워했던 달러화 매각 공황상태는 일어나지 않았다. 그 대신 투자자들은 세계 통화 피라미드의 정점에 올라 있는 미국 재무부 채권 쪽으로 몰려들었다. 2008년에 달러화 가치는 올라갔고 미국 금리는 떨어졌다. 뒤이어 닥친 양적완화의 물결은 그런 상황을 뒤집었다. 달러화는 주요 교역 대상국들의 통화와 비교해 가치가 하락했다. 다시 말해 투자자들은 손해를 보았고 미국 채권에 대한 매력도 줄어들었다는 뜻이다. 그렇지만 2011년 여름 지평선 너머로 훨씬 더 불길한 기운이 감돌기 시작했다.

미국에서는 연초에 의회 다수당이 된 공화당이 위세를 과시하고 재정건전화를 위해 당파를 초월해 장기적으로 접근하려던 노력이 수포로 돌아간다.[65] 4월 21일 연방정부는 예산안을 놓고 줄다리기를 하며 이미 셧다운, 즉 업무정지 바로 직전까지 갔다. 5월 16일 연방정부 채무는 한도액인 14조 3000억 달러에 도달했다. 조세 수입으로는 현재 지출의 60퍼센트밖에 감당할 수 없는 상황에서 연방정부는 필요한 자금을 빌릴 수 있는 법적 권리의 한계에 이른 것이다. 재무부는 어쩔 수 없이 "특별 조치"를 취하는데, 여기에는 정부 현금 준비금에서 돈을 융통하고 공무원 퇴직 연기금의 자산을 처분하는 내용 등이 포함되어 있었다.[66] 8월 2일까지는 재무부 책임으로 그대로 진행이 되다가 그 이후에는 연방정부가 공무원 급여 지급과 채권자 지불 사이에서 선택을 해야 하는 상황에 직면할 터였다. 미국은 긴축보다 더 안 좋은 상황을 향해 나아갔다. 셧다운이라는 혼란스러운 상황을 맞으면 국내외 채권자들에게 책임을 다하지 못할 위험이 있었다.

2011년 7월 말 사르코지 대통령과 메르켈 총리, 장클로드 트리셰 총재가 유로존의 미래를 걸고 힘겨루기를 하고 있을 때 미국은 정말로 위태로운 상황에 처했다. 워싱턴 정가에서는 즉각적인 재정건전화의 필요성에 대해 더 이상의 의견불일치는 찾아볼 수 없었다.[67] 그렇지만 민주당과 공화당 사이에는 현격한 의견차이가 있었다. 민주당에서는 세금 인상과 복지예산 삭감 등을 포함한 적자 감축을 위한 균형 잡힌 접근방식을 주장한 반면 공화당에서는 오직 적격 삭감에만 집중했다. 존 베이너 하원의장은 향후 10년 동안 4조 달러 규모의 적자 감축을 달성하기 위해 백악관과 협상을 벌여 공화당 내부의 티파티 운동 분파에 대한 자신의 통제력을 과시할 방법을 찾고 있었다. 그렇지만 7월 22일 하원의장과 행정부 측 사이의 대화는 결렬되고 말았다. 공화당 측이 의료 부문에 대한 대규모 삭감을 요구한 반면 행정부 측은 1조 2000억 달러 규모의 세금 인상을 주장했기 때문이다.[68] 언론에서는 8월까지 정부가 해결해야 할 청구 내역들을 정리해보기 시작했다. 헌법 전문가들은 행정부의 특권이나 혹은 국채 대신 1조 달러짜리 백금 동전을 발행해 임시로 채무를 변제하는 방안 등을 놓고 갑론을박을 벌이기도 했다.[69] 만일 유로존에서 그리스가 문제이고 이탈리아에는 대마불사의 논리가 적용된다면 미국의 채무불이행이나 파산 사태는 어떻게 될지 사실 아무도 알 수 없었다. 미국 재무부는 8월 한 달 사이에만 거의 5000억 달러에 달하는 채무를 차환해야 했다.[70] 유로존의 불안이 계속됨에 따라 미국 MMF에서는 유럽 은행 채권을 정리하고 계속해서 미국 재무부 채권으로 갈아탔다. 그렇지만 그런 겉모습과 실제 사정은 조금 달랐다. 투자자들은 미국 정부 채권을 원했지만 위험이 낮고 만기일이 짧은 경우에만 해당되었다. MMF가 보유한 미국 재무부 채권의 평균 만기일은 2011년 7월 말의 경우 평균 70일이었다. 2010년 1월의 95일에 비하면 크게 줄어든 셈이다.[71] 한편 금융공학자들은 전에는 누구도 떠올리지 않았던 미국 재무부 채권에 대한 CDS의 필요성을 검토하기 시작했다.[72]

2008년 이전까지만 해도 미국 재무부 채권의 CDS를 위한 시장 같은 건 존재하지 않았다. 글로벌 금융시스템이 안고 있는 위험과는 전혀 무관한 자산에 대한 보험이 과연 어떤 의미가 있었을까? 미국의 파산 가능성이 거의 불가능한 상황에서 조금 불안정하더라도 그건 어느 민간 금융업체가 신뢰할 만한 거래당사자로서 여전히 기능할 수 있는지를 조금 확실하지 않게 만드는 정도일 뿐이었다. 정말로 세상의 종말이 올 것을 예상하고 거기에 보험을 드는 사람이 과연 있겠는가? 그럼에도 패니메이와 프레디맥이 파산할 수도 있었던 2008년의 혼란기에 처음 모습을 드러낸 후 2011년을 거치면서 미국 재무부 채권에 대한 CDS 틈새시장이 부활했다. 7월의 마지막 주에는 1000여 건이 넘는 거래가 성사되었고 스프레드는 0.82퍼센트 정도였다. 그리스 국채 투자자들이 계약한 규모에 비하면 얼마 되지 않았지만 미국 재무부 채권에 대한 CDS 시장이 존재한다는 것 자체가 놀라운 일이었다.

2011년 7월 31일, 미국은 수렁에서 빠져나왔다. 예산안 관련 협상이 타결되었고 거기에는 2011년 말까지 두 정당이 삭감에 합의하지 못할 경우 자동으로 긴축조치가 실시된다는 내용이 포함되었다. 상당수의 티파티 강경파들은 이번 협상을 진행하려는 공화당 지도부의 설득에 마지못해 동의했다. 신용평가 전문가들과 부시행정부 시절의 관료들은 상당한 시간과 노력을 들여 공화당의 반대파들에게 채무불이행이 불러올 극적인 결과에 대해 알리기 위해 애를 썼다. 그렇지만 피해도 있었다. 상원의 공화당 원내총무인 미치 매코널(Mitch McConnell)은 언론과의 대담에서 아무렇지 않은 듯 이렇게 이야기했다. "내가 볼 때 의원들 중 일부는 어쩌면 채무불이행 문제가 국민들에게 직접적인 피해를 입힐 수도 있는 인질극 같은 것이라고 생각했던 것 같다. 물론 의원들 대부분은 그렇게 생각하지 않았지만 말이다. 우리가 이번 사태를 통해 배운 건 실제로 거래가 될 만한 인질극이었다는 사실이다."[73] 티파티 강경파 중 한 사람인 제이슨 체이피츠(Jason Chaffetz)는 위협이 실제로 있었다고 말했다. "제대로 잘 판단한 것이다. …… 우리로서는 뒤로 물러설 수밖에 없었다."[74]

중국의 신용등급 평가기관인 다궁(大公)은 8월 3일 가장 먼저 확실한 결론을 내린다. 미국의 신용등급을 A+에서 A로 끌어내린 것이다. 다궁은 이렇게 평가했다. "이 중요한 시점에서 민주당도 공화당도 당리당략만 앞세울 뿐 정작 중요한 문제에는 관심을 전혀 보이지 않았다. 그들은 세계를 공포에 빠트린 채 적절한 시간 내에 올바른 판단을 내리는 데 많은 어려움을 겪었다. 덕분에 경제 문제와 관련해 미국 정치제도의 부정적 측면이 부각될 수 있었다."[75] 중국의 분석가들은 미국 정치제도에 대해 이렇게 결론 내렸다. "국가의 지급 능력이 점점 더 떨어지고 있기 때문에 실질적인 부를 창출해낼 수 없다. 따라서 낮은 경제성장과 높은 재정 적자, 그리고 점점 늘어가는 채무라는 근본적인 문제를 해결할 수 있는 역량이 없다. 다음 단계는 결국 제3차 양적완화를 실시하는 것인데, 그렇게 되면 세계 경제는 모두 다 함께 위기에 빠져들 것이다. 또한 미국 달러화의 위상은 이 과정에서 근본적으로 흔들릴 것이다." 서울에서 열린 G20 정상회담에서 이런 내용들은 신용등급 문제로 바뀌어 다뤄졌다. 중국은 2011년이 끝날 무렵 미국 정부 채권을 대량으로 매각한다. 그렇지만 어떤 혼란도 일어나지 않았다. 오랜 세월 지속되어온 중국의 미국 채권 보유 시대는 끝이 났다. 그렇지만 중국의 보유 규모는 1조 2000억 달러에서 1조 3000억 달러 사이로 안정세를 보였다.

중국의 비판은 예상했던 일이었다. 다만 놀라웠던 건 그 비판이 미국 국내에 미친 영향이었다. 8월 5일에는 생각지도 못했던 일이 일어났다. 미국의 신용등급 평가기관들 중에서 스탠더드앤드푸어스가 미국의 등급을 AAA에서 AA+로 끌어내렸다. "최근 몇 개월 사이에 있었던 정치적 벼랑 끝 상황"과 "미국의 통치 능력과 정책 결정 과정"이 "점점 더 비효율적이고 불안정하며 또 예측 불가능한 상황"으로 나아가고 있다는 사실이 분명해졌다는 사실이 그 이유였다.[76] 또한 어쩌면 유지가 불가능할 것 같은 미국의 채무 수준과 채무가 누적되어가는 속도도 문제 삼았다. 미국의 채무 규모는 2021년에는 카르멘 라인하트와 케네스 로고프가 정해놓은 악명 높은 상한선인 GDP의 90퍼센트를 넘어설 것으로 예측되었다. 그렇지만 스탠더드앤드푸어스의 결정에는 아주 기본적인 실수가 있었음이 미국 재무부에 의해 드러났다. 잘못된 비교기준에 따라 채무 누적 속도를 대입한 결과 향후 10년 동안 예상되는 재정 적자 규모가 크게 부풀려진 것이다. 더 놀라웠던 건 이런 실수를 재무부 측에서 지적했는데도 스탠더드앤드푸어스는 잘못을 인정하지 않은 것이다. 미국의 신용등급은 설명이 붙었을 뿐 유지되었고 다만 수치 해석과 관련된 오류 부분만 삭제했다. 재무부는 결국 공식적인 비난을 퍼부었다. "스탠더드앤드푸어스는 신용평가 방법을 경제적인 문제에서 정치적인 문제로 바꾸면서 발생한 오류를 그대로 유지하고 있다. …… 이런 실수의 규모와 스탠더드앤드푸어스가 서둘러 평가원칙을 바꾸는 모습으로 인해 …… 신용등급 평가 과정의 정직성과 신뢰성에 근본적으로 의문을 제기하지 않을 수 없다."**77** 미국 정치제도의 약점을 모르는 사람은 없다. 그렇지만 스탠더드앤드푸어스는 신용등급 평가기관들의 실체가 어떤 것인지 다시 한번 보여준 셈이었다. 평가기관들이 수천억 달러 규모의 서브프라임 MBS에 내린 AAA등급은 2008년 금융위기를 발생시킨 요인 중 하나였다. 유로존 위기의 속도를 좌우한 것도 이들의 연속적인 등급 조정이었다. 그런데 이제 미국 예산안에 대해서조차 올바른 결론을 내릴 수 없다는 사실이 드러난 것이다.

자본주의 심장부에서 일어난 "점령하라" 시위

수조 달러 규모의 채권들이 안전자산으로서의 가치를 잃었다. 독일 재무부 장관은 미국 재무부가 공산주의에 가까울 정도로 개입주의 경향이 있다고 비난했다. NATO에서는 리비아 문제로 논쟁이 벌어졌다. 미연준은 느슨한 통화정책으로 아라비아 지역에서의 분쟁을 조장한다는 비난을 샀다. 유럽연합은 그리스 채무위기에 대해 자기기만에 가까운 무대책으로 일관했으며 "만기연장이 곧 경기회복" 전략이 통하지 않을 때는 아예 공개적으로, 그리고 염치도 없이 거짓말을 일삼았다. 이탈리아 총리와 IMF 총재는 모두 성추문에 발목이 잡혔다. 워싱턴 정가에서는 의도적으로 채무불이행 사태를 당리당략에 이용했다. 신용등급 평가기관들은 계산도 제대로 하지 못했다. 수백만 명이 거리로 뛰쳐나와 시위를 벌이며 그들이 직접 빌렸지만 갚을 수 없거나 자신의 이름으로 빌려진 갚고 싶지 않은 빚에 대한 "결별"을 요구했다.

　8월 6일에서 7일 주말이 지나는 동안 전 세계는 미국 채권의 등급이 하락하는 상황을 묵묵히 지켜보았다. 각국 정상들과 중앙은행 관계자들, 그리고 재무부 관료들은 여름휴가를 반납하고 전화에 매달려 정신없이 논쟁을 벌였다. 하지만 그렇게 할수록 불협화음과 엇박자만 불거질 뿐, 시장의 신뢰 회복에는 어떤 영향도 주지 못했다. 8월 8일 월요일이 되자 대서양 양안에서 동시에 나쁜 소식이 전해졌다. 주식시장이 빠르게 붕괴하고 있었다. 오바마 대통령은 이렇게 말할 수밖에 없었다. "우리는 모든 것이 서로 연결되어 있는 글로벌 경제시대에 살고 있다. 다시 말해 유럽과 스페인과 이탈리아와 그리스에서 문제가 벌어지면 바로 미국까지 그 영향이 밀려온다."[78]

2010년과 2011년에 걸쳐 이어진 전면적 정당성의 위기에서 어떠한 돌파구나 전환점도 찾아볼 수 없었다. 논쟁만 있을 뿐 해결책이 보이지 않았던 것이다. 스페인이나 이탈리아에서는 시위대가 정부 관료들을 "직접 맞대면"해서 문제를 해결하려고 했다. 시위대들은 무소불위의 권위를 누리는 정치가들과 그들의 정책으로 인해 직접 영향을 받는 국민들 사이의 간극을 무너트리고 싶어 했다. 실제 현실을 정치가와 관료 들의 바로 눈앞에 보여주려 했던 것이다. 2011년 여름이 지나면서 일단의 미국 활동가들은 뉴욕의 세계 금융경제의 중심지에서 유럽과 같은 행동을 하기로 결심했다.

2011년 8월 19일 뉴욕증권거래소의 대표들이 이례적으로 FBI 요원들과 회동을 가졌다.[79] 의심스러운 활동을 찾아 인터넷을 샅샅이 뒤지던 FBI는 "월스트리트를 점령하라(Occupy Wall Street)"라는 구호로 대표되는 일종의 "무정부주의자"들의 네트워크를 찾아냈다. 이들의 목적은 유럽과 같은 규모의 저항운동을 미국에 퍼트리는 것이었다. 월스트리트 바로 옆에 있는 주코티 공원(Zuccotti Park) 점거가 9월 17일로 계획되었다. 미국 언론들은 처음에는 이런 소식을 무시했고 먼저 낌새를 눈치챈 건 프랑스의 AFP 통신사와 영국의 일간지 《가디언》이었다.[80] 그렇지만 몇 주가 지나지 않아 월스트리트 지척에 자리 잡은 작은 캠프는 전 세계 언론을 통해 대서특필된다.[81]

소셜미디어가 미치는 영향력의 규모를 감안해서 "월스트리트를 점령하라" 운동을 정확히 바라보는 것이 중요하다. 미국의 시위는 긴축조치에 반대하는 유럽의 엄청난 시위 규모와 비교하면 보잘것없을 수도 있었다. 그렇지만 2011년 10월 15일 동시에 일어난 전 세계적인 "점령하라" 시위에는 스페인에서는 100만 명이, 이탈리아에서는 20만~40만 명이, 그리고 포르투갈에서는 수만 명이 참여했다. 뉴욕에서는 3만 5000명에서 5만 명의 시위대가 행진을 벌였다. 그렇지만 뉴욕 점령은 규모와는 상관없는 훨씬 더 상징적인 의미가 있었다. 미국 자본주의의 심장에서 자본주의에 대한 급진적인 반대 운동이 일어난 것이다. 필라델피아와 오클랜드, 보스턴, 시애틀, 애틀랜타, 로스앤젤레스, 덴버, 투손, 뉴올리언스, 솔트레이크시티, 그 외 미국의 수많은 도시에서 비슷한 점거 시위가 일어났다. 미국을 벗어나 런던과 서울, 로마, 마닐라, 베를린, 뭄바이, 암스테르담, 파리, 홍콩 등지에서도 의미 있는 연대활동이 있었다. 정확하게 집계는 되지 않았지만 최소 900여 개 도시에서 "점령하라"에 동조하는 시위가 일어났다고 한다.[82] 미국의 경우 어디에서 시위가 일어나고 진행되는가에 상관없이 FBI나 심지어 미국 대테러 당국의 감시의 눈길을 느낄 수 있었다. 그렇지만 작은 규모와 부실한 겉모습에도 불구하고 급진적인 비주류들의 분노에 대해 미국의 주류 여론이 크게 공감했다는 건 분명하고도 불안한 사실임에 틀림없었다.

2011년 10월 《뉴욕타임스》와 CBS 뉴스에서 실시한 여론조사에 따르면 응답자의 거의 절반 이상이 FBI가 주장하는 "무정부주의자 모임"이 미국인들 대부분의 견해를 반영하고 있다고 대답했다.[83] 응답자의 3분의 2는 더 평등한 부의 분배가 이루어져야 한다고 대답했다. 민주당 지지자의 10분의 9, 무당파의 3분의 2, 심지어 공화당 지지자의 3분의 1이 이에 동의한 것이다. 정부가 제대로 할 일을 하고 있다고 믿는 사람은 11퍼센트에 불과했다. 84퍼센트는 미국 연방정부를 무릎 꿇리겠다고 위협한 의회를 비난했으며 74퍼센트는 현재 미국이 잘못된 방향으로 나아가고 있다고 평가했다. 2009년 1월 이후로 오바마 행정부는 사람들의 불만을 잠재우기 위해 온갖 노력을 다해왔다. 미국 사회의 끓어오르는 분노를 가라앉힐 방법을 찾기보다는 기술적인 부분을 하나둘씩 찾아 고쳐나가려고 했다. 그로부터 2년이 지나 행정부는 좌파와 우파 모두에게서 권위를 인정받지 못하는 놀라운 결과를 맞이했다.

17장

경제 악순환

2011년 9월 1일 포르투갈의 새로운 총리 페드루 파수스 코엘류(Pedro Passos Coelho)는 처음으로 독일을 공식 방문한다. 메르켈 총리는 합동기자 회견 자리에서 포르투갈 구조조정에 대한 첫 번째 보고서를 트로이카로부터 받았으며 현재의 진척 상황이 매우 만족스럽다는 내용에 본인도 기쁘다고 발표했다. 메르켈 총리는 또한 코엘류 총리가 독일 방식의 부채 브레이크를 포르투갈에 적용하는 데 아무런 법적 문제를 찾지 못했다고 말해준 것에 대해서도 몹시 기꺼운 마음이라고 말했다. 이윽고 기자들과의 질의응답 시간이 되자 메르켈 총리는 자기도 모르게 비밀 한 가지를 누설한 것처럼 보였다. 최근 독일헌법재판소가 의회에 위임한 유럽재정안정기금(EFSF) 관리 문제에 대한 질문에서 그녀의 얼굴이 갑자기 굳어진 것이다. "우리는 민주주의 국가에 살고 있으며 그 사실에 만족해한다. 의회민주주의란 국가 예산을 결정하는 것이 의회의 주요 권한이라는 사실을 의미한다. 따라서 우리는 그것이 시장의 결정에 순응하는 길이라 할지라도 의회와 공동으로 결정을 내릴 수 있는 방법들을 찾아내려고 한다. 그렇게 해야 결국 시장에서도 환영의 분위기가 나타날 것이다. 나는 예산안 전문가들로부터 그들이 이런 책임에 대해 깊이 의식하고 있다는 말을 들었다."[1]

시장 친화적 공동 결정이란 2011년 가을 이후로 유럽의 민주주의가 조금씩 무시해온 일이 아닌가? 그렇다면 그리스와 아일랜드, 포르투갈뿐만 아니라 독일 의회에 대해 앞으로는 시장에 순응하라는 권고 내용이 트로이카의 지원계획 속에 숨어 있는 의도란 말인가? 2011년 시위에 참여한 많은 사람들은 메르켈 총리의 발언을 통해 유럽연합을 시장의 규칙이나 혹은 경제위기와 관련된 새로운 유행어인 "신자유주의"를 따르기 위해서 만들어진 조직 그 이상으로도 이하로도 보지 않는 자신들의 관점을 다시 한번 확인했다.[2] 메르켈 총리는 상황이 어떠한지를 분명하게 밝히지는 않았다. 9월 22일 워싱턴에서 IMF 회의가 열리기 며칠 전에 그녀는 최초의 독일 출신 교황인 베네딕트 16세를 총리관저로 초대했다. 호기심 많은 기자들이 묻기 전에 메르켈 총리는 자신이 먼저 나서서 유럽의 위기가 대화의 중심 내용이었다고 설명했다. "우리는 금융시장과 국민들을 위한 정책 결정권을 쥐고 있는 정치가들에 대한 이야기를 나눴다. 이 정치가들은 시장에 의해 휘둘리지 않아야 한다. …… 지금과 같은 글로벌 시대에 이 문제는 대단히 중요한 의미를 지닌다."[3]

지나친 일반화이긴 하지만 메르켈 총리의 말은 2011년 가을에 찾아온 위기의 심각성에 대한 징후를 보여주었다. 불과 3주 동안 독일 총리는 언론에는 정치인이 시장과 협의를 해야 한다고 말했고 교황에게는 정치인이 시장과는 상관없이 "국민"들을 위한 정책을 펼쳐야 한다고 말했다. 이것은 단순한 모순인가 아니면 새로운 형태의 통합을 의미하는 것인가? 만일 그렇다면 정치가들이 은밀하게 자신의 권력을 행사하는 동시에 시장 중심으로 움직이는 그런 방식을 찾아야 한다는 뜻일까? 아니 좀 더 안 좋은 쪽으로 해석하면 어떤 시장도 의회가 만들어내는 정책을 두려워할 필요 없도록 민주주의에 순응이나 복종이라는 개념을 주입하려는 것일지도 모른다. 도

대체 독일 정부의 속셈은 무엇이었을까? 독설가로 유명한 독일 좌파당 대변인 그레고르 기지(Gregor Gysi)가 메르켈 총리의 유로존 위기 정책을 두고 혼돈과 혼란을 만들어낼 뿐이라고 일갈했던 건 그리 놀랄 일이 아니었다.[4]

어쩌면 가능성이 적기는 하지만 서로 자연스럽게 꼭 필요한 보완관계라 여겼던 민주주의와 시장경제에 대한 낙관적 신조가 이제는 끝이 났다고도 해석할 수 있을지 모른다. 이 둘은 냉전 이후 서구사회를 지탱해온 불문율 같은 것이 아니었던가.[5] 마치 그 자리를 대신하듯 발생한 위기는 둘 사이의 잠재적 갈등을 좀 더 현실적으로 깨닫게 해주었다. 그렇지만 이런 일반화 역시 문제는 있다. 특히 갈등을 만들어내는 쪽이 정치가 아닌 금융시장이라고 가정할 때 더욱 그렇다. 물론 유로존 위기의 과정은 여기에 해당하지는 않는다. 유로존 회원국들 중에서도 더 취약한 국가들에 가해지는 압박은 국민과 시장의 피할 수 없는 충돌이나 혹은 세계 자본주의와 민주주의에 의해 좌우되지 않았다.[6] 채권을 매입하겠다는 유럽중앙은행의 의지가 다른 무엇보다도 중요했다. 시장에서는 많은 은행들과 중개인들이 그저 유럽연합에 안정을 위한 노력만을 호소하지 않았고 수십억에 달하는 자금을 투입해 승부를 걸었다. 안정화를 가로막고 민주주의와 시장 사이의 갈등을 최고조로 끌어올린 건 미래의 유로존 통치와 관련한 독일과 프랑스, 그리고 유럽중앙은행 사이의 갈등이었다. 문제는 정치와 경제가 이렇게 서로 떨어질 수 없는 관계로 얽혀 있다는 사실이었다. 얄궂은 일이지만 2010년에도 그랬던 것처럼 결과는 똑같았다. 유럽의 문제를 더는 유럽 사람들에게 믿고 내맡겨 둘 수 없을 정도로 위기의 분위기는 고조되어갔다.

시장과 민주주의 사이에서

새로운 그리스 지원계획에 대한 7월 21일의 타협은 유럽중앙은행의 신규 채권 매입을 통해 지원을 받을 예정이었다. 아일랜드와 포르투갈의 경우 최소한 IMF의 관리감독하에 주목할 만한 진전을 보였다는 평가를 받았다. 그래서 2011년 8월 4일 유럽중앙은행은 다시 한번 채권시장에 개입할 거라는 의사를 알렸다. 채권의 가격과 시장금리는 즉시 안정세에 접어들었다. 이런 안정적인 분위기는 코엘류 총리의 독일 방문을 뒷받침해주기도 했다. 그렇지만 이탈리아와 스페인에 대해서 장클로드 트리셰는 쉽게 물러나려 하지 않았다. 유럽중앙은행으로서는 자신의 계획이 문제없이 진행되고 있다는 추가 증거가 필요했다. 이 점을 분명히 하기 위해 8월 5일 장클로드 트리셰는 양국 총리인 호세 루이스 로드리게스 사파테로와 실비오 베를루스코니에게 비밀 서한을 한 통 보냈다. 거기에는 유럽중앙은행이 이탈리아와 스페인의 채권 매입을 연장하기 위해서 조치가 필요한지 자세하게 적혀 있었다.[7] 이탈리아의 경우 마리오 드라기의 서명에 의해 서한에 무게감이 더해졌다. 마리오 드라기는 이탈리아 중앙은행의 총재이자 곧 장클로드 트리셰의 뒤를 이어 유럽중앙은행 총재가 되기로 약속된 인물이었다.

스페인과 이탈리아는 트로이카의 지원을 신청하지 않았지만 유럽중앙은행이 요구한 정부 지출에 대한 대규모 삭감과 증세를 거부하지는 못했다. 장클로드 트리셰와 마리오 드라기는 최근 있었던 국민투표에서 거부되었던 지역 공공서비스의 민영화를 이탈리아에 요구했다.[8] 유럽중앙은행은 또한 노동시장 정책에 대해 이탈리아와 스페인 노조의 권리를 침해할 정도의 극적인 변화도 요구했다. 경제성장률을 높이고 실업률을 줄이려면 그러한 변화가 반드시 필요하다는 것이 유럽중앙은행의 주장이었다. 통화정책이라는 수단을 통해 사회권력과 정치권력의 균형을 뒤집겠다는 참으로 노골적인 시도였지만 유럽중앙은행은 사회적 안정망은 건드리지 않고 그대로 두어야 한다는 단서를 추가함으로써 이런 의중을 애써 감추려고 했다. 이런 인기 없는 조치들이 반대에 부딪칠 경우 장클로드 트리셰와 마리오 드라기는 이탈리아 정부가 헌법에 보장된 제77조 포고령을 시행해야 한다고 제안했다. 이탈리아 헌법 제77조에 따르면 "극도로 긴급한 상황일 경우" 정부는 관련된 행정적 조치를 임의대로 취할 수 있었다. 원래는 냉전 시대에 공산주의자들이 폭동을 일으킬 경우를 대비해 만든 이 헌법조항은 "비상대책"이라는 명목하에 1970년대부터 반복적으로 실시되어온 정부의 합법적인 억압 수단이었다.[9] 따라서 이탈리아 법원은 이 조항의 남용을 비판한 바 있다. 베를루스코니 총리가 이런 과정에 대한 적법성을 염려하자 장클로드 트리셰와 마리오 드라기는 의회의 재가로 소급적용할 것을 권유했다. 베를루스코니 내각에서 적법성을 중시하는 인사들은 이탈리아 법치 제도에 위협을 가하는 존재가 장클로드 트리셰와 마리오 드라기인지 아니면 뒤가 구린 자신들의 총리인지 당연히 의심할 수밖에 없었다.

스페인 정부는 유럽중앙은행 총재가 보내온 서한을 그대로 묻어두기로 했다. 굴욕적인 내용이라고 느껴질 수도 있기 때문에 국민들에게 공표하지 않는 편이 더 낫다고 판단한 것이다. 그 대신 동의한다는 표시로 스페인의 두 거대 정당이 33년간 유지해온 스페인 헌법의 예산안 관련 조항을 수정하는 데 동의했다.[10] 반면에 이탈리아 총리는 국민들의 저항을 무릅쓰고 유럽중앙은행의 조건을 공개적으로 수용했다. 그는 훗날 유럽중앙은행의 지시가 "이탈리아를 마치 피점령국처럼 보이게 만들었다"고 술회하기도 했다.[11] 그렇지만 이탈리아의 이런 저자세를 통해 장클로드 트리셰의 강경파로서의 위상은 더욱 굳건해졌으며 얄궂게도 운신의 폭도 더욱 넓어졌다. 8월 7일 유럽중앙은행은 장기국채매입프로그램(Securities Markets Programme, SMP)을 통해 이탈리아와 스페인의 국채를 매입하기 시작했다.[12]

시장을 진정시키고 즉각적인 재난의 위험성을 우선 모면하기에는 충분한 조치였다. 그렇지만 이탈리아 정부는 원래 계획되었던 전면적인 긴축조치는 피하고 싶은 입장이었다. 이탈리아 경제는 심각한 수준의 경기침체를 겪고 있었다. 시장은 계속해서 예민하게 반응했다. 모든 사람들이 느끼는 것처럼 상황은 나아지기는커녕 점점 더 악화되고 있었다. 7월 20~21일 주말 동안 타결된 그리스 관련 협상안은 사실 그 시작부터 적절하지 못했다. 그리스의 정리 계획은 지속해서 실행되기보다는 일정보다 뒤처지고 있었다. 국가부도 사태를 피하기 위해 그리스 정부는 지난여름에 은행들을 쥐어짰던 것보다 훨씬 더 큰 규모의 헤어컷이 필요했다. 21퍼센트가 아니라 50퍼센트에 가까운 규모였다. 이로 인해 공황상태가 일어나지 않으려면 미래의 유로존 거버넌스에 대한 프랑스와 독일의 굳건한 합의에 의해 그 틀을 구성할 필요가 있었다. 프랑스는 분명 마지막 방어선이었다. 만일 위기가 이탈리아를 거쳐 프랑스까지 퍼져나간다면 모든 것이 다 끝장날 터였다. 불길하게도 2011년 가을에 유럽중앙은행이 이탈리아 공공 부문 채무 지원에 개입하면서 10년 만기 프랑스 국채 스프레드가 독일 국채 분트에 비해 0.89퍼센트 정도 상승했다.[13] 이에 대응하여 메르켈 총리와 사르코지 대통령은 동맹관계를 더욱 굳건하게 다진다. 사르코지 대통령이 정말로 간절하게 바란 건 돈이었다. 유럽중앙은행이 긴장 강화 전략을 사용하고 있는 상황에서 시장을 진정시킬 수 있는 유일한 방법은 EFSF를 확대하거나 혹은 유로존 공공 부문 채무를 모두 다 분담해서 짊어지는 일에 동의하는 것뿐이었다. 위기의 향방을 가르는 건 이런 기본적 사실들을 고통스러울 정도로 느리게 받아들이는 독일 정부의 태도였다.

9월 29일 독일 의회는 마침내 지난 7월 21일 합의했던 EFSF 채권시장 안정화 기금의 일부 확대를 가결했다. 메르켈 총리의 미래와 관련된 결정적인 투표였다.[14] EFSF가 비록 의회에서 과반수의 지지를 받았지만 유럽중앙은행의 채권 매입은 독일 우파들 사이에서 격렬한 반응을 불러일으켰다. 8월에 있었던 유럽중앙은행의 주요 이사진 회의에서 메르켈 총리의 새로운 강경파 대리인으로 분데스방크 총재 옌스 바이트만(Jens Weidmann)이 참석한다. 전임 총재인 악셀 베버의 수제자였으며 메르켈 총리의 개인 경제담당 고문이기도 한 옌스 바이트만은 채권 매입에 반대했을 뿐만 아니라 자신의 반대 의견을 공개적으로 표명하기까지 했다.[15] 9월 9일 유럽중앙은행 이사회의 독일 측 대표이자 수석 경제학자인 위르겐 슈타르크는 항의의 표시로 사표를 제출했다. 그는 연초에 있었던 유럽중앙은행의 금리 인상 정책을 막후에서 지휘했다고 알려진 인물이다. 보수파들의 이런 잇단 반발을 잠재우기 위해 메르켈 총리는 의회에서 실시한 EFSF 관련 표결에서 승리할 필요가 있었다. 그것도 친유럽 성향의 사민당이 아닌 총리가 속한 정당 및 연정 상대의 표를 바탕으로 압승을 거둬야 했다. 9월 29일 표결이 시작되었고 아슬아슬한 표 차이로 메르켈은 승리를 거두었다. 여당의 330명 의원들 중 찬성표를 던진 건 315명뿐이었다. 과반수인 311표에서 겨우 4표가 더 나온 것이다. 메르켈 총리는 승리를 거두었지만 운신의 폭은 크게 줄어들고 말았다.

어쨌든 의회에서의 표결은 끝이 났지만 너무 늦었다는 사실이 금방 드러났다. 시장의 모든 사람들이 아는 것처럼 지난여름 동안 합의된 EFSF 기금은 규모가 너무 작았다. 9월 29일 있었던 의회 표결은 단지 볼프강 쇼이블레가 표결 전 노골적으로 배제했던 내용인 기금 규모의 확대 방안에 대해 논의를 시작하자는 신호에 불과했던 것이다.[16] 시장이 서둘러 진정되지 않는다면 독일 정부는 곧 다시 의회와 승부를 벌일 수밖에 없었다.

"포퓰리스트들의 위험"에 뒤늦게 빠져든 세계

여름이 되자 마침내 그리스 채무 재조정이 실시되려면 그리스 자국 은행들에 대한 전면적인 지원이 필요하다는 사실이 알려졌다. 그리스 은행들은 대차대조표상으로 너무 많은 양의 국채를 보유하고 있었기 때문에 채무 재조정을 실시하면 살아남을 수가 없었다. 유럽 정부들이 여전히 받아들이기 어려웠던 건 문제의 규모가 실제로 훨씬 더 크다는 사실이었다. "만기 연장이 곧 경기회복"이라는 정치학은 세상의 주의를 채권자 은행에서 파산한 채무자 정부 쪽으로 돌릴 수 있다는 이점이 있었다. 그리고 트로이카의 지원을 통해 살아남은 국가들은 국민들이 그 대가를 치렀다. 그렇지만 동시에 유럽의 정책입안자들은 금융안정성이라는 근본적인 문제에 대해 정확한 이해 없이 지나갔다. 아마도 그렇게 해서 시간을 벌고 그 사이에 은행들이 스스로 살아남을 수 있는 길을 찾도록 만들려고 했던 것이 아닐까. 유럽에서 진행된 스트레스 테스트에서는 터무니없는 결과들이 나왔고 자구책은 그저 희망사항에 불과하다는 사실이 곧 밝혀졌다. 사실 유럽 은행들은 2011년 가을 무렵 이미 벼랑 끝으로 내몰린 실정이었다. 은행들은 여섯 개 방향에서 한꺼번에 죄어오는 압박을 이겨내기 위해 고군분투하고 있었다. 2007~2008년에 발생한 손실은 여전히 장부에 남아 있었다. 보유 중인 유럽 각국의 국채는 날이 갈수록 가치가 떨어져갔다. 유로존의 경제 문제는 새로운 사업을 시작할 수 없을 정도로 형편이 좋지 않았다. 바젤 III에 따른 새로운 자본 및 유동성 요구는 고통스러운 대차대조표 조정을 요구했다. 가장 수익이 많이 나오던 미국과 유럽, 아시아의 틈새시장에서 이제 유럽 은행들은 되살아난 미국 및 아시아 은행들과 피나는 경쟁을 벌여야 했다. 그리고 이런 모든 상황을 비추어볼 때 도매자금시장에서의 자금조달 역시 점점 더 어려워질 것이 분명했다. 물론 대차대조표 규모가 천천히 줄어들고 있는 것도 문제였다. 만일 자금시장이 폐쇄된다면 유럽은 2008년과 같은 상황을 또다시 맞이할 수밖에 없었다. 이런 심각한 위험들을 고려해보면 결국 장기적으로 이어지는 문제들을 공개적으로 다룬다는 건 극히 위험할 수밖에 없었다. 그렇지만 자본재구성 문제를 정면으로 다루지 않는다면 은행들이 안전해질 방법은 없었다.

2011년 8월, 도미니크 스트로스칸이 미국 리커스 아일랜드 감옥에 수

감된 후 크리스틴 라가르드가 새롭게 IMF 수장 자리에 올랐다. 이미 지난 2009년 IMF의 분석가들은 유럽 은행들의 자본재구성 작업의 부적절함을 강조했다.[17] 이제 그로부터 2년이 지나 유로존 국가채무위기가 점점 더 가속화되고 있는 상황에서 IMF는 유럽 은행들이 새로운 자본재구성을 위해 필요로 하는 금액이 최소 2670억 달러에 이를 것으로 예상했다.[18] 분명 난제였지만 이 과정이 없이는 국가재정 및 통화정책의 측면에서 이루어지는 다른 모든 위기 탈출의 노력들은 제대로 성사될 수 없었다. 유럽의 정치적 혼란은 2008년의 기본적인 교훈마저 잊어버리도록 만들었다. 거시경제정책과 체계적 안정성은 현재 점점 더 시스템적으로 중요한 금융기관(SIFI)이 되어가는 대형 은행들의 업무 내용과 완전히 분리해서 생각할 수 없었던 것이다.

은행들은 물론 자기 이익을 최우선으로 생각했다. 은행 규제와 관련된 경고가 있다 해도 어떤 은행도 뒤로 물러서려 하지 않았다. 국제금융협회(IIF)에서는 바젤 III와 각국의 규제를 통해 글로벌 은행들이 2015년까지 새로 마련해야 할 자기자본 규모가 1조 3000억 달러에 이를 것이라고 추산했다.[19] 실로 엄청난 규모로 인해 많은 은행들은 취약한 회복세를 무마하기 위해 대차대조표를 축소하는 단순한 선택을 할지도 몰랐다. 9월 23일 워싱턴에서 열린 금융안정위원회 회의에서 J.P.모건의 제이미 다이먼이 역습을 가했다. 그는 새로운 자본 규정을 비난했고 캐나다 중앙은행 총재이자 금융안정위원회 의장인 마크 카니(Mark Carney)에게 지나칠 정도로 거칠게 대해 골드만삭스의 로이드 크레이그 블랭크파인(Lloyd Craig Blankfein)은 개인적으로 중재에 나서야겠다고 생각했을 정도였다.[20] 제이미 다이먼은 분노에 차서 바젤 III 규정이 반미 성향을 띠고 있다고 폄하했다. 그렇지만 실제로 그 규정들은 유럽에 훨씬 더 엄격하게 적용되었다. 미국 은행들과 마찬가지로 유럽의 주요 대출기관은 모두 대출사업 규모 자체를 줄임으로써 경영 정상화를 꾀하려 했다. 은행들이 직접 펴낸 계획안에 기초해서 분석가들은 4800억 유로에서 2조 유로 정도의 규모 축소를 예측했다. 감독기관의 관점에서 보면 정확하게 의도한 대로 진행되고 있었다. 은행들은 "위험을 축소할" 필요가 있었다. 그렇지만 단순히 기업전략의 문제만은 아니었다. 다른 조치 못지않게 규모 축소를 유도하는 건 대출 수요 자체의 급감이었다. 유로존 경제 앞에는 먹구름이 끼었으며 경기불황으로 대출사업이 제대로 되지 않을 때를 대비해 은행들은 더 많은 예비자금을 준비해야 했고 그로 인해 다시 대차대조표에 무리가 가는 악순환이 이어질 수도 있었다.

유로존 위기를 전 세계적인 우려의 대상으로 만든 건 스페인과 그리스의 청년실업 문제가 아니었다. 세계가 "포퓰리스트들의 위험"이라고 불릴 만한 상황에 뒤늦게 빠져든 것이다. 2011년 유럽의 금융위기에 대한 전망은 각국 정책입안자들의 관심을 끌었다. 만일 프랑스와 독일, 스위스, 이탈리아, 스페인 은행들의 조 단위 대차대조표가 위기에 빠진다면 런던의 시티도 뉴욕의 월스트리트도 더는 안전을 장담할 수 없었다. 그리고 2008년

도표 17.1 위기에 빠진 유럽 은행: 2011년 가을 현황(단위: 10억 유로)

	2008년 부실자산	PIIGS 채무	예상되는 대출 감축 규모
RBS	79.6	10.4	93~121
HSBC	54.3	14.6	83
도이치은행	51.9	12.8	30~90
크레디아그리콜	28.2	16.7	17~50
소시에테제네랄	27.5	18.3	70~95
코메르츠	23.8	19.8	31~188
바클레이	20.7	20.3	20
BNP파리바	12.5	41.1	50~81

참고 내용: PIIGS 채무는 포르투갈과 이탈리아, 아일랜드, 그리스, 그리고 스페인의 국채 보유량을 의미한다.

자료 출처: 영란은행, 『금융안정성 보고서(*Financial Stability Report*)』(2011년 12월). http://www.forecastsandtrends.com/article.php/770/.

과 마찬가지로 그 파급력은 양방향으로 전파될 것이다. 만일 미국에서 유럽 은행들로 들어가는 자금의 흐름이 큰 압박을 받는다면 유럽 은행들은 미국 현지 사업을 크게 줄일 수밖에 없다. 뉴욕 연준의 빌 더들리는 훗날 의회에 출석해 이렇게 설명한다. "2011년 여름에서 가을까지 유럽 은행들에 자금을 제공해온 MMF가 위축되고 있었다. 다른 대출업체와 대규모 자산관리업체들 역시 유럽 은행들로부터 발을 뺐다. 그리고 은행들은 사업 영역에서 달러화 관련 내용을 줄여나가기 시작했다. …… 늦가을부터 초겨울까지 이런 상황이 대단히 빠른 속도로 진행되었다."[21] 이제 미국 은행들도 공황상태에 빠져들었다. 2011년 가을 미국 은행들의 CDS 프리미엄이 이상하리만치 올라가기 시작했다.[22]

유로존 통치 문제를 뒤로 하고 금융위기의 수렁을 건너

2011년 9월 16일 아침 팀 가이트너 미국 재무부 장관은 폴란드 바르샤바에서 열린 유럽 재무부 장관들과 중앙은행 관계자들의 월례 회의에 처음으로 참석했다. 나중에 널리 알려진 것처럼 그는 겸손한 태도로 이야기를 시작했다.[23] "현재 미국의 정치 상황은 대단히 좋지 않습니다. 어쩌면 유럽의 여러 국가들보다도 더 안 좋을지 모릅니다." 채무 한도에 대한 힘겨루기가 의회에서 마무리된 건 불과 6주 전의 일이었다. "그렇게 발생한 피해를 생각하면 우리가 세계를 금융위기의 초기 단계로 밀어 넣었는지도 모르겠습니다. 또한 우리가 겪는 어려움을 생각하면 사실 여러분 모두에게 어떤 충고를 건넬 만한 그런 특별한 위치에 있다고도 할 수 없습니다. 따라서 대단히 부끄러운 마음으로 이 자리에 섰습니다." 그렇지만 그는 계속해서 유럽 각국 정부와 유럽중앙은행 사이에 "현재 진행 중인 갈등"은 "대단히 위험하다"고 역설했다. "각국 정부와 유럽중앙은행은 시장으로부터 재앙에 가까운 위험을 제거해야만 합니다." 오스트리아의 다혈질 재무부 장관 마리아 펙터(Maria Fekter)는 나중에 당시 미국 재무부 장관의 말투가 정말로 "대단히 극적이었다"라고 술회했다.[24] 팀 가이트너의 제안은 미국 고유의 총력전 방식이었다. "지금 쌓아 올리는 방어벽은 당연히 닥쳐오는 문제의 규모보다 더 크고 강해야 합니다. 현재 재정 관리 수준에 맞추기 위해 문제의 범위를 축소해서는 아무것도 할 수 없습니다. …… 엄청난 규모의 선제적 대처가 조금씩 천천히 위험수위가 올라가게 두는 것보다 훨씬 안전한 방법입니다." 미국 재무부 자체 평가에 의하면 유로존은 최소한 1조 유로, 그리고 안심하려면 1.5조 유로의 자금이 필요했다.[25] 팀 가이트너는 캐나다 중앙은행의 마크 카니와 스위스 국립은행의 필립 힐데브란트(Philipp Hildebrand)가 제안한 의견을 받아들여 EFSF가 방어벽 역할을 할 수 있을 정도로 충분한 화력을 갖추어야 한다고 주장했다.[26] EFSF는 유럽 정부들이 투자한 자본만큼 자금을 융통할 수 있었다. 깔끔한 해결책이었지만 유럽에서, 특히 독일의 경우는 논란이 있었다. 왜냐하면 EFSF의 자금력을 늘리면 동시에 손실에 대한 책임도 늘어나기 때문이다.

바르샤바로 팀 가이트너를 불러들인 건 유럽 측이었다. 그렇지만 2008년 월스트리트에서 금융위기가 일어나고 2011년 7월 의회에서 예산안 위기가 벌어졌을 때 유럽이 미국으로부터 재정 관련 자문을 받지 않으려고 했던 기억은 아마도 지워버린 모양이었다. 장클로드 융커는 팀 가이트너의 자금 지원 제안에 대해 유로존 회원국이 아닌 국가와는 이 문제를 논의할 수 없다며 딱 잘라 거부의사를 밝혔다. 팀 가이트너는 기자들의 질문에 아무런 대답도 하지 않고 뒤도 돌아보지 않은 채 회의장을 빠져나갔다. 한 뉴욕의 분석가는 이렇게 논평했다. "미국 재무부 장관이 폴란드까지 날아가서 유럽 사람들에게 미국에 대한 악감정만 심어주고 돌아온 게 과연 생산적인 일이었는지 잘 모르겠다. …… 그리고 유럽 사람들 역시 누워서 침 뱉기를 하고 있는 게 아닌지 염려스럽다."[27] 이 대수롭지 않아 보이는 평가도 나름대로 의미가 있다. 그렇지만 어쨌든 미국의 제안이 퇴짜를 맞은 건 부인할 수 없는 사실이었다. 팀 가이트너가 돌아오자 《뉴욕타임스》는 그가 1990년대와 비교되는 대접을 받은 사실에 대해 달갑지 않은 논평을 실었다. 1990년대 《타임》은 팀 가이트너의 스승 격인 앨런 그린스펀, 래리 서머스, 로버트 루빈 등 "세계를 구한 사람들"에 대해 얼마나 칭송을 했던가. 2011년 9월 팀 가이트너의 영원한 숙적 실라 베어는 미국 연방예금보험공사(FDIC) 의장으로서 만일 재무부의 권고가 중국과 합동으로 이루어졌다면 더 효과가 있었을 것이며 다음 G20 회담에서는 중국이 자신의 의견을 밝힐 것이라고 논평했다.[28]

2011년 9월 말에 워싱턴에서 열린 연례 IMF 회의에 각국 재무부 수장들이 모였지만 분위기는 우울했다. 세계의 금융기관들이 "수렁"으로 빠져들기 시작했다는 선언도 나왔다.[29] 최근에 백악관을 그만둔 래리 서머스는 일종의 방관자적 입장에서 이렇게 말했다. "이제 이런 모든 문제는 글로벌 경제성장을 무너트릴 정도의 수준이 되었고 모든 국가가 유럽이 앞으로 나아갈 확실한 방법을 찾아야 한다고 주장할 수밖에 없었다."[30] 유럽은 더는 위기에 빠진 상황이 전부 유로존 통치의 문제 때문인 척할 수는 없었다. G20 회담이 열리기 전 나온 사전 공식발표에서는 이렇게 강조했다. "우리는 계속해서 이어지는 유로존 위기에 직면하여 은행시스템과 금융시장의 안정을 유지하기 위해 필요한 모든 조치를 취하고자 노력할 것이다." 팀 가이트너는 영국 재무부 장관 조지 오즈번과 함께 유럽의 "정치적 위기"부터 진화해달라고 요구했다. 정치 문제를 강조한 것은 뜻밖에도 효과가 있었다. 캐나다 재무부 장관은 2010년 1월 이후로 과연 이런 모임이 있을 때마다 그리스 문제를 제대로 논의해왔는지에 대해 회의적인 반응을 보이기도 했다.[31] 팀 가이트너는 만일 유럽이 충분한 규모의 방어벽을 구축하지 못한다면 "연속적인 채무불이행과 뱅크런, 그리고 재앙에 가까운 위험이 발생할 수 있다"고 경고했다. 크리스틴 라가르드는 IMF 총재라는 유리한 위치에 서서 여전히 "회복 가능성"이 있지만 "이전보다 훨씬 더 어려워졌고 점점 더 어려워지고 있다"고 주장했다.[32] 그리고 IMF 회의 후 채 일주일이 지나지 않아 메르켈 총리가 의회에서 힘겹게 통과시킨 EFSF 계획의 규모가 축소되었으며 쇼이블레 재무부 장관은 차입을 통한 규모 확대에 대해서는 어떤 계획도 없다고 공식적으로 부인하고 나섰다. 유럽, 특히 독일에서는 여전히 일이 "제대로 진행"되지 못했다.

10월 첫 주가 되자 마치 워싱턴에서의 우울했던 분위기가 단지 기우가 아니었다는 사실을 증명이라도 하듯 덱시아에서 자금이 이탈하기 시작했다. 프랑스와 벨기에 합자은행인 덱시아는 2008년 금융위기의 가장 큰 피해자 중 하나였으며 유로존 주변국의 채무에 가장 많이 노출되어 있었다.[33] 또다시 유럽은행감독청은 당혹스러운 분위기에 휩싸였다. 지난여름 덱시아는 세 번째로 진행된 유럽 스트레스 테스트를 아무 문제 없이 통과했다. 나중에야 비로소 당시 진행된 스트레스 테스트가 그리스 채무 재조정으로 인한 손실액을 정확하게 계산해내지 못했다는 사실이 드러났고 게다가 유동성 문제도 무시해버렸다는 사실이 밝혀진다. 지난 2008년 리먼브라더스와 AIG 사태를 촉발한 건 채무에 대한 담보물 요구였는데 2011년에는 덱시아에도 똑같은 일이 일어났다.[34] 덱시아는 엄청난 규모의 금리스와프 계약을 체결했고 이제 그에 대한 수백억 유로 규모의 담보물 요구에 직면한 것이다. 벨기에와 프랑스 정부로서는 혹시나 했던 최악의 상황이 발생하자 부담스러운 규모의 구제금융을 할 수밖에 없었다. 프랑스 공공 부문 채무에 가해질 잠재적인 영향을 생각하면 프랑스 중앙은행 총재인 크리스티앙 누아예(Christian Noyer)는 어쩔 수 없이 프랑스의 신용등급에 문제가 생길 수도 있다는 주장을 부인하고 나설 수밖에 없었다.[35]

그러는 동안 대서양 건너편에서는 승승장구하던 선물 중계업체인 MF글로벌에 대한 안 좋은 소식이 들려왔다. 미국 감독기관은 MF글로벌에 아일랜드와 스페인, 이탈리아, 포르투갈 국채에 투자한 수십억 달러를 지키기 위해 순자본 비율을 늘리라고 명령했다. MF글로벌은 지난 2007년 투기꾼들이 MBS에 투자했던 전설적인 대규모 공매도 방식을 역으로 적용해 유로존 국가들의 국채 가치가 오르는 쪽에 투자했다. 다른 투자자들이 유로존의 안정성과 유로존 주변국들의 국채 가치를 의심하는 상황에서 도박을 한 셈이다. MF글로벌은 연금이나 보험 기금, 그리고 은행 같은 기관 투자자들이 처분하는 유로존 관련 증권들을 모두 매입했다. 대규모 공매도 투자 때도 그랬지만 이건 시장의 심리 상태와 역투자자들의 유동성 유지 능력 간의 대결이었다. 2011년 10월 MF글로벌이 견딜 수 있는 시간은 바닥이 났다. 순자본 비율을 늘리라는 정부 당국의 요구로 인해 대차대조표에 대한 조사가 시작되었고 결국 엄청난 시장의 압박을 모면하기 위해 고객이 맡긴 자금에 손을 대왔다는 사실이 드러났다. 10월 말이 되자 유로존에 승부를 걸었던 화제의 투자업체 중 한 곳이 정말로 무너지고 말았다.[36]

MF글로벌이 파산보호신청을 한 그 순간 유로존이 마침내 위기 탈출을 위한 좀 더 확실한 해결책을 향해 앞으로 나아가기 시작했다는 건 씁쓸할 정도로 얄궂은 일이 아닐 수 없다. 10월 23일 유럽 정상들은 또 다른 안정화 계획을 논의하기 위해 다시 한자리에 모였다. 이 계획안에는 강력한 채무 재조정과 그리스에 대한 새로운 대출, EFSF의 확대, 은행 자본재구성 등 최종적인 해결방안이 모두 담겼다. 사실 이런 문제들은 점점 진부한 주제가 되어가고 있었지만 그렇다고 해서 진행과정이 더 확실해진다거나 정치적으로 수월해지는 건 아니었다. 10월 26일 메르켈 총리는 의회를 방문해 한 달 전 표결에 부쳤던 EFSF의 확대 방안은 충분하지 않았으며 결국 기금을 확충할 필요가 있다고 말했다.[37] 어떤 상황이 오더라도 독일의 채무 총액은 2110억 유로를 넘지 않을 것이라는 약속하에 메르켈 총리는 다시 한번 과반수 의원들의 지지를 받는다. 독일의 공식적인 참여가 최소한 확실해지자 유럽 정상들은 10월 26일 오후 브뤼셀에서 두 번째로 회동을 해 그리스에 대한 2차 지원계획을 확정했다.

이번에는 PSI가 모든 협상 내용의 기초였다. 헤어컷은 더 강력하게 적용될 것이었다. 은행들과 주주들은 수백억 유로의 손실을 받아들일 수밖에 없었다. 독일이 은행 측의 손실 비율을 60퍼센트로 밀어붙였다는 소문이 떠돌았다. 유럽연합의 유스튀스 립시위스 건물(Justus Lipsius Building) 지하에 있는 사무실에서 협상을 진행한 채권단은 막강한 영향력을 행사했으며 헤어컷을 더 낮게 적용할 것을 강력하게 주장했다. 큰 의미가 없는 채권 자산들을 정리하는 과정에서 프랑스와 독일, 이탈리아의 주요 은행들은 2011년에도 여전히 그리스 국채를 그대로 쥐고 있었다. 그리스의 은행과 주요 보험기금, 미국 헤지펀드 업체들도 마찬가지였다.

도표 17.2 채권단 위원회 구성과 채무 추정액(단위: 10억 유로)

운영위원회		채권단 위원회 추가 명단			
알리안츠, 독일	1.3	아게아, 벨기에	1.2	MACSF, 프랑스	na
알파유로뱅크, 그리스	3.7	키프로스은행	1.8	마라톤, 미국	na
악사, 프랑스	1.9	바이에른LB, 독일	na	마핀, 그리스	2.3
BNP파리바, 프랑스	5	BBVA, 스페인	na	메트라이프, 미국	na
CNP보험, 프랑스	2	BPCE, 프랑스	1.2	피레우스, 그리스	9.4
코메르츠, 독일	2.9	크리디아그리콜, 프랑스	0.6	RBS, 영국	1.1
도이치은행, 독일	1.6	데카방크, 독일	na	소시에테제네랄, 프랑스	2.9
그레이락캐피탈, 미국	na	덱시아, 벨기에·룩셈부르크·프랑스	3.5	유니크레디트, 이탈리아	0.9
인테사산파올로, 이탈리아	0.8	엠포리키, 그리스	na		
LBB BW, 독일	1.4	제네랄리, 이탈리아	3		
ING, 프랑스	1.4	그루파마, 프랑스	2		
그리스 중앙은행	13.7	HSBC, 영국	0.8		

참고 내용: 채무 현황은 2011년 6월부터 채권단 위원회가 구성되는 2011년 12월까지의 현황이다.

자료 출처: 제로민 제틀마이어(Jeromin Zettelmeyer), 크리스토프 트레베쉬(Christoph Trebesch), 미투 굴라티(Mitu Gulati), 「그리스 채무 재조정에 대한 상세 분석(The Greek Debt Restructuring: An Autopsy)」, 《이코노믹 폴리시(Economic Policy)》 제28권 제75호(2013), pp.513~563.

경제적 이해관계라는 이런 중요한 연결고리에 변화를 주려면 경제적인 유도책도 필요하지만 메르켈 총리와 사르코지 대통령의 강력한 직접적인 개입도 필요했다. 10월 27일 오전 4시 4분, "자발적 채권 교환"을 50퍼센트까지 하겠다는 합의안이 발표되었다.[38] 그리스의 채무는 GDP의 120퍼센트 이하까지 줄인다는 것이 전제조건이었다. 상황을 극복하기 위해 그리스는 또다시 1300억 유로의 자금을 지원받아야 했으며 이렇게 긴급 대출이라는 명목으로 지난 2010년부터 지원받은 금액은 모두 2400억 유로에 달해서 그리스 GDP의 100퍼센트를 웃돌았다. 이런 중대한 결정에 따른 파괴력을 줄이기 위해 다른 모든 유로존 회원국들은 "자신에 부과된 책임을 모두 완수하겠다는 강력한 의지"를 다시 한번 엄숙히 확인했다. EFSF는 차입이나 혹은 자기자본을 이용해 직접적인 대출이 아닌 민간증권의 손실을 메우기 위한 보험기금으로 활용함으로써 1조 2000억 유로에 달하는 자금을 확보할 예정이었다. 그리고 유럽 은행들은 1060억 유로 규모의 자본재구성을 할 것으로 예상되었다. 물론 어떻게 필요한 자금을 확보할지는 은행들 각자의 선택에 달려 있었다. 마지막으로 유럽 각국은 문제의 근본적 요소들을 최소한 대략적으로라도 포함하는 계획안을 만들었다. 채무 재조정과 자본재구성, 그리고 각종 안전장치가 핵심 요소였다. 물론 누가 필요한 자금을 지불할 것이며 EFSF가 정확히 어떤 식으로 바뀔 것인지에 대한 문제는 아직 확실하게 정해지지 않았다. 그렇지만 이런 중요한 기술적 문제들을 논의하기 전에 유럽은 우선 정치적 난관부터 헤쳐나가야 했다.

무엇이 그리스와 이탈리아의 민주주의를 무너트렸나

2011년 10월 말, 엄청난 금융위기가 지구촌을 휩쓸고 지나간 지 2년, 그리스의 정치제도는 와해되고 있었다. 실업률은 2008년 8퍼센트에서 이제

19.7퍼센트에 달했고 국내 분위기는 더할 나위 없이 험악했다. 위기가 시작된 이후 그리스 야당들은 좌파와 우파를 가리지 않고 해외 채권단의 요구에 맞서려는 정부에 전혀 협력하지 않았다. 2009년 10월 범그리스사회주의운동이 정권을 잡은 후 의회 다수당의 힘으로 밀어붙여 재앙에 가까운 긴축조치가 실시되었다. 범그리스사회주의운동은 결국 그 대가를 치렀다. 10월 셋째 주 엄청난 규모의 시위가 그리스 전역에서 발생해 새롭게 시작하는 긴축조치에 저항했다. 전례가 없는 규모의 총파업이 일어났다. "청소부며 교사, 퇴역군인, 변호사, 심지어 판사들까지 파업에 동참했다."[39] 경찰과의 충돌로 공산당원 한 사람이 사망하기도 했다. 10월 28일은 나치독일에 저항해 싸운 일을 기념하는 공휴일이다. 본인 자신이 제2차 세계대전 레지스탕스 출신으로 명망이 높은 그리스 대통령 카롤로스 파풀리아스는 테살로니키에서 열린 행사에 참석했다가 시위대의 아우성에 아무런 말도 못하고 연단에서 내려오기도 했다. 정국의 주도권을 되찾기 위해 10월 31일 저녁 게오르기오스 파판드레우 총리는 여당 회의를 소집했다. 그는 지금이 국민 과반수의 지지를 이끌어내 반대파들을 몰아붙이고 트로이카가 제시한 구제조치들을 지지해야 할 때라고 주장했다.[40] 다시 말해 유럽연합이 제시한 채무 재조정과 긴축조치에 대한 찬반을 가리는 국민투표를 실시하겠다는 것이었다.

파판드레우 총리와 여당 입장에서는 정치적으로 납득할 만한 선택을 한 것이지만 그리스에 과연 국민투표를 통해 분위기를 반등시킬 만한 여력이 있을까? 10월 27일 오전에 발표한 복잡한 협상안은 프랑스와 독일, 유럽연합, 그리고 유럽중앙은행과 IIF를 대표로 내세운 각국 채권단이 몇 개월에 걸쳐 힘겨운 논의를 펼친 끝에 나온 결과물이었다. 메르켈 총리는 앞서 언급했던 것처럼 그 사이에 두 차례나 의회 표결을 실시해야 했다. 7월 21일 계획안은 이미 유럽의 모든 의회에서 비준을 받았다. 그런데 이제 아무런 사전 협의도 없이 그리스 총리가 민주적 절차에 따른 장애물을 하나 더한 것이다. 시장은 둘째치고라도 다른 국가들은 이 결정에 대해 어떻게 반응해야 했을까? 만일 그리스 국민투표 결과 제안을 거절하게 된다면? 메르켈 총리는 파판드레우 총리의 이런 도박에 대해 최소한 어떤 언질을 받았다고 한다. 그렇지만 10월 31일이 되어서야 비로소 이 소식을 전해 들은 사르코지 대통령은 불같이 격노했다. 그리스는 안정화를 위한 모든 계획안을 다시 원점으로 되돌려놓았고 프랑스 입장에서는 그것들이 더 이상 안전을 장담할 수 없다는 사실을 잘 알고 있었다. 11월 2일 파판드레우 총리는 프랑스 칸에서 열린 G20 회담에 소환되었다. 회원국이라서가 아니라 상황에 대한 설명이 필요했기 때문이다.[41]

칸의 기자회견장에서 사르코지 대통령과 메르켈 총리는 강압적인 태도를 보였다. 만일 그리스에서 국민투표가 실시된다면 오직 유로존 잔류에 대한 "찬성과 반대"만 선택할 수 있는 것이어야 했다. "그리스 국민들은 우리와 함께 같은 길을 계속해서 갈 것인지에 대해 결정을 내려야 한다. …… 우리는 그리스가 유로존에 남아 있기를 바라지만 그러려면 반드시 정해진 규칙들을 준수해야 한다." 그렇지 않을 경우 그리스는 프랑스와 독일의 납세자들로부터 "한 푼"도 받아낼 수 없었다. 실제로 그리스의 대다수 정치인과 유럽연합 집행위원회 위원장 마누엘 바호주는 한 달 동안 계속되는 국민투표 운동이 대단히 위험한 도박이라고 생각했다. 11월 3~4일 칸에서 열린 별도 회의에서 메르켈 총리와 사르코지 대통령은 그리스 야당은 물론 파판드레우 내각의 야심 넘치는 재무부 장관 에방겔로스 베니젤로스(Evangelos Venizelos)와 함께 국민투표를 취소하고 파판드레우 총리를 끌어내리기 위한 계획을 세웠다. 결국 게오르기오스 파판드레우는 자리에서 물러났고 신중한 경제전문가 관료 출신 루카스 파파데모스(Lucas Papademos)가 그 자리를 이어받았다. 새로운 그리스 총리는 미국에서 교육을 받고 그리스 중앙은행을 이끌었으며 유럽중앙은행 부총재를 역임했다.[42]

그렇지만 일단 그리스 문제를 해결하고 난 후 칸 회담의 진짜 안건은 이탈리아를 위한 해결방안 모색이었다. 최악의 경우 그리스는 포기할 수 있었지만 이탈리아는 달랐다. 신뢰를 회복하기 위한 선제 작업으로 IMF는 800억 유로 규모의 예방계획을 제안했다. 거기에는 베를루스코니 총리에게 어떤 여지도 주지 않을 정도의 엄격한 관련 규정들이 포함되어 있었다.[43] 베를루스코니 총리는 자신에게 주어진 역할을 거부했다. 칸에서 일반인에게 발표한 유일한 회의 내용은 이탈리아가 대출 조건이 아닌 자존심과 자기 옹호의 문제에 따라 IMF의 감시를 자발적으로 수용하겠다는 합의였다. 실제로 베를루스코니 총리는 자신이 IMF의 지원금 제안을 거절했다고 사람들에게 말했다. 따라서 이탈리아는 최악의 상황을 맞이했다. IMF 지원 대상으로 고려되었다는 오명은 오명대로 뒤집어쓰고 감시와 감독은 받으면서 또 자금은 한 푼도 지원받지 못한 것이다.

당시 칸 회의 결과는 대단히 실망스럽게 비쳤다. 그리스 총리는 자리에서 물러났고 협상은 지지부진했으며 이탈리아에 대한 지원은 이루어지지 않았다. 그리고 베를루스코니 총리는 또 실수를 저지른 것이다. 3년이 지난 후 당시 훨씬 더 극적인 일들이 있었다는 사실이 드러났다. 크리스틴 라가르드의 이탈리아 관련 제안은 부차적이었다. 놀랍게도 프랑스와 독일 정부가 이탈리아 총리를 자리에서 밀어낼 계획을 세웠다는 것이다. 팀 가이트너는 회고록 작성을 위한 원고에 이런 내용을 기록했다. "유럽 측에서는 칸 회의가 있기 전에 실제로 우리에게 조심스럽게 접근해 이렇게 말했다. '베를루스코니 이탈리아 총리를 자리에서 몰아내는 데 미국이 도움을 주었으면 한다.' 즉 우리더러 실비오 베를루스코니가 그대로 총리에 머물러 있는 한 이탈리아에 대한 IMF 자금 지원이나 혹은 다른 지원계획에 동의해줄 수 없다고 말해달라는 것이었다. 대단히 흥미롭고 구미가 당기는 제안이었다."[44] 팀 가이트너는 이런 제안을 수용했다는 사실을 감추지 않았다. "정말로 그렇게 하고 싶었다. 사르코지와 메르켈이 기본적으로 올바른 일을 하고 있다고 생각했다. 독일 국민들은 베를루스코니가 계속해서 이탈리아를 지배하고 있는 한 더 큰 규모의 재정적 방어벽을 구축하고 또 유럽을 위해 더 많은 자금을 내놓는 일을 지지하지 않으려 했다." 아쉽게도 팀 가이트너의 이런 솔직한 고백은 여기서 중단되었다. 그는 회고록을 통해 자신은 유럽 측이 전해온 이 "놀라운 제안"을 대통령에게 보고했지만 결국 결론은 이렇게 났다고 이야기한다. "우리는 그런 계획에 동참할 수 없었다. 이탈리아 총리의 피를 우리 손에 묻힐 수야 없는 노릇이 아니냐고 대통령에게 말할 수밖에 없었다."[45]

그렇지만 유럽 측의 이런 "놀라운 제안"을 미국 측이 받아들였는가 여부에 상관없이 실비오 베를루스코니의 앞날은 이미 정해져 있는 것이나 마찬가지였다. 그가 이끄는 내각은 이미 내부에서 무너져 내리고 있었다. 함께 정부를 이끌던 연정 상대인 북부동맹당은 유럽과 IMF가 요구하는 연금제도 개혁에 협조하지 않았다. 재무부 장관 줄리오 트레몬티는 베를루스코니에게 사퇴를 종용했다.[46] 메르켈 총리 역시 10월 중순에 직접 이탈리아 대통령인 조르조 나폴리타노(Giorgio Napolitano)에게 전화를 걸어 다음 총리 후보를 물색하라고 당부했다.[47] 오랫동안 이탈리아 공산당 정보원으로 활약했고 헨리 키신저가 가장 신뢰했던 유럽공산당원이라는 평가를 받기도 한 조르조 나폴리타노는 이탈리아의 "사회적, 정치적 저력을 다시 확인하고 되살리는 것이 …… 자신의 의무"라고 말하며 총리를 몰아내는 일에 동의했다고 한다. 11월 12일이 되자 연정은 깨졌고 베를루스코니는 의회 다수당 당수 자리를 잃고 결국 총리 자리에서 내려오고 말았다. 이탈리아의 "사회적, 정치적 저력을 재확인하고 되살리기 위해서는" 전문가들에 의한 통치가 필요했다. 여기에 스스로 총리가 되겠다고 나선 인물이 바로 마리오 몬티 교수였다.[48] 새로 임명된 그리스 총리와 마찬가지로 마리오 몬티 역시 미국에서 경제학을 공부했다. 1995년에서 2004년까지 유럽연합 본부에서 유럽 내부시장과 경쟁력 부문을 담당하는 집행위원으로 활약했던 그는 "독일인 같은 이탈리아인"이라는 별명을 얻기도 했다. 유럽연합을 그만

둔 뒤에는 코카콜라와 골드만삭스에서 국제자문위원을 역임했고 유럽에서 가장 영향력 있는 정책연구소인 브뤼겔 연구소를 세웠다.[49] 2011년 마리오 몬티는 보코니대학교 총장에서 이탈리아 총리로 임명된다. 투표로 선출된 공직 이력이 전혀 없었던 그는 총리가 될 자격을 갖추기 위해 먼저 대통령에 의해 "명예 종신 상원의원"으로 임명된다.

11월 중순에 정치 경력이 전혀 없는 두 남자가 각각 유로존 소속 두 국가의 수장으로 임명되었다. 두 사람을 국가원수로 만들어준 주된 자격은 바로 시장 친화적 인물이라는 사실이었다.[50] 이를 비판하는 쪽은 유로존의 주요 국가 수장들과 유럽 채권시장에서 골드만삭스의 활동 사이의 관계에 대해 몰아세우기도 했다.[51] 마리오 몬티와 마리오 드라기, 그리고 메르켈이 가장 신뢰하는 경제자문인 오트마어 이싱(Otmar Issing)이 모두 골드만삭스 출신이라는 사실은 분명 단순한 우연으로 보기 어려웠다. 그렇지만 또 이런 상황을 단순히 세계시장에 의한 민주주의의 패배라고 설명하기에는 오해의 소지가 있었다. 시장의 압력에 무릎을 꿇은 국가는 지금까지 많이 있었다. 그렇지만 팀 가이트너의 생각은 틀리지 않았다. 2011년 가을 유로존은 경제가 아니라 정치가 이끌었다. 실비오 베를루스코니는 어차피 물러날 수밖에 없는 인물이었다. 그렇지 않았다면 더 큰 규모의 유럽 방어벽 구축에 대한 "독일 국민들"의, 아니 최소한 독일 정부로부터의 어떠한 합의도 이끌어낼 수 없었을 것이다. 2011년 그리스와 이탈리아의 민주주의를 무너트린 건 정부간 협력주의에 대한 독일 측의 끈질긴 고집과 거대한 재정적 통합이 좋지 않은 방향으로 결합된 결과였다. 위기로 인해 불거진 불균형을 타개할 중요한 방안들의 부족으로 각 국가들은 재정 정직성에 대한 독일의 계획에 그대로 따를 수밖에 없었다. 그리스와 이탈리아에서 이런 변화들이 일어나고 있을 때 베를린의 총리 주변에서는 어느 누구도 시장의 강압적인 위력에 대해 비통해하지 않았다. 고위 관료들 사이에서는 "우리가 미국보다 정권교체를 더 잘해낸다"는 자랑 섞인 이야기가 나돌았다.[52]

그렇지만 위기에 대한 뒤틀린 논리는 아직 첫 장도 펼쳐지지 않았다. "경제전문가"들이 유로존 회원국 중에서도 채무 상태가 가장 위험한 두 국가의 수장이 되고 나니 메르켈과 쇼이블레가 조금 안심할 수 있게 된 건 어쩌면 지극히 당연한 일이었으리라. 그러나 시장의 입장에서는 이탈리아와 그리스 정부의 성격이 어떻게 바뀌던 그건 부차적인 문제였다. 시장과 나머지 G20 국가들이 기다리고 있는 건 다음 단계, 즉 더 높은 수준의 유럽 통합을 향한 확실한 행보였다. 이를 위해 필요한 건 EFSF에 대한 결단이었는데 그 결단은 그리스나 이탈리아가 아니라 더 큰 규모의 안정화 자금에 대한 독일의 반대를 어떻게 극복하느냐에 달려 있었다.

어떤 유로존 회원국도 독일과 직접 대결하는 위험을 감수할 수 없었고 메르켈 총리도 그 사실을 알고 있었다. 따라서 칸에 참석한 독일 대표단은 11월 4일 밤 9시 30분에 사르코지 대통령이 이탈리아 문제를 의논하기 위해 다시 모이자고 연락하자 난처해했다. 게다가 회의장에서 기다리던 사람은 프랑스 대통령이 아니라 바로 오바마 대통령이었다. 독일 대표단의 한 인사는 훗날《파이낸셜타임스》에 이렇게 이야기했다. "정말 이상한 일이었다. …… 마치 …… 유럽이 단독으로 문제를 해결할 수 없다고 이야기하는 것 같았다. 능력 부족을 드러내고 있는 듯한 모습이었다."[53] 그렇지만 오히려 그만큼 독일 측의 힘과 완고함이 드러난 상황이라고 보는 것이 사실에 더 가까울 것이다. 사르코지 대통령은 회의 진행을 오바마 대통령에게 맡기며 미국의 힘과 영향력으로 유로존이 간절히 필요로 하는 해결책에 대한 독일의 정치적, 그리고 법률적 반대를 이겨낼 수 있기를 바랐다. 오바마 대통령은 이렇게 말했다. "우리는 유럽중앙은행이 미국의 연준과 비슷한 역할을 수행해주었으면 한다." 다시 말해, 유럽중앙은행이 채권을 매입해 시장을 안정시켜야 한다는 뜻이었다. 만일 재정정책과 통화정책 사이에서 혼란을 유발한다는 이유로 분데스방크가 여기에 반대한다면 유럽으로서는 정부들이 지원하는 대규모 채권 매입 기금을 마련하는 방법밖에 없었다. 실제로 구매역량을 확보하려면 기금의 규모가 최소 1조 유로에서 1조 5000억 유로는 되어야 했다. 기존 EFSF의 한계를 감안하여 미국과 프랑스 측에서는 IMF가 발행하는 특별인출권을 활용해 기금의 상한선을 끌어올리고 그런 다음 차입을 통해 규모를 확장하는 임시방편을 제안했던 것이다. 기술적으로는 별다른 문제가 없었지만 그 속셈은 뻔히 들여다보였다. 분데스방크는 직접 관련이 없는 IMF를 이용해 EFSF에 막대한 영향력을 행사하려는 이 계획에 동의할 수 없었다.[54] 오바마 대통령까지 가세했지만 독일의 고집을 꺾기에는 역부족이었다. 메르켈 총리는 만일 이탈리아가 IMF의 지시에 따르는 것에 동의한다면 독일로 돌아가 유로존 지원을 위한 기금의 규모를 늘리는 문제에 대해 의회의 공식 승인을 받아보겠다고 제안했다. 그렇지만 메르켈 총리는 특별인출권을 통한 기금의 규모 확대에는 찬성할 수 없었다. G20의 나머지 19개 회원국들이 세계 모든 금융 당국의 지원을 받아 그렇게 주장을 한다고 해도 분데스방크가 반대한다면 메르켈 총리로서는 차라리 시장이 무너지도록 내버려둘 수밖에 없었다.

당시 G20 회의에 대해서는 부정적인 결과만 기록되어 있으며 자세한 내용은 조심스럽게 다루어져 밖으로 드러나지 않았다. 누구도 무엇이 문제였는지 모르는 사람은 없었다. 몇 년 후 심층취재를 통해 오바마와 사르코지에게 압박을 받았던 메르켈은 심신이 모두 무너질 지경까지 갔었다는 사실이 밝혀졌다. 그녀는 금방이라도 울음이 터질 것 같은 얼굴로 이렇게 말했다고 한다. "정말 공정하지 못한 처사다. 분데스방크 대신 내가 나서서 결정할 수 없는 문제다. 내가 죽기를 바라는 것인가? 이탈리아로부터 아무것도 얻는 것 없이 이런 큰 위험을 감수할 수는 없다."[55] 굳게 닫힌 회의실 문 안쪽에서는 세계화도 민주주의도, 그리고 시장에 대한 이야기도 전혀 나오지 않았다. 메르켈이 교황과 나누었던 그런 추상적인 이야기조차 한마디도 없었다. 유로존 위기에 대한 수용 가능한 해결책의 변수들을 결정짓는 건 독일연방공화국의 헌법과 독일 중앙은행의 자치권과 독일 중도우파의 정치적 이해관계였다. 만일 메르켈이 간절하게 이야기했던 좌절감의 이런 근본 이유를 알게 된다면 미국은 분명 자신을 탓할 수밖에 없을 것이다. 1948년 당시 서독의 기반을 이루는 기관으로서 분데스방크의 초석을 다져준 게 다름 아닌 미국이었으니 말이다. 2011년 11월 칸의 상황은 마치 제2차 세계대전 이후처럼 완전히 새로운 미국과 유럽의 관계가 펼쳐지는 것 같았다.

앙겔라 메르켈이 과장된 연기를 하는 것은 아니었다. 그녀는 자신이 이룬 연정내각의 의석수가 과반수를 간신히 확보하고 있다는 사실을 잘 알았다. 만일 프랑스와 미국의 제안을 들고 그대로 독일로 돌아간다면 보수 우파의 반발을 불러일으킬 것이며 조기총선을 실시할 수밖에 없었다. 당시 여론조사 결과를 감안하면 조기총선은 그리 매력적인 선택지가 아니었다. 연정 상대인 자민당이 등을 돌릴 경우 2011년 말 총선에서 적녹연정에 의석의 과반수를 넘겨줄 수도 있었다.[56] 사르코지 대통령이 유로존 위기와 관련하여 원하는 결과는 그런 것이 아니었다. 장차 프랑스도 받게 될 압박을 생각한다면 전혀 위험을 감수할 그런 분위기는 아니었다. 결국 프랑스와 미국은 한 걸음 뒤로 물러설 수밖에 없었다.

2011년 가을을 휩쓴 질풍노도의 풍경

2011년 11월 칸에서 있었던 대결은 유럽이 받고 있던 압박의 규모가 얼마나 심각했는지를 단적으로 보여주었다. 그렇지만 유로존은 결국 독일이라는 난관에 가로막혀 장차 어떤 길로 나아가야 할지 알 수 없었다. 분데스방크 출신 강경파들이 항의의 의미로 유럽중앙은행에서 빠져나가자 독일 측의 빈자리를 채운 건 시장 중심의 실용주의 관료 출신 외르크 아스무센(Jörg Asmussen)이었다. 그는 루빈과 래리 서머스, 오재그와 대단히 흡사하게 사회민주주의 성향이었고 2000년대 초반 독일의 적녹연정 내각 당시 독일 금융의 세계화 기반을 다진 인물 중 한 사람이었다. 유럽중앙은행과 G20의 사정을 가까이에서 지켜본 그는 자신이 처한 진퇴양난의 난감한 상황을 이렇게 토로했다. "유럽을 위해 일을 하며 독일에서는 배신자 취급을 받거나 아니면 유럽을 그대로 내버리고 독일 보수우파들의 영웅이 되거나 둘 중 하나였다."[57]

도이치은행 같은 대형 은행의 내부에서도 긴장감이 흘렀다. 금융 관련 SNS에는 도이치은행의 영어 사용자들과 런던에 있는 연구부서가 우려하던 내용들이 도표로 정리되어 떠돌기 시작했다. 유로존의 긴장이 마침내 위험수위까지 도달했으며 유럽중앙은행의 긴급한 개입만이 문제를 해결할 수 있다는 것이었다. 이런 개입이 없다면 유럽은 민간과 공공 부문 할 것 없이 채무와 유동성에 큰 타격을 받을 것이 분명했다.[58] 그리스에서 그랬듯이 국가채무 문제가 은행들을 무너트리는 요인이 되기도 하며 또 반대로 아일랜드에서 그랬던 것처럼 은행의 문제가 국가 신뢰도를 끌어내리는 요인이 되기도 한다. 따라서 이런 악순환의 고리를 끊을 수 있는 건 오직 유럽중앙은행밖에 없었다. 유럽중앙은행이야말로 지금까지 있었던 유럽 위기 관리를 위한 모든 노력에서 찾고자 했던 "비밀의 열쇠"였다. 한편 프랑크푸르트에 있는 도이치은행 본사에서는 요제프 아커만 회장이 분데스방크의 노선을 그대로 따르기로 했다는 소식이 《슈피겔》을 통해 흘러나왔다.[59] "만일 우리가 유럽중앙은행으로 하여금 물가 안정이라는 본연의 임무와는 완전히 다른 일을 하도록 한다면 유럽은 사람들의 신뢰를 잃을 것이다." 아커만 회장이 밝힌 의견이다. 그는 자사의 분석가들은 물론 영어권 국가들의 다른 모든 주요 은행들과도 사이가 좋지 못했다. 그렇지만 적어도 독일에서는 요제프 아커만의 생각이 바로 주류 여론이었다. 보험업계의 거물 알리안츠의 수석 경제학자는 "국채에 대한 무제한 매입에 강하게 반대해야 한다"고 충고했다. 만일 해당 국가가 재정 문제로 어려움을 겪더라도 "그건 그대로 시장의 논리에 맡겨야 한다"는 것이 그의 주장이었다. 코메르츠의 수석 경제학자 외르크 크뢰머(Jörg Krämere)는 "만일 불신이라는 전염병이 유럽중앙은행까지 옮아간다면 그야말로 심각한 상황이 될 것"이라고 경고했다. 유럽중앙은행의 채권 매입은 "민주적인 정당성도 없고 채무 문제에 대한 해결도 없이" 북부 유럽의 자산을 빼앗아 남부 유럽에 영원히 넘겨주는 것이나 마찬가지라는 게 외르크 크뢰머의 주장이었다. 한편 독일도 더 이상 안전을 장담할 수 없었다. 2011년 11월 23일, 60억 유로 상당의 독일 10년 만기 국채 중 고작 36억 4400만 유로어치만 팔려나갔다. 시장 관계자들은 이날의 국채 경매를 "그야말로 완전한 재앙 그 자체"라고 묘사했다.[60]

유로존은 분명 나아갈 방향을 찾아야 했고 그 방향을 알려줄 수 있는 건 오직 독일 정부뿐이었다. 그리고 그런 사실을 특히 널리 알리고 강조한 인물은 옥스퍼드에서 공부한 언론인 출신의 라텍 시코르스키(Radek Sikorski) 폴란드 외무부 장관이었다. 2011년 11월 28일 시코르스키 장관은 독일의 유명 정책연구소인 독일외교협회(Deutsche Gesellschaft für Auswärtige Politik)에서 이렇게 이야기했다. "독일, 그러니까 메르켈 총리는 한 걸음 앞에서 유럽을 이끌어야 한다. 만일 메르켈 총리가 그렇게 한다면 폴란드는 독일 편에 설 것이다."[61] 시코르스키 장관은 오늘날 폴란드의 안전과 번영을 위협하는 가장 위험한 적을 이렇게 설명했다. "테러행위도 아니고 이슬람 과격분자들도 아니며 당연히 독일의 군사력도 아니다. 심지어 러시아의 핵미사일도 상관이 없다." 당시 러시아는 유럽연합의 동부 국경을 따라 부대를 배치하겠다고 위협하던 중이었다. 시코르스키 장관에게 가장 암울한 미래는 바로 유로존의 붕괴였다. 유로존에서도 변방에 있는 약소국들이 함께 무너지는 건 너무도 당연한 일이었다. 그는 계속해서 주장했다. "나는 독일에 자신을 위해, 그리고 우리 모두를 위해 유로존이 살아남아 번영할 수 있도록 도와달라고 이렇게 요청한다. 독일 말고는 어떤 국가도 그렇게 할 수 없다는 사실을 너무도 잘 알고 있지 않은가. 어쩌면 나는 이런 이야기를 하는 역사상 첫 폴란드 외무부 장관이 될지도 모르겠다. 하지만 분명히 말한다. 나는 독일의 세력 확장보다 독일의 무기력함이 훨씬 더 두렵다. 독일은 이미 유럽에서 가장 중요한 국가가 되었다. 그러니 유럽을 앞장서서 이끄는 책임을 회피할 수 없다."

칸에서 G20 회담이 있은 지 한 달 후인 2011년 12월 첫째 주, 유럽연합 본부에서는 유럽의 미래와 관련된 두 가지 계획안을 언급했다.[62] 메르켈 총리와 사르코지 대통령이 2010년 도빌에서 처음 합의한 사안들을 재정비하는 데 동의한 것이다. 바로 재정규율을 국내법과 국제적 합의사안에 포함시키자는 제안이었다. 프랑스로서는 이를 통해 독일과의 변치 않는 동맹관계를 유지하려 했으며 독일의 메르켈 총리는 독일의 일방주의에 대한 오해를 사르코지 대통령을 통해 어느 정도 희석시키려 했다. 그렇지만 한 치 앞을 내다볼 수 없게 전개되어가던 2011년의 위기 앞에서 이런 내용들은 그 무게감이 극히 미미하고 또 본질적으로는 부정적으로 보일 수밖에 없었다. 12월 초 유럽이사회에 전달된 공동서한에서 메르켈과 사르코지는 은행 자본재구성에 대해서는 어떠한 약속도 하지 않았고 또 국채 거래 시장에서 불거지고 있는 위기감에 대해서도 한마디도 언급하지 않았다. 그나마 가장 긍정적으로 해석되는 부분은 메르켈과 사르코지의 재정 협약으로서 독일이 장차 한 걸음 앞으로 나아갈 수 있는 중요한 정치적 발판을 마련했다는 사실 정도였다. 그렇지만 유럽연합 본부에서는 지금 당장 실질적인 조치를 취해야 한다는 압력이 거세지고 있었다. 12월 7일 유럽이사회 의장인 헤르만 판롬파위는 자신이 직접 작성한 "중간보고서"를 발표했다. 유럽이사회는 리스본 조약에서 제시한 최소한의 정부간 합의를 지원하기 위해 구성되었지만 위기 상황이라는 압박감 아래 판롬파위는 좀 더 대담하고 적극적인 움직임을 요구했다. 그는 우선 유럽재정안정기금(EFSF)/유럽안정화기구(ESM)의 재정적 여력을 크게 늘릴 것을 제안했다. 불경기의 악순환을 끊으려면 필요한 경우 위기에 빠진 유럽 은행들에 대한 자본재구성이 가능해져야 했기 때문이다. 이를 지원하기 위해 "장기적 전망에서" 유럽연합이 공동으로 채무를 분담할 것도 아울러 요구했다. 엄격한 기준에 따라 모든 유럽 국가들의 감독 아래 유럽 신용 풀을 두면, 좀 더 신용도가 높은 채권자들의 보호 아래 취약한 회원국들을 보호할 수 있어 이탈리아를 궁지로 몰아넣는 것 같은 시장의 공황상태를 어느 정도 방지할 수 있었다. G20 역시 이런 좀 더 발전된 형태의 제도나 협조를 바랐고 유럽의 진보세력도 이런 제안을 지지하고 나섰다. 실제로 독일 야당인 사민당은 이른바 유로본드의 발행에 대해 신중하지만 어느 정도 지지의사를 보이기도 했다. 그러나 메르켈 총리와 특히 연정 상대인 자민당은 절대불가라는 입장이었다. 사르코지와 메르켈의 재정 협약이 유럽연합 조약의 적법한 수정작업에 의해 하나의 제도로 자리 잡으려는 이때, 헤르만 판롬파위는 자신의 좀 더 파격적인 제안이 이른바 부차적 입법 과정과 유로존 회원국들 사이의 제한된 합의를 통해 채택될 수 있을 것으로 내다봤다. 독일 정부 입장에서는 유럽연합 본부가 늘 하던 대로 또다시 만기연장이 곧 경기회복이라는 전략을 쓰려 한다는 사실이 너무도 분명해 보였다.

이런 중요한 고비에 또 다른 세력이 끼어들어 상황을 더 어렵게 만들었다. 폴란드를 제외하고 유럽연합의 주요 일원이면서 유로존 회원이 아닌 국가가 바로 영국이었다. 영국 정부는 그동안 불만 혹은 통쾌한 감정이 뒤섞인 채 유로존 위기를 지켜보고 있었다.[63] 데이비드 캐머런 총리는 기회가 있을 때마다 유로존 회원국들에 더 강력한 통합의 필요성에 대해 훈수를 두려 했지만 정작 필요할 때 빠져나가는 건 다름 아닌 영국이었다. 유럽과 영국, 그리고 더 넓게는 세계 경제의 이익을 위한다는 명목 아래 영국 정부는 유로존이 완전한 경제공동체가 될 것을 요구해왔다. 또한 보수당 내부의 유럽회의론자들의 불만을 잠재우기 위해 애쓰고 있는 캐머런 수상에게 유럽의 위기는 유리한 위치에서 협상을 진행할 수 있는 기회이기도 했다. 캐머런 수상은 유로존 내부의 분열을 최대한 이용해 특히 금융 거래 관련 세금 부과에서 시티를 제외할 확실한 명분을 얻을 수 있다고 생각했다. 그렇지만 우선 사르코지 대통령이 그런 모든 양보를 격렬하게 반대하고 나섰고 메르켈 총리에게는 영국보다 프랑스의 존재가 훨씬 더 중요했다. 캐머런 수상은 자신이 고립되었다는 사실을 깨닫고 유럽연합 27개국 사이에서 벌어지는 공동협상에 반대하는 입장을 취할 것이라고 선언했다.[64] 거기에 더해 그는 유럽연합이라는 틀 안에서 유로존 회원국들이 더 강력한 통합을 이루려고 하는 어떠한 노력에 대해서도 거부권을 행사할 수 있다고 발표한 것이다.

영국과 유럽연합의 관계가 서로 엇갈리고 있었다. 최소한 영국 보수파들의 입장에서 유럽연합 잔류에 대한 결정이 곧 내려져야 한다는 것은 분명했다. 유로존에서 갈등이 불거진 건 앞서 소개한 2011년 12월 초 유럽연합 본부에서 언급된 두 가지 계획안에 공통적인 부분이 거의 없다는 사실 때문이었다. 독일은 자신이 원하는 대로 재정 협약을 맺었다. 비록 그것이 메르켈 총리가 원했던 형태는 아니었지만, 조약의 틀 밖에서 정부간 협약이라는 최소한의 합법적 형태를 갖추는 것으로 만족해야 했다.[65] 재정 협약의 조건들은 가혹했다. 앞으로 유럽의 예산안은 흑자를 유지해야 했고 최소한 적자를 기록하는 일이 없어야 했다. 헌법 수정이나 그에 준하는 조치를 통해 재정 적자는 GDP의 0.5퍼센트 이내로 제한되었다. 유럽재판소는 이런 규정을 각 국가가 잘 적용하는지 감시하는 임무를 맡았다. 재정 적자가 GDP의 3퍼센트를 초과하는 유럽 국가는 관련 권한을 가진 주요 국가들의 반대가 없는 한 자동적으로 제재의 대상이 된다. 채무 규모가 GDP의 60퍼센트를 초과하는 국가는 채무 규모를 줄이는 작업에 들어가야 했다. 독일의 부채 브레이크 계획이 유로존 국가들로 확대 적용된 것이나 마찬가지였다. 이렇게 유로존이라는 구조물을 확대해나가는 과정 속에서 메르켈 총리는 아무것도 양보하지 않았다. 유럽의 채무에 대한 어떤 분담도,

유로본드 발행도, 은행 자본재구성도, 그리고 EFSF/ESM의 어떤 규모 확대도 없었다. 독일 측이 유일하게 양보한 것이라면 2012년 7월부로 임시 기구였던 EFSF를 채권 유통시장에 상시적인 개입 권한을 영구적으로 부여받은 ESM으로 대체하며, 유럽연합 방어벽의 적합성은 2012년 3월이 되면 재평가하겠다는 것이었다. 독일 정부는 또한 IMF가 정한 기준에 따라 향후 모든 PSI를 제한함으로써 도빌 합의의 미진했던 부분들을 정리하는 데 합의했다. 이탈리아 위기의 심각성과 칸에서의 극적인 상황에도 불구하고 주도권은 여전히 독일이 쥐고 있었다.

정부간 협력주의가 결과적으로 미미하고 본질적으로 부정적으로 비칠 수밖에 없다면, 유로존의 단 하나뿐인 강력한 연방기관이라고 할 수 있는 유럽중앙은행으로서는 어려움에 처한 것이 아닐까? 이제 사람들의 시선은 2011년 11월 1일 유럽중앙은행 총재가 된 마리오 드라기에게 쏠렸다. 1990년대 이탈리아 재무부 국장 시절 마리오 드라기는 이탈리아가 유로존에 가입하는 데 중요한 역할을 했고 2006년부터는 이탈리아 중앙은행 총재를 역임했다. 그 사이에는 골드만삭스 부회장과 세계은행 이사직도 맡았던 경력이 있다. 마리오 드라기는 1970년대 미국 거시경제학의 요람인 MIT에서 경제학으로 박사학위를 받았으며 당시 동문으로는 벤 버냉키와 2011년 현재 그리스 총리직을 맡고 있는 루카스 파파데모스가 있었다. 또한 영란은행의 머빈 킹과 벤 버냉키가 그의 연구실 동료였다. 이 세 사람의 중앙은행 총재들은 서로 협력해 유럽의 금융시스템이 현재 직면한 문제들에 대해 최소한 즉각적인 해답을 제공할 수 있었다. 유럽의 은행들은 도매자금시장에서 자금 융통이 어려워지면서 극심한 압박에 시달렸고 달러화의 부족도 대단히 심각한 수준이었다. 2008년의 끔찍했던 악몽이 다시 떠오를 지경이었다. 미국 MMF 인출에 따른 자금 압박을 해소하기 위해 우선 프랑스 중앙은행이 나서서 긴급조치를 시행해 프랑스 은행들에 부족한 달러화를 공급했다.[66] 11월 30일 이제 미연준, 유럽중앙은행, 영란은행, 그리고 일본은행과 스위스 국립은행, 캐나다 중앙은행 등 세계의 주요 중앙은행들이 2008년 체결했던 통화스와프 협정을 다시 시작했고 금리로 인한 부담감도 줄여나갔다. 그렇지만 사실 모든 중앙은행들이 이렇게 한꺼번에 나선 것은 조금 "과도한" 측면이 있었다. 예컨대 일본과 캐나다 은행들은 어떤 어려움도 겪고 있지 않았다. 결국 또다시 달러화를 간절히 필요로 한 건 다름 아닌 유로존이었다.[67]

2012년 여름 마리오 드라기는 "유로화의 구세주"로 그 모습을 드러냈다. 그는 독일의 우파들에게는 이탈리아인 통화팽창론자로 악마 취급을 받는 동시에 영어권 세계에서는 유능한 중앙은행 총재로 찬사를 받았다. 그렇지만 그에 대한 이런 평가에서 사람들이 미처 알아차리지 못한 점이 있었다. 2012년 여름의 분위기를 바꿀 수 있었던 마리오 드라기의 역량에서 가장 중요한 전제조건은 바로 독일이 그를 지원했다는 점이다. 보통은 마리오 드라기와 앙겔라 메르켈의 끈끈한 관계를 그의 뛰어난 정치력 덕분으로 평가하는 경우가 많다.[68] 하지만 그런 평가는 독일의 강경파들이 유럽중앙은행의 모든 활동에 반대하고 나섰음에도 불구하고 메르켈 총리가 유럽중앙은행을 처음부터 대단히 유용한 도구로 생각해왔다는 사실을 무시하는 것이다. 메르켈 총리는 그런 내색을 거의 하지 않았으나 몇 번에 걸쳐 실제로 분데스방크와 거리를 두려 한 적이 있었다. 독일의 "개혁"에 대한 이상을 나머지 유럽 국가들에 전수하려는 오랜 과정에서 유럽중앙은행의 개입이야말로 필수적인 요소라는 사실을 깨달은 이후의 일이다. 독일 우파들의 저항이 거셌지만 메르켈 총리는 유럽 중앙은행 관계자들을 믿고 의지할 수 있다는 사실을 잘 알고 있었다. 그녀는 장클로드 트리셰 같은 재정 및 통화 문제 보수파들을 두려워할 필요가 전혀 없었다. 마리오 드라기는 유럽의 복지국가를 어떻게 개혁할 것인가에 대한 독일의 이상에 전적으로 동의하는 듯 보였고 따라서 같은 편으로서 대단히 이상적인 인물이었다.[69] 또한 실제로도 미국에서 교육받은 경제학자이자 골드만삭스 임원 출신인 그

의 정체성이나 혹은 중앙은행 정책에 대한 전반적인 관점 역시 대부분 그
런 부분들과 일치했다.

마리오 드라기가 유럽중앙은행 총재가 되고 나서 얼마 후 《파이낸셜타
임스》 독자들이 다시 상기한 것처럼, 그는 1990년대 험난하기 그지없던 이
탈리아의 안정화를 이끈 노련한 전문가였다.[70] 2011년 8월 마리오 드라기
는 이탈리아의 공공 부문 사업과 노동시장에 대한 변화를 요구하는 장클로
드 트리셰의 최후통첩에 나란히 서명해 베를루스코니 총리에게 전달했다.
그는 전임자인 트리셰와 마찬가지로 이탈리아가 책임을 회피하려 하고, 다
른 유럽 국가들이 우유부단하다는 것을 느끼고 있었다. 2011년 12월 1일
마리오 드라기는 유럽의회에 출석해 메르켈과 사르코지의 재정규율 관련
계획을 지지하는 입장을 발표하며 유럽중앙은행 총재로서의 임기를 시작
했다.[71] 그리고 독일의 "개혁" 요구에 대한 동의도 계속해서 이어졌다. 마
리오 드라기는 《월스트리트저널》과의 2012년 2월 대담에서 일자리와 복지
를 최우선으로 여기던 유럽의 사회적 모델은 "이미 무너졌다"고 말했다.
결국 스페인 청년실업률이 50퍼센트에 육박한 지금 유럽의 사회적 모델이
무슨 의미를 갖겠는가?[72] 유럽의 노동시장은 반드시 바뀌어야 하며 그 기
준은 아마도 독일의 하르츠 IV가 될 것이었다. 마리오 드라기의 회상에 따
르면 1970년대 MIT 대학원 시절 미국인 지도교수들은 "일하지 않는 사람
들에게도 임금을 주려는" 유럽의 의지를 대단히 기이하게 여겼다고 한다.
"그런 시대는 이미 지나갔다"는 것이 그의 주장이었다. 이 유럽중앙은행의
새로운 수장에게 노동시장 개혁과 재정 긴축 사이에는 "어떤 거래나 교환의
여지가 절대 있을 수 없었다." 또한 "재정 목표에 대한 포기는 즉각적인 시
장의 반응을 이끌어낼 것이었다." 마리오 드라기는 거기에 덧붙여 자신은
그런 원칙들을 완화할 의도가 전혀 없다는 의지도 드러냈다. 2011년 12월
《파이낸셜타임스》와의 대담에서는 유럽중앙은행이 유럽연합 방어벽의 최
종보증인으로 EFSF를 지원할 것인가에 대한 이야기를 아예 나누려고 들지

않았다. 또한 유럽의 양적완화에 대한 지지 여부도 마찬가지였다. 그는 자신의 임기를 시작하며 전임자인 장클로드 트리셰의 채권 매입 계획과 증권시장 계획 등이 "영원히 이어질 수는 없다"고 주장했다.[73] 실제로 마리오 드라기의 이후 이어진 평판을 생각하면 임기 첫해인 2012년에 유럽중앙은행이 채권 매입을 중단한 사례는 계속 곱씹어볼 만한 조치였다. 그가 생각하는 우선순위는 "사람들이 서로 신뢰할 수 있고 또 재정규율과 구조개혁과 관련해 정부가 신뢰를 받을 수 있는 체제"를 회복하는 것이었다.

마리오 드라기가 당장 착수하고 싶었던 것은 은행들에 대한 지원이었다.[74] 지원을 위한 방법 중 하나가 통화스와프 협정이었고 다른 하나는 유럽중앙은행이 주로 해왔던 저렴한 비용의 자금조달 방식을 부활시키는 것이었다. 2009년과 2010년 신용 대출 시장이 충격을 받고 흔들리자 유럽 은행들은 어쩔 수 없이 단기자금시장으로 몰렸고 이제 그때 융통했던 자금을 연장해야 했다. 만일 유로존이 새로운 자금줄을 찾지 못한다면 심각한 신용경색 현상을 겪을 것이 분명했다.[75] 유럽중앙은행은 이미 2011년 10월 유럽 은행시스템에 저금리의 장기대출프로그램(LTRO) 형식으로 유동성 자금을 제공하겠다고 밝힌 상태였다.[76] 이제 마리오 드라기가 금고 문을 열어젖히고 전례가 없는 3년이라는 장기간 동안 저렴한 금리에 훨씬 낮은 등급의 담보로 자금을 지원하겠다고 나선 것이다.[77] 2011년 12월 21일 523개 은행이 4890억 유로의 자금을 지원받았고 이듬해 2월에는 800개 은행이 다시 5000억 유로를 빌렸다. 1차 장기대출프로그램 지원액의 65퍼센트는 압박을 받는 이탈리아와 스페인, 아일랜드, 그리스의 은행들에 돌아갔다.

비록 마리오 드라기가 "유럽중앙은행의 단계적 채권 매입 확대와는 전혀 관련이 없다"고 서둘러 해명했지만 어쨌든 장기대출프로그램을 통해 지원한 1조 유로의 자금을 은행들의 국채 매입에 다시 사용할 것이 분명했다.[78] 채권시장에서는 수요가 늘어나고 시장금리는 떨어진다. 결국 유럽중앙은행의 자금으로 채권시장을 지원한 것이며 은행들은 손쉽게 수익을 올린 것이다. 예컨대 1퍼센트의 대출이자로 유럽중앙은행에서 돈을 빌려 5 퍼센트 수익률의 이탈리아 국채를 매입하면 그만큼의 차익을 얻을 수 있었다.[79] 그렇지만 2009년과 마찬가지로 역시 치러야 할 대가는 있었다. 유럽 중앙은행의 프로그램은 미국의 양적완화처럼 취약한 유럽 은행들이 불안한 자산을 처분해 안전한 현금을 확보하도록 허용하기보다는 주변국 채무의 보유량만 늘렸다.[80] 특히 스페인과 이탈리아 은행들이 여기에 앞장섰고 정부와 은행들은 그 어느 때보다도 더 긴밀한 관계로 서로 엮였다. 물론 그 어느 쪽도 안전을 장담할 수는 없었다. 1월 14일 스탠더드앤드푸어스는 유럽 국가들에 대한 신용등급 평가를 실시했고 일곱 개 국가 등급이 이전보다 떨어졌다. 프랑스와 오스트리아는 최고 등급인 AAA등급에서 내려와야 했고 포르투갈은 그야말로 "쓰레기" 등급으로 전락하고 말았다. 유로존 회원국들 중에서는 독일과 네덜란드, 핀란드, 룩셈부르크만이 유일하게 AAA등급을 유지했다. 심지어 유로존의 자체 지원기금인 EFSF/ESM 역시 신용등급이 떨어질 위험에 처했다. 유럽 측은 과거 미국이 그랬던 것처럼 결과에 이의를 제기하고 나섰지만 이번에는 스탠더드앤드푸어스도 자신들이 내린 결정에서 물러서려 하지 않았다. 수개월에 걸쳐 협상을 했지만 유로존의 미래에 대한 낙관을 보장할 만한 "충분한 규모의 결과물을 내놓지 못했다."[81] 2011년 가을의 이런 질풍노도 같은 풍경들에도 불구하고 정치적 난관들을 타계하지 못했다. 결국 문제 해결의 진행 속도와 시기를 어떻게 결정하느냐가 가장 큰 문제였고 그 열쇠는 독일이 쥐고 있었다. G20 회담이 진행되던 11월 5일 메르켈 총리는 회담장 밖에서 이렇게 자기 의견을 밝혔다. "채무위기는 한 번에 모두 다 해결될 수 없으며 지금보다 더 나은 상황으로 돌아가려면 10년은 족히 더 걸릴 것이다."[82] 독일이 생각하는 속도와 시기가 그렇다면 문제는 유럽의 나머지 국가들이 그 시간을 견딜 만큼의 여력을 지니고 있느냐 하는 것이었다.

18장

유로화를 지키기 위한 노력

2012년 상반기에 G20 의장국은 멕시코가 맡았다. 2012년 1월 20일 금요일, 그러니까 스탠더드앤드푸어스가 유로존 국가들의 신용등급을 평가한 지 일주일이 지나 각국 재무부 관료들이 멕시코시티에 속속 모여들었다. 회담에서는 중요한 요구사항들이 안건으로 제시되었다. G20 소속 유로존 회원국들은 다른 국가들이 3000억~4000억 달러의 추가 자금을 IMF에 지원해 위기 탈출을 도울 수 있도록 해주기를 바랐다. 신흥시장국가나 혹은 사하라 사막 이남지역의 후진국이 아닌 바로 유럽의 경제위기를 도와달라는 것이었다. 유럽이 아닌 G20 소속 국가들, 즉 미국과 중국, 브라질 등은 유럽의 이런 요청을 묵살했다. 멕시코의 재무부 차관은 언론과의 대담에서 이런 말을 남겼다. "유럽이 지금까지 애를 써온 건 잘 알겠다. 그렇지만 더 많은 노력이 필요하다는 사실 역시 분명하다."[1]

이런저런 사건들로 전 세계가 떠들썩한 가운데, 유럽의 이런 요청이 언론에 크게 알려지지는 않았다. 그렇지만 회담 장소와 요청의 본질, 그리고 나머지 G20 국가들의 반응 등은 분명 역사적으로 주목할 만한 가치가 있었다. 또한 2011년의 치열했던 전투로 인해 지금 유로존이 얼마나 심각한 상황에 처했는지를 아울러 보여주었다. G20과 스탠더드앤드푸어스의 결론은 같았다. 유럽은 충분한 노력을 하지 않았다. 유럽은 국채시장과 은행 자본 재구성과 관련된 기본적인 불안정성을 정면에서 다루지 않았고 2010년과 마찬가지로 다시 유럽 문제에 IMF를 끌어들였다. 그리스의 채무불이행 사태를 인정하고 나서야 비로소 채무 재조정을 시작했다. 꼭 필요한 일이긴 했으나 그리스 채권자들에 대한 헤어컷 적용은 채권시장에 대한 압박의 수위만 높여주었을 따름이다. 정치적인 측면에서 유럽은 독일이 주장하는 긴축조치를 따르기로 했고 독일은 이에 대해 유럽통합을 위한 또 다른 단계로 유럽을 이끌고 나가겠다고 약속했다. 그렇지만 2011년 12월이 되자 독일이 실제로는 얼마나 머뭇거리고 있는지가 드러났고 그러는 사이 2010년에 긴축정책을 둘러싸고 이루어졌던 합의는 삐걱거리기 시작했다.

2011년 12월의 유럽 재정 협약을 이끌어낸 건 프랑스와 독일의 협력관계였다. 그렇지만 사르코지 대통령은 2012년 5월 대통령 선거 재출마를 앞두고 있었고 강력한 경쟁자라고 할 수 있는 사회당은 협약에 대한 반대운동을 진행 중이었다. 사회당은 예측할 수 있는 반응이었지만 IMF가 이 문제에 대한 재고를 요청할 거라고는 미처 예상하지 못했다. 2012년 2월 25~26일 멕시코시티에서 열린 재무부 장관들과 중앙은행 총재들의 회담에 대한 IMF 보고서 내용은 자못 충격적이었다. 세계 경제에 대한 "중대한 위험"은 세계적으로 심화된 "절약의 역설"이라는 것이었다. 전 세계의 가계와 기업과 정부가 한꺼번에 재정 적자를 줄이겠다고 나섰고 그 때문에 경기침체의 위험이 전 세계적으로 심각한 지경에 이르렀다. 보고서의 내용은 계속해서 이렇게 이어진다. "이러한 위험은 취약한 금융시스템, 높은 공공 부문 적자와 채무, 그리고 이미 낮아진 금리로 인해 더욱 악화되었고 이로 인해 특히 유로존 지역에서는 낙관주의나 비관주의가 낳은 결과물들이 계속해서 서로 꼬리를 물고 이어질 수 있는 환경이 만들어졌다."[2] 절약의 역설이 가장 분명하게 드러난 지역은 바로 그리스였다.

트로이카의 손에 넘어간 그리스 경제의 운명

2011년 10월의 그리스 채무 관련 합의가 이루어지기까지 그 지루한 과정 동안 모든 논의는 주로 그리스 예산과 채권자들의 양보 문제를 중심으로 이루어졌다. 헤어컷 50퍼센트 적용은 이를 통해 그리스의 채무가 GDP 대비 120퍼센트로 줄어들 것을 전제로 한 것이다. 그리고 다시, 사르코지 대통령과 메르켈 총리의 재정 협약에 명시된 의무적 재정조정 절차에 따라 그리스의 채무는 GDP의 60퍼센트 수준까지 떨어졌다. 바로 마스트리히트 조약에 명시되었던 최초의 채무 비율 조건에 해당하는 수준이었다. 이런 식의 계산법은 낙관적인 분위기를 만들어주었지만 IMF가 중요하게 생각하는 실질적인 경제회복이 이루어지지 않는다는 것이 문제였다. 그리스의 채무 유지 가능성을 달성하는 과정에서 문제가 있다면 채무 규모가 늘어나는 만큼 결국 GDP가 무너진다는 점이었다. 2012년 초 멕시코에서 논의가 벌어졌을 때도 3개월 전에 타결되는 협약 같은 건 더는 의미가 없다는 사실이 분명하게 드러났다. 그리스 정부나 채권자들이 협약을 무시해서가 아니라 그리스 경제가 너무나 빨리 움츠러들고 있었기 때문이다.[3]

대부분의 유럽 정부들도 더는 버티기 어려웠다. 자국의 의회에 그리스를 다시 한번 도와달라고 요청할 수 없는 상황이 되어버렸다. 좀 더 극적인 선택을 해야 할 때가 왔다. 구조조정 협상을 다시 진행하기 위해 애를 쓰는 것보다는 어쩌면 그리스를 운명의 손에 그대로 맡기는 편이 더 나을지도 몰랐다. 그리스가 완전히 파산한다면 유로존에서 제외될 가능성도 있지만 그 대신 그리스는 최소한 지금까지의 채무에서는 자유로워질 것이다. 그리고 만일 새롭게 자금을 융통할 수 있는 길이 막힌다면 그리스 정부는 그야말로 순전히 생존을 하기 위해 어쩔 수 없이 재정규율을 적용할 수밖에 없을 것이다. 2012년 초가 되자 결국 그리스의 유로존 탈퇴, 즉 "그렉시트(Grexit)"를 위한 일급비밀 계획이 시작되었다.[4] 이른바 "Z계획(Plan Z)"은 2012년 8월까지 계속 이어지다 독일 정부에 의해 중단되었다. Z계획이 중단된 이유는 어떤 계획을 세우든 그 결과는 항상 똑같다는 사실을 깨달았기 때문이다. 그리스의 미래는 암울했고 나머지 유럽 국가들에 대한 그렉시트의 파급력은 그야말로 예측 불허였다. 유럽은 그리스 파산으로 인해 다른 취약한 유로존 회원국들이 받을 충격을 막아줄 적절한 대비책을 아직 마련하지 못했기 때문에 충격의 결과 또한 정확하게 예측할 수 없었다. 결국 유럽 측에서는 불안정한 안전망이라도 강화하고 확대하기 위해 G20에 IMF의 활동 범위 확대를 위한 지원을 요청했지만 G20의 대답은 분명했다. 유럽을 제외한 다른 국가들은 그렉시트를 그리스만의 실패가 아닌 G20 소속으로 글로벌 스탠더드를 과시하려던 다른 유럽 국가들의 실패로 간주했다. 2012년 2월 19일 평소라면 협조하는 모습을 보기가 드문 일본과 중국이 IMF의 기금 확대를 위한 제안을 지지할 것이라고 발표했지만 독일 연방하원에서 통과되지 않고 있는 ESM 안정화 조치에 대한 상한선을 끌어올리는 것이 전제조건이었다.[5] 다시 말해 도움을 얻고 싶으면 유럽이 먼저 자구책을 마련하라는 것이었다.

ESM 확대 방안은 3월 말까지 처리하기로 계획되어 있었다.[6] 독일 정부는 지나치게 극적인 결과는 나오지 않도록 막으려 했다. 그렇지만 이미 그리스에 들어간 지원금의 규모를 계산해보면 EFSF의 활동 범위를 계속해서 확대하고 EFSF와 ESM을 합친 대출 한도를 7000억 유로까지 늘린다면 유럽 측으로서는 8000억 유로, 혹은 "미화 1조 달러 이상"의 방어벽을 구축했다고 주장할 수도 있었다. 이것은 IMF 이사회로부터 유럽의 안정화 노력에 대한 지원을 계속하겠다는 승인을 받아내려는 속임수에 가까웠다. 하지만 2012년 초에 유럽의 어느 누구도 2011년 10월의 그리스 관련 합의를 다시 협상하고 싶지 않았다.[7] 유럽 정부들은 1300억 유로를 약속했고 거기까지가 한계였다. 만일 그리스가 점점 더 불안한 상태로 나아간다면 긴축을 더 추진하는 건 그리스 정부에, 그리고 양보를 더 하는 건 채권자들에게 달린 문제였다. IIF가 2월에 시작한 새로운 협상에는 헤어컷 규모를 기존의 50퍼센트에서 53.5퍼센트까지 더 늘린다는 내용이 포함되어 있었다. 그 이후에 남아 있는 그리스 채무는 EFSF가 보증하는 2년 만기 증서와 장기 저리 채권과 교환할 수 있었다. 10월 합의에 대한 약간의 수정을 거쳐 재정건전성이라는 희망을 이어가고자 한다면 그리스 정부는 규정을 엄격하게 준수해야 하며 그다음 조건도 먼저 요청해야 했다. 비밀공작을 통해 게오르기오스 파판드레우 총리를 몰아내고 국민투표도 무산시킨 트로이카는 그리스에 좀 더 협조적인 정부가 들어서는 일에도 관여했지만 결국 그 때문에 그리스 중앙은행 총재에서 총리가 된 루카스 파파데모스에게는 적법성 문제가 약점이 될 수밖에 없었다. 2012년 4월로 예정된 그리스 총선에서 정권이 다시 바뀔 것은 불을 보듯 뻔한 일이었다. 제1야당이라고 할 수 있는 신민주주의당은 그리스 위기의 주범이면서 2010년 이후 모든 관련 협상에 대해 파판드레우 내각을 지원하는 일을 계속해서 거부해왔고 따라서 그리스 정부와의 어떤 새로운 합의를 기대하기는 어려웠다. 그렇다면 어떻게 해야 문제를 해결할 수 있을까? 독일 재무부 장관 볼프강 쇼이블레는 아예 총선을 치르지 않는 편이 나을 수도 있다고 늘 그렇듯 직설적으로 제안했다.[8] 그리스의 민주주의 절차를 잠시 연기함으로써 유권자들이 뭐라고 자기 목소리를 내기 전에 핵심 조치들을 취하도록 만들자는 것이었다. 그렇지만 이런 제안은 그리스 국민들의 분노만 불러일으키고 말았다. 그래서 트로이카는 신민주주의당의 노련한 수장인 안토니스 사마라스(Antonis Samaras)의 약속을 얻어내는 방법을 생각했다. 만일 안토니스 사마라스가 다음 총선에서 총리가 된다면 전임자들이 했던 모든 협상안들을 준수하겠다는 약속이었다. 총선에서 어떤 결과가 나더라도 재정 관련 계획은 반드시 가장 중요한 안건이 되어야 했다. 그리스와 채권자들은 또다시 새롭게 "만기연장이 곧 경기회복"이라는 전략을 들고 나왔다.

이러한 측면에서 2012년의 그리스 채무 재조정을 설명하는 것, 즉 처음부터 그리스 채무위기를 규정하고 이끌어왔던 임시변통 조치들이 그대로 계속되는 것에 불과하다는 설명은 어쩌면 지나치게 그리스를 무시하는 처사일 수도 있다. 2012년 2월과 4월 사이 그리스 채권자들에게 강요된 채무 재조정은 역사상 가장 규모가 컸고 또 가혹했다. 심지어 물가상승률을 적용하면 러시아 혁명 당시와 1930년대 독일 대공황 당시보다도 더 규모가 컸다.[9] 2012년 4월 26일, 1992억 유로어치의 그리스 국채는 EFSF가 보증하는 현금과 똑같은 가치를 지닌 297억 유로어치의 증서와 할인율이 적용된 624억 유로어치의 새로운 장기국채로 교환되었다. 다시 말해 그리스의 민간 채권자들은 1070억 유로의 손해를 감수한 것이다. 그리고 새로운 장기 국채에 대해서는 만기를 훨씬 더 길게 연장해주면서 결국 그리스 채무의 실제 규모는 65퍼센트까지 줄어들게 된다. 2012년 12월에는 새롭게 발

도표 18.1 2012년 구조조정을 전후한 그리스 공공 부문 채무 변화

	2009년 12월	2012년 2월	2012년 12월	2012년 2월	2012년 12월
		단위: 10억 유로		채무 비율(%)	
민간 채권자들이 보유한 채권		205.6	35.1	58.7	12.2
민간 채권자들이 보유한 재무부 증권		15.0	23.9	4.3	8.3
유럽연합/EFSF		52.9	161.1	15.1	56.0
유럽중앙은행/각국 중앙은행		56.7	45.3	16.2	15.8
IMF		20.1	22.1	5.7	7.7
채무 총합	301	350.3	287.5	100.0	100.0

자료 출처: 제로민 제틀마이어, 크리스토프 트레베쉬, 미투 굴라티, 「그리스 채무 재조정에 대한 상세 분석」, 《이코노믹 폴리시》 제28권 제75호(2013), pp.513~563.

행된 장기국채의 환매를 통해 그 규모는 더 줄이기로 했다.

문제는 협상을 진행시키고 채권자들이 "자발적으로" 채무 조정을 하도록 유도할 수 있는 자금이 하늘에서 뚝 떨어지지 않는다는 사실이었다. 또한 구조조정이 시작될 때 그리스 은행들이 자본재구성을 하면서 사용해야 하는 자금이나 2012년 12월 환매를 위한 자금도 마찬가지였다. 결국 필요한 모든 자금은 트로이카를 통해 새롭게 대출을 하는 수밖에 없었다. 게다가 유럽중앙은행이 소유한 560억 유로어치의 그리스 국채는 2012년 채무재조정 대상에서 제외했기 때문에 그리스가 짊어져야 할 채무의 감면 액수는 알려진 것보다 훨씬 적었다. 그리스의 공공 부문 채무는 3500억 유로에서 2850억 유로로 실제로는 19퍼센트가량 줄어들었다. 정말 극적인 변화는 채무의 전체적인 규모가 아니라 실제 채권자들에게서 일어났다. 이제 그리스 채무의 80퍼센트는 EFSF, 유럽중앙은행 혹은 IMF로 넘어갔다. 사실상 그리스로서는 민간 채권자들에게 갚아야 할 채무를 1616억 유로 줄인 대신 공공 채권자들에게 갚아야 할 채무가 988억 유로 늘어났다.

결국 끊임없이 변화하는 그리스 채무 관련 정치학에서 유일하게 변하지 않는 요소는 채무 그 자체뿐이었다. 민간 부문 채무가 이제 공공 부문 채무로 바뀐 것이다. 그리고 채무액이 아닌 자금의 흐름을 살펴보면 이런 사실이 더 분명하게 드러난다.[10] 2010년 5월과 2014년 여름 사이 그리스가 유럽과 IMF에서 지원받은 2267억 유로 가운데 대부분은 채무상환을 위해 그대로 그리스를 빠져나갔다. 그리스 국내외의 채권자들은 원금으로만 813억 유로를 받았다. 이 채권자들은 구조조정이 전면적으로 실시되기 전에 만기가 도래한 자신들의 채권을 해결할 수 있어서 운이 좋았다. IMF가 일반적인 상황에서는 지급불능이 된 채무자들에 대한 긴급대출을 반대하게 된 건 분명 이런 예상치 못한 결과 때문이었다. 그리스의 경우 "구조적" 근거를 바탕으로 예외로 처리되었다. 그 밖에도 406억 유로가 정기 이자 지불금으로 사용되면서 그리스 국내외의 채권자들이 또다시 이 돈을 챙겨갔다. 2012년의 채무 교환을 원활하게 마무리하기 위해 346억 유로를 채권을 포기하지 않으려는 사람들에게 특별 보상금 명목으로 지급했다. 구조조정으로 인해 대차대조표상으로 거의 파산이나 다름없던 그리스 은행들이 자본재구성 과정에서 받아간 자금은 482억 유로였다. 다시 말해 그리스는 모두 합쳐 2267억 유로를 지원받았지만 그중에서 그리스 정부의 적자를 해소하고 그리스 납세자들의 이익으로 직접 연결된 건 11퍼센트에 불과했다.

채권시장은 더 이상 그리스 경제의 운명을 쥐고 있는 주요 조정자가 아니었다. 그 임무는 모두 다 IMF, 유럽연합, 유럽중앙은행의 트로이카와 유럽의 각국 정부들로 넘어갔다. 이제 그리스 정부는 이들과 함께 자국 경제의 미래에 대해 협상해야 했다. 여기에는 두 가지 측면이 있었다.[11] 우선, 시장과 무관한 대출기관인 그리스 대출계획(The Greek Loan Facility)과 EFSF는 정치적 결정에 따라 대출 조건을 결정할 수 있었다. 2010년의 대출 조건은 감당하기 어려울 정도로 가혹했다. 2012년 봄이 되자 EFSF는 그리스 정부에 많은 부분을 양보한 조건을 제시했다. 물론 주요 채무 내역은 그대로 남아 있었지만 매년 갚아나가야 하는 액수는 상대적으로 줄어들었다. 그렇지만 "민간 부문의 완충작용"이 사라지고 난 후 그리스 채무의 정치학은 이제 그 민낯을 드러낸다. 그리스에 대한 양보는 고스란히 트로이카의 부담으로 남으며 다시 말해 유럽 국가들의 납세자들이 부담을 짊어졌다는 뜻이다. 협상은 어려웠을뿐더러 분명 정치적일 수밖에 없었다. 그리고 그런 현실을 피할 수도 없었다. 2012년 구조조정 계획은 그리스의 채무 상환 문제를 해결해주지 않았다. 결국 구조조정 문제는 다시 불거질 수밖에 없었다.

2009년 위기가 시작되었을 때 그리스의 공공 부문 채무는 대략 2990억 유로 정도였다.[12] 위기의 결과 채무는 3500억 유로까지 늘어났다. 2012년 합의에 따라 이 금액은 다시 2850유로로 줄어들었다. 그러나 그 중간에 경기불황과 유로존 위기, 채권자들의 요구에 따른 정책 변화의 여파로 그리스 경제는 큰 충격을 받는다. 2009년 그리스의 GDP는 대략 2400억 유로였지만 2012년이 되자 1911억 유로로 줄어들었다.[13] 2009년에 유지가 불가능했던 그리스 채무는 공식 채권자들의 양보에도 불구하고 2012년에도 달라진 것이 없이 그대로였다. 그리고 그 사이에 그리스 사회는 이전의 모습을 찾아볼 수 없을 정도로 타격을 받았다.

2008년 8퍼센트 정도였던 그리스의 실업률은 4년이 지나자 25퍼센트라는 엄청난 규모로 치솟았다. 그리스 청년들의 절반 이상은 직업이 없었다. 그리스 인구 1000만 명 중에 25만 명이 매일 교회에서 운영하는 무료급식소를 이용했다. 한편 그리스 의회는 트로이카가 요구하는 법령 처리소로 전락했다. 2010년 5월 긴급 구제금융을 받은 이후 18개월 동안 그리스 의회는 사흘에 하나꼴로 248개 법안을 통과시켰다. 2012년이 되자 인내에 한계가 온 건 노조나 좌파들뿐만이 아니었다. 판사도 직업군인도 공무원도 더는 정부의 명령을 듣지 않고 저항하기 시작했다. 이런 불만과 불신을 표현할 수 있는 다른 방법들도 있었다. 2012년 봄 그리스 은행에서 예금이 우려스러울 정도의 속도로 빠져나갔다. 2012년 5월로 예정된 총선이 다가오자 유럽중앙은행은 국가적 동요를 막기 위해 그리스로 조심스럽게 수십억 유로의 현금을 보내주었다. 그렇게 해서 모두 합쳐 285억 유로가 아무도 모르게 그리스 은행들로 들어가 앞서 있었던 뱅크런을 감추는 데 사용되었다.[14]

2012년 5월 6일 그리스 국민들은 마침내 목소리를 내기 시작했다. 그동안 얼마나 깊은 환멸을 느껴왔는지가 적나라하게 드러났다.[15] 1970년대 이후 그 어느 정당보다도 그리스 민주정치의 성장을 상징해왔고 최악의 위기 동안 정권을 이끄는 불운을 겪었던 범그리스사회주의운동은 득표율이 43.9퍼센트에서 13.2퍼센트로 폭락했다. 새로운 좌파 정당인 시리자와 그리스 공산당은 모두 합쳐 범그리스사회주의운동의 거의 두 배에 가까운 지지를 얻어냈다. 우파 쪽에서는 신민주주의당의 득표율이 34퍼센트에서 18퍼센트로 폭락했고 극우파인 황금새벽당은 7퍼센트의 득표율을 기록했다. 신민주주의당은 제1당 자격으로 그리스 헌법에 따라 50석의 추가 의석을 배당받았지만 결국 과반수 의석을 확보하지 못했고 연정도 이루어지지 않아 내각을 구성하지 못했다. 2차 총선은 6월 17일로 예정되었고 그 기간 동안 그리스는 아무것도 결정할 수 있는 일이 없었다. 유로그룹이 유로존에 남기 위해서 꼭 필요하다고 주장했던 조치들을 책임지고 수용할 권한을 지닌 정부도 내각도 없었다. 볼프강 쇼이블레와 수많은 다른 유럽의 정치가들이 분명하게 밝힌 것처럼 6월에 있을 그리스 선거는 결국 그리스가 유로존에 계속 남아 있을지를 결정하는 일종의 국민투표나 마찬가지였다.[16]

금융위기의 마지막 일격을 눈앞에 둔 스페인

2012년 5월 6일 유럽의 운명을 가르는 투표는 그리스에서만 치러진 것이 아니었다. 공교롭게도 같은 날 프랑스에서는 대통령 결선 투표가 치러졌고 유권자들은 사르코지를 밀어내고 사회당의 프랑수아 올랑드(François Hollande)를 대통령으로 선출했다.[17] 독일과 프랑스의 공조를 약속했던 사르코지는 더 이상 유권자들이 원하는 대통령이 아니었다. 올랑드는 기득권과 금융업계를 반대하는 선거운동을 펼쳤고 금융 거래와 고소득층에 대한 증세를 약속했다.[18] 그는 또 2011년 12월에 체결되었던 메르코지의 재정협약도 재협상을 하겠다고 공약했다. 새로운 프랑스 정부가 생각하는 건전한 재정의 핵심은 수동적이고 방어적인 긴축조치가 아니라 성장이었다. 무엇보다도 올랑드는 대통령에 당선되었을 뿐만 아니라, 6월 19일 치른 총선에서는 사회당이 승리를 거둠으로써 의회에서도 든든한 지원군을 확보하게 된 것이다.[19] 프랑스 여론은 메르코지 정책에 대한 안주가 아니라 변화를 바라고 있는 것처럼 보였다.

독일 좌파의 분위기도 마찬가지였다. 비록 부채 브레이크에는 함께 힘을 합쳤지만 사민당으로서는 유로존의 심각한 경기침체에 놀라지 않을 수 없었다. 여론조사에서 인기가 오르고 있는 시점에서 사민당이 2012년 관심을 두어야 할 부분은 채무와 재정건전성이 아니라 성장이었다. 그리고 전혀 예상치 못한 곳에서 지지가 쏟아졌다. 바로 IMF였다. 멕시코시티에서 열린 G20 정상회담에서 IMF가 절약의 역설을 강조했던 것은 재정정책에 대한 IMF의 관점이 크게 바뀌기 시작했다는 첫 번째 신호였다.[20] 2012년 여름 IMF 직원들은 유로존 위기가 시작되던 2010년 봄에 작성했던 예측보고서를 다시 살펴보고 자신들이 예산 절감의 부정적인 영향력을 조직적으로 과소평가했었다는 사실을 깨달았다. IMF는 위기가 시작되었을 때 승수(乘數)를 평균 0.5로 계산했지만 2010년부터 현재까지 계산해보니 1.21을 초과한다는 결론이 나왔다.[21] 다시 말해 긴축계획의 요구대로 정부예산 1유로를 삭감하면 경제활동은 1유로 이상 위축되었다. 따라서 긴축계획이 처음 예상했던 것과는 달리 경제활동에서 국가가 부담해야 하는 몫은 줄어드는 것이 아니라 실제로는 늘어났다. 좋지 않은 경제 상황과 불완전한 경험적 가정으로 인해 IMF는 지금까지 남부 유럽의 젊은 세대가 맞이할 미래의 경제를 붕괴시키는 정책들을 옹호해온 셈이었다.

독일의 보수파 연정내각은 서서히 힘을 잃고 있었다. 프랑스 대통령 선거에 메르켈 총리가 사르코지의 편에 서서 개입한 건 참으로 뻔뻔한 행동이었다. 심지어 그녀는 공공연하게 재정 협약에 이의를 제기하는 올랑드와 형식적으로라도 같이 모습을 드러내려 하지도 않았다. 그렇지만 어쩌면 올랑드로서는 그 편이 더 도움이 되었는지도 모른다. 어쨌든 독일은 가장 중요한 유럽의 동맹군을 잃고 홀로 지금의 정책을 밀고나갈 수밖에 없었다.[22] 게다가 메르켈 총리는 나라 밖 일에만 신경을 쓸 때가 아니었다. 독일 국내에서도 기민당과 자민당 연정내각의 인기가 점점 떨어지고 있었다. 두 정당의 연합은 지난 2009년 경제위기와 함께 인기 없는 은행 구제금융이 개시될 때 시장자유주의를 주장하고 유럽통합에 회의적인 자민당이 엄청난 인기를 얻으면서 시작되었다. 이제 2012년이 되자 그런 인기도 사그라지기 시작했다. 5월 13일 기민당은 서부 노르트라인베스트팔렌(Nordrhein-Westfalen, NRW)주에서 중요한 지방선거를 치렀다.[23] 인구 1700만 명에 GDP만 그리스의 3배에 달하는 NRW는 독일연방에서도 가장 규모가 큰 주였다. NRW의 중심부에 있는 루르(Ruhr)는 과거 중공업지대로 명성을 떨쳤고 지금은 중국과 경쟁하며 예전의 명성을 되찾기 위해 고군분투하고 있었다. 이 지역에서 갑자기 선거를 일찍 치른 건 지난 2009년 대연정을 통해 독일에 부채 브레이크가 시작되면서 지방정부가 예산안을 제대로 편성할 수 없었기 때문이다.[24] 메르켈 총리에게 이 선거의 결과는 엄청나게 충격적이었다. 사민당이 승리를 거뒀고 새로운 대안정당인 독일해적당(Piratenpartei Deutschland)이 지방의회 입성에 성공했다. 그리고 메르켈이 이끄는 기민당의 득표율은 26퍼센트에 그쳤다. 독일연방공화국이 세워진 이래 이 중요한 지역에서 기민당이 거둔 최악의 성적이었다.[25]

그리고 5월의 이런 정치적 지각변동에 대미를 장식하듯 부동산 위기의 마지막 여진이 스페인을 강타했다. 아일랜드와 마찬가지로 스페인 역시 세계에서 가장 극단적인 부동산 거품을 경험했고 그 거품이 터지자 아일랜드와 마찬가지로 엄청난 재앙이 몰아닥쳤다. 차이점이 있다면 아일랜드가 인구 450만의 소국인 데 반해 스페인은 4500만 명이 넘는 큰 국가였다. 위기가 닥치기 전 스페인 경제는 미국 텍사스주와 규모가 비슷했다. 따라서 스페인의 부동산 붕괴는 충격의 규모가 다를 수밖에 없었다. 주택시장이 무너지자 실업률이 급등했다. 2007년에서 2012년까지 유로존에서는 실업자 수가 660만 명 늘어났는데 그중 60퍼센트에 해당하는 390만 명이 스페인 사람들이었다. 그리스의 상황이 심각하다고는 했지만 실업률만 보면 그리스가 유로존에서 차지하는 비중은 12퍼센트에 불과했다. 가장 심각했던 건 스페인의 청년실업률로 2012년 여름에만 55퍼센트까지 치솟았다.[26] 심지어 막대한 규모의 지하경제까지 포함해도 충격적인 통계 결과는 별로 나아지지 않았다.

　더블린과는 달리 스페인의 사회민주당 정부는 글로벌 경제위기가 처음 닥쳐왔을 때 각 지역의 소규모 부동산 대출 은행들이 겪는 어려움을 어느 정도 진정시킬 수 있었다.[27] 긴급자금 지원을 통해 각 은행의 부실 자산들을 상당수 처리할 수 있었던 것이다. 2010년이 되자 스페인의 양대 정당과 밀접한 관계가 있는 상당수의 이런 부실한 지방 은행들은 방키아(Bankia)-BFA라는 이름의 새로운 부실전담 은행으로 통합되었다. 지방 은행들의 수는 45개에서 17개로 줄었지만 그 대가로 더 크고 더 위험한 은행이 들어서고 말았다. 방키아의 대차대조표상 자산 규모는 3280억 유로로 스페인 GDP의 30퍼센트에 달했다. 당연한 일이었겠지만 세계적인 투자은행들의 보증에도 불구하고 글로벌 투자자들에게 방키아의 주식을 판매하려는 시도는 당혹스러운 실패로 끝나고 말았다. 2011년 11월 위기가 최고조에 이르자 사회민주당 정부는 조기총선을 실시했다. 그리고 정권은 마리아노 라호이(Mariano Rajoy)가 이끄는 보수파 스페인 국민당으로 넘어가고 말았다. 라호이 내각이 상황의 심각성을 정확히 파악하고 있었는지는 분명하지 않다. 아마도 스페인의 보수파들은 독일과의 연대를 희망했겠지만 결과는 실망스러웠고 유럽연합에 대한 스페인 정부의 분위기는 이전보다 더 험악해지고 말았다.[28] 스페인 은행들이 요구하는 새로운 손실 관련 조항들은 시장을 진정시키기에 충분하지 않았다. 2012년 봄이 되자 스페인 금융시스템을 지탱해주는 건 유럽중앙은행이 제공하는 대규모 유동성 자금밖에 없었다. 그렇지만 유동성 유지와 지급능력 회복은 다른 문제였다. 2012년 5월 9일 방키아는 자신이 파산 위기에 몰려 있으며 자본재구성이 시급하다고 선언한다. 5월 25일 새로운 경영진이 들어선 방키아가 필요로 하는 자금은 190억 유로까지 늘어났다.[29] 이미 경제가 크게 침체된 스페인으로서는 새로운 금융위기가 닥쳐오면 그야말로 마지막 일격이 될 것 같은 분위기였고 아일랜드처럼 은행 지원 자금이 계속해서 증가한다면 은행과 스페인 모두가 경제 악순환에 빠져드는 더 안 좋은 상황이 벌어질 것이 분명했다. 방키아의 발표가 있은 후 스페인 국채의 시장금리는 6퍼센트를 넘어 7퍼센트까지 올라갔고 이렇게 채무상환 비용이 올라가 재정 적자가 늘어나면서 스페인의 채무 부담은 눈덩이처럼 커졌다.

2012년 5월 유럽이 다시 한번 벼랑 끝으로 몰리고 있다는 사실이 분명해졌다. 유로존 주변국들의 채권 시장금리는 상승하고 있었고 전망은 끔찍했다. IMF 자료에 따르면 2012년 한 해 동안에만 유럽의 정부와 은행들이 상환을 연장하고 재편성해야 하는 채무 규모는 무려 GDP의 23퍼센트까지 육박했다.[30] 스페인은 이제 공황상태로 인해 통제 불능 수준으로 치솟아버린 금리를 감당할 수 없었다.

유럽연합은 타이타닉호의 운명을 비껴갈까

스페인에서 위기가 감지되자 전면적인 유로존 개혁 문제가 다시 불거졌다. 메르켈 총리가 2011년에서 2012년으로 이어지는 겨울 동안 막고나섰던 내용이 재차 현안으로 떠오른 것이다. 4월 말이 되자 마리오 드라기가 유럽의회에서 재정통합에 대한 추가 조치를 준비하기 위해 정치적 기준과 지침을 요구하고 나섰다. 한편 프랑스의 새로운 대통령과 전열을 가다듬은 마리오 몬티의 이탈리아 정부는 각자의 입장을 조율하기 시작했다. 이탈리아 채권의 시장금리가 조금씩 불길하게 상승하기 시작하면서 마리오 몬티로서는 유럽 차원의 조정이 필요했다. 스페인의 위기는 기본 입장의 변화를 가져올 것인가 아니면 그저 독일의 지연전술이 또다시 반복될 것인가? 메르켈 총리는 국가채무에 대한 공동 관리와 책임에 대해 계속해서 거부하는 대신 은행의 자본재구성 문제에 대해서는 좀 더 유연한 자세를 취할까? 금융권에 대한 감독과 지원을 위한 공동의 책임을 부여받은 일종의 은행연합이 마침내 유로존 해결책을 위한 문을 열까?

2012년 6월 9일 유로존 재무부 장관들은 스페인의 상황이 대단히 심각하며 유럽연합이 스페인 정부에 자본재구성을 위한 자금으로 1000억 유로를 제공해야 한다는 데 의견을 함께했다.[31] 그렇지만 경제의 악순환을 막으려면 은행들에 직접 개입해 자본재구성을 해나갈 자본을 가진 범유럽 차원의 은행 지원기금이 별도로 필요했다. 만일 스페인 은행들에 직접 지급해야 할 자금이 스페인 정부 계좌로 들어간다면 위기 상황이 더 확대될 위험이 있었다. 이런 사실을 증명이라도 하듯 6월 14일 무디스는 스페인의 국가신용등급을 Baa3으로 떨어트렸다. 그야말로 최하위 바로 위의 등급이었다. 스페인 외무부 장관은 유럽연합의 미래는 이제 며칠 안에 결판이 날 것이라고 주장하고 나섰다. 그리고 독일 정부를 향해서는 타이타닉호의 침몰을 언급하며 "배가 침몰하면 1등석 승객을 포함한 모든 사람들이 다 끝이다"라고 말하기도 했다.[32] 실제로 유럽의 위기로 인한 피해의 여파는 유럽을 넘어설 가능성마저 있었다. 스페인이 이탈리아와 같은 길을 걷고 있는 건 아니지만 스페인에서 시작된 위기는 쉽게 사방으로 퍼져나갈 수 있었다. 2010년 이후 반복되어온 것처럼 유로존이 내부 문제를 해결하지 못하면 결국 유럽 문제는 세계 문제로 확대되고 말 것이다.

2012년 5월에 있었던 미국 재무부 팀 가이트너의 10여 차례에 걸친 유럽연합 본부와 IMF, 그리고 유로존 재무부 장관들과의 통화 기록은 상황의 심각성을 보여준다.[33] 4월 18~19일에 캠프데이비드에서 있었던 G8 회담에서 오바마 대통령은 메르켈 총리, 몬티 총리와 함께 긴장감 넘치는 두 시간 반에 걸친 특별회담을 진행했다. 2011년 11월 칸에서 열렸던 G20 회담에서는 유로존 문제가 주요 회담 내용이었다. 그로부터 9개월이 지나 멕시코의 유명 휴양도시 로스카보스(Los Cabos)에서 열린 G20 회담에서도 유럽 문제는 회의의 주된 안건이었다. 세계 정책 전문가들, 정치가들, 그리고 언론들은 유로존의 문제가 해결되기는커녕 하루하루 더 심각해져가고 있다는 사실을 인정할 수밖에 없었다. 분위기는 눈에 뜨일 정도로 조급해져갔다. 6월 19일 있었던 기자회견에서 유럽연합 집행위원회의 마누엘 바호주 위원장에게 쏟아진 질문들은 지나치게 공격적이었고 위원장은 이성을 잃고 말았다. 한 캐나다 기자가 유로존의 영향으로 북아메리카 지역이 겪고 있는 위험에 대해 질문하자 위원장은 거칠게 대꾸했다. "솔직히 말해 우리는 민주주의나 경제 문제와 관련된 가르침을 받으려고 이 자리에 참석한 것이 아니다. …… 경제위기는 유럽에서 처음 시작된 것이 아니다. …… 지금 북아메리카 지역이 겪고 있는 위험이라고 했는데, 그 위기가 처음 시작된 곳이 바로 북아메리카 지역이고 우리 유럽이 거기에 영향을 받은 것이다. 정확하게 말하면 금융시장 일부 부문의 비정상적인 관행에 의해 유럽이 피해를 입은 것 아닌가."[34] 그리고 이렇게 자기중심적인 주장을 계속하며 바호주 위원장은 유럽이야말로 민주적 공동체라고 덧붙였다. 올바른 해결책을 찾는 데는 시간이 걸리기 마련이다. G20 회원국들 중 일부는 심지어 민주주의와는 거리가 먼 국가들이었다. 그렇다면 유럽은 여기에서 어떤 교훈을 얻어내야만 하는가?

분명 오랜 전통이나 관록은 쉽게 사라지지 않았다. 그렇지만 유럽은 도움이 필요하다는 사실 역시 분명했다. 칸에서 오바마 대통령은 사르코지 대통령을 통해 독일의 입장을 바꿔보려고 노력했고 그 시도는 실패로 돌아갔다. 사르코지 대통령은 메르켈 총리에게 등을 돌리는 위험을 감수하려 하지 않았다. 2012년 여름이 되자 미국은 다시 다방면으로 더 많은 노력을 기울였다. 2012년 초에 이탈리아의 마리오 몬티 총리가 백악관을 방문하자 《타임》은 유럽의 새로운 구원자가 찾아왔다고 찬양을 하기도 했다.[35] 그가 비록 신고전주의 경제학파의 대부이자 전통적인 이탈리아의 자유시장주의자였지만 그는 유로존의 채권시장이 더는 신뢰할 수 없는 상황이라는 사실을 잘 알고 있었다. 투기세력이 자신들이 보유한 이탈리아와 스페인 국채에 대한 가치를 끌어올리려고 하는 건 그리 특별한 상황이라고는 볼 수 없었지만 그로 인한 구조적인 붕괴의 가능성이 있었다. "화폐단위 변경(redomination)"의 위험이 발생할 수 있다는 뜻이었고 이런 상황을 막을 수 있는 건 공동의 노력밖에 없었다. 그러나 유로존 전체가 함께 행동에 돌입하기 위해서는 마리오 몬티에게도 동맹군이 필요했다. 미국은 협조적인 모습을 보였다. 그렇지만 역시 결정적 계기가 된 것은 2012년 5월의 메르코지 연합의 붕괴였다. 새로 프랑스 대통령이 된 올랑드는 경기부양과 성장을 강조했고 프랑스 재무부 관료들은 유럽의 은행연합 결성이라는 계획을 들고나왔다. 덱시아가 무너지고 프랑스의 신용등급이 위태로워지자 2011년 가을 투기세력이 기세를 올렸고 이를 본 유럽 측 인사들은 함께 힘을 합치는 위험을 감수하지 않으면 어느 누구도 안전할 수 없다는 사실을 확신했다.[36] 이를 위해 마리오 몬티와 올랑드는 스페인의 보수파 총리 마리아노 라호이에게 기대를 걸었다. 라호이 총리는 현실만 바라보는 인물이었고 실제로 스페인의 극단적인 미래에 대해서는 잘 생각하지 않는 듯한 인상도 종종 주었다. 그렇지만 스페인 정부가 유로존의 붕괴를 막기 위한 대화를 간절히 원하고 있다는 사실에는 의심의 여지가 없었다.

로스카보스에서의 이틀째 날, 오바마 대통령과 몬티 총리는 비밀 계획을 짠다. 메르켈 총리와의 일대일 면담에서 미국 대통령은 이탈리아 측이 작성한 계획안 하나를 제시한다.[37] 적절하게 책임감 있는 재정정책을 시행하는 국가들에 대해서 유럽중앙은행이나 ESM이 채권 시장금리에 대한 상한선을 두어야 한다는 제안이었다. 만일 시장금리가 지속 가능한 범위를 넘어 상승하면 좀 더 일반적인 수준으로 돌아가도록 국제기구가 개입하는 계기가 된다. 이는 트로이카가 강제적으로 관리나 감독에 들어갈 필요 없이 거의 자동적으로 작동하는 구조였다. 메르켈 총리는 사전에 좀 더 분명하게 독일 측 관료들에게 관련 내용을 알리지 않았다는 절차상의 문제점을 지적하며 분개한 듯 아예 논의조차 하지 않으려 했다. 그녀는 제안의 근거가 어디에 있든지 통화정책과 재정정책 사이의 관계를 모호하게 만드는 어떤 제안도 수용하지 않으려 했다. 독일에게 유럽중앙은행의 "자주권"은 일종의 신성불가침의 영역이었다. 분위기는 험악해졌고 오바마 대통령의 요청으로 계획되었던 저녁 만찬 후 본회의도 취소하는 것이 나을 듯했다. 개별적 대화는 거기까지로 충분했다. 아무도 칸에서와 같은 상황을 되풀이하고 싶지 않았다.

메르켈 총리는 다시 한번 긴급조치를 실시하자는 논의를 중단시켰다. 그렇지만 미국과 유럽 양쪽의 압박은 더욱 거세져갔다. 6월 17일 치른 그리스 2차 총선에서는 다행히 새로운 내각을 구성할 수 있었다. 범그리스사회주의운동은 완전히 사라졌고 우파에서는 신민주의당이, 그리고 좌파에서는 시리자가 양대 정당으로 자리 잡았다.[38] 그리고 트로이카에 반대하는 세력에게는 이제 시리자가 새로운 대안이었다. 6월 20일에는 안토니스 사마라스를 총리로 하는 내각이 구성되었다. 무정부 상태보다는 상황이 나아졌지만 위기 발생 이후 지금까지 이어진 안토니스 사마라스의 전력을 생각하면 앞으로 어떤 상황이 펼쳐질지 예측할 수 없었다. 새로운 총리는 파다데모스 정부의 합의를 존중하겠다는 공약을 준수할 것인가? 그 확실한 해답은 전혀 알 수 없었고 그렉시트에 대한 논의는 계속해서 이어졌다. 어쨌든 2012년 6월의 그리스는 더 이상 중요한 관심의 대상이 아니었다. 만일 합의된 집단적 조치가 실시되지 않는다면 스페인은 치명적인 위험에 빠질 것이며 이탈리아도 곧 그 뒤를 따를 것이었다.

몬티 총리와 올랑드 대통령은 서둘러 문제를 해결하기 위해 6월 22일 로마에서 회동을 갖고 유럽성장협약(Growth Pact for Europe)에 합의했다. 계획상으로는 1300억 유로 규모의 투자와 조세 감면 효과를 볼 수 있는 협약이었다. 두 사람은 독일의 자민당이 떨어진 지지율을 만회하기 위해 유럽통합 반대론자들과 연대하고 독일 정부의 유럽 관련 정책에 반대하고 있어 메르켈 총리가 곤란한 상황에 있다는 사실을 잘 알았다. 따라서 메르켈 총리로서는 야당인 사민당의 도움을 기대할 수밖에 없었는데, 사민당은 프랑스 사회당과 서로 협력하는 관계였다.[39] 사민당은 의회에서의 지원을 약속하는 대신 성장 문제를 주요 안건으로 처리해달라고 요구했다. 메르켈 총리로서는 맞서야 할 상대가 점점 더 늘어나는 상황에서 6월 26일 이른바 유럽의 "4두 체제"로 불리는 유럽이사회 의장 헤르만 판롬파위, 유럽중앙은행 총재 마리오 드라기, 유럽연합 집행위원회 위원장 마누엘 바호주, 유로그룹 의장 장클로드 융커는 독일이 지난 12월 반대했던 안건을 다시 들고나왔다. 네 사람은 유로존이 예금보험과 공동비상기금을 통해 지원하는 은행연합의 설립을 주장했다. 또한 공동의 채무조달의 필요성도 함께 제시했다.[40] 메르켈 총리의 반응이 나오기까지는 그리 시간이 오래 걸리지 않았다. 24시간이 채 지나지 않아 그녀는 연정 상대인 자민당과 회의를 거친 후 이렇게 발표한다. "내가 살아 있는 한 유럽연합이 모두 함께 공동으로 채무 문제를 책임지는 일은 없을 것이다."[41] 독일 국내에서는 유로존의 추가 구제금융을 반대하는 목소리가 점점 높아지고 있었다. 6월 21일 연방헌법재판소가 2012년까지 프랑스가 요청한 ESM의 창설을 앞당기자는 제안에 동의한다는 판결을 내리고 정부가 의회의 사전 협의 권리를 가로막고 나서자 메르켈 총리는 운신의 폭이 더욱 좁아졌다. 상황은 분명했다. 더이상 어떤 비공개 자금지원도 허용할 수 없다는 것이었다.

2012년 6월 28일 브뤼셀에서 유럽이사회가 소집되었다. 유럽의 분위기는 대단히 심각했다.[42] 스페인이 점점 더 수렁으로 빠져들고 있다는 사실이 분명해졌다. 불과 사흘 전에 스페인 정부는 자국 은행들의 구조조정과 자본재구성을 위해 국제사회에 공식적으로 1000억 유로의 지원금을 신청했다. 코앞까지 닥쳐온 재앙을 막기 위해서는 유럽이사회가 은행연합의 창설을 승인하는 것 말고는 다른 대안은 없었다. 일단 실질적인 종합적 관리체계만 구성되면 해당 국가의 정부와는 별개로 은행의 자본재구성을 위한 지원을 직접 해줄 수 있었다. 마침내 위기 상황에 어울리는 구조적 해결책이 모습을 드러내기 시작했다. 독일은 단기적으로는 스페인 은행들에 즉시 지원을 해주는 것에 동의하는 대신 스페인 은행들은 먼저 엄격한 스트레스 테스트를 거쳐야 했다. 이런 상황은 대단히 중요한 진전이라고 볼 수 있었다. 2008년의 위기로부터 4년이 지나 유럽이 마침내 재정 문제에 대한 공동대응보다 더 중요한 사실을 인정했는데, 지금 유럽에 필요한 건 금융 분야에 대한 공동의 책임의식이었다.

그렇지만 이렇게 해도 해결할 수 없는 것이 현재 국채시장에서 불거지고 있는 불확실성에 대한 문제였다. 이탈리아와 스페인에게 국채 수익률이 7퍼센트 이상 상승하는 건 그야말로 죽느냐 사느냐의 문제였다. 채권시장이 잠잠해지지 않는다면 두 나라에서 공공 부문 재정의 안정화는 바랄 수 없는 꿈에 불과했다. 6월 28일 저녁 몬티 총리와 라호이 총리는 마지막 결전을 벌였다.[43] 헤르만 판롬파위는 유럽이 환영할 만한 새로운 성장협약을 언론에 발표할 예정이었는데 바로 그때 두 총리가 채권시장의 새로운 위기를 타개할 협약이 이루어지지 않는 한 이 성장협약에 동의할 수 없다고 선언한 것이다. 그야말로 예상치 못한 기습공격이었다. 메르켈 총리로서는 성장협약이 제대로 진행되지 않을 경우 의회에서 계속 힘을 발휘할 수 없었다. 그렇지만 그녀 역시 은행 지원과 채권 매입에 대해 지금의 제한선을 계속 유지하기로 약속했고 이제는 둘 모두를 포기할 수밖에 없는 위험에 놓였다. 독일 총리는 6월 29일 오전 4시 20분이 되어서야 비로소 한 걸음 물러섰다. 총 15시간에 걸친 협상 끝에 마누엘 바호주와 헤르만 판롬파위는 기자들을 만나 성장협약뿐만 아니라 ESM을 통한 지원을 허용하는 계획에도 합의했다는 사실을 발표한다. 이제 ESM을 통해 지난 12월 합의된 재정 관리 규정에 맞춰 유럽 국가의 정부 채무를 지원할 수 있게 된 것이다. 모든 유로존 회원국들이 지원 대상에 포함되며 트로이카에 굴욕적인 긴급 지원 요청을 할 필요가 없었다. 마리오 몬티 총리는 회의를 마치고 나서며 기쁨에 넘쳐 이렇게 소리쳤다. "유럽의 정신적 장벽이 마침내 극복되었다!"[44]

그야말로 돌파구가 열린 것이다. 그렇지만 정치적, 경제적 관점에서 보면 2012년 7월의 유로존은 여전히 유동적인 상태였다. 메르켈 총리의 일 보 후퇴는 독일의 보수파들을 진정시키지 못했다. 새로운 그리스 정부를 여전히 부담스러운 짐으로 여겼다. 한편 스페인은 재앙에 점점 더 가까워지고 있었다. 채권시장 지원을 시작하기 위해서는 우선 유로존 회원국이 3퍼센트 적자 규정을 준수해야 했고 스페인의 재정 적자 수준으로 볼 때 이는 어림도 없었다. 2012년 여름 스페인의 재정 적자는 GDP 대비 11.2퍼센트에서 겨우 5.4퍼센트까지 낮아졌다. 유로그룹은 여전히 스페인 은행의 자본재구성에 대한 세부사항들을 조율하고 있었다. 스페인 은행들이 소리 없이 이루어지는 예금인출 사태와 은행간 대부시장의 폐쇄로 어려움을 겪으면서 유럽중앙은행으로부터 3760억 유로라는 막대한 자금을 지원받았다.[45] 스페인 전역의 지방정부들은 혼란에 휩싸였다. 7월에는 발렌시아가 마드리드 중앙정부에 도움을 요청했다. 카탈로니아가 그다음으로 요청을 하려 했다. 7월 23일에는 스페인의 10년 만기 국채 수익률이 7.5퍼센트까지 올라갔고 CDS는 6.33bp를 기록했다. 같은 날 스페인의 재무부 장관 루이스 데귄도스(Luis de Guindos)는 베를린으로 날아간다. 시장을 안정시키고 유럽중앙은행이 채권 매입을 시작할 수 있도록 볼프강 쇼이블레의 보증을 받을지도 모른다는 희망 때문이었다. 스페인 재무부 장관은 스페인이 "경제 붕괴 코앞까지 가 있다"고 경고했다.[46] 그렇지만 독일의 재무부 장관은 같은 보수 성향 정권이라고는 해도 무조건 도움을 줘야 한다는 사실을 내심 불편하게 여겼다. 독일이 즉각적인 채권 매입을 승인하려면 우선 스페인 정부가 나서서 자국의 연금제도를 개혁하고 재정 적자를 해소하려는 의지를 보여줄 필요가 있었다. 유럽의 사회적 거래에 대한 독일의 제안에 따라야만 지원을 받을 수 있었던 것이다. 유로존의 앞날은 여전히 불투명했다.

사흘 후인 7월 26일 목요일, 마리오 드라기는 런던으로 날아가 하계올림픽 전에 열리는 글로벌투자총회(Global Investment Conference)에 참석했다. 글로벌투자총회는 영국을 세계경영의 중심지로 만들기 위해 기획된 행사였다. 런던의 분위기는 그렇게 우호적이지 못했다.[47] 마리오 드라기보다 앞서 발언권을 얻은 머빈 킹은 자신은 유럽의 정치적 연대를 실현 가능한 해결책으로 보지 않는다고 밝혔다. 마리오 드라기는 훗날 한 친구에게 이렇게 털어놓았다. "그야말로 지긋지긋했다! 유로화의 붕괴에 대한 이런 모든 이야기가 정말로 끔찍하고 지겨웠다." 물론 그가 이탈리아어로 말한 내용은 이보다 더 적나라했으리라.[48] 그래서 마리오 드라기는 자신이 발표하려던 내용을 바꿨다. 시장은 현재 유럽이 겪고 있는 질적인 변화를 이해할 필요가 있었다. 유로존은 그 시작은 미미했지만 거듭되는 위기를 거치면서 빠르게 발전했다. 글로벌 시장들은 유럽을 새롭게 바꾸고 있는 근본적인 변화에 대해 제대로 평가할 필요가 있었다. 2011년 12월의 재정협약 이후 이루어진 2012년 6월의 정상회담은 일종의 전환점이었다. 2008년 위기가 발생한 후 처음으로 모든 세계 정상들이 한목소리로 "현재의 위기를 타계할 수 있는 유일한 방법은 유럽이 흩어지는 것이 아니라 더욱더 단결하는 것"이라고 외치고 있었기 때문이다.[49] 유럽연합의 새로운 통합을 위한 움직임이 다시금 시작되었다. 마리오 드라기가 글로벌 시장을 향해 하고 싶은 말의 요점은 바로 정치적 관점이었다. 그는 회의적인 표정의 시티 관계자들에게 이렇게 말했다. "사람들이 유로화의 부족한 점이나 혹은 그런 부족한 점이 점점 더 늘어난다고 이야기할 때는 주로 유로존과 상관없는 국가에서 유로화에 투자된 정치적 자산의 규모를 과소평가하는 경우가 대단히 많다." 그런 평가들이 다 부질없는 건 "유로화를 포기할 수 없도록 만드는 정치적 노력을 이미 충분히 투입했고 지금도 투입하고 있기 때문이다." 그리고 마리오 드라기는 투자자들이 들어주었으면 하는 또 다른 내용이 있다고 덧붙였다. "유럽연합의 지원 아래 유럽중앙은행은 유로화를 존속시키기 위한 어떤 노력이라도 할 준비가 되어 있다." 극적인 효과를 위해 잠시 말을 멈춘 뒤 그는 다시 말을 이었다. "나를 믿어달라. 오직 그것만으로 충분할 것이다."

유로존 위기의 돌파구가 된 마법의 연설

돌이켜보면 마리오 드라기가 "어떤 노력이라도 할 준비가 되어 있다"고 말했을 때가 유로존 위기의 전환점이었다. 그의 발언 이후 시장은 급속도로 안정되었고 취약한 국가들이 발행한 국채 대부분은 시장금리가 정상적인 수준으로 떨어졌다. 유로존 붕괴에 대한 이야기는 더 이상 나오지 않았다. 그야말로 깊은 호소력을 지닌 설명이었다. 지금까지 계속해서 안정화의 열쇠를 쥐고 있었던 건 다름 아닌 유럽중앙은행이었고 마리오 드라기는 마침내 그런 유럽중앙은행을 움직인 것이다. 그러나 돌아보면 그렇다는 것일 뿐 당시의 상황은 조금 달랐다. 2010년 시작된 유럽중앙은행 정책 방향에 대한 크고 작은 다툼은 2012년 7월 26일에 있었던 마리오 드라기의 연설로 끝이 나지는 않았다. 처음에는 그의 이런 개입이 거의 아무런 영향력도 미치지 못했고 언제든 제자리로 돌아갈 수 있었다. 마리오 드라기의 연설이 실질적인 역사적 전환점이 되기 위해서는 많은 도움이 필요했고 심지어 그 이후에도 힘겨울 정도로 제대로 완성되지 못했다.

　마리오 드라기의 연설이 끝나고 몇 시간쯤 지나 충격의 여파가 어느 정도 가라앉자 프랑크푸르트에 있는 유럽중앙은행 본부는 혼란에 휩싸였다. 어느 고위 임원은 로이터통신과의 대담에서 이렇게 언급하기도 했다. "누구도 이런 일이 일어날 거라고는 상상하지 못했다. 그 어느 누구도 말이다."[50] 유럽중앙은행 홍보부와 홈페이지 관리부는 언론에 공개하기 위한 연설문 사본을 사전에 전혀 제공받지 못했다. 마리오 드라기는 이사진 몇 사람에게만 자신의 계획을 대강 알려주었을 뿐이다. 그렇지만 그로 인한

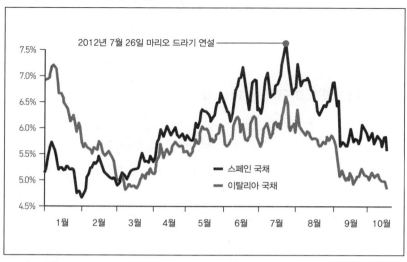

도표 18.2   마리오 드라기 발언 이후의 스페인과 이탈리아 국채 시장금리: 2012년 1~10월

자료 출처: 톰슨 로이터통신 인용 보도, 마커스 밀러(Marcus Miller)와 레이장(Lei Zhang), 「유로화 구하기: 자기실현적 위기와 마리오 드라기의 연설(Saving the Euro: Self-Fulfilling Crisis and the 'Draghi Put')」, 『채무와 삶(Life After Debt)』(2014), pp.227~241.

충격의 여파를 미리 생각해본 그는 분명 발표할 내용을 비밀로 해두었다가 모든 게 확실해지면 그때 비로소 전 세계에 공표하는 것이 낫다고 판단했음에 틀림없다. 분데스방크의 옌스 바이트만 역시 마리오 드라기의 계획을 언론을 통해 겨우 알았다. 유럽 금융계의 어느 누구도 사전에 미리 언질을 받지 못했고 그건 EFSF의 수장인 클라우스 레글링(Klaus Regling)도 마찬가지였다. 더군다나 EFSF는 마리오 드라기의 계획에서 가장 핵심적인 역할을 하기로 되어 있지 않은가. "마리오 드라기는 본인 자신도 아무런 확신이 없었던 것 같다." 유럽중앙은행 본부의 어느 임원이 한 말이다. "그냥 즉흥적으로 했던 말이 아닐까." 로이터통신은 이렇게 덧붙였다. "마리오 드라기의 발언은 도박에 가까웠다. …… 그리고 그 자리의 연설은 단지 시작에 불과했다."

마리오 드라기의 연설이 사람들의 동참을 요구하는 호소였다면, 누가 그의 뒤를 따를 것인가가 문제였다. 주말을 지나자 유로그룹의 수장인 장 클로드 융커가 마리오 드라기의 뒤를 따랐다. "세계는 유로존이 앞으로 몇 개월 뒤에도 살아남을 수 있을지에 대해 이야기하고 있다." 그는 이렇게 주장했다. "유럽은 절체절명의 위기 순간에 서 있다."[51] 장클로드 융커는 독일 정부에 "문제는 유로와 유럽인데 한가하게도 국내 정치에만 사로잡혀 있다"고 경고했다. 한편 메르켈과 몬티, 올랑드는 공동성명을 발표하며 자 신들은 유로화를 끝까지 지킬 것이라고 주장했다. 유로존을 지키는 4두 체 제를 더욱 공고히 하기 위해 마리오 몬티는 마드리드로 가서 마리아노 라 호이를 만날 것이라고 발표했다.

미국은 재빨리 마리오 드라기 편에 섰다. 7월 30일 월요일 아침 재무부 장관 팀 가이트너는 유럽으로 날아가 독일 북부 질트(Sylt)에서 휴가를 즐 기고 있는 볼프강 쇼이블레를 찾아갔다. 거기에서 무슨 일이 일어났는지에 대해서는 언론마다 추측이 엇갈린다. 누군가는 합의가 이루어졌다고 보도 했고 독일 측이 완강하게 협상을 거부했다고 보도하는 곳도 있었다.[52] 팀 가이트너는 독일이 여전히 그리스를 유로존에서 몰아내는 방향을 저울질 하고 있다고 생각했다. 그는 자신의 회고록에 이렇게 기록했다. "그리스를 그대로 내버려두는 편이 더 믿을 수 있는 방어벽을 가진 더 강력한 유럽을 만드는 것을 쉽게 하는지에 대한 논의가 오고 갔다. 나는 그런 논의 자체 가 대단히 섬뜩하게 느껴졌다." 그리스를 그대로 내버려둔다면 "엄청난 신 뢰도의 추락이 일어날 수 있었다." 미국으로 돌아오는 비행기를 "다시 되 돌려 돌아갈 수는 없을까." 팀 가이트너로서는 "독일 유권자들이 왜 스페 인이나 포르투갈, 혹은 다른 국가를 구제하는 일이 훨씬 더 낫다고 생각하 는지"에 대한 이유조차 정확히 알 수 없었다.[53] 쇼이블레 장관을 만나고 돌 아오는 길에 팀 가이트너는 잠시 프랑크푸르트에 들러 마리오 드라기를 만 났다. 회고록에도 기록되어 있지만 거기서 내린 결론 역시 안심이나 확신 과는 한참 거리가 멀었다. 마리오 드라기는 팀 가이트너에게 런던에서의 발언은 자기 앞에 모인 헤지펀드 경영자들에게서 느낀 깊은 회의감 때문에 즉석에서 한 것이라고 말했다. 그는 시장을 흔들어놓을 필요가 있다고 느꼈다는 것이다. 팀 가이트너는 이렇게 회고한다. "그러니까 마리오 드라기도 그저 분위기에 놀라서 자신의 발언에 뭔가 더 덧붙이기로 결심했고 그래서 즉흥적으로 '모든 노력을 다 기울이겠다' 같은 표현을 자꾸 한 것이다. 완전히 즉흥적이었다니 …… 참으로 기가 막힐 노릇이다. …… 당시 마리오 드라기에게는 아무런 사전 준비나 계획이 없었다. 그는 그야말로 아무 꾸밈 없이 있는 그대로의 생각을 이야기한 것이다."54 워싱턴으로 돌아온 팀 가이트너는 대단히 비관적인 기분이었다. "나는 대통령에게 심히 우려스럽다고 말했고 대통령도 비슷한 기분이었다. …… 유럽의 분열은 미국을 다시 불황으로 밀어 넣을 수도 있고 심지어 또 다른 금융위기를 불러올 수도 있었다. 셀 수 없이 많은 전문가들이 지적하는 것처럼 그런 일이 대통령 선거가 있는 해에 일어나면 안 된다. 아니, 언제라도 그런 일이 일어나는 걸 바라는 사람은 아무도 없을 것이다."55

사실 마리오 드라기의 계획에 대한 독일의 반대는 격렬했다.56 정부 일각에서는 8월 30일에 중국과 정부간 연석회의가 열리기 전까지는 메르켈 총리와 쇼이블레 장관이 유럽중앙은행의 결정을 지지하고 그리스를 유로존에 남겨두는 일을 최종적으로 결정하지 않을 거라고 확신하고 있었다.57 중국의 국무원 총리 원자바오는 자신은 유로존의 운명을 책임지고 있는 두 주축 독일과 프랑스를 지지할 것이며, 또 적절한 조치만 취해진다면 유럽 각국의 국채를 중국이 매입하는 일도 계속할 것이라고 분명하게 밝혔다.58 이 무렵 오바마 행정부의 입장은 아마도 예전과 달라진 부분이 없었을 것이며 또한 전선이 너무나 분명하게 드러난 까닭에 이 문제에 대해 영향력을 더 행사하기가 어려웠을 것이다. 늘 그렇듯 물가상승 문제에 강경한 분데스방크 내부 인사들은 유럽중앙은행이 채권을 매입한다는 계획에 깜짝 놀라고 말았다. 그렇지만 메르켈 총리 입장에서는 두 가지 나쁜 선택지 중

그나마 나은 쪽을 택했다고 볼 수 있다. 스페인에서는 ESM이 제공하는 자금을 지원받는 일에 대해 훨씬 더 심각한 정치적, 법적 문제가 야기될 수 있었다.[59] 9월 6일 분데스방크는 마리오 드라기의 계획에 홀로 반대표를 던지며 불만을 공개적으로 표시했다. 실제로 옌스 바이트만은 너무 분개해서 마리오 드라기와의 면담을 요구해 분데스방크의 표가 유럽중앙은행 위원회의 다른 표와 똑같다고 생각해서는 안 된다고 못을 박기도 했다. 분명한 거부의 의사 표현이었다.[60] 그렇지만 메르켈 총리와 쇼이블레 장관이 마리오 드라기를 지지하고 나서면서 결국 주사위는 던져졌다. 유럽중앙은행은 단기국채매입프로그램(Outright Monetary Transactions, OMT)라는 이름으로 최종대부자라는 새로운 역할을 공식적으로 승인했다.[61] 그렇지만 대단히 엄격한 조건부 합의였다. 유럽중앙은행은 오직 문제가 있는 해당 국가가 재정 긴축계획이나 ESM의 승인을 받은 지원계획에 대해 동의했을 경우에만 행동에 나설 수 있었다. 유럽중앙은행이 장클로드 트리셰의 승인하에 진행한 무조건적인 채권 매입과 비교하면 훨씬 더 엄격하고 많은 조건들이 가로막고 있었다.

심지어 마리오 드라기가 "어떤 노력이라도 할 준비가 되어 있다"고 말한 이후에도 유럽중앙은행의 통화정책은 근본적으로 엄격한 제약에 묶여 있었다. 미국의 연준도 그 정도 수준은 아니었다. 2012년 미국 경제는 대단히 빠르게 회복되고 있었다. 2011년 더 이상의 어떤 통화확장 정책도 반대했던 보수파들의 주장은 그대로 사라져버렸다. 2012년 9월 13일 미국 연방공개시장위원회(FOMC)는 제3차 양적완화 조치를 표결에 부쳤다.[62] 미연준 역사상 가장 큰 규모의 양적완화 조치였다. 연준은 우선 패니메이와 프레디맥의 기관 채권을 매달 400억 달러어치씩 매입하기로 약속했다. 이전과 차이점이 있다면 연준이 "노동시장 전망에 실질적인 개선"을 확인할 때까지 매입을 계속한다는 점이었다. 또한 거기에 덧붙여 FOMC는 실업률이 6.5퍼센트 이하로 내려가고 연준의 물가상승률 전망이 2.5퍼센트 미만이 될 때까지 연방기금금리를 0퍼센트에 가깝게 유지할 것이라고 발표했다. 2012년 12월 12일 FOMC는 다시 매달 채권 매입 규모를 400억 달러에서 850억 달러로 올리겠다고 발표했다. 제3차 양적완화 조치는 이렇게 상황에 따라 변동이 가능했기 때문에 "무한 양적완화"라는 유명한 별칭이 붙기도 했다.

벤 버냉키는 자신의 회고록에 이렇게 적었다. "마리오 드라기처럼 우리도 어떤 노력이라도 할 준비가 되어 있다고 말하는 셈이었다."[63] 그렇지만 벤 버냉키는 유럽에 지나치게 후한 평가를 내린 것이 아닐까. 실제로 2012년 9월 시작된 마리오 드라기의 OMT는 조건부 신뢰회복 조치였으며 시장을 진정시키고 공황상태를 막아냄으로써 자기 역할을 다했다. 하지만 그 이상 유로존 경제에 도움이 되지는 못했다. 사실 유럽중앙은행이 할 수 있는 일은 상당히 제한적이었다. 미국과 같은 양적완화 조치는 독일의 보수파들이

도표 18.3 미연준과 유럽중앙은행 대차대조표: 2004~2015년(단위: 1조 달러/유로)

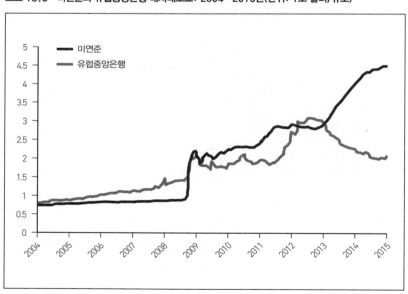

자료 출처: 미연준, 유럽중앙은행.

눈을 부릅뜨고 있는 한 생각조차 할 수 없었다.[64] 유로존 경제가 제자리걸음을 하고 은행들이 규모를 줄이며 안전경영에만 집중하면서 장기대출프로그램으로 지원되었던 자금들은 서서히 제자리로 돌아왔다. 벤 버냉키가 적극적으로 확장했던 연준의 대차대조표와는 달리 유럽중앙은행의 대차대조표는 2011년 가을의 위기 상황 수준으로 줄어들어 있었다. 유럽은 사실상 두 번째 경기불황 속으로 더 깊이 빠져들고 있었다.

위기 탈출의 해법은 결국 미국화?

만일 누군가 급속도로 진행되던 유로존 위기가 어떻게 갑자기 멈출 수 있었는가 묻는다면 마리오 드라기의 7월 26일 연설에서 두 가지 해답을 얻을 수 있다. 먼저 마리오 드라기 본인의 노력이다. 유로존 위기는 유럽 정부들이 막대한 규모의 정치적 자본을 투입함으로써 멈출 수 있었다. 즉, 그리스 채무 재조정, 재정 협약, 유럽 은행연합, ESM, 그리고 유럽중앙은행의 OMT 같은 새로운 조치들이 큰 역할을 했다. 유로존의 미래를 부정적으로 예측한 사람들은 유럽 정부들이 할 수 있는 이런 투자 규모를 잘못 판단한 셈이다. 그리고 마리오 드라기가 강조하고 싶었던 내용도 바로 그런 것들이다. 마리오 드라기는 유럽통합의 중요성에 대한 정치적 화두를 던진 것이며 그 과정이 지연된다면 유럽의 국민들에게 큰 부담이 될 수 있었다. 그러나 비록 때로는 느리고 때로는 갈지자 행보를 하기도 했지만 늘 그래 왔던 것처럼 유럽은 다시 한번 "진정한 통합"을 향해 전진하고 있었다.

그런데 그날 시티에서 마리오 드라기의 연설을 들은 대부분의 사람이 생각한 유로존 위기 탈출의 해법은 상당히 달랐다. 이들은 유럽연합에 대해 여전히 회의적이었으며 그 정치적 문제와 관련된 세부적인 내용에 대해서는 별다른 흥미가 없었다. 그런 그들이 마리오 드라기의 연설에서 깨달은 건 거기 담긴 특별한 의미나 혹은 모든 것을 변화시킬 수 있는 유로존 정치의 거대한 변화 과정이 아니었다. 그들은 막강한 권위를 지닌 유럽중앙은행 총재가 눈앞에 나타나 "어떤 노력이라도 할 준비가 되어 있다"고 말하는 장면을 목격했다. 마침내 유럽의 정책입안자들은 정말로 필요한 조치가 무엇인지 깨달은 것이다. 마리오 드라기는 시티에 모인 투자자들 앞에서 경제 문제에 대한 파월식 전투교범을 영어로 전달했다. 마리오 드라기가 정말로 하고 싶었던 말은 유럽이 마침내 "나아갈 방향"을 찾았다는 사실이었다.

2012년 여름에 일어났던 사건에 대한 이런 해석 속에는 마리오 드라기의 실제 의도와는 상충되는 또 다른 이야기가 숨어 있을 수도 있다. "어떤 노력이라도 할 준비가 되어 있다"는 말은 실제로는 굴복이나 항복의 의미가 아니었을까. 유로존은 결국 영어권 경제전문가들이 지금까지 계속 주장하고 요구한 내용을 받아들였다. 만일 유럽중앙은행이 오바마 대통령이 칸에서 주장했던 것처럼 좀 더 일찍 미국의 연준과 같은 길을 갔다면 유로존 위기에서 최악의 상황은 피할 수 있었을 것이다. 이제 마리오 드라기는 지난 2010년 이후 팀 가이트너와 벤 버냉키, 오바마가 계속해서 유럽을 향해 해온 권고를 따르겠다고 약속했다. "우리의 길을 가겠다." 유로존 위기라는 고통의 역사를 해결하기 위해 이런 결론을 내린 사람이 미국에서 공부한 경제학자이자 골드만삭스 임원, 글로벌 금융계의 급여를 받는 임원, "벤 버냉키의 친구", 그리고 독일과는 상관없는 국제적 감각을 갖춘 세련된 이탈리아인인 마리오 드라기라는 사실도 결코 우연의 일치는 아닐 것이다. 마리오 드라기 방식, 즉 미국 방식은 일종의 자기실현적 방식이었다. 그는 마법의 단어를 말했고 시장은 안정되었다. 유로존은 뒤늦은 미국화를 통해 구원을 받았다.

역사의 시계를 2012년 가을에 멈추고 2007년 이후 일어난 사건들을 돌이켜본다면 북대서양의 금융위기가 어느 정도 익숙한 모습으로 보일 수도 있다. 역사적 균형의 위기에 직면한 오바마 행정부는 자기 방식을 따라 21세기에 어울리는 헤게모니형 지도력을 발휘했다. 마셜플랜 시절의 절박함이나 거창함은 부족했지만 결과는 의심할 여지가 없었다. 미국은 자국의 경기부양 조치와 통화정책 등을 통해 새로운 길을 제시했을 뿐만 아니라 신중한 외교정책과 연준의 막대한 유동성 공급 계획을 통해 유럽이 제2차 세계대전 이후 발생한 최악의 위기를 헤쳐나가도록 도왔다. 결국 미국화가 위기 탈출의 해답이었으며 미국 경제정책을 이끈 주요 인사들 역시 자신의 업적을 과시하는 데 거리낌이 없었다. 훗날 발표되는 벤 버냉키의 회고록 제목은 다름 아닌 『행동할 용기(The Courage to Act)』였고 회고록에 등장하는 감상적인 내용을 본 이런 일에 익숙하지 않은 유럽 측 인사들은 당연히 질색했다. 경제학자 출신 중앙은행 책임자의 회고록에 등장할 만한 표현이나 내용이 아니라고 생각했던 것이다. 그리고 2012년 상황이 안정되면서 당시의 낙관적인 분위기를 반영한 좀 더 학문적인 제목의 책들이 출간되기도 했다. 『현상유지의 위기』나 『가동했던 시스템』 같은 책들이다.[65, 66] 세계 경제는 살아남았고 미국은 새로운 형태의 자유주의 헤게모니를 다시 한번 주장한다. 그리고 유럽은 1947년 이후 미국의 지도 아래 시작했던 유럽의 미국화를 다시 한번 추진한다. 대서양 양안의 학계 전문가들 사이에서는 미국의 역사와 함께 통합을 위한 유럽의 새로운 노력을 연구하는 분야가 새롭게 시작되기도 했다. 그렇다면 유럽은 여전히 통합의 걸음마 단계에 있는가 아니면 이제 새로운 단계로 도약하는 시점에 서 있는가?[67]

만일 2012년 11월에서 시간을 멈춘다면, 그리고 2010년 처음 시작된 "만기연장이 곧 경기회복" 정책을 미국이 지지했던 일을 무시하고 넘어간다면 미국을 중심으로 세계 경제가 살아남았다는 평가는 합당하게 여겨질지도 모른다. 그리고 이런 설명은 미국 입장에서 볼 때 전적으로 정치적인 측면이 반영된 것이다. 팀 가이트너도 강조했듯이 2012년에는 미국 대통령 선거가 있었다. 금융위기와 유럽이 받은 충격이 진정될 수 있다면 분명 승리를 장담할 수 있었다. 2008년 이후 공화당은 노골적인 위험요인은 아니었으나 계속 민주당의 정책에 반대를 해왔다. 2012년 재선을 위한 선거전이 시작되면서 오바마는 완전히 다른 모습을 보여주었다. 2008년 당시 부시 행정부가 어려움을 겪을 때 보여주었던 겸손한 모습은 이제 사라졌다. 오바마는 미국의 예외주의를 주저 없이 과시했다. "런던과 프라하, 도쿄, 그리고 서울과 리우와 자카르타까지 나는 가는 곳마다 내 눈으로 확인할 수 있었다." 2012년 여름 공군사관학교 생도들 앞에서 그는 이렇게 선언했다. "미국의 지도력에 대한 새로운 신뢰가 솟아나고 있었다. …… 미국은 다시 한번 전 세계에서 없어서는 안 될 국가로 자리매김했다. …… 21세기는 결국 미국의 시대다. 어떤 국가도 미국이 국제사회에서 하고 있는 역할을 대신하려 하지도 않으며 또 대신할 수도 없기 때문이다."[68] 국제 경제 정책에 관한 한, 2012년 11월의 오바마의 승리와 벤 버냉키의 제3차 양적완화, 마리오 드라기의 연설이 하나로 합쳐져 모든 문제를 해결하고 종결지었다고 볼 수 있다. 중도 진보진영의 위기관리 능력이 승리를 거두었다. 미국이 주도하는 새로운 21세기와 다양성, 개방성, 전문가 위주의 실용주의가 이제 함께 나아갔다.

그렇지만 위기 해결에 대한 이런 긍정적이고 만족스러운 결론이 대서양 양안의 뿌리 깊은 긴장감을 완전히 사라지게 하지는 못했다. 유럽에서는 결국 유로존이 살아남았고 마리오 드라기의 선택이 옳았다. 위기를 바탕으로 유럽통합의 과정은 더 중요한 단계로 접어들었다. 하지만 역시 거기에는 엄청난 경제적, 정치적 대가가 필요했다. 이탈리아와 그리스에서는 정권이 바뀌었고 아일랜드와 포르투갈은 트로이카의 손에 운명을 맡겼다. 스페인은 그야말로 구사일생으로 위기를 벗어날 수 있었다. 국채와 관련된 심각한 위기는 넘겼지만 2년 동안의 고민과 걱정으로 인해 소비자와 기업 신뢰도는 바닥을 쳤다. 실업률은 유로존의 경제수요 전체에 큰 타격을 주었다. 재정정책은 독일이 주도하는 균형예산 정책에 의해 크게 위축되었다. 게다가 유럽 대륙 전체에서 수요가 급감했지만 독일의 무역수지 흑자는 떨어질 줄 몰랐다. 그야말로 단 한 번이라도 적극적인 통화정책을 펼칠 필요가 있다면 지금이 바로 그때였다. 그렇지만 채권시장의 공황상태를 진정시키는 일과 유로존 경제를 되살리는 일은 다른 이야기였다. 미국의 연준과 다르게 마리오 드라기에게는 이렇다 할 수단이 없었다. 사회적 고통이 더 심화되고 사람들이 그에 따른 굴욕감을 느끼기 시작한다면 유럽은 과연 어떻게 대응해야 할까? 단지 경제위기에 따른 "피해자"들만 불만을 느끼고 있는 것은 아니었다. 독일의 보수파들은 협상을 바라는 메르켈 총리의 태도에 크게 분노했다. 독일 언론이 보는 마리오 드라기는 유로존의 구세주가 아니라 적대감과 의심의 대상이었다. 이런 독일의 유럽통합에 대한 회의감을 극복하지 않으면 마리오 드라기가 런던 연설에서 부르짖었던 통합과 시스템의 구축이라는 야심 찬 목표가 실제로 실현될 가능성은 극히 적었다.

미국에서는 오바마가 재선에 성공함으로써 지지자들이 새로운 활력을 얻었다. 그렇지만 오바마가 주장하는 새로운 미국의 세기는 정확하게 어떤 모습인가? 무엇을 가장 중요하게 여길 것인가? 오바마 대통령은 초선 시절 부시 행정부의 실수들을 해결하고 경제위기에 대응하는 데 전력을 다했다. 그런데 그 위기는 정말로 모두 마무리되었을까? 그리고 실제로 그렇게 되었다고 해도 과연 미국이 아무런 부담 없이 미래를 맞이할 수 있다는 의미일까? 아니면 이제 막 위기에서 살아남은 미국은 오바마가 상원의원 시절인 2006년 해밀턴프로젝트를 시작하며 맞이했던 것과 똑같은 도전에 직면할 것인가? 점점 더 강화되고 복잡해질 뿐인 그런 도전을? 외교정책과 관련해 오바마 대통령의 두 번째 임기의 시작은 미국의 긴축정책과 국제적 위상의 기반에 대한 활발한 논쟁을 불러일으켰다.[69] 또한 경제정책에 대해서도 회의적인 시각들이 있었다. 지난 4년의 임기 동안 또 다른 위기가 발생하지 않을 정도로 충분한 변화가 이루어졌을까? 금융시스템 안의 어려움은 다 해결되었거나 진정되었는가? 만일 또 다른 대공황을 피한 것이라면 혹시 진짜 근본적인 개혁을 추진할 수 있는 자극제가 사라지는 역효과가 발생한 것이 아닐까?[70] 미국의 장래에 대해 불길한 예언을 하는 사람들 중 가장 목소리를 크게 높인 사람이 다름 아닌 클린턴 행정부의 재무부 장관 출신이자 2010년 12월까지 오바마 대통령의 경제자문을 맡았던 래리 서머스라는 사실은 실로 얄궂은 일이 아닐 수 없었다. 오바마가 재선에 성공하고 12개월이 지난 2013년 11월 IMF 행사에 참석한 래리 서머스는 이렇게 경고했다. "이번 위기를 통해 내가 배운 교훈과 내가 생각할 때 전 세계가 그만 잊어버렸다고밖에 말할 수 없는 중요한 교훈은 끝날 때까지는 끝난 것이 아니라는 사실이다. 그리고 이번에는 확실히 아무것도 끝나지 않았다."[71] 그렇지만 그런 말을 하는 래리 서머스도 훗날 자신의 예언이 얼마나 정확하게 들어맞을지 당시로서는 전혀 알지 못했다.

4부

금융위기의 여파

19장

아메리칸 고딕[*]

2008년 금융위기가 진행되는 동안 미국의 자동차 산업도 그에 따른 타격을 입었다. 판매가 급감했고 GM과 크라이슬러는 경영난을 이기지 못하고 무너져 내렸다. 2008년 12월 의회는 긴급지원 방안을 냉정하게 부결시켰지만 부시도 오바마도 GM이나 크라이슬러를 그대로 무너지도록 내버려둘 수는 없었다. 한때 미국 산업주의의 대표 주자였던 두 기업은 원래는 은행을 구제하기 위해 마련한 자금을 긴급 수혈 받았다. 2013년 GM과 크라이슬러는 둘 다 다시 흑자 경영으로 돌아섰다. 다른 미국의 대기업들과 마찬가지로 두 기업은 폭풍우를 견뎌냈으며 크라이슬러는 기사회생을 기념해

---

* "아메리칸 고딕(american gothic)"이라는 제목은 이제 막 산업국가로 발돋움하는 미국의 평범한 시골 농부 자매의 모습을 그려낸 그랜트 우드(1891~1942)의 작품이 아니라 오히려 같은 이름의 공포영화를 떠오르게 한다. 그랜트 우드가 뾰족한 첨탑이 달린 고딕 건축물을 배경으로 그려냈던 성장기 미국의 모습은 이제 더는 찾아보기 힘들다. 이 장에서 투즈가 그려낸 미국은 아메리카 드림이 사라지고 정치적 불안과 사회경제적 불평등이 확산되고 있다. 노벨경제학상 수상자 앵거스 디턴의 말대로 자살이나 마약, 알코올 중독 같은 '절망 속에서 죽어가는 것(death of despair)'이 더 미국적이다.

미국 기업들이 가장 선호하는 미식축구 결승전 슈퍼볼 경기 중간 광고시간을 예약했다. 2014년 2월에 방영될 이 광고에 크라이슬러는 시청자들의 눈길을 사로잡을 만한 무언가를 원했고 "그 남자"에게 모든 것을 일임했다. 미국 대중음악의 전설이자 미국인이면서 미국인 같지 않은 음유시인 밥 딜런(Bob Dylan)은 자신이 직접 광고 대본을 쓰고 연출과 연기까지 했다. 사실주의 화가 에드워드 호퍼(Edward Hopper)의 화풍을 연상시키는 어둡고 건조한 배경 앞에서 밥 딜런은 그야말로 고급스럽게 포장한 민족주의적 키치를 보여주었다.

미국보다 더 미국적인 것이 또 있을까? 진정한 미국의 멋은 흉내 낼 수도 없고 다른 곳에서 가져올 수도 없는 것.

우리의 유산을 누가 흉내 낼 수 있으랴. 디트로이트는 처음으로 자동차를 만들어냈고 …… 전 세계에 영감을 주었지.

그래 …… 디트로이트는 자동차를 만들었어. 그리고 자동차는 미국을 만들었지. 최고의 자동차, 가장 멋진 자동차, 누구도 부인할 수 없는 그 사실.

마음과 영혼을 다른 곳에서 가져올 수 있을까? 지금 공장에서 차를 만들고 있는 모든 미국인들의 마음과 영혼을?

겉으로 보기에 더 번드르르한 차 같은 건 어쨌든 다른 곳에서도 찾을 수 있을지 몰라. 그렇지만 미국의 도로에 어울리는, 그리고 미국 안에 살고 있는 사람들에게 진정으로 어울리는 그런 자동차는 찾아낼 수 없을 거야.

우리는 우리가 만들어내는 자동차의 그 포효하는 소리와 힘찬 출력을 믿지. 세계 어디를 가도 그런 자동차는 찾아낼 수 없어. 오직 미국 안에서만 만들 수 있는 미국의 자존심이야. 그러니 독일인들이여 맥주나 빚으시게, 스위스인들이여 시계나 만들라고, 아시아 사람들이여 가서 스마트폰이나 조립해.

우리는 …… 당신들이 탈 …… 자동차를 만들 테니까 말이야.[1]

그가 광고 속에서 직접 읽어내린 이 대본이 사람들의 마음을 울렸던 건 광고가 촬영된 장소가 다름 아닌 미국 자동차 산업의 성지인 디트로이트였기 때문이다. 미국 자동차 산업은 죽음에서 부활했는지는 몰라도 한때 모터시티(Motor City)로까지 불리던 디트로이트는 그렇지 못했다.

제2차 세계대전 이후 누려온 전성기가 끝나자 디트로이트는 천천히 내리막길을 걸었다. 최고 전성기 시절 인구는 180만 명, 그중 50만 명이 아프리카계였다. 산업 축소와 1967년 폭동*으로 백인들이 떠나면서 2013년 무렵 디트로이트 중심부 인구는 68만 8000명으로 줄었고 그중 55만 명이 아프리카계였다. 이렇게 다른 곳으로 떠나지 못하고 남은 사람들은 말 그대로 나락으로 떨어졌다. 빚은 끝없이 불어나 수백억 달러에 이르렀다. 한때 디트로이트를 세계 산업의 심장으로 만들어주었던 주요 공장들이 문을 닫으면서 실업과 인종차별, 고리대금업 같은 죽음의 소용돌이가 도시를 삼켰다.² 2013년의 경우 디트로이트 인구의 36퍼센트는 미시건주의 느슨한 빈곤층 기준을 밑도는 수준으로 전락했다. 실업률은 18퍼센트에 달했다. 그야말로 민간 부문과 공공 부문의 재정악화가 결합된 최악의 경제 악순환 사례라고 할 만했다. 2005년에는 디트로이트의 전체 모기지 대출의 68퍼센트가 서브프라임 등급이었다.³ 금융위기가 미국 전역을 강타하자 디트로이트의 주택 6만 5000여 채가 강제 압류되었고 그중 3만 6400채는 압류할 가치도 없어 말 그대로 그냥 내버려두는 게 더 나을 정도였다. 이런 경우를 포함해 이런저런 이유로 내버려진 빈집이나 부동산이 14만여 건에 달했다. 버려진 집과 건물로 인한 피해가 확산되는 것을 막기 위해 시 당국은 아예 해당 지역 전체를 철거하기도 했다. 이렇게 도시를 재정비하기 위해 주정부와 연방정부로부터 보조금도 받았지만 시 자체 예산도 1억 9500만

---

* 디트로이트에서 경찰이 무허가 술집을 단속해 아프리카계 미국인들을 대거 연행하자 이에 반발해 일어난 폭동이다. 도시 전역의 안전망이 붕괴되고 주방위군이 투입되는 사태로 치달았다.

달러나 들어갔다. 디트로이트의 조세 수입은 3억 달러에 불과했다.[4] 그렇지만 어떤 노력으로도 죽어가는 도시를 살려낼 수 없었다. 시가 임명한 비상관리인은 2013년 6월 파산을 선언했다. 채무 규모는 180억~200억 달러였고 미국 역사상 가장 큰 규모의 도시 파산 선언이었다.[5]

밥 딜런의 크라이슬러 광고를 시청한 사람들이 알고 있었던 것처럼 디트로이트는 극단적인 사례였다. 그렇다고 디트로이트가 마지막은 아니었다. 미국 전역의 예전 산업도시들과 중심지들이 어려움을 겪었다. 일부는 디트로이트처럼 파산 처리가 되기도 했다. 2011년에는 앨라배마주의 철강도시로 유명한 버밍햄시가 소재한 제퍼슨카운티가 파산했다. 2012년에는 캘리포니아주의 스톡턴과 샌버너디노 차례였다. 이런 도시들은 엉망인 복지제도로 허덕였으며 거기에 장기 경제불황이나 부동산 거품의 직격탄까지 맞고 말았다. 물론 탈공업화의 사례인 북부의 디트로이트의 복사판이라고 보기에는 한참 거리가 먼 경우일 수도 있다. 하지만 이런 사례를 하나로 모아보면 결국 아메리칸드림이 악몽으로 변하는 복잡한 상황을 상징하고 있었다.

이런 모습은 사실 과거에서 찾아볼 수 있었다. 이미 1970년대 후반 또다른 팝스타 브루스 스프링스틴(Bruce Springsteen)은 산업화 시대 이후의 미국에 바치는 애절한 영화음악을 만들었다.[6] 2006년 오바마는 해밀턴프로젝트에 관계된 높으신 분들에게 끔찍한 실상을 일깨워주었다. "일리노이주의 디케이터나 게일즈버그 같은 곳에 사는 사람들의 실상을 아십니까. …… 정말로 피눈물을 흘리고들 있습니다." 그렇지만 오바마 대통령의 첫 재임기간에 골몰한 경제정책은 대부분 그런 지역과는 상관없는 것들이었다. 월스트리트와 글로벌 금융업계를 구해내는 싸움이 더 급했던 것이다. 2011년의 시위와 불평등에 대한 정치 논란은 변화를 이끌어내는 듯했으나 2012년 11월 오바마가 재선에 성공한 후 이어진 18개월 동안 미국인들의 불안한 감정은 새롭게 끓어오르기 시작했다.[7] 위기에 대한 염려가 사라지자 이미 2000년대 초반부터 중도 진보주의자들이 염려해왔던 미국의 지난 세월과 미래에 대한 우려, 즉 모든 것이 "정상이 아니다"라는 느낌이 재차 고개를 쳐들었다.

도전받는 국가 경제 발전이라는 신화

미처 예상치 못했지만 어떤 징조가 되었던 것이 래리 서머스가 2013년 11월 IMF에서 했던 연설이다.[8] 연설의 주제는 경기회복과 엄청나게 실망스러운 회복 속도였다. 미국의 정책입안자들은 아마도 유럽을 불황에서 구해내고

도표 19.1 실망스러운 성장률: 2007년 및 2013년 잠재 GDP와 실제 GDP 비교
(2013년 달러가치 기준, 단위: 10억 달러)

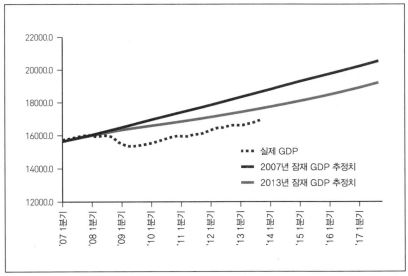

자료 출처: L. H. 래리 서머스, 「미국 경제 전망: 최장기 경기침체와 회복력, 그리고 제로금리 하한(U.S. Economic Prospects: Secular Stagnation, Hysteresis, and the Zero Lower Bound)」, 《비즈니스이코노믹스》 제49권 제2호(2014), pp.65~74. 자료: 의회 예산국.

자신의 판단이 옳았다며 자축하고 있을지도 모른다. 그런데 2010년 이후 유럽의 경제사정은 오히려 더 나빠졌으며 미국은 역사상 가장 느린 회복세를 보였다. 2008년처럼 경제가 심각하게 나빠진 이후에 일어났던 경기순환의 "반등 모형"을 보고 누군가는 이제 활발하게 반등할 것이라고 기대했을 수도 있다. 실제로 2009년에서 2010년 사이 경기는 기세 좋게 회복세로 돌아섰지만 그 이후 경제성장률은 다시 우울할 정도로 제자리걸음 상태였다. "반등"은 어디로 갔는가? 도대체 무엇이 잘못되었을까?

사람들은 미국이 대단히 이례적인 금융위기의 여파로 고통받고 있다고 생각했다. 절대로 정상적인 경기순환 현상이 아니라는 것이다. 시장과 기업들의 대차대조표가 제자리를 찾으려면 어느 정도 시간이 걸릴 것으로 예상했다.[9] 카르멘 라인하트와 케네스 로고프 같은 경제학자들이 재정에 대한 규제를 주장했던 건 정확하게 이런 위기의 여파를 피하기 위해서였다. 만일 우리가 신용 거품이나 과도한 경기 상승을 피할 수 있다면 거품이 꺼지는 일 역시 없을 것이다. 폴 크루그먼 같은 케인스학파 경제학자들은 그렇게 하면 모든 문제가 다 잘 해결될 것이라고 주장했지만 회복세는 갑작스럽게 긴축으로 바뀌면서 불필요할 정도로 느려졌다. 폴 크루그먼은 강력하게 주장했다. "2010년에 모든 것이 잘못되어가기 시작했다."[10] 카르멘 라인하트와 케네스 로고프가 앞장서 주장했던 긴축경제로의 전환은 회복세를 짜증이 날 정도로 느리게 만들었다. 벤 버냉키의 양적완화로 어느 정도 상쇄할 수 있었지만 전체적인 수요가 줄어든 것까지 막아낼 수는 없었다.

2009년부터, 아니 그보다 더 오래전부터 경제정책을 논의할 때 가장 익숙하게 볼 수 있는 변수가 바로 이런 성장과 긴축이었다. 다만 여기서 간과한 건 미국 경제와 그 위에 세워진 미국 사회를 괴롭히는 더 심각하고 중요한 문제들에 대한 의식이었다. 2013년 11월 IMF에서 래리 서머스가 제시한 가설은 생소하고 듣기에 당혹스러웠다. 사실 겸손이나 자신감 부족 같은 것과는 거리가 먼 래리 서머스가 "어쩌면 모든 것이 다 정상이 아니며 나 역시 전혀 잘못된 쪽으로 생각해왔는지도 모른다"고 인정하는 모습은 그야말로 어색하기 짝이 없었다. 그러나 자료에 근거해서 보면 분명 다음과 같은 질문을 떠올릴 수 있었다. 만일 제대로 회복되지 못한 경제가 그저 정책의 실패 탓이 아니라 더 근원적 문제, 그러니까 저축 공급에 대한 만성적 투자 수요 부족과 그로 인한 "최장기 경기침체"*가 지속될 수 있는 여건이 조성되는 것이라면?

이러한 논쟁의 중요성을 확인하기 위해 래리 서머스는 청중에게 금융위기가 발생하기 이전 상황을 생각해보라고 했다. 돌이켜보면 2008년 이전에는 통화정책이 "지나치게 완화적"이라는 데 사람들이 다 동의했다. "엄청난 규모의 대출이 무분별하게 이루어졌다. 사람들은 가계를 꾸려나가면서 경험했던 것처럼 돈이 실제보다 더 많다고 믿었다. 너무 많은 돈을 빌리고 또 너무 쉽게 썼으며 그만큼 돈이 충분하다고 생각했다." 그러나 정말로 그랬다면 미국 경제는 엄청난 호황이 이어졌어야 하는데 그러지 못했다. 부동산 시장이 위험할 정도로 과열되었지만 2008년 무렵의 경제성장률은 평균 수준에 불과했다. 실제로 1950년대나 1960년대와 비교해보면 성장세가 한참 느렸고 디트로이트 같은 지역들이 그런 불안한 상황에 놓인 것도 바로 그런 이유 때문이었다. "실업률은 결코 인상적일 정도로 낮아지지 않았고 물가는 완전히 그대로였다. 따라서 어떻게 보면 심지어 그런 엄

---

* "최장기 경기침체(secular stagnation)"는 1938년 미국의 경제학자 알빈 한센이 대공황 이후 미국 경제가 처한 불투명한 미래에 대한 공포를 묘사하기 위해 고안된 것이다. 래리 서머스가 이 개념을 다시 가져와 쓴 것은 "최장기 경기침체"가 글로벌 금융위기 이후 계속되는 저성장 국면을 적절히 표현하고 있다는 취지에서였다. 서머스는 현재 우리가 낮은 민간 투자와 과잉 저축의 시대를 살고 있다며 "최장기 경기침체"에 진입했다고 주장한다. 하지만 그는 "최장기 경기침체는 경제가 항상 침체상태에 있다는 의미가 아니다. 통화정책을 통해 경기침체를 성장으로 변경시킬 수 있으나, 이 경우 상당한 정도의 금융 불안정을 대가로 치를 수밖에 없다"고 말하기도 했다(Lawrence H. Summers, "Low Real Rates, Secular Stagnation, and the Future of Stabilization Policy", November 20, 2015 at the Bank of Chile Research Conference).

청난 거품조차도 전체적인 수요를 초과할 정도로 새로운 수요를 만들어내는 데 충분하지 못했다." 래리 서머스의 상상과 이야기는 꼬리를 물고 이어졌다. "차라리 부동산 거품이 없고 강력한 신용기준이 유지되었더라면 2000년대 초반의 미국 경제 실적은 어떠했을까?" 현재의 실망스러운 경기와 비슷했을 것이다. 아니 그보다 안 좋았을 수도 있다.

미국의 최근 경제사가 놀라운 변화를 거듭하는 가운데 래리 서머스는 적어도 지난 20여 년 동안의 미국 경제성장이 취약한 토대 위에서 이루어졌다고 주장했다. 단지 "보통의" 성장률을 달성하기 위해 "비정상적인" 금융 거품에 의존해왔다는 것이다. 최근 몇 십 년을 돌이켜보며 래리 서머스는 이렇게 질문했다. "재정적으로 지속 가능한 여건 속에서 경제가 만족스럽게 성장하는 모습이 지속되던 시절을 찾을 수 있는가? 물론 그런 시절을 찾을 수 있겠지만 역사적으로 볼 때 극히 일부에 지나지 않는다."[11] 래리 서머스는 자신이 주도한 정책적 합의에 대해 이렇게 놀랄 만한 고발을 한 것이다.[12] 그리고 이 고발은 현재의 정책에 대해서도 많은 점을 시사한다. 미국이 그저 잠자코 있기만 했다면 2008년 금융위기 이후 오랫동안 기다려온 반등 같은 건 결코 일어나지 않았을지도 모른다.

만성적인 투자 부족 타계를 위해 래리 서머스가 주장한 방식은 새로운 정부 행동주의의 시대다. 물론 이런 면에서 미국이 중국과 겨룰 수는 없으며 적절하지도 않다. 그렇지만 대규모 공공 투자가 이루어져야 할 적절한 시점에 와 있는 것은 분명했다. 공공 투자를 통해 미국의 사회기반시설들을 다시 건설하고 그런 과정에서 디트로이트에 의해 제시되었던 좀 더 근본적인 문제를 해결해나가는 것이다. 이런 사회기반시설의 재건축은 국가의 자긍심과 정책의 일관성을 회복하는 수단이 될 것이다. 래리 서머스는 또 다른 기회를 빌려 이렇게 언급했다. "케네디공항을 한번 보라. 세계를 이끄는 국가의 중심부로 들어오는 현관치고는 참 당혹스러운 모습이 아닌가. 정말 부자들은 개인 전용기를 타고 이 황량한 공항을 피해 다른 곳으로

가고 있다. 케네디공항을 보수하면 엄청난 수의 사람을 고용할 수 있으며 고용과 성장에 막대한 자극이 될 수 있다. …… 우리가 찍어내는 돈을 3퍼센트 이하의 금리로 빌릴 수 있고 건설 분야 실업률이 10퍼센트를 웃돌고 있는 지금이 아니라면 도대체 정부가 개입할 수 있는 적당한 때란 언제란 말인가?"[13]

뒤늦은 감이 있지만 래리 서머스가 요구한 사항은 사실 오바마 행정부가 시도하려다 실패한 것들이었다. 지속적인 투자계획을 통해 미국 사회를 하나로 단결시켜 성장과 전체적인 현대화를 동시에 달성하려는 시도가 제대로 결실을 맺지 못했던 것이다. 2009년과 2010년에 있었던 경기부양을 위한 노력은 물론 어느 정도 의미가 있었다. 그렇지만 역시 의회의 저항과 국민들의 우려, 그리고 당시 있었던 우파의 엄청나게 공격적인 대응이 더 진전될 수 있는 길을 막았다. 사실 여기에는 정치적으로 유리한 고지를 잃을지도 모른다는 래리 서머스 자신의 신경과민도 한몫했다. 그 결과 미국의 경기회복은 속도만 느려진 것이 아니라 대단히 불평등하게 진행되었다. 디트로이트나 미국의 다른 산업화 이후 도시들이 황폐해져가는 모습을 보고도 충분히 느끼는 바가 없다면 여기 충격적인 통계자료가 있다.

2013년 10월, 각각 미국과 프랑스에서 활동하고 있는 두 명의 프랑스 경제학자가 미국의 불평등한 상황을 장기간 연구한 최신 보고서를 발표했다.[14] 에마뉘엘 사에즈(Emmanuel Saez)나 토마 피케티(Thomas Piketty)는 당시만 해도 잘 알려지지 않은 학자들이었다. 두 사람이 앞서 발표한 미국 고소득자들 현황에 대한 장기 연구 보고서는 결국 2011년 "점령하라" 운동이 효과적으로 써먹었던 "우리는 99퍼센트에 속하는 사람들이다"라는 구호의 바탕이 되기도 했다.[15] 그렇지만 두 사람이 2013년 10월에 내놓은 자료는 다시 세상을 깜짝 놀라게 했다. 가장 최근에 실시한 세금 납부 내역을 바탕으로 계산해본 결과 2009년 이후 경제회복을 통해 이룬 성장세에서 미국 국민들 중 1퍼센트가 성장으로 인한 혜택의 95퍼센트를 독점했다.

이 극소수의 사람들은 수입이 무려 31.4퍼센트나 늘어나는 현상을 경험했다.[16] 반면에 미국 국민들의 99퍼센트는 금융위기 이후 실질적인 수입 증가를 전혀 경험하지 못했다. 이 자료는 나중에 불평등의 규모가 덜 극단적으로 보이도록 일부 수정되기도 했다.[17] 그러나 2013년에 발표된 관련 수치들은 큰 충격을 안겨주었다. 래리 서머스가 걱정했던 느린 GDP 성장률은 사실 근본적으로 다른 두 가지 현실을 감추고 있었다. 극수소의 사회지도층 인사들이 극단적으로 풍요로운 삶을 누리는 동안 래리 서머스가 일종의 학문적 가설로서 제시한 최장기 경기침체는 미국 사람들에게는 대부분 지난 40여 년 동안의 살아 있는 현실 그 자체였다. 미국 건국 200주년이 되는 1976년 이후 전체 경제성장의 동력이었던 생산성 성장과 가계소득 형

도표 19.2 대분기: 노동생산성과 수입 비교

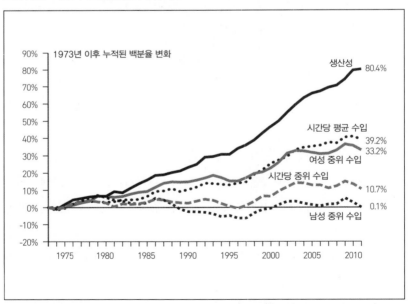

자료 출처: 로렌스 미셸(Lawrence Mishel), 「생산성과 중위 수입 증가 사이의 차이(The Wedges Between Productivity and Median Compensation Growth)」, 《EPI 이슈브리프》 제330호(2012), pp.1~7. http://www.epi.org/publication/ib330-productivity-vs-compensation/.

태의 노동에 대한 보상은 더 이상 같은 방향으로 나아가지 않았다. GDP 통계에 따라 계산해보면 미국 국민은 일반적으로 국가의 경제성장으로 인한 혜택을 매우 적게 받았다. 성장으로 인한 혜택의 대부분은 고소득층과 이미 충분한 규모의 금융 자산을 소유한 부자들이 독점했다. 2008년 금융 위기는 거대한 초국적 은행이 한 나라의 경제정책을 사망 직전에까지 내몰 정도로 자신의 이해관계에 종속시켰음을 폭로한 계기였다. 이제 경제회복까지 더뎌진 상황에서 경제성장과 사회발전 사이의 조화는 그 근본부터 도전을 받았다. 국가 경제 발전은 앞으로도 계속 모든 미국 국민이 공감하고 신뢰하는 대의(大義)로 제시될 수 있을까?

시험대에 오른 오바마의 위기정치학

오바마 대통령은 상원의원 시절부터 아메리칸드림의 퇴조를 중요한 정치적 화두로 삼았으며 해밀턴프로젝트에서도 주요 주제로 다루었다. 2013년 12월, 두 번째 임기를 시작한 후 1년을 보낸 오바마 대통령은 워싱턴 DC에 있는 아프리카계 미국인들의 거주지역인 워드 8을 방문한다. 그곳 주민회관에서 계속되는 미국의 사회적 위기에 대한 중대한 연설을 하기 위해서였다.[18] 오바마 대통령은 보통의 미국인이 "위험할 정도로 심해지고 있는 불평등"을 향해 "중단 없이 진행되는 상황들"과 맞서 싸운 지난 수십 년간의 "힘겨운 하루하루"를 언급했다. "우리 경제의 중심에 있던 기본적인 합의사항이 다 무너지고 있다." 오바마 대통령은 이렇게 선언했다. 물론 미국에서만 불평등의 심화로 이어지는 상황은 아니었다. 그렇지만 이제 더는 변명이나 핑계로 일관해서는 안 된다는 것이 대통령의 주장이었다. "지금 미국의 가장 큰 문제점은 점점 심화하는 불평등이다. …… 통계자료가 보여주듯이 …… 미국의 소득 불평등 수준은 자메이카나 아르헨티나에 근접했다. 캐나다나 독일 혹은 프랑스 같은 비슷한 수준의 선진국들은 우리와 비교해 훨씬 더 계층이동의 가능성이 있다." 미국인들의 절반 이상은 일생에 적어도 일정 기간 이상 빈곤을 경험한다. "불평등이 심화되고 계층이동 가능성이 낮아지면서 아메리칸드림이 근본적으로 위협받고 있다. 전 세계를 대표하는 우리 삶의 방식과 미국의 위상에 금이 간 것이다." 대통령은 이렇게 선언했다. "불평등은 우리시대의 가장 본질적이고 근본적인 도전이다."

디트로이트 같은 도시에서 특정 인종이 겪는 어려움은 분명 충격적이다. 그렇지만 오바마 대통령이 강조했듯이 미국의 위기는 단지 아프리카계 미국인 공동체에만 국한되는 현상이 아니었다. 미국 전역에서 인종이 아니라 사회적 계층이 삶의 기회를 결정짓는 가장 중요한 요소였으며 대통령이 두 번째 임기를 맞아 심각하게 다뤄야 할 문제는 미국 외곽 지역 백인 노동자 계층이 느끼는 절망감이었다. 특히 애팔래치아산맥 주변의 웨스트버지니아주와 켄터키주 등은 구조적 변화와 교육 문제, 그리고 일종의 계층이동 불가능성이 신문 1면을 장식했다. 가장 극단적인 경우는 멕시코에서 들여오는 값싼 헤로인과 싸구려 합성마약의 치명적 조합으로 상징되는 유행성 약물중독이었다.[19] 미국에서는 이미 2007년에 약물남용으로 인한 사망률이 교통사고로 인한 사망률을 앞서 가장 중요한 사망원인이 되었다.[20] 백인의 경우 2010년에서 2014년 사이에만 약물남용으로 인한 사망률이 297퍼센트나 증가했다. 다른 선진국들과 달리 미국의 백인 노동자 계층의 기대수명은 2000년대 초반 이후 계속 줄어들었다. 현대 역사에서 여기에 비교될 만한 사례는 소비에트 연방 붕괴 이후 극심한 사회적 혼란을 겪었던 러시아가 유일하다. 언론의 기획기사와 학술 논문이 차례로 이런 재앙에 가까운 상황을 확인한 후 2015년 프린스턴대학교의 앤 케이스(Anne Case)와 앵거스 디턴(Angus Deaton)은 "절망 속에서 죽어가는 것(deaths of despair)"이라는 유명한 말로 이런 모든 상황을 요약해 설명한다.[21]

위기는 부인할 수 없는 현실이었다. 그렇다면 문제는 그 위기를 해결하기 위해 무엇을 해야 하느냐는 것이다. 민주당의 좌파들은 1990년대 클린턴 행정부 시절에도 불평등 문제를 제기한 적이 있으며 그에 대한 일반적인 진단은 주로 기술적인 면과 경제적인 면에 집중되었다.[22] 세계화가 유행하면서 고소득층은 더욱 많은 수입을 올렸지만 저소득층은 더욱 낮은 수입으로 고통받았다. 1990년대 이후 이런 현상에 영향을 줄 요소들은 점점 늘어나기만 했다. NAFTA와 중국의 WTO 가입으로 저렴한 공산품 수입이 가능해지자 미국의 소비자들은 혜택을 누렸지만 동시에 제조업 분야의 일자리가 사라지고 급여는 줄어들면서 건강보험과 퇴직수당 등도 함께 주는 부작용을 낳았다. 2013년 미국 노동운동 전문가들은 중국과의 무역 불균형으로 일자리 320만 개가 사라졌고 저임금 외국인 노동자들과의 경쟁으로 인해 대학 학위가 없는 미국 노동자 1억 명의 급여가 1800억 달러 줄어들었다고 추산했다.[23] 물론 이 정도도 큰 타격이지만 1억 5000만 명의 노동 인구에 7조 달러 이상의 급여를 지급하는 미국의 경제 규모를 감안하면 불평등이 그토록 심화된 이유를 설명하기에는 한참 부족했다. 따라서 세계화는 첨단기술의 발전에 따른 기술 숙련도 차별화 현상에 비하면 부차적인 것이다.[24] 이런 설명은 세계화나 국제교역에 노출된 것과는 무관하게 기술적 발전이라는 사회적 현상이 결국 미국 경제의 전 분야에 걸쳐 삶의 모든 측면에서 고도의 첨단 기술을 보유한 계층에게만 불평등한 혜택을 제공한다고 주장한다.

일반적인 개혁주의적 대응책에서는 교육의 질을 개선하는 연방정부 및 주정부의 역할을 중요하게 여긴다. 또한 지역 단기대학 입학의 기회를 제공하고 직업 전환을 지원하는 것들이었다. 따라서 2006년 해밀턴프로젝트에도 형편이 어려운 아이들이 여가시간을 잘 활용할 수 있도록 돕는 내용이 포함되어 있었다. 그러나 20년이 흐른 지금, 점점 늘어나는 불평등과 침체된 사회 분위기를 감안하면 이런 방법들은 성공을 장담하기 힘들었다.

전통적인 개혁안에 대한 환멸이야말로 2011년 이후 선보인 "새로운" 불평등 논쟁의 특징이었다. 평균적인 미국인들의 삶의 조건을 개선하기 위해 정부기관들은 좋은 의도를 갖고 노력을 기울여왔지만 아무리 후하게 점수를 줘도 실질적인 효과는 크지 않았다. 1977년에서 2014년 사이 미국의 소득 상위 1퍼센트가 국민 전체 소득에서 차지하는 비중은 세금이나 각종 혜택을 제외하고도 88.8퍼센트까지 상승했다. 재정재분배 작업을 거치고 나서도 그 비율은 81.4퍼센트였다. 세금도 복지정책도 하위 50퍼센트에 해당하는 국민들이 차지하는 소득 비중이 25.4퍼센트에서 19.4퍼센트로 떨어지는 것을 막지 못했다.[25] 그리고 이런 현상은 결코 우연이 아니었다. 사람들이 생각할 수 있는 모든 수단이나 방법, 그리고 영향력 등은 부자들이 자신들의 유리한 장점을 극대화하는 데 이용되었다. 투자의 귀재이자 억만장자로 유명한 워런 버핏은 이런 말을 남겼다. "사실 지난 20년 동안 사회계층들 사이에 전쟁이 있었고 내가 속한 계층이 승리를 거두었다."[26] 워런 버핏은 2011년 이러한 수치에 큰 충격을 받아 미국의 최상위 소득자들에게 최소 35퍼센트의 세율을 부과하자는 법안에 대변인 역할을 자처했고 오바마 대통령도 지지를 보냈지만 정작 의회에서는 공화당의 반대로 법으로 제정하지 못했다.[27] 이 사건은 워런 버핏의 개인적 양심을 보여주기도 했지만 동시에 21세기 미국의 권력균형이 철저하게 한쪽으로 치우쳤다는 사실을 보여주었다. 사회적 개선을 위한 방안들은 결국 미국 사회의 더 큰 이익을 위해 기꺼이 자신이 가진 것을 더 내어주려는 의식 있는 부자들에 의해서 실행에 옮겨질 수밖에 없었던 것이다.

그렇지만 사회 밑바닥에 있는 소외계층들에게는 어느 것 하나 새로울 것이 없었다. 특히 우파에서 진행한 여론조사 결과를 보면 미국 국민들 사이에서는 오래전부터 깊은 분노가 쌓여왔음을 알 수 있다. 국민들은 경제와 정치 제도가 자신을 오히려 더 막다른 골목으로 몰아세우는 방향으로 만들어지고 있다고 생각했다.[28] 이런 주장들은 종종 음모론으로 치부되었고 또 때로는 그게 당연했다. 티파티 운동 등을 이용해 유명세를 쌓은 브라이트바트(Breitbart) 같은 우파 인터넷 뉴스 매체들은 인종차별과 반유대주의 성향의 의견들이 마음대로 오갈 수 있는 온라인 지면을 제공했다.[29] 그렇지만 그런 악의적인 내용들과 억지논리를 제외했을 때, 불평등은 "총체적"인 문제이며 "시스템"이 보통의 미국 노동자 계층에 불리하게 조작되어 있다는 가정은 피해망상이 아닌 현실적 결론이라는 사실 또한 알았다. 미국의 좌파들은 이와는 근본적으로 다른 관점과 완전히 다른 의도를 가지고 있었지만 늘 이런 사실을 주장해왔다. 실제로 미국의 좌파들이 민주당을 장악하고 있는 중도파 진보주의자들과 갈라선 것도 이런 급진적인 회의주의 때문이었다. 좌파들은 법률과 제도를 신뢰하지 않았고 고등교육을 받은 선량한 사람들을 뽑는다 해도 그들이 운용할 법률과 제도가 부자들에게 유리하게 만들어진 이상 근본적인 변화에 대한 희망을 줄 수 없다고 생각했다. 2011년 월스트리트 점령 사태 때 "시스템은 고장 난 것이 아니라 조작된 것이다"라는 구호가 나왔던 것도 같은 맥락이었다.[30] 그동안 수많은 정책 처방과 대안을 논의했지만, 자유주의 성향을 가진 중도파들은 최근에서야 비로소 이들의 말에 귀를 기울였다. 이들은 모든 정치적 견해 중에서도 미국 사회의 병폐는 전문 관료 집단의 처방으로 해결할 수 있으며 국가는 그런 변화를 이끌 가장 적합한 도구라는 생각을 압도적으로 지지해왔다. 그런데 이런 말을 해오던 사람들이 더 급진적인 관점으로 바뀐 것을 보면 위기의식이 얼마나 팽배해졌는지를 확실하게 알 수 있었다.[31]

2012년 대통령 선거 이후 쏟아낸 일련의 놀라운 기고문들 중에서 폴 크루그먼은 특히 《뉴욕타임스》를 통해 미국의 사회와 경제, 정치에 대해 심각할 정도로 부정적 견해를 피력했다. "금융위기 발생을 중심으로 그 전과 그 후에 있었던 여론이나 합의에는 어떤 공통점이 있을까?" 폴 크루그먼은 2013년 12월 이런 질문을 던진다.[32] "모든 여론이나 합의가 다 경제에 안 좋은 영향을 주었다. 금융위기 전에는 규제철폐를 하자는 여론으로 인해 결국 위기가 일어났으며 이후에는 어설프게 긴축을 주장하다가 경제회복만 더디게 만들었다. 그렇지만 이런 여론이나 사회적 합의는 결국 재산이 늘어나면서 동시에 정치적 영향력도 커진 소수 부자들의 이익과 편견에 부합한다는 또 다른 공통점이 있다. …… 어떤 전문가들은 경제 문제를 정치 문제와 독립시켜 오직 기술적이고 비당파적 문제로 이야기하거나 그렇게 되기를 바라는 것 같다. 그러나 그런 건 몽상에 불과하다. 순전히 기술적인 문제로만 보이는 것들도 그 안에 계층과 불평등 문제가 끼어들어 논쟁을 만들어내고 본질을 왜곡하고 만다." 1980년대와 1990년대에 주류에 속했고 2000년대에 노벨상을 탄 경제학자는 이렇게 주장했다.

클린턴 행정부 시절 노동부 장관을 지낸 로버트 라이시(Robert Reich)는 정확히 똑같은 역사적 순간에 대해 비슷한 실망감을 느끼고 이렇게 인정했다. "25년 동안 나는 책과 강의를 통해 왜 미국 같은 선진국의 일반 노동자들이 안정된 생활을 누리지 못하고 점점 더 경제적 압박에 시달리는지 설명해왔다." 그는 세계화와 기술적 변화에 대항해 이른바 국가가 시장에 적극적으로 개입해야 한다는 개입주의적 국가관을 지녔다. 라이시가 이제야 비로소 깨닫고 인정한 사실은 지난 25년 동안 자신의 노력이 "충분하지 못했다"는 것이다. 라이시는 "대단히 중요한 현상"을 간과했기 때문에 "문제의 핵심"을 놓치고 말았다. "기업과 금융 엘리트에게 정치적 권력이 점점 더 집중되어 급기야 이들이 경제를 작동시키는 규칙에까지 영향력을 행사할 수 있었다. …… 문제는 시장에 대한 정부의 개입이 어느 정도 필요한가 하는 것이 아니라 그 정부가 과연 누구를 위해 봉사하는가 하는 것이다."[33]

2008년에서 2009년까지 여러 가지 사건이 이어지고 놀라울 정도로 편향된 지원이 이루어진 후, 사람들은 이 정부가 과연 누구를 위한 정부인지 진지하게 고민하게 되었다. 인사 문제만 해도, 미국 재무부와 연준, 대형 은행들이 서로 연결되어 비슷한 인사들이 끊임없이 자리를 독점해왔다. 2014년 벤 버냉키와 팀 가이트너는 공직을 떠나 일반 금융업계의 좋은 자리로 옮겨갔다. 팀 가이트너는 투자은행 워버그핀커스(Warburg Pincus)의 회장이 되었고 벤 버냉키는 시타델헤지펀드의 고문과 핌코의 자문이사를 맡았다. 독일 알리안츠가 지분을 소유한 핌코 이사진에는 장클로드 트리셰와 고든 브라운, 그리고 오바마 행정부에서 외교정책을 맡았던 앤마리 슬로터(Anne-Marie Slaughter)도 포함되어 있었다.[34] 마치 2008년 위기 탈출 용사들이 다시 한자리에 모인 것 같았고 그들 나름대로 자축할 일도 많았다. 주가는 금융위기 이전 수준을 회복했고 은행들의 경영은 정상화되고 있었다. 자본과 준비금을 끌어모을 때는 금융 부문의 수익률이 떨어지기도 했지만 스트레스 테스트가 의도했던 방향 그대로 순수익은 반등했고 여유자금을 통해 은행들은 더욱 안전해졌다. 미국의 대형 금융업체들은 사업을 확장했고 유럽의 경쟁자들이 주춤하는 동안 시장을 장악했다.[35]

분명 월스트리트는 정부와의 특별한 관계를 한껏 누렸다. 2008년 이후 어느 누구도 그런 사실을 의심하지 않았다. 그렇지만 금융위기 이후 나타난 놀라운 결과 중 하나는 미국 정치경제에 대한 비판의 목소리가 그 대상을 금융업계까지 더 넓게 확장했다는 사실이며 그 속에서 이제는 경제 자체의 진화 과정까지 더 주의 깊게 살펴보게 되었다. 2007년 스마트폰과 인터넷의 소셜미디어 시대가 도래하면서 첨단기술은 닷컴버블 붕괴 당시 잃었던 영광을 되찾는다. 실리콘밸리는 미국 자본주의의 새로운 활력소가 되어주었다. 제약업계는 계속해서 호황을 누렸고 2009년부터 원유 가격이 상승하면서 대형 석유기업과 새로운 셰일가스 기술도 다시 주목 받았다. 2008년에서 2009년까지 이어진 불황이 끝나면서 월스트리트를 훨씬 압도하는 독과점 경향이 더 심해졌다. 기업들이 자금을 쉽게 융통해 경쟁기업들을 매입하거나 합병한 건 벤 버냉키의 저금리 양적완화 정책의 부작용 중 하나였다. 2000년과 2006년, 2015년 세 차례에 걸쳐 거대한 인수합병 바람이 불었고 독과점금지 당국의 감시 아래 미국의 자본주의는 다시 한번 좀 더 집중된 독과점 형태를 구축했다.[36] 2013년에는 기업들의 수익이 거의 당혹스러운 수준으로 급증했다.[37] 심지어 항공사 같은 만성적자기업들도 수익을 냈다. 그렇지만 정말로 큰 수익을 내는 곳은 따로 있었다. 오바마 대통령의 예산국장 출신으로서 지금은 씨티그룹으로 자리를 옮긴 피터 오재그와 국가경제회의 수석부의장인 제이슨 퍼먼(Jason Furman)은 한 연구논문을 통해 이렇게 밝혔다. 2010~2014년에 금융업과 관련 없는 기업들의 3분의 2가 거둬들인 투자자본 대비 수익은 45퍼센트가 넘고 "대부분 건강관리나 정보통신 분야 기업들"이었다.[38] 이렇게 일부 분야에 엄청난 수익과 막대한 급여가 집중될 수 있었던 건 시장지배력과 지적재산권 보호, 그리고 정부가 보장해주는 가격 덕분이었다.[39]

실리콘밸리는 변명 같은 걸 할 필요가 없었다. 실리콘밸리는 20세기 후반과 21세기 초반의 기술과 사업의 위대한 성공 사례였다. 애플의 최고경영자 팀 쿡(Tim Cook)이 생각하기에 반독점법이나 정보 보호, 그리고 신경 쓰이는 세무조사 등은 "정치적 헛소리(political crap)"이자 미래로 가는 고속도로 위에 놓인 구시대의 방해물일 뿐이었다.[40] 페이팔(Paypal)의 공동창업자 피터 틸(Peter Thiel)은 강연회에서 이렇게 말했다. "가치를 창출하는 것만으로는 충분하지 않다. 그렇게 만들어진 가치 중 일부라도 자신의 것으로 만들어야 한다." 이때 중요한 건 시장지배력이다. "미국은 자유경쟁을 신성시하고 경쟁을 통해 국가와 국민이 부강해진다고 믿고 있다." 그렇지만 피터 틸은 여기서 한 걸음 더 나아간다. 그가 생각하기에 "자본주의와 경쟁은 서로 반대되는 개념이다. 자본주의는 자본의 축적을 전제로 하지만 완벽한 경쟁 상태에서는 수익 또한 남들과 나눌 수밖에 없다. 기업가들이 명심해야 할 교훈은 단 한 가지다. …… 경쟁은 패배자들이나 하는 것이다."[41]

어떤 오만한 독점기업의 경영자도 이보다 더 터무니없고 어리석은 모습을 보여주기는 힘들 것이다. 그러나 거기에 숨어 있는 의미는 참으로 냉혹했다. 미국의 수입과 부가 점점 더 한쪽으로만 쏠리는 현상은 과거로부터 계속해서 이어진 유산이며 우리를 사방에서 둘러싸고 있는 기술적, 경제적 변화에 의해 더 증폭되었다. 그리고 워런 버핏이 말한 "사회계층의 전쟁"은 경제에 대한 정치적 규제와 허용의 모든 측면으로 확대되어 역시 부의 편중을 만들어내고 있다. 만일 이것이 사실이라면 이런 편중된 현상을 고치고 불균형을 바로잡기 위해 필요한 건 무엇인가? 토마 피케티 같은 유럽의 온건파 사회민주주의자들은 불평등 관련 자료들을 바탕으로 지금 세계가 필요로 하는 건 전면적인 부유세의 도입이라고 주장한다. 그의 유명한 베스트셀러 『21세기 자본(Capital in the Twenty-First Century)』이 주장하는 내용도 바로 그런 것이며 이 책은 2014년에 출간되어 불평등에 대한 공론을 새롭게 정의했다.[42] 부유세가 도입되면 분명 현재 크게 심화되고 있는 불평등을 줄이는 데 도움이 될 것이다. 그렇지만 미국처럼 이미 제도적으로 양극화와 편향성이 크게 고착된 경우 아무리 좋은 제안이라 한들 정말로 실현 가능성이 있을까? 세금 문제는 올바른 지적이지만 왜 그런 제도가 필요한지에 대한 이유가 애초에 제대로 드러나 있지 않다. 최상류층은 특권과 권력을 향한 잔혹한 투쟁을 통해 수십 년 동안 엄청난 자산을 쌓아 올릴 수 있었으며 소득재분배에 대한 모든 진지한 노력에도 불구하고 꿈쩍도 하지 않았다. 따라서 이 문제에 대한 해답이 있다면 그건 분명 어떤 제도나 법률적인 것은 아닐 것이다. 가장 포괄적인 해결책은 역시 정치다. 권력에는 권력으로 맞서야 한다.

2014년 1월 로버트 라이시는 의회 증언대에 섰다. "나는 정부 각료로 일했고 지금 어떤 문제가 있고 개혁을 위해 어떤 노력을 해야 하는지에 대해 대중의 폭넓은 공감을 얻지 못하면 아무것도 제대로 할 수 없다는 사실을 잘 알고 있다. 그렇기 때문에 우리는 경제적 불평등을 해소하고 성장의 결과물을 나누는 조치를 취할 필요가 있다. 20세기와 함께 시작된 진보주의 운동과 비슷한 규모의 운동이 필요하다. 당시 진보주의 운동을 통해 처음으로 진보적인 개념의 소득세와 반독점법을 시행했으며 여성들은 참정권과 투표권을 획득했다. 노동운동은 1930년대 뉴딜정책의 성공을 도왔고 제2차 세계대전 이후 30년 동안 경제적 번영을 이루는 원동력이 되었다. 민권운동을 통해 아프리카계 미국인들은 국민으로서 제대로 된 권리를 얻었고 투표권법이 제정되어 투표권도 얻었다. 환경운동은 환경보호법과 다른 중요한 법들을 제정할 수 있는 토대가 되었다."[43]

시대에 어울리는 적절한 조치를 요구하는 로버트 라이시의 외침은 강력하고 설득력이 있었다. 왜곡되고 편향된 제도를 고치기 위해서는 포괄적이고 전면적인 대응이 필요했다. 그렇지만 로버트 라이시는 잘 알고 있었다. 이런 결론을 이끌어낼 수 있는 건 진보적 좌파들만은 아니었다. 사실 먼저 이런 생각을 한 건 다름 아닌 미국 우파들이었다. 자유주의 진보세력들과는 달리 미국의 자유주의 우파들은 정부 자체가 문제의 핵심이라는 사실을 단 한 번도 의심해본 적이 없었다. 실제로 이 우파들은 언제나 정부가 제일 큰 문제라고 목소리를 높여왔다. 미국의 쇠락과 오랜 세월 이어진 불평등, 그리고 독점기업들과 2008년의 재앙, 또 한쪽으로 편향된 회복 과정 등은 모두 다 큰 정부의 간섭과 그런 분위기를 눈치챈 이익집단들로 인해 발생한 심각한 부패의 징후들이었다. 오바마 대통령의 위기정치학은 이제 그 막바지에 도달했다. 2013년 12월에 있었던 오바마 대통령의 "불평등" 연설에 대해 폭스뉴스의 출연자들은 편향된 회복세에 대한 토마 피케티와 에마뉘엘 사에즈의 특정 자료들을 주저 없이 동원했으며 오직 대통령을 공격하는 데만 사용했다. "대통령은 지금 우리 사회에서 불평등을 제거해야 하며 자신의 정책은 처음부터 평등을 지향해왔다고 말하고 있다." 그렇지만 폭스뉴스 진행자들은 오바마 행정부에서 일어났던 불평등에 대해 알리고 싶어 했다. "상위 1퍼센트의 수입은 2009년에서 2012년 사이 31.4퍼센트나 증가했다. 그런데 나머지 99퍼센트는 얼마나 수입이 늘었을까? 0.4퍼센트다. 이것이 진실이다. 늘어난 수입의 95퍼센트가 상위 1퍼센트에게 집중되었다. 따라서 지금 대통령이 말하는 제도의 문제는 대통령 자신의 문제다. 대통령 자신의 문제란 말이다!"[44]

물론 이런 극단적인 양극화를 만들어내는 데 일조한 세율을 제안하고 통과시킨 건 의회의 공화당이었다. 그렇지만 논쟁은 달아올랐다. 미국 우파들의 대부분은 아메리칸드림이 무너질 위기에 처해 있다는 오바마 대통령의 주장에 동의를 했지만 이런 우파들에게도 대통령은 모든 잘못된 문제의 원인이자 화신이나 마찬가지였다. 2012년 대통령 선거에서 공화당의 밋 롬니(Mitt Romney) 후보가 패배한 건 그저 지금의 공화당 정치가 희망을 가질 수 없을 정도로 잘못되어 있다는 믿음을 증명해주는 역할밖에 하지 못했다. 공화당은 밋 롬니 같은 상류층 은행가 출신 후보를 열망하는 한 어떠한 변화도 이끌어내지 못할 것이다. 2013년 민주당이 여전히 오바마의 두 번째 승리에 취해 있을 무렵 우파의 역습이 시작되었다. 그들의 공격 목표는 오바마 대통령의 첫 번째 임기 때 시작된 거대한 사회복지 정책인 환자보호 및 부담적정 보험법(오바마케어)이었다. 그리고 이들이 틀어쥔 약점은 다름 아닌 그의 시행에 필요한 예산이었다.

긴축 재정을 둘러싼 미 정치권의 갈등 고조

2011년 공화당 내부의 티파티 분파는 미국을 재정위기로 몰아넣었다. 파탄이 일어나지 않은 건 당파를 초월한 "초당적 위원회"를 통해 적자 감축 권고안이 가까스로 타결되었기 때문이다. 2012년 1월 합의에 도달하지 못했다면 2013년 1월부터 예산지출이 자동으로 삭감되면서 국방부를 포함한 정부의 모든 기관과 활동에 영향을 줄 뻔했다.[45] 이런 비재량적 방식은 루빈을 따르는 재정 개혁파들에게 인기가 있었다.[46] 예산 삭감 문제에 대해 가장 영향력 있는 목소리를 내는 집단은 피터 G. 피터슨이 "채무해결

운동(Fix the Debt campaign)"이라는 이름으로 끌어모은 기업과 워싱턴 정가 출신들의 연합체였다.[47] 이들은 사회복지 프로그램 관련 의무지출에 대한 삭감을 강력하게 지지했으며 기업가와 정책 전문가들을 좌절시킨 "정치적 헛소리"에 대해 이들이 품은 의혹을 감안해보면 자동예산삭감(automatic sequester)은 모든 가능한 방안들 중에서 최악의 선택은 아니었다. 오바마 대통령의 예산국장을 역임한 피터 오재그는 2011년 10월 티파티와의 첫 번째 예산안 대결을 시작으로 이렇게 주장했다. 미국이 직면한 심각한 문제들을 해결하기 위해서는 정책 결정 과정에서 정치색을 띠지 않는 위원회와 자동 결정 방식에 더 많이 의존함으로써 의회에서 표결로만 처리하는 과정을 최소화해야 한다. 다시 말해 조금 과격하게 들릴 수도 있겠지만 덜 민주적인 방법을 쓰더라도 민주적 절차로 야기되는 교착상태에 대응할 필요가 있다. …… 우리는 완전한 대의민주주의의 기본 원리나 의무 같은 이상론은 이제 어느 정도 포기해야 한다. 그리고 새로운 제도와 규정을 만들어 국가의 백년대계에 민주주의라는 이름으로 더 이상 피해를 주지 말아야 한다."[48]

사실 타협이 이루어지지 않았다면 2013년부터 한 해 동안만 5630억 달러 규모의 엄청난 자동예산삭감이 이루어져 경제가 축소되고 새로운 불황이 시작되었을 것이다. 이런 재앙을 막기 위해 팽팽한 협상에 들어갔다. 2011년 오바마 대통령과 존 베이너 하원의장 사이에서 이루어진 이른바 대타협은 워싱턴의 정치기술 효과를 극히 편향된 방향에서 보여주는 한 가지 사례다. 신중하게 선택한 일부 부문에 대한 예산 삭감이 큰 폭으로 이루어졌고 대신 고소득층에 대해서는 타격이 될 수 있지만 "일자리 창출" 및 "성장 동력"과 관련되는 기업들에게는 도움이 되는 조세 개정안을 서로 교환하는 거래가 성립되었다.[49] 좌파들로서는 터무니없는 결과였다. 적자 감축을 주장하는 주류세력은 이해관계의 충돌로 혼란에 빠졌다. 이번 타협을 가장 크게 환영하고 나선 건 조세 감면 대상이 되는 기업의 로비스트들이었다. 한 냉소적인 전문가는 이렇게 평가했다. "워싱턴 정가에서는 기업을 상대하는 것보다 정부 예산을 다루는 게 훨씬 더 인기가 높다."[50] 한편 풀뿌리 운동과 청년운동을 통해 긴축운동을 펼치려던 피터슨과 로비스트들의 노력은 그만 요란한 웃음거리가 되고 말았다. 대학 교정을 버스를 타고 돌아다니며 대학생들의 지지를 호소하는 "지렁이도 밟으면 꿈틀한다" 운동, 고령의 상원의원 앨런 심프슨(Alan Simpson)이 억지로 떠밀려 강남스타일 춤을 추는 기괴한 유튜브 동영상, 그리고 10대 청소년들을 시켜 의회에 편지를 써서 보내는 서툰 시도들이 여기에 포함되었다. 특히 이 청소년들은 자신이 물려받을지도 모를 조부모들의 채무에 분개하고 저항하는 미리 짜인 내용 등을 편지로 썼으며 그야말로 풀뿌리 운동은커녕 조작된 가짜 운동에 불과했다.[51]

이런 주류 긴축운동의 숨겨진 진실을 파헤치는 일은 언론사들에게는 아주 좋은 기삿거리였으며 좌파 입장에서도 자신들의 화력을 워싱턴의 진정한 실세들로 여겨지는 피터슨, 오재그, 심프슨, 볼스 등에게 집중할 수 있는 좋은 핑곗거리가 되어주었다. 다만 사람들이 미처 깨닫지 못했던 사실은 극우파들의 놀랄 만한 저력과 공격성이었다. 이들은 정부 규모를 축소하는 것보다는 아예 정부 기능 자체를 중단시키는 데 관심이 있었다. 공화당 내부의 티파티 분파는 세력은 작았지만 자금력이 풍부하고 단결력도 강했다. 적자 감축 문제에 대해서만큼은 이들은 오직 지출 삭감 조치만 받아들이려 했고 특히 삭감하고 싶어 했던 지출 부분이 바로 오바마케어였으며 이들은 오바마 대통령의 건강보험 개혁안을 미국의 미래에 치명적인 위협이 되는 "사회주의적" 발상으로 여겼다. 공화당 지도부는 중도파 지지자들의 표심을 잃을까 염려했다. 그들은 2011년의 예산위기가 유권자들의 관심사와는 잘 맞지 않는다는 사실을 잘 알고 있었다. 그렇지만 골수 티파티 지지자들은 누구의 말도 귀담아듣지 않았다. 이런 골수 우파들에게는 이민자와 건강보험 개혁문제에 대해 타협적이었던 롬니가 대선에서 패배한 건 너무도 당연한 일이었다. 유권자들의 민심을 되돌리는 유일한 방법은 최소한 공화당에게 유리한 선거구로 편입된 유권자들을 위해서라도 가능한 한 가장 강경한 자세로 나가는 것이었다.

2013년 1월까지도 당파를 초월한 합의에 도달하지 못했고 임시 조치에 의해 자동예산삭감은 간신히 2개월가량 연기되었다. 한편 국가 채무 한도는 5월까지의 지출을 감당할 수 있을 정도로 충분히 상향조정되었다. 공화당의 상당수 의원들이 대규모 유산상속자와 고소득층에 대한 적당한 수준의 세금 인상에 찬성한다는 점을 감안하면 최악의 위기는 피할 수 있을 것 같았다. 그렇지만 시간은 점점 흘러가고 있었다. 3월 1일 예산 삭감이 전면적으로 실시되어 국방부와 FEMA, FBI, FDA, SEC 예산에 큰 타격을 입혔다. 미국의 정부 기능이 겨울잠이라도 자듯 마비상태에 들어간 것이다.[52] 2013년에 들어 안 그래도 느려진 미국의 경기회복세는 글로벌 GDP의 거

도표 19.3 백분율로 본 글로벌 GDP 대비 재정 긴축 및 확장 현황

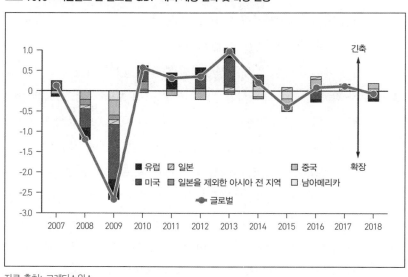

자료 출처: 크레디스위스.

의 1퍼센트에 해당하는 예산 삭감으로 더 느리게 진행될 수도 있었다. 미국은 2008년에서 2009년 사이 유럽연합보다 훨씬 자금을 많이 풀었지만 이제는 그 반대 상황이 되었다.

어쨌든 기본적인 정부 기능을 계속 유지하기 위해 9월까지 연방정부가 움직일 수 있을 정도의 임시 지출이 승인되었다. 2014년을 위한 예산책정은 의회가 어떻게 할 수 있는 부분이 아니었다. 3월 21일과 3월 23일, 4월 10일, 우선은 하원에서, 그다음은 상원에서, 마지막으로 백악관에서 각각 따로 예산안을 발표했다. 상원과 백악관은 향후 10년 동안 1조 8000억에서 1조 9000억 달러의 적자 감축, 그리고 지출 삭감 및 세금 인상 부문에서 거의 비슷한 규모의 예산안을 제시했다.[53] 그렇지만 하원의 공화당은 완전히 다른 생각을 갖고 있었다. 공화당 의원들은 향후 10년 동안 4조 6000억 달러라는 훨씬 더 큰 규모의 적자 감축을 요구했다. 그것도 오직 지출 삭감을 통해서만 그렇게 하자는 것이었다. 하원은 상원의 예산안 같은 건 염두하지 않았으며 상원이나 하원 중 어느 곳도 백악관의 예산안을 지지하는 쪽은 없었다. 미국 재정정책에 대한 이런 불협화음은 이제 새로운 국면으로 접어들었다. 2월에 조정이 중지되었던 채무 한도는 5월 19일에 차입을 감당할 수 있는 수준으로 다시 제자리로 돌아왔다. 하지만 새로운 규정 없이는 어떤 새로운 채무도 발생할 수 없었다. 따라서 재무부는 어쩔 수 없이 2011년 마련해두었던 임시조치들을 바탕으로 정부가 보유하고 있는 현금과 예비자금까지 끌어다 썼다. 10월 중순이면 모든 자금이 고갈될 것이며 그때는 결국 중요한 지출부터 먼저 해결해야 했다. 그야말로 선택적 채무불이행이 발생할 수밖에 없는 상황이었다. 이런 돌발적인 상황을 대비해 공화당 주류파는 2013년 5월 최소한 국채 소유자들은 채무불이행에 따른 피해를 입지 않도록 해주는 법안을 상정했다.[54] 전통적인 생각에 사로잡혀 있는 공화당 출신 하원의장 존 베이너에게는 이런 상황이 채무불이행 사태가 발생할 경우 연방정부의 정상화를 명령할 수 있는 명분을 주는 첫 단계로 여겨졌다. 그렇지만 민주당은 애초에 생각조차 할 수 없는 일을 처리해보려는 노력에는 아무런 관심이 없었고 중국 채권자들이 미국 군대나 사회복지수당 수령자들보다 먼저 돈을 받아야 한다는 발상은 정치적으로 손쉬운 공격거리일 뿐이었다. 충분한 믿음과 신뢰 법안(Full Faith and Credit Act)은 곧 "중국 먼저 법안"이라는 이름으로 바뀌어 불렸고 민주당에 의해 부결되었다. 오바마 대통령은 그 법안이 통과되었어도 거부권을 행사했을 거라고 발표했다.

협상 타결을 위한 아무런 진전 없이 여름은 지나갔고 9월 25일 재무부는 2013년 10월 17일이면 모든 현금이 고갈될 것이라고 발표했다. 민주당 하원 원내대표 낸시 펠로시(Nancy Pelosi)는 하원의장에게 부시 행정부 당시 민주당이 TARP 계획 통과를 위해 양보했던 것을 기억하라고 다그쳤다.[55] 그렇지만 부시 행정부 시절에 대한 좋은 기억이 별로 없는 공화당 주류파는 꿈쩍도 하지 않았고 TARP와 구제금융을 질색했던 티파티 분파들이 공화당 우파의 빈틈을 치고 들어올까 봐 오히려 더 염려했다. 공화당이 막대한 규모의 지출 삭감과 건강보험 민영화를 요구하는 상황에서 어떤 협상도 이루어질 수 없었다. 2013년 10월 1일 동부 시간으로 오전 12시 1분 미국 정부는 부분적인 셧다운에 들어갔다. 연방정부 공무원들 중 최대 85만 명이 일시적이나마 급여를 받을 수 없게 되었다.[56] 백악관은 어쩔 수 없이 대통령의 해외순방도 취소했다. 인도네시아에서 열리는 APEC 회담에서 미국 대통령은 중국 정상을 만날 수 없었다. 재무부가 정한 최종시한인 10월 16일에서야 상원은 2014년 2월까지 진행되는 정부에 대한 예산계속결의안을 통과시켰다. 정치적 고립으로 입을 피해를 알아차린 공화당이 어쩔 수 없이 동의한 임시방편이었다.

붕괴의 위협에 드러난 권력구조의 민낯

재앙은 피할 수 있었지만 이렇게 벌어진 일들을 있을 법한 상황으로 치부할 수는 없었다. 공화당 내부의 극우파, 외국인을 혐오하는 국수주의자들, 극보수주의나 극단적 미국 우선주의 세계관에 전도된 열성파들의 규모는 하원의 10퍼센트를 헤아렸고 이런 강경파가 글로벌 조직에서 가장 중요한 역할을 하는 국가를 마비시키겠다고 위협하고 있었다. 인터넷 우파 뉴스 매체인 브라이트바트의 편집자이자 티파티 운동의 선전원, 그리고 극보수주의의 떠오르는 선두주자인 스티브 배넌(Steve Bannon)은 2013년 11월《데일리비스트(*Daily Beast*)》기자에게 이렇게 토로했다. "나는 이를테면 레닌파 공산주의자다. 러시아 혁명의 아버지 레닌은 국가를 무너뜨리고 싶어 했고 나 역시 마찬가지다. 나는 모든 것을 다 무너트리고 현재의 모든 제도를 다 파괴하고 싶다."[57] 배넌과 같은 사람들에게 2008년의 금융위기와 구제금융은 미국 역사의 근본적 분기점이었다. 2008년 9월 18일 아침 벤 버냉키와 헨리 폴슨의 선동에 당시 부시 대통령은 겁에 질렸고 곧 TARP 계획을 승인했다. 그날이 전환점이었다. 배넌에 따르면 바로 그날 총체적 붕괴의 위협이 진정한 권력구조를 드러냈다. "세상이 뒤집어졌다. 현대의 산업민주주의에서 전에는 한 번도 본 적이 없는 그런 문제점이 드러났다. 빚으로 쌓아 올린 미국은 …… 결코 제대로 유지할 수 없는 그런 허울뿐인 복지국가였다."[58] 진보적 성향의 사회지도층에 대한 전면적 투쟁을 서슴지 않는 이들은 마치 자신이 미국의 구원자인 것처럼 행세했다. 만일 이런 모습이 실패한 공화당 조직을 불편하게 만든다면 더욱 좋은 일이었다.

권력구조에 대항하기 위해 로버트 라이시는 새로운 진보의 시대, 새로운 민권운동, 그리고 모든 부문에서 현재의 상황에 대해 기탄없이 의문을 던질 수 있는 운동을 주장했다. 도전이 눈앞에 다가왔다. 그렇지만 그런 도전과 난제를 만들어낸 건 좌파가 아닌 바로 우파였다. 세계는 깜짝 놀랐다.

일본에서는 "무너진 미국, 세계 초강대국이 스스로를 무너트렸다"라는 기사의 《뉴스위크》지가 판매대 위에 올라왔다. 《월스트리트저널》은 유럽 전역이 미국의 셧다운 사태를 즐기고 있다고 보도했다. 이제 전 세계의 시선은 유로존이 아니라 미국으로 쏠렸다.[59] 《슈피겔》은 냉혹한 논평을 남겼다. "미국은 세계무대에서 자신의 치부를 드러냈다. …… 이것이 과연 세계 유일의 초강대국이 할 짓인가?"[60] 누군가는 바로 초강대국이기 때문에 그런 일도 벌일 수 있는 거라고 말하기도 했다. 그렇지만 내부적으로 갈등이 계속되어 채무를 해결할 것인지 아니면 병사들에게 급여를 지불할 것인지도 결정할 수 없다면 과연 미국이라고 해도 그런 상황을 얼마나 더 끌고 갈 수 있을까? 중국의 관영매체 신화통신은 역시 예상대로 대단히 비관적인 전망을 내놓았다. 논설위원 류창(劉暢)의 글이다. "미국의 양대 정당 정치인들은 여전히 백악관과 국회의사당 사이를 오가고 있지만 그들이 자랑해왔던 미국이라는 국가를 정상으로 되돌릴 어떤 특단의 대책이나 합의점을 만들어내지 못하고 있다. 따라서 지금이야말로 모두들 당황해지 말고 미국의 영향력을 벗어던진 그런 세상을 건설하기에 가장 좋은 시기다."[61] 중국에 살고 있는 어느 캐나다 출신 코미디언은 좀 더 가벼운 어투로 이렇게 말했다. "중국은 정말 궁금해하고 있다. 미국은 진정한 개혁을 이뤄낼 것인가? 지금의 체제로 얼마나 버틸 수 있을까? 미국의 개혁을 이끌어낼 새로운 고르바초프는 어디에 있는가?"[62]

해외에서만 이런 우려와 관심이 쏟아지는 건 아니었다. 만일 티파티가 공화당을 대신 앞세워 미국의 국제적 신용도를 뒤흔든다면 크나큰 문제가 아닐 수 없었다. 지금까지 티파티 분파는 오바마케어를 주요 공격 상대로 삼아왔다. 그렇다면 그다음은 무엇인가? 2014년 공화당 우파는 이민법 개혁에 제동을 걸었고 수출입 은행에 대한 자금지원을 거부했다. 두 가지 사안 모두 미국 기업들이 간절히 바라는 내용들이었다. G20 회담에 참석한 미국 측은 오바마케어에서 피임 부분을 제외하기를 바라는 공화당 낙태반대론자들이 IMF에 대한 자금지원을 볼모로 잡고 있다는 소식에 난처한 상황이었다.[63] 공화당 열성파들이 미연준의 독립 문제나 무역 정책을 다음 공격 목표로 삼는다면 과연 어떻게 될 것인가?

물론 세금과 복지 문제에 대해 티파티와 기업들의 이해관계가 겹치는 경우도 있었다. 예컨대 석탄산업 업계는 환경 관련 규제가 완화되기를 바랐다. 우파 성향의 미국 독점 재벌들은 티파티 운동을 문화와 사회경제적 반혁명의 수단으로 여겼다.[64] 그렇지만 2013년의 예산안 갈등과 관련해 미국 산업계의 주류파는 더 이상 상황을 무시하고 넘어갈 수 없었다. 2013년에서 2014년으로 이어지는 겨울 동안 미국상공회의소는 노조가 아니라 공화당의 전횡에 맞서 싸우기 위해 일어섰다. "바보들을 도울 수는 없다"가 2014년 중간 선거를 앞둔 상공회의소의 구호였다. 티파티와 선을 긋겠다는 완곡한 표현이었다.[65] 상공회의소의 대변인은 이렇게 설명했다. "워싱턴으로 몰려가 정부를 무너트리고 모든 것을 중단시키겠다는 사람들이 지금 우리가 직면한 문제다. …… 우리는 국가의 기능을 염려한다."[66]

2014년에 정치 지형의 재편이 가능했다는 사실은 부인할 수 없다. 티파티는 "미국의 정치 문화를 지배하는 특별한 이해관계"와 "자기 잇속만 차리는 정치가들" 그리고 "권력자들의 부당한 간섭"을 반대하고 나섰지만 민주당 후보들은 스스로를 "기업 친화적 정치인"으로 내세웠다.[67] 뉴욕주 상원의원 찰스 슈머는 이렇게 말했다. "민주당과 기업들은 같은 편에 서 있다. …… 티파티 덕분에 공화당은 지나치게 오른쪽으로 기울었고 이제 기업들은 공화당보다 주류 민주당과 더 가까운 사이가 되었다."[68] 2008년 은행들이 구제를 받는 동안 처음 모습을 드러냈던 지형 변화의 양상이 좀 더 확실한 모습으로 자리를 잡았다. 민주당이 공화당으로 빠져나간 사람들의 빈자리를 메꾸는 데 골몰하는 동안, 공화당은 미국 우선주의와 아메리칸드림을 전면에 내걸고 시스템 자체의 변화를 요구했다. 결국, 더 큰 평등을 쟁취하기 위해 투쟁하자는 진보 의제는 설 자리를 잃었다.

20장

테이퍼 텐트럼*

2013년 미국 의회를 둘러싸고 벌어졌던 놀라운 사건들이 채권시장의 즉각적인 위기로 이어지지는 않았다. 미국 재무부 채권은 여전히 세계에서 가장 안전한 자산으로서 저력을 과시했다. 중국과 독일이 불만을 표시하고 시장은 일시적으로 주춤거렸지만 미국 재무부 채권에 대한 수요는 재빨리 본래의 지위를 회복했다. 엄밀히 따지면 미국의 납세자들이 발행한 채권을 연준이 보증을 서주고 있는 셈이었다. 유럽중앙은행의 경우와는 달리 미국의 중앙은행이 정부가 발행한 채권에 책임을 진다는 사실에는 한 치의 의심도 있을 수 없었다. 제3차 양적완화 조치에 따른 채권 매입은 즉각적인 영향을 미쳐 채권의 가격은 올라갔으며 수익률은 떨어졌다. 최소한 세계

* "테이퍼 텐트럼(taper tantrum)"은 연준의 양적완화(정식 명칭은 대규모 자산 매입 정책 및 재투자 정책) 중단에 따른 연준 대차대조표 축소(taper)와 이로부터 발생하는 시장의 충격(tantrum)을 묘사하기 위해 만들어진 조어다. 당시 연준의 양적완화 중단 발표는 그 자체만으로 국제금융뿐 아니라 신흥국 시장에 상당한 정도의 충격을 주었다. 이에 인도 중앙은행 총재 라구람 라잔은 연준의 중단 결정이 미국과 유럽의 사정만을 고려한 것으로, 이 여파로 신흥국이 어떤 위험에 빠지게 될지 전혀 신경 쓰지 않는다고 거세게 비판하기도 했다.

각국의 투자자들은 이를 통해 어느 정도 안정을 되찾았다. 하지만 사람들은 다음과 같은 의문을 품지 않을 수 없었다. 연준이 경제 상황을 안정시키면서 발생한 의도하지 않은 부작용으로 미국 정치는 시장의 눈치를 보지 않게 된 것인가? 그래서 공화당은 마음 놓고 극단주의로 흐르게 된 것인가? 2011년과 2013년 같은 일시적 예산 위기를 잘 이겨내는 미국의 능력을 보고 사람들은 혹시 미국 민주주의의 퇴보와 함께 찾아올 수도 있는 미래의 위험들을 과소평가하게 된 것인가? 그렇다면 연준의 전문가들이 미국의 불투명한 경제 회복과 입법부의 갈등으로 인한 공백을 언제까지 채워주며 버틸 수 있을 것인가? 연준은 언제까지 제3차 양적완화 조치를 지속하다가 다시 언제쯤 대차대조표 축소를 시작할 것인가? 2008년 이후 더는 일반적인 통화정책을 찾아볼 수 없었다는 사실을 생각하고 재정정책을 둘러싼 혼란과 비교한다면 이런 의문들은 적어도 표면적으로는 "일반적인" 통화정책과 관련된 질문들이라고 볼 수 있었다. 연준의 대차대조표는 어마어마한 규모로 늘어났고 미국의 은행시스템뿐만 아니라 글로벌 달러시스템을 지탱하고 있었다. 게다가 연준 대차대조표상의 자산을 그냥 늘린 것이 아니라 그 구성에도 변화를 주었다. 현금 보유량을 줄이고 대신 장기 증권들을 매입하면서 그림자 은행시스템을 위기로 몰아넣은 만기 불일치의 문제를 대차대조표상으로 흡수해버린 것이다. 양적완화 조치가 연속적으로 이어진 이후 미국과 유럽 은행들의 예치금이나 현금 같은 단기 채무에 대응하기 위해 장기 증권들을 보유한 것도 미연준이었다.

물가상승을 경계하는 일부 강경파들의 우려에도 불구하고 연준의 이런 조치는 어떤 즉각적인 위험도 불러일으키지 않았다. 은행은 연준의 도움으로 현금을 보유할 수 있어 만족해했다. 금리가 오르면 연준은 최대 채권 보유기관 중 하나로서 자본 손실을 입는다. 그러나 연준은 2008~2013년에 3500억 달러의 이자 수입으로 그 손실 이상을 메울 수 있었다.[1] 그렇지만 진짜 문제는 연준이 입장을 바꾸었을 때 금융이나 통화시장에 미칠 영향이었다. 연준의 채권 매입이 조금이라도 줄어들면 그것만으로도 그 지위에 변화가 생기는 것이며 막대한 규모의 채권뿐만 아니라 연준이 책임져 온 만기 불일치 문제의 일부를 흡수하려는 시장의 자발적 의지에도 포괄적인 조정이 이루어질 수 있다는 사실을 의미했다. 그리고 그런 일이 일어나면 그와 동시에 단기금리의 소폭 상승도 함께 일어난다. 반면에 만일 연준이 제3차 양적완화 조치를 계속 유지한다면 대차대조표의 규모는 더욱 커질 것이고 채권 가격은 상승하며 금리는 0퍼센트 가까이에 고정될 것이다. 또한 이런 불균형은 계속 쌓여갈 것이다. 2008년 미연준은 아슬아슬한 줄타기를 시작했으며 그때부터는 대안정기(Great Moderation)의 확실성으로 회귀할 수는 없었다.

자본 유입 통제에 나선 신흥시장국가들

미연준의 저금리 정책은 국내와 해외를 가리지 않고 뜨거운 투자열풍을 불러일으켰다. 채권 가격은 올라가고 수익률은 떨어지는 채권 매입 조치를 통해 연준은 사실상 투자자들이 채권이 아닌 고위험 고수익 자산에 투자하도록 유도한 것이다. 주식시장이 호황을 누린 이유가 실제로 이런 영향 때문인지는 논란의 여지가 있다. 계량경제학적 증거로만 보면 제1차 양적완화의 영향이 2009년 주식시장의 첫 번째 회복세를 이끌었다는 사실은 분명하다.[2] 또한 일반적인 월스트리트의 호황 원인을 살펴볼 때 연준의 대차대조표와 스탠더드앤드푸어스 500대 기업의 주가 상승 사이에 눈에 띄는 연관성이 있는가 하는 문제는 수긍할 부분이 충분하다. 씨티그룹의 어느 전략분석가는 《파이낸셜타임스》에 이렇게 말했다. "모든 것이 통화정책을 중심으로 돌아간다. 그 원동력은 근본적인 경제적 조건이 아니라 바로 중앙은행의 유동성이다."[3] 2008년 연준은 시장이 붕괴되는 것을 막기 위해 개

도표 20.1 주식시장을 지탱하는 것? S&P 500 지수와 연준의 대차대조표 사이의 연관관계

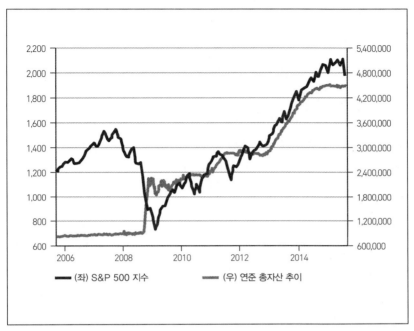

자료 출처: 미연준 경제 자료집.

입했다. 그리고 수조 달러를 지원했다. 이제 시장은 연준의 일거수일투족에 좌우되었다.

투자자들은 미국 채권뿐만 아니라 다른 곳에서도 높은 수익을 올릴 수 있는 자산을 찾기 시작했다. 달러는 누구나 쉽게 구할 수 있었다. 환율에 따라 도박을 걸고 싶은 투자자가 있다면 값싼 달러를 빌려 고수익을 낼 수 있는 신흥시장국가에 투자하면 되었다. 빌려온 달러를 갚기 전에 달러화 가치가 급상승하지만 않는다면 캐리트레이드가 가능했다.[4] 2015년 중반쯤 미국을 제외한 다른 국가와 정부들이 달러화로 짊어진 채무액은 9조 8000억 달러에 이르렀다.[5] 부유한 선진국들이 대부분이었지만 신흥시장국가들에도 정부와 민간 부문을 합쳐 3조 3000억 달러에 달하는 채무가 남아 있었

다. 수익을 중시하는 투자자들의 관점에서는 낯선 국가들의 새로운 채권이나 증권이 더 구미가 당기는 투자처였다. 2012년 9월 아프리카의 잠비아가 최초로 달러화로 된 국채를 발행했다. 수익률은 5.6퍼센트 정도로 평범했지만 7억 5000만 달러어치 발행에 사자는 주문이 110억 달러나 몰리는 기현상이 벌어졌다.[6] 그로부터 1년 후에는 모잠비크에서 정부가 보증하는 참치 투자 사업에 8억 5000만 달러가 넘는 투자금이 몰려들었다. 2012~2013년 아프리카 국가들의 총채권 발행 규모는 170억 달러에 달했다.[7] 2013년 5월 채권 호황은 절정에 치달아 브라질 국영 석유회사 페트로바스(Petrobas)는 무려 110억 달러 규모의 10년 만기 채권을 발행하기도 했다. 신흥시장국가의 기업 중에서는 역사상 최대 규모였다. 수요가 너무 많았기 때문에 페트로바스 채권 시장금리는 4.35퍼센트까지 떨어져 다른 많은 국가들의 국채시장의 이자율보다도 낮은 수준이었다.[8]

신흥시장국가 채권에 대한 세계의 관심은 당사자들 입장에서는 대단히 흥분할 일이었지만 동시에 커다란 부담이었다. 이 치열한 시장을 두고 공격적인 경영을 앞세운 막대한 자금이 몰려들었다. IMF가 지적했던 것처럼 세계 5대 자산관리 업체가 운용하는 자금이 70조 달러에 달하는데, 그중 1퍼센트만 새롭게 투자처를 찾아 움직여도 무려 7000억 달러가 움직이는 셈이었다. 7000억 달러면 신흥시장국가들의 흥망을 좌우하기에 충분한 금액이었다. 2008년 세계 경제의 주변국들을 위기로 몰아넣었던 자금 이동 규모도 2460억 달러에 불과했다. 또한 2012년 똑같은 시장들의 흥망을 바꿔놓았던 전례가 없는 투자금 유입의 규모는 3680억 달러 정도였다.[9] 이런 과열된 투자 양상은 투자를 받는 당사자들에게도 위험한 일이었지만 투자자들 역시 불안 요소일 수밖에 없었다. 만일 갑작스럽게 투자금 회수가 이루어진다면 규모가 작은 신흥시장국가들의 금융시장은 연쇄적으로 엄청난 영향을 받는 일이 생길 수밖에 없다.[10] 만일 미연준이 정책을 바꿔서 돈이 다시 미국으로 흘러 들어간다면 누가 가장 먼저 피해를 입고 또 누가 치명적 손실 없이 살아남을 것인가?

BIS 자료에 따르면 2008~2014년 신흥시장국가에 투자된 자산관리 전문 업체들의 자금은 9000억 달러에서 1조 4000억 달러로 늘어났다고 한다.[11] 물론 전 세계에 걸쳐 수십조 단위로 오가는 투자금의 전체 규모를 생각하면 그리 큰 액수는 아닐 수도 있다. 그렇지만 2007~2008년에 금융위기 재난을 일으켰던 불량 모기지 대출 규모나 2010~2012년에 유로존 위기를 일으켰던 그리스와 스페인, 아일랜드의 채무 규모와 비교해보면 신흥시장국가들이 혹시 이런 채무위기 "3부작"의 마지막 무대가 되지는 않을까?[12]

브라질처럼 투자호황을 맞이한 신흥시장국가들의 재무 관료들이 미국에서 흘러 들어오는 막대한 투자금에 불만을 가지는 데는 그만한 이유가 있었다. 2010년 11월 서울 G20 회담에서 브라질은 제2차 양적완화 이후 미국 금리가 내려가 달러화 이동이 시작된 것에 대해 벤 버냉키를 크게 비난했다. 2013년이 되자 많은 신흥시장국가들은 이제 말이 아니라 실제로 자본 흐름을 통제하기 시작했다. 브라질과 한국, 태국, 인도네시아 등은 모두 자금 유입을 줄이고 자국 통화의 절상을 막기 위한 조치에 나섰다. 15년 전, 미국식 국가발전 모형인 이른바 "워싱턴 컨센서스(Washington consensus)"가 경제정책의 대명사로 군림할 때만 해도 이런 조치를 취했다면 상식을 벗어난 일이라는 비난을 들었을 것이다. 국제자본이동 억제는 1970년대와 1980년대의 가장 근본적인 자유화 정책으로부터의 퇴행이었다. 그렇지만 시장혁명을 옹호하는 측에서는 1990년대의 신흥시장국가 위기도 혹은 양적완화 규모에 대한 통화정책도 예측하지 못했다. 자본 유입에 대한 통제는 연준의 위기 탈출로 인한 파급효과로 증폭된 글로벌 신용 순환이라는 거대한 흐름에 직면했으며 IMF조차도 실용적인 필요성에 의해 마지못해 이런 통제정책을 인정했을 뿐이다.[13] 이에 대해 《이코노미스트》는 이렇게 논평했다. "마치 교황청이 피임이나 낙태를 인정하는 것과 비슷했다."[14]

재정규율에 관한 뼈아픈 진실

시장에 관한 모든 것은 연준이 언제, 그리고 어떻게 정책을 바꾸느냐에 좌우되었다. 2013년 당시 벤 버냉키는 미국 노동시장의 상황을 지켜보며 제3차 양적완화 조치를 통해 엄청난 규모로 채권 매입을 시작했고 곧 전 세계에 달러가 넘쳐나게 되었다. 벤 버냉키는 미국 실업률이 6.5퍼센트 이하로 떨어질 때까지는 금리를 최저 수준으로 유지하겠다고 약속했다. 2013년 봄에 미국 경제 상황이 나아지는 듯한 기미를 보이자 연준은 정책을 바꿀 것이라는 신호를 보내기 시작했다. 자산 매입 속도를 늦추는 것을 고려할 순간이 다가오고 있었다. 그야말로 아주 정교한 머리싸움이었다. 연준은 너무 갑작스럽게 "대차대조표 축소"*를 진행하고 싶지는 않았다. 노동시장은 아직 완전히 회복되지 않았고 래리 서머스를 골치 아프게 만드는 이런 느린 회복세는 금리의 갑작스러운 변동을 견뎌낼 수 없을 것 같았다. 반면에 투자자들에게는 이런 머리싸움에서 앞서나가는 것이 대단히 중요했다. 만일 연준이 가까운 장래에 금리를 올릴 것이고 채권 가격이 하락할 거라는 사실을 미리 알 수만 있다면 누구든 앞서 채권 매각에 나설 것이었다. 물론 연준이 실제로 언제 정확하게 금리를 올릴 것인지 누구도 확실하게 알 수 없었고 따라서 누군가 채권을 매각하기 시작한다면 그건 연준의 의중을 떠보기 위한 시도라고 볼 수 있었다. 미국 댈러스 연준 총재이자 본인이 직접 헤지펀드를 경영하기도 했던 리처드 피셔(Richard Fisher)는 《파이낸셜타임스》와의 대담에서 특유의 화려한 화법으로 이렇게 말했다. "시장은 항상 뭔가를 시험하고 떠보려는 경향이 있다. …… 우리는 1992년 9월 영란은행

---

* 대차대조표 축소(tapering)는 위기 대응 과정에서 비롯된 정책 수행(양적완화 정책 수행과 재무부 장기국채 매입 등)으로 비대해진 연준 대차대조표를 테이프처럼 가늘게 만들겠다는 의미다. 위기 대응 정책 이전의 수준으로 대차대조표를 되돌리겠다는 것이기 때문에 연준 대차대조표 정상화(Normalization of Fed's Balance Sheet)로 불리기도 한다.

에 어떤 일이 일어났는지 결코 잊지 못할 것이다." 당시 조지 소로스는 영국 파운드화를 공격해 결국 페그를 무너트리는 데 성공했다. "나는 감히 어느 누구도 미연준을 무너트릴 수 있다고는 생각하지 않는다. …… 다만 많은 돈이 모이면 마치 야생동물들처럼 스스로 무리를 짓고 영향력을 행사할 수 있다고는 생각한다. 그리고 그 야생동물들은 상대방의 약점에 민감하게 반응하지 않는가."[15] 리처드 피셔에게 이런 "야생동물들의 성향"을 감안해볼 때 연준이 "양적완화 조치를 일방적으로 밀어붙이지 않고 주변의 상황을 살피는 건 당연한 일"로 여겨졌다. 또한 금리의 갑작스러운 변동이 느린 경기회복에 미칠 영향을 생각해봤을 때 리처드 피셔는 벤 버냉키가 "갑작스러운 양적완화 중단조치"를 취할 것으로는 예상하지 않았다. 야생동물들도 섣불리 미리 앞서나가지 않도록 조심할 필요가 있었다.

2013년 5월 22일, 벤 버냉키는 결단을 내렸다. 그는 의회에 출석해 이렇게 말했다. "만일 지속적인 성장이 확인됐고 그런 성장을 계속 유지하리라는 확신이 선다면 향후 몇 차례 논의를 거쳐 채권 매입의 속도를 한 단계 떨어트릴 수 있을 것이다."[16] 시장은 움찔했다. 그리고 2013년 6월 19일 오후 2시 15분, 벤 버냉키는 좀 더 구체적인 내용을 발표했다. 긍정적인 경제지표가 지속된다는 조건하에 미연방공개시장위원회(FOMC)는 2013년 9월에 있을 정책 결정 회의에서 매월 매입하는 채권 규모를 850억 달러에서 650억 달러로 줄이는 방안을 표결에 부친다는 것이었다. 그리고 채권 매입은 2014년 중반쯤 완전히 중단할 계획이었다. 몇 주 동안의 준비기간이 있었지만 벤 버냉키의 이런 발표는 전면적인 "테이퍼 텐트럼"을 일으켰다. 정말 순식간에 채권 수익률은 2.17퍼센트에서 2.3퍼센트로 뛰어올랐고 이틀 뒤에는 2.55퍼센트가 되었다가 최고 2.66퍼센트까지 이르렀다. 절대적 기준으로 본다면 큰 변화는 아니었지만 이자비용은 거의 25퍼센트나 증가했고 채권 소유자들은 심각한 자본 손실을 감수해야 했다. 미국 증권시장도 여기에 반응해 불과 며칠 사이에 4.3퍼센트에 달하는 손실을 입었다.

신흥시장국가들은 이미 벤 버냉키의 5월 발표만으로도 격렬한 반응을 일으켰다. 만일 연준이 채권 매입 규모를 줄여나가서 채권 가격은 떨어지고 수익률은 조금씩 오른다면 신흥시장국가들은 이중으로 압박을 받는다. 우선 금리는 최소한 미국만큼의 조정이 불가피할뿐더러 환율변동에 따른 증폭 효과도 피할 수 없을 것이다. 《이코노미스트》의 설명에 따르면 "달러화로 지고 있는 채무는 일종의 매도 포지션과 비슷하다." 예를 들어 환투기를 위한 외환 포지션은 달러화 금리가 현 상태를 유지하거나 떨어질 것으로 예상한다는 것이다.[17] 연준의 금리 인상은 차입비용의 상승뿐만 아니라 달러화 가치의 상승까지 의미했다. 위기에 처한 신흥시장국가 채무자들은 통화조정을 확대하고 다른 달러화 채무자들에 대한 압력을 늘리면서 자신의 달러화 채무 손해를 메우기 위해 동분서주할 것이다. 이미 2013년 봄, 시장이 벤 버냉키의 다음 행보를 걱정하고 있을 때 신흥시장국가들도 압박을 느끼기 시작했다. 신흥시장국가들에 투자금이 몰리던 시절은 끝났다. 모건스탠리가 "위기의 5인방"이라고 불렀던 터키와 브라질, 인도, 남아프리카공화국, 인도네시아의 환율은 급락하고 있었다. 서구 선진국 투자자들은 투자금을 회수했다.[18] 금리는 연준 정책의 "진공청소기" 효과에 대응하기 위해 올라갔다.[19] 과도한 자금유입을 억제하기 위해 시작된 자본통제는 해외 자본의 이탈까지는 막지 못했다. 그렇지만 피해 규모는 어느 정도 제한할 수 있었다. 한 브라질 중앙은행 관계자는 이렇게 말했다. "우리는 이런 일이 일어나리라는 사실을 알고 있었고 미리 준비를 해왔다."[20]

　　보수적인 미국 전문가들은 세계 신용순환이 위기에 빠진 것은 아니라고 주장했다.[21] 자국 통화의 평가절상을 단행했던 국가들에는 자금이 덜 유입되었다. 또한 신용순환이 역전되었을 때 모든 사람이 다 같은 속도와 규모로 자금 손실을 보는 것도 아니었다. 신흥시장국가들 중에서 가장 타격을 크게 입은 곳은 재정 상태가 취약한 국가들이었다. 연준의 긴축조치는 누구에게나 다 어려운 시련이겠지만 예산이나 재정을 제대로 꾸려나가지 않았다면 그건 자신의 책임일 뿐이었다.[22] 이런 설명은 도덕적으로도 이치에 맞았고 미국의 부담도 덜어주는 편리한 효과가 있었다. 결국 신흥시장국가들은 자신을 돌볼 책임이 있었다는 뜻이지만 실제 상황은 많이 달랐다. 신흥시장국가들 중에서 가장 크게 손실을 본 국가들은 사실 해외 자본을 누구보다 많이 끌어들였고 재정 실적이 가장 튼튼한 편이었다.[23] 어쨌든 재정규율에 대한 뼈아픈 진실은 이제야 자금압박에 직면한 국가들에게는 너무 늦게 찾아온 셈이었고 일부 국가들은 부랴부랴 국가재정을 다시 정비하기 시작했다. IMF의 수석경제학자 출신으로 과거 금융시장의 잘못된 도취감을 비판하기도 했던 라구람 라잔은 이제 인도중앙은행 총재로서 금리를 올리고 루피화를 안정화시킴으로써 이름을 날렸다.[24] 그렇지만 테이퍼 텐트럼은 경제적 회복 능력 못지않게 정치적 능력도 시험할 수 있는 기회였다. 이런 갑작스러운 외부 압력에 모든 정부가 다 침착하게 대응했던 것은 아니다.

2013년 5월 연준의 대차대조표 축소 관련 논의가 터키 통화를 강타했을 때 레제프 타이이프 에르도안(Recep Tayyip Erdoğan) 당시 터키 국무총리는 이스탄불의 게지 공원(Gezi Park)에서 시위대와 진압경찰이 충돌하는 등 심각한 국내 정세 불안에 시달리고 있었다.[25] 에르도안은 이런 우연의 일치를 어떻게 해석해야 할지를 놓고 한 치의 망설임도 없었다. 지금의 상황은 우연과는 거리가 멀었다. 터키 국내의 정치적 갈등과 외부의 경제적 압박은 모두 "정체를 알 수 없는 해외세력과 금융권, 그리고 국내외 언론사들이 만들어낸 음모"의 일부였다.[26] 에르도안은 브라질이나 터키처럼 국제무대에서 자신의 새로운 위상을 주장하고 나선 모든 국가들이 이렇게 경제적인 압박을 받고 있다고 믿었다. "모든 상황도, 국제 언론도, 심지어 트위터나 페이스북 같은 인터넷 소통창구도 다 한통속이다. 누군가 같은 곳에서 이런 일을 주도하고 있다. …… 모두 같은 목표를 향해 만들어진 똑같은 함정에 똑같은 수작이다." 실리콘밸리의 소셜미디어 업체들도, 미국 국무부와 연준의 개혁을 부르짖는 진보인사들도 모두 다 한통속이라는 것이 그의 주장이었다. 에르도안은 선동적 연설을 통해 터키의 민간 은행들과 국제적인 자산운용사들 사이의 관계를 비난했고 거기서 한 걸음 더 나아가 자신만의 근거를 바탕으로 이스라엘 역시 비난했다. "지난 3주간의 긴 혼란 속에서 과연 누가 이득을 보았는가?" 에르도안은 이렇게 물었다. "특정 이익집단이, 그리고 터키의 적들이 이득을 보지 않았는가!"[27] 터키 입장에서는 단순히 국내 경제 문제를 정리하면 된다고 주장하는 해외 전문가들도 있었지만 에르도안의 생각은 달랐다. 터키의 유럽연합 가입 협상이 실패로 돌아가고 시리아 문제에 대한 오바마 행정부의 대응도 시원치 않은데 불만이 쌓인 에르도안은 러시아 쪽에 도움을 청했다. 터키 정부는 러시아와 중국이 상하이에서 설립한 경제협력기구에 기꺼이 참여할 의사가 있음을 밝히기도 했다.[28] 변덕스러운 서방측과 비교하면 러시아와 중국 쪽이 더 안정적이고 믿을 수 있을 것 같았다.

전 세계가 미연준의 FOMC 투표 결과를 주목하고 있을 때 2013년 9월 5~6일 러시아 상트페테르부르크에서 G20 정상회담을 개최했다. 회담 분위기는 터키 대통령의 격앙된 심정보다는 차분했지만 전하고자 하는 의미는 분명하고 확실했다. 연준은 미국을 포함한 모든 국가들이 "상호의존적인 세상"에 살고 있다는 사실을 인정해야 했다. 브라질과 인도네시아의 재무부 장관들은 벤 버냉키에게 좀 더 분명한 태도를 요구하고 나섰다. 막대한 규모의 교역은 물론 달러화 채권을 통해 미국과 엮여 있는 중국 역시 목소리를 높였다. 한 공식 대변인은 이렇게 말했다. "미국의 통화정책이 신흥시장국가들과 세계 경제에 엄청난 영향을 미친다는 사실을 감안하면 우리는 미국의 통화정책 담당자들이 경기부양책의 향방에 상관없이 미국의 경제적 필요성뿐만 아니라 신흥시장국가들의 경제적 환경도 아울러 생각해주기를 바란다."[29] 라구람 라잔은 개인적으로 미국에서 가장 명망 높은 신흥시장국가의 대표였다. 2008년 위기 당시 그는 미국에 신흥시장국가들이 세계 경제를 떠받치는 "막대한 재정 및 통화 경기부양책"을 실시하고 있음을 상기시켰다. 기존의 선진국들은 이제 "자신들이 필요한 일만 하고 다른 국가들은 각자 알아서 하라는 식으로 빠져나갈 수는 없다. …… 우리 모두는 더 나은 협력이 필요하지만 불행하게도 아직까지는 그러지 못하고 있다."[30]

"상호의존성"은 세계화 시대의 해결책 중 하나다. 그리고 서로간에 더 큰 협조를 구하는 것도 모두에게 다 좋은 일이다. 그렇지만 왜 미연준은 이런 요구에 귀를 기울여야 하는가? 2008년 연준은 글로벌 경제에 유동성을 제공했고 이제는 경제부흥을 유지하기 위해 최선을 다하고 있었다. 하지만 기본적으로 연준은 한 국가에 속해 있었고 세계가 아닌 미국 경제에 대한 책임이 있었다. 연준이 가장 염려하는 건 바로 그런 사정에 대한 역풍이었고 2008년 광범위한 스와프 협정을 체결한 것도 그런 갈등을 잠재우기 위해서였다. 2013년 가을 IMF 총재 크리스틴 라가르드는 다시 이 문제를 제기했다. 연준의 통화정책으로 인한 충격의 막대한 여파에 대해 그녀는 워싱턴에 이렇게 경고했다. "자기가 한 대로 그대로 돌려받을 수도 있다." 미국도 안전하지만은 않다는 뜻이었다.[31] 그러나 연준에게 유럽의 거대 은행들의 붕괴는 전체 판이 깨지는 것이지만 신흥시장국가들에게는 그렇지 않았다. 수치상으로 봤을 때는 실제로 인도네시아나 인도의 경기순환이 미국의 금융안정성에 큰 영향을 미칠 수 있다고 진지하게 주장할 수 있는 사람은 아무도 없었다.[32] 새로운 세계화 시대에 상호의존성의 중요성은 모두 다 인정하고 있지만 서로 균등하게 영향력을 주고받고 있지는 않았다. 누군가는 충격을 고스란히 받기도 했고 또 누군가는 충격을 분산시켰다.

어쨌든 공화당 강경파가 연방정부 기능을 정지시키고 IMF의 예산을 잠재적인 볼모로 눈여겨보고 있는 가운데 연준이 인도네시아의 경제 상황을 고려하여 정책을 결정하려는 것은 정치적으로 큰 재앙이 될 것이 뻔했다. 그 대신 신흥시장국가들의 저항을 통해 연준은 오히려 미국적 애국심을 확실하게 보여줄 편리한 기회를 얻은 셈이었다. 애틀랜타 연준 총재 데니스 록하트(Dennis Lockhart)는 2013년 8월 블룸버그 텔레비전을 통해 다시 한번 이런 사실을 확인했다. "여러분은 연준이 의회가 법률로 제정하여 설립한 기관이고 오직 미국의 이익을 위해 봉사할 의무가 있다는 사실을 명심해야 한다. …… 다른 국가들 역시 이런 상황을 현실로 받아들여야 하며 연준의 조치가 그들 경제에 중요하다면 거기에 맞춰나가야 할 것이다." 세인트루이스 연준의 제임스 불러드(James Bullard) 역시 같은 내용을 강조했다. "우리는 신흥시장국가들의 변동성 하나에만 맞춰 정책을 결정할 수 없다."[33]

시장과 연준 사이에 드리운 의심과 불안의 그림자

9월 18일 마침내 연준이 결정을 내렸다. 5월부터 해온 준비가 마무리된 후 FOMC는 금리는 현 상태를 유지하며 "경제가 안정되고 있다는 더 많은 증거들이 나올 때까지" 현행 이율로 채권 매입도 계속 진행할 것이라고 발표했다.[34] 지난 5월 이후 시장을 긴장시켜온 연준 대차대조표 축소에 대한 논의는 이것으로 마무리되었다.

연준이 지금의 상태를 유지하기로 결정하자 왜 대차대조표 축소 조치가 철회되었는지에 대한 여러 해석이 난무하기 시작했다. 연준 내부의 온건파들이 금리 충격이 발생하는 일을 막아선 것일까? 벤 버냉키도 사태에 대한 두려움을 느꼈던 것일까? 그래서 후임자에게 모든 일을 미루려 한 것일까?[35] 아니면 연준 자체는 정책의 일관성을 유지했지만 결국 상황을 잘못 예측한 것은 아닐까? 대차대조표 축소에 대한 논의가 나오기 시작했던 2013년 봄에서 현상유지를 결정한 9월 사이에 연준은 경제에 대한 전망을 크게 하향조정했다.[36] 만일 경제가 예상했던 것보다 회복세가 크게 떨어진다면 연준은 일관성 있는 정책 추진으로 명성을 얻을 수 있겠지만 대신 그만큼 경제에 대한 기대심리를 떨어트렸다는 비난은 감수해야만 할 것이다. 혹시 연준은 대단히 소극적이거나 예지력이 떨어지는 것이 아니라 미묘한 머리싸움만 전략적으로 하고 있었던 것은 아닐까? 만일 연준이 조급하고 갑작스러운 금리 인상으로 인한 중단 없이 느리지만 확실하게 미국 경제를 회복하는 일에만 전념하려 했다면 통화 부양책의 축소에 대해 채권시장이 얼마나 격렬하게 반응하는지를 알아야 할 필요가 있었다. 2013년 6월에 테이퍼 텐트럼이 있었다는 증거는 확실했다. 시장은 참을성이 없었고 투자자들은 연준의 어떤 움직임에도 재빨리 신용조건을 강화하려 했을 것이다. 만일 연준이 좀 더 점진적인 조치가 필요하다고 믿었다면 5월과 6월의 대차대조표 축소 관련 발표 이후 조치가 다가오고는 있지만 결코 일방적으로만 진행되지 않는다는 사실을 시장에 알리며 세 번째로는 반대 방향으로 시장에 충격을 줘야 할 필요가 있었다.[37]

네 가지 각기 다른 해석에 대해 생각해보자. 바로 연준의 정치학과 취약점, 그리고 예측 실패와 머리싸움이다. 과연 어떤 것이 정답일까? 시장은 무엇을 알고 있었으며 또 전혀 아무것도 알지 못했다면 어떻게 반응했을까? 연준이 계속 망설이고 있었던 점을 생각하면 누군가는 채권자경단이 활동할 것을 예상했는지도 모른다. 좀 더 공격적인 투자자들 사이에서는 벤 버냉키에 대한 깊은 적대감이 있었다. 2013년 10월, 거대 자산관리사인 블랙록의 최고경영자 래리 핑크(Larry Fink)는 연준이 "거품이 생길 수 있는" 시장 환경을 조성하고 있다고 비난했다.[38] 블랙록의 채권 부문 최고운용책임자는 금리가 결정되는 과정에 "엄청난 왜곡"이 있다고 불만을 토로하기도 했다.[39] 그렇지만 시장에서는 각기 의견이 달랐다. 알리안츠-핌코의 빌 그로스는 투자자들이 상황의 불가피성을 받아들여야 한다고 주장했다. 만일 연준의 목표가 지난 호황기의 엄청난 채무 거품으로부터 점진적으로 벗어나는 것이라면, 그러니까 브리지워터 헤지펀드의 레이 달리오

(Ray Dalio)가 "아름다운 디레버리징(beautiful deleveraging)"이라고 불렀던 그런 상황을 만들어내는 것이라면 채권 투자자들은 자신들이 어느 정도 손해를 감수해야 했다는 것이다.[40] 채권 투자자들은 금리가 급박하게 인상될 것이라는 기대를 버려야 한다. "지금 시장은 2015년 후반에 금리가 1퍼센트 올라가고 2016년 12월에도 계속 1퍼센트가 오른 상태를 유지하리라고 예측한다. 거기에 반대로 투자하면 …… 현재 시장에 형성된 것보다 낮은 금리 정책이 실시될 것으로 예상하고 투자한다면 채권 투자자는 소를 방목하듯 앞으로 조금씩 조용하게 수익이 늘어날 것을 기대해야 한다. 대박은 아니지만 어쨌든 수익이 나는 것이다! …… 세상이든 시장이든 우리가 채권이나 증권에 투자해 손실을 보든 아니면 몇 배나 되는 수익을 올리든 아무런 신경도 쓰지 않는다. 그러니 조용히 풀을 뜯고 젖을 내는 암소가 되는 쪽을 택하라. 그리고 연준과 그 정책이 최선의 투자지침이라는 믿음을 점점 키워가며 현명하게 조금씩 수익을 올려라."[41]

수조 달러가 걸려 있고 시장은 연준의 정책 방향을 추측하느라 혈안이 되어 있는 상황을 생각하면 빌 그로스의 이런 태평한 생각은 사람들의 호응을 얻지 못할지도 모른다. 《파이낸셜타임스》는 시장과 연준 사이의 관계를 조용하게 수익을 올리며 서로 만족하는 것이 아니라 잘못된 결혼생활이 점점 뒤틀린 심리극으로 변해가는 모습과 비슷하다고 생각했다. 투자자들은 빌 그로스의 충고를 받아들여 "연준이라는 남편이 나를 사랑하고 있다는 믿음을 키워나가야" 했지만 그렇다고 해서 깊이 숨겨둔 긴장감과 불확실성을 감출 수는 없었다. 지난 5년 동안 연준의 막대한 규모의 경기부양 조치의 영향 아래 투자자들의 전략은 서로 닮아가기 시작했고 그러다가 스스로에 대해, 서로에 대해, 그리고 중앙은행에 대해 다시 추측을 해보았다. "지금 무슨 생각을 하고 있는가? 지금 무엇을 느끼고 있는가? 우리가 서로에게 무슨 일을 해왔는가? 앞으로는 어떻게 할 것인가? 물론 연준 역시 고민 많은 결혼생활의 남편이자 정책입안자로서 똑같은 내용들을 생각했다. …… 모든 것이 불안한 토대 위에 세워진 결혼생활처럼 수상한 분위기를 풍기고 있다."[42] 언제라도 정책의 변화나 시장 분위기 변화에 의해 균형이 깨질 수 있는 상황이었고 따라서 글로벌 경제 상황의 전망은 "한 치 앞도 내다볼 수 없었다."[43]

미국의 영향을 받지 않는 세계에 대한 꿈

"연준이라는 남편이 나를 사랑하고 있다는 믿음을 키워나간다"라는 처방은 해외의 중앙은행들에게도 똑같이 적용될 수 있었다. 제3차 양적완화 조치를 중단하지 않기로 한 결정은 신흥시장국가들에 대한 압력을 완화시키는 데 도움을 주었다. 인도의 루피화는 테이퍼 텐트럼으로 가장 크게 타격을 입었다가 10월 초에 달러화 대비 68루피에서 61.9루피로 회복세를 보였다.[44] 인도네시아 통화 역시 폭락을 멈췄다. 그야말로 모두들 한숨 돌릴 상황이었지만 라구람 라잔과 동료들은 미국 의회가 연준의 독점적인 권한을 주도면밀하게 감시해왔고 또 연준이 다른 국가들에 대한 무관심을 노골적으로 과시하며 정책을 결정해왔음에도 불구하고 결국 이 모든 것이 연준이 염두한 계산이었음을 믿지 않을 수 없었다. 그보다 더 중요한 문제는 연준이 보이지 않는 곳에서 했던 일들이다. 연준이 대차대조표 축소를 철회하고 의회에서는 여전히 예산안 처리가 되지 않고 있는 상황에서 몇 주가 지난 2013년 10월 31일, 연준과 유럽중앙은행, 일본은행, 영란은행, 캐나다 중앙은행, 스위스 국립은행은 조용히 합동으로 이렇게 발표한다.

기존의 임시 양자간 유동성 스와프 협정은 정식협정으로 전환될 예정이다. 다시 말해 각 협정들은 추가 발표가 있을 때까지 그대로 유지될 것이다. 이 정식협정을 통해 6개 중앙은행들 사이에서 양자간 스와프 협정 관계가 구축될 것이다. 이 협정에 따르면 특정 양자간 스와프 협정하의 두 중앙은행은 시장 상황이 자신들 중 한 통화에라도 외환공급 조치가 필요하다고 판단할 시 각자의 관할권에 대해 5개 외환 중 어느 쪽에 대해서도 유동성 공급조치를 요구할 수 있다. 기존의 임시 스와프 협정은 금융시장의 긴장을 해소하고 경제 상황에 대한 영향력을 완화시키는 데 도움을 주었다. 만일 이 협정이 정식협정으로 전환되면 중요한 유동성 안전장치로서의 역할을 계속하게 될 것이다.[45]

2008년 10월에 시작되어 글로벌 금융시장을 안정화시키는 데 대단히 중요한 역할을 했던 스와프 협정은 이제 영구적인 제도로 자리 잡았다.[46] 2008년과 마찬가지로 이런 각국의 네트워크에는 제한이 있었다. 신흥시장 국가들 중에서도 경제상태가 취약한 국가들은 연준의 스와프 연결망의 중심에 포함될 수 없었지만 그렇다고 완전히 따돌림을 당하는 것도 아니었다. 그래서 나온 해결책이 지역별로 이루어지는 부분적인 협정이었다. 이런 협정들은 내용이 일관적이지 못했고 유럽의 주요 중앙은행들과도 전혀 관련이 없었다. 그렇지만 아시아의 중앙은행들은 좀 더 적극적으로 움직였다. 2013년 9월, 연준의 대차대조표 축소에 대한 염려가 점점 커지는 가운데 인도는 일본과 맺고 있던 기존의 스와프 협정 규모를 100억 달러에서 500억 달러로 늘리는 협상을 진행했다. 12월이 되자 일본은 인도네시아와 필리핀에 스와프 협정 규모를 두 배로 늘릴 것을 제안했고 싱가포르와 태국, 말레이시아와도 비슷한 수준의 협상을 원하고 있다고 발표했다.[47] 일본은 중국 다음으로 막대한 달러화 자산을 보유하고 있으며 따라서 이런 협정이나 협상이 가능했던 것이다. 그리고 위기가 발생할 때마다 일본은행은 연준으로부터 자금을 융통했기 때문에 이런 방식으로 달러 유동성은 전 세계로 공급되었다.

2008년에서 2009년과 마찬가지로 2013년에도 새로운 통화질서와 "미국의 영향을 받지 않는 세계"의 필요에 대한 목소리가 세계 경제 전반에 걸쳐 들어서고 있는 강력하고 새로운 유동성 공급망이라는 현실을 제대로 알아보지 못하게 했다. 통화스와프 협정에 대한 기사들은 《파이낸셜타임스》와 《월스트리트저널》의 한쪽 구석에나 단신으로 실릴 뿐이었다.[48] 환영의 목소리도 새로운 브레턴우즈 체제를 위한 회의 같은 것도 없었다. 또한 의회의 공식 승인 같은 것도 이루어지지 않았다. 모든 것이 그저 행정적인 조치일 뿐이었지만 실제로는 그보다 훨씬 더 큰 의미를 지니고 있었다. 금융위기가 발생한 지 5년이 흐르는 동안 시장은 여전히 불안한 상태였고 미국의 정치시스템은 분열되었으며 글로벌 달러시스템은 양적완화 결과 전 세계에 달러가 풀리는, 전에 없는 새로운 팽창 기반 위에서 작동하고 있었다.

통화스와프 협정의 기술적인 효과에 대해서는 의심의 여지가 없었지만 정치적 적법성은 다른 문제였다. 그리고 2013년 가을, 사람들은 연초에 공개된 첨단기술을 통한 미국의 또 다른 권력 행사에 대해 깊이 생각해보지 않을 수 없었다. 바로 NSA의 전자감시망이었다.[49] 정부요원 출신의 에드워드 스노든(Edward Snowden)이 6월 초에 새롭게 폭로한 불법 사찰 내용 역시 미국의 권력과 기술력에 집중되어 있었다. 연준과 마찬가지로 NSA 역시 각 지역 지사들을 통해 활동해왔으며 미국과 동맹국들의 안보 문제와 관련하여 믿고 의지할 만한 기관이었다. 물론 사찰활동과 통화스와프는 전혀 다른 문제처럼 보이기는 하지만 기능적 권력과 행정적 효율성만큼은 어떤 공식적인 정치적 권한과도 비교할 수 없다는 공통점이 있다. 또한 사찰과 통화스와프는 강대국으로서 미국의 중요한 위치와 미국 내에서는 물론 미국과 정치적, 그리고 사업적으로 얽힌 국가들 안에서도 공식적으로 인정하기 어려운 또 다른 권력이 있다는 사실을 보여주는 증거이기도 하다.

21장

"X같은 유럽연합"

우크라이나 위기

2008년 이전에는 미국과 중국 사이의 금융공포의 균형이 위기의 원인이 될 것으로 예상했다. 중국과 미국을 중심으로 한 세계적 불균형이 거대한 규모로 확산되고 양국의 심각한 국내 불균형으로 인해 미국의 위상이 근본부터 흔들릴 거라는 두려움이 있었다. 2008년 유럽연합과 NATO의 확장에 대해 러시아가 반발하자 또 다른 차원의 위기가 더해졌다. 조지아와 러시아가 충돌했고 러시아 정부는 중국과 연계해 미국의 취약한 재정 부문을 함께 공격하려는 계획을 세우기도 했다. 중국은 한 걸음 뒤로 물러섰고 대규모의 달러화 자산 매각은 일어나지 않았다. 이런 위기의 지리경제학적 진행 방향은 누구도 예상치 못한 쪽으로 이어졌다. 미연준의 유동성 스와프 협정은 달러화를 기반으로 하는 금융시스템을 안정시켰다. 2008년 11월에는 G20이 새롭게 진용을 갖추면서 세계경영에 대한 목소리를 더하게 되었고 이를 바탕으로 2009년에는 IMF가 깜짝 놀랄 만한 규모로 커졌다. 동부 유럽에 대한 IMF의 신속한 개입도 규모의 확대를 통해 이루어진 것이다. 그로부터 1년 후 IMF는 다시 유로존의 위기를 해결하기 위해 수천억 달러를 투입하며 그와 동시에 미국은 평소 신속한 움직임을 보이지 않는 바젤위원회를 통해 새로운 글로벌 금융 규제시스템을 적극적으로 밀어붙였다.

2008년과 2009년 미국 정부는 위기를 통해 불거진 지리경제학적 도전을 항상 먼저 나서서 처리했다. 미국은 앞으로도 계속 그렇게 해나갈 수 있을까? 2010년 5월 오바마 행정부와 IMF는 유로존에 대한 개혁을 실시하도록 유럽 측을 압박했다. 하지만 그 이후 상황이 복잡하게 돌아가기 시작했고 2010년 11월이 분기점이 되었다. 민주당은 의회에서 다수당의 위치를 잃었고 경제회복은 더디게 진행되었으며 예산안 타결까지 심각할 정도로 지지부진해지자 연준은 결국 고민 끝에 제2차 양적완화 조치를 실시하지만 서울에서 열린 G20 회담에서는 거센 반대 목소리가 터져 나왔다. 하지만 G20 회담에서의 반대는 별개의 문제였다. 2011년과 2012년에 벌어진 재앙에 가까운 사태를 통해 미국이 유럽을 돕자 독일을 견제할 세력은 오바마 행정부밖에 없다는 사실이 분명해졌다. 오바마 대통령의 판단은 옳았다. 유럽의 관점에서 미국은 유럽의 밖에 있으면서도 유럽의 일원과 같은 중재자 역할을 하며 누구도 그 위치를 대신할 수 없었다. 그렇지만 유럽이 안정되고 오바마 대통령이 두 번째 집권을 시작하자 부시 행정부 시절의 의문점들이 다시 불거졌다.[1] 미국 정부는 계속해서 전 세계에 영향력을 유지해야 할까? 좀 더 안전하게 뒤로 물러설 방법은 없을까? 혹시 내부의 갈등이나 외부의 압력에 의해 의도적으로 그런 선택을 하지 않을까? 그렇게 된다면 안정이라는 유산을 남기고 아무런 문제 없이 물러날까 아니면 서둘러 퇴각하는 형국이 될까?

서방을 따를 것인가, 러시아를 따를 것인가

힐러리 클린턴은 1990년대 영부인 시절부터 활력과 사명감이 넘쳤고 또한 대통령이 되겠다는 개인적인 야망도 있었다. 이런 영향으로 그녀는 국무장관이 된 후에도 적극적인 행보를 펼쳤다. 2011년 가을 이라크에서의 철군을 최종 결정하자 클린턴이 이끄는 국무부는 다시 국가정책 결정 과정의 전면에 나서려고 애를 쓴다. "아시아 중시 정책(pivot to Asia)"은 클린턴 국무장관이 새롭게 천명한 미국의 외교정책 방향이었다.[2] 군사적으로 보면 그동안 아라비아 지역에 배치한 항공모함 전대를 태평양 지역으로 이동시킨다는 내용도 여기에 포함되어 있었다. 경제적 측면에서는 환태평양 경제동반자협정, 즉 TPP에 대한 집중을 의미했다. 유럽이 점점 더 수렁으로 빠져들던 2011년, 미국 재무부와 무역대표부는 캐나다와 멕시코를 압박해 더 넓게 확대된 교역 및 투자 협정에 아시아의 주요 경제대국들과 함께할 것을 종용했다. 여기에 중국은 제외되었는데, 중국을 굴복시킨다거나 경제성장을 저지한다는 목적 같은 건 처음부터 없었다. 그러기에는 모두의 이해관계가 너무 복잡하게 얽혀 있었고 결국 진짜 목적은 중국의 급상승하는 국력과 균형을 이룰 수 있을 정도의 협력 체제를 구축하는 것이었다. 클린턴 국무장관의 한 전담 기자는 이런 내용을 두고 "사실상의 중국 봉쇄를 위한 동맹"이라는 경솔한 표현을 쓰기도 했다.[3]

1947년 무렵만 해도 "봉쇄조치"는 미국이 서유럽과 동아시아 지역에 구축한 강력한 동맹관계를 지탱해주던 일종의 접착제 역할을 했다. 이런 동맹관계는 미국의 세력 범위를 크게 확장시켰으며 뚜렷한 신념을 가진 진보 성향의 국제주의자들이 미국의 헤게모니주의를 옹호하는 근거가 되었다.[4] 그렇지만 미국 입장에서는 위험을 감수할 수밖에 없었다. 봉쇄조치는 여러 가지 명암이 뒤따랐고 이는 미국 정부뿐 아니라 미국의 동맹국의 결정에 크게 영향을 받았다. 각 동맹국들도 자신만의 정치적, 경제적 문제점을 안고 있었다. 금융이나 교역, 혹은 안보정책과 관련해 미국의 영향력 아래 편입된다는 건 이런 여러 이해관계가 상충할 수도 있다는 의미였다. 중국의 관점에서 볼 때 미국의 아시아 중시 정책은 2012년 12월 일본에서 민족주의를 표방한 아베 신조(安倍晋三)가 선거에서 승리해 총리가 됨으로써 더 분명하게 안 좋은 쪽으로 흘러가고 있었다. 아베 총리는 중국의 위상에 대해 심각하게 우려했고 일본 자위대를 더 강력하고 독립적인 집단으로 만드는 데 지원을 아끼지 않았다. 그리고 일본 경제의 이익을 희생하더라도 기꺼이 미국과 전략적인 협력관계를 구축하려고 했다. 심지어 그는 일본의 주식인 쌀 생산을 희생하더라도 TPP에서 핵심적인 역할을 하려고 했다.[5] 그렇다면 아베 총리의 최종 목적은 무엇이었을까? 2014년 일본과 중국 사이에는 전쟁의 공포가 감돌기 시작했다.

한국과 오스트레일리아, 그리고 일본과 베트남을 미국이 생각하는 지리경제학적 동맹체제의 일원으로 끌어들이는 건 어떻게 생각하면 대단히 손쉬운 일이었다. 이들 국가가 중국을 막아내는 일에 관심을 갖고 있다는 건 분명했다. 다만 미국이 아시아에서 이런 새로운 관계를 구축하면 해당 지역에서의 상황이 복잡해지는 동시에 갈등을 부추길 위험이 있었고 그것은 미국의 국익에도 부합하지 않았다. 유럽은 이 일과는 관계가 없었고 역시 같은 이유로 중국을 견제하는 계획에 그다지 동조하는 분위기가 아니었다. 유럽연합은 중국과의 교역과 투자에 관심이 많았다. 독일은 자동차며 공장설비를 중국에 수출하고 싶어 했다. 유로존 내부의 끝없는 갈등에 지친 독일 정부 각료들은 중국과의 협력을 통해 새로운 미래를 개척하겠다는 희망을 품었다.[6] 런던의 시티는 중국 위안화의 국제화 문제와 관련해 특별한 위치를 노리고 있었다.[7] 결국 자국의 지리경제학적 전략을 확장해 적용하려는 건 미국만이 아니었던 것이다.

2013년 10월 인도네시아 발리에서 열린 APEC 회담에 참석한 시진핑 주석은 중국의 새로운 투자은행 설립 계획을 발표한다. 중국을 포함한 아시아 여러 국가들의 사회기반시설을 개선하자는 대담한 제안이었다. 누구든 원하면 사업에 동참할 수 있었다. 중국의 이런 제안은 미국이 계획한 내용과도 맞닿아 있었기 때문에 미국 정부는 이를 별로 달가워하지 않았다. 오바마 행정부는 중국의 이런 제안에 찬성하지 않는다는 사실을 분명하게 알렸고 한국과 일본, 오스트레일리아는 즉시 미국에 동조하고 나섰다.[8] 하지만 중국과 경제적 교류의 물꼬를 트기 위해 동분서주하던 영국이 중국의 제안을 받아들여 아시아인프라투자은행(Asian Infrastructure Investment Bank, AIIB)의 창립회원이 되겠다고 나섰다.[9] 미국은 당연히 크게 분개했다.[10] 영국 정부는 이미 결단을 내렸고 미국 국무부의 한 관료는 사전 협의 없이 "중국의 지속적인 포용정책에 동조하는 추세"를 미국은 인정할 수 없다는 의견을 발표했다. "중국의 세력 확장에 대응하기 위한 최선의 방책"이 아니라는 것이었다.[11] 하지만 영국 정부는 귀를 기울이지 않았고 서둘러 서명한 다른 유럽 국가들도 영국과 같은 입장이었다. 미국의 이런 반대에 대해 한 영국 관료는 냉담한 어조로 오바마 행정부로서는 지금 미국의 정치 분위기 속에서 국제적인 경제정책을 앞장서 이끌어나가기가 어려울 수밖에 없을 것이라고 말하기도 했다. "미국 의회가 중국의 IMF 지분을 조금 늘리는 것조차 승인해주려 하지 않는데 무역과 국제투자에서 뭘 기대할 수 있겠는가? 설사 오바마 행정부가 중국의 AIIB와 함께하고 싶어 한다 해도 분명 의회의 승인을 얻지 못할 것이다."[12] 실제로 의회의 셧다운 때문에 오바마 대통령은 발리에서 열린 APEC 회담에도 참석하지 못했다. 미국의 국내 정치 문제가 세계 전략 수행에까지 영향을 미치고 있었으며 세계는 미국 국내가 안정될 때까지 기다려주지 않았다.

미국이 분명하게 느낀 중압감을 감안하면 1970년대 헨리 키신저 국무장관이 추진했던 유명한 중국과의 화해관계를 뒤집고 중국을 견제하기 위한 노력의 일환으로 러시아와 더 긴밀한 관계를 추진하는 편이 나아 보이기도 했다. 물론 미국 정부가 일본이나 사우디아라비아 정도로 러시아를 중요한 전략적 동반자로 기꺼이 받아들이려 했는지는 누구도 알 수 없다.[13] 어쨌든 2009년 오바마 행정부는 러시아와의 관계개선에 착수했다. 당시 대통령이었던 드미트리 메드베데프와 "새로운 관계"를 시작하는 일은 어느 정도 가능성이 보였다. 메드베데프 대통령은 자신의 러시아 현대화 계획을 서둘러 추진하기 위해 캘리포니아 주지사인 아널드 슈워제네거(Arnold Schwarzenegger)와 함께 실리콘밸리를 방문하기도 했다.[14] 러시아 기업들은 값싼 달러화 자금 확보를 통해 얻을 수 있는 기회를 놓치려 하지 않았다. 메드베데프 대통령은 NATO의 리비아 사태 개입을 묵인했고 이에 모스크바 정계는 크게 반발했다. 당시 정계 2인자인 총리로 다시 자신의 시대가 오기를 기다리고 있던 푸틴은 리비아의 독재자 카다피의 끔찍한 최후가 담긴 동영상을 보고 큰 충격을 받았다. 아무렇지 않게 카다피를 인정하고 떠받들던 서방측은 손바닥 뒤집듯 태도를 바꿔 리비아를 폭격한 후 그를 분노한 폭도들에게 넘겨 살해하게 만들었다. 저런 서방측을 믿는 건 바보짓이었다. 메드베데프 대통령의 유화책은 또 다른 공격을 불러올 뿐이었다. 푸틴은 다시 정권을 손에 넣어야 했다. 부정선거 논란으로 뜨거웠던 2011년 12월의 러시아 총선 이후 정권퇴진 운동과 함께 시위가 확산되자 그의 이런 결심은 더욱 확고해졌다. 클린턴 국무장관은 러시아 정권교체에 대한 열망을 간신히 감추고 있었다. 러시아와의 새로운 관계개선은 결국 이루어지지 않았고 푸틴은 2012년 이전보다 더 단호해진 모습으로 다시 대통령이 된다. 오바마 행정부의 자유진보주의를 거부하듯 러시아 정부는 보수적인 문화 우월주의의 모습으로 정체성을 바꾸었다. 동성애자 권리 운동이나 페미니스트 문화, 심지어 미국 올림픽 대표단이 먹는 그릭요거트까지 모두 다 새로운 냉전시대의 희생양이 되었다.[15]

이것은 사람들이 예상했던 중국의 세력을 견제하기 위해 힘을 합친 모습이 분명 아니었다. 그렇지만 러시아와 서방측 사이의 관계에 위기를 몰고 온 건 미국이 아니었다. 위기의 근본 원인은 미국의 가장 중요한 동맹인 유럽이었다. 유럽연합은 훗날 자신이 우크라이나 위기에 "자신도 모르는 사이에" 말려들었다고 주장했는데, "유럽연합은 지정학적 문제에 관여하지 않는다"는 어떻게 보면 순진한 주장과도 일맥상통하는 부분이 있다.[16] 또한 어쩌면 유럽연합 본부 소속 일부 관료들의 순진함을 표현한 것인지도 모르지만 사실 그 안에는 어떤 진실도 담겨 있지 않다. 오히려 유럽의 각 국가들이 유럽연합을 통해 추구하는 지정학적 정책에 의견 일치를 보이지 않았다고 말하는 것이 더 옳을지 모른다. 프랑스와 독일 정부는 러시아 정부와 화해 분위기를 원했고 폴란드와 스웨덴은 의견이 달랐다. NATO의 적극적인 지원과 함께 "새로 유럽연합에 가입한 국가들"은 구소비에트 연방 국가들과 유럽연합의 동부 파트너십을 인정했다. 폴란드 정부나 라트비아 정부에게는 동부 파트너십이 TPP와 같은 "사실상의 봉쇄조치"라는 사실은 공공연한 비밀이었다. 폴란드 입장에서는 무엇이 우선인지 분명했다. 브로니스와프 코모로프스키(Bronislaw Komorowski) 대통령은 이렇게 말했다. "러시아와 다시는 국경을 맞대고 싶지 않다."[17]

유럽연합의 동부 파트너십의 근거가 되어준 건 다름 아닌 유럽연합 협약서(EU Association Agreements)다. 이 협약서는 각종 규제의 조화와 교역 자유, 노동자의 이주를 다루는 등 내용이 대단히 복잡했다. 2012년 발효된 우크라이나와의 협약은 아직 유럽연합 소속이 아닌 유럽 국가와 맺은 협약 중에서 가장 광범위한 내용을 다뤄 주목을 받았다. 우선 분량만 1200쪽에 달하며 유럽 고유의 이른바 "공동체 기득권(acquis communautaire)"을 바탕으로 다시 28개 항목으로 세분된다.[18] 교역과 사업 관련 규정들이 유럽연합 협약서의 주요 부분을 차지했지만 안보정책도 포함하고 있었다. 유럽연합 협약서 중 우크라이나 관련 협약 제4조는 "모든 상호 이해관계와 관련해서 정치적인 대화가 필요하다"고 되어 있으며 "우크라이나를 유럽 안보 문제에 더욱 깊숙이 관여시키려는 목표와 함께 외교 및 안보 문제에 대한 점진적인 합의를 모색할 것이다"라고 적고 있다.[19] 제7조는 "유럽연합과 우크라이나의 외교와 안보, 국방에 대한 합의"를 다룬다. 제10조는 "충돌 방지와 위기관리 및 군사 및 기술 관련 협력"에 대한 내용으로 우크라이나와 유럽연합은 "향후 군사 및 기술 분야에서 협력방안을 모색하며 우크라이나와 유럽방위청(European Defense Agency)은 기술적 문제들을 포함해 군사력 개선 등을 서로 협력하여 논의한다"고 되어 있다.[20]

유럽연합은 2013년에 우크라이나와의 협의를 통해 많은 부문에서 진전을 이루었지만 동부 파트너십 협상은 그보다 더 광범위한 분야에서 진행되었다. 2013년 11월 29~30일에 리투아니아의 수도 빌뉴스(Vilnius)에서 열린 정상회담에서 유럽연합은 우크라이나와 정식으로 협약을 맺고 또 몰도바와 조지아, 아르메니아와도 같은 협약을 맺기를 희망했다. 유럽연합은 또한 벨라루스와도 관련 협상을 벌이기 시작했다.[21] 2000년대 초반 발트 3국과 과거 바르샤바조약기구 소속이던 동유럽 국가들을 받아들였던 유럽연합은 이제 구소비에트 연방 서쪽 국경에 자리하고 있었던 나머지 국가들과의 관계를 더 깊게 변화시킬 방안을 모색했다. 그야말로 국제관계에 지각변동을 일으킬 시도였으며 무엇보다 해당 지역에 대한 러시아의 야망과 직접적으로 충돌할 수도 있다는 사실이 중요했다. 2011년 이후 러시아는 기존의 유라시아관세동맹(Eurasian Customs Union)을 더 포괄적인 기능을 하는 유라시아경제연합(Eurasian Economic Union)으로 발전시키고자 했다. 명백히 유럽연합의 동부 파트너십을 겨냥한 조치였다. 유라시아경제연합 협약의 세부 내용은 유럽연합이 내세운 요구보다 덜 부담스러운 것이었다. 그렇지만 이 협약을 통해 결국 러시아에 편향된 관계가 맺어지며 공동 대외관세 조치를 포함한 관세동맹도 아울러 체결된다. 유럽연합 협약과는 도저히 양립할 수 없는 상황이었다.

서로 좋은 의도가 있었다면 유럽연합 협약과 유라시아관세동맹 사이에도 분명 적절한 타협이 이루어질 수 있었을 것이다. 그렇지만 어느 쪽도 그럴 만한 분위기가 아니었다. 유럽연합 본부가 이런 사실을 인정하든 인정하지 않든 각기 다른 두 경제협력체가 타협하기 위해 해결해야 하는 기술적, 경제적 문제들은 지정학적 긴장상태에 의해 충돌하는 부분이 많았다. 하지만 어느 쪽이든 선택해야 했다. 동유럽 국가들은 서방측을 따를 것인가 아니면 러시아를 따를 것인가? 유럽연합 본부는 푸틴이 주도하는 유라시아 동맹의 회원국이 유럽연합 협약에 가입할 수 없음을 분명하게 밝혔다. 러시아 정부는 두 경제협력체 사이의 협상을 진행하기 위해 유럽연합 집행위원장 마누엘 바호주를 초청했지만 유럽연합 측이 이를 거부했다.[22] 유럽연합 본부는 자신들과 동등한 위상을 갖춘 경쟁자를 받아들일 수 없었다. 이렇게 어떤 협상이나 합의도 이루어지지 않자 러시아 정부는 우크라이나와 아르메니아에 유럽연합과의 협상을 진행하려면 자국의 제재를 각오하라고 경고했다. 유럽연합 협약서에 서명하는 일은 "자살행위"나 다름없다는 엄포였다.[23] 협약과 협력과 합의라는 일견 평범해 보이는 대의명분 아래 안 그래도 엄청난 경제적, 정치적 압박이 가해지는 불안한 지역에 또다시 감당하기 어려운 지정학적 부담이 더해졌다.

마침내 크림반도를 장악한 러시아

구소비에트 연방 소속이던 국가들 사이에서 2008년에 있었던 경제적, 정치적 충격으로부터의 회복은 고르게 이루어지지 않았다. 발트 3국은 계속해서 서방측과의 관계를 진전시켜나갔다. 에스토니아는 2011년 1월 1일부로 유로존 회원국이 되었다. 2009년 엄청난 경제위기를 겪었던 라트비아는 2014년 1월 1일 유로존 회원국이 되었고 그로부터 1년 뒤에는 리투아니아가 그 뒤를 따른다. 나머지 동유럽 국가들도 2004년 협약 조건에 따라 차례로 유로존에 가입할 것이 확실시되었지만 유로존 위기가 불거지면서 심각한 차질이 빚어졌다. 예컨대 폴란드의 경우 시코르스키 외무부 장관은

2011년 12월에 2016년쯤이면 폴란드도 유로화를 사용할 것으로 예상한다는 발언을 했지만 유로화의 개혁이 이루어지고 폴란드에 분명하게 도움이 되는지 확인한 후에 그렇게 할 것이라는 단서를 붙였다.[24] 도날트 투스크 (Donald Tusk) 폴란드 총리는 유로존 회원 가입에 대한 범국가적 논의를 시작하겠다고 약속하기도 했다. 그렇지만 민족주의를 표방하는 야당인 법과 정의당(Prawo i Sprawiedliwość)은 즉시 이를 반박하며 더 이상의 유럽통합을 위한 노력은 결국 "독일에 종속되는 것"이라고 공격했다."[25]

폴란드는 민족주의자들이 반대했다면 헝가리는 정부가 직접 반대하고 나섰다. 2010년 4월 선거에서 집권당인 사회당은 부패와 2008년 금융위기, 그리고 경제정책 실패에 대한 책임을 지고 물러났다. IMF의 압박으로부터 헝가리와 헝가리 국민들을 보호하겠다며 나선 민족주의 피데스당과 기민당은 힘을 합쳐 53퍼센트의 지지를 얻었다. 그보다 더 놀라운 사실은 파시즘 성향을 공개적으로 드러냈던 조빅당(Jobbik)이 17퍼센트의 지지율을 기록해 민족주의와 국수주의를 앞세운 정당들이 모두 합쳐 70퍼센트의 지지를 얻었다는 것이다. 피데스당의 억지스러운 주장 중에는 정치적 주권과 경제적 의존관계를 하나로 놓고 생각하겠다는 내용도 있었다. IMF와 유럽연합의 반발에도 불구하고 이들은 냉혹한 역사적 필요성을 앞세우며 외국계 은행에 대한 과세와 민간 연기금에 대한 강제적 관리를 정당화했다.[26] 구소비에트 연방의 압박에서 벗어나 20여 년이 지나는 동안 헝가리는 "한 국가가 재력이나 무력이라는 두 가지 방식에 의해 정복당할 수 있다는 오래된 지혜가 결코 거짓이 아니었음을 뼈저리게 경험했다."[27] 지난 2010년 4월 그리스가 트로이카에게 굴복하는 것을 본 강경파 총리 오르반 빅토르 (Orban Viktor)는 기자회견 자리에서 이렇게 이야기했다. "개인적으로 IMF 건 유럽연합이건 누구도 우리의 주인이 될 수 없다고 본다. 우리는 그들에게 종속되지 않는다." 헝가리는 협상에는 임했지만 "강압적인 조건"은 받아들이려 하지 않았다.[28]

오르반 총리의 공격적 민족주의와 시민의 자유와 정치적 다원주의를 억압하려는 피데스당의 획책으로 헝가리 정치문화의 자유화는 공산주의와 결별한 이후 처음으로 과거로 퇴행한다. 그렇지만 어쨌든 헝가리만의 방식으로 오르반 총리의 공격적인 수익창출 정책과 강제적인 내핍조치는 어느 정도 효과를 거두었다. 물가상승률이 2퍼센트 이하로 떨어진 것이다. 2011년 12월에는 외국계 은행들과 가계부채 재구성 비용을 분담하는 협약을 체결했다. 헝가리가 GDP 대비 예산 적자 3퍼센트라는 목표를 달성하자 유럽연합은 가입 후 헝가리에 계속해서 시행된 굴욕적인 과도적자시정조치(Excessive Deficit Procedures)를 마침내 중단했다. 또 다른 신흥시장국가의 경기회복이라는 측면에서 해외의 대출기관들은 오르반 총리의 민족주의 실험을 좀 더 관대한 눈으로 바라보기 시작했다. 자금을 충분히 확보한 헝가리는 2013년 여름 IMF 채무를 완전히 청산하고 부다페스트의 IMF 사무실 폐쇄를 요구했다.[29] 오르반 총리는 자신의 입지를 더욱 다지기 위해 2013년 초 러시아 정부와 새롭게 화해 분위기를 조성하고 나섰다. 러시아와의 동맹은 헝가리 민족주의자들에게는 절대로 환영할 만한 선택은 아니었다. 그렇지만 오르반 총리는 모스크바에서 따뜻한 환대를 받았다. 푸틴은 헝가리의 비자유민주주의 실험을 격려하며 원자로 기술과 천연가스 공급 등 물질적인 지원도 약속했다. 피데스당의 지지자들은 러시아 정부의 이런 지원을 크게 환영했다.[30]

유럽연합과 NATO 모두에 안전하게 정착한 헝가리는 동유럽과 서유럽 사이에서 균형을 잡는 위험을 충분히 감수할 수 있었다. 아르메니아처럼 유럽연합 협약 가입을 기다리는 동유럽의 소국(小國)들은 러시아의 위협을 받았고 결코 헝가리와 같은 처지라고 볼 수 없었다. 러시아 정부로부터 직접적인 협박을 받은 아르메니아는 결국 2013년 9월 유럽연합 협약 신청을 철회했다. 그리고 푸틴의 유라시아관세동맹에 참여할 의사가 있음을 선언함으로써 유럽연합 본부는 협약과 관련된 협상을 완전히 중단할 수밖에 없었다.[31] 유럽연합의 동유럽 정책이 이런 식으로 좌절되면서 우크라이나는 더욱 중요한 의미를 지니게 되었다. 국가 규모와 지정학적 중요성을 생각하면 동유럽의 세력 균형 문제를 결정짓는 것은 역시 우크라이나가 될 것 같았다. 유럽연합은 자신의 정당성을 확신하고 있었다. 유럽연합은 법치와 번영을 제공할 수 있으며 미래를 약속할 수 있었다. 우크라이나가 경제적으로, 또 정치적으로 대단히 취약하며 러시아와 서방측 사이에서 지정학적 압박에 지나치게 노출되어 있다는 사실을 무시한 채 유럽연합 본부는 자신의 계획을 밀어붙였다.

우크라이나가 변화를 필요로 한다는 사실은 분명했다. 공식 발표에 따르면 2008~2009년에 입은 큰 피해에도 불구하고 2013년 평균소득은 1989년과 거의 차이가 없었다. 국경 서쪽의 다른 유럽 국가들과 달리 우크라이나에서는 공산주의가 무너진 후 극심한 경기침체를 겪었다. 극소수의 사람들은 엄청난 부를 쌓아 올렸지만 극빈층은 국가가 지급하는 연금과 에너지 보조금으로 겨우 연명했고 여기에만 GDP의 17퍼센트가 쓰였다. 2008년 IMF는 우크라이나에 긴급지원을 했지만 대신 정권의 정당성 유지에 불가능한 수준의 세금과 연금에 대한 개혁을 요구했다. 2010년 2월 대통령 선거가 다가올 무렵 대부분의 우크라이나 국민들은 현실에 대한 깊은 환멸을 느꼈다. 우크라이나는 서쪽의 동유럽 국가들은 물론 푸틴이 이끄는 이웃의 러시아보다도 한참 뒤떨어졌다. 빅토르 유셴코 대통령은 대선가도에서 일찌감치 탈락했고 율리아 티모셴코 총리가 빅토르 야누코비치와 맞붙었다. 야누코비치는 2004년 오렌지 혁명의 도화선이 된 부정선거를 주도했던 인물이다. 우크라이나의 유권자들은 동부와 서부로 갈렸고 결국 야누코비치가 근소한 차이로, 그리고 이번에는 부정선거 없이 대통령에 당선되었다.

야누코비치는 부패한 기회주의자로 서방측과 러시아 사이를 수시로 오갔으며 IMF로부터 자금도 지원받았다. 그는 유럽연합과도 협상을 이어갔다.[32] 야누코비치는 대통령이 된 후 정적이던 율리아 티모셴코를 부패 혐의로 수감하고 일종의 정치적 볼모로 이용했다. 또한 푸틴의 유라시아 동맹 근처에도 기웃거렸다. 대통령의 최측근은 부를 쌓아 올렸지만 지지율은 떨어졌으며 외환보유고는 점점 줄어들었다. 다음 대선에서 승리할 가능성이 거의 없어 보이자 야누코비치 대통령은 최악의 상황을 고려해 치안유지부대를 동원할 준비까지 했던 것으로 알려졌다.[33] 그렇지만 2014년 대통령 선거까지 기다릴 필요도 없었다. 2013년이 되자 그동안 유럽연합과 러시아 사이를 오가던 우크라이나 정부는 다른 무엇보다도 변화하는 국제 금융 환경에 어떻게 대응할 것인지에 대한 결정을 내릴 수밖에 없었다.

2013년 봄까지는 미연준의 양적완화 정책을 통해 달러화가 우크라이나

도표 21.1   우크라이나 7년 만기 국채 수익률

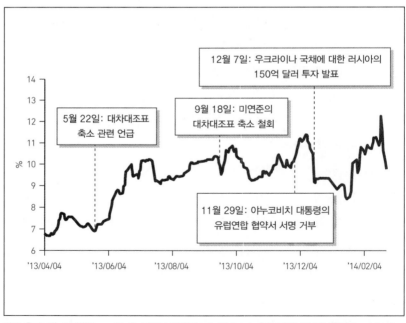

자료 출처: 벤 스테일(Benn Steil), 디에나 워커(Dinah Walker), 「우크라이나의 앞날은?(Was Ukraine Tapered?)」(2014년 2월 25일), 지오그래픽(Geo-Graphics) 블로그. https://www.cfr.org/blog/was-ukraine-tapered.

에까지 쏟아져 들어왔다. 2013년 4월 10일 우크라이나 정부는 경상수지 적자를 줄이는 데 도움을 주겠다는 IMF의 제안을 거부한다. 그 대신 12억 5000만 유로달러 규모의 국채를 발행하는데 당시 7.5퍼센트라는 상대적으로 적당한 시장금리 때문에 시장에서는 우크라이나 국채가 큰 인기를 얻었다.[34] 그렇지만 5월 2일 벤 버냉키가 대차대조표 축소 관련 선언을 발표하자 시장이 타격을 입는다. 금리는 10퍼센트까지 치솟았다. 야누코비치 대통령은 개인적 부를 쌓기 위해, 그리고 또 다른 자금줄을 찾아 동분서주했고 다국적 석유기업인 셸이나 셰브론 등과 셰일가스를 개발할 방안을 찾기도 했다. 2013년 가을, 우크라이나 주요 농경지 3만 제곱킬로미터를 중국 측에 임대해주는 계약을 체결했다. 3만 제곱킬로미터면 우크라이나 전체 영토의 5퍼센트, 경작 가능한 농토의 10퍼센트에 해당하는 엄청난 규모이며 벨기에에 맞먹는 크기다. 중국은 단지 농경지만 임대한 것이 아니라 크림반도 항구 시설에 100억 달러를 투자하기로 약속했다.[35] 그렇지만 중요한 건 역시 유럽연합과의 대화였다. 야누코비치 대통령은 우크라이나 국민들에게 유럽연합 가입을 약속했다. 우크라이나 국영 언론은 유럽연합 협약 참여가 유럽연합과 유로존의 정식 회원이 되기 위한 첫걸음이라고 선전했다. 유럽연합은 이에 대해 어떤 공식 언급도 하지 않았지만 그렇다고 완전한 부정도 하지 않았다. 서방측 언론들은 빌뉴스 정상회담은 "우크라이나를 러시아의 영향권에서 빼내와 유럽연합에 편입시키려는 6년간의 노력"의 최종 단계라고 공개적으로 보도했다.[36]

그렇지만 러시아의 위협은 그대로 남아 있었으며 제재위협도 여전히 큰 문제였다. 우크라이나 수출의 25퍼센트는 유럽연합으로 들어갔지만 러시아 수출 규모도 26퍼센트나 되었다. 또한 나머지 부분의 상당량은 푸틴의 영향력이 미치는 CIS 국가들로 수출했다. 9월 초까지도 야누코비치 대통령은 여당 내부에서 서방측 제안을 받아들이기 주저하는 친러시아계 의원들을 계속해서 압박했다.[37] 다만 2013년 11월 20일 IMF의 공식서한이 도착한 후에야 서방측이 내세우는 우크라이나에 불리한 조건들을 정확하게 알 수 있었다. IMF는 우크라이나에 겨우 50억 달러 지원을 제안했고 그나마 그중 37억 달러는 2014년 만기가 돌아오는 2008년 대출금을 갚는 데 써야 한다는 조건이었다. 물론 우크라이나에서는 어느 누구도 IMF가 관대한 조건을 제시할 거라고 기대한 사람은 없었다. 그렇다고는 해도 유럽연합의 제안은 정말로 큰 충격이었다. 일단의 독일 전문가들로 구성된 위원회는 러시아 측에서 제재를 한다면 최소한 연간 30억 달러의 교역 손실을 입을 거라고 전망했다. 우크라이나 정부 계산으로는 연간 500억 달러의 엄청난 손해를 감수해야 했다. 유럽연합 본부는 이런 예측들을 모두 무시해버렸다.[38] 유럽연합 협약에 가입할 경우 유럽연합이 제공할 경제적 지원은 6억 1000만 유로가 전부였다. 그 대가로 IMF는 큰 폭의 예산 삭감, 천연가스 요금의 40퍼센트 인상, 25퍼센트의 통화가치 절하를 요구했다.[39] 야누코비치 대통령이 약속했던 장밋빛 미래의 결과는 이게 전부였다. 대통령 측근인 올리가르히들이 보유한 개인 재산이 우크라이나가 유럽 측으로부터 얻을 이익보다 클 정도였다. 러시아의 제재를 예상해 계산에 넣지 않더라도 이런 유럽연합과 IMF의 제안을 받아들이는 건 정치적 재앙이나 다름없었다.[40] 우크라이나 정부는 크게 분노했다. "우리는 더 이상 참을 수 없다. 도저히 받아들일 수 없는 조건이다." NATO에 파견된 우크라이나 측 대표가 로이터통신 기자에게 한 말이다. "우리가 서유럽에 도움의 손길을 내밀었더니 그들은 우리에게 침을 뱉었다. …… 우리는 폴란드가 아니다. 절대로 폴란드와 같은 수준이 아니다. …… 우리를 진심으로 유럽연합에 받아들이려 하지 않고 그냥 문 앞에 세워두려는 것인가. 우리를 폴란드처럼 생각했다면 그건 큰 오산이다."[41] 우크라이나 정부로서는 다행한 일이었는지도 모르지만 러시아는 다른 계획을 갖고 있었다. 2013년 11월 21일 푸틴은 할인된 가격으로 천연가스를 공급하고 거기에 150억 달러 대출까지 제안했으며 야누코비치 대통령은 이를 받아들였다. 물론 조건은 아르메니아와 마찬가지로 유라시아관세동맹에 가입하라는 것이었다.

이후에 일어난 사건들을 생각해보면 야누코비치 대통령의 결정은 친러시아계 꼭두각시들의 조건반사적 행동 정도로 보인다. 그리고 러시아의 은밀한 협박에 굴복했을 가능성도 충분히 있다. 하지만 그런 소문들을 제쳐놓으면 어떻게 러시아의 제안을 받아들였는지 이해하기가 그리 어렵지 않다. 당시 우크라이나의 총리였던 미콜라 아자로프(Mykola Azarov)는 이렇게 설명했다. 유럽연합과 IMF가 제시한 "엄청나게 가혹한 조건" 때문에 그런 결정을 내린 것이라고.[42] 유럽 측 역시 우크라이나와의 협상이 결렬된 이후 납득할 만한 이유가 있었다는 사실을 금방 알게 되었다. 2013년 11월 28일 유럽연합의회 의장 마르틴 슐츠(Martin Schulz)는 《슈피겔》과의 대담에서 유럽연합 관료들이 우크라이나와의 협상에서 실수를 저질렀다는 사실을 인정했다. "내 생각에 우리는 우크라이나에서 벌어지고 있는 정치적 상황을 과소평가했던 것 같다."[43] 우크라이나는 민주주의를 도입한 이후 "경제와 금융 분야에서 심각한 위기에 빠져 있었다. 그들은 돈이 간절하게 필요했고 또한 안정적인 천연가스 공급도 필요했다." 마르틴 슐츠는 자신은 왜 우크라이나가 러시아 편에 붙었는지 이해할 수 있다고 말했다. "유럽에서는 위기에 빠진 다른 국가들을 돕는 일이 그리 인기 있지 않다. …… 러시아의 제안을 한번 보라. 그들은 즉각적인 지원을 약속했는데 서유럽은 그런 역량도 없을뿐더러 그런 부담을 지고 싶어 하지도 않는다."

그렇지만 야누코비치를 비롯해 러시아나 유럽연합의 어느 누구도 미처 예상하지 못했던 것이 바로 우크라이나 국민들 중 용기 있는 소수의 반응이었다. 여론조사 결과 유럽연합을 향한 구애를 압도적인 다수가 지지하지는 않는 것으로 나타났다. 수도 키예프에 있는 국제사회학연구소에 따르면 2013년 11월에는 설문조사 응답자의 39퍼센트만이 유럽연합과의 협약에 찬성했는데 러시아의 관세동맹을 지지하는 37퍼센트보다 고작 2퍼센트 더 높을 뿐이었다.[44] 그리고 이조차도 IMF와 유럽연합이 제시한 엄격한 조건을 정확하게 알고 답한 것이 아니라 단지 소문만 듣고 응답한 결과였다. 그렇지만 2013년 우크라이나에서 일어난 일들은 명명백백한 상태에서 국민투표 등을 통해 공개적으로 결정된 것도 아니었다. 정국을 주도한 건 열정과 분노로 가득 찬 소수파들이었고 그런 그들을 일깨운 건 러시아와 서유럽에 대한 희망과 두려움, 그리고 정치 판도의 모든 측면에서 도출된 다양한 모습의 정치적 결과들이었다.

11월과 12월에 수십만 명이 얼어붙은 키예프 거리로 쏟아져 나와 유럽연합 협약을 거부한 야누코비치 대통령의 갑작스러운 결정에 항의하는 시위를 벌였다. 그렇지만 정부를 전복하려는 시도 같은 건 전혀 없었으며 야누코비치 대통령은 이것을 잘 넘길 수도 있었을 테지만 잘못된 조언과 러시아 정부의 부추김을 받아 시위대를 강제로 진입하려는 잘못된 선택을 했다. 1월 16일, 의회의 다수당이라는 이점을 활용해 헌법 개정을 시도하자 두 번째 대규모 시위가 시작되었고 우크라이나 전역의 관공서들이 점령당하는 사태가 벌어졌다. 이 무렵 유럽연합과 미국이 개입했다는 증거는 명백하다. 미국 정부가 얼마나 이 일에 깊게 관여했는지는 미국 국무부 유럽담당 차관보인 빅토리아 뉼런드(Victoria Nuland)와 우크라이나 주재 미국 대사 사이에 있었던 대화가 새어 나오면서 밝혀졌다. 이 대화는 당시 미국이 우크라이나 정치인들을 어떻게 노골적으로 일종의 도구처럼 보았는지, 또 미국과 유럽연합의 관계를 어떻게 바라보고 있었는지를 알려준다. 2014년 1월 28일 뉼런드 차관보는 파이엇 대사와 미국이 택할 수 있는 방법에 대해 논의하다 불쑥 이렇게 내뱉었다. "우리가 직접 중재에 나서거나 아니면 UN을 통해 중재에 나서면 좋을 것 같다. 그나저나, X같은 유럽연합은 아무짝에도 쓸모가 없다." 뉼런드 차관보의 생각에 유럽연합은 너무 대응속도가 느렸을뿐더러 야누코비치 대통령과의 협상을 쉽게 받아들이려는 것 같았다. 불과 몇 개월 전만 해도 유럽연합과의 협약을 적극적으로 추진하다가 손바닥 뒤집듯 태도를 바꿔버리지 않았던가. 파이엇 대사는 상대방의 거친 말투에 신경 쓰지 않는 듯 이렇게 대꾸했다. "중재를 원한다면 빨리 뭔가를 시작해야 한다. 일이 진행되기 시작하면 러시아 측이 훼방을 놓기 위해 뒤에서 무슨 짓을 할지 모른다는 사실을 너무나 잘 알고 있지 않는가."[45]

그로부터 2주 후 키예프 시내에서 벌어진 필사적인 최후의 대치 상황은 결국 야누코비치의 대통령직을 끝장내버렸다. 2월 21일 독일, 프랑스, 폴란드 외무부 장관들의 중재와 러시아 측 대표들의 입회하에 야누코비치는 2014년 말 새로운 대통령 선거가 실시될 때까지 자신의 대통령직 보장을 제안받았다. 그러나 여당 내 지지세력과 치안부대까지 다 사라져버리자 야누코비치는 그러한 위험을 감수하는 것을 재고했다.[46] 그는 카다피의 최후를 생생하게 기억했다. 2월 22일 새벽 야누코비치는 키예프를 탈출했고 우크라이나는 권력 공백의 상태로 남겨졌다. 헌법 절차를 우회해 5월 25일로 예정된 선거까지 새로운 임시정부가 수립되었다. 유럽연합은 연장된 이행기를 의도했지만 사태는 혁명적 전복으로 진행되었다. 율리아 티모셴코의 조국당과 일부 혁명세력이 이끄는 임시정부는 선거를 기다리지 않고 새로운 체제 수립에 나섰다. 지난 11월 있었던 야누코비치의 갑작스러운 결정을 뒤집어 러시아와 확실하게 선을 긋고 러시아가 아닌 IMF, 그리고 유럽연합과 새로운 금융 협정을 맺으려는 것이었다.

러시아 정부는 어떻게 반응했을까? 2013년 11월 빌뉴스에서의 선택은 양측 모두에 일종의 전략적 전환점이었다. 당시 IMF와 유럽연합이 우크라이나에 대해 터무니없는 제안을 했기 때문에 러시아는 중요한 승리를 거둘 수 있었지만 우크라이나 국민들의 저항과 정권교체로 인해 모든 것이 원점으로 돌아가고 말았다. 그러나 비록 국민들 상당수가 지지를 했다고는 해도 우크라이나 사태에 서방측이 어떤 식으로든 개입한 것은 부인할 수 없는 사실이며 정권교체의 적법성도 의심스럽다는 것이 러시아의 입장이었다. 러시아로서는 이런 결과를 순순히 받아들인다면 차라리 야누코비치가 처음부터 유럽연합과 손을 잡았던 것보다도 훨씬 더 안 좋은 상황이 될 수도 있었다. 2월 22~23일 러시아 정부는 행동에 나서기로 결단을 내렸다. 친러시아계 주민들의 반발과 NATO의 세력 확장을 막기 위해 2008년부터 준비해두었던 작전계획을 활용해 2014년 2월 27일 러시아 군대가 크림반도를 장악한 것이다.[47] 며칠 뒤에는 우크라이나 정부를 더욱 압박하기 위해 우크라이나 남동부 도네츠크(Donetsk) 지역의 분리주의자들을 부추겨 중앙정부에 대한 반란을 일으키도록 했다.

러시아와 서방측 사이의 새로운 냉전의 심화

2008년 조지아에서 벌어진 대리전에서 예고되었던 서방측과 러시아 사이의 경제적, 정치적, 외교적인 전면 충돌은 이제 한층 더 심각한 단계로 발전했다. 우크라이나의 영토 수호 문제가 위기에 처하자 2014년 4월 13일 우크라이나 임시정부는 도네츠크를 포함하는 이른바 돈바스(Donbass) 지역을 수복하기 위해 "대테러" 작전을 개시했다. 미국 정부와 NATO 본부에는 우크라이나에 대한 즉각적인 군사원조와 냉전시대로의 회귀를 강력하게 주장하는 세력이 있었다. 존 매케인을 비롯한 공화당 강경파들은 당론을 전쟁 지지 쪽으로 몰고 가고 싶어 했다. 그렇게 하면 현재 많은 문제를 안고 있는 당의 응집력을 회복하는 데 도움이 될지도 몰랐다. 그렇지만 2013년 시리아 내전 때도 그랬듯 오바마 대통령은 문제의 확대를 반대했다.[48] 유럽에서는 군사작전에 대한 어떠한 지원도 없었다. 우크라이나에 대한 무기지원을 거부하는 것은 아니었다. 다만 시리아에서처럼 무기들은 은밀한 경로로 전달되어야 했다. 서방측의 공식 대응방안은 경제제재였다.

푸틴은 언제나 지리경제학적 문제와 지정학적 문제를 동일 선상에서 보아왔다. 우크라니아의 경우 교역 관련 협상과 관세조약에 대한 갈등이 비공식적인 전쟁으로 확대된 것이다. 이제는 경제 그 자체로 무기가 될 수 있는 세상이지만 실제로는 어떨까? 미국은 이란을 압박하기 위해 실질적인 제재조치를 무차별적으로 밀어붙였다. 글로벌 경제에 통합된 러시아는 이란보다 더 경제제재에 취약한 상태였다. 애초에 러시아 기업들부터 수출 통로가 있어야 했을뿐더러 저렴한 달러 공급의 혜택을 누려온 것도 바로 러시아 경제였다. 2014년 초 러시아가 차입한 달러 규모는 7280억 달러였다.[49] 그렇지만 역시 같은 이유로 서방측의 이해관계도 위기에 처한다. 다른 무엇보다도 러시아는 세계시장에서 2위에 해당하는 원유 및 천연가스 공급국이었다. 신흥시장국가 경제가 커다란 위기에 봉착한 시점에서 미국은 원자재 시장에서 더는 긴장상태가 불거지기를 바라지 않았다. 전쟁을 원하는 강경파들은 절망했지만 미국 정부는 자제력을 발휘하며 결코 전면적인 경제제재라는 무기를 사용하려 들지 않았다. 그 대신 푸틴의 측근 세력 한 사람 한 사람을 목표로 삼았다. 그중에서 가장 유명한 인물은 거대 석유기업 로스네프트의 수장인 이고르 세친이었다.[50] 또한 미국 정부는 러시아의 핵심기업인 로스네프트와 노바텍, 그리고 가스프롬방크와 VEB 등의 자본시장 접근을 가로막고 나섰다.[51] 물론 러시아 입장에서는 큰 타격이었지만 미국과 러시아 사이의 직접적인 경제 교류 규모가 얼마 되지 않았기 때문에 확실한 제재 수단이 되지는 못했다.

중요한 문제는 유럽이 미국의 이런 제재조치를 얼마나 거들고 나서느냐였다. 러시아와 유럽연합 사이의 교역 규모는 러시아와 미국 교역 규모의 10배에 달했다. 유럽연합은 러시아 수출의 41퍼센트를 받아안았다. 따라서 유럽연합이 마음만 먹으면 충분한 제재를 가할 수도 있었지만 동시에 그만큼의 손실도 각오해야 했다. 독일의 기업 대표들과 총리 출신인 게르하르트 슈뢰더를 포함한 원로 정치인들은 러시아 군대가 우크라이나로 진격하는 상황에서도 푸틴과의 우호적인 관계를 계속 유지하고 있었다. 프랑스는 러시아로부터 대형 항공모함 두 척을 발주 받은 상태였고 이탈리아의 에너지 관련 기업들은 흑해 개발 계획과 복잡하게 얽혀 있었다. 푸틴 측근의 기업인들이 주로 활동하는 무대인 영국은 제재조치를 더 확실하게 취할 수 있었다. 데이비드 캐머런 수상은 말은 그럴듯하게 했지만 그만큼의 행동은 보여주지 못했다. 게다가 유럽 측 입장에서는 단지 경제적인 이해관계만 문제되는 것은 아니었다. 독일은 미국과 서둘러 행동 일치에 나서는데 회의감이 깊었다.[52] 2013년 여름 이후 NSA의 동맹국 감시활동으로 인해 독일과 미국 정부 사이에는 깊은 그림자가 드리워졌다. 1년이 지나 실시한 여론조사를 보면 미국을 "믿을 수 있는 동맹"으로 보는 응답자가 38퍼센트까지 떨어졌는데 이 정도 결과는 부시 행정부 시절에나 볼 수 있었다.[53] 그리고 미국 여론조사의 경우 응답자의 68퍼센트가 우크라이나가 NATO에 가입하는 것을 지지한 반면 독일은 67퍼센트가 반대였다. 또한 63퍼센트의 독일인은 우크라이나가 유럽연합 회원국이 되는 것도 반대했다.

결국 유럽연합은 러시아 주요 인물 18명에 대한 개별적인 제재조치에만 동의함으로써 미국 의회 우파들의 분노를 산다. 존 매케인 상원의원은 결국 이렇게 선언한다. "만일 유럽 측이 푸틴에 대한 결정적인 제재를 가하는 데 경제적 문제를 우선적으로 고려한다면 …… 그건 역사적 교훈을 무시하는 행위다."[54] 그 교훈이란 분명 1938년에 히틀러를 막지 못했던 사실을 뜻하는 것이다. 또다시 푸틴을 막는 데 실패할 것인가. 5월 대서양 양안에서는 긴장감이 최고조에 달했고 메르켈 총리와 오바마 대통령은 서둘러 백악관에서 회동을 가졌다. 메르켈 총리는 뭔가 행동을 취해야 한다는 사실에는 전적으로 동의했지만 유럽의 여론을 무시할 수는 없었다. 존 매케인의 분노 같은 건 애초에 아무런 도움도 되지 못했다. 따라서 오바마 대통령은 미국 강경파들을 먼저 달래기로 했고 메르켈 총리는 좀 더 강경한 조치를 취하기 위한 여론을 조성하기로 했다.

한편, 군사적 지원도 당장 예정에 없었고 러시아에 오직 소극적인 제재만 가한다면 서방측은 최소한 우크라이나에 관대한 금융 지원이라도 하려

했는가? 갑작스럽게 발생한 이번 사태를 감당하기 위해 새로 세워진 우크라이나 정부가 향후 2년 동안 필요한 자금은 약 350억 달러 정도로 추산되었다. 6개월 전 야누코비치 정권이 지원을 요청했던 금액도 그 정도 규모였지만 당시에는 즉각 거부를 당했다. 2014년 3월 우크라이나 정부는 IMF에 150억 달러 지원을 요청한다. 오바마 행정부는 우크라이나의 이런 요청을 지지해주었고 IMF 개혁과 관련된 의회의 교착상태를 이번 기회를 통해 풀어가려고 했다. 백악관은 10억 달러 대출에 대한 보증을 서겠다고 나서며 의회 공화당 우파의 지지를 받았고 이 문제를 IMF에 대한 자금지원을 계속한다는 계획과 연계시키려 했다.[55] 백악관에서는 우크라이나 위기는 IMF가 미국에 전략적으로 얼마나 중요한 존재인지를 알려주는 분명한 사례라고 주장했다. IMF의 세계정책 관련 비판세력들은 당장 이런 발언을 문제 삼고 나섰다.[56] IMF가 결국 미국의 정책 도구로 이용되고 있다는 사실이 분명해진 것이다. 공화당 의원들은 동의하지 않았지만 결국 의회에서는 IMF에 대한 자금지원 요청을 거부하고 말았다.

크리스틴 라가르드와 IMF는 미국의 전면적 지원 없이 계속해서 버텼다.[57] 특별한 문제 없이 잘 운영되는 국가라면 합법적으로 비축한 자금을 활용해 우크라이나가 짊어진 규모의 채무 정도는 얼마든지 해결할 수 있겠지만 현재 우크라이나의 상황은 전혀 그렇지 못했다. 정치적으로도 대단히 불안정할뿐더러 러시아의 개입과 미숙한 법과 제도로 불안이 가중되고 있는 우크라이나는 사실 현재의 채무 상황을 도저히 감당해낼 수 없었다. 우크라이나는 지불정지 상태였고 채무 재조정이 필요했다. 지불정지와 채무 재조정은 IMF의 기본 조치가 될 터였지만 우크라이나는 통상의 사례가 전혀 아니었다. 2010년 그리스가 "대단히 예외적인 상황"을 인정받아 자금을 지원받은 전례가 있었다. 다른 국가에 미칠 경제적 파장을 인정받았던 것이다. 2014년 4월의 우크라이나가 겪는 위기는 지정학적 문제로 야기된 전혀 다른 종류의 위기였고 주요 회원국들은 어려움을 겪는 우크라이나의 친

서방 정권이 푸틴에 반대해 혁명을 일으킨 지 불과 몇 주도 지나지 않아 파산을 선언하는 모습을 결코 보고 싶지 않았다. 따라서 그동안 우크라이나가 보여준 바닥에 떨어진 신뢰도와 눈에 뻔히 보이는 위험에도 불구하고 IMF는 다시 한번 평소와 다른 전면적인 개입에 나선다. 개혁에 대한 진지한 논의나 경제회복에 대한 과도한 낙관적 기대 같은 것도 없이 IMF는 향후 2년 동안 우크라이나에 170억 달러를 지원할 계획안을 준비한다. 그리고 유럽연합이 따로 110억 유로를 지원하며 미국이 10억 달러에 대한 보증을 서주기로 했다. 일본도 여기에 참여했으며 유럽연합은 여기에 추가로 우크라이나에서 들어오는 수입품 98퍼센트에 대해서 관세를 부과하지 않는 데 동의했다. 무비자 입국은 2015년 시행을 목표로 했다. 동절기가 오면 슬로바키아와 폴란드, 헝가리를 통해 천연가스를 공급해 우크라이나를 돕기로 약속했다.

유럽연합으로서는 상당한 성의를 보였지만 우크라이나가 필요로 하는 규모에 비하면 한참 모자랐다. 유럽 측의 지원은 7년에 걸쳐 단계적으로 이루어질 예정이었고 IMF 대출 역시 늘 그래왔던 것처럼 까다로운 조건이 따라붙었다. 천연가스 요금은 56퍼센트 인상해야 했고 공무원 임금 총액은 10퍼센트 감축해야 했다.[58] 외환거래는 환율이 경쟁적 수준까지 조정될 수 있도록 자유롭게 허용하기로 했다. 물론 우크라이나 은행들에 엄청난 압박이 가해질 수도 있는 높은 위험을 동반한 조치였다. 무엇보다 가장 큰 위험은 우크라이나 동부에서 벌어지고 있는 군사작전이었다. IMF는 지금까지 단 한 번도 교전 중인 국가에 자금을 대출해준 적이 없었다. 따라서 2014년 4월의 IMF는 이런저런 대책을 수립하는 과정에서 계속해서 고조되고 있는 충돌 가능성을 모두 무시하기로 한다. 크리스틴 라가르드는 언론보도를 통해 군사적 대치 상황이 모든 지원계획을 시작부터 다 어그러트릴 수 있다는 사실을 인정했다.[59] 재정 지원 결론이 내려진 후 며칠이 지나지 않아 우크라이나가 최악의 상황을 맞이했다는 사실이 분명해졌다. 동부의 상황은 잠잠해지기는커녕 점점 더 심각해져갔다.[60] 5월 초 우크라이나 정부는 병력 조달을 위해 징병제를 부활시켰다. 제과업체 재벌 출신으로 2014년 5월 마지막 주에 대통령에 당선된 페트로 포로셴코(Petro Poroshenko)는 전쟁을 치르는 동시에 IMF가 요구하는 긴축정책을 실시해야 한다는 불가능한 상황에 직면했다. 게다가 전쟁에서 러시아를 이길 가능성도 거의 없었다. 우크라이나 정부의 유일한 희망은 안 그래도 취약한 우크라이나 경제가 전쟁으로 인해 더 큰 압박을 받는 사이 서방측에서도 자신들에 대한 정치적 위험이 가중된다는 사실을 분명하게 깨닫고 행동에 나서주는 것이었다.

7월 우크라이나 군대는 격렬한 공세를 펼쳤고 돈바스 반란군을 제압하기 직전까지 갔다. 러시아는 이에 맞서 무너져가는 반란군에게 다시 충분한 무기를 공급했다. 바야흐로 돈바스 전쟁은 소규모 충돌로 시작해 어느덧 몇 만의 병력을 동원하고 수많은 난민과 수천의 사상자가 발생하는 진짜 전쟁으로 확대되었다. 7월 17일 신형 러시아 미사일로 무장한 반군 대공부대가 우크라이나의 대형 수송기를 격추시켰다는 보도가 나왔다. 곧 격추된 항공기는 군용 수송기가 아닌 298명의 승객과 승무원을 태운 말레이시아 항공의 MH17편 여객기였다는 사실이 밝혀졌다. 독일의 메르켈 총리가 훨씬 더 강력한 제재조치를 밀어붙일 수 있었던 건 이런 참변이 야기한 윤리적 분노에 힘입은 바가 컸다. 유럽연합은 러시아로 흘러 들어가는 모든 군수품의 수출을 차단했고 석유산업용 장비들도 마찬가지였다. 또한 러시아 국영은행과 에너지 기업들은 유럽연합 안에서 장기 채권을 새로 발행할 수 없었다. 미국은 러시아 최대 은행인 스베르방크(Sberbank)의 자본시장 접근을 제한했고 엑손모빌과 BP를 압박해 러시아와의 협력관계를 중단하게 만들며 러시아를 양쪽에서 궁지에 몰아넣었다. 그렇지만 역시 21세기의 가장 현실적인 제재조치는 금융 관련 조치였다. 2014년 9월 로스네프트와 트렌스네프트, 가스프롬, 노바텍, 스베르방크, VTB, 가스프롬방크, 그리고 모스크바 은행 등과 군수업체인 러시아항공우주회사와 칼라시니코프 등은 모두 다 서방 금융시장에서 퇴출되었다. 푸틴을 비롯한 그의 측근들과 가장 밀접하게 연결되어 있던 은행들 중 두 곳은 미국 계좌가 동결되어 수억 달러의 자금이 묶였다.[61]

러시아 정부는 좀 더 고전적인 보복을 시작했다. 서방측으로 향하는 가스 공급을 차단하는 대신 유럽에서 들어오는 농산물 수입을 금지시켰고 동시에 돈바스 반군에 대한 군사적 지원을 늘려갔다. 반군은 8월 23일에서 24일 사이 처절한 반격을 시작했다. 전황이 어려워지자 우크라이나 정부는 어쩔 수 없이 9월 5일 민스크에서 독일과 프랑스의 중재 아래 휴전협정을 받아들인다. 러시아와 서방측 사이의 새로운 냉전이 전면적이고 폭력적인 대결로 확대되었고 이제는 진정한 힘겨루기만 남았다.

구소비에트 연방지역으로 확산되는 우크라이나 위기

2008년의 충격 이후 러시아 경제는 완전히 회복되었다. 2014년 초 러시아의 외환보유고는 5100억 달러에 육박했다. 하지만 2008년과 마찬가지로 문제는 러시아라는 국가가 아니라 세계화된 민간 부문이었다. 물론 측근의 올리가르히들은 푸틴의 명령에 충실하게 복종했지만 시장은 거짓말을 하지 못했다. 우크라이나에서의 긴장상태가 고조되면서 즉각적인 자본유출이 시작되었다. 2014년 3월 1일 러시아 상원에서는 토요일 우크라이나 영토에 러시아군의 배치를 두고 애국심을 내세운 표결이 진행되었다. 그리고 월요일인 3월 3일 "블랙먼데이"에 러시아 주식시장은 11~12퍼센트 폭락한다.[62] 스베르방크는 러시아 전체 은행 자산의 28퍼센트를 좌지우지하는 거대 은행이다. 이처럼 세계화된 은행들에 국제적인 제재는 말 그대로 제정신으로는 버틸 수 없는 충격이었다. 스베르방크의 회장 게르만 그레프(Herman Gref)는 주식시장에서 자유롭게 거래할 수 있는 스베르방크 지분 50퍼센트는 사실상 미국과 영국의 투자자들이 소유하고 있지만 현재 서방측으로부터 어떤 자금도 융통할 수 없는 실정이라고 토로했다.[63] 2014년 한 해 동안 러시아 기업들은 어쩔 수 없이 해외차입금의 규모를 7290억 달러에서 5990억 달러로 줄여나갈 수밖에 없었고 러시아 중앙은행은 외환보유고를 풀어 기업들이 채무를 상환하도록 도왔다.[64] 긴장이 점차 고조되었지만 진짜 위기가 발생한 건 가을로 접어들면서부터였다.

말레이시아 여객기 격추사건으로 시작된 서방측의 3차 제재는 타격이 컸다. 2014년 2월 새롭게 임명된 미연준의 재닛 옐런(Janet Louise Yellen) 의장은 마침내 제3차 양적완화 조치를 공식적으로 마감하며 글로벌 신용 상황을 어렵게 만들었다. 그리고 OPEC과의 협력관계가 붕괴되었다. 사우디아라비아는 자발적 공급제한을 풀었고 원유 가격은 폭락했다. 서방측의 제재와는 별개로 2014년 가을의 러시아는 심각한 재정 압박을 겪을 수밖에 없는 상황이었다. 경제제재와 연준의 통화긴축, 그리고 원유 가격 폭락이 한꺼번에 들이닥치면서 러시아는 재앙을 겪는다. 실제로 얼마나 충격이 컸는지 이런 상황이 연이어 일어난 것이 전적으로 우연의 일치인지 아니면 미국과 사우디아라비아가 결탁해 러시아에 일격을 가하기 위해 계획된 일인지 의문을 제기할 정도였다.[65]

석유와 관련된 정치학은 음모론의 텃밭이긴 하지만 미국과 사우디아라비아 사이에 은밀한 교감이 있다는 건 부인할 수 없는 사실이다. 존 캐리(John Kerry) 미국 국무부 장관은 실제로 2014년 가을 페르시아만에 있었고 사우디아라비아 입장에서도 우크라이나 때문이 아니라 시리아 때문에라도 행동에 나서지 않을 이유가 없었다.[66] 러시아는 이란과 함께 바샤르 알아사드(Bashar al-Assad)가 지배하는 포악한 시리아 정권의 주요 후원자였고 사우디아라비아는 시리아의 불구대천의 원수나 마찬가지였다. 러시아를 압박하는 일련의 사건이 연달아 일어난 것에 대해 명확한 증거는 없지만 그렇다고 굳이 음모론까지 동원할 이유도 없었다. 원유생산국들은 심한 압박을 받고 있었다. 미국의 새로운 셰일가스 추출 기술은 시장에 치열한 경쟁을 몰고 왔다. 어쨌든 러시아 경제의 관점에서 보면 동기나 이유가 중요한 게 아니었다. 원유 가격은 2014년 6월 배럴당 112달러에서 2014년 12월 60달러로 주저앉았고 폭락세는 멈추지 않았다. 제재조치와 신용경색을 제외하고도 또 다른 결정타가 날아온 것이다.

10월이 되자 러시아 중앙은행이 루블화의 붕괴를 막기 위해 본격적으로 개입을 시작했다. 그렇지만 동시에 비축해둔 외화를 아껴 사용할 필요가 있었고 결국 11월 루블화 가치는 폭락했다. 우크라이나 위기 이전에는 달

도표 21.2   루블화와 달러화 환율 및 원유 가격

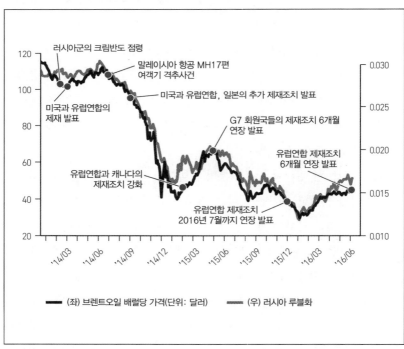

자료 출처: 블룸버그, 글로벌인베스터스.

러당 환율이 33루블이었지만 2014년 12월 1일 49루블이 된 것이다. 달러화로 자금을 융통했던 러시아 기업들로서는 끔찍한 상황이 아닐 수 없었다. 당장 2015년이 오기 전에 상환해야 할 돈만 350억 달러에 달했다. 그야말로 생존을 위한 싸움이 남은 셈이었다. 100억 달러를 갚아야 하는 로스네프트는 시장에서 구할 수 있는 유로화와 달러화를 모두 다 빨아들였다.[67] 애초부터 기반이 취약했던 기업들은 이런 상황을 더 이상 견뎌낼 수 없었다. 12월에는 일반 대출상품을 취급하는 트러스트뱅크와 러시아 3위 항공사인 유테이르(Utair) 항공이 문을 닫았고 러시아 중앙은행은 어쩔 수 없이 러시아 금융계 전체에 대한 보증을 설 수밖에 없었다.[68] 12월 15일 월요일 아침 루블화 가치가 다시 떨어지기 시작해 그날만 8퍼센트 떨어졌다. 저녁 내내 논의를 거듭한 푸틴과 중앙은행은 금리를 6.5퍼센트에서 17퍼센트로 올리기로 결정한다. 16일 새벽 1시 금리 인상 발표와 함께 투자자를 진정시키고 투기꾼들을 몰아내는 효과가 일어날 줄 알았지만 아무런 소용이 없었다. 시장은 러시아 정부의 이런 조치를 오히려 공황상태의 전조로 받아들였다. 이른바 "블랙튜스데이"인 12월 16일 아침이 밝아오자 루블화는 외환시장에서 그야말로 끝을 모르고 추락했다. 그날 하루 동안만 환율은 달러당 80루블로 절하되었다. 다음 날이 되자 스베르방크는 사방에서 공격을 받았다. 100만 명이 넘는 예금주들이 러시아 밖에서 날아온 휴대전화 문자를 받았는데 거기에는 스베르방크의 외부 자금 융통이 완전히 중단될 것이라는 경고가 담겨 있었다. 12월 18일, 스베르방크에서 60억 달러가 인출되었다. 그리고 그다음 주에는 인출액이 총 200억 달러를 넘어섰다.[69, 70] 2007년과 2008년을 기준으로 해도 엄청난 규모의 인출사태가 아닐 수 없었다.

푸틴의 측근 올리가르히들도 또다시 타격을 입었다. 정확한 추정은 어렵지만 우크라이나 위기와 더불어 원유 가격 하락과 2014년 12월의 혼란으로 러시아 20대 부호들이 입은 손해는 620억 달러에서 734억 달러에 이른다고 한다.[71] 푸틴은 다시 한번 올리가르히들의 희생을 강요했다. 재산의 역외도피를 막는 조치들이 취해졌고 현금을 들고 다시 러시아로 돌아오는 자들에게만 사면령이 내려졌다. 한편 중앙은행은 예금보장 한도를 끌어올리고 위험에 처한 은행들의 자본재구성을 추진함으로써 상황을 바로잡아보려 했다. 푸틴 대통령은 정부 당국에 평상시 적용하는 정책 관련 원칙들을 포기하라고 명령했다. 상황에 따라서 "그때그때" 즉흥적으로 정책을 펼칠 필요가 있었다. 그렇지만 이 와중에도 포기할 수 없는 한 가지 원칙이 있었다. 러시아는 자본통제를 다시 실시함으로써 해외 투자자들 앞에서 체면을 구기는 망신을 당하고 싶지 않았다. 대신 필요한 만큼의 외화를 공급하기 위해 중앙은행은 비축한 자금을 풀었고 12월 26일에는 외환보유고가 3885억 달러까지 떨어졌다. 이런 조치를 통해 루블화의 완전 붕괴는 막을 수 있었지만 압박은 계속됐다. 서방측 신용등급 평가기관들은 가스프롬을 시작으로 러시아 기업들의 등급을 하향조정하기 시작했다. 1월에는 로스네프트와 트랜스네프트, 루크오일의 등급이 떨어졌고 루블화 가치는 다시 7퍼센트가 떨어져 2014년 말 이후의 회복세가 상당 부분 의미 없게 되어버렸다.[72] 다시 말해 중앙은행의 외환보유고가 러시아 루블화를 방어할 만큼 충분한가라는 우려가 제기되었다. 러시아의 상황은 2012년까지 유로존을 괴롭혔던 은행과 국가의 불경기 악순환과 아주 비슷했다. 그렇지만 그때와 달리 지금 위기에 빠진 건 재정적인 문제뿐만 아니라 지정학적 다툼에서의 최후 승리였다.

푸틴 대통령의 집권 1기는 러시아 국민들의 생활수준을 향상시키는 것으로 상당 부분 그 정당성을 인정받았다. 그리고 그 간단한 공식은 2008년 위기로 무너져 내리고 만다. 2014년부터는 미래의 경제에 대한 기대가 더욱 줄어들었다. 2014년에서 2015년 겨울 사이 러시아의 GDP는 연평균으로 계산하면 10퍼센트 이상 떨어졌고 2015년 하반기가 되어서야 겨우 진정세로 돌아선다. 러시아의 일반 국민들에게 2014년에서 2015년 사이의 위기는 2008년에서 2009년의 위기보다 훨씬 혹독하게 다가왔다. 실질임금은 더 크게 떨어졌고 제자리를 찾는 데 더 많은 시간이 걸렸다. 우크라이나에서의 충돌로 다시 태어난 러시아는 무엇보다 민족주의를 앞세우는 국가였으며 국민은 조국이 다시 세계무대에서 위용을 떨치기 위해서는 어떤 대가도 감수해야 했다. 견디기 어려운 상황이었지만 어떻게 보면 더 이해하기 쉽고 심지어 편리하기까지 한 통치방식이 될지도 몰랐다.[73] 2008년 위기 당시 총리직을 맡았던 푸틴은 국내의 위기 상황을 직접 나서서 처리했다.[74] 2012년 다시 대통령이 된 후로는 실망스러운 경제 상황과 지지율을 극복하기 위해 계속해서 민족주의를 내세우고 부추겼다. 2014~2015년 원유 가격이 폭락했을 때부터 민족주의를 앞세운 선동은 이미 예상된 일이었다. 우크라이나 위기는 그야말로 절묘한 순간에 터진 사건이었다. 경제사정은 나아질 기미가 보이지 않았지만 푸틴 대통령 개인의 지지율은 2013년의 40퍼센트 중반대에서 2015년 6월에는 무려 89퍼센트까지 치솟는 기록을 세웠다.[75]

러시아는 고통을 겪었지만 경제가 무기라면 한쪽만 피해를 입지는 않았다. 러시아의 이웃 국가들을 그대로 두고 러시아만 공격할 방법은 없었던 것이다. 크게 우려했던 신흥시장국가들의 위기는 마치 보복이라도 하듯 구소비에트 연방 소속이었던 국가들을 강타했다.[76] 2013년 말에서 2015년 초까지 카자흐스탄, 아제르바이잔, 벨라루스의 통화는 달러화 대비 50퍼센트의 가치가 하락했다. 키르기스스탄과 몰도바, 타지키스탄도 30~35퍼센트 정도 가치가 떨어졌다. 중앙아시아 전역에 걸친 경제위기의 여파로 금리는 갑작스럽게 올라갔으며 세계화에 동참해 해외로부터 많은 자금을 차입했던 중앙아시아 국가들과 은행들은 대차대조표상 엄청난 부담을 짊어졌다.[77] 또한 러시아로 일을 하러 갔던 노동자들의 송금이 줄면서 자연히 가계소득도 줄어들었다.[78] 경제의 대부분을 남성 취업연령 인구의 대략 절반이 러시아에서 부쳐주는 송금에 의지하는 타지키스탄 같은 나라는 거의 재앙에 가까운 위협을 느낄 수밖에 없었다. 타지키스탄의 뒤를 이어 세계에서 두 번째로 해외 송금액에 대한 의존이 큰 키르기스스탄 역시 극심한 타격을 입었다.[79]

그런데 만일 이런 위기가 구소비에트 연방 전 지역으로 확산된다면 그 진원지는 당연히 우크라이나가 될 수밖에 없었다. 2014년 4월의 긴급지원 조치 중 IMF는 당시 달러당 12.5흐리브냐이던 환율에서부터 우크라이나의 전반적인 경제 상황을 점검하기 시작했다. IMF는 우크라이나 정부에 자본 유출을 막기 위해 자본통제를 실시할 것을 요구했으며 동시에 환율은 변동이 가능하도록, 그리고 국내 물가는 정부 소유의 가스업체들이 확실하게 유지될 수 있을 정도로 조정을 요구했다. 만일 이런 계획을 제대로 받아들여 적용한다면 우크라이나 국민들은 부자건 가난한 사람이건 모두 다 자신의 재산이 환율과 물가로 인해 가치가 떨어지는 것을 보며 고통을 겪을 터였다. 그래서 우크라이나 중앙은행은 그 반대 정책을 실시했다.[80] 수십억 달러가 우크라이나 은행시스템에서 빠져나갔고 환율을 방어하기 위해 중앙은행이 비축하고 있던 귀중한 외화가 사용되었다. 물가는 50퍼센트 이상 올랐지만 대부분의 부자들은 타격을 입지 않았다. 그들은 일찌감치 보유자산을 유리한 환율에 달러로 바꿔놓았던 것이다. 우크라이나 중앙은행은 총 80억 달러를 사용했고 그렇게 시중에 풀린 자금은 그대로 다시 우크라이나 밖으로 빠져나갔다. 2015년 2월 외환보유고는 47억 달러까지 줄어들었고 중앙은행은 마침내 환율방어를 포기하고 말았다. 유럽 주요 국가들이 외교 성과를 내기 위해 애를 쓰고 미국과 NATO의 강경파들은 군사적 지원을 늘리라고 재촉하고 있을 때 2월 5~6일의 24시간 동안 통화가치는 50퍼센트까지 떨어졌다.[81] 물가는 매일 달라졌으며 사재기를 막기 위해 사실상 배급제를 실시해 국민들은 밀가루와 식용유, 쌀, 메밀 등을 정해진 양밖에 구입할 수 없었다. 한편 GDP는 전년 대비 18퍼센트 이상 떨어졌고 우크라이나는 점점 더 채무를 감당할 수 없는 지경에 이른다.

돈바스에서는 전투가 계속되었고 2014년 세워진 혁명 정부는 2004년 혁명정부와 마찬가지로 극복할 수 없는 경제 문제에 직면해 국민들의 지지가 사라져가는 것을 바라볼 수밖에 없었다. 2015년 봄 우크라이나 신정부가 살아남기 위해서는 해외 원조 말고는 다른 방법이 없었다. 2015년 3월 11일 IMF는 다시 우크라이나를 재촉해 전에 진행했던 합의를 다시 진행하려 했고 이번에는 175억 달러 규모의 지원을 약속했다. 그리고 이것을 시작으로 4년에 걸쳐 유럽연합을 통해 400억 달러를 지원할 예정이었다. IMF는 반드시 채무 재조정이 있어야 한다는 사실을 마침내 인정할 수밖에 없었다.

러시아와 중국이 20세기를 마무리하는 방식

지난 2008년 지정학적, 재정적 측면 모두에서 소비에트 연방 해체 이후의 동유럽 지역을 위협했던 총체적 위기가 2014년에 다시 찾아왔고 이에 따른 미국의 헤게모니 장악과 동맹국들과의 관계에 대한 평가는 여전히 모호했다. 우크라이나를 서방측으로 떠민 것은 우크라이나 국민들의 봉기였으며 2014년 6월 새로운 대통령 페트로 포로셴코가 합의한 유럽연합 협약은 2017년 7월 마침내 정식으로 비준되었다. 서방측은 우크라이나가 붕괴되도록 내버려두지는 않았지만 위기에서 완전히 구해주지도 않았다. 우크라이나의 경제 상황은 여전히 불안했으며 채무 재조정 작업은 2015년 8월 결국 착수되어 지원 관련 조건에 민간 부문까지 포함시키자는 IMF의 요구 사항은 충족되었다. 그렇지만 사실 이런 조치로 인해 우크라이나가 쏟아낸 부실 채권을 닥치는 대로 매입한 헤지펀드들은 최소한의 손실만 입고 물러날 수 있었다. 우크라이나의 채무는 710억 달러에서 670억 달러로 조금밖에 줄어들지 않았고 GDP는 계속해서 줄어들었다.[82] IMF 구제계획의 성패는 예측이 불가능한 국내 개혁과 러시아와의 충돌 상황에 달려 있다고 해도 과언이 아니었다. 미국도 유럽도 결정적인 해결책이 될 만한 지원이나 정치적 의지를 보여주지 못했다. 러시아 역시 원유 가격 폭락과 서방측의 경제 제재로 고통을 겪었지만 결정적인 타격은 입지 않았다. 2015년 봄 푸틴은 다시 정국을 단단히 틀어쥐었고 원유 가격이 안정되기만 하면 러시아의 위상도 원래의 자리로 돌아갈 것 같았다. 또한 얼마 지나지 않아 유럽연합 내부에서도 경제제재에 대한 불만이 쏟아져 나올 것 같았고 놀랍게도 미국 내부에서조차 러시아에 동조하는 세력이 등장할 분위기였다. 때를 기다리던 러시아는 아라비아 지역에서 문제를 일으켰고 미국이 혼란한 틈을 타 이익을 챙겼으며 새로운 곳에서 전략적 동맹국을 찾아냈다.

냉전시대에는 미국과 중국, 구소비에트 연방 사이의 상호작용이 국제 역학관계에서 중요한 역할을 했다. 이론상으로는 21세기에 새롭게 부상한 중국은 미국과 러시아 사이에서 원하는 쪽을 선택할 수 있었고 특별히 푸틴의 러시아를 편들 이유는 없었다. 그렇지만 2014년 봄 동아시아 지역에서는 일본과 중국 사이의 긴장이 위험수위까지 치솟고 있었다. 미국 정부는 이 상황을 전략적으로 이용할 수 있을 것으로 생각했고 남중국해에서 중국의 영유권 주장을 지지하지 않으려 했다. 그렇지만 유럽에서 러시아와 대치하는 동시에 아시아에서 강경한 모습을 보이려면 그만한 대가를 치러야 했다. 결국 러시아도 이런 상황을 기회로 여기고 중간에 끼어든 것이다. 2014년 봄 러시아와 서방측의 대립이 점점 격해지자 러시아 지도부는 중국과 전략적 협력관계를 맺기로 결정한다.[83] 중국은 러시아가 서방측과 대치하는 데 힘을 보태기로 했다. 만일 미국과 유럽연합이 경제제재로 러시아를 압박하려 한다면 러시아는 중국 시장으로 눈을 돌리고 또 홍콩과 상하이를 통해 필요한 자금을 조달할 것이다. 또한 남중국해에서 갈등을 빚고 있는 중국은 그 대신 러시아와 중부 유럽을 관통하는 육로를 확보할 수 있게 된다. 유럽연합은 미국이 주도하는 아시아에서 "사실상의 봉쇄동맹"에 참여할 의사가 전혀 없어 보였고 러시아는 중국을 위한 새로운 통로를 제공하는 셈이었다. 2014년 5월 우선 4000억 달러에 달하는 천연가스 공급 계약이 중국과 러시아 사이에서 이루어졌다.[84]

전략상의 이유는 충분했지만 실제로는 러시아와 중국의 협력은 그리 쉽게 성사되지 못했다. 중국은 만만한 상대가 아니었다. 러시아의 올리가르히들은 많은 어려움을 겪고 있었다. 그들은 좀 더 유리한 위치에서 협상을 진행할 수 없는 상황에서 장기간 이어지는 거래에 선뜻 나서려 하지 않았다. 필요한 기반시설을 러시아 동쪽 지역에 건설하는 일은 터무니없이 많은 비용이 들기도 했지만 러시아 지도부는 시베리아를 개방하면 중국이 더 큰 영향력을 확보할까 봐 두려워했다. 또한 화석연료 가치가 들쭉날쭉하는 시대에 천연가스 거래를 통한 외교관계 수립은 그만큼 많은 변수를 동반한다. 그러나 러시아와 중국 모두에게 지금 중요한 건 비단 경제 문제만은 아니었다. 다극성의 세계를 확인하고 국제적인 역학관계를 재설정하는 것도 그만큼 중요했다. 21세기의 새로운 국제질서를 만들어나가는 건 기존의 헤게모니를 장악한 국가들이 아니라 아시아의 신흥 강국과 그 동맹국들이었다. 러시아와 중국은 이렇게 또 다른 방식으로 20세기를 마무리하고 있었다.[85] 2015년 각국에서 열린 제2차 세계대전 승전 기념식의 참석자 명단이 갖는 상징성은 쉽게 무시할 수 없었다. 중국과 러시아, 미국, 영국, 프랑스가 추축국에 맞서 싸운 지 70년, 이제 중국과 러시아 사이에서는 새로운 관계가 구축되고 있었고 이 관계를 통해 유라시아의 정세가 새롭게 바뀔 수도 있었다. 5월 9일에는 모스크바에서, 그리고 9월 3일에는 베이징에서 열린 승전 기념식에 시진핑과 푸틴은 각각 자국 대표로 참석해 화려한 행사를 지켜봤다. 오바마, 캐머런, 올랑드, 메르켈은 이 두 행사에 참석하지 않았다.[86] 2015년 봄 서방측 국가원수 한 사람이 과거 제2차 세계대전 동맹국들에게 도움의 손길을 요청했다. 궁지에 몰린 그리스의 좌파 총리였다.

22장
#쿠데타발생

2013년에서 2014년으로 이어지는 겨울에 시위를 위해 모인 우크라이나 국민들은 유럽연합을 상징하는 푸른색 깃발을 열광적으로 흔들었다. 힘든 유로존의 위기가 끝나자 깊은 안도감과 함께 유럽 각지에서는 축하의 분위기가 감돌았고 우크라이나의 친유럽연합 시위대에게는 유럽이 바로 자신들의 미래였다. 유럽연합은 그들에게 민주주의와 자유, 번영, 법치주의와 "새로운 유럽"을 상징하는 존재였다. 이런 분위기는 사실 1990년대와 2000년대 초반부터 이어진 것이다. 당시 유럽에서는 냉전 종식을 축하하며 경제 성장과 "그 어느 때보다도 하나 된 유럽"의 번영을 꿈꾸었다. 유럽과 미국의 일부 전문가들에게 푸틴이 이끄는 러시아와의 이번 충돌은 외부의 위협에 맞서 당시의 꿈과 희망을 다시 한번 확인해볼 기회로 비쳤다.[1] 그렇지만 2008년에서 2012년까지 이어진 유로존 위기 당시 사람들이 품었던 의문은 새로운 유럽에 대한 진짜 위협이 외부로부터 비롯되느냐 아니면 내부에서 시작되느냐 하는 것이었다. 유럽 밖의 나머지 국가들이 걱정스럽게 지켜보는 가운데 2012년 유로존이 겨우 안정을 되찾은 배경에는 독일과 이탈리아, 스페인, 프랑스, 그리고 나머지 유로존 국가들의 타협과 합의가 있었다. 또한 스페인과 이탈리아가 차례차례 무너질 것이라는 두려움도 여기에 한몫했다. 그로부터 1년이 지나자 유로존 위기는 심각한 단계는 넘어섰다. 그렇지만 불과 얼마 지나지 않아 새로운 불황이 유럽을 강타했다는 사실이 피부로 느껴지자 유럽연합은 또 다른 불만의 계절로 들어선다.

유럽이 1930년대로 회귀한다면

2012년의 유로존 안정화는 앞으로 더 나아질 것이라는 기대감에 크게 의존하고 있었다. 그리고 그 기대감을 떠받치는 것이 스페인 위기와 관련해 6월 28~29일에 발표된 유럽이사회의 계획이었으며 런던에서 직접 계획을 발표한 것이 바로 마리오 드라기다. 재정 협약과 유럽 은행연합, 그리고 유럽안정화기구(ESM)의 개선과 유럽중앙은행의 단기국채매입프로그램(OMT) 등은 유로존의 더 굳건한 통합을 향해 밟아나가야 할 중요한 단계들이었다. 그렇지만 늘 그렇듯 문제는 이런 조치들만으로 충분한지, 유럽연합 자체가 개혁에 필요한 속도로 움직일 의지가 있는지였다. 은행연합 문제만 해도 아직 시작도 되지 않은 상태였으며 독일 정부는 남부 유럽이 입은 피해 규모가 완전하게 밝혀지기 전까지는 공동합의에 서둘러 참여할 의사가 없었다.[2] 독일과 프랑스는 2013년 키프로스에서 일어난 금융위기 때문에 서로 첨예하게 대립하고 있는 상황이었다.[3] 한편 메르켈 총리는 자신만의 개혁안을 갖고 있었다. 독일 정부의 재정건전화 조치를 유럽에 적용한 것에 만족하지 못한 메르켈 총리는 노동시장 개혁에 대한 독일의 계획 역시 유럽 전역에 적용하고 싶어 했다.[4] 2013년 그녀가 내세운 화두는 경쟁력과 단위노동비용이었다. 이와 관련해서도 독일은 정확한 규정과 계약을 원했다.

유로존 위기가 시작되었을 때 메르켈 총리의 권위는 확고부동했고 독일은 유럽에서 가장 경제가 안정된 국가였다. 노동시장은 엄격하게 관리되었고 독일 상품에 대한 수요는 넘쳐났다.[5] 심지어 유럽 다른 국가들에 대한 수출량이 적다고 해도 독일 사람들로서는 독일의 승승장구에 대해 의구심을 품을 이유가 없었다. 그렇지만 이런 안정과 번영 속에서도 독일의 정치 역시 많은 갈등을 겪고 있었다. 문제는 2009년부터 메르켈 총리와 연정을 하고 있는 자민당이었다.[6] 자민당의 친기업적 성향과 조세 감면 현안은 독일에서는 크게 다뤄지지 않는 주제였다. 그리고 유로존 위기가 진행되면서 자민당이 주장하는 국가주권주의는 더 큰 압박으로 다가왔으며 반대파들을 위한 좋은 빌미가 되었다. 정부 안에서는 유로존을 유지하기 위한 협상을 진행하라는 주문이 끊임없이 제기되었고 자민당의 입지는 점점 줄어들었다. 2012년에는 그리스에 대한 추가지원을 위한 유로본드 발행 논의와 마리오 드라기의 활동에 대한 분노의 목소리가 높아졌으며 자민당의 정치적 난관은 계속 늘어갔다. 그리고 2013년 봄 현대 독일 정치 역사에서 처음 공개적으로 유럽통합을 반대하는 정당인 독일을 위한 대안당(Alternative für Deutschland, AfD)이 등장하면서 자민당의 상황은 최악으로 치달았다.[7] AfD는 2015년 메르켈 총리의 이민정책에 대항하는 운동을 펼쳐 이민자를 배척하는 유권자들의 표심을 모으기도 했지만 기본적으로는 유로존에 대한 메르켈 총리의 협상 정책을 반대해 모인 보수파 교수들의 정당이었다. 2013년 9월에 치른 독일 총선에서 주류 정당들에게는 다행히도 AfD는 지지율 5퍼센트를 넘지 못해 의회 입성에는 실패하고 말았다. 그렇지만 결국 AfD의 예상치 못한 선전 때문에 자민당은 1949년 이후 처음으로 하원 의석 전무라는 수모를 겪고 의회에서 퇴출되었다. 대신 기민당은 많은 표를 얻어 메르켈은 세 번째로 총리직을 수행하고 다시 한번 사민당과 연정을 한다. 사민당은 제2정당으로서 강경한 태도로 내각 안에서 핵심적인 자리들을 요구하고 나섰다. 그렇지만 메르켈 총리는 대연정을 통해 의회에서 확고한 지지기반을 마련했고 무엇보다도 다시 재무부 장관이 된 볼프강 쇼이블레의 도움으로 중요한 정책들을 연속적으로 추진할 수 있다. 2014년 9월 볼프강 쇼이블레는 1969년 이후 처음으로 새로운 채무가 전혀 없는 예산안을 준비했다는 기쁜 소식을 의회에 전한다. 그는 우크라이나와 시리아, 이라크에서의 폭력사태와 에볼라 전염병으로 이리 치이고 저리 치이고 있는 국제사회에서 독일의 흔들림 없는 경제력이야말로 신뢰가 무엇인지를 보여줄 것이라고 선언했다.[8] 독일이 2009년부터 실시하고 있는 채무 브레이크의 성과는 생각보다 일찍 나타나고 있었다.

유로존의 나머지 국가들은 좀 더 급박한 걱정거리들이 있었다. 정치와 경제 양쪽에서 가해지는 압박은 가차 없고 혹독했다. 2012년의 위기 탈출 과정은 즉각적인 재앙은 막을 수 있었지만 2011~2012년에 발생한 신뢰의 붕괴는 유로존 경제를 무너트렸고 재정건전화라는 처방은 더 심하게 사방에서 조여왔다. 극심한 경기침체는 2013년 하반기에 들어서야 겨우 나아질 기미를 보이기 시작했다. 그 무렵 그리스와 스페인의 실업률은 최고 26~27퍼센트에 달했다. 경기회복은 고통스러울 정도로 더뎠고 신흥시장 국가들로부터 들려오는 안 좋은 소식은 상황을 더 어둡게 만들었다. 2014년에 세계적으로 물가가 떨어지면서 유럽연합은 디플레이션의 공포에 휩싸인다. 유럽연합은 1990년대 일본이 그랬던 것처럼 경기침체의 위기 속으로 빠져들고 있는 것일까? 유럽연합을 괴롭히는 건 채무와 불충분한 국내 수요였다.[9] 유럽은 어떻게 대응해야 할까? 재정 협약은 정부 지출을 옭죄고 있어 심지어 꼭 필요한 투자도 제대로 이루어지지 않았다. 가장 심각한 채무조정 과정을 겪던 스페인에서는 사회기반시설과 교육에 대한 공공지출이 크게 줄어든 상태였다.[10] 그렇지만 감가삼각비를 적용했을 때 유럽에서 공공 투자 수준이 가장 낮은 국가는 다름 아닌 독일이었다. 유럽중앙은행은 마침내 "어떤 노력이든 할 준비가 되어 있다"던 그 약속을 이행하게 될까? 마리오 드라기는 금리를 낮췄지만 유럽중앙은행은 그보다 한 걸음 더 나아가 양적완화 조치를 취할 것인가?[11] 물가상승률이 0퍼센트에 가까워지고 경기회복에 대한 기대가 점점 부정적으로 바뀌어가면서 유럽중앙은행은 어떤 조치를 취하든 대단히 신중하게 접근할 수밖에 없었다. 그렇지만 독일에서는 민족주의자들의 목소리가 점점 더 높아지고 분데스방크가 2012년의 타격으로 여전히 신음하고 있는 상황에서는 정치적 위험도 결코 무시할 수 없는 요소였다.

경제학자들과 정치가들이 정책 선택을 놓고 논쟁을 벌였지만 대부분의 유럽 사람들에게는 그저 간단한 문제였다. 유럽 전역에 걸쳐 시행된 여론조사를 보면 과거에는 압도적으로 유럽통합을 지지했던 국가들에서조차 그 지지도가 급격하게 추락하고 있음을 알 수 있었다.[12] 그리고 2014년 5월 유럽연합 의회 선거가 다가왔다. 선거 결과는 유럽의 정치시스템을 뒤흔들어놓았다. 유럽통합에 반대하는 민족주의 중심 정당들이 대거 승리를 거둔 것이다. 영국에서는 영국독립당(United Kingdom Independence Party, UKIP)이 승리를 거두었는데, 더 심각하게도 프랑스에서는 국민전선(Front National, FN)이 무려 25퍼센트의 지지를 받았다. 중도 성향의 대중운동연합당(Union pour un Mouvement Populaire, UMP)이 20퍼센트, 정부여당인 사회당이 14.7퍼센트밖에 지지를 이끌어내지 못했다는 사실과 비교하면 더욱 충격이었다. FN은 프랑스 깊이 뿌리내린 민족주의와 반유대주의, 그리고 포스트식민지 시대 인종주의를 바탕으로 하지만 FN의 수장 마린 르펜(Marine Le Pen)은 2011년 1월부터 세계화와 유럽연합에 대항하는 대중 민족주의의 대표가 되기 위해 당을 새롭게 쇄신하는 운동을 펼쳐왔다. 기존의 지지층인 "소시민(petit bourgeois)"에 한때 스스로를 골수 좌파로 생각했던 노동자와 실업자 상당수를 지지자로 끌어들인 것이다.[13] 2014년 5월 선거가 치러지기 전 어떤 점을 주목하느냐는 질문을 받은 FN의 지지자들은 세 가지 문제를 언급했다. 중복해서 대답할 수 있는 조사에서 응답자의 63퍼센트는 이민자 문제를 최우선 순위로 꼽았고 경제 문제라고 대답한 사람들의 수도 비슷했다. 그런데 유럽연합에 대한 적대감을 가장 중요한 문제로 언급했다. FN 지지자들의 83퍼센트는 유럽연합 참여로 프랑스의 경제위기가 더 심해지고 있다고 받아들였다. 또한 81퍼센트는 긴축에 대한 요구를 받아들인 현 정부의 경제정책은 실패하고 말 것이라고 생각했다. 2008년 이후 유럽이 겪은 상황들을 생각해보면 이들의 이런 주장이 터무니없다고 말하기는 어렵다. FN 지지자들의 3분의 2는 프랑스가 결국 유로화를 포기해야 한다고 보았다.

유럽 정치의 변방에 있는 우파 민족주의자들의 분노 자체는 비록 위기에 대한 각 정부의 미숙한 대처로 인해 이전과는 비교도 할 수 없을 정도로 새로운 지지세력을 끌어모았다고는 하지만 사실 별로 새로울 것은 없었다. 오히려 새롭게 부각된 것은 좌파들의 응집력이었다. FN의 지지기반이 분노한 저학력 서민층이라면 새로운 좌파 정당들은 1960년대 후반부터 반복적으로 보아왔던 진보 성향의 사회운동을 새롭게 다듬어 선을 보임으로써 지지를 끌어모았다. 스페인에서는 사회 각 계층의 고른 지지를 받았던 M15 운동의 정신을 이어받아 파블로 이글레시아스 교수가 주축이 되어 창당한 포데모스당이 스페인의 어떤 정당들보다도 대학 졸업자 같은 고학력 유권자들에게 큰 지지를 받았다.[14] 그리스에서는 시리자(급진좌파연합)가 상류층과 중산층, 그리고 서민층에서 가장 고른 지지를 받는다. 2008년 이후 좌파들이 큰 지지를 얻은 건 근본주의자들의 반대 성향 때문이 아니라 유럽연합이 유럽의 믿음과 신뢰를 배신하고 있다는 생각 때문이었다.

2014년 5월 선거 결과에 대한 주류 언론들의 즉각적인 반응은 현 상황에 대한 좌파와 우파의 비판세력 모두를 "포퓰리스트"로 폄하하는 것이었다.[15] 현재의 상황에 저항하는 정치세력들의 조급함과 불합리함은 2010년 이후 지속되고 있는 재정건전화의 좋은 결과들을 무위로 돌릴 것이라는 게 언론의 주장이었다. 유럽의 국경을 위협하는 새로운 위협에 대항해 서로 힘을 합쳐야 하는 이때, 이런 정치세력이 유럽을 분열시키고 있다는 것이었다.[16] 러시아의 군사 개입에 대한 불길한 소문이 떠돌아 분명 불안한 상황인 것만은 분명했다. 그렇지만 2014년의 경우 새로운 냉전의 조짐은 차라리 덜 염려스러운 문제였다. 만일 유럽이 1950년대가 아닌 1930년대로 회귀한다면 어떨까? 어딘지 모르게 익숙한 상황이 아닌가? 경제위기가 고통스러운 긴축조치와 만나 엄청난 대량실업 사태와 급진적인 정치행태를 만들어내는 것이다. 푸틴의 침략에 대한 공포와 이슬람 극단주의자들의 테러 공격이 뒤섞인다면 과거 유럽의 어두웠던 역사에 대한 기억들은 아주 쉽게 새로운 암흑대륙의 끔찍한 형상으로 바뀌어 퍼져나갈 수 있을 것이다. 이런 유럽회의주의에 대한 종말론적 예측을 가장 극적으로 표현한 것은 아마도 미국의 월간지 《애틀랜틱》 2015년 3월 호다. "이제 히틀러가 등장하고 유대인들은 유럽을 탈출해야 하는가?"[17] 유명한 언론인 제프리 골드버그(Jeffrey Goldberg)는 미국 독자들에게 유럽의 황폐한 도심 변두리에서 일자리도 없이 불만만 쌓여가는 이슬람계 청년들이 기존의 뿌리 깊은 반유대주의의 역사와 새로운 극우세력과 뒤섞여가는 모습을 그려 보였다. 《애틀랜틱》 홈페이지에서 함께 제공된 동영상에서 또 다른 유명 언론인 레온 와이즐티어(Leon Wieseltier)는 마지막 유대인이 "낡은 유럽"을 떠나면서 마지막으로 해야 할 일이 무엇이냐는 질문에 딱 잘라 이렇게 대답한다. "침이나 뱉길 바란다!" 이런 공포와 냉소는 아주 오래전 있었던 유대인 대학살의 기억들을 바탕으로 하고 있었다. 그런데 놀라운 것은 이런 언론인들의 걱정과 근심이 제대로 사람들의 관심을 끌지 못했다는 사실이다.

2012년 위기에서 확실하게 벗어나고 2년이 지나 유럽은 다시 곤경에 처했다. 유로존은 제대로 그 역할을 하기 위해 한 단계 발전된 통합을 향한 움직임이 필요하다는 사실을 깨달았다. 그렇지만 각국 국민들의 반발과 경제적 불안으로 필요한 정치적 추진력을 어디에서 얻어야 할지 알 수 없었다. 2014년 5월 선거를 통해 진정한 민심을 파악하고 나니 새로운 유럽통합 조약 비준을 위한 국민투표라는 위험을 무릅쓸 정치인을 찾기가 어려워졌다. 한편 부유한 북부 유럽의 핵심국가들을 제외한 나머지 대부분의 유럽 국가들은 그저 보통의 경제적 안정을 되찾기 위해 고군분투하고 있었다. 시간만 주어진다면 독일식 긴축과 개혁은 성공할 수 있을까? 스페인과 아일랜드는 조금씩 제자리로 돌아가고 있었지만 남부 유럽 전역의 실업위기는 여전히 심각한 수준이었다. 2014년이 되자 상황은 더 어려워졌다. 유럽통합을 반대하는 정치적 움직임이 점점 더 거세져 가는 가운데 지지부진한 경제 회복세가 아예 주저앉을지도 모를 위기에 처했다. 유럽의 경제는 회복될 가망이 있는 것일까? 2014년의 디플레이션 위기는 이제 누구도 부인할 수 없었고 독일의 경제를 지탱해주던 신흥시장국가들은 상황이 불안했다. 경기침체가 위협이 될 정도로 심해진다면 정치적 압력 역시 더 가중될 것은 뻔했다. 유럽중앙은행은 이제 어쩔 수 없이 수동적인 자세를 버리고 좀 더 적극적인 정책을 취해야 할까? 전에도 그랬던 것처럼 유로존 내부에서 가장 긴장이 고조되고 있는 곳은 다름 아닌 그리스였다.

그리스 정부와 유럽연합의 대립

6년 동안의 경기불황 이후 그리스의 사회적 위기는 더 분명하게 드러났다. 2014년 실업률은 27퍼센트 가까이 치솟았다. 그리스 청년층의 절반 이상이 직업이 없었고 가족에게 의지하는 경우도 있었지만 이제는 그 가족의 실질적인 가장들도 직업이 없는 경우가 빈번했다. 2015년 그리스 인구의 절반은 같이 사는 노년층 가족의 연금에 의존하고 있었으며 연금을 받는 노년층의 절반은 수령액이 빈곤층의 수입에도 미치지 못했다. 또한 같은 해에 나온 유럽연합 통계국 발표에 따르면 빈곤층의 기준을 위기 발생 이전 수준으로 두었을 때 그리스 인구의 절반 이상이 빈곤층으로 전락한다는 것이었다.[18] OECD에서는 그리스 국민 여섯 명 중 한 명은 매일 굶주

림과 싸워야 한다는 보고서를 내놨다.[19] 수도 아테네에서는 노숙자들을 어디에서나 볼 수 있었다. 직업을 잃지 않은 운이 좋은 사람들의 실질임금도 25퍼센트나 줄어들었다. 동시에 세금은 크게 늘어났는데 소규모 부동산이나 토지를 소유한 사람들은 새롭게 부과된 세금에 경악을 금치 못했다. 빈곤층이 가장 부담스러워하는 부가가치세는 13퍼센트에서 24퍼센트로 올랐다. 다른 유럽 국가들이 알고 있던 것과는 다르게 그리스의 사회복지 안전망은 전혀 방만하게 운영되지 않았고 의료복지 제도는 예산 삭감으로 붕괴되어갔다. 노동시장 위기를 벗어나기 위해 그리스에서는 2008년부터 인구 1000만 명 중 40만 명이 해외로 일자리를 찾아 떠났다. 그중 대부분이 수만 명의 의료 인력을 포함한 고등교육을 받은 청년층이었다.[20]

그리스가 이런 사회적 위기를 겪은 원인에는 트로이카의 요구 탓도 있었다. 그리스 국민의 대다수가 유럽에서의 지위를 그대로 유지하기를 간절히 바랐기 때문에 처음에는 범그리스사회주의운동이, 그리고 그 뒤를 이은 신민주주의당 역시 채권자인 트로이카의 요구에 순순히 따랐다. 하지만 그로 인해 전 국가적인 저항의 분위기가 조성된 것도 그리 놀라운 일은 아니었으리라. 그런 저항을 뒤에서 부추긴 건 사회적 연대와 국가의 자존심에 대한 열망이었다. 우파 쪽에서 이런 분위기의 덕을 본 건 공공연하게 인종차별을 내세운 진정한 신파시스트인 황금새벽당이었다. 그렇지만 그보다 훨씬 더 대중의 지지를 받은 정당은 바로 시리자로, 2014년 5월 선거에서 정부여당인 신민주주의당을 손쉽게 압도하는 위력을 발휘했다.

국민들의 지지가 떨어지고 있는 것을 깨달은 안토니스 사마라스의 연립내각은 유럽연합과 독일 정부에 조금 더 양보해줄 것을 요청했다. 만일 그리스가 트로이카의 요구사항을 조기에 달성하기 위해 아일랜드나 포르투갈과 선의의 경쟁을 펼친다면 유럽 전체를 위해서도 큰 성과이자 유럽통합에 대한 안 좋은 여론을 뒤집을 기회도 될 수 있었다. 그렇지만 독일은 그리스의 이런 요청과 제안을 일언지하에 거절했다. 독일은 안토니스 사마라스를 절대로 신뢰하지 않았고 어떤 양보도 할 생각이 없었다. 결국 그리스 정부는 새로운 돌파구를 찾기 위해 조기총선을 실시하려 했고 어쩌면 당연하게도 유럽의 다른 긴축조치 찬성파 정부들과 IMF는 사마라스 총리를 지지하고 나섰다. 그리스 유권자들로서는 "유럽"과 완전히 결별할 수 없는 이상 신민주주의당과 범그리스사회주의운동, 중도파인 포타미당(To Potami) 외에는 별다른 선택의 여지가 없는 것처럼 보였다. 스페인의 보수파 총리인 마리아노 라호이는 사마라스 총리에 대한 지지의사를 표명했다. 좌파인 포데모스당이 세력을 키워가고 있는 상황에서 스페인의 보수진영은 유럽에서 또 다른 좌파 정당이 승리를 거두는 것을 도저히 묵과할 수 없었던 것이다. 그렇지만 2015년 1월 25일의 선거에서는 그리스 유권자들의 본심이 분명하게 드러났다. 젊은 학생운동권 출신인 알렉시스 치프라스가 이끄는 시리자가 정권을 잡았고 독일 정부와 유럽연합 본부의 온건한 사회민주주의자들의 기대를 배신이라도 하듯 연정 상대로 중도파이자 친유럽 성향의 포타미당이 아닌 극우민족주의 성향의 독립그리스인당(ANEL)을 택한 것이다. ANEL은 종교나 문화적 가치에 대해 그리 복잡한 견해를 갖고 있는 정당은 아니었지만 유럽연합과의 대결에 모든 것을 걸고 투쟁할 가능성이 있었다.[21]

그리스 정부와 유럽연합의 대립은 쉽게 끝날 문제가 아니었다. 일단 시리자는 그리스의 채무이행 능력에 대한 고통스럽고도 아직 해결되지 않은 문제들부터 어쩔 수 없이 공개해야 했다. 2012년 민간 채권자들로부터 채권을 사들이는 채무 재조정 과정을 통해 그리스는 시장의 압박을 어느 정도 해소할 수 있었다. 그렇지만 경제는 여전히 어려웠기 때문에 그리스의 채무는 아직도 감당하기 어려운 부담이었다. 또한 2012년 민간 부문 채무를 정리하는 대신 정부가 유럽연합과 IMF로부터 받은 대출로 민간 부채 문제를 해결한 것은 어쨌든 정치적으로는 위험한 선택이었다. 높은 수익률을 노리고 그리스 국채에 도박을 걸었던 민간 투자자들의 불만도 불만이었지만 보수적인 북유럽의 납세자들이 유럽연합에 비협조적인 그리스 좌파 정부를 위해 또다시 큰 부담을 짊어져야 한다는 것은 완전히 다른 차원의 문제였다. 2015년 선거는 새로운 정치적 대립이라는 결과를 낳았다. 하지만 그 대립의 양상은 대단히 복잡하게 전개되어갔으며 그런 그리스의 복잡한 상황을 구체적으로 설명하고 나선 것이 바로 새로운 재무부 장관 야니스 바루파키스(Yanis Varoufakis)였다.22

비주류 좌파이자 그리스가 아닌 영어권 학계에서 대부분의 경력을 쌓았던 야니스 바루파키스는 시리자에서도 결코 주류에 속하지 못했다. 그는 또한 그리스의 오래된 좌파 정치세력이나 정통파 마르크스주의와도 아무런 관계가 없었다. 그리스 채무가 이제 시장이 아닌 트로이카에게 대출을 받은 것으로 정리되자 새로운 재무부 장관이 택한 전술은 유로존의 재정 관련 통념과 대치되는 시장의 실용주의를 적용하는 것이었다. 바루파키스는 우선 런던의 시티와 《파이낸셜타임스》, 그리고 래리 서머스 같은 유력 인사들에게 도움을 요청했다. 또 제임스 갤브레이스(James Galbraith)나 제프리 삭스(Jeffrey Sachs) 같은 좌파 성향 학자들을 포함하는 미국 경제계의 유력 모임에도 조언을 구했다. 이들은 한때 공산주의가 몰락한 지역에 대해 일종의 "충격요법"을 실시할 것을 주장했던 사람들이다. 바루파키스는 그리스 채무에 관해 잘못된 생각을 유포시키는 사람들(이데올로그)은 갚을 수 없는 빚은 갚지 말자고 주장하는 사람들이 아니라 오히려 유로그룹 안에서도 빚은 그 비용에 상관없이 원칙적으로 반드시 갚아야 한다고 주장하는 보수적인 원칙주의자들이라고 강변했다. 바루파키스가 공격하는 "체제"는 자본주의 자체가 아니라 유효기간이 다해 제 기능을 못하는 긴축조치에 대한 유럽의 병적인 집착과 그런 긴축조치에 찬성하는 그리스와 유럽의 일부 세력이었다.

보수주의적 이념에 대항해 합리적 경제학을 제시하는 것은 바루파키스의 입장에서는 효과적인 정치적 주장이 되었다. 그는 이런 주장을 통해 국제적인 지원을 크게 얻을 수 있었지만 반대파들을 과소평가한 것이 실수라면 실수였다. 독일의 주도 아래 유럽에 적용된 재정건전화 계획은 확실히 정치적인 의도로 진행된 것이다. 하지만 유럽의 사회와 경제를 장기적으로 재정비하겠다는 비전도 거기에 함께 들어 있었다. 메르켈 총리는 유럽이 개혁을 이루지 못한다면 과거 여러 문명들처럼 몰락의 길을 걸을 수밖에 없다는 말로 사람들에게 충격을 안기곤 했다.[23] 향후 10년은 매진해야 실현할 수 있을 이 목표를 위해 독일 정부는 단기간에 많은 비용이 들어가는 일 정도로는 흔들리지 않았다. 실패로 돌아간 사회 및 경제 모델의 개혁을 위해서라면 어쩔 수 없이 치러야 하는 비용이었으며 그것이 공산주의의 붕괴와 독일 재통일 당시의 경제계획, 그리고 동유럽과 유럽연합의 통합 과정에서 얻은 교훈이기도 했다. 또한 원하는 목표를 이루기 위해서는 시장의 단기적 전망에도, 또 그리스 시리자 방식의 저항의 정치에도 결코 어떠한 양보도 할 수 없었다. 유럽이 흔들리지 않고 앞으로 나아가기 위해서는 "정치적 선동의 확산"을 막는 것이 필수였다. 유로존의 위기 동안 동유럽과 아일랜드, 스페인, 포르투갈 정부에도 해주지 않았던 양보를 그리스 극좌파 정부에 해준다면 그 결과로 돌아올 건 재앙뿐이었다. 그리스 국민들이 처한 비참한 상황은 유로존의 더 광범위한 경제적 균형이라는 관점에서 보면 별다른 의미가 없었다. 이 싸움은 독일 정부의 보수적 글로벌리스트들이 생각하는 대로 더 광범위한 정치적 원칙과 권위에 대한 문제이며 장기적인 경제적 성공을 위한 발판이 되어야 했다.

유로그룹의 긴축조치 관련 강경파들은 프랑스와 이탈리아의 중도파 정부들이 예민하게 반응할 수 있다는 사실을 알고 있었기 때문에 싸움은 더 치열해질 수밖에 없었다. 2012년 프랑스 올랑드 정부는 보다 경기부양적인 정책을 추진하고 싶어 했다. 올랑드가 대통령에 당선된 이후 더욱 중요한 정치적 화두가 된 경제성장 과제는 조금씩이지만 진전이 있었고 2014년에 새롭게 이탈리아 총리가 된 중도파 마테오 렌치(Matteo Renzi)는 프랑스와 비슷한 방향으로 나아가고 싶었다.[24] 그러기 위해서는 무엇보다도 시리자와 일정한 선을 긋는 일이 중요했다. 독일은 모든 일의 중심에 서 있었지만 중요한 협상 대부분에서 재무부 장관 볼프강 쇼이블레는 굳이 많은 말을 할 필요가 없었다. 네덜란드의 예룬 데이셀블룸(Jeroen Dijsselbloem)이 유로그룹 의장으로 회의를 이끌었으며 시리자에 대한 논의는 긴축조치를 충실히 따르는 스페인 재무부 장관 루이스 데권도스나 포르투갈 재무부 장관 마리아 루이스 알부케르키(Maria Luís Albuquerque) 등이 주도했다. 그들은 시리자의 세력을 막는 일에 자신의 정치생명은 물론 2011년 합의한 자국의 긴축조치 진행의 성패가 달려 있다는 사실을 잘 알고 있었다.

얄궂은 것은 그리스 정당들에 대한 선호도를 표현할 때 유로그룹과 IMF는 그리스 재정을 파탄 낸 정치세력, 그리고 사회적 이익집단들을 똑같이 선택했다는 점이다. 그들 사이의 밀접한 관계는 정치 분야에만 국한되지 않았다. 그리스 재벌들과 소속 언론매체들의 중심에는 그리스 은행들이 있었다. 이 은행들은 2012년 구조조정 합의의 일환으로 자본재구성을 단행했고 그 비용은 그리스 납세자들이 부담했다. 그렇지만 이들은 그리스 중앙은행과 유럽중앙은행으로부터 계속해서 막대한 자금을 지원받고 있었다. 2014년 6월 이후 그리스 중앙은행을 이끌고 있는 건 야니스 스투르나라스(Yannis Stournaras)였다. 그는 대중적으로 인지도가 높은 경제학 교수 출신으로 그리스가 처음 유로존에 가입할 때 기초 작업을 했던 사람들 중 하나이고 또 사마라스 내각 시절에는 재무부 장관을 맡기도 했다.[25] 2014년 12월 시리자가 여론조사에서 앞서 나가면서 다음 총선에서 정권을 잡을 것이 확실시되었을 때 스투르나라스는 조금씩 진행되는 뱅크런을 막기 위해 아무런 조치도 취하지 않았다. 선거를 앞두고 경제적 여유가 있는 그리스 국민들이 은행으로부터 인출해간 예금은 이미 160억 유로가 넘었다. 알렉시스 치프라스가 정권을 잡자 불과 3주 만에 다시 80억 유로가 빠져나갔다.[26] 이런 자본유출의 영향으로 그리스 은행들은 한층 더 유럽중앙은행에 의존하게 되었다.

시리자 정부가 트로이카와의 협력을 거부한다면 유럽중앙은행은 아일랜드에, 또 일전에 그리스에 했던 것처럼 은행들에 대한 긴급대출을 중단하겠다고 위협할 수도 있었다. 그렇게 되면 엄청난 타격이겠지만 트로이카는 정말로 또 다른 유로존 위기를 불러올 수도 있는 위험을 감수할 수 있을까? 금융위기의 전염이라는 협박은 그리스 정부의 중요한 협상 무기였다. 만일 유럽연합 본부와 유럽중앙은행과 독일 정부가 그리스를 벼랑 끝으로 몰고 간다면 그리스 혼자 나락으로 굴러떨어지지는 않을 것이었다. 그리고 이런 점을 감안한 듯 시리자가 정권을 잡기 사흘 전 상황은 급변한다. 2015년 1월 22일 마리오 드라기는 유럽중앙은행이 마침내 양적완화를 전면 실시한다고 발표했다. 마리오 드라기가 "어떤 노력이라도 할 준비가 되어 있다"고 말한 지 2년 반이 지났지만 유럽중앙은행은 어떤 열의를 가지고 조치를 취하지 않았다. 오히려 2012년에서 2014년 사이 마리오 드라기는 유럽중앙은행이 대차대조표 규모를 줄이는 것을 용인했다. 그랬던 그가 2015년 태도를 바꾼 건 디플레이션의 위협이 심각해졌기 때문이다. 물가하락에 따른 경기침체를 막기 위해 마리오 드라기는 할 수 있는 모든 방법을 동원했다. 장기대출프로그램을 새롭게 시작하려고도 했는데 이번에는 자금을 대출해가겠다는 곳이 없었다. 유럽 은행들은 모두 차입자금을 줄이는 일에 골몰해 있었던 것이다. 2014년 9월에 들어서야 마리오 드라기는 민간업체들의 ABS를 매입하며 "가벼운 수준의 양적완화"를 우선 시작한다.[27] 예상했던 대로 독일은 즉각적으로 반발했다. 2015년 1월 전면적 양적완화라는 더 과감한 조치가 나온 건 2015년 1월 14일 유럽사법재판소에서 대단히 중요한 판결을 내렸기 때문이다. 유럽사법재판소는 독일대법원이 문제를 제기한 마리오 드라기의 2012년 채권 매입 조치에 대해 신용창출 금지법을 위반한 것으로 인정하지 않는다는 판결을 내린다.[28] 그러자 유럽중앙은행은 최종 판결이 나오기를 기다리지 않고 바로 행동에 돌입한다. 2015년 1월

22일, 마리오 드라기는 유로존 인플레이션이 낙관적인 범위 내에서 안전하게 안정화될 때까지 유럽중앙은행이 유럽 각국이 발행한 국채를 매달 600억 유로어치씩 매입하겠다고 발표한다.[29]

2015년 1월 시리자의 총선 승리와 유럽중앙은행의 적극적인 양적완화 조치가 공교롭게 겹치면서 유로존 위기로 인한 경제적, 정치적 여파가 마침내 서로 맞닥트렸다. 둘의 만남은 운명적인 결과를 불러올 것이 분명했다. 얄궂은 일이지만 유럽의 보수파들이 오랫동안 반대해온 유럽중앙은행의 채권 매입 조치가 시작되면서 오히려 보수파들은 필요한 모든 조치를 동원해 정치적 견제를 위한 싸움을 시작할 수 있었다. 유럽중앙은행이 시장에 개입하자 그리스의 정권교체가 또 다른 재정적 위기로 번질 위험이 사라졌다. 유럽중앙은행이 시장의 채권들을 모두 흡수하면서 스페인과 포르투갈, 이탈리아 국채의 수익률이 떨어졌다. 2010년 IMF는 정확히 이런 방식의 해결책을 지지했는데, PSI를 통해 납세자들이 모든 책임을 떠맡지 않는 공평한 방식으로 아일랜드 금융위기가 해결될 수 있다고 생각했기 때문이다. 그런데 당시에는 장클로드 트리셰가 반대를 했다. 이제 마리오 드라기의 양적완화 조치로 유로그룹의 보수파들은 경제와 관련된 위기를 염려하지 않고 그리스의 좌파 정부를 압박해 들어갈 수 있는 것이다.

그렇다면 결과는 이미 예견된 것일까? 그리스의 시리자는 자신들이 빠진 어려움이 어느 정도 수준인지 이해하고 있었을까? 지금까지 공개되고 밝혀진 자료나 정보에 따르면 어떤 것도 확실하지 않다. 그렇지만 야니스 바루파키스의 회고록에 따르면 최소한 치프라스 내각 안에서는 자신들이 마주한 도전의 규모를 어느 정도 짐작하고 있었다고 한다. 경제이론가로서 야니스 바루파키스의 전문 분야는 게임이론이었다. 그는 마리오 드라기의 양적완화 조치가 그리스 정부를 궁지에 몰아넣을 것을 알고 있었다. 만일 시리자 정부가 채무 협상에서 유리한 위치를 점하려면 그리스를 통해 금융위기가 퍼져나갈 수 있다고 위협할 필요가 있었다. 바루파키스는 2012년 긴급지원 합의와 관련된 사항 하나가 독일 민족주의자들의 분노와 합쳐진다면 그리스가 필요로 하는 좋은 수가 생긴다고 믿었다.[30] 유럽중앙은행의 장부에는 장클로드 트리셰의 장기국채매입프로그램(SMP)에 따라 300억 유로어치의 매입 채권이 올라가 있었다. 이 채권들은 2012년 채무 재조정 과정 이후 손대지 않은 채 그대로 남아 있었고 그리스 법의 관할 아래 있었다. 만일 그리스가 이 채권들에 대해 일방적으로 지급불이행을 선언한다면 유럽중앙은행은 심각한 손실을 입을 것이며 채권 매입에 대한 위험성이 강조되고 또 어떤 식으로든 독일 우파들이 양적완화 조치의 적법성에 대한 의문을 다시 재기하도록 만들 수 있었다. 양적완화 조치의 적법성이 도마 위에 오른다면 조치 자체의 신뢰성에도 금이 갈 것이다. 이렇게 방어벽이 무너지면 유로존 주변국들 전체가 다시 한번 위기에 빠져들고 유로그룹은 시장을 통해 공황상태가 퍼져나갈 것이 두려워서라도 그리스의 요구를 심각하게 생각해볼 수밖에 없다.

그리스의 취약한 상황을 감안할 때 이런 방식을 최후의 극단적인 선택으로 받아들이는 건 지나치게 감상적인 모습일 것이다. 야니스 바루파키스가 준비하고 있던 건 어쨌든 큰 혼란을 불러올 수 있는 그런 무기였다. 유로그룹을 진지하게 협상에 임하게 만들려면 그리스는 우선 유로존 전체가 의지하고 있는 마리오 드라기의 안정화 정책과 관련된 위태로운 정치적 균형을 뒤흔들 만한 위협을 가해야 했다. 고의적으로 유로존 내부의 분열을 가져오겠다는 것이었다. 법과 관련된 전문적인 세부 내용들 때문에 사실 그리스의 채무불이행 선언이 유럽중앙은행에 직접적인 영향을 미칠지 아니면 그저 그리스 중앙은행만 피해를 입을지는 분명하지 않았다. 그렇지만 그리스의 이런 위협이 유럽연합 본부와 유럽중앙은행을 긴장하게 만든 건 분명했다. 야니스 바루파키스와 그리스 재무부는 실제로 채무불이행을 지시할 권한을 갖고 있었다. 문제는 치프라스 정부에게 결정적인 순간에 이런 비상수단을 쓸 수 있는 배짱이 있느냐였다.

그리스의 금융위기와 가속화하는 유럽의 분열

브뤼셀에서 열린 그리스의 새 정부와 채권단 사이의 첫 번째 회의는 분위기가 격앙되어 거의 "파탄" 직전까지 갔다. 독일의 메르켈 총리와 프랑크 발터 슈타인마이어(Frank-Walter Steinmeier) 외무부 장관, 그리고 프랑스 대통령과 프랑스 외무부 장관이 2015년 2월 12일 유럽이사회 회의를 위해 브뤼셀에 모였다. 11일 푸틴과 함께 논의했던 민스크 2차 휴전 협상 내용을 다시 검토하기 위해서였다. 지금은 그리스가 아닌 우크라이나가 가장 중요한 현안이었고 새로 임명된 그리스 외무부 장관은 푸틴의 러시아에 대한 추가 제재에 동참하지 않겠다고 위협함으로써 주변국들에게 따돌림을 받았다.[31] 2월 11일 열린 유로그룹 회의에 처음 참석한 야니스 바루파키스는 좀 더 부드러운 태도로 시리자의 유럽 정부 자격을 주장하고 신뢰를 바탕으로 성실하게 일할 것을 약속했다. 그는 시리자 구성원들은 "모든 사람들에게 모든 것을 다 약속하는 포퓰리스트들"이 아니라고 주장했다. 그렇지만 볼프강 쇼이블레의 반응은 차가웠다. 2012년 합의 당시 그리스 정당들 중에서 시리자만 참여하지 않았던 것이다. 그렇지만 유로존의 기본 운영 원리에 관한 한 바루파키스도 "선거 결과로 인해 경제정책이 바뀌어서는 안 된다"는 사실을 이해할 필요가 있었다.[32] 이런 설명은 그 자체로 놀랍기도 했지만 유로존이 현재 처한 진퇴양난의 상황을 적나라하게 보여주었다. 유로존 위기의 결과로 한 국가의 경제정책은 국제적인 합의의 문제로 확대되었다. 유로그룹 입장에서 그리스 채무 관련 협약은 하나의 기준점이었고 그리스 정부의 입장과는 전혀 상관없이 협약은 지켜져야만 했다. 협약 자체는 변동이 없었지만 신경전이 시작되었고 야니스 바루파키스와 네덜란드의 예룬 데이셀블룸이 거의 주먹다짐까지 갔다는 소문이 돌기도 했다.[33] 볼프강 쇼이블레는 그리스가 처한 상황을 보고 분명 기뻐했을 것이다. 하지만 2월 20일 메르켈 총리가 직접적인 개입을 하면서 상황은 잠시 진정되었고 새로운 그리스 정부는 채권단의 승인을 받아 채무 관련 협약을 대신한 자체적인 개혁방안을 제시할 수 있었다.[34] 그렇게 해서 새로운 협의가 이루어지고 개혁방안이 실시될 때까지 72억 유로의 상환이 연기되었다.

그리고 이후 몇 개월 동안 짜증이 날 정도로 익숙한 상황이 반복되었다. 그리스 정부는 새로운 긴축조치를 제시함으로써 채권자들을 만족시킬 수 있을까? 채권자들은 제2차 채무 재조정에 대한 시리자의 요구를 받아들여 논의를 할 것인가? 모든 것이 다 지루한 소모전이었다. 협상을 진행하는 동안 그리스 은행들의 자금은 고갈되어갔고 전보다 더 유럽중앙은행에 의존했다. 시리자 정부는 집권 초기의 활력을 잃어갔다. 시리자 내부에서도 좌파에 속하는 세력에게 그리스를 유로존에 그대로 머물게 해준 2월 20일의 타협안은 점점 더 실수처럼 느껴졌다. 치프라스 정부는 총선 승리로 얻은 정치적 추진력을 낭비했고 유럽연합 본부와의 협상을 유리하게 이끌어갈 기회도 놓쳐버렸다. 그렇게 해서 다시 불리한 입장에서 협상을 한 것이다. 그렇지만 알렉시스 치프라스는 협상을 제대로 시작도 하기 전에 판을 뒤엎고 싶지는 않았다. 야니스 바루파키스는 자신이 준비한 무기가 제대로 먹혀들지 확인하고 싶었다. 그는 자신이 SMP 채권에 대한 채무불이행 가능성을 언급할 때마다 유럽중앙은행이 고민에 빠진다는 사실을 잘 알고 있었다.[35]

타협이 제대로 성사될 가능성은 있을까? 채무 문제에 대해서라면 그리스에 해결할 능력이 없다는 사실은 분명했다. 그렇지만 또 채권자들이 태도를 바꿀 생각이 있는지는 전혀 알 수 없었다. 범대서양주의자 전략을 추구하는 바루파키스 주변 인사들은 이쯤에서 IMF가 협상의 방향을 바꿀 수 있는 특별한 역할을 해주기를 희망했다. IMF 소속 분석가들 대부분은 도미니크 스트로스칸 시절인 2010년 처음 그리스에서 "만기연장이 곧 경기 회복" 전략이 시작되었을 때 거기에 IMF가 연루된 것을 후회하고 있었다. 그로부터 5년이 지난 지금 그리스의 채무는 여전히 해결되지 않은 채 남아 있었다. 구조조정은 반드시 필요했지만 크리스틴 라가르드는 유럽 각국과 의견 충돌이 일어나는 것을 꺼려했다. 그녀 자신의 정치적 배경을 감안하면 라가르드는 시리자에 대해 별 다른 호감 같은 건 없었다. 그리고 IMF는 트로이카의 일원으로서 자신이 제시한 강경하고 까다로운 계획을 관철하기 위해 노력하고 있었다. 이런 IMF의 의지를 과시라도 하듯 이전에 그리스에 파견되었던 IMF 대표 파울 톰센(Poul Thomsen)이 IMF의 유럽 계획전체를 관할하는 책임자로 새로 발탁되었다.[36] 파울 톰센은 공식적인 보도를 하지 않는다는 조건으로 자신을 포함한 IMF 인사들의 대다수가 그리스 채무의 심각성을 인지하고 있다고 말했다. 그렇지만 그리스 정부도 곧 알게 되는 것처럼 그렇게 채무불이행의 가능성을 되풀이해서 언급하는 건 양날의 검이 될 수 있었다. 채무불이행 문제는 단지 채무 규모뿐만 아니라 그리스 경제성장의 미래와도 직결된 것이다. 재정승수(fiscal multiplier)와 같은 문제에는 IMF도 좀 더 "진보적인" 관점을 갖고 있었지만 장기적인 경제성장에 대해서는 오랜 관습을 고수했다. 성장률을 끌어올리기 위해 그리스는 노동시장 규제를 철폐하고 사업 인허가 제한을 풀어주어야 했다. 그리고 이를 위해서는 자세하고 철저한 "공급자 중심의 개혁"이 필요했다.[37] 또한 그리스 정부는 민영화 과정을 통해 필요한 자금을 마련할 수도 있었다. 이런 조치들을 실행하는 건 어느 정부나 고통스럽기는 마찬가지다. 그렇지만 시리자 같은 좌파들의 연합체로서는 정치적인 자살이나 다름없었다.

만일 IMF의 의견이 둘로 갈라질 경우 IMF 내에서 가장 많은 지분을 차지하고 있는 미국은 어느 쪽 편을 들 것인가? 5년 전 유로존 위기가 시작되었을 때 사면초가에 빠졌던 게오르기오스 파판드레우의 범그리스사회주의운동 정부는 미국 측의 도움으로 위기를 모면할 수 있었다. 그리고 시리자가 선거에서 승리를 거두자마자 오바마 대통령은 또다시 새로운 정부를 격려하고 나섰다.[38] 이미 무릎을 꿇은 상대에게 더는 너무 무리한 요구를 해서는 안 된다는 것이 오바마 대통령의 생각이었다. "안 그래도 불황을 겪고 있는 국가들을 더는 쥐어짤 수 없다."³⁹ 한편 폴 크루그먼과 조셉 스티글리츠가 이끄는 미국의 유명한 중도좌파 경제학자들은 그리스를 위한 "합리적인" 채무 해결 계획을 요청한 야니스 바루파키스의 편을 들었다. 그렇지만 독일 정부는 어떤 말에도 귀를 기울이지 않았다. 또한 오바마 행정부의 새로운 재무부 장관인 제이콥 루 역시 그리스 정부에 대한 어떤 동정심도 나타내지 않았다. 변호사 출신으로 씨티그룹을 거쳐 헤지펀드 경영자로도 일했던 루 장관은 오바마 행정부에서도 강경파에 속했다. 그는 그리스의 새로운 위기는 "지금 막 깊은 불황으로부터 회복되고 있는 세계 경제에 결코 좋은 영향을 미치지 못할 것"이라고 지적했다. 그리고 그리스 정부로서는 채권자들의 신뢰를 얻기 위해 최선을 다해야 할 뿐이었다.⁴⁰ 4월 들어 긴장이 점점 더 고조되어가자 역시 오바마가 새로 임명한 국가경제회의의 수석부의장인 제이슨 퍼먼은 그리스 위기는 "우리가 해보기를 원하는 실험"이 아니라고 거들었다. 그렇지만 "위기를 10단계까지 나누고 리먼 브라더스 사태를 10으로 봤을 때" 그리스는 어느 정도 수준이냐는 질문에 그는 이렇게 대답했다. "그리스의 채무불이행 위기는 6단계쯤으로 생각할 수 있다. 2012년의 8단계에서 두 계단쯤 내려왔다고 보면 된다."⁴¹ 위기등급이 높았을 때 미국 정부는 주저하지 않고 유로존 지역의 정치 문제에 끼어들었지만 6단계 정도의 위기로 독일 정부와의 관계를 어색하게 만들고 싶지는 않았다. 한 미국인 관료는 야니스 바루파키스에게 이렇게 말했다. "미국 측 입장에서 그리스는 결국 독일 정부의 영향권 아래 있으며 그 점에 있어서 우리는 어떤 이의도 제기할 수 없다."⁴²

만일 미국의 도움을 기대할 수 없다면 세계 경제의 새로운 거인인 중국은 어떨까? 중국은 지중해 동부지역을 유라시아 일대일로(一帶一路) 물류 네트워크의 자연스러운 연장선으로 보고 있었다. 또한 이미 그리스 피레우스 항구에 대해서도 논란이 될 정도로 많은 지분을 보유하고 있었다.⁴³ 야니스 바루파키스는 중국으로부터 추가로 자금을 지원받을 가능성에 대해 열심히 알아보았고 심지어 그리스 국채와 관련해 시장에 개입해줄 수 있는지도 알아보았다. 중국은 관심을 보이는 듯했지만 중국이 약속한 채권 매입은 결국 실행되지 못했다. 바루파키스 측에서 그 이유를 물었지만 중국의 태도는 단호했다. 중국이 한 걸음 물러난 건 그리스 위기에 대한 중국의 개입을 결코 환영할 수 없다는 독일의 입장이 정확하게 전달되었기 때문이다.[44]

스스로를 "그리스를 현대화시키는 사람"으로 여기고 그리스 공산당과 깊은 관계가 없는 야니스 바루파키스 측 사람들은 중국이나 미국과 협력관계를 맺고 싶어 했지만 시리자의 원조 핵심 인사들에게는 러시아가 더 확실한 선택이었다.[45] 2015년 메르켈 총리와 올랑드 대통령은 여전히 우크라이나 위기를 해결하기 위해 동분서주하고 있었다. 푸틴은 시리아에 점점 더 깊이 개입하려는 듯한 움직임을 보였다. 그리스는 지중해 동부의 전략적 위치를 이용해 필요한 도움을 얻어낼 수 있을까? 8월 4일 알렉시스 치프라스 총리는 모스크바로 날아가 푸틴 대통령을 만난다. 그렇지만 러시아 정부의 대답은 미국이나 중국의 대답과 다를 것이 없었다. 푸틴이 전하고자 하는 이야기는 간단했다. "가서 독일과 먼저 해결을 보고 오라."[46]

그렇지만 독일에서는 과연 누가 나서서 그리스와 문제를 해결하려고 했을까? 경제정책을 총괄하는 건 당연히 재무부 장관 볼프강 쇼이블레였다. 하지만 그가 계속해서 분명하게 밝혔듯 그는 유로존에서 그리스에 어떤 미래가 남아 있다고는 믿지 않았다.[47] 메르켈 총리도 역시 같은 생각일까? 그녀는 볼프강 쇼이블레보다는 좀 더 현실적인 정치인이었고 분명 유로화의 붕괴를 보고 싶어 하지는 않을 것이었다. 치프라스 총리는 개인적인 외교적 역량을 동원해 메르켈을 설득할 수 있을 거라고 생각했지만 야니스 바루파키스는 마리오 드라기의 안정화 노력에 대해 그리스가 가할 수 있는 위협을 메르켈도 이해하고 인정할 필요가 있다고 생각했다. 메르켈 총리는 두 사람 사이의 그런 의견 차이를 이용하려 했다. 그녀는 그리스 총리와 좀 더 좌파에 가까운 내각의 장관들 사이를 갈라놓기 위해 총리들만의 개별적인 회담을 요청했고 그 자리에서 어쩌면 타협을 할 수도 있을 거라고 치프라스 총리를 설득한다. 문제는 타협의 조건과 시기였다. 메르켈 총리를 기다리게 만들수록 그리스의 상황은 더 절박해져갔다.

4월이 되자 그리스 채무불이행에 대한 이야기가 흘러나오는 가운데 공개시장에서 여전히 거래되고 있는 일부 그리스 국채의 수익률이 26.2퍼센트까지 올라갔다.[48] 지난 2012년을 돌이켜보면 이탈리아와 스페인, 포르투갈을 위기로 몰아넣은 출발점이 바로 채권 수익률 상승이었다. 그렇지만 지금은 위험이 확산되지 않았고 유럽중앙은행도 평정을 되찾았다. 마리오 드라기는 이렇게 말했다. "지금 우리에게는 여러 가지 안전장치가 있다. …… 설사 다른 목적을 위해 준비된 장치들이라 하더라도 필요한 경우 위기해결을 위해 사용하는 데는 아무런 문제가 없다. …… 우리는 2010년, 2011년, 2012년보다 더 많은 채비를 했다."[49] 유럽중앙은행의 채권 매입은 유로존에서 새로 발행되는 각국의 모든 국채를 흡수하고 있을 뿐만 아니라 민간 투자자들이 보유한 채권의 규모도 2650억 유로까지 줄여나가고 있었고 따라서 채권자경단의 출현을 두려워할 이유는 거의 없었다. 유럽중앙은행이 보유하고 있는 그리스 국채에 대해 의도적으로 채무불이행을 선언한다는 야니스 바루파키스의 계획은 이런 평정상태를 뒤흔들 수 있을 것도 같았다. 그렇지만 상황이 점점 분명해지면서 치프라스 총리는 유럽중앙은행을 위협하는 방식은 피하게 된다.

만일 아무런 타협도 이루지 못한 상황에서 그리스가 갖고 있는 유일한 무기를 사용하려 들지 않는다면 치프라스 총리는 지금의 교착상태를 벗어날 다른 방법이 있을까? 채권자들 입장에서는 알렉시스 치프라스와 주변의 괴팍한 인물들이 그냥 무대에서 사라져버리는 것이 가장 손쉬운 해결책이 될 수 있었다. 그렇지만 총선에서 승리를 거둔 지 얼마 지나지 않은 터라 그런 일은 바라기 힘들었다. 유럽연합은 2011년의 망령에 시달렸다.

	2015년 총채권 발행 현황	상환	2015년 순 채권 발행 규모	2015년 양적완화 조치를 통한 매입	양적완화 조치와 상관없는 순수 발행량
독일	159	155	4	113	−109
프랑스	187	118	69	89	−20
이탈리아	185	196	−11	77	−88
스페인	142	92	50	56	−6
네덜란드	48	37	12	25	−14
벨기에	33	21	11	16	−5
오스트리아	17	13	4	12	−8
핀란드	10	5	5	8	−3
아일랜드	14	2	11	7	4
포르투갈	13	6	7	11	−4
그리스	7	7	0	13	−13
합계	814	651	162	427	−266

자료 출처: 모건스탠리 리서치, 각국 재무부.

《파이낸셜타임스》가 지적하는 것처럼 유럽연합 본부는 "그리스의 전 총리 게오르기우스 파판드레우는 물론 …… 이탈리아의 베를루스코니를 자리에서 끌어내리는 데 유럽연합이 개입했다는 비난에 대단히 민감하게 반응했다."[50] 그러나 유로그룹은 치프라스 총리가 바루파키스를 비롯한 집권여당의 좌파세력들을 몰아내 주었으면 하는 의중을 전혀 숨기지 않았다.[51] 역사적으로 한 번 경험한 일은 쉽게 반복될 수 있다. 유럽은 급진좌파세력 정부를 굴복시킨 전례가 있었다. 1998년 가을의 "혼란스러웠던 몇 개월"을 보낸 후 게르하르트 슈뢰더 총리가 이끄는 독일의 적녹연정 정부는 결국 독일 좌파의 정신적 지주였던 오스카어 라퐁텐(Oskar Lafontaine)을 재무부 장관에서 몰아내고 말았다.[52] 1983년 프랑스의 미테랑 대통령은 경화 정책으로 선회했고 결국 연립정부 내부에서 공산당 세력을 몰아내는 전조가 되었다. 《파이낸셜타임스》는 또한 그보다 좀 더 과거에 있었던 사례를 소개하기도 했다. 바로 "영국의 1931년 거국내각(National Government)"이다.[53] 알렉시스 치프라스 총리는 당시 영국의 램지 맥도널드(Ramsay MacDonald) 총리처럼 새로운 거국내각을 구성할 수 있을까? 2015년 4월 25일 열린 리가 정상회담(Riga summit)에서 메르켈 총리의 적극적인 지지 아래 유로그룹이 또다시 압박을 가해오자 결국 치프라스 총리는 바루파키스 재무부 장관을 일선에서 한 걸음 물러나게 한다. 재무부 장관 자리는 그대로 유지했지만 유클리드 차칼로토스(Euclid Tsakalotos)가 국제경제관계 장관을 맡으며 채무 협상을 이끈 것이다. 그리스는 다시 한번 새롭게 협상을 구걸할 기회를 만들었다.

그리스 정부는 드디어 양보를 하는 듯했지만 몇 개월 간의 공방으로 양쪽 모두 큰 피해를 입었다. 메르켈 총리와 쇼이블레 장관은 이제 발을 뻗고 쉴 수 있었겠지만 유럽연합 본부는 새로운 유럽을 위한 계획을 세우기 위해 더 신경을 써야 했다. 5월이 되자 트로이카가 동요하는 듯 보였고 유럽연합 집행위원회는 뜻밖에 단호한 태도를 보이는 치프라스 총리에게 호감을 나타내기 시작했다. 프랑스 정부는 그리스가 국제사회에서 모욕을 당하는 모습을 보고 싶지 않았다. IMF는 채권자들의 요구가 계속 이어질지 회의적이었다. 6월 1일 베를린에서는 회의가 열렸고, 트로이카의 결의를 다지고 시리자를 더욱 밀어붙이기로 했다.[54] IMF와 유로존은 "서로의 견해 차이를 좁혀가기"로 했다. IMF의 우려는 그리스 정부에 대해 노동시장과 사업 규제에 대한 더욱 강력한 개혁을 요구함으로써 어느 정도 해소될 것 같았다. 그렇게 되면 채권자들은 그리스의 미래 성장 가능성을 낙관할 수 있으며 또 다른 채무 삭감에 대한 부담을 덜 수 있었다.[55] 그리스 정부로서는 최악의 결과였다.[56] 런던 시티의 경제학자들은 채권자들의 이런 계획으로 그리스 경제성장률은 2019년까지 12.6퍼센트가 떨어지고 채무 비율은

200퍼센트나 치솟을 것으로 예상했다. 볼프강 문차우(Wolfgang Munchau)는 《파이낸셜타임스》에 실린 기고문을 통해 그리스는 모든 조건을 거부해도 아무것도 잃을 것이 없었지만 "트로이카의 계획과 조건을 받아들임으로써 '이중자살'을 감행하게 되었다"고 지적했다. "그리스 경제와 그리스 총리의 정치인생이 모두 끝났다"는 뜻이었다.[57]

하지만 그건 과연 자살일까 아니면 암살일까? 그리스 정부가 뒤로 물러서려 하지 않았을 때 유럽연합이 시리자 정부를 그리스 국민들 눈앞에서 몰아내려고 노력했던 건 분명한 사실이다. 장클로드 융커와 슬로바키아의 재무부 장관 페테르 카지미르(Peter Kažimír)는 두 사람의 의견이 일치하지 않는 건 치프라스 정부지 그리스 국민들에 대한 문제가 아니라고 공개적으로 선언하기까지 했다.[58] 심상치 않은 분위기를 깨달은 친유럽연합, 반시리자를 외치는 그리스 시위대가 6월 18일 페이스북을 통해 모여 시위를 벌였고 경찰은 진압을 포기했다. 그리스 정부는 친유럽연합 성향의 군중과는 어떤 식으로든 공개적인 대치상태를 피하려고 했다. 하지만 시리자의 신뢰도에는 금이 가기 시작했다. 시위대는 국회 밖에서 무력시위를 할 수 있는 건 좌파들만이 아니라는 사실을 분명하게 보여주었다. 시리자가 정권을 잡고 힘겨운 몇 개월의 시간이 흐르자 그리스 국민들이 누구를 더 적극적으로 지지하고 있는지는 더 이상 확실하지 않았다.[59] 6월 초 알렉시스 치프라스와 유클리드 차칼로토스는 다시 한번 해결책을 찾아보려 했다. 그리스 정부는 은퇴연령을 높이고 세금과 사회복지제도에 대한 부담을 늘려 채권자들이 요구하는 긴축 목표를 달성하려 했다. 48시간에 걸친 회담으로 타협에 대한 실마리가 보이기 시작했지만 여전히 문제점들이 남아 있었다. 적지 않은 규모의 예산 흑자를 유지하는 일에는 동의했지만 시리자는 여전히 사회복지 예산 축소보다는 부유층에 더 많은 세금을 물리는 쪽을 강조하며 "정치적으로 꼭 필요한 일"이라고 주장했던 것이다. 사회적 평등이라는 측면에서는 옳은 주장이었으나 채권자들은 그런 일은 "결국 그리스 경제 자체를 목 졸라 죽이는 일"이라고 반발했다.[60] 게다가 시리자는 채무 재조정을 먼저 실시해달라고 요구했는데 독일 정부가 이런 요구를 들어줄 리 없었다.

2012년 계획의 마지막 단계가 진행되지 않으면서 그리스 정부는 채무불이행 사태를 코앞에 두었다. 국민들의 지지를 끌어모으기 위한 필사적인 노력으로 치프라스 총리는 새로운 깜짝 발표를 한다.[61] 6월 27일 새벽 1시, 그는 텔레비전 방송에 출연해 국민투표를 실시하겠다고 발표했다. 채권자들의 요구조건을 받아들일지 말지는 오로지 그리스 국민들의 선택에 달려 있다는 것이었다. 치프라스 개인은 요구조건을 거부하는 운동을 펼치겠다고 했으며 "협박과 같은 최후통첩"에 다 함께 저항하자고 국민들에게 호소했다.[62] 유로그룹은 경악했다. 메르켈 총리는 그리스 정부가 요구조건을 거부하고 나서면 더 이상의 협상은 없다는 사실을 분명하게 밝혔다.[63] 다음 날인 6월 28일 일요일, 유럽중앙은행이 행동에 나섰다. 그리스 은행들에 대한 긴급 유동성 지원을 현재 수준에서 동결한 것이다. 다음 날 그리스에서는 재앙에 가까운 뱅크런이 시작되었다. 유럽중앙은행은 거기서 한 걸음 더 나아가 아예 유동성 지원 자체를 모두 중단하고 채무상환을 요구할 수도 있었다. 유럽중앙은행 이사회가 회의를 열면 분명 그런 과격한 조치에 대한 표결을 진행할 것이 분명했다. 하지만 유럽중앙은행의 이런 막강한 권위는 오히려 마리오 드라기의 입장을 미묘하게 만든다.[64] 트로이카의 한 축인 동시에 그리스 은행시스템에 대한 재정적 지원의 주체이기도 한 유럽중앙은행은 결국 "판사이자 배심원, 그리고 집행관"이었다.[65] 마리오 드라기는 "그리스의 금융위기를 의도적으로 악화시키거나" 현재 상태에 긴장을 더하는 모습으로 비치고 싶지 않았다.[66] 유동성 지원을 어느 정도 막는 것만으로 충분했다. 그리스 은행들은 당장의 파산을 피하기 위해 우선 업무를 중단했고 현금 인출은 하루 60유로로 제한했다. 그리고 자본통제를 통해 자본유출을 막았다. 중산층 고객들은 현금을 인출하기 위해 조바심을 내며 은행 앞에 줄을 섰다. 그리스의 민영 언론매체들이 모두 들고일어났고 시리자의 무책임한 과격파들이 그리스를 벼랑 끝으로 내몰고 있다는 성토가 이어졌다.

채권자들은 국민투표 결과가 나올 때까지 어떤 협상이나 양보도 거부했고 6월 30일 그리스 정부는 IMF에 대한 상환이 지연되고 있음을 밝혔다. 이제는 더 이상 행정적인 문제가 아니었다. IMF는 국제 대출 관계에서 가장 중요한 채권자였고 그리스는 수단과 소말리아, 짐바브웨, 아프가니스탄, 크메르루주가 지배했던 캄보디아와 함께 몇 안 되는 체납국가 목록에 오르는 수모를 겪는다.[67] 게다가 채무 규모도 전례가 없을 정도로 엄청났다. 그리스가 향후 10년 동안 IMF에 갚아야 할 돈은 260억 달러에 달했다.

그렇지만 이런 중요한 순간에도 IMF는 사람들이 예상한 반응을 아무것도 하지 않았다. 2015년 여름 그리스 채무위기에 대한 유럽연합의 접근방식에 대해 쌓였던 IMF 내부의 불만이 마침내 폭발했다. 우선은 6월 중순 IMF 수석경제학자 올리비에 블랑샤르(Olivier Blanchard)가 먼저 인터넷 블로그에 글을 올렸고 다시 7월 중순에 그리스 채무 유지 가능성에 대한 공식 보고서가 발표되었다. 세계 최고의 권위를 자랑하는 이 국제금융기구는 2010년 이후 계속되고 있는 "만기연장이 곧 경기회복" 정책이 경제적, 정치적으로 이제 더는 지속 불가능하다고 선언한다. 그리스는 당연히 더 어렵고 힘든 결정을 내려야만 하며 트로이카와 유로그룹은 그만하면 충분하다는 입장을 내보일 필요가 있었다. 그리고 우선 채무 재조정 문제를 도마 위에 올려야 했다.[68] IMF는 7월 2일 미국 측 이사진을 앞세워 유럽 측 대표들의 반발을 무시한 채 지금까지 있었던 모든 계획의 문제점을 지적하는 보고서 초안을 작성한다. 2012년까지 예정되어 있던 민영화 조치로 그리스 정부가 확보해야 하는 돈은 500억 유로였지만 실제로는 320억 유로밖에 받지 못했다. 현재 진행되고 있는 계획과 시리자가 정권을 잡은 이후 조정된 계획은 모두 현실과 맞지 않았다. 어느 누구도 기본 예산 흑자

4퍼센트, 대규모 구조조정, 연간 GDP 성장률 2퍼센트가 현실적인 목표라는 것을 전제로 정책을 추진하려 하지 않았다.[69] 2010년 이후 그리스가 겪어온 상황을 생각해보면 사실 어떤 그리스 정당도 그런 과감한 정책조합을 "주도적으로 책임"질 수 있다고 기대하기는 어려웠다. 제대로 된 책임감이 없이는 정책의 실천 역시 기대하기 힘들다. IMF는 이제 2018년까지 그리스가 버틸 수 있도록 최소한 500억 유로에 달하는 채무 면제, 상환기간 두 배 연장, 360억 유로의 단기 자금지원을 요구하고 있었다.[70]

유럽 측으로서는 미국이 이런 식으로 나오자 놀라고 불쾌한 기분이 들었다. 6월 초가 되자마자 독일 바이에른에서는 G7 정상회담이 열렸고 오바마 대통령은 성실한 동맹국처럼 행동했다. 그렇지만 거기까지가 유럽이 지금껏 확보한 안정성의 한계였고 이제 갈등은 공공연하게 드러날 수밖에 없었다. 2010년 5월 IMF가 그리스 구제에 관여했던 일을 정당화해줄 수 있는 유일한 근거는 위기가 확산될 수도 있다는 가능성이었다. 마리오 드라기의 채권 매입 조치 덕분에 이제는 더 이상 그런 위험을 염려할 필요가 없었다. IMF는 현실적인 결과물에 대한 두려움 없이 원칙에 입각해서 반대 목소리를 낼 수 있었다. 또한 자기기만에 빠져 유로존 문제에 새롭게 개입할 일도 없었다. 하지만 IMF는 독일 정부를 심각한 궁지에 몰아넣는 일만은 하지 않았다. 트로이카에서 발을 빼지는 않은 것이다.

그리스 국민들이 선택해야 하는 현실은 더 냉혹했다. 누가 감히 채권자들의 비위를 거스를 수 있겠는가? 국민투표에서 협상안을 거부하면 그리스는 유로존이나 심지어 유럽연합에서 영영 퇴출되는 것이 아닌가? 위협은 두려울 정도로 명백했지만 7월 5일 실시한 국민투표에서 그리스 국민 61.31퍼센트가 트로이카의 제안을 거부했다. IMF에서 제안 자체를 두고 제대로 진행하기 어려운 조건이라고 인정했던 점을 감안하면 투표 결과는 정치적 절박감에 따른 무모한 행위가 아니라 상식에 따른 대담하면서도 꼭 필요한 주장이었다. 그렇지만 채권자들은 한 걸음도 물러서지 않았다. 그리스 정부는 7월 12일까지 심지어 더 가혹하고 감당하기 어려운 조건을 스스로 제시해야 했고 그렇지 않으면 유로존에서 퇴출될 위기에 몰렸다. 7월 9일 프랑스 재무부의 도움을 받은 시리자 정부는 서둘러 새로운 타협안을 제시한다. 유럽연합 집행위원회가 제시했던 세금 인상과 복지예산 삭감안을 받아들이고 대신 적정 수준의 채무 삭감과 530억 유로라는 새로운 자금 지원을 호소한 것이다. 시리자의 좌파세력들에게는 굴욕적인 항복이 아닐 수 없었다. 국민투표 이후 재무부 장관 자리에서 물러난 야니스 바루파키스는 당 내부의 반대파세력에 합류했다. 한편 알렉시스 치프라스 총리는 유럽 전체의 지원을 기대하며 유럽연합 의회가 있는 스트라스부르를 찾아갔다. 7월 10일 치프라스 총리는 유럽연합 의회에 출석했고 그곳에서 좌파뿐만 아니라 극우파들에게까지 우레와 같은 환영인사를 받았다. 중도파들만 야유를 보냈다.[71] 유럽의 정치는 현 상태의 지지자들과 유로존을 독일이 만든 감옥으로 폄하하는 각양각색의 세력들로 분열되었다.

7월 11일 토요일, 다음 날 열릴 국가 정상들의 정식 회의를 앞두고 우선 유럽 각국의 재무부 장관들이 유럽연합 본부가 있는 브뤼셀에 모였다. 그리고 얼마 지나지 않아 독일 정부가 한 걸음 뒤로 물러서기는커녕 한층 더 완고해졌다는 사실을 알았다. 만일 그리스가 유로존에 남고 싶다면 그리스 국가 자산으로 500억 유로 규모의 담보자산을 조성해 채권자들이 직접 관리하도록 하는 데 동의해야 했다. 그렇게 해서 신용을 보이라는 것이 볼프강 쇼이블레의 주장이었다. 일단 담보가 확보되면 추가 대출이 있을 수도 있고 "만기연장이 곧 경기회복" 전략을 다시 성공시키기 위한 또 다른 노력이 있을 수도 있었다. 혹은 그리스가 주권국가로서의 길을 유지하려 한다면 5년간의 한시적 그렉시트, 그러니까 유로존 "회원 자격 정지 기간"을 줄 수 있다는 것이 볼프강 쇼이블레의 제안이었다. 다만 그 기간 동안은 채무 재조정과 "인도적인 관점"의 구제방안을 함께 적용할 예정이었다.[72] 또한 그리스 의료기관에 대한 의료품의 비상 공급에 대한 논의도 있었다. 논의 대상이 되지 못한 건 2012년과 마찬가지로 그리스가 그대로 유로존에 남아 있는 문제와 연계된 강력한 채무 재조정이었다. 은행들의 채무를 깎아주는 것과 독일 납세자들의 부담을 덜어주는 건 서로 완전히 다른 문제였다. 그리스는 유로존에서 떠나야만 했다. 하지만 정말로 그렇게 되었을 때 어떤 결과가 벌어질 것인가? 그리스가 "회원 자격 정지 기간"을 이용한다면? 그렇게 되면 유로존 회원 자격은 단지 조건부 자격에 지나지 않는다. 볼프강 쇼이블레는 머지않아 이탈리아나 스페인에게도 그런 "회원 자격 정지 기간"을 제안할까? 프랑스 정부로서는 그런 일은 결코 받아들일 수 없었다.[73] 독일은 마치 유럽의 회계담당자나 금고지기 같은 역할을 하고 있었지만 프랑스 역시 그리스에서 벌어지는 모든 사태에 큰 부담을 짊어지고 있었다. 프랑스 정부는 그리스 정부와 긴밀하게 협조하며 새로운 타협안을 만들었지만 볼프강 쇼이블레는 아무렇지도 않게 무시해버리고 말았다.

분위기를 바꾸기 위해 프랑스 재무부 장관 미셸 사팽(Michel Sapin)은 "서로 허심탄회하게 가슴속에 쌓인 것들을 다 털어버리고 솔직하게 말해보자"고 제안한다.[74] 그렇지만 이런 일종의 집단치료요법은 제대로 시도되지 않았다. 이어진 대화는 한 참가자의 표현에 따르면 "극도로 격앙된 분위기에 심지어 폭력적인 형태로 전개되었다." 게다가 의미심장하게도 다툼은 각국의 이해관계까지 넘어섰다. 프랑스의 젊은 경제산업부 장관 에마뉘엘 마크롱(Emmanuel Macron)에 따르면 그리스 때문에 유럽에서는 "종교전쟁"을 방불케 하는 내전이 벌어졌다. 북유럽, 동유럽, 독일, 네덜란드가 한편에, 그리고 다른 한편에는 프랑스와 이탈리아, 스페인 등이 뭉쳐 있는 형국이었다.[75] 볼프강 쇼이블레와 마리오 드라기가 서로 다투고 급기야 쇼이블레가 "나를 바보 취급하지 마라"며 화를 내자 고통스러운 갈등은 절정으로 치달았다. 그때 예룬 데이셀블룸은 의사진행 중단을 요청하는 게 가장 낫겠다는 생각까지 했었다고 한다. 다음 날 각국 정상들이 모인 자리에서는 협상이 어떤 식으로든 타결되어야 했다.

2015년 7월 12일 일요일 오후 본격적으로 정상회담이 시작되자 실제로 협상에 참여한 주요 인물들은 메르켈 총리, 신임 재무부 장관의 보좌를 받는 치프라스 총리, 유럽이사회 의장 도날트 투스크, 올랑드 대통령이었다. 이 네 사람이 사실상 다른 회원국들의 광범위한 이해관계를 대표했다. 협상은 힘들고 고통스러웠다. 메르켈 총리는 쇼이블레 장관의 "회원 자격 정지 기간" 제안을 포기했지만 담보자산 조성 조건은 그대로 남겨두었다. 치프라스 총리는 담보자산 조건은 받아들였지만 유럽연합 본부나 유럽의회의 관리는 인정할 수 없었고 그리스 정부가 관리를 해야만 한다고 주장했다. 올랑드 대통령은 이렇게 말하며 그리스 편을 들었다. "'국가주권'에 대한 문제가 아닌가."[76] 결국 메르켈 총리가 한발 물러섰다. 담보자산은 조성되는 그대로 그리스가 보관 및 관리를 하며 필요한 경우 그리스 은행들의 자본재구성 과정에 사용되거나 혹은 다른 국내 투자에 쓰기로 했다. 그렇지만 이런 일부 의견일치가 있었음에도 불구하고 7월 14일 월요일 아침까지 어떤 협상도 완전히 타결되지 못했다. 밤새도록 협상을 벌인 후 오전 7시가 되었을 때 메르켈 총리와 치프라스 총리 사이에는 25억 유로 정도의 의견 차이가 있었지만 두 사람 모두 이 끝없는 좌절의 과정에서 그만 빠져나가고 싶어 하는 것 같았다. 이 결정적인 순간에 도날트 투스크가 끼어들었다. 양측이 모두 협상을 포기할 수 있겠지만 만일 그렇게 된다면 그 즉시 자신이 나서서 결국 얼마 되지 않는 돈 때문에 "유럽이 무너졌다"고 발표하겠다는 것이었다. 메르켈 총리가 다시 마음을 고쳐먹은 건 경제적 재앙이 두려워서가 아니었다. 그리스를 그대로 내버려둘 경우 닥쳐올 무서운 정치적 결과가 그녀는 염려스러웠다. 마침내 결단의 순간이 다가오자 메르켈 총리는 자신이 재정적 논리에 따라 움직인다고는 생각하지 않았다. 그녀는 다만 "유럽을 무너트린" 총리가 되고 싶지 않을 뿐이었다. 그리고 그 문제는 그리스 채무를 최종적으로 해결하는 것보다 더 중요했다. 메르켈 총리는 결국 자신부터 한발 양보하기로 했다. 독일은 또 다른 자금 지원에 동의할 것이며 그리스는 유럽연합 측으로부터 모두 합쳐 860억 유로에 달하는 자금을 새롭게 대출받는다. 그 대신 그리스 정부는 고통스러운 내정 간섭을 감수해야 했다. 그리스는 48시간 이내에 더 많은 예산 감축안을 제시해야 했으며 의회의 권한은 사후 승인을 하는 정도로만 축소되었다.

파탄은 일어나지 않았고 그리스는 그대로 유로존 안에 남았다. 유럽은 다소 과격한 형태라도 힘을 합쳐 조치를 취할 수 있는 역량을 되찾았다. 유럽중앙은행은 중앙은행의 개입이라는 통제력을 과시했다. 그리스는 트로이카가 요구하는 "개혁"의 길로 들어섰다. 그렇지만 IMF의 접근방식을 통해서 분명히 알 수 있는 것처럼 그리스에 적용된 해법은 경제위기의 관리만큼이나 정치적으로도 중요했다. 유럽의 채권자들은 채무 재조정 문제에 대해서만은 논의를 완강하게 거부했다. 정말 중요한 문제는 거시경제적 성과가 아니라 협력을 거부하는 유로존 회원국에 대한 관리와 통제였다. 위기 상황이 번져나가는 것을 막기 위해 강력한 민주적 절차를 앞세운 보수적인 금융 해법이 좌파 정부들에 보란 듯이 적용되었다. 유럽중앙은행의 자유로운 양적완화 조치에 대한 부작용으로 "만기연장이 곧 경기회복" 전략이 다시 시작되었고 가혹한 긴축 과정이 계속 이어졌다.

유로존에 포위된 포르투갈의 민주주의

7월 12일에서 13일 밤 사이 바르셀로나에서는 시리자를 지지하는 시민들이 트위터를 통해 "#쿠데타발생"이라는 태그를 붙여 소식을 전했고 불과 몇 시간 만에 37만 7000명이 이 소식을 팔로우했다. 며칠 동안 10억 명에 가까운 사람들이 이 소식을 전달받았다.[77] 이 소식의 당사자인 그리스에서는 전 에너지환경부 장관인 파나요티스 라파자니스(Panagiotis Lafazanis)가 이끄는 좌파진영이 7월 14일 밤 아테네 오스카 호텔에서 회동을 가졌다. 볼프강 쇼이블레가 제안한 그렉시트 문제를 어떻게 받아들일 것인가를 의논하기 위해서였다. 메르켈과 투스크, 그리고 올랑드와 치프라스는 그렉시트에 결사반대였다. 어쩌면 이미 지난 2월에 유럽연합과 결별하지 않은 것이 실수였는지도 몰랐다. 이제 감옥 문이 다시 한번 닫히기 전에 필요한 경우 과격한 방법을 사용해서라도 결단을 내려야 했다. 이들의 목표는 220억 유로의 예비자금을 보관하고 있을 그리스 조폐국이었다. 220억 유로면 우선은 연금이며 다른 필요한 지출들을 해결할 수 있을 것이며 그 사이 유로화와 결별하고 새로운 통화를 찍어낼 수 있을 것 같았다. 만일 중앙은행 총재인 야니스 스투르나라스가 예상대로 반발한다면 아예 구금을 해버리자는 이야기도 나왔다. 이날의 회의 일정은 모두에게 알려졌고 호텔 밖에는 기자들이 몰려와 진을 치고 있었다. 그렇지만 이런 논의들이 얼마나 진지하게 받아들여졌는지는 알 수 없다. 한 참석자는 그날을 이렇게 회상했다. "대단히 긴장된 분위기였음은 분명하다. …… 회의장에는 …… 진짜 혁명이라도 일으킬 것 같은 분위기가 가득했다."[78] 물론 실제로는 그렇게 되지 않았다. 치프라스 총리와 시리자 내 주류세력은 의회를 통해 필요한 조치를 밀어붙였다. 좌파세력은 시리자에서 떨어져 나왔지만 9월 총선에서 망신만 당했고 치프라스 총리의 지도력은 다시 인정을 받아 새로운 대출 협상은 사실상 마무리되었다. 그리스 국민의 대다수는 설사 트로이카의 관리와 감시가 계속되더라도 유로존에 그대로 남기를 원한다는 사실이 확실이 드러난다.

유럽 전역의 중도파들은 7월 사태의 폭력성을 보고 큰 충격을 받았다. 협상의 마지막 단계를 가까이서 지켜본 도날트 투스크는 그리스 급진파들과 의견을 같이했고 실제로 혁명이라도 일으킬 것 같은 초조한 분위기가 감돌았다. 냉전시대 자유와 진보를 부르짖던 폴란드 자유노조 출신인 투스크가 보기에 정말로 급박한 순간들이었다. "온건한 합리주의자보다 과격한 선동가들이 훨씬 더 많았다." 충격을 받은 경제 관련 언론인들에게 그가 훗날 한 말이다.[79] 21세기 유럽에서 계몽주의 시대의 온건한 합리주의자에 가장 가까운 사상가라고 할 수 있는 위르겐 하버마스는 정말 깜짝 놀라고 말았다. 메르켈 총리가 그리스 좌파 정부에 "응징에 가까운 조치"를 취했다고 생각한 그는 《가디언》과의 대담에서 이렇게 말했다. "나는 사민당 세력을 포함한 독일 정부가 지난 50년 동안 쌓아 올린 독일의 올바른 정치적 자산을 하룻밤 사이에 도박으로 날려버린 것이 아닌가 두려웠다." 독일은 "참으로 뻔뻔하게 유럽의 규율부장을 자처했으며 처음으로 유럽에서 독일의 헤게모니를 공개적으로 주장하고 나선 것이다."[80]

물론 독일 총리와 재무부 장관이 강압적으로 협상을 진행했다는 사실에는 의심의 여지가 없다. 그렇지만 그렇게까지 해서 과연 정확히 무엇을 보여주려고 한 것인가? 독일 우파들이 분개한 이유는 그리스와의 충돌로 입을 피해가 아니라 자국이 얻은 소득이 거의 없었기 때문이었다. 2015년 7월 12~13일에 있었던 이 결정적인 충돌에서 누가 진짜 승자가 되었는가? 자신이 모시던 총리와의 관계가 서먹해진 쇼이블레는 물론 아니었다. 이번 사태를 통해 더 확실해진 건 감당하기 어려운 또 다른 구제협상을 진행하더라도 "하나의 유럽"을 지키겠다는 결심이었다. 독일 우파들에게 메르켈 총리가 그리스 위기에서 보여준 비굴한 처신은 그해 가을 시리아 난민 위기와 관련해 독일이 보여준 또 다른 끔찍한 배신의 전주곡이었다. 이번 사태를 통해 이득을 본 건 2013년 4월 유로존 위기에 대한 독일 정부의 끝없는 양보에 대항해 처음 그 존재감을 드러냈던 친시장 성향의 극우 정당 AfD였다. 볼프강 쇼이블레가 신랄하게 비난한 것처럼 AfD가 등장한 책임의 절반가량은 마리오 드라기에게 있었다. 그리고 나머지 절반은 아마도 메르켈 총리와 시리아 난민에 대한 그녀의 진보적 입장 때문이었으리라.[81] 볼프강 쇼이블레는 결코 외국인을 무조건 혐오하는 인물은 아니었다. 하지만 역사적 이해관계로 볼 때 위험부담이 너무 컸다. 메르켈 총리가 애매한 양보로 난처한 상황에 빠진 건 자신이 몸담고 있는 기민당의 역사적 사명이 독일의 민족주의를 잠재우고 유럽과 하나가 되는 것이었기 때문이다.

독일 우파는 몇 가지 사실을 분명하게 확인했다. 이들은 독일의 힘이 아무리 막강해도 그 지배력에는 한계가 있다는 사실을 이해했다. 2012년 유로존을 안정시킨 건 시장의 영향력에 따라 더 강력한 유럽통합을 마지못해 지지했던 유럽의 민심이었고 그 시장의 중심에 있던 것이 마리오 드라기가 마침내 "미국화"를 이루어낸 유럽중앙은행이었다. 2015년 또다시 독일의 보수주의가 승리를 쉽게 거둘 수 없다는 사실이 드러났다. 시리자를 억누르는 데 필요한 보완책은 바로 양적완화였다. 미국에서도 그랬던 것처럼 양적완화는 어쩌면 함부로 사용하기 어려운 방법이었다. 양적완화 없이 긴축조치만 실시하면 경제활동의 마비를 가져오며, 긴축조치 없이 양적완화만 실시하는 건 보수파들에게는 정치적으로 감당할 수 없는 일이었다.[82] 이 두 가지가 서로 얼마나 긴밀하게 연결되어 있는지는 유럽 정치판을 계속해서 흔들어온 유로존 위기에 의해 아직 긴장감이 남아 있던 2015년 하반기에 더 분명하게 드러난다. 유로그룹에서 시리자를 반대하는 세력은 여전히 걱정거리가 많았다. 우선 2015년 10월에, 그리고 12월에 각각 포르투갈과 스페인에서 선거가 실시되면서 2010년 이후 긴축조치를 이끌어온 보수 및 중도파 정당들은 심각한 타격을 받았다.

2015년 12월에 치른 스페인 총선의 경우 1975년 독재자 프랑코 장군의 사망 이후 보수우익과 사회당 계열을 기반으로 다져진 양당제도가 붕괴되었다. 보수우익 지지율은 28퍼센트, 그리고 사회당 계열은 22퍼센트에 그쳤고 모두 합쳐 전체 유권자들의 절반 정도의 지지율밖에 끌어내지 못했다.[83] 나머지 지지율의 대부분을 나눠 가진 건 두 신생정당 포데모스와 시민당(Citizens party)으로 그중 포데모스는 20.7퍼센트의 지지율을 기록했다. 비록 2014년 창당 이후 바로 실시한 여론조사에서 30퍼센트 이상의 지지를 받았던 것과 비교하면 다소 실망스럽지만 대단한 성과를 기록한 것이다. 실제 총선에서 다소 지지율이 하락한 건 시리자에 대한 견제 때문이었다. 또한 포데모스보다 이후에 창당된 시민당이 스스로를 "진보" 정당으로 내세우며 사회와 문화, 그리고 경제적 자유와 진보를 위한 공약으로 유권자들에게 더 새롭게 다가간 이유도 있었다. 포데모스와 시민당은 모두 부패 척결을 위한 새롭고 청렴결백한 정치를 약속했고 실제로도 괄목할 만한 성과를 이루어냈다. 그렇지만 선거 결과가 꼭 결정적인 것은 아니었다. 어느 정당도 압도적인 과반수 지지율을 확보하지 못했고 사회당 계열과 포데모스당 사이의 간극이 너무 깊어 좌파 연합 정권이 들어설 수는 없었다. 2016년 2차 선거를 치른 후 마리아노 라호이 총리는 결국 계속해서 자리를 지켰다. 경제가 간신히 회복되면서 스페인은 아일랜드와 마찬가지로 긴축 정책의 대표적인 성공 사례로 알려질 수 있었다.

포르투갈의 경제는 쉽게 회복되지 않았다. 스페인과 다르게 포르투갈은 트로이카의 전면적인 개입 대상이 되었다. 2015년 포르투갈의 청년실업률은 거의 60퍼센트에 가까웠고 장기실업률 역시 40퍼센트를 웃돌았다. 2011년 6월 총리가 된 페드루 파수스 코엘류가 이끄는 중도우파 연합인 전진하는 포르투갈당(Portugal à Frente, PaF)은 유로존의 안정화를 위해 오랜 시간 분투해왔다. 선거전이 시작되자 PaF의 열세가 예상되었다. 그렇지만 그리스의 혼란과 유럽중앙은행의 양적완화 조치가 가져온 안전장치가 작동하며 실제 선거 결과는 다르게 나왔다. 2015년 10월 4일 코엘류 총리와 PaF는 2011년보다도 지지율이 12퍼센트 떨어졌지만 총 38.6퍼센트의 지지율로 사회당의 32.3퍼센트를 여전히 앞설 수 있었다. 이런 결과를 바탕으로 보수적인 금융경제학자 출신의 아니발 카바쿠 실바(Anibal Cavaco Silva) 포르투갈 대통령은 코엘류 총리와 함께 새로운 내각을 구성하려 했다. 하지만 PaF가 선거에서 승리를 거두었다고는 해도 과반수 지지 확보와는 거리가 먼 상황이었고 사회당은 다소 실망스러운 결과에도 아직 어느 정도 영향력을 행사할 수 있었다. 만일 사회당이 극좌파 성향의 좌파연합당,

그리고 공산당에 뿌리를 두고 있는 단일민주연합(Coligação Democrática Unitária, CDU)과 손이라도 잡으려 한다면 좌파세력이 단숨에 과반수 의석을 확보할 수 있었다. 이렇게 좌파연정을 성공시키려면 우선 냉전시대의 금기사항이나 1970년대 프랑코 독재가 끝난 후의 포르투갈 민주주의의 타성을 벗어날 필요가 있었다. 독일의 사민당이나 독일좌파당이 그랬던 것처럼 포르투갈 사회주의자들도 지금까지는 과거 공산당세력들과는 협력을 거부해왔다. 그렇지만 몇 년 동안 세력이 크게 줄어든 사회당의 지도자 안토니우 코스타(António Costa)는 결단을 내리고 좌파 3당 연립정부 구성을 위한 대화에 뛰어들었다.[84]

우파인 실바 대통령은 어떻게 대응할 것인가? 그로서는 정말 심각한 진퇴양난의 상황이 아닐 수 없었다. 실바 대통령은 놀라울 정도로 솔직하게 이렇게 토로한다. "포르투갈의 민주정치 40년 역사 동안" 포르투갈 정부는 급진적인 좌파 정당에 한 번도 손을 벌려본 적이 없었다. 좌파들은 리스본 조약이며 유럽연합 예산조약, 유럽 은행연합, 안정 및 성장 협약, 그리고 유로존과 NATO 회원 가입 등등 모든 문제에 다 이의를 제기해왔다.[85] 실바 대통령은 포르투갈을 이끌어나갈 정당은 이러한 기구와 협약, 그리고 거기서 만들어지는 가치에 대해 전적으로 신뢰하고 따를 수 있는 그런 정당이어야 한다는 자신의 입장을 분명히 밝힌 것이다. 이런 대통령의 주장은 2015년에 더 중요한 의미를 지녔다. 포르투갈은 유럽중앙은행이 추진하는 양적완화 계획에 참여할 자격을 갖추어야만 했다. 포르투갈이 그리스 위기를 피해갈 수 있었던 건 마리오 드라기의 채권 매입 덕분이 아니었던가. 결국 유럽중앙은행의 계획에 참여할 자격은 유럽중앙은행의 승인과 국제적 신용등급 평가기관들이 인정하는 등급에 달려 있었다. 피치, 무디스, 스탠더드앤드푸어스 같은 세계적으로 유명한 신용등급 평가기관들은 2011년에 모두 포르투갈의 신용도를 투기등급으로 낮추어 평가했다. 예외적으로 국제적 인지도가 가장 떨어지는 캐나다의 DBRS만이 포르투갈 국채의 가치를 높이 평가했고 유럽 기준의 "우수등급"에 넣어주었다.[86] 만일 포르투갈이 유럽중앙은행의 양적완화 계획에 참여하지 못한다면 그로 인해 재앙에 가까운 결과가 벌어지리라는 것은 불을 보듯 뻔한 일이었다. 실바 대통령의 입장에서 그것이 의미하는 결과는 분명했다. "포르투갈 민주주의의 기반을 근본적으로 뒤흔드는 가장 끔찍한 순간이 될 것이다. …… 많은 희생을 치르며 부담스러운 금융지원계획들을 모두 수행해온 지금, 내가 가진 헌법적 권한을 모두 다 동원해 금융기관이며 투자자, 그리고 시장에 포르투갈에 대한 잘못된 신호가 전달되는 것을 전력을 다해 막는 것이 내 의무다."[87] 좌파들에게 정권을 넘기는 일이 바로 그런 잘못된 신호라는 것이었다.

당연한 일이었지만 그리스에서 발생한 일련의 사태 이후 메르켈 총리는 자신이 모든 합의에 동의했다는 사실을 별로 숨기려는 기색이 없었다. 포르투갈에서 긴축조치에 반발하는 좌파들이 힘을 모으는 일에 대한 전망은 "대단히 부정적"이었다.[88] 그렇다면 실바 대통령에게는 과연 어떤 선택의 여지가 있었을까? 아직 제대로 구성도 되지 않은 정부를 이끌고 다시 선거를 치를 수는 없었다. 11월 24일 실바 대통령은 결국 어쩔 수 없이 안토니우 코스타를 총리로 지명한다. 하지만 무조건 연합해 과반수 의석을 확보해서 전횡을 휘두르는 일도 막았다. 실바 대통령은 헌법상의 허점을 노려 코스타를 몇 가지 약속과 함께 일종의 조건부 총리로 만들었다.[89] 새로운 포르투갈 정부는 유럽연합의 안정화 협약에 대한 이전의 합의들을 반드시 준수해야 한다. 즉 모든 유로존 회원국은 재정 적자를 GDP의 3퍼센트 이하로 낮추어야 한다. 또한 포르투갈은 NATO 회원국으로 계속 남아 있어야 하며 포르투갈의 취약한 은행시스템은 계획대로 계속해서 구조조정 과정을 거쳐야 한다. 정부 정책을 결정할 때는 노동조합의 역할을 제한하며 고용주와 노동자 사이에 형성된 기존의 균형관계를 존중한다. 볼프강 쇼이블레는 선거 결과가 경제정책에 영향을 미쳐서는 안 된다고 말한 바 있고 포르투갈의 대통령도 그 의견에 전적으로 동의했다. 드디어 대통령과 유럽연합의 채권국들, 유럽중앙은행, 신용등급 평가기관, 그리고 채권시장의 감시와 관리 아래 코스타 총리가 이끄는 좌파연합 정부가 새롭게 들어섰다. 유로존의 테두리 안에 있는 포르투갈의 민주주의가 "만기연장이 곧 경기회복" 전략인지 아닌지에 상관없었다. 새로운 정부가 무엇을 할 수 있는지는 포르투갈에 드리운 여러 조건과 제약을 어떤 식으로 피해가거나 이용할 수 있을지에 달려 있었다. 포르투갈은 최소한 그리스와는 다르게 채무 자체를 문제 삼지는 않았다.

보수주의와 민족주의, 유럽연합의 새로운 고민거리

유로존 회원국들 중 취약하고 의존적인 국가들에 들어선 좌파 정부에 금융 압박이라는 전략이 유효했다. 유로그룹의 정치 및 경제 규정에 따른 계획들이 좌파 정부들을 압도한 것이다. 겉으로 드러난 허세나 국내외에서 일어난 흥분된 분위기와는 달리 치프라스와 코스타가 이끄는 좌파 정부가 혁명을 약속했던 건 아니었다. 이들이 약속한 건 국가의 자주권과 자긍심이었으며 무엇보다도 사회 개혁을 중요하게 외쳤다. 그리고 바로 이런 이유 때문에 즉각적인 경제 압박의 위협에 취약할 수밖에 없었다. 결국 유럽중앙은행의 유동성 지원 중단으로 은행에서 필요한 현금을 찾아 쓸 수 없다면 연금액이 조금 늘어난다거나 혹은 공공임대 주택을 조금 빨리 얻을 수 있다 한들 무슨 도움이 되겠는가?

그렇지만 유럽연합의 상황을 더 궁지로 몰고 있는 건 비단 좌파만은 아니었다. 그리스에서 일어난 갈등에 가려 잘 드러나지는 않았지만 2014년 5월 유럽의회 선거에서 그 모습을 드러냈던 민족주의 세력도 조금씩 힘을 모으고 있었다. 2014년에는 국민전선(FN)이나 영국독립당(UKIP), 그리고 덴마크인민당(Dansk Folkeparti, DF) 등이 언론의 머리기사를 장식했고 이듬해 2015년 영국 총선에서는 보수당이 압도적인 과반수 의석을 차지하며 예상치 못한 승리를 거두기도 했다. 영국 보수당은 새롭게 열린 모습을 내세웠고 당수인 데이비드 캐머런이 이끄는 대로 문화적 현대화의 길을 따라 오랜만에 단독 과반 내각을 구성했다. 그렇지만 보수당 내부의 우익세력들은 확실하게 민족주의적 성향을 갖고 있었으며 이들은 국가주권이나 전통적 애국심을 강조하며 이민자들을 반대했다.[90] 그보다 더 오른쪽으로 가면 앞서 언급했던 UKIP 같은 당이 있었는데 유럽연합을 반대하는 이 독자적인 세력은 비록 영국의회에는 의석이 없었지만 2014년 유럽의회 선거에서는 승리를 거두었던 것이다. 보수당이 압승을 거두고 몇 주가 지난 후 이번에는 폴란드 대통령 선거에서 민족주의와 문화적 보수주의를 전면에 내세운 법과정의당이 승리를 거두었다.[91] 법과정의당은 또한 유럽연합의 간섭과 독일의 "권위"의 위협에 적대감을 갖고 있었다. 2015년 여름과 가을을 지나면서 시리아 난민 위기 사태와 이에 대한 메르켈 총리의 의도치 않았던 서툰 대응으로 민족주의의 불꽃은 더욱 거세게 타올랐다. 독일은 잘못된 자신감으로 이민자 침입의 물꼬를 터주고 말았고 민족주의를 앞세운 선동적 정치가들에게는 또 다른 기회가 다가온 것이다. 2015년 가을 폴란드의 법과정의당은 대통령 선거뿐만 아니라 총선에서도 승리를 거두어 의회까지 장악했다.

폴란드와 영국의 인구를 합치면 1억 명에 달하며 유럽연합 전체 인구의 20퍼센트를 이끄는 두 정부는 공교롭게도 가장 회의적인 유럽 혐오 정서를 반영하고 있었다. 유럽연합 본부는 물론 이런 상황을 곤란하게 여겼지만 그 영향력은 더 광범위하게 퍼져나갔다. 역사적으로 볼 때 영국은 미국의 가장 중요한 유럽 및 NATO 동맹국이며 북미-유럽의 유로달러 시스템의 중심축이었다. 또한 폴란드는 2000년대 초반 이후 미국의 국방부 장관 도널드 럼스펠드가 주장한 "새로운 유럽"의 선봉장 역할을 했다. 미국의 지정학적 작전에 가장 충실하게 동조한 동유럽 국가였던 셈이다. 2015년 초 그리스의 시리자 정부는 자신의 곤란한 처지를 내세우며 강대국의 관심을 끌어 뭔가 도움을 얻으려 했지만 아무런 성과도 내지 못했다. 미국과 중국, 러시아는 모두 아무런 관심도 보이지 않았고 독일의 이해관계가 걸려 있는 영역에 침범하려 들지 않았다. 폴란드와 영국은 그렇지 않아도 여러 가지 어려움을 겪고 있는 유럽연합에 또 다른 문제를 안겨준 것이다.

23장

공포 프로젝트

폴란드의 민족주의 정부가 언론의 자유와 사법부의 독립성, 그리고 낙태권과 관련해 유럽연합 본부와 다투면서 2016년 한 해가 시작되었다. 유럽연합에 대한 이런 도전과 관련해 폴란드 정부는 헝가리의 오르반 빅토르 총리가 주장했던 이른바 "비자유민주주의"의 또 다른 사례로 지지를 받을 수 있었다. 한편 영국 정부는 유럽연합 탈퇴 문제를 놓고 협상을 요구했다. 영국 수상은 자신은 유럽연합과 좋은 관계를 유지하고 싶다고 유럽연합 본부에 알렸다. 그렇지만 캐머런 수상의 접근방식은 처음부터 당혹스러울 정도로 계산적이었다. 만일 자신이 요구하는 수준의 양보를 얻어내지 못할 경우 2016년 여름으로 예정된 국민투표에서 유럽연합 탈퇴를 지지하겠다고 위협한 것이다.

민족주의와 외국인 혐오는 과격한 우익세력이 갖는 일종의 공통분모였다. 하지만 폴란드 집권당과는 달리 캐머런 수상은 다소 애매한 입장이었다. 그는 보수당 내부의 선동세력이 부채질하는 악화된 민심을 경제계의 주도하에 글로벌리즘과 관련된 다른 현안들을 통해 진정시키려 애썼다.

1970년대 이후 영국 경제는 유럽연합 회원국으로서 현대화를 이루는 동시에 경쟁력을 확보했고 보수당 역시 다른 정당들과 마찬가지로 이런 실용주의 노선에 기꺼이 참여해왔다. 21세기에 맞춰 새롭게 변신한 시티는 영국과 유럽연합 사이의 관계를 설명해주는 중요한 기준이 되었으며 시티와 유로존 사이의 역외 관계는 금융세계화라는 네트워크 속에 있는 영국과 유럽의 위치는 물론 미국과의 관계를 정의해주었다. 그리고 이제 이른바 대중민족주의의 정치를 이끌어가는 엄청난 위험을 안게 된 보수당 정부는 시티를 세계 경제 네트워크 속의 중요한 핵심 요소로 내세우게 된다.

유럽연합의 문제아가 된 영국

불과 10년 전, 런던의 시티는 위상이 크게 격상되었다. 새로운 노동당 정부가 이뤄낸 경제적 성과 중에서도 시티는 가장 중요한 위치를 차지했다. 시티는 영국을 세계의 중심으로 만들어주었으며 월스트리트가 선망하는 탈규제의 기준으로 기민한 대처능력과 최첨단 글로벌 금융기법을 찾아볼 수 있는 곳이기도 했다. 아마도 그랬기 때문에 2008년 금융위기의 충격이 더 크게 다가왔는지도 모른다. 시티는 그야말로 위기와 실패의 근원지가 되었다.[1] 수만 명이 일자리를 잃었고 영국 은행들 중에서 가장 기반이 튼튼한 바클레이와 HSBC만이 당시 고든 브라운 수상이 요란스럽게 내세운 자본재구성 조치를 피해갈 수 있었다. 영국 정부는 자본재구성 조치를 통해 노던록뿐만 아니라 로이드-HBOS와 RBS까지 국유화했다. 금융위기가 시작되면서 국가 자산 구조를 재조정하는 이른바 "리밸런싱(rebalancing)"이 노동당과 2010년 들어선 보수당과 자유민주당 연립정부의 공동 의제가 되었다.[2] 영국의 은행법은 도드-프랭크법의 권한을 훨씬 뛰어넘었다. 한때 크게 선전되었던 영국 금융감독청(FSA)은 사라졌다. 은행 감독 업무는 영란은행이 통합해서 맡았다. 새롭게 등장한 거시건전성이라는 개념은 규제와 경제정책의 기능 차이를 확실하게 구분해주지 못했다. 2013년 은행개혁법(Banking Reform Act 2013)은 투자은행과 소매은행업 사이 업무 영역을 명확히 분리했고 투자은행들이 소매은행업을 하지 못하도록 링펜싱(ring-fencing)*을 단행했다. 금융서비스는 더 이상 영국의 놀라운 성장의 밑바탕이 되지 못했다.

그렇지만 월스트리트의 경우와는 달리 영국 은행들에 대한 규제강화는 시티에도 똑같이 적용되지는 않았다. 시티는 영국만의 금융 중심지가 아니었고 주요 사업 대상은 바로 전 세계였다. 2012년 7월 26일 마리오 드라기가 유명한 연설을 남겼던 런던세계투자총회는 세계 투자자들에게 시티를 소개하기 위해 기획된 행사였다. 영란은행 총재 머빈 킹은 런던에서 열리는 하계올림픽을 앞두고 문득 테니스 경기를 떠올렸다. 머빈 킹에 따르면 시티야말로 세계 테니스 대회의 상징이자 윔블던 테니스 대회가 열리는 런던 올잉글랜드 클럽과 같은 존재였다.[3] 윔블던 테니스 대회는 공식적으로는 영국에서 열리는 국제대회의 하나에 불과하지만 전 세계 선수들이 참여하는 꿈의 대회가 아닌가. 머빈 킹은 자신의 생각을 자세히 설명하지 않았지만 결국 영국의 은행들과 시티의 관계는 영국 테니스와 윔블던의 관계와 비슷하다는 뜻이었다. 영국의 은행들도 테니스도 한때는 영국이 원조이고 최고였지만 이제 시티와 윔블던은 영국 자체보다는 세계를 겨냥하고 있었다.

새로운 시티는 유로달러 제도를 바탕으로 만들어졌다. 그리고 미연준

* 링펜싱이란 도매, 투자은행 업무와 가계 대출이나 중소기업 대출 등을 주로 하는 소매금융업 사이에 칸막이를 쳐 서로 넘나들지 못하게 하는 조치를 의미한다. 링펜싱에 따라 1980년대 이후 영국을 금융상품의 천국으로 만들었던 파생상품 거래, 증권 업무, 비유럽 경제권에서의 자회사·지점 영업 등의 소매금융업이 금지됐다. 특히 2013 은행개혁법은 그룹 내 은행 거래를 금지하여 기존의 리스크 전가 방식의 그림자 금융을 원칙적으로 금지하는 등 강도 높은 은행 개혁조치로 평가된다.

덕분에 금융위기를 견뎌내고 살아남을 수 있었다. 그렇지만 미국의 규제 기관들은 미국 은행들 때문에 야기된 가장 극단적인 위험의 일부가 시티를 출구로 해서 퍼져나갔다는 사실을 잘 알고 있었다. 2012년 어느 미국의 고위 담당자에 의해 의회 위원회에서 밝혀진 것처럼 미국은 자신들이 짊어지고 있는 위험이 런던으로 옮아가는 것을 묵인했지만 결과적으로는 "그 위험들은 바로 이 자리, 그러니까 미국 땅으로 다시 되돌아왔을 뿐이었다."[4] 도드-프랭크법의 넓은 범위 안에서 미국 규제기관들은 이제 미국에 있는 외국계 은행들과 해외에 있는 미국 은행들의 지점들을 더 엄격하게 관리하기 시작했다.[5] 시티와 월스트리트 사이의 관계를 바탕으로 사업을 펼쳐온 바클레이와 도이치은행, UBS, 크레디스위스 같은 유럽 은행들은 이제 심각한 압박을 받았다. 2015년 한때 월스트리트에서도 수위를 다투었던 모든 유럽 은행들 중에서 오직 도이치은행만이 여전히 세계적인 규모의 투자은행으로서 그 자리를 유지하고 있었고 이런 상황은 오히려 도이치은행이 얼마나 필사적으로 애를 쓰고 있는지에 대한 증거로 여겨졌다.[6] 도이치은행은 다른 안전한 사업 분야가 전혀 없었고 모든 거래는 미국에서 시작되어 유럽으로 이어지고 있었다. 모든 대형 미국 은행들은 여전히 런던 시티에 지점을 두고 사업을 벌였지만 2014년 세계적인 민간 정책연구소인 Z/Yen 그룹에서는 드디어 사상 처음으로 월스트리트가 세계적인 금융 거점으로서 시티를 앞선다는 보고서를 발표했다.[7]

시티는 어떻게 해야 다시 경쟁력을 회복할 수 있을까? 금융위기가 시작되었을 때 미국 거대 은행들의 주요 경쟁자들은 유럽이 아닌 아시아의 은행들이었다. 위기에 가장 잘 대처한 "영국" 은행은 HSBC 정도였다. 경쟁으로 인한 압박에 시달리던 시티는 21세기를 건 깜짝 놀랄 만한 도박을 시작한다. 시티는 미국에 그랬던 것처럼 중국이 세계로 뻗어나갈 수 있는 관문을 자처하고 나선 것이다.[8] 중국과 미국의 지정학적 경쟁관계를 피해 중국과 특별한 관계를 맺는 데 성공함으로써 시티는 경쟁력을 회복할 수 있었다. 2012년 봄, 시티를 관할하는 공식 자치구인 시티오브런던 법인(City of London Corporation)은 시티를 위안화 거래의 중심지로 만드는 계획에 착수한다. 그러자 정말로 깜짝 놀랄 만한 결과들이 이어졌다. 이미 2012년에 HSBC는 첫 번째 위안화 채권을 발행했고 시티는 중국 밖에서 이루어지는 모든 위안화 거래의 62퍼센트를 담당하고 있었다. 2013년 6월 위안화 관련 사업의 확대를 지원하기 위해 영란은행은 중국인민은행과도 통화스와프 협정을 맺는다. 중국은 런던에 본사를 둔 자산관리 업체들에 대해서 위안화 증권에 직접 투자할 수 있는 최초의 서방측 기업이 될 특권을 부여한다. 2014년 10월 영국 재무부에서는 직접 3억 위안어치의 채권을 발행하기도 했다.9 미국은 오랫동안 중국에서 돈을 빌려왔는데 이제 영국은 중국 통화 자체를 빌려온 것이다.

이러한 움직임 속에 영란은행은 1970년대의 유로달러 시장 모델을 공공연히 다시 언급했다. 물론 차이점은 있었다. 유로달러 시장이 만들어질 때는 시티가 앞장서서 각종 금융 거래가 정부의 간섭을 받지 않도록 도왔다. 반면에 위안화의 국제화를 돕기 위해서 시티와 영국 정부는 중국의 관계당국과 긴밀하게 협조를 이어갔다. 시티는 이런 관계를 정상적으로 받아들여야 한다고 주장했다. 중국은 대단히 중요한 신흥시장국가였다. 국제화가 이루어지면 자유화가 그 뒤를 따른다. 다만 여기에서 의도적으로 무시했던 사실은 미국과 중국 모두가 지리경제학적 위치를 놓고 경쟁하고 있다는 점이었다. 중국은 아시아인프라투자은행 설립을 제안하며 이 문제를 공개적으로 들고나왔고 중국이 주도하는 이 은행에 대해 영국이 적극적인 참여의사를 밝히자 미국 정부는 격렬한 반응을 보였다.

영국의 이런 대담한 행보는 영국의 위상과 그 활동범위를 생각해보면 더 놀라울 수밖에 없었다. 1980년대 영국은 일본 은행들과 기업들의 해외투자를 위한 일종의 중계기지 역할을 했다. 외국인 직접투자를 위한 관문으로서의 영국은 유럽연합 내부에서는 시장자유화를 대표했다. 금융 서비스 분야에서 21세기에 벌어진 미국과 중국을 사이에 둔 영국의 위상은 최첨단 제품에 대한 세계 최대의 수출국으로서 독일의 위상과 비슷하다고 볼 수 있다. 2013년 베이징을 방문한 캐머런 수상은 바로 이런 사실을 염두에 두고 있었다. 그는 "유럽연합과 중국 사이의 교역과 투자 관계를 더욱 심화할 수 있는 특별한 위상을 지닌" 동업자로서 영국을 내세웠으며 "유럽연합과 중국 사이에 맺어지는 포괄적이고 야심 찬 자유무역협정"의 꿈을 제시했다.[10] 그렇지만 이런 영국의 행보를 통해 한 가지 의문은 더 깊어졌다. 유럽연합 안에서 영국의 위치는 얼마나 안전한가?

2008년 금융위기를 계기로 영국과 유럽연합 사이의 관계는 금이 가기 시작했다. 영국 경제가 불황으로 접어들면서 유럽에 대한 국민들의 감정은 점점 악화되어갔다. 또한 당시 야당이던 보수당은 그런 분위기를 진정시킬 만한 어떠한 노력도 기울이지 않았다. 토니 블레어와 고든 브라운의 묵인하에 급격하게 수가 늘어난 동유럽 이민자들은 노동당 정부를 공격할 아주 확실한 구실이 되어주었던 것이다. 이후 등장한 보수당을 중심으로 한 연정내각이 긴축조치를 실시하자 과거 이민자 수용 문제로 들어간 건강보험 및 사회복지 관련 부담이 예산 삭감의 좋은 핑곗거리가 되어주었다. 한편, 영국의 편향된 경제성장은 국민들에게 좌절감을 더해주었는데, 2010~2014년 영국의 건설이나 제조업 같은 생산 분야는 침체기에 들어섰지만 같은 시기 금융업은 12.4퍼센트나 성장했다.[11] 시티의 활약에 힘입어 수도 런던과 인근 주택 가격은 2013~2016년 50퍼센트나 올라갔고 영국의 다른 지역 상승률을 크게 앞질렀다. 런던은 그야말로 전 세계를 아우르는 국제적인 대도시로 성장했으며 특히 외국의 재벌들이 선호하는 도시가 되었다. 경제적인 관점에서 "리밸런싱"은 신화에 불과했지만 정치적으로는 이야기가 달랐다. 영국의 대부분 지역들에서 런던의 국제적인 성장은 깊은 반감만 불러일으켰다. 극우 성향의 영국독립당(UKIP)을 지지하는 보수적 논평가들에게 "'런던'은 영국의 진정한 문제를 이해하지 못하는 특별한 사람들이 살고 있는 곳"이 되었다.[12] 이런 엘리트 계층은 런던에도 있었고 또 브뤼셀의 유럽연합 본부에도 있었다. 선정적 소식을 전하는 언론매체로 유명한 《데일리익스프레스》는 2010년 11월부터 브렉시트를 위한 운동을 펼치기 시작했고 UKIP와 노선을 같이하는 최초의 신문이 되었다.[13] 2011년 10월, 유로존 위기가 최고조로 치닫자 보수당 소속 하원의원 80명은 리스본 조약과 유럽연합 헌법 변경과 관련한 국민투표 실시에 찬성표를 던지며 같은 여당 지도부에 반기를 든다.[14] 2011년 가을 실시한 여론조사 결과를 보면 영국 유권자들 중에서 유럽연합의 일원으로 남는 데 찬성하는 쪽은 3분의 1이 채 못 됐고 50퍼센트가 반대하는 입장이었다.[15]

보수당 내부의 친기업 성향을 지닌 새로운 세력들 입장에서는 계속해서 영향력을 유지하고 싶다면 유럽 문제를 다시 한번 확실하게 정리할 필요가 있었다. 그리고 이 문제에 대한 압박은 영국 내부에서는 물론 외부에서도 똑같이 가해졌다.[16] 위기에 대한 유럽의 반응은 영국 정부에는 불리한 방향으로 전개되었다. 늘 그렇듯 프랑스는 영국에 적대적이었다. 니콜라 사르코지와 장클로드 트리셰는 그동안 자신들이 금융 불안의 근원으로 여겨온 시티를 이번 기회에 유로화 경제권의 중심에서 몰아내고 싶어 하는 것처럼 보였다. 유로존 위기를 해결하기 위해 애를 쓰고 있는 유럽 각국 정부의 입장에서는 유로화 사용 거래와 유로화 파생상품 거래의 대부분이 런던에서 이루어진다는 사실은 대단히 변칙적이며 또 이례적으로 보일 수밖에 없었다. 유로존 회원국 대부분은 금융거래세 도입에 찬성하는 입장이었고 프랑스와 독일의 경우 야당인 사회당과 사민당이 이 계획을 지지하고 나섰다. 연정 파트너의 정치 기반이 약했던 메르켈 총리는 이런 야당의 제안을 완전히 무시할 수는 없었다. 유럽연합 위원회에서 진행한 한 연구는 관련 세금의 62퍼센트 이상이 시티에서 발생하는 수익에 부과될 것이라는 사실을 분명하게 보여주기도 했다.

2011년 12월에는 재정 협약에 대해 영국과 나머지 유럽연합 국가들 사이에서 격렬한 충돌이 일어나면서 이런 긴장상태가 표면적으로 드러난다. 캐머런 수상은 유럽연합 본부에서 시티의 보호라는 한 가지 핵심 주제를 놓고 그야말로 유로존 탈퇴라는 배수진까지 치고 대화에 임했다.[17] 헤르만 판롬파위는 향후 유로본드까지 포함하는 더 강력한 통합 계획을 제안했지만 독일도 영국도 그런 제안을 도저히 받아들일 수 없었다. 따라서 캐머런 수상은 자신이 협상의 주도권을 쥐고 있다고 믿었다. 유럽 연방주의자들의 제안을 막는 데 힘을 보태는 대신 캐머런 수상은 메르켈 총리에게 모든 관련 규제에서 시티만 제외한다는 약속을 받아낼 수 있을 것 같았다. 하지만 이런 생각은 곧 그의 오해로 끝난다. 유로존 위기를 해결하기 위해서 메르켈 총리는 영국과 캐머런보다는 프랑스의 사르코지 대통령과 독일 의회의 사민당의 도움이 훨씬 더 절실하게 필요했던 것이다. 배신감을 느낀 캐머런 총리는 마치 시티에서 일하는 편협된 로비스트 같은 모습으로 모든 협상을 거부하고 나섰다.[18] 한편 메르켈과 사르코지가 생각했던 폭넓은 범위의 재정 협약은 결국 정부간 교섭 수준으로 규모가 줄어들고 말았다.

겉보기에는 캐머런 수상의 훼방으로 충돌과 갈등이 일어난 것 같지만 각자 다 자신들만의 이유가 있었다. 유로존 위기를 제대로 풀어나가기 위해서 독일과 프랑스 정부는 확실히 더 강력한 재정 및 금융의 통합을 추진할 필요가 있었다. 유럽이사회와 G20, 그리고 G8 등의 모든 회담과 회의에서 독일 정부는 공개적이든 비공개적이든 유로존에 대한 이런 논리를 강력하게 주장했다.[19] 영미권 경제학자들에게도 그런 기능적 필요성은 당연한 것으로 여겨졌다. 마리오 드라기가 했던 "어떤 노력이라도 할 준비가 되어 있다"는 선언은 이제 큰 도움과 위안으로 다가올 정도였다. 그렇지만 더 강력한 유로존의 통합이 꼭 필요한 일이라고는 해도 영국 보수당 지도부는 그 심각한 정치적 영향력을 고려하지 않을 수 없었다. 은행연합과 재정연합은 유럽연합 혐오론자들과는 상관없이 영국의 전반적인 분위기상 받아들일 수 없는 문제였다. 만일 더 강력한 유로존 통합이 거부할 수 없는 단지 시기의 문제라면 영국 정부로서는 다양한 모습으로 서로 다르게 발전하는 유럽이라는 모델을 공개적으로 받아들이라고 유럽연합에 강권할 수밖에 없었다.

지금에 와서는 모두들 잊어버렸는지 몰라도 당시 브렉시트 국민투표는 "단순히" 유럽연합에서 영국이 회원 자격을 포기하는 선택의 문제로만 받아들이지 않았다. 또한 국민투표는 사소한 양보를 이끌어내기 위한 임시방편도 아니었다. 영국 정부는 자신이 유럽연합의 향방을 틀 수 있다는 오만한 전제 아래서 움직였다. 유로존 회원국들이 더 강력한 통합을 위해 한 걸음씩 내딛고 있는 동안 영국은 유럽연합 본부에 다양한 속도가 아닌 서로 다른 방향으로 나아가는 유럽의 모델을 공식적으로 인정하라고 압력을 넣으려 했다. 영국은 이제 더 강력한 통합의 길을 향해 전혀 나아가려 하지 않았다. 보수당으로서는 할 수만 있다면 아예 그쪽으로 가고 싶지 않을 정도였고 유럽연합 본부는 혹시 있을지 모르는 유럽의 정치경제적 상황에 대한 영향과 함께 영국 정부의 이런 본심도 있는 그대로 받아들일 필요가 있었다. 시티가 영국의 국내외를 다 아우르는 금융 중심지라는 "해외에서도 인정하는" 위치는 영원히 인정받아야만 했다. 이제 이 문제와 관련한 대결은 피할 수 없을뿐더러 영국 정부 역시 공개적으로 전면에 나서야 했다. 2010년에서 2012년까지 일어났던 유로존 위기로부터 한 걸음 더 나아가기 위해, 그리고 유로존의 제도적 구조들을 하나로 통합하기 위해 유로존 회원국은 조약 수정이라는 어려운 일을 처리해야만 했다. 이런 복잡한 협상은 일단 유로존이 안정되고 난 후인 2013년부터 착수하기로 했고 늦어도 2016년까지는 완결할 예정이었다. 이 복잡하고 미묘한 협상이 진행되는 기간이 영국으로서는 가지고 있는 영향력을 최대한으로 발휘할 수 있는 기회였다. 유럽통합을 위한 유로존의 치열한 노력은 결국 캐머런 수상이 새로운 협상안을 들고 나설 수 있는 전략적 기회라는 문을 활짝 열어줄 터였다.

그리고 여기에는 삼중의 계산이 깔려 있었다. 수도권을 기반으로 한 보수당 지도부는 이번 기회에 당의 전권을 장악하려 했고 동시에 영국 정부는 유럽연합의 구조적 문제에 대해 자신의 의견을 관철할 수 있는 충분한 영향력이 있다고 오판했다. 그리고 이제는 정말 그렇게 할 수 있는 때가 왔다고 생각했다. 이런 세 가지 계산 끝에 캐머런 수상은 2013년 1월 23일 시티에 있는 블룸버그 통신사의 새로운 본사 건물에서 영국의 운명을 가를 연설을 한다.[20] 공식적으로는 유럽연합을 반대하는 내용의 연설은 아니었으나 캐머런 수상은 유로존은 물론 유럽연합의 존재 이유를 다시 정의할 필요가 있다고 주장했다. 그는 영국으로 들어오는 이민자 수를 제한하겠다고 공언했다. 그러기 위해서는 우선 영국에서 혜택을 받는 유럽연합 소속 국민들의 권리를 제한하고 싶어 했다. 그는 또한 유로그룹 핵심부에 의해 향후 정해질 통합 관련 결정들과 관련해 유럽연합 내부의 비유로존 회원들을 보호해줄 일종의 안전장치도 원했다. 그리고 최소한 더 강력한 통합을 위한 유럽의 기본적 계획과 관련해서도 영국의 입장을 어느 정도 고려해주기를 기대하며 그에 따른 협상을 요청했다. 그 대신 적어도 2017년까지는 영국의 입장을 확실하게 정리할 수 있는 국민투표를 실시할 것을 약속했다.

캐머런 수상의 전략은 일관성은 있었지만 위험도 있었다. 2013년 초여름이 되자 유로존이 2010~2012년의 위기를 통해 결국 여러 조약에 대한 전면적인 협상에 들어갈 것이라는 지나치게 낙관적인 상상을 영국이 하고 있다는 사실이 분명하게 드러났다. 경제적인 지배구조적 관점에서 본다면 어느 정도 일리가 있었지만 독일과 프랑스 정부, 유럽연합 본부는 조약과 관련된 협상에는 얼마나 많은 변수가 작용하는지 너무도 잘 알고 있었다. 그리고 2014년 5월 유럽의회 선거가 충격적인 결과로 마무리되자 협상은 당분간 연기되었고 캐머런 수상을 위한 기회의 문은 영원히 열리지 않았다. 영국과 네덜란드, 독일이 공동시장에 대한 새롭고 자유적인 비전을 협상하여 일괄 타결해보겠다는 발상은 그대로 묻혔다.[21] 2014년 여름, 영국의 격렬한 반대 운동에도 불구하고 장클로드 융커가 새롭게 유럽연합 집행위원회 위원장에 선출되었다는 사실은 영국이 발휘할 수 있는 영향력이 급격하게 줄어들고 있다는 신호였다.[22] 2014~2015년 우크라이나 위기가 유럽연합을 덮치고 그리스 문제와 난민 문제 등 산적한 문제가 유럽연합에 대한 전망을 어둡게 만들고 있을 무렵 영국은 계속해서 비협조적인 태도를 보였고 캐머런 수상의 개혁안은 사소한 문제처럼 여겨졌다. 캐머런 수상은 유럽의 미래에 대한 자신의 새로운 꿈을 거창하게 늘어놓았지만 모든 것은 결국 외국인 혐오 사상에 영합한 무책임함과 시티의 이기주의로 귀결되지 않았는가.[23]

그렇지만 캐머런 수상은 여기서 물러설 수는 없었다. 게다가 2015년 5월 총선에서 보수당이 예상치 못한 과반수 의석을 확보하자 예정되어 있던 국민투표의 시간이 점점 다가오기 시작했다. 조약과 관련된 별다른 협상 없이도 캐머런 수상은 유럽연합 본부로부터 원하는 양보를 받아낼 수 있게끔 협상을 진행할 수 있을까? 독일은 뭔가 도움을 주기를 원했다. 메르켈 총리는 브렉시트로 인해 유럽의 균형이 무너지는 일은 반드시 피하고 싶었다. 그렇지만 2011년 12월의 다툼과 장클로드 융커에 대한 영국의 앞뒤 가리지 않는 반대 움직임 이후 영국은 유럽의 문제아가 되고 말았다.[24] 심지어 폴란드의 민족주의자들조차 노동이동의 자유를 제한해달라는 요구를 설득시키기가 어려웠는데 결국은 그런 요구도 폴란드 국민들을 직접적으로 겨냥하고 있었다. 유럽이사회 의장인 도날트 투스크로서는 데이비드 캐머런 수상에게 제안할 수 있는 일이 그다지 많지 않았다. 유럽연합은 영국이 유럽통합의 미래를 좌지우지하도록 내버려둘 수 없었다. 유럽연합 소속 국민들의 노동이동의 자유와 동등한 대우 문제는 애초에 협상의 대상이 될 수 없었다. 2016년 2월 20일 캐머런 수상은 영국 유권자들에게 선택의 기회를 제공하고 싶다는 열망으로 유럽연합이 제시한 "긴급 중단(emergency brake)" 제안을 받아들인다.[25] 영국으로 이주한 외국인들에 대해 7년 동안 한시적으로 각종 복지혜택을 제공하지 않아도 된다는 제안이었다. 또한 도 날트 투스크는 "영국은 …… 유럽연합의 정치적 통합을 위해 노력하지 않 으며 …… 더 강력한 유럽연합을 위한 논의 역시 영국에는 적용되지 않는 다"는 사실을 유럽연합이 인정해주어야 한다는 주장에도 동의하기로 했 다. 유럽연합 의회에서 잔뼈가 굵은 한 영국 측 인사는 이렇게 논평했다. "사실 그대로 내버려두어도 특별히 의미가 달라지는 것도 없는 상황이었 다. 기존의 모든 조약 내용들은 계속해서 영국에 그대로 적용될 수도 있었 다."[26] 모든 것은 영국의 결정에 달려 있었다. 캐머런 수상은 2013년 1월 영국이 유럽연합의 존재 이유를 근본적으로 다시 생각하도록 만들 수 있다 고 약속했지만 현실은 그런 약속과는 크게 달랐다. 영국 수상에게 지금 훨 씬 더 중요한 건 보수당을 뭉치게 하는 것이었다. 얼마 지나지 않아 보수 당의 주요 인사인 런던 시장 보리스 존슨(Boris Johnson)과 교육부 장관 마 이클 고브(Michael Gove)가 국민투표를 앞두고 브렉시트를 찬성하는 보수 당 "주류" 세력으로 나선다. 브렉시트를 결정하는 영국의 국민투표는 6월 23일로 예정되어 있었다.

"하나의 사회로서의 유럽"에 대한 희망 혹은 절망

1년 전 그리스의 시리자 정부를 상대하던 볼프강 쇼이블레 독일 재무부 장 관은 적어도 자신의 생각에는 선거 결과가 경제정책의 기본 내용에 영향을 주어서는 안 된다고 선언한 바 있다. 그리스의 경제 규모는 유럽연합 전체 GDP의 1퍼센트 정도를 차지했다. 이와 비교해 브렉시트 국민투표는 다수 결 원칙에 따라 승리하는 쪽이 유럽연합 전체 GDP의 17퍼센트를 차지하 는 국가의 미래를 결정한다. 또한 영국 입장에서도 엄청난 모험이 아닐 수 없었다. 영국 교역량의 절반가량인 2000억 달러는 유럽연합과의 사이에서 발생했고 1조 2000억 달러에 달하는 해외 국가들의 영국 투자의 절반도 역시 유럽연합의 투자였다. 유럽은 물론 유럽 밖의 투자자들이 영국을 선호하는 건 영국이 유럽연합의 일원이기 때문이었다. 일본의 자동차 산업은 영국을 전진기지 삼아 유럽 대륙에 자동차를 수출하고 있었다. 2015년 기준으로 영국에 거주하는 유럽연합 소속 국민의 수는 320만 명이 넘었고 그중 230만 명이 영국 노동력의 7퍼센트를 차지했다. 또한 유럽연합 각국에 영주권을 얻어 거주하는 영국 국민도 120만 명에 달했다. 물론 이런 교역이나 투자, 혹은 이민은 영국이 굳이 유럽연합의 일원이 아니더라도 계속 진행될 수 있는 문제였다. 그렇지만 그 규모는 어느 정도나 될까? 경제학자들의 예측에 따르면 유럽연합 회원 자격을 유지할 경우 그렇지 않은 경우보다 유럽연합 국가들과의 교역량이 55퍼센트 이상 늘어난다고 한다.[27] 시티의 경우는 훨씬 더 심각했다. 수십만 개의 일자리와 수십억 파운드의 자금이 이른바 유럽연합의 사업자유 협정에 좌우되었는데, 이 협정에 따르면 런던에 있는 은행들은 유로존 회원국에 있는 것과 똑같이 사업을 진행할 수 있었다. 유럽, 영국, 미국, 그리고 아시아의 금융업체들까지 이 협정을 편리하게 이용했다. 그렇지만 영국이 유럽연합을 탈퇴할 경우 계속해서 양해를 얻어 유지할 수 있는 그런 협정이 아니었다.

일반 국민이 유럽연합을 어떻게 생각하는지는 아직 확실하지 않았다. 민족주의를 내세우는 우파들은 유럽연합 본부를 눈엣가시처럼 여겼고 은행가들과 런던의 "엘리트"들도 인기가 없었다. 유럽연합 잔류파들은 국민투표를 위해 더 열심히 뛰는 것밖에는 다른 방법이 없었다. 잔류파들의 본부는 시티로 정해졌다. 지금의 전략으로는 절대로 국민들의 마음을 유럽연합 쪽으로 돌릴 수 없었고 유럽연합은 결코 인기 있는 상품이 되지 못했다. 또한 상황만 더 악화시킬 것이 뻔했기 때문에 유럽의 정치인들에게는 영국에 모습을 드러내지 말아달라고 부탁했다. 보수당의 최고 선거운동원들이 앞장서고 민주당과 노동당이 지원하는 잔류파 본부는 한 가지 주장만 내세웠다. "영국의 유권자들은 유럽연합을 절대로 마음에 들어 하지 않는다. 그렇다고 탈퇴 쪽에 표를 던지기에는 두려운 부분이 더 많다."28 잔류파의 이런 전략은 곧 "공포 프로젝트(Project Fear)"라는 이름으로 불린다. 2014년 스코틀랜드 독립 문제로 국민투표를 실시했을 때 처음 등장한 표현이었다. 이 공포 프로젝트 전략을 수립한 건 오바마 대통령을 위해 일하기도 했던 오스트레일리아 출신의 홍보전문가 린턴 크로스비(Lynton Crosby)와 짐 메시나(Jim Messina)다. 짐 메시나는 자신이 생각하는 위험이 무엇인지를 이렇게 설명했다. "지금처럼 경제가 어려운 시기에 우리가 절대 해서는 안 되는 일은 브렉시트라는 위험천만한 모험으로 영국과 유럽연합의 경제를 위기 상황으로 몰아넣는 것이다."29 짐 메시나와 동료들이 이야기하는 "경제"는 사업 분야를 의미했다. 따라서 이들은 단순한 논리를 내세워 유권자들의 마음을 사로잡으려 했다. 즉, 영국 기업들이 사업을 펼치는 데 유럽연합이 도움이 된다면 유럽연합 잔류는 결국 영국에 이득이 된다는 논리였다.

이들은 영국을 대표하는 50개 기업을 설득해 영국은 "새롭게 개혁된 유럽연합" 안에서 "더 강하고 더 안전하며 더 풍요로운" 미래를 꿈꿀 수 있다는 성명서에 동참하도록 했다.30 또한 막후에서는 영국산업연맹(Confederation of British Industry)이 나서서 연맹의 주요 회원들이 연간보고서에 브렉시트에 대한 경고 내용을 포함하도록 설득하기도 했다.31 시티는 반대파들의 의견을 무시하며 유럽연합 잔류를 공개적으로 지지하고 나섰다.32 일부 기업가들은 브렉시트를 강행할 경우 일어날 실업 문제와 투자계획 취소 가능성을 적나라하게 밝히는 건 오히려 위협이나 협박의 분위기를 조성할 수도 있다며 짜증 섞인 우려를 나타냈다. 산업 각 분야의 노동조합은 최소한 잔류 지지파라고 봐도 무방했다. 노동당 의원이자 전 정권에서 장관직을 역임했던 팻 맥패든(Pat McFadden)은 노동당의 잔류파 공동대표로서 이렇게 주장했다. "브렉시트 문제에 대해서라면 각 산업 분야에서 합법적으로 의견을 낼 수 있을뿐더러 자신의 견해를 분명하게 밝히고 싶다면 그렇게 할 수 있는 모든 권리가 있다는 것이 내 생각이다."[33] 50만 명이 넘는 조합원을 보유한 영국 최대의 노동조합이자 노동당의 주요 지지단체인 유나이트 디 유니언(Unite the Union)은 자신들의 입장을 분명하게 밝혔다. "BMW와 에어버스 등에서 일하는 동료 조합원들에게 단도직입적으로 알린다. 우리의 일자리와 권리는 유럽연합과 함께한다."[34]

유럽 밖에서도 비슷한 목소리가 울려 퍼졌다. 4월 12일 IMF에서는 영국이 유럽연합 탈퇴를 결정할 경우 "유럽 지역은 물론 전 세계에서 심각한 피해가 뒤따를 것"이라는 성명을 발표했다. IMF에 따르면 단순히 브렉시트 문제로 국민투표를 실시한다는 사실만으로도 투자신뢰도에 큰 영향을 미칠 수 있기 때문에 어쩔 수 없이 영국의 경제성장률 전망을 2.3퍼센트에서 1.9퍼센트로 15퍼센트가량 하향조정할 수밖에 없었다. 크리스틴 라가르드는 실제로 브렉시트가 일어날 경우 "정말로 아주아주 나쁜 결과"로 이어질 수 있다고 경고했다.[35] 도쿄에서 열린 G7 회담에서도 "영국의 유럽연합 탈퇴는 교역과 투자가 세계적인 규모로 더 크게 이루어지고 있는 흐름을 역행하는 것이며 일자리와 경제성장에도 더 심각한 영향을 미칠 것"이라는 의견이 공식 발표되었다. 메르켈 총리의 주장처럼 G7은 "함께 모인 모든 참석자들에게 영국이 유럽연합의 일원으로 계속 남아 있었으면 하는 의중"을 밝힌 것이었다.[36] 영국 재무부는 영국 가계의 연간 수입이 2600~5200파운드 정도 줄어들 것이라는 내용이 담긴 장문의 보고서를 한 편 발표했다. 2030년이 되면 영국의 GDP는 6퍼센트 이상 떨어질 것이며 조세 수입 역시 200억~450억 파운드가량 줄어들 것이기 때문에 공공 부문 예산이 크게 줄어들거나 아니면 세금을 크게 늘릴 수밖에 없었다.[37]

잔류파들은 클린턴 시절의 "문제는 경제야, 이 바보야!"라는 구호를 훨씬 더 직설적이고 거창한 모습으로 바꿔 들고나왔고 여기에는 대처 수상과 메르켈 총리의 "대안은 없다"와 같은 결정적이고 비장한 분위기마저 감돌았다. 그렇지만 그 안에 담긴 모든 이해관계와 전문적 견해들의 조합은 결국 어딘지 모르게 이상하게 보일 수밖에 없었다. 조지 오즈번 재무부 장관은 대부분 겉으로 표현하지는 않지만 속으로 불안해하는 많은 사람들에게 특유의 체스처로 자신의 뜻을 이렇게 전달했다. 잔류파들을 한목소리로 뒷받침하고 있는 모든 전문가들의 견해는 "반대파들이 꾸미는 어떤 음모에 의한 것이 아닌 이른바 합의라는 것이며 …… 경제적인 논리를 따르고 있다는 건 의심의 여지가 없다"는 것이 그가 기자들에게 한 말이었다.[38]

그렇지만 잔류파들이 만족스러워할 만큼의 만장일치의 의견 같은 건 결코 존재하지 않았다. 결과 자체가 불확실하고 영국 국민 대부분이 브렉시트에 찬성하는 상황을 감안하면 기업들 입장에서 지나치게 공개적으로 잔류파를 지지하는 일은 역시 위험부담이 있었다.[39] 심지어 시티 내부에서도 의견이 엇갈렸다. 자유주의자들은 유럽연합과의 결별에 더 매력을 느꼈지만 무엇보다 중요한 건 시티의 주요 외부 투자자들의 입장이었다. 특히 잔류파의 목소리에 가장 크게 힘을 실어주고 있는 건 미국계 투자은행들이었다. 시티에서 미국 은행들의 역할을 생각해보면 유럽연합 소속으로서 영국의 위치와 관련해 막대한 이해관계가 얽혀 있었으니 그런 의견을 내는 것도 당연했다. 런던은 유럽 경제와 유로존 사업을 위한 관문이었던 것이다. 골드만삭스의 경제학자들이 지적하는 것처럼 국제결제은행(BIS) 통계로만 봐도 2015년 말 기준으로 미국 은행들이 영국에 투자한 자산 규모는 4240억 달러에 달했으며 여기에는 영국 은행들에 대한 대출도 460억 달러나 포함되어 있었다. 각종 파생상품이나 보증, 신용거래까지 포함하면 9190억 달러에 달하는 규모였다. 영국 은행들이 투자한 금액은 그보다 더 많아서 은행청구권이 1조 4000억 달러 정도였다.[40] 이러한 투자 규모를 감안한다면 골드만삭스와 J.P.모건, 모건스탠리가 일찌감치 잔류파들에게 적지 않은 규모의 운동자금을 지원한 것도 당연한 일이다.[41] J.P.모건의 제이미 다이

먼 같은 경우는 조지 오즈번과 함께 공개적으로 잔류파들을 지지했다.[42]

한편 오바마 대통령은 2016년 4월 22일 직접 런던을 찾아 유럽에서의 영국과 미국의 입장이 같다는 뜻을 전달한다. 그가 런던을 찾은 건 캐머런 수상의 개인적인 요청 때문이었다. 오바마 대통령은 영국 국민들 사이에서 인기가 높았고 주저하지 않고 그 인기를 이용하려 했다. BBC가 전한 바에 따르면 미국 대통령은 "영국을 유럽연합에 그대로 머물도록 설득하기 위해 할 수 있는 모든 노력을 다 기울이겠다"는 뜻을 전달했다고 한다. 제2차 세계대전을 포함한 영국과 미국의 특수한 관계며 또 현재 겪고 있는 모든 어려움은 결국 영국이 통일된 유럽의 일부분으로 남아 있기를 강력하게 요구하고 있어서라는 것이다.[43] 오바마 대통령은 이런 미묘한 순간에 외부인이 영국 문제에 왈가왈부한다는 게 민감하게 받아들여질 수 있다는 사실을 잘 알고 있었지만 "친구 입장에서 솔직하게 말하건대, 영국 국민들이 내리는 결정의 결과는 미국과도 깊은 관계가 있음을 결코 부인할 수 없다"고 말했다. 게다가 영국 국민들 또한 "독립된" 영국과 미국 사이에 새로운 무역 관련 조약이 빠르게 이루어질 수 있다는 브렉시트 찬성파들의 희망은 잘못된 전제를 바탕으로 하고 있음을 알아야 했다. 미국은 개별 국가가 아닌 연합체나 단체를 상대로 무역 협상에 임하고 싶어 했다. 즉, 앞으로는 유럽연합과 미국 사이의 범대서양 무역투자동반자협정이나 아시아와의 환태평양 경제동반자협정의 시대였다. "물론 미국과 영국만의 무역 협정이 따로 이루어질 수도 있겠지만 그렇게 빨리 이루어지지는 않을 것이다. …… 영국은 유럽연합 안의 자기 자리로 다시 돌아가야 한다."[44]

미국의 금력과 권력은 영국이 돌아가야 할 자리가 어디인지를 분명하게 가리키고 있었다. 런던 시티를 거쳐 유럽까지 뻗어갔던, 그렇게 1970년대 이후 국제금융의 상징이 되어온 월스트리트의 영향력이 위기에 처해 있었다. 좌파를 대표하는 학술지가 다음과 같은 선택을 한 이유가 그다지 궁금하지 않은 상황이었다. "동기나 이유가 무엇이든 상관없이 지금 상황에서 잔류 쪽에 표를 던진다면 오랫동안 미국의 요구사항을 유럽연합의 협상장에 전달하는 역할만 해온 영국 기득권층에게 표를 던지는 것이다. 1986년 단일유럽의정서(Single European Act)를 제정하며 쌓아온 '하나의 사회로서의 유럽'에 대한 희망을 짓뭉개면서 말이다."[45]

브렉시트 국민투표, 무책임한 모험주의의 발로

잔류파들이 단지 "더 강하고 더 안전하며 더 풍요로운 경제와 미래를 갖는 일"에만 맹목적이던 것은 아니다. 그들은 이런 과정 속에서 정치적으로도 불합리한 일들과는 선을 그으려 했다. 경제 문제를 제외한다면 브렉시트 찬성파들은 좀 더 지엽적인 문제, 즉 이민자 문제나 "세계와 영국의 분리" 같은 문제에 집중할 수밖에 없었다.[46] 그렇게 되면 결국 찬성파 내부의 비정상적이고 곤란한 요소가 드러난다는 것이 잔류파들의 생각이었다. 나이절 패라지(Nigel Farage)와 영국독립당(UKIP)도 그런 요소 중 하나였으며 UKIP의 선동적인 언행은 아직 갈 길을 정하지 못한 중도파 유권자들을 잔류 찬성 쪽으로 움직이게 만들 수도 있었다. 전술적으로는 의도했던 효과가 있었다고도 볼 수 있는데, 실제로 브렉시트 투표 때문에 이민자 문제가 전면에 부상하기는 했다. 다만 잔류파들이 과소평가했던 건 그에 따른 위험이었다. 이들은 기득권층에 대한 불만과 함께 이민자 문제와 외국인 혐오증이 사실은 이번에 치르는 국민투표에서 가장 중요한 변수가 될 수 있다는 걸 미처 알아차리지 못했던 것이다.

인종차별의 정치학은 심지어 미국 대통령조차 예외로 넘어가 주지 않았다. 예컨대 보리스 존슨은 오바마 대통령이 무슨 권리로 미국이라면 결코 받아들이지 않았을 주권의 양보를 영국에게 제안하고 있는지 그에 대한 설명을 요구했다. 왜 영국이 처칠 수상의 흉상을 백악관에서 치워버린 그런 대통령의 말을 신뢰해야 하나? "누군가는 영국에 대한 푸대접이라고도 했고 또 누군가는 아프리카 혈통의 대통령의 조상들과 관련된 상징적인 행동이라고도 했다. 제국시대를 대표하는 처칠과 아프리카 원주민들이 어떤 사이인지는 뻔하지 않은가. 아니, 어쩌면 이제 처칠은 그리 중요한 인물이 아닐지도 모른다. 그의 사상과 정치철학은 시대에 뒤떨어진 낡은 것이 되어버렸으니까." 보리스 존슨은 참으로 교묘하게 "아프리카 혈통의 대통령"이라는 표현을 슬며시 끼워 넣었고 의도는 적중했다. 존슨이 슬쩍 바람을 잡자 패라지가 미끼를 문 것이다. 존슨은 인정하지 않았지만 패라지에게 인종차별적 성향이 있다는 건 분명한 사실이었다. 그런 UKIP의 수장에게 "식민지 시절을 겪은 아프리카 혈통의 조상을 둔 오바마 대통령이 영국에 반감을 갖는 건" 너무도 당연한 일로 여겨졌다.[47]

5월 들어 브렉시트 찬반투표를 준비하는 양측의 공방은 점점 치열해졌고 이민자 문제도 계속해서 중요한 사안으로 부각되었다. 캐머런 수상은 사실 감당 못 할 일을 저지르고 말았는데 5년 전 그는 이민자 수를 "수만 명 수준으로" 제한하겠다고 약속했다.[48] 그런데 2016년 5월 국립통계청의 공식 발표에 따르면 2015년 영국으로 들어온 이민자 수는 역사상 두 번째로 큰 규모인 33만 3000여 명에 달했다. 6월 16일 UKIP는 가장 선동적인 내용을 담은 선전용 포스터를 공개한다. "이제는 한계점에 도달했다 (Breaking Point)"라는 문구가 들어간 포스터에는 수많은 시리아 난민이 줄지어 몰려오는 사진이 있었는데 사실 그 사진의 실제 배경은 슬로베니아 국경이었다. 그렇지만 브렉시트 문제와는 상관도 없는 이 사진은 이제는 정신을 차리자는 구호에 새로운 의미를 더해주었다. 유럽의 혼란이 영국으로까지 번지는 일은 반드시 막아내야 했다.[49] 그리고 바로 그날 브렉시트를 찬성하는 어떤 극우주의자가 잔류파 중에서도 이름 높은 조 콕스(Jo Cox) 하원의원을 백주대낮에 살해하는 사건이 일어난다. 이제 잔류파의 공포 프로젝트는 진정한 공포를 마주했다.

국민투표가 있던 당일만 해도 잔류파들의 분위기는 상대적으로 나쁘지 않았다. 그렇지만 투표 다음 날인 6월 24일 새벽에 근소한 차이로 브렉시트 찬성파들의 승리가 확정되었다. 돌이켜보면 이미 여론조사를 통해 그같은 결과가 예상되었다. 2014년 유럽연합 의회선거에서 UKIP가 승리를 거둔 곳과 똑같은 지역에서 브렉시트 찬성파들이 승리를 거두었고 찬성표를 던진 유권자들의 성향도 핵심적인 보수당 지지자, 노년층, 지역 중산층 등 당시와 비슷했다. 이런 유권자들은 아마도 늘 한결같겠지만 여기에 1990년대 이후 우파 쪽 성향을 띤 교육을 많이 받지 못한 저소득층 유권자들이 상당수 합세했다. 한 여론조사 단체에 따르면 전문직이나 관리직에 종사하는 중산층 이상 유권자들은 영국의 유럽연합 잔류에 찬성했고 반면에 비숙련 노동자나 실업자는 탈퇴 쪽에 표를 던졌다고 한다.[50] 노동당 지지자의 60퍼센트는 잔류파로 돌아섰지만 결국 영국 대부분의 지역에서 노동당이 가난하고 교육을 많이 받지 못한 유권자들의 지지를 더 이상 받지 못했다는 사실만 확인시켜주었을 뿐이다. 교육 문제를 제외하더라도 2010년부터 실시된 긴축정책으로 인한 고통 역시 이번 국민투표에서 중요한 사회경제적 변수로 작용했다. 경제불황이 장기적으로 진행된 곳에서는 특히 긴축정책으로 가장 큰 피해를 입었다.[51] 그렇지만 그런 교육이나 경제적 어려움보다 더 큰 영향을 미친 것은 다름 아닌 권위주의 혹은 국가 권력이었다. 마케팅 전문가들이 그린 일종의 문화지도에서 브렉시트 찬성파들은 치안이나 사형제 지지, 성범죄자에 대한 공개 처벌 등과 같은 가치를 중요하게 여기는 것으로 나타났다.[52]

그 이유나 동기에 상관없이 브렉시트 국민투표는 민족주의의 불길에 기름을 들이부은 것이나 다름없었다. 브렉시트 투표가 세계화에 반대하는 투표였는지는 사실 별로 중요하지도 않고 확실히 드러나지도 않았다. 그저 영국 밖의 다른 전문가들이나 논평가들이 했던 추측일 뿐이었다.[53] 브렉시트가 미칠 수 있는 영향에 대한 통상적인 이해를 바탕으로 그 원인과 결과를 상상하는 일이 당연히 더 합리적이겠지만 브렉시트 찬성파들의 사고방식은 그런 식으로는 제대로 이해할 수 없다. 사실 찬성파들은 유럽과의 결별이 곧 영국의 자유와 위대함을 회복하는 길이라고 상상했다. 브렉시트 투표는 유럽에 대항하는 민족주의자들의 투표로 영국을 세계에서 별 볼 일 없는 존재로 만들기 위한 일이 아니었다. 오히려 그 반대로 유럽 안에 함몰되지 않고 독립적인 존재로서 국제사회에서 중요한 역할을 해주기 바라는 뜻이 숨어 있었다. 보수당의 내무부 장관으로 훗날 영국 수상이 되는 테리사 메이(Theresa May)는 6월 23일의 국민투표 결과를 이렇게 평가했다. "영국은 유럽연합을 떠나는 대신 세계를 품는 선택을 했다. …… 진정한 '글로벌 영국(Global Britain)'의 건설을 선택하는 순간이었다."[54] 하지만 좀 더 솔직하고 직설적으로 평가한다면 어떨까. 영국의 국민투표는 일종의 무책임한 모험주의의 발로였으며 확실히 영국은 두 번 다시 없을 아찔한 경험을 했다.

브렉시트 이후 영국은 누가 지배하는가

영국의 국민투표 결과가 발표되자 영국 파운드화 가치는 1일 기준으로 역사상 최대의 폭락을 기록했다.[55] 부동산 투자 기금 쪽에도 일시적이었지만 큰 혼란이 있었다. 파운드화가 무너지면 혹시 영국에 대한 국제적인 투자가 더 활성화될 수 있을까? 6월 24일 금요일 글로벌 주식시장에서는 2조 달러 규모의 주가가 증발했다.[56] 다음 주 월요일이 되자 손실액은 3조 달러까지 치솟았다. 투자자들은 미연준이 양적완화 조치를 중단하고 자산 중에서 채권의 비중을 줄이면서 금리가 계속 올라갈 것으로 기대해왔지만 시중의 자금은 계속 미국 재무부 채권 같은 안전자산 쪽으로 흘러갔고 수익률은 하락했다.[57] 이것은 혹시 또 다른 2008년의 전주곡이 아닐까?

경제 관련 자료를 분석하는 일은 그 자체로 정치적인 문젯거리가 된다. 잔류파들은 브렉시트가 곧 재앙으로 연결될 것이라고 예측했고 그와 관련된 예상 시나리오 등을 소개했다. 그리고 2013년부터 영란은행 총재를 맡은 마크 카니는 잔류파의 예상을 적극적으로 사람들에게 알렸다. 7월에 기자들을 만난 자리에서 그는 경제 분야가 "금융시장뿐만 아니라 가계와 기업들 모두 일종의 정신적 충격으로 인한 장애" 때문에 지금 크게 고통받고 있다고 말했다.[58] 파운드화 가치는 폭락했지만 달러화 유동성의 부족은 전혀 일어나지 않았다. 8월 4일 마크 카니는 영란은행 이사회를 통해 채권매입이라는 비상 경기부양책을 강제로 진행시킨다. 국민투표에서 패배한 잔류 지지파들의 냉정한 관점에서 보면 이런 조치는 반드시 필요했다. 카니는 최악의 상황을 막기 위해 나름대로 최선을 다하고 있었다. 그렇지만 이제 주도권을 잡은 브렉시트 찬성파들은 카니의 행동이 대단히 못마땅했다. 영란은행이 통화스와프라인을 가동하고 갑자기 다시 양적완화 조치를 취한다면 사람들은 위기가 시작된다는 신호로 받아들일 것이다. 그리고 그 위기는 대부분의 골수 브렉시트 찬성파들이 부인하고 싶어 하는 현실이었다. 찬성파들이 보기에는 영란은행의 과도한 행동은 불안감을 가중시켜 잔류파들이 예언했지만 실제로는 이루어지지 않은 공황상태를 불러일으키는 만큼 시장을 진정시키겠다는 본래 의도와는 전혀 맞지 않는 일이었다.[59] IMF 경제학자 출신이자 2010년 아일랜드 위기를 가장 가까이에서 관찰한 경제학의 이단아 아소카 모디(Ashoka Mody)에게 영란은행의 조치는 너무나 눈에 익었다. 물론 카니는 예상을 깨고 양적완화 조치를 빠르게 실시하기는 했지만 어쨌든 유로존 위기 당시 유럽중앙은행도 이런 비슷한 긴장유발 전략을 실시했다. 만일 영란은행이 냉정함을 유지하며 파운드화 가치가 떨어지고 영국 경제가 재조정되도록 내버려둔다면 위기를 예측할 이유 같은 건 없다. 브렉시트 찬성파 경제학자인 루스 리아(Ruth Lea)는 이렇게 선언했다. "8월 4일부터 실시된 영란은행의 경기부양책은 시기상조였으며 불필요하지는 않더라도 실제로 역효과를 낼 수 있었다. …… 따라서 확실하고 정확한 자료를 얻을 때까지 침착하게 기다렸더라면 훨씬 더 좋았을 것이다."[60] 일단 처음 불어닥친 충격이 서서히 사라지고 나면 각 가정들은 물가인상이 어떤 식으로든 덮쳐오기 전에 먼저 행동에 나서기 때문에 소비자 수요는 떨어진 파운드화 가치와 함께 늘어날 수밖에 없다.[61] 브렉시트를 지지했던 소수의 경제학자들은 잔류파 경제학자들에게 경제가 무너질 것처럼 대중을 호도했던 데 대해 사과를 요구했다.[62]

사실 그랬다. 영국 국내 경제는 어떤 파국도 경험하지 않았다. 브렉시트로 인한 어떤 영향도 받지 않았던 것이다. 브렉시트는 결국 단기간의 결과가 아닌 과정이었으며 그것도 엄청나게 복잡하고 지루하게 이어지는 과정이었다. 브렉시트 찬성파들은 자유와 주권, 그리고 지배구조의 변화를 약속했다. 현재 워싱턴에 있는 유명한 피터슨 국제경제연구소 소장이자 한때 영란은행 통화정책위원회를 이끌었던 애덤 포즌(Adam Posen)은 이렇게 이야기한다. "지배구조의 변화는 중립적으로 이루어질 수 없다. 헌법은 당대를 지배하는 세력의 이해관계를 반영한다."[63] 그렇지만 브렉시트 이후의 영국은 누가 지배하는가? 그야말로 어려운 질문이 아닐 수 없었다.

최근의 영국 역사에서 브렉시트 이후처럼 권력의 중심이 어디에 있는지 알아보기 힘든 순간은 없었다. 잔류파에는 영국의 주요 2대 정당의 지도부가 모두 포함되어 있었으며 국민 대부분은 우선 영국 정부부터 유럽연합 잔류에 찬성한다고 생각했다. 이 잔류파는 국민투표에서 아주 근소한 차이로 패배했고 브렉시트 찬성파에게 권력을 넘겨주었지만, 이 찬성파는 승리에 대한 준비가 전혀 되어 있지 않았다는 사실이 곧 드러난다. 좌파들은 이런 권력이양의 순간을 얼마나 간절히 기다려왔던가? 그런데 브렉시트는 새로운 시작과는 거리가 멀었다. 보수파 진영이 엄청난 혼란을 겪고 몇 주가 지나 테리사 메이가 새로운 영국 수상이 된다. 내무부 장관으로 이민제한 같은 보호정책을 강력하게 밀어붙였던 시절의 명성을 생각할 때 그녀의 수상 등극은 어쩌면 논리적인 귀결일지도 몰랐다.[64] 비록 그녀가 잔류파를 조심스럽게 지지했다고는 하지만 지금 갈팡질팡하고 있는 의회 다수파를 대표하는 데 손색이 없었다. 메이 수상은 현재 상황을 대범하게 받아들였다. 어쨌든 국민이 브렉시트를 선택했고 수상으로서 그런 국민의 뜻을 잘 받들어 나가는 것이 그녀의 임무였다.

시티와 영국 대기업들에 국민투표 결과는 엄청난 충격이었다. 그리고 또 일부 논평가나 전문가들에게는 확실히 앞으로 대규모의 경제 재조정을 불러올 그런 충격으로 여겨졌다. 1970년대 이후 시티 주변에서 공고히 자리를 잡아온 권력과 금력의 구조가 지금부터 변화를 시작할까? 아소카 모디는 브렉시트가 결정되자 크게 환영했다. 브렉시트는 "그 어느 때보다도 비대해진 금융 부문과 강력한 파운드화 사이의 관계를 뒤흔들었으며 …… 파운드화의 가치 하락으로 실제로 손해를 본 이들은 단기로 달러화를 빌려 장기로 부동산 자산 등에 투자한 사람들뿐이다. 이 '사회지도층' 인사들은 정책 결정과 관련된 의사소통의 통로를 계속해서 장악하고 있으며 이들이 하는 말은 언론을 통해 계속해서 반복적으로 전달된다."[65] 오랫동안 시티의 금융업 쪽으로 자금이 몰리면서 영국 경제의 다른 분야들은 고전을 면치 못했는데 어쩌면 파운드화 가치가 떨어진 지금이 영국의 제조업이 다시 경쟁력을 회복할 기회일지도 몰랐다.[66] 물론 사실 영국의 초대형 수출제조업체들이 잔류파를 전폭적으로 지지했던 건 그만한 이유가 있어서다. 세계적으로 벌어지고 있는 치열한 경쟁을 생각해보면 이들이 가장 피하고 싶은 건 시장 진입과 관련해 불확실한 상황이 몇 년씩 이어지는 것이었다. 영국의 대형차 업체가 속한 자동차 산업은 독일이나 일본 같은 해외 자본들이 소유하고 있었는데 이 투자자들은 브렉시트를 철수의 신호로 보고 있는지도 몰랐다. 영국이 수출하는 상품의 대부분은 가격탄력성이 낮고 경쟁력으로 얻을 수 있는 이득은 대부분 수입하는 원자재 가격이 상승하면서 그대로 상쇄되기 때문에 파운드화 가치가 떨어진다고 해도 얻을 수 있는 이익

은 그리 많지 않았다.[67]

현재의 상황이 타격을 입었다는 건 부인할 수 없는 사실이었다. 다만 이후 가까운 시일 안에 더 균형 잡히고 더 풍요로운 상황으로 발전할지는 또 다른 문제였다. 유럽연합을 반대하는 정서는 수십 년에 걸쳐 쌓여온 것이다. 하지만 그 안에는 저항과 분노의 정치학이 숨어 있으며 긍정적인 대안을 제시하지는 못했다. 이제 메이 수상과 측근 참모들은 이런 현상을 타개할 만한 의제를 제시해야 했다. 그리고 이들이 갑작스럽게 방향을 전환하겠다는 결심을 내비치자 사람들은 크게 놀라고 말았다. 얼마 지나지 않아 메이 수상이 이끄는 영국 정부는 전임 캐머런 수상이 추진했던 지배계층의 문화와 의식에 대한 현대화 정책을 포기하고 국가가 일정 부분 전권을 휘두르고 간섭하는 복지국가 정책으로 방향을 선회한다.[68] 2016년 10월 열린 보수당 회의에서 메이 수상은 단호한 태도로 이렇게 말했다. "지금 영국의 지도층이라고 할 수 있는 수많은 사람들은 영국 국민들보다는 해외의 지도층이나 지배계층과 더 많은 교감을 나누는 듯 행동하고 있다. …… 그렇지만 국제사회의 시민이라는 건 결국 어디에도 소속되어 있지 못한다는 뜻이다. 국가와 국민의 의미를 정확히 이해하지 못하고 있는 건가."[69] 메이 수상은 2010년부터 추진해온 보수당 정책들을 폐기하고 2008년 금융위기 시절로 회귀했다. "금융위기 이후 가장 큰 희생을 치른 건 부유층이 아닌 일반 가정의 국민들이다. 일자리를 잃거나 일자리는 지켰지만 소득이 줄어든 사람, 그러면서 가계지출은 하늘 높은 줄 모르고 치솟는 걸 경험한 사람, 혹은 자신이 특별한 기술이 없는 이민자이기 때문에 구직이나 소득 면에서 차별을 받는 사람들에게 인생은 그야말로 공평하지 못한 것처럼 보일 것이다." 메이 수상은 2008년 위기의 피해자들과 보수당의 긴축조치에 대해 마치 남의 일처럼 말하기는 했지만 어쨌든 돌이켜보면 리먼브라더스 사태는 근본적인 재조정과 방향 전환을 위한 계기를 제공해주긴 했다. 이제부터는 "국가 권력을 일반 가정의 국민들의 편익을 위해 공정하고 공평하게 사용할 것"이라는 의지를 천명한 셈이었다. 그녀는 노동자들의 문제에 관심이 없는 경영자나 세금을 회피하는 다국적 기업, 테러와의 전쟁에 협조를 거부하는 IT 기업들을 공개적으로 비난했다. 또한 "회사 사정을 뻔히 알면서도 자신의 몫을 빼놓지 않고 챙겨가는" 기업의 경영진이나 이사들도 비난의 화살을 비켜가지 못했다. 메이 수상은 마치 러시아의 푸틴이나 남아메리카의 선동가들에게나 어울릴 법한 표현들을 써가며 이렇게 경고했다. "지금 분명하게 경고하지만 이런 상황은 결코 계속되지 못할 것이다."[70]

이제 절대성장보다는 이민자와 평등에 대한 제한을 더 우선적으로 고려할 것이었으며 자유주의적 이상과는 거리가 먼, 완전히 새로운 규제와 통제 조치를 적용할 예정이었다. 한 비평가는 이렇게 논평했다. 노동시장에서 외국인을 배제하려는 메이 수상의 노력은 "결국 일정 수준 이상의 정부 간섭을 불러올 것이며 그렇게 되면 심지어 골수사회주의자도 고개를 흔들 것이다. 세상을 떠난 마거릿 대처 전 수상도 무덤 속에서 통탄할 것이 분명하다."[71] 메이 수상이 행정부 내에서 "보호주의적 성향이 강한 부서"라고 에둘러 부르기도 하는 내무부 장관 출신이라는 사실을 이해하는 사람들이라면 이런 그녀의 입장이 크게 문제 될 것은 없었다. 하지만 메이 수상은 앞으로 어느 정도까지 대기업의 월권을 실질적으로 제한하려 할 것인가? 달갑지 않은 외국인 노동자나 이민자의 진입을 가로막는 일과 주요 해외 투자자의 활동을 간섭하는 일은 완전히 다른 문제였다. 일본의 닛산 자동차가 선덜랜드에 대한 투자를 재고해볼 수도 있다고 위협하자 이 "강력한 정부"는 재빨리 닛산 관계자를 수상 관저로 초청해 대화를 나눴다.[72] 영국 정부는 훗날 브렉시트로 인해 발생하는 피해비용을 닛산에게 배상하기로 약속했다는 사실을 부인한다. 그렇지만 결국 닛산의 사례는 "정신을 차린 정부"도 일부 사람들의 상상만큼 대담한 행동을 취하지 못할 것이라는 징조가 되고 말았다. 그보다는 오히려 더 비용이 많이 들고 굴욕적인 협상의 과정으로 나타나지 않았을까.

그렇다면 시티는 어떨까? 시티는 브렉시트 이후에도 글로벌 금융과 유로존 사이를 이어주는 중심축의 기능을 유지할 수 있을까? 각종 유로화 파생상품을 포함한 유로화 거래의 중심지로서의 역할은 어떨까? 은행은 아무런 저항 없이 지금까지 해온 시티에서의 사업을 포기할 것 같지 않았다. 시티는 런던에서의 금융 사업은 유로존에서의 사업과 사실상 같은 것으로 인정한다는 기존의 합의를 유지하기 위해 총력을 다해 정부에 로비활동을 펼쳤다.[73] 시티에서 의뢰한 연구조사에 따르면 만일 기존 합의를 계속 유지하지 못한다면 유로존과의 각종 사업이 무너지면서 영국은 320억~380억 파운드가량의 세금 손실을 볼 수 있다는 것이었다. 그뿐 아니라 일자리도 6만 5000~7만 5000개가 사라져 역시 연간 100억 파운드에 달하는 소득세 수입 손실을 볼 수 있다고 했다.[74] 잔류파들이 국민투표 실시 전 이와 비슷한 연구결과를 제시했을 때는 별다른 반향을 불러일으키지 못했다. 그렇다면 과연 국민투표가 끝난 지금은 어떨까?

국민투표 직후에는 영국 정부가 협상안을 받아들일 것 같은 분위기였다. 그렇지만 2017년 1월 분위기는 급격하게 가라앉았다. 영국 정부는 국가 간 이주의 자유와 사법권을 제한할 수 있는 권리를 주장했다. 결국 유럽연합 본부로부터 아무런 양보도 기대하지 않는다는 뜻이었다. 브렉시트는 그저 영국이 유럽연합을 탈퇴하는 것 이상의, 유럽연합과의 모든 관계를 새롭게 재정립한다는 의미였다. 메이 수상은 연설을 할 기회가 있을 때마다, 그리고 주요 기업인들과 직접 대면할 때마다 이런 뜻을 강력하게 전달했다. 잔류파를 가장 크게 지원했던 기업인 중 한 사람인 골드만삭스의 로이드 크레이그 블랭크파인이 그렇다면 앞으로 시티를 어떻게 할 것이냐고 질문하자 메이 수상은 답변을 회피했다고 한다.[75] 은행가들은 더 이상 자신이 영국 정부 정책의 최우선 순위가 아니라는 사실을 깨달았다. 이제 시티 문제는 폴란드 배관공의 영국 이주 문제에 대한 "통제권"을 다시 되찾는 일보다 뒤로 밀려났다.[76]

그렇지만 실제로 브렉시트의 결과를 판단하는 사람은 누구인가? 2016년에서 2017년으로 이어지는 겨울 동안 스스로를 위해 주장했던 자유와 통제의 권리는 상대방도 똑같이 주장할 수 있다는 사실을 깨달았다. 영국이 어떤 대가를 치르고 어떤 자유를 얻을 수 있는가는 이제는 골치 아픈 영국을 떨쳐버린 유럽연합이 어떤 종류의 제안을 해 올 것인가에 달려 있었다. 브렉시트 찬성파들은 독일과 다른 국가들이 수출 문제 때문에라도 어쩔 수 없이 영국에 유리한 제안을 해 올 것이라고 주장했다. 영국은 유럽으로부터 많은 상품을 수입했고 이런 상황을 중요한 협상조건으로 이용할 수 있었다. 그렇지만 이 단순한 논리만으로는 유럽연합과 같은 복잡한 조직의 기능을 제대로 이해하기 어려웠다. 복잡하게 얽혀 있는 이해관계와 관심사 때문에라도 유럽연합은 브렉시트 문제를 단순하게 처리할 수는 없었다.[77]

일단 독일이 놀라운 순발력과 확고부동한 지도력을 발휘하면서 유럽연합 국가들은 강경한 태도를 유지하기로 동의한다. 영국의 유럽연합 탈퇴 조건들이 완전히 정리되기 전까지는 영국과의 교역 문제에 대해서는 어떤 협상도 하지 않겠다고 주장하고 나선 것이다. 영국은 수백억 유로에 달하는 유럽연합에 대한 재정적 의무부터 이행한다는 데 동의해야 했다. 또한 유럽 국적 국민들의 이동과 이주의 자유를 보장하지 않는 한 유럽연합 시장 안으로 전혀 진입하지 못할 수도 있었다. 유럽재판소의 결정은 유럽연합 소속 국민들이 원하는 한 유지해야 했다. 브렉시트를 공식적으로 인정하는 유럽헌법 제50조를 영국이 발동한 후에도 실제로 적용되기까지는 2년의 유예기간이 있었으며 사실 유럽연합은 영국을 유럽연합으로부터 완전히 몰아내 잊혀진 존재로 만들려는 그런 의도는 전혀 없었다. 심지어 세계무역기구에서의 위치에 대한 새로운 협상도 필요하다면 진행할 생각이었다. 장클로드 융커가 2017년 5월 런던에서 열린 저녁 식사 자리에서 메이 수상에게 설명한 것처럼 영국이 만일 브렉시트로 인해 "좋은 결과만 있을 것"이라고 상상했다면 그야말로 큰 착각이었다.[78]

상황의 복잡성과 심각성이 더해지면서 영국 정부는 오히려 과격하고 미숙한 위협으로 이에 대응한다. 메이 수상은 2016년 10월에 열린 보수당 회의에서 국가주권에 대한 요구를 국민의 단결이라는 이상과 함께 엮는다. 그렇지만 협상에 대한 영국의 입장이 점점 더 난처해지자 다른 방안을 생각해낸다. 1월 중순 외무부 별관인 랭카스터 하우스(Lancaster House)에서 열린 유럽연합 대사들의 정기 회의에서 메이 수상은 이렇게 이야기한다. 만일 영국이 유럽연합과 만족스러운 무역 협상을 이루어내지 못한다면 아무런 합의 없이 협상은 끝이 날 것이다. 유럽연합이 일종의 "보복성" 조치를 취하려 한다면 영국은 "유럽식 모델"을 포기하고 "세계 유수의 기업들과 투자계의 큰손들이 매력을 느낄 만한 세율 및 각종 정책"을 추진해 대응하겠다는 것이었다. 언론의 보도에 따르면 영국은 "낮은 세금을 내세우는 무역 중심지인 서유럽의 '싱가포르'"로 자신의 위치를 재정립하려는 것 같았다.[79] 며칠이 지나 이번에는 필립 해먼드(Philip Hammond) 영국 재무부 장관이 메이 수상의 주장을 반복해서 전달했다. 개인적으로 그는 "영국이 유럽의 경제적, 사회적 흐름의 주류에서 벗어나지 않기를" 바랐다. "그렇지만 어쩔 수 없이 다른 길을 걷게 된다면 새로운 흐름을 만들 수밖에 없다"는 것이었다. 영국은 경쟁력을 확보하기 위해 "기존의 경제 모형"에 대해 다시 생각해볼 수도 있으며 "그러면 유럽연합도 영국은 필요하다면 무슨 일이든 할 수 있다는 사실을 비로소 깨닫게 될 것이다."[80] 잔류파들은 언제나 브렉시트가 전적으로 경제적인 문제라고 주장했다. 2017년 1월 영국 정부가 유럽연합과의 협상에서 오히려 유럽연합을 위협하는 분위기로 나아가자 메이 수상과 해먼드 장관은 비로소 영국의 유럽연합 잔류가 갖는 의미를 알았다. 영국은 영국식 자본주의의 위력을 한껏 과시하며 시티와 영국이 국제사회에서 누리는 지위를 유럽연합에 대한 최전방 공격무기로 삼았다.

이런 종류의 자기 과시는 브렉시트 찬성파들의 기분을 한껏 띄워주었다. 그렇지만 글로벌 비즈니스에 깊숙이 관여하고 있는 인사들로서는 난 처하기 그지없는 일이었다. 시티는 "유럽의 경제적, 사회적 흐름의 주류에서" 영국이 따로 떨어져나가는 걸 바라지 않았다. 영국 은행들 입장에서는 유럽식 모델이나 흐름과는 아무런 문제가 없었을뿐더러 사실 애초부터 거기에 깊이 관여하고 있었다. 2011년 보수당은 특히 금융 거래 관련 세금 문제로 유럽과 충돌했고 원하는 목적을 달성하지 못했다. 또한 유로화로 표시되는 거래와 관련해 유럽중앙은행이나 프랑스 정부와의 충돌도 충분히 있을 수 있는 일이었다. 하지만 그렇다고 해서 유럽연합을 탈퇴해야 하는가? 문제가 있으면 끝까지 싸워야지 그냥 포기할 수는 없었다. 영국 경제계는 이미 국경을 초월해 유럽연합의 다른 국가들과 더할 나위 없이 서로 긴밀하게 연결되어 있었고 유럽중앙은행 총재 역시 한 식구나 마찬가지였다.[81] 2016년 여름, 유럽연합 집행위원회 전임 위원장인 마누엘 바호주는 새로운 일을 찾다가 골드만삭스 런던 자회사의 비상임 회장으로 취임하며 "유럽식 모델"에 대한 자신의 생각을 다시 한번 확인한다.[82] 영국에 기반한 글로벌 비즈니스 운영과 유럽이 어떤 식으로든 서로 맞지 않는다는 생각은 대처 수상 시절의 정책을 지지하는 사람들만의 환상에 불과했다. 그런가 하면 또 브렉시트가 주는 "자유"란 결국 과격한 불확실성을 의미하는 것이 아닌가. 미국의 주요 은행들 중에서 유로화 관련 사업을 영국에서 철수하기 위한 비상조치로 준비하고 싶은 곳은 어디에도 없었다. 하지만 그러면 대안은 있을까? 영국의 런던은 사업적으로 대단히 매력적인 곳이지만 지금의 정치 상황은 현실을 제대로 따라가고 있지 못했다. 런던이 아닌 파리와 더블린, 프랑크푸르트 같은 다른 대서양 금융 네트워크의 하부 지점들이 어쩌면 대안이 될 수도 있으리라. 그것조차 여의치 않다면 이제 대서양과 역외 달러의 시대는 저물고 말 것이다. 시티는 새로운 바람이 어디에서 불어오는지 알아차렸다. 그곳은 바로 아시아였다.

2017년 여름에 찾아온 새로운 위험의 정체

영국의 브렉시트 국민투표를 앞두고 유럽연합은 발 빠르게 입장을 정리했다. 유럽연합 본부는 원래 복잡한 조약들을 협상하는 데 능숙했지만 브렉시트에 대해서만은 솔직히 큰 충격을 받았다. 돌이켜보면 지난 시간 동안 유럽연합 역시 많은 어려움을 겪어왔다. 유럽 단일시장과 유로화의 아버지라고 할 수 있는 전설적인 경제학자 자크 들로르는 "유럽은 짐짓 아무 일 없는 듯 열심히 전진하고 있다"고 종종 말했다. 그렇지만 브렉시트는 이런 낙관적인 목적론을 오랫동안 끊임없이 방해해온 어떤 어려움보다도 더 심각한 문제였다. 핀란드의 재무부 장관 알렉스 스투브(Alex Stubb)는 브렉시트 사태가 "유럽의 리먼브라더스 사태"가 될지 우려하기도 했다.[83] 유로그룹의 보수파들이 시리자를 견제하면서 가장 염려했던 건 일종의 정치적 영향력이 다른 국가들로 전파되는 것이었는데 브렉시트는 그런 그리스 사태의 악몽을 재현하고 있었다. 무디스의 대변인은 이렇게 논평했다. "글로벌 성장세의 하락 위험은 영국의 불황 가능성에서 오는 것이 아니다. 오히려 영국이 유럽연합을 탈퇴하고도 아무런 문제가 없을 때 유럽연합의 다른 국가들에서 정치적인 위험이 커지고 이를 통해 경제가 영향을 받을 수 있는 것이다."[84] 프랑스의 마린 르펜은 브렉시트 국민투표를 두고 "민주주의의 찬란한 성과"라는 찬사를 보냈다.[85] 네덜란드의 우파 민족주의자인 헤이르트 빌더르스(Geert Wilders)는 네덜란드의 유럽연합 탈퇴를 결정하는 "넥시트(Nexit)" 국민투표를 요구하고 나섰다. 이제 유럽연합을 혐오하는 민족주의의 물결이 영국을 거쳐 폴란드와 헝가리, 그리고 유럽의 나머지 국가들로 퍼져나가는 것인가? 브렉시트가 결정된 지 거의 1년이 지나는 동안 그런 위험은 정말 현실적으로 다가왔다. 그만큼 상황은 심각했다. 유럽의 경제 안정성은 채권시장의 안정에 달려 있었다. 한 분석가는 이렇게 말했다. "영국에서 시작된 정치적 위험이 유럽 본토로 옮아가고 있다는 징후가 분명해질 경우 투자자들의 불안이 다시 높아지지 않을 것이라고는 누구도 장담할 수 없다."[86]

그러는 사이 유럽에서는 중요한 선거를 잇달아 치렀다. 2016년 12월 이탈리아에서는 개헌안이 국민투표로 부결되었고 중도좌파 성향의 마테오 렌치 총리가 사임했다. 오스트리아 대통령 선거에서는 극우파 후보가 크게 선전했다. 네덜란드의 헤이르트 빌더르스와 그가 이끄는 우파 정당은 점점 더 세력을 키워갔다. 테리사 메이 수상은 브렉시트 전략을 안정적으로 밀고 나가기 위해 조기총선 계획을 발표한다. 그렇지만 진짜 문제는 프랑스였다. FN의 수장인 마린 르펜은 그동안 선거 준비를 착실하게 해왔고 또 2014년 5월 유럽의회 선거에서 FN이 선전했기 때문에 2017년 5월에 치를 프랑스 대통령 선거에서 그녀가 결선투표까지 갈 확률은 어느 때보다도 높았다. 그렇다면 누가 그녀를 막아설 수 있을까? 정통 보수파이며 중도 현실론자인 에마뉘엘 마크롱일까, 아니면 프랑스의 진정한 위험 요소인 극좌파 장뤼크 멜랑숑(Jean-Luc Mélenchon)일까? 만일 르펜과 멜랑숑이 결선 투표에서 붙는다면 시장으로서는 그야말로 최악의 상황이 될 터였다.[87] 그런데 이 두 사람은 어떤 차이점을 갖고 있는가에 상관없이 독일에 대한 반감만은 똑같았다.

2017년 봄 전 세계는 숨 막힐 듯한 긴장감에 휩싸였다. 유로화가 요동치기 시작했다. 유럽의 정치적 불안은 투자 자금을 운용하는 담당자들에게는 중요한 "꼬리위험(tail risk)"이었다. 유럽중앙은행의 채권 매입은 안정화를 위한 중요한 조치의 하나였다. 그렇지만 예상과는 다르게 만일 르펜이 프랑스 대통령 선거에서 뜻밖의 결과를 만들어낸다면 유럽중앙은행이 준비한 가장 규모가 큰 안정화 계획이라 할지라도 또 다른 국가채무위기를 피할 수 있을지는 확실치 않았다. 결국 문제를 해결해준 건 다름 아닌 중도파였다. 유럽의 유권자들은 어떤 선거에서도 우파 포퓰리스트 세력을 선택하지 않았다. 프랑스에서는 올랑드 정권에서 가장 젊은 장관으로 능력을 과시했던 에마뉘엘 마크롱이 중도우파와 중도좌파 모두의 지지를 받아 대통령에 당선되었으며 총선에서도 승리해 과반수 의석을 확보했다. 이 승리로 포퓰리스트 세력의 기세는 한풀 꺾였다.[88] 2017년 6월 열린 유럽연합 이사회 회의에서 유럽의 지도자들은 한껏 고무적인 분위기를 드러냈다. 유럽연합은 살아남았고 그리스와 포르투갈에서는 급진좌파 세력을 꺾었다. 또한 극우파 세력의 준동도 막아냈다. 영국과의 협상은 어렵겠지만 어차피 어느 쪽으로든 일방적으로 진행될 수밖에 없는 상황이었다. 유럽은 다시 제자리를 찾았다. 하지만 2017년 여름 국제사회에서 유럽의 정체성과 위치를 위협할 만한 새로운 위험이 찾아왔다. 이번에는 유럽 내부가 아닌 밖으로부터였다. 실제로 이 위협이 시작된 건 브렉시트 국민투표를 하루 앞둔 날, 스코틀랜드의 어느 골프장에서였다.

그 화창한 금요일 아침, 턴베리 에어셔(Turnberry Ayrshire)에 있는 골프장에서는 기자들이 국민투표 결과에 대해 열정적으로 자신의 주장을 펼치는 어느 미국인 사업가를 에워싸고 있었다.[89] "결국은 영국 국민들이 자기 나라를 되찾은 것이다." 이 사업가는 회의적인 모습의 스코틀랜드 사람들에게 이렇게 선언했다. "오바마는 절대로 이 일에 간섭하지 말았어야 했다. 이건 미국과는 상관없는 일이며 오바마가 참견할 수 있는 영역의 문제가 아니다. 그러니 그냥 가만 있어야 했다. 사실 나는 오바마가 나서서 오히려 문제가 어렵게 진행되었다고 생각한다." 사업가는 계속해서 거침없이 브렉시트에 대한 자신의 생각을 털어놓았다. "사람들은 누구나 자기 나라를 되찾고 싶어 한다. 그러니까 어떻게 보면 완전한 독립을 바라는 것이다. 유럽을 보면 …… 유럽 전체를 봐도 그런 사실을 알 수 있지 않은가. 이번 경우 말고도 계속해서 이렇게 자신의 영토를 되찾고 자신의 통화를 되찾으며 그 밖에 많은 것을 되찾으려는 모습을 볼 것이다. 사람들은 자신의 조국을 되찾을 역량을 갖기를 원한다. …… 지금 사람들은, 전 세계 사람들은 화가 나 있다. …… 자신의 나라 안으로 다른 누군가가 밀고 들어와 자리를 차지하고 있는 모습에 분노하고 있다. 더군다나 누군지도 알 수 없는 사람들이 그렇게 하고 있다. …… 전 세계 사람들은 지금 자기 주변에서 벌어지고 있는 수많은 일들에 분노하고 있다."

사업가가 하는 말은 정확히 무슨 의미인지 알 수 없었다. 그는 상황을 잘 파악하고 있는 것 같지도 않았다. 그는 자기 앞에 모인 스코틀랜드 사람들이 대부분 브렉시트를 반대했다는 사실조차 잘 모르는 것처럼 보였다. 그렇지만 브렉시트 국민투표가 실시된 다음 날부터 유럽연합에는 새로운 걱정거리가 생긴 건 분명했다. 그런데 지금 주목해야 하는 건, 그리고 기자들이 이렇게 한적한 골프장에 모여들 수밖에 없었던 이유는 문제의 저 미국인 사업가가 바로 오바마 대통령 이후를 놓고 다툴 미국 대통령 선거에 도전하는 공화당 후보로 결정될 것이 거의 확실시된다는 사실이었다.

24장

트럼프

2016년 7월 21일, 무뚝뚝한 인상의 덩치 큰 한 남자가 연단 위에 나타났다. 그 모습은 마치 영화 〈캡틴 아메리카(Captain America)〉나 〈시민 케인(Citizen Kane)〉 혹은 1930년대 극우파들의 전당대회라도 떠올리게 만들려는 것 같았다. 연단의 중심에 선 사나이는 미국의 역사를 뒤바꿀 연설을 준비해왔다.[1] 연설 내용의 대부분은 오바마 행정부에 대한 가차 없는 비난이었다. 그는 테러 공격과 폭력, 그리고 혼돈에 휩싸인 미국의 걱정스러운 모습을 상기시켰다. 그는 연단 앞에 모여든 청중들에게 18만여 명에 달하는 전과 기록을 가진 불법 이민자들이 지금 이 순간에도 "자유롭게 활보하며" 선량한 미국 국민들을 위협하고 살해하고 있다고 주장했다. 그러는 사이 국민들의 삶은 더욱 팍팍해졌다. "지난 2000년 이후 미국 가계소득은 4000달러 이상 줄어들었다. 제조업 부문 무역수지 적자는 한해 8000억 달러에 달해 역사상 최고 규모를 기록했다. 예산 문제도 별반 다를 것이 없다. 오바마 대통령 임기 동안 국가 채무는 두 배 이상 늘어났다. …… 그렇지만 그 돈은 다 어디로 갔는가? 도로와 교량은 수리를 제대로 못해 무너지고 있고 공항 설비는 후진국 수준이며 4300만 명이 넘는 미국 국민들이 식료품 보조를 받고 있다." 왜 이렇게 상황이 악화되었을까? 그건 바로 "대기업, 엘리트 언론, 주요 정치 후원자들"이 지난 수십 년 동안 서로 공모해 사회 시스템을 자신들에게만 유리하게 조작해왔기 때문이다. 그리고 이제 그 세력들은 민주당 대통령 후보인 힐러리 클린턴 주변에 집결했다. "힐러리 클린턴은 그들에게 조종을 받는 일개 꼭두각시에 불과하다." 이 대목에서 청중들은 힐러리 클린턴을 감옥에 보내라고 소리를 질렀다. 이런 배후 세력에 대항하겠다고 나선 이 남자는 이렇게 약속했다. "소외되고 버려진 사람들을 위해 싸우겠다. …… 해고된 노동자들, 그리고 끔찍하고 불공평한 무역 협정에 의해 무너져버린 공동체들을 위해서 …… 그리고 우리 조국의 잊혀진 모든 국민들을 위해서 싸울 것이다. 성실하게 일해왔지만 아무런 권리도 주장하지 못하고 있는 국민들이여, 역사가 지금 우리를 지켜보고 있다." 남자는 이렇게 선언했다. "우리는 다시 일어설 것이고 온 세상에 미국은 여전히 자유롭고 독립적이며 또한 강력한 국가라는 사실을 보여줄 것이다." 남자의 이런 약속에 사방에서 환호성이 쏟아졌다. 그는 다시 한 가지를 더 약속한다. "이제부터는 미국이 제일 우선이다. 글로벌리즘이 아니라 아메리카니즘이 바로 우리의 신조다."

만일 누군가 경제위기와 민주주의의 부패가 미국에서 어떻게 민족주의적 반동을 불러일으켰는지 그 상황을 그려보려 한다면 이런 결말은 사실 어쩌면 현실과는 다른 만화에 가까운 모습일지도 모르겠다. 그런데 만화가 아니라 실제로 이런 일이 일어나고 말았다. "현실"로 눈앞에 펼쳐진 것이다. 이 이야기의 주인공은 바로 부동산 재벌이자 텔레비전 쇼 사회자이며 한 달 전 헬리콥터를 타고 스코틀랜드 턴베리 골프장으로 날아가 브렉시트를 찬양했던 바로 그 남자였다. 그 남자 도널드 트럼프가 민주당의 힐러리 클린턴을 상대로 공화당 대통령 후보로 지명된 것이다. 트럼프의 가장 가까운 선거참모는 다름 아닌 친딸 이방카 트럼프(Ivanka Trump)였는데, 그 이방카가 입고 다니는 옷이 마음에 든다면 메이시 백화점에서 이방카 트럼프 이름으로 운영되는 매장을 찾아가면 된다.[2]

다음 날 백악관 로즈가든(Rose Garden)에서는 기자회견이 열렸고 오바마 대통령은 평정을 되찾으려는 듯한 모습을 보였다. "미국이 붕괴 직전에 처해 있고 폭력과 혼돈이 도처에 난무하고 있다는 생각이나 주장은 대부분의 국민들이라면 전혀 공감하지 못할 것이다. 아침이 밝아오면 지저귀는 새소리와 함께 하루를 시작하고 오후에는 아이들이 뛰어노는 모습을 지켜보며 동료들과 함께 열심히 일하고 주말을 기다리는 그런 풍경을 나는 기대한다. 그리고 반드시 강조하고 싶은 중요한 사실이 하나 있다. 지금 시중에 떠돌고 있는 흉흉한 소문의 일부는 전혀 사실이 아니다."[3]

2016년 7월 오바마 대통령이 가한 이런 반격은 많은 사람들에게 지극히 상식적인 모습으로 비쳤다. 그렇지만 얼마 지나지 않아 대통령이 이야기했던 "지저귀는 새소리"며 길고도 뜨거운 여름을 즐겁게 보내는 아이들에 대한 표현이 어딘지 모르게 다르게 들리기 시작했다. 사람들은 민주당이 다가오는 대통령 선거를 지나치게 낙관적으로 보고 있다고 생각하기 시작했다. 사실 클린턴 선거본부 역시 트럼프가 주장하는 미국의 현실을 그리 심각하게 받아들이지 않았다. 그런데 결전의 날이었던 11월 8일 도널드 트럼프는 그 현실이 무엇인지 확실하게 보여준다. 힐러리 클린턴은 뉴욕주와 캘리포니아주 등지에서는 압도적인 인기를 끌었지만 결국 고른 지역에서 선거인단을 확보한 도널드 트럼프가 미국의 제45대 대통령에 당선되고 말았다.

트럼프의 미국 대통령 당선은 당대의 미국 정치계층이 경험했던 가장 혼란스러운 사건임에 틀림없었다. 도저히 있을 수 없는 일이 일어난 것이다. 민주당은 2016년 대통령 선거 승리를 확신하고 있었다. 물론 2008년 이후 민주당이 의회에서 제대로 힘을 쓰지 못한 건 사실이지만 2012년 대통령 선거전에서 승리한 후로는 의회는 몰라도 대통령 자리만은 넘겨주지 않겠다는 강한 자신감이 있었다.[4] 민주당의 지휘 아래 미국은 금융위기를 무사히 이겨낼 수 있었으며 위기가 끝나고 미국이 다시 정상적인 상황으로 돌아오자 더욱 현대적이고 다양한 모습의 민주당이 대통령 선거전에서 필연적으로 승리할 것이라고 내다봤다. 물론 미국 사회 내부에 심각한 문제가 있다는 사실은 부인할 수 없었고 경제도 원하는 만큼 회복되지 않았다. 그렇지만 일단 힐러리 클린턴과 민주당의 새로운 전문가 세대는 자신이 정권을 잡기만 하면 뭐든 해낼 수 있을 거라는 자신감이 충만해 있었다. 오바마 대통령의 건강보험 개혁 법안과 도드-프랭크법은 시작에 불과했고 미국은 그 이상의 개혁과 발전을 필요로 했다. 이런 상황에서 공화당이 제시할 수 있는 대안은 무엇이었을까? 도널드 트럼프는 일단 인물됨됨이 자체가 대통령이라는 고위직에 어울리지 않았고 또 그가 주장해온 미국의 참혹한 현실은 도무지 현실과는 맞지 않는 이야기처럼 들렸다. 2012년 대통령 선거전의 경우 오바마는 현직 대통령이자 재선에 도전하는 후보로 상당한 인기를 누리고 있었으며 상대인 및 롬니 공화당 후보 역시 독실한 모르몬교 신자로 기업가로서 큰 성공을 거두고 매사추세츠주 주지사도 역임하면서 어느 정도 대중들의 기대치를 충족시킬 수 있는 인물이었다. 이제 4년이 지난 지금 오바마는 정치 무대에서 사라졌으며 공화당에는 대세를 뒤집을 만한 인물이 없었다. 그 결과 2016년 미국 대통령 선거전은 2012년이 아닌 금융위기로 혼란스럽던 2008년과 비슷한 분위기로 흘러갔다. 그리고 아무도 예측하지 못했던 엄청난 결과가 나왔다.

"우리의 미국이 위기에 빠져 있다"

2016년 선거에서 2008년 금융위기의 분위기를 가장 강하게 드러낸 것은 버니 샌더스(Bernie Sanders)가 민주당 후보 경선에서 힐러리 클린턴의 강력한 경쟁자로 나섰다는 사실이다. 샌더스는 심지어 애초에 민주당 소속도 아니었으며 스스로를 민주사회주의자로 불렀다. 그는 월스트리트의 분명한 적이었다. 2008년 그는 의회에서 부실자산구제프로그램(TARP)에 반대표를 던졌고 대형 은행들을 파산하도록 그대로 내버려두라고 요구하기도 했다. 그는 은행 경영진이 합당한 처벌을 받기 바랐고 또 뉴딜정책 시대의 은행 규제법들을 되살리고 싶어 했다. "월스트리트를 점령하라!" 정신이 그의 힘이 되어주었고 어느 쪽에도 속하지 않은 무당파나 젊은 유권자들 사이에서 샌더스의 인기는 상당히 높았다.[5] 샌더스가 대통령에 도전하는 후보로서 이 정도 인기를 끌 수 있었다는 사실은 결국 30세 이하의 젊은 유권자들 중에서 자본주의보다는 사회주의를 더 긍정적으로 바라보는 사람들이 많다는 여론조사 결과를 증명하는 것이다.[6] 2008년의 분노는 여전히 살아서 꿈틀거리고 있었고 그 중심에 샌더스가 있었다. 그를 지지하는 모임에는 거의 언제나 구제금융에 대한 분노의 목소리가 터져 나왔다. 미국 국민들은 대부분 경제적 어려움에서 벗어나기 위해 여전히 애를 쓰고 있다. 샌더스는 2015년 9월 이제는 상황이 나아졌다고 막연하게 생각하는 분위기 속에서 연준의 금리 인상 취소를 지지하며 이렇게 지적했다. "실제 실업률이 10퍼센트를 넘어가는 지금 우리는 양질의 일자리를 만들어내고 임금을 올리기 위해 가능한 모든 일을 해야 한다. 이제는 연준이 나서서 무너진 중산층을 재건하기 위한 조치를 서둘러 취할 때다. 지금으로부터 7년 전, 월스트리트의 은행들을 구해준 것처럼 말이다."[7]

2008년에 있었던 불공평한 처사들을 다시 들먹이는 건 버니 샌더스의 "지지기반"이 되어주었을 뿐만 아니라 민주당 후보 경선에서 1위를 달리는 힐러리 클린턴을 겨냥한 가장 위협적인 무기였다. 힐러리 클린턴은 뉴욕주 상원의원에 국무부 장관을 역임했고 따라서 월스트리트와는 떼려야 뗄 수 없는 관계로 사실 당시 사정에 가장 정통한 인물이었다.[8] 2016년 봄 클린턴과 샌더스는 도드-프랭크법을 두고 설전을 벌인다. 샌더스는 2009년으로 시간을 되돌려 은행들을 해체하고 모든 것을 다시 바로잡고 싶어 했다.

이에 대해 클린턴은 이미 만들어진 개혁 법안인 도드-프랭크법을 더 엄격하게 적용하면 된다고 응수했다. 그러자 샌더스는 골드만삭스에 초청강사로 가서 받은 강연료 60만 달러와 지금 발언에 무슨 관계가 있냐고 따지고 들었다. 과연 그녀는 강연 내용을 정확하게 밝힐 수 있을까?[9]

우파가 리비아 사태와 관련된 힐러리 클린턴의 이메일을 문제 삼았다면 좌파는 골드만삭스 강연을 문제 삼았다. 그리고 이메일 문제는 그녀에 대한 신뢰를 떨어트리는 또 다른 원인이 된다. 이제는 탐욕스러운 "흡혈 괴물"이라는 별명으로 더 많이 알려진 골드만삭스와 힐러리 클린턴은 과연 어느 정도로 깊게 연결되어 있는 것일까?[10] 심지어 《뉴욕타임스》까지도 강연 내용을 밝히라고 요구하고 나설 정도였다. 선거참모진은 결국 강연 내용이 실제로 일반 대중들의 정서와 어울리지 않는다고 결론내린다. 지나치게 은행 편을 드는 것처럼 보일 수도 있었던 것이다.[11] 우리가 지금 이런 사정을 알게 된 건 비밀공개 사이트인 위키리크스(WikiLeaks) 덕분이다. 7월에 힐러리 클린턴이 민주당 대통령 후보로 사실상 결정되자 위키리크스 사이트에는 선거본부에서 오갔던 내부 정보들이 마구잡이로 소개되기 시작했다.

실제로 민주당 운영의 보안 문제를 건드린 사람은 복잡한 기술적, 법적 논쟁의 중심에 설 수도 있었다.[12] 그렇지만 당시에는 일단 모든 책임을 러시아 측과 연결된 해커들에게 몰아갔다.[13] 우크라이나와 시리아에서 새롭게 긴장의 수위를 높여가고 있던 블라디미르 푸틴과의 갈등이 결국 미국, 그중에서도 클린턴 선거본부에 역습으로 돌아오고 있던 것일까? 막후에서는 미국 정보기관이 러시아가 대통령 선거에 어느 정도까지 개입하고 있는지 밝혀내기 위해 애를 썼다. 러시아 정부 내부에서 확보한 자료를 근거로 미국 정보부는 푸틴 정권에 대한 클린턴 측의 적대감 때문에 러시아 정부가 대통령 선거에서 힐러리 클린턴에게 불리한 공작을 꾸미고 있다는 결론을 내린다. 설사 선거 결과를 뒤바꿀 수 없더라도 이미 약점이 드러난 미국 정치시스템의 적법성을 훼손하기 위해 전력을 다하고 있다는 것이었다.

러시아 정부는 양국이 서로의 정권을 뒤흔드는 일을 할 수도 있다고 경고했고 실제로 익명의 미국 행정부 소식통에 의하면 오바마 대통령 역시 그해 가을 러시아 경제에 "타격을 입히는 방안"까지 포함해 여러 가지 선택지를 놓고 고심했다고 한다.14 미국이 행동에 나서지 않은 건 푸틴이 한 걸음 뒤로 물러섰기 때문이다. 그렇지만 이제 2016년 미국 대통령 선거는 지난 선거와는 확연히 다르다는 사실이 분명하게 드러났다. 특히 공화당에서는 전례가 없는 일들이 벌어지고 있었다.

민주당 내부에서의 권력투쟁은 좌파와 우파의 대립이라는 분명한 논리를 지니고 있었으며 민주당 지도부는 당을 확실하게 장악하고 있었던 반면 공화당에서 벌어지는 일들은 혼란 그 자체였다. 공화당은 통제 불능 상태였으며 사실 지난 부시 행정부의 파행과 2008년 금융위기의 여파, 그리고 금융위기가 불러온 티파티 운동 등에서 조금도 회복되지 못했다. 2011년과 2013년 의회 예산안 파동 때 이미 예견되었던 당 내부의 분열상은 그 어느 때보다도 심각했다. 2013년의 경우 국가 부도 위기에 몰리면서 결국 셧다운은 막을 수 있었으나 우파는 큰 타격을 입었다. 먼저 2014년 6월에 하원의 원내대표였던 에릭 캔터가 경선에서 탈락한다. 그리고 2015년 10월에는 존 베이너가 공화당 내에서도 초강경파 하원의원들의 모임이라고 할 수 있는 프리덤 코커스(Freedom Caucus)에 의해 하원의장 자리에서 물러나는 불운을 맛본다.15 당이 이렇게 내분에 휩싸이자 젭 부시(Jeb Bush) 같은 당 지도부 소속의 유력 대선 후보들이 덩달아 몰락했다. 그러면서 보수우파의 지지를 받는 인물들이 대거 전면에 부상했다. 코크형제를 필두로 하는 억만장자 후원자들의 "다크머니"가 텍사스주 상원의원 테드 크루즈(Ted Cruz)에게 몰려들기 시작했다.16 그렇지만 거의 두 배 가까운 차이로 공화당 경선에서 과반수 득표를 한 건 바로 도널드 트럼프였다.17

J.P.모건의 제이미 다이먼이 은행가에게 변호사뿐만 아니라 정신과 의사도 필요하다고 말한 건 도드-프랭크법 관련 협상의 수고스러움을 꼬집

은 것이다. 하지만 이 말은 도널드 트럼프라는 인물을 해석하려 할 때도 똑같이 적용될 것임에 틀림없다.[18] 물론 역사가들도 도움을 줄 수 있을 것이다. 도널드 트럼프는 혼란스러운 현재에 대한 해법으로 과거로의 회귀를 주장하는 사람이다. 빌 클린턴과 같은 해인 1946년에 태어난 도널드 트럼프는 70세에 미국 대통령에 당선되었으며 1990년대까지만 해도 여전히 신선해 보였던 베이비붐 세대의 감성을 묘하게 비틀어 십분 재활용했다. 도널드 트럼프의 인종과 관련된 태도는 1970년대 인종차별 폐지와 민권운동 시대에 대한 반감을 반영한다. 또한 그의 거친 모습과 성차별적 행동은 1980년대에 흔히 볼 수 있었던 뉴욕 월스트리트의 만찬회장 모습을 떠올리게 하는데 당시만 해도 만찬회에 모인 채권 중개인들은 서로 아무렇지도 않게 성(性)과 관련된 표현을 써가며 사업 이야기를 하고 재산을 자랑했다고 한다. 트럼프 선거본부의 대표적 전략인 국가적 위기 강조는 최근에 일어난 일들에 대한 반감을 반영한 것이라기보다는 1970년대 후반과 1980년대 초반 미국 국민들이 세상의 변화를 처음으로 느꼈던 순간의 분위기와 비슷했다. 당시에는 베트남 전쟁에서의 패배와 미국 도심 지역의 위기, 일본의 맹렬한 공격이 큰 충격이었다. 물론 트럼프 자신은 30년이 지난 지금까지도 그때의 공포를 지겹도록 반복해 이야기하고 있지만 어쨌든 지금 나타난 새로운 적은 중국과 이슬람 세력, 남아메리카에서 건너온 불법 이민자들이었다.

트럼프의 가장 큰 약점이자 장점은 그가 사업가이자 협상가 출신이라는 사실이었다. 그리고 공교롭게도 그가 하는 사업은 부동산 사업이었기 때문에 미국의 경기순환에 민감할 수밖에 없었다. 금융위기 문제에 대한 전설적인 분석가 하이먼 민스키(Hyman Minsky)가 이미 1990년에 지적했던 것처럼 트럼프는 자산가치가 오를 것을 예상하고 이를 담보로 돈을 빌려 사업을 꾸려가는 전형적인 돌려막기 방식의 사업가였다.[19] 그 결과 트럼프는 위기가 닥치면 큰 타격을 입을 수밖에 없었고 특히 1990년대 초 경제불황 시기에 가장 크게 손해를 보며 거의 파산 직전까지 이른다. 2008년의 경우 언론사 경영에 진출하거나 자신의 이름만 빌려주는 식으로 사업을 다각화했기 때문에 상대적으로 큰 피해는 보지 않았지만 부동산은 여전히 그의 사업에서 중요한 부분을 차지했다. 사실 그는 계속해서 부동산 사업을 확장하는 일에 골몰했고 결국 2006년 일단 모기지 상품 중개업에 진출한 뒤 모기지 대출사업도 시작하겠다는 계획을 발표한다. 트럼프로서는 정말 다행한 일이었지만 어느 사업도 제대로 본궤도에 오르지 못했다. 2008년에는 카지노 사업이 부진을 겪으며 결국 폐업을 하기도 했다. 그렇지만 트럼프의 진짜 약점은 시카고에서 벌인 대규모 콘도 개발 사업이었다.[20] 이 콘도 개발 사업은 시어스 타워 이래 미국에서 가장 높은 건물을 세우겠다는 대단히 야심에 찬 계획이었고 실제로도 처음에는 어느 정도 잘 진행되었다. 그렇지만 2008년 들어서 시카고의 콘도 판매는 그만 중단되고 말았다. 가을 무렵에는 누가 봐도 트럼프와 동업자들은 어려움에 빠졌다. 1990년대에 파산을 경험한 이후 트럼프는 더 이상 미국의 주요 은행에서는 자금을 융통하기 어려웠고 그래서 주로 도이치은행 북아메리카 부동산 사업부를 통해 투자를 받았다. 2008년 11월 첫 번째 주에 버락 오바마가 자신의 지지기반인 시카고에서 지지자들과 함께 대통령 선거 승리를 자축하고 있을 때 도이치은행과 도널드 트럼프는 피할 수 없는 대결을 시작한다. 도이치은행은 트럼프 개인을 상대로 4000만 달러의 소송을 걸었다. 트럼프는 법의 허점을 이용해 놀라울 정도로 뻔뻔하게 이에 대응해 나갔다. 그는 1929년 이후 최대의 금융위기가 발생했기 때문에 자연재해와 같은 불가항력적인 상황으로 봐야 한다고 주장했다. 따라서 사업을 진행하는 데 계획보다 더 많은 시간이 필요하다고 주장했던 것이다. 사실 이런 위기를 불러들이는 데 일조한 전형적인 형태의 위험한 투기를 감행한 것은 도이치은행자신이었다. 트럼프는 자신의 명예가 훼손되었다며 30억 달러의 보상을 요구하는 맞소송을 걸었다. 그야말로 법정을 무대로 한 불꽃 튀는 결투가 벌어졌고 트럼프는 자신이 필요로 하는 시간을 벌 수 있었다.

트럼프는 위기에 몰릴 때마다 대단히 현실적인 선택을 했으며 분명 자유시장경제의 원칙들을 어느 정도 신봉하는 그런 인물이었다. 2008년 금융위기가 발생하자 그는 미국 기업들이 얻을 수 있는 모든 도움을 절실하게 필요로 한다는 사실을 깨닫는다. 그는 미국 정부로부터 필요한 보조금을 얻어내는 일에는 수십 년에 걸친 경험이 있었다. 트럼프는 인간적으로 버락 오바마의 성품을 좋아했고 2009년까지만 해도 오바마를 반대하는 세력에 참여하지 않았다. 그는 폭스뉴스에 출연해 뜻밖의 발언에 당혹해하는 진행자 앞에서 오바마의 초기 정책들에 대해 이렇게 평가했다. "나는 대통령이 대단한 일을 해냈다고 생각한다. …… 이 만만치 않은 남자는 자기가 무엇을 원하는지 잘 알고 있으며 우리가 지금 필요로 하는 건 이렇게 강단 있는 인물이다. …… 그가 실제로 지금 집무실에서 어떤 정책을 펼치고 있는지 잘 알 것 같다. 어쨌든 대통령은 골치 아픈 문제를 물려받았고 대단히 어려운 상황을 헤쳐나가고 있는 것은 분명하다." 오바마 대통령의 경기부양 조치에 대해서도 트럼프는 똑같이 긍정적으로 평가했다. "음, 그러니까 뭐라도 해야 하지 않겠는가. 그리고 완벽하든 완벽하지 않든, 어쨌든 세상에 완벽한 건 없으니까 말이다. 애초에 누구나 다 시행착오는 있는 법이고 …… 지금 상황이 대단히 어려우며 …… 대공황 이후 최악의 몇 년을 보내고 있는 것도 분명한 사실이니까 말이다. 지금 1980년대를 언급했는데, 내 말은 80년대 초반 정도를 지금과 비교할 수 없다고 본다. …… 은행들 사정을 한번 돌아보라. 지금 당장 수조 달러를 지원하지 않으면 은행시스템 자체가 붕괴할 판이다. 그러면 1929년의 악몽이 완벽하게 재현되는 것이다. 정부는 지금 해야 할 일을 제대로 하고 있다."[21] 트럼프 자신은 은행들을 지원하는 일을 크게 내켜하지 않았지만 대신 디트로이트 자동차 산업에 대해서는 놀라울 정도로 열심이었다. "내 생각에 자동차 산업만큼은 정부가 100퍼센트 확실하게 밀어줘야 한다. 자동차 산업을 잃을 수야 있겠는가. 그야말로 놀라운 제품들을 만들어내는 위대한 산업인데 말이다." 보수 성향의 진행자는 트럼프와 조세 감면 문제를 서로 엮으려고 했고 그런 시도는 어느 정도 효과가 있었다. 어쨌든 그는 세금 납부를 별로 좋아하지 않는다. 하지만 그는 경기부양을 위한 지출에 계속해서 집중했다. "사회기반시설을 건설하고 큰 사업을 계속 벌여서 사람들에게 일자리를 주는 정책"은 더할 나위 없이 올바른 일이었다.[22]

금융위기로부터 6년, 활동적이고 헌신적인, 그리고 "강력한" 대통령에 대한 도널드 트럼프의 열정은 여전히 남아 있었다. 변한 것이 있다면 오바마 대통령에 대한 평가로, 후한 평가와 감탄은 냉혹한 적대감으로 바뀌어 있었다. 바로 이런 태도의 변화가 보수우파와의 접점을 만들어주었다. 논리적이거나 지적인 친밀감이 아니라 선정적인 3류 언론들이 만들어내는 터무니없는 소문과 음모론을 통해 트럼프는 보수우파와 같은 길을 걷는다. 그의 말에 귀를 기울이는 사람이 얼마 되지 않을 무렵부터 그는 끊임없이 상대방 후보들을 비방하는 전략을 취했다.[23] 2013년 밋 롬니의 패배 이후 우파는 더욱 초조하고 과격하게 변해갔지만 트럼프는 오히려 더 공격적인 모습으로 공화당의 반이민 세력의 대변인을 자처하고 나섰다. 2014년에 들어 트럼프는 미국과 멕시코 국경에 "장벽"을 세우자는 계획을 자신의 대표 공약으로 내세웠고 "미국을 다시 위대하게"라는 구호를 말 그대로 자신의 전매특허로 만든다. 민족주의와 외국인 혐오, 미국의 현재 상황에 대한 절망적인 진단은 마침내 우파들의 공감을 이끌어냈고 미래뿐만 아니라 현실에 대한 인식을 나타내는 그의 구호도 큰 인기를 끌었다. "우리의 미국이 위기에 빠졌다!"

공화당 경선에서 백인 남성 유권자들의 표심을 뒤흔든 건 다름 아닌 트럼프의 이런 직설적이고 앞뒤 가리지 않는 호소였다. 그리고 공화당 지도부는 그런 트럼프의 행태가 경제민족주의와 결합되어가는 방식을 걱정하지 않을 수 없었다. 1980년대 이후 공화당 지도부는 사실상 세계화를 부르짖어왔다. NAFTA의 구상이 선 건 바로 레이건 행정부 시절이었고 아버지 부시 대통령은 세계화 정책을 그대로 이어받아 1993년 클린턴의 민주당 행정부에게 넘겨준다. 1990년대의 화두였던 이른바 "세계화"는 민주당의 루빈파 세력과 공화당이 합심해서 만든 초당적 계획이었던 것이다. 이들이 추진했던 세계화는 비단 자본이나 재화 시장에만 국한되지 않았고 노동시장까지 확대되었다. 기업 측 로비스트들은 이민법이 개혁되도록 힘을 썼다. 그래야만 불법 이민자들을 끌어안아 더 저렴한 노동력을 다량으로 확보할 수 있었기 때문이다. 모든 종류의 규제나 제약에 다 반대하는, 그러니까 노동과 재화와 자본의 "자유"라는 개념은 하나의 이념적 공통분모가 되어 미국 기업들의 이해관계와 한 덩어리로 엮이었고 여기에는 소규모 사업자에서 세계 경제 수장들까지 다 포함되었다. 그런데 당연히 이런 세계적인 흐름을 역행하는 산업 분야가 있었고 그중에서도 대표적인 건 석탄 산업이었다. 화석연료를 기반으로 하는 환경오염 산업들은 세계화, 혹은 글로벌리즘의 대척점에 서 있었으며 그 안에서는 기후변화 정치학에 대한 거부와 노동자 계층이 주도하는 미국식 민족주의의 이해관계가 모두 다 맞아떨어졌다.[24] 그렇지만 이런 경우는 극히 드물었고 어쨌든 공화당으로서는 보수민족주의라는 정치적 기반과 세계화를 지향하는 지도부 사이에서 불안한 균형 상태를 유지할 수밖에 없었다. 1990년대 우파 민족주의를 앞세웠던 팻 뷰캐넌(Pat Buchanan) 같은 정치가는 여러 차례 이런 불안한 상태를 깨트리려는 시도를 했다. 그런데 2008년 이후 정말로 균형 상태를 무너트린 진짜 원인은 공화당 핵심 세력의 점진적인 와해였다. 2015년 도널드 트럼프는 극단적 보수주의를 등에 업고 정치 무대 전면에 등장하며 정치 지형 자체를 바꿔버린다. 그는 경제원칙에는 전혀 관심을 두지 않은 채 1970년대의 이른바 "일본 때리기(Japan bashing)" 정책을 수정해서 들고 나와 공화당을 자극했고 "불법이민자"들을 몰아내고 산업현장의 일자리를 미국 국민들에게 되돌려주겠다고 약속했다. 이 새로운 지도자를 따라 공화당은 자유무역정책을 모두 다 폐기해버린다. 여론조사에서 공화당 내부의 자유무역정책에 반대하는 의견은 2014년 36퍼센트에서 2년 후인 2016년에는 68퍼센트로 뛰어올랐고 공화당 의원 중에서 자유무역을 여전히 옹호하는 세력은 24퍼센트로 줄어들었다.[25]

공화당 기존 지도부들로서는 경선에서 불어닥친 도널드 트럼프의 돌풍은 그야말로 당혹스러움 그 자체였다. "공화당 경제정책의 주요 뼈대가 산산이 부서져 내렸다." 미국기업연구소(American Enterprise Institute)의 한 인사가 한 말이다. "최소한 이번 대통령 선거에서는 다 사라졌다고 보면 된다."[26] 미국 상공회의소는 결코 호락호락 물러설 생각이 없었고 무역 문제에 관해서 공화당 후보에게 공개적으로 도전했다. 그렇지만 아무런 소용이 없었다.[27] 트럼프와 그가 주장한 보호무역 의제가 결국 승리를 거두었다.

2016년 여름은 그야말로 놀랄 만한 반전의 연속이었다. 막후에서는 보이지 않은 초대형 후원자들이 우파 급진주의의 불길을 되살리기 위해 전력을 다하고 있었지만 미국의 알 만한 대기업들은 더는 공화당과 엮이려 들지 않았다. 2012년 및 롬니가 공화당 대통령 후보로 결정되었을 때만 해도 많은 기업이 공화당을 후원했다. 플로리다주 템파에서 열린 공화당 전당대회에는 미국 경제계 거물들이 앞 다투어 참석할 정도였다. 그렇지만 2016년에 트럼프가 후보 지명을 수락하며 미국의 국가적 위기 상황을 강조하는 자리에는 이름난 재계와 금융계 인사가 한 사람도 함께하지 않았다. 심지어 공화당에 대한 충성심을 간직하고 있는 월스트리트의 일부 최고 경영진조차 트럼프를 감당해낼 수 없었고 트럼프와 엮임으로써 회사 고객이나 직원들과 문제를 일으키는 위험을 감수하려 하지 않았다. 이것은 물론 기업이나 사업 문화와도 관련된 문제였다. 어느 홍보 고문은 이렇게 논평했다. "모든 기업은 전 세계의 굵직한 경제 수장들이 모이는 자리에 이 공화당 후보와 자신들의 CEO가 자리를 함께할 수 있는지를 기준으로 이 문제를 판단할 것이다. 만일 그렇게 할 수 없다면 공개적으로 공화당을 후원하고 나설 수는 없는 문제다." 왜 그런지에 대한 설명도 이어졌다. "전당대회 내부에서 일어난 트럼프 찬성파와 반대파의 갈등이야 사실 그 안에서만 일어나는 일인데 무슨 큰 문제가 되겠는가. 또한 미국 국내에서 벌어지는 갈등보다 더 중요한 건 트럼프 후보 자신과 …… 그가 제시하는 주장이 세계를 상대하는 미국 기업들의 전통이나 사업계획과 잘 어울리는가 하는 것이다."[28] 사실 기업들의 이름 앞에 "인종차별과 극우민족주의 국가의 기업"이라는 꼬리표를 달기 원하는 사람은 아무도 없을 것이 아닌가.[29]

그리고 2008년 금융위기를 떠올리고 있었던 건 샌더스의 지지자들뿐만이 아니었다. 《워싱턴포스트》에 재무부 장관을 역임했던 헨리 폴슨의 기고문이 실렸다. "만일 2008년 금융위기 당시 도널드 트럼프와 같은 분열을 조장하는 인물이 대통령 자리에 있었다면 어떤 일이 벌어졌을까? …… 우리가 또 다른 대공황을 피해갈 수 있었던 진짜 이유는 공화당과 민주당이 서로 힘을 합쳐 재무부의 구제금융 계획을 의회에서 통과시켰기 때문이다."[30] 물론 2008년 당시에도 그런 초당적인 협력이 쉽게 이루어지지 않았다는 사실은 그 누구보다도 헨리 폴슨 자신이 잘 알고 있었다. 공화당 내부의 반대파들은 글로벌 뱅크런을 막으려는 부시 행정부의 노력을 거의 수포로 돌아가게 만들 뻔했다. 위기를 이겨내는 데 힘을 보탠 건 부시 행정부와 민주당이었지 부시 대통령이 속한 공화당이 아니었다. 그들은 당시 받아들이기 어려운 위기 탈출 해법만을 주장했다. 이제 헨리 폴슨은 이렇게 경고한다. "우리는 미국의 위대한 정당들 중 하나인 공화당을 어느 포퓰리스트가 낚아채는 모습을 지켜보고 있다. 이제 공화당은 도널드 트럼프를 앞세워 무지와 편견, 공포, 고립주의에 뿌리를 둔 포퓰리즘 정당으로 바뀌어가고 있다."[31] 미국의 양대 정당 중 한 곳인 공화당의 이런 탈선은 그야말로 체제를 뒤흔드는 위협을 가하고 있었다. 헨리 폴슨에게는 이제 선택의 여지가 없었다. 그는 미국 국민들에게 힐러리 클린턴에 대한 지지를 호소했다.

어쩌면 트럼프 역시 자신의 과거를 바탕으로 할 말이 있었을지도 모른다. 2008년만 해도 그는 은행에 대한 구제금융에 적극적으로 찬성했다. 그런데 2016년에는 그런 사실을 밝힐 의사가 전혀 없는 것처럼 보였다. "도널드 트럼프 공화당 대통령 후보"는 이제 더 이상 2008년 뉴욕의 큰손도, 수완 좋은 사업가도 아니었다. 그는 그때보다 더 음흉하고 알 수 없는 인물로 변신했다. 트럼프의 선거본부를 진두지휘한 건 스티브 배넌으로 그는 인터넷 우파 뉴스매체 브라이트바트를 운영했고 2013년 연방정부 셧다운 때 스스로를 "레닌파 공산주의자"라고 내세우기도 했던 인물이다. 배넌은 헨리 폴슨의 도전을 아주 기꺼이 받아들인다. 미국 역사에 대한 배넌의 암울한 관점에 따르면, 2008년 9월 18일 아침 헨리 폴슨과 벤 버냉키가 부시 대통령을 만나 대규모 구제금융의 필요성을 주장했던 그 순간은 역사의 새로운 분기점이었다. 배넌은 이를 두고 종말을 향한 투쟁의 서막을 알린 "네 번째 전환점"이라고 불렀다.[32] 이날 아침 미국은 미국이라는 국가의 영혼을 상실하는 단계까지 갔다는 것이다. 스티브 배넌에게 트럼프의 대통령 당선은 이른바 글로벌리스트를 지향하는 지도층이 주도하는 국가 운영권을 다시 되찾아오기 위해 반드시 이루어내야 하는 사명이었다. 트럼프 선거본부는 특별했던 마지막 텔레비전 광고를 통해 이렇게 선언한다. "국민들의 일자리를 빼앗고 국가의 재산을 몰래 가져가 한 줌도 되지 않은 대기업과 정치가들에게 몰아주는 이런 경제정책은 과연 누구에게 책임이 있는가? 바로 세계화를 앞세운 권력구조가 아닌가."[33] 이런 설명이 나오면서 화면 위로는 그 권력구조의 중심에 있는 인물들의 모습이 등장했다. 조지 소로스와 연준 의장 재닛 옐런, 골드만삭스의 로이드 크레이그 블랭크파인 등이었다. 트럼프 본인이 미국에서 몇 손가락 안에 드는 부자 사업가라는 사실을 생각하면 참으로 반기업적인 선거운동이 아닐 수 없었다. 이번 선거는 또한 최근 역사에서 가장 극명하게 반유대주의를 내세우기도 했다. 스티브 배넌의 주장에 동의를 하는가에 상관없이 금융위기가 일어난 지 10년

이 채 되지 않는 동안 미국의 정치가 그야말로 한 번도 가보지 못한 길을 걷고 있다는 건 누구도 부인할 수 없는 사실이었다.

지난 2007년 스위스의 대표 일간지 《타게스안차이거(*Tages Anzeiger*)》는 연준의 전 의장 앨런 그린스펀에게 다음 대통령 선거에서 어느 후보를 지지하느냐는 질문을 던졌다. 그린스펀의 대답은 충격적이었다. 그는 자신의 지지의사 같은 건 아무 문제도 되지 않는다고 선언하며 그 이유를 이렇게 설명했다. "세계화 덕분에 미국 정책 대부분이 세계시장의 흐름에 따라 결정되고 있으니 어쩌면 운이 좋다고 해야 할지도 모르겠다. 국가안보 문제를 제외한다면 사실 누가 다음 대통령이 되든 별다른 차이는 없다. 세상은 이제 시장의 힘이 지배한다."³⁴ 그야말로 선택의 여지가 없는 세계화 시대의 현실이었다. 물론 앨런 그린스펀 본인은 세계가 시장의 힘에 의해 지배된다는 사실을 말로만 주장한 것이 아니며 누구 못지않게 이런 시장의 힘을 만들어내기 위해 애를 써온 인물이었다. 미연준 의장으로서 그는 시장이 미국 경제정책의 궁극적인 조정자가 되도록 만들었다. 클린턴 행정부 초기에 앨런 그린스펀은 민주당과 월스트리트 사이에 새로운 협력관계가 조성되도록 연준을 이끌었으며 정치적으로만 문제를 해결하려는 방식은 더욱 제한을 받게 되었다. 세계화란 결국 정치적 해결 방식과는 상반된 개념이며 자연스럽게 이루어졌다기보다는 1940년대 이후 앨런 그린스펀과 비슷한 생각을 가진 미국의 정치가와 기업가, 그리고 정책 전문가들이 힘을 합쳐 만들어낸 인위적으로 만들어낸 현상이라고 볼 수 있다. 2016년 대통령 선거는 2008년의 금융위기가 이런 정계와 재계의 연합체와 그들이 만들어낸 세상을 얼마나 크게 뒤흔들어놓았는지를 보여주었다. 무엇보다도 금융위기는 시장이 세상을 지배한다는 앨런 그린스펀의 생각이 얼마나 현실과 동떨어졌는지를 적나라하게 드러내 보인 것이다. 금융위기 사태를 통해 알게 된 것처럼 시장의 힘이 지배하는 정부란 고작해야 아주 위태로운 상황에 처할 수밖에 없었고 글로벌 금융시스템이 무너져갈 때 정작 지배를 받아야 했던 건 바로 시장 그 자체였다. 엄청난 규모로 국가의 개입이 필요했던 것이다. 그리고 누가 누구를 지배하며 정치적인 지원을 어디에서 얻을 수 있는가 하는 것이 결국 모든 문제의 핵심이라는 사실도 깨달았다. 선거와 정당 정치는 절대로 무시할 수 없는 중요한 요소였으며 따라서 2016년 대통령 선거에서의 선택은 앨런 그린스펀이라 하더라도 더는 무관심하게 지나쳐버릴 수 없는 문제였다. 헨리 폴슨과 달리 그린스펀은 힐러리 클린턴을 지지하지는 않았지만 그 대신 기자들에게 "지금의 경제적, 정치적 환경은 자신이 지금까지 어떤 식으로든 연루되었던 환경 중 단연 최악"이라고 경고했다. 그는 "지금의 광풍(狂風)"이 미국을 무너뜨릴지도 모를 위험한 상황이라고 깊이 우려하고 있었다. 그리고 10년 전에 가졌던 확신과는 달리 지금은 "정치적으로 어떤 일이 벌어질지 나로서는 전혀 알 수 없다"는 사실을 인정했다.[35]

도널드 트럼프의 선거운동은 어쩌면 정말 일시적인 광풍으로 보일 수도 있었지만 트럼프 측은 실제로 그리 만만한 상대가 아니었다. 우선 온라인 매체를 통해 즉각적인 반격에 나섰다. "지금 앨런 그린스펀이 뭘 보고 광풍 운운하는가?" 트럼프를 지지하는 인터넷 웹사이트들이 해명을 요구하고 나섰고 다시 연준과 전·현직 의장들을 공격하기 시작했다. "도널드 트럼프 후보의 정책 공약과 연준의 마이너스 금리 정책 중 어느 쪽이 더 제정신인가? 은행들에 대해 그야말로 미친 듯이 자금을 퍼주던 때를 잊은 건가? 연준이 수조 달러어치에 이르는 재무부 채권을 매입하고 재무부에 이자를 지급한 다음 그 이자를 연방정부 예산의 수입으로 계산하는 건 과연 정상적인 행동인가?"[36] 만일 이런 모든 정책이나 조치가 정상적인 통화정책으로 인정받는다면 지금은 그럴듯하게 보이지만 결국 미래의 미국 납세자들에게 엄청난 부담을 안길 "가식으로 쌓은 경제(false economy)"*를 부

---

* 앨런 비티(Alan Beattie)가 같은 이름의 책(2009)에서 유행시킨 개념이다. 앨런 비티는 이 책

추기고 "인위적 거래"를 만들어낸 연준을 비난하는 후보자를 두고 미쳤다고 해도 받아들이겠다는 것이 트럼프 측의 주장이었다. 미연준의 대차대조표 규모는 지미 카터 대통령 시절에 통과된 완전 고용을 목표로 하는 법안을 이행하기 위해 4조 4000억 달러까지 확대되었는데, 그렇다면 경제가 정치논리에 따라 움직인다는 사실을 과연 진지하게 부정할 수 있는가?[37] 도널드 트럼프와 버니 샌더스의 선거운동은 정말로 제정신이 아니거나 아니면 그저 진작에 밝혀졌어야 하는 사실을 드러내고 있는 것인지도 몰랐다. 바로 앨런 그린스펀 세대의 정책들은 모두 다 실패로 돌아갔다는 사실이었다. 앨런 그린스펀과 동료들이 그렇게 노력해 일종의 자연스러운 과정으로 제도화했던 금융의 세계화는 단지 부와 권력의 분배라는 냉정한 결과와 함께 계획적으로 이루어진 정치적, 법적 인공 구조물에 지나지 않는다는 사실이 밝혀진 것이다.

트럼프의 대통령 당선이 가져온 혼란과 당혹

2016년 여름 현재의 상황을 맹렬하게 비난하고 나선 트럼프와 샌더스 후보에 대한 가장 일반적인 반응은 한때 스쳐 지나가는 바람처럼 두 사람을 그저 무시하는 것이었다. 우선은 샌더스가 힐러리 클린턴에게 패배하며 민주당 경선에서 탈락했으니 이제 그 여세를 몰아 트럼프까지 압도적인 표차이로 무너트리는 일만 남았다. 극우 보수주의의 기세가 수그러들지 않는 가운데 공화당 후원자들은 슬그머니 대통령 선거전에서 발을 빼고 함께 치러질 상원의원과 하원의원 선거를 지원하기 시작했다. 어차피 힐러리 클린

에서 당장은 양적완화를 통해 위기를 잠재웠을지 모르지만, 결국 미래에는 미국 납세자들이 엄청난 부담을 짊어질 것이고 그에 따른 경제적 침체가 예상된다고 주장했다.

턴이 대통령에 당선될 것을 예상하고 대신 의회에서 새로운 대통령을 견제하기 위해서였다. 이제 트럼프의 승리를 믿고 있는 건 선거본부 안의 핵심 지지자들과 폭스뉴스의 시청자들뿐이었다. 이들은 반대 세력들이 "현실에 대한 착각"이라고 폄하하는 내용들을 굳게 믿고 있었다. 선거가 치러진 날 밤, 대통령 선거와 상원의원, 하원의원 선거 결과에 트럼프 진영도 놀랐지만 주류 언론들은 그야말로 경악과 충격을 감출 수 없었다.[38] 몇 시간이 지나지 않아 잘잘못을 따지는 갈등이 시작되었다. 트럼프를 지지한 건 백인 노동자 계층과 인종차별을 내세운 극우파들이었다. 힐러리 클린턴은 여성과 사회 비주류 계층의 지지를 제대로 이끌어내지 못했다. 아니, 어쩌면 민주당의 선거 패배는 러시아의 개입 때문이었는지도 모른다. 어쨌든 자유주의에 대항하는 새로운 세력 연대가 이루어졌다는 사실은 분명했다. 오바마 대통령은 도널드 트럼프의 대통령 당선은 브렉시트와 마찬가지로 세계화에 저항하는 여론이 표면화된 것으로 본다는 개인적인 의견을 피력하기도 했다.[39]

사실 그동안 진행한 여론조사를 되짚어보면 트럼프에게 표를 던진 유권자들이 평균적인 미국인들보다 더 나은 환경에 속해 있다는 사실을 알 수 있다.[40] 소수 민족이나 인종이 대부분을 차지하는 미국의 최하위 계층 유권자들은 계속해서 민주당을 지지해왔다. 그런데 선거 관련 통계를 자세히 분석해봤을 때 대학 교육을 받지 못한 백인 남성 유권자들 사이에서는 공화당에 대해 상당한 의식의 변화가 일어났다는 사실을 알 수 있다. 트럼프에게 표가 몰린 건 당장의 어려움보다는 미래에 대한 불안감이 더 크게 작용했기 때문이다. 특히 백인 유권자들 사이에서는 이런 불안감이 남아메리카와 아프리카계 미국인들에 대한 적대감과 뒤섞였으며 거기에 남성들은 여성들의 신분 상승까지 불안하게 받아들였다.[41] 트럼프는 제조업 사양화로 불황을 맞은 이른바 러스트 벨트(Rust Belt) 지역에서 과거 롬니 후보보다 훨씬 더 많은 지지를 이끌어냈다. 또한 민족주의자들과 인종차별의

자들의 무조건적인 지지도 상승세를 이끌어내는 데 한몫했다. 심지어 무역 관련 문제조차 여기에 매몰되어버리고 말았다.[42] 예컨대 선거 기간 방영된 어떤 광고를 보면 현장에서 일하는 미국인 노동자가 외국 이주민 노동자에게 일자리를 빼앗기는 장면이 나오는데, 그 미국인은 바로 전형적인 백인 남성의 모습을 하고 있었다. 공화당의 선거 전략도 주효했다. 공화당은 민주당이 자신의 표밭이라고 여기고 안심하던 중서부 지역에서 시간과 돈을 쏟아부으며 그야말로 전력을 다해 선거운동을 펼쳤다. 반면에 민주당은 트럼프의 인기 자체를 인정하지 않으려는 안이한 태도가 점점 더 깊어져갔고 트럼프의 "집착에 가까운" 미국 제조업 관련 공약과 정책에 대해서도 아무런 대응도 하지 않았다.[43] 백인 남성들의 민족주의에 트럼프가 노골적으로 매달리는 사이에도 클린턴 측은 기업들의 글로벌리즘이라는 현상을 그저 별다른 저항 없이 인정만 하고 있었다. 오바마에게 표를 주었던 700만 유권자가 등을 돌리고 트럼프를 지지하도록 그냥 내버려두고 말았는데, 이 유권자들은 기득권층을 대표하지 않는 후보를 찾았다. 사실 700만 명이라면 전체 유권자의 4퍼센트에 지나지 않는다. 그렇지만 이들의 표는 미시건주와 펜실베이니아주, 위스콘신주의 대통령 선거인단을 공화당에 넘겨주기에 충분했고 힐러리 클린턴이 뉴욕주와 캘리포니아주에서 거둔 압도적인 승리를 무용지물로 만들어버렸다. 민주당 당직자들은 설마 자신들이 이번 대통령 선거에서 패배할 것이라고는 전혀 상상하지 못했다.[44] 하지만 힐러리 클린턴은 민주당의 연이은 두 차례 대통령 선거전 승리에 이어 또 도전을 하는 상황이었다. 변화는 불가피했다. 미국 경제는 트럼프가 주장하는 것만큼 어려운 상황은 아니었는지도 모른다. 하지만 그렇다고 호황도 아니었다. 선거에서 승리를 거두려면 기존의 민주당 지지세력들을 하나로 뭉치게 할 필요가 있었지만 결국 모든 것이 다 실패로 돌아가고 말았다.

도널드 트럼프의 미국 대통령 당선의 충격은 브렉시트 못지않은 혼란과 당혹스러움을 이끌어냈다. 이제 트럼프가 미국 대통령에 당선되었다. 그렇다면 실제로 미국을 지배하는 건 과연 어떤 세력인가? 물론 일부 기득권층이 이 비정상적인 결과를 어떻게든 바로잡으려고 개입할 것이다.[45] "숨은 권력집단(deep state)"이라는 개념은 더 이상 과격한 음모론자들만의 주장은 아니었다. 주류 언론들도 이들의 존재를 언급하기 시작했고 트럼프 진영도 이 문제에 신경을 쓰며 자신들이 제일 먼저 맞서 싸워야 할 상대가 누구인지 지지자들에게 알리기도 했다.[46] FBI며 CIA가 러시아의 선거 개입 증거를 조사하고 또 트럼프 측도 이 문제를 걸고넘어지려고 할 때 사람들은 안보기관이나 법집행기관 등에서 이 일을 방해하고 나설 것으로 예상했다. 그렇지만 사실 미국의 모든 기득권 세력이 전부 새로운 대통령 당선자에게 등을 돌렸다고 보는 것이 옳다. 2016년 8월 《월스트리트저널》은 리처드 닉슨 시절부터 각 행정부마다 대통령경제자문위원회에서 활동해온 위원들 중 생존해 있는 45명 전부와 접촉한다. 그중에서 공화당에 의해 지명된 인사는 23명이었지만 어느 누구도 도널드 트럼프를 지지하지 않았다.[47]

트럼프는 뒤로 물러서지 않았다. 어쩌면 그가 대통령에 당선되어 제일 먼저 하고 싶었던 일은 싸움을 거는 일이 아니었을까. 원하는 바가 갈등의 촉발이라면 더 크고 소란스럽게 진행될수록 트럼프에게는 유리했다. 그는 경제민족주의를 전면에 내세웠고 다른 건 아예 생각지도 않았다. 그저 다른 문제에 대해서는 아는 것이 없었는지도 모른다. 2016년 12월 트럼프 대통령 당선자는 인디애나주 인디애나폴리스에 있는 냉난방기 제조업체 캐리어(Carrier)사 문제에 개입한다. 미국 내 공장의 일자리를 1000개를 그대로 유지하도록 설득한 것이다. 부통령 당선자인 마이크 펜스가 주지사로 있던 인디애나주는 수백만 달러에 달하는 세금환급금을 지급했다. 캐리어사 대변인은 법인세법 개혁과 미국에서의 기업 운영 환경 개선에 대한 트럼프의 약속을 신뢰한다고 말하며 트럼프에게 힘을 실어주었다. 대통령 당선자는 곧장 인디애나폴리스를 방문했고 그곳에서 자신의 첫 번째 경제정책 성과를 자화자찬하며 왜 캐리어의 모기업인 유나이티드테크놀러지스(United Technologies)가 자신에게 협력했는지 또 다른 이유를 밝혔다. "앞으로 기업들은 그냥은 미국을 떠날 수 없을 것이다." 트럼프는 위협이라도 하듯 이렇게 선언했다. "그런 일은 앞으로 일어나지 않을 것이다. …… 이나라를 떠나는 일은 아주아주 어려워질 테니까 말이다."[48] 주말에는 이런 내용도 트위터에 올렸다. "어느 기업이든 우리나라를 떠나 다른 나라로 옮아가며 직원들을 정리하고 다른 나라에 새로운 공장을 지은 다음 거기서 만든 물건을 다시 미국에 되팔려고 생각한다면, 그것도 미국에 아무런 도움을 주지 않으면서 그렇게 하려 한다면 그건 한참 잘못된 생각이다!"

관련 전문가들로서는 깜짝 놀랄 만한 발언이 아닐 수 없었다. 대통령 당선자는 미국 기업들이 전 세계에 자본과 노동력을 수출할 수 있는 역량을 바탕으로 성공을 거두어왔다는 사실을 이해하지 못하는 건가? 여러 전문가가 이렇게 지적했다. 트럼프의 이런 협박성 발언은 "버니 샌더스보다는 오히려 베네수엘라의 독재자 우고 차베스(Hugo Chavez)의 선동에 더 가깝다. 마치 통화를 통제하겠다는 것과 비슷한 최후통첩과도 같은 협박인데 이건 경제를 볼모로 삼은 독재자들이나 즐겨 쓰던 방법이 아닌가."[49] 만일 좌파 쪽에서 재무부나 연준의 개입을 막으며 이런 도발을 감행했다면 시장은 분명 큰 타격을 받았을 것이다. 그렇지만 트럼프의 당선 직후에는 아무런 일도 일어나지 않았다. 트럼프는 분명 도전자였지만 모든 도전자들이 그와 같지는 않다. 민주당 지지자들 사이에서는 경기침체와 함께 깊은 정치적 비통함이 함께 번져갔다. 그런데 그 못지않게 놀라운 반응은 바로 공화당 쪽에서 나왔다. 일반 유권자에서 소상공인과 금융시장 중개인들까지 모든 공화당 지지자들은 새로운 낙관주의를 쏟아냈다.[50] 월스트리트의 거물급 인사들은 크게 당황할 수밖에 없었다. 이들은 새로운 대통령 당선자가 자신의 "브랜드 가치"와 함께할 수 없는 존재라고 생각했지만 그 와중에 은행 주가는 연일 상한가를 기록했다. 트럼프는 도드-프랭크법 폐지와 관련해 뭔가 큰 것 한 방을 터트리고 싶었다. 만일 정말 도드-프랭크법이 폐지된다면 은행들로서는 최소한 단기적으로는 좋은 일이었다. 시장에서는 오바마케어의 연기와 그에 대한 비용 절감의 기대로 보건 관련 주가가 올라간 반면 사회기반시설 관련 주가는 떨어졌다. 한편 이른바 "트럼플레이션(Trumpflation)"에 대한 우려로 채권 매각이 가속화되면서 연준이 금리를 인상할 가능성은 더 커졌다.[51]

그리고 이런 "트럼프 효과(Trump bump)"는 대통령이 새로운 인물을 끌어모으기 시작할 때만 확인되었다. 그는 주변에 충성스러운 이론가들을 끌어모았다. 그는 정책의 실질적인 내용에 대해서는 어떠한 양보도 하지 않았지만 내각의 중요한 자리를 부유한 기업가와 군 장성 출신들에게 나눠주며 세력을 확대해갔다. 그중에서도 가장 놀라웠던 건 선거 막바지에 무시무시한 협박성 표현까지 써가며 공격했던 월스트리트와의 화해 시도였다. 트럼프는 재무부 장관으로 먼저 J.P.모건의 제이미 다이먼을 염두에 두었고 그다음 골드만삭스 출신들을 대안으로 생각했다. 결국 재무부 장관과 차관에 골드만삭스 출신 스티브 므누신(Steve Mnuchin)과 짐 도노번(Jim Donovan)을 지명했다. 역시 같은 골드만삭스 출신으로 비영리재단을 맡아 운영했던 디나 파월(Dina Powell)은 백악관의 중요한 고문으로 자리를 옮겼다. 미국 국가경제위원회 위원장 게리 콘(Gary Cohn)은 골드만삭스 사장을 역임했다. 한편 미국 증권거래위원회(SEC) 회장으로 참모진이 추천한 인물은 골드만삭스의 주거래 법률회사인 설리번앤드크롬웰(Sullivan & Cromwell) 출신 인사였다. 백악관의 비서실장은 이런 인사에 대해 다소 우려를 표했지만 결국 재무부 차관으로 지명된 짐 도노번이 물러나면서 이런 불만도 어느 정도 가라앉았다.[52]

기존의 일반적인 정치 규범에서 트럼프의 이런 행태는 이해할 수 없는 모순 그 자체였고 기득권층이 다시 돌아오고 있는 것으로 비췄다. 그렇지만 트럼프가 상식적인 선에서 기존의 정치 문법을 제대로 이해하고 있는지는 확실하지 않았다. 트럼프가 이해하는 것은, 아니 최소한 그가 뛰어들었다고 생각하는 세계는 날것 그대로의 세계, 약육강식의 논리만이 지배하는 세계였다. 한 전문가는 이렇게 평가했다. "도널드 트럼프는 이 세상을 맨해튼의 부동산 시장이 더 넓게 확대된 것과 비슷하게 보고 있다. 바로 굶주린 야수가 나약한 희생자를 잡아먹는 비정한 승부의 세계 말이다."⁵³ 이런 관점에서 보면 트럼프가 월스트리트의 거물들을 처음에는 비판했다가 다시 자신의 수하로 삼은 건 별반 자기모순적인 행동이라고 볼 수 없었다. 그저 자신이 승리했음을 과시하는 행동일 뿐이었다. 트럼프의 과격한 행동이나 선동의 중심에는 정책이 아니라 권력에 대한 순수한 행사가 자리 잡고 있었다. 트럼프는 대통령에 당선되기 전에 성공한 사업가였을 뿐만 아니라 텔레비전 프로그램을 진행하면서 큰 인기를 끌기도 했다. 그는 대통령 선거 기간 동안 기득권층에 대항하는 모습을 내세우며 연준 의장을 웃음거리로 만들고 골드만삭스의 CEO를 악의 축으로 몰아가면서 결국 대통령에 당선되었다. 그렇게 승리를 거두고 난 뒤에는 J.P.모건의 제이미 다이먼을 재무부 장관으로 기용할 생각이었다. 그러다가 자신의 구미에 더 맞았던 골드만삭스 출신의 다른 임원을 재무부 장관에 임명한다. 만일 누군가 이렇게 할 수 있다면 그야말로 무소불위의 1인자나 다름없다는 뜻이며 그것도 대중의 지지를 받고 있기 때문에 더욱 그렇게 할 수 있는 것이다. 도널드 트럼프가 바라는 것은 바로 그런 권력이었으며 그는 이렇게 대통령에 당선되고 나서도 사업가 시절의 모습으로 집요하게 돌아가고자 했다.

미국의 경우 행정부와 재계의 주요 인사들은 이렇게 자리를 바꿔가며 순환하듯 일을 하는 경우가 많다. 골드만삭스 같은 기업들에서는 주로 고위층 인사들이 관례적으로 이런 길을 거친다. 국가에 충성하는 미국인이라면 백악관에서 보내오는 초대장을 거절하기가 쉽지 않다. 그렇지만 여기에서 한 가지 의문이 생긴다. 기업의 고위 경영진은 기꺼이 행정부의 일원이 되고 싶어 할까? 이 질문에 간단하게 대답하자면 도널드 트럼프의 대통령 선거 승리가 모든 것을 바꾸어놓았다고 말할 수 있다. 그의 기묘한 성미와

괴벽스러운 정책 제안으로 인해 이제 누가 누구를 위해 무엇을 해야 하는 가에 대한 좀 더 기본적인 정치적 질문을 비교 검토하게 만들었다.

'적자 부정' 시대로의 회귀

통치 문제에 대해서라면 이렇게 복잡한 연대 세력에서 일관된 정책을 이 끌어내기란 쉬운 문제가 아니다. 그렇지만 트럼프 행정부와 공화당이 함 께 동의하는 사안이 한 가지 있었다. 바로 오바마 전 대통령이 남긴 유산 을 모두 뒤집는 일이었다. 이런 관점에서 본다면 사실 트럼프 진영의 선거 운동 방향은 2008년의 영향을 받아 정해졌으며 트럼프 행정부의 초기 모 습 역시 2008년의 유산에 의해 만들어졌다고 해도 틀린 말은 아니다. 물론 다만 모두 반대 방향으로 그렇게 이루어졌다는 뜻이다. 트럼프 대통령 임 기의 첫 12개월은 금융위기 이후 민주당이 추진했던 국가 재건 계획의 건 실성을 점검하는 데 소요되었다. 그렇다면 도대체 얼마나 많은 부분이 공 화당 대통령과 공화당이 지배하는 의회의 맹렬한 감사 공격을 받았을까? 지난 2008년 브래드퍼드 들롱 교수는 부시 행정부의 재정 실적을 검토하 며 "이후에 등장할 수도 있는 공화당 정권이 '정상적'으로 움직인다는 보장 이 전혀 없을 때 앞으로 민주당이 취해야 할 적절한 전략과 전술은 무엇인 지" 고민해보았다.[54] 그로부터 9년의 세월이 흐른 지금, 당시의 질문은 그 어느 때보다도 더 절실하게 다가왔다. 2009년 이후 공화당 의원들은 행정 부와 무자비한 정쟁을 치러왔다. 처음에는 경기부양책을 걸고넘어졌고 그 다음은 오바마케어였다. 그리고 2011년과 2013년에는 두 차례에 걸쳐 채 무한도를 볼모로 잡고 행정부와 맞섰다. 이제 대통령과 의회, 행정부와 입 법부를 모두 손에 넣은 공화당은 과연 무슨 일을 벌일 것인가?

오바마케어, 혹은 환자보호 및 부담적정 보험법은 새로운 행정부가 가장 바라는 전리품이었으며 쉽게 뜻대로 할 수 있을 것 같았다. 2010년 3월 의회에서 힘겹게 승인받은 오바마케어는 처음 계획과는 다르게 많은 부분이 훼손되고 변형되기는 했다. 그러나 트럼프 임기 첫 6개월 동안 온갖 파격적이고 무자비한 결정이 난무하는 과정에서도 공화당은 결국 오바마케어를 완전히 폐지하거나 다른 법안으로 대체하지는 못했다. 공화당의 앞길을 가로막은 건 사안 자체가 갖는 복잡성, 그리고 공화당 내부의 깊은 분열이었다. 그렇지만 이런 공화당의 실패는 오바마케어가 다른 정말로 중요한 사회적 혹은 경제적 입법조치와 마찬가지로 그 자체로 사회적인 지지기반을 끌어모았다는 사실을 보여주었다. 오바마케어처럼 논란이 많은 제도조차도 일단 수천만 명이 여기에 의존하고 또 수천억 달러의 자금이 따라서 흐르면 정치권에서 쉽게 손을 뗄 수 없는 존재가 되고 만다. 실제로 미국에서 오바마케어로 인해 확대된 건강보험의 혜택을 가장 많이 받은 주는 캔터키주와 웨스트버지니아주로 모두 트럼프의 굳건한 지지기반이기도 했다.[55] 트럼프가 정권을 잡았을 때 유권자들 중 가장 중요하고 큰 부분을 차지하고 있는 무당파의 오바마케어 지지율은 2010년 36퍼센트에서 53퍼센트로 늘어났다.[56] 여름 들어 공화당 지도부는 이제는 필사적으로 오바마케어를 폐지하기 위한 마지막 승부수를 던졌지만 미국 국민들 중에서 그런 공화당의 뜻을 지지해준 건 13퍼센트에 불과했다.[57] 그리고 당연히 상당수의 공화당의 중도파도 여기에 동참하기를 거부했다.

만일 오바마케어를 폐지할 수도 대체할 수도 없다면 그다음은 어떤 조치를 취할 수 있을 것인가? 2017년 여름 무렵에는 현대 정치의 복잡한 현실에 직면한 공화당의 일관성 없는 행태로는 어떤 효과적인 행동에도 나설 수 없는 것처럼 보였다.[58] 오바마케어와 관련된 다툼은 이제 입법 과정으로 어떻게 할 수 있는 여지가 더는 없었다. 사회기반시설에 대한 트럼프의 약속도 어쩌면 그저 유권자들을 현혹하기 위한 미끼였는지 모른다. 조세개혁은 말만 많았지 아무런 실질적인 조치도 취해지지 못했다. 그런 반면 기본적인 금융 관련 문제들만은 어떻게도 피해갈 수 없었다. 채무 한도 문제는 그대로 해결되지 않은 채 남아 있었고 2017년 봄 재무부가 차입 한도에 도달하자 어쩔 수 없이 익숙한 임시조치를 취해야 했다.[59] 재무부 장관 스티브 므누신은 의회에 채무 한도를 높여달라고 요청했지만 묵묵부답이었다. 그렇지만 그해 여름 의회는 만장일치로 휴회에 들어간다. 그러는 사이 믹 멀베이니(Mick Mulvaney)가 새로운 예산관리국 국장에 임명된다. 그는 2011년과 2013년 셧다운이라는 승부수를 던졌던 프리덤 코커스 모임을 처음 시작한 인물이기도 했다.[60] 믹 멀베이니는 공화당 중도파나 민주당에 양보할 의사가 전혀 없었다. 프리덤 코커스의 오랜 동료들이 요구하는 극단적인 지출 삭감은 큰 호응을 얻지 못했다. 트럼프 행정부의 예산 국장에게 셧다운은 최악의 선택은 아니었다. 만일 미국이 채무 한도 문제로 어려움을 겪고 어쩔 수 없이 지출의 우선순위를 정한다면 사실상 셧다운이나 부도사태를 맞이하는 것이나 다름없었다.[61] 그리고 놀랍게도 대통령도 여기에 동의하는 듯 보였다. 2017년 5월 트럼프 대통령은 자못 유쾌한 듯 "좋은 셧다운이다"라는 글을 트위터에 올린다.[62]

여름이 저물어갈 무렵 공화당은 백악관과 의회를 모두 장악했음에도 불구하고 예산안 문제를 제대로 처리할 수 없을 것처럼 보였다. 진짜 의문은 공화당이 미국을 재정절벽으로 몰아가도록 민주당이 그대로 내버려둘 것인가였다. 오바마가 아직 대통령이었을 때 집권 여당인 민주당은 야당인 공화당이 제대로 협력을 해주지 않는다고 비난한 적이 있다. 그랬던 그들이 아무리 트럼프가 대통령이라고 하더라도 행정부를 돕는 일을 거부할 수 있을까? 그런데 이런 진퇴양난의 상황이 실제로 닥치기 전에 갑자기 천재지변이 먼저 미국을 강타한다. 허리케인 하비(Hurricane Harvey)가 텍사스주 대부분을 휩쓸고 다시 또 다른 허리케인이 플로리다주로 다가오자 트럼프 대통령도 민주당도 정쟁만 벌이는 모습으로 보이고 싶지는 않았다.[63] 9월 6일 백악관에서 열린 회동에서 트럼프 대통령은 완전히 달라진 모습을 보인다. 그는 민주당과 협상하기 위해 의회 다수당이라는 유리한 고지도 포기하고 또 자신이 임명한 재무부 장관과의 논의도 협상 중간에 그만둔다. 이런 현기증 나는 반전의 연속에서 정치 전문가들은 미국의 정당 제도를 뛰어넘는 "독립적인" 대통령의 사례들을 역사 속에서 다시 찾아보느라 정신없이 움직였다.[64] 그리고 물론 현실은 훨씬 더 만만치 않았다. 찰스 슈머와 낸시 펠로시가 상원과 하원을 움직여 행정부의 셧다운을 막아내는 동안 트럼프 대통령은 공세로 돌아선 공화당을 격려하며 좋아할 뿐이었다.[65] 비록 오바마케어 폐지는 정치적으로 이루어내지 못했지만 조세 감면은 충분히 할 수 있을 것 같았다. 공화당은 상원과 하원에서 "조세 개혁"을 신속하게 진행하기 시작했다.

2017년 12월 상원과 하원 모두를 통과한 최종 세금 법안은 커다란 논란의 대상이 되었다. 겉으로 보기에만 그럴듯한 이 법안은 개인 소득세에 대한 전면적인 삭감과 특히 민주당을 지지했던 주들의 지역 고소득자들에 대한 면세 조치 등으로 이루어져 있었다. 그렇지만 이런 조치를 한시적으로만 적용하기로 했다. 몇 년 안에 대부분의 저소득층은 이전보다 세금을 더 많이 납부할 것이었다. 그보다 조금 더 오래 혜택을 받는 극소수 부유층의 경우는 상속세 기준을 1100만 달러로 올리기로 했다. 그런데 정말로 문제가 되는 부분은 기업에 대한 법인세율을 기존의 40퍼센트에서 내리는 조치였다. 이렇게 되면 기업이 올리는 수익은 다시 기업에게 돌아가거나 혹은 주주들에게 지급된다. 기존의 부유층과 특히 주식으로 소득을 올리고 있는 부유층은 이런 대단히 불평등한 특혜를 통해 더 부유해질 수 있었다. 미국의 소득 순위 상위 20퍼센트가 보유한 기업의 지분은 90퍼센트가 넘었다. 상원에서는 거기에 더해서 모든 미국 국민이 건강보험에 가입하도록 하는 이른바 단일 보험자 건강보험 시스템(single-payer healthcare system)을 폐지하도록 한다. 이 조치가 폐지되면 최대 1300만 미국 국민이 보험 혜택을 받지 못할 수도 있었다. 그런데 이미 큰 관계가 없는 많은 사람들이 보험을 포기했고 따라서 남아 있는 사람들에 대한 보험금만 크게 올라갈 가능성이 커졌다. 브래드퍼드 들롱 교수의 우려는 이로써 충분히 확인된 셈이었다. 세제 개편으로 인한 재분배나 혜택의 영향과 규모를 볼 때 2017년의 조치는 1981년 레이건 행정부나 2001년과 2006년 부시 행정부의 대규모 감세 조치와 비교할 만했다.[66]

조세 개혁안을 의회에서 조용히 통과시키고 신경이 곤두선 공화당의 재정 관련 보수파들을 진정시키기 위해 재무부와 공화당을 지지하는 경제학자들은 재정 적자의 영향에 대해서 가급적 말을 아꼈다.[67] 이들은 세율을 낮추면 경제가 성장하고 따라서 정부의 조세 수입도 늘어난다는 예전 레이건 시절의 주장에 의지하고 있었다. 조세 수입과 낮은 세율 사이의 관계를 긍정적으로 설명했지만 그만큼 비판도 많이 받았던 1980년대의 이른바 래퍼 곡선(Laffer curve)까지 다시 등장했다.[68] 그렇지만 대부분의 경제학자들은 이런 안이한 태도를 크게 경멸했다. 조세 감면은 분명 정부의 재정 적자로 이어질 수밖에 없다. 오바마 행정부 시절 재정 책임 및 개혁을 위한 국가위원회를 이끌었던 심프슨과 볼스는 트럼프 행정부의 조세 감면 계획을 "적자 부정(deficit denial)" 시대로 회귀하는 것이라고 평가절하했다.[69] 하지만 사실 여기에는 나름대로 냉철한 정치적 계산이 깔려 있었다. 적자를 감수하지 않고는 기업들에 부과하는 세율을 21퍼센트까지 줄여줄 다른 방법이 없었다.[70] 또한 공화당 의원들 중에서도 적극적 성향의 의원들은 이런 상황을 두려워하지 않았다. 이들은 적자 폭이 늘어날수록 더 빨리 자신이 계획하는 제2단계로 넘어갈 수밖에 없다고 생각했다.[71] 조세 감면 조치로 인해 적자가 1조 5000억 달러가량 더 늘어나는 상황에서 지출 삭감이 뒤따를 수밖에 없다. 미국의 공공의료보험제도인 메디케이드(Medicaid)가 법이 허용하는 한도 내에서 다시 등장할 것이며 연방정부의 나머지 예산들은 엄격한 긴축에 들어갈 것이다. 이것은 1980년대가 아닌 1990년대의 공화당 전술이었다. 공화당 의원들의 주도하에 다시 괴물 굶겨 죽이기가 시작된 것이다.

자유주의자들은 당연히 불평등만 더 심화시키는 공화당의 세제 개편안에 크게 분노했다. 국제연합의 극빈층 관련 특별 조사관은 우연히 미국을 방문해 심각한 빈곤 상태에서 살아가는 4000만 미국 국민들 중 일부를 만난 후 새로운 조세 계획을 "미국을 세계 최고의 불평등 국가로 만들려는 시도"라고 평가하기도 했다.[72] 그렇지만 이런 불평등 문제를 제쳐두고도 애초에 괴물 굶겨 죽이기 전략 자체가 실패한 재정전략이었다. 역사적으로 봐도 감세 조치를 취한다고 해서 예상했던 지출 삭감이 제대로 이루어진 적은 없었다. 그리고 세금 자체를 없애는 것보다는 조세 감면 혜택을 받지 못하도록 만드는 게 더 쉽다. 중요한 복지 관련 지출에 대해서는 심지어 공화당 중진들 중에서도 지지하는 의원들이 있었다. 공화당의 예산 관련 계획에는 2027년까지 향후 10년 동안 육군 병력을 10퍼센트 증강하고 해군에서는 군함을 355척 더 확보한다는 내용이 포함되었다. 재량 지출 중 가장 큰 규모를 차지하며 모두 합치면 6830억 달러 혹은 12퍼센트에 해당하는 규모였다.[73] 공화당 재정 전술의 주요 효과는 큰 정부의 규모를 줄여나가는 것이 아니라 이미 심각한 수준으로 줄어들어 있는 과세표준을 더 축소시키려는 것 같았다. 조세 감면을 실시하면 연방정부의 GDP는 17퍼센트가 줄어들며 이 정도 변화는 선진국형 경제를 꾸려가는 정부가 아닌 신흥시장국가에나 어울리는 수준이었다.[74]

2009년 당시 정권을 잡고 있던 민주당이 1930년대 이후 최악의 위기로 치닫고 있던 미국 경제를 위해 경기부양책을 실시하려고 의회에 도움을 요청했을 때 공화당은 너 나 할 것 없이 모두 반대표를 던졌다. 공화당 의원들은 오바마 대통령의 경기부양법이 재정적 무책임함을 극단적으로 드러내는 것이라고 비난했다. 이제 2007년 호황기 이후 실업률이 가장 낮은 수준을 기록하고 있는 상황에서 트럼프 대통령과 공화당 의원들은 10년 동안 1조 4000억 달러에 달하는 경기부양책을 실시하기 위해 애를 쓰고 있었다. 경기회복이 그다지 빠르지 않고 금융위기 당시 일자리를 잃은 사람들이 많았기 때문에 경기 활성화 대책을 제공할 필요가 있다는 해명을 내세웠다.[75] 그렇지만 이런 대담한 정책을 옹호하는 측에서조차 공화당의 조세 관련 계획을 정당화하기는 어려워 보였다.[76] 미국 최고 부유층은 더 이상의 특혜가 필요하지 않았다. 물론 투자가 위축되고 있는 것은 사실이었지만 그렇다고 자금이 부족한 것은 아니었다. 미국 기업들은 수조 달러에 달하는 현금을 비축하고 있었다. 실제로 오랫동안 지체되고 있는 건 공공 부문 투자 계획이었는데, 사회기반시설 구축에서 발생하는 막대한 적자를 메우기 위한 목적이었다. 하지만 의회에서 별다른 의지를 보이지 않는 것도 한 가지 이유였다. 공화당은 트럼프 임기의 첫 1년을 우호적인 분위기에서 마감할 필요가 있었다. 그러면서 동시에 자신들을 후원해준 지지자들에게 뭔가를 돌려줄 필요도 있었다.[77] 2017년 "조세 개혁안"은 그 두 가지 목적을 모두 충족시켜줄 묘책이었다.

클린턴과 오바마 행정부 시절의 예산 관련 강경파들은 예산 적자가 염려될 때마다 특히 시장의 신뢰를 생각했다. 최근 공화당 정책에 따라 예산이 낭비되는 모습을 보고 과연 시장은 어떻게 반응할 것인가? 아마도 향후 10년 동안 적어도 1조 5000억 달러 규모로 늘어날 적자는 분명 어떤 반응을 일으킬 것이 분명했다. 큰 충격을 안겨주었던 지난번 선거 이후 채권시장은 크게 움츠러들었다.[78] 시장은 트럼프 행정부가 대규모 사회기반시설 확충 사업을 시작하고 조세 개혁안을 곁들인 추가 경기부양책을 실시할 것을 기대했고 따라서 연준이 금리를 올릴 것을 예상하고 있었다. 2016년에서 2017년에 걸친 겨울 동안 이런 기대와 예상에 따라 채권 거래량이 늘어나고 수익률은 상승했다. 유럽중앙은행과 일본은행이 모두 양적완화 조치를 실시하면서 달러화 가치가 급격하게 상승했고 전 세계 달러 차입자들은 어느 정도 불안감을 느끼지 않을 수 없었다. 물론 차입 비용도 상승했다. 그런데 그 무렵 트럼프 행정부의 혼란스러운 실체와 공화당의 자체적 난

맥상이 지속되는 것이 점점 분명하게 드러나면서 열기는 그만 차갑게 식고 말았다. 다만 주식시장은 기술발전에 대한 낙관론으로 계속 호황을 이어 갔다. 연준은 금리의 단계적 인상을 주장하고 나섰다. 그렇지만 채권시장 에서는 별다른 우려의 조짐은 보이지 않았다.[79] 공화당은 세금을 감면해주 며 2017년을 마감했지만 채권시장에서는 별 다른 반응이 없었다. 어느 분 석가는 이렇게 말했다. "트럼프 행정부의 최종 결과물에 대해 어떤 평가가 내려지든 채권시장과 경제학자들이 주는 성적은 거기에 '마이너스'를 더할 뿐이다. 따라서 사람들이 'B'를 준다고 해도 시장의 평가는 'B-'라는 것이 다."[80] 시장의 반응은 신통치 않았지만 그렇다고 트럼프 행정부에서도 여 기에 굳이 참견하고 나서지는 않았다.

오바마케어에 대한 의회에서의 갈등과 공화당의 조세 감면 계획은 미국 정치의 민낯을 그대로 보여준 사건이었다. 그렇지만 채권시장이 왜 상대 적으로 조용했는가에 대한 단서는 아마도 2000년대 초반 부시 행정부 시 절 적자 행진이 계속되었을 때와 비교해 찾아볼 수 있을 것이다. 당시는 전 세계의 안전자산에 대한 수요와 공급이 활발하게 이루어지면서 역시 채 권시장이 평온을 유지할 수 있었다. 2017년 가을 IMF는 2010년 이후 발행 된 채권의 규모를 보여주는 놀라운 표 하나를 공개한다.[81] 이때 밝혀진 자 료에 따르면 긴축과 양적완화 조치에 따라 증권 보유 현황에 큰 변화가 일 어났다. 유럽 국가들이 시행한 예산 통제 조치들과 유럽중앙은행의 적극적 인 채권 매입, 그리고 그보다 더 큰 규모로 진행된 일본은행의 매입 활동 등을 감안하면 유럽은 전 세계 투자자들을 위한 안전자산의 주요 공급처가 될 수는 없었다. 유럽중앙은행이 유로존 채권들을 모두 쓸어 담는 동안 유 럽 안전자산의 주요 공급처였던 독일은 예산 흑자를 유지하고 있었다. 전 세계적인 규모로 볼 때 향후 5년 동안은 미국이 유일한 안전자산 공급처가 될 가능성이 크다. 바로 미국 재무부가 발행하는 채권이 투자자들에게 공 급되는 것이다. 트럼프 행정부를 어떻게 생각하는지에 상관없이 대량의 자

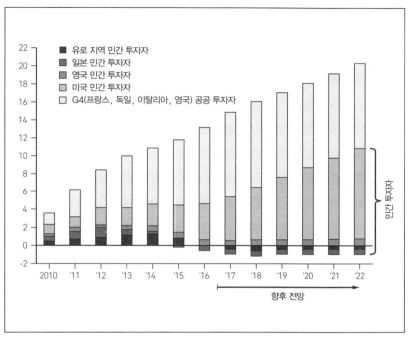

자료 출처: IMF, 『글로벌 금융안정성 보고서』(2017년 10월 19일), 표 1.13, 패널 4.

금을 안전한 정부 채권에 투자할 필요가 있다면 미국 재무부 채권 이상 가는 선택은 없다.

도드-프랭크법을 무력화한 금융선택법

오바마케어를 되돌리고 조세를 감면하려는 공화당의 노력은 오랫동안 지속되었다. 선거 기간 동안 월스트리트를 공격 대상으로 삼았던 트럼프의 전략은 그보다 더 기발했다. 그렇지만 분명 효과는 있었다. 금융위기가 일어난 지 거의 10년이 지났지만 은행들은 여전히 깊은 불신의 대상이었다. 2017년 여름 실시한 여론조사에 따르면 미국 국민들의 60퍼센트는 여전히 월스트리트를 "미국 경제의 위험 요소"로 여기고 있었으며 정부의 규제가 지나치다거나 혹은 "경제발전이나 혁신에 장애가 된다"고 생각하는 국민은 27퍼센트에 지나지 않았다. 트럼프를 지지한 유권자의 47퍼센트는 도드-프랭크법의 "유지나 확대"를 원했고 폐지나 규모 축소를 원하는 유권자는 27퍼센트뿐이었다. 금융상품이나 금융서비스의 경우 공화당 지지자의 87퍼센트, 그리고 무당파의 90퍼센트는 규제 적용에 찬성했다.[82] 월스트리트의 로비스트들이라면 도드-프랭크법에 반대할지도 모르겠지만 오바마 행정부 내부 인사들이 이미 알고 있었던 것처럼 은행들에 대한 반대 여론을 저지해왔던 것 또한 그 로비스트들이었다. 그리고 도널드 트럼프도 결국 다르지 않다는 사실이 곧 드러난다.

　트럼프의 정치적 전략은 단순하면서도 직설적이었고 월스트리트의 고위층은 그런 트럼프가 결코 마음에 들지 않았다. 월스트리트는 클린턴 방식을 선호했다. 빌 클린턴은 자신이 받은 만큼 그대로 돌려주는 사람이었고 결국 대통령에 두 차례 당선됐다. 그렇지만 이제 칼자루는 누가 쥐고 있는가? 트럼프는 대통령에 당선되고 나자 태도가 돌변했지만 전혀 그런 일을 신경 쓰는 사람이 아니었다. 트럼프는 그야말로 무소불위의 권력자처럼 행동했다. 이제 곧 모든 규제, 특히 전임자인 오바마가 만들어놓은 규제를 다 폐지할 것 같은 분위기였다. 도드-프랭크법을 "크게" 손보자는 생각은 트럼프 대통령을 기쁘게 해주었다. 그리고 심지어 자신이 전에 공격하는 척했던 강력한 이익 단체들에 다시 호의를 베풀고 또 그만큼 찬사를 받는 것도 썩 나쁘지는 않았다. 트럼프 대통령은 2017년 4월 기업 최고경영자들과의 회동에서 이렇게 이야기한다. "이 자리에 모인 은행 관계자 여러분은 대단히 기쁠 것 같다."[83] 자신들을 정치적으로 괴롭혔던 사람으로부터 다시 아낌없는 호의를 받는 모습은 어쩌면 대단히 모순적으로 보일 수 있었다.

그렇지만 그들은 아무런 불평도 하지 않았다. 《파이낸셜타임스》는 이렇게 논평했다. "여기가 대선 경마장이라고 생각해보자. 가진 돈의 거의 전부를 '힐러리 클린턴'에 걸었고 클린턴은 마지막에 결국 패배하고 말았다. 이제 다 끝났다고 생각한 순간 전혀 기대도 하지 않았던 곳에서 대박이 터져 손해를 다 복구했다면 어떨까."[84] 월스트리트 입장에서는 이번 대선에서 어차피 누가 이기든 상관없다는 사실을 깨달은 것이 아닐까. 정치가는 물론 월스트리트도 트럼프를 백악관의 주인으로 만들어준 사실상의 주인공인 유권자들의 성난 민심에는 아무도 신경 쓰지 않았다.

도드-프랭크법의 폐지를 지원사격해줄 은행권 로비스트와 친기업 성향의 경제학자들은 쉽게 찾을 수 있었다. 공화당 의원들 역시 의욕적이었다. 2008년 당시 은행 구제 반대의 선봉에 섰던 젭 헨설링은 이제 하원 금융위원회 위원장을 맡아 이른바 금융선택법(Financial CHOICE Act)의 하원 통과를 이끌었다. 여기서 "CHOICE"는 "선택"이라는 뜻도 있고 또 "투자자와 소비자, 기업가를 위한 희망과 기회 창출(Creating Hope and Opportunity for Investors, Consumers and Entrepreneurs)"의 줄임말도 되었다. 이 법안은 도드-프랭크법을 무력화하기 위해 계획되었을 뿐만 아니라 그야말로 순수한 자유주의 그 자체를 표방하고 있었다. 금융선택법은 자기자본거래를 금지하는 볼커룰을 휴지 조각으로 만들고 또 스트레스 테스트를 매년이 아닌 2년마다 진행하는 행사로 바꾸려고 했다. 또한 파산한 은행은 그냥 파산 법정에 내세우면 된다는 주장과 함께 도드-프랭크법의 주요 내용 중 하나인 강제청산법안도 폐지해버린다.[85] 놀랍게도 선택의 자유를 내세운 이 금융선택법은 심지어 엘리자베스 워런의 소비자금융보호국도 폐지하겠다고 약속했다.[86]

인기에만 급급해 국민을 선동한다는 비난을 계속해서 받아온 트럼프 정부로서는 놀랄 일이었지만 이런 법안은 정말로 큰 지지를 받지 못했다. 오바마케어 폐지와 마찬가지로 금융선택법 역시 민주당이 장악한 상원을 통과할 가능성은 거의 없었다. 오바마케어를 둘러싼 갈등과 마찬가지로 이번 다툼도 사람들 대부분의 시선이 미치지 않는 곳에서 이루어졌다. 도드-프랭크법이 유지되더라도 사실 규제 제도는 공정하다고 볼 수 있었다. 바로 도드-프랭크법을 구성하고 있는 금융 거버넌스의 재량적 개념의 유산 덕분이었다. 의회의 간섭으로부터 최대한의 자유를 확보하려던 팀 가이트너의 재무부는 관련 기관들이 규제 업무에서 가능한 최대 범위의 재량권을 가질 수 있도록 노력했다. 이제 그때 확보한 재량권은 입법 과정 없이도 은행에 대한 감독 제도를 근본적으로 바꾸는 데 사용할 수 있었다. 스티브 므누신의 재무부는 금융 규제에 대한 입장을 밝히는 일련의 보고서를 준비하기 시작했고 은행권 로비에 대한 가능성을 열어두었다.[87] 어떤 추정에 따르면 은행권에서 추천하는 내용의 75퍼센트가 재무부가 준비하는 새로운 규제와 서로 똑같다고도 했다.[88, 89] 제대로 자리를 잡는 데 4년이나 걸린 볼커 룰을 철회하는 작업은 은행들에 어떤 식으로 바꾸면 좋겠는지 묻는 일부터 시작되었다.[90] 2017년 11월 재무부는 강제청산법안을 폐지하고 금융선택법이 제안하는 대로 파산법정을 부활하는 것보다는 위기가 닥칠 경우 대형 은행들의 파산절차 권한을 재무부가 유지하는 쪽으로 가닥을 잡아갔다.[91] 앞으로 더 이상의 구제금융 지원이 없더라도 어쨌든 또 다른 리먼브라더스가 등장하는 일은 전혀 반갑지 않았던 것이다. 트럼프 행정부는 팀 가이트너 시절의 규제안들의 기본적인 약점을 들춰냈다. 팀 가이트너의 방식은 법을 운용하는 사람들이 정해진 규정에 따라 체계적 안정성을 위해 전적으로 헌신하는지에 달려 있었다. 그런 약속이나 헌신이 없다면 규제 법안이 있어도 거의 무용지물이나 마찬가지였다.

금융선택법에서 가장 과격한 부분이라고 한다면 아마도 연준과 관련된 조항들이었을 것이다. 이 조항들은 모두 벤 버냉키가 실시했던 중앙은행의 활동을 공격하는 내용으로 구성되어 있었다. 금융선택법은 앞으로 모든 연준 회의 내용에 대해 거의 대부분을 공개할 것을 요구했다. 또한 연방공개시장위원회(FOMC)에 대해서는 금리 선택에 대한 근거를 대기 위해 정책 규정을 수학적으로 밝힐 것도 요구했다. 그에 따른 기준으로 금융선택법이 제시한 건 이른바 테일러 준칙(Taylor rule)으로, 이 준칙을 만든 건 벤 버냉키의 오랜 학문적 경쟁자이자 우파가 선호하는 스탠퍼드대학교의 존 B. 테일러(John B. Taylor) 교수였다. 테일러 준칙에 따른 기준금리 결정은 다음의 4개 요소의 합으로 결정된다.

- 이전 4분기 이상 기간 동안의 인플레이션율
- 실질 GDP와 추정 잠재 GDP 간 차이의 1/2
- 이전 4분기 이상 기간 동안의 인플레이션율과 2퍼센트 간 차이의 1/2
- 추정 실질금리 2퍼센트

인플레이션율이 높고 실업률이 낮으면 금리를 올리고 그 반대면 금리를 내리는 것이 일반적인 공식이다. 금융선택법에 따르면 만일 연준이 다른 공식을 적용하려 할 경우 비슷하게 적용할 수 있는 자체적인 공식을 반드시 자세하게 공개하고 테일러 준칙보다 더 적정하다는 것을 계량경제학의 방식을 통해 설명해야만 한다.

금융선택법을 만든 사람들도 잘 알고 있었듯이, 법으로 이런 내용을 명시한 건 미국 통화정책을 금융위기 이전으로 되돌리는 것을 암시했다. 테일러 교수와 그의 제자들은 앨런 그린스펀이 연준 의장으로 있던 2000년대 초에 금리가 너무 낮았기 때문에 금융위기가 시작되었다고 비판했다.[92] 그런데 금융위기가 진행되는 동안 만일 테일러 준칙을 적용했다면 금리는 크게 떨어졌어야 했다. 2008년 가을에 테일러 준칙을 엄격하게 적용했다면 특히 저축성 예금에 대한 세금을 포함해 금리가 마이너스까지 떨어졌을지도 모를 일이다. 그런 일은 있을 수 없다고 판단했기 때문에 벤 버냉키는 양적완화 조치를 시작했던 것이다. 그리고 새로운 금융선택법은 그런

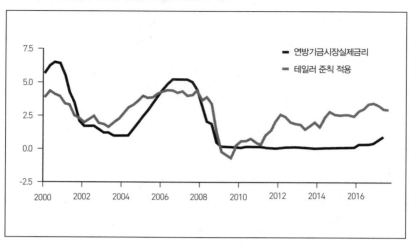

자료 출처: 애틀랜타 연준.

즉흥적인 판단이나 조치를 금지한다. 일단 심각한 위기가 지나가고 난 뒤에는 제2차 양적완화 조치나 제3차 양적완화 조치 대신 테일러 준칙에 따라 금리 인상이 요구된다. 국내외를 막론하고 테이퍼 텐트럼에 대한 염려는 전혀 할 필요가 없다. 실제로도 연준이 더 넓은 범위의 세계적 문제들을 금리 결정의 변수에 포함시키지 않는 이상 미국 외의 다른 어느 곳의 상황들에 대해 신경 쓸 필요는 전혀 없는 것이다.

　무엇보다 금융선택법은 정치적인 의도가 있는 행위였다. 연준의 재량권을 억제하겠다는 약속은 공화당에 유리해 보였다. 그렇지만 정책의 본질에 대해서는 사실 어떤 의견의 불일치도 없었다. 테일러 준칙에 상관없

---

* 미연준이 연방기금시장목표금리를 정하면, 은행간 거래가 주를 이루는 단기화폐시장금리가 결정되는데, 이것을 연방기금시장실제금리라고 한다. 우리나라의 한국은행 기준금리에 해당한다.

이 2017년은 분명 금리를 올리는 긴축의 시기였고 시험적으로나마 양적완화 시절 엄청나게 늘어나버린 대차대조표에 대한 정리를 시작하는 시기였다.[93] 2014년 10월 제3차 양적완화 조치에 따른 증권 매입을 마무리한 연준은 2015년 12월 금리 인상을 시작했다. 그리고 잠시 숨을 골랐다가 2016년 12월, 2017년 3월, 2017년 6월에 다시 조금씩 금리를 인상한다. FOMC는 2018년에 적어도 세 차례 더 금리 인상을 할 수 있는 명분을 마련해놓고 2017년을 마감한다.

늘 그렇듯, FOMC와 시장 사이에는 미묘한 신경전이 벌어졌다. 재닛 옐런 연준 의장은 공포심을 유발하지 않고 금리 인상 계획을 사람들이 잘 받아들일 수 있도록 만들면서 자신의 능력을 증명해 보였다. 그렇지만 트럼프가 대통령이 되면서 의장직을 계속 유지할 수 있는 가능성은 그만 사라져버린다.[94] 그리고 존 B. 테일러가 그 자리를 대신할 수도 있다는 이야기가 나돌기 시작했다. 트럼프 대통령은 케빈 워시(Kevin Warsh) 쪽을 염두에 두고 있는 것 같았다. 케빈 워시는 뉴욕 금융업계의 신성(新星)이었지만 자격 미달에도 불구하고 지난 2006년 부시 대통령에 의해 연준 이사로 임명된 전력이 있었다. 그러나 트럼프 대통령의 최종 선택은 결국 제롬 파월(Jerome Powell)이었고 깜짝 놀랄 정도로 오히려 평범한 인선이었다. 제롬 파월은 투자은행가 출신으로 밋 롬니와 헨리 폴슨 쪽에 가까운 공화당 측 인사였다. 그는 공화당 내부에서 2011년 셧다운을 반대하며 오바마 행정부의 신임을 얻었다.[95] 그리고 이때의 일을 인연으로 2011년 12월 연준 이사로 임명되었으며 이사로 재직하는 동안은 특히 벤 버냉키와 재닛 옐런에 대해 변치 않는 지지를 보내기도 했다. 제롬 파월은 또한 도드-프랭크법을 처음부터 지지한 것으로도 알려져 있었다.[96] 그럼에도 트럼프 대통령이 제롬 파월을 선택한 건 그의 개인적 면모 때문일 가능성이 가장 컸다. 제롬 파월은 학계 출신이 아닌 부유한 사업가 출신이었다. 개인 재산만 1억 달러가 넘어서 1930년대 이후 등장한 연준 의장들 중에서는 가장 부유한 인물로 알려졌으며 테일러 교수와는 달리 연준 정책에 무조건적인 신념 같은 것이 없었다. 그런 그가 연준 의장을 맡아준다면 백악관 측으로서는 과도한 금리 인상을 걱정할 필요가 없을 터였다.

트럼프의 새로운 보호주의가 가져올 미래

새로운 행정부를 세우고 국내 정책 현안들을 결정하는 일은 길고도 복잡한 작업이었다. 그리고 트럼프 대통령과 측근들은 준비조차 잘되어 있지 않았다. 대신 백악관과 행정부는 훨씬 더 운신의 폭이 넓었던 외교 문제에 대해서는 더 자신감 넘치고 강력한 태도로 접근한다. 2017년 1월 20일 금요일 취임식을 마치고 불과 48시간도 지나지 않아 트럼프 신임 대통령은 NAFTA에 대해 재협상할 의지가 있다고 발표한다. 그리고 그다음 날인 1월 23일 월요일에는 TPP 탈퇴와 유럽연합과 오랫동안 어렵게 협상을 진행해 온 TTIP에서의 철수를 천명한다.

　신임 대통령의 이런 선언은 전임 오바마 대통령 시절의 핵심 외교 및 경제정책을 완전히 뒤집는 행동이었다. TPP는 다자간 시대를 맞이하는 미국의 대표적인 핵심 전략이었기 때문에 미국의 동맹국들은 큰 충격을 받았다. 많은 아시아 국가들, 특히 일본은 TPP에 가입하기 위해 적지 않은 정치적 자본을 투자했으며 따라서 이런 질문이 나올 수밖에 없었다. 만일 TPP 같은 중요한 지역 동맹관계가 완전히 사라진다면 오바마와 클린턴이 아시아를 중요하게 여기면서 그중에서도 사실상 중국을 견제하기 위해 마련했던 장치는 앞으로 어떻게 되는가? 사실 TPP와 TTIP의 포기는 단순히 오바마 시대와의 단절일 뿐만 아니라 1940년대부터 이어져 내려온 다자간 무역 정책에 대한 미국의 지원을 끝내겠다는 의미였다.[97] 2017년 3월 바덴바덴에서 열린 G20 회담에는 스티브 므누신 재무부 장관이 처음 참석했는데 "모든 형태의 보호주의에 반대한다"는 간단한 합의조차도 결국 이끌어내는 것이 불가능하다는 사실만 알았다.[98] 볼프강 쇼이블레가 평소의 그 완고한 태도로 언급했던 것처럼 이번 G20 회담은 그저 "교착상태"에 이르고 만 것이다.[99] 스티브 므누신 장관이 확실하게 밝힐 수 있었던 내용은 새로운 미국 행정부는 "무역 문제에 대해 다른 견해"를 갖고 있다는 사실뿐이었다. 영국 재무부 장관 필립 해먼드는 동료 장관들에게 트럼프 행정부에 좀 더 시간을 주는 게 좋겠다고 충고했다. "만일 당장 확답을 하라고 요구하면 장담하건대 분명 원하는 답을 얻지 못할 것이다."[100]

한편 워싱턴에서는 NAFTA를 둘러싼 갈등이 한창이었다. 트럼프 대통령의 생각에 NAFTA는 "최악의 협상 중 하나"였다.[101] 그는 백악관에 입성한 뒤 3개월 후 기자들에게 "NAFTA 협상을 파기할 만반의 준비가 되어 있고 그렇게 할 수 있어 아주 기쁘다"고 말했다.[102] 트럼프 대통령의 말은 농담이 아니었다. 스티브 배넌과 경제고문이자 강경파 보호무역주의자인 피터 나바로(Peter Navarro)는 트럼프에게 본능대로 행동하도록 부추겼다. 두 사람은 2017년 4월 29일 펜실베이니아주 해리스버그(Harrisburg)에서는 트럼프 대통령의 취임 100일 기념행사를 기획했고 바로 그 자리에서 미국의 NAFTA 탈퇴 선언을 발표한다. 멕시코와 캐나다로서는 청천벽력 같은 일격이었다. 상황의 심각성을 깨달은 두 국가는 빠르게 자신들의 입장을 정리한다. 이 일을 실제로 진행하는 것을 막기 위해 수백 명에 달하는 미국 기업 대표들이 백악관으로 달려가 치열한 설득전을 펼쳤다. 농무부 장관, 상무부 장관, 국무부 장관 등도 모두 탈퇴 유예를 요청했다. 결국 이들이 내민 결정적인 반대 근거는 "도널드 트럼프의 나라"가 NAFTA 탈퇴로 얼마나 많은 피해를 입는지를 보여주는 자료였다. 대통령은 정말 멕시코와 국경을 마주하고 있는 텍사스주를 위기로 몰아넣을 생각인가? 훗날 대통령은 기자들에게 이렇게 말한다. "자료를 보니 아주 중요한 지지기반이 있는 것을 알 수 있었다. 그들은 도널드 트럼프를 좋아하고 나도 그들을 좋아한다. 그리고 나는 그들을 도울 것이다."[103] 다시 말해 NAFTA 탈퇴나 폐지에서 한 걸음 물러서겠다는 뜻이었다. 그 대신 워싱턴은 재협상을 시작하기로 했다. 그렇지만 사실 그렇게 하면 미국은 다소 불리한 입장에 설 수밖에 없다. 오바마 행정부는 캐나다 농산물 시장을 뚫기 위해, 각국 사이의 금융 서비스 제공 관련 허가와 멕시코 노동 기준 향상을 위해 몇 년 동안 꾸준히 노력해왔다. 그리고 그렇게 하기 위해서 거친 협박이 아닌 더 큰 협상 조건을 내밀기도 했다. 예컨대 TPP는 2012년 멕시코 로스카보스에서 열린 G20 정상회담에서 미국이 멕시코와 캐나다를 설득하며 시작되었다. 만일 TPP가 폐지되면 이미 합의한 NAFTA 관련 모든 내용이 다 역사 속으로 사라진다.[104] 트럼프의 재협상은 처음부터, 하지만 위협적인 내용으로 시작될 것이 분명했다.

NAFTA와 TPP, TTIP는 지역별로 맺은 협약이었다. 세계적 규모의 무역 협정은 바로 WTO였다. WTO는 원래 1940년대 미국의 글로벌리즘이 시작되는 것을 알린 기구다.[105] 미국은 오랜 세월 WTO의 가장 강력한 후원자였다. 트럼프 대통령은 2017년 11월 워싱턴 DC에 있는 로널드 레이건 기념관에서 열린 WTO 창립 70주년 기념 만찬회에 참석하지 않았다. 대신 자신의 불편한 의중을 폭스뉴스를 통해 전달했다. "WTO는 모든 이들의 유익을 위해 만들어졌지만 거기에 미국은 없다. …… 믿기지 않겠지만 WTO는 미국을 그저 이용만 했다."[106] 트럼프 대통령은 무역대표부 대표로 노련한 강경파 협상가인 로버트 라이트하이저(Robert Lighthizer)를 임명한다. 로버트 라이트하이저는 1980년대 미국의 주요 경쟁국들이 미국에 대한 철강 수출을 자발적으로 자제하는 협상을 이끌어낸 전력이 있었다. 그는 WTO에 맹렬하게 공격을 퍼부었다. 그는 WTO 무역 중재위원회의 이른바 사법적극주의, 인도와 같은 거대 개발도상국에 대한 사정 봐주기, 철강 산업과 같은 만성적인 생산과잉 산업에 대한 조정 실패, 무엇보다도 중국 국가자본주의의 부상으로 불거진 경제자유주의에 대한 전례 없는 도전에 대처 실패 등을 조목조목 지적했다.[107] 미국 측 입장에서 보면 WTO는 주요 무역 세력 사이에서 중재의 장을 마련하고 제공하는 역할을 해야 했다. 미국은 불공정한 거래를 하고 있다고 생각되는 국가에 대해 언제든 필요한 만큼 보복할 수 있어야 했다. 그렇지만 트럼프 행정부는 WTO의 역할에 대해 기대하는 바를 긍정적인 방향에서 제안하기보다는 공화당이 미국 의회에서 효과를 거두었던 방법을 사용했다. 미국은 WTO 위원단이 새로운 중재자들을 선임하는 것을 거부했고 대신 지원을 끊겠다고 위협을 가하면서 WTO가 점점 더 제 기능을 못하고 불법적으로 돌아가도록 만들었다. 만일 2017년 12월에 열리는 WTO 회의에서 뭔가 확실한 돌파구가 나오지 않는다면 무역 자유화의 어떤 분야에서도 진전이 이루어지지 않는 참담한 상황을 보았을 것이다.[108] 라이트하이저는 심지어 애초에 회의가 다 끝날 때까지 머무를 생각도 없었다.

미국의 새 행정부가 국제적 규모의 경제 관련 기구에 준 충격은 심각한 수준이었다. 1930년대 이후 이런 일은 한 번도 일어난 적이 없었고 특히 유럽만큼 큰 충격을 받은 곳은 없었다. 처음에는 트럼프 측이 실제로 유럽 연합을 동반자로 여기고 있는지 아니면 유럽 각국과 개별적으로 양자간 무역 관계를 더 이상 유지할 수 없다는 사실을 이해하고 있는지도 확실치 않았다. 취임 며칠 전에 있었던 한 언론과의 대담에서 트럼프는 유럽연합을 "독일의 하수인"이라고 일축한 적이 있다. 또한 내부 소식통에 따르면 트럼프 대통령의 측근들은 다음에 누가 "유럽연합을 탈퇴할지" 확인하기 위해 유럽 정상들에게 일일이 연락을 취하고 있다고도 했다.[109] 트럼프 측은 제2, 제3의 브렉시트가 이어질 것으로 믿고 있었다. 유럽에서는 트럼프의 이런 악영향이 퍼져나갈까 두려워했다. 영국 정부는 유럽헌법 제50조 발동과 공식적인 유럽연합 탈퇴를 준비했다. 오스트리아와 네덜란드, 프랑스에서는 선거가 진행되었고 백악관에는 브렉시트뿐만 아니라 프랑스의 마린 르펜과 FN 같은 극우파 세력을 공개적으로 지지하는 목소리가 나오기

도 했다.[110]

일단 처음 받았던 충격이 어느 정도 가라앉고 나자 각국은 전열을 가다듬기 시작했다. 멕시코와 캐나다는 긴밀하게 협력하며 NAFTA를 지키기 위해 최선을 다했다. TPP 가입국들은 미국이 빠지는 상황을 그대로 받아들이기로 결정했다. 5월 말 트럼프 대통령이 유럽을 방문했을 때는 국민들을 현혹하는 포퓰리스트들의 바람이 한차례 지나간 후였다. 프랑스에서는 에마뉘엘 마크롱이 대통령에 당선되었다. 미국 대통령이 NATO 조약 제5조를 준수할 것을 공개적으로 거부하고 파리기후협약까지 탈퇴할 수 있다는 의중을 전달하자 메르켈 총리도 마음을 굳혔다. 독일은 곧 총선에 돌입했고 트럼프 대통령에 대한 유럽 여론이 크게 악화되면서 메르켈 총리에게는 적당한 명분이 생겼다. 2017년 5월 28일 트럼프 대통령이 미국으로 돌아간 다음 날 뮌헨에 모인 군중들의 열기 속에서 독일 총리는 유럽은 새로운 현실을 받아들여야 한다고 역설했다.[111] 트럼프 대통령의 당선과 브렉시트 이후 유럽이 오랜 동맹관계였던 미국과 영국에 더 이상 의존할 수 없다는 사실이 분명해졌다. "지난 며칠 사이 경험한 것처럼 우리가 누군가를 완전히 믿을 수 있는 시대는 지나간 것 같다. 유럽은 이제 우리 손으로 우리의 운명을 결정할 수밖에 없다. 물론 미국이나 영국, 러시아를 포함한 다른 이웃들과 우호적인 관계를 유지할 필요는 있다. 그렇지만 우리의 미래는 바로 우리가 결정해야 한다."[112]

정말로 놀라운 순간이었다. 대외관계위원회 의장인 리처드 하스(Richard Haass)는 트위터에 이런 글을 남겼다. "앙겔라 메르켈 총리는 유럽은 다른 누군가에 의지할 수 없고 자기 힘으로 문제를 해결할 필요가 있다고 말한 것이다. 그야말로 새로운 전환점에 와 있는 것이며 지난 제2차 세계대전 이후 미국이 그토록 피하고 싶어 했던 상황이 벌어지고 있다."[113] 그렇지만 실제 결과는 어떠했을까? 금융위기가 닥쳤을 무렵 유럽이 자체적으로 진행하고 있던 통합과 협력의 과정은 그대로 멈춰 선 것처럼 보였다. 프랑스의 마크롱 대통령은 소르본대학에서 중요한 연설을 하던 도중 유럽의 장래에 대한 대담한 구상을 언급했다.[114] 그렇지만 과연 누구를 향해 한 말이었을까? 2017일 9월 독일에서는 누구도 압도적인 승리를 거두지 못한 채 총선이 끝났고 불안한 과도 정부가 세워졌다. 이탈리아는 수년 동안 지속된 불황의 여파로 여전히 삐걱거리고 있었다. 스페인은 카탈루냐의 독립 선언으로 시끄러웠다. 게다가 유럽 대륙의 새로운 통합과 자주권 확립을 위한 모든 노력은 어떤 식으로든 저항을 불러일으킬 수밖에 없었다. 영국은 떠났지만 더 난감한 처지의 동유럽은 그대로 남아 있었다. 2017년 7월 함부르크에서 열린 G20 정상회담 참석을 위해 두 번째로 유럽을 찾은 트럼프 대통령은 폴란드에 잠시 들르기로 결정한다. 집권당인 법과정의당의 지지자들 앞에서 트럼프 대통령은 자신을 호의적으로 보는 유럽 국민들이 있다는 사실을 알았다. 그가 문명세계의 최후의 보루이자 "여전히 '신앙과 믿음의 자유'를 갈구하는" 유럽 국민들을 위한 요새인 NATO에 대한 미국의 헌신을 선언하자 환호성이 터져 나왔다.[115] 트럼프 대통령은 "미국 우선주의"에서 "문명의 충돌"까지 각종 주제들을 능란하게 넘나들었지만 그 어느 것도 G20 회담장에서 그를 기다리고 있는 다양한 문화와 국적의 사람들과 잘 어울릴 것 같지 않았다. 하지만 영국의 해먼드 재무부 장관이 지적한 것처럼 때로는 트럼프 행정부가 자리를 잡을 때까지는 너무 압박하지 않는 편이 좋을 것 같기도 했다. 원하지 않는 답이 나오는 일을 걱정할 만한 이유는 충분했다.

분명 메르켈 총리가 꿈꾸는 하나 된 유럽과 독자적인 행동에 대한 이상을 실현하자면 내부에서 일어나는 깊은 갈등부터 해결해 나가야 했다. 또한 우파 민족주의의 부상은 유럽만의 문제점은 아니었다. 트럼프 행정부의 보호주의는 아시아의 경쟁국들만 겨냥하고 있는 것이 아니라 독일도 아울러 경계하고 있었다. 늘 그래왔던 것처럼 볼프강 쇼이블레 재무부 장관이 제일 먼저 반응을 보였다. 그는 오바마와 팀 가이트너, 그리고 IMF나 다른 유럽 국가들보다는 트럼프 대통령과 스티브 므누신 재무부 장관과 관계가 나쁘지 않은 것처럼 보였다.[116] 독일의 관점에서 보면 무역수지 흑자는 수출 경쟁력 우위에 따른 당연한 성과일 뿐이었다. 그렇지만 미국의 엄청난 재정 적자 역시 더 깊은 거시경제 불균형을 보여주었다. 독일의 흑자와 미국의 점점 늘어나는 적자를 감안할 때 양국 사이의 무역 관계에 뭔가 조치를 강구해야 한다는 사실은 어쩌면 당연한 일이었으며 대서양 양안의 교역 문제를 이야기할 때 늘 되풀이되는 주제이기도 했다. 그렇지만 이번에는 볼프강 쇼이블레가 다른 관점을 제시했다. 그는 독일이 수출 부문에서 유리한 이점을 누리고 있다는 사실을 인정했다. 유로화는 가치가 낮게 설정되어 있었지만 금리나 유로화 가치를 정한 건 독일이 아니라 유럽중앙은행이었다. 독일의 일반 예금자들에게는 끔찍한 일이었지만 마리오 드라기가 추진하는 막대한 규모의 양적완화 정책은 유럽의 채권 수익률을 떨어트리고 유로화의 가치에도 안 좋은 영향을 미치고 있었다. 2017년 4월 미국을 방문한 쇼이블레 장관은 미국 국민들에게 자신은 유럽중앙은행의 무분별한 통화정책 때문에 독일의 무역수지 흑자가 부풀려지고 있다고 마리오 드라기에게 이미 경고한 사실을 알렸다.[117] 그로 인해 미국과의 사이에 긴장감이 조성되는 것은 어쩌면 당연한 일이었다. 유럽중앙은행은 꿈쩍도 하지 않았고 IMF가 양적완화 조치가 계속되도록 지원했다. 그렇지만 쇼이블레 장관은 트럼프 대통령의 공격이 유로존 경제정책에 대한 장기간의 논쟁에서 어떤 구실이 될 수도 있다는 사실을 아울러 알려주었다. 트럼프 대통령을 둘러싼 흥분된 분위기 때문에 오바마 대통령의 "좋았던" 시절의 경제정책을 두고 유럽과 미국이 얼마나 격렬하게 다툼을 벌였는지를 잊어버려서는 곤란했다.

미연준이 긴축조치를 실시할 무렵 유럽중앙은행이 뒤늦게 통화팽창을 실시한 것이 대서양 양안 불균형의 진정한 원인이었으며 이를 통해 금융위기가 시작된 이래 세계 경제를 뒤흔든 통화정책의 부조화를 다시 한번 상기시켜주었다. 그리고 이런 불화에 가장 크게 기여한 건 다름 아닌 보수적인 독일의 입장이었다.[118] 독일과 네덜란드, 중국의 만성적인 흑자는 단순히 트럼프 측의 상상만은 아니었다. 이들 국가는 실제로 세계 경제에 지속적인 불균형 상태를 만들어냈다. 다른 많은 분야들과 마찬가지로 글로벌 무역정책에서 트럼프 행정부의 거칠고 날선 태도가 빚은 불안한 분위기는 이런 문제가 갖는 본질을 정확하게 파악하기 어렵게 만들곤 했다. G20 정상회담은 자축하는 분위기로 시작했다. WTO는 세계 경제가 1930년대의 대공황과 비교해 2008년의 금융위기를 훨씬 잘 넘겼다는 결과를 발표하며 박수갈채를 받았다. 높은 관세와 보호주의에 대한 끔찍한 두려움이나 우려 같은 건 전혀 찾아볼 수 없었다.[119] 또한 1930년대 대공황 초기 수입품에 대해 평균 59퍼센트에서 최대 400퍼센트까지 관세를 부과했던 스무트-홀리(Smoot-Hawly) 관세법이 부활할 것 같지도 않았다. 21세기의 글로벌 거버넌스 시스템은 비록 인기는 없을지 몰라도 제 역할을 충실하게 해내고 있거나 적어도 그렇다고 여겨졌다. 따라서 금융위기 이후 10년이 지난 지금 경제민족주의를 무턱대고 비난하는 것도 또 다른 무책임한 포퓰리즘의 극치였다. 현재의 상황을 그대로 유지하고 싶어 하는 사람들에게 도널드 트럼프는 자유와 진보주의를 만능 처방이라고 주장하는 사람들이 마음껏 공격할 수 있는 대상인 셈이었다. 그렇지만 이런 과정 속에서 더 복잡하고 애매한 진실들은 사람들의 관심 밖으로 밀려나고 말았다. 트럼프 대통령이 자유와 진보주의를 통한 성공 사례를 갑자기 부정하고 나선다는 이야기가 나온 건 국제적인 상황을 지나치게 낙관적으로 보고 있기 때문이었고 통화나 무역 정책에 대해서도 마찬가지였다. 사실 2008년 여름 마지막으로 있었던 국제적인 대규모 무역 협상인 도하라운드 협상이 성과 없이 갑자기 중단되었다. 세계 무역 현황은 2008년에서 2009년 사이의 재난에서 상당 부분 회복되었지만 2010년 이후 교역 규모가 정체된 상태였고 2015년에는 더 줄어들었다.[120] 상황이 이렇게 된 건 경기 순환의 영향도 부분적으로 있었다. 테이퍼 텐트럼과 원자재 가격 하락이 신흥시장국가들의 발목을 잡았던 것이다. 그렇지만 전 세계 국가가 하나둘씩 따르고 있던 보호주의 정책들의 영향도 무시할 수는 없었다. 이런 보호주의 정책들은 비단 관세뿐만 아니라 그 밖의 다양한 장벽의 형태로 그 모습을 드러내고 있었다.[121] 이런 와중에 트럼프 대통령의 무역에 대한 개인적인 관점이 새로운 형태의 보호주의라는 알 수 없는 내용을 반영하고 있다고 생각하는 사람은 아무도 없었다. 그는 1970년대와 1980년대 처음 만들어진 내용들을 다시 끌어내 반복하고 있었다. 하지만 만일 라이트하이저 같은 측근의 전문가들이 미국 수출품에 대한 차별을 입증하기 위한 증거들을 찾고 있다면 언제든 손에 넣는 것이 가능했다. 굳이 중국의 이른바 국가자본주의를 언급하지 않아도 조세 감면과 보조금, 그리고 수출 지원 시스템 등을 통해 세계 무역은 점점 더 기업의 가치사슬뿐만 아니라 국가 개입의 영향을 받았다. 미국이 감당하고 있는 막대한 규모의 무역수지 적자의 대부분은 중국이 실시하는 차별적 조치뿐만 아니라 역외 조세피난처를 통해 사라지고 있는 수출 수익으로 인해 발생하고 있었고 이런 조세피난처는 비단 카리브해 연안뿐만 아니라 유럽연합 안에도 있었다.[122] 이런 측면에서 볼 때 세계화를 피할 수 없는 자연스러운 과정이라고 못 박아 두려는 처사는 점점 더 설득력을 잃어가고 있었다. 트럼프 측의 무역 관련 강경파들은 1930년대로 무조건 돌아가자는 것이 아니었다. 그러면서 동시에 1989년의 순진한 승리주의와 민주주의적 자본주의의 필연적 승리라는 막연한 가정이 계속 "사실과 부합한다"는 허풍을 밀고 나가자는 것도 아니었다. 2017년 발표된 국가 안보 전략이 암울하게 선언했듯이 "미국의 자유로운 정치와 경제 시스템이 자동적으로 승리를 가져다준다는 역사적 보장 같은 건 없다."[123]

2008년 위기에서 무엇을 배울 것인가

이런 내용들은 결국 심오한 현실주의자의 지혜를 보여주고 있다. 그렇다고 실제로 미국 정부의 분위기가 절망적이라는 것은 아니었고 다만 좀 더 조심스럽고 진중한 세계관을 세워가는 징후라고 보는 것이 타당할 것이다. 특히 현재 이런 현실주의적 시각을 분명하게 드러내고 있는 건 행정부 쪽이며, 과거에는 신에게 부여받았다는 미국식 가치를 내세우며 위기 탈출을 위한 노력을 계속해서 방해하려 했다가 지금은 또 연준에 비재량적이며 자동적인 정책 규칙에 따라서만 최선을 다하라고 요구하는 의원들이 이런 행정부를 지지하고 있다. 물론 트럼프 측의 안보 관련 강경파들이 드러내놓고 반대하는 "역사적 흐름이나 대세"의 개념이 처음 등장한 건 오바마 대통령 시절이었다.[124] 그렇지만 당시 오바마 대통령이 그런 표현을 사용했을 때는 결정론적인 신보수주의 역사철학을 인용한 것이 아니라 자유를 위한 미국의 위대한 투쟁들과 관련해 다가올 미래를 예측해본 것뿐이며 실제로는 어떤 것도 완전히 결정된 것은 없었다. 문제는 역사의 대세나 흐름처럼 보이는 상황이 어떻게 무너질 수 있는가 하는 것이다. 만일 누군가 트럼프 대통령 측이 제시하는 세계 경제에 대한 암울한 설명을 그대로 받아들인다 해도 거기에 대해 어떻게 대응해야 할까? "미국 우선주의"는 정말 미국에 적절한 해답일까? 그런 질문에 대한 대답이 무엇이든 간에 미국을 제외한 나머지 세계가 감당해야 하는 현실은 미국 유권자들이 변덕스럽고 자기중심적인 민족주의자를 대통령으로 뽑았다는 사실이었다. 그 대통령은 미국의 국익과 지금 당장 직접적으로 관련이 없는 이상 분명하게 정해진 국제질서조차도 지키겠다는 어떠한 약속도 하지 않았다. 미국이라는 국가와 경제력의 규모와 영향력을 생각해보면 그야말로 국제적으로 심각한 결과가 발생할 수밖에 없었다.

지난 2008년 위기의 진앙지는 바로 미국이었다. 부시 행정부와 오바마 행정부는 글로벌 금융시스템의 기능에서 자동적으로 이루어지는 부분은 거의 없다시피 하다는 냉정한 현실을 마주했다. 미국과 나머지 G20 국가들은 전대미문의 노력을 기울여 "미국의 자유로운 정치와 경제 시스템" 그리고 세계 경제 모두를 안정화시켰다. 2017년 미국은 다시 한번 세계의 주목을 받았지만 이번에는 어디로 튈지 모르는 새로운 미국 정부가 만들어내는 불확실성이 문제의 핵심이었다.[125] 그리고 또다시 지난 2016년 여름 헨리 폴슨이 제기한 의문을 피해갈 수는 없었다. 트럼프 대통령이 재직하고 있는 동안 다시 금융위기가 닥친다면 미국은 어떻게 헤쳐나갈 수 있을 것인가? 그는 단합된 대응을 이끌어낼 수 있을 것인가? 만일 2017년의 채무 한도를 둘러싼 갈등이 계속될 경우 실용주의 중도파 공화당 의원들과 의회 다수파인 민주당 의원들 사이에서 다시 협상을 이끌어낼 수 있을지도 모른다.

물론 우리는 다가올 미래를 정확하게 알 수는 없다. 그렇다면 그 대신 과거를 통해 무엇을 배워야 할까? 만일 미래를 예견할 수 있는 그런 질문을 하나만 떠올린다면 무엇일까? 트럼프 대통령이라면 2008년 위기에 어떻게 대처했을지를 묻거나 앞으로 발생할지 모를 사태에 어떻게 대처할지를 묻는 것이 아니다. 그건 아마도 2017년 백악관에 입성한 트럼프 대통령이 왜 글로벌 경제의 균열에 직면하지 않았는지에 대한 질문이 아닐까. 어쩌면 심술궂은 질문이 될지도 모르겠다. 2017년에 미국의 경제성장은 꾸준하게 진행되었고 실업률은 금융위기 이전 수준으로 떨어졌다. 시장은 호황으로 돌아섰고 유럽 경제는 마침내 반등을 시작했다. 당장 어떤 위기가 일어날 것 같은 조짐은 어디에서도 보이지 않는다. 그렇지만 만일 우리가 대서양 양안 세계화의 오랜 중심지인 미국이나 유럽이 아닌 세계 경제의 미래를 결정할 중국과 신흥시장으로 관심을 돌린다면 질문이 갖는 진짜 의미를 깨달을 수 있지 않을까. 중국과 신흥시장국가에서는 2017년 이전 몇 년이 결코 조용하지 않았다.

25장

다가올 미래

2017년 1월 17일 다보스 세계경제포럼이 열렸다. 브렉시트와 도널드 트럼프가 대통령에 당선된 의미를 되새기기 위해서였다. 이때 시진핑 국가주석은 개막식 연설을 통해 "세계화의 중심"으로서 중국의 역할을 널리 알렸다.[1] 중국인민은행 총재가 새로운 브레턴우즈 체제를 제안하며 전 세계 언론을 장식한 것이 8년 전 일이다. 당시의 그런 제안은 글로벌 경제 거버넌스에서 앞으로 중요한 역할을 하겠다는 중국의 의지를 다시 한번 확인시켜주는 행위였다. 이제 2017년의 시진핑은 더 이상 새로운 제안 등을 통해 중국의 의지를 드러낼 필요가 없었다. 그가 할 일은 그저 한때 국제적으로 합의되었던 가장 일반적이고 기본적인 내용들을 되풀이해서 전달하는 것이었다. 그리고 거기에 역사적 유물론과 고대의 격언 몇 가지, 또 중국의 깜짝 놀랄 만한 성장 현황을 확인해주면 되었다.[2] 사실 다보스에 모인 경영자나 투자자, 그리고 정책 전문가가 가장 듣고 싶었던 이야기가 바로 그것이며 시진핑은 그런 이야기를 전달하기에 가장 적당한 인물이었다. 트럼프와 달리 시진핑은 분명 자기 속내를 쉽게 드러내지 않았다. 그는 강력한 공산당 지도자였지만 애초에 공산당 명문가 출신으로 타고난 권력자의 분위기를 풍겼다. 메르켈 총리와 달리 시진핑 주석은 자신의 역량을 누군가에게 확인시켜줄 필요가 없었으며 국제사회에서 중국의 위치에 걸맞게 행동할 의지가 있는 인물이었다. 시진핑의 확고부동한 권위는 중국이 단지 주요 경제대국에 머무는 것이 아니라 초강대국이라는 사실을 아울러 보여주었다. 유럽을 비롯한 세계 여러 국가에 있어서 중국은 이미 경제적으로 초강대국이나 다름없었다. 그렇지만 역사의 대전환기에 감각이 마비라도 된 것일까, 지난 일에 대한 기억들은 너무나도 빨리 사라져간다. 불과 1년 전에 열린 다보스 포럼의 주제는 중국의 헤게모니가 아니라 세계적인 재앙을 몰고 온 중국의 경제 문제였다.

중국은 경제위기를 막아낼 수 있을까

신흥시장국가들은 2013년 테이퍼 텐트럼 이후 어려움을 겪었다. 21세기 새로운 경제발전 신화라고 할 수 있는 브라질과 남아프리카공화국도 큰 어려움을 맛보았다. 2014년 가을 원자재 가격이 폭락하면서 석유, 가스, 철광석 등 원자재 수출이 큰 타격을 입었다. 러시아와 중앙아시아 국가들 대부분은 우크라이나 위기와 서방측 제재의 영향을 벗어나기 위해 안간힘을 써야 했다. 유럽과 미국의 성장세가 확연하게 둔화되면서 세계 경제를 떠받치고 있는 유일한 힘은 중국의 폭풍 같은 성장이었다. 그리고 2015년이 되자 갑자기 불안감이 엄습하기 시작했다.

2015년 6월 12일 그리스와 우크라이나 사태로 서방측이 큰 어려움을 겪는 동안 중국의 주식시장도 침체기에 들어섰다. 상하이종합주가지수(Shanghai Composite Index)는 최고 5166을 기록했다가 3주 만에 30퍼센트가 폭락했다. 국가가 주도하는 "국가대표" 투자자, 기업, 펀드 등이 수십억 위안을 주식시장에 쏟아부어 주가는 잠시 안정세에 들어서는 것 같았다. 그렇지만 8월 중순 들어 위안화 평가절하의 공포 속에 시장은 다시 하락세로 돌아섰고 9월에는 주가지수가 3000을 갓 넘는 최저점을 기록했다. 이런 상황에서 정부가 다시 개입했고 일시적으로 주가는 올라갔다. 하지만 2016년 1월 4일 다시 같은 상황이 반복되었다. 그리고 2월에는 매도 주문이 더욱 늘어나면서 주가지수는 2737을 기록했고 불과 6개월 전의 절반 수준에도 미치지 않았다.

중국 당국은 크게 당황할 수밖에 없었다. 2013년 시진핑은 새롭게 주석 자리에 오르면서 이른바 "중국몽(中國夢)"을 약속했다. 그리고 어리석게도 공산당 선전기관들은 이 중국몽을 주식시장의 성공과 직접 연결지어 홍보했다.[3] 수억 명에 달하는 중국 인민이 자신의 재산을 주식시장에 쏟아부었고 이때부터 시작된 투자가 공교롭게도 1945년 승전을 기념하는 대규모 축하행사를 추진하던 시기에 위기를 맞은 것이다. 9월 3일의 승전기념일 행사는 "국가의 치욕을 절대로 잊지 말자"는 구호와 함께 승리를 자축하는 엄청난 규모의 기념비적인 행사로 치러질 예정이었다. 러시아의 블라디미르 푸틴 대통령도 초대되었다. 위안화가 국제통화로 인정받은 것도 대단히 시의적절했다. 2015년 가을에 IMF는 위안화를 특별인출권(SDR)에 포함시키는 것을 진지하게 고려하고 있었다. 다만 그렇게 하기 위해서는 중국 당국이 위안화 거래가 좀 더 자유롭게 이루어질 수 있도록 허가를 하는 것이 조건이었다. 지난 수십 년 동안 위안화 환율은 고정되어 있었고 이제는 달러화의 가치에 맞춰 평가절상되어야 했다. 그런데 2015년 8월 초 중국 당국이 통화거래를 자유롭게 풀어주자마자 위안화 가치는 급락하고 말았다.

분명 뭔가 잘못되어가고 있었다. 게다가 2008년과는 달리 문제의 근원은 중국 내부에 있었다. 2008년 이후 몇 년 동안 엄청난 자금 축적을 통해 중국 경제가 폭발적인 성장세를 기록하면서 중공업 분야 역시 생산능력이 지나칠 정도로 늘어났다. 부동산 분야 역시 건설 물량이 너무 많아 부담감

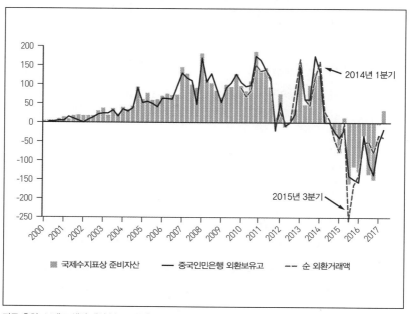

국제수지표상 준비자산   ── 중국인민은행 외환보유고   ── 순 외환거래액

자료 출처: 브래드 셋처 개인 블로그 중 「2017년 아시아 외환보유고 현황: 중국의 경우는?(Asia Is Adding to Its FX Reserves in 2017: China Included?)」(2017년 8월 21일). https://www.cfr.org/blog/asia-adding-its-fx-reserves-2017-china-included.

을 느끼고 있었다. 다만 주식시장은 "비합리적 열광(irrational exuberance)"*과 위험천만한 주식담보 대출의 유행으로 어느 정도 탄력을 받고 있었다. 그러나 중국의 과도하게 부풀어 오른 그림자 금융은 2007년과 2008년에 걸쳐 유럽과 미국을 침몰시킨 그 끔찍한 기억을 다시 떠올리게 만들었다.[4] 하지만 중국 내부 사정을 가장 정확하게 바라본 인사들이 염려하는 건 매월 수조 달러에 달하는 자금이 중국을 빠져나와 안전한 피난처를 찾아가고

---

* 실러-케이스 지수로 유명한 로버트 실러 노벨 경제학상 수상자가 만들고 앨런 그린스펀이 유행시킨 개념이다. 경제학에서 전제하는 합리적 개인으로서가 아니라 수익을 좇아 달려드는 양떼와 같은 행태(herd behavior)를 보이는 것을 가리킨다.

있다는 사실이었다.[5] 이런 사정 말고도 혹시 다른 국가들은 알지 못하는 중국의 또 다른 비밀이라도 있는 것일까?

지난 20여 년 동안 세계 경제에서 위안화의 저평가 문제는 끊임없이 제기되었다. 이제는 오히려 상황이 달라진 것 같았다. 중국은 세계 최대의 경제대국이 아니라 다른 신흥시장국가들과 마찬가지로 잠시 반짝했다가 무너질 것인가? 참으로 두려운 일이지만 생각해보지 않을 수 없었다. 엄청난 무역 흑자를 내고 막대한 외환보유고를 자랑하는 국가가 어떻게 통화위기를 겪을 수 있단 말인가? 그야말로 2008년 사태를 떠올리지 않을 수 없는 상황이었다. 당시 최고의 수출대국이었던 한국이나 러시아 같은 국가는 은행이 위기에 처하면서 달러화 조달에 큰 곤란을 겪었다. 그리고 문제에 대한 설명은 2008년이나 2015년이나 똑같다. 세계화는 각기 다른 수준에서 각기 다른 방향으로 진행되었다. 한국이나 중국 같은 국가가 강점을 보이는 무역의 방향은 오직 한 가지뿐이며 단정할 수는 없지만 그 방향은 금융위기와 이어져 있었다. 막대한 무역수지 흑자와 충분한 외환보유고, 그리고 높게 평가된 통화를 가진 경제의 은행과 기업, 민간인은 외환으로 구성된 채무를 쌓아갈 가능성이 있다. 달러화 자금조달의 필요성은 2008년 한국과 러시아, 유럽 은행들의 공통분모였다. 이로 인해 이 은행들은 환율변화나 외환거래 움직임의 방향이 뒤바뀔 때 적절하게 대응하지 못하는 어려움을 겪었다. 문제가 되었던 건 무역수지가 아니라 기업들의 대차대조표였다. 2008년 중국은 아직 완전하게 이런 논리를 적용받지 않았다. 중국의 세계화는 여전히 "고전적인 형태"로 주로 무역수지에 의해 좌우되었다. 정확히 말하자면 중국 경제발전의 이런 전통적 속성과 미국의 익숙한 "쌍둥이 적자" 때문에 서구 분석가들은 북대서양 연안 국가들 사이에서 쌓여가는 엄청난 금융 긴장상태를 미처 알아차리지 못했다. 그렇지만 2008년 이후 중국의 현대화가 몹시 가파르게 진행되면서 중국은 과거 어느 때보다도 금융 분야에서 다른 국가들과 하나로 엮이기 시작했다.

중국의 금융 분야 국제화를 이끄는 상업 논리는 강력했다. 중국의 기업들은 그야말로 전무후무한 규모의 투자를 시작한다. 중국의 금리는 낮았지만 벤 버냉키의 양적완화 조치 덕분에 달러화 금리는 그보다 더 낮았다. 이제 위안화의 가치는 올라갈 일만 남아 있었다. 두 가지 상황을 합치면 금리가 낮은 국가의 통화로 자금을 조달해 금리가 높은 국가의 금융상품 등에 투자함으로써 수익을 내는 이른바 "캐리트레이드"를 위한 조건이 완성되는 셈이었다. 달러화를 빌려 위안화에 투자하고 중국 경제 호황으로 인해 높아진 위안화 환율로 달러화 대출금액을 갚아나가는 것이다.[6] 만일 중국의 환율 규제 때문에 미국 달러를 직접 수입하는 일이 어려워지면 거기에 한두 가지 단계가 더 추가되었다. 달러화를 빌리고 그 돈으로 상품을 구입하며 그 상품이 판매될 것을 담보로 위안화로 돈을 빌리는 것이다. 그러면 세 가지 방식으로 수익을 거둘 수 있었다. 먼저 중국에서의 수익과 달러화 자금조달 비용 사이의 차액으로, 또 위안화에 대한 달러화의 통화가치 하락으로, 그리고 중국 국내의 수요 급증으로 인한 상품 가격의 상승이었다.

국제결제은행(BIS) 추정에 따르면 2014년 말에 중국의 공식적인 외환보유고는 최고 4조 달러에 달했으며 중국 기업 주식에 대한 해외직접 거래량은 1조 1000억 달러까지 치솟았는데 그 대부분은 달러화로 표시되는 주식이었으며 8000억 달러 이상을 서방측의 대형 은행들이 매입했다.[7] 모두 합치면 중국 기업 전체 채무의 25퍼센트가 달러화로 이루어져 있는 셈이었지만 기업들의 전체 소득의 8퍼센트에 불과한 수준이었다. 이런 불균형은 당연히 큰 수익으로 이어졌지만 그만큼 위험도 컸다. 만일 금리와 환율, 혹은 원자재 가격 중 어느 한 가지 조건에서라도 변동이 생기면 모든 거래가 손해를 보는 상황으로 뒤바뀔 수 있었는데 2015년에는 세 가지 조건 모두에 변동이 생겼다. 미연준은 양적완화 조치를 중단했고 따라서 이자 수익은 머지않아 역전될 수밖에 없었다. 중국 국내의 성장세 둔화와 2014년 원유 가격의 갑작스러운 하락으로 원자재 가격도 역전되었다. 시진핑 주석의 부패와의 전쟁으로 인해 부유층은 자산을 중국 밖으로 빼돌렸다. 그러자 위안화 가치에 대해 평가절하 압박이 가해지기 시작했다. 중국에서 캐리트 레이드에 투자한 사람들이 조달한 해외 자금은 11억 달러가량이었고 이들에게 이런 요소들의 조합은 대단히 좋지 않은 소식이었다. 그리고 지극히 상식적인 이런 사실 때문에 갑작스럽게 위험이 가중되었다.[8]

2015년에서 2016년으로 이어지는 겨울 동안 세계 경제를 위협한 건 《이코노미스트》의 표현을 빌리면 다름 아닌 "재난"이었다.[9] 신흥시장국가들의 호황은 오랫동안 세계화가 진행되는 데 힘을 보태주었지만 서서히 그 열기가 식고 있었다. 러시아와 중앙아시아, 브라질, 그리고 남아프리카공화국 등이 이미 불황으로 접어들었다. 위안화의 폭락과 투자자들의 탈출과 함께 시작된 중국 경제의 몰락은 세계 경제를 손쉽게 침체기로 몰아넣을 수도 있었다. 《이코노미스트》는 중국에서 빠져나오는 자금과 엄청나게 늘어나버린 생산량이 디플레이션 주기를 증폭시키는 끔찍한 예상을 소개했다. 그렇게 시작되는 경기불황은 2008년과 비교해 그때보다 더 막을 수 없을 정도의 규모가 될 것임에 틀림없었다. 생산업체들도 파산을 면하기 어려웠다. 그와 동시에 만일 위안화 페그가 폐지될 경우 단지 위안화만의 폭락으로 끝나지 않을 것이며 신흥시장국가들이 진행하던 달러화 캐리트레이드는 전체적인 금융위기를 불러올 것이 분명했다. 서방측 은행들도 안전을 장담하기 힘든 상황이 온 것이다.

《이코노미스트》의 예상은 끔찍했고 다만 그럴 가능성이 있다는 것만으로도 공황상태가 확산되기에 충분했다. 원자재 시장은 극도로 긴장된 분위기에 휩싸였다. 2014년 11월 엄청난 가격 폭락을 겪었던 원유 가격은 2015년 봄 배럴당 60달러 수준으로 안정되었다. 그렇지만 중국은 이제 세계 최대의 원유 수입국이었고 중국 경제위기에 대한 전망은 미국의 막대한 셰일가스 공급과 여기에 맞서 한 걸음도 물러서지 않으려는 사우디아라비아 정부의 태도와 맞물려 생각해봐야 했다.[10] 2015년 여름에서 2016년 1월 사이 원유 가격은 배럴당 29달러로 절반이나 떨어졌다. 물론 여기에는 사우디아라비아의 의도가 반영되어 있었는데, 이로 인해 한창 탄력을 받아가던 미국의 셰일가스 산업은 타격을 입을 수밖에 없었고 미국 금융시장에는 불안한 파문이 일었다. 심지어 양적완화 조치로 힘을 차린 선진국들에서도 결국 디플레이션의 압박이 점점 그 모습을 드러내고 있었다. 2016년 1월 다보스에서 다룬 주제는 중국이 세계 경제를 어떻게 이끌어가느냐가 아니라 어떻게 다가올 위험에 대처해나갈 수 있는가 하는 것이었다. 중국 당국은 경제위기를 막아낼 수 있을까? 만일 중국이 무너진다면 신흥시장국가들의 어려움이 결국 세계적인 혼란으로 이어질 것인가? 그런데 1년이 지난 후 트럼프 행정부가 들어섰을 무렵 세계적인 경제위기는 발생하지 않았다. 그렇다면 어떻게 그럴 수 있었을까?

모든 것은 중국 당국이 취한 조치들로부터 시작되었다. 2008년 금융위기에 대한 극적인 대응책을 바탕으로 중국은 효율적인 경제정책과 관련해 대단한 명성을 얻었다. 그렇지만 2015년 중국이 가장 먼저 취한 조치는 그저 상황을 안정시키는 것이었다. 상하이 주식시장을 안정시키려던 어설픈 노력은 중국이 여전히 정부의 절대적 권한이라는 환상에 사로잡혀 있음을 보여주었다.[11] 중국이라는 국가의 특성상 양적완화 조치는 그다지 성공적이지 못했다. 2015년 8월 외환거래가 자유화된 것도 잘못된 조치였다. 그렇지만 중국 당국은 침착했다. 중국인민은행은 위안화의 가치가 떨어지는 것을 허용했다기보다는 새로운 페그제도의 안정화를 꾀했다. 자본통제는 더 강화되었지만 그렇게 하지 않았다면 달러화 거래 관련 손실을 방치할 수밖에 없었을 것이다. 이런 조치들이 일반적인 공황상태가 아닌 대차대조표상의 조정 과정이었다면 문제가 없었을 것이다. 2014년 여름 최대 4조 달러에 달했던 중국의 외환보유고는 2017년 초에는 3조 달러로 줄어들었다. 매월 수백억 달러가 빠져나가는 상황을 지켜보는 건 대단히 초조하고

조마조마한 일이었지만 결국 어느 정도 선에서 외환보유고는 안정되었다. 2016년 초 국내 수요를 되살리기 위해 중국 정부는 민간 부문에서 재정부양 조치를 통해 또 다른 신용 호황이 일어나도록 유도하고 동시에 과잉 설비가 가장 문제가 되는 중공업 부문을 정리하기 시작했다. 서방측 언론들은 겉으로는 자유시장경제 체제를 옹호해왔지만 중국의 이런 국가적 개입에 대해 안도감을 감추지 못했다. 《이코노미스트》는 다음과 같이 지적했다. "정부가 자본을 통제하면서 상당 부분이 각 지역 부동산 시장으로 흘러 들어갔고 먼저 대도시를 중심으로 주택 가격이 치솟기 시작했다. 소형 자동차에 대한 판매세는 반으로 줄었다. 어쨌든 이런 정부의 개입은 어느 정도 효과를 거두었다."[12] 이에 반응이라도 하듯 아시아 전역에서 원자재 가격이 상승하고 제조업이 늘어났으며 중국의 막대한 제조업 분야도 위기에서 벗어났다. 글로벌 디플레이션의 위협도 수그러들었다.

승리주의자들의 방정식은 보통 이렇게 진행된다. 중국은 단순히 위기에 취약한 또 다른 신흥시장국가가 아니며 정부 차원에서 상황을 장악하고 있다. 세계 경제를 불안정하게 만들 수도 있는 위기의 위협은 중국에서 시작되어 중국에서 끝났다. 적어도 지금까지는 대체로 순조로웠다. 그렇지만 2015년의 중국은 무적도 아니고 절대적 통제권을 갖고 있지 않다는 사실을 스스로 보여주었다. 또한 경제 문제에서 완전한 자율성을 갖고 있지 못하다는 사실이 드러난 것이 더 중요한 문제일 수도 있었다. 지난 2008년에는 중국이 보유하고 있는 달러를 풀어 미국 경제를 불안정하게 만들 것인가가 중요한 주제였다. 그로부터 8년이 지난 지금, 중국 경제가 세계 경제와 서로 밀접하게 연결되면서 상황은 역전되었다. 중국 당국은 자국의 주식시장을 안정화하고 외환 유출을 막기 위해 안간힘을 쓰고 있었다. 이제는 중국이 보유하고 있는 달러를 푸는 것과 상관없이 미연준이 위안화를 안정시키려는 중국의 노력에 어떻게 협조할 것인지가 더 중요한 주제가 된 것이다.

재닛 옐런 의장과 연준 이사회는 그야말로 난감한 처지에 몰렸다. 2015년에 들어 미연방공개시장위원회(FOMC)는 2014년 12월 양적완화 조치를 끝내고 시작한 새로운 조치가 계속되기를 기대했다. 금리를 올리려는 것이었다. 그렇다면 얼마나 많이, 그리고 얼마나 빨리 올려야 할까? 2013년의 테이퍼 텐트럼 이후 연준은 신흥시장국가들에 닥쳐올 결과들에 대해 정확하게 인지하고 있었다.[13] 그렇지만 미국 경제가 느리게나마 완전고용 상태로 접어들자 연준은 이제 그만 제로금리 상태를 벗어나고 싶었다. 무엇보다도 다음에 어려움이 닥쳤을 때 적어도 필요한 조치를 취할 수 있는 여지를 미리 마련해두고 싶었던 것이다. 좀 더 일반적으로 말하자면 "정상화"에 대한 끊임없는 요청이 있었다고도 볼 수 있다. 최장기 경기침체에 대한 모든 우려나 예상에도 불구하고 제로금리나 연준의 과대하게 부풀어 오른 대차대조표가 세계 경제의 영원한 기준이 되어야 한다는 주장은 받아들이기 어려웠다. 그렇지만 지금 그런 "정상화"로 가는 길을 가로막고 나선 건 중국 위기라는 위협이었다. 2013년 연준은 미국 국가경제 상황에만 집중했는데 이제 중국 쪽으로 시선을 돌려야 하는 것일까?

2015년 여름까지는 연준에서 정확한 답변을 피해왔지만 9월이 되고 FOMC 회의가 열리자 더는 피할 수 없었다. 대다수의 분석가들은 연준이 금리를 한 단계 올릴 것으로 예상했다. 그렇지만 곧바로 위안화 평가절하 충격이 발생했고 상하이 주식시장이 또다시 휘청거리기 시작했다. 연준의 권한이 어디까지 미치는가에 상관없이 이제 전 세계의 시장은 하나로 연결되어 있었고 중국에서 비롯하는 위험을 무시할 수는 없었다. 8월 24일 미국의 다우존스지수는 1000포인트가량 폭락했고 연준은 한 걸음 뒤로 물러섰다. 미국 통화정책의 정상화는 잠정적으로 보류되었고 옐런 의장은 이사회의 우려를 감추지 않았다. 문제의 핵심은 중국의 불안정성이었다. 2015년 9월 18일 열린 기자회견에서 FOMC의 결정에 대해 설명하는 동안 기자들의 계산에 따르면 옐런 의장은 중국을 6번, "글로벌" 요소를 10번 언급했다. 2013년에 인도와 터키가 어려움을 겪을 때와는 달리 중국에서 시작되어 미국까지 이어지는 위험은 무시하기에는 너무나 사안이 중대했다. 실제로 세계 경제에 미치는 중국 디플레이션의 영향은 너무나 강력해서 연준이 자체적인 금리 인상으로 더 상황을 어렵게 만들 필요는 없었다.[14]

중국 당국으로서는 연준이 금리 인상을 보류함으로써 한숨 돌릴 수 있었고 상호의존성을 이해하는 연준의 처사가 마음에 들었다. 2015년 10월 중국의 재무부 장관 러우지웨이(樓繼偉)는 IMF 회담에서 중국이 위기에 처해 있기 때문에 미연준은 금리를 인상할 수 없다는 다소 무리한 발언을 했다. "미국은 아직 금리를 인상할 시점에 와 있지 않으며 세계 경제에 대한 책임감 때문에라도 금리를 인상할 수 없다." 러우지웨이 장관은 계속해서 이렇게 주장했다. "미국은 당연히 세계 경제에 책임감을 느껴야 한다." 왜냐하면 달러화가 국제통화이기 때문이었다.[15] 미국에서는 여러 가지 의견이 뒤섞인 반응이 나왔다. 어려움에 처한 미국 시장 관계자들이 즉각적으로 지적한 것처럼, 연준의 옐런 의장이 중국을 의식하며 미국의 정책을 조정하면서 연준의 다음 행보를 예측하고 해석하는 일이 엄청나게 어렵고 복잡해졌다. 그동안 시장은 연준의 행보를 정확하게 예측해왔지만 서방측의 어느 누구도 중국에 대해서는 어떻게 예측해야 할지 전혀 알지 못했다.[16]

2015년 12월 미국의 국내 고용시장이 안정되면서 FOMC는 선수를 치듯 금리를 인상했다. 2006년 이후 처음 실시된 금리 인상 조치였다.[17] 옐런 의장의 발표는 연준이 경기회복이 분명하게 이루어지고 있다는 신호를 보내려는 의도였다고 밝혔다. 그렇지만 미국 정계의 좌파와 우파들은 이 문제를 두고 뜨거운 논쟁을 벌인다. 버니 샌더스의 지지자들은 뉴욕 연준 건물 밖에 모여 "무슨 경기회복이 이루어지고 있다는 건가?"라며 설명을 요구하는 집회를 열기도 했다. 수백만 미국 국민은 여전히 2008년 이전 수준의 삶으로 되돌아가지 못하고 있었다. 반면에 도널드 트럼프 대통령을 중심으로 한 우익 보수파들은 옐런 의장이 더 빨리 조치를 취하지 않은 데 분노했다. 시장의 반응도 정치계와 비슷하게 서로 의견이 엇갈렸다. 우선 2015년 12월에는 마침내 연준이 정상화에 대한 시동을 걸면서 투자자들은 안도했다. 그러다가 중국과 신흥시장국가들의 불안, 그리고 원유 가격 폭락 등이 다시 문제로 불거지기 시작했다. 2016년 시장에서는 주식 투매 현상이 시작되었다. 2월 중순에는 S&P 500 지수가 11퍼센트 떨어졌다. 다시 한번 연준은 한 걸음 뒤로 물러섰고 여름이 지나면서 브렉시트에 대해 시장이 대규모 매도로 대응하자 연준이 올바른 결정을 내렸다는 평가가 나왔다. 2016년 11월 대통령 선거에서 힐러리 클린턴이 패배한 사실을 받아들이지 못하는 사람들이 크게 간과하고 있던 사실은 미국 경제에 대한 순전한 불안감이었다. 2008년 금융위기 이후 8년, 버니 샌더스와 힐러리 클린턴, 도널드 트럼프의 삼파전은 경제 호황을 배경으로 진행되지 않았다. 따라서 전체적으로 아직은 경제에 대한 불안감이 팽배해 있었고 연준으로서는 2016년이 지나갈 때까지는 금리를 인상하는 일이 안전하다고 생각할 수 없었다. 결국 트럼프 효과가 완전히 그 실체를 드러내고 글로벌 디플레이션에 대한 불안감이 사라지고 나서야 금리를 인상했다.

중국과 서방의 관계 속에 은폐된 금융위기의 불씨

2015년에서 2016년에 걸쳐 세계 경제는 세 번째로 글로벌 위기가 닥쳐오는 것을 피할 수 있었다. 신흥시장국가들의 경기침체는 러시아와 브라질, 남아프리카공화국 같은 개별 국가들과 특히 석유 같은 원자재에만 국한되었다. 경기불황은 전 세계적인 현상으로 번져나가지 않았고 선진국에 영향을 미치지도 않았다. 유로존과 영국, 미국의 경기회복은 느리지만 꾸준히 지속되었다. 너무 쉽게 잊혀진 경향이 있지만, 이런 사실들을 통해 2013년 이후 수년 동안 지속되어온 엄청난 정치적, 지정학적 혼란에 대해 이해의 틀을 갖추어야 한다. 우크라이나 위기에서 서방측이 러시아에 제재를 가할 때 원자재 가격의 폭락은 크게 도움이 되었다. 한편 2015년의 그리스 사태와 브렉시트, 도널드 트럼프의 대통령 당선은 모두 다 불안할 정도로 평온한 상태를 배경으로 일어났다. 2017년이 되었고 우리는 과거 헨리 폴슨이 던졌던 질문에 어울리는 그런 상황은 아직 맞지 못했다. "만일 도널드 트럼프가 대통령에 취임하자마자 2009년 오바마가 직면한 그런 위기를 마주했다면 미국과 세계는 어떻게 되었을까?"

비록 2015년에서 2016년 사이에 위기를 피해갔다고 해도 위험은 여전히 남아 있었다. 다시 2008년 이전 시기로 돌아가 볼 수 있다면 아마 "중국 위기"도 예측이 가능하지 않았을까. 그렇지만 전문가들이 염려하는 건 중국 외환관리 당국이 달러화로 되어 있는 자산을 대량 매도할지도 모를 가능성이었다. 상황이 안 좋아지자 헨리 폴슨이 이끄는 재무부의 최우선 과제는 중국의 현상유지였다. 그리고 헨리 폴슨은 얼마든지 그에 대한 정치적 대가를 치를 각오도 되어 있었다. 이렇게 볼 때 패니메이와 프레디맥이 이미 중국인들의 자금이 많이 들어와 있었기 때문에 망하지 않은 것으로 생각했다는 브래드 셋처의 빈정거림은 어느 정도 일리가 있었다.[18] 패니메이와 프레디맥의 국유화로 대서양 양안과 중국에서 동시에 끔찍한 위기가 일어나는 것은 막을 수 있었다. 그렇지만 헨리 폴슨의 금융 외교는 지난 2008년의 중국과 미국 사이의 금융 관계를 관리하는 일이 굉장히 중요한 정부간 관계의 일부였다는 사실을 아울러 강조하고 있다. 반면에 2015~2016년에는 중국 측뿐만 아니라 민간 기업과 투자자들의 자금을 관리하는 사람들에게도 위기가 닥쳤다. 10년이 채 되지 않는 시간 동안 중국의 상업 및 금융 분야의 국제화, 혹은 세계화는 놀라울 정도로 크게 발전을 이루었는데, 이 책에서 다룬 내용들만 보더라도 이런 현상은 대단히 중대한 의미를 지니고 있다.

이 책에서는 주요 민간 부문 금융통합의 세 가지 연계 영역에서 일어난 위기를 해결하려는 노력을 확인했다. 바로 대서양 양안 달러 기반 금융시스템과 유로존, 소비에트 연방 붕괴 이후의 동유럽이다. 어려움은 이루 헤아릴 수 없을 정도였다. 위기가 시작되면서 민간과 공공 부문 금융이 모두 커다란 악순환에 휘말렸다. 은행들이 파산하면서 정부가 비난을 무릅쓰면서까지 민간 부문의 소수 독점 업체들을 구조하려던 개입의 노력도 실패로 돌아갔다. 연준은 미국을 넘어 다른 국가의 은행들에까지 유동성을 공급하기 위한 행동에 돌입했다. 위기는 독일과 그리스, 영국, 그리고 유로존과 미국, 유럽연합까지 국제적인 관계 사이의 균열을 타고 퍼지기 시작했다. 그런 균열들은 헤게모니와 정치적 진공상태 속에서 만들어진 것이 아니라 지정학적인 힘의 충돌 사이에서 만들어졌으며 그 대표적인 사례가 러시아가 운명을 걸고 벌인 전쟁으로 붕괴한 조지아와 우크라이나 사례다. 이렇게 만들어진 위기와 어려움은 상상도 하지 못할 만큼 정교하고 또 복잡했으며 규모도 엄청났다. 위기의 전파 속도는 말할 수 없을 정도로 빨랐으며 2007~2012년에 그로 인한 압박은 가차 없을 정도로 무자비했다.

자본주의 안정화 노력의 일환으로 미국 재무부와 연준이 공동으로 실시한 대응은 큰 성공을 거두었다. 목표는 은행들의 생존능력 회복이었고 이를 위해 유럽과 신흥시장국가들까지 포함한 모든 달러화 기반 금융시스템에 엄청난 유동성과 통화부양 조치가 동시에 제공되었다. 그리고 여기에서 가장 두드러졌던 건 이런 노력을 정치적 자산으로 이끌어내지 못했던 민주당의 무능이었다. 실제로 TARP와 구제금융은 입에 담지 못할 금기어가 되어버렸고 연준은 그 권위와 정당성이 크게 실추되었다. 2008년의 기억이 그림자를 드리운 2016년 선거는 결국 엄청난 결과로 이어진다. 도널드 트럼프가 대통령에 당선되고 공화당이 의회를 지배하면서 미국의 정치시스템이 한 국가나 국제적 수준의 대담한 위기 탈출 노력은 고사하고 세계화를 위한 기본적인 제도들이라도 뒷받침해줄 수 있는지에 대해 공개적으로 의문이 제기되었다.

이렇게 미국의 역할에 의문을 제기하는 가운데 누군가는 유로 지역이 그 대안이 될 수 있다는 제안을 할지도 모르겠다. 그렇지만 유럽중앙은행과 독일, 프랑스가 효과적인 위기 탈출 전략을 함께 수립하는 데 실패하면서 2010년과 2015년 사이에 유로화는 오히려 세계 경제의 위험과 불안정의 근원이 되어버렸다. 유로 지역이 위기를 벗어날 수 있었다면 그건 외부의 압력과 도움에 의한 영향이 절대적이었을 것이다. 또한 거기에 필요한 조치들이 사실 유로존의 가장 강력한 회원국인 독일이 정말 오랫동안 거부해온 것이라는 사실도 불안한 요소였다. 이렇게 유럽이 글로벌 경제 거버넌스에 대한 믿을 만한 협력 상대와는 거리가 멀다는 사실이 밝혀지면서 중국과 나머지 G20 국가들은 이제 유럽의 거취에 궁금증을 감추지 못하고 있었다.[19] 독일이라면 자신들은 원칙이나 규칙이 무엇인지 알리고 있으며 다른 유럽 국가들이 앞으로 다가올 시대의 경쟁을 준비할 수 있도록 이끌고 있다고 대답할지도 모르겠다. 그렇지만 그리스뿐만 아니라 아일랜드와 포르투갈, 스페인, 이탈리아까지 눈앞에 닥친 위기에 휩싸이고 있다면 그런 것이 다 무슨 소용일까. 마침내 2012년 마리오 몬티가 조심스럽게 언급했던 일종의 "정신적 장벽(mental block)"이 극복되었다. 유럽중앙은행의 새로운 행동주의는 채권시장을 안정시켰다. 그렇지만 은행연합에 필수적인 금융 기반을 닦는 작업은 고통스러울 정도로 느리게 진행되었으며 독일은 여전히 유럽이 공동의 안전자산, 즉 유로본드를 발행하는 일에 반대했다.[20] 늘 그렇듯 이번에도 프랑스와 독일의 협력관계가 문제의 핵심이었다. 2017년 에마뉘엘 마크롱에게 투표한 것은 유럽의 미래에 투표한 것이었다. 기존의 유럽이 아닌 새로운 유럽으로서 말이다.[21] 그리고 새로운 유럽의 미래는 독일에 달려 있다. 2017년 5월, 트럼프 대통령의 재앙에 가까운 외교정책을 마주한 독일의 메르켈 총리는 유럽이 자신만의 길을 개척할 필요성에 대해 역설한다. 그렇지만 2017년 선거 이후 그런 길을 만들어갈 동반자가 될 수 있을지는 의문으로 남았다. 어쨌든 AfD의 부상은 불길한 징조임에는 틀림없었으니까 말이다. AfD는 이제는 널리 알려진 것처럼 이민자와 난민 수용을 반대하는 극우 인종차별주의 정당이다. 하지만 그 기원은 마리오 드라기와 유럽중앙은행에 대해 극렬히 반대한 우파였다. 유럽에서도 역시 대연정의 마지막을 피할 수는 없었다. 2010~2012년에 메르켈 총리가 유로존 위기를 헤쳐나갈 때는 자민당이 큰 역할을 했고 바바리아 지역을 기반으로 하는 우익정당 CSU도 역시 마찬가지였다. 이 책이 완성될 무렵 유럽은 새로운 독일 내각 구성을 기다리고 있었다.*

대서양을 사이에 둔 미국과 유럽 대륙의 관계는 물론 경제 문제만을 바탕으로 하고 있지는 않으며 문화와 정치, 외교와 군사 문제가 서로 복잡하게 얽혀 있다. 2000년대 초반에는 그런 관계가 적어도 유럽연합과 NATO 가입을 간절히 바라는 동유럽까지 이어져 있는 것처럼 보였다. 동아시아의 경우 미국과의 동맹 체제는 언제나 그보다는 좀 더 느슨한 관계였다. 그리고 냉전에서 서방측의 승리는 결코 완벽하게 마무리된 것이 아니었다. 중국의 경제적 승리는 공산당의 승리라고도 볼 수 있으며 글로벌 경제 거버넌스에서 중국과의 실질적인 협력관계에 대한 가능성에 항상 의문이 남는 것도 바로 이런 근본적인 이유 때문이다. 한국과 일본, 혹은 유럽과는 달리 중국은 미국의 글로벌 네트워크에서 결코 부수적인 존재가 아니다. 지난 2008년 미국이 통화스와프라인을 확대할 때 그 주요 활동 영역은 정치색이 없는 경제활동의 영역이었지만 그럼에도 불구하고 강력한 권력관계의 영향력을 완전히 벗어날 수는 없었다. 중국의 해외 투자의 정치학과 국영기업들의 역할에 대한 의구심은 깊숙이 얽혀 있는 경제적 이해관계가 미 연준과 유럽의 스와프라인의 적법성 문제와 마찬가지로 더 발전하기는 대

---

* 메르켈이 이끄는 독일 기민당은 2017년 총선에서 승리했지만 과반수 의석을 확보하지 못했고 결국 여러 차례의 협상을 거쳐 2018년 3월 사민당과 연정에 성공, 메르켈 4기 내각이 출범했다.

단히 어려울 것이라는 사실을 시사하고 있다. 그리고 서방측 영향력이 확장되어가다 동유럽에서 겪은 경험은 지정학적 긴장이 극에 달한 지역에서 미국이나 유럽의 금융 외교 수행 역량이 제대로 발휘될 수 있을지에 대한 확실한 낙관론을 심어주지 못하고 있다. 2008~2009년 금융위기가 최고조에 달했을 때 서방측은 솔직히 동유럽의 상황을 제대로 살피지 않았다. NATO 세력 확장에 대한 논의가 2008년 8월 금융위기가 발생하기 불과 몇 주 전 조지아와 러시아의 무력충돌로 이어졌음에도 불구하고 그랬던 것이다. 특히 2009년에는 부시 행정부의 노련한 전문가들이 동유럽과 서유럽이 다시 한번 분열될 위험에 처해 있다고 경고했다. 그리고 2013년 유럽연합은 자신도 모르는 사이에 우크라이나 문제와 관련해 러시아의 푸틴과 대립관계에 빠져들고 말았다. 그리고 공교롭게도 바로 이 무렵에 오바마 행정부는 TPP를 밀어붙였고 중국은 미국의 이런 조치를 자국에 대한 일종의 공격적인 억압으로 받아들였으며 또 일본과는 동중국해 해상에서 센카쿠 열도를 두고 대치하고 있었다. 트럼프 행정부의 행보는 예측할 수 없었지만 중국과 러시아와의 관계가 이렇게 진행된 건 오바마 대통령과 힐러리 클린턴 국무장관 재임 시절의 일이었다. 러시아는 축적해놓은 외환보유고 덕분에 서방측 제재에서 살아남을 수 있었다. 중국은 그보다 훨씬 더 많은 자원과 자금을 보유하고 있다. 어쩌면 중국은 미국의 연준과 중국인민은행 사이의 밀접한 협조를 바탕으로 하는 새로운 세계를 염두에 둘 필요가 없을지도 모른다. 하지만 중국이 그렇게 막대한 외환보유고를 자랑한 건 결국 서방측이 그토록 오랜 세월 비판을 가해온 금융 규제와 외환관리 시스템의 결과였다. 중국에서 외화가 빠져나가지 못하도록 막을 수 있었던 힘 뒤에는 더 새롭게 강화된 그런 통제정책들이 자리하고 있었지만 경제적인 관점에서 볼 때는 부분적으로만 성공을 거두었을 뿐이다. 그리고 중국 국내에서는 자신의 재산을 안전하게 지키려는 세력과 국가 안정을 최우선으로 하는 세력 사이의 알력도 문제가 되며 또한 엄청난 금융 위험도 여전히 남아 있다. 위대한 경제학자 아바 러너(Abba Lerner)는 이런 신랄한 지적을 남긴 바 있다. "경제학은 해결된 정치적 문제들을 자신의 전문 영역으로 삼음으로써 사회과학의 여왕이라는 위치에 올랐다."[22] 중국 정치경제의 미래와 서방측과의 관계는 해결된 영역에 속해 있지 않다.

1914년 이후 100년 동안 던져온 질문 그리고 2008년의 사태

2015~2016년 중국에서 일어난 사건들은 이 책의 또 다른 중요한 주제를 상기시킨다. 중국처럼 잘 정비되고 능률적으로 움직이는 정치체제하에서도 예상치 못한 갑작스러운 경제적 어려움이 발생할 수 있다. 우리는 이런 어려움을 공황, 위기, 경색, 파국, 급락, 갑작스러운 중지, 혹은 극단적인 불확실성 등 다양하게 표현한다. 2007년 이후 글로벌 금융시스템에서 발생했거나 잠재적 위협으로 다가온 이런 모든 어려움은 한 가지 사실을 가리키고 있다. 바로 경제시스템의 국제적인 통합 과정에서는 비록 느린 속도로 진행되더라도 긴장감이 조성될 수 있으며 이에 따라 갑작스러운 파탄이나 사건이 일어날 수 있다. 그리고 이런 사건들은 시스템상으로 충분히 설명하거나 해결하기 어려우며 또 법에 의해 규제하기도 어렵다. 또한 사전에 예측하거나 그 특성을 정의하기가 어렵다. 그렇게 예측이 어려울뿐더러 대단히 복잡하기까지 하며 대개는 긴급한 사안들이다. 어떤 경우는 즉각적인 개입이 필요하기도 하다. 실질적인 조치나 행동이 필요한 것이다. 이 책은 다음과 같은 내용을 나란히 제시하는 식으로 구성되어 있다. 거대한 조직, 거기에 딸린 구조와 과정이 한쪽에 있고 다른 한쪽에는 논쟁과 결정, 그에 따른 행동과 조치가 있다.

아마도 화재진압 같은 비상상황과 비교하면 이런 상황이 이해가 갈 것이다. 미국에서 경제나 금융 관련 위기를 탈출할 때는 흔히 군사용어를 사용하곤 한다. 총력전이나 파월 독트린, 충격과 공포 작전, 혹은 바주카포 등이다. 그렇지만 또 누군가는 정말로 필요한 건 형태가 정확하게 정해지지 않은 정치적인 지도력과 행동이라고 말할지도 모르겠다. 사실 모든 것은 어떤 계획과 일정을 짜고 또 그에 따른 지지세력을 결집해 반대세력에 대항하는가에 달려 있다.

2008년 부시 대통령 집권 말기에 금융위기가 가속화하면서 미국의 지도력에 대한 의구심이 점점 더 커져갔다. 그리고 공화당에 대해서라면 그런 우려는 충분히 이유가 있었다. 그 중차대한 순간에 공화당은 정당으로서의 지지도와 체제의 안정화라는 의무 사이에서 갈팡질팡하다 아무것도 지켜내지 못했다. 헨리 폴슨은 2016년에 같은 상황을 훨씬 더 극단적인 형태로 경험한다. 바로 철저하게 무력화된 공화당 지도부와 도널드 트럼프의 대통령 후보 선출이라는 현실 속에서였다. 2008년에는 구제금융 문제가 가장 중요한 관심사였고 이 문제는 곧 유럽 대륙까지 확산한다. 그렇지만 정치적으로 보면 결국 구제금융 문제와 경제위기를 통해 공화당과 민주당 지도부가 어쨌든 힘을 합쳤고 미국을 하나로 뭉치게 해 연준과 재무부가 세계 경제의 안정화를 위해 노력할 기반을 마련해줄 수 있었다. 2016년 연이어 벌어진 미국의 정치적 양극화와 도널드 트럼프의 대통령 당선은 그런 양당의 연합이 역사적으로 얼마나 중요한 일이었는지를 다시 한번 일깨워주었다.

물론 이런 일들은 모두 미국에서 일어났지만 세계적으로도 중요한 의미를 지닌다. 금융위기가 할퀴고 간 모든 지역에서는 이와 비슷한 일들이 벌어졌고 유럽과 아시아도 마찬가지다. 유로존 위기는 끊임없는 의문을 낳았다. 어떻게 하면 대중에게는 인기가 없지만 꼭 필요한 중요한 조치를 위해 동맹을 이끌어낼 수 있을까? 그리고 그런 협상 과정에서는 누구의 의지와 끈기, 인내, 관심, 참여가 더 빛을 발할 것인가? 어쩌면 이런 불확실한 상황들을 바탕으로 세계 질서에 가장 중요한 요소들이 결정된다는 사실은 자못 충격적일지도 모르겠다. 그렇지만 비록 이렇게 예상치 못한 방식으로, 편향적일 수도 있는 동맹이 이루어지는 모습은 민주적 체제 아래에서 이루어지는 자본주의의 통치방식일 것이다. 20세기에 들어서 제1차 세계대전 직후 맺어진 베르사유 조약과 제2차 세계대전 이후의 마셜플랜, 혹은 허버트 후버나 프랭클린 루스벨트의 대공황 대책 사이의 차이점이 있다면 바로 그런 것이 아닐까. 이른바 "정치경제"의 시대에서 정말 중요하게 다뤄야 하는 것은 다름 아닌 정치 부분이다.

2007년 이후 벌어진 금융위기의 규모는 민주적 정치와 자본주의식 통치에 대한 요구 사이의 관계를 엄청나게 부담스럽고 긴장된 관계로 몰아넣는다. 무엇보다도 이런 긴장상태는 일반 대중의 정치참여나 혹은 선출된 지도자들의 절대적인 정책 통제 안에서 일어나는 위기가 아니라 역사적으로 그런 둘 사이를 중재하는 역할을 해온 정당들의 위기 안에서 발생한다. 그리고 이런 긴장상태는 정당들의 계획과 일관성, 어려움을 해결할 수 있는 역량을 시험하며 동시에 정말로 필요한 존재들인가도 확인해준다. 여러 국가들, 특히 그리스와 프랑스에서는 온건한 성향의 좌파 정당들이 이런 시험을 통해 무대에서 사라지고 말았다. 그런 정당들은 유로존 위기라는 시험에 제대로 대응하지 못함으로써 그 대가를 치른 것이다. 2017년 총선에서 경제위기의 영향을 가장 적게 받았다고 알려진 독일의 양대 정당은 창당 이후 가장 낮은 지지율을 기록했다. 미국과 영국에서는 우파 쪽 주류 정당들이 커다란 분열과 내홍으로 고통을 겪었다. 영국의 경우 브렉시트라는 극적인 사건이 있었고 미국은 공화당의 분열이 계속되면서 어쩌면 앞으로 훨씬 더 큰 영향을 받을지도 모른다. 공화당은 현재 효율적인 선거조직과 절대적 충성심을 보이는 언론매체, 풍부한 자금력을 보유하고 있다. 그렇지만 지난 10년간의 기록을 되돌아보면 정권을 잡은 공화당이 앞으로 행정부와 긴밀하게 협조하고 적절한 입법 과정을 이끌어갈 수 있을지는 알 수 없다.

우리가 탈민주주의 혹은 심지어 탈정치 시대라고까지 부르는 시대에 살고 있다는 한때 유행한 관점으로 살펴보면 이렇게 정치적 발전에 대해 중요한 의미를 부여하는 일이 자못 놀라움으로 다가올 수도 있을 것이다. 그런 중요성과 무게감에 의해 금융시장 같은 복잡한 사회 시스템과 현대 국가와 같은 조직, 그리고 그 안에 있는 각종 시스템들이 안정적인 견고함을 유지하고 있는지도 모른다. 그런 반면 또 각종 조직이나 시스템이 정치인이나 그들의 결정, 혹은 논쟁 등을 순순히 따를 것인가에 대한 의구심이 항상 드는 것도 사실이며, 또한 우리는 이런 기술적인 측면들이 사회 곳곳에서 정치보다 앞서 우위를 점하고 우선권을 주장하는 현상에 대해서도 생각해보지 않을 수 없다. 정치라는 존재를 의미 없게 만들어버리는 이런 시스템들의 작동방식은 다양하게 설명할 수 있다. 그렇지만 이와 관련된 역사에 어떤 특별한 목적이 있다고 하면 결국 그런 설명들만으로는 충분하지 않을 것이다. 정치적 선택과 이념, 매개체 등은 대단히 결정적인 결과들과 함께 이런 설명 전반에 자리하고 있다. 단지 복잡한 요소로서가 아니라 금융공학이라는 거대한 "시스템"과 "작동장치", 그리고 기구의 오작동으로 인해 발생하는 엄청난 변수와 우발적 사태들에 대한 실질적인 반응으로서 말이다. 성공과 실패, 안정과 위기 등은 실제로 모두 다 어떤 결정적인 선택의 순간에 의해 좌우된다. 우리가 "리먼브라더스 사태"라는 표현을 쓰고 있는 건 다 그만한 이유가 있어서다. 또한 도빌, 2011년 칸, "어떤 노력이라도 할 준비가 되어 있다" 같은 표현 등도 마찬가지이며 브렉시트 국민투표나 충격적인 2016년 미국 대선 등은 말할 필요도 없다.

1500년대로 거슬러 올라가 자본주의의 시작이나 근대 국가 시스템의 근원 등을 살펴보면 이런 선택과 결단, 혹은 우발적 사태의 순간들이나 거기에 따른 극적인 장면들은 결국 지금 우리가 바라보는 현대 역사를 구성해왔다. 1989년 냉전 종식 이후 그런 역사의 소용돌이는 일시적으로나마 정체되었는지도 모르지만 결국 또 다른 전환점을 맞이했다. 이런 결정적 순간들은 기억과 기념에 대한 일종의 좌표라고도 볼 수 있으며 행동을 유발한 동기가 된다. 2008년 9월 15일 이후 또 다른 리먼브라더스 사태를 피하려는 노력은 전 세계 위기관리자들의 최우선 목표였다. 역사의 결정적 순간들은 시대의 기준이자 연대표를 구성하는 중요한 요소이며 중요한 시점을 정의하고 논쟁과 재점검을 불러오기도 한다. 20세기 초에 있었던 여러 혼란스러웠던 순간들을 생각해보면 21세기 초반은 여러 가지 사건들이 100주년이 되는 시점들로 가득 차 있다. 그리고 그중에서도 가장 기억해야 할 시점이 제1차 세계대전 발발 100주년이 되는 2014년이다. 지난 2014년에는 전 세계에서 제1차 세계대전과 관련된 많은 기념식은 물론 토론도 진행되었다. 역사학자들은 제1차 세계대전을 20세기 최대의 사건이자 충격으로 기억한다.[23] 우크라이나와 동아시아의 갈등 상황을 통해 1914년의 교훈을 특별히 더 중요하게 떠올린 이유도 그에 한몫한다. 좀 더 비유적으로 말하면 1914년은 2008년 금융위기가 제시한 역사적 문제를 생각해볼 수 있는 또 다른 좋은 방법이 될지도 모르겠다.

우리가 1914년에 대해 갖는 의문과 2008년에 대해 갖는 의문 사이에는 놀라울 정도의 유사성이 있다.[24] 대안정기는 어쩌다 막을 내렸을까? 이해도 통제도 되지 않는 엄청난 위험들은 어떻게 축적되었을까? 갑작스러운 혼란을 통해 세계 질서의 대변동이 일어나게 된 과정은? 거대한 기술 시스템이 만들어낸 "새로운 질서"들은 어떻게 서로 결합하여 재앙을 불러왔는가? 시대착오적인 사고방식의 기준들은 어떻게 우리로 하여금 현재 일어나고 있는 일들을 이해하지 못하게 만들었는가? 우리는 스스로 위기에 다가간 것인가 아니면 알지 못하는 어둠의 힘이 우리를 위기로 몰아넣는 것인가? 끝없이 일어나는 인간에 의한 재앙은 결국 누구의 책임인가? 불평등과 거기에 덧붙여진 글로벌 자본주의의 발전이 모든 불안정한 상황을 만들어내는 요인이었을까? 대중 정치에 대한 열의와 소수 지도자들이 내리는 의사결정 사이의 관계는 무엇인가? 정치가들은 그런 열의를 어떻게 이용했는가? 국제질서와 국내 질서를 잇는 길이 있는가? 우리는 영원한 안정과 평화를 이룩할 수 있을까? 법치주의는 그에 대한 해답이 될 수 있을 것인가? 아니, 어쩌면 우리는 기술자와 군인들이 내리는 판단과 공포의 균형에만 전적으로 의존해야 할지도 모른다.

지난 1914년 이후 우리는 100년 동안 이런 질문을 던져왔다. 2008년의 사태와 그 여파에 대한 질문이 앞선 질문과 유사한 것은 결코 우연의 일치가 아니다. 그런 질문이야말로 인류의 발전을 뒤따라온 거대한 위기들과 떼려야 뗄 수 없는 것들이므로.

원주

들어가는 말: 글로벌 시대의 첫 번째 위기

1   http://www.un.org/en/ga/63/generaldebate/brazil.shtml.

2   http://www.un.org/en/ga/63/generaldebate/pdf/usa_en.pdf.

3   http://www.un.org/en/ga/63/generaldebate/pdf/philippines_en.pdf.

4   http://www.un.org/en/ga/63/generaldebate/argentina.shtml.

5   http://www.un.org/press/en/2008/080923_Sarkozy.doc.htm.

6   http://www.un.org/en/ga/63/generaldebate/pdf/uk_en.pdf.

7   P. H. Gordon and J. Shapiro, *Allies at War: America, Europe, and the Crisis over Iraq* (New York: McGraw-Hill, 2004).

8   J. Habermas and J. Derrida, "February 15, or What Binds Europe Together: Plea for a Common Foreign Policy, Beginning in Core Europe," *Frankfurter Allgemeine Zeitung*, May 31, 2003, in *Old Europe, New Europe, Core Europe*, ed. D. Levy, M. Pensky, and J. Torpey (London: Verso, 2005).

9   T. Purdum, "It Came from Wasilla," *Vanity Fair* 39 (2009).

10   G. Jarvie, D. Hwang and M. Brennan, *Sport, Revolution, and the Beijing Olympics*, (Oxford: Bloomsbury Academic, 2008); and M. E. Price and D. Dayan, *Owning the Olympics: Narratives of the New China* (Ann Arbor: University of Michigan Press, 2011).

11   G. Toal, *Near Abroad: Putin, the West and the Contest over Ukraine and the Caucasus* (New York: Oxford University Press, 2017).

12   D. Trump, "Remarks of President Donald J. Trump-As Prepared for Delivery, Inaugural Address" (speech, Washington, DC, January 20, 2017), https://www.whitehouse.gov/inaugural-address; and for video, http://www.cnn.com/videos/politics/2017/01/20/

trump-speech-america-first-sot.cnn.

13 미국과 영국의 금융위기에 대한 사회심리학적 연구는 다음을 참조할 것. T. Clark, *Hard Times: Inequality, Recession, Aftermath* (New Haven, CT: Yale University Press, 2014).

14 A. S. Blinder, *After the Music Stopped* (New York: Penguin, 2014), is simultaneously the best economist's account of the crisis and exclusively American. And G. Packer, *The Unwinding: An Inner History of the New America* (New York: Farrar, Straus and Giroux, 2013).

15 L. Panitchin and S. Gindin, *The Making of Global Capitalism: The Political Economy of American Empire* (London: Verso, 2012); E. S. Prasad, *The Dollar Trap: How the US Dollar Tightened Its Grip on Global Finance* (Princeton, NJ: Princeton University Press, 2014); H. M. Schwartz, *Subprime Nation: American Power, Global Capital, and the Housing Bubble* (Ithaca, NY: Cornell University Press, 2009); and P. Gowan, "Crisis in the Heartland," *New Left Review* 55 (2009), 5–29.

16 I. Bremmer, "The Return of State Capitalism," *Survival* 50 (2008) 55–64; and J. Gyriel, "The Return of Europe's Nation-States: The Upside of the EU's Crisis," *Foreign Affairs* 95 (2016), 94.

17 국제경제와 관련된 "갑작스러운 중단"에 대해서는 다음을 참조할 것. G. A. Calvo, "Capital Flows and Capital-Market Crises: The Simple Economics of Sudden Stops," *Journal of Applied Economics* 1 (November 1998), 35–54.

18 A. Tooze, *Statistics and the German State: The Making of Modern Economic Knowledge* (Cambridge: Cambridge University Press, 2001); and T. Mitchell, *Rule of Experts* (Berkeley: University of California Press, 2001).

19 R. Skidelsky, *Keynes: The Return of the Master* (New York: PublicAffairs, 2010).

20 폴 크루그먼의 IS-LM 모형에 대해서는 다음을 참조할 것. P. Krugman, "IS-LMentary" (*Conscience of a Liberal Blog*), *New York Times*, October 9, 2011, and "Economics in the Crisis" (*Conscience of a Liberal Blog*), *New York Times*, March 5, 2012.

21 R. Baldwin, "Global Supply Chains: Why They Emerged, Why They Matter, and Where They Are Going," in *Global Value Chains in a Changing World*, ed. D. K. Elms and P. Low (Geneva: WTO, 2013), 13–60.

22 H. S. Shin, "Globalisation: Real and Financial," BIS 87th Annual General Meeting, https://www.bis.org/speeches/sp170625b_slides.pdf.

23 M. Obstfeld and A. M. Taylor, "International Monetary Relations: Taking Finance Seriously" (*CEPR Discussion Paper No. DP12079*, June 2017), https://ssrn.com/abstract=2980858.

24 T. Adrian and H. S. Shin, "Liquidity and Leverage," *Journal of Financial Intermediation* 19 (July 2010), 418–437; C. Borio and P. Disyatat, "Global Imbalances and the Financial Crisis: Link or No Link?" (BIS Working Paper 346, 2011); and S. Avdjiev, R. N. McCauly and H. S. Shin, "Breaking Free of the Triple Coincidence in International Finance," *Economic Policy* 31 (2016), 409–451.

25 Paradigmatically, D. Yergin and J. Stanislaw, *The Commanding Heights: The Battle for the World Economy* (New York: Simon & Schuster, 2002).

26 B. Bernanke, "The Great Moderation," Eastern Economic Association, Washington, DC, February 20, 2004.

27 In place of many, D. Harvey, *A Brief History of Neoliberalism* (New York: Oxford niversity Press, 2007).

28 G. Ingham, *The Nature of Money* (Cambridge: Polity, 2004).

29 In place of many, A. Roberts, *The Logic of Discipline: Global Capitalism and the Architecture of Government* (New York: Oxford University Press, 2011).

30 "Re-Thinking the Lender of Last Resort" (BIS Working Paper 79, September 2014), available at SSRN: https://ssrn.com/abstract=2504682.

31 수조 달러 규모의 스와프 협정에 대한 내용은 다음을 참조할 것. in B. Bernanke, *Courage to Act* (New York: W. W. Norton, 2015), 270−291.

32 D. Coyle, *GDP: A Brief but Affectionate History* (Princeton, NJ: Princeton University Press, 2015); P. Lepenies, *The Power of a Single Number: A Political History of GDP* (New York: Columbia University Press, 2016); and T. E. Shenk, "Inventing the American Economy," Columbia University Academic Commons (PhD, 2016), https://doi.org/ 10.7916/D8NZ87N1.

33 프랑스 측 입장에 대해서는 다음을 볼 것. M. Roche, *Histoire secrete d'un krach qui dure* (Paris: Albin-Michel, 2016). For the German repression of the crisis, see L. Müller, *Bank-Rauber: Wie kriminelle Manager und unfahige Politiker uns in den Ruin treiben* (Berlin: Econ, 2010).

34 마르코 부티가 2016년 4월 컬럼비아대학교 유럽연구소에서 한 강연을 참조할 것. https:// www.youtube.com/watch?v=7aGtNbmvmTs.

35 여기에서 제시된 해석은 다음 내용과 일치한다. M. Sandbu, *Europe's Orphan: The Future of the Euro and the Politics of Debt* (Princeton, NJ: Princeton University Press, 2015); E. Jones, "The Forgotten Financial Union: How You Can Have a Euro Crisis Without a Euro," in *The Future of the Euro*, ed. M. Matthijs and M. Blyth (New York: Oxford University Press, 2015); E. Jones, "Getting the Story Right: How You Should Choose Between Different Interpretations of the European Crisis (and Why You Should Care)," *Journal of European Integration* 37.7 (2015), 817−832; and W. Schelkle, *The Political Economy of Monetary Solidarity: Understanding the Euro Experiment* (Oxford: Oxford University Press, 2017).

36 T. Wieser quoted in C. Gammelin and R. Löw, *Europas Strippenzieher: Wer in Brussel Wirklich Regiert* (Berlin: Econ, 2014), 65.

37 M. Blyth, *Austerity: The History of a Dangerous Idea* (Oxford: Oxford University Press, 2013), 73.

38 T. F. Geithner, *Stress Test: Reflections on Financial Crises* (New York: Crown, 2015).

39 케인스학파의 자유주의에 대해서는 다음을 볼 것. G. Mann, *In the Long Run We Are All Dead: Keynesianism, Political Economy, and Revolution* (London: Verso, 2017).

40 "From Clout to Rout: Why European Companies Have Become a Fading Force in Global Business," *Economist*, June 30, 2016.

41 M. Fratzscher, *Die Deutschland-Illusion: Warum wir unsere Wirtschaft uberschatzen und Europa brauchen* (München: Carl Hanser, 2014); J. Bibow, "The Euro Debt Crisis and Germany's Euro Trilemma," *Levy Economics Institute* (Working Paper 721, May 2012); and S. Dullien, "A German Model for Europe?," *European Council on Foreign Relations*, July 2013.

42 "CSU für Apple, Linke gegen Steuerdeals," *Neues Deutschland*, September 1, 2016.

43 J. B. Stewart, "Deutsche Bank as Next Lehman Brothers: Far-Fetched but Not Unthinkable," *New York Times*, October 6, 2016.

44 C. Goodhart and D. Schoenmaker, "The United States Dominates Global Investment Banking: Does It Matter for Europe?," *Bruegel Policy Contribution* (2016).

45 "Special Report: How Mario Draghi Is Reshaping Europe's Central Bank," *Reuters*, January 9, 2013; and L. Elliott, "Take a Bow Mario Draghi-Has the ECB Chief Saved the Eurozone?," *Guardian*, June 8, 2017.

46 Z. Micah, "The Myth of the Indispensable Nation," *Foreign Policy*, November 6, 2014.

47 D. W. Drexner, *The System Worked: How the World Stopped Another Great Depression* (Oxford: Oxford University Press, 2014).

48 E. Helleiner, *The Status Quo Crisis: Global Financial Governance After the 2008 Meltdown* (Oxford: Oxford University Press, 2014).

49 B. Eichengreen, *Hall of Mirrors: The Great Depression, the Great Recession, and the Uses and Misuses of History* (Oxford: Oxford University Press, 2015).

50 T. Frank, *Listen, Liberal: Or, Whatever Happened to the Party of the People?* (New York: Macmillan, 2016).

51 다음 두 가지 내용을 특히 주의해서 살피면 좋다. W. Davies, "The Age of Post-Truth Politics," *New York Times*, August 24, 2016; and A. M. Rondón, "Donald Trump's Fictional America," *Politico*, April 2, 2017, https://www.politico.com/magazine/story/2017/04/donald-trumps-fictional-america-post-fact-venezuela-214973.

52 C. Forelle, "Luxembourg Lies on Secret Meeting," *Wall Street Journal*, May 9, 2011.

1장 잘못된 위기

1 P. Orszag, "Restoring America's Promise of Opportunity, Prosperity and Growth," Brookings Institution, Washington, DC, 2006, http://www.hamiltonproject.org/assets/legacy/files/downloads_and_links/Restoring_Americas_Promise_of_Opportunity_Prosperity_and_Growth_Transcript.pdf.

2 R. Rubin, *In an Uncertain World: Tough Choices from Wall Street to Washington* (New York: Random House, 2003); and N. Prins, *All the Presidents' Bankers: The Hidden Alliances That Drive American Power* (New York: Nation Books, 2014).

3 R. Altman, P. Orszag, J. Bordoff and R. Rubin, "An Economic Strategy to Advance Opportunity, Prosperity, and Growth," The Hamilton Project, April 2006, http://www.hamiltonproject.org/assets/legacy/files/downloads_and_links/An_Economic_Strategy_to_Advance_Opportunity_Prosperity_and_Growth.pdf.

4 오바마 관련 동영상. https://www.nakedcapitalism.com/2013/04/obama-at-the-hamilton-project-2006-this-is-not-a-bloodless-process.html.

5 Orszag, "Restoring America's Promise."

6 Joint Committee on Taxation Estimated Budget Effects of the Conference Agreement for H.R. 1836, May 26, 2001, JCX-51-01.

7 P. Blustein, "Reagan's Record," *Wall Street Journal*, October 21, 1985.

8 S. M. Kosiak, *Cost of the Wars in Iraq and Afghanistan, and Other Military Operations*

Through 2008 and Beyond, CSBA, December 15, 2008; and J. Stiglitz and L. Bilmes, *TheThree Trillion Dollar War* (New York: W. W. Norton, 2008).

9   T. Oatley, *A Political Economy of American Hegemony: Buildups, Booms, and Busts* (New York: CUP, 2015).

10   https://www.cbo.gov/about/products/budget-economic-data#2.

11   A. Sinai, P. Orszag and R. Rubin, "Sustained Budget Deficits: Longer-Run US Economic Performance and the Risk of Financial and Fiscal Disarray," Brookings Institution, January 5, 2004.

12   B. Woodward, *The Agenda: Inside the ClintonWhite House* (New York: Simon & Schuster, 1994).

13   D. Wessel and T. T. Vogel Jr., "Arcane World of Bonds Is Guide and Beacon to a Populist President," *Wall Street Journal*, February 25, 1993, A1.

14   "The Long-Term Budget Outlook," CBO, Washington, DC, 2005, 26. For a Republican view see L. Ball and N. G. Mankiw, "What Do Budget Deficits Do?," NBER Working Paper 5263, September 1995.

15   P. Anderson, *American Foreign Policy and Its Thinkers* (London: Verso, 2015); and A. Negri and M. Hardt, *Empire* (Cambridge, MA: Harvard University Press, 2000).

16   The phrase is Robert Zoellick's, then deputy secretary of state, as found in R. Zoellick, "Whither China? From Membership to Responsibility," New York, September 21, 2005 (New York: NCUSCR, 2005), https://2001-2009.state.gov/s/d/former/zoellick/rem/53682.htm.

17   M. J. Dunne, *American Wheels, Chinese Roads: The Story of General Motors in China* (Singapore: Wiley, 2011).

18   Z. Wang, *Never Forget National Humiliation: Historical Memory in Chinese Politics and Foreign Relations* (New York: Columbia University Press, 2012).

19   M. Mandelbaum, *Mission Failure: America and the World in the Post-Cold War Era* (Oxford: Oxford University Press, 2016).

20   그림자 은행시스템, 화폐의 위계구조 등과 관련하여 차별되는 접근은 페리 멀링의 다음 자료를 참조할 것. Perry Mehrling, "Shadow Banking, Central Banking, and the Future of Global Finance," City University London, February 2, 2013, https://www.city.ac.uk/__data/assets/pdf_file/0018/163440/Mehrling_Future-Global-Finance-126sn0t.pdf.

21   E. Ilzetkzi, C. M. Reinhart and K. S. Rogoff, "Exchange Arrangements Entering the 21st Century: Which Anchor Will Hold?," (NBER Working Paper 23134, 2017).

22   M. Pettis, *The Volatility Machine: Emerging Economies and the Threat of Financial Collapse* (New York: Oxford University Press, 2001).

23   *Time* (cover), February 1999; and Rubin and Weisberg, *In an Uncertain World*.

24   G. A. Calvo, "Sudden Stop, Financial Factors and Economic Collapse in Latin America" (NBER Working Paper 11153, 2005).

25   "The Argentine Crisis, 2001−2002," Rabobank, August 23, 2013, https://economics.rabobank.com/publications/2013/august/the-argentine-crisis-20012002-/.

26   M. Wolf, *Fixing Global Finance* (Baltimore: Johns Hopkins University Press, 2008).

27   M. P. Dooley, D. Folkerts Landau and P. Garber, "The Revived Bretton Woods System," *International Journal of Finance & Economics* 9 (2004), 307−313.

28 D. A. Steinberg, "Why Has China Accumulated Such Large Foreign Reserves?," in *The Great Wall of Money: Power and Politics in China's International Monetary Relations*, ed. E. Helleiner and J. Kirshner (Ithaca, NY: Cornell University Press, 2014), 71.

29 E. M. Truman, "Sovereign Wealth Funds: The Need for Greater Transparency and Accountability," Peterson Institute for International Economics, August 2007, https://piie.com/publications/pb/pb07-6.pdf.

30 P. G. Peterson, "Riding for a Fall," *Foreign Affairs* (September/October 2004), https://www.foreignaffairs.com/articles/united-states/2004-09-01/riding-fall.

31 N. Roubini, "The US as a Net Debtor: The Sustainability of the US External Imbalances," November 2004, http://people.stern.nyu.edu/nroubini/papers/Roubini-Setser-US-External-Imbalances.pdf.

32 S. Edwards, "Is the US Current Account Deficit Sustainable? And If Not, How Costly Is Adjustment Likely to Be?" (NBER Working Paper 11541, August 2005).

33 N. Ferguson and M. Schularick, "'Chimerica' and the Global Asset Market Boom," *International Finance* 10 (2007), 215–239, http://onlinelibrary.wiley.com/doi/10.1111/j.1468-2362.2007.00210.x/abstract.

34 Ferguson and Schularick, "'Chimerica.'"

35 L. H. Summers, "The United States and the Global Adjustment Process" (speech, Stavros S. Niarchos Lecture Institute, Washington, DC, 2004).

36 R. Suskind, *The Price of Loyalty: George W. Bush, the White House, and the Education of Paul O'Neill* (New York: Simon & Schuster, 2004), 291–292.

37 B. Delong, "I Belong to No Organized Political Party," *Grasping Reality with Both Hands* (blog), November 2006, http://www.bradford-delong.com/2006/11/index.html.

38 A. Berman, *Herding Donkeys: The Fight to Rebuild the Democratic Party and Reshape American Politics* (New York: Picador, 2010).

39 매슈 이글레시아스(Matthew Yglesias)를 인용. "I Belong to No Organized Political Party."

40 "Brad Delong: The Democrats' Line in the Sand," *Economist's View*, June 30, 2008, http://economistsview.typepad.com/economistsview/2008/06/brad-delong-the.html.

41 L. R. Jacobs and D. King, *Fed Power: How Finance Wins* (Oxford: Oxford University Press, 2016).

42 2004년 6월 29-30일 FOMC 회의록. https://www.federalreserve.gov/fomc/minutes/20040630.htm.

43 이른바 먼델-플레밍 모형에 대해서는 다음을 참조할 것. J. M. Boughton, "On the Origins of the Fleming-Mundell Model" (*IMF Staff Papers* 50, 2003), 1–9.

44 B. Bernanke, "The Global Saving Glut and the US Current Account Deficit," No. 77. Board of Governors of the Federal Reserve System (US), 2005.

45 B. Bernanke, "On Milton Friedman's Ninetieth Birthday" (conference to honor Milton Friedman, November 8, 2002).

46 M. Friedman and A. J. Schwartz, *A Monetary History of the United States, 1867-1960* (Princeton, NJ: Princeton University Press, 2008), 407–414.

47 Ben S. Bernanke, "Constrained Discretion and Monetary Policy," remarks before the

Money Marketeers of New York (New York: New York University, 2003).

48 B. Applebaum, "Bernanke, as Professor, Tries to Buff Fed's Image," *New York Times*, March 20, 2012, and B. Bernanke, "The Federal Reserve and the Financial Crisis Origins and Mission of the Federal Reserve," Lecture 1, George Washington University School of Business, March 20, 2012.

49 T. Adams, "The US View on IMF Reform" (Conference on IMF reform, September 23, 2005), https://piie.com/commentary/speeches-papers/us-view-imf-reform.

50 P. Blustein, *Off Balance: The Travails of Institutions That Govern the Global Financial System* (Waterloo, Ontario: CIGI, 2013), 51−66.

51 "Paulson May Be Bringing Heft to China Currency Drive," *Taipei Times*, June 1, 2006.

52 G2 회담에 대한 긍정적 의견. Fred Bergsten; see "A Partnership of Equals: How Washington Should Respond to China's Economic Challenge," *Foreign Affairs* 87 (July/August, 2008): 57−69.

53 "Fact Sheet Creation of the US-China Strategic Economic Dialogue," *US Department of the Treasury*, September 20, 2006, https://www.treasury.gov/press-center/press-releases/Pages/hp107.aspx. H. M. Paulson Jr., "A Strategic Economic Engagement: Strengthening US-Chinese Ties," *Foreign Affairs* 87 (September/October 2008), 59−77.

54 "The Panic About the Dollar," *Economist*, November 29, 2007; G. Steingart, "A Pearl Harbor Without War," *Der Spiegel*, November 13, 2007; "Supermodel 'Rejects Dollar Pay,'" *BBC News*, November 6, 2007; M. Nizza, "Heads Turn over Model's Disputed Dollar," *New York Times*, November 6, 2007; "Gisele Bundchen Doesn't Want to Be Paid in Dollars," *Fox News*, November 5, 2007; C. Giles, "Adjustment or Affliction?," *Financial Times*, December 10, 2007; and D. Usborne, "Rappers Join Models in Insisting on Euros as Greenbacks Fall Further Out of Fashion," *Independent*, November 17, 2007.

55 P. Krugman, "Will There Be a Dollar Crisis?," *Economic Policy* 22 (2007), 436−467.

56 D. W. Drezner, "Bad Debts: Assessing China's Financial Influence in Great Power Politics," *International Security* 34 (Fall 2009), 7−45.

57 J. B. DeLong, "The Wrong Financial Crisis," *Vox*, October 10, 2008.

2장 서브프라임

1 Y. Barnes, "Around the World in Dollars and Cents," *Savills World Research*, 2016, http://pdf.euro.savills.co.uk/global-research/around-the-world-in-dollars-and-cents-2016.pdf.

2 Congressional Budget Office, "Housing Wealth and Consumer Spending Report," 110th Cong., January 2007.

3 UNCTAD, *Trade and Development Report 2010*, New York, 44.

4 O. Jorda, M. Schularick and A. M. Taylor, "Betting the House," Federal Reserve Bank of San Francisco, June 2014.

5 O. Jorda, M. Schularick and A. M. Taylor, "The Great Mortgaging: Housing Finance, Crises and Business Cycles," *Economic Policy* 31 (September 2014), 107−152.

6 W. L. Silber, *Volcker: The Triumph of Persistence* (New York: Bloomsbury Press, 2012), 125−215.

7   L. Silk, "The Interest Rate Issue," *New York Times*, July 21, 1981.

8   당시 정치 상황에 대해서는 다음을 참조할 것. S. Eich and A. Tooze, "The Great Inflation," in *Vorgeschichte der Gegenwart: Dimensionen des Strukturbruchs nach dem Boom*, ed. A. Doering-Manteuffel, L. Raphael and T. Schlemmer (Göttingen: Vandenhoek & Ruprecht, 2015).

9   2004년 2월 20일 워싱턴 DC 동부 경제학회 회의. Ben S. Bernanke, "The Great Moderation". 그 밖에 다음을 참조할 것. James H. Stock and Mark W. Watson, "Has the Business Cycle Changed and Why?," *NBER Macroeconomics Annual* 17 (2002), 159–218.

10 R. K. Green and S. M. Wachter, "The American Mortgage in Historical and International Context," *Journal of Economic Perspectives* 19 (2005), 93–114.

11 관련 내용에 대한 요약과 분석. W. H. Starbuck and P. N. Pant, "Trying to Help S& Ls: How Organizations with Good Intentions Jointly Enacted Disaster," in *Organizational Decision Making*, ed. Z. Shapira (Cambridge: Cambridge University Press, 1996), 35–60.

12 T. Curry and L. Shibut, "The Costs of the Savings and Loan Crisis: Truth and Consequences," *FDIC Banking Review*, https://www.fdic.gov/bank/analytical/banking/2000dec/brv13n2_2.pdf.

13 Schwartz, *Subprime Nation*, 96–101.

14 R. K. Green and A. B. Schnare, "The Rise and Fall of Fannie Mae and Freddie Mac: Lessons Learned and Options for Reform," No. 8521, USC Lusk Center for Real Estate, 2009.

15 R. Rothstein, *The Color of Law: A Forgotten History of How Our Government Segregated America* (New York: W. W. Norton, 2017).

16 J. B. Judis and R. Teixeira, *The Emerging Democratic Majority* (New York: Macmillan, 2002).

17 이와 관련된 가장 중요한 언급은 다음을 참조할 것. C. W. Calomiris and S. H. Haber, *Fragile by Design: The Political Origins of Banking Crises and Scarce Credit* (Princeton, NJ: Princeton University Press, 2014). 이에 대한 비판은 다음을 참조할 것. M. Konzcal, "Guest Post: A Review of *Fragile by Design*," Roosevelt Institute, November 3, 2017.

18 D. Jaffee and J. M. Quigley, "The Future of the Government Sponsored Enterprises: The Role for Government in the US Mortgage Market" (NBER Working Paper 17685, Cambridge, MA, 2011).

19 N. Fligstein and A. Goldstein, "A Long Strange Trip: The State and Mortgage Securitization, 1968–2010," in *The Oxford Handbook of the Sociology of Finance*, ed. A. Preda and K. Knorr-Cetina (Oxford: Oxford University Press, 2012), 339–356.

20 관련 내용은 다음에 자세히 설명되어 있다. M. Lewis, *Liar's Poker* (New York: W. W. Norton, 2010); and B. McLean and J. Nocera, *All the Devils Are Here: The Hidden History of the Financial Crisis* (New York: Penguin, 2010).

21 K. Dennis, "The Ratings Game," *University of Miami Law Review* 63 (2008–2009); and L. J. White, "The Credit-Rating Agencies and the Subprime Debacle," *Critical Review* 21 (2009), 2–3, 389–399.

22 N. Fligstein and A. Goldstein, "The Anatomy of the Mortgage Securitization Crisis,"

in *Markets on Trial: The Economic Sociology of the US Financial Crisis, Part A*, ed. M. Lounsbury and P. M. Hirsch (Bingley: Emerald Group, 2010), 29–70.

23 Jaffee and Quigley, "The Future of the Government Sponsored Enterprises."

24 A. B. Ashcraft and T. Schuermann, "Understanding the Securitization of Subprime Mortgage Credit," *Federal Reserve Bank of New York Staff Reports* 318 (March 2008).

25 A. Goldstein and N. Fligstein, "The Transformation of Mortgage Finance and the Industrial Roots of the Mortgage Meltdown," *Mimeo*, 2014.

26 P. Gowan, *The Global Gamble: Washington's Faustian Bid for World Dominance* (London: Verso, 1999).

27 P. Augar, *The Greed Merchants: How the Investment Banks Played the Free Market Game* (London: Penguin, 2005).

28 G. Tett, *Fool's Gold: The Inside Story of J.P. Morgan and How Wall St. Greed Corrupted Its Bold Dream and Created Financial Catastrophe* (New York: Free Press, 2009).

29 G. Krippner, *Capitalizing on Crisis: The Political Origins of the Rise of Finance* (Cambridge, MA: Harvard University Press, 2011).

30 Z. Pozsar, "Institutional Cash Pools and the Triffin Dilemma of the US Banking System" (*IMF Working Paper* 11/109, August 2011).

31 P. Gowan, "Crisis in the Heartland," *New Left Review* 55 (January/February 2009).

32 Augar, *Greed Merchants*, 34.

33 Tobias T. Adrian and H. S. Shin, "Liquidity and Lleverage," *Journal of Financial Intermediation* 19 (2010), 418–437.

34 D. MacKenzie, *An Engine, Not a Camera: How Financial Models Shape Markets* (Cambridge, MA: MIT Press, 2006), 211–242.

35 G. F. Davis and M. S. Mizruchi, "The Money Center Cannot Hold: Commercial Banks in the US System of Corporate Governance," *Administrative Science Quarterly* 44 (June 1999), 215–239.

36 Goldstein and Fligstein, "The Transformation of Mortgage Finance."

37 K. Grind, *The Lost Bank: The Story of Washington Mutual-the Biggest Bank Failure in American History* (New York: Simon & Schuster, 2012).

38 A. Blundell-Wignall, P. Atkinson and S. H. Lee, "The Current Financial Crisis: Causes and Policy Issues," *OECD Financial Market Trends* (2008). As the authors stress, "2004 is critical in thinking about causality."

39 W. Poole, "The GSEs: Where Do We Stand?," *Federal Reserve Bank of St. Louis Review* 95 (November/December 2013), 601–611.

40 구조화된 금융 및 금융위기에 대한 가장 유명한 해설은 다음을 참조할 것. A. Milne, *The Fall of the House of Credit: What Went Wrong in Banking and What Can Be Done to Repair the Damage?* (Cambridge: Cambridge University Press, 2009).

41 안전자산 부족에 대한 요약. R. J. Caballero, E. Farhi and P. Gourinchas, "The Safe Assets Shortage Conundrum," *Journal of Economic Perspectives* 31 (Summer 2017), 29–46.

42 D. Clement, "Interview with Gary Gorton," Federal Reserve Bank of Minneapolis, December 1, 2010.

43 G. Gorton, "The History and Economics of Safe Assets" (NBER Working Paper 22210,

April 2016).

44 Goldstein and Fligstein, "Transformation"; V. V. Acharya, P. Schnabl and G. Suarez, "Securitization Without Risk Transfer," *Journal of Financial Economics* 107 (2013), 515–536; and E. Engelen et al., *After the Great Complacence: Financial Crisis and the Politics of Reform* (Oxford: Oxford University Press, 2011), 61.

45 Tett, *Fool's Gold*, 124–143.

46 V. V. Acharya, P. Schnabl and G. Suarez, "Securitization Without Risk Transfer."

47 T. Adrian and H. S. Shin, "Financial Intermediaries and Monetary Economics," *Federal Reserve Bank of New York Staff Reports* 398 (revised May 2010).

48 T. Adrian et al., "Repo and Securities Lending," *Federal Reserve Bank of New York Staff Reports* 529 (revised February 2013).

49 G. B. Gorton and A. Metrick, "Who Ran on Repo?" (NBER Working Paper 18455, October 2012).

50 E. Callan, "Lehman Brothers-Leverage Analysis," Lehman Brothers, April 7, 2008, https://web.stanford.edu/~jbulow/Lehmandocs/docs/DEBTORS/LBEX-DOCID%20 1401225.pdf.

51 S. Olster, "How the Roof Fell In on Countrywide," *Fortune*, December 23, 2010.

52 Ibid.

53 Engelen et al., *After the Great Complacence*, 56.

54 https://web.archive.org/web/20090226105739/http://oversight.house.gov/ documents/20081022112154.pdf.

55 "Ker-ching: The Thorny Issue of Bankers' Bonuses," *Economist*, January 26, 2008.

56 A. Haughwout et al., "'Flip This House': Investor Speculation and the Housing Bubble," *Liberty Street Economics* (blog), Federal Reserve Bank of New York, December 5, 2011.

57 R. G. Rajan, "Has Financial Development Made the World Riskier?" (NBER Working Paper 11728, November 2005).

58 M. D. Knight, "General Discussion: Has Financial Development Made the World Riskier?," Kansas City Federal Reserve, 2005, https://www.kansascityfed.org/publicat/ sympos/2005/pdf/GD5_2005.pdf.

59 E. Helleiner, *States and the Reemergence of Global Finance: From Bretton Woods to the 1990s* (Ithaca, NY: Cornell University Press, 1996).

60 D. Rosato, "Confessions of a Former Real Estate Bull," *CNN Money*, January 6, 2009.

61 D. Lereah, Why the Real Estate Boom Will Not Bust (New York: Crown, 2005).

62 L. Kudlow, "The Housing Bears Are Wrong Again," *National Review*, June 20, 2005.

63 Acharya, Schnabl and Suarez, "Securitization Without Risk Transfer."

64 E. R. Morrison and J. Riegel, "Financial Contracts and the New Bankruptcy Code: Insulating Markets from Bankrupt Debtors and Bankruptcy Judges," *American Bankruptcy Institute Law Review* 13 (2005), 641–644.

65 H. M. Schwartz, *Subprime Nation*, 180.

66 "Shorting Home Equity Mezzanine Tranches: A Strategy to Cash In on a Slowing Housing Market," Deutsche Bank, February 2007, http://www.valuewalk.com/ wp-content/uploads/2015/05/2007_Subprime_Shorting-Home-Equity-Mezzanine-

Tranches-1.pdf.

67   M. Nakomoto and D. Wighton, "Citigroup Chief Stays Bullish on Buy-outs," *Financial Times*, July 9, 2007.

3장 북미-유럽 중심의 금융 문제

1   The phrase "Bush's feral capitalism" comes from Robin Cook, Tony Blair's former foreign secretary; see R. Cook, "A Strong Europe-Or Bush's Feral US Capitalism," *Guardian*, October 28, 2004.

2   "Lessons from a Crisis," *Economist*, October 2, 2008.

3   "Le discours de Nicolas Sarkozy a Toulon," *Le Monde*, September 25, 2008.

4   S. Zedda, "Italian Banks' Paths Through the Crisis," *Scientific Research*, March 2016.

5   B. Setser, "Too Chinese (and Russian) to Fail?," *Follow the Money* (blog), Council on Foreign Relations, July 12, 2008; and Schwartz, *Subprime Nation*, 101–104.

6   C. Bertaut, L. P. DeMarco, S. Kamin and R. Tryon, "ABS Inflows to the United States and the Global Financial Crisis," *Journal of International Economics* 99 (2012), 219–234; and B. Bernanke, C. Bertaut, L. DeMarco and S. Kamin, "International Capital Flows and the Returns to Safe Assets in the United States, 2003–2007" (*International Finance Discussion Papers*, 2011).

7   D. O. Beltran, L. Pounder and C. Thomas, "Foreign Exposure to Asset-Backed Securities of US Origin" (*International Finance Discussion Papers* 939, August 2008, table 6, line 6).

8   Bank of England, *Financial Stability Report* (October 22, 2007), table 2.14.

9   M. Lewis, *The Big Short: Inside the Doomsday Machine* (New York: W. W. Norton, 2010); and United States Senate Permanent Subcommittee of Investigations, "Wall Street and the Financial Crisis: Anatomy of a Financial Collapse," April 13, 2011.

10   HSBC, "Fact Sheet," April 2005, http://www.banking.us.hsbc.com/personal/pdf/fact_sheet_4-05.pdf.

11   M. Zaki, *UBS, les dessous d'un scandale: Comment l'empire aux trois cles a perdu son pari* (Lausanne: Favre Sa, 2008), 121.

12   "Deutsche Bank to Acquire MortgageIT Holdings, Inc.," Deutsche Bank, July 12, 2006.

13   V. Acharya and P. Schnabl, "Do Global Banks Spread Global Imbalances? The Case of Asset-Backed Commercial Paper During the Financial Crisis of 2007–09," Jacques Polak Annual Research Conference, November 5–6, 2009.

14   N. Baba, R. N. McCauley and S. Ramaswamy, "US Dollar Money Market Funds and Non-US Banks," *BIS Quarterly Review*, March 2009.

15   H. S. Shin, "Global Banking Glut and Loan Risk Premium," Jacques Polak Annual Research Conference, November 10–11, 2011.

16   Bertaut et al., "ABS Inflows to the United States and the Global Financial Crisis."

17   T. Norfield, *The City: London and the Global Power of Finance* (London: Verso, 2017); D. Kynaston, *City of London: The History*, vol. 4 (London: Penguin, 2002); and N. Shaxson, *Treasure Islands: Uncovering the Damage of Offshore Banking and Tax Havens* (New York: St. Martin's Press, 2012).

18   E. Helleiner, *States and the Reemergence of Global Finance: From Bretton Woods to the*

1990s (Ithaca, NY: Cornell University Press, 1996).

19   J. Green, " Anglo-American Development, the Euromarkets, and the Deeper Origins of Neoliberal Deregulation," *Review of International Studies* 42 (2016), 425–449.

20   P. Augar, *The Death of Gentlemanly Capitalism: The Rise and Fall of London's Investment Banks* (London: Penguin, 2000).

21   2001년 엔론과 리먼브라더스 사이의 관계. https://en.wikipedia.org/wiki/25_Bank_ Street.

22   "Triennial Central Bank Survey: Report on Global Foreign Exchange Market Activity in 2010," Monetary and Economic Department, Bank for International Settlements, December 2010, http://www.bis.org/publ/rpfxf10t.pdf.

23   L. Jones, "Current Issues Affecting the OTC Derivatives Market and Its Importance to London," City of London, April 2009, https://www.cityoflondon.gov.uk/business/ economic-research-and-information/research-publications/Documents/research%20 2009/Current%20issues%20affecting%20the%20OTC%20derivatives%20market%20 and%20its%20importance%20to%20London.pdf.

24   G. Morgan, "Supporting the City: Economic Patriotism in Financial Markets," *Journal of European Public Policy* 19 (2012), 373–387.

25   R. Wade, "Financial Regime Change?," *New Left Review* 53 (September/October 2008).

26   "Financial Regulation: Industry Changes Prompt Need to Reconsider US Regulatory Structure," US Government Accountability Office, GAO-05-61, October 6, 2004.

27   A. Baker, "Restraining Regulatory Capture? Angloamerica, Crisis Politics and Trajectories of Change in Global Financial Governance," *International Affairs* 86 (2010), 647–663.

28   Wade, "Financial Regime Change?"

29   M. Singh and J. Aitken, "The (Sizable) Role of Rehypothecation in the Shadow Banking System" (IMF Working Paper WP/10/172, July 2010).

30   Green, " Anglo-American Development."

31   M. Hirsch, *Capital Offense: How Washington's Wise Men Turned America's Future Over to Wall Street* (Hoboken, NJ: Wiley, 2010), 200.

32   Zaki, *UBS*, 75.

33   L. S. Talani, "The Impact of the Global Financial Crisis on the City of London: Towards the End of Hegemony?," *Competition and Change* 15 (February 2011), 11–30.

34   D. K. Tarullo, "Regulating Large Foreign Banking Organizations," *Harvard Law School Symposium on Building the Financial System of the Twenty-first Century: An Agenda for Europe and the United States*, March 27, 2014.

35   "Rating Action: Moody's Downgrades Depfa Entities to A2, BFSR at D+," Moody's Investors Service, September 30, 2008.

36   G. Robinson, "Hypo to Buy Depfa Bank for €5.7bn," *Financial Times*, July 23, 2007.

37   W. Munchau, *The Meltdown Years* (Munich: McGraw-Hill, 2010), 19–28.

38   D. K. Tarullo, "Banking on Basel," Peterson Institute for International Economics, 2008.

39   R. Abdelal, *Capital Rules: The Construction of Global Finance* (Cambridge, MA: Harvard University Press, 2007), 88.

40 Abdelal, *Capital Rules*, 193–194.

41 A. Blundell-Wignall, P. Atkinson and S. H. Lee, "The Current Financial Crisis: Causes and Policy Issues," *OECD Financial Markets Trends* (2008).

42 A. Blundell-Wignall and P. Atkinson, "The Subprime Crisis: Causal Distortions and Regulatory Reform" (2008), in P. Bloxham and C. Kent, *Lessons from the Financial Turmoil of 2007 and 2008*, proceedings of a conference, Reserve Bank of Australia, Sydney.

43 "The AIG Rescue, Its Impact on Markets, and the Government's Exit Strategy," 111th Cong., US Government Printing Office, June 10, 2010; and R. Peston, "How Banks Depend on AIG," *BBC News*, September 16, 2008.

44 "The AIG Rescue, Its Impact on Markets," 111th Cong.

45 A. Baker, "Restraining Regulatory Capture? Anglo-America, Crisis Politics and Trajectories of Change in Global Financial Governance," *International Affairs* 86 (2010), 647–663.

46 M. Thiemann, "In the Shadow of Basel: How Competitive Politics Bred the Crisis," *Review of International Political Economy* (February 5, 2014), 1203–1239.

47 M. Berlin, "New Rules for Foreign Banks: What's at Stake?," *Business Review*, Federal Reserve of Philadelphia, 2015; and "Letter SR 01-1: Application of the Board's Capital Adequacy Guidelines to Bank Holding Companies Owned by Foreign Banking Organizations," Board of Governors of the Federal Reserve System, January 5, 2001, https://www.federalreserve.gov/boarddocs/srletters/2001/sr0101.htm.

48 S. Bair (speech, Risk Management and Allocation Conference, July 25, 2007).

49 S. Bair, *Bull by the Horns: Fighting to Save Main Street from Wall Street and Wall Street from Itself* (New York: Free Press, 2012), 38–39.

50 S. G. Cecchetti, "Five Years in the Tower" (speech, BIS Annual Conference, 2013). In 2008 Deutsche's leverage would soar to 70:1. On UBS, see Zaki, *UBS*, 117.

51 C. Hughes and J. Grant, "City Limits: London Counts the Cost of Six Stormy Months for Banks," *Financial Times*, January 20, 2008.

52 J. R. Dearie and G. J. Vojta, "Reform and Modernization of Financial Supervision in the United States: A Competitive and Prudential Imperative," *Mimeo*, 2007.

53 A. Appadurai, *Banking on Words: The Failure of Language in the Age of Derivative Finance* (Chicago: University of Chicago Press, 2015).

54 P. Blustein, *The Chastening: Inside the Crisis That Rocked the Global Financial System and Humbled the IMF* (New York: PublicAffairs, 2003).

55 Roche, *Histoire secrete d'un krach qui dure*, 99–100; and P. Blustein, *Off Balance*, 113–114.

56 M. Obstfeld, J. C. Shambaugh and A. M. Taylor, "Financial Instability, Reserves, and Central Bank Swap Lines in the Panic of 2008" (NBER Working Paper 14826, 2009).

57 P. McGuire and G. von Peter, "The US Dollar Shortage in Global Banking," *BIS Quarterly Review*, March 2009.

58 관련 내용에 대한 확인은 J. Aizenman and L. Jaewoo, "Financial Versus Monetary Mercantilism: Long-Run View of Large International Reserves Hoarding," *World Economy* 31 (2008), 593–611.

4장 유로존

1. H. James, *Making the European Monetary Union* (Cambridge, MA: Harvard University Press, 2012); a useful economist's introduction is J. Pisani-Ferry, *The Euro Crisis and Its Aftermath* (Oxford: Oxford University Press, 2014). On the politics see D. Marsh, *The Euro: Battle for the New Global Currency* (New Haven, CT: Yale University Press, 2009).

2. R. Abdelal, *Capital Rules: The Construction of Global Finance* (Cambridge, MA: Harvard University Press, 2007).

3. M. E. Sarotte, *1989: The Struggle to Create Post-Cold War Europe* (Princeton, NJ: Princeton University Press, 2009).

4. T. Mayer, *Europe's Unfinished Currency: The Political Economics of the Euro* (New York: Anthem Press, 2012). The author was chief economist at Deutsche Bank from 2009–2012.

5. D. Gros, "Will EMU Survive 2010?," Center for European Policy Studies, January 17, 2006.

6. T. Bayoumi and B. Eichengreen, "Shocking Aspects of European Monetary Unification" (NBER Working Paper 3949, 1992).

7. M. Feldstein, "The Political Economy of the European Economic and Monetary Union: Political Sources of an Economic Liability," *Journal of Economic Perspectives* 11 (1997), 23–42.

8. U. G. Silveri, "Italy 1990–2014: The Transition That Never Happened," *Journal of Modern Italian Studies* 20 (2015), 171–175.

9. K. Dyson and K. Featherstone, "Italy and EMU as a 'Vincolo Esterno': Empowering the Technocrats, Transforming the State," *South European Society and Politics* 1.2 (1996), 272–299.

10. "The Sick Man of the Euro," *Economist*, June 3, 1999.

11. R. R. G. Heinze, *Blockierte Gesellschaft* (Opladen: VS Verlag, 1998); and K. v. Hammerstein et al., "Die blockierte Republik," *Der Spiegel*, September 21, 2002.

12. A. Hassel and C. Schiller, *Der Fall Hartz IV* (Frankfurt: Campus, 2010); and S. Beck and C. Scherrer, "Der rot-grüne Einstieg in den Abschied vom 'Modell Deutschland': Ein Erklärungsversuch," *Prokla* 35 (2005), 111–130.

13. S. Dullien, "A German Model for Europe?," European Council on Foreign Relations, July 1, 2013.

14. M. Fratzscher, *Verteilungskampf: Warum Deutschland immer ungleicher wird* (Munich: Carl Hanser, 2016); and C. Odendahl, "The Hartz Myth: A Closer Look at Germany's Labour Market Reforms," Center for European Reform, June 2017.

15. H. Geiling, ed., *Die Krise der SPD: autoritäre oder partizipatorische Demokratie* (Münster: LIT, 2010).

16. A. Crawford, *Angela Merkel: A Chancellorship Forged in Crisis* (Sussex: Bloomberg Press, 2013); and M. Qvortrup, *Angela Merkel: Europe's Most Influential Leader* (New York: Overlook Press, 2016).

17. "The Merkel Plan," *Economist*, June 15, 2013.

18. Rede von Bundeskanzlerin, "Dr. Angela Merkel beim Weltwirtschaftsforum am,"

January 25, 2006 in Davos, https://www.bundesregierung.de/Content/DE/Bulletin/2001_2007/2006/01/07-1-Merkel.html.

19 C. Egle and R. Zohlnhöfer, eds., *Die zweite Große Koalition: eine Bilanz der Regierung Merkel 2005-2009* (Wiesbaden: VS Verlag für Sozialwissenschaften, 2010).

20 Peer Steinbrück, *Unterm strich* (Hamburg: Hoffmann und Campe, 2010).

21 "탈민주주의"라는 용어는 특히 독일에서 많은 호응을 얻었다. C. Crouch, "Coping with Post-Democracy," *Fabian Ideas*, no. 598 (2000); C. Crouch, *Post-Democracy* (Cambridge: Polity, 2004); and "Postdemokratie?," *Aus Politik und Zeitgeschichte*, February 1, 2011.

22 S. Lessenich, "Die Kosten der Einheit," Bundeszentrale für politische Bildung, March 30, 2010.

23 "Steinbrück setzt auf schwarze Null," *Der Tagesspiegel*, July 4, 2007.

24 W. Wolfrum, *Rot-Grun an der Macht: Deutschland 1998-2005* (Munich: C. H. Beck, 2013).

25 N. Irwin, *The Alchemists: Three Central Bankers and a World on Fire* (New York: Penguin, 2013).

26 C. Ban, *Ruling Ideas: How Global Neoliberalism Goes Local* (Oxford: Oxford University Press, 2016).

27 D. Gabor and C. Ban, "Banking on Bonds: The New Links Between States and Markets," *Journal of Common Market Studies* 54 (2015), 617−635.

28 S. Cheun, I. von Köppen-Mertes, and B. Weller, "The Collateral Frameworks of the Eurosystem, the Federal Reserve System and the Bank of England and the Financial Market Turmoil," Occasional Paper No. 107, European Central Bank, 2009; and D. Gabor, "The Power of Collateral: The ECB and Bank Funding Strategies in Crisis," (May 18, 2012), available at SSRN: https://ssrn.com/abstract=2062315 or http://dx.doi.org/10.2139/ssrn.2062315.

29 W. Buiter and A. Sibert, "How the Eurosystem's Treatment of Collateral in Its Open Market Operations Weakens Fiscal Discipline in the Eurozone (and What to Do About It)," CEPR Discussion Papers No. 5387, 2005; and the discussion in Schelkle, *Political Economy of Monetary Solidarity*, 145−148.

30 Bernanke, *Courage to Act*, 477; and M. Lewis on Greece, the Eurozone and the implicit German guarantee, "How the Financial Crisis Created a 'New Third World,'" *NPR Fresh Air*, September 30, 2011, http://www.npr.org/templates/transcript/transcript.php?storyId=140948138.

31 S. Storm and C. W. Naastepad, "Myths, Mix-ups and Mishandlings: What Caused the Eurozone Crisis?," Institute for New Economic Thinking Annual Conference, April 11, 2015, table 2.

32 P. Lourtie, "Understanding Portugal in the Context of the Euro Crisis," in *Resolving the European Debt Crisis*, ed. W. R. Cline and G. Wolff (Washington, DC: PIIE, 2012).

33 C. Wyplosz and S. Sgherri, "The IMF's Role in Greece in the Context of the 2010 Stand-By Arrangement," Independent Evaluation Office of the IMF, BP/16-02/11, 2016.

34 S. Kalyvas, *Modern Greece: What Everyone Needs to Know* (Oxford: Oxford University Press, 2015); and M. Husson, "The Greek Public Debt Before the Crisis," March 2015,

http://hussonet.free.fr/graudite.pdf.

35 Sandbu, *Europe's Orphan*, 24.

36 P. R. Lane, "Capital Flows in the Euro Area," *Economic Papers* 497 (April 2013).

37 G. Gorton and A. Metrick, "Securitization" (2011), in *Handbook of the Economics of Finance*, ed. G. Constantinides, M. Harris and R. Stulz (North Holland: Elsevier, 2012); and T. Santos, "Antes del Diluvio: The Spanish Banking System in the First Decade of the Euro," in *After the Flood: How the Great Recession Changed Economic Thought*, Edward L. Glaeser, Tano Santos and Glenn Weyl, eds. (Chicago: University of Chicago Press, 2017).

38 Schelkle, *Political Economy of Monetary Solidarity*, 180–185.

39 Storm and Naastepad, "Myths, Mix-ups and Mishandlings."

40 P. R. Lane, "The Funding of the Irish Domestic Banking System During the Boom," *Journal of the Statistical and Social Inquiry Society of Ireland* 44 (2014), 40–71.

41 S. Royo, "How Did the Spanish Financial System Survive the First Stage of the Global Crisis?," *Governance* 26 (October 2013), 631–656; Santos, "Antes del Diluvio."

42 A. Cárdenas, "The Spanish Savings Bank Crisis: History, Causes and Responses" (Working Paper 13-003, Universitat Oberta de Catalunya, 2013); and Santos, "Antes del Diluvio."

43 T. Santos, "El Diluvio: The Spanish Banking Crisis, 2008–2012," manuscript, Columbia Business School, Columbia University (2017).

44 Santos, "Antes del Diluvio."

45 I. Jack, "Ireland: The Rise and the Crash," *New York Review of Books*, November 11, 2010, reviewing F. O'Toole, *Ship of Fools: How Stupidity and Corruption Sank the Celtic Tiger* (London: Faber and Faber, 2009).

46 P. De Grauwe, "How to Embed the Eurozone in a Political Union," *Vox*, June 17, 2010. For a devastating review of the blindspots of conventional theories of optimum currency area and their insistence on fiscal integration see Schelkle, *Political Economy of Monetary Solidarity*, 174–179. For a review of discussions about financial stabilization following the Maastricht Treaty of 1992 see M. Obstfeld, "Finance at Center Stage: Some Lessons of the Euro Crisis," Directorate General Economic and Financial Affairs No. 493 (DG ECFIN), European Commission, 2013.

47 유럽연합 예비 조치에 대한 요약 내용은 다음을 참조할 것. ECB, "The EU Arrangements for Financial Crisis Management," *ECB Monthly Bulletin*, February 2007. 금융위기의 잠재적 위험의 규모를 처음으로 조명한 내용들 중에서 특히 다음을 참조할 것. N. Veron, "Is Europe Ready for a Major Banking Crisis?," *Bruegel Policy Brief* (August 9, 2007).

48 D. K. Tarullo, "Regulating Large Foreign Banking Organizations" (speech, Harvard Law School Symposium on Building the Financial System of the Twenty-first Century: An Agenda for Europe and the United States, March 27, 2014).

49 A. Milward, *European Rescue of the Nation State* (London: Routledge, 1992).

50 L. H. Summers, "Summers Speaks," *Magazine of International Economic Policy* (Fall 2007), http://www.international-economy.com/TIE_F07_Summers.pdf.

51 G. Majone, *Europe as the Would-Be World Power* (Cambridge: Cambridge University Press, 2009).

52 M. Bernard, *Valery Giscard d'Estaing: Les ambitions decues* (Paris: Armand-Colin, 2014).

53 M. O'Neill, *The Struggle for the European Constitution: A Past and Future History* (Basingstoke, UK: Routledge, 2009).

54 M. K. Davis Cross, *The Politics of Crisis in Europe* (Cambridge: Cambridge University Press, 2017).

55 S. Kornelius, *Angela Merkel: The Chancellor and Her World* (London: Alma Books, 2014).

56 H. Kundnani, *The Paradox of German Power* (Oxford: Oxford University Press, 2015).

57 S. Fabbrini, *Which European Union? Europe After the Euro Crisis* (Cambridge: Cambridge University Press, 2015).

58 R. Kagan, "Americans Are from Mars, Europeans Are from Venus," *Sunday Times*, February 2, 2003, which gave rise to the following book: R. Kagan, *Paradise and Power: America and Europe in the New World Order* (London: Vintage, 2003).

59 Habermas and Derrida, "February 15, or What Binds Europeans Together."

60 P. Anderson, *The New Old World* (London: Verso, 2009); and P. Baldwin, *The Narcissism of Minor Differences: How America and Europe Are Alike* (Oxford: Oxford University Press, 2009).

61 J. Herf, *War by Other Means: Soviet Power, West German Resistance, and the Battle of the Euromissiles* (New York: Free Press, 1991); and L. Nuti, F. Bozo, M. Rey and B. Rother, eds., *The Euromissile Crisis and the End of the Cold War* (Washington, DC: Woodrow Wilson Center Press, 2015).

5장 다극화된 세계

1   M. E. Sarotte, *1989: The Struggle to Create Post-Cold War Europe* (Princeton, NJ: Princeton University Press, 2010).

2   G. Soros, "Not Without US Aid," *Wall Street Journal*, December 7, 1989.

3   M. G. Gilman, *No Precedent, No Plan: Inside Russia's 1998 Default* (Boston: MIT Press, 2010).

4   P. Blustein, *The Chastening: Inside the Crisis That Rocked the Global Financial System and Humbled the IMF* (New York: PublicAffairs, 2003), 235–277.

5   J. Johnson, "Forbidden Fruit: Russia's Uneasy Relationship with the US Dollar," *Review of International Political Economy* 15 (2008), 379–398.

6   P. Ther, *Europe Since 1989: A History* (Princeton, NJ: Princeton University Press, 2016).

7   J. M. Goldgeier, *Not Whether but When: The US Decision to Enlarge NATO* (Washington, DC: Brookings, 1999).

8   S. F. Szabo, *Parting Ways: The Crisis in German-American Relations* (Washington, DC: Brookings, 2004).

9   "Outrage at 'Old Europe' Remarks," *BBC News*, January 23, 2003.

10 R. Prodi, "Europe and Peace" (speech, University of Ulster, April 1, 2004).

11 J. Becker, "Europe's Other Periphery," *New Left Review* 99 (May/June 2016).

12 R. Martin, *Constructing Capitalisms: Transforming Business Systems in Central and*

Eastern Europe (Oxford: Oxford University Press, 2013).

13　J. Hardy, *Poland's New Capitalism* (London: Pluto Press, 2009).

14　M. Ferry and I. McMaster, "Cohesion Policy and the Evolution of Regional Policy in Central and Eastern Europe," *Europe-Asia Studies* 65 (2013), 1502–1528.

15　K. Wolczuk, "Integration Without Europeanisation: Ukraine and Its Policy Towards the European Union" (EUI working paper 15, Robert Schuman Centre of Advanced Studies, 2004).

16　A. Polese, "Ukraine 2004: Informal Networks, Transformation of Social Capital and Coloured Revolutions," *Journal of Communist Studies and Transition Politics* 25 (2009), 255–277.

17　"Doing Business 2006," World Bank (September 13, 2005), http://www.doingbusiness.org/reports/global-reports/doing-business-2006.

18　"Classification of Exchange Rate Arrangements and Monetary Policy Frameworks," *IMF*, June 30, 2004.

19　루마니아 사례에 대한 좀 더 자세한 내용은 다음을 참조할 것. D. Gabor, *Central Banking and Financialization: A Romanian Account of How Eastern Europe Became Subprime* (Basingstoke, UK: Routledge, 2010).

20　J. Johnson, *Priests of Prosperity: How Central Bankers Transformed the Postcommunist World* (Ithaca, NY: Cornell University Press, 2016).

21　Blustein, *Off Balance*, 1–12.

22　"Simulating Financial Instability," Conference on Stress Testing and Financial Crisis Simulation Exercises, European Central Bank, July 12–13, 2007, https://www.ecb.europa.eu/pub/pdf/other/simulatingfinancialinstability200809en.pdf?f6427026bcf400e849ff88415b1386ba.

23　Blustein, *Off Balance*, 67–92.

24　"Minister Rinkēvičs: The Foreign Ministry Building Is a Touchstone for the Nation's History," *Ministry of Foreign Affairs of the Republic of Latvia*, November 15, 2013.

25　T. Rostoks, "Latvia's Foreign Policy-Living Through Hard Times," *Diplomaatia* (blog) (April 2010), https://www.diplomaatia.ee/en/article/latvias-foreign-policy-living-through-hard-times/.

26　R. Sakwa, *The Crisis of Russian Democracy: The Dual State, Factionalism and the Medvedev Succession* (Cambridge: Cambridge University Press, 2010); and R. Sakwa, *Putin and the Oligarchs: The Khodorkovsky-Yukos Affair* (London: I. B. Tauris, 2014).

27　P. Hanson, "The Economic Development of Russia: Between State Control and Liberalization" (ISPI Working Paper 32, October 2008).

28　Johnson, "Forbidden Fruit."

29　F. Hill and C. G. Gaddy, *Mr. Putin: Operative in the Kremlin* (Washington, DC: Brookings, 2013), chapter 5.

30　P. Anderson, "Incommensurate Russia," *New Left Review* 94 (July–August 2015).

31　World Bank in Russia, *Russia Economic Report* 17 (November 2008), table 1.9.

32　A. E. Stent, *The Limits of Partnership* (Princeton, NJ: Princeton University Press, 2014); and Hill and Gaddy, *Mr. Putin.*

33　P. Gallis, *NATO and Energy Security*, CRS Report for Congress (August 15, 2007).

34 "Kudrin Has Reservations on Dollar," *Moscow Times*, April 24, 2006.

35 Johnson, "Forbidden Fruit."

36 푸틴의 연설 내용. "Putin's Prepared Remarks at 43rd Munich Conference on Security Policy," *Washington Post*, February 12, 2007.

37 "At $US250 a Barrel, We're Headed for Meltdown," *Sydney Morning Herald*, June 21, 2008.

38 A. E. Kramer, "As Gazprom Goes, So Goes Russia," *New York Times*, May 11, 2008.

39 "Putin's Prepared Remarks."

40 D. Trenin, "Russia Leaves the West," *Foreign Affairs* 85 (July/August 2006), 87.

41 "Gates Dismisses Putin Remarks as Blunt Spy Talk," *Reuters*, February 12, 2007.

42 "Migration in Europe: Case Studies: Bulgaria and Romania," CRCE 2010 Colloquium, 2010.

43 "Country report: Lugoj, Romania," Ungersteel. http://www.ungersteel.com/unger/download/UngerSteelGroup_Lugoj-property_Exposee.pdf.

44 *Europe Real Estate Yearbook* (The Hague: Europe Real Estate Publishers, 2008), 362.

45 "ING Real Estate Buys in Germany and Romania," *PropertyEU* (October 9, 2007).

46 G. Toal, *Near Abroad: Putin, the West and the Contest over Ukraine and the Caucasus* (Oxford: Oxford University Press, 2017).

47 "The President's News Conference with President Viktor Yushchenko of Ukraine in Kiev, Ukraine," *The American Presidency Project* (April 1, 2008), http://www.presidency.ucsb.edu/ws/?pid=76910.

48 S. Erlanger and S. L. Myers, "NATO Allies Oppose Bush on Georgia and Ukraine," *New York Times*, April 3, 2008.

49 Ibid.

50 C. Rice, *No Higher Honor: A Memoir of My Years in Washington* (New York: Broadway Books, 2011), 422.

51 J. Mearsheimer, "How the West Caused the Ukraine Crisis," *Foreign Affairs* (August 2014).

52 R. Youngs, *Europe's Eastern Crisis* (Cambridge: Cambridge University Press, 2017), 50–64.

53 R. Peston, "Russia 'Planned Wall Street Bear Raid,'" *BBC News*, March 17, 2014.

54 T. Vorobyova, "Russia Will Not Dump Fannie, Freddie Debt: FinMin," *Reuters*, August 20, 2008.

55 Peston, "Russia 'Planned Wall Street Bear Raid.'"

56 For this train of events, see the *Independent International Fact-Finding Mission on the Conflict in Georgia Report* (September 2009).

57 Varvara, "President Medvedev: Events in South Ossieta Show That Russia Is a Force to Be Reckoned With," *Voices from Russia* (September 6, 2008), https://02varvara.wordpress.com/2008/09/06/president-medvedev-events-in-south-ossetia-show-that-russia-is-a-force-to-be-reckoned-with/.

58 "Georgian War Exposes Rift with Russians," *Deutsche Welle*, August 15, 2008.

59 A. Rahr, *Putin nach Putin* (Munich: Universitas-Verlag, 2008), 269.

60 "Press Conference by President of France Nicolas Sarkozy" (United Nations press

conference, September 23, 2008), http://www.un.org/press/en/2008/080923_Sarkozy. doc.htm.

6장 "글로벌 역사상 최악의 금융위기"

1   다음 책은 미국의 상황을 잘 설명해놓은 것으로 유명하다. A. Mian and A. Sufi, *House of Debt: How They (and You) Caused the Great Recession, and How We Can Prevent It from Happening Again* (Chicago: University of Chicago Press, 2014)

2   주요 은행들의 파산 내용에 대해서는 다음을 참조할 것. Milne, *Fall of the House of Credit*, 195-256.

3   DealBook, "UBS's Hedge Fund: A Post-Mortem," *New York Times*, June 4, 2007.

4   T. Buck, "National Reputation Hangs on IKB Rescue," *Financial Times*, August 2, 2007.

5   Roche, *Histoire Secrete*.

6   "BNP Paribas Suspends Funds Because of Subprime Problems," *New York Times*, August 9, 2007.

7   Munchau, *The Meltdown Years*, 102.

8   Irwin, *The Alchemists*, 2.

9   L. Elliott, "Credit Crisis-How It All Began," *Guardian*, August 4, 2008.

10   H. S. Scott, *Connectedness and Contagion: Protecting the Financial System from Panics* (Cambridge, MA: MIT Press, 2016).

11   H. S. Shin, "Reflections on Northern Rock: The Bank Run That Heralded the Global Financial Crisis," *Jounal of Economic Perspectives* 23 (2009), 101-119.

12   "Lessons of the Fall," *Economist*, October 18, 2007.

13   United States Financial Crisis Inquiry Commission, *The Financial Crisis Inquiry Report* (New York: PublicAffairs, 2011), 283.

14   3자간 Repo, 양자간 Repo, 그리고 ABCP 시장의 중요성에 대한 고턴(G. Gorton)과 메트릭(A. Metrick) 사이의 토론은 다음을 참조할 것. G. Gorton and A. Metrick, "Securitized Banking and the Run on Repo," *Journal of Financial Economics* 104, no. 3 (2012), 425-451; G. B. Gorton, *Misunderstanding Financial Crises: Why We Don't See Them Coming* (Oxford: Oxford University Press, 2012), 39-40; and A. Krishnamurthy, S. Nagel and D. Orlov, "Sizing Up Repo," *Journal of Finance* 69, no. 6 (December 2014), 2381-2417.

15   G. B. Gorton and A. Metrick, "Who Ran on Repo?" (NBER Working Paper 18455, 2012); T. Adrian and H. Y. Shin, "The Shadow Banking System: Implications for Financial Regulation," *Federal Reserve Bank of New York Staff Reports* 382 (July 1, 2009).

16   Gordon and Metrick, "Securitized Banking and the Run on Repo."

17   L. Ball, "The Fed and Lehman Brothers: Introduction and Summary" (NBER Working Paper 22410, 2016).

18   "Liquidity Management at Lehman Brothers," Lehman Brothers, July 2008.

19   A. Copeland, A. Martin and M. Walker, "Repo Runs: Evidence from the Tri-Party Repo Market," *Federal Reserve Bank of New York Staff Reports* 506 (July 2011).

20   T. V. Dang, G. Gorton and B. Holmstrom, "Haircuts and Repo Chains," Working

Paper, October 17, 2013.

21 Ball, "The Fed and Lehman Brothers," 37.

22 AIG 사태에 대한 자세한 설명은 다음을 참조할 것. Congressional Oversight Panel, "The AIG Rescue, Its Impact on Markets, and the Government's Exit Strategy," *June Oversight Report* (June 10, 2010).

23 G. Morgenson and L. Story, "Testy Conflict with Goldman Helped Push A.I.G. to Edge," *New York Times*, February 6, 2010.

24 Ibid.; https://fcic-static.law.stanford.edu/cdn_media/fcic-testimony/2010-0701-Goldman-AIG-Collateral-Call-timeline.pdf.

25 P. E. McCabe, "The Cross Section of Money Market Fund Risks and Financial Crises" (FEDS Working Paper 2010-51, September 12, 2010).

26 M. T. Kacperczyk and P. Schnabl, "How Safe Are Money Market Funds?," *Quarterly Journal of Economics* 128 (2013), 1073–1122.

27 Board of Trustees of the Primary Fund-In Liquidation, "Additional Information Regarding Primary Fund-In Liquidation," September 23, 2014.

28 Gorton and Metrick, "Securitized Banking and the Run on Repo."

29 골드만삭스가 공식적으로 내세운 변명은 결국 새로운 회계방식을 적용한 결과라는 것이었다. 불과 며칠 전만 해도 20퍼센트나 줄어들었던 현금 보유량은 다음 날이 되자 890억 달러로 반등한다. http://www.goldmansachs.com/media-relations/in-the-news/archive/response-to-fcic-folder/gs-liquidity.pdf.

30 P. Krugman, *End This Depression Now!* (New York: W. W. Norton, 2012), 115.

31 V. Ivashina and E. Scharfstein, "Bank Lending During the Financial Crisis of 2008," *Journal of Financial Economics* 97 (2010), 319–338.

32 P. McGuire and G. von Peter, "The US Dollar Shortage in Global Banking and the International Policy Response" (BIS Working Paper 291, October 2009).

33 2008년 9월 16일 FMOC 회의록.

34 A. R. Sorkin, *Too Big to Fail: The Inside Story of How Wall Street and Washington Fought to Save the Financial System-and Themselves* (New York: Penguin, 2010), 1–2.

35 https://www.juliusbaer.com/files/user_upload/your-private-bank/investment-excellence/research/european-wealth-report/documents/Wealth_Report_Europe.pdf.

36 ING Economic and Financial Analysis, "Household Wealth in Europe: Post-Crisis Recovery Leaves Big Differences Between Countries and Households," January 18, 2016.

37 R. Lydon and T. McIndoe-Calder, "The Great Irish (De)Leveraging 2005–14," Irish Economic Analysis Division Central Bank of Ireland, March 2017.

38 P. K. Brooks, "IMF Survey: Households Hit Hard by Wealth Losses," *World Economic Outlook*: IMF Research Department, June 24, 2009.

39 US Department of Treasury, "The Financial Crisis Response: In Charts," April 2012.

40 "The Cost of the Crisis: $20 Trillion and Counting," *Better Markets*, July 2015.

41 A. Bangalore, "US Housing Market: Share of Underwater Homes Trending Down," *Market Oracle*, July 13, 2012, http://www.marketoracle.co.uk/Article35579.html.

42 E. Wolff, "The Asset Price Meltdown and the Wealth of the Middle Class," *US2010: Discover America in a New Century*, May 2013.

43 State of Working America, "African Americans," Economic Policy Institute (ND), http://www.stateofworkingamerica.org/fact-sheets/african-americans./

44 D. G. Bocian, W. Li and K. Ernst, "Foreclosures by Race and Ethnicity: The Demographics of a Crisis," Center for Responsible Lending Research, June 18, 2010.

45 M. Hall, K. Crowder and A. Spring, "Neighborhood Foreclosures, Racial/Ethnic Transitions, and Residential Segregation," *American Sociological Review* 80.3 (2015), 526–549.

46 Mian and Sufi, *House of Debt*, 38.

47 Brooks, "IMF Survey."

48 "The Bankruptcy of General Motors: A Giant Falls,"*Economist*, June 4, 2009.

49 K. Hill, D. Menk, J. Cregger and M. Schultz, *Contribution of the Automotive Industry to the Economies of All Fifty States and the United States* (Ann Arbor, MI: Center for Automotive Research, 2015).

50 "The Crisis in the Car Industry: No Opel, No Hope," *Economist*, March 5, 2009.

51 B. Deilus, "Economic Performance of Mexico and South Korea After 2008 Crisis" (2015), http://www.boeckler.de/pdf/v_2015_10_23_desilus.pdf; M. A. Villarreal, *The Mexican Economy After the Global Financial Crisis*, Congressional Research Service, September 16, 2010.

52 J. Sidaoui, M. Ramos-Francia and G. Cuadra, "The Global Financial Crisis and Policy Response in Mexico," (*BIS Papers* 54, 2010).

53 "75 Years of Toyota," http://www.toyota-global.com/company/history_of_toyota/75years/index.html.

54 M. Fackler, "Toyota Expects Its First Loss in 70 Years," *New York Times*, December 22, 2008.

55 M. Sommer, "Why Has Japan Been Hit So Hard by the Global Recession?," IMF Staff Position Note, March 18, 2009.

56 K. Otsuka, "Resurgent Hitachi Goes Global After Painful Reforms," *Japan Times*, May 28, 2015.

57 "Japan's Electronics Giants: Unplugged," *Economist*, February 5, 2009.

58 R. Baldwin, ed., *The Great Trade Collapse: Causes, Consequences and Prospects* (VoxEU, 2009), 58, http://voxeu.org/content/great-trade-collapse-causes-consequences-and-prospects.

59 K. Hopkins, "German Economy Suffered Worst Postwar Slump in 2009," *Guardian*, January 13, 2010.

60 H. Comert and S. Colak, "The Impacts of the Global Crisis on the Turkish Economy and Policy Responses," *Economic Research Center*, December 2014.

61 M. Yalçin, "Evaluation of the 2008 Global Financial Crisis' Effects on Turkish Economy: Is It Tangential?," May 15, 2012, https://www.academia.edu/1564330/Effect_of_2008_Global_Financial_Crisis_over_Turkey.

62 Baldwin, *Great Trade Collapse*.

63 H. Hakimian and N. Dhillon, "Global Economic Crisis: A Catalyst for Change in Saudi Arabia?," Brookings Institution, February 25, 2009.

64 R. Wigglesworth, "Gulf Bank Chief Quits as Kuwait Crisis Deepens," *Financial Times*,

October 28, 2008.

65 A. Hanieh, *Capitalism and Class in the Gulf Arab States* (New York: Palgrave Macmillan, 2011).

66 P. Lewis, "Dubai's Six-Year Building Boom Grinds to Halt as Financial Crisis Takes Hold," *Guardian*, February 13, 2009.

67 International Labour Office, "Global Employment Trends 2011: The Challenge of a Jobs Recovery."

68 Clark, *Hard Times*, 41–67.

69 International Labour Office, "Global Employment Trends 2011."

70 M. Holder, "Unemployment in New York City During the Recession and Early Recovery: Young Black Men Hit the Hardest," Community Service Society, December 2010.

71 F. Cai and K. W. Chan, "The Global Economic Crisis and Unemployment in China," *Eurasian Geography and Economics* 50, no. 5 (2009), 513–531. For a contrasting effort to estimate global unemployment see International Labour Office, "Global Employment Trends 2011" (Geneva: ILO, 2011).

72 P. Krugman, "The Great Recession Versus the Great Depression," *New York Times*, March 20, 2009.

73 B. Eichengreen and K. O'Rourke, "Tale of Two Depressions: What Do the New Data Tell Us?," *CEPR*, March 8, 2010.

74 Sorkin, *Too Big to Fail*, 417.

75 M. Taibbi, "Secrets and Lies of the Bailout," *Rolling Stone*, January 4, 2013.

76 A. Sorkin, D. Henriques, E. Andrews and J. Nocera, "As Credit Crisis Spiraled, Alarm Led to Action," *New York Times*, October 1, 2008.

77 C. Borio, "Capital Flows and the Current Account: Taking Financing (More) Seriously," (*BIS Working Paper* 525, 2015).

78 Bernanke, *The Courage to Act*, 386.

79 M. Egan, "2008: Worse Than the Great Depression?," *CNN Money*, August 27, 2014.

80 Bernanke, *Courage to Act*, 386, 561.

81 Ibid., 561.

82 Geithner, *Stress Test*, 200.

83 "증권화"라는 용어에 대해서는 이른바 코펜하겐학파(B. Barzun and O. Waeve)에서 자세하게 분석했다. 이에 대한 비판적 평가는 다음을 참조할 것. H. Stritzel, "Towards a Theory of Securitization: Copenhagen and Beyond," *European Journal of International Relations* 13.3 (2007), 357–383; and M. McDonald, "Securitization and the Construction of Security," *European Journal of International Relations* 14.4 (2008), 563–587.

84 Sorkin, *Too Big to Fail*, 417.

85 J. Gerth, "Paulson Book: Behind the Scenes, GE's Top Exec Confided Credit Woes," *ProPublica*, February 5, 2010; and B. Condon and N. Vardi, "Harvard: The Inside Story of Its Finance Meltdown," *Forbes*, February 26, 2009.

86 이 문제에 대해서는 다음을 참조할 것. Mian and Sufi, *House of Debt*.

7장 긴급 구제금융

1   M. Wolf, "The Rescue of Bear Sterns Marks Liberalisation's Limit," *Financial Times*, March 25, 2008.

2   P. Culpepper and R. Raphael, "Structural Power and Bank Bailouts in the United Kingdom and the United States," *Politics and Society* 42 (2014), 427–454; C. Woll, *The Power of Inaction: Bank Bailouts in Comparison* (Ithaca, NY: Cornell University Press, 2014); and the symposium on financial power in *Accounting, Economics and Law* 6, no. 1 (2016).

3   Swiss National Bank, *Financial Stability Report* (2009); and Zaki, *UBS*, 184–190.

4   T. Geithner, "Reflections on the Asian Financial Crises," Trends in Asian Financial Sectors Conference, Federal Reserve Bank of San Francisco, June 20, 2007.

5   J. Schildbach, "Bank Performance in the US and Europe: An Ocean Apart," Deutsche Bank, September 26, 2013.

6   US Department of the Treasury, "The Financial Crisis Response: In Charts," April 2012.

7   합법성이나 정당성 문제에 대해서는 다음을 참조할 것. P. A. Wallach, *To the Edge: Legality, Legitimacy, and the Responses to the 2008 Financial Crisis* (Washington, DC: Brookings, 2015).

8   Bernanke, *Courage to Act*, 432.

9   F. Norris, "3 Major Banks Offer Plan to Calm Debts in Housing," *New York Times*, October 16, 2007.

10 D. Berman, "A Bailout for Citigroup?," *Deal Journal* (blog), *Wall Street Journal*, October 14, 2007.

11 A. Barr, "HSBC's Bailout Puts Pressure on Citi, 'Superfund,'" *MarketWatch*, November 26, 2007; D. Wilchin, "HSBC Is Not Interested in SIV Bailout Fund," *Reuters*, November 26, 2007; and S. Jones, "SIV Watch: Superfund Not So Super," *Financial Times*, December 6, 2007.

12 I. Fallon, *Black Horse Ride: The Inside Story of Lloyds and the Banking Crisis* (London: Robson Press, 2015).

13 A. Nolting, "German Banking Gets Boost from Mega-Merger," *Der Spiegel*, September 1, 2008.

14 K. Kelly, *Street Fighters: The Last 72 Hours of Bear Stearns, the Toughest Firm on Wall Street* (New York: Portfolio, 2009). 자세한 내부 사정에 대해서는 다음을 참조할 것. P. Swagel, "The Financial Crisis: An Inside View," *Brookings Papers on Economic Activity* (Spring 2009), 1–63.

15 see Wallach, *To the Edge*, 46–49.

16 P. Coy, "Volcker Shuns the Blame Game," *Bloomberg Businessweek*, April 10, 2008, https://www.bloomberg.com/news/articles/2008-04-10/volcker-shuns-the-blame-gamebusinessweek-business-news-stock-market-and-financial-advice.

17 W. Poole, "Moral Hazard: The Long-Lasting Legacy of Bailouts," *Financial Analysts Journal* 65, no. 6 (2009), 17–23; J. H. Cochrane, "Lessons from the Financial Crisis," Hoover Institution, January 11, 2010; and V. Reinhart, "A Year of Living Dangerously: The Management of the Financial Crisis in 2008," *Journal of Economic Perspectives* 25 (2011), 71–90.

18 W. S. Frame, "The 2008 Federal Intervention to Stabilize Fannie Mae and Freddie Mac" (Federal Reserve Bank of Atlanta Working Paper 2009-13, April 2009); and W. S. Frame, A. Fuster, J. Tracy and J. Vickery, "The Rescue of Fannie Mae and Freddie Mac," *Federal Reserve Bank of New York Staff Reports* 719 (March 2015).

19 B. Setser, "Too Chinese (and Russian) to Fail?"

20 T. Ferguson and R. Johnson, "Too Big to Bail: The 'Paulson Put,' Presidential Politics, and the Global Financial Meltdown: Part 1: From Shadow Financial System to Shadow Bailout," *International Journal of Political Economy* 38 (2009), 3–34.

21 Swagel, "The Financial Crisis."

22 Paulson, *On the Brink*, 151.

23 D. W. Drezner, "Bad Debts: Assessing China's Financial Influence in Great Power Politics," *International Security* 34 (2009), 34.

24 Peston, "Russia 'Planned Wall Street Bear Raid.'"

25 Paulson, *On the Brink*, 152.

26 Ibid., 153.

27 C. Hulse, "Behind a G.O.P. Revolt, Ideology and Politics," *New York Times*, July 26, 2008.

28 G. Farrell, *Crash of the Titans: Greed, Hubris, the Fall of Merrill Lynch, and the Near-Collapse of Bank of America* (New York: Crown Business, 2010).

29 Sorkin, *Too Big to Fail*, 348.

30 Ball, "The Fed and Lehman Brothers."

31 Geithner, *Stress Test*, 190. The best academic defense of the Paulson-Geithner-Bernanke position is W. Cline and J. Gagnon, "Lehman Died, Bagehot Lives: Why Did the Fed and Treasury Let a Major Wall Street Bank Fail?," Peterson Institute for International Economics No. PB13-21, 2013.

32 Bernanke, *Courage to Act*, 288.

33 *Wall Street Journal staff*, "Barney Frank Celebrates Free Market Day," *Wall Street Journal*, September 17, 2008.

34 Swagel, "Financial Crisis," 41.

35 Editorial, "Wall Street Casualties," *New York Times*, September 15, 2008.

36 Editorial, "Wall Street Reckoning," *Wall Street Journal*, September 15, 2008.

37 Geithner, *Stress Test*, 190.

38 T. Ferguson and R. Johnson, "Too Big to Bail," 5–45; and Ball, "The Fed and Lehman Brothers."

39 A. Darling, *Back from the Brink: 1000 Days at Number 11* (London: Atlantic Books, 2011), 121–122.

40 Congressional Oversight Panel, "The AIG Rescue, Its Impact on the Markets and the Government's Exit Strategy."

41 Swagel, "The Financial Crisis," 1–63.

42 R. Sidel, D. Enrich and D. Fitzpatrick, "WaMu Is Seized, Sold Off to J.P. Morgan, in Largest Failure in US Banking History," *Wall Street Journal*, September 26, 2008.

43 "Text of Draft Proposal for Bailout Plan," *New York Times*, September 20, 2008.

44 N. Kashkari and P. Swagel, "'Break the Glass' Bank Recapitalization Plan," US Treasury

Department; and Sorkin, *Too Big to Fail*, chapter 5, http://www.andrewrosssorkin.com/?p=368.

45   Swagel, "The Financial Crisis."

46   P. Mason, *Meltdown: The End of the Age of Greed* (London: Verso, 2009), 22.

47   M. Landler and S. L. Myers, "Buyout Plan for Wall Street Is a Hard Sell on Capitol Hill," *New York Times*, September 23, 2008.

48   C. Isidore, "Bailout Plan Under Fire," *CNN Money*, September 23, 2008.

49   G. Robinson, "Never Underestimate the Power of Populist Scare-Mongering," *Financial Times*, September 30, 2008.

50   "Bernanke, Paulson Face Skeptics on the Hill Despite Dire Warnings," *Wall Street Journal*, September 24, 2008.

51   Cited in Wallach, *To the Edge*, 85.

52   W. Buiter, "The Paulson Plan: A Useful First Step but Nowhere Near Enough," *CEPR*, September 25, 2008, http://voxeu.org/article/paulson-plan-useful-first-step-nowhere-near-enough.

53   Mason, *Meltdown*, 33.

54   정치적으로 대조적인 관점에서 보려면 다음을 참조할 것. R. Suskind, *Confidence Men: Wall Street, Washington, and the Education of a President* (New York: HarperPerennial, 2011); C. Gasparino, *Bought and Paid For: The Unholy Alliance Between Barack Obama and Wall Street* (New York: Portfolio, 2010); and R. Kuttner, *A Presidency in Peril* (White River Junction, VT: Chelsea Green Publishing, 2010).

55   C. Hulse, "Conservatives Viewed Bailout Plan as Last Straw," *New York Times*, September 26, 2008.

56   Paulson, *On the Brink*, 288; and Bernanke, *Courage to Act*, 320.

57   M. Langley, "As Economic Crisis Peaked, Tide Turned Against McCain," *Wall Street Journal*, November 5, 2008.

58   H. M. Paulson, "When Mr. McCain Came to Washington," *Wall Street Journal*, February 6, 2010.

59   C. Hulse and D. Herszenhorn, "Defiant House Rejects Huge Bailout; Next Step Is Uncertain," *New York Times*, September 29, 2008.

60   A. Twin, "Stocks Crushed," *CNN Money*, September 29, 2008.

61   L. Elliot, J. Treanor, P. Wintour and S. Goldenberg, "Bradford & Bingley: Another Day, Another Bail-out," *Guardian*, September 28, 2008.

62   Y. Melin and P. Billiet, "Le scandale Fortis, une histoire belge," *La Revue*, January 16, 2009.

63   C. Schömann-Finc, "Skandalbank HRE: Wie Ackermann Merkel in der Rettungsnacht über den Tisch zog," *Focus Money*, September 16, 2013.

64   F. O'Toole, *Ship of Fools: How Stupidity and Corruption Sank the Celtic Tiger* (London: Faber & Faber, 2009).

65   S. Carswell, *Anglo Republic: Inside the Bank That Broke Ireland* (London: Penguin, 2011).

66   Darling, *Back from the Brink*, 143.

67   Ibid., 144.

68 Gammelin and Löw, *Europas Strippenzieher*, 59.

69 L. Phillips, "France and Germany at Odds over EU 'Paulson Plan,'" *EU Observer*, October 2, 2008.

70 E. Cody and K. Sullivan, "European Leaders Split on Rescue Strategy," *Washington Pos*, October 3, 2008.

71 Munchau, *Meltdown Years*, 136.

72 DPA, "Banken fordern Hilfe von der EU: Deutsche Banker warnen vor einem europäischen 'Flickenteppich,'" *Zeit Online*, October 2, 2008.

73 D. Gow, "Greece's Deposit Guarantee Deepens EU Financial Rift," *Guardian*, October 2, 2008.

74 G. Brown, *Beyond the Crash* (New York: Free Press, 2010), Kindle location 924.

75 A. Seldon and G. Lodge, *Brown at 10* (London: Biteback Publishing, 2011), footnote 148, Kindle locations 5686−5688

76 C. Bastasin, *Saving Europe: Anatomy of a Dream* (Washington, DC: Brookings, 2015), 15.

77 Gammelin and Löw, *Europas Strippenzieher*.

78 Deutscher Bundestag 16. Wahlperiode, Beschlussempfehlung und Bericht des 2. Untersuchungsausschusses nach Artikel 44 des Grundgesetzes Drucksache 16/14000 (Berlin, 2009).

79 D. Goffart, *Steinbruck-Die Biografie* (Munich: Heyne, 2012), 191.

80 Seldon, *Brown at 10*, Kindle locations 5706−5710.

81 Paulson, *On the Brink*, 332−333.

82 A. Smith and M. Arnold, "Here Is the Big Reason Banks Are Safer Than a Decade Ago," *Financial Times*, August 22, 2017.

83 R. Perman and A. Darling, *Hubris: How HBOS Wrecked the Best Bank in Britain* (Edinburgh: Birlinn, 2012).

84 Seldon, *Brown at 10*, Kindle locations 6856−6861.

85 FSA, "The Failure of the Royal Bank of Scotland," *Financial Services Board Report* (December 2011). The final cash outlays for the RBS rescue of L115 billion (138 billion euros) would make it the largest bailout on record. Schelkle, *The Political Economy of Monetary Solidarity*, 171.

86 D. Lin, "Bank Recapitalizations: A Comparative Perspective," *Harvard Journal on Legislation* 50 (2013), 513−544.

87 C. Binham, "Barclays and Former Executives Charged with Crisis-Era Fraud," *Financial Times*, June 20, 2017.

88 P. Krugman, "Gordon Does Good," *New York Times*, October 12, 2008.

89 D. Wessel, *In Fed We Trust, Ben Bernanke's War on the Great Panic* (New York: Crown, 2009), 235.

90 Darling, *Back from the Brink*, 192 (Kindle edition).

91 Seldon, *Brown at 10*, Kindle location 5946.

92 A. Sutton, K. Lannoo and C. Napoli, *Bank State Aid in the Financial Crisis: Fragmentation or Level Playing Field?* (Brussels: CEPS, 2010).

93 G. Brown, *Beyond the Crash: Overcoming the First Crisis of Globalization* (New York:

Free Press, 2010), Kindle locations 1125−1128.

94   N. Clark and D. Jolly, "French Bank Says Rogue Trader Lost $7 Billion," *New York Times*, January 25, 2008.

95   중요한 결론에 대한 요약은 다음을 참조할 것. C. Woll, *The Power of Inaction*. See also E. Grossman and C. Woll, "Saving the banks: The political economy of bailouts," *Comparative Political Studies* 47.4 (2014): 574−600.

96   독일 구제금융의 정치학에 대해서는 다음을 참조할 것. L. Müller, *Bank-Rauber: Wie kriminelle Manager und unfahige Politiker uns in den Ruin treiben* (Berlin: Econ Verlag, 2010).

97   T. Braithwaite, K. Scannell and M. Mackenzie, "Deutsche Bank Whistleblower Spurns Share of $16.5m SEC Award," *Financial Times*, August 18, 2016.

98   *Spiegel* staff, "Germany's Faltering Bank Bailout Program: The Bottomless Pit-Part II: A Waste of Taxpayers' Money," *Der Spiegel*, December 23, 2008.

99   Taibbi, "Secrets and Lies of the Bailout."

100   Paulson, *On the Brink*, 333.

101   Reuters staff, "Paulson Gave Banks No Choice on Government Stakes: Memos," *Reuters*, May 13, 2009.

102   Wessel, *In Fed We Trust*, 240; and Paulson, *On the Brink*, 365.

103   Kuttner, *Presidency in Peril*, 121.

104   Gammelin and Löw, *Europas Strippenzieher*, 57.

105   이 부분과 관련된 카를 슈미트(Carl Schmitt)의 언급에 대해서는 다음을 참조할 것. E. Posner and A. Vermeule, *The Executive Unbound: After the Madisonian Republic* (Oxford: Oxford University Press, 2011). W. E. Scheuerman, "The Economic State of Emergency," *Cardozo Law Review* 21 (1999), 1869.

106   예외상황이 선언되었을 때도 주권의 범위를 정하는 일은 쉽지 않다. J. White, "Emergency Europe," *Political Studies* 63.2 (2015), 300−318.

107   P. Swagel, "The Financial Crisis," 1−78.

108   S. M. Davidoff Solomon, "Uncomfortable Embrace: Federal Corporate Ownership in the Midst of the Financial Crisis," *Minnesota Law Review* 95 (2011), 1733−1778.

109   영국의 경우에도 새로운 국영 은행 자산의 관리는 영국금융투자공사라는 비정치적 기관이 일임해 재무부와 일정 거리를 두게 한다. P. Burnham, "Depoliticisation: Economic Crisis and Political Management," *Policy & Politics* 42.2 (2014), 189−206.

110   P. Veronesi and L. Zingales, "Paulson's Gift" (NBER Working Paper 15458, October 2009).

111   Lin, "Bank Recapitalizations," 513−544.

112   Bair, *Bull by the Horns*, Kindle locations 142−143.

113   Special Inspector General for the Troubled Asset Relief Program, "Extraordinary Financial Assistance Provided to Citigroup, Inc.," Washington, DC: Office of SIGTARP, January 13, 2011.

114   B. Bernanke, "Acquisition of Merrill Lynch by Bank of America," Congressional Committee on Oversight and Government Reform, June 25, 2009. BofA did not in the event activate the ring-fence loss protection agreement. Kuttner, *Presidency in Peril*, 144−146.

115 D. Dayen, "The Most Important WikiLeaks Revelation Isn't About Hillary Clinton," *New Republic*, October 14, 2016. J. Podesta, "Fw: Huffpost: The Obama Test: Personnel Is Policy," WikiLeaks, *Podesta Emails*, October 25, 2008.

116 C. Rampell, "Christina D. Romer," *New York Times*, November 25, 2008.

117 M. Taibbi, "Obama's Big Sellout: The President Has Packed His Economic Team with Wall Street Insiders," *Common Dreams*, December 13, 2009.

8장 "가장 시급한 현안": 글로벌 유동성

1   Gillian Tett, "ECB injects €95bn to Help Markets," *Financial Times*, August 9, 2007.

2   Irwin, *The Alchemists*, 43-73.

3   McGuire and von Peter, "The US Dollar Shortage."

4   N. Baba and F. Packer, "From Turmoil to Crisis: Dislocations in the FX Swap Market Before and After the Failure of Lehman Brothers" (*BIS Working Paper* 285, July 2009).

5   2008년 9월 16일 FOMC 회의록.

6   W. A. Allen and R. Moessner, "Central Bank Co-operation and International Liquidity in the Financial Crisis of 2008-9" (*BIS Working Paper* 310, May 2010).

7   M. Obstfeld, J. C. Shambaugh and A. M. Taylor, "Financial Instability, Reserves, and Central Bank Swap Lines in the Panic of 2008" (NBER Working Paper No. 14826, January 2009).

8   R. Marino and U. Volz, "A Critical Review of the IMF's Tools for Crisis Prevention" (DIE Discussion Paper, April 2012).

9   2008년 10월 28-29일 FOMC 회의록.

10   Wessel, *In Fed We Trust*, 140.

11   J. L. Broz, "The Federal Reserve as Global Lender of Last Resort, 2007-2010," International Political Economy Society, University of Virginia, November 9-10, 2012.

12   T. Adrian and H. S. Shin, "Prices and Quantities in the Monetary Policy Transmission Mechanism," *International Journal of Central Banking* 5, no. 4 (2009), 131-142.

13   L. Randall Wray, "Bernanke's Obfuscation Continues: The Fed's $29 Trillion Bail-Out Of Wall Street," *Huffington Post*, December 14, 2011.

14   James Felkerson, "$29,000,000,000,000: A Detailed Look at the Fed's Bailout by Funding Facility and Recipient," Levy Economics Institute (Working Paper 698, December 2011).

15   A. Berger, L. K. Black, C. H. Bouwman and J. Dlugosz, "Bank Loan Supply Responses to Federal Reserve Emergency Liquidity Facilities," *Journal of Financial Intermediation* 32 (October 2017), 1-15.

16   E. Benmelech, "An Empirical Analysis of the Fed's Term Auction Facility" (CATO Papers on Public Policy, Working Paper 18304, 2012): 57-91.

17   T. Adrian, C. R. Burke and J. J. McAndrews, "The Federal Reserve's Primary Dealer Credit Facility," *Current Issues in Economics and Finance* 15, no. 4 (2009), 1.

18   M. D. Bordo, O. F. Humpage and A. J. Schwartz, "The Evolution of the Federal Reserve Swap Lines Since 1962," *IMF Economic Review* 63, no. 2 (2015), 353-372. 1960년대 이후 글로벌 최종대부자로서 미국의 발전상에 대해서는 다음을 참조할 것. D. McDowell, *Brother Can You Spare a Billion? The United States, the IMF, and the*

International Lender of Last Resort (Oxford: Oxford University Press, 2016).

19 2008년 10월 28-29일 회의. https://www.federalreserve.gov/monetarypolicy/files/FOMC20081029meeting.pdf.

20 최초의 외부 전문가로 그 중요성을 파악한 경우. P. Mehrling, "Understanding the Fed's Swap Line," *Financial Times*, November 18, 2008, http://blogs.ft.com/economistsforum/2008/11/254/. 그 이후는 다음 연구로 이어진다. M. Obstfeld, J. C. Shambaugh and A. M. Taylor, "Financial Instability, Reserves, and Central Bank Swap Lines in the Panic of 2008," *American Economic Review* 99 (2009): 480–486; D. McDowell, "The US as 'Sovereign International Last-Resort Lender': The Fed's Currency Swap Programme During the Great Panic of 2007–09," *New Political Economy* 17.2 (2012), 157–178; J. L. Broz, "The Politics of Rescuing the World's Financial System: The Federal Reserve as a Global Lender of Last Resort" (November 20, 2014), *Korean Journal of International Studies* 13 (August 2015), 323–351.

21 최근 사례의 경우. "US Dollar-British pounds swap agreement," January 16, 2014, https://www.newyorkfed.org/medialibrary/media/markets/USD_Pound_swap_agreement.pdf.

22 Wessel, *In Fed We Trust*, 141.

23 2009년 10월 7일 FOMC 기자회견. https://www.federalreserve.gov/monetarypolicy/files/FOMC20081007confcall.pdf.

24 2007년 12월 6일 FOMC, 기자회견. https://www.federalreserve.gov/monetarypolicy/files/FOMC20071206confcall.pdf.

25 Helleiner, *Status Quo Crisis*, 36.

26 2008년 10월 28-29일 FOMC 회의.

27 14개국 중앙은행: ECB, SNB, Bank of Japan, Bank of England, Bank of Canada, Reserve Bank of Australia, Sveriges Riksbank, Norges Bank, Danmarks Nationalbank, Reserve Bank of New Zealand, Banco Central do Brasil, Banco de México, Bank of Korea, and Monetary Authority of Singapore. See M. J. Fleming and N. J. Klagge, "The Federal Reserve's Foreign Exchange Swap Lines," *Current Issues in Economics and Finance* 16 no. 4 (2010), 1.

28 Irwin, *The Alchemists*, 169.

29 "No One Telling Who Took $586 Billion in Swaps with Fed Condoning Anonymity," Bloomberg, December 11, 2011; and "Alan Grayson & Ben Bernanke," CSPAN, July 21, 2009, https://www.youtube.com/watch?v=n0NYBTkE1yQ.

30 2008년 10월 28-29일 FOMC 회의.

31 Irwin, *The Alchemists*, 154.

32 K. Karlson, "Checks and Balances: Using the Freedom of Information Act to Evaluate the Federal Reserve Banks," *American University Law Review* 60 (2010), 213.

33 J. Anderlini, "China Calls for a New Reserve Currency," *Financial Times*, March 23, 2009; and UN, "Report of the Commission of Experts of the President of the United Nations General Assembly on Reforms of the International Monetary and Financial System," New York, 2009.

34 J. Steele, "I'm a Young President, Don't Try to Label Me," *Guardian*, July 2, 2008.

35 B. Benoit, "Germany Sees an End to US Hegemony," *Financial Times*, September 26,

2008.

36   L. Phillips, "US Laissez-Faire to Battle European 'Social Market' at G20," *EUObserver*, November 14, 2008, https://euobserver.com/foreign/27114.

37   지은이와의 인터뷰.

9장 유럽의 잊혀진 위기: 동유럽 문제

1   B. Setser, "Where Is My Swap Line? And Will the Diffusion of Financial Power Balkanize the Global Response to a Broadening Crisis?," October 18, 2008, https://www.cfr.org/blog/where-my-swap-line-and-will-diffusion-financial-power-balkanize-global-response-broadening.

2   2008년 10월 28-29일 FOMC 회의.

3   M. J. Burrows and J. Harris, "Revisiting the Future: Geopolitical Effects of the Financial Crisis," *Washington Quarterly* 32, no. 2 (2009), 27−38.

4   Conférence de presse, November 14, 2008, http://discours.vie-publique.fr/notices/087003590.html.

5   V. Feklyunina and S. White, "Discourses of 'Krizis': Economic Crisis in Russia and Regime Legitimacy," *Journal of Communist Studies and Transition Politics* 27 (2011), 385−406.

6   N. Robinson, "Russia's Response to Crisis: The Paradox of Success," https://www.academia.edu/2125038/Russia_s_Response_to_Crisis_The_Paradox_of_Success?auto=download.

7   S. Guriev and A. Tsyvinski, "Challenges Facing the Russian Economy After the Crisis," in A. Aslund, S. Guriev and A. Kuchins, eds., *Russia After the Global Economic Crisis* (New York: Columbia University, 2010), 9−38.

8   L. Harding, "Russia's Oligarchs Lose 70% of Their Wealth in a Year," *Guardian*, April 17, 2009.

9   World Bank in Russia, *Russia Economic Report* 18 (March 2009).

10   A. E. Kramer, "A $50 Billion Bailout in Russia Favors the Rich and Connected," *New York Times*, October 30, 2008.

11   S. Johnson, "The Quiet Coup," *Atlantic*, May 1, 2009, 1.

12   C. G. Gaddy and B. W. Ickes, "Russia After the Global Financial Crisis," *Eurasian Geography and Economics* 51, no. 3 (2010), 281−311.

13   J. Conrad, "Russia in the Financial Crisis and Beyond," Deutsche Bank Research, December 11, 2009.

14   "The Financial Crisis in Russia," Stratfor, October 28, 2008, https://www.stratfor.com/analysis/financial-crisis-russia.

15   World Bank in Russia, *Russian Economic Report* 17 (November 2008).

16   S. Crowley, "Monotowns and the Political Economy of Industrial Restructuring in Russia," *Post-Soviet Affairs* 32, no. 5 (2016), 397−422.

17   J. Jungmann and B. Sagemann, eds., *Financial Crisis in Eastern Europe: Road to Recovery* (Wiesbaden: Gabler, 2011), 433.

18   M. Korostikov, "Russia and China: Against the Storm," *Journal of Communist Studies and Transition Politics* 27, no. 3-4 (2011), 605−631.

19 Gaddy and Ickes, "Russia After the Global Financial Crisis," 281–311.

20 *Russian Analytical Digest* 63 (July 7, 2009), http://www.laender-analysen.de/russland/rad/pdf/Russian_Analytical_Digest_63.pdf.

21 S. Fortescue, "Putin in Pikalevo: PR or Watershed?," *Australian Slavonic and East European Studies* 23, nos. 1–2 (2010), 19–38.

22 Sakwa, *The Crisis of Russian Democracy*, 332–341.

23 D. Medvedev, "Go Russia!," September 10, 2009, http://en.kremlin.ru/events/president/news/5413.

24 D. Medvedev, "Speech at Meeting of Council of Legislators," December 28, 2009, http://en.kremlin.ru/events/president/transcripts/6497.

25 P. P. Pan, "Medvedev Calls for Economic Changes," *Washington Post*, November 13, 2009.

26 각 지역의 다양성에 관련된 유익한 스트레스에 대해서는 다음을 참조할 것. E. Berglöf, Y. Korniyenko, J. Zettelmeyer and A. Plekhanov, "Understanding the Crisis in Emerging Europe," (European Bank for Reconstruction and Development (Working Paper No. 109, 2009).

27 Danske Bank Research, "Euro Area: Exposure to the Crisis in Central and Eastern Europe," February 24, 2009.

28 EBRD Transition Report 2015–2016 (London: EBRD, 2016), 12.

29 I. Kaminska, "The EE Mortgage," *Financial Times*, October 24, 2008.

30 L. Thomas Jr., "Politics Add to Economic Turmoil in Hungary," *New York Times*, April 1, 2009.

31 2008년 10월 28-29일 FOMC 회의.

32 Ibid.

33 S. Vallée, "Behind Closed Doors at the ECB," *Financial Times*, March 30, 2010.

34 R. A. Auer, S. Kraenzlin and D. Liebeg, "How Do Austrian Banks Fund Their Swiss Franc Exposure?," *Austrian National Bank Financial Stability Report* (2012), 54–61.

35 L. Andor, "Hungary in the Financial Crisis: A (Basket) Case Study," *Journal of Contemporary Central and Eastern Europe* 17, no. 3 (2009): 285–296; L. Calmfors et al., "The Hungarian Crisis," *EEAG Report on the European Economy* (2012), 115–130; and T. Egedy, "The Effects of Global Economic Crisis in Hungary," *Hungarian Geographical Bulletin* 61, no. 2 (2012), 155–173.

36 S. Lütz and M. Kranke, "The European Rescue of the Washington Consensus? EU and IMF Lending to Central and Eastern European Countries," *Review of International Political Economy* 21, no. 2 (2014), 310–338.

37 "Days of New Flats, Cars and Generous State Benefits Over as Currency Collapses," *Guardian*, October 28, 2008.

38 J. A. Cordero, "The IMF's Stand-by Arrangements and the Economic Downturn in Eastern Europe: The Cases of Hungary, Latvia, and Ukraine," CEPR, September 2009.

39 IMF, "Review of Recent Crisis Programs," September 14, 2009.

40 L. Barber, C. Giles, S. Wagstyl and T. Barber, "Zoellick Urges EU to Help East Europe," *Financial Times*, February 18, 2009.

41 "Keep Calm and Carry On," *Economist*, February 19, 2009.

42 A. Evans-Pritchard, "Failure to Save East Europe Will Lead to Worldwide Meltdown," *Telegraph*, February 14, 2009. Z. Kudrna and D. Gabor, "The Return of Political Risk: Foreign-Owned Banks in Emerging Europe," *Europe-Asia Studies* 65 (3) (2013), 548–66.

43 Z. Darvas, "The EU's Role in Supporting Crisis-Hit Countries in Central and Eastern Europe," *Bruegel Policy Contribution* No. 2009/17 2009.

44 E. Hugh, "Let the East into the Eurozone Now!," February 20, 2009, http://fistfulofeuros.net/afoe/let-the-east-into-the-eurozone-now/.

45 S. Wagstyl, "IMF Urges Eastern EU to Adopt Euro," *Financial Times*, April 5, 2009.

46 R. De Haas et al., "Foreign Banks and the Vienna Initiative: Turning Sinners into Saints?" (IMF Working Paper 12-117, 2012). The effectiveness of the initiative is suggested in Berglöf, Korniyenko, Zettelmeyer and Plekhanov, "Understanding the Crisis," who find that cross-border bank ownership helped to stabilize lending.

47 EBRD, EIB and World Bank, *Final Report on the Joint IFI Action Plan* (March 2011). According to officials of the German finance ministry they undertook action at a national level to hold the German lenders in line.

48 Blustein, *Off Balance*, Kindle location 1816.

49 C. Dougherty, "Sweden Aids Bailout of Baltic Nations," *New York Times*, March 12, 2009.

50 "Latvia: Will It Start a Dangerous Domino Effect?," May 6, 2009, http://www.economonitor.com/analysts/author/mstokes/.

51 L. Nyberg, "The Baltic Region in the Shadow of the Financial Crisis," *BIS Review* 105 (2009); and Y. Koyama, "Economic Crisis in the Baltic States: Focusing on Latvia," *Economic Annals* 55, no. 186 (2010), 89–114.

52 A. Evans-Pritchard, "Latvian Debt Crisis Shakes Eastern Europe," *Telegraph*, June 3, 2009.

53 O. J. Blanchard, M. Griffiths and B. Gruss, "Boom, Bust, Recovery: Forensics of the Latvia Crisis," *Brookings Papers on Economic Activity* 2 (2013), 325–388.

54 Darvas, "The EU's Role."

55 J. Sommers and C. Woolfson, *The Contradictions of Austerity: The Socio-Economic Costs of the Neoliberal Baltic Model* (New York: Routledge, 2014).

56 J. Brundsen, "Brexit Gives Valdis Dombrovskis Big Sway over Banks," *Financial Times*, June 30, 2016.

57 D. Arel, "Ukraine Since the War in Georgia," *Survival* 50, no. 6 (2008), 15–25.

58 A. Mayhew, "The Economic and Financial Crisis: Impacts on an Emerging Economy-Ukraine" (SEI Working Paper 115, 2010).

59 A. Aslund, "Ukraine: Worst Hit by the Financial Crisis," George Washington University, February 23, 2009, https://www2.gwu.edu/~iiep/assets/docs/aslund_ukraine_23feb09.pdf.

60 A. Aslund, "Ukraine's Financial Crisis, 2009," *Eurasian Geography and Economics* 50, no. 4 (2009), 371–386.

61 R. Connolly and N. Copsey, "The Great Slump of 2008–9 and Ukraine's Integration with the European Union," *Journal of Communist Studies and Transition Politics* 27,

no. 3-4 (2011), 541-565.

62 K. Westphal, "Russian Gas, Ukrainian Pipelines, and European Supply Security: Lessons of the 2009 Controversies," SWP research paper, September 11, 2009.

63 T. Alloway, "Domino Theory, Eastern Europe Edition," *Financial Times*, February 16, 2009.

10장 동쪽으로부터 불어오는 바람: 중국

1 A. Tsygankov, "What Is China to Us? Westernizers and Sinophiles in Russian Foreign Policy," *Russia.Nei.Visions* 45 December 2009.

2 D. W. Drezner, "Bad Debts: Assessing China's Financial Influence in Great Power Politics," *International Security* 34, no. 2 (2009), 7-45.

3 "Fannie, Freddie Failure Would Be World 'Catastrophe,'" Bloomberg, August 22, 2008, reported by https://mises.org/blog/fannie-freddie-failure-would-be-world-catastrophe.

4 J. Fallows, "Be Nice to the Countries That Lend You Money," *Atlantic*, December 2008, https://www.theatlantic.com/magazine/archive/2008/12/be-nice-to-the-countries-that-lend-you-money/307148/.

5 Drezner, "Bad Debts."

6 W. M. Morrison and M. Labonte, "China's Holdings of US Securities: Implications for the US Economy," *Current Politics and Economics of Northern and Western Asia* 20, no. 3 (2011), 507.

7 "A Truer Picture of China's Export Machine," *McKinsey Quarterly* (September 2010), http://www.mckinsey.com/business-functions/strategy-and-corporate-finance/our-insights/a-truer-picture-of-chinas-export-machine.

8 "The Decoupling Debate," *Economist*, March 6, 2008.

9 J. Yardley, "China to Streamline Government into 'Super Ministries,'" *New York Times*, March 11, 2008.

10 S. Minggao and H. Yin, "Macroreview: Crisis Tests Strength of China's Export Muscle," http://english.caijing.com.cn/2009-08-19/110227250.html.

11 S. Fardoust, J. Yifu and L. X. Luo, "Demystifying China's Fiscal Stimulus," World Bank (Policy Research Working Paper 6221, 2012). 좀 더 자세한 세부 사항에 대해서는 다음을 참조할 것. C. Fang and K. Wing Chan, "The Global Economic Crisis and Unemployment in China," *Eurasian Geography and Economics* 50, no. 5 (2009), 513-531.

12 B. Naughton, "Understanding the Chinese Stimulus Package," *China Leadership Monitor* 28, no. 2 (2009), 1-12.

13 D. Schmidt and S. Heilmann, "Dealing with Economic Crisis in 2008-2009," *China Analysis* 77 (January 2010), www.chinapolitik.de; see also http://knowledge.ckgsb.edu.cn/2015/12/14/china/the-party-planners-five-year-plans-in-china/.

14 Naughton, "Understanding the Chinese Stimulus Package," 1-12.

15 C. Sorace, "China's Vision for Developing Sichuan's Post-Earthquake Countryside: Turning Unruly Peasants into Grateful Urban Citizens," *China Quarterly* 218 (2014), 404-427.

16 J. Kirkegaard, "China's Experimental Pragmatics of 'Scientific Development' in Wind

Power: Algorithmic Struggles over Software in Wind Turbines," *Copenhagen Journal of Asian Studies* 34, no. 1 (2016), 5–24.

17 H. Yu, "Universal Health Insurance Coverage for 1.3 Billion People: What Accounts for China's Success?," *Health Policy* 119, no. 9 (September 2015): 1145–1152.

18 Naughton, "Understanding," 8.

19 G. Ollivier, J. Sondhi and N. Zhou, " High-Speed Railways in China: A Look at Construction Costs," *World Bank China Transport Topics* 9 (July 2014).

20 오바마의 열정은 비판적인 관심을 끌었다. "Obama Needs to Get Over His China Envy," *Baltimore Sun*, November 5, 2011, http://www.baltimoresun.com/news/opinion/bal-obama-needs-to-get-over-his-china-envy-20111104-story.html.

21 S. Breslin, "China and the Crisis: Global Power, Domestic Caution and Local Initiative," *Contemporary Politics* 17, no. 2 (2011), 185–200.

22 IMF, "Survey: China's Difficult Rebalancing Act," September 2007, http://www.imf.org/en/News/Articles/2015/09/28/04/53/socar0912a.

23 A. Wheatley, "Calculating the Coming Slowdown in China," *New York Times*, May 23, 2011.

24 "China Seeks Stimulation," *Economist*, November 10, 2008.

25 Fardoust, Yifu and Luo, "Demystifying China's Fiscal Stimulus."

26 Naughton, "Understanding," 10.

27 Fardoust, Yifu and Luo, "Demystifying China's Fiscal Stimulus," figure 2.

28 B. Naughton, "Reading the NPC: Post-Crisis Economic Dilemmas of the Chinese Leadership," *China Leadership Monitor* 32 (2010), 1–10.

29 Naughton, "Understanding," 3.

30 A. Szamosszegi and C. Kyle, *An Analysis of State-Owned Enterprises and State Capitalism in China*, US-China Economic and Security Review Commission (October 2011), 1–116.

31 C. E. Walter and F. J. T. Howie, *Red Capitalism* (Singapore: Wiley, 2012).

32 N. Lardy, *Sustaining China's Economic Growth* (New York: Columbia University Press, 2012).

33 A. Collier, *Shadow Banking and the Rise of Capitalism in China* (Singapore: Palgrave Macmillan, 2017).

34 N.-L. Sum, "A Cultural Political Economy of Crisis Recovery: (Trans-) National Imaginaries of 'BRIC' and Subaltern Groups in China," *Economy and Society* 42 no. 4 (2013), 543–570.

35 Schmidt and Heilmann, "Dealing with Economic Crisis in 2008–2009."

36 C. Wong, "The Fiscal Stimulus Program and Problems of Macroeconomic Management in China," 2011, https://www.oecd.org/gov/budgeting/48143862.pdf; and C. Wong, "The Fiscal Stimulus Programme and Public Governance Issues in China," *OECD Journal on Budgeting* 2011/3, https://www.oecd.org/gov/budgeting/49633058.pdf.

37 Fardoust, Yifu and Luo, "Demystifying China's Fiscal Stimulus."

38 D. Shambaugh, "Coping with a Conflicted China," *Washington Quarterly* 34, no. 1 (2011), 7–27.

39 G. Qian, "How Should We Read China's 'Discourse of Greatness,'" *China Media*

Project, http://cmp.hku.hk/2010/02/23/4565/(accessed December 8, 2010).

40　"In Wake of Stronger Growth, More Americans and Europeans Say US Is Top Economic Power," July 2, 2015, http://www.pewresearch.org/fact-tank/2015/07/02/in-wake-of-stronger-growth-more-americans-and-europeans-say-u-s-is-top-economic-power/.

41　T. M. Cheung, "Dragon on the Horizon: China's Defense Industrial Renaissance," *Journal of Strategic Studies* 32, no. 1 (2009): 29−66.

42　"What Does China Really Spend on Its Military?," http://chinapower.csis.org/military-spending/.

43　T. Shanker and M. Mazzetti, "China and US Clash on Naval Fracas," *New York Times*, March 10, 2009.

44　"UPDATE 3-Geithner Tells China Its Dollar Assets Are Safe," *Reuters*, May 31, 2009.

45　Shambaugh, "Coping with a Conflicted China."

46　National Intelligence Council Global Trends 2025 (Washington, DC, 2008); and K. Liao, "The Pentagon and the Pivot," *Survival* 55, no. 3 (2013), 95−114.

47　J. Fallows, "Be Nice to the Countries That Lend You Money."

11장 G20

1　C. Pereira and J. A. de Castro Neves, "Brazil and China: South-South Partnership or North-South Competition?" Brookings Policy Paper Number 26, March 2011.

2　A. Ahuja and M. S. Nabar, "Investment-Led Growth in China: Global Spillovers" (IMF Working Paper 12/267, 2012).

3　OECD, Maddison Project database, http://www.ggdc.net/maddison/maddison-project/data.htm.

4　J. R. Blöndal, I. Hawkesworth and H.-D. Choi, "Budgeting in Indonesia," *OECD Journal on Budgeting* 9, no. 2 (2009), 49.

5　A. Doraisami, "Macro-Economic Policy Responses to Financial Crises in Malaysia, Indonesia and Thailand," *Journal of Contemporary Asia* 44, no. 4 (2014), 581−598.

6　M. Fackler, "South Koreans Reliving Nightmare of Last Financial Crisis," *New York Times*, October 24, 2008.

7　H. Cho, *South Korea's Experience with Banking Sector Liberalisation* (research report, Amsterdam, 2010); and T. Kalinowski and H. Cho, "The Political Economy of Financial Liberalization in South Korea: State, Big Business, and Foreign Investors," *Asian Survey* 49, no. 2 (2009), 221−242.

8　H. Cho, *South Korea's Experience with Global Financial Crisis* (Ontario: North-South Institute, 2012), 10.

9　J. Ree, K. Yoon and H. Park, "FX Funding Risks and Exchange Rate Volatility−Korea's Case" (IMF Working Paper 12-268, 2012).

10　B. Eichengreen, *Exorbitant Privilege: The Rise and Fall of the Dollar and the Future of the International Monetary System* (Oxford: Oxford University Press, 2010), 168.

11　H. C. Chung, "The Bank of Korea's Policy Response to the Global Financial Crisis," *Bank for International Settlements Paper* 54 (2010), 257.

12　J. Chomthongdi, "Thailand and the World Financial Crisis: How Will Civil Unrest Further Damage Thailand's Economic Position?," April 20, 2009, http://www.

theglobalist.com/thailand-and-the-world-financial-crisis/; and S. Chirathivat and S. Mallikamas. "Thailand's Economic Performance and Responses to the Global Crisis," Proceedings of Asia After the Crisis Conference, 2010.

13 M. Z. Abidin and R. Rasiah, "The Global Financial Crisis and the Malaysian Economy: Impact and Responses" (Kuala Lumpur: UNDP Malaysia, 2009).

14 K. Sangsubhan and M. C. Basri, "Global Financial Crisis and ASEAN: Fiscal Policy Response in the Case of Thailand and Indonesia," *Asian Economic Policy Review* 7, no. 2 (2012), 248−269.

15 M. C. Basri and S. Rahardja, "Mild Crisis, Half Hearted Fiscal Stimulus: Indonesia During the GFC," *Assessment on the Impact of Stimulus, Fiscal Transparency and Fiscal Risk* (ERIA Research Project Report 1,2010), 169−211.

16 E. Chew, "Malaysia Stimulus Tops $16 Billion," *Wall Street Journal*, March 11, 2009.

17 A. Maierbrugger, "1MDB Scandal: Next Suspect Goldman Sachs Banker," February 15, 2016, http://investvine.com/1mdb-scandal-next-suspect-goldman-sachs-anker/.

18 "Chronology of Korean Responses to the Financial Crisis," *New York Times*, October 19, 2008.

19 N. Baba and I. Shim, "Policy Responses to Dislocations in the FX Swap Market: The Experience of Korea," *BIS Quarterly Review*, June 2010.

20 T. Kalinowski, "The Politics of Market Reforms: Korea's Path from Chaebol Republic to Market Democracy and Back," *Contemporary Politics* 15, no. 3 (2009), 287−304.

21 T. Kalinowski, "Crisis Management and the Diversity of Capitalism: Fiscal Stimulus Packages and the East Asian (Neo-)Developmental State," *Economy and Society* 44, no. 2 (2015), 244−270.

22 2008년 10월 28-29일 FOMC 회의.

23 R. H. Wade, "Emerging World Order? From Multipolarity to Multilateralism in the G20, the World Bank, and the IMF," *Politics & Society* 39, no. 3 (2011), 347−378.

24 J. Kirton, *G20 Governance for a Globalized World* (Farnham, UK: Ashgate, 2013).

25 "Norway Takes Aim at G-20," *Spiegel Online*, June 22, 2010.

26 Culminating in the UN Conference at the Highest Level on the World Financial and Economic Crisis and Its Impact on Development, June 2009, http://www.un.org/ga/president/63/interactive/uneconference.shtml.

27 Darling, *Back from the Brink*, 193.

28 Seldon, *Brown at 10*, 45.

29 2008년 11월 15일 워싱턴에서 열린 기자회견. http://webarchive.nationalarchives.gov.uk/20090330160949; http://www.number10.gov.uk/Page17514.

30 Seldon, *Brown at 10*, Kindle locations 7411−7417.

31 J. Beale, "Lofty Ambitions for Obama's Visit," *BBC News*, March 31, 2009.

32 Seldon, *Brown at 10*, Kindle locations 7660−7663.

33 E. Helleiner and J. Kirschner, eds., *The Great Wall of Money* (Ithaca, NY: Cornell University Press, 2014). 다음은 그 원본이다. "Zhou Xiaochuan: Reform the International Monetary System," March 23, 2009, http://www.pbc.gov.cn/english/130724/2842945/index.html.

34 J. Zhongxia, "The Chinese Delegation at the 1944 Bretton Woods Conference:

Reflections for 2015," https://www.omfif.org/media/1067515/chinese-reflections-on-bretton-woods-by-jin-zhongxia.pdf.

35 M. P. Dooley, D. Folkerts-Landau and P. Garber, "The Revived Bretton Woods System," *International Journal of Finance and Economics* 9, no. 4 (October 2004), 307–313.

36 중국의 리밸런싱을 위한 노력. B. Setser, "The Balance of Financial Terror, Circa August 9, 2007," https://www.cfr.org/blog/balance-financial-terror-circa-august-9-2007.

37 UN, "Report of the Commission of Experts of the President of the United Nations General Assembly on Reforms of the International Monetary and Financial System," New York, September 2009.

38 G. C. Chang, "China's Assault on the Dollar," March 26, 2009, https://www.forbes.com/2009/03/26/zhou-xiaochuan-geithner-renminbi-currency-opinions-columnists-dollar.html.

39 J. Kollewe, "Global Currency Flies with Push from Russia and Slip from Timothy Geithner," *Guardian*, March 26, 2009.

40 A. Lane, "In Defending US Currency, Bachmann Distorts Geithner's Comments About Dollar," April 1, 2009, http://www.politifact.com/truth-o-meter/statements/2009/apr/01/michele-bachmann/defending-dollar-bachmann-distorts-geithners-comme/.

41 E. S. Prasad, *The Dollar Trap: How the US Dollar Tightened Its Grip on Global Finance* (Princeton, NJ: Princeton University Press, 2014).

42 H. Cooper, "On the World Stage, Obama Issues an Overture," *New York Times*, April 2, 2009.

43 2009년 4월 1일 메르코지 합동 기자회견. https://ca.ambafrance.org/Joint-press-conference-with-Angela.

44 A. Rawnsley, *The End of the Party* (London: Penguin, 2010).

45 P. Blustein, *Laid Low: Inside the Crisis That Overwhelmed Europe and the IMF* (Waterloo, Ontario: CIGI, 2016), 75.

46 N. Woods, "Global Governance After the Financial Crisis: A New Multilateralism or the Last Gasp of the Great Powers?," *Global Policy* 1, no. 1 (2010), 51–63.

47 Rawnsley, *The End of the Party*, ibook location 4218–4351.

48 "Transcript: Obama's G20 Press Conference," April 2, 2009, https://www.cbsnews.com/news/transcript-obamas-g20-press-conference/.

49 A. Sparrow, K. Baldwin and H. Stewart, "Today's G20 Deal Will Solve Financial Crisis, Claims Gordon Brown," *Guardian*, April 2, 2009.

50 M. Rosie and H. Gorringe, "What a Difference a Death Makes: Protest, Policing and the Press at the G20," *Sociological Research Online* 14, no. 5 (2009), 4.

51 "King Warns Against More Spending," *BBC News*, March 24, 2009.

52 P. Aldrick, "Failed Gilt Auction Stokes Fears over UK Economy," *Telegraph*, March 25, 2009.

53 M. Gove, "Coyote Ugly: G20 Finally Pushes Prudence into the Abyss," *Scotsman*, March 28, 2009.

54 P. Wintour and N. Watt, "Gordon Brown: A Statesman Abroad, Under Fire Back Home," *Guardian*, March 25, 2009.

55 "London Summit-Leaders' Statement," April 2, 2009, https://www.imf.org/external/np/sec/pr/2009/pdf/g20_040209.pdf.

56 N.-L. Sum, "A Cultural Political Economy of Crisis Recovery."

57 Germany's modest discretionary stimulus in early 2009 would later rise due to tax cuts following the elections of September 2009.

12장 경기부양책

1 S. Erlanger and S. Castle, "European Leader Assails American Stimulus Plan," *New York Times*, March 25, 2009.

2 A. White, "EU Presidency: US Stimulus Is 'The Road to Hell,'" *San Diego Tribune*, March 25, 2009.

3 Rawnsley, *End of the Party*, ibook location 4309.

4 N. Sheiber, *The Escape Artists: How Obama's Team Fumbled the Recovery* (New York: Simon & Schuster, 2012), 96.

5 R. Lizza, "The Obama Memos," *New Yorker*, January 30, 2012, http://www.newyorker.com/magazine/2012/01/30/the-obama-memos.

6 M. Grunwald, *The New New Deal: The Hidden Story of Change in the Obama Era* (New York: Simon & Schuster, 2012).

7 D. Loewe, "Obama's Blues Agenda," *Guardian*, February 13, 2009.

8 J. Green, "The Elusive Green Economy," *Atlantic*, July/August 2009, https://www.theatlantic.com/magazine/archive/2009/07/the-elusive-green-economy/307554/.

9 M. Grabell, *Money Well Spent? The Truth Behind the Trillion-Dollar Stimulus, the Biggest Economic Recovery Plan in History* (New York: PublicAffairs, 2012).

10 B. Dupor, "The Recovery Act of 2009 vs. FDR's New Deal: Which Was Bigger?," https://www.stlouisfed.org/publications/regional-economist/first_quarter_2017/the-recovery-act-of-2009-vs-fdrs-new-deal-which-was-bigger.

11 F. Reichling, "Estimated Impact of the American Recovery and Reinvestment Act on Employment and Economic Output from October 2011 Through December 2011," Congressional Budget Office, Washington, DC, 2012. This broadly concurs with T. G. Conley and B. Dupor, "The American Recovery and Reinvestment Act: Solely a Government Jobs Program?," *Journal of Monetary Economics* 60.5 (2013), 535–549.

12 Council of Economic Advisers, "The Economic Impact of the American Recovery and Reinvestment Act Five Years Later" (final report to Congress, February 2014).

13 P. Krugman, *End This Depression Now*; and Eichengreen, *Hall of Mirrors*, 297–301.

14 C. Romer and J. Bernstein, "The Job Impact of the American Recovery and Reinvestment Plan," January 9, 2009, https://www.economy.com/mark-zandi/documents/The_Job_Impact_of_the_American_Recovery_and_Reinvestment_Plan.pdf.

15 N. Barofksy, *Bailout: An Inside Account of How Washington Abandoned Main Street While Rescuing Wall Street* (New York: Free Press, 2012).

16 이 내용은 국립부동산협회에서 추산한 것이며 다음에서 인용했다. L. Kusisto, "Many Who Lost Homes to Foreclosure in Last Decade Won't Return," *Wall Street Journal*, April 20, 2015. See also "The End Is in Sight for the US Foreclosure Crisis," December 3, 2016, https://www.stlouisfed.org/publications/housing-market-perspectives/issue-3-

dec-2016/the-end-is-in-sight-for-the-us-foreclosure-crisis.

17   "Lawrence Summers on 'House of Debt,'" *Financial Times*, June 6, 2014.

18   R. Suskind, *Confidence Men*.

19   R. E. Rubin, P. R. Orszag and A. Sinai, "Sustained Budget Deficits: The Risk of Financial and Fiscal Disarray," AEA-NAEFA Joint Session, Allied Social Science Associations An nual Meetings, 2004.

20   P. Mauro, M. A. Horton and M. S. Kumar, "The State of Public Finances: A Cross-Country Fiscal Monitor," IMF, 2009.

21   "Budget of the US Government Fiscal Year 2011," https://www.gpo.gov/fdsys/pkg/BUDGET-2011-BUD/pdf/BUDGET-2011-BUD.pdf.

22   IMF, *Fiscal Monitor*, Washington, DC, May 2010.

23   Editorial, "The Bond Vigilantes," *Wall Street Journal*, May 29, 2009.

24   Scheiber, *Escape Artists*, 151; and Suskind, *Confidence Men*, 516.

25   Scheiber, *Escape Artists*, 150.

26   A. P. Lerner, "Functional Finance and the Federal Debt," *Social Research* (1943), 38–51.

27   D. Gabor and C. Ban, "Banking on Bonds: The New Links Between States and Markets," *Journal of Common Market Studies* 54, no. 3 (2016), 617–635.

28   Bastasin, *Saving Europe*, 110–111.

29   D. Gabor, "The ECB and the Eurozone Debt Crisis" (ND), https://www.academia.edu/868218/The_ECB_and_the_European_Debt_Crisis, and D. Gabor, "The Power of Collateral: The ECB and Bank Funding Strategies in Crisis," May 18, 2012, available at SSRN: https://ssrn.com/abstract=2062315 or http://dx.doi.org/10.2139/ssrn.2062315. To supplement the LTRO operations the ECB also operated a smaller scheme to support the covered bond market.

30   IIF, "Interim Report on the Cumulative Impact on the Global Economy of Proposed Changes in the Banking Regulatory Framework," June 2010, 26.

31   M. Dettmer, D. Kurbjuweit, R. Nelles, R. Neukirch und C. Reiermann, "Diebische Freude," *Spiegel*, January 12, 2009.

32   OECD, *Public Debt Markets: Trends and Recent Structural Trends* (Paris: OECD, 2002).

33   "Konjunkturpaket II," *Spiegel*, January 27, 2009.

34   "Konjunkturpaket," *Spiegel*, January 6, 2009.

35   C. Reiermann, "Goldener Zuegel," *Spiegel*, February 9, 2009.

36   F. Gathmann, "Einigung zur Schuldenbremse," *Spiegel*, February 6, 2009; and "Finanzhilfen für ärmere Länder," *Spiegel*, February 13, 2009.

37   "Foederalismusreform," *Spiegel*, March 27, 2009.

38   "Fuehrende Oekonomen verteufeln die Schuldenbremse," *Handelsblatt*, February 13, 2009; and S. Dullien, "Kommentar," *Spiegel*, February 9, 2009.

39   "Schlacht um die Schuldenbremse," *Manager Magazin*, January 16, 2009.

40   D. Hawranek, et al., "Gipfel am Abgrund," *Spiegel*, March 30, 2009.

41   Kuttner, *Presidency in Peril*, 78–79.

42   Suskind, *Confidence Men*, 656.

43   Scheiber, *Escape Artists*, 150.

44 IMF, *Fiscal Monitor*, Washington, DC, November 2010.

13장 금융개혁

1   OECD, *Economic Outlook* No. 85 (June 2009).
2   "Acquisition of Merrill Lynch by Bank of America," June 5, 2009, https://www.federalreserve.gov/newsevents/testimony/bernanke20090625a.htm.
3   "Citigroup Stock Sinks to an All-Time Low of 97 Cents," May 4, 2009, http://www.huffingtonpost.com/2009/03/05/citigroup-stock-sinks-to_n_172167.html.
4   P. Wintour and J. Treanor, "RBS Bonuses to Reach L775m Despite Treasury Tough Talk," *Guardian*, February 17, 2009.
5   B. White, "What Red Ink? Wall Street Paid Hefty Bonuses," *New York Times*, January 28, 2009.
6   G. Farrell and J. Macintosh, "Merrill Delivered Bonuses Before BofA Deal," *Financial Times*, January 21, 2009.
7   "Obama's Statement on AIG," *New York Times*, March 16, 2009.
8   K. Guha and E. Luce, "Greenspan Backs Bank Nationalization," *Financial Times*, February 17, 2009.
9   "Nationalization: Is It the Only Answer to Save Banks?," February 15, 2009, http://abcnews.go.com/WN/Economy/story?id=6885587.
10 "Obama: Swedish Model Would Be Impossible Here," February 11, 2009, http://www.businessinsider.com/obama-swedish-model-would-be-impossible-here-2009-2.
11 J. Cassidy, "No Credit Timothy Geithner's Financial Plan Is Working-And Making Him Very Unpopular," *New Yorker*, March 15, 2010, http://www.newyorker.com/magazine/2010/03/15/no-credit-2#ixzz0haHEOfV7.
12 Suskind, *Confidence Men*, 397–464.
13 Bair, *Bull by the Horns*, Kindle location 3032.
14 S. Johnson and J. Kwak, *13 Bankers: The Wall Street Takeover and the Next Financial Meltdown* (New York: Pantheon Books, 2010).
15 Suskind, *Confidence Men*, 455–460, 695. Geithner issued a public denial: "Press Briefing by Press Secretary Jay Carney, Treasury Secretary Tim Geithner, and OMB Director Jack Lew," September 19, 2011, https://obamawhitehouse.archives.gov/the-press-office/2011/09/19/press-briefing-press-secretary-jay-carney-treasury-secretary-tim-geithne.
16 E. Javers, "Inside Obama's Bank CEOs Meeting," *Politico*, March 4, 2009, http://www.politico.com/story/2009/04/inside-obamas-bank-ceos-meeting-020871.
17 Geithner, *Stress Test*, 376.
18 DealBook, "Geithner Haunted by a Goldman Past He Never Had," *New York Times*, August 19, 2010.
19 Geithner's calendar: https://www.nytimes.com/interactive/projects/documents/geithner-schedule-new-york-fed.
20 A. Clark, "Diary Shows Geithner-Darling Contact During Crisis," *Guardian*, October 11, 2009.
21 Scheiber, *Escape Artists*, 38.

22　J. Anderson, "Calm Before and During a Storm," *New York Times*, February 9, 2007.

23　Suskind, *Confidence Men*, 455.

24　Federal Reserve, "The Supervisory Capital Assessment Program: Design and Implementation," April 24, 2009, https://www.federalreserve.gov/newsevents/press/bcreg/bcreg20090424a1.pdf. Kuttner, *Presidency in Peril*, 151에서 지적한 것처럼 스트레스 테스트 팀은 조사 내용의 복잡성에 비해 권한이 극도로 적었다.

25　Geithner, *Stress Test*, 345−350.

26　D. Enrich, D. Fitzpatrick and M. Eckblad, "Banks Won Concessions on Tests," *Wall Street Journal*, May 9, 2009.

27　Bair, *Bull by the Horns*, Kindle location 2843; and F. Guerrera and J. Eaglesham, "Citi Under Fire over Deferred Tax Assets," *Financial Times*, September 6, 2010.

28　Scheiber, *Escape Artists*, 128.

29　On Citi, Kuttner, *Presidency in Peril*, 129.

30　SIGTARP, "Exiting TARP: Repayments by the Largest Financial Institutions," September 29, 2011.

31　Bair, *Bull by the Horns*, Kindle location 3686.

32　D. Baker and T. McArthur, "The Value of the 'Too Big to Fail' Big Bank Subsidy," CEPR, 2009.

33　도드-프랭크 법안이 만들어지기까지의 과정은 다음을 참조할 것. A. S. Blinder, *When the Music Stopped: The Financial Crisis, the Response and the Work Ahead* (New York: Penguin, 2013), 263−366. For contending political accounts, see Geithner, *Stress Test*, 388−438; Bernanke, *Courage to Act*, 435−466; and S. Bair, *Bull by the Horns*, Kindle location 3223−4339.

34　"Dodd-Frank Wall Street Reform and Consumer Protection Act," Public Law 111−203, July 21, 2010, https://www.gpo.gov/fdsys/pkg/PLAW-111publ203/pdf/PLAW-111publ203.pdf.

35　US Treasury, "Financial Regulatory Reform: A New Foundation," Washington, DC, 2009.

36　Geithner, *Stress Test*, 399.

37　Pew Research Center, "Americans' Views of Fed Depend on Their Politics," December 16, 2015, http://www.pewresearch.org/fact-tank/2015/12/16/americans-views-of-fed-depend-on-their-politics/.

38　"Ben Bernanke," *Time*, December 16, 2009.

39　Bernanke, *Courage to Act*, 430−434.

40　S. A. Binder, "Ben Bernanke's Second Term as Chairman of the Federal Reserve," January 30, 2010, https://www.brookings.edu/opinions/ben-bernankes-second-term-as-chairman-of-the-federal-reserve/; and S. Chan, "Senate, Weakly, Backs New Term for Bernanke," *New York Times*, January 28, 2010.

41　Bernanke, *Courage to Act*, 445−447.

42　Geithner, *Stress Test*, 404.

43　Ibid., 432.

44　Ibid., 398.

45　"The United States Residential Foreclosure Crisis: Ten Years Later," March 2017, http://

www.corelogic.com/research/foreclosure-report/national-foreclosure-report-10-year.pdf.

46 "Life After Lehman," September 13, 2013, http://www.institutionalinvestor.com/Article/3254651/Life-After-Lehman-A-Look-at-How-6-Prominent-Players-Have-Fared.html#.Wavm3ZOGN0s.

47 S. Grocer, "Banks Set Record for Pay," *Wall Street Journal*, January 14, 2010.

48 T. M. Tse, "Goldman Sachs Earns \$13 bn in 2009," *Washington Post*, January 22, 2010.

49 Gasparino, *Bought and Paid For*, 6.

50 Bair, *Bull by the Horns*, Kindle location 3924–3971.

51 D. Polk, " Dodd-Frank Progress Report," July 2013, https://www.davispolk.com/files/Jul2013_Dodd.Frank_.Progress.Report.pdf.

52 Blinder, *After the Music Stopped*, 314–319.

53 B. Protess and P. Eavis, "At the Finish Line on the Volcker Rule," *New York Times*, December 10, 2013.

54 PWC, "Volcker Rule Clarity: Waiting for Godot," May 2014, http://www.pwc.com/us/en/financial-services/regulatory-services/publications/volcker-rule-clarity-waiting-for-godot.html.

55 B. Protess, "Jamie Dimon Shows Some Love for Volcker Rule," *New York Times*, May 21, 2012.

56 P. Clement, "The Term 'Macroprudential': Origins and Evolution 1," *BIS Quarterly Review*, 2010, 59.

57 D. Skeel, *The New Financial Deal: Understanding the Dodd-Frank Act and Its (Unintended) Consequences* (Hoboken, NJ: Wiley, 2010).

58 Federal Reserve, "The Supervisory Capital Assessment Program, May 2009, https://www.federalreserve.gov/newsevents/files/bcreg20090507a1.pdf.

59 Federal Reserve, " Dodd-Frank Act Stress Test 2013: Supervisory Stress Test Methodology and Results," March 28, 2013, https://www.federalreserve.gov/bankinforeg/stress-tests/appendix-b.htm.

60 "Rules and Regulations," *Federal Register* 76, no. 231 (December 1, 2011), https://www.gpo.gov/fdsys/pkg/FR-2011-12-01/pdf/2011-30665.pdf.

61 Federal Reserve, "Federal Reserve Board Issues Final Rule on Annual Capital Plans, Launches 2012 Review," https://www.federalreserve.gov/newsevents/pressreleases/bcreg20111122a.htm.

62 P. Jenkins and P. J. Davies, "Thirty Financial Groups on Systemic Risk List," *Financial Times*, November 30, 2009.

63 See the collective letter "Healthy Banking System Is the Goal, Not Profitable Banks," *Financial Times*, November 8, 2010; and A. Admati and M. Hellwig, *The Bankers' New Clothes* (Princeton, NJ: Princeton University Press, 2013).

64 IIF, "Interim Report on the Cumulative Impact on the Global Economy of Proposed Changes in the Banking Regulatory Framework Institute of International Finance," June 2010.

65 Bair, *Bull by the Horns*, Kindle location 4731–4748.

66 FSB, "Policy Measures to Address Systemically Important Financial Institutions,"

November 4, 2011.

67 The High Level Group on Financial Supervision in the EU chaired by Jacques de Larosiere, Report, February 25, 2009, http://ec.europa.eu/internal_market/finances/docs/de_larosiere_report_en.pdf.

68 A point I owe to Shahin Vallée.

69 M. Goldstein and N. Véron, "Too Big to Fail: The Transatlantic Debate" (Bruegel working paper 2011/03, 2011).

70 A. S. Posen and N. Véron, "A Solution for Europe's Banking Problem," *Bruegel Policy Brief* (2009).

71 IMF, *Global Financial Stability Report* (April 2009).

72 "Bafin beziffert Kreditrisiken auf 816 Milliarden Euro," *Spiegel*, April 24, 2009.

73 Eichengreen, *Hall of Mirrors*, 323.

74 Geithner, *Stress Test*, 425−426.

14장 2010년 그리스: 만기연장이 곧 경기회복

1 In full agreement with Sandbu, *Europe's Orphan*; E. Jones, "The Forgotten Financial Union: How You Can Have a Euro Crisis Without a Euro," in *The Future of the Euro*, ed. M. Matthijs and M. Blyth (New York: Oxford University Press, 2015); and D. Mabbett and W. Schelkle, "What Difference Does Euro Membership Make to Stabilization? The Political Economy of International Monetary Systems Revisited," *Review of International Political Economy* 22.3 (2015), 508−534.

2 J. M. Brown, "Things Fall Apart," *Financial Times*, January 15, 2009; and C. Lapavitsas et al., *Crisis in the Eurozone* (London: Verso, 2012), 58.

3 Z. Darvas, "The EU's Role in Supporting Crisis-Hit Countries in Central and Eastern Europe," *Bruegel Policy Contribution* (December 17, 2009).

4 S. Kalyvas, *Modern Greece: What Everyone Needs to Know* (Oxford: Oxford University Press, 2015).

5 G. Papaconstantinou, *Game Over: The Inside Story of the Greek Crisis* (Athens: George Papaconstantinou, 2016).

6 채무자와 채권자 사이의 정치적 관계에 대해서는 다음을 참조할 것. Lapavistas et al., *Crisis in the Eurozone*, 126−135.

7 M. Walker, C. Forelle and B. Blackstone, "On the Secret Committee to Save the Euro, a Dangerous Divide," *Wall Street Journal*, September 24, 2010.

8 Papaconstantinou, *Game Over*.

9 V. Acharya and S. Steffen, "The Banking Crisis as a Giant Carry Trade Gone Wrong," *VoxEU*, May 23, 2013.

10 S. Wagstyl, "Greeks Search for Hint of Daylight Between Schäuble and Merkel," *Financial Times*, February 19, 2015.

11 메르켈 정부의 전체 정책의 핵심이라고 보는 시각에 대해서는 다음을 참조할 것. H. Thompson, "Germany and the Euro-Zone Crisis: The European Reformation of the German Banking Crisis and the Future of the Euro," *New Political Economy* 20, no. 6 (2015), 851−870.

12 B. Benoit and T. Barber, "Germany Ready to Help Eurozone Members," *Financial*

Times, February 18, 2009.

13 T. Koukakis, "Josef Ackermann: The Secret 2010 Financial Support Plan for Greece and Why It Was Sunk," http://www.tovima.gr/en/article/?aid=639539.

14 R. Zohlnhöfer and T. Saalfeld, eds., *Politik im Schatten der Krise. Eine Bilanz der Regierung Merkel 2009-2013* (Wiesbaden: Springer VS, 2015).

15 A. Tooze, "After the Wars," review of *The Age of Catastrophe: A History of the West 1914-45*, by Heinrich August Winkler, *London Review of Books* 37.22 (2015), 15−17, December 7, 2017, https://www.lrb.co.uk/v37/n22/adam-tooze/after-the-wars.

16 For the quote see I. Traynor, "Angela Merkel Dashes Greek Hopes of Rescue Bid," *Guardian*, February 11, 2010.

17 BVerfG, Judgment of the Second Senate of June 30, 2009-2 BvE 2/08-paras. 1−421.

18 "Merkel sagt Griechenland Milliarden-Hilfe zu'," *Die Welt*, April 26, 2010; and "Union will Bankenbeteiligung prüfen," *Die Zeit*, April 27, 2010.

19 J. Schönenborn, " Griechenland-Hilfe nur mit Bankenbeteiligung," April 4, 2010, ARDDeutschlandTrend Mai 2010, www.tagesschau.de.

20 Bund der Steuerzahler, "Keine Steuerzahlergarantien ohne Bankenbeteiligung," May 5, 2010, https://www.steuerzahler.de/.

21 W. Schäuble, "Why Europe's Monetary Union Faces Its Biggest Crisis," *Financial Times*, March 11, 2010; "Proposal for European Monetary Fund Wins EU Support," *Spiegel Online*, March 8, 2010; and "Why Is Germany Talking About a European Monetary Fund?," *Economist*, March 9, 2010.

22 2010년 5월 이후 개정 내용은 다음에서 확인할 수 있다. https://www.ceps.eu/system/files/book/2010/02/Nopercent20202percent20EMFpercent20e-versionpercent20updatepercent2017percent20May.pdf.

23 M. Feldenkirchen, C. Reiermann, M. Sauga and H.-J. Schlamp, "Merkel Takes On the EU and Her Own Finance Minister," *Spiegel Online*, March 22, 2010.

24 "Issing zur Lage Griechenlands: IWF-Hilfe ist die einzige Alternative," February 10, 2010, www.tagesschau.de; and "Man muss den Griechen auf die Finger schauen," March 2, 2010, www.deutschlandfunkkultur.de.

25 Blustein, *Laid Low*, 26−31.

26 IMF Country Report 13/156, May 20, 2013, by A. Evans-Pritchard, "IMF Admits Disastrous Love Affair with the Euro, Apologises for the Immolation of Greece," *Telegraph*, July 28, 2016.

27 "EZB warnt vor IWF-Hilfen für Griechenland," *FAZ*, March 24, 2010.

28 Papaconstantinou, *Game Over*, Kindle locations 1465−1470.

29 C. Volkery, "Merkel's Risky Hand of Brussels Poker," *Spiegel Online*, March 26, 2010; and "Deutschland hilft den Griechen, wenn der IWF hilft," *FAZ*, March 25, 2010.

30 Gabor, "The Power of Collateral," 23.

31 D. Gabor and C. Ban, "Banking on Bonds: The New Links Between States and Markets," *Journal of Common Market Studies* 54.3 (2016), 617−635.

32 요약본은 2015년 독일 대법원이 유럽중앙은행을 상대로 제소한 내용을 참조할 것. "Verfassungsbeschwerde," October 22, 2015, https://www.jura.uni-freiburg.de/de/institute/ioeffr3/forschung/papers/murswiek/verfassungsbeschwerde-qe-

anleihenkaeufe-gauweiler.pdf.

33 Gammelin and Löw, *Europas Strippenzieher*, 70.

34 Papaconstantinou, *Game Over*, Kindle locations 1529–1536.

35 J. White, "Emergency Europe," *Political Studies* 63.2 (2015), 300–318.

36 A. Evans-Pritchard, "Europe Agrees IMF-EU Rescue for Greece," *Telegraph*, March 25, 2010.

37 Papaconstantinou, *Game Over*, Kindle location 1677.

38 "Irish Deficit Balloons After New Bank Bail-Out," *BBC News*, September 30, 2010.

39 H. Smith, " Super-Wealthy Investors Move Billions out of Greece," *Guardian*, February 6, 2010; and F. Batzoglou, "Anxious Greeks Emptying Their Bank Accounts," *Spiegel Online*, December 6, 2011.

40 "Euro Zone Readies Giant Rescue Package for Greece," *Reuters*, April 11, 2010.

41 Evans-Pritchard, "Europe Agrees IMF-EU Rescue for Greece."

42 T. Barber, "Saving the Euro: Dinner on the Edge of the Abyss," *Financial Times*, April 22, 2010.

43 Bundesfinanzministerium, "Chronology: Stabilisation of the Economic and Monetary Union," http://www.bundesfinanzministerium.de/Content/EN/Standardartikel/Topics/Europe/Articles/2010-06-04-Chronologie-Euro-Stabilisierung.html?__act=renderPdf&__iDocId=199342.

44 K. Connolly, "Greek Debt Crisis: IMF Chief to Woo Germany over Bailout Deal," *Guardian*, April 28, 2010.

45 "Transcript of Statements to the Media by Angela Merkel and Strauss-Kahn in Berlin," April 28, 2010, https://www.imf.org/en/News/Articles/2015/09/28/04/54/tr042810.

46 Bastasin, *Saving Europe*, 203.

47 J. Pisani-Ferry, "Tim Geithner and Europe's Phone Number," *Bruegel* (blog), February 4, 2013.

48 Papaconstantinou, *Game Over*, Kindle locations 2186–2188.

49 "Regierungserklärung von Bundeskanzlerin Merkel zu den Hilfen für Griechenland," May 5, 2010, https://www.bundesregierung.de/ContentArchiv/DE/Archiv17/Regierungserklaerung/2010/2010-05-05-merkel-erklaerung-griechenland.html. For the wider implications of TINA see A. Séville, "There Is No Alternative," *Politik zwischen Demokratie und Sachzwang* (Frankfurt: Campus, 2017).

50 "Deaths Place Greece on 'Edge of Abyss,'" May 6, 2010, www.ekathimerini.com.

51 Gabor, "The Power of Collateral," 25.

52 "Findings Regarding the Market Events of May 6, 2010," Report of the staffs of the CTFC and SEC to the Joint Advisory Committee on Emerging Regulatory Issues, http://www.sec.gov/news/studies/2010/marketevents-report.pdf.

53 "Preliminary Findings Regarding the Market Events of May 6, 2010," Report of the staffs of the CFTC and SEC to the Joint Advisory Committee on Emerging Regulatory Issues, https://www.sec.gov/sec-cftc-prelimreport.pdf.

54 Bastasin, *Saving Europe*, 202.

55 T. Barber, "Saving the Euro: Dinner on the Edge of the Abyss," *Financial Times*, April 22, 2010.

56 Barber, "Saving the Euro."

57 Bernanke, *Courage to Act*, 481. Bernanke held a private briefing of the Senate Banking Committee to ensure there was no negative reaction.

58 Gammelin and R. Löw, *Europas Strippenzieher*, 75–86.

59 Bastasin, *Saving Europe*, 214–215.

60 Bastasin, *Saving Europe*, 218; Papaconstantinou, *Game Over*, Kindle location 2707.

61 IMF의 적절치 못했던 사후처리에 대해서는 다음을 참조할 것. IEO, *The IMF and the Crises in Greece, Ireland, and Portugal* (Washington, DC: IMF, 2016), 15–18.

62 Blustein, *Laid Low*, 136.

63 M. Blyth, *Austerity: The History of a Dangerous Idea* (Oxford: Oxford University Press, 2013), 73.

64 "John Lipsky Biographical Information," https://www.imf.org/external/np/omd/bios/jl.htm.

65 Blustein, *Laid Low*, 64.

66 Ibid., 139; and IMF, *Greece: Staff Report on Request for Stand-By Arrangement* (IMF Country Report No. 10/110, 2010).

15장 채무의 시대

1 http://www.foxnews.com/story/2010/02/12/glenn-beck-is-us-doomed-to-follow-greece-into-crisis.html.

2 C. M. Reinhart and K. Rogoff, *This Time Is Different, Eight Centuries of Financial Folly* (Princeton, NJ: Princeton University Press, 2009); and C. M. Reinhart and K. S. Rogoff, "Growth in a Time of Debt" (NBER Working Paper 15639, 2010).

3 J. Cassidy, "The Reinhart and Rogoff Controversy: A Summing Up," *New Yorker*, April 26, 2013.

4 C. Reinhart and K. Rogoff, "Why We Should Expect Low Growth Amid Debt," *Financial Times*, January 28, 2010.

5 "Germans Say Euro Zone May Have to Expel Greece: Poll," *Reuters*, February 14, 2010.

6 Irwin, *The Alchemists*, 237–238.

7 G. Osborne, "The Threat of Rising Interest Rates Is a Greek Tragedy We Must Avoid," *Telegraph*, December 21, 2009.

8 P. Habbard, "The Return of the Bond Vigilantes," March 7, 2012, http://www.ituc-csi.org/IMG/pdf/1203t_bond.pdf; and S. Johnson, "Bond Fund Managers Brave 'The Ring of Fire,'" *Financial Times*, February 7, 2010.

9 A. Stratton, "Top Economists Attack Labour Plan to Tackle Britain's Budget Deficit," *Guardian*, February 14, 2010.

10 Lord Skidelsky et al., "Letter: First Priority Must Be to Restore Robust Growth," *Financial Times*, February 18, 2010.

11 P. Wintour, "Mervyn King Shaped Tough Deficit Policy-But Was It Political Bias?," *Guardian*, November 30, 2010.

12 D. Laws, *22 Days in May: The Birth of the Lib Dem-Conservative Coalition* (London: Biteback Publishing, 2010); and Irwin, *The Alchemists*, 244.

13 P. Wintour, "Mervyn King: I Gave Nick Clegg No New Information on Debt Crisis," *Guardian*, July 28, 2010.

14 S. Wren-Lewis, "The Austerity Con," *London Review of Books* 37, no. 4 (2015), 9–11.

15 Irwin, *The Alchemists*, 248–249.

16 P. Krugman, "More on Invisible Bond Vigilantes," *New York Times* (blog), November 10, 2012.

17 N. Watt, "David Cameron Makes Leaner State a Permanent Goal," *Guardian*, November 12, 2013.

18 ONS, "Statistical Bulletin: Public Sector Employment, UK: September 2016," https://www.ons.gov.uk/employmentandlabourmarket/peopleinwork/publicsectorpersonnel/bulletins/publicsectoremployment/september2016.

19 T. Crewe, "The Strange Death of Municipal England," *London Review of Books* 38, no. 24 (2016), 6–10. 영국 복지정책 축소의 영향에 대해서는 다음을 참조할 것. V. Cooper and D. Whyte, eds., *The Violence of Austerity* (London: Pluto Press, 2017).

20 Clark, *Hard Times*, 180–191.

21 Editorial, "The Risks and Rewards of George Osborne's Austerity," *Financial Times*, July 21, 2015.

22 S. Stein, "Peter Orszag, Former Top Obama Adviser, Takes Issue with Portrayal in New Book," *Huffington Post*, February 24, 2012, www.huffingtonpost.com.

23 Kuttner, *Presidency in Peril*, 207.

24 "Obama's State of the Union Transcript 2010: Full Text," *Politico*, January 27, 2010.

25 P. Krugman, "Obama Liquidates Himself," *New York Times*, January 26, 2010.

26 J. Geraghty's *National Review* blog quoted in "How the Austerity Class Rules Washington," *Nation*, October 19, 2011.

27 H. Yeager, "Circling Back on the Orszag Story," *Columbia Journalism Review* 9 (January 2010).

28 Bernanke, *Courage to Act*, 504; and L. Elliott, "It's Too Soon for Austerity, Ben Bernanke Tells Congress," *Guardian*, July 22, 2010.

29 E. Luce, "US Deficit Key to Orszag Departure," *Financial Times*, June 25, 2010.

30 T. Skocpol and V. Williamson, *The Tea Party and the Remaking of Republican Conservatism* (Oxford: Oxford University Press, 2012).

31 G. C. Jacobson, "The Republican Resurgence in 2010," *Political Science Quarterly* 126, no. 1 (2011), 27–52.

32 S.-A. Mildner and J. Howald, "Jumping the Fiscal Cliff: The Political Economy of Fiscal Policy-Making under President Obama," *CESifo Forum* (June 2013).

33 T. E. Mann and N. J. Ornstein, *It's Even Worse Than It Looks: How the American Constitutional System Collided with the New Politics of Extremism* (New York: Basic Books, 2016), 9–10.

34 Q. Peel, "Merkel Spells Out €80bn Spending Cuts," *Financial Times*, June 8, 2010.

35 OECD, "Budget Deficits: What Governments Are Doing" (2010), http://www.oecd.org/germany/budgetdeficitswhatgovernmentsaredoing.htm.

36 "German Government Agrees on Historic Austerity Program," *Spiegel Online*, June 7, 2010.

37 Peel, "Merkel Spells Out €80bn Spending Cuts."

38 D. Mara and A. Bowen, "German Government Unveils Unprecedented Austerity Plan," *Deutsche Welle*, June 7, 2010.

39 A. Beattie and Q. Peel, "Scene Set for G20 Battle over Fiscal Strategy," *Financial Times*, June 24, 2010.

40 W. Schäuble, "Maligned Germany Is Right to Cut Spending," *Financial Times*, June 23, 2010.

41 L. Summers and T. Geithner, "Our Agenda for the G-20," *Wall Street Journal*, June 23, 2010.

42 J. Calmes and S. Chan, "Leaders at Summit Turn Attention to Deficit Cuts," *New York Times*, June 26, 2010.

43 OECD, "Employment: Job Creation Must Be a Top Priority in Months Ahead, Says OECD's Gurria," July 7, 2010, http://www.oecd.org/newsroom/employmentjobcreatio nmustbeatoppriorityinmonthsaheadsaysoecdsgurria.htm.

44 H. Zimmermann, "A Grand Coalition for the Euro: The Second Merkel Cabinet, the Euro Crisis and the Elections of 2013," *German Politics* 23, no. 4 (2014): 322−336.

45 Bastasin, *Saving Europe*, 221−235.

46 Papaconstantinou, *Game Over*, Kindle locations 2352−2365.

47 IMF Country Report 11/68 (March 2011).

48 Bank of Greece, "The Chronicle of the Great Crisis: 2008−2013, http://www. bankofgreece.gr/BogEkdoseis/The%20Chronicle%20Of%20The%20Great%20Crisis.pdf.

49 CEBS, "EBA Aggregate Outcome of the 2010 EU Wide Stress Test," July 23, 2010, https://www.eba.europa.eu/documents/10180/15938/Summaryreport.pdf/95030af2- 7b52-4530-afe1-f067a895d163.

50 A. Blundell-Wignall and P. Slovik, "The EU Stress Test and Sovereign Debt Exposures" (OECD Working Papers on Finance, Insurance and Private Pensions, no. 4, OECD Financial Affairs Division, 2010).

51 유럽 은행들의 스트레스 테스트에서는 분명한 자본재구성 조치가 부족했다. 다음 내용을 참조할 것. T. Santos, "El Diluvio: The Spanish Banking Crisis, 2008−2012," manuscript (2017), Columbia Business School, Columbia University.

52 L. Thomas Jr., "Greek Bonds Lure Some, Despite Risk," *New York Times*, September 28, 2011.

53 Bastasin, *Saving Europe*, 259.

54 Acharya and Steffen, "The Banking Crisis as a Giant Carry Trade Gone Wrong."

55 B. H. Cohen, "How Have Banks Adjusted to Higher Capital Requirements?," *BIS Quarterly Review*, 2013, 25.

56 *Report of the Joint Committee of Inquiry into the Banking Crisis*, Houses of the Oireachtas (Inquiries, Privileges and Procedures) Act, 2016.

57 C. Gleeson, "Ireland's Austerity Budgets," *Irish Times*, December 13, 2013.

58 Blustein, *Laid Low*, 157.

59 G. Wiesmann, "Merkel Seeks to Pull Bondholders into Rescues," *Financial Times*, November 24, 2010.

60 K. Bennhold, "At Deauville, Europe Embraces Russia," *New York Times*, October 18, 2010.

61   C. Forelle, D. Gauthier-Villars, B. Blackstone and D. Enrich, "As Ireland Flails, Europe Lurches Across the Rubicon," *Wall Street Journal*, December 27, 2010.

62   Zimmermann, "A Grand Coalition for the Euro."

63   L. Barber and R. Atkins, FT interview transcript: Mario Draghi, *Financial Times*, December 18, 2011.

64   A. Mody, "The Ghost of Deauville," *VoxEU*, January 7, 2014.

65   *Report of the Joint Committee of Inquiry into the Banking Crisis* (Dublin: Houses of the Oireachtas, 2016), https://inquiries.oireachtas.ie/banking/.

66   L. O'Carroll, "Ireland's Central Bank Governor Confirms IMF Loan on Its Way," *Guardian*, November 18, 2010.

67   "Jean Claude Trichet Letter to Brian Lenihan," *Irish Times*, November 6, 2014.

68   Editorial, "Was It for This?," *Irish Times*, November 18, 2010.

69   Sanbu, *Europe's Orphan*, 104.

70   A. Chopra, "Lessons from Ireland's Financial Crisis," 2015, https://www.youtube.com/watch?v=6XDomfai7DY.

71   P. Spiegel, "Draghi's ECB Management: The Leaked Geithner Files," *Financial Times*, November 11, 2014.

72   *Report of the Joint Committee of Inquiry into the Banking Crisis*, Houses of the Oireachtas.

73   M. Matthijs and M. Blyth, "When Is It Rational to Learn the Wrong Lessons? Technocratic Authority, Social Learning, and Euro Fragility," *Perspectives on Politics* (2017): 1–17.

74   Eichengreen, *Hall of Mirrors*, 302–311.

75   Bernanke, *Courage to Act*, 482–496.

76   N. Kocherlakota of the Minneapolis Fed, "The Fed's Unspoken Mandate: It Wants to Be 'Normal,' and That's Bad for Most Americans," June 13, 2017, https://www.bloomberg.com/view/articles/2017-06-13/the-fed-s-unspoken-mandate.

77   "Fed Doubted QE2 Impact, Worried over 'Currency War' Perception," *Reuters*, January 15, 2016.

78   G. Beck, transcript, Fox News, November 3, 2010; Irwin, *The Alchemists*, 409; and Blinder, *After the Music Stopped*, 248–256.

79   D. Morgan, "Palin Tells Bernanke to 'Cease and Desist,'" *Reuters*, November 8, 2010; and C. Asness et al., "Open Letter to Ben Bernanke," *Wall Street Journal*, November 15, 2010.

80   J. Wheatley and P. Garnham, "Brazil in 'Currency War' Alert," *Financial Times*, February 27, 2010.

81   Irwin, *The Alchemists*, 257.

82   "Interview with German finance minister Schäuble, The US Has Lived on Borrowed Money for Too Long," *Spiegel Online*, November 8, 2010; and "Global Anger Swells at US Fed Actions," *Reuters*, November 5, 2010.

83   R. Atkins, "Germany Attacks US Economic Policy," *Financial Times*, November 7, 2010.

84   B. S. Bernanke, "Federal Reserve Policy in an International Context," *IMF Economic*

Review 65, no. 1 (2017), 5–36.

85 "UPDATE 2-Geithner: Beijing Supportive of G20 Rebalancing Effort," *Reuters*, November 8, 2010.

86 Morgan, "Palin Tells Bernanke to 'Cease and Desist.'"

87 R. Neil, "Non-US Banks' Claims on the Federal Reserve," *BIS Quarterly Review*, March 2014; and C. Choulet, "QE and Bank Balance Sheets: The American Experience," BNP Paribas, *Conjoncture* 7 and 8 (July/August 2015), 3–19.

16장 G-제로 시대

1 P. Krugman and R. Wells, "Where Do We Go from Here?," *New York Review of Books*, January 13, 2011; P. Krugman, "The Intimidated Fed," *New York Times*, April 28, 2011; and P. Krugman, "Against Learned Helplessness," *New York Times*, May 29, 2011.

2 P. Krugman, "The Mistake of 2010," *New York Times*, June 2, 2011.

3 "Playboy Interview: Paul Krugman," *Playboy*, February 15, 2012.

4 A. Etzioni, "No Marshall Plan for the Middle East," *Prism* 3, no. 1 (2011), 75–86.

5 T. Duncan, "The Federal Reserve Is Causing Turmoil Abroad," *Wall Street Journal*, February 23, 2011.

6 "Blood on Bernanke's Hands," *Mish's Global Economic Trend Analysis*, January 27, 2011, http://globaleconomicanalysis.blogspot.com/2011/01/blood-on-bernankes-hands-riots-in-egypt.html.

7 P. Krugman, "Droughts, Floods and Food," *New York Times*, February 6, 2011.

8 I. Bremmer and N. Roubini, "AG-Zero World: The New Economic Club Will Produce Conflict, Not Cooperation," *Foreign Affairs* 90 (2011), 2.

9 J. M. Magone, "Portugal Is Not Greece," *Perspectives on European Politics and Society* 15.3 (2014), 346–360.

10 S. Hessel, *Indignez-Vous!* (Paris: Indigene éditions, 2010).

11 E. Castaneda, "The Indignados of Spain: A Precedent to Occupy Wall Street," *Social Movement Studies* 11. 3–4 (2012), 309–319.

12 "'We Are Not Goods on Politicians and Bankers' Hands'-A Letter from Spain," June 13, 2011, http://www.fondation-bourdieu.org/index.php?id=20&tx_ttnews%5Btt_news%5D=40&.

13 J. M. Antentas, "Spain: The Indignados Rebellion of 2011 in Perspective," *Labor History* 56.2 (2015), 136–160.

14 A. A. Ellinas, "The Rise of Golden Dawn: The New Face of the Far Right in Greece," *South European Society and Politics* 18, no. 4 (2013), 543–565.

15 N. Hughes, "'Young People Took to the Streets and All of a Sudden All of the Political Parties Got Old': The 15M Movement In Spain," *Social Movement Studies* 10, no. 4 (2011), 407–413; and M. Kaika and K. Lazaros, "The Spatialization of Democratic Politics: Insights from Indignant Squares," *European Urban and Regional Studies* 23, no. 4 (2016), 556–570.

16 E. Romanos, "Evictions, Petitions and Escraches: Contentious Housing in Austerity Spain," *Social Movement Studies* 13, no. 2 (2014), 296–302.

17 군사정권의 실체를 폭로하기 위해 아르헨티나의 시위대가 사용한 방법을 모방했다. S.

Kaiser, "Escraches: Demonstrations, Communication and Political Memory in Post-Dictatorial Argentina," *Media, Culture & Society* 24, no. 4 (2002), 499–516.

18　W. Streeck, *Buying the Time: The Delayed Crisis of Democratic Capitalism* (London: Verso, 2014), 116.

19　M. Kaldor and S. Selchow, "The 'Bubbling Up' of Subterranean Politics in Europe," *Journal of Civil Society* 9, no. 1 (2013), 78–99.

20　치프라스 총리의 새로운 정치방식에 대한 분석은 다음을 참조할 것. J. B. Judis, *The Populist Explosion* (New York: Columbia Global Reports, 2016), Kindle location 1516–1517. 극좌파들의 관점은 다음을 참조할 것. K. Ovenden, *Syriza: Inside the Labyrinth* (London: Pluto Press, 2015).

21　C. Delclós, *Hope Is a Promise* (London: Zed Books, 2015).

22　D. Hancox, "Why Ernesto Laclau Is the Intellectual Figurehead for Syriza and Podemos," *Guardian*, February 9, 2015.

23　P. Iglesias, *Politics in a Time of Crisis: Podemos and the Future of European Democracy* (London: Verso, 2015), 61.

24　Paul Krugman, "The Expansionary Austerity Zombie," *New York Times*, November 20, 2015.

25　C. Forelle and M. Walker, "Dithering at the Top Turned EU Crisis to Global Threat," *Wall Street Journal*, December 29, 2011.

26　Papaconstantinou, *Game Over*, Kindle locations 3083–3095.

27　Bastasin, *Saving Europe*, 223.

28　R. Atkins, "ECB Raises Rates for First Time Since 2008," *Financial Times*, April 7, 2011; and R. Atkins, "ECB Raises Interest Rates to 1.5%," *Financial Times*, July 7, 2011.

29　J. Stark, "ECB Must Favour No Nation," *Financial Times*, March 30, 2011.

30　Bastasin, *Saving Europe*, 268; Gabor, "Power of Collateral," 27; and D. M. Woodruff, "Governing by Panic: The Politics of the Eurozone Crisis," *Politics & Society* 44.1 (2016), 81–116.

31　Bank of England, *Financial Stability Report* (December 2011).

32　P. Garheim, "Traders 'Short' Dollar as Currency Loses Attraction," *Financial Times*, March 7, 2011; and C. Comstock, "Check Out the Hedge Funds Profiting Off Big Europe Shorts," *Business Insider*, August 5, 2011.

33　다음을 통해 좀 더 확실한 분석 내용을 확인할 수 있다. Sandbu, *Europe's Orphan*, 118–122, and Schelkle, *Political Economy of Monetary Solidaity*, 266–302.

34　좀 더 포괄적이고 다양한 관련 자료는 다음을 참조할 것. http://www.hanswernersinn.de/en/controversies/TargetDebate.

35　W. Jacoby, "Germany and the Eurocrisis: The Timing of Politics and the Politics of Timing" (ACES Cases, no. 2014.3, 2014).

36　C. Forelle and M. Walker, "Dithering at the Top," *Wall Street Journal*, December 29, 2011.

37　C. Reiermann, "Greece Considers Exit from Euro Zone," *Spiegel Online*, May 6, 2011; and "Bailing Out the Bail-out," *Economist*, May 9, 2011.

38　C. Forelle, "Luxembourg Lies on Secret Meeting," *Wall Street Journal*, May 9, 2011; and V. Pop, "Eurogroup Chief: 'I'm for Secret, Dark Debates,'" April 21, 2011, https://

euobserver.com/economic/32222.

39 Blustein, *Laid Low*, 201.

40 "No Country Is an Island: Ireland and the IMF," *IMF* (blog), July 14, 2011, https://blogs.imf.org/2011/07/14/no-country-is-an-island-ireland-and-the-imf/.

41 N. Véron, "The IMF's Role in the Euro Area Crisis: Financial Sector Aspects" (*IEO Background Paper* BP/16-02/10, IMF, 2016).

42 D. Strauss-Kahn, "Crisis Management Arrangements for a European Banking System" (speech, Brussels, March 19, 2010), https://www.imf.org/en/News/Articles/2015/09/28/04/53/sp031910.

43 P. J. Williams, "L'Affaire DSK: Presumption of Innocence Lost," *Nation*, May 24, 2011.

44 P. Wilkinson, "Sarkozy Party Chief Denies DSK 'Plot Claim,'" CNN, November 28, 2011.

45 M. Naß, "USA wollen mehr deutsche Verlässlichkeit," *Die Zeit*, June 5, 2011.

46 IMF Country Report 11/175 (July 2011).

47 A. Faiola and H. Schneider, "Debt Crisis Threatens Italy, One of Euro Zone's Biggest Economies," *Washington Post*, July 12, 2011; and S. Castle, "Italian Debt Adds to Fears in Euro Zone," *New York Times*, July 10, 2011.

48 O. Helgadóttir, "The Bocconi Boys Go to Brussels: Italian Economic Ideas, Professional Networks and European Austerity," *Journal of European Public Policy* 23, no. 3 (2016), 392–409; and M. Blyth, *Austerity: The History of a Dangerous Idea* (Oxford: Oxford University Press, 2013), 170–171.

49 A. Friedman, *Berlusconi: The Epic Story of the Billionaire Who Took Over Italy* (New York: Hachette, 2015).

50 S. Braghiroli, "The Italian Local Elections of 2011: Four Ingredients for a Political Defeat," *Bulletin of Italian Politics* 3, no. 1 (2011), 137–157.

51 "Helmut Kohl rechnet mit Merkels Europapolitik ab," *Spiegel Online*, July 17, 2011.

52 T. Alloway, "Goldman Answers 10 Questions on Italy," *Financial Times*, July 18, 2011.

53 Bastasin, *Saving Europe*, 313.

54 ETF, " Market-Implied Default Probabilities and Credit Indexes," December 30, 2011, http://www.etf.com/publications/journalofindexes/joi-articles/10605-market-implied-default-probabilities-and-credit-indexes.html?nopaging=1.

55 L. Thomas Jr., "Pondering a Dire Day: Leaving the Euro," *New York Times*, December 12, 2011.

56 R. De Bock, "What Happens in Emerging Markets If Recent Bank and Portfolio Inflows Reverse?," IMF, April 15, 2012.

57 J. Barthélémy, V. Bignon and B. Nguyen, "Illiquid Collateral and Bank Lending During the European Sovereign Debt Crisis," *Mimeo*, 2017.

58 Bastasin, *Saving Europe*, 293.

59 G. Wearden, "European Debt Crisis Meeting," *Guardian*, July 21, 2011.

60 Blustein, *Laid Low*, 227.

61 경제적 분석에 따르면 사실 헤어컷의 규모는 그리 크지 않다고 한다. J. Zettelmeyer, C. Trebesch and M. Gulati, "The Greek Debt Restructuring: An Autopsy," *Economic Policy* 28, no. 75 (2013), 513–563.

62 "EU Leaders Must Now Persuade Investors That New Drive Can Work," July 22, 2011, http://business.financialpost.com/news/economy/eu-leaders-must-now-persuade-investors-that-new-drive-can-work.

63 R. Milne and J. Wilson, "Deutsche Bank Hedges Italian Risk," *Financial Times*, July 26, 2011.

64 V. Damiani, "Italian Prosecutor Investigates Deutsche Bank over 2011 Bond Sale," *Reuters*, May 6, 2016.

65 T. E. Mann and N. J. Ornstein, *It's Even Worse Than It Looks*, 2nd ed. (New York: Basic Books, 2016).

66 US Treasury, "As US Reaches Debt Limit, Geithner Implements Additional Extraordinary Measures," May 16, 2011, https://www.treasury.gov/connect/blog/Pages/Geithner-Implements-Additional-Extraordinary-Measures-to-Allow-Continued-Funding-of-Government-Obligations.aspx.

67 G. Sargent, "Nonstop Chatter About Deficit Does Nothing to Reassure People About Economy," *Washington Post*, April 28, 2011.

68 P. Wallsten, L. Montgomery and S. Wilson, "Obama's Evolution: Behind the Failed 'Grand Bargain' on the Debt," *Washington Post*, March 17, 2012.

69 "Trillion Dollar Coin," https://en.wikipedia.org/wiki/Trillion_dollar_coin.

70 "Debt Limit Analysis," July 2011, http://cdn.bipartisanpolicy.org/wp-content/uploadssites/default/files/DebtLimitAnalysis.pdf.

71 N. Krishnan, A. Martin and A. Sarkar, "Pick Your Poison: How Money Market Funds Reacted to Financial Stress in 2011," *Liberty Street Economics* (blog), 2013.

72 D. A. Austin and R. S. Miller, "Treasury Securities and the US Sovereign Credit Default Swap Market," *CRS Report for Congress*, no. 7-5700, 2011.

73 K. Drum, "Quote of the Day: Hostages and Ransom Demands," *Mother Jones*, August 3, 2011, http://www.motherjones.com/kevin-drum/2011/08/quote-day-hostage-and-ransom-notes.

74 *Washington Post* staff, "Origins of the Debt Showdown," *Washington Post*, August 6, 2011.

75 "US Credit Rating Downgraded," *Economist*, August 3, 2011.

76 "Research Update: United States of America Long-Term Rating Lowered to 'AA+,'" August 6, 2011, http://www.standardandpoors.com/en_AP/web/guest/article/-/view/sourceId/6802837.

77 US Treasury, "Just the Facts," August 6, 2011, https://www.treasury.gov/connect/blog/Pages/Just-the-Facts-SPs-2-Trillion-Mistake.aspx.

78 M. Walker, D. Paletta, and B. Blackstone, "Global Crisis of Confidence," *Wall Street Journal*, August 13, 2011.

79 "FBI Documents Reveal Secret Nationwide Occupy Monitoring," December 21, 2012, http://www.justiceonline.org/fbi_files_ows.

80 "Media Coverage of Occupy vs. Tea Party," October 21, 2011, http://www.journalism.org/numbers/tale-two-protests/.

81 M. A. Gould-Wartofsky, *The Occupiers: The Making of the 99 Percent Movement* (Oxford: Oxford University Press, 2015).

82   E. Addly, "Occupy Movement: From Local Action to a Global Howl of Protest,"
     Guardian, October 17, 2011.

83   J. Zeley and M. Thee-Brenan, "New Poll Finds a Deep Distrust of Government," *New
     York Times*, October 25, 2011; and "Americans' Approval of Congress Drops to Single
     Digits," *New York Times*, October 25, 2011.

17장 경제 악순환

1   "Pressestatements," September 1, 2011, https://www.bundesregierung.de/
     ContentArchiv/DE/Archiv17/Mitschrift/Pressekonferenzen/2011/09/2011-09-01-merkel-
     coelho.html.

2   V. A. Schmidt and M. Thatcher, "Why Are Neoliberal Ideas So Resilient in Europe's
     Political Economy?," *Critical Policy Studies* 8, no. 3 (2014): 340−347.

3   Q. Peel, "Germany and the Eurozone: Besieged in Berlin," *Financial Times*, September
     26, 2011.

4   "Merkel im Bundestag: Die größte Belastungsprobe, die es je gab," *Die Zeit*, October
     26, 2011.

5   F. Fukuyama, *The End of History and the Last Man* (New York: Free Press, 1992).

6   W. Streeck, *Buying Time*.

7   G. Dinmore and R. Atkins, "ECB Letter Shows Pressure on Berlusconi," *Financial
     Times*, September 29, 2011.

8   E. Lobina and R. Cavallo, "The Campaign Against Water Privatisation in Italy," 2011,
     https://research.ncl.ac.uk/media/sites/researchwebsites/gobacit/Emanuele%20Lobina.
     pdf.

9   G. Angiulli, "The State of Emergency in Italy" (University of Trento, 2009) mimeo,
     http://www.jus.unitn.it/cocoa/papers/PAPERS%204TH%20PDF%5CEmergency%20
     Italy%20Angiulli.pdf.

10   G. Tremlett, "Spain Changes Constitution to Cap Budget Deficit," *Guardian*, August
     26, 2011.

11   Cited in G. Hewitt, *The Lost Continent: The Inside Story of Europe's Darkest Hour Since
     World War Two* (London: Hodder & Stoughton, 2013), 184.

12   "Financial Markets in Early August 2011," ECB, *Monthly Bulletin*, September 2011.

13   Bastasin, *Saving Europe*, 306; and V. Constancio, "Contagion and the European Debt
     Crisis," *Financial Stability Review* 16 (2012), 109−121.

14   M. Schlieben and L. Caspari, "Merkels Mehrheit für einen Tag," *Die Zeit*, September 29,
     2011.

15   J. Ewing and N. Kulish, "A Setback for the Euro Zone," *New York Times*, September 9,
     2011.

16   S. Fidler, "EFSF Leverage: A Rundown," *Wall Street Journal*, September 27, 2011.

17   IMF, *Global Financial Stability Report* (Washington, DC: IMF, 2009).

18   C. Lagarde, "'Global Risks Are Rising, But There Is a Path to Recover,'" August 27,
     2011, https://www.imf.org/en/News/Articles/2015/09/28/04/53/sp082711.

19   IIF, *The Cumulative Impact on the Global Economy of Changes in the Financial
     Regulatory Framework* (September 2011).

20 B. Masters and T. Braithwaite, "Tighter Rules on Capital: Bankers Versus Basel," *Financial Times*, October 2, 2011.

21 "Federal Reserve Aid to the Eurozone: Its Impact on the US and the Dollar," https:// archive.org/stream/gov.gpo.fdsys.CHRG-112hhrg75083/CHRG-112hhrg75083_djvu.txt.

22 Bespoke Investment Group, "A Look at Bank and Broker Credit Default Swap Prices," seekingalpha.com, February 15, 2017.

23 Geithner, *Stress Test*, 474.

24 M. Krupa and J. Riedl, "Ach, die Maria!," *Die Zeit*, June 21, 2012.

25 Geithner, *Stress Test*, 473.

26 "EFSF Leverage Explained," October 28, 2011, https://www.macrobusiness.com.au/2011/10/efsf-leverage-explained/.

27 J. Chaffin, A. Barker and K. Hope, "Geithner Warns EU of 'Catastrophic Risk,'" *Financial Times*, September 17, 2011.

28 S. Castle, L. Story, "Advice on Debt? Europe Suggests US Can Keep It," *New York Times*, September 16, 2011.

29 C. Giles, "Financial Institutions Stare into the Abyss," *Financial Times*, September 22, 2011.

30 L. Summers, "The World Must Insist That Europe Act," *Financial Times*, September 18, 2011.

31 H. Stewart, "Eurozone Ministers Under Pressure as Debt Crisis Dominates IMF Summit," *Financial Times*, September 24, 2011.

32 "IMF Survey: Lagarde Urges Collective Action to Restore Confidence," September 15, 2011, http://www.imf.org/external/pubs/ft/survey/so/2011/NEW091511A.htm.

33 N. Whitbeck, " Dexia-Rise and Fall of a Banking Giant," *Les Etudes Du Club* no. 100, 2013.

34 Acharya and Steffen, "The Banking Crisis as a Giant Carry Trade Gone Wrong."

35 M. Sparkes and A. Wilson, "Debt Crisis: As It Happened," *Telegraph*, October 5, 2011.

36 A. Lucchetti, "MF Global Told to Boost Capital," *Wall Street Journal*, October 17, 2011; and Cause of Action, "The Collapse of MF Global: Summary & Analysis," https:// causeofaction.org/wp-content/uploads/2013/06/MF-Global-Summary-and-Analysis1.pdf.

37 "Regierungserklärung," October 26, 2011, https://www.bundesregierung.de/ContentArchiv/DE/Archiv17/Regierungserklaerung/2011/2011-10-27-merkel-eu-gipfel.html.

38 Bastasin, *Saving Europe*, 332; the remarkable blow-by-blow blog "Debt Crisis as It Happened," *Telegraph*, October 26, 2011; and Papaconstantinou, *Game Over*, chapter 19.

39 R. Donadio and N. Kitsantoni, "Thousands in Greece Protest Austerity Bill," *New York Times*, October 19, 2011.

40 A. Visvizi, "The Crisis in Greece, Democracy, and the EU," December 10, 2012, https://www.carnegiecouncil.org/publications/ethics_online/0076/:pf_printable.

41 이 회담에 대한 설명은 다음을 참조할 것. P. Spiegel, *How the Euro Was Saved* (London: Financial Times, 2014).

42 "Lucas Papademos: A Man Who Tried to Rescue Greece," *BBC News*, May 25, 2017.

43 Blustein, *Laid Low*, 271–276.

44 P. Spiegel, "Draghi's ECB Management: The Leaked Geithner Files," *Financial Times*, November 11, 2014.

45 Geithner, *Stress Test*, 476.

46 베를루스코니 총리의 실각과 나폴리타노 대통령의 역할에 대해서는 다음을 참조할 것. A. Benvenuti, "Between Myth and Reality: The Euro Crisis and the Downfall of Silvio Berlusconi," *Journal of Modern Italian Studies* 22.4 (2017), 512–529.

47 M. Walker, C. Forelle and S. Meichtry, "Deepening Crisis over Euro Pits Leader Against Leader," *Wall Street Journal*, December 30, 2011; and "Kissinger: 'I Tell You What Napolitano Did in 2011 and 2014,'" November 26, 2015, http://www.ilgiornale.it/news/cronache/kissinger-vi-dico-cosa-ha-fatto-napolitano-2011-e-2014-1198786.html.

48 Friedman, *Berlusconi*, 207–237.

49 "Profile: Mario Monti," *BBC News*, February 18, 2013.

50 G. Pastorella, *Technocratic Governments: Power, Expertise and Crisis Politics in European Democracies* (Ph.D. thesis, London School of Economics and Political Science, 2016).

51 S. Foley, "What Price the New Democracy?," *Independent*, November 18, 2011.

52 Interview with Hans Knundani, September 2017.

53 P. Spiegel, "It Was the Point Where the Eurozone Could Have Exploded," *Financial Times*, May 11, 2014.

54 E. Kuehnen and A. Breidthardt, "ECB Should Stay Out of EFSF Leveraging: Buba Chief," *Reuters*, September 17, 2011.

55 Spiegel, "It Was the Point Where the Eurozone Could Have Exploded."

56 "Klare Umfragemehrheit für Rot-Grün," *Die Zeit*, December 16, 2011.

57 P. Spiegel, "If the Euro Falls, Europe Falls," *Financial Times*, May 15, 2014.

58 T. Durden, "Presenting Deutsche Bank's Pitchbook to the ECB to Go 'All In,'" *Zero Hedge* (blog), November 15, 2011.

59 *Spiegel* staff, "Germany's Central Bank Against the World," *Spiegel Online*, November 15, 2011.

60 "Germany Suffers 'Disaster' at Bond Auction," *Telegraph*, November 23, 2011.

61 R. Sikorski, "Poland and the Future of the European Union," November 28, 2011, http://www.mfa.gov.pl/resource/33ce6061-ec12-4da1-a145-01e2995c6302:JCR.

62 Bastasin, *Saving Europe* (2nd ed.), Kindle location 6847–7544.

63 C. Giles and G. Parker, "Osborne Urges Eurozone to 'Get a Grip,'" *Financial Times*, July 20, 2011; and A. Woodcock and D. Higgens, "Eurozone Crisis: David Cameron Calls for Action," *Independent*, December 2, 2011.

64 I. Traynor et al., "David Cameron Blocks EU Treaty with Veto, Casting Britain Adrift in Europe," *Guardian*, December 9, 2011.

65 Bastasin, *Saving Europe*, 342–351.

66 *Rapport Annuel de la Banque de France* (Paris, 2011), 37, 92.

67 J. Daley, "Eurozone Crisis: The US Has to Ride to the Rescue Once Again," *Telegraph*, December 3, 2011.

68 Spiegel, "If the Euro Falls, Europe Falls."

69 "FT Person of the Year: Mario Draghi," *Financial Times*, December 13, 2012; and A. Verdun, "Political Leadership of the European Central Bank," *Journal of European Integration* 39, no. 2 (2017), 207–221.

70 L. Barber and R. Atkins, *FT* interview transcript: Mario Draghi, *Financial Times*, December 18, 2011.

71 ECB, "Introductory Statement by Mario Draghi," December 1, 2011, https://www.ecb. europa.eu/press/key/date/2011/html/sp111201.en.html.

72 B. Blackstone, M. Karnitschnig and R. Thomson, "Europe's Banker Talks Tough," *Wall Street Journal*, February 24, 2012; for more extended comments by Draghi on unemployment, see M. Draghi, "Unemployment in the Euro Area," https://www. kansascityfed.org/publicat/sympos/2014/2014Draghi.pdf.

73 Barber and Atkins, *FT* interview transcript: Mario Draghi.

74 Bastasin, *Saving Europe*, 343–345.

75 E. Kuehnen, "ECB Wall of Cash Averts Credit Crunch," *Reuters*, February 27, 2012. https://uk.reuters.com/article/us-ecb-m3/ecb-wall-of-cash-averts-credit-crunch-idUSTRE81Q0XP20120227.

76 J. Cotterill, "Keep On Carrying On LTROs," *Financial Times*, October 7, 2011; and "ECB Announces Details of Refinancing Operations from October 2011," http://www.ecb. europa.eu/press/pr/date/2011/html/pr111006_.en.html.

77 R. Atkins and T. Alloway, "ECB Launches New Support for Banks," *Financial Times*, December 8, 2011.

78 Barber and Atkins, *FT* interview transcript: Mario Draghi.

79 P. Jenkins, M. Watkins, and R. Sanderson, "Draghi's Cash Tonic Makes Bank Smile," *Financial Times*, March 1, 2012.

80 J. Plender, "Beware Sovereign Stress If ECB Backdoor Bet Backfires," *Financial Times*, February 28, 2012.

81 G. Wiesmann, P. Spiegel and R. Wigglesworth, "S& P Downgrades France and Austria," *Financial Times*, January 14, 2012.

82 "Merkel: World Needs a Decade to Recover from the Crisis," November 7, 2011, https://www.newsmax.com/t/finance/article/417090.

18장 유로화를 지키기 위한 노력

1 K. Hughes and L. Rojas, "G20 Pushes for Extra Steps from Europe on Crisis," January 21, 2012, http://www.livemint.com/Politics/JVBm6ECtqt9oBlHCDcRZ2L/G20-pushes-for-extra-steps-from-Europe-on-crisis.html.

2 "IMF Note on Global Economic Prospects and Policy Changes," February 25, 2012, https://www.imf.org/external/np/g20/022512.htm.

3 S. Böll et al., "European Politicians in Denial as Greece Unravels," *Spiegel Online*, January 30, 2012.

4 P. Spiegel, "Inside Europe's Plan Z," *Financial Times*, May 14, 2014.

5 B. McLannahan and K. Hille, "China and Japan Unite on IMF Resources," *Financial Times*, February 19, 2012.

6   S. Foxman, "European Firewall Capacity Raised to €800 Billion," *Business Insider*, March 30, 2012, http://www.businessinsider.com/european-firewall-capacity-raised-to-800-billion-2012-3.

7   For an excellent dissection of the Greek negotiations in early 2012, see K. H. Roth, *Greece: What Is to Be Done?* (Winchester: Zero Books, 2013).

8   G. Wiesmann and Q. Peel, "Berlin Split on Bail-out for Greece," *Financial Times*, February 16, 2012.

9   J. Zettelmeyer, C. Trebesch and M. Gulati, "The Greek Debt Restructuring: An Autopsy," *Economic Policy* 28, no. 75 (2013), 513–563.

10 Y. Mouzakis, "Where Did All the Money Go?," *Macropolis*, January 5, 2015, http://www.macropolis.gr/?i=portal.en.the-agora.2080.

11 J. Schumacher and B. Weder di Mauro, "Diagnosing Greek Debt Sustainability: Why Is It So Hard?," *Brookings Papers on Economic Activity* (2015).

12 CADTM, "Evolution of the Greek Public Debt During 2010–2015," http://www.cadtm.org/Evolution-of-the-Greek-public-debt.

13 FRED, "Current Price Gross Domestic Product in Greece," https://fred.stlouisfed.org/series/GRCGDPNADSMEI.

14 Spiegel, "Inside Europe's Plan Z."

15 E. Dinas and L. Rori, "The 2012 Greek Parliamentary Elections: Fear and Loathing in the Polls," *West European Politics* 36, no. 1 (2013), 270–282.

16 P. Spiegel, "Greeks Urged to Run Poll as Vote on Euro," *Financial Times*, May 17, 2012.

17 B. Clift, "Le Changement? French Socialism, the 2012 Presidential Election and the Politics of Economic Credibility Amidst the Eurozone Crisis," *Parliamentary Affairs* 66, no. 1 (2013), 106–123; and N. Hewlett, "Voting in the Shadow of the Crisis: The French Presidential and Parliamentary Elections of 2012," *Modern & Contemporary France* 20, no. 4 (2012), 403–420.

18 F. Hollande, *Le Changement C'est Maintenant* (Paris: Libération, 2012).

19 S. Erlanger, "Socialists' Victory in France Buttresses Hollande's Power," *New York Times*, June 17, 2012.

20 C. Ban, "Austerity Versus Stimulus? Understanding Fiscal Policy Change at the International Monetary Fund Since the Great Recession," *Governance* 28, no. 2 (2015), 167–183.

21 D. Leigh and O. J. Blanchard, "Growth Forecast Errors and Fiscal Multipliers" (IMF Working Paper 13/1, Washington, DC, 2013).

22 C. Luther, "Mit Hollande wird es Merkel nicht leicht haben," *Die Zeit*, May 16, 2012.

23 S. Bajohr, "Die nordrhein-westfälische Landtagswahl vom 13. Mai 2012: Von der Minderheit zur Mehrheit," *Zeitschrift für Parlamentsfragen* (2012), 543–563.

24 "Landtag beschließt Neuwahlen in NRW," *Die Zeit*, March 14, 2012.

25 "Ein Sommer ohne Sonne," http://cicero.de/innenpolitik/ein-sommer-ohne-sonne/51299.

26 Economic Research St. Louis Fed, "Spain: Unemployment and the Crisis," https://research.stlouisfed.org/dashboard/770.

27 A. Cárdenas, "The Spanish Savings Bank Crisis: History, Causes and Responses" (*IN3 Working Paper Series*, 2013); Santos, "Antes del Diluvio" (2017) 그 밖의 중요한 설명은 다음을 참조할 것. T. Santos, "El Diluvio: The Spanish Banking Crisis, 2008−2012," manuscript (2017), Columbia Business School, Columbia University.

28 F. Ortiz, "Newsmaker Rajoy Leans on Abrasive Economist in Spanish Crisis," CNBC, October 25, 2012, https://www.cnbc.com/id/100046357.

29 V. Mallet and M. Johnson, "The Bank That Broke Spain," *Financial Times*, June 21, 2012.

30 IMF, "Global Economic Prospects and Policy Changes," February 25−26, 2012, https://www.imf.org/external/np/g20/pdf/022512.pdf.

31 R. Minder, N. Kulish and P. Geitner, "Spain to Accept Rescue from Europe for Its Ailing Banks," *New York Times*, June 9, 2012.

32 G. Tremlett, "Spain Issues Dramatic Messages of Impending Eurozone Doom," *Guardian*, June 14, 2012.

33 J. Pisani-Ferry, "Tim Geithner and Europe's Phone Number," *Bruegel*, February 4, 2013.

34 "G20 Summit: Leaders Alarmed over Eurozone Crisis," *BBC News*, June 19, 2012.

35 "Can This Man Save Europe?," *Time*, February 20, 2012.

36 N. Véron, "Tectonic Shifts," *Finance & Development* 51, no. 1 (March 2014).

37 Spiegel, "If the Euro Falls, Europe Falls."

38 Dinas and Rori, "The 2012 Greek Parliamentary Elections."

39 Michael Kaczmarek, " SPD-Troika: Fiskalpakt nicht antasten, aber ergänzen," May 15, 2012, http://www.euractiv.de/section/wahlen-und-macht/news/spd-troika-fiskalpakt-nicht-antasten-aber-erganzen/.

40 Bastasin, *Saving Europe*, Kindle location 8460.

41 D. G. Smith, "Merkel's Hard Line 'Could Kill the Euro,'" *Spiegel Online*, June 28, 2012.

42 J. A. Emmanouilidis, "The Prospects of Ambitious Muddling Through," July 2, 2012, http://www.epc.eu/documents/uploads/pub_2765_post-summit_analysis_-_2_july_2012.pdf.

43 *Spiegel* staff, "German Dominance in Doubt After Summit Defeat," *Spiegel Online*, July 2, 2012.

44 C. Volkery, "Monti's Uprising," *Spiegel Online*, June 29, 2012.

45 "Spanish Bank Borrowings from ECB Continue Parabolic Rise," August 14, 2012, http://www.zerohedge.com/news/spanish-bank-borrowings-ecb-continue-parabolic-rise.

46 S. P. Chan and R. Cooper, "Debt Crisis: As It Happened," *Telegraph*, July 24, 2012.

47 A. Monaghan, "Sir Mervyn King Admits Policymakers Made 'Major Mistakes' in Financial Crisis," *Telegraph*, July 27, 2012.

48 당시 마리오 드라기는 좀 더 원색적인 표현을 썼다고 한다. Bastasin, *Saving Europe*, Kindle location 8731. 드라기가 런던을 방문하기 몇 주 전 유로 프로젝트에 대한 적대적인 평가들이 있었다. J. Asmussen, "Building Trust in a World of Unknown Unknowns-Central Bank Communication Between Markets and Politics in the Crisis," speech at the European Communication Summit 2012, Brussels, July 6, 2012.

49 ECB, "Verbatim of the Remarks Made by Mario Draghi," July 26, 2012, https://www.

ecb.europa.eu/press/key/date/2012/html/sp120726.en.html.

50 P. Carrel, N. Barkin and A. Breidthardt, "Special Report: Inside Mario Draghi's Euro Rescue Plan," *Reuters*, September 25, 2012.

51 "No Time to Lose," *Spiegel Online*, July 30, 2012.

52 'Schäuble Unmoved by Geithner's Pleas," *Deutsche Welle*, July 31, 2012; and G. Heller, "Geithner, Schaeuble Discuss Euro on Windy German Island," *Reuters*, July 30, 2012.

53 Geithner, *Stress Test*, 483.

54 "Draghi's ECB Management: The Leaked Geithner Files."

55 Geithner, *Stress Test*, 483.

56 P. Carrel, N. Barkin and A. Breidthardt, "Special Report: Inside Mario Draghi's Euro Rescue Plan," *Reuters*, September 25, 2012.

57 Gammelin and Löw, *Europas Strippenzieher*, 96–97.

58 Gammelin and Löw, *Europas* V. Pop, "China Urges Germany and France to Solve Euro-Crisis," August 30, 2012, https://euobserver.com/china/117376.

59 D. Lombardi, "The European Central Bank's Bond Buying Program," September 25, 2012, https://www.brookings.edu/opinions/the-european-central-banks-bond-buying-program-is-berlin-the-greatest-beneficiary/amp/.

60 Bastasin, *Saving Europe*, Kindle locations 8910–8912.

61 ECB, "Technical Features of Outright Monetary Transactions," September 6, 2012, https://www.ecb.europa.eu/press/pr/date/2012/html/pr120906_1.en.html.

62 2012년 9월 13일 FOMC 기자회견. https://www.federalreserve.gov/monetarypolicy/fomcpresconf20120913.htm.

63 Bernanke, *Courage to Act*, 532.

64 A. Hall, "EU Summit: How Germany Reacted to Merkel's 'Defeat,'" *Telegraph*, June 30, 2012.

65 E. Helleiner, *The Status Quo Crisis: Global Financial Governance After the 2008 Meltdown* (Oxford: Oxford University Press, 2014).

66 D. W. Drezner, *The System Worked: How the World Stopped Another Great Depression* (Oxford: Oxford University Press, 2014).

67 The initiator was T. J. Sargent's Nobel Prize lecture of December 2011. T. J. Sargent, "Nobel Lecture: United States Then, Europe Now," *Journal of Political Economy* 120, no. 1 (2012), 1–40. See also H. James and H.-W. Sinn, "Mutualisation and Constitutionalisation," *Vox EU*, February 26, 2013.

68 "Obama: US 'The One Indispensable Nation in World Affairs,'" May 23, 2012, http://www.voanews.com/a/obama_tells_air_force_academy_us_is_one_indispensable_country_world_affairs/940158.html.

69 S. G. Brooks, G. J. Ikenberry and W. C. Wohlforth, "Don't Come Home, America: The Case Against Retrenchment," *Quarterly Journal: International Security* 37, no. 3 (Winter 2012–2013), 7–51; and S. M. Walt, "More or Less," http://foreignpolicy.com/2013/01/02/more-or-less-the-debate-on-u-s-grand-strategy/.

70 B. Eichengreen, *Hall of Mirrors*.

71 https://www.facebook.com/notes/randy-fellmy/transcript-of-larry-summers-speech-at-the-imf-economic-forum-nov-8-2013/585630634864563/.

19장 아메리칸 고딕

1   https://www.youtube.com/watch?v=nY_T-JIDJ-c.

2   T. J. Sugrue, *The Origins of the Urban Crisis: Race and Inequality in Postwar Detroit*, 2nd ed. (Princeton, NJ: Princeton University Press, 2014).

3   L. Deng, E. Seymour, M. Dewar and J. Manning Thomas, "Saving Strong Neighborhoods from the Destruction of Mortgage Foreclosures: The Impact of Community-Based Efforts in Detroit, Michigan," *Housing Policy Debate* (2017), 1–27.

4   C. MacDonald and J. Kurth, "Foreclosures Fuel Detroit Blight, Cost City $500 Million: Risky Loans Contribute to Swaths of Empty Homes, Lost Tax Revenue," *Detroit News*, June 2015.

5   C. S. Chung, "Zombieland/The Detroit Bankruptcy: Why Debts Associated with Pensions, Benefits, and Municipal Securities Never Die and How They Are Killing Cities Like Detroit," *Fordham Urban Law Journal* 41 (2014): 771–848.

6   J. Zeitz, "Born to Run and the Decline of the American Dream," *Atlantic*, August 24, 2015.

7   S. Lemke, *Inequality, Poverty and Precarity in Contemporary American Culture* (New York: Palgrave, 2016).

8   래리 서머스의 또 다른 이야기들은 다음을 참조할 것. D. Vinik, "Larry Summers Gave an Amazing Speech on the Biggest Economic Problem of Our Time," *Business Insider*, November 17, 2013.

9   Reinhart and Rogoff, *This Time Is Different*.

10 P. Krugman, "The Big Fail," *New York Times*, January 6, 2013.

11 L. H. Summers, "US Economic Prospects: Secular Stagnation, Hysteresis, and the Zero Lower Bound," *Business Economics* 49, no. 2 (2014): 65–74.

12 래리 서머스의 광범위한 주장에 대한 좀 더 상세한 설명은 다음을 참조할 것. B. DeLong, "Three, Four ······ Many Secular Stagnations," *Grasping Reality with Both Hands* (blog), January 7, 2017, http://www.bradford-delong.com/2017/01/three-four-many-secular-stagnations.html.

13 L. H. Summers, "The Inequality Puzzle: Piketty Book Review," *DEMOCRACY: A Journal of Ideas* 32 (Spring 2014).

14 E. Saez, "Striking It Richer: The Evolution of Top Incomes in the United States (Updated with 2012 Preliminary Estimates)," UC Berkeley, September 3, 2013 http://eml.berkeley.edu//~saez/saez-UStopincomes-2012.pdf.

15 T. Piketty and E. Saez, "Income Inequality in the United States, 1913–1998," *Quarterly Journal of Economics* 118 (2003): 1–39.

16 Saez, "Striking It Richer."

17 이런 왜곡은 2012년 부시 행정부 시절 세금정책을 통해 혜택을 입은 최고 부유층 때문에 생겨난 것이다. 2015년의 경기가 회복되면서 상위 1퍼센트의 부담률은 52퍼센트로 내려갔다. Gary Burtless, "Income Growth Has Been Negligible But (Surprise!) Inequality Has Narrowed Since 2007," *Brookings*, July 22, 2016.

18 *Politico* staff, "President Obama on Inequality (Transcript)," *Politico*, December 4, 2013.

19 G. Beauchamp and L. Nelson, "The Opioid Epidemic: A Brief History," June 2017, PainandPSA.org.

20 Centers for Disease Control and Prevention, "Vital Signs: Overdoses of Prescription Opioid Pain Relievers-United States, 1999−2008," *Morbidity and Mortality Weekly Report* 60 (2011): 1487−1492.

21 A. Case and A. Deaton, "Rising Morbidity and Mortality in Midlife Among White Non-Hispanic Americans in the 21st Century," *Proceedings of the National Academy of Sciences* 112, no. 49 (2015), 15078−15083.

22 R. Reich, *The Work of Nations: Preparing Ourselves for 21st Century Capitalism* (New York: Vintage, 2010).

23 W. Kimball and R. Scott, "China Trade, Outsourcing and Jobs," Economic Policy Institute, briefing paper 385, December 11, 2014. 좀 더 최근의 조사에 따르면 실업자 규모는 200만 명에 육박한다고 한다. David H. Autor, David Dorn and Gordon H. Hanson, "The China Shock: Learning from Labor-Market Adjustment to Large Changes in Trade," *Annual Review of Economics* 8 (2016), 205−240.

24 D. Card and J. E. DiNardo, " Skill-Biased Technological Change and Rising Wage Inequality: Some Problems and Puzzles," *Journal of Labor Economics* 20.4 (2002), 733−783.

25 R. Shapiro, "The Politics of Widening Income Inequality in the United States, 1977 to 2014," CBPP, Georgetown University, October 2017.

26 G. Sargent, "'There's Been Class Warfare for the Last 20 Years, and My Class Has Won,'" *Washington Post*, September 30, 2011.

27 M. J. Lee, "Buffett: My Plan to Tax the Rich," *Politico*, November 15, 2011.

28 J. Hayward, "The Smith Project," *Breitbart*, February 3, 2016, http://www.breitbart.com/big-government/2016/02/03/the-smith-project-a-look-at-the-new-american-insurgency/.

29 M. Phelan, "Building the House of Breitbart," *Jacobin*, November 5, 2016.

30 "The Corruption in Academic Economics: INET's Interview with Charles Ferguson," StopForeclosureFraud.com, November 25, 2012.

31 P. Krugman, "Challenging the Oligarchy," *New York Review of Books*, December 17, 2015.

32 P. Krugman, "Why Inequality Matters," *New York Times*, December 15, 2013.

33 R. B. Reich, *Saving Capitalism: For the Many, Not the Few* (New York: Vintage, 2015), 19.

34 "Bernanke, Trichet, Brown Join Pimco Advisory Board," *Reuters*, December 7, 2015.

35 C. Goodhart and D. Schoenmaker, "The United States Dominates Global Investment Banking: Does It Matter for Europe?" *Bruegel*, March 7, 2016.

36 A. Schechter, "Market Power and Inequality: How Big Should Antitrust's Role Be in Reducing Inequality?," *ProMarket*, July 14, 2016; and E. Porter, "With Competition in Tatters, the Rip of Inequality Widens," July 12, 2016. 기타 논쟁 내용은 다음을 참조할 것. A. Schechter, "Is There a Connection Between Market Concentration and the Rise in Inequality?," 5 May, 2017, https://promarket.org/connection-market-concentration-rise-inequality/.

37 "Too Much of a Good Thing," *Economist*, March 26, 2016.

38 J. Furman and P. Orszag, "A Firm-Level Perspective on the Role of Rents in the Rise of

Inequality" (presentation at "A Just Society" Centennial Event in Honor of Joseph Stiglitz at Columbia University, October 16, 2015), http://gabriel-zucman.eu/files/teaching/FurmanOrszag15.pdf.

39 H. M. Schwartz, "Wealth and Secular Stagnation: The Role of Industrial Organization and Intellectual Property Rights," *Russell Sage Foundation Journal* 2.6 (2016): 226–249.

40 J. Kollewe, "'Political Crap': Tim Cook Condemns Apple Tax Ruling," *Guardian*, September 1, 2016.

41 P. Thiel, "Competition Is for Losers," *Wall Street Journal*, September 12, 2014.

42 Piketty, *Capital in the Twenty-First Century* (Cambridge, MA: Harvard University Press, 2014).

43 R. Reich, "Income Inequality in the United States" (testimony before the Joint Economic Committee, US Congress, January 16, 2014).

44 E. McMurry, "Fox's Hasselbeck Knocks Obama's 'Class Warfare' Speech: 'He *Is* the System' He Criticizes," *MEDIAite*, December 5, 2013.

45 Mildner and Howald, "Jumping the Fiscal Cliff."

46 R. T. Meyers, "The Implosion of the Federal Budget Process: Triggers, Commissions, Cliffs, Sequesters, Debt Ceilings, and Shutdown," *Public Budgeting & Finance* 34.4 (2014), 1–23.

47 http://www.fixthedebt.org/.

48 P. Orszag, "Too Much of a Good Thing," *New Republic*, September 14, 2011.

49 R. Kuttner, "Destroying the Economy and the Democrats," *American Prospect*, April 5, 2013.

50 "Public Goals, Private Interests in Debt Campaign," *New York Times*, January 9, 2013.

51 "Stacking the Deck: The Phony 'Fix the Debt' Campaign," *Nation*, February 20, 2013.

52 "To Understand the Budget Debate, You Need to Understand the Sequester: Here's a Quick Primer," *New Republic*, September 29, 2013; and Mildner and Howald, "Jumping the Fiscal Cliff."

53 N. Confessore, "Senate Passes First Budget in Four Years," *Washington Post*, March 23, 2013.

54 J. Bendery, "John Boehner on Debt Ceiling: Let's Pay China First, Then US Troops," *Huffington Post*, May 8, 2013.

55 J. Cohn, "Don't Blame the Tea Party for the Shutdown. Blame Boehner," *New Republic*, September 30, 2013.

56 S. M. Burwell, "Impacts and Costs of the Government Shutdown," White House archives, November 7, 2013.

57 R. Radosh, "Steve Bannon, Trump's Top Guy, Told Me He Was 'a Leninist,'" *Daily Beast*, August 22, 2016.

58 A. Crooke, "Steve Bannon's Apocalyptic 'Unravelling,'" *Consortium News*, March 9, 2017.

59 G. Steinhauser, "Europe Enjoys 'Shutdownfreude' over US Debt Troubles," *Wall Street Journal*, October 16, 2013.

60 M. Hujer and D. Sander, "US Fumbling Puts China at Risk," *Der Spiegel*, October 22, 2013.

61 D. Roberts, "China's State Press Calls for 'Building a de-Americanized World,'" *Bloomberg Businessweek*, October 14, 2013..

62 M. Park, "US Shutdown: How the World Reacted," *CNN*, October 1, 2013.

63 R. McGregor, "Congressional Impasse on IMF Shows the Tight Spot Obama Is In," *Financial Times*, January 27, 2014.

64 J. Mayer, *Dark Money* (New York: Doubleday, 2016).

65 N. Hemmer, "The Chamber of Commerce Is Fed Up with the Tea Party," *U.S. News & World Report*, December 31, 2013.

66 P. Hamby, "Company Men: The US Chamber Flexes Its New Political Muscle," *CNN*, July 22, 2014, http://cnn.it/1tMAhvT.

67 E. Eichelberger, "How the Tea Party Is Causing Big Business to Back Democrats," *Mother Jones*, September 15, 2014.

68 A. Altman, "The US Chamber of Commerce Is Saving the GOP Establishment at Ballot Box," *Time*, July 14, 2014.

20장 테이퍼 텐트럼

1 "Federal Reserve Board Announces Reserve Bank Income and Expense Data and Transfers to the Treasury for 2015" (press release, Board of Governors of the Federal Reserve System, January 11, 2016).

2 좀 더 정확한 분석 자료는 다음을 참조할 것. M. Fratzscher, M. Lo Duca and R. Straub, "On the International Spillovers of US Quantitative Easing," *Economic Journal* (2016), doi:10.1111/ecoj.12435.

3 "A Marriage of Convenience Comes to an End," *Financial Times*, October 17, 2014.

4 금리와 환율 변화의 상호작용의 중요성에 대해서는 다음을 볼 것. B. S. Bernanke, "Federal Reserve Policy in an International Context," *IMF Economic Review* 65.1 (2017), 5-36.

5 R. N. McCauley, P. McGuire and V. Sushko, "Dollar Credit to Emerging Market Economies 1," *BIS Quarterly Review* (2015), 27.

6 "Zambia Raises $750 mln in Debut 10-Year Eurobond," *Reuters*, September 13, 2012.

7 R. Wigglesworth, "Zambia Makes Bond Market Return," *Financial Times*, April 7, 2014.

8 "The Dollar's Strength Is a Problem for the World," *Economist*, December 3, 2016.

9 K. Miyajima and I. Shim, "Asset Managers in Emerging Market Economies," *BIS Quarterly Review*, September 14, 2014.

10 IMF, "The Asset Management Industry and Financial Stability: Chapter 3," *Global Financial Stability Report: Navigating Monetary Policy Challenges and Managing Risks*, April 2015.

11 IMF, *Global Financial Stability Report*, April 2015.

12 "The Never-Ending Story," *Economist*, November 14, 2015.

13 글로벌 신용순환에 대해서는 2013년 8월 발표된 다음 자료를 참조할 것. Hélene Rey, "Dilemma Not Trilemma: The Global Financial Cycle and Monetary Policy Independence" (NBER Working Paper 21162, May 2015). 자본통제에 대한 IMF의 관점 변화에 대해서는 다음을 참조할 것. IMF Survey, "IMF Adopts Institutional View on Capital Flows," December 3, 2012, http://www.imf.org/en/News/Articles/2015/09/28/04/53/

sopol120312a.

14 "Just in Case: Capital Controls Are Back as Part of Many Countries' Financial Armoury," *Economist*, October 13, 2013.

15 C. Jones, R. Wigglesworth and J. Politi, "Fed Fights Back Against 'Feral Hogs,'" *Financial Times*, June 24, 2013.

16 P. da Costa and A. Bull, "Bernanke Says More Progress Needed Before Stimulus Pullback," *Reuters*, May 22, 2013.

17 "The Dollar's Strength Is a Problem for the World."

18 Miyajima and Shim, "Asset Managers in Emerging Market Economies."

19 K. Forbes, "Don't Rush to Blame the Fed," *New York Times*, February 5, 2014.

20 "Just in Case."

21 미연준 정책에 대해 옹호하는 내용은 다음을 참조할 것. B. S. Bernanke, "Federal Reserve Policy in an International Context," *IMF Economic Review* 65.1 (2017), 5−36.

22 J. Frankel, C. Reinhart and B. Zoellick, "The Fed and Emerging Markets: Another Crash?," Belfer Center, Harvard Kennedy School, May 15, 2014.

23 B. Eichengreen and P. Gupta, "Tapering Talk: The Impact of Expectations of Reduced Federal Reserve Security Purchases on Emerging Markets," CEPR's Policy Portal, December 19, 2013.

24 "Raghu's Reality Check," *Economist*, September 20, 2013.

25 C. Tugal, *The Fall of the Turkish Model: How the Arab Uprisings Brought Down Islamic Liberalism* (New York: Verso, 2016), Kindle locations 3−5.

26 "Turkish Police Use Water Cannon to Disperse Remembrance Gathering," *Guardian*, June 22, 2013; and D. Dombey, "Erdogan Hits at Financiers in Effort to Quell Turkey Protests," *Financial Times*, June 10, 2013.

27 D. Dombey, "Erdogan Says Same Forces Behind Brazil and Turkey Protests," *Financial Times*, June 23, 2013.

28 M. Champion, "Is Erdogan's Turkey the Next Putin's Russia?," *Bloomberg*, June 5, 2013.

29 "Fed Officials Rebuff Coordination Calls as QE Taper Looms," *Livemint*, August 26, 2013.

30 R. Harding et al., "India's Raghuram Rajan Hits Out at Unco-ordinated Global Policy," *Financial Times*, January 30, 2014.

31 "Fed Officials Rebuff Coordination Calls as QE Taper Looms."

32 R. Harding, "Why Emerging Markets Are Unlikely to Sway the Fed," *Financial Times*, February 2, 2014.

33 "Federal Reserve Won't Consider Problems Abroad," *Boston Globe*, August 26, 2013.

34 P. da Costa, A. Bull, "Fed Surprises, Sticks to Stimulus as It Cuts Growth Outlook," *Reuters*, September 18, 2013.

35 A. Fontevecchia, "Bernanke Keeps the Printing Press at Full Speed as Taper Decision Likely to Fall on Yellen," *Forbes*, October 30, 2013.

36 K. Lansing and B. Pyle, "Persistent Overoptimism About Economic Growth," *Federal Reserve Bank of San Francisco Economic Letter*, February 2, 2015.

37 A. Kaletsky, "The Markets and Bernanke's 'Taper Tantrums,'" *Reuters*, September 19,

2013.

38   "BlackRock's Fink Says There Are 'Bubble-Like Markets' Again," October 29, 2013.
     http://www.pionline.com/article/20131029/ONLINE/131029857/blackrocks-fink-says-
     there-are-bubble-like-markets-again.

39   "BlackRock Admits the Fed Is Causing 'Tremendous Distortions,'" *ZeroHedge* (blog),
     August 19, 2013.

40   W. Gross, "Survival of the Fittest?," *Investment Outlook*, Pimco, October 2013.

41   Gross, "Survival of the Fittest?"

42   T. Alloway, "A Marriage of Convenience Comes to an End," *Financial Times*, October
     17, 2014.

43   Ibid.

44   D. Ranasinghe, "Best Performing Currency in September? India's Rupee," *CNBC*,
     October 8, 2013.

45   "Federal Reserve and Other Central Banks Convert Temporary Bilateral Liquidity Swap
     Arrangements to Standing Arrangements," Board of Governors of the Federal Reserve
     System, October 31, 2013.

46   좀 더 자세한 내용은 다음을 참조할 것. P. Mehrling, "Elasticity and Discipline in the
     Global Swap Network," *International Journal of Political Economy* 44.4 (2015), 311–
     324.

47   T. Nakamichi, "Japan to Double Indonesia, Philippines Swap Lines," *Wall Street
     Journal*, December 6, 2013.

48   "Fed Officials Rebuff Coordination Calls as QE Taper Looms," *Livemint*, August 26,
     2013.

49   E. Macaskill and G. Dance, "The NSA Files," *Guardian*, November 1, 2013.

21장 "X같은 유럽연합": 우크라이나 위기

1   S. G. Brooks, G. J. Ikenberry and W. C. Wohlforth, "Don't Come Home, America:
     The Case Against Retrenchment," *International Security* 37, no. 3 (Winter 2012–2013),
     7–51; and S. M. Walt, "More or Less: The Debate on US Grand Strategy," *Foreign
     Policy*, January 2, 2013.

2   M. Landler, *Alter Egos: Hillary Clinton, Barack Obama, and the Twilight Struggle over
     American Power* (New York: Random House, 2016); and K. Campbell, *The Pivot: The
     Future of American Statecraft in Asia* (New York: Twelve, 2016).

3   G. Resnick, "Inside the New Hillary Clinton Emails: All the Secretary's Yes Men," *Daily
     Beast*, September 1, 2015.

4   G. J. Ikenberry, "The Illusion of Geopolitics," *Foreign Affairs* (May/June 2014).

5   "Political Staple," *Economist*, December 2, 2013. For the background of strategic
     competition in East Asia see the valuable overview by G. Rachman, *Easternization:
     Asia's Rise and America's Decline* (New York: Other Press, 2016).

6   J. Xi, "Gut für China, Europa und die Welt," *Frankfurter Allgemeine*, March 28, 2014.

7   S. Farrell, "City of London Boosted by China Currency Trading Move," *Guardian*, June
     18, 2014.

8   N. Watt, P. Lewis and T. Branigan, "US Anger at Britain Joining Chinese-Led

Investment Bank AIIB," *Guardian*, March 12, 2015.

9   G. Rachman, "China's Money Magnet Pulls in US Allies," *Financial Times*, March 16, 2015.

10   G. Dyer and G. Parker, "US Attacks UK's 'Constant Accommodation' with China," *Financial Times*, March 12, 2015.

11   Ibid.

12   G. Parker, A.-S. Chassany and G. Dyer, "Europeans Defy US to Join China-Led Development Bank," *Financial Times*, March 16, 2015.

13   A. Stent, *The Limits of Partnership: U.S.-Russian Relations in the Twenty-First Century* (Princeton, NJ: Princeton University Press, 2014).

14   A. Clark, "Dmitry Medvedev Picks Silicon Valley's Brains," *Guardian*, June 23, 2010.

15   T. Kaplan, "Russia Blocks Yogurt Bound for US Athletes," *New York Times*, February 5, 2014.

16   R. Korteweg, "Mogherini's Mission: Four Steps to Make EU Foreign Policy More Strategic," Centre for European Reform, January 19, 2015.

17   *Spiegel* staff, "How the EU Lost Russia over Ukraine: Four Thousand Deaths and an Eastern Ukraine Gripped by War," *Der Spiegel*, November 24, 2014.

18   A. Aslund, "Ukraine's Choice: European Association Agreement or Eurasian Union?," *Policy Brief* (2013), 13–26.

19   R. Sakwa, *Frontline Ukraine: Crisis in the Borderlands* (New York: I. B. Tauris, 2015), 76

20   Ibid.

21   R. Youngs, *Europe's Eastern Crisis: The Geopolitics of Asymmetry* (Cambridge: Cambridge University Press, 2017), 54.

22   "How the EU Lost Russia over Ukraine"; and "The Eu-Ukraine Association Agreement and Deep and Comprehensive Free Trade Area: What's It All About?," http://eeas.europa.eu/archives/delegations/ukraine/documents/virtual_library/vademecum_en.pdf.

23   Aslund, "Ukraine's Choice."

24   "'We Want to See the Euro Zone Flourish,'" *Der Spiegel*, May 16, 2012; and K. Gebert and U. Guerot, "Why Poland Is the New France for Germany," *European Council on Foreign Relations*, October 19, 2012.

25   K. Gebert, "Reinventing Europe: Poland and the Euro Crisis," European Council on Foreign Relations, February 7, 2012.

26   Kudrna and Gabor, "The Return of Political Risk."

27   S. Lambert, "The Orban Government and Public Debt," *The Orange Files: Notes on Illiberal Democracy in Hungary*, https://theorangefiles.hu/the-orban-government-and-public-debt/.

28   "Hungary's Orban Wants Deal with IMF, Cbank Cuts Rates," *Reuters*, April 26, 2010.

29   J. Johnson and A. Barnes, "Financial Nationalism and Its International Enablers: The Hungarian Experience," *Review of International Political Economy* 22 (2014): 535–569.

30   A. Deak, "The Putin-Orban Nuclear Deal: A Short Assessment," *Green Political Foundation*, January 27, 2014.

31 O. Sushko, "A Fork in the Road? Ukraine Between EU Association and the Eurasian Customs Union," *PONARS Eurasia*, September 2013.

32 "How the EU Lost Russia over Ukraine."

33 A. Wilson, *Ukraine Crisis: What It Means for the West* (New Haven, CT: Yale University Press, 2014).

34 B. Steil, "Taper Trouble," *Foreign Affairs* (July/August 2014).

35 Wilson, *Ukraine Crisis*, 16.

36 I. Traynor and O. Grytsenko, "Ukraine Aligns with Moscow as EU Summit Fails," *Guardian*, November 28, 2013.

37 E. Piper, "Special Report: Why Ukraine Spurned the Eu and Embraced Russia," *Reuters*, December 19, 2013.

38 "How the EU Lost Russia over Ukraine."

39 "Press Release: Statement by IMF Mission to Ukraine" (IMF press release no. 13/419, October 31, 2013), https://www.imf.org/en/News/Articles/2015/09/14/01/49/pr13419.

40 Wilson, *Ukraine Crisis*, 64–65.

41 Piper, "Special Report: Why Ukraine Spurned the Eu and Embraced Russia."

42 D. M. Herszenhorn, "Ukraine Blames IMF for Halt to Agreements with Europe," *New York Times*, November 22, 2013; and A. Evans-Pritchard, "Historic Defeat for EU as Ukraine Returns to Kremlin Control," *Telegraph*, November 22, 2013.

43 "Merkel Still Open to Ukraine Cooperation," *Der Spiegel*, November 28, 2013.

44 "Poll: Ukrainian Public Split over EU, Customs Union Options," *Kyiv Post*, November 26, 2013.

45 "Ukraine Crisis: Transcript of Leaked Nuland-Pyatt Call," *BBC*, February 7, 2014.

46 A. Higgins and A. E. Kramer, "Ukraine Leader Was Defeated Even Before He Was Ousted," *New York Times*, January 3, 2015.

47 Plans were first drawn up after the war in Georgia in 2008: Wilson, *Ukraine Crisis*, 108.

48 D. Chollet, *The Long Game: How Obama Defied Washington and Redefined America's Role in the World* (New York: Hachette, 2016).

49 K. Rogov, "What Will Be the Consequences of the Russian Currency Crisis?," European Council on Foreign Relations, December 23, 2014.

50 A. Evans-Pritchard, "US Hits Russia's Oil Kingpin Igor Sechin with First Energy Sanctions," *Telegraph*, April 28, 2014.

51 Wilson, *Ukraine Crisis*, 202.

52 M. Feldenkirchen, C. Hoffmann and R. Pfister, "Will It Be America or Russia?," *Der Spiegel*, July 10, 2014.

53 13-26, "Deutsche trauen den USA nicht mehr," July 18, 2014, https://www.tagesschau.de/inland/deutschlandtrend-116.html.

54 I. Traynor et al., "Ukraine Crisis: US-Europe Rifts Surfacing as Putin Tightens Crimea Grip," *Guardian*, March 4, 2014.

55 A. Yukhananov, "Ukraine Could Borrow More If IMF Reforms Passed-US," *Reuters*, March 4, 2014.

56 Y. Kwon, "The IMF, Ukraine, and the Asian Financial Crisis Hangover," *Diplomat*,

March 17, 2014.

57 S. Schadler, "Ukraine: Stress at the IMF," CIGI policy brief no. 49, October 2014.

58 D. Tolksdorf, "The European Union to Ukraine's Rescue," *Politique Etrangere* 3 (2014): 109−119; and S. Erlanger and D. M. Herszenhorn, "IMF Prepares $18 Billion in Loans for Ukraine," *New York Times*, March 27, 2014.

59 A. Yukhananov, "IMF Approves $17 Billion Bailout for Ukraine amid Big Risks," *Reuters*, April 30, 2014.

60 "IMF Survey: Ukraine Unveils Reform Program with IMF Support," IMF, April 30, 2014.

61 P. Shishkin, "US Sanctions over Ukraine Hit Two Russian Banks Hardest," *Wall Street Journal*, March 5, 2015.

62 OSW Report, "The Economic and Financial Crisis in Russia-Background, Symptoms and Prospects for the Future," Centre for Eastern Studies, June 2, 2015.

63 N. Buckley and M. Arnold, "Herman Gref, Sberbank's Modernising Sanctions Survivor," *Financial Times*, January 31, 2016.

64 K. Rogov, "Can Putinomics Survive?" ECFR policy memo, June 5, 2015.

65 Dmitry Zhdannikov and Alex Lawler, "Saudi Oil Policy Uncertainty Unleashes the Conspiracy Theorists," November 18, 2014, https://www.reuters.com/article/opec/refile-saudi-oil-policy-uncertainty-unleashes-the-conspiracy-theoristsidUSL6N0T73VG20141118.

66 M. Mazzetti, E. Schmitt and D. D. Kirkpatrick, "Saudi Oil Is Seen as Lever to Pry Russian Support from Syria's Assad," *New York Times*, February 3, 2015.

67 Rogov, "Can Putinomics Survive?"

68 Courtney Weaver and Jack Farchy, "Russian Economy: An Asset to the State," *Financial Times*, June 15, 2015.

69 A. Mercouris, "Sberbank CEO Confirms Russia Came Under Financial Attack in December-Was US Involved?," *Russia Insider*, May 29, 2015.

70 Buckley and Arnold, "Herman Gref, Sberbank's Modernising Sanctions Survivor."

71 OSW Report, "The Economic and Financial Crisis in Russia-Background, Symptoms and Prospects for the Future."

72 A. E. Kramer, "S& P Cuts Russian Debt One Notch to Junk Level," *New York Times*, January 26, 2015.

73 Rogov, "Can Putinomics Survive?"

74 2008년과 2014의 러시아 국내 전쟁 준비 분위기 사이의 연관성에 대해서는 다음을 참조할 것. K. Gaaze, "The Accidental Formation of Russia's War Coalition," Carnegie Moscow Center, June 22, 2017, http://carnegie.ru/commentary/71340.

75 M. Birnbaum, "Putin's Approval Ratings Hit 89 Percent, the Highest They've Ever Been," *Washington Post*, June 24, 2015.

76 A. Stepanyan, A. Roitman, G. Minasyan, D. Ostojic and N. Epstein, "The Spillover Effects of Russia's Economic Slowdown on Neighboring Countries," IMF, 2015.

77 M. Dabrowski, "Currency Crises in Post-Soviet Economies-A Never Ending Story?," *Russian Journal of Economics* 2 (2016), 302−326; and M. Dabrowski, "It's Not Just Russia: Currency Crises in the Commonwealth of Independent States," *Bruegel*, February 2015.

78 "Contagion," *Economist*, January 15, 2015.

79 D. Trilling, "Remittances to Central Asia Fall Sharply, as Expected," *Eurasia Net*, April 21, 2015.

80 S. Schadler, "Ukraine and the IMF's Evolving Debt Crisis Narrative," CIGI policy brief no. 68, November 2015.

81 R. Olearchyk, " War-Torn Ukraine's Currency Collapses," *Financial Times*, February 5, 2015; and L. Kinstler, "Ukraine Is Heading for a Total Economic Collapse," *Quartz*, February 12, 2015.

82 "Tinkering Around the Edges," *Economist*, August 29, 2015.

83 A. Gabuev, "A 'Soft Alliance'? Russia-China Relations After the Ukraine Crisis," ECFR policy brief, 2015.

84 I. Koch-Weser and C. Murray, "The China-Russia Gas Deal: Background and Implications for the Broader Relationship," US-China Economic and Security Review Commission Staff Research Backgrounder, June 9, 2014.

85 "America's Seven-Decade History as Asia's Indispensable Power," *Economist*, April 20, 2017.

86 M. Sieff, "Why Is the US Failing to Honor Russia's Victory Day Anniversary?," *Nation*, May 7, 2015.

22장 #쿠데타발생

1 "Russia's Friends in Black," *Economist*, April 19, 2014; and B.-H. Lévy and G. Soros, "Save the New Ukraine," *New York Times*, January 27, 2015.

2 N. Véron, "Tectonic Shifts," IMF, *Finance & Development*, March 2014; and A. Posen and N. Véron, "Europe's Half a Banking Union," Bruegel, *Europe's World* 15, September 2014.

3 H. Thompson, "The Crisis of the Euro: The Problem of German Power Revisited," SPERI paper 8 (2013).

4 "The Merkel Plan," *Economist*, June 15, 2013.

5 "Germany's Current Account and Global Adjustment," *General Theorist*, July 6, 2017.

6 U. Jun, "Der elektorale Verlierer der Regierung Merkel II: Gründe für den Absturz der FDP," *Politik im Schatten der Krise* (Wiesbaden: Springer Fachmedien, 2015), 113–135.

7 D. Bebnowski, *Die Alternative fur Deutschland: Aufstieg und gesellschaftliche Reprasentanz einer rechten populistischen Partei* (Wiesbaden: Springer Fachmedien, 2015).

8 "Schäuble: Die Schwarze Null ist kein Selbstzweck," *FAZ*, September 9, 2014.

9 "Europe's Deflation Risk," OECD Observer, October 2014.

10 T. Winkelmann, "Infrastrukturpolitik im Zeitalter von Austerität," *Austeritat als gesellschaftliches Projekt*, R. Sturm, T. Griebel and T. Winkelmann (eds.) (Wiesbaden: Springer Fachmedien, 2017), 155–179.

11 N. Kwasniewski, "ECB Rate Drop Shows Draghi's Resolve," *Der Spiegel*, November 8, 2013; and A. Evans-Pritchard, "Dam Breaks in Europe as Deflation Fears Wash Over ECB Rhetoric," *Telegraph*, October 10, 2014.

12 "Public Opinion in the European Union," European Commission, December 2014.

13 "Européennes 2014: Comprendre le Vote Des Français," *Ipsos*, May 25, 2014.

14 J. Pavia, A. Bodoque and J. Martin, "The Birth of a New Party: Podemos, a Hurricane in the Spanish Crisis of Trust," *Open Journal of Social Sciences* 4 (2016): 67–86.

15 A. Higgins, "Populists' Rise in Europe Vote Shakes Leaders," *New York Times*, May 26, 2014; C. Mudde, " Jean-Claude Juncker and the Populist Zeitgeist in European Politics," *Washington Post*, December 30, 2014; and T. Barber, "European Democracy Must Keep Rightwing Populism at Bay," *Financial Times*, September 16, 2014.

16 F. Wesslau, "Putin's Friends in Europe," European Council on Foreign Relations, October 19, 2016.

17 J. Goldberg, "Is It Time for the Jews to Leave Europe?," *Atlantic*, April 2015.

18 Eurostat, "At-Risk-of Poverty Rate Anchored at a Fixed Moment in Time (2008), 2014 and 2015," http://ec.europa.eu/eurostat/statistics-explained/index.php/File:At-risk-of_poverty_rate_anchored_at_a_fixed_moment_in_time_ (2008),_2014_and_2015_ (%25).png.

19 "Society at a Glance 2014 Highlights: Greece The Crisis and Its Aftermath," OECD, March 2014.

20 H. Smith, "Young, Gifted and Greek: Generation G-the World's Biggest Brain Drain," *Guardian*, January 19, 2015.

21 V. Petsinis, "Syriza and ANEL: A Match Made in Greece," *OpenDemocracy*, January 25, 2017.

22 Y. Varoufakis, *Adults in the Room: My Battle with Europe's Deep Establishment* (New York: Vintage, 2017).

23 S. Kornelius, "Six Things You Didn't Know About Angela Merkel," *Guardian*, September 10, 2013.

24 "The Plan for Italy," *Economist*, November 13, 2014.

25 "Yiannis Stournaras: A Brief Bio of the New Finance Chief," *Ekathimerini*, June 26, 2012.

26 P. Mason, "The Inside Story of Syriza's Struggle to Save Greece," *Nation*, December 18, 2015; and Tyler Durden, "Greece Suffers Biggest Bank Run in History: January Deposits Plunge to 2005 Levels," *ZeroHedge* (blog), February 26, 2015.

27 S. Nixon, "ECB's Draghi Takes a Gamble on QE-lite," *Wall Street Journal*, September 7, 2014.

28 "Opinion of Advocate General Cruz Cillalon," January 14, 2015, http://curia.europa.eu/juris/document/document.jsf;jsessionid=9ea7d0f130ded7290bd15b9341dcab778007656336d9.e34KaxiLc3eQc40LaxqMbN4ObhiRe0?text=&docid=161370&pageIndex=0&doclang=en&mode=req&dir=&occ=first&part=1&cid=205645.

29 "ECB Announces Expanded Asset Purchase Programme," European Central Bank, January 22, 2015.

30 기본적인 개념은 2012년에 이미 나와 있었다. Y. Varoufakis, "An Emergency Program for Greece," *Yanis Varoufakis: Thoughts for the Post-2008 World* (blog), November 5, 2012, https://www.yanisvaroufakis.eu/2012/11/05/an-emergency-program-for-greece/.

31 A. Higgins, "Greece Steps Back into Line with European Union Policy on Russia Sanctions," *New York Times*, January 29, 2015.

32 Varoufakis, *Adults*, 237.

33 A. Evans-Pritchard, "Europe's Manhandling of Greece Is a Strategic Gift to Russia's Vladimir Putin," *Telegraph*, April 8, 2015.

34 Varoufakis, *Adults*, 274.

35 Ibid., 185−187.

36 Blustein, *Laid Low*, 384.

37 IMF는 그리스 제약 분야에 특별한 선입견이 있었다. IMF Country Report 14/151 (June 2014).

38 M. Walker and G. Steinhauser, "Germany's Merkel Intervenes in Greek Rift with Creditors," *Wall Street Journal*, March 19, 2015.

39 "Barack Obama Signals Support for Greece's Call to Loosen Austerity Programme," *Telegraph*, February 2, 2015.

40 C. Giles et al., "IMF Knocks Greek Debt Rescheduling Hopes," *Financial Times*, April 16, 2015.

41 S. Nixon, "Can US Bring an End to Greek Drama?," *Wall Street Journal*, May 31, 2015; and I. Talley and G. Steinhauser, "IMF Official Sees Greek Bailout Needing Several More Weeks of Talks," *Wall Street Journal*, April 17, 2015.

42 ThePressProject, "Clinton Emails Give Away Schäuble Plans in 2012-Exclusive Commentary by Varoufakis," https://www.thepressproject.gr/article/91399/Clinton-Emails-Give-Away-Schauble-Plans-in-2012--Exclusive-Commentary-by-Varoufakis.

43 S. Meunier, "A Tale of Two Ports: The Epic Story of Chinese Direct Investment in the Greek Port of Piraeus," Council for European Studies, December 14, 2015.

44 Varoufakis, *Adults*, 321.

45 S. Jones, K. Hope and C. Weaver, "Alarm Bells Ring over Syriza's Russian Links," *Financial Times*, January 28, 2015.

46 Varoufakis, *Adults*, 348.

47 M. Gilbert, "Bond Markets Bet on Grexit," *Bloomberg*, March 20, 2015, http://www.greekcrisis.net/2015/03/bond-markets-bet-on-grexit.html.

48 J. Cox, "Greek Government Bonds Plunge," *Wall Street Journal*, April 16, 2015; and C. Giles, S. Fleming and P. Spiegel, "Christine Lagarde Dashes Greek Hopes on Loan Respite," *Financial Times*, April 16, 2015.

49 S. Fleming and C. Giles, "Draghi Says Eurozone Has Tools to Deal with Greece Crisis," *Financial Times*, April 18, 2015.

50 P. Spiegel and K. Hope, "Frustrated Officials Want Greek Premier to Ditch Syriza Far Left," *Financial Times*, April 5, 2015.

51 Ibid.

52 "One Economist Just Delivered a Scathing Indictment of the New Greek Government," *Bloomberg*, April 1, 2015, http://www.greekcrisis.net/2015/04/one-economist-just-delivered-scathing.html.

53 T. Barber, "Don't Bank on Tsipras Dumping Syriza's Leftwing Diehards," *Financial Times*, April 14, 2015.

54 S. Wagstyl, P. Spiegel and C. Jones, "Greek Bailout Monitors Hold Emergency Summit," *Financial Times*, June 1, 2015.

55 M. Walker, "Greece's Creditors Draft Final Offer for Bailout Aid in Bid to Break Stalemate," *Wall Street Journal*, June 2, 2015.

56 Y. Palaiologos, "Running Out of Options on a Deal with Greece," *Wall Street Journal*, June 4, 2015.

57 W. Munchau, "Greece Has Nothing to Lose by Saying No to Creditors," *Financial Times*, June 14, 2015.

58 P. Spiegel and K. Hope, "Greece Central Ban Warns of 'Painful' EU Exit If No Deal Reached," *Financial Times*, June 17, 2015.

59 P. Mason, "The Inside Story of Syriza's Struggle to Save Greece," *Nation*, December 18, 2015.

60 K. Hope, "Knives Out for Tsipras as Syriza Hardliners Threaten Mutiny," *Financial Times*, June 23, 2015.

61 "Sorry, No Extensions," *Economist*, April 16, 2015; and G. Steinhauser and M. Dalton, "Germany Signals It's Open to a Greek Referendum on Bailout Program," *Wall Street Journal*, May 11, 2015.

62 P. Spiegel, S. Wagstyl and H. Foy, "Tsipras Announces Referendum on Creditors' Bailout Demands," *Financial Times*, June 27, 2015.

63 See more at P. Mason, "Greece Referendum: Did The Euro Just Die at 4pm?" *Channel4*, June 28, 2015.

64 R. Christie, C. Ruhe and J. Stearns, "Euro Area Pushes Greece to Open Books as Talks Resume," *Bloomberg*, March 9, 2015.

65 M. Gilbert, "Greece's True Deadline May Be May 29," *Bloomberg*, May 19, 2015.

66 J. Black, K. S. Navarra and N. Chrysoloras, "ECB Said to Reject Supervisory Move on Greek Banks," *Bloomberg*, March 19, 2015.

67 Blustein, *Laid Low*, 429.

68 O. Blanchard, "Greece: A Credible Deal Will Require Difficult Decisions by All Sides," *IMFBlog*, June 14, 2015.

69 P. Mason, "Greece Crisis: A Failure of Economics in the Face of Politics," *Channel4*, July 3, 2015, https://www.channel4.com/news/by/paul-mason/blogs/greece-crisis-failure-economics-face-politics.

70 P. Taylor, "Exclusive: Europeans Tried to Block IMF Debt Report on Greece: Sources," *Reuters*, July 3, 2015.

71 H. Mahoney, "The EU Parliament's Big, Fat Greek Moment," *EUObserver*, July 10, 2015; and "Greece: MEPs Debate the Country's Situation with Prime Minister Tsipras," *Europarl*, July 8, 2015.

72 "Schäuble's Push for Grexit Puts Merkel on Defensive," *Der Spiegel*, July 17, 2015.

73 G. Davet and F. Lhomme, *Un president ne devrait pas dire ca* (Paris: Stock, 2016).

74 A.-S. Chassany, A. Barker and D. Robinson, "Greece Talks: 'Sorry, But There Is No Way You Are Leaving This Room,'" *Financial Times*, July 13, 2015.

75 "Europe's Religious War Failure and Its Consequences," *Economist*, August 26, 2015.

76 Chassany, Barker and Robinson, "Greece Talks."

77 A. Kassam, "#ThisIsACoup: How a Hashtag Born in Barcelona Spread Across the Globe," *Guardian*, July 13, 2015; and W. Ahmed, "Amplified Messages: How Hashtag

Activism and Twitter Diplomacy Converged at # ThisIsACoup-and Won," *Democratic Audit UK*, January 14, 2016.

78 K. Hope and T . Barber, "Syriza's Covert Plot During Crisis Talks to Return to Drachma," *Financial Times*, July 24, 2015.

79 P. Spiegel, "Donald Tusk Interview: The Annotated Transcript," *Financial Times*, July 16, 2015.

80 P. Oltermann, "Merkel 'Gambling Away' Germany's Reputation over Greece, says Haberman," *Guardian*, July 16, 2015.

81 S. Wagstyl and C. Jones, "Germany Blames Mario Draghi for Rise of Rightwing AfD Party," *Financial Times*, April 10, 2016.

82 M. Matthijs and M. Blyth, "When Is It Rational to Learn the Wrong Lessons? Technocratic Authority, Social Learning, and Euro Fragility," *Perspectives on Politics* (2017), 1–17.

83 L. Orriols and G. Cordero, "The Breakdown of the Spanish Two-Party System: The Upsurge of Podemos and Ciudadanos in the 2015 General Election," *South European Society and Politics* 4 (2016), 469–492.

84 D. Finn, " Luso-Anomalies," and C. Martins, "The Portuguese Experiment," both in *New Left Review* 106 (July-August 2017).

85 A. Evans-Pritchard, "Eurozone Crosses Rubicon as Portugal's Anti-Euro Left Banned from Power," *Telegraph*, October 23, 2015.

86 "DBRS Confirms Portugal's BBB (Low) Rating, Stable Trend," *Reuters*, November 13, 2015.

87 "Eurozone Crosses Rubicon."

88 J. Henley, "Portugal Faces Political Crisis as Leftists Vow to Topple New Government," *Guardian*, October 26, 2015.

89 A. Khalip and A. Bugge, "Socialist Costa to head Portuguese Government with Uneasy Far-Left Backing," *Reuters*, November 24, 2015.

90 Katharine Dommett, "The Theory and Practice of Party Modernisation: The Conservative Party Under David Cameron, 2005–2015," *British Politics* 10.2 (2015), 249–266.

91 M. A. Orenstein, "Paranoid in Poland," *Foreign Affairs* (September 2017).

23장 공포 프로젝트

1 G. Morgan, "Supporting the City: Economic Patriotism in Financial Markets," *Journal of European Public Policy* 19, no. 3 (2012), 373–387.

2 C. Berry and C. Hay, "The Great British 'Rebalancing' Act: The Construction and Implementation of an Economic Imperative for Exceptional Times," *British Journal of Politics and International Relations* 18, no. 1 (2016), 3–25.

3 https://www.youtube.com/watch?v=jS4ytmMDQME.

4 H. Jones, "London Stung by US Attack on Bank Regulation Record," *Reuters*, June 20, 2012.

5 "Deutsche Bank Capital Concerns in US Far from Over, According to UNITE HERE Report," *Business Wire*, September 5, 2012, https://www.businesswire.com/news/

home/20120905005476/en/Deutsche-Bank-capital-concerns-UNITE-Report; T. Braithwaite and S. Nasiripour, "Deutsche Bank Avoids US Capital Rules," *Financial Times*, March 21, 2012; and "Balkanised Banking: The Great Unravelling," *Economist* 20, no. 4 (2013).

6   J. Gapper, "Europe Needs Deutsche Bank as Its Champion," *Financial Times*, April 22, 2015.

7   R. Florida, "According to at Least One Index, New York Has Overtaken London as the World's Leading Financial Center," *City Lab*, March 20, 2014.

8   J. Green, " The offshore city, Chinese finance and British capitalism," *The British Journal of Finance and International Relations*, October 2017.

9   G. Osborne, "Britain Issues Western World's First Sovereign RMB Bond, Largest Ever RMB Bond by Non-Chinese Issuer," HM Treasury, Gov.UK, October 14, 2014.

10   N. Watt and R. Mason, "David Cameron Calls for New EU-China Free Trade Agreement," *Guardian*, December 2, 2013.

11   "Why We Need to Question the Influence of the City on UK Plc," *The Conversation*, April 20, 2015.

12   G. Archer, "Local Elections: The Capital Fails to See the Heartache and Pain Beyond," *Telegraph*, May 23, 2014.

13   S. Hinde, "Brexit and the Media," *Hermes, La Revue* 77 (2017): 80–86.

14   P. Whyte, "Britain, Europe and the City of London: Can the Triangle Be Managed?," Centre for European Reform, July 2012.

15   H. Clarke, M. Goodwin and P. Whiteley, *Brexit: Why Britain Voted to Leave the European Union* (Cambridge: Cambridge University Press, 2017), 61–85.

16   H. Thompson, "Competing Political Logics: The Political Intractability of London and the EU" (ND), available from http://speri.dept.shef.ac.uk/wp-content/uploads/2016/04/Thompson_DraftPaper_Workshop.pdf; also see the essential inside view of I. Rogers, "The Inside Story of How David Cameron Drove Britain to Brexit," *Prospect* 25, November 2017.

17   H. Thompson, "How the City of London Lost at Brexit: A Historical Perspective," *Economy and Society* 46, no. 2 (2017): 211–228.

18   *Spiegel* reaction: "The Failure of a Forced Marriage," *Der Spiegel*, December 10, 2011.

19   A. Gamble, "Better Off Out? Britain and Europe," *Political Quarterly* 83, no. 3 (2012): 468–477.

20   N. Copsey and T. Haughton, "Farewell Britannia? 'Issue Capture' and the Politics of David Cameron's 2013 EU Referendum Pledge," *Journal of Common Market Studies* 52 (2014), 74–89.

21   "Could the Netherlands Provide the Beginnings of a Coalition for EU Reform?," *Open Europe* 11 (January 2013); R. Korteweg, "Will the Dutch Help Cameron to Reform the EU?," *CER Bulletin* 91 (August/September 2013); and R. Korteweg, "Why Cameron's Timing on EU Reform Is Off," CER, March 26, 2014.

22   J. Springford and S. Tilford, "Why the Push to Install Juncker Is So Damaging," CER, June 23, 2014.

23   A. Möller, "The British-German Misunderstanding," ECFR, November 4, 2015.

24 C. Grant, "A Five-Point Plan for Cameron to Win an EU Referendum," CER, May 8, 2015.

25 T. McTague, A. Spence and E.-I. Dovere, "How David Cameron Blew It," *Politico*, June 25, 2016.

26 G. Van Orden, "Britain's Departure from 'Ever Closer Union' Is of Great Significance," http://blogs.lse.ac.uk/brexit/2016/04/28/britians-departure-from-ever-closer-union-is-of-great-significance/.

27 J. Springford and S. Tilford, "The Great British Trade-off: The Impact of Leaving the EU on the UK's Trade and Investment," CER, January 2014.

28 A. Spence, "David Cameron Unleashes 'Project Fear,'" *Politico*, February 26, 2016.

29 N. Vinocur, "Jim Messina to Advise David Cameron's EU Referendum Campaign," *Politico*, February 24, 2016.

30 S. Swinford and B. Riley-Smith, "Military Leaders to Warn Against a Brexit," *Telegraph*, February 21, 2016.

31 V. Chadwick, "David Cameron to Nigel Farage: No 'Neverendums,'" *Politico*, May 17, 2016.

32 L. Fedor, "EU Referendum: City of London Corporation Signs Off on Campaigning for the UK to Remain in the EU," *City A.M.*, March 3, 2016.

33 F. Guerrera and T. McTague, "City May Be Gagged in Brexit Vote," *Politico*, April 17, 2016.

34 "Breathe Easy Brussels, UK Will Stay in EU," *Politico*, May 4, 2016.

35 A. Mody, "EU Referendum: Why the Economic Consensus on Brexit Is Flawed," *Independent*, May 31, 2016; and K. Allen and A. Asthana, "IMF Says Brexit Would Cause 'Global Damage,'" *Politico*, April 12, 2016

36 A. Asthana, "Brexit Would Pose 'Serious Risk' to Global Growth, Say G7 Leaders," *Guardian*, March 27, 2016.

37 T. McTague, "11 Things You Need to Know About George Osborne's Brexit Warning," *Politico*, April 18, 2016; and T. McTague, "George Osborne: Brexit Would Leave UK 'Permanently Poorer,'" *Politico*, April 18, 2016.

38 "Remain Campaign 'Not Conspiracy, but Consensus,' says George Osborne," *Daily Mail*, May 16, 2016.

39 M. Arnold, "UK Banks Back Staying in EU but Remain Reluctant to Speak Out," *Financial Times*, March 24, 2016.

40 W. Watts, "'Financial Contagion' Biggest Risk to US from Brexit: Goldman," *MarketWatch*, June 29, 2016.

41 J. Treanor, "JPMorgan Backs Campaign to Keep Britain in the EU," *Guardian*, January 21, 2016.

42 S. Farrell, "JP Morgan Boss: Up to 4,000 Jobs Could Be Cut After Brexit," *Guardian*, June 3, 2016.

43 T. McTague, "Boris Johnson Slaps Down 'Part-Kenyan' Barack Obama over Brexit Push," *Politico*, April 22, 2016.

44 T. McTague, "9 Takeaways from Barack Obama's Brexit Intervention," *Politico*, April 22, 2016; and B. Gurciullo, "Obama to the British People: Just Say No to Brexit,"

Politico, April 22, 2016.

45   S. Watkins, "Oppositions," *New Left Review* 98 (2016).

46   T. McTague, A. Spence and E.-I. Dovere, "How David Cameron Blew It," *Politico*, June 25, 2016.

47   S. Chan, "Boris Johnson's Essay on Obama and Churchill Touches Nerve Online," *New York Times*, April 22, 2016.

48   McTague, Spence and Dovere, "How David Cameron Blew It."

49   G. Younge, "Brexit: A Disaster Decades in the Making," *Guardian*, June 30, 2016.

50   "Breathe Easy Brussels, UK Will Stay in EU."

51   S. Becker, T. Fetzer and D. Novy, "Who Voted for Brexit? A Comprehensive District-Level Analysis" (CESifo Working Paper 6438, April 24, 2017).

52   E. Kaufmann, "It's NOT the Economy, Stupid: Brexit as a Story of Personal Values," *LSE European Politics and Policy* (blog), July 9, 2016.

53   L. Elliott, "Brexit Is a Rejection of Globalization," *Guardian*, June 26, 2016; J. Tankersely, "Britain Just Killed Globalization as We Know It," *Washington Post*, June 25, 2016; *Deutsche Welle*, " Brexit-the End of Globalization?," June 30, 2016, http://www.dw.com/en/brexit-the-end-of-globalization/a-19369680; T. Guénolé, "La victoire du Brexit est un vote contre la mondialisation," *Figaro*, June 24, 2016.

54   "Theresa May's Brexit Speech in Full: Prime Minister Outlines Her 12 Objectives for Negotiations," *Independent*, January 17, 2017.

55   R. Blitz and L. Lewis, "Pound Tumbles to 30-Year Low as Britain Votes Brexit," *Financial Times*, June 24, 2016.

56   H. Lash and E. Krudy, "World Stocks Tumble as Britain Votes for EU Exit," *Reuters*, June 23, 2016.

57   Blitz and Lewis, "Pound Tumbles to 30-Year Low."

58   M. Carney, "Uncertainty, the Economy and Policy," Bank of England, June 30, 2016.

59   A. Mody, "Stop Being So Gloomy About Brexit," *Bloomberg*, July 13, 2016.

60   L. Meakin, "Carney's Stimulus Questioned as BoE Faces Pro-Brexit Lawmakers," *Bloomberg*, September 5, 2016.

61   C. Giles, "Brexit Experts, Confess to Your Errors and Carry On," *Financial Times*, January 4, 2017.

62   M. Hall, "WRONG! And WRONG Again-The Utterly Useless 'Forecasters' We Should Stop Listening To," *Express*, October 28, 2016.

63   A. Posen, "Dangers of Following the Path to an Offshore Britain," *Financial Times*, June 21, 2016.

64   W. Davies, "Home Office Rules," *London Review of Books* 38, no. 21 (2016), 3–6.

65   A. Mody, "Don't Believe What You've Read: The Plummeting Pound Sterling Is Good News for Britain," *Independent*, October 10, 2016.

66   "Brexit and the Pound" (speech given by Ben Broadbent, deputy governor of Monetary Policy, Imperial College, London, March 23, 2017).

67   R. Skidelsky, "Why Sterling's Collapse Is Not Good for the UK Economy," *Guardian*, October 21, 2016.

68   J. Kirkup, "Fiona Hill and Nick Timothy: The Story Being Told About Theresa May's

Top Advisers Is Inaccurate and Unfair," *Telegraph*, June 10, 2017.

69 M. Bearak, "Theresa May Criticized the Term 'Citizen of the World.' But Half the World Identifies," *Washington Post*, October 5, 2016.

70 J. Pickard and K. Allen, "Theresa May Sets Out Post-Brexit for a Fairer Britain," *Financial Times*, October 5, 2016.

71 "Theresa May Brexit Speech: Economic Experts React," *Independent*, January 17, 2017.

72 P. Campbell, "Nissan Boss 'Confident' After Downing Street Talks," *Financial Times*, October 14, 2016.

73 P. Jenkins and J. Ford, "City of London Lobby Group Wants 'No Change' Brexit Deal," *Financial Times*, November 7, 2016.

74 H. Sants, M. Austen, L. Naylor, P. Hunt and D. Kelly, "The Impact of the UK's Exit from the EU on the UK-Based Financial Services Sector," Oliver Wyman, 2016.

75 "Goldman Sachs' Chief Takes Theresa May to Task over Brexit," *Irish Times*, January 29, 2017.

76 J. Ford, "City of London Lobbying Group Drops Demand for EU 'Passports,'" *Financial Times*, January 11, 2017.

77 M. Savage, "Germany Industry Warns UK Not to Expect Help in Brexit Negotiations," *Guardian*, July 9, 2017.

78 T. Gutschker, "The Disastrous Brexit Dinner," *Frankfurter Allgemeine Zeitung*, May 3, 2017.

79 G. Parker, J. Ford and A. Barker, "Is Theresa May's Brexit Plan B an Elaborate Bluff?," *Financial Times*, January 19, 2017.

80 A. Withnall, "UK Could Become 'Tax Haven' of Europe If It Is Shut Out of Single Market After Brexit, Chancellor Suggests," *Independent*, January 15, 2017.

81 "Professor Mario Draghi Joins Goldman Sachs," Goldman Sachs Press Release, 2002, http://www.goldmansachs.com/media-relations/press-releases/archived/2002/2002-01-28.html.

82 A. Monaghan, "Juncker Questions Barroso's Decision to Join Goldman Sachs," *Guardian*, September 15, 2016.

83 G. Steinhauser, "'Brexit' Would Be Europe's Lehman Brothers Moment, Finnish Minister Says," *Wall Street Journal*, June 16, 2016.

84 Z. Radionova, "Moody's: Political Contagion Across European Union Is Greatest Brexit Risk," Moody's Investors Service, July 8, 2016.

85 K. Forster, "Brexit Vote Met with Celebrations from Far-Right Groups Across Europe," *Independent*, June 24, 2016.

86 "Moody's: Political Contagion Across EU Is Greatest Brexit Risk, Moody's Says," *Independent*, July 8, 2016.

87 "What If the French Second Round Pits Melenchon Against Le Pen?," *Economist*, April 11, 2017.

88 P. Anderson, "The Center Can Hold," *New Left Review* 105 (May/June 2017).

89 A. Parker, "Donald Trump, in Scotland, Calls 'Brexit' Result 'a Great Thing,'" *New York Times*, June 24, 2016.

24장 트럼프

1 "Full Text: Donald Trump 2016 RNC Draft Speech Transcript," *Politico*, July 21, 2016.

2 D. Diaz, "Ivanka Trump Markets Her Look After RNC Speech," *CNN*, July 22, 2016.

3 K. Reilly, "Read President Obama's Remarks on Donald Trump's Convention Speech," *Time*, July 22, 2016.

4 D. W. Drezner, "My One Contribution to the Autopsies of the 2016 Presidential Election," *Washington Post*, May 2, 2017.

5 이른바 버니 브라더스로 불리는 젊은 백인 남성 계층이 샌더스 연합의 주체였는지에 대한 문제는 선거 이후 좌파들 사이에서 논쟁의 주제가 되었다. T. Cahill, "A New Harvard Study Just Shattered the Biggest Myth About Bernie Supporters," April 19, 2017, http://resistancereport.com/politics/harvard-poll-bernie-supporters/.

6 M. Talbot, "The Populist Prophet," *New Yorker*, October 12, 2015.

7 J. Kasperkevic and G. Wearden, "Federal Reserve Puts Rate Rise on Hold-As It Happens," *Guardian*, September 17, 2015.

8 N. Confessore and S. Craig, "2008 Crisis Deepened the Ties Between Clintons and Goldman Sachs," *New York Times*, September 24, 2016.

9 T. Gabriel, "Hillary Clinton—Bernie Sanders Schism Grows on 'Too Big to Fail' Banks," *New York Times*, April 13, 2016.

10 M. Taibbi, "The Great American Bubble Machine," *Rolling Stone*, April 5, 2010.

11 L. Fang et al., "Excerpts of Hillary Clinton's Paid Speeches to Goldman Sachs Finally Leaked," *The Intercept*, October 7, 2016.

12 P. Lawrence, "A New Report Raises Big Questions About Last Year's DNC Hack," *Nation*, August 9, 2017.

13 H. Levintova, "Hacks, Leaks, and Tweets: Everything We Now Know About the Attack on the 2016 Election," *Mother Jones*, May 30, 2017.

14 G. Miller, E. Nakashima and A. Entous, "Obama's Secret Struggle to Punish Russia for Putin's Election Assault," *Washington Post*, June 23, 2017.

15 T. Dickinson, "Meet the Right-Wing Rebels Who Overthrew John Boehner," *Rolling Stone*, October 6, 2015.

16 Mayer, *Dark Money*.

17 긴박했던 경선 과정에 대한 자세한 내용은 다음을 참조할 것. T. Ferguson and B. I. Page, "The Hinge of Fate? Economic and Social Populism in the 2016 Presidential Election, a Preliminary Exploration," prepared for delivery at the INET Conference, Edinburgh, UK, October 20—23, 2017, https://www.ineteconomics.org/uploads/papers/Ferguson-and-Page-Scotland-Paper-revised-for-Conference.pdf.

18 C. Laderman and B. Simms, *Donald Trump: The Making of a Worldview* (London: Endeavour Pess, 2017).

19 K. W. Capehart, "Hyman Minsky's Interpretation of Donald Trump," *Journal of Post Keynesian Economics* 38.3 (2015): 477—492

20 F. Norris, "Trump Sees Act of God in Recession," *New York Times*, December 4, 2008.

21 Soopermexican, "Trump on TARP and Stimulus Sounds More Like a Crony Capitalist Than a Conservative," *The Right Scoop* (blog), August 15, 2015, http://therightscoop.com/trump-on-tarp-and-stimulus-sounds-more-like-a-crony-capitalist-than-a-

conservative/.

22 Southern constitutionalist, "Trump Has Supported Nearly All of Obama's Economic Policy Agenda," *RedState* (blog), August 27, 2015.

23 J. Green, *Devil's Bargain: Steve Bannon, Donald Trump, and the Storming of the President* (New York: Penguin Press, 2017), 96–103.

24 M. Grunwald, "Trump's Love Affair with Coal," *Politico*, October 15, 2017, https://www.politico.com/magazine/story/2017/10/15/trumps-love-affair-with-coal-215710.

25 Pew Research, "Clinton, Trump Supporters Have Starkly Different Views of a Changing Nation," August 18, 2016, http://www.people-press.org/2016/08/18/5-issues-and-the-2016-campaign/.

26 R. Rubin and N. Timiraos, "Donald Trump Shows GOP's Economic Pillars Are Loosening," *Wall Street Journal*, July 19, 2016.

27 J. Creswell, "Trump and US Chamber of Commerce Pull No Punches on Trade Policy," *New York Times*, July 11, 2016.

28 B. White, "Wall Street Shuns Trump's Cleveland Convention," *Politico*, July 13, 2016.

29 T. Mak, "Major Corporate Sponsors Are Scaling Back Support for GOP Convention," May 6, 2016, https://www.thedailybeast.com/major-corporate-sponsors-are-scaling-back-support-for-gop-convention.

30 H. Paulson, "When It Comes to Trump, a Republican Treasury Secretary Says: Choose Country Over Party," *Washington Post*, June 24, 2016.

31 Ibid.

32 S. Bannon, *Generation Zero* film, https://www.youtube.com/watch?v=bsqu9gh6xhk.

33 D. Johnson, "Trump Nominates Goldman Sachs 'Alligator' Jay Clayton to Run SEC," *TruthOut*, March 29, 2017.

34 A. Greenspan, "Ich bin im falschen Jahrhundert geboren," *Zurcher Tages-Anzeiger*, September 19, 2007.

35 M. Adday, "Alan Greenspan Doesn't Want 'Crazies' to Undermine the U.S.," *Fortune*, September 15, 2016.

36 Editorial, "Who's Greenspan Calling Crazy?," *New York Sun*, September 14, 2016, http://www.nysun.com/editorials/who-is-greenspan-calling-crazy/89716/.

37 "Trump Says US Interest Rates Must Change as Fed Weighs Rate Hike," *Reuters*, September 5, 2016; "Trump Finally Got It Right on the Fed's 'False Economy'-but Will We Listen?," *Guardian*, September 8, 2016; "Donald Trump Says Federal Reserve Chair Janet Yellen 'Should Be Ashamed of Herself,'" *Washington Post*, September 12, 2016.

38 *Esquire* editors, "The Untold Stories of Election Day 2016," *Esquire*, November 5, 2017, http://www.esquire.com/news-politics/a13266971/election-2016-behind-the-scenes/.

39 C. E. Lee and N. Stamouli, "Trump's Win, Brexit Vote Stem from Mishandling of Globalization, Obama Says," *Wall Street Journal*, November 16, 2016.

40 N. Carnes and N. Lupu, "It's Time to Bust the Myth: Most Trump Voters Were Not Working Class," *Washington Post*, June 5, 2017.

41 R. Blendon, L. Casey and J. Benson, "Public Opinion and Trump's Jobs and Trade Policies," *Challenge* 60 (2017), 228–244.

42 A. Guisinger, "Americans' Views of Trade Aren't Just About Economics. They're Also

About Race," *Washington Post*, August 16, 2016.

43 M. Davis, "The Great God Trump and the White Working Class," *Jacobin*, February 7, 2017; and Ferguson and Page, "The Hinge of Fate?"

44 D. Drezner, "My One Contribution to the Autopsies of the 2016 Presidential Election," *Washington Post*, May 2, 2017.

45 M. Crowley, "The Deep State Is Real," *Politico*, September/October 2017; and T. Porter, "Deep State: How a Conspiracy Theory Went from Political Fringe to Mainstream," *Newsweek*, August 2, 2017.

46 J. Winter and E. Groll, "Here's the Memo That Blew Up the NSC," *Foreign Policy*, August 10, 2017.

47 B. Leubsdorf, E. Morath and J. Zumbrun, "Economists Who've Advised Presidents Are No Fans of Donald Trump," *Wall Street Journal*, August 25, 2016.

48 B. Casselman, "Why Trump's Carrier Deal Isn't the Way to Save US Jobs," *FiveThirtyEight* (blog), December 5, 2016, https://fivethirtyeight.com/features/why-trumps-carrier-deal-isnt-the-way-to-save-u-s-jobs/.

49 D. Griswold, "Trump's Carrier 'Success' Signals a Retreat of US Business in Global Markets," *Mad About Trade*, December 2, 2016.

50 S. Liesman, "Optimism on Economy, Stocks Surges Since Trump Election: CNBC Survey," CNBC, December 9, 2016.

51 P. Domm, "How Donald Trump Blew Up the Bond Market and Changed Everyone's View of Interest Rates," CNBC, November 14, 2016.

52 D. Dayen, "Donald Trump Isn't Even Pretending to Oppose Goldman Sachs Anymore," *The Intercept*, March 15, 2017.

53 M. Grunwald, "The Trade Deal We Just Threw Overboard," *Politico Magazine*, March/April 2017.

54 "Brad Delong: The Democrats' Line in the Sand," *Economist's View*, June 30, 2008, http://economistsview.typepad.com/economistsview/2008/06/brad-delong-the.html.

55 "Kentucky Residents Express Dissatisfaction with GOP Efforts to Dismantle Obamacare," *All Things Considered*, NPR, July 18, 2017, https://www.npr.org/2017/07/18/537948591/kentucky-residents-express-dissatisfaction-with-gop-efforts-to-dismantle-obamaca.

56 H. Fingerhut, "Support for 2010 Health Care Law Reaches New High," Pew Research Center, February 23, 2017.

57 R. Savransky, "Poll: Support for ObamaCare Repeal-Only Plan at 13 Percent," *The Hill*, July 19, 2017.

58 R. Berman, "The Republican Majority in Congress Is an Illusion," *Atlantic*, March 31, 2017.

59 M. Sheetz, "Treasury Secretary Mnuchin Extends Measure to Hold Off Debt-Limit Default," CNBC, July 28, 2017.

60 M. Grunwald, "Mick the Knife," *Politico*, September/October 2017.

61 E. D. Kleinbard, "The Debt Ceiling Crisis Is Real," *New York Times*, August 7, 2017.

62 R. Savransky and J. Fabian, "Trump: US 'Needs a Good Shutdown,'" *The Hill*, May 2, 2017, http://thehill.com/homenews/administration/331512-trump-us-needs-a-good-

shutdown.

63 R. Bade, B. Everett and J. Dawsey, "Trump Sides with Democrats in Debt Limit, Funding, Harvey Deal," *Politico*, September 6, 2017. The far bigger disaster in Puerto Rico turned out to be of little concern to Washington.

64 I. Millhiser, "Memo to the *New York Times*: Donald Trump Is a Republican," *Think Progress*, September 11, 2017.

65 M. Yglesias, "The Looming Debt Ceiling Fight, Explained," *Vox*, August 9, 2017.

66 "How the Republican Tax Bill Compares with Previous Reforms," *Economist*, December 9, 2017.

67 A. Rappeport, "Ahead of Vote, Promised Treasury Analysis of Tax Bill Proves Elusive," *New York Times*, November 30, 2017. 조세 감면의 영향에 대한 재무부의 입장을 간단하게 정리해놓은 부분은 다음을 참조할 것. "Analysis of Growth and Revenue Estimates Based on the U.S. Senate Committee on Finance Tax Reform Plan," December 11, 2017, https://www.treasury.gov/press-center/press-releases/Documents/TreasuryGrowthMemo12-11-17.pdf.

68 P. Baker, "Arthur Laffer's Theory on Tax Cuts Comes to Life Once More," *New York Times*, April 25, 2017.

69 A. Simpson and E. Bowles, "A Moment of Truth for Our Country's Financial Future," *Washington Post*, November 29, 2017.

70 R. Rubin, "Analysis: How Consensus for Corporate Rate Cut Turned into Partisan Tax Brawl," *Wall Street Journal*, December 22, 2017.

71 K. Zernike and A. Rappeport, "Heading Toward Tax Victory, Republicans Eye Next Step: Cut Spending," *New York Times*, December 2, 2017.

72 "Tax Reform Plan a 'Bid to Make US Inequality Champion,'" Al Jazeera, December 16, 2017, https://www.aljazeera.com/news/2017/12/tax-reform-plan-bid-champion-inequality-171216105649640.html.

73 CBO, "Analysis of the Long-Term Costs of the Administration's Goals for the Military," December 2017, https://www.cbo.gov/publication/53350.

74 L. Summers, "Sugar High Is Right Diagnosis, Tax Cuts Are the Wrong Prescription," December 10, 2017, http://larrysummers.com/2017/12/10/sugar-high-is-right-diagnosis-tax-cuts-are-the-wrong-prescription/.

75 J. Hilsenrath and D. Harrison, "Yellen Cites Benefits to Running Economy Hot for Some Time," *Wall Street Journal*, October 14, 2017.

76 L. Summers, "Three (Almost) Inexplicable Parts of the Republican Tax Plan," *Washington Post*, November 5, 2017.

77 C. Collins, "House Republican: My Donors Told Me to Pass the Tax Bill 'or Don't Ever Call Me Again,'" November 7, 2017, https://www.vox.com/policy-and-politics/2017/11/7/16618038/house-republicans-tax-bill-donors-chris-collins.

78 "What Donald Trump's Election Means for Government-Bond Markets," *Economist*, December 3, 2016.

79 J. Sommer, "Clouds Are Forming over the Bond Market," *New York Times*, June 30, 2017.

80 S. Oh, "Treasury Yields Rise as Roadblock to Tax Bill Removed," December 15, 2017,

https://www.marketwatch.com/story/treasury-yields-inch-higher-as-tax-bill-set-for-unveiling-2017-12-15.

81   IMF, *World Economic Outlook* (Washington, DC: IMF, 2017), 19, Figure 1.13, panel 4.

82   Americans for Financial Reform, "How Americans View Wall Street and Financial Regulation," August 2017, http://ourfinancialsecurity.org/americans-view-wall-street-financial-regulation-august-2017/.

83   J. Mason and S. N. Lynch, "Trump's Message to Bankers: Wall Street Reform Rules May Be Eliminated," *Reuters*, April 11, 2017.

84   J. Dizard, "The Trump Era of Light-Touch Regulation Dawns," *Financial Times*, July 2, 2017.

85   H. Levintova, "House Republicans Are Trying to Pass the Most Dangerous Wall Street Deregulation Bill Ever," *Mother Jones*, June 7, 2017.

86   G. Bennett, "House Passes Bill Aimed at Reversing Dodd-Frank Financial Regulations," *NPR*, June 8, 2017.

87   "A Financial System That Creates Economic Opportunities: Banks and Credit Unions- Core Principles for Regulating the United States Financial System," US Treasury report to President Donald J. Trump, Executive Order 13772 (June 2017).

88   J. Dizard, "The Trump Era of Light-Touch Regulation Dawns," *Financial Times*, July 2, 2017.

89   A. Scaggs, "Save the OFR," *Financial Times*, June 15, 2017.

90   B. Jopson, "US Regulator Moves to Loosen Volcker Rule," *Financial Times*, August 2, 2017.

91   R. Tracy, "Trump Team to Recommend Keeping Dodd-Frank Liquidation Power," *Wall Street Journal*, November 29, 2017.

92   그린스펀의 대응에 대해서는 다음을 참조할 것. A. Greenspan, "The Crisis," *Brookings Papers on Economic Activity*, Spring 2010, 202−250. For media coverage, see Dealbook, "Greenspan: The Fed Failed to Gauge the Bubble," *New York Times*, March 18, 2010.

93   B. Bernanke, "Shrinking the Fed's Balance Sheet," *Brookings*, January 26, 2017.

94   V. Guida and B. White, "Trump Dumps Yellen, Picks Powell in Biggest Economic Move," *Politico*, November 2, 2017, https://www.politico.com/story/2017/11/02/trump-picks-powell-fed-chair-244475.

95   파월의 개인 신상에 대해서는 다음을 참조할 것. https://bipartisanpolicy.org/person/jerome-powell-0/.

96   B. Applebaum, "In Choice of Fed Chairman, Trump Downgrades Deregulation," *New York Times*, October 29, 2017.

97   D. A. Irwin, "Mr. Trump's Trade War," *Wall Street Journal*, December 15, 2017.

98   D. Lawder, "G20 Ministers Give Mnuchin Space to Define Trump Trade Agenda," *Reuters*, March 20, 2017.

99   C. Jones and S. Fleming, "G20 Drops Vow to Resist All Forms of Protectionism," *Financial Times*, March 18, 2017.

100 Ibid.

101 A. Parker, P. Rucker, D. Paletta and K. Deyoung, "Inside Donald Trump's Sudden

Reversal on NAFTA," *Chicago Tribune*, April 27, 2017.

102 J. Mason and D. Lawder, "Trump Says Was 'Psyched to Terminate NAFTA' but Reconsidered," *Reuters*, April 26, 2017.

103 "Inside Donald Trump's Sudden Reversal on NAFTA."

104 M. Grunwald, "The Trade Deal We Just Threw Overboard," *Politico Magazine*, March/April 2017.

105 D. A. Irwin, *Clashing over Commerce: A History of US Trade Policy* (Chicago: Chicago University Press, 2017), Kindle location 9115–10214.

106 G. Shaffer, M. Elsig and M. Pollack, "The Slow Killing of the World Trade Organization," *Huffington Post*, November 17, 2017, https://www.huffingtonpost.comentry/the-slow-killing-of-the-world-trade-organization_us_5a0ccd1de4b03fe7403f82df.

107 P. Levy, "Robert Lighthizer's Global Trade Governance Critique," *Forbes*, December 12, 2017.

108 "US Broadside Leaves WTO Meeting in Tatters," *Deutsche Welle*, December 12, 2017.

109 K. McNamara, "Trump Takes Aim at the European Union: Why the EU Won't Unify in Response," *Foreign Affairs*, January 24, 2017.

110 E.-K. Symons, "Steve Bannon Loves France," *Politico*, March 22, 2017, and C. Alduy, "The Novel That Unites Marine Le Pen and Steve Bannon," *Politico*, April 23, 2017.

111 D. Frum, "Trump's Trip Was a Catastrophe for US-Europe Relations," *Atlantic*, May 28, 2017.

112 J. Henley, "Angela Merkel: EU Cannot Completely Rely on US and Britain Any More," *Guardian*, May 28, 2017.

113 R. Haass, Twitter, May 28, 2017.

114 에마뉘엘 마크롱 프랑스 대통령의 소르본대학교 연설 전문 영어 번역. http://international.blogs.ouest-france.fr/archive/2017/09/29/macron-sorbonne-verbatim-europe-18583.html.

115 2017년 7월 6일 트럼프 대통령이 폴란드 국민에게 한 말. https://www.whitehouse.gov/briefings-statements/remarks-president-trump-people-poland/.

116 "Schäuble Defends German Trade Surplus in the US," April 20, 2017, http://www.dw.com/en/sch%C3%A4uble-defends-german-trade-surplus-in-the-us/a-38525267.

117 T. Fairless, "Schäuble Defends Germany's Trade Surplus," *Wall Street Journal*, April 20, 2017.

118 B. W. Setser, "G-3 Coordination Failures of the Past Eight Years? (A Riff on Coeuré and Brainard)," *Follow the Money* (blog), August 23. 2017, https://www.cfr.org/blog/g-3-coordination-failures-past-eight-years-riff-coeure-and-brainard.

119 WTO 사무총장의 언급. R. Azevedo, "Remarks: The Evolution of Trade, Technology, and Globalization: How to Foster Inclusive Growth," November 8, 2017, https://www.wto.org/english/news_e/spra_e/spra198_e.htm.

120 C. Constantinescu, A. Mattoo, and M. Ruta, "The Global Trade Slowdown: Cyclical or Structural?," International Monetary Fund, No. 15–16, 2015.

121 S. J. Evenett and J. Fritz, *Will Awe Trump Rules? The 21st Global Trade Alert Report* (London: CEPR, 2017).

122 B. W. Setser, "Dark Matter. Soon to Be Revealed?," *Follow the Money* (blog), February 2, 2017, https://www.cfr.org/blog/dark-matter-soon-be-revealed.

123 National Security Strategy of the United States (Washington, December 2017), 37, https://www.whitehouse.gov/wp-content/uploads/2017/12/NSS-Final-12-18-2017-0905.pdf.

124 D. A. Graham, "The Wrong Side of 'the Right Side of History," *Atlantic*, December 21, 2015, https://www.theatlantic.com/politics/archive/2015/12/obama-right-side-of-history/420462/.

125 IMF, *World Economic Outlook*, October 2017, 23, 187, 204.

25장 다가올 미래

1 N. Barkin and E. Piper, "In Davos, Xi Makes Case for Chinese Leadership Role," *Reuters*, January 17, 2017.

2 "President Xi's Speech to Davos in Full," *World Economic Forum*, January 17, 2017.

3 E. Wong and C. Buckley, "Stock Market Plunge in China Dents Communist Party's Stature," *New York Times*, July 9, 2015.

4 C. Walter and F. Howie, *Red Capitalism: The Fragile Financial Foundation of China's Extraordinary Rise* (Singapore: Wiley, 2011).

5 "China Forex Reserves Fall $512.66 Billion in 2015, Biggest Drop on Record," *Reuters*, January 7, 2016.

6 "China's Yuan Carry Trade, an Anchor and a Risk for Asia," *Reuters*, January 30, 2014; and "Is the $1tn China Carry Trade Imploding?," *Financial Times*, February 5, 2015.

7 "Highlights of the BIS International Statistics," BIS, December 7, 2014.

8 R. N. McCauley, "Capital Flowed Out of China Through BIS Reporting Banks in Q1 2015," BIS, September 13, 2015.

9 "The World Economy Is Picking Up," *Economist*, March 18, 2017.

10 "China's Slowdown and Cheap Oil," BBC, August 26, 2015.

11 "Timeline of China's Attempts to Prevent Stock Market Meltdown," *Reuters*, August 28, 2015.

12 "The World Economy Is Picking Up."

13 S. Fischer, "The Federal Reserve and the Global Economy," Board of Governors of the Federal Reserve System, October 11, 2014.

14 "Janet Yellen Invokes China 16 Times in 1 Hour," CNN, September 18, 2015.

15 "Fed Should Not Raise Interest Rates Just Yet: China FinMin," CNBC, October 12, 2015.

16 "Fed's Focus on China Unnerves Some Investors," *Reuters*, September 18, 2015.

17 "Fed Raises Key Interest Rates for First Time in Almost a Decade," *New York Times*, December 16, 2015.

18 B. Setser, "Too Chinese (and Russian) to Fail?"

19 "The View of the Eurozone Crisis from China," *Chicago Policy Review*, April 16, 2012; and "China's Fears Grow over Eurozone Crisis," *Telegraph*, August 20, 2012.

20 V. Dombrovskis and P. Moscovici, "Reflection Paper on the Deepening of the Economic and Monetary Union" (Brusssels: European Commission, 2017).

21 "Initiative for Europe: A Sovereign, United, Democratic Europe" (speech by Emmanuel

Macron, Sorbonne, Paris, September 26, 2017).

22 A. Lerner, "The Economics and Politics of Consumer Sovereignty," *American Economic Review* 62 (1972), 258–66.

23 C. 클라크에게 영향을 미친 가장 중요한 두 가지 일. *Sleepwalkers* (London: Penguin Press, 2013); and J. Leonhard, *Pandora's Box* (Cambridge, MA: Harvard University Press, 2017).

24 M. Mann, *Sources of Social Power*, vol. 2, 2nd ed. (Cambridge: Cambridge University Press, 2012), is a remarkable social theoretic reconstruction.

옮긴이의 말

2008년 9월 15일, 미국의 4대 투자은행 중 한 곳인 거대 금융그룹 리먼브라더스가 정부에 파산 신청을 한다. 그리고 이날을 시작으로 엄청난 경제위기가 전 세계를 뒤흔든다. 이 위기의 수준이 어느 정도였는지는 1929년에서 1930년대 후반까지의 시기를 대공황(Great Depression)이라고 부르듯 2008년 9월부터 2010년대 초반까지, 혹은 지금까지 이어지는 시기를 대침체기(Great Recession)라고 규정한 것만 보아도 알 수 있다. 쉽게 말해 경제위기의 대명사가 된 대공황 시기에 견줄 만한 어마어마한 사건이 벌어진 것이다.

한국 입장에서는 아마도 "IMF", 이 한마디로 모든 것을 이해할 수 있지 않을까. 20여 년 전 겪었던 그 처절했던 국가부도 사태의 위기가 다시 또 세계적인 규모로 돌아왔지만 천만다행히 한국은 두 번째 위기를 상대적으로 잘 피해갔다. 그리고 그로부터 10년이 지난 지금, 당시의 망령은 여전히 사라지지 않고 세계 경제의 주변을 맴돌고 있다. 2008년 당시 발생한 금융위기의 섬뜩했던 실제 규모와 범위가 서서히 드러나면서 냉전 종식과 구소 비에트 연방의 붕괴 이후 서방측 자유민주주의와 자본주의의 승리를 상징 해왔던 각종 금융기관과 제도가 사실은 탐욕과 악행, 무능력으로 점철되어 있었다는 사실을 우리는 비로소 알게 되었다.

10년은 그리 짧은 세월이 아니다. 이제 언론이나 경제학자, 혹은 관련 분석가들이 아닌 '역사'로서의 금융위기를 분석하고 서술할 때가 되었다. 『붕괴: 금융위기 10년, 세계는 어떻게 바뀌었는가』는 출간 즉시 미국의 《뉴 욕타임스》나 영국의 《가디언》 같은 유수 언론들이 긴 서평을 통해 소개했 고 지금까지도 경제 분야의 베스트셀러에 올라 있는 책이다. 지은이 애덤 투즈(Adam Tooze)는 경제사를 전공한 역사학자로 당시 발생했던 위기의 원인이나 이후의 진행 상황은 부차적인 주제이며 위기가 낳은 정치와 경제 적 변화가 더 중요하다고 역설한다.

이 책의 1부와 2부는 당연히 리먼브라더스 사태와 그 배경이 되는 이른 바 서브프라임모기지 사태의 원인과 결과를 설명한다. "그날"을 전후해 일 어난 일련의 사건이 시간의 흐름을 따라 마치 한 편의 영화나 대하 역사소 설처럼 숨 가쁘게 펼쳐진다. 그리고 그 뒤에 숨은 인간의 보편적인 탐욕에 대해 일순 경악을 금치 못하고 만다. 탐욕이란 때로 인류 역사를 발전시키 는 원동력이 되기도 하지만 정도가 지나치면 결국 파멸을 불러온다. 흔히 가진 자들, 아홉을 가지고도 하나를 더 가지려는 자들의 탐욕은 익히 들어 잘 알고 있고 또 그런 사람들의 욕심이 보통 사람은 상상도 못 할 어마어마 한 규모의 기업들을 무너뜨리는 것만 알고 있었다. 그런데 흥미로웠던 것 은 그 밑바닥에는 우리와 같은 보통 사람들의 탐욕 역시 크게 작용하고 있 었고 무엇보다도 그런 보통 사람들의 탐욕을 자극하고 이용한 것이 정부 혹은 대기업이었다는 사실이다. 특히 정부는 이용이라기보다는 방조, 그리고 사태 이후의 안이한 미봉책에 대한 책임을 면치 못할 것 같다.

2부를 거쳐 3부로 넘어가면 왜 당시의 위기가 미국만의 부동산 관련 경기불황과 침체가 아닌 전 세계적인 위기였는지 그 이유를 알 수 있다. 베를린 장벽이 무너지고 구소비에트 연방이 해체되면서 냉전은 공식적으로 끝났다. 이후 승자의 자신감에 취한 서방 국가들은 자유민주주의와 자본주의를 앞세워 이른바 세계화 정책을 실시한다. 그 이면에는 모든 경제 분야를 하나로 연결하여 자신들을 위한 거대한 시장을 만들겠다는 의도가 숨어 있었다. 1990년대 문민정부를 경험한 우리도 그 시절부터 줄기차게 이어진 세계화의 구호와 엄청나게 판만 크게 벌여놓고 끝내 무너져간 대기업들을 기억할 것이다. 그리고 모든 것이 "네트워크화"되어 그로 인해 이익을 본 그때, 그 "네트워크"를 통해 한 곳의 위기가 다른 곳으로 순식간에 퍼져나갈 수 있다는 사실을 사람들은 드디어 서서히 깨달았다.

미국의 일반 시민이 주거용 혹은 투자용으로 부동산을 구입할 때, 모자라는 비용을 대출하면 그 자금은 유럽에서도 오고 아시아에서도 온다. 그래서 그 시민이 대출을 갚지 못하고 파산하면 파산은 유럽에도, 아시아에도 영향을 주는 것이다. 이와 관련해 이 책이 세밀하게 보여주고 있지만 그 일부에 불과한 "금융공학"의 실체는 이래도 되는 건가 싶을 정도로 섬뜩하고 복잡하고 현란하다. 모으고 나눠서 위험을 분산한다는 것은 한낱 수사에 그칠 뿐, 위험은 전이되어 전혀 관계없는 사람들까지 나누어 짊어졌다. 세계화의 달콤한 과실을 맛본 건 잠깐이고 그에 따르는 고통은 훨씬 더 쓰고 심지어 이제는 뱉어버리지도 못하게 되었다.

정신없는 속도로 10년 전의 경제위기의 원인과 결과, 그리고 그에 따른 영향과 피해를 자세하게 추적하던 지은이는 3부부터는 본격적으로 자신이 정말 하고 싶었던 이야기를 시작한다. 원래 제1차 세계대전과 제2차 세계대전 사이의 전간기를 집중적으로 연구해온 지은이는 당시의 분위기와 21세기 초반의 분위기가 서로 닮아 있음을 깨닫는다. 바로 경제와 기술적 발전에 대한 끝없는 자신감을 한 번에 무너트린 미증유의 경제위기, 그리고 그 위기를 틈타 일어나는 선동정치와 독재정치다. 물론 전간기와 같은 무차별적 파산과 붕괴, 전쟁은 일어나지 않았고 또 앞으로도 그럴 확률은 적다고 지은이는 생각한다. 그렇지만 분명 유럽에서는 정치적 중도파들이 모두 몰락했으며 미국에서는 바로 문제의 인물 도널드 트럼프가 등장했다.

지금 세계는 비록 "온건하다"고 할 수 있지만 분명 양극화 현상이 두드러지게 나타나고 있다. 정치지도자들은 어쨌든 경제위기의 확산은 가까스로 틀어막았지만 일반 대중의 삶이 질적으로 저하되는 것은 막지 못했다. 그리고 세계화 과정에서 쌓인 불만이 분출하기 시작하면서 비록 큰 전쟁은 아니더라도 국지전이나 내부적으로는 이민자에 대한 분노 등이 표면화되고 있다. 이 과정에서 좌파는 무너지고 우파는 반발하고 있는데, 냉전 이후의 자유민주주의는 이제 완전히 작동 불능 상태는 아니더라도 대단히 애매하고 어려운 상황에 몰린 것은 분명한 사실이다.

이제 지은이가 두려워하는 것은 10년 만에 또다시 닥쳐올지 모를 또 다른 위기다. 정말 얄궂은 일이지만, "빚" 때문에 위기가 시작되었고 그 위기를 막기 위해 전 세계가 전력을 다했는데, 지금 와서 보니 오히려 지구촌이 짊어진 빚의 규모가 더 늘어났다고 한다. 굳이 멀리 가지 않아도 한국의 가계와 정부의 빚이 얼마나 늘어났는지를 생각해보면 이 말이 무슨 뜻인지 짐작할 수 있으리라. 과연 세계는 또 다른 위기를 미연에 방지할 수 있을까? 이전의 사태에서 배운 경험과 교훈을 잊지 않고 슬기롭게 대처할 수 있을까? 또한 위기를 틈타 득세한 정치권의 새로운 얼굴들이 노련했던 전임자들만큼의 역량을 발휘할 수 있을지는 두고 봐야 할 것이다.

'2008년 9월 16일 화요일은 이른바 "리먼브라더스 사태 다음 날"이었다'로 시작하는 이 책의 첫 문장은 지금 와서 돌이켜보면 마치 허먼 멜빌

(Herman Melville)의 대작 『모비딕(*Moby Dick*)』의 첫 문장, "내 이름은 이슈마엘이다(Call me Ishmael)"를 연상시킨다. 아무런 미사여구 없이 그저 덤덤한 이 한 문장을 시작으로 얼마나 엄청난 일들이 벌어졌는지, 혹은 벌어지고 있는지는 『모비딕』의 모험을 통해 미루어 짐작할 수 있을 것이다. 애덤 투즈는 이전에는 어느 누구도 주목하지 않았던 사건 뒤편의 실마리들을 추적함으로써 역사적 사실과 경제적 분석, 그리고 거기에 정치적 공포를 버무린 이 한 편의 역작을 완성했다.

애덤 투즈가 수많은 주요 인사들과 학자들, 그리고 심지어 인터넷의 SNS를 통해 이 책을 집필하는 데 많은 도움을 받았던 것처럼 번역자와 출판사 역시 이 책을 번역하는 데 많은 이들의 도움을 받았다.

특히 경제, 금융과 관련된 적절한 우리말 번역어를 선택하고, 영어 원문과 대조해 번역의 정확성을 높이는 데는 길담서원 경제공부모임의 도움이 컸다. 송종운(울산과학기술원 사이언스월든), 한명옥(도이치은행), 이상익(닐슨 코리아), 성북천(필명, 대신증권), 풀피리(필명, 금융감독원)의 도움에 감사드린다. 특히 본문의 각주는 감수자 대표인 송종운 박사가 작성했다는 점을 분명히 밝힌다.

이 지면을 빌려 다시 한번 이들에게 깊은 감사의 인사를 전한다.

찾아보기

ㄱ

『가동했던 시스템』 46, 619

《가디언》 219, 551, 739

가스프롬 197~198, 201, 204, 211, 327, 695, 700

가식으로 쌓은 경제 797

가오시칭(高西慶) 349~350

가치사슬 31, 237, 828

강제청산권한 431

강제통용화폐 34

강한 프랑 149

거국내각 729

거대한 게임이론 226

거버먼트 삭스(government Sachs) 96

거시건전성 감독 37

거시경제 불균형 342, 826

거시금융론 31

『거울의 방』 46

걸프협력회의 240

게르만 그레프(Herman Gref) 696

게르하르트 슈뢰더(Gerhard Schroeder) 152~153, 157, 691, 728

게리 콘(Gary Cohn) 803

게오르기오스 파판드레우(Georgios Papandreou) 457, 759, 464, 571~572, 593, 724, 728

결속기금 190

경제협력개발기구(OECD) 139, 145, 389, 493, 498, 503, 713

고든 브라운(Gordon Brown) 132~133, 263, 275, 279, 285, 378, 381~392, 413, 493, 641, 748, 752

골드만삭스 55, 76, 96, 120, 229~233, 266, 268, 288, 294, 308, 374, 423, 437, 449, 544, 562, 575, 584~585, 618, 762, 773, 776, 786, 795, 803~804

공공산업진흥국 399

공동농업정책 173

공동체 기득권 678

공매도 120, 230, 568

공포 프로젝트 747, 760
공화당연구위원회 272
과도적자시정조치 682
관대한 합의 174, 176
관리주의 46
괴물 굶겨 죽이기(starving the beast) 59,
　497, 809~810
구매력평가지수 369
구조기금 190
구조화금융 90
구조화 투자회사(SIV) 106~107, 117, 123,
　255~256
국가경제위원회(미국) 297, 803
국가경제위원회(영국) 282~283
국가 부채 위기 38, 79
국가안전보장회의 56
국가외환관리국 69
국가전망공사 374
국민의힘당 371~372
국민전선(FN) 710~711, 744, 778, 823
국부펀드 68~69, 126, 285, 289, 349, 374
국영기업 197~198, 360
국제결제은행(BIS) 31, 142, 145, 301, 659,
　762, 836
국제경영개발원(IMD) 374
국제금융서비스센터 171
국제금융협회(IIF) 141, 445~446, 464, 538,
　543~544, 562, 571, 593
그레고르 기지(Gregor Gysi) 556
그렉 리프먼(Greg Lippmann) 119~120
그렉시트 592, 606, 734, 738
글로리아 마카파갈 아로요(Gloria Macapagal
　Arroyo) 20
글로벌 거버넌스 21~22, 376, 380, 388, 390
글로벌 과잉 저축 74
글로벌 불균형 68, 383
글로벌투자총회 610
글로벌 헤지펀드 130

글로벡스 329
금융 공포의 균형 63, 70, 76, 78, 116, 125,
　129, 181
「금융 발전은 세계를 더 위험에 빠트리고 있
　는가?」 115
금융서비스현대화법 116, 134
금융선택법 813, 815~818
금융시장안정기금(SoFFin) 289
금융안정성감독위원회 433
금융안정성위원회 440
금융안정위원회 387, 443, 562
금융안정포럼(FSF) 144, 380~381
금융 투기 세력 66
기간부입찰대출제도(TAF) 306, 311
기간부자산담보부증권대출제도(TALF) 308
기간부증권대출제도(TSLF) 307
기독교사회민주연합(CSU) 411, 846
기업어음매입기금 308
긴급 중단 757
꼬리위험 778

ㄴ

나시(Наши) 202
나이절 패라지(Nigel Farage) 764~765
나집 라자크(Najib Razak) 373
나카가와 쇼이치(中川昭一) 285
《내셔널리뷰》 116
낸시 펠로시(Nancy Pelosi) 650, 808
넥스트 777
노던록 220~222, 275~276, 282, 445, 748
노르드스트림 201
노르디아 343
노르트라인베스트팔렌 600
노릴스크 327
누리엘 루비니(Nouriel Roubini) 69
뉴센추리파이낸셜 218
뉴욕멜론은행 108, 224

뉴욕청산소연합 318
뉴트 깅리치(Newt Gingrich) 261
니얼 퍼거슨(Niall Ferguson) 69, 487~489,
517
니콜라스 사르코지(Nicolas Sarkozy) 22,
24, 122, 213, 277, 279, 287, 320~321,
324~325, 377, 380, 386~390, 395~396,
410, 459~460, 470, 481~482, 506~509,
537, 542~543, 546, 559, 570, 572~573,
576~578, 581, 583, 586, 590~591,
598~599, 604, 754
닐 어윈(Neil Irwin) 316, 492

ㄷ
다궁(大公) 548
다크머니 398, 787
단기국채매입프로그램(OMT) 615~617, 707
단기금융자산투자신탁회사(MMF) 95,
107~108, 128~129, 230~232, 247, 268,
308, 407, 473, 520, 530~531, 547, 564,
584
단스케은행 140
단일민주연합 742
단일유럽의정서 764
달러라이제이션 186
달러로 인한 공황상태(Dollar Panic) 77
달러 페그 환율제도 65~67, 73~74
담보부 단기자금조달계약 107
대량살상무기(WMD) 22, 271
대마불사(大馬不死) 70, 295, 424, 431, 437,
449, 547
대안정기 33, 35, 75, 83, 249, 656, 852
대중운동연합당(UMP) 710
대타협 382, 409, 646
대통령경제자문위원회 400, 801
데니스 록하트(Dennis Lockhart) 666
데이비드 레리어(David Lereah) 116

데이비드 로스(David Laws) 492
데이비드 캐머런(David Cameron) 493, 498,
582~583, 692, 705, 745, 747, 752~758,
763, 765, 771
《데일리비스트》 651
데킬라 위기 237
DEPFA은행 136~137, 275, 280, 306
덱시아 233, 275, 278, 308, 409, 460, 503,
567, 605
덴마크인민당 744~745
도날트 투스크(Donald Tusk) 681, 736, 738,
757~758
도널드 럼스펠드(Donald Rumsfeld) 338,
745
도널드 트럼프(Donald Trump) 24~27, 50,
70, 781~830, 838, 841~843, 845, 847,
849
도네츠크 690
도드-프랭크법 318, 429~440, 447, 449,
472, 748, 750, 784~787, 802, 813~816,
819
도미니크 스트로스칸(Dominique Strauss-
Kahn) 388, 469, 478, 483~484, 512,
528, 535~537, 561, 723
도빌 506~509, 517, 581, 584, 851
도이치은행 43, 119~120, 123, 125, 135,
142, 172, 278, 280, 289, 294, 307, 310,
319, 321, 329, 341, 446, 464, 468, 484,
491, 545, 563, 579, 750, 789
도하라운드 380, 827
독립국가연합(CIS) 333, 685
독립그리스인당 715
독립 사건 확률의 마법 110
독일 국채 분트 162, 458, 533, 541, 559
독일경제전문가위원회 412
독일외교협회 580
독일을 위한 대안당 708
독일좌파당 153, 742

독일해적당 600

돈바스 690, 695~696, 703

두 위임 책무 158

뒤셀도르프 IKB 124

드레스너은행 123, 135

드렉셀 번햄 램버트(Drexel Burnham
　Lambert) 94

드미트리 메드베데프(Dmitri Medvedev) 41,
　209, 211, 324~325, 328, 331~332, 347,
　506, 677

드미트리 트레닌(Dmitri Trenin) 205

디나 파월(Dina Powell) 803

D.E 쇼 헤지펀드 116

딕 체니(Dick Cheney) 70~71, 155, 271

딜런리드앤드코 136

딜런리드캐피탈매니지먼트 218

ㄹ

라구람 G. 라잔(Raghuram G. Rajan)
　114~116, 174, 663~664, 669

라이파이젠은행 191, 341

라텍 시코르스키(Radek Sikorski) 580, 680

람 이매뉴얼(Rahm Emanuel) 399, 401~402,
　407, 420~421, 430, 495

래리 서머스(Larry Summers) 66, 70, 78, 98,
　115, 125, 129, 173~174, 181, 253, 297,
　376, 401~403, 407, 413, 420~421, 434,
　473, 566, 578, 622, 629~634, 660, 716

래리 엘리엇(Larry Elliott) 219

래리 커들로(Larry Kudlow) 116

래리 핑크(Larry Fink) 667

래퍼 곡선 809

램지 맥도널드(Ramsay MacDonald) 729

랭카스터 하우스 775

러스트 벨트 799

러우지웨이(樓繼偉) 841

런던증권거래소 220

레노바그룹 330

레오니드 레베데프(Leonid Lebedev) 330

레온 와이즐티어(Leon Wieseltier) 712

레이 달리오(Ray Dalio) 607~608

레제프 타이이프 에르도안(Recep Tayyip
　Erdoğan) 663~664

로마노 프로디(Romano Prodi) 151, 188,
　206

로만 아브라모비치(Roman Abramovich) 197

로버트 라이시(Robert Reich) 640, 643~644,
　651

로버트 라이트하이저(Robert Lighthizer)
　802~823, 828

로버트 졸릭(Robert Zoellick) 340

로버트 케이건(Robert Kagan) 180

로스네프트 197~198, 327, 691, 700

로스카보스 603, 605, 822

로이드 크레이그 블랭크파인(Lloyd Craig
　Blankfein) 562, 773, 795

로즈가든 783

론 폴(Ron Paul) 318

롱텀 캐피탈 매니지먼트 97

루르 600

루살 327, 329

루스 리아(Ruth Lea) 768

루이스 데귄도스(Luis de Guindos) 609, 718

루이스 라니에리(Lewis Ranieri) 89

루카스 파파데모스(Lucas Papademos) 572,
　584, 593

루크오일 327, 700

룰라 다실바(Lula da Silva) 20, 742~743

리가 정상회담 729

리먼브라더스 사태 다음 날 19

리밸런싱 748, 752

리스본 조약 178~179, 209, 280, 465, 467,
　469, 474, 483, 501, 581, 742

리스크 선호 115

리저브프라이머리펀드 230~231

리처드 펄드(Richard Fuld) 112
리처드 피셔(Richard Fisher) 660~661
리처드 하스(Richard Haass) 824
린지 그레이엄(Lindsey Graham) 418
린턴 크로스비(Lynton Crosby) 760

ㅁ

마르셀 오스펠(Marcel Ospel) 136
마르틴 슐츠(Martin Schulz) 687
마르틴 헬비히(Martin Hellwig) 445
마리아 루이스 알부케르키(Maria Luís
　Albuquerque) 718
마리아노 라호이(Mariano Rajoy) 601, 613,
　715, 741
마리아 펙터(Maria Fekter) 565
마리오 드라기(Mario Draghi) 151, 201, 443,
　508, 557~558, 575, 584~587, 602, 607,
　609~621, 707~709, 719~721, 726~727,
　731, 735, 739, 742, 754, 826, 846
마리오 몬티(Mario Monti) 151, 574~575,
　602~605, 608, 613, 845
마린 르펜(Marine Le Pen) 777~778, 823
마셜플랜 187, 190, 389, 502, 619, 850
마스터 유동성 촉진 콘듀잇 255
마스트리히트 조약 151, 160~161, 369, 465,
　474, 591
마이크 맥널티(Mike McNulty) 271
마이클 고브(Michael Gove) 392, 758
마이클 루이스(Michael Lewis) 123
마이클 무어(Michael Moore) 272
마이클 블룸버그(Michael Bloomberg)
　142~143
마이클 프로먼(Michael Froman) 297
마진콜 230
마크 카니(Mark Carney) 562, 565, 768
마킬라도라 238
마테오 렌치(Matteo Renzi) 717, 778

마틴 루터 킹(Martin Luther King Jr) 397
마틴 울프(Martin Wolf) 250
맥킨지앤드컴퍼니 143
머빈 킹(Mervyn King) 12, 145, 221, 286,
　391~392, 491~492, 584, 610, 749
먹을거리와 구경거리 24
메디케이드 809
메르코지 507, 517, 598
메릴린치 96, 109, 136, 143, 226, 229, 233,
　262~263, 272~273, 296, 306, 308, 319,
　416~417
메자닌 100, 136
모건그렌펠그룹 135
모건스탠리 96, 109, 233, 260, 263, 268,
　308~309, 319, 449, 662, 762
모기지IT홀딩스 125
모기지담보부증권(MBS) 90~91, 94, 97~98,
　100~109, 114, 119, 122~123, 136,
　139~140, 218, 233~229, 255, 257, 261,
　267, 269, 309~310, 408, 437, 470, 550,
　568
모노타운 329
모리츠 슐라리크(Moritz Schularick) 69
모터시티 627
뮌헨안보회의 202, 205, 348
미국경제회복 및 재투자법 396~398, 810
미국 공사채 시장 매도 위기 61
미국기업연구소 793
미국 부동산중개인협회 116
미국식 일방주의 22, 24, 378
미국 연방공개시장위원회(FOMC) 82, 233,
　303~304, 336, 482, 515~516, 615~616,
　661, 664, 666, 816~819, 840~841
미국 연방예금보험공사(FDIC) 142, 229,
　262, 268, 291, 295, 421, 426, 430, 432,
　435~440, 447, 450, 566
미국 연방준비제도이사회(FRB) 19
미국은행협회 261

미국 중기채(MTN) 221

미국 증권거래위원회(SEC) 142, 437, 648, 803

『미국 화폐의 역사』 74

미레크 토폴라네크(Mirek Topolánek) 395

미셸 사팽(Michel Sapin) 735

미·중 전략 경제대화 77

미치 매코널(Mitch McConnell) 548

미콜라 아자로프(Mykola Azarov) 687

미텔슈탄트 42

미트 로프(Meat Loaf) 396

미하일 B. 호도르콥스키(Mikhail B. Khodorkovsky) 197

미하일 사카슈빌리(Mikheil Saakashvili) 192

미하일 프로호로프(Mikhail Prokhorov) 330

미하일 프리드먼(Mikhail Fridman) 329

믹 멀베이니(Mick Mulvaney) 807

민간의 신용창조 37

(공적 채무 조정에서) 민간의 참여(PSI) 454, 508, 517, 529, 534, 537~543, 569, 584, 720

민중(la gente) 527

밀턴 프리드먼(Milton Friedman) 74

밋 롬니(Mitt Romney) 645, 647, 784, 791, 793, 799

ㅂ

바니 프랭크(Barney Frank) 264, 430, 432

바샤르 알아사드(Bashar al-Assad) 697

바이에리셰란데스방크 191

바젤 I 138~142, 443

바젤 II 139~142, 289, 438, 443

바젤 III 443~445, 561~562

BaFin(독일 금융감독청) 449

반대를 외치는 여성 177

발다이클럽 211

발디스 돔브로브스키스(Valdis Dombrovskis) 344

밥 다이아몬드(Bob Diamond) 263

밥 딜런(Bob Dylan) 626, 628

방카인테사 341

방키아-BFA 601

뱅커스트러스트 135

뱅크오브아메리카 89, 98, 105~106, 117, 247, 255, 262~263, 296, 306, 308, 319, 353, 427~428, 449

버니 샌더스(Bernie Sanders) 784~785, 798, 802, 841~842

범대서양 무역투자동반자협정(TTIP) 45, 820, 822

범대서양주의자 157, 182, 537, 723

법과정의당 681, 745, 825

법치국가 464

법화 34

베스트LB 124, 218

베어스턴스 96~98, 105, 108, 222~229, 250, 255~257, 263, 266, 306~307, 420

벤 버냉키(Ben Bernanke) 33~37, 74~75, 83, 119, 129, 142, 201, 218~219, 233, 242~246, 254, 263~269, 273, 291, 296, 304, 309, 312, 316, 318, 420, 426, 433~435, 443, 482, 495, 516~517, 520, 522, 584, 616~620, 630, 641, 651, 659~667, 685, 795, 816~819, 836

《벨트암존탁》 489

변동성 지수 480

보리스 존슨(Boris Johnson) 758, 764~765

보시라이(薄熙來) 365

보에디오노(Boediono) 373

보코니 출신들 539

볼커룰 431, 439, 815~816

볼프강 문차우(Wolfgang Munchau) 730

볼프강 쇼이블레(Wolfgang Schäuble) 177, 464~465, 468~470, 476, 482, 484, 497~499, 518, 528, 541, 545, 567, 576,

598, 609, 613~615, 709, 718, 722, 726, 729, 734~739, 758, 821, 825~826

부실자산구제프로그램(TARP) 265, 273~276, 283~286, 290~294, 312, 321, 397~398, 402, 404, 420~428, 441~442, 449, 467, 650~651, 785, 844

부채담보부증권(CDO) 100~101, 108~109, 120, 125, 136, 256, 267, 306

부채방지정책 412

부채 브레이크 156, 409~413, 467, 488, 498~501, 507, 554, 583, 599~600

북대서양조약기구(NATO) 24, 181~184, 187~189, 193, 196, 201~211, 338~339, 342, 345, 348, 382, 498, 522, 550, 672, 677~678, 682, 686, 690, 692, 702, 742~745, 824~825, 846~847

북부동맹당 540, 574

분노하라! 524

분데스방크 150, 157~158, 280, 412, 472, 480, 483, 528, 532, 559, 576~578, 585, 612, 615, 710

불태화(sterilization) 67, 360

브네쉬코놈(VEB) 329~330, 691

브라이언 레니한(Brian Lenihan) 512

브라이트바트 651, 795

브래드퍼드 들롱(Bradford DeLong) 71~72, 78, 805, 809

브래드퍼드앤드빙리 275~276

브레스트리토프스키 185

브레턴우즈 체제 34, 85, 95, 115, 132, 148, 310, 320, 367, 381~385, 671, 831

브렉시트 43, 49, 753~782, 799~800, 823, 831, 842~843, 850~851

브로니스와프 코모로프스키(Bronislaw Komorowski) 678

브루스 스프링스틴(Bruce Springsteen) 628

브루킹스 연구소 55~56, 63

VTB 199, 695

블라디미르 포테닌(Vladimir Potanin) 330

블라디미르 푸틴(Vladimir Putin) 183~184, 196~213, 328~331, 348, 677, 680~686, 690~696, 699~701, 705~706, 712, 722, 726, 772, 786~787, 833, 847

블랙록 530, 667

블루독 연합 399

블룸버그 318, 544, 666, 756

《비너차이퉁》 340

비셰그라드그룹 187

비엔나 이니셔티브 341~343

BNP파리바 140, 172, 218~221, 232, 288, 310, 312, 321, 343, 460, 491, 531

비크람 판디트(Vikram Pandit) 292~293

비합리적 열광 195, 834

『빅쇼트』 123

빅토르 벡셀베르크(Viktor Vekselberg) 330

빅토르 야누코비치(Viktor Yanukovych) 346, 683~689, 693

빅토르 유셴코(Viktor Yushchenko) 274, 345~346, 683

빅토리아 눌런드(Victoria Nuland) 688

빈스 케이블(Vince Cable) 392

빈회의 379

빌 그로스(Bill Gross) 77, 491, 531, 667~668

빌 더들리(Bill Dudley) 564

《빌트차이퉁》 278

빔펠콤 329

ㅅ

4대강사업 375

사스(SARS) 355

사우디아라비아 중앙은행 69

사회적 유럽 181

산탄데르은행 169, 275

살로먼브라더스 89, 94

삼성전자 374
상하이종합주가지수 832
상황 변경 411
색깔혁명 20, 192
서로 맞물리는 구조(interlocking matrix) 31, 36~37
설리번앤드크롬웰 803
섬 모형(island model) 31, 36
세계경제회담 381
세계를 구한 사람들 566
세계무역기구(WTO) 63, 76, 204, 637, 822~823, 827
세계은행 192, 201, 282, 340~341, 353, 356, 376, 584
세계의 공장 아시아 239
세계 1등 수출국 152
세계주의 23
세라 페일린(Sarah Palin) 23~24, 45, 261, 273, 517
셸 197, 685
소비자금융보호국 434, 815
소빈(Sobin) 329
SPPE 288
SFEF 288~289
소시에테제네랄 140, 230, 288
손실 충당 이전의 순수익(PPNR) 441~442
숨은 권력집단 801
《슈피겔》 77, 378, 534, 579, 652, 687
스무트-홀리 관세법 827
스베르방크 199, 695~699
스비아즈 329
스와프(swaps) 32, 35, 128, 669~670
스웨드뱅크 341, 343
스코틀랜드 왕립은행(RBS) 172, 233, 240, 275, 282~287, 294, 307~308, 353, 416, 418, 748
스쿠더인베스트먼트 135
스탠다드차타드 240

스트레스 테스트 318, 425~429, 433, 440~445, 448~449, 502~505, 561, 567, 608, 641, 815
스티브 므누신(Steve Mnuchin) 803, 807, 816, 820~821, 826
스티브 배넌(Steve Bannon) 651, 795, 821
시리자 526, 597, 606, 711, 714~726, 729~734, 737~741, 746, 758, 777
〈시민 케인〉 781
시민당 741
시브네프트 197
시스템적으로 중요한 금융기관(SIFI) 37, 286, 433, 441~446, 562
CSFB 135
시우다드후아레스 237
시장혁명 34, 659
시큐리티퍼시픽 136
시티(City of London) 27~28, 131~136, 141, 144, 164, 179, 233, 285, 287, 303, 308, 321, 389, 391, 583, 610, 748
시티오브런던 법인 751
신경제모형 737
신디케이트론 232
신민주연합 399
신보수주의 20, 180, 829
신용부도스와프(CDS) 94, 100, 105, 120, 227~232, 266~267, 371, 480, 513, 541, 547, 564, 609
신자유주의 33~34, 479, 555
신타그마 광장 525, 538
신테즈그룹 330
신현송 31, 37, 137, 225
실라 베어(Sheila Bair) 142, 291, 295, 420~421, 428, 430, 432, 435, 438, 446~447, 556
실비오 베를루스코니(Silvio Berlusconi) 122, 151, 279, 380, 387, 461, 482, 540~541, 558, 573, 575, 586, 728

심프슨-볼스 위원회 495~496
싱글 트란셰 공개시장 운용(ST OMO) 307
씨티그룹 57

ㅇ

아나트 아드마티(Anat Admati) 445
아널드 슈워제네거(Arnold Schwarzenegger) 677
아니발 카바쿠 실바(Anibal Cavaco Silva) 741
아랍의 봄 522
아름다운 디레버리징 668
아만시오 오르테가(Amancio Ortega) 169
아메리퀘스트 125
아미티 슐레이즈(Amity Schlaes) 517
아바 러너(Abba Lerner) 848
아베 신조(安倍晋三) 675
아브토바즈 329
아서앤더슨 97
아세안(ASEAN) 372
아셀라 익스프레스 356
아소 다로(麻生太郎) 382
아소카 모디(Ashoka Mody) 768
아시아인프라투자은행(AIIB) 676
아시아 중시 정책 674~675
IMF(국제통화기금) 29, 41, 44, 66, 76,
　115, 134, 144, 185, 192~195, 201, 235,
　240, 282, 303~304, 312, 321, 338~346,
　375~383, 387~394, 425, 449, 455~456,
　459~460, 468~470, 473~474, 483~488,
　512, 527~528, 534~538, 573~574, 577,
　589~592, 595~596, 599, 602~603, 629~
　630, 658~659, 681~689, 693~695, 702~
　703, 723~724, 732~733, 825~826, 833
아인 랜드(Ayn Rand) 418
아자이 초프라(Ajai Chopra) 512, 517,
　535~536
아피싯 웨차치와(Abhisit Vejjajiva) 372

악셀 베버(Axel Weber) 281, 472, 480,
　483~484, 560
안나 J. 슈워츠(Anna J. Schwartz) 74
안정 및 성장협약 150, 162, 498~499, 507
안정화위원회(Stabilitätsrat) 411
안토니스 사마라스(Antonis Samaras) 593,
　606, 714~715
안토니우 코스타(António Costa) 742~744
알렉세이 쿠드린(Alexei Kudrins) 198,
　201~202
알렉스 스투브(Alex Stubb) 777
알렉시스 치프라스(Alexis Tsipras) 715,
　718~723, 726~731, 734~738, 744
알트 A 대출 100
알파그룹 329
압둘라 아맛 바다위(Abdullah Ahmad
　Badawi) 373
앙겔라 메르켈(Angela Merkel) 51, 153~157,
　176~178, 209~211, 275~281, 287, 382,
　386~389, 410~413, 456, 464~465, 468~
　470, 473~474, 478~479, 482, 484, 497~
　500, 506~509, 528~529, 535, 537~546,
　554~556, 559~560, 567~591, 599~609,
　613~615, 621, 692, 695, 705~708, 717,
　722, 726~731, 736~739, 753~754,
　761~762, 824~825, 845~846
애덤 포즌(Adam Posen) 769
《애틀랜틱》 349, 367, 712
액슨모빌 204
앤마리 슬로터(Anne-Marie Slaughter) 641
앤 케이스(Anne Case) 636
앨런 그레이슨(Alan Grayson) 316
앨런 그린스펀(Alan Greenspan) 61, 66,
　72~73, 99~100, 114~115, 118~119,
　418, 433, 566, 796~798, 817
앨런 심프슨(Alan Simpson) 647, 809
앨리스터 달링(Alistair Darling) 263, 265,
　277, 283, 477

앵거스 디턴(Angus Deaton) 625, 636
앵글로아이리시뱅크 233, 456, 505~506
야니스 바루파키스(Yanis Varoufakis) 716, 720~728
야니스 스투르나라스(Yannis Stournaras) 718, 738
어젠다2010 152~153
에드워드 스노든(Edward Snowden) 671
에드워드 호퍼(Edward Hopper) 626
에릭 캔터(Eric Cantor) 496, 787
에마뉘엘 마크롱(Emmanuel Macron) 51, 778~779, 824~825, 845
에마뉘엘 사에즈(Emmanuel Saez) 633, 644
에방겔로스 베니젤로스(Evangelos Venizelos) 572
에브라즈 327
S.G. 월버그 136
에스크라체 526
ABCP 콘듀잇 127
ABN AMRO 136, 140
AIG 19, 35, 100, 133, 140, 227~233, 266~267, 303, 417, 567
HBOS 233, 255, 275, 282, 285, 287, 294, 418, 748
HSBC 125, 145, 218, 255, 276, 284, 288, 748~751
엔론 97, 99, 117
엘리자베스 워런(Emizabeth Warren) 430, 434, 815
MF글로벌 567~568
M15운동 524, 711
연방주택금융저당회사 ⇒ 프레디맥
연방주택사업 금융안전성 및 건전화법 87
영국 금융감독청(FSA) 133~134, 143, 748
영국독립당(UKIP) 710, 744~745, 752~753, 764~766
영국산업연맹 760
영란은행 138, 145, 159, 194, 221, 283~286, 300~303, 312~313, 408, 481~482, 490~492, 584, 660, 669, 751, 768~769
영원한 평화 188
예두아르트 셰바르드나제(Eduard Shevardnadze) 192
예룬 데이셀블룸(Jeroen Dijsselbloem) 718, 722, 735
예브게니 프리마코프(Yevgeny Primakov) 197
예이츠(Yeats) 510
옌스 바이트만(Jens Weidmann) 559~560, 612, 615
오넥심그룹 330
오르반 빅토르(Orban Viktor) 681
오바마 경기부양법 ⇒ 미국경제회복 및 재투자법
오바마케어 645, 647, 652, 803~808, 812~813, 816
오스카어 라퐁텐(Oskar Lafontaine) 728
오운잇모기지솔루션스 218
오트마어 이싱(Otmar Issing) 575
올레크 데리파스카(Oleg Deripaska) 329, 331
올리 렌(Olli Rehn) 481
올리비에 블랑샤르(Olivier Blanchard) 732
와서스틴페렐라 136
와일 E. 코요테의 순간 77~78
와타나베 가츠아키(渡邊捷昭) 238
완전 경쟁 37
『왜 부동산 호황이 끝나지 않는가』 116
외르크 아스무센(Jörg Asmussen) 578
외르크 크뢰머(Jörg Krämere) 580
외환안정화기금 268
요나스 가르 슈틀레(Jonas Gahr Støre) 378~379
요제프 아커만(Josef Ackermann) 278, 289, 446, 464, 579
요제프 프뢸(Josef Proell) 347
요헨 자니오(Hochen Sanio) 281

우고 차베스(Hugo Chavez) 802

워런 버핏(Warren Buffett) 77, 268, 294, 434, 638, 643

워버그핀커스 641

워싱턴뮤추얼 98, 105, 268

워싱턴 컨센서스 179, 659

1말레이시아 개발상사(1MDB) 374

원자바오(溫家寶) 357, 614

월스트리트 개혁 및 소비자 보호법 ⇒ 도드-프랭크법

월스트리트 투명성 및 회계책임 법안 431

위르겐 슈타르크(Jürgen Stark) 484, 560

위르겐 하버마스(Jürgen Habermas) 13, 180, 188, 739

위키리크스 786

윌럼 뷰이터(Willem Buiter) 271, 544

유나이트 디 유니언 761

유나이티드테크놀러지스 801

유니크레딧 191

유라시아경제연합 679

유라시아관세동맹 679, 682, 687

유럽 경제 위계구조 163

유럽경제통화동맹(EMU) 163, 173

유럽금융제도위험관리위원회 447

유럽노동조합연맹 176

유럽방위청 679

유럽보험 및 직업연금 감독청 447

《유럽 부동산 연감》 206

유럽석탄철강공동체 173

유럽성장협약 606~608

유럽안보협력기구 204

유럽안정화기구(ESM) 529, 581, 584, 588, 592, 605~608, 615, 617, 707

유럽연합 동부 파트너십 209, 678~679

유럽연합 집행위원회 164, 178, 188, 280, 340~344, 460, 510, 528, 729, 734

유럽연합 협약서 678~688, 703

유럽은행감독당국위원회 448

유럽은행감독청 447

유럽이사회 22, 174~175, 178, 395~396, 481, 501, 541, 543, 581, 607, 707, 722, 736, 754

유럽재정안정기금(EFSF) 483, 503, 507, 528~529, 536, 542~544, 554, 559~560, 565~570, 576~577, 581, 584~588, 592~596, 612

유럽중앙은행(ECB) 32, 44, 48, 150~151, 157~160, 168~169, 173, 179, 195, 219, 278, 300~303, 311~315, 335~336, 340~341, 408~409, 450, 466~467, 470~476, 479~485, 490, 504~514, 517, 527~534, 541~543, 556~560, 576~580, 584~588, 595~597, 609~618, 718~723, 731, 740~744, 826, 845~846

유럽증권 및 시장 감독청 447

유럽지역발전기금 190

유럽통화기금(EMF) 468~470

유럽통화시스템 148~149

유럽협의회 174~175

유로그룹 48, 457, 474, 534~535, 598, 609, 613, 716~722, 728~732, 740, 744, 756

UBS~SBC 136, 142, 218, 233, 252, 272, 308, 310, 316, 353, 446, 544, 750

유스튀스 립시위스 건물 569

유코스 197, 328

유클리드 차칼로토스(Euclid Tsakalotos) 729~730

유테이르 항공 699

율리아 티모셴코(Yulia Tymoshenko) 345~347, 683, 689

은행개혁법 749

의회 예산국 62

이고르 세친(Igor Sechin) 329, 691

이명박 375

이방카 트럼프(Ivanka Trump) 782~783

『이번엔 다르다』 488

『21세기 자본』 643
《이코노미스트》 659, 662, 837, 839
이행기 경기침체 185
인디그나도스 524
인터로스홀딩스 330
일국적 화폐 플로우 37
일대일로(一帶一路) 725
일본 때리기 792

ㅈ

자기자본거래 431, 815
자동안정화장치 404~410, 454, 456
자라(Zara) 169
자본매입프로그램대출제도 292
자본협정 ⇒ 바젤 I
자산담보부기업어음(ABCP) 106~108,
    112~114, 117, 120~124, 136, 139,
    221~223, 230~232, 305~306
자산담보부증권(ABS) 91, 103, 105, 111,
    163, 256, 284, 306, 308, 719
자체적 역량강화 29
자크 데리다(Jacques Derrida) 180, 188
자크 드 라로지에르(Jacques de Larosière)
    447
자크 들로르(Jacques Delors) 149, 777
작센LB 218
작센금융그룹(Sachsen-Finanzgruppe) 124
장기국채매입프로그램(SMP) 558, 721, 723
장기대출프로그램(LTRO) 409, 471, 587
장뤼크 멜랑숑(Jean-Luc Mélenchon) 778
장 물랭(Jean Moulin) 524
장클로드 융커(Jean-Claude Juncker) 50,
    278, 534~535, 565, 607, 613, 730, 757,
    774
장클로드 트리셰(Jean-Claude Trichet) 157,
    201, 219, 278, 285, 300, 450, 470~471,
    476~484, 501, 508~509, 528~529,

    534, 541~542, 557~558, 585~587, 615,
    720~721, 753
장핑(張平) 358
재닛 옐런(Janet Louise Yellen) 697, 795,
    819, 840
재무부 단기국채(T-bill) 114
재정책임 및 개혁을 위한 국가위원회 ⇒ 심프
    슨-볼스 위원회
재정책임회의 494
재지구화(reglobalization) 138
저우샤오촨(周小川) 383
적녹연정 152, 157, 499, 578~579, 728
적자 부정(deficit denial) 805, 809
전국인민대표대회 357
전진이탈리아당 151, 540
전진하는 포르투갈당(PaF) 741
절망 속에서 죽어가는 것(deaths of despair)
    625, 636
점보론 100
정부보증기관(GSE) 85~94, 97~100, 103,
    109, 210, 224, 258~261, 269, 309,
    349~350, 408
정부비상대책위원회 282
정신적 장벽 845
정크 본드 94
제너럴모터스(GM) 236~238, 625
제롬 케르비엘(Jerome Kerviel) 288
제롬 파월(Jerome Powell) 819
제이미 다이먼(Jamie Dimon) 233, 256, 292,
    295, 440, 562, 762, 787, 803~804
제이슨 체이피츠(Jason Chaffetz) 548
제이슨 퍼먼(Jason Furman) 642, 725
제이지(Jay Z) 77
J.P.모건 94, 105~108, 120, 143, 224~226,
    233, 255~256, 263, 266, 268, 273, 294,
    440, 499, 484, 562, 662, 762
제1차 양적완화(QE1) 309, 408, 656
제임스 갤브레이스(James Galbraith) 716

426, 430~435, 442, 446, 474~478, 485, 512, 518~519, 564~566, 573~575, 603, 613~614, 618~619, 641, 816, 825
팀 애덤스(Tim Adams) 76
팀 쿡(Tim Cook) 642

ㅍ

파나요티스 라파자니스(Panagiotis Lafazanis) 737
파라(Пора)! 192
파르티야 레히오니우(지역당) 346
파블로 이글레시아스(Pablo Iglesias) 526, 711
파산남용 예방 및 소비자 보호법 118
파수스 코엘류(Pedro Passos Coelho) 554, 557, 741
파울 톰센(Poul Thomsen) 724
판드브리프 163
패니메이 85~88, 99, 109, 122~123, 210, 257~261, 267, 350, 398, 420, 547, 615, 843
팻 맥패든(Pat McFadden) 760
팻 뷰캐넌(Pat Buchanan) 792
퍼스트보스턴 135
페로비알 169
페어 슈타인브뤼크(Peer Steinbrück) 121, 155~156, 177, 275~281, 285, 289, 294, 320~321, 340, 410, 463~464
페이팔 642
페인웨버 136
페터 보핑거(Peter Bofinger) 412
페터 하르츠(Peter Hartz) 152
페테르 카지미르(Peter Kažimír) 730
페트로바스 658
페트로 포로셴코(Petro Poroshenko) 695, 703
포괄적자본적정성평가 442
포데모스당 526~527, 711, 715, 741

포르티스 233, 275~278, 308, 503
《포린어페어스》 69
포스코 374
포타미당 715
폴 라이언(Paul Ryan) 272
폴 마틴(Paul Martin) 376~377
폴 메이슨(Paul Mason) 272
폴 볼커(Paul Volcker) 35, 72, 82~83, 86, 92, 97, 115, 138, 256, 297, 420
폴 크루그먼(Paul Krugman) 77~78, 241, 285, 492, 521~522, 630, 639, 725
푸에르타 델 솔 광장 524
퓨 자선기금 365
프라이머리딜러대출제도(PDCF) 307~308
프라임 브로커리지 95
프랑수아 미테랑(François Mitterrand) 83, 149, 157, 184, 728
프랑수아 올랑드(François Hollande) 598~599, 605~606, 613, 705, 717, 726, 736, 738, 778
프랑스 국채 OAT 162
프랑스 중앙은행 157, 336, 567, 584
프랑크 발터 슈타인마이어(Frank-Walter Steinmeier) 722
프레디맥 86, 88, 99, 109, 122~123, 210, 257~261, 267, 350, 420, 547, 843
프록터앤드갬블 77
프리덤 코커스 787, 807
PIIGS 487, 529, 563
피터 나바로(Peter Navarro) 821
피터 오재그(Peter Orszag) 56~57, 60, 62, 69, 72, 297, 403, 406~407, 414, 495, 578, 642, 646~647
피터 G. 피터슨(Peter G. Peterson) 69, 645~647
피터 틸(Peter Thiel) 642
피터슨 국제경제연구소 68~69, 769
피트 스타크(Pete Stark) 271

필 그램(Phil Gramm) 171
필립 스웨이글(Phillip Swagel) 294
필립 해먼드(Philip Hammond) 775, 821, 828
필립 힐데브란트(Philipp Hildebrand) 565
핌코 77, 309, 491, 641

ㅎ

하르츠위원회 152~154, 412, 500, 586
하르츠 IV 152
하워드 데이비스(Howard Davies) 134
하원결의안 3997호 273
하이먼 민스키(Hyman Minsky) 788
하이포리얼에스테이트 137, 233, 275, 280, 294, 306, 409, 418, 503
《한델스블라트》 278
한스베르너 진(Hans-Werner Sinn) 532~533
핫머니 148, 517
해리 홉킨스(Harry Hopkins) 297
해밀턴프로젝트 55~60, 70, 76, 80, 122, 176, 272, 297, 403, 621, 628, 635, 637
해외직접투자 199, 238
핵심자본(Tier 1 capital) 117, 444, 502
『행동할 용기』 619
허리케인 하비 807
〈허트로커〉 245
《헝가리일보》 338
헤르만 판롬파위(Herman Van Rompuy) 543, 581~582, 607~608, 754
헤어컷 107~108, 159, 224~225, 468, 471, 506, 508, 511~512, 530~531, 538, 559, 569, 590~591, 593

헤이르트 빌더르스(Geert Wilders) 777~778
헨리 크라비스(Henry Kravis) 273
헨리 "행크" 폴슨(Henry "Hank" Paulson) 76~78, 209~210, 242~243, 254~255, 258~274, 278, 282, 290~293, 296, 300, 312, 350, 420, 423, 531, 651, 794~797, 819, 843, 849
헬무트 슈미트(Helmut Schmidt) 82~83, 155
헬무트 콜(Helmut Kohl) 83, 149, 176, 184, 464, 540~541
현대자동차 374
『현상유지의 위기』 46, 619
호르스트 제호퍼(Horst Seehofer) 411
호빗 304
호세 루이스 로드리게스 사파테로(José Luis Rodríguez Zapatero) 170, 524, 557
호어고벳 136
혼합형 모기지담보부증권(CMO) 90
환매조건부채권(Repo) 107~109, 112, 118, 120, 133~134, 158~159, 222~232, 247, 256, 262, 266, 295, 305~308, 336, 371
환자보호 및 부담적정 보험법 ⇒ 오바마케어
환태평양 경제동반자협정(TPP) 45, 674~675, 678, 820, 822, 824, 847
황금새벽당 525, 598, 714
황금족쇄 34
회원국행동계획(MAP) 207~208
후진타오(胡錦濤) 355, 357

지은이 ㅣ 애덤 투즈 Adam Tooze

코로나19 팬데믹 이후 가장 많이 호출되는 글로벌 위기 분석의 스페셜리스트. 현대 경제사 연구 분야의 손꼽히는 학자로, 최고 권위의 외교전문지 《포린폴리시》가 발표한 '세계의 사상가 100인'에 선정되었다. 1967년 런던에서 태어나 영국과 독일의 하이델베르크에서 성장했다. 케임브리지대학교 킹스칼리지에서 경제학 석사학위를 받고 베를린자유대학교에서 대학원 연구를 시작하면서 베를린장벽이 철거되고 냉전이 종식되는 광경을 지켜보았다. 이후 런던정치경제대학교에서 경제사로 박사학위를 받았고, 케임브리지대학교와 예일대학교를 거쳐 지금은 컬럼비아대학교의 역사학 교수로 재직하고 있다.

2008년 글로벌 금융위기와 그 이후 10년의 역사를 담아낸 역작 『붕괴(Crashed)』(아카넷, 2019)는 투즈를 세계적인 학자의 반열에 올렸다. 위기의 진앙인 미국과 유럽은 물론 중국과 러시아, 신흥시장국가에 이르기까지 전 지구적 규모로 확산하는 금융위기의 진행 상황을 치밀하게 그려내는 한편, 위기에 대응하는 과정과 방법도 꼼꼼하게 진단함으로써 세계의 경제와 정치가 긴밀히 얽힌 오늘의 세계를 명확하게 제시한다. 《뉴욕타임스》《이코노미스트》 올해의 책, 라이오넬겔버상 논픽션 부문 수상작이다.

또 다른 역작 『대격변(The Deluge)』(아카넷, 2020)은 제1차 세계대전에서 대공황에 이르는 세계 질서의 재편 과정을 다룬 책이다. 제국의 몰락과 연쇄적으로 일어난 혁명으로 균형을 잃어가던 세계는 세계 유일의 패권국으로 부상하는 미국에 대한 새로운 의존성을 갖게 되었다. 이러한 배경에서 투즈는 대공황을 역사상 최악의 재앙으로 만든, 집단적 디플레이션을 야기할 '황금 족쇄', 즉 금본위제를 재평가한다. 《파이낸셜타임스》《뉴스테이츠먼》 올해의 책, 《LA타임스》 북프라이즈 수상작이다.

『셧다운(Shut Down)』(아카넷, 2022)은 투즈의 최근작이다. 시진핑 중국 주석이 코로나바이러스 팬데믹 발발을 공식적으로 인정한 2020년 1월부터, 조 바이든이 46대 미국 대통령으로 취임하던 2021년 1월까지, 1년간 벌어진 '팬데믹의 세계사'를 다룬다. 모두가 코로나바이러스로 인해 당면한 이슈 해결에만 급급하고 있을 때, 투즈는 코로나 팬데믹 그 너머의 세계까지 직시한다. '2020년'을 유례없는 글로벌 위기가 촉발된 '거대한 역사'의 순간들로 기록하고 그 의미를 낱낱이 파헤친다.

그 밖에 울프슨상과 롱맨히스토리투데이상 수상작인 『파괴의 응보(Wages of Destruction)』 등을 지었으며, 현재 기후위기의 글로벌 정치경제학을 주제로 한 『탄소(Carbon)』(아카넷, 근간)를 집필 중이다.

홈페이지: https://adamtooze.com 트위터: @adam_tooze

옮긴이 ㅣ 우진하

삼육대학교 영어영문학과를 졸업하고, 성균관대학교 번역 테솔 대학원에서 번역학과 석사학위를 취득했다. 한성디지털대학교 실용외국어학과 외래교수로 활동하다가 현재는 출판 번역 에이전시 베네트랜스에서 전속번역가로 활동 중이다.

『다크머니: 자본은 어떻게 정치를 장악하는가』, 『노동, 성, 권력: 무엇이 인류의 역사를 바꾸어 왔는가』, 『존 나이스비트 미래의 단서』, 『와일드』 등을 번역했다.

붕괴

금융위기 10년, 세계는 어떻게 바뀌었는가

1판 1쇄 펴냄 2019년 6월 24일
1판 7쇄 펴냄 2022년 5월 27일

지은이 애덤 투즈
옮긴이 우진하
대표감수 송종운
펴낸이 김정호
펴낸곳 아카넷

출판등록 2000년 1월 24일(제406-2000-000012호)
주소 10881 경기도 파주시 회동길 445-3 2층
전화 031-955-9511(편집) 031-955-9514(주문)
팩스 031-955-9519
책임편집 박수용
www.acanet.co.kr

한국어판 ⓒ 아카넷, 2019

Printed in Paju, Korea.

ISBN 978-89-5733-630-4 03300

이 도서의 국립중앙도서관 출판예정도서목록(CIP)은 서지정보유통지원시스템 홈페이지(http://seoji.nl.go.kr)와
국가자료공동목록시스템(http://www.nl.go.kr/kolisnet)에서 이용하실 수 있습니다.
(CIP제어번호: 2019022111)